湖光秀丽，美哉常熟。

——彭冲　1990年4月24日

虞山

［南宋］孙应时

长啸虞山迥，天开风气清。
南窥五湖近，北览大江横。
历历三吴地，悠悠万古情。
雄观有如此，聊复记平生。

孙应时（1154—1206），字季和，号烛湖居士，浙江余姚人，师事陆九渊。南宋淳熙二年（1175）进士。初为黄岩尉，有政声。庆元二年（1196）至五年，调任常熟知县，创修《琴川志》。著有《烛湖集》。

中国年鉴资源全文数据库核心年鉴／中国知识资源总库

2017 常熟年鉴

CHANGSHU YEARBOOK

常熟市人民政府 主办

常熟市地方志编纂委员会办公室 编

方志出版社
Publishing House of Local Records

图书在版编目（CIP）数据

常熟年鉴. 2017/常熟市地方志编纂委员会办公室编. —北京：
方志出版社，2017.10
ISBN 978-7-5144-2616-8

Ⅰ.①常… Ⅱ.①常… Ⅲ.①常熟-2017-年鉴 Ⅳ.Z525.33

中国版本图书馆CIP数据核字（2017）第260094号

常熟年鉴（2017）

编　　者：常熟市地方志编纂委员会办公室
责任编辑：丛　珺
出 版 人：冀祥德
出 版 者：方志出版社
地址　北京市朝阳区潘家园东里9号（国家方志馆4层）
邮编　100021
网址　http://www.fzph.org
发　　行：方志出版社图书经销中心
电话（010）67110500
经　　销：各地新华书店
印　　刷：常熟市梅李印刷有限公司
开　　本：889×1194　　1/16
印　　张：30
字　　数：997千字
版　　次：2017年10月第1版　　2017年10月第1次印刷
印　　数：0001~1500册

ISBN 978-7-5144-2616-8　　定价：250.00元

常熟市地方志编纂委员会

《常熟年鉴》编辑部

《常熟年鉴》书名字体说明：

《常熟年鉴》书名字体系用翁同龢的字组合而成。翁同龢（1830—1904），字声甫，号叔平，晚号松禅，江苏常熟人。清末政治家、书法家。清咸丰六年（1856年）状元，为同治、光绪两帝之师。历任刑部、工部、户部尚书，协办大学士，都察院左都御史、军机大臣兼总理各国事务衙门大臣等职。

《常熟年鉴（2017）》审稿人员

（以姓氏笔画为序）

丁　雷	丁　琪	卜鸿昌	马志强	马维刚	邓　玒	邓国华	王小民
王唤香	王忠达	毛雨东	支立新	刘　洪	祁　伟	许晓东	乔小力
朱晓峰	朱兴元	朱凤伟	朱国清	许晓挺	孙锋锋	孙玉华	吴建兴
吴　军	吴　伟	吴　勇	吴云龙	吴忠庆	吴志明	陈　军	陈　勇
陈　平	陈永进	陈宇俊	陈红娟	陈向忠	陈正东	陆　清	陆耀光
陆小强	陆益斌	陆凤妹	陆建达	陆建中	陆士良	李兴祥	李俊峰
李章瑾	李　中	李根发	张丽梅	张正祥	张卫忠	张军阳	张　怡
沈秋农	沈靖波	季建农	季恆义	苏建东	何丽君	杜巍巍	宋　刚
时映光	周　健	周　梅	周　晓	周　燕	周裕良	周冬青	周志坚
赵　斌	赵文健	赵东方	赵明华	范建峰	范立军	范葆华	庞凤琴
庞学海	郁海成	杨坚红	姚卫东	姚志明	须亚军	须建国	姜轩栋
郝　磊	胡　军	俞　翔	唐剑锋	唐　奕	唐　政	唐　晓	徐学峰
徐黎明	徐　峰	徐　力	钱耀良	钱新锋	钱瑞龙	顾丽华	顾志强
浦梅萍	高向军	顾君明	费卫东	凌解良	黄小龙	黄晓东	章桂生
蒋伟国	蒋向阳	游立志	董国新	程　锋	阚国良	缪晓东	潘　伟
薛志恒	戴亚芳	戴炳元	戴建东				

两聚一高：

聚力创新 聚焦富民

高水平建设全面小康社会

◎ 苏通长江公路大桥

编辑说明

一、《常熟年鉴》是在中共常熟市委领导下，由常熟市人民政府主办，常熟市地方志编纂委员会办公室编辑的常熟地方综合年鉴，每年一卷。

二、《常熟年鉴（2017）》是1996年创刊后的第22卷。该部年鉴全面、系统、翔实地记载了2016年度常熟市政治、经济、文化和社会生活等方面的基本情况，为各级领导决策和社会各界了解常熟、研究常熟提供较翔实的信息资料，为推进常熟经济社会更好、更快发展提供借鉴。

三、年鉴采用分类编辑法。全书设36个类目，配有随文照片135帧，表格69张。不同层次的标题，通过字体、字号和版式设计加以区别；条目标题以黑体字加【】表示。以“综述”“概况”和专题等形式介绍行业或事业发展情况。

四、本部年鉴中的条目由全市各镇（场）、部门、有关单位（包括驻常单位）指定专人撰写，并经主管领导审核签发，确保资料、数据的真实性、准确性和权威性。由于涉及部门、单位较多，加上数据来源和统计时间、方法不同，文中涉及的各类数据如有差异，一律以《常熟统计年鉴》为准。

五、为便于读者检索，年鉴卷首有中文细目和英文简目；卷末附有索引。全书所有信息资料均可从目录、索引、书眉等内容中获得，并配有年鉴电子光盘。

六、《常熟年鉴（2017）》的编辑出版得到全市各区镇、各部门、各单位和社会各界人士的支持和帮助，在此深表谢意。

2017年工作的指导思想是：全面贯彻党的十八大、十八届三中、四中、五中、六中全会精神，深入学习贯彻习近平总书记系列重要讲话特别是视察江苏重要讲话精神，按照省市党代会部署，统筹推进“五位一体”总体布局，协调推进“四个全面”战略布局，坚持稳中求进工作总基调，牢固树立和贯彻落实新发展理念，适应把握引领经济发展新常态，坚持以提高发展质量和效益为中心，以推进供给侧结构性改革为主线，聚力创新，聚焦富民，构筑“两大高地”，打造精致城市，全面做好稳增长、促改革、调结构、惠民生、防风险各项工作，促进经济平稳健康发展和社会和谐稳定，以优异成绩迎接党的十九大胜利召开。

——市委书记王飏《在市委十三届二次全体（扩大）会议上的工作报告》

2016年12月20日

常熟获得的 HONOR 全国性荣誉

国务院农业生产丰产奖状	1958
棉花皮棉亩产全国第二	1966
县级外贸出口全国第二	1977
国家历史文化名城	1986
中国明星县（市）	1993
全国150个植棉大县（市）之一	1994
全国农村电气化市	1995
1994年全国财政收入百强县（市）	1995
中国综合实力百强县	1995
全国卫生城市	1996
全国科技实力百强县（市）	1996
全国城市环境综合整治优秀县级市	1996
全国农科教结合示范区先行县（市）	1996
全国水利经济十强县	1996
1995年全国财政收入百强县（市）	1996
全国持续高效农业技术研究与示范区	1998
国家卫生城市	1999
中国优秀旅游城市	2001
城市交通畅通工程优秀城市	2001
国家环保模范城市	2001
全国"畅通工程"模范管理城市	2001
国家园林城市	2002
中国纺织产业基地市	2002
中国休闲服装名城	2002
全国村民自治模范市	2003
中国人居环境范例奖	2003
国家园林城市	2003

全国双拥模范城	2003
全国篮球城市	2004
全国绿化模范城市	2004
中国古琴之乡	2004
国际花园城市	2004
全国科普示范市	2004
全国科技进步示范市	2004
全国计划生育优秀服务先进市	2005
全国生态示范区	2005
全国环境优美镇“满堂红”	2005
全国“双合格”家庭教育工作示范市	2005
马可·波罗国际金奖城市	2006
国家生态市	2006
全国亿万农民健康促进行动示范县（区）	2006
全国农村社区建设实验县（市）	2007
中国十佳休闲旅游名市	2007
全国首批旅游文化示范地	2007
全国农村社区建设实验县（市、区）	2007
全国消防科普教育基地	2007
全国绿色学校创建活动优秀组织单位	2007
全国双拥模范城	2007
中国最受游客喜爱的地方	2007
中国县域旅游品牌十强县	2007
中国自驾车旅游品牌十大目的地	2007
全国首批基层残疾人组织规范化建设达标城市	2007
中国改革十大创新城市	2008
中国十大文化生态旅游城市	2008

HONOR

常熟获得的 HONOR 全国性荣誉

中国品牌城市	2008
中国购物中心城市贡献奖城市	2008
中国曲艺之乡	2008
中国民间文化艺术之乡	2008
中国大陆最佳商业城市（县级市）首位	2008
全国心理教育优秀实验区	2008
全国健康城市优秀实验奖	2008
中国市场名城	2008
全国文化信息资源共享工程示范市	2008
中国全面小康十大示范县	2009
中国商业名城	2009
中国十大服装专业市场榜首	2009
第二批全国生态文明建设试点城市	2009
全国和谐社区建设示范区	2009
全国首批白内障无障碍县	2009
中国书法之乡	2009
全国群众艺术示范基地	2009
全国实施农民体育健身工程先进县	2009
2010中国大陆最佳县级城市	2010
中国休闲服装名城和纺织产业基地市	2010
品牌中国（县域旅游）十大品牌目的地	2010
全国双拥模范城	2011
中国红色经典文化旅游名城	2011
国家节水型城市	2011
国家生态文明示范城市试点市	2011
全国六星级慈善城市	2011
中国人居环境奖	2011

中国十佳绿色城市	2011
中国民间艺术之乡	2011
全国法制宣传教育先进县（市）	2011
全国纺织模范产业集群	2012
全国十大服装产业示范集群	2012
全国粮食生产先进单位	2012
江南音乐创作基地	2012
全国节水型社会建设示范区	2013
2013中国休闲小城	2013
国家级出口电子信息产品质量安全示范区	2013
国家火炬特色产业基地	2013
中国产学研合作创新示范基地	2013
全国七星级慈善城市	2014
全国“六五”普法中期先进集体	2014
全国文明城市提名城市	2014
中国休闲城市标准示范市	2014
全国首批电子商务进农村综合示范县	2015
常熟高新区升格为国家级高新区	2015
全国率先实施农村生活污水治理PPP项目	2015
国家智慧城市试点市	2015
全国“书香城市”称号	2016
全国县级市中唯一的普法先进“六连冠”城市	2016
全国国土资源节约集约模范市	2016
国际生态学协会：湿地建设最佳典范奖	2016
全国首个生态建设示范市称号	2016
全国双拥模范城“四连冠”	2016

HONOR

2016 CHRONICLE OF EVENTS IN CHANGSHU

常熟大事记略

开展『两学一做』教育活动

《常熟市志》出版发行

文庙修复启用暨丙申年祭孔大典举行

第十届国际湿地大会召开

新增上市公司和新三板挂牌企业15家

新增国家『千人计划』和省『双创计划』人才14人

常熟国家大学科技园获批首批江苏省众创集聚区试点

常熟服装城列入全国第三批开展市场采购贸易方式试点

成功创建省优秀管理城市

高考主要指标实现苏州地区『六连冠』

全市养老机构床位突破1.1万张

开展历史文化名城命名30周年系列纪念活动

数字常熟 2016

总面积 1276.32 平方千米

全市户籍人口 106.87 万人

地区生产总值 2112.39 亿元

第一产业增加值 42.76 亿元

第二产业增加值 1082.43 亿元

第三产业增加值 987.20 亿元

三次产业比例 2.03 : 51.24 : 46.73

人均地区生产总值 139768 元

一般公共预算收入 173.58 亿元

一般公共预算支出 158.74 亿元

农业生产总值 79.8 亿元

粮食总产量 27.76 万吨

工业总产值 4577.10 亿元

规模以上工业产值 3684.89 亿元

全社会固定资产投资 544.91 亿元

社会消费品零售总额 740.78 亿元

商品市场成交额 1836.71 亿元

进出口总额 198.53 亿美元

旅客运输量 3583 万人次

货物运输量 1457 万吨

数字常熟 2016

常熟港货物吞吐量 **8665** 万吨

私家车保有量 **34.52** 万辆

邮电业务总收入 **41.65** 亿元

接待境内外游客 **1985.35** 万人次

旅游收入 **303.43** 亿元

全部金融机构本外币各项存款余额 **2913.64** 亿元

保险机构保费收入 **46.58** 亿元

省级民营科技企业 **1262** 家

各类学校 **109** 所

在校学生数 **15.38** 万人

专任教师 **1.02** 万人

各类医疗卫生机构 **481** 个

医疗卫生机构床位 **7882** 张

卫生技术人员 **9114** 人

全民健身工程（点）**526** 个

全市居民人均可支配收入 **45061** 元

新开工各类保障性住房 **4245** 套

已建成老年人日间照料中心 **161** 家

镇级居家养老服务管理中心覆盖率 **100%**

养老床位数 **1.23** 万张

2016年6月25日，中央农村工作领导小组办公室副主任韩俊（前右二）到支塘镇蒋巷村调研

2016年11月29日，中央文明办常务副主任夏伟东（前左二）到支塘镇蒋巷村考察指导精神文明建设

2016年8月22日，水利部副部长周学文（前右二）到常熟调研望虞河工程

2016年8月9日~10日，商务部副部长钟山（前左一）考察常熟服装城开展市场采购贸易情况

2016年8月13日，中国人民银行行长助理张晓慧（中）到中利集团考察

2016年12月14日，省委常委、苏州市委书记周乃翔（前中）到常熟开展“两减六治三提升”专项行动暨沿江化工行业优化提升整治专项行动现场调研

2016年8月3日，省委常委、副省长杨岳（前中）到望虞河常熟枢纽考察

2016年4月13日， 副省长张敬华（前左二）考察常熟企业

2016年8月16日，副省长马秋林（左）到海虞镇调研

2016年2月23日，苏州市委副书记、市长曲福田（左二）到常熟调研

2016年5月19日，美国劳顿郡监事委员会主席菲列斯•兰德尔访问常熟，市委书记王飚会见劳顿郡代表团一行。双方签署合作备忘录，计划开展多种形式的合作，推动城市的共同繁荣发展

2016年12月9日，2016年“黄玫瑰之夜”圣诞晚会暨常熟市荣誉市民、名誉市民授予仪式在常熟大剧院举行。仪式上，常熟市委副书记、代市长周勤第（左六）向荣誉市民和名誉市民颁发证书和纪念牌

2016年2月17日，2016年苏州市重大项目春季集中开工常熟会场活动举行，总投资119.5亿元的常熟25个重大项目集中开工

2016年11月18日，常熟经济技术开发区重点项目集中签约

2016年4月14日，江苏省产业技术研究院智能液晶技术研究所落户常熟高新区

2016年5月23日，北大分子工程苏南研究院签约落户常熟高新区

2016年4月27日，在新泰港务码头举办泰达物流华东储运中心启动暨常熟商品车滚装码头开航仪式

2016年11月25日，大金氟化工化学研究技术开发中心落成

2016年4月24日，常熟服装城跨境贸易服务机构签约仪式暨百城千站中国名品采购对接会常熟站欢迎仪式在常熟会议中心举行

2016年8月29日，奇瑞捷豹路虎汽车有限公司捷豹品牌首款车型XFL正式上市，标志着常熟汽车整车生产已经进入国内主流豪华汽车板块

2016年5月5日上午11时50分，“明思克号”退役航空母舰在常熟、南通海事巡逻艇以及长航公安巡逻艇的护航下，安全通过长江苏通大桥

2016年10月19日，中交天和机械设备制造有限公司研制的国内首艘自主研发深层搅拌船在天津港下水。该船全长74 米，宽32米，是中交研制的中国首艘双机全智能海上深层环保软基处理船

© 七彩虞城

2016年5月20日，2016江南国际时装周暨第十七届常熟服装服饰博览会在服装城江南织造时尚中心开幕

2016年9月9日~11日，第十八届江苏国际服装节在南京国际博览中心举办，常熟40多家企业、1个院校和6个公共服务平台参展。展会期间，虞山镇、古里镇、梅李镇和海虞镇获评江苏纺织服装特色名镇建设示范单位

2016年9月28日，常熟文庙修复启用暨丙申祭孔大典举行

送戏下乡

2016年11月12日，2016中国智能车未来挑战赛在常熟举行

2016年3月30日，澳大利亚吉普斯兰区雷昂加沙小学与常熟市实验小学进行国际教育实践交流活动

2016年9月23日，2016全国艺术体操锦标赛在市体育中心举行

2016年5月7日，常熟市第二届市民（职工）自行车比赛在昆承湖景区落幕，常熟市第二十一次全民健身月活动同时启动

2016年9月19日，2016第十届国际湿地大会在常熟会议中心开幕

2016年9月22日，第十届国际湿地大会与会专家组人员到常熟新材料产业园水处理生态湿地考察

2016年6月12日，常熟市生态文明论坛在常熟会议中心举行

边滩晨鹭

© 尚湖水上森林

2016年，沪通铁路常熟段建设工程顺利推进 。图为横跨通港路的沪通铁路景观

常熟城市建设注重内涵发展和功能布局的合理调整，城乡交通更为便捷，环境更为优美，人民群众的幸福指数更高。图为三环路高架环抱虞城

2016年12月24日，琴川·塔弄商业街亮相虞城，进入试营业

海虞镇聚福佳苑小区

南部新城景观

市民在服装城文化广场健身

常熟
张家港市
永联
东沙
东联
东风
欧桥
妙桥镇
横泾
福山
江苏常熟新材料产业园
江苏常熟新材料产业园管委会
福山农场
铁黄沙
七峰
金村
杏村
郑家桥
徐桥
肖桥
邓市
河口
海城
瞿巷
坍港
赵市
师桥
望虞
王市
海福新城
海虞镇
(王市)
新红
龙墩
东泾
府东
常隆
永红
常福
福圩
翻身
谢桥
谢桥
方浜
虞南
新州
天宇
梅李镇
四环线（G204）
光明
明晶
周行
周行
香桥
肚法
梅李
梅南
塘桥
五新
大义
大义
小义
小山
合丰
毛桥
勤丰
常熟站
新造
汪桥
里泾
顶山
泥泾
景龙
大虹桥
陈塘
寨角
宝岩
联盟
三峰
虞山林场
兴福
虹桥
九里
森泉
下甲
浒浦
兴福
虞山国家森林公园
常熟市
东环
泰安
莫庄
高长
大湖甸
方塔
浦浜
尚湖风景区
尚湖
新桥
古里镇
苏家尖
甸桥
虞山镇
新庄
湖东
双港
琴湖
颜巷
建华
元和
新建
梦兰
琴东
安定
服装城
尧庄
小康
鸳鸯桥
三塘
渠中
东南街道
和甸
昆承湖
燕巷
莫城
莫城
言里
湖东
东渔
昆承
三和
国家农业科技园区
承
湖
东始
湖鹤
三星
芦荡
横泾
唐北
长瑞
东青
沙南
沙家浜
沙家浜芦苇荡风景区
昆承湖
红石
金荡
朗城
常昆
合泰
沙家浜镇
辛庄镇
芦荡
华阳
潭荡
昆南
唐市
唐市客运站
辛庄
辛中
华欣
泗泾
新湖
张港泾
陆巷
岸山
吕舍
十图
北前
武城
阳澄湖镇
东渡
渔业
武神潭
西南
圣堂
枪堂
洋沟溇
凤阳
阳
澄
湖
城
区
昆
向
阳
路
顾巷
东南村
小白宕
大圩里
耒家浜
川心楼
杏菜浜
凤翔圩
归一苑
袁家桥
邱巷
丁家浜
厂上
西坝头
平巷
何家角
烧窑桥
小顾巷
陶家塘
东观音堂
陆家塘
小桥头
后泾港
尚湖高级中学
徐家桥
王家塘
平家塘
蒋家塘
蒋巷
庙前桥
康馨苑
马巷
西浜
唐家塘
雷巷
东市桥
龚巷
薛巷公墓
张家桥
戴家上
野团圩
高家上
徐巷
图 例
市政府
镇政府
管委会、管理区
林场管理区
村委会
居委会
汽车站
医院
学校
企、事业单位
停车场
酒店
市场
高速
国道、省
一般道路
乡镇界
铁路
规划路
小路
绿地
河流
航道
厕所
加油站
图上界线不作实地划界依据
南京星光测绘科技有限公司 制作 ©2017
地图审查：苏S(2016)035号

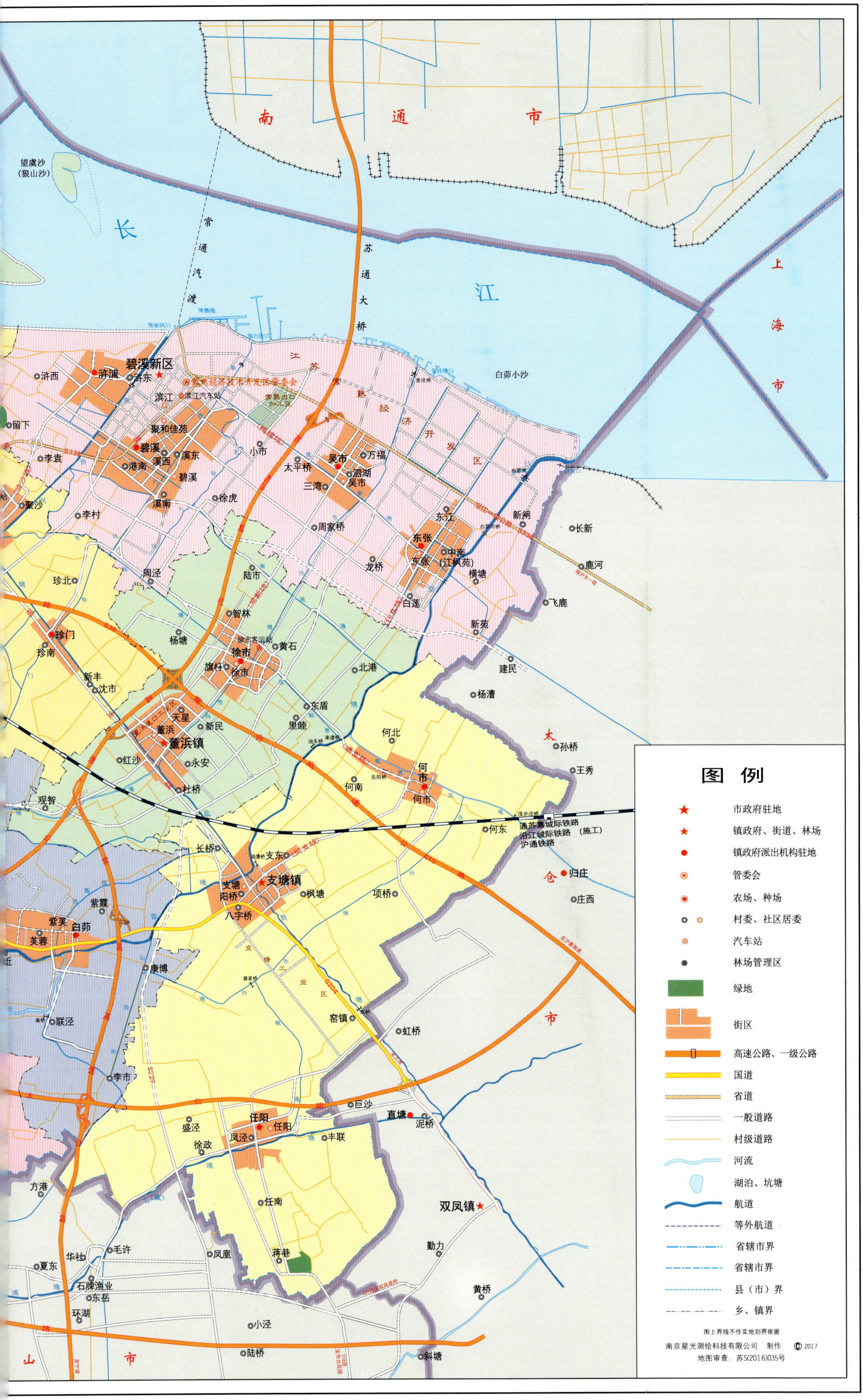

南
通
市
望虞沙（狼山沙）
长
江
常通汽渡
苏通大桥
上海市
碧溪新区
浒浦
浒东
浒西
滨江
聚和佳苑
碧溪
溪东
溪西
港南
碧溪
溪南
留下
李袁
聚沙
李村
小市
徐虎
太平桥
三湾
吴市
方福
泗湖
吴市
周家桥
江苏常熟经济开发区
白茆小沙
东江
新闸
东张
东张
中南（江枫苑）
龙桥
横塘
白莲
长新
鹿河
飞鹿
新苑
建民
杨漕
周泾
陆市
珍北
智林
杨塘
徐市
黄石
旗杆
徐市
珍门
珍南
新丰
沈市
北港
东盾
里睦
天星
董浜
新民
董浜镇
永安
红沙
杜桥
观智
何北
何市
何市
何南
太
孙桥
王秀
何东
仓
归庄
庄西
长桥
支东
支塘镇
支塘
阳桥
枫塘
八字桥
项桥
紫霞
紫芙
白茆
芙蓉
康博
联泾
窑镇
虹桥
市
李市
巨沙
直塘
泥桥
任阳
任阳
盛泾
凤泾
徐政
丰联
方港
任南
双凤镇
华社
毛许
夏东
凤凰
蒋巷
勤力
石牌渔业
东岳
黄桥
环湖
小泾
山
市
陆桥
斜塘
图例
市政府驻地
镇政府、街道、林场
镇政府派出机构驻地
管委会
农场、种场
村委、社区居委
汽车站
林场管理区
绿地
街区
高速公路、一级公路
国道
省道
一般道路
村级道路
河流
湖泊、坑塘
航道
等外航道
省辖市界
省辖市界
县（市）界
乡、镇界
通苏嘉城际铁路
沿江城际铁路（施工）
沪通铁路
图上界线不作实地划界依据
南京星光测绘科技有限公司 制作 © 2017
地图审查：苏S(2016)035号

总　　目

目 录

特 载

专 记

大　事　记

市情综述

中国共产党常熟市委员会

常熟市人民代表大会

常熟市人民政府

中国人民政治协商会议常熟市委员会

纪检·监察

民主党派·工商联·群众团体

法　治·武　装

开放型经济

开发区建设

港 口·口 岸

现 代 农 业

工业和信息化

商贸服务业

旅游业

城 乡 建 设

交通·邮政·快递

水　利·水　务

环 境 保 护

财 政·税 务

金 融

综合经济管理

科学技术

教　育

文化·新闻·出版

卫　生·医　疗

体　育·健　身

人力资源和社会保障

社 会 民 生

镇（区）概况

荣　誉

附　录

索　引

Main Contents

Contents

Legal & Military Affairs

Open-oriented Economy

Economic Development Zone

Port Administration

Modern Agriculture

Industry and Informatization

Commercial Service Industry

Tourist Industry

Urban & Rural Construction

Transportation & Post & Express

Water Services

Environment Protection

Finance & Taxation

Finance

Comprehensive Economic Administration

Science and Technology

Education

Culture & Press & Publication

Public Health & Medicine

Sports & Fitness

HR & Social Insurance

People's Livelihoods

An Overview of Each Town

Figures & Honors

Appendix

Index

聚力创新促转型　聚焦富民惠百姓
为打造独具魅力的精致城市而努力奋斗

——在市委十三届二次全体(扩大)会议上的报告

王　飏

(2016 年 12 月 20 日)

市委书记　王　飏

同志们：

这次全会的主要任务是，认真学习贯彻习近平总书记系列重要讲话精神，贯彻落实中央经济工作会议精神和省委、苏州市委各项决策部署，回顾总结今年工作，研究部署明年任务，动员全市各级党组织、广大党员干部群众，积极适应和引领经济发展新常态，聚力创新促转型，聚焦富民惠百姓，真抓实干，创新进取，为打造独具魅力的精致城市、建设"强富美高"新常熟而努力奋斗。

下面，我代表市委常委会，向全委会报告工作。

一、关于今年工作情况

今年是"十三五"开局之年，也是市镇两级换届之年。在省委和苏州市委的坚强领导下，市委团结带领广大干部群众，坚持稳中求进工作总基调，坚持新发展理念，以推进供给侧结构性改革为主线，统筹抓好稳增长、促转型、惠民生等各项工作，扎实推进精致城市建设，经济社会保持平稳健康发展，实现了"十三五"良好开局。

1. 精致城市展开新布局。围绕"十三五"规划确定的重点任务，明确责任分工，细化任务举措；制定《践行五大理念打造精致城市行动方案》，统筹推进五大类 16 项重点任务。供给侧结构性改革效应显现，关停落后产能和不达标企业 131 家，金融机构不良贷款率、商品住宅库存去化周期控制在合理区间，降低企业成本 44.2 亿元，新增上市公司和新三板挂牌企业 15 家。实施 5 大领域"补短板"工程，完成项目投资 63.9 亿元。

2. 经济质效实现新提升。经济运行保持在合理区间，预计全年实现地区生产总值 2112 亿元，增长 7.3%；一般公共预算收入 173 亿元，增长 10%；完成规上工业产值 3680 亿元，增长 2.1%；实现社会消费品零售总额 733 亿元，增长 8.5%，服务业增加值占 GDP 比重达 46.7%。高新技术产业、新兴产业产值占规上工业比重分别达到 37.1%和 50%；"三大主导"产业产值占规上工业比重突破 50%。新增国家

“千人计划”和省“双创计划”人才14人，大科园获批首批省众创集聚区试点。

3. 改革开放增添新活力。全市承担的16项省级以上改革试点取得阶段性成果，梅李镇经济发达镇行政管理体制改革、镇域综合执法改革通过省级评估，省科技创新体制“综改”扎实推进，服装城市场采购贸易方式试点获批。预计全年实际利用外资6.5亿美元，实现外贸进出口总额190亿美元。商事制度改革活力释放，个私经济累计注册资本超过1460亿元；实行建设项目模拟审批和联合审图，审批事项精简40.7%，即办件比例达到65.7%。深化国资国企改革，推进中法水务公司上市相关工作，加快文旅集团组建步伐。

4. 城乡统筹呈现新变化。“多规合一”基本完成“一张图”成果，“三优三保”试点扎实推进；三环路高架全线贯通，通港路、常沙线快速化改造等重大工程有序推进。建成保障性住房3180套，完成老住宅小区综合改造超过30万平方米。成功创建省优秀管理城市，被评为全国国土资源节约集约模范市。新建高标准农田(池塘)4.4万亩，列入农业部信息进村入户试点县；村级集体经济稳定性收入增长8.6%，经济薄弱村基本实现脱贫转化，农村土地承包经营权确权登记颁证基本完成。

5. 民生建设实现新突破。5大类20项民生实事工程加快推进，民生支出占一般公共预算支出比重达78%，全体居民人均可支配收入增速高于GDP增速。城乡基本养老保险、医疗保险覆盖率稳定在99.6%。推进医疗改革重点项目，建立分级诊疗机制，加强紧密型医联体建设。教育设施布局更趋合理，一批学校和幼儿园建成投用，高考主要指标实现苏州地区“六连冠”。构建“9064”养老服务模式，全市养老机构床位突破1.1万张。启动“七五”普法，成为全国县级市中唯一的普法先进“六连冠”城市。

6. 生态环境取得新成效。全力做好中央环保督察整改工作，实施948项大气污染防治工程和1283项水污染防治工程，全市空气环境质量优良率达到77%，PM2.5浓度较2013年同期下降27%，49个断面水质达标率达到67%。新增造林绿化面积80万平方米，成功承办第十届国际湿地大会，荣获湿地建设最佳典范奖、全国首个生态建设示范市称号。

7. 文化建设得到新发展。开展历史文化名城命名30周年系列纪念活动，完成文庙修复工程。《让国南来—仲雍》入选省、苏州市社科优秀成果奖。全国文明城市创建取得阶段性成果，1人入选中国好人榜，钱敏丹家庭获评全国文明家庭。成功举办江南文化节暨沙家浜旅游节，推进文化惠民工程，荣获全国“书香城市”称号。

8. 党的建设展现新气象。认真抓好十八届六中全会和省市党代会精神的宣传贯彻，深入开展“两学一做”学习教育，扎实推进法治型党组织建设。成功召开市第十三次党代会，严密组织市镇村换届工作，严格执行“九严禁”纪律规定，成立3个换届风气巡查组，圆满完成市镇两级党委、村(社区)“两委”换届选举工作，实现了换届风清气正。优化调整党风廉政建设“责任清单”，开展作风建设专项督查，立案查处违反中央八项规定精神案件26起。对3家单位开展巡察工作，2家单位开展巡审联动监督试点，机关作风效能得到进一步提升。市委支持人大、政府、政协围绕发展行使职权、履行职能，老干部工作、统战工作、群团工作、党管武装工作得到加强，荣膺全国双拥模范城“四连冠”。

这些成绩的取得，是上级党委正确领导的结果，是全市干部群众团结实干的结果，也是广大老同志关心帮助、全社会协力支持的结果。在此，我代表市委常委会向全市广大干部群众表示衷心的感谢和崇高的敬意！

看到成绩的同时，我们也要充分认识到发展中还存在不少困难和问题，主要表现在：经济下行压力依然较大，创新动力转换还不快，区域竞争压力增大，板块发展不平衡性有所扩大；生态建设、社会治理、安全生产等任务仍然艰巨；少数干部担当精神有待进一步提升。对此，我们必须高度重视，采取有力措施，切实加以解决。

二、关于做好明年工作

明年是实施“十三五”规划的重要一年，也是推进供给侧结构性改革的深化之年，我们将迎来党的十九大胜利召开。分析明年形势，我们既要看到国际宏观环境依然复杂趋紧，我国经济发展新常态的特征更加明显，诸多风险挑战与改革发展稳定难题交织叠加，稳中求进仍然是工作的总基调；也要看到我国经济发展企稳回升的势头，结构调整呈现许多亮点，我们仍处于可以大有作为的重要战略机遇期。省第十三次党代会确定了“两聚一高”奋斗目标，勾画了江苏未来五年发展的蓝图。聚力创新，大势使然；聚焦富民，民心所盼。我们要始终坚持发展第一要务不动摇，把创新的氛围造得更浓，把富民的举措抓得更实，使发展取向、工作导向、奋斗指向都更加鲜明、更加突出、更加集中，创新富民再出发，再创发展新优势。

明年工作的指导思想是：全面贯彻党的十八大、十八届三中、四中、五中、六中全会精神，深入学习贯彻习近平总书记系列重要讲话特别是视察江苏重要讲话精神，按照省市党代会部署，统筹推进“五位一体”总体布局，协调推进“四个全面”战略布局，坚持稳中求进工作总基调，牢固树立和贯彻落实新发展理念，适应把握引领经济发展新常态，坚持以提高发展质量和效益为中心，以推进供给侧结构性改革为主线，聚力创新，聚焦富民，构筑“两大高地”，打造精致城市，全面做好稳增长、促改革、调结构、惠民生、防风险各项工作，促进经济平稳健康发展和社会和谐稳定，以优异成绩迎接党的十九大胜利召开。

根据这样的形势和要求，明年重点做好三篇文章：

——以创新转型为动力，做好产业强市文章。城市要强，产业必须强；产业要强，科技必须强。要以创新主导发展、以创新赢得先机，坚持存量创新与增量创新并重，创新业态与创新生态协同，培育特色产业，打造地标企业，全力构筑先进制造业高地和产业科技创新高地，形成常熟创新领域“高原”与“高峰”并存的良好局面，交出常熟“创新四问”的满意答卷。

——以民生优先为导向，做好富民惠民文章。富民是创新发展的出发点，民富是精致城市的落脚点。要把富民惠民作为抓发展促改革的鲜明导向，把鼓励创业扩大就业作为富民的主要抓手，把拓宽农民增收渠道作为富民的重中之重，把实施民生“补短板”工程作为富民的有力保障，把改革创新作为富民的重要保证，打好富民惠民“组合拳”，努力实现富民增收与经济发展同步，让老百姓有更强的获得感和更多的幸福感。

——以培育亮点为抓手，做好增创特色文章。特色就是名片，特色就是影响力。要把精致城市建设统一到“两聚一高”内涵要求上，坚持“重点工作重点抓、特色工作特别抓”，全力增创产业发展特色、生态环境特色、历史文化特色、改革创新特色，通过创特色来增强精致城市影响力，形成各个板块竞相攀高、亮点纷呈的“百花园”。全体党员干部要进一步提振担当实干精神，增强攻坚克难锐气，创新思路，久久为功，在“两聚一高”实践中干在实处、走在前列。

明年全市经济社会发展主要预期目标是：地区生产总值增长7.5％左右；一般公共预算收入增长7.5％左右；工业总产值增长2％，规模以上工业产值增长3％，工业增加值率达22％；高新技术产业、新兴产业产值占规上工业比重分别达38％和51％；完成全社会固定资产投资580亿元；服务业增加值占GDP比重47％；社会消费品零售总额增长8.5％左右；实际利用外资7亿美元；全社会研发经费支出占地区生产总值比重2.5％；全体居民人均可支配收入保持与GDP同步增长；完成上级下达的节能减排、环境治理任务。重点抓好七方面工作：

1. 着力推进经济转型升级，在聚力创新上有更大突破。突出科技创新在转变经济发展方式中的支撑引领作用，集聚高端要素，发展高端产业，加快结构调整和动力转换，实现更高质量、更可持续的“精明增长”。

聚力做特产业。坚持“以先进制造业为主、以特色产业为主、以骨干企业为主”，有所为有所不为，做大汽车产业，做强装备产业，做深服装产业，打造三大千亿级产业集群，加快发展新能源、新材料、新一代信息技术、生物医药及高端医疗器械、节能环保等新兴产业，构建“3＋5”特色产业体系。着力做强“4＋3”现代服务业特色产业，培育集聚现代物流、金融服务、全域旅游、现代商贸四大基础服务业和电子商务、汽车服务、总部经济三大新兴服务业，打造现代服务业集聚区和服务业创新型企业。加快发展城市经济，培育壮大数字经济、创意经济、分享经济和平台经济等新业态。深入推进农业供给侧结构性改革，把增加绿色优质农产品供给放在突出位置，加快推进高标准农田建设，大力发展优质水稻、特色水产、高效园艺，促进主导产业提升、特色产业扩面、多元复合经营，促进产业融合发展，广辟农民增收致富门路。

聚力做强科技。集聚创新要素资源，制定实施“创新四问”专项行动计划，突出创新与开放“双轮驱动”，更大力度通过“引进来”促进自主创新，引进一批高质量的研发中心、技术中心，引进更多原创成果落户常熟。强化企业主体地位，强化政府支撑力，实施“科技小巨人”培育计划、高新技术企业倍增计划，鼓励骨干企业加大研发投入，推进智能化改造，支持企业上市，推动企业并购，加快培育创新型地标企业。完善重大创新载体功能布局，加快建设常熟产业技术创新中心，推动国家大学科技园、科创园等一批综合性创新载体整合资源、集成功能，重点打造中国智能车综合技术研发与测试中心、省产业技术研究院智能液晶所、北大分子工程苏南研究院等专业性平台，并以创新平台为支撑打造特色产业园。深入推进省科技创新体制“综改”试点，构建竞争力强的创新生态系统，打造知识产权“零侵权”城市。实施领军人才“集聚工程”、紧缺人才“提升工程”、高技能人才“支撑工程”，以人才链对接产业链，以人才优先发展引领产业创新发展。

聚力做实企业。坚持把提升存量企业竞争力作为厚植实体经济优势的重要途径，加大对实体经济企业支持力度，培育壮大规模骨干企业集群，促进企业规模、质量、效益同步提升。大力弘扬“工匠”精神，进一步提振广大企业家信心，依法保护企业家财产权益和创新收益，使企业家的创新动力充分释放、创新才智充分涌流，激发全社会的创新创业活力。大力推进“机器换人”、“信息化＋制造业”行动，支持纺织、机械等传统行业企业开展智能化、绿色化改造，鼓励龙头企业以品牌资源优势开展产业链垂直整合、兼并重组和服务化融合转型。完善企业上市挂牌机制，推动更多企业进入多层次资本市场。

聚力做稳经济。充分发挥有效投资对稳增长调结构的关键作用，扎实推进145项重点工业内外资项目、服务业项目和157项政府投资项目，建立完善重大项目推进机制，切实增强投资质量和后劲。坚持“破旧”和“立新”并举，制定实施产业准入负面清单，有序化解过剩产能，坚决淘汰落后产能，为发展高端产业腾出空间。全面落实降成本政策措施，充分发挥营改增等减税降费政策效应，千方百计帮助企业降本增效。优化政府服务，建立工业企业资源集约利用信息系统平台，建立运行分析数据库，做好企业“健康体检”，加强重点领域风险防控，增强经济增长的稳定性和可持续性。

2. 着力提升开放型经济竞争力，在改革开放上有更大突破。更加主动地融入国家对外开放大战略，加强与长三角区域发展一体化的战略互动，推进企业、城市、人才国际化，以开放促改革、促创新、促发展。

增创开放型经济新优势。推动外贸向优质优价、优进优出转变，加快转变外贸增长方式，不断优化出口企业主体结构和产品结构，以高质量的商品、集成化的服务赢得国际市场。全力推动服装城市场采购贸易方式试点，积极探索“市场采购贸易＋跨境电商＋一般贸易”的新型模式，把服装城打造成国内功能最强的纺织服装行业外贸综合交易平台。创新招商体制机制，瞄准中高端环节开展“强链”、“补链”精准招商，提高引资质量和水平，争取“十三五”期间全市新增产业投资2000亿元。深度参与“一带一路”和“长江经济带”建设，加快企业“走出去”步伐，增强国际化经营能力，在参与国际产业合作中增创竞争新优势。

构建高效开放载体平台。瞄准省内前茅、全国一流目标，大力推进“两区两园”创新转型，建设1－2个千亿级产业基地，着力把经开区打造成高端制造“引领区”，把高新区打造成科技创新“核心区”，把虞山镇打造成城市经济“集聚区”。深化区镇联动，提升乡镇特色产业和特色园区建设水平，实现融合互动、优势互补、竞相发展。复制上海自贸区改革创新经验，加强海关特殊监管区域整合优化，推动综保区贸易多元化试点，落实区域通关一体化等改革举措，构建法治化国际化便利化的营商环境。

扎实推进重点领域改革。深入推进“三去一降一补”，主攻方向是提高供给质量，根本途径是深化改革，最终目的是满足需求。要着力减少无效和低端供给，扩大有效和中高端供给，提高劳动生产率，提高全要素生产率，提高潜在增长率。全力抓好重点改革事项，扎实推进行政审批制度改革、行政执法体制改革、行政管理体制改革、社会管理领域创新，全力打造常熟改革“标志”。深化财税和投融资体制改革、国资国企改革，重点抓好300亿规模产业升级基金、绿色发展基金、城市发展基金的使用管理。健全完善改革督察机制，鼓励各条线加大对上争取力度，争取更多改革试点落户常熟，取得一批先行先试成果，发挥对面上改革的示范带动效应。

3. 着力促进城乡均衡协调，在统筹发展上有更大突破。顺应以城市群为主体形态推进城镇化的大趋势，精准定位城市“成长坐标”，推进城镇空间集约布局、城市品质优化提升、城乡区域均衡发展。

高水平优化城市规划。确立“紧凑城市”、全域规划理念，完成城市总体规划修编，突出“多规合一”引领作用，完善规划“一张图”信息系统功能，强化规划管理和执行，推动城市发展由外延扩张向内涵提升转变。结合城市整治更新，进一步优化历史文化街区保护规划，加强城中村改造规划研究，调整完善各类控制性详规和专项规划，增强城市内部布局合理性，提高城市发展宜居性。

高质量推进城市建设。精心开展琴湖片区、城铁核心区等重点区域的城市设计，高水平实施南门坛上历史街区综合整治、虞山步道等工程，打造一批精品建筑、精致街区，传承和彰显常熟城市特有的山水风貌、地域特色、建筑风格、民俗风情等“基因”。按照“接轨上海、融入苏州”的目标，优化“城际快速出行、板块快速沟通、枢纽快速对接”的交通网络格局，加快建设快速路网体系，推进与苏州绕城高速、中环快速和高铁北站对接，与沪通铁路和上海方向对接，与无锡硕放机场和高铁站对接，着力构建大交通格局。推进“服务更加智慧、运营更加高效、市民更加满意”的公交惠民工程，提升公交运行效率。统筹实施海绵城市项目、园林绿化、供电供气等设施建设，改善城乡服务功能，提升城市整体形象。加大城区房屋征收搬迁力度，为重点城建工程推进提供保障。

高效能强化城市治理。创新中心城区管理体制机制，深化镇域综合执法改革，深入推进网格化管理，构建高效有序的城市管理体制。抓好城区私房建设管理工作，巩固提升城市管理“百日提升”行动成果，落实长效管理机制，不断改善老城区背街小巷、城郊结合部等环境面貌，实现城市管理的常态化、精细化。加快“智慧城市”重点项目建设，推进智慧公安、智慧教育等系统集成，促进大数据、物联网、云计算等信息技术与城市管理服务融合，提高城市管理和服务体系智能化水平。

高标准推进城乡一体。加强统筹设计和政策综合配套，深入推进以人为核心的新型城镇化，逐步实现城乡居民基本权益平等化、城乡公共服务均等化、城乡居民收入均衡化、城乡要素配置合理化、城乡产业发展融合化。充分发挥梅李、海虞等经济发达镇、新型城镇化综合试点镇的改革示范效应，全面提升新型城镇建设管理水平，积极探索以产兴城、以城促产、宜居宜业、绿色生态的特色小镇建设新模式。完善被撤并乡镇集镇基础设施和公共服务设施，优化管理服务，保持生机活力，使其成为连接农村和城镇的重要节点。深化农村各项改革，积极推动社区股份合作社股权固化改革，稳步推进“政经分离”。加强村级财力建设，保持村级经济健康均衡发展。推进“幸福镇村”工程，实施“村道改善”工程，完成50个组团式村庄综合整治，加强农村住宅规划建设管理，提升农民生活、农业生产和农村生态综合水平。

4. 着力加强文化名城保护，在文化强市上有更大突破。把放大文化名城效应贯穿于精致城市建设全过程，加快建设文化强市，充分彰显常熟国家历史文化名城的特色和优势。

发展先进思想文化。坚持用中国梦和社会主义核心价值观凝聚共识、汇聚力量，大力弘扬以爱国主义为核心的民族精神和以改革创新为核心的时代精神，丰富拓展“崇文、尚和、创新、超越”的城市精神。落实意识形态工作责任制，把握正确舆论导向，强化重大主题宣传，推进传统媒体与新兴媒体深度融合，弘扬主旋律，汇聚正能量。推进网上舆论生态治理，发展积极向上的网络文化，组建网络安全和信息化工作机构，加强和改进社会舆情引导，升级互联网信息发布与宣传管理平台。加强外宣能力建设，传播好常熟声音，讲好常熟故事，提升城市美誉度和影响力。

提升文化软实力。坚持大视野看文化、大格局做文化、大气度育文化，提升精致城市内涵。按照“系统谋划、突出重点，科学规范、稳步推进，传承保护、综合利用”的原则，持续推进历史文化名城保护，形成“一主、两副，三区、多点”空间保护框架。以“琴川河三街区两名镇”保护更新为重点，持续推进琴川河风貌带建设，加快推进南泾堂、西泾岸、南门坛上三个历史街区保护建设，以及沙家浜、古里两个中国历史文化名镇保护建设，留住历史文脉，彰显古城风貌。大力推动本土文化“走出去”，加强虞山文化流派的学术研究，实施文艺精品创作工程，继续办好江南文化节、沙家浜旅游节、服装服饰博览会等活动，放大文化名城效应。实施文化惠民工程，做大做强文化创意、文化旅游两大产业集群。大力繁荣农村文化,推进农村基层公共文化设施提档升级,加强文化人才队伍建设,全力打造“书香常熟”品牌。

提高社会文明程度。加强社会公德、职业道德、家庭美德和个人品德教育,增强国家意识、法治意识、社会责任意识。注重在落细落小落实上下功夫,继续开展道德模范、最美人物、身边好人、文明家庭等培育选树活动,不断提高市民文明素质。全面落实创建全国文明城市迎检方案,推动集中整治向常态化延伸,着力构建“层层有人抓、事事有人管、项项有指标、限时必达标”的创建体系,确保如期创成全国文明城市。推动志愿服务和诚信建设制度化,完善志愿服务一体化管理体系,充分发挥义警等志愿组织作用,加强学校思想政治工作和未成年人思想道德建设,打造精神文明建设的标志性品牌。

5. 着力保障和改善民生,在富民惠民上有更大突破。按照坚守底线、突出重点、完善制度、引导预期的要求,尽力而为、量力而行,持续推进民生实事工程,实现经济发展与民生改善的良性循环。

增加居民收入。积极促进创业、巩固充分就业,强化高校毕业生的就业服务和创业指导工作,加强失业动态监测,确保城镇和社会登记失业率控制在3%以内,高校毕业生就业率稳定在95%以上。全面实施创业富民工程,支持农民自主创业、转移就业,培育新型职业农民,推进农村土地“三权分置”,积极推动经营权抵押贷款试点,不断提高农民财产性、经营性收入比重。重点对全市1.2万名纳入各类救助的低收入对象建档立卡、综合施策、精准帮扶,确保全市人民在小康路上一个不少、一户不落。健全公共财政体系,完善转移支付制度,形成收入水平与发展水平相协调的机制。加强劳务市场长效管理,从源头上遏制和打击非法用工行为,确保社会和谐稳定。

优化公共服务。以标准化推动城乡公共服务均等化,坚持教育优先发展,健全社会资本办学扶持政策,优化教育资源配置,促进义务教育均衡发展;实施“名城名校”融合发展,稳妥推进“县管校聘”改革,完善城乡教师交流工作机制,实施新市民子弟学校提升行动计划。实施社会化办医改革,试点推进社会资本举办医疗机构,积极推进分级诊疗,实施健康市民“531”工程,完善家庭医生签约服务机制;加强基层医疗卫生机构建设,继续推进紧密型医联体建设,提升基层卫生服务能力。扎实推进教育、卫生等领域高层次人才培养,统筹加强人才队伍建设。增强公共体育服务供给,促进健身休闲产业发展。加强城区民生“补短板”,继续推进大院户改造,完善城区公共停车设施,加强停车秩序管理,优化社区办公用房供给。

完善各类保障。完善保障制度设计,实施机关事业单位养老保险改革,深化职工医保和居民医保管理体制整合,加快生育保险与医疗保险合并,推进医保支付方式改革,提高居民基本医疗保险筹资标准和待遇水平,加快建立统筹衔接顺畅、保障层次多元、覆盖人群广泛、体制机制科学、管理服务高效的现代社会保障制度。推进公办养老机构社会化改革,统筹和整合全市敬老院和基层卫生院等资源,建设“医养结合”型养老机构。完善住房保障体系,推进棚户区、危旧房改造,解决低收入家庭住房问题。

6. 着力推进生态环境建设,在绿色发展上有更大突破。深入践行绿色发展理念,把握好环境保护和经济发展的最佳结合点与平衡点,推进生态环境源头减负、系统治理,守护青山绿水,留住蓝天白云。

狠抓环境综合治理。落实中央环保督察整改要求,实施“两减六治三提升”专项行动,实施重点领域、重点区域和重点行业专项整治,解决一批突出环境问题。推进沿江化工行业优化提升整治,利用三年时间,全市化工企业总量在2016年底基础上压减30%,化工集中区内企业数占全部企业数的比例达到55%,化工集中区内85%的企业达到安全生产标准化二级水平。着力打好治气、治水、治土三大攻坚战,抓好挥发性有机物治理、燃煤锅炉整治、工地扬尘控制、车船尾气防治等重点任务,不断改善空气环境质量;严格落实“河长制”和“断面长制”,推进太湖、阳澄湖、望虞河等流域水环境综合整治,深入实施畅流活水工程,促进河湖水质明显提升;出台“土十条”实施方案,开展土壤环境质量详查。加强环境基础设施建设,完善垃圾处理基础设施,建成投运餐厨垃圾处理项目和污泥干化焚烧项目,启动城东、城北水质净化厂及配套系统工程,开工建设生活固废终端处置场、第二生活垃圾焚烧厂扩建项目;完善城区、集镇区污水收集管网,实施1.3万户农户分散式污水治理工程。持续开展绿色常熟建设,提升城市绿化品质,新增绿化面积50万平方米。

促进资源集约节约。落实主体功能区战略,严守城市开发边界、耕地保护和生态保护红线,推进经济、人口、资源环境在空间上合理均衡分布。全面开展“三优三保”行动,加大村级工业用地整合优化力度,完善产业用地评估机制,最大限度优化配置和节约集约利用土地资源。加大节能减排力度,严格执行化工、印染、造纸等项目的准入政策,严格控制高耗能高排放行业增长,全面完成电力行业超低排放改造,积极推广使用清洁能源,培育一批“能效之星”企业。大力发展循环经济,实施园区循环化、生态化改造,打造一批产业废物综合利用、再制造等示范试点。

完善生态制度体系。推进生态环境保护制度综合改革试点,构建常熟经济社会发展绿色评估体系,制定绿色生态创建三年行动计划,建立生态文明建设督办考核机制。健全资源有偿使用和生态补偿制度,建立以排污许可证制度为核心的环境管理体系,推进排污权有偿使用与交易试点,探索环境资源限额分配、有偿转让机制。落实环保垂直管理改革,加强镇域环保执法能力建设,完善“市镇村企”四级环境监管网格,强化环保执法司法联动机制,坚持对环境违法行为零容忍、严处罚。建立健全环境信息公开制度、环境信用评价体系和企业环境管理自律体系,深入开展生态文明细胞工程建设,积极发展环保公益组织,引导全社会共同参与生态环境保护。

7. 着力推进社会治理创新,在依法治市上有更大突破。

坚持以人为本发展理念,创新社会治理,深入推进法治常熟和平安常熟建设,不断夯实社会和谐稳定根基。

提升依法治市水平。以法治型党组织建设为引领,坚持法治和德治相结合,深入实施"七五"普法教育,弘扬法治精神,培育法治文化,强化规则意识,推动形成法治共建、发展共享、和谐共处的法治生态。深入推进依法行政,严格落实政府权力清单和责任清单,规范决策程序,推进重大行政决策目录化管理和网上运行,着力打造法治政府。建立健全社会征信系统和诚信奖惩机制,抓好企业主体诚信教育,探索建立企业信用评价和联合惩戒机制,营造守信得益、失信受限的市场竞争环境。有序推进司法体制改革,深化司法公开,维护社会公平正义。

加强社会治理创新。深化村(社区)网格化服务管理,建设乡镇社会综合管理服务平台,实施公安大数据建设三年规划,启动智能采集、智能门禁、智慧门牌系统建设,提高城市打防控一体化水平。突出社会治安重点地区、重点问题整治,集中整治"三合一"、无证经营、黑网吧等顽疾,实现长效管理、精细管理。严格落实社会稳定风险评估机制,加强和改进信访工作,完善社会矛盾纠纷预防和多元化解机制。创新安全生产管理体制机制,健全网格化监管措施,深化重点领域安全隐患排查整治,坚决遏制重特大安全生产事故发生。完善公共安全体系建设,加强食品药品安全监管、道路交通安全、消防安全、危险物品安全管理,提升综合保障水平和应急处置能力,确保社会大局和谐稳定。

加强民主法治建设。坚持中国特色社会主义政治发展道路,坚持党的领导、人民当家作主和依法治市有机统一,巩固和发展民主团结、政通人和、生动活泼的政治局面。精心做好市镇两级人大、政府和市政协换届工作,确保换届选举风清气正、顺利完成。支持和保证市人大及其常委会依法行使职权,提升人大代表履职能力。推进协商民主广泛多层制度化发展,充分发挥民主党派、工商联、无党派人士的作用,加强统战工作,凝聚各方面的力量智慧。坚持党建带群建,落实《加强和改进党的群团工作实施意见》,创新群团工作体制机制,支持工会、共青团、妇联等群团组织依法依章程开展工作。强化党管武装,推进军民融合深度发展,巩固和发展军政军民团结。

三、扎实推进全面从严治党

全面从严治党,是党的十八大以来党中央抓党的建设的鲜明主题。各级党组织要坚持抓思想从严、抓管党从严、抓执纪从严、抓治吏从严、抓作风从严、抓反腐从严,营造良好政治生态,为打造精致城市积聚强大正能量,为实现常熟"强富美高"提供坚强保证。

1. **牢牢把握正确政治方向。**深入学习贯彻习近平总书记系列重要讲话精神,把握核心要义,坚定理想信念,牢记为民宗旨,切实增强"四个自信"。继续深入开展"两学一做"学习教育,充分发挥党校主阵地作用,扎实推进学习型党组织建设。坚持思想建党和制度治党紧密结合,把严守政治纪律和政治规矩放在第一位,牢固树立政治意识、大局意识、核心意识、看齐意识,在思想上政治上行动上始终与以习近平同志为核心的党中央保持高度一致,坚决维护党中央的权威,切实做到党中央提倡的坚决响应、党中央决定的坚决执行、党中央禁止的坚决不做,确保中央大政方针和省委、苏州市委决策部署在常熟落地生根。

2. **切实落实管党治党责任。**充分发挥党委总揽全局、协调各方的领导核心作用,突出把方向、管大局、作决策、保落实,完善党委全会、常委会、党组会议工作机制,有效实施党对各个领域的领导。各级党组织要认真履行全面从严治党主体责任,牢固树立"抓党建是最大政绩"的理念,强化抓好党建是本职、不抓党建是失职的责任意识;党委(党组)书记要认真履行第一责任人职责,把党要管党、从严治党作为应尽之责、分内之事,敢管敢治、严管严治、长管长治。要把责任追究作为全面从严治党的重要利器,层层传导压力,以常态化问责倒逼责任落实。

3. **严格规范党内政治生活。**从党内政治生活严起,认真执行《关于新形势下党内政治生活的若干准则》,着力增强党内政治生活的政治性、时代性、原则性和战斗性。严格执行民主集中制,坚持集体领导制度,坚持科学决策、民主决策、依法决策。进一步规范机关基层党组织建设,坚持"三会一课"制度,抓好专题民主生活会和领导干部双重组织生活会,用好批评与自我批评有力武器,使广大党员干部思想受到洗礼,灵魂受到触动。畅通党员参与讨论党内事务的途径,拓宽党员表达意见渠道,促进党内生活制度化、常态化、规范化。

4. **着力打造高素质干部队伍。**深入贯彻新时期好干部标准,进一步健全优化干部选拔任用机制,完善干部政策,做到公道对待干部、公平评价干部、公正使用干部。建立常态化考评机制,制定出台《市管党政领导班子和领导干部综合分析研判实施办法》,真正使选出来的干部组织放心、群众满意、干部服气。注重选好配强党政"一把手",优化班子结构,提升整体功能。深化干部人事制度改革,在坚持从严监督管理、推进干部能上能下的同时,抓住想干事、敢干事这两个关键点,出台鼓励党员干部干事创业容错免责实施办法,健全正向激励机制,促进干部创造性开展工作。坚持组织需求、岗位需求、干部需求有机结合,抓好换届后各级领导干部分层分类培训,加大优秀年轻干部培养选拔力度,优化干部培养路径,加强干部交流,统筹做好女干部、党外干部选配工作。切实加强党管人才工作,精准聚才育才用才,进一步提高人才工作科学化水平。

5. **持续强化基层组织建设。**立足"抓基层、打基础",全面实施党建责任全流程制度化、党内政治生活规范化、党员教育管理智能化、党建创新工作项目化、基层组织建设有形化等"五化工程"。实施党委抓党建"补短板"工程,深化基层服务型党组织和法治型党组织建设,推进软弱涣散基层党组织整顿,开展基层党组织"精致城市、先锋行动",推动全市各级党组织有作为、干部有担当、党员有形象。突出抓好国有企业、工业园区、非公有制经济组织和社会组织党建工作，不断巩固和扩大党的组织覆盖和工作覆盖，打造一批可看可学的基层党组织先进典型。

6. 积极营造清明政治生态。压实党风廉政建设“两个责任”，坚持纪严于法、纪在法前，严格执行党章和廉洁自律准则、纪律处分条例、党内监督条例、问责条例等党规党纪，用好监督执纪“四种形态”，着重突出“第一种形态”，加大谈话、约谈、函询力度，使拉耳扯袖、红脸出汗成为常态。持之以恒抓好中央八项规定和省市委各项规定精神的落实，健全完善作风建设制度规定，注重用制度管人管事，加大“四风”问题曝光力度，严肃查处群众身边的不正之风。深化巡察工作，组建市委巡察办公室，扎实开展常规巡察和专项巡察，强化巡察成果运用，实现巡察工作全覆盖。坚持有腐必反、有贪必肃，以坚定的决心、有力的措施，持续保持惩治腐败的高压态势，充分发挥惩治的综合功效。注重源头治理，加强反腐倡廉教育和廉政文化建设，注重家庭、家教、家风，完善领导干部廉洁诚信积分管理办法，着力构建不敢腐、不能腐、不想腐的体制机制。以良好的党风促政风带民风，积极推进廉洁社会建设，在全社会营造崇尚廉洁、崇尚法治的良好风气。

同志们，目标催人奋进，实干成就伟业。让我们紧密团结在以习近平同志为核心的党中央周围，奋发进取，真抓实干，勇攀高峰，努力建设“强富美高”新常熟，共创全市人民更加幸福美好的生活，以优异成绩迎接党的十九大胜利召开！

政府工作报告

——在市十五届人大一次会议上

代市长　周勤第

（2017年1月5日）

代市长　周勤第

各位代表：

现在，我代表常熟市人民政府，向大会报告工作，请予审议，并请市政协委员和其他列席人员提出意见。

本届政府的工作回顾

五年来，本届政府在中共常熟市委的正确领导下，团结带领全市人民，主动适应经济发展新常态，抢抓机遇，奋力攻坚，较好地完成了市十四届人大历次会议确定的各项目标任务。

五年间，全市综合实力稳步提升，预计地区生产总值年均增长8.2%、达到2112亿元，一般公共预算收入年均增长7.2%、达到173.6亿元，社会消费品零售总额年均增长11.5%、达到733亿元，全社会固定资产投资累计完成3180亿元，外贸进出口规模稳定在200亿美元左右，始终保持全国百强县（市）前列。

五年来，我们全力促转型调结构，发展质效持续提升。

新型工业化深入推进。工业总产值达到4558亿元、年均增长1.3%。产业结构持续优化，汽车及零部件、装备制造、纺织服装“三大主导产业”产值1850亿元，占规模以上工业产值比重达到50%；新兴产业、高新技术产业产值占规模以上工业产值比重分别提升3%和12%。企业竞争力有效提升，培育“专精特新”产品72个、“小巨人”企业18家、双创“313”企业100家；新增上市和新三板挂牌企业36家，新增中国驰名商标8件、累计达25件。

服务经济快速增长。服务业增加值年均增长8.7%，高于GDP增速。生产性服务业占服务业增加值比重提升至58%，服装城市场交易额达到1378亿元，新增总部企业6家，被商务部认定为全国首批电子商务进农村综合示范县（市）。新增金融机构27家，金融业增加值年均增长12.2%。旅游业总收入年均增长8.8%，获批联合国世界旅游组织旅游可持续发展中国观测点，沙家浜·虞山尚湖旅游区荣膺国家5A级景区。

现代农业稳步发展。农业总产值年均增长4.8%。农业基础设施不断完善，新增高标准农田21.2万亩，农业机械化水平达到90%。新增各类农村新型合作组织300家，农村土地适度规模经营比重提升至90.3%。国家农业科技园区建设初见成效，常熟都市农业通过科技部首批“星创天地”备案。

五年来，我们合力抓改革促开放，发展动能持续增强。

重点改革有序推进。承担30多项省级以上改革任务，镇域综合执法、梅李镇“强镇扩权”等改革取得阶段性成果。新一轮政府机构改革基本完成，事业单位分类改革完成初步分类。“放管服”改革不断推进，下放行政处罚权603项、经济管理和公共服务权限121项，行政审批事项精简40.7%。不动产统一登记制度改革顺利完成。“三证合一、一照一码”等商事制度改革全面推进，五年净增民营经济注册资本558亿元，累计达到1460亿元。农村改革持续深化，农村土地承包经营权确权登记颁证基本完成，社区股份合作社股权固化改革启动率60%。财税体制改革扎实开展，基本形成现代预算制度框架体系。国资国企改革初见成效，可考核经营性国有资产年均增长8.6%。

创新能力持续提升。深度融入苏南国家自主创新示范区建设，开展省科技创新体制综合改革试点，被确定为国家知识产权示范市，高新区升格为国家级高新区。全社会研发经费支出占地区生产总值比重提升至2.45%，万人有效发明专利拥有量增加至23.5件，高新技术企业达到347家。科技镇长团作用充分发挥，产学研合作富有成效，全面完成科技创新载体100万平方米建设任务，共建国家大学科技园和25家驻常大学研究院，全市人才总量、高层次人才数量是2011年的1.8倍和2倍。连续举办四届中国智能车未来挑战赛。

开放经济量稳质升。主动对接上海自贸区，融入“一带一路”等国家对外开放大格局，推进口岸大通关改革，出口加工区转型为综合保税区。五年累计实际利用外资46.4亿美元，常熟港货物吞吐量3.8亿吨、集装箱吞吐量176万标箱。外贸结构不断优化，一般贸易出口比重达到54.8%。“走出去”步伐加快，中方协议投资额累计8.5亿美元。

五年来，我们聚力谋统筹优建管，城市品质持续优化。

城乡布局更加合理。全面推进“多规合一”、“三优三保”，新一轮镇总体规划修编圆满完成，“一城四片区”和小城市集聚发展格局基本确立。城市更新步伐加快，完成179万平方米老住宅小区综合改造。统筹城乡发展，扎实推进农村重点基础设施建设“六大工程”，累计竣工交付城乡一体化示范小区404万平方米，城镇、农村生活污水处理率分别达95%和65%，建成苏州市美丽村庄13个、康居乡村150个，常住人口城镇化率提高5个百分点。

城市功能不断完善。基础设施建设得到加强，新建城乡道路109公里，提档升级镇村公路100公里，供电、通讯、供水等能力提升较大。智慧城市形成基本框架，建成数据交换中心和五大数据库，荣获中欧绿色和智慧城市奖。服务配套更加完备，提升改造集贸市场17个，城乡公交实现无缝衔接，投放公共自行车1.2万辆。城市管理效率提高，“网格化”和“大联动”机制全面建立，城乡环境综合整治行动持续开展，国家卫生城市通过复审，创建成为省优秀管理城市。

生态质量稳步提升。生态文明建设制度体系基本建立，生态红线保护区域占国土面积比例增加到20%，建成120平方公里核心生态圈。五年生态环保投入111亿元，实施流域水环境治理、畜禽养殖整治、生活垃圾处理、生态湿地修复等重点工程，在全国率先创新农村生活污水分散式处理模式，省考断面Ⅲ类以上地表水比例、林木覆盖率、自然湿地保护率分别提升10%、8%和9.8%。完成上级下达节能减排任务，单位建设用地GDP产出提升至36万元/亩，被评为全国国土资源节约集约模范市。

五年来，我们着力增供给补短板，民生福祉持续增进。

社会保障体系更加健全。民生实事逐年推进，民生支出占一般公共预算支出比重达到78%。居民人均可支配收入达到44750元，年均增长9.7%。积极扩大就业，每年新增就业岗位7万个以上，城镇登记失业率控制在3%以内，本市籍高校毕业生就业率保持在95%以上。实现城乡养老保险制度衔接，启动职工医保和居民医保管理体制整合，主要险种参保率均超过99%，居民基本医疗保险人均筹资标准提高到800元，大病补充医疗保险开启市场化模式，每年用于救助帮扶的资金超过1.4亿元，发放社会保障卡115万张。征地补偿和被征地农民保障制度基本健全。改革住房保障政策，全面实施货币化补贴，五年安置保障家庭1160户，新开工保障性住房15600多套，新增缴存住房公积金职工35.6万人。市敬老院建成投用，全市养老床位数突破1.1万张，镇级居家养老服务管理中心实现全覆盖。军政军民关系融合，实现全国双拥模范城“四连冠”。

社会事业加快发展。教育现代化建设取得成效，教育资源布局日趋合理，实施校安工程56.8万平方米，世界联合学院常熟分院、实验中学崇文校区、报慈小学等一批学校建成投用，完成国标校车升级，高考主要指标实现苏州市“五连冠”，高等教育毛入学率70%，成为全国首批义务教育均衡发展县(市)。公立医院改革全面推开，药品零差率全面实施，中医院扩建、三院迁建竣工投用，新改扩建社区卫生服务中心(卫生院)10家，基本建成“15分钟健康圈”，公共卫生服务人口覆盖率100%，“单独二孩”政策有序推进，人均期望寿命提高到82.4岁。文体事业加快发展，建成江南文化艺术中心、公共体育服务中心，学校体育设施向社会免费开放率达73%，人均公共文化和体育设施面积分别达0.35平方米和3.78平方米，基本建成“10分钟体育健身圈”，成功创建国家公共文化服务体系示范区、省公共体育服务体系示范区。建成公共信息服务平台，发放市民卡123万张。

社会大局和谐稳定。全社会文明素养得到提升，成为全国唯一的普法先进“六连冠”县(市)，获得全国文明城市提名资格。“平安常熟”建设成效突出，刑事发案数连年下降。新市民积分管理不断完善，累计办理入学入医入市民卡18.8万人次。金融生态环境保持良好，安全生产形势总体平稳，防灾减灾工作扎实有效,食品药品安全工作得到加强,信访工作取得成效,群众安全感满意度进一步提升。民族宗教、侨台事务、人民防空、统计、气象、外事、档案、地方志、工会、共青团、妇女儿童等工作都取得新的进步。

五年来,我们致力强作风提效能,政府建设持续加强。

服务更加优化。加强政务服务体系建设,智慧政务服务平台上线运行,全面推行企业设立登记"一窗式"服务等便民举措,涉民事项即办比例提高到 65.7%,便民服务中心累计受理 296 万件市民诉求。实施企业"健康体检"等措施,建立市四套班子领导挂钩联系企业、重点项目制度,帮助解决企业运行和项目建设中存在的实际问题。

法治更加健全。坚持政府常务会议学法制度,完善重大行政决策程序,建立健全决策听证、后评估及责任追究制度,行政复议质量和行政应诉能力不断提高,荣获江苏省政府法制创新奖。主动接受人大法律监督、政协民主监督,办结人大代表建议 608 件,政协提案 1199 件,办结率 100%,满意率均高于 95%。深化政府信息公开,全面推进行政权力网上公开透明运行,落实新闻发布制度。

治政更加从严。扎实开展党的群众路线教育实践活动、"三严三实"专题教育和"两学一做"学习教育,严格落实党风廉政建设责任制,坚决执行改进工作作风、密切联系群众的各项规定,加大监察、督查、审计工作力度,会议活动、公务用车、公务接待等进一步规范。

各位代表,在刚刚过去的 2016 年里,我们牢牢把握"五位一体、综合发展"总基调,统筹抓好稳增长、促改革、调结构、惠民生、防风险各项工作,经济社会在平稳中有序运行,市十四届人大五次会议确定的年度目标任务基本完成。经济运行总体平稳。预计地区生产总值增长 7.3%,一般公共预算收入增长 10%,社会消费品零售总额增长 8.5%,全社会固定资产投资额 548 亿元,实际利用外资 6.5 亿美元。高端装备制造产业产值增长 9%,新兴产业产值占规模以上工业比重突破 50%。服务业占 GDP 比重达到 46.7%。"两台整车"拉动作用明显,路虎、观致产值分别增长 89%和 82%。供给侧结构性改革初显成效。关停落后产能和不达标企业 131 家,银行贷款不良率 1.7%左右,盘活存量土地 5323 亩,商品住宅库存去化周期控制在合理区间,落实优惠政策着力降低企业成本。实施五大领域"补短板专项工程",完成项目投资 63.9 亿元。发展活力释放增强。服装城市场采购贸易试点获批,国家级出口 IT 产品质量示范区延续复审、出口羽绒品质量示范区升格国家级通过考核验收,设立产业升级、绿色发展、城市发展 300 亿元投资基金,经开区、高新区财政贡献份额提升至全市总量的 32.4%,重点项目、城市管理、安全生产三个"百日行动"取得阶段性成效。城乡环境有效改善。"多规合一"基本完成"一张图"成果,辛庄镇"三优三保"专项规划通过省政府审批。三环路高架全线贯通,通港路、常沙线快速化改造等重大工程有序推进,完成长江路东延、衡山路北延等道路节点改造。成功承办第十届国际湿地大会,经开区成为国家级循环化改造试点示范园区,PM2.5 年均浓度较 2013 年下降 27%,被评为全国生态建设示范市。民生质量稳步提高。五大类 20 项重点民生实事基本完成,新增就业 2.5 万人,城镇登记失业率 1.9%,居民人均可支配收入增长 7.8%,社会保持和谐稳定。开展历史文化名城获批 30 周年纪念活动,文庙修复启用,荣获全国"书香城市"称号。常熟体育健儿在里约残奥会取得三金一银好成绩。

各位代表,过去五年我市经济实力、创新能力、文化影响力和环境竞争力均取得了新的进步,这是全市上下团结一心、努力拼搏的结果。在此,我谨代表常熟市人民政府,向全体人大代表、政协委员,向全市广大干部群众、离退休老同志,向驻常部队、武警官兵,向各民主党派、工商联和无党派人士、人民团体,向所有关心支持常熟经济社会发展的海内外朋友,表示衷心的感谢和崇高的敬意!

回顾五年的发展历程,成绩来之不易,经验弥足珍贵。一是始终把求真务实作为政府工作的根本要求。五年来,我们坚持实事求是、真抓实干,紧密结合常熟市情、民情和文化特质,把全面落实上级决策与创造常熟特色相统一,持续推进"3+5"产业体系建设,以问题导向和目标导向开展经济工作和社会治理,通过"民声汇"等平台倾听群众呼声、持续改进作风。二是始终把科技创新作为转型升级的重要抓手。五年来,我们坚持实施创新驱动战略不动摇,以科技创新体制综合改革为牵引,强化以"两区两园"为重点的创新载体建设,加快创新要素集聚,培育壮大汽车及零部件、新能源等新兴产业,推动产业结构优化升级。三是始终把深化改革作为推动发展的动力源泉。五年来,我们坚持全面深化改革,认真落实供给侧结构性改革、简政放权等重要改革任务,扎实抓好"强镇扩权"、综合执法等改革试点,着力推进规划统筹、城市建管等机制创新,为经济社会发展提供了动力支撑。四是始终把民生优先作为工作的首要追求。五年来,我们坚持共建共享惠民生,以群众需求为导向,持续加大民生投入,每年办好一批重点民生实事项目,切实加大公共服务供给,维护社会和谐稳定,织密民生保障网络,群众获得感不断提升。这些经验和做法体现了继承、发展、创新,我们要倍加珍惜、一以贯之。

在肯定成绩的同时,我们也清醒地体会到,对照"四个全面"要求和人民群众的期盼,我市经济社会发展还面临着不少问题和挑战,主要是:传统产业处于产业链中低端,存量企业增长乏力,新兴产业尚未形成规模支撑,"转型出关"任重道远;项目储备缺乏,创新氛围不浓,新动能蓄积尚待时日;城市建设管理的体制机制障碍有待突破,社会治理能力有待提升,生态保护、安全生产等领域隐患依然较多;公共服务多元供给能力不足,政府提高履职能力、优化发展环境的任务依然艰巨;多年改革发展中积累形成的矛盾,尚未得到妥善解决,影响社会稳定和谐。我们一定要高度重视这些问题,拓宽思路、创新手段切实加以解决。

今后五年工作的主要目标和任务

围绕落实省第十三次党代会、苏州市第十二次党代会精神，根据市第十三次党代会部署，结合我市“十三五”规划纲要，今后五年政府工作的指导思想是：高举中国特色社会主义伟大旗帜，全面贯彻党的十八大和十八届三中、四中、五中、六中全会精神，深入贯彻习近平总书记系列重要讲话精神，紧紧围绕“五位一体”总体布局和“四个全面”战略部署，坚持稳中求进工作总基调，牢固树立和贯彻落实新发展理念，适应把握引领经济发展新常态，深化供给侧结构性改革，聚力创新，聚焦富民，提高发展质量和效益，构筑“两大高地”，打造精致城市，高水平全面建成小康社会，努力建设“强富美高”新常熟。

建议新一届政府，围绕精明增长发展经济，围绕精准定位建设城市，围绕精细服务改善民生，围绕精神内涵彰显城市魅力，交出“创新四问”的常熟答卷。全市经济社会发展的主要预期目标是：地区生产总值年均增长7.5%左右，一般公共预算收入年均增长7.5%左右，提前实现地区生产总值、城乡居民收入比2010年“翻一番”，综合实力保持全国县域经济第一方阵；全社会研发经费支出占地区生产总值比重达3.3%；空气质量优良天数比例超75%，省考断面III类以上地表水比例超60%，主要污染物排放总量控制在上级下达的指标范围内。

今后五年，全市经济社会发展的主要任务是：

1. 发展质量有新提高。坚持发展第一要务，推动产业结构迈向中高端，“三大主导产业”产值达到4000亿元，整车产值超1000亿元，新兴产业、高新技术产业产值占规模以上工业总产值比重分别达到55%和45%。力促存量提升。以纺织服装、装备制造领域为重点，推动一批企业实施机器换人，促进一批企业两化融合，实现降本增效；推进一批企业“专精特新”发展，培育一批“小巨人”企业，提升产品价值；引导一批企业绿色低碳发展，助推一批企业登陆资本市场，集聚发展动能；支持一批企业拓展市场空间，扶持一批小微企业规模发展，增强发展后劲，以存量提升推动产业转型，工业增加值率每年提升1个百分点。力促增量优质。进一步强化招商队伍建设，完善激励机制，掀起新一轮招商选资热潮；进一步优化招商工作体系，积极探索市场化招商，强化项目后续服务保障，营造浓厚的招商氛围；进一步拓展招商思路，提升载体平台功能，拓宽资本资源对接、公共资源开放等招商路径，五年新增产业投资2000亿元。力促结构优化。推动“两区”开放创新、转型升级，财政贡献份额提升至全市总量的50%以上；把服装城转型放到全市纺织服装产业发展中来考量和要求，重点解决服装制造、品牌和营销渠道中的短板，市场交易额持续增长，贸易质量显著提升；推动乡镇集聚发展特色产业，形成若干特色小镇；推动农村宜农则农宜游则游，集约高效发展。力促创新活力。强化创新政策制度供给，发挥产业基金引导作用，提高科技成果转移转化率；深化科技创新投入、平台管理等体制机制改革，充分激发创新潜力；着力构建良好创新生态，鼓励骨干企业设立法人新型研发机构，每年投入不少于20亿元支持创新创业，科技进步贡献率提高至65%。

2. 城乡面貌有新提升。按照“接轨上海、融入苏州”的总体思路，修编城市总规，科学划定城镇开发边界，明晰城区发展规模和方向，努力将常熟建设成空间紧凑、功能完善、文化有温度的现代江南名城。完善大交通格局。提升与周边地区的交通快速通行能力，通过铁路常熟站与三环高架无缝对接，利用沪通、沿江铁路，向东与上海实现快速接轨；通过常沙线连接苏嘉杭，S227与苏州绕城、苏州中环、高铁苏州北站对接，向南融入苏州城；推进S342改线工程，完善城市西部路网，向西对接苏南硕放国际机场、无锡高铁站等交通枢纽，实现城市向西快捷出行；通过通港路快速化和常熟东互通东移改造，实施G204、青墩塘路、常昆线快速化改造，提升“两区”交通对外衔接；基本建成“环射衔接”为骨架的快速路网，重要板块的出行沟通能力大幅提升。提高城市建设水平。推进琴湖、文化、城铁、昆承等重点片区建设，创新机制改造“城中村”，利用存量增加公建配套，逐步打通城区“断头路”，提升亮化绿化水平，让中心城区更靓、更美；盘活整合中心镇存量空间和资源，合理配置公共设施；加快补齐被撤并集镇的基础设施、公共服务短板；完善农村道路、桥梁等基础设施。

3. 群众获得感有新增加。坚持以民为本，着力提升民生类公共服务能力。提高公共服务供给能力。充分运用市场化的机制、产业经营的理念、社会资本的导入，以多元化的投入满足群众多元化的服务需求；大力推进民生“补短板”工程，新改扩建学校66所，新增二级以上医院8所，建成城市“15分钟文化圈”、农村“十里文化圈”，实现全民健身工程设施全覆盖；促进就业创业，加强社会保障。提高社会治理能力。健全社会诚信体系，持续深化“平安常熟”建设，公众安全感达到95%以上，法治建设满意度达到92%以上；完善安全生产、食品药品安全、防灾减灾和应急救援等工作机制，分批开展突出问题专项整治；文化深度融入社会治理，社会文明程度持续提升，向上向善向法的社会氛围进一步浓厚。提高城市管理水平。进一步理顺城市管理体制，充分发挥基层自治、行业自我规范作用，志愿组织、社会力量广泛参与城市管理，重点区域市容秩序全面优化，行车难停车难等重点问题有效缓解，城市畅洁绿美、规范有序。

4. 生态环境有新改善。坚持绿色发展，建成国家生态文明建设示范市。完善环境治理基础设施。生活垃圾、餐厨垃圾、污泥处置、工业固废等终端处理设施满足需求，分批建设生活污水处理设施并同步接管纳污，农村生活污水分散式处理完成并保持良好运行。深化污染防治。企业环保主体责任全面落实，大气、水、土壤污染防控体系更加健全，“畅流活水”、畜禽规范养殖、农业面源污染治理等工作扎实推进，境内太湖、望虞河、阳澄湖流域水环境持续改善，实现全市330条城乡骨干河道水系沟通，PM2.5年均浓度下降到50微克/立方米左右，基本消除劣V类水体。推进资源节约集约利用。能源消费总量约束机制全面建立，按照苏州市工业企业资源集约利用要求淘汰低效高耗企业，村级工业整合优化基本完成，燃煤小锅炉、老旧机动车淘汰形成长效机制，单位建设用地 GDP 产出提高到 60 万元/亩，单位 GDP 能耗累计下降 19.5%。

5. 政府建设有新成效。坚持公心、公道、公正办事，提高政府公信力。提升履职能力。立足现实，着眼未来，按照有利于增添经济发展动力，有利于促进社会公平正义，有利于增强人民群众获得感，有利于调动广大干部群众积极性的要求，创新制度供给，完善考核机制，营造干事成事的良好氛围。优化国资国企、土地储备、金融资本和财政信用的功能配置，为全市经济发展、城市建设提供支撑。提高服务水平。坚持问题导向，求真务实推动解决遗留问题、突出问题。完善政务服务体系建设，深化“放管服”改革，强化事前服务指导，提升事中、事后监管水平，切实当好服务企业、服务群众的“店小二”。

2017 年重点工作安排

2017 年全市国民经济和社会发展的主要预期目标是：地区生产总值增长 7.5%左右；一般公共预算收入增长 7.5%左右；工业总产值增长 2%，规模以上工业产值增长 3%；全社会固定资产投资额 550 亿元；服务业增加值占 GDP 比重 47%；社会消费品零售总额增长 8.5%左右；实际利用外资 7 亿美元；全社会研发经费支出占地区生产总值比重达到 2.5%，企业研发经费投入增长 10%，万人有效发明专利拥有量增长 12%，全员劳动生产率增长 7.5%左右，工业增加值率达 22%；居民人均可支配收入保持与 GDP 同步增长；完成上级下达的节能减排、环境治理任务。

结合今后五年发展任务，2017 年重点抓好以下六方面工作：

（一）关于经济发展

按照存量提升、增量优质，加快结构调整和集聚新动能的基本思路，把市场作用和政府作用有机融合，全力支持和推动实体经济发展。

1. 推动存量企业提升。聚焦降本增效，推动企业实施“机器换人”、两化融合，建成各级示范、试点智能车间（工厂）100 家，新培育市级以上两化融合企业 100 家。聚焦产品附加值提升，加大科技型企业培育，新增“小巨人”企业 3 家、“专精特新”产品 20 个。聚焦做大做强，推动企业实施市场拓展、资本运作，扶持中小微企业健康成长，新增上市和新三板挂牌企业 15 家、“小微进规模”企业 70 家。深化国资国企改革，梳理整合国资国企资源，完善水投公司治理结构，组建文旅集团，服务全市发展大局，全力推进中法水务股改上市工作。

2. 推动招商选资工作。创新机制激发招商热情，组建经开区、高新区、虞山镇、服装城四大招商体系，建立专项奖励制度，开展招商业务实训。优化环境拓宽招商路径，全面提升“两区两园”、工业集中区等载体平台功能，强化资本、技术、信息等资源对接，国内重点围绕上海、深圳、北京、杭州，国外重点围绕欧、日、韩开展招商，市级层面集中招商活动 1～2 次，四大招商体系形成招商常态，全年产业投资超过 300 亿元，力争一批重大项目落地。落实重点项目推进机制，推动天顺风电叶片、路虎发动机二期、延锋江森汽车部件等 145 个重点项目建设，保持合理投资规模。

3. 推动城市经济发展。加快服装城转型，深化专业流通市场综合配套改革，积极推进市场采购贸易试点，健全外贸综合服务体系，提高实体与虚拟市场融合度，发挥服装城集团公司的市场牵引作用，通过并购品牌，带动纺织服装产业提升。加快发展大数据产业，推进大数据应用产业园建设，完成常信公司市场化改造，有序有条件开放数据资源，集聚大数据开发应用企业。大力发展全域旅游，整合文化、体育、古城、古街、山水、湿地、特色产业等各类资源，引进专业运营团队，突出主题、形成卖点，让一街一景都成为旅游产品。促进金融服务业发展，提升地方法人金融机构竞争力，积极引进银行、证券、保险等金融机构和基金管理团队。推动商贸业发展，加快古城商圈有机更新和功能转换，推进万达商圈、永旺商圈建设，支持邻里中心、社区 e 店等新型商业模式发展。

4. 推动科技创新。制定实施“创新四问”专项行动计划，深化科技“综改”工作，推进国有创投企业股权估值交易及管理人员跟投制度、企业研发准备金预提等政策落地。优化区域创新布局，以“两区两园”为重点，充分发挥大科园、科创园、智能车研发与测试中心等平台作用，支持虞山高新园争创省级高新区。强化企业创新主体地位，推动设立法人新型研发机构不少于 2 家，大力实施高新技术企业倍增、“科技小巨人”培育等行动，新认定高新技术企业 60 家，规模以上高新技术企业研发机构建有率达到 95%。增强协同创新能力，拓展科技镇长团工作内涵，新认定省重大科技成果转化项目 5 个以上。健全人才项目绩效考评、跟踪服务机制，新增市级以上人才项目 40 个。

5. 推动现代农业发展。推进农业供给侧结构性改革，提升农业科技水平，进一步理顺国家农业科技园区管理体制，大力发展生态循环有机农业。提升农业设施及物质装备水平，建设高标准农田 4.8 万亩，新增农业机械化装备 300 台（套）。创新农业经营方式，完善农业信息综合管理服务平台功能，推进农业农村电商发展，促进农业龙头企业做大做强。完善地方粮食储备体系，确保粮食安全。完成第三次全国农业普查工作。推进特色小镇建设，以企业为主体，市场配置资源，政府统筹支持，推动莫城 e 裳小镇、辛庄养生小镇、沙家浜湿地、董浜蔬果、苏作红木等特色小镇建设。

（二）关于城市建设

加快构建对外快速连接、对内通畅有序的大交通格局，推进城市更新改造，完善公建配套，让城市美起来、亮起来、绿起来。

1. 加快完善交通网络。推进沪通铁路建设、通港路快速化改造工程，常沙线高架实现贯通，启动新世纪大道北延、东南大道东延（常台高速常熟东互通连接线）、S227 快速化改造等建设工程，为构建大交通格局打好基础。配合做好通苏嘉城际、沿江城际、S342 省道、申张线航道等重大交通项目前期工作。推进连接主城区与南部新城的主干道建设。

2. **加快城市更新改造。**推进城市总规修改，初步方案 5 月份完成。全面深化琴湖、城铁等重点片区的控制性详细规划和城市设计。结合全国文明城市创建，提升和改造一批城市基础设施重点项目，实施香榭路、富康路、划船浜路三条“断头路”建设和长江路道路改造工程，完成寺后街、县后街等小街巷改造。推进城乡住宅房屋搬迁货币化安置，加快琴湖等重点地块的征收搬迁及清障扫尾。以改为主、拆改结合，有序推进南门坛上历史街区整治保护利用。坚持群众自愿、有规则有次序推进“城中村”改造、危旧房屋解急解危，完成老城区大院户改造 100 个。加强城市物业经营管理，重点理清社区物业与城市公共服务和管理的关系，提升物业管理水平。

3. **提升绿化亮化水平。**统筹推进城乡绿化结构调整和提档升级工作，实施黄河路机非带、香山绿地等城区主要节点、游园提升改造工程，加快推进文化片区和南部新城北区块绿化慢行系统等工程建设，改造绿地面积 10 万平方米。优化城市景观照明，完成三环高架主要出入口、环城河、枫泾河、虞山城门、阜成门、西门大街亮化改造。

4. **增加城市公建配套。**统筹用好城区零星地块，增加公建配套。新增城区公共停车泊位 400 个，升级公共自行车站点 104 个、更新车辆 4000 辆。完成城区公厕无障碍改造 40 座。整治提升集贸市场 12 个，健全集贸市场综合管理机制。深化智慧城市建设，推进智慧旅游、智慧医疗等项目建设，深化民生和政务领域的智慧应用，开发建设数字化门牌系统。

5. **优化交通组织。**推进公交惠民工程，试点开展公交专用车道设置，优化信号控制，实施候车亭亮化，完善多层次公交线网，让公交更准点舒适。综合考虑城市空间复合利用，研究公交综合体建设，新建改造公交候车亭 150 个。提高智慧交通水平，加快公交、物流、多式联运等信息服务平台建设，完善公交智能调度系统，完成出租车智能系统升级改造，提高道路通行效率。

（三）关于生态建设

牢固树立生态红线意识，从突出环境问题着手强化治理和保护，补齐关键短板，进一步提高生态文明建设水平，让地更绿、水更清、空气更清新。

1. **加强垃圾处理工作。**完善垃圾处理基础设施，餐厨垃圾处理项目和污泥干化焚烧项目建成投运，开工建设生活固废终端处置场、第二生活垃圾焚烧厂扩建项目。研究建筑垃圾资源化处置方案，推进生活垃圾分类处置，试点推广董浜农村可腐生活垃圾治理模式。

2. **强化生态环境治理。**落实中央环保督察整改要求，扎实开展“两减六治三提升”和沿江化工行业整治优化提升专项行动，实施重点领域、重点区域和重点行业专项整治，解决一批突出环境问题。深化燃煤炉窑整治、有机废气治理和码头堆场扬尘整治等重点工程，落实重污染天气应急管控措施，确保空气环境质量优良率不低于 72%，PM2.5 平均浓度比 2013 年下降 20%。建设城东、城北水质净化厂及转输系统，开展三水厂、滨江水厂深度处理前期工作；全面落实“河长制”和“断面长制”，深化望虞河流域水环境综合整治，继续推进“畅流活水”工程，拓浚整治市镇两级河道 14 条，全面完成保留的畜禽养殖场污染治理，完成农村生活污水分散式处理 1.3 万户，城镇建成区污水处理率提升至 96%，全市断面Ⅲ类以上地表水比例提高 5%。出台“土十条”实施方案，开展土壤环境质量调查。

3. **提升资源节约集约利用水平。**按照苏州开展工业企业资源集约利用综合评价部署，实施差异化税费政策，利用市场化手段让低效高耗产业逐步退出，关停落后产能企业 100 家。全面清理闲置土地，继续推进“三优三保”行动，加快村级工业用地整合优化，盘活存量建设用地 5000 亩。强化节能刚性约束，新增工业循环经济示范企业 1 家、苏州市“能效之星”企业 3 家，完成能源消费总量控制目标。提高湿地修复、保护和利用水平，继续推进南湖湿地生态修复。

（四）关于公共服务

创新公共服务投入机制，通过多元投入满足群众多元需求，切实办好 20 项重点民生实事，让群众生活得更方便、更舒心、更美好。

1. **推进名城名校融合发展。**制订社会资本办学扶持政策，探索多元化办学机制，社会办普惠性幼儿园板块覆盖率 30%以上。优化教育资源配置，实施凯文小学及幼儿园、兴隆中学等 25 项新改扩建工程。提高学前教育水平，创建省优质园 3 家。促进义务教育均衡发展，稳妥推进“县管校聘”改革，深化集团办学，完善城乡教师交流工作机制，实施新市民子弟学校新一轮提升行动。谋划高中课程改革方案，建设优质课程基地，提升普高教育质量。推进现代职业学校制度建设，深化校企合作联盟，创建“现代化实训基地”，提高中英现代学徒制试点建设水平。深化校地合作，支持常熟理工学院发展。

2. **提高卫生服务水平。**深化公立医院改革，健全完善运行机制。开展社会办医试点，鼓励社会资本举办医疗机构，开工建设北部医院。加快构建分级诊疗制度，实施健康市民“531”行动计划，全面推开家庭医生签约服务，高血压和糖尿病两类重点人群签约率 30%以上。实施基层医疗机构提档升级行动，新改扩建社区卫生服务机构 10 家，启用服装城、珍门社区卫生服务中心，继续推进 4 家紧密型医联体和 10 个基层医疗机构特色科室建设，提升基层卫生服务能力。

3. **完善基本保障体系。**促进就业创业增加市民收入，新增就业 2.5 万人，本市籍高校毕业生就业率 95%以上。推进全民参保登记动态化管理，全面实施机关事业单位养老保险改革。深化职工医保和居民医保管理体制整合，加快生育保险与医疗保险合并，推进医保支付方式改革，提高居民基本医疗保险筹资标准和待遇水平。推进公办养老机构社会化改革，统筹和整合全市敬老院和基层卫生院等资源，建设“医养结合”型养老机构。全面开展社会救助工作绩效评价，探索建立新型临时救助制度。创新发展社会福利事业和慈善事业,做好助残、助孤、助学和残疾人就业等工作。

4. 满足文体服务多元需求。提高存量文化体育资源利用率,统筹推进现有文体设施修缮改造工程,结合旅游业发展,探索存量资源市场化运营机制,提高开发开放水平,满足群众文体多元需求。增加文化体育设施供给,建成环虞山生态步道12公里,启动言子旧宅保护工程,完善市公共体育服务网络信息平台,提升基本公共文体服务均等化水平。举办市第七届体育运动会。强化名城保护,建立健全管理体制和工作机制,完善历史文化街区保护规划,统筹研究古镇、古村落保护。

(五)关于社会治理

坚持问题导向、标本兼治,鼓励群众深度参与城市管理和社会治理,形成政府主导、社会协同和公众参与良性互动的治理格局。

1. 提升城市管理水平。按照"属地管理、重心下移、权责明晰"的原则,理顺城市建设管理体制,成立城区建设和管理委员会,明确部门职责,划定管理范围,统一城区建设管理标准。提升市容环境面貌,落实"门前三包"等制度,加大城市出入口、沿路沿河、城乡结合部等薄弱区域、重点地段的环境综合整治,清理整治沿街门店无证无照经营行为,严查严控各类违法建设。全面推行停车服务"分区分类分时"差别化收费管理,缓解停车难问题。推进美丽城镇建设,按照"九整治、三规范"要求,深化中心镇区镇容环境、基础设施、公共服务设施集中整治。实施"村庄环境改善提升行动",完成组团式村庄环境综合整治50个。

2. 提升基层自治水平。通过制定自治章程、管理公约,探索礼法合治和公益诉讼等途径,促进村(居)民自我管理、自我教育、互助服务,提升基层组织管理社会事务和化解矛盾的能力。引导村(居)民参与村级事务管理,改造提升村组道路和沿线桥梁接坡。加强镇村集体资产管理,深化社区股份合作社股权固化等综合改革,推进农村集体资产所有权确权登记颁证。科学定位被撤并集镇功能,以浒浦、沙家浜办事处为试点,理顺中心镇区、被撤并集镇、村(社区)关系。

3. 抓好安全稳定工作。严格落实安全生产各方责任,完成危险化学品专项整治各项任务,制订"三合一"整治标准规范,通过落实业主房东责任,逐步消除"三合一"隐患。完善食品安全预警监测体系,农副产品交易城食用农产品质量安全检测站建成投运,深化食品领域治理整顿,确保不发生区域性食品安全重大事故。深化"平安常熟"建设,织密视频监控网络,完善动态化巡防布局,强化社会矛盾和风险隐患滚动排查,提升群防群治水平。坚决打击非法用工、非法劳务中介,完善工资支付机制,构建和谐劳资关系。下大力气逐步消化和解决各类遗留问题,压降不稳定因素。健全应急救援工作机制,完成消防综合信息平台建设,切实提高突发事件应急救援能力。

4. 弘扬共建共治共享文化。全力创建全国文明城市。优化新市民事务积分管理体系,创新新市民综合信息采集模式,引导新市民自我管理、自我提升、自愿奉献,增强新市民城市归属感。强化社会组织建设,健全社工人才引进和培育机制,提升社会组织内部治理和服务能力。大力倡导志愿服务,健全志愿培训、星级评定、嘉许等制度,强化志愿服务组织培育和项目扶持。加快诚信体系建设,健全信用信息资源共享机制,强化信用产品应用,加强失信主体的约束和惩戒。支持军队和国防建设,巩固双拥创建成果。

(六)关于政府自身建设

以"当好店小二、服务老百姓"为基本准则,结合市情实际、群众需求,深化"放管服"改革,创新制度供给,全面履职尽责。

1. 提升履职能力。进一步解放思想,加强学习,学深学透政策法规,透彻理解立法精神,创新政府制度供给。运用创新思维,聚焦突出问题,借鉴他山之石,为我所用;深入调研、拓宽思路,大胆探索,在实践中把握规律、解决问题。树立群众观念,坚持决策从群众中来,政策到群众中去,施策靠群众参与,提升"善治"能力。

2. 强化政府执行力。强化执行的大局意识、自觉意识,弘扬事不避难、知责担当的作风,遇事不推诿、担责不逃避,深化部门与板块工作联动,既勇于当好主力,更善于谋求合力。改进绩效考核制度,强化过程督查、行政问责和责任追究,重拳整治"庸懒散""中梗阻"等现象,将市委市政府制定的政策、部署的任务,一抓到底,务求实效。建立健全容错纠错机制,营造积极创新、干事成事的浓厚氛围。

3. 树立法治清廉形象。深化法治政府建设,推动"七五"普法工作,优化政府法律顾问制度和重大行政决策机制,加强行政复议和法制监督,推进依法治市进程。全面深化政府信息和政务公开,自觉接受人大、政协监督,尊重社会各界意见,让权力在阳光下运行。严守政治纪律和政治规矩,切实遵守中央"八项规定"精神,严格执行廉洁自律准则和纪律处分条例,推动作风建设不断深化。全面落实党风廉政建设责任制,强化行政监察和审计监督,严肃查处违纪违法案件。厉行勤俭节约,严格财经纪律,严控"三公"经费支出。

各位代表,美好愿景需要实干才能实现,在中共常熟市委的坚强领导下,在市人大、市政协的监督支持下,我们将紧紧依靠全市广大干部群众,不忘初心、砥砺前行,凝心聚力、务实作为,为打造"精致城市"、建设"强富美高"新常熟而努力奋斗!

责任编辑 邹 萍

2016 年常熟市“两学一做”学习教育纪实

综　　述

【概况】 在全体党员中开展“学党章党规、学系列讲话，做合格党员”学习教育，是党中央为加强党的思想政治建设、深化党内教育作出的又一重大部署。是面向全体党员深化党内教育的重要实践，是推动党内教育从“关键少数”向广大党员拓展、从集中性教育向经常性教育延伸的重要举措，是加强党的思想政治建设的重要部署，是常熟市各级党组织和全体党员的重大政治任务。2016 年常熟市“两学一做”学习教育开展以来，紧紧围绕取得“三个新成效”目标，按照省委、苏州市委和常熟市委要求，强化组织领导，强调学做结合，坚持融入日常，突出“五个注重”，有力有序、抓实抓细推进学习教育。广大党员积极响应、认真参与，不断锤炼党性、提振精气神、踏实干事创业，为开创常熟“五位一体、综合发展”新优势提供了坚强组织保证。

实 施 方 案

【总体要求】 2016 年 4 月 25 日，中共常熟市委办公室向全市印发《关于在全市党员中开展“学党章党规、学系列讲话，做合格党员”学习教育的实施方案》的通知，强调在全体党员中开展“学党章党规、学系列讲话，做合格党员”学习教育（以下简称“两学一做”学习教育），是党中央为加强党的思想政治建设、深化党内教育作出的又一重要部署。全市各级党组织要以习近平总书记关于“两学一做”学习教育重要指示精神为根本遵循，深刻认识开展学习教育对于推进全面从严治党、保持发展党的先进性纯洁性的重大意义，把学习教育作为重要政治任务，周密部署安排，从严从实组织实施。要紧紧围绕取得“三个新成效”目标，以尊崇党章、遵守党规为基本要求，突出用习近平总书记系列重要讲话特别是视察江苏重要讲话精神武装全体党员这个根本任务，突出领导干部这个“关键少数”，突出“做合格党员”这个重要落脚点，突出“经常性教育”这个特点，突出“解决问题”这个导向，突出“分层分类指导”这个方法，采取扎实举措把学习教育抓好抓实抓到位，确保不走过场、取得实效。

强调各级党组织要切实承担起主体责任，党组织书记认真履行第一责任人职责，对学习教育成效负总责。组织部门牵头实施，要明确专门机构，配强工作力量，加强对学习教育工作的具体指导。纪检、宣传、机关工委、党校、教育等部门单位要按照分工，各司其职，密切配合。各单位各部门要结合实际确定学习方式，为基层留出空间。要把开展学习教育与贯彻落实中央、省委、苏州市委对常熟的各项要求结合起来，与市镇村领导班子换届结合起来，与做好“十三五”开局各项工作结合起来，与强化思想政治工作引领作用结合起来，推动党员干部提振精气神、展现新作为，为谱写中国梦常熟篇章凝聚强大精神力量。

强调各单位各部门党委（党组）要根据实施方案要求，结合实际制定具体工作方案。将开展“两学一做”学习教育的情况，及时报告市委。

【总体目标】 开展“两学一做”学习教育，必须全面贯彻落实习近平总书记重要指示精神和中央部署，以尊崇党章、遵守党规为基本要求，以用习近平总书记系列重要讲话特别是视察江苏重要讲话精神武装全体党员为根本任务，教育引导党员自觉按照党员标准规范言行，进一步坚定理想信念，提高党性觉悟；进一步增强政治意识、大局意识、核心意识、看齐意识，坚定正确政治方向；进一步树立清风正气，严守政治纪律政治规矩；进一步强化宗旨观念，勇于担当作为，在生产、工作、学习和社会生活中起先锋模范作用，努力在推动全面从严治党向基层延伸、保持发展党的先进性和纯洁性上取得新成效，在拓展党的群众路线教育实践活动和“三严三实”专题教育成果、解决党员队伍突出问题上取得新成效，在发挥基层党组织战斗堡垒和党员先锋模范作用、奋发有为干事创业上取得新成效，为党在思想上政治上行动上的团结统一夯实基础，为协调推进"四个全面"战略布局、贯彻落实五大发展理念、不断开创常熟"五位一体、综合发展"新优势提供坚强组织保证。

"两学一做"学习教育不是一次活动,要突出正常教育,以党支部为基本单位,以"三会一课"等党的组织生活为基本形式,以落实党员教育管理制度为基本依托,真正把党的思想政治建设抓在日常、严在经常;突出正面教育,把思想建设放在首位,以科学理论武装头脑,以思想自觉引领行动自觉;突出学用结合,发扬理论联系实际的学风,在学中做、在做中学,学而信、学而用、学而行;突出问题导向,带着问题学,针对问题改,着力解决一些党员在理想信念、党的意识、宗旨观念、精神状态、道德行为等方面存在的突出问题,推动解决党的组织生活中、党员和党员领导干部教育管理中、基层党组织建设中存在的问题,持之以恒纠正"四风",抓好不严不实突出问题整改;突出务求实效,坚持从实际出发,因地制宜、因人施策,给基层党组织结合实际开展学习教育留出空间,坚决克服和防止形式主义、走过场,防止以简单开多少会、做多少笔记来评判学习教育成效;突出以上率下,发挥"关键少数"的引领作用,上级为下级作示范,书记给党员树标杆,形成上行下效、整体联动的良好局面。

开展"两学一做"学习教育,必须紧扣党和国家工作大局,紧密联系常熟实际,做到"四个结合"。一要与贯彻落实中央、省委、苏州市委对常熟的各项要求结合起来,把总书记视察江苏时的重要讲话作为学习的重点内容,引导党员学深悟透、融会贯通、笃信笃行,更好地武装头脑、指导实践、推动工作,以各项工作迈上新台阶的实际成果检验学习教育成效。二要与市镇村党组织换届结合起来,坚持从严选拔、从严教育、从严管理、从严监督,确保选出忠诚干净担当的好干部、配出结构优功能强的好班子、唤出心齐气顺劲足的好面貌。三要与做好"十三五"开局各项工作结合起来,把学习教育激发出来的干劲和热情,转化为推动供给侧结构性改革、促进经济平稳健康发展的强大动力。四要与强化宣传思想工作引领作用结合起来,加强意识形态领域引导和管理,掌握"思想主权",巩固"精神家园",为谱写中国梦常熟篇章凝聚强大精神力量。

【主要任务】 开展"两学一做"学习教育,基础在学,关键在做。要区分层次、区分对象,在真学、实做上下功夫,确保学习教育扎实深入、取得实效。

一是学党章党规强党性,明确行为规范。重在明确基本标准、树立行为规范,弄清楚该做什么、不该做什么,能做什么、不能做什么,提升尊崇党章党规、敬畏党章党规、遵守党章党规的思想自觉。

全体党员要逐条逐句通读党章,深入领会党的纲领、性质、宗旨、指导思想、奋斗目标、组织原则、优良作风,深入领会党员条件和义务、权利,牢记入党誓词,明确做合格党员的标准和条件。认真学习《中国共产党廉洁自律准则》《中国共产党纪律处分条例》《中国共产党党员权利保障条例》等,掌握廉洁自律准则规定的"四个必须""四个坚持",掌握各类违纪行为的情形和处分规定。认真学习党的历史,学习革命先辈和先进典型,从发生在身边的违纪违法案例中汲取教训,弘扬党的优良传统和作风,树立崇高道德追求,养成纪律自觉,守住为人、做事的基准和底线。

科级以上党员领导干部要在全面把握基本内容的基础上,重点掌握党章总纲和党员、党的组织制度、党的中央组织、党的地方组织、党的基层组织、党的干部、党的纪律等章节内容,深刻把握"两个先锋队"的本质和使命,进一步明确"四个服从"的要求,掌握党的领导干部必须具备的六项基本条件;深入学习《中国共产党廉洁自律准则》《中国共产党纪律处分条例》《中国共产党地方委员会工作条例》《中国共产党党组工作条例(试行)》《党政领导干部选拔任用工作条例》等党内重要法规制度,重点掌握廉洁自律准则规定的"四个廉洁""四个自觉",掌握党纪处分工作原则以及各类违纪行为的情形和处分规定,掌握党的地方委员会和党组的职责、组织原则、运行机制,掌握党政领导干部选拔任用原则、条件、要求,着力提高做好领导工作所必需的政治素养和政策水平;认真汲取周永康、薄熙来、徐才厚、郭伯雄、令计划等违纪违法案件的深刻教训,肃清恶劣影响,知敬畏、明底线、守规矩。

二是学系列讲话明方向,统一思想行动。重在加强理论武装、增强"四个意识",在思想上政治上行动上同以习近平同志为总书记的党中央保持高度一致。

全体党员要学习领会习近平总书记系列重要讲话特别是视察江苏重要讲话的基本精神,学习领会党中央治国理政新理念新思想新战略的基本内容,掌握与增强党性修养、践行宗旨观念、涵养道德品格等相关的基本要求。学习《习近平总书记系列重要讲话读本(2016年版)》。学习系列讲话,主要领会掌握以下7个方面内容:(1)理想信念是共产党人精神上的"钙",树立正确的世界观、人生观、价值观;(2)中国梦是国家的梦、民族的梦、人民的梦,是中华民族近代以来最伟大的梦想,核心要义就是国家富强、民族振兴、人民幸福;(3)中国特色社会主义是实现中华民族伟大复兴的必由之路,增强道路自信、理论自信、制度自信;(4)"四个全面"战略布局是新的历史条件下党治国理政总方略,自觉用"四个全面"引领各项工作;(5)坚持创新、协调、绿色、开放、共享发展是关系我国发展全局的一场深刻变革,按照新发展理念做好本职工作;(6)践行社会主义核心价值观,弘扬社会主义思想道德和中华传统美德;(7)全面从严治党是全体党员共同责任,必须落实到每个支部和每名党员。

科级以上党员领导干部要坚持读原著、学原文、悟原理,在全面、系统、深入上下功夫,注重整体把握、掌握内在联系。以《习近平谈治国理政》和《习近平总书记重要讲话文章选编(领导干部读本)》为基本教材,学习《习近平总书记系列重要讲话读本(2016年版)》,深入领会关于改革发展稳定、内政外交国防、治党治国治军的重要论述,领会贯穿其中的马克思主义立场观点方法,领会贯穿其中的坚定信仰追求、历史担当意识、真挚为民情怀、务实思想作风，更好地指导和推动各项事业发展。要注意围绕坚持和发展中国特色社会主义这个主题，着重领会以习近平同志为总书记的党中央治国理政新理念新思想新战略，突出以下7个方面内容：(1)深入领会我们正在进行具有许多新的历史特点的伟大斗争，我国发展重要战略机遇期变与不变的深刻内涵。(2)深入领会坚定中国特色社会主义道路自信、理论自信、制度自信，决胜全面建成小康社会，实现"两个一百年"奋斗目标和中华民族伟大复兴的中国梦。(3)深入领会统筹国内国际两个大局，协调推进"五位一体"总体布局和"四个全面"战略布局。(4)深入领会创新、协调、绿色、开放、共享的发展理念，主动适应、把握、引领经济发展新常态，更加注重推进供给侧结构性改革，以新发展理念引领发展实践。着力实施创新驱动发展战略，着力增强发展整体性协调性，着力推进人与自然和谐共生，着力形成对外开放新体制，着力践行以人民为中心的发展思想。(5)深入领会全面深化改革，推进国家治理体系和治理能力现代化；使市场在资源配置中起决定性作用并更好发挥政府作用；毫不动摇坚持我国基本经济制度，推动各种所有制经济健康发展；推进"一带一路"建设、长江经济带发展；全面依法治国，建设中国特色社会主义法治体系；发展社会主义民主政治，坚持中国特色社会主义政治发展道路；培育和践行社会主义核心价值观，增强文化自信、价值观自信，建设社会主义文化强国；树立总体国家安全观，尊重网络主权，构建全球互联网治理体系；把握党在新形势下的强军目标，全面实施改革强军战略等；不断推进"一国两制"事业，依法保障"一国两制"实践；构建新型大国关系，建设互利共赢的新型国际关系；坚持正确义利观、建设人类命运共同体。(6)深入领会全面从严治党要求，严守党的政治纪律和政治规矩，忠诚、干净、担当，强化正风反腐，坚持"老虎""苍蝇"一起打等。(7)深入领会科学的思想方法和工作方法，观大势、定大局、谋大事；强化战略思维、辩证思维、系统思维、创新思维、底线思维；树立问题导向，注重防风险、补短板；牢记空谈误国、实干兴邦，一分部署、九分落实等。各级党委(党组)还要按照习近平总书记重要批示精神，把毛泽东同志《党委会的工作方法》纳入学习内容，全面加强领导班子思想政治建设、作风建设、能力建设。

学习习近平总书记系列重要讲话精神，要与学习马克思列宁主义、毛泽东思想、邓小平理论、"三个代表"重要思想、科学发展观结合起来，准确把握党的科学理论既一脉相承又与时俱进的内在联系，增强对讲话精神的思想认同、理论认同、情感认同；与学习党章党规统一起来，在学习系列讲话中加深对党章党规的理解，在学习党章党规中深刻领悟系列讲话的基本精神和实践要求；与常熟走过的发展历程、所处的历史方位联系起来，深化对总书记视察江苏时提出的"率先全面建成小康社会，率先基本实现现代化"新坐标新任务的认识；与常熟推进全面从严治党的实践结合起来，落实市委各项管党治党制度，做协调推进"四个全面"的坚定践行者；与本职工作实际联系起来，对照习近平总书记关于指导本领域工作的重要讲话和指示精神，进一步明确工作思路目标和努力方向，对贯彻落实情况进行盘点分析，提出加强和改进工作的具体措施，确保讲话精神落地落实。

三是做合格党员见行动，发挥先锋模范作用。重在学以致用、知行合一，做讲政治、有信念，讲规矩、有纪律，讲道德、有品行，讲奉献、有作为的合格党员。

全体党员要强化政治意识，对党绝对忠诚，挺起理想信念的"主心骨"，在党言党、在党忧党、在党为党、在党爱党，主动自觉地向以习近平同志为总书记的党中央看齐，向党的理论和路线方针政策看齐，坚决维护党中央权威，维护党的领导核心，做到政治合格；要严守党的政治纪律和政治规矩，增强组织观念、服从组织决定，党中央提倡什么、就认真践行什么，党中央禁止什么、就坚决反对什么，心存敬畏、手握戒尺，守住党纪国法的底线，做到执行纪律合格；要坚守共产党人的精神高地，明大德、守公德、严私德，传承党的优良作风，弘扬中华传统美德，践行社会主义核心价值观，从严律己、从严治家，做到品德合格；要践行党的宗旨，保持为民本色，始终保持干事创业、开拓进取的精气神，平常时候看得出来，关键时刻冲得上去，在推动"十三五"发展、构筑常熟"五位一体、综合发展"新优势中奋发有为、建功立业，做到发挥作用合格。

科级以上党员领导干部要认真贯彻习近平总书记关于培养造就具有铁一般信仰、铁一般信念、铁一般纪律、铁一般担当的干部队伍要求，对照习近平总书记关于"七个有之""五个必须"等重要论述，增强政治意识、大局意识、核心意识、看齐意识，带头坚定理想信念，带头严守政治纪律和政治规矩，带头树立和落实新发展理念，带头攻坚克难、敢于担当，带头落实全面从严治党责任，认真践行"三严三实"要求和好干部标准，做心中有党、心中有民、心中有责、心中有戒的表率。

【方法措施】 常熟市"两学一做"学习教育从2016年4月下旬开始，不分批次、不划阶段、不设环节，全体党员参加，主要做到"五个注重"。

一是注重日常教育。按照党员教育管理制度规定进行安排，把个人自学与集中学习结合起来，既要明确自学要求、引导党员制订自学计划，扎实搞好自学，又要用好已有载体和手段，组织好集中学习。

讲好支部党课。党支部学习教育一般以讲党课开局启动。4月底前，支部书记要结合学习教育动员部署讲一次党课，讲清楚学习教育的重大意义，讲清楚中央、省委、苏州市委和常熟市委的部署精神，讲清楚本支部的学习安排，讲清楚对党员的具体要求，搞好思想发动。党支部要明确党课的内容、时间和方式，"七一"前后要结合开展纪念建党95周年活动和"党章学习日"安排一次党课。党员领导干部在所在党支部讲党课、听党课。灵活运用网络课堂、"微党课"等多种形式，强化互动交流、答疑释惑，提高感染力。组织党校教师、讲师团成员、"先锋师资库"成员、先进模范等，巡回讲党课。鼓励大学生村官、普通党员讲党课，拓展党课形式、提升讲课效果，以身边人讲身边事，让党课鲜活起来、生动起来。

搞好学习讨论。按照“三会一课”制度，党小组要定期组织党员集中学习；不设党小组的，以党支部为单位集中学习。党支部每季度召开一次全体党员会议，分别围绕“新时期共产党员思想行为规范”“学习系列讲话、强化‘四种意识’”“做‘四讲四有’合格党员”等专题开展大讨论。讨论要紧密结合现实，联系个人思想、工作、生活实际，突出互动交流，每名党员都要发言，既谈认识体会，也谈问题不足，把讨论真正开展起来，相互启发、形成共识。组织广大党员开展“读党章、谈心得、话发展”专题学习讨论活动，引导党员真正把党章各项要求内化于心、外化于行。

用好培训载体。把学习教育与落实党员、干部教育培训规划紧密结合起来，用好各类培训载体，抓好学习内容的对接和融合，放大教育培训效应。举办全市领导干部十八届五中全会精神轮训班，对《中国共产党廉洁自律准则》《中国共产党纪律处分条例》结合具体案例开展研讨。利用领导干部“菜单式讲座”对科级以上领导干部进行培训。换届后领导干部任职培训、新任公务员培训、基层干部教育培训、新党员标准化培训等各类培训，都要把学习党章党规、系列讲话作为必修课。市委党校要有针对性地储备师资力量，开设相关课程和班次，发挥好主阵地作用。

发挥各级各类廉政教育基地载体功能，通过典型案例通报、观看警示教育片、旁听职务犯罪庭审、参观反腐倡廉警示教育基地、开展违纪违法典型案例巡展等，扎实开展“正风肃纪、警钟长鸣”警示教育活动和第八个“5·10 训廉日”主题教育活动，让全市党员、干部受警醒、明底线、知敬畏。

二是注重自我净化。充分发挥组织生活的熔炉作用，提高组织生活质量和水平，引导党员用好批评和自我批评有力武器，坚持真理，修正错误，修枝剪叶，立根固本。

深入查摆解决突出问题。全体党员都要对照党员标准，围绕“五查摆五强化”，深刻查摆剖析，自觉检身正己。一要查摆信仰信念是否动摇，有没有对“举什么旗、走什么路”认识不清、对共产主义缺乏信仰、对中国特色社会主义缺乏信心等问题，有没有精神空虚迷茫、组织或参加封建迷信活动、信仰宗教、推崇西方价值观念等问题，强化政治定力。二要查摆纪律规矩是否松弛，有没有政治上的自由主义、发表和传播同中央决定相违背的言论、当“两面人”、顶风违纪搞“四风”、拉帮结派、搞团团伙伙等问题，有没有在党不言党、在党不爱党、在党不护党、在党不为党、组织纪律散漫、不按规定参加党的组织生活、不按时交纳党费、不完成党组织分配的任务、不按党的组织原则办事等问题，强化党的意识。三要查摆宗旨意识是否淡薄，有没有漠视群众疾苦、为群众办事不上心不主动、在人民群众生命财产安全受到威胁时临危退缩等问题，有没有与民争利、执法不公、吃拿卡要、优亲厚友、假公济私、损害群众利益等问题，强化群众观念。四要查摆精神状态是否懈怠，有没有安于现状、精神不振、不作为、不会为、不善为、只求过得去不求过得硬、逃避责任、工作和学习上得过且过、不起先锋模范作用等问题，有没有大是大非面前不敢亮剑、矛盾问题面前不敢迎难而上、危机面前不敢挺身而出、失误面前不敢承担责任、歪风邪气面前不敢坚决斗争等问题，强化担当精神。五要查摆德行表现是否缺失，有没有不注意个人品德、讲奉献讲公德讲诚信不够等问题，有没有违反社会公德职业道德家庭美德、价值取向扭曲、情趣低俗、贪图享受、奢侈浪费等问题，强化道德修养。

科级以上党员领导干部还要在认真落实全体党员“五查摆五强化”要求的基础上，紧密联系领导工作实际，深入查摆新发展理念是否树立和落实，有没有不适应、不适合甚至违背新发展理念的认识、行为、做法，有没有做到崇尚创新、注重协调、倡导绿色、厚植开放、推进共享，有没有把新常态当作避风港、把工作没做好没干好的原因都归结于新常态、为不干事不发展找借口，有没有积极推进供给侧结构性改革、落实好中央、省委和苏州市委确定的各项工作任务，强化践行新发展理念的思想行动自觉，成为合格的经济工作组织者、推动者、引领者。深入查摆落实管党治党责任是否不力不严，有没有认真践行好干部标准和“三严三实”要求、党建意识淡漠、党建工作缺失、主体责任和“一岗双责”落实不到位，有没有按“亲、清”原则正确处理政商关系、营造风清气正的政治生态和从政环境，强化全面从严治党责任，成为真抓真管真严的党建工作领导者、促进者、实干者。要把普通党员“五查摆五强化”、科级以上党员领导干部“七查摆七强化”贯穿学习教育全过程，发现什么问题就解决什么问题，不等不拖，立学立行，边查边改。

召开高质量组织生活会。年底前，党支部召开专题组织生活会。支部班子及其成员对照职能职责和普通党员“五查摆五强化”，科级以上党员领导干部“七查摆七强化”的要求，深入进行党性分析，找准找实思想、组织、作风、纪律等方面的突出问题。会前，深入搞好思想发动，面向党员和群众广泛征求意见，党支部班子成员相互谈心，主动找党员谈心，并接受群众约谈。会上，党支部书记首先就支部工作进行述职，然后带头开展严肃认真的批评和自我批评，针对突出问题和薄弱环节提出整改措施。组织全体党员对支部班子的工作、作风等进行评议。党小组可参照党支部要求，召开专题组织生活会。

开展民主评议党员工作。以党支部为单位召开全体党员会议，组织党员开展民主评议。对照党员标准和查摆强化要求，按照个人自评、党员互评、民主测评、组织评定的程序，对党员进行评议。党员人数较多的党支部，个人自评和党员互评可分党小组进行。结合民主评议，支部班子成员要与每名党员谈心谈话。党支部要根据民主评议和党员年度积分情况，结合党员日常表现，对每名党员提出评定意见，报上一级党组织审核后，向本人反馈。要综合运用民主评议结果，对优秀党员予以表扬，对评议结果较差的，按照党章和党内有关规定，对照处置不合格党员办法，区别不同情况，稳妥慎重给予组织处置。

三是注重以知促行。各级党组织要针对不同群体党员实际情况，提出党员发挥作用的具体要求，创新载体形式，教育引导党员在任何岗位、任何地方、任何时候、任何情况下都铭记党员身份，积极为党工作。

立足岗位责任，勇于担当作为。结合深化法治型党组织建设，针对不同领域不同行业实际，组织引导党员立足岗位，担当作为，自觉增强法治思维和规矩意识，不断提升依法依纪依规履职能力。党员领导干部要重点在结合实际贯彻中央、省委、苏州市委和常熟市委决策部署，解决复杂矛盾问题，推进改革发展等方面作出表率。机关事业单位党员要重点在模范履行岗位职责，抓好工作落实，密切联系群众等方面作出表率。农村、社区党员要重点在带领群众致富、维护和谐稳定、弘扬文明新风等方面作出表率。国有企业和非公有制企业、社会组织党员要重点在完成生产任务、推动技术创新、构建和谐劳资关系等方面作出表率。医院、学校等窗口服务单位党员要重点在增强服务意识、改进服务作风、提高服务水平等方面作出表率。离退休党员要重点在弘扬党的光荣传统和优良作风，为党和国家事业发挥余热上多作贡献。

亮明党员身份，展示先锋形象。结合推进基层服务型党组织建设，深入实施农村先锋强村富民、社区先锋连心便民、机关先锋勤政为民、非公先锋兴企惠民四大计划，扎实推进“党员关爱帮扶”“三解三促”、“在职党员进社区”活动和“我是共产党员，亮身份、践承诺、树形象”活动，全市在职党员佩戴党徽上岗。引导党员牢记党的宗旨，增强党性观念和党员意识，自觉接受社会监督，发挥先锋模范作用。在农村、社区，重点落实党员设岗定责和承诺践诺制度，公开承诺、认真践诺、民主评诺。在国有企业和非公有制企业、社会组织，重点落实党员示范岗和党员责任区制度，围绕生产经营开展形式多样的创建活动。在窗口单位和服务行业，重点落实党员挂牌上岗制度，请群众监督评判。在机关事业单位，重点推进在职党员进社区活动，落实直接联系服务群众制度。在学校，重点通过教师党员示范课等方式，要求党员增强党性观念，敬业修德，奉献社会。

涵养优良家风，促进党风政风。开展“清风传万家”家庭助廉系列活动，把合格党员的要求融入家庭文化建设，形成良性互动。党员领导干部要与配偶、子女等就家风建设进行深入交流，订立有自身特点、有约束力的家规。广大党员要重视家风家教，在夫妻和睦、邻里和谐、尊老爱幼、勤俭持家等方面自觉改进提高，积极参加“党员家庭”挂牌、创建“党员示范户”等活动，引领社会风尚。以“好家风、好家规、好家训”为内容，举办“咱家的家风故事”征集演讲比赛、优秀家规家训书法展览、“我眼中的家风”系列访谈、“中国传统中的家规”经典诗文诵读等一系列活动，引导党员干部向善向上，廉洁修身、廉洁齐家。

对照先进典型，深学细照笃行。坚持典型引路，挖掘和弘扬历史先贤、革命先烈、时代先锋的精神内涵，组织党员以先辈先进为镜，不断汲取精神力量。坚持以身边事迹感化身边人，注意选树一批党员身边的先进典型，拍摄“身边的共产党员”系列专题片、《风采》系列微视频，为广大党员提供可触摸、可感知、可学习的鲜活样本。结合纪念建党 95 周年活动，评选表彰新一轮“十大共产党员标兵”、优秀共产党员、优秀党务工作者、先进基层党组织。

四是注重领导带头。市委常委会带头开展学习教育，常委同志学在前、做在先，并指导好所分管领域部门单位的学习教育。各级领导班子和领导干部要坚持更高标准、更严要求，当好学习教育的先行者、引领者、示范者。党员领导干部要严格执行双重组织生活等党内生活的各项制度，带头制定和落实自学计划，带头参加学习讨论，带头谈体会、讲党课、作报告，带头参加组织生活会、民主评议，带头立足岗位作贡献，发挥带学促学作用，推动整个学习教育扎实有效开展。各党委（党组）要专门制定自身的学习教育方案，班子成员还要完成“六个一”，即赴基层单位讲一次党课，集中学习一次《党委会的工作方法》，每季度参加一次中心组专题讨论，结合“三解三促”深入开展调查研究、牵头解决一批群众关心的实际问题，年底参加一次专题民主生活会，到分管部门分管领域开展一次检查指导。

五是注重制度保证。开展学习教育要结合加强党员教育管理，健全机制，强化保障。建立健全“党员活动日”“远教固定学习日”等制度，党支部结合实际每月固定 1 天开展组织活动，其中村、社区党组织每月 15 日左右组织活动；机关事业单位党组织每月第二周周五下午组织活动；非公企业党组织双月第二周结合开展新“三会一课”安排一次活动；离退休支部每月 10 号左右开展活动。全面实行党员分类管理、积分考核制度，如实记录党员参加组织生活、交纳党费、履行承诺、发挥作用等情况，对党员日常表现实行过程管理。完善党员动态管理（处置）规范，健全流动党员“双向共管”机制，明确流出地、流入地党组织的管理责任，确保党员始终处于党组织的有效管理之中。

【组织领导】 “两学一做”学习教育在市委常委会领导下开展，由市委组织部牵头组织实施，市纪委、市委宣传部、市委市级机关工委、市委党校、市委教育工委等部门配合做好相关工作。

一是层层落实责任。各级党委（党组）要把抓好学习教育作为一项重要政治任务，切实履行主体责任，周密安排部署、精心组织推动；要注意研究解决党员队伍中、党的组织生活中、党员和党员领导干部教育管理中、基层党组织建设中存在的问题，进一步严密党的组织体系，严肃党的组织生活，严格党员教育管理，严明党建工作责任，推动全面从严治党要求落实到每个支部、每名党员。党委（党组）书记要认真落实《“两学一做”学习教育一把手职责任务清单》要求，对工作方案亲自审定，对重要任务亲自部署，履行好第一责任人职责。各地各单位党委（党组）要制定具体实施方案，安排专门力量负责组织学习教育工作；各行业主管部门要加强对本系统学习教育的具体指导。各党委（党组）要发挥关键作用，结合实际研究细化措施办法，保障工作力量，认真指导把关，加强工作调度，从严从实抓好学习教育。要对所辖党支部进行全覆盖、全过程指导，帮助党支部制定学习教育计划，派员参加党支部各项活动。党支部要按照《“两学一做”学习教育党支部工作指导手册》规范实施，确保取得实效。各级党组织书记要承担起主体责任，既管好干部、带好班子，又管好党员、带好队伍。

二是强化组织保障。各单位要建立“两学一做”学习教育协调和工作机构，加强学习教育指导督查。充实基层党建工作力量，配齐配强班子特别是带头人，健全工作制度，确保“两学一做”学习教育有人抓、有人管。及时整顿软弱涣散的基层党组织，对于问题特别突出的，要先整顿到位，再开展学习教育，使整顿转化和学习教育相互促进。深化党员组织关系排查，进一步查明“口袋”党员、长期与党组织失去联系党员情况，努力使每名党员都纳入党组织有效管理，参加学习教育全覆盖。对基层党组织书记、副书记、组织委员等党务骨干普遍进行业务培训，帮助他们掌握工作方法，明确工作要求。建立市级党员教育师资库，加强干部教育培训基地建设，为开展“两学一做”学习教育提供人才和阵地支持。

三是注重分类指导。针对领导班子、党员干部、普通党员的不同情况，区分农村、社区、企业、学校、机关等不同领域、不同类型党组织的特点，有针对性地提要求、定措施，明确学习教育的重点内容、组织方式，提供适合的学习材料和时间、场地、经费等必要保障，做到具体化、精准化、差异化，不搞一锅煮、一刀切、大水漫灌。对非公有制企业和社会组织，可依托单位自有阵地、区域党建工作站等公共阵地，因企制宜、因岗制宜，克服工学矛盾，灵活组织安排。对流动党员，按照流入地为主的原则，把流动党员编入一个支部，就近就便参加学习教育。对离退休干部职工党员及年老体弱党员，既要体现从严要求，又要考虑实际情况，采取上门送学、结对帮学等适当方式组织他们参加学习教育。

四是严格督促检查。各党委（党组）要采取定点监测、随机抽查、听取汇报、专项调研、参加学习讨论、列席组织生活会等方式进行检查指导。要把督促指导的重点放到基层、放到党支部，深入了解学习教育开展情况和实际效果，及时总结推广基层创造的新鲜经验，及时发现和纠正苗头性倾向性问题。要把组织开展学习教育作为履行党建主体责任的重要任务，作为党建工作述职评议考核的首要内容，对组织不力、问题较多的，要批评教育、严肃问责。

5.加强宣传引导。针对党员多样化学习需求，充分利用党建网、电视报刊、微信易信、远程教育平台等，开发制作形象直观、丰富多样的学习资源，及时推送学习内容。引导党员利用网络自主学习、互动交流，扩大学习教育覆盖面。注重运用各类媒体，大力宣传中央、省委、苏州市委和常熟市委精神，通过新闻报道、典型宣传、言论评论、工作综述、专题专访等形式，为学习教育健康有序开展营造良好氛围。

部署安排

【概况】 2016年4月25日，常熟市“两学一做”学习教育工作座谈会召开，深入贯彻落实习近平总书记重要指示和中央、省委、苏州市委“两学一做”学习教育工作座谈会精神，对全市开展“两学一做”学习教育进行安排部署。市委书记、市长王飚在会上要求，全市各级党委（党组）要按照中央和省委、苏州市委的要求，教育引导广大党员提振精气神、展现新作为，务求学习教育取得实实在在的成效，为推动常熟改革发展不断迈上新台阶提供有力保障。会上，沙家浜镇、市城管局、虞山镇中泾村、观致汽车有限公司党委分别作了交流发言。

【基本要求】 市委书记王飚就贯彻上级指示和会议精神，扎实做好全市“两学一做”学习教育工作，提出四点要求。

一要充分领会开展“两学一做”学习教育的重大意义。开展“两学一做”学习教育是落实全面从严治党要求的重要部署、持续深入推进思想政治建设常态化的现实需要、推动管党治党向基层延伸的重要举措。

二要准确把握“两学一做”学习教育的主要任务。要学党章党规强党性，明确行为规范，深入领会党的性质、宗旨、指导思想、奋斗目标、组织原则、优良作风，领会党员的条件和义务、权利、行为规范；要学系列讲话明方向，统一思想行动，准确把握习近平总书记系列重要讲话特别是视察江苏重要讲话的基本精神，准确把握党中央治国理政新理念新思想新战略的基本内容，准确把握增强党性修养、践行宗旨观念、涵养道德品格等基本要求，切实用讲话精神统一思想、提高认识、明确使命；要做合格党员见行动，发挥先锋模范作用，要把增强“四个意识”作为学习教育的一个根本要求来贯彻，引导广大党员自觉向党中央看齐，向党的理论和路线方针政策看齐，坚决维护党中央权威，维护党的领导核心，做政治上的明白人。

三要努力提高“两学一做”学习教育的实际成效。突出领导带头，各级领导班子和领导干部要严格执行双重组织生活等党内生活的各项制度，带头制定和落实自学计划，推动整个学习教育活动扎实有效开展；强化问题导向，全体党员都要对照党员标准，围绕“五查摆五强化”，深刻查摆解决信仰信念、纪律规矩、宗旨意识、精神状态、德行表现五个方面问题；注重日常教育，充分发挥党支部的应有作用，结合实际对“两学一做”学习教育作出具体安排，确保组织到位、措施到位、落实到位；坚持分类指导，要根据不同领域、不同类型党组织的特点，有针对性地提要求、定措施，明确学习教育的重点内容、组织方式，做到具体化、精准化、差异化；坚持知行合一，各级党组织要教育引导党员认清经济发展新常态的基本特征，切实解决好新常态下“怎么看”“怎么干”的问题，自觉做到崇尚创新、注重协调、倡导绿色、厚植开放、推进共享。

四要切实加强对“两学一做”学习教育的组织领导。要层层落实责任，各级党委（党组）要把抓好学习教育作为一项重要政治任务，切实履行主体责任，严明党建工作责任，推动全面从严治党，要求落实到每个支部、每名党员；要强化组织保障，及时整顿软弱涣散基层党组织，对于问题特别突出的，要先整顿到位，再开展学习教育，使整顿转化和学习教育相互促进；要严格督促检查，把组织开展学习教育作为履行党建主体责任的重要任务，作为党建工作述职评议考核的首要内容；要加强宣传引导，充分利用各类媒体，大力宣传中央、省委、苏州市委和常熟市委精神，宣传“两学一做”学习教育的做法和成效，为学习教育健康有序开展营造良好氛围；要结合实际工作，各级党组织要认真抓好《实施方案》落实，切实做到与贯彻落实中央、省委、苏州市委对常熟的各项要求结合起来，与市镇村党组织换届结合起来，与做好“十三五”开局各项工作结合起来，与强化宣传思想工作引领作用结合起来。

【成立学习教育协调小组】 2016年4月26日，为确保全市“两学一做”学习教育顺利推进，经中共常熟市委常委会研究决定，成立市委“两学一做”学习教育协调小组。由市委常委、组织部部长任组长；市委组织部副部长、市委市级机关工委书记，市委办公室副主任，市纪委常委，市委宣传部副部长、外宣办主任任副组长；市纪委宣传教育室、市委“两新”工委、市委组织部干部科、市委市级机关工委、市委党校、市委教育工委相关负责同志任组员。下设组织组、秘书组、宣传组和3个督导组。

部分配合活动及要求

【开展2016年度党员关爱帮扶生活困难群众行动】 2016年6月12日，中共常熟市委组织部下发在“两学一做”学习教育中开展2016年度党员关爱帮扶生活困难群众行动的通知。其目的在于深入推进党员关爱事业，切实发挥党员关爱帮扶行动在“两学一做”学习教育中的实践载体作用，充分展示党员先锋形象。通知要求：

一是提高思想认识。开展党员关爱帮扶生活困难群众行动，是全市“两学一做”学习教育的一项重要内容，也是新形势下践行党的宗旨，做合格共产党员的重要举措。各级党组织和广大党员要充分认识当前持续开展此项行动的重要意义，进一步统一思想，切实增强行动自觉，积极投身关爱帮扶行动。

二是深入宣传发动。要充分利用报纸刊物、广播电视、网络媒体、微博微信等手段，广泛宣传党员关爱帮扶行动的目的意义，引导广大党员坚持以党员受教育、群众得实惠为出发点，以加强基层党的建设为根本落脚点，不断深化开展关爱帮扶行动。要深入挖掘和宣传活动中涌现的感人事迹和先进典型，引导更多的社会人士投身党员关爱事业，推动“两学一做”学习教育深入开展。

三是规范组织实施。民政部门要切实把好帮扶对象关，确保受资助对象不错、不重、不漏。各级党组织要加强党员关爱基金募集过程的组织和资金管理，按照“现金不隔夜、账目专人管”的要求，对每一笔捐款登记造册，大额现金要及时解缴银行账户，确保资金安全。常熟市党员关爱基金会要加强内部运作机制建设，建立责任追究制度，发挥好基金会网站信息发布主阵地作用，实现帮扶信息全公开、帮扶政策共享，不断提升基金会的社会公信力。

通知强调全市各单位和全体共产党员在关爱帮扶行动开展期间，结合党员关爱基金募集和发放工作，扎实组织开展“三解三促”“在职党员进社区”等活动。党员领导干部要带头亮身份、树形象，深入困难家庭访贫问苦，走访慰问困难党员群众。广大党员要主动亮明身份，深入农村（社区），广泛开展敬老、助残、帮学、济困等各种形式的志愿服务活动，帮助广大群众解决实际困难。同时，各单位要在“七一”前夕普遍开展一次走访老党员和生活困难党员的活动。

【开展领导干部下基层“三解三促”活动】 2016年7月8日，中共常熟市委组织部下发2016年在“两学一做”学习教育中组织开展领导干部下基层“三解三促”活动有关事项通知。其目的是巩固拓展近年常熟市领导干部下基层“三解三促”活动成果，进一步改进机关作风，切实做好新形势下群众工作，推进学习教育持续深入开展。其总体要求是认真贯彻中共十八大、十八届三中、四中、五中全会和习近平总书记系列重要讲话精神，紧紧围绕“两学一做”学习教育和全市中心工作实际，以密切党和人民群众血肉联系为根本目标，着力推动各级领导干部转变作风、深入基层一线，了解民情民意、破解发展难题、夯实党的基层组织基础，为协调推进“四个全面”战略布局、不断开创常熟“五位一体、综合发展”新优势提供坚强组织保证。通知强调2016年领导干部下基层“三解三促”活动，要紧密结合“两学一做”学习教育要求，坚持问题导向，带着问题走访，针对问题帮扶，将注重实效贯穿活动始终。

一是广泛听取基层、群众意见建议。要采取上门走访、交流谈心、主动约访、召开座谈会、发放征求意见表等多种形式，与不同类型、不同领域的基层党员群众开展谈心谈话，了解民情，体察民意。要结合“两学一做”学习教育对普通党员“五查摆五强化”、科级以上党员领导干部“七查摆七强化”要求，广泛听取基层党员群众对联系单位党（工）委（党组）班子、党员领导干部在信仰信念、纪律规矩、宗旨意识、精神状态、德行表现、新发展理念树立、管党治党责任落实等方面的意见建议，进一步找准找实党（工）委（党组）班子和党员领导干部个人在思想、组织、作风、纪律等方面的突出问题，为领导班子和党员领导干部个人深入剖析、深化整改夯实基础。

二是指导基层，健全落实党的建设各项制度。要结合走访调研，深入了解基层党组织制度建设和落实情况，重点关注在党员队伍中、党组织生活中、党员干部教育管理中、基层党组织建设中存在的问题，督促指导联系点，健全完善相关规章制度，进一步严密党的组织体系，严肃党的组织生活，严格党员教育管理，将“三会一课”、组织生活会、民主评议党员等各项党的组织生活制度真正落实到位，确保全面从严治党要求落实到每个支部、每名党员。要结合领导班子换届工作，实地了解各地换届风气情况，加强对“九严禁”换届纪律执行情况的监督检查，推动落实换届风气监督“五个责任”，特别是把换届风气监督作为党（工）委履行管党治党主体责任，党（工）委书记履行第一责任人责任的重要内容。

三是以点带面破解面上发展难题。针对调研中群众反映的热点难点问题，对条件比较成熟的，要积极对上反映、设法帮助协调解决；对一些带有共性特点一时难以解决的问题，要认真“解剖麻雀”，客观翔实地加以梳理分析、归纳总结，形成有质量的专题调研报告，为面上适时制定新政策新举措提供可靠决策依据。要指导推动联系点以“两学一做”学习教育为抓手，结合换届工作实际，深化党员干部思想政治建设，提升改革发展能力，激发干事创业热情，不断推进经济社会和谐健康发展。

通知要求各单位要充分认识“三解三促”活动对深化“两学一做”学习教育工作的重要意义，加强组织领导，落实工作责任，确保取得实效。

一是要严明纪律、考核要求。将“三解三促”活动开展情况纳入年度绩效考核指标体系，作为年终考评的重要依据。下基层期间，各级领导干部要严格执行上级关于进一步加强工作作风、密切联系群众的若干规定，坚持轻车简从，求真务实，厉行节约，不层层陪同，不影响基层工作，不增加基层负担，树立良好形象。2016年“三解三促”活动原则上于10月底前完成，市领导下基层蹲点调研时间原则上不少于5天，其他各级领导干部确保不少于3天，无法一次集中完成的可分次完成。

二要是调研了解学习教育开展情况。在“三解三促”过程中，党员领导干部要到联系点召开一次学习教育情况座谈会，认真听取学习教育进展情况汇报，到农村、社区、非公有制企业等基层一线实地调研走访，了解掌握联系点党组织抓学习教育主体责任有没有落实到位，学习教育有没有实现全覆盖零遗漏，有没有区分层次、区分对象、分类实施等等，对学习教育工作给予针对性地指导和帮助，努力把联系点建成学习教育的示范点。

三是要注重统筹强化宣传。把开展“三解三促”活动与推动全市中心工作结合起来，与深化“两学一做”学习教育结合起来，与指导基层强化换届纪律做好换届工作结合起来，与开展“党代表看党建、市领导督党建、常委会议党建”活动结合起来，统筹推进基层党的组织建设和经济社会发展各项工作，确保活动真正取得实效。要加大宣传引导力度，注意总结报道活动中的新鲜经验和典型做法，注意发现和选树活动中的先进典型，激发党员干部参加活动的内在动力，营造党员干部广泛参与、社会共同关注的良好氛围。

【开展“读党章、谈心得、话发展”专题学习讨论活动】 2016年6月24日，为深入推进“两学一做”学习教育，教育引导全市党员自觉学习党章、尊崇党章，切实强化党性观念、提高政治觉悟、做合格党员，中共常熟市委组织部发出组织开展“读党章、谈心得、话发展”专题学习讨论活动通知，通知强调：

一是认真开展党章专题学习。2016年“七一”是常熟市委确立的第二个“党章学习日”，各基层党组织要以习近平总书记系列重要讲话特别是视察江苏重要讲话精神为指导，“七一”期间以党支部为单位组织党员原原本本学习党章，基层党组织书记带头讲一次党课。党员领导干部带头学党章，在所在党支部讲党课、听党课。积极开展微型党课、情景党课，鼓励普通党员讲党课，以身边人讲身边事，强化党课教育实效。开展“送学上门”，组织党校教师、讲师团成员、先进模范等，深入基层一线巡回讲党课。

二是认真撰写党章学习心得。在学习党章的同时，鼓励广大党员特别是青年党员结合自身实际，积极撰写学习心得体会。各级党组织要组织开展心得体会交流、评比活动，选取优秀心得体会通过宣传栏、学习园地等载体进行展示。各党（工）委要按照不低于在职党员数1%的比例上报优秀心得体会。

三是认真组织专题学习讨论。即日起至8月上旬，以党支部或者党小组为单位召开一次专题学习讨论，围绕“四个全面”“五大发展理念”等，联系常熟“十三五”规划和当前实际，深入探讨新时期党员如何加强思想行为规范、如何为常熟发展贡献自己的一份力量等话题，真正把党章意识、规矩意识立于心底，转化为思想力量和行动自觉。各单位开展讨论情况及活动信息于8月10日前统一上报。

各级党组织要积极发动，精心组

常熟海关开展“两学一做”专题教育活动

织,切实开展好学习讨论活动,确保取得成效。要加强舆论宣传,通过微博微信、户外宣传栏等,及时宣传好事例好做法,形成浓厚氛围。各党(工)委要充分发动广大党员关注"常熟党建"微信公众号。各单位的优秀心得体会和学习讨论情况将择优在"常熟党建"微信公众号上进行宣传。

【认真学习贯彻中共十八届六中全会精神】 2016年11月17日,中共常熟市委组织部根据省委《关于学习贯彻党的十八届六中全会精神深入推进全面从严治党的决定》、省委办公厅《关于认真学习宣传党的十八届六中全会精神的通知》和苏州市委组织部有关通知要求,就认真学习贯彻全会精神、落实上级各项部署要求、深化"两学一做"学习教育发出通知,要求:

一是认真组织学习,切实用全会精神统一思想和行动。中共十八届六中全会是在我国进入全面建成小康社会决胜阶段召开的一次十分重要的会议,对于推进党的建设新的伟大工程、开创中国特色社会主义事业新局面,具有重要的里程碑意义。全市各级党组织要把学习贯彻全会精神作为当前"两学一做"学习教育的首要任务,精心组织、周密安排,迅速兴起学习热潮。

要组织党员干部深入学习领会习近平总书记在全会上的重要讲话精神,充分认识全面从严治党的重大意义,准确把握管党治党的一系列新思想新观点新要求,准确把握新形势下加强和规范党内政治生活、加强党内监督的总体部署,自觉以讲话精神为遵循,推进全面从严治党,开创党的建设新局面。深刻理解《关于新形势下党内政治生活的若干准则》(以下简称《准则》)的基本精神,准确把握新形势下加强和规范党内政治生活的方向目标和任务举措,抓住思想教育这个根本,抓好严明纪律这个关键,抓好选人用人这个导向,用好组织生活这个经常性手段,抓住继承和发扬这两个关键环节,确保《准则》规定落到实处。全面掌握《中国共产党党内监督条例》(以下简称《条例》)的基本要求,准确把握加强党内监督的重点和途径,增强积极开展监督、主动接受监督的自觉性,全面落实党委(党组)、纪委、党的工作部门监督责任,充分发挥党的基层组织和广大党员监督以及外部监督的重要作用。深刻认识确立习近平总书记为党中央的核心、全党的核心是党和国家根本利益所在,这对维护党中央权威、维护党的团结和集中统一领导,对全党全军全国各族人民更好凝聚力量抓住机遇、战胜挑战,对全党团结一心、不忘初心、继续前进,对保证党和国家兴旺发达、长治久安,具有十分重大而深远的意义。

各级党委(党组)要以党委(党组)会、中心组学习等形式,分专题集中学习习近平总书记在全会上的重要讲话精神和《准则》《条例》。党支部要利用好党员活动日、固定学习日等制度载体,以党员大会、党小组会、讲党课等形式,组织党员集中学习讨论交流,并在11月底前完成一次以中共十八届六中全会精神为主题的专题学习讨论。党校要开设十八届六中全会课程专栏,把全会精神列入主体班次的重点教学内容,把《准则》和《条例》作为必修课程,开展专题学习,推动全会精神进教材、进课堂、进头脑。各级党组织和广大党员干部要全面系统学、原原本本学、融会贯通学,在理解精神实质、把握基本要求、指导实践、推动工作上下功夫。通过学习,切实增强贯彻落实全会精神的自觉性、坚定性,进一步增强"四个意识",特别是核心意识、看齐意识,更加紧密地团结在以习近平同志为核心的党中央周围,更加坚定地维护以习近平同志为核心的党中央的权威,更加自觉地在思想上政治上行动上同以习近平同志为核心的党中央保持高度一致,更加扎实地把党中央的各项决策部署落到实处。

二是注重以上率下,发挥领导干部的示范引领作用。新形势下加强和规范党内政治生活、加强党内监督,重点是各级领导机关和领导干部。领导干部要清醒认识自己岗位的特殊重要性,清醒认识自身所肩负的管党治党责任,在"两学一做"学习教育中,把学习贯彻全会精神摆在首要位置。学在前,做在先,以令人信服的表率作用,推动贯彻《准则》《条例》、践行"四讲四有"成为全体党员的自觉行动。

要带头学深学透全会精神。领导干部要坚持先学一步、深学一层,专门制订学习计划,认真研读习近平总书记在全会上的重要讲话和《准则》《条例》,深刻领会精神实质,逐条逐款学深学透。要在抓好自身学习的基础上,到基层一线去、到所在支部去,为党员、干部讲专题党课、作专题报告,帮助大家把全会神领会得更加透彻。各地各单位要把学习全会精神与加强换届后领导班子思想政治建设结合起来,有计划、分批次地把科级以上领导干部全部轮训一遍。通过举办示范班、轮训班等形式,将机关党员干部轮训一遍。要组织领导干部带头撰写学习体会和理论文章,加深对全会精神的理解和认识,提升学习质量和效果。

要带头查摆解决问题不足。领导干部要把自己摆进去,把职责摆进去,把思想和工作摆进去,深入查找自身在严肃党内政治生活、加强党内监督等方面存在的问题和不足。一要在理想信念方面,查摆是否存在信仰缺乏、信念缺失、精神缺钙,在大是大非面前没有立场、没有态度、无动于衷、置身事外等问题。二要在党的政治纪律和政治规矩方面,查摆是否牢固树立"四个意识",自觉同以习近平同志为核心的党中央保持高度一致;是否存在个人主义、分散主义、自由主义、本位主义,口是心非、阳奉阴违,各行其是、各自为政,有令不行、有禁不止,上有政策、下有对策;是否搞小山头、小圈子、小团伙,投机取巧、拉帮结派;是否弄虚作假、虚报浮夸、隐瞒实情、报喜不报忧;是否拉拉扯扯、吹吹拍拍、阿谀奉承、做"两面人";是否任人唯亲、封官许愿、跑官要官、跑风漏气等。三要在作风方面,查摆是否牢固树立宗旨意识,践行"三严三实",严格执行中央八项规定精神、省委十项规定和常熟市委十二项规定,坚决反对"四风";是否坚持民主集中制原则,坚决反对和防止独断专行,防止议而不决、决而不行、行而不实;是否察实情、出实招、办实事、求实效,存在不担当、不作为、敷衍塞责等问题;是否加强自律,慎独慎微,不搞特权,接受监督,注意家庭家教家风,教育管理好亲属和身边工作人员等。四要在党的组织生活方面,查摆是否牢记自己第一身份是党员,以普通党员身份参加党的组织生活,主动参加所在党支部或党小组活动,坚持讲党课,自觉交纳党费;是否认真参加民主生活会和组织生活会、民主评议党员,自觉进行党性分析,严肃认真开展批评和自我批评;是否坚持谈心谈话制度,坦诚相见,交流思想,主动接受党员、干部约谈;是否强化组织观念,坚持请示报告制度,是否存在不按时报告、不如实报告或隐瞒不报等问题。五要在落实全面从严治党责任方面,查摆是否牢固树立抓好党建是最大政绩、抓不好是不称职、不抓是失职的意识;是否存在主体责任缺失、监督责任缺位、管党治党宽松软等问题。对查摆出来的问题,要立行立改、即知即改,有什么问题就解决什么问题,什么问题突出就重点解决什么问题,大问题和小问题、工作问题和思想问题一起解决,以真做真改的成效落实做合格党员、合格领导干部的要求。

要带头贯彻执行《准则》《条例》。领导干部要树立和增强自律意识、标杆意识、表率意识,严格遵守《准则》,真正做到《准则》提倡的就严格执行,《准则》要求的就坚决做到,《准则》禁止的就坚决不做;严格执行《条例》,切实履行监督责任、强化接受监督自觉,使《条例》真正成为加强党内监督的硬约束。要以领导干部的模范行动,引导全体党员不断增强党员意识和组织观念,认真落实《准则》《条例》规定,推动管党治党从宽松软走向严实硬。

三是提高工作标准,推动学习教育各项任务落地落实。全会就新形势下加强党的建设作出的重大部署,为深化"两学一做"学习教育进一步指明了方向、注入了动力。各级党组织要以贯彻落实全会精神为牵引,找准突出问题和薄弱环节,完善思路措施,加大工作力度,推动学习教育各项任务要求落到基层、取得实效。

要回顾检视补短板。对照习近平总书记在全会上的重要讲话精神,对照《准则》《条例》,对照上级和市委关于学习教育的部署安排,结合"千组万支"集中督查情况,对照"两学一做"学习教育"体检"表,对本单位本系统前段学习教育工作认真进行盘点分析。党组织重点查看组织生活是否做到经常、认真、严肃,"三会一课"是否突出政治学习和教育、突出党性锻炼,集体学习是否围绕"新时期共产党员思想行为规范""学习系列讲话、强化'四个意识'"等专题进行交流讨论。科级以上党员领导干部重点查看是否认真落实"六个一"规定动作,是否学深学透党章党规、系列讲话,是否严格执行双重组织生活制度,是否对照"七查摆七强化"要求,列出问题清单,边学边查边改。各级一把手还要查看是否严格落实《一把手职责任务清单》明确的8项职责、8项任务。广大党员重点查看是否掌握了党章党规、系列讲话基本内容和基本要求,是否对标"四讲四有"、对照"五查摆五强化",画准"自画像"、找准"行业病",是否对照增强政治定力、坚持实干为民、投身创新实践、真正敢于担当要求,立足岗位、履职尽责,发挥先锋模范作用。各级党组织和党员、干部要以严实态度,针对查找出的问题,采取整改措施,工作不足的要"补课",力度不够的要"加把火",走了过场的要坚决返工重来。

要聚焦重点抓深化。把贯彻全会精神落实到开好年度民主生活会、专题组织生活会和做好民主评议党员工作中,做到会前广泛听取意见、深入谈心交心,会上认真查摆问题、深刻剖析根源、明确整改方向,会后逐一整改落实,使党内政治生活包括党的组织生活进一步严格起来、规范起来。从坚定不移推进全面从严治党的战略高度,进一步认识抓好基层党建7项重点任务落实,对于严肃党内政治生活、加强党内监督的基础性作用,按照全市落实基层党建重点任务推进会部署安排,坚持严字当头,突出问题导向,对照目标和进度要求,加强督促、认真查核,确保重点任务件件落地落实。

要着眼长远促常态。紧紧抓住学习贯彻落实全会精神的重大契机,积极探索推进组织生活经常化、党员教育常态化、支部主体作用长效化,建立健全党内政治生活制度体系。以"三会一课"作为落实"两学一做"的基本制度,把学习党章党规、学习党的创新理论、做合格党员作为"三会一课"的重要内容,作为党员教育的一项长期任务,使党的创新理论成果、实践成果、制度成果及时转化为党员特别是党员干部的自觉认识,使践行合格党员标准成为广大党员的自觉行动。持续从严管理党员,建立健全党员分类管理、积分考核、党员组织关系、党内关爱帮扶等制度,巩固和扩大学习教育成果,让"严"成为常态。持久发挥党支部主体作用,坚持力量、投入、资源、工作"四个下沉",使支部有动力、有能力、有抓手开展工作,真正把全面从严治党落实到每个支部、每名党员。

四是强化组织领导,加强督导检查。各级党委(党组)要切实履行主体责任,把学习贯彻全会精神、深化"两学一做"学习教育摆上重要议事日程,作为书记抓基层党建述职评议考核的重要内容,通过召开党委(党组)会等形式,专题研究部署,作出具体安排。党委(党组)主要负责同志要深入基层单位,对学习贯彻全会精神、开展学习教育情况进行专门调研,指导帮助基层党组织落实各项工作要求。各级领导班子成员近期要专题听取一次分管领域、分管单位的汇报,下到联系点或基层单位党支部,了解学习情况,在一线总结经验,发现问题,推动落实。

各级党委(党组)要进一步发挥督导的把关定向、校正纠偏作用,采取定点监测、随机抽查、听取汇报、专项调研、参加学习讨论、列席组织生活会等形式加强督促检查。要突出督导重点,紧盯学习贯彻全会精神的安排部署和组织落实情况,党章党规、系列讲话规定学习内容的完成情况,基层党建重点任务推进情况,党员、干部查找解决问题、发挥作用情况。基层党委对所辖每个党支部的学习计划、学习内容和党员参与情况、学习效果等,都要逐一检查、具体了解,要注意了解离退休人员中党员、非公有制企业和社会组织从业人员中党员、流动党员等群体的学习覆盖情况。

各单位组织条线要自觉树立更高标准，带头深入学习贯彻全会精神，切实担负起推进全面从严治党的重要责任。要以全会精神为指导，准确把握组织工作新要求，进一步明确思路举措，扎实推进、狠抓落实。要把全会精神体现到严抓党员干部教育培训中，以领导干部为重点，分层分类开展培训轮训，组织好广大党员干部学习，推动全会精神早覆盖、快覆盖、全覆盖；体现到严抓干部管理中，坚持好干部标准，严把政治关、品行关、作风关、廉洁关，进一步完善民主集中制，强化问责监督；体现到严抓基层党建工作中，切实增强党内政治生活的政治性、时代性、原则性、战斗性，探索更加开放、灵活、高效的组织生活方式，不断提高组织生活质量和效果；体现到严抓自身建设中，坚持从严治部、从严律己、从严带队伍，建设“讲政治、重公道、业务精、作风好”的模范部门和过硬队伍。

做法体会

【注重以上率下，以点促面】 坚持抓牢党员领导干部这个“关键少数”，全面落实各级党组织及书记的主体责任，推动学习教育迅速深入开展。市委常委会带头制定工作计划、开展专题学习、组织交流讨论，市委书记带头上党课、作交流、走基层、找问题，为基层开展“两学一做”树标杆、作榜样。各级党组织书记认真履行“一把手”职责，在个人自学、专题党课、调研查摆等方面带头行动、自觉示范、传导压力，形成各级党组织和广大党员上行下效、联动共进的良好局面，确保学习教育有标杆。市委常委会带头开展学习交流 5 次(其中专题交流 4 次)。

【注重全员参与，点面结合】 “两学一做”学习教育的主体是全体党员。为此，学习教育启动前全市就抓住组织关系排查工作这一契机，以软弱涣散党组织和“问题党员”为重点，对全市党组织和党员情况进行了一次再排查、再梳理，厘清党员队伍基本情况，为顺利推进“两学一做”学习教育打牢组织基础。学习教育启动后，坚持早计划早部署早发动，全市 6100 多个基层党组织在半个月时间内基本动员部署完毕。以基层支部为单位，发放各类学习资料共 2.8 万多册，确保学习教育全覆盖。建立省级观测点 1 个，苏州市级观测点 8 个，常熟市级观测点 66 个，实行观测点月报告制度，鼓励先行先试、创新形式，以点带面示范引领全市学习教育深入开展，确保学习教育活力足。同时，建立长效监督机制，先后采用第三方民调、党建专项督查、“千组万支”集中督查等方式，通过实地看、个别谈、随机抽、查台账、听汇报等多种形式，对各级党组织特别是基层支部学习教育情况进行检查，涉及全市 43 个党(工)委、160 多个基层党支部、2200 多名党员，有效推动了各级党组织和广大党员学教主动性。同时，根据督查情况，及时梳理形成问题提示单并点对点反馈，督促党组织及时查漏补缺、落实整改。

【注重深学细悟，抓常抓实】 “两学一做”基础在学，只有打牢学习这一根基，才能夯实党员干部的思想根基。坚持“一把手”领学，市委领导班子成员带头制定个人自学计划，按章节通读党章党规，按篇目通读系列讲话，以普通党员身份参加所在支部组织生活、进行学习讨论。坚持制度严学，严格落实“三会一课”制度，按序时进度逐月明确学习要求和学习目录，全面推行党员学习教育积分考核。建立每月“固定学习日”，每个党支部每月至少开展 1 次集中学习，每名党员每月至少完成 15 小时自学，对习总书记“七一”重要讲话、中共十八届六中全会精神等新精神新要求第一时间组织学习贯彻。坚持创新促学，基层党组织结合各自实际创新学习形式、丰富学习内容，开展“读党章、谈心得、话发展”专题学习讨论活动，以互动式、情景式、卡片式党课教学让学习充满故事性、趣味性，确保学习教育学得深。建立网站，开通微信公众号。手机学堂让党员随时学习温故知新。结合纪念建党 95 周年活动，评选表彰新一轮“十大共产党员标兵”，将他们的事迹制作成宣传片，在户外大屏、公交车流动屏、微信公众号同步推送宣传，不仅仅为党员群体，更为全市人民提供可触摸、可感知、可学习的鲜活样本，在全市层面营造“两学一做”良好氛围。制发情况通报 10 期。

【注重学以致用，以知促行】 “两学一做”关键在做，只有把合格的标尺立起来，把党员的形象树起来，才能做得自觉、做得坚定、做在前列。全市把开展“我是共产党员、亮身份、践承诺、树形象”活动作为激发党员自豪感、展现党员先进性的“第一槌”。全市发放党徽 7.5 万枚，各行业在职党员佩戴党徽上岗，亮明身份，增强荣誉感，真正把“共产党员”这个称号叫响擦亮，发挥出党员榜样示范和带动作用。开展“党员示范岗”争创活动，机关事业单位设立党员干部标识牌，农村社区设置党员门牌户、身份公示栏，广泛设立党员责任区，践行党员先锋模范要求，确保学习教育做得实。开展“清风传万家”家庭助廉系列活动，推动党员干部立家规、正家风，始终保持党员队伍的先进性、纯洁性。在全市基层党组织中开展“两学一做”学习教育“体检”自查，对照党支部“两学一做”学习教育“体检”表做好自检工作。各级党组织认真开展问题查摆，普通党员围绕“五查摆五强化”，科级干部围绕“七查摆七强化”列出问题清单，明确整改措施、时间。在三次大讨论中，每名党员对照新时期共产党员、强化“四种意识”、“四讲四有”合格党员要求明确目标理想，坚持问题导向，通过开展组织生活会、民主评议党员等工作，确保及时加以整改，党员队伍整体形象不断提升。广大党员积极参与党员关爱基金募集，向盐城灾区捐款捐物合计 321 万元，居苏州各县市首位。

【注重问题导向，立行立改】 各级党组织突出问题导向，坚持边学边改，以解决组织生活、党员管理、基层建设中存在的问题为重点，落实有效措施，加大整改力度，认真落实好七项重点任务，确保重点任务整改到位。对党代会代表和党员违纪违法未给予相应处理情况进行专项排查，全市共排查出5类对象255人，并按要求对排查清理前未作出处置的18人进行规范处置。稳妥做好党费规范收缴工作，召开专题会议部署党费自查，规范做好相关工作。认真开展全市基层党组织按期换届情况排查，摸清底数，督促及时完成换届工作。专门组织力量对非公有制企业和社会组织进行“家家到”排查，共摸底建立非公企业台账15131个，社会组织台账1314个。大力开展软弱涣散党组织整顿帮扶工作，市四套班子领导结合工作分工挂钩21个市级经济薄弱村，建立农村基层干部基本报酬市、镇、村三级分担机制，每年市财政直接投向农村资金达9.97亿元，并对活动阵地不达标的4个党组织给予每个10万元的专项补助。

（市委组织部供稿　陈建东编辑）

新中国二轮《常熟市志》编纂出版

综　述

【概况】　常熟作为国家历史文化名城，素有“文化昌盛之邦、江南言子故里”美誉。2007年11月，经常熟市委、市政府批准，新中国建立后第二轮《常熟市志》的修编工作正式启动。历经10个春秋，《常熟市志》于2016年1月正式出版发行。《常熟市志》上限尽可能追溯事物的发端，下限至2008年年底，为一部通贯常熟古今数千年历史的通志。《常熟市志》结构宏伟，体例庞大，全书分46个编，并按照编、章、节、目、子目层次叙述。另有图照、序、凡例、概述、大事记置于前，志余、索引、编后记殿于末，全书共423.2万多字、2500多页。其中，另有图照（含书前彩图和地图）936张（幅）、表格391张。新一轮《常熟市志》能够始终紧贴时代发展脉搏，集百家之大成，汇百科之精华，真实反映常熟的全貌。同时翔实地记录了常熟人民世代奋斗、兴衰荣辱的历史，全面地描绘常熟的沧桑巨变、世风民情。从而有助于全市广大干部群众和外地读者更好地了解常熟的过去，把握常熟的今天，展望常熟的未来。

编纂历程简要回顾

【编纂启动和宣传发动】　2005年下半年，按照中国地方志指导小组的要求，常熟市即着手准备新中国建立以来第二轮《常熟市志》的编纂工作。2007年11月上旬，常熟市政府先后召开市长常务会议和市地方志编纂委员会成员会议，部署全市开展第二轮修志和《常熟市志》的编纂工作。随即在《常熟日报》开辟专版，向全市介绍第二轮修志的计划、总体方案和初定的篇目大纲等，并在市电台、电视台等作新闻报道。

【业务培训和志稿打磨】　《常熟市志》编纂工作全面展开后，成立《常熟市志》编辑小组，聘请社会各界身体健康、热爱文字工作、有一定文史知识且参与过修志的相关人士担任编辑工作。2008年开始，全市各相关单位根据要求，大张旗鼓地开始《常熟市志》的资料收集和资料长编编写工作。市地方志办公室坚持每月召开1～2次的业务会议，并先后为各单位进行业务培训达130余次，参加培训人员近2000人次。至2009年年底，大部分单位都按要求完成资料长编稿和初稿撰写。至2012年上半年，市志编辑小组前后进行资料初稿的“会诊与研讨”60多次。至2013年5月，先后进行分纂2次和总纂1次。

【通过上级评审和验收】　2013年6月18～19日，《常熟市志》评审会召开。与会人员一致认为《常熟市志》资料丰富，内容翔实，行文规范，地方特色彰显。会后，市地方志办公室及时组织全体编辑认真消化和吸收终审会意见建议。至2013年11月底，形成《常熟市志》验收稿。2014年1月22日，《常熟市志》验收会召开。会议认为《常熟市志》能恰当运用志书体例体裁，结构合理、逻辑清晰，语言表达准确，志书通过验收。

【精心修改和定稿出版】　验收会后，市地方志办公室把志书内容对口送至全市近200个部门，进一步征求意见和建议。至2014年6月初，完成新一轮志稿修改。9月，完成全志稿的书前图照和书中随文插图定稿。10月，志稿送方志出版社审稿。至2015年10月，市地方志办公室利用1年的时间，又对志稿先后进行10多次较大的修改和校对。12月，志书正式付之梨枣，翌年1月出版发行。在《常熟市志》编纂过程中，市地方志办公室和全体编辑人员加班加点，兢兢业业，任劳任怨，奋力拼搏，付出了大量艰苦的劳动。因此，《常熟市志》的出版得益于各级领导、专家和修志工作者的共同努力。

主要做法

【博采众长，着力优化志书结构】　一是优化纲目结构。志书编纂之前，市地方志办公室对志书的纲目结构进行了反复讨论研究。但在进行志书分纂和总纂过程中，仍发现一些资料稿内容有统属关系不当、分类标准不一、编排格式不同、内涵不清不明等问题。于是市地方志办公室组织全体编辑人员再一次系统学习志书结构设计方面的知识，遵循志书内容的分类标准、编排格式、文题关系、标题用词、题目内涵等要求，认真进行志书纲目结构的优化调整。

2013 年 6 月 18 日，《常熟市志》评审会召开

二是调整部分内容编排。在做好纲目结构优化的基础上，市地方志办公室又对部分编、章、节、目的内容编排进行了调整。调整的篇目主要有：第十三编“工业”中第三章“乡镇工业”、第四章“其他形式工业”、第五章“工业门类”、第六章“企业　产品　销售”；第十四编“国内贸易”第一章“商业所有制”、第三章“重要生活资料购销”；第二十九编“党派组织　社会团体”第一章“其他党派”、第四章“社会团体”；第三十六编“文化”第一章“文艺创作”原设有的第四节“戏剧　曲艺”；第三十六编“文化”原第八章“民间收藏”；第三十七编“历史文化遗存”原第七章“博物馆藏品”；第四十五编“人物”第一章“人物传略”，等等。

三是适度延伸“大事记”下限。原计划志书“大事记”记载至 2010 年底，根据大多数专家、学者的意见，参照兄弟县市的做法，考虑志书计划出版的日期估计要在 2015 年年底左右，遂将志书“大事记”延伸至 2012 年年底，并对部分年代的大事内容进行了调整和充实。主要是增加了新中国建立后市(县)四套班子正职的更迭情况，改革开放以后经济社会发展重要史实记载，市(县)党代会、人代会和政协会议的记载，以及副省(部)级以上各级领导到常熟视察、调研情况等。

四是特设“政治运动”一编。《常熟市志》特设第四十六编“政治运动”，主要是记录新中国建立以来历次政治运动在常熟境内的真实情况，从而存史资政、以史为鉴，为后人提供经验与教训。

五是调整和充实“志余”内容。按照专家、学者的意见和建议，我们将“志余”(相当于编)由原来的“文献辑存”和“杂记”两个部分，调整为“轶闻传说采撷”“文献资料辑存”和“历代咏文选录”三个部分。

【查漏补缺，不断充实志书内容】

一是充实常熟人类历史的内容。依据《常熟文物考古研究》等资料和记载，在正文第一编“行政区划”第一章“历史沿革”第一节“政区”开头，我们加上这么一段文字：“据 1988 年在常熟谢桥白龙港北岸发掘的钱底巷新石器文化遗址证实，早在 5500～5000 年前，常熟的土地上已经有人类居住。夏、商时期，按《尚书 · 禹贡》所载，常熟地方属扬州地域。”

二是充实中共常熟地方史内容。第二十五编“中国共产党”第一章“党的地方组织”第一节“民国时期党的组织与活动”，根据部分老同志的提示，市地方志办公室参考了《中共常熟地方史》(第一卷)、《常熟人民革命斗争史》《中国共产党常熟市组织史资料》(1926－1987)等资料，还特地和张家港史志办取得联系，增加了“中共金村支部”一个目，记述 20 世纪 20 年代常熟第一个农村党支部的历史，从而既还原了事实本质，也丰富了志书内容。

三是充实志书文化部分内容。对第三十六编“文化”第六章“文艺社团”新增加了民国期间遗漏的一些文学社团，如小说林社、残荷社、临社、国学扶轮社、江花诗社等。“艺术团体”经过查询资料，新增加了石梅书画研究院、助赈书画社、苏州美专常熟同学会等。第三十七编“历史文化遗存”第三章“古建筑”第一节“宗教建筑”中，通过查阅相关资料，先后增加宝严寺塔、聚奎塔，以及附录青年塔和宛山石塔等。对第三十八编“藏书”部分历代藏书家介绍和藏书情况进行重新梳理，增加松石斋(赵用贤藏书处)、借月山房(张海鹏藏书处)、澹成居(吴卓信藏书处)、红豆山房和二瓻书屋(黄廷鉴藏书处)等。

四是充实“人物”的内容。“一部志书半人物”，人物对志书的重要性不言而喻。1962 年元旦，常熟县划出大义公社以北的三兴、乐余、兆丰、合兴、东莱、锦丰、塘桥、西张、乘航、鹿苑、凤凰、恬庄、南丰、妙桥等 14 个公社和常阴沙农场近 50 万亩耕地、34 万人口归属新设置的沙洲县(现张家港市)。常熟作为一个县来说，可谓是“地大物博”，因此以往对划出部分的历史人物，考虑入志的较少。这次因为是修通志，所以市地方志办公室参考了元代《至正重修琴川志》、明代弘治、嘉靖和万历《常熟县志》、民国《重修常昭合志》，以及《张家港市志》等进行了补充(但并不是照搬照抄)。

五是充实其他重要内容。对第二十编“交通物流”第一章“水上交通运输”第四节“水上货运”，根据苏州和常熟专家的意见，增写了“农用船”目。第二十二编“综合经济管理”第四章“工商行政管理”第四节“商标、广告管理”，许多专家认为缺失民国时期广告的内容，为此增写了这方面的内容；第二十九编“社会团体”第四章“社会团体”中增加了 2006 年 12 月创建的常熟市七彩虹义工服务团、2008 年 6 月成立的常熟市零距离义工社等。第三十一编“国防　军事”部分增加了“常熟的抗美援朝运动”；清末至民国年间，常熟有一大批官费和自费赴国外留学的学生，共计近 200 人。以往志书中对此记载甚少，这次参考相关资料,在第三十四编“教育”部分的编下无题小序中进行了记载,同时,该编第一章“旧学”第二节“书院社学”中增加“西城书院”目:“清康熙年间,江苏巡抚汤斌于常熟城西门内岳庙东建西城书院,内建弦歌楼。乾隆四十六年(1781),邑人言如泗等移建至虞山西麓,面临西门大街。”;第三十五编“科学技术”中增加附录“常熟星”;对第三十九编“著述”部分,通过查询资料,对古代著述的作者名、书名、卷数等,进行了认真的核对,尽可能补齐,对部分非常熟籍又没在常熟工作、生活的作者予以剔除。特别是对新中国建立后的作者和著作及其出版社、出版年月进行了增补。计增加著作约 66 人 220 多种,全志共收录商代至 2008 年常熟著作者 2457 人,著述 6150 种(非全部),从而使志书更加完备、准确。第四十编“史志档案”中公家收藏的常熟家谱进行了大量的补充和完善。等等。

关于常熟的进士人数。常熟为先贤言偃故里,素称学道名邦,自汉以降,以文仕进者代有人杰。封建社会的 1300 年间,据原有的各种统计,常熟的进士数,历来说法不一,这次编纂志书时,我们反复参考了各种资料,最后在节前无题小序这样记述:“从隋朝大业元年(605)的进士科算起,至清光绪三十一年(1905)正式废除科举,科举制度在中国存在 1300 年”。整个科举时代,常熟共产生文科、武科进士 486 人,其中文科状元 7 人,武科状元 1 人,文科榜眼 3 人,武科榜眼 1 人,文科探花 5 人。同时,根据相关专家和学者的建议,在“进士名录”表格后附注:(1)徐应聘,由常熟里睦(今属董浜镇徐市)迁居昆山,明万历十一年(1583)中进士;嵇曾筠,生于常熟唐墅(今属沙家浜镇),幼年随祖父和父亲迁居无锡,清康熙四十五年(1706)中进士;(2)太平天国时期,1861 年由太平天国举行的科考中,常熟录取文进士邵启堂、沈兰芬二人,武进士王菊存(会元)、袁高虎、张虎彪三人;(3)光绪三十三年(1907),嵇芩孙以美国卜忌利大学法政科毕业,选庶吉士,给予进士出身。宣统二年(1910),徐岳生以北洋大学堂毕业,选庶吉士,给予进士出身。宣统三年(1911),殷祖恩以美国雪佛尼大学商科毕业,选庶吉士,给予进士出身。以上备考。

【反复研讨,力求详尽考证史实】 一是通过重点研讨力求最佳。市地方志办公室先后多次组织相关专家、学者,针对志书编纂中的难点和重点,进行研讨。如“人物”“著述”和“藏书”等部分编章,多次组织讨论研究,厘清编排思路和取舍标准,收到较好效果。

二是对人物生卒年详尽考证。中国古代资料、史书和人物志书等,多以帝王年号为基准,往往对人物生卒年缺少详细确切的记录,这次总纂《常熟市志》时,市地方志办公室专门请教了对常熟历代各类人物较有研究的学者、专家和老师,并依据有关碑文、墓志铭和古人的日记、笔记、著述等文献资料,对 27 位以往只写“生卒年不详”的列传人物的生卒年进行了详细的考证,对 16 位列传人物的生卒年进行了纠错。

三是对各类史实完善考证。对古代名人墓址进行考证,如明代名医缪希雍;对历代著述的作者、书名、卷数等,通过查询资料,进行认真挖掘和核对,尽可能补齐;对常熟的进士人数进行考证;对重要史实进行考证,如明末清初一代爱国名将郑成功拜常熟钱谦益为师,以及郑成功到常熟看望钱谦益的时间问题。

四是精心选择各类图照。在总纂过程中,市地方志办公室的相关同志多次到市图书馆古籍部,对宋、元、明、清时常熟的县境图、县治图、乡村图等进行翻拍。还通过市民政局的帮助,得到一张 1954 年常熟县行政区域图。市地方志办公室的相关同志还到市档案馆、博物馆找寻各种照片资料。对于必要的书前彩图和书中插图而缺少者,多次到实地进行补拍。

【有所侧重,坚决避免啰嗦重复】 一是交叉内容防止重复。如第七编“城乡建设”、第十三编“工业”和第二十二编“综合经济管理”3 个编中都讲到电力设施、用电管理的问题。笔者在总纂时,针对 3 个编所讲的主要内容,有所侧重,避免重复。城乡建设写 4 节,侧重于供电设施、电力供应、电力管理、农村用电等内容。“工业”侧重写新中国建立前后常熟发电厂发展的历史介绍。而“综合经济管理”则侧重于对用电的管理。

二是实行相同史实合并。如第十六编“国内贸易”和第四十二编“医疗卫生”中都提到“中药西药”,笔者在总纂时把“医疗卫生”中“中药 西药”部分内容删除,相关内容(非重复部分)移到第十六编“国内贸易”相关章节中。

三是同一内容侧重不同。如第十八编“旅游”中,最后附有历代名人游虞山的记录,为避免和“志余”中“铁闻传说采撷”和“历代咏文选录”重复,旅游中重点写到外籍人物游虞山的,即使和志余中人物有重复的,旅游中简写,不展开,如写常建、郑成功、康有为等不讲游览后的诗作,一笔带过。在志余中则详写。

四是运用资料调整内容。如第三十一编“国防军事”第五章“兵事”部分,根据《申报上的常熟》等新的历史资料,市地方志办公室在第一节“历代兵事”中增加了“民国 13 年(1924 年)9 月 3 日,江浙战争溃兵过境”“民国 16 年(1927 年)3 月,北洋军阀直鲁联军毕庶澄逃离上海过境”“民国 16 年(1927 年)3 月 22 日,北伐军抵达常熟”“民国 21 年(1932 年)1 月 28 日,淞沪抗战常熟遭空袭”等 4 个目。

五是巧妙摆布人物。针对有些历史名人和常熟有些关系,但作为人物立传又感到有些牵强。同时专家和学者持不同意见较多,多数认为不放为妥,如姜尚、常建、鉴真、韩世忠、张士诚、郑成功等。市地方志办公室的相关同志在总纂时,把这些人物从人物列传中删去,在“志余”中增加了与之相关的内容,既避免了不必要的麻烦,又丰富了志书内容。

主 要 体 会

【确定志书体例和编辑人员是重要前提】 一是确定志书体例结构。常熟作为国家历史文化名城,自西晋太康四年(283)建有县邑始,已有1700多年的历史。传说在宋代以前,常熟即修有县志(可惜北宋灭亡后"版籍不存"),历代县志的体例结构均为通志通修形式。1985年,新中国建立后的第一部《常熟市志》开始编纂,上限为辛亥革命爆发的1911年,下限止于1985年,共历时间跨度为75年,是书于1990年11月正式出版。2001～2006年,市地方志办公室对首部《常熟市志》进行了修订并重新出版。2007年启动编纂的二轮《常熟市志》(开始称《常熟通志》),到底是采用续志的形式还是通志的形式?志书的上限和结束的下限到底如何确定?对这个修志的首要问题,开始时争论较多,有的主张续修,有的主张通修,为此常熟市政府和市地方志办公室通过召开座谈会、研讨会等形式,在全市范围内广泛征求专家学者的意见和建议。后又在认真听取中国历史文献研究会副会长、中国地方志学会学术委员、浙江省地方志学会副会长、浙江大学历史学系教授仓修良先生"广义的续修"——即"新志书应既修又续、编修志书要通贯古今"的修志主张后,大家一致感到:为充分凸显常熟悠久的历史文化,加之近年来随着文物考古工作的不断发现和各种历史文献资料的日益浮出水面,常熟有必要、也有条件编纂一部贯通常熟古今几千年历史的新方志。随后,市委、市政府最终决定:二轮《常熟市志》的上限为尽力追溯常熟历史的发端,下限至2008年底,为一部通志。

二是精心遴选编辑人员。常熟素为历史文化发达之乡,爱好文史的老干部、老文史工作者、老同志、老教师俯拾即是,并且自愿参与《常熟市志》编纂的热情非常高涨,而且部分老同志欲"毛遂自荐"进志书编辑办公室。为此,市地方志办公室不搞"领导关照""打招呼""拉关系"和"相互推荐"等,而是根据对某个老同志专业特长的了解,并从志书编纂的实际需要出发,即力求编辑人员中的人文历史专业、自然地理专业、工农商贸专业、金融财税专业、公检司法专业、科技国防专业等尽量兼有的原则,在反复研究和斟酌的基础上,在全市范围内挑选了花亦明、李家成、周文晓、俞秉麟、徐本坚、钱臻兴、章明明、曹家俊、潘正言等身体健康、热爱地方志事业和志书编纂工作,事业心、责任心和能力水平较强,且普遍参加过新中国成立后首轮修志、同时专业知识相对互补的老同志。市地方志办公室专辟一间大的工作室,让参与编纂的老同志集中在一起专心编纂志书。

三是认真修订志书纲目。经市委、市政府审议批准的《常熟市志》纲目初稿,计划全志设40编,280多万字,300多帧照片,10多幅地图,分上下两册,16开本,计2000页左右。在结构安排上基本上分编、章、节、目4个层次。其中一级的由总述、大事记、分志各编、志余、索引五大块并列组成。内容涉及建置区域、人文历史、自然环境、人口土地、工业农业、商贸流通、开发开放、城建房产、交通水利、环保能源、财税金融、政权军事、政协统战、党派社团、教育科技、文体卫生、司法治安、社会保障、新闻出版、邮政电信、景点名胜、革命斗争、地方习俗、藏书著述、名人轶事等各个方面。2013年6月,《常熟市志》终审稿通过苏州市地方志办公室终审后,根据专家、学者和相关部门及板块的意见建议,结合常熟经济社会建设和发展的实际,同时参考周边县市的经验和做法,在反复研讨的基础上,把《常熟市志》的正文调整为46编。主要是为凸显常熟的历史文化和特色经济,对部分内容进行了调整和升格处理。此情况报上级后,及时得到批准。

【营造浓烈的志书编纂氛围是重要环节】 一是运用各种媒体造势。《常熟市志》作为新中国建立以来常熟市第二部综合性地方历史文献,市委、市政府对此高度重视,把她列为市政府重点工程,列入常熟市《"十一五"(2006～2010年)规划纲要》。2007年1月,市政府在市十二届五次人民代表大会的《政府工作报告》中写道:"积极启动《常熟市志》编纂工作。"是年11月2日,市委副书记、市人民政府市长主持召开市政府第57次常务会议,就《常熟市志》的编纂计划进行了认真讨论,会议同意市地方志编纂委员会办公室报送的工作方案,要求精心组织实施,确保志书质量。11月6日,市委常委、市政府常务副市长组织召开市地方志编纂委员会全体会议,对《常熟通志》的篇目大纲(征求意见稿)进行了专题审议。12月28日,《常熟日报》整版刊载专版"地方志工作",通栏标题为"存史资政、经世致用、利泽当代、功垂千秋",内容有国务院《地方志工作条例》全文,市委、市政府领导在各级地方志工作会议上的重要讲话摘要,全市地方志工作编纂启动方案与规划,市地方志办公室首轮修志工作成果,《常熟市志》资料征集启事

《常熟市志》书影

等。文章一经刊出，在全市引起强烈的反响。2008年志书编纂全面启动后，市地方志办公室又创设工作简报《常熟史志》（月刊），开设有“工作动态”“学者论志”“方志论坛”“史志园地”“读志札记”等栏目，及时向全市人民介绍《常熟市志》编纂的进展情况。

二是积极开展动员培训。2007年11月13日，市政府召开全市地方志暨《常熟通志》编纂工作会议，市委书记发来贺信，对《常熟通志》编纂工作的启动表示诚挚的祝贺，并向长期以来为地方志事业作出贡献的同志表示敬意和感谢。市四套班子分管领导出席会议，苏州市地方志办公室负责人应邀参会。市政府分管地方志工作的常务副市长就贯彻落实国务院《地方志工作条例》精神，研究部署常熟市新一轮修志工作提出要求，会议计有200余人参加。是年12月6～7日，市地方志办公室在市委党校举办为期两天的“全市地方志编纂业务培训班”。市委专职副书记到会祝贺并作开班重要讲话。浙江大学教授、全国方志专家仓修良到会授课。省地方志办县市指导处及苏州地方志办领导进行编纂业务讲座。全市各行业、各单位及镇场有关编志人员150多人参加培训。2008年开始，全市各行各业各单位根据全市地方志工作会议的精神与要求，大张旗鼓地开始原始资料征集、资料长编和初稿的写作。针对全市150多个参编单位的修志人员中，绝大多数从没有编写过志书，更不懂编志的规范和要求的实际，市地方志办公室在2007年在全市范围组织培训的基础上，始终把工作的重点放在开展各种不同规模的修志业务培训班上。一年多时间内，市地方志办公室在各机关部门、乡镇等举办业务研讨和培训班达100多次，参培人员达到1500多人次。至2009年，市地方志办公室为各单位进行业务培训累计达到130多次，参加培训人员近2000人次。通过连续不断和多种形式的宣传、研讨、培训，提高了各部门、各级领导和全市人民对本轮修志重要意义的认识，在全市形成了编史修志的浓厚氛围。通过大量、细致、艰苦和多层次的工作，特别是针对参编单位领导、参编人员进行的业务辅导和培训，提高了全体修志参与者对志书入志资料质量、资料长编质量、初稿质量的认识，为顺利开展下一步编修工作打下了坚实的基础。

三是健全组织领导机构。领导重视和加强组织领导，是保证《常熟市志》编纂工作顺利实施的重要环节。《常熟市志》编纂工作全面展开后，市及时成立《常熟市志》编纂工作领导小组，负责对志书编纂过程中重要事项的决策、协调和工作指导，领导小组成员由市、镇两级有关领导组成。领导小组下设编辑部、督查组两个工作机构，设在市地方志办公室，分别负责《常熟市志》编纂业务和对面上工作进行巡查督促。同时下发红头文件，要求各承编单位都要明确分管领导，认真组织实施。要增强全局观念，落实工作措施，形成协调配合，齐抓共管，有效运作的工作机制。2008年5月21日，在原有的常熟市地方志编纂委员会机构和上述领导小组外，常熟市委办、政府办联合发文，成立《常熟市志》编纂工作指导委员会，由市委书记兼任委员会名誉主任，市委副书记、市长兼任主任，常务副主任由市委、市政府具体分管党史地方志工作的市委副书记和常务副市长担任。委员会下设编纂工作协调小组和编辑室两个工作机构。协调小组组长由常务副市长担任，副组长由市委、市政府办公室副秘书长和市地方志办公室主任担任。编辑室设在市地方志办公室，编辑室主任由市地方志办公室主任兼任，副主任由分管地方志工作的副主任兼任。市地方志办公室同时下发文件，要求承担资料准备工作的部门上报《常熟市志》编纂负责人和具体撰稿人员名单，并注上负责人和撰稿人员办公室、手机号码，以便加强联系，确保定岗定责。

【充分征求意见是确保志书内容完备的重要程序】 一是征求部门板块的意见建议。至2009年底，全市除部分单位由于有各种原因外，大部分都能够按照市地方志办公室的要求，完成了资料长编稿和初稿的撰写工作。随后，由所在单位内部进行反复和多层次的审稿，然后盖好单位公章，送到市地方志办公室市志编辑部。同时，市地方志办公室对少部分难度大、一时难以按时交出资料长编稿和初稿的单位，主动靠上去帮助攻坚克难，确保其保质保量按时完成任务。2013年5月《常熟市志》完成终审稿、6月通过苏州市地方志办公室终审后，市地方志办公室认真吸收终审会和方方面面的意见建议，历时半年多的时间，对志稿认真进行校对和修改、补充和完善，于是年年底形成《常熟市志》验收稿。2014年1月《常熟市志》验收稿通过苏州市地方志办公室验收后，市地方志办公室把志稿对应的相关文字内容，再一次分别送全市各镇、开发区、部门审阅，进一步征求意见和建议。同时制订制式的《〈常熟市志〉审稿单》，由常熟市地方志编纂委员会成员（或部门一把手）和撰稿者同时签名，并把相关修改的意见或建议附在后面，再盖上单位的公章，然后送到市地方志办公室。

二是征求新老领导的意见建议。作为一部通志，常熟市历任和在任的四套班子领导以及全市许多离退休的老同志和在职的同志，对此都比较关注。为了最大限度地减少差错，确保志书内容的准确和完整，市地方志办公室采取上门、邮寄、转交等办法，并先后多次亲赴苏州等地，向居住在常熟以外的历任四套班子主要领导、居住在常熟的历任四套班子领导，市现任四套班子领导呈上《常熟市志》样稿，征求他们的意见和建议。为了收集意见，有的市地方志办公室的同志还专程去了好几趟，府培生、周德欣、徐国强等许多常熟市的老领导对此做法十分赞赏。常熟市委原书记、后任常州市长孟金元，常熟市委原书记、后任南通市委书记周福元，常熟市委原书记、后任苏州市副市长的江浩等，在仔细阅读自己主持工作的那段历史时，提出了诸如当年常熟的火力发电厂建设情况、镇级财政收入依据和来源、二十世纪八九十年代的文化教育事业等许多方面的意见和建议。编辑部在仔细斟酌和查找原始资料印证的基础上，采纳了大多数意见和建议。

三是征求专家学者的意见建议。

《常熟市志》启动之初，市地方志办公室就聘请了戴逸、仓修良两位在国内有影响力的专家和教授作为《常熟市志》编纂顾问。戴逸先生本身是常熟人，现任国务院学位委员会第二届学科评议组成员、中国清史研究所所长、中国人民大学教授兼历史系主任，北京市历史学会第四、五届会长。2011 年 4 月，戴逸先生被聘为中央文史研究馆馆员。2013 年 12 月 17 日，戴逸先生荣获第二届吴玉章人文社会科学终身成就奖。戴逸先生热爱家乡，曾为 1990 年新中国成立后第一部《常熟市志》作序，担任第二部《常熟市志》顾问后，曾数度了解市志编纂情况，并提出个人的意见和看法。市地方志办公室的相关负责同志曾亲赴北京，当面向戴逸先生请教《常熟市志》编纂的意见建议。市地方志办公室还数度赴杭州的浙江大学，向仓修良先生当面请教。仓修良先生高度关注《常熟市志》的编纂进程，多次专程到常熟听取市地方志办公室的汇报，特别是在《常熟市志》纲目的拟定、特色内容的安排等方面，提出了许多自己的真知灼见。仓修良先生还亲自为修志人员上课，在志稿终审会和验收会上发表重要讲话，阐明自己的学术观点。所有这一切，给市地方志办公室又好又快地推进全市的编纂进程，予以了极大的启发、鼓励和帮助。

【反复修改、规范体例是确保志书质量的重要保证】 一是开展专题研讨。针对自 2009 年年底起市地方志办公室收到《常熟市志》的部门资料长编和初稿越来越多的实际，为统一志稿编辑的要求，同时帮助和提高编辑人员的认识与水平，达到优质高效完成志稿编辑的目标，市地方志办公室决定自 2010 年 3 月开始，坚持每月组织 2 次以上研讨会，在实施编辑前对各单位送来的初稿进行“会诊”与“研讨”，每次安排时间为半天或 1 天，人员为邀请全市对某一编(章、节)内容比较熟悉的同志和市地方志办公室的同志，由与会人员“对事不对人”，各抒己见，展开热烈讨论。通过这一形式，切实提高责任编辑的业务水平，推进编纂进度，提升志稿质量。至 2013 年上半年完成《常熟市志》终审稿前，市地方志办公室先后进行了近 60 次的“会诊与研讨”，认真打磨志稿。由于持之以恒的不懈努力，“会诊”与“研讨”取得了良好的效果，为下一步志稿的顺利分纂和总纂奠定了坚实的基础。与此同时，参与编辑的同志经常接到全市相关人士的来信来函。还有许多老同志直接来到编辑办公室，主要是就志书某一部分内容编辑的看法和意见建议。对此，大家深深感到，常熟的文化艺术、历史文物、藏书家和藏书楼、家谱、著述、人物、志余等，既是常熟的亮点，也是大家关注的热点、修志的难点、研讨的焦点，有的事情本来有多种说法，有的事情至今尚未定论。针对这一实际，市地方志办公室在《常熟市志》通过上级终审和验收后，又多次组织开展这方面内容的专题研讨。特别就“人物”“著述”和“藏书”等编、章的内容，邀请相关专家和学者，多次反复进行研讨。“人物”部分主要是研讨对人物的入志标准、编排分类、生平事迹及生卒年等进行进一步考证和规范；“著述”部分主要是研讨进一步统一标准、调整体例结构，并对部分作者的著作进行查漏补缺；“藏书”部分主要是请市图书馆古籍部、常熟理工学院等相关专家，就藏书的收录标准、分类编排进行研讨。通过研讨，普遍达成共识、力求志书更加臻于完美。

二是悉心求教专家。常熟历来人文荟萃，爱好家乡文史的各类专业人才不乏其人。为确保新编《常熟市志》的质量，市地方志办公室的同志不厌其烦，先后向全市相关专家请教。据不完全统计，市地方志办公室先后请教过的相关专家、人员有：对常熟人文历史相对比较熟悉的常熟教师进修学校退休教师、“文化大革命”前北京大学中文系毕业的钱文辉老师，对常熟图书馆馆藏珍贵善本书目和常熟博物馆馆藏珍贵文物相对比较熟悉的常熟博物馆退休干部黄国光老师，对常熟文物考古和碑刻(墓志铭)相对比较熟悉的常熟博物馆原馆长、常熟理工学院原兼职教授周公太老师，对常熟藏书和藏书家相对比较熟悉的常熟理工学院曹培根教授，对常熟文艺创作相对比较熟悉的、享受国务院特殊津贴的儿童文学作家金曾豪老师，对常熟民国人文历史相对比较熟悉的常熟理工学院沈潜教授，对常熟家谱相对比较熟悉的常熟党校退休教师张耀宗老师，对常熟人物特别是抗战人物相对比较熟悉的市委党史、市地方志办公室原副主任周文晓老师，对常熟人文历史特别是钱谦益和柳如是的相关历史相对比较熟悉的常熟市政协退休干部吴正明老师，对常熟抗战文化和党史人物相对比较熟悉的市委党史、市地方志办公室原主任沈秋农老师，对常熟藏书、文物相对比较熟悉的常熟市图书馆现任馆长李烨老师，对常熟铁琴铜剑楼文化和藏书相对比较熟悉的常熟市图书馆原副馆长、庞熏琹美术馆原馆长仲伟行老师，对常熟人文历史和掌故传说相对比较熟悉的《常熟日报》社原编辑李炎钼老师，对常熟当代文化和文艺创作相对比较熟悉的市文联原副主席、退休干部袁文龙老师，对市委党校历史相对比较熟悉的市委党校原校长、退休干部吴锦行老师，对常熟古建筑和城乡建设相对比较熟悉的市建设局退休干部、原局长朱良钧老师，对常熟卫生防疫工作相对比较熟悉的市卫生局原副局长陶仁新老师，对翁同龢和常熟民俗文化相对比较熟悉的市教育局退休干部胡燮敏老师，对常熟历史文化和文学相对比较熟悉的江苏省常熟中学的朱新华老师，等等。就相关问题或专程上门、或寄上资料，进行真诚讨教，相关老同志和专家、学者也深深地被市地方志办公室的敬业和奉献精神所感动，尽其所能，悉心帮助。

三是严格文字规范。2014 年 9 月，《常熟市志》完成插图。10 月，志稿送山东教育出版社资深编辑温玉川先生校阅，同时送方志出版社审稿。温玉川先生毕生从事教育、文史资料的校对编辑工作，经验丰富，工作细心，在要兼顾照料病重母亲、身体十分疲惫的情况下，夜以继日、加班加点地进行精心校对，在较短的时间内把校阅、修改标注完成好的《常熟市志》寄回市地方志办公室。方志出版社负责《常熟市志》三轮审稿的编辑，也是废寝忘食地审校全稿，在前后一个多月的时间里，为志稿内容的前后统一,文字(表格、图照)、格式的规范统纂不惮其烦地做了大量工作,并提出了许多有益的意见建议。所有这一切,为《常熟市志》能够保质按时出版奠定了良好的基础。

经验收获

【把握全局,充分体现时代性】 一是体现在修志的指导思想上,坚持实事求是。就是坚持以马克思列宁主义、毛泽东思想、邓小平理论、“三个代表”重要思想和科学发展观为指导,运用辩证唯物主义和历史唯物主义的立场、观点和方法,真实地记述常熟境内有史以来自然、经济与社会各方面发展的历史和现状。

二是体现在编纂的重点上,侧重写好当代历史。市地方志办公室在分纂和总纂过程中,对常熟的经济开发区、外向型经济、国内贸易、工业、农业、江苏常熟服装城、沙家浜风景区、历史文化遗存、文化、人物等内容进行了重点的记述。实践证明,志书如果没有记载变革和变化,就没有反映出历史的进程,也就缺乏新意,显得平淡。

三是体现在框架结构上,就是要紧跟时代步伐。志书一定要体现时代面貌,做到既要考虑科学分类,又要反映当今社会的实际,即从现代社会分工和科学分类实际出发,充分表现出门类的相互关系,使志书形成一个有机的整体。

四是体现在体裁上,综合运用“述记志传图表录”。“述”体主要用在“序”“概述”和部分篇、章、节下,或交待史实背景,或概括总揽历史,或揭示事物的客观规律;“记”体主要用在“大事记”中;“志”体为志书中最重要的部分,用在“横向排列、纵向记述”各项事业、行业发展的各专篇中;“传”体主要用于人物传中,有传略、有名录、有人物荣誉;“图、表”体主要穿插在相关篇章中,使志书图文并茂、文表相宜;“录”体主要用于“志余”。志书中有大量的“附”,内容十分丰富。

【纵览历史,力求凸显地方性】 常熟是一个有着7000多年人类历史的国家历史文化名城,可圈可点的亮点、精彩点很多。作为一部通志,限于篇幅,要做到面面俱到,全部写全写足是很难做到的。因此,市地方志办公室始终把充分反映地方特色作为总纂的重要理念之一,采用新增篇目、类目升格、详记和附录、增加志余份量等方法,加以凸显。志书中明确把经济开发区、开放型经济、特色的地域和历史文化、风土人情和旅游、人物和著作、特色集镇和志余等内容突出来,在文字上做加法。

【发微探幽,始终严扣准确性】 一是要强调门类的完整性。从一部综合县级志书来看,从自然到社会的各个门类的资料,必须完备,不能有缺。

二是要强调资料的连贯性。力求充分反映各项事物发生、发展和变化的全过程,揭示事物的发展规律,做到“纵不断线”。

三是要强调史实的典型性。切实在挖掘资料的深度上狠下功夫,对于写入志书中的人和事,应具有充分的典型性和代表性。

四是要强调内容的真实性。志书记述中,市地方志办公室对每一个事件发生的时间、地点、人物、经过和结果,都能记得一清二楚。市地方志办公室相关同志在总纂时,对有错误、有疑点,或有争议拿不准的资料,认真查证和核实,或删或补,以保证志书的真实性。

【严谨严密,不断提升科学性】 客观世界是相互关联的有机整体,作为真实记载客观历史和现状的志书,其内部各门类之间都不是孤立的,而是互相影响、互相制约、互相关联的。特别是在同一地域,有些内容不可避免地会发生一些交叉。对于这些交叉,市地方志办公室不但不回避,反而高度重视,通过不同侧重点写实写好,以体现志书各方面的联系性,增强全志的整体性、系统性和科学性。

【质朴率真,切实增强可读性】 市地方志办公室在编纂《常熟市志》的过程中,始终坚持“端正文风、规范行文”理念。力求行文要求体式、提法、字句和标点的规范化,努力做到严谨、精炼、朴实、流畅、规范。

一是语言要准确严密。做到表达朴实无华,清楚自然,删掉空话、套话和解释性、论述性、推理性的话。同时,不滥用文言文、口语、俗语、地方语,切忌使用“大概”“大约”“可能”“左右”“几年来”“据说”等不确定的词语,做到文字要干净利落,简明扼要,说一不二。同时,忌用浮夸、修饰、晦涩文字和官话、套话、大话,要通顺连贯,明义通理。坚决不用“现在”“目前”“如今”“今天”“十多年来”“近年”等字眼,做到时间概念准确。

二是语句要整体连贯。做到段与段、句与句自然连贯,要字斟句酌,力求做到每句话都能表达准确。要讲究语法、修辞,切忌病句、病语和错别字。

三是体例要规范划一。志书中文字的格式、句式、标点符号,以及纪年、序码、称谓、数字、人名、地名、引文、注释、标题、表格、图例、度量衡单位等,也要全书尽可能的统一。

四是专业内容要通俗化。志书中有时涉及到一些技术性较强的内容,在记述方法上,市地方志办公室力求将深奥的内容写得深入浅出,对有些难懂的技术问题、专业名词和术语,用括注等形式作适当的注释或说明。

通过二轮《常熟市志》的编纂工作,市地方志办公室也深深地感到,由于体制和机构的改革,由于社会的急剧变革,致使部分单位的珍贵历史资料已经散失,一些新的、有价值的资料无人、无机构收集。加上市地方志办公室当初向各单位征集资料时,片面强调了文字资料而忽视图照资料,所以在集中资料进行编纂时难免有许多宝贵的图照资料未能收集到,因而也未能入志,为此笔者感到深深的遗憾。

实践已经证明,一部好的志书,具有“存史、资政、教化”的功能和作用,因此编书修志是一项承上启下、服务当代、垂鉴后世的重要工作。时代在发展,1978年国家实行改革开放,特别是2005年全国二轮修志全面启动以来,每部志书所记录的行政区域的政治、经济、社会都发生了翻天覆地的变化。因此新修地方志必须根据新情况、新特点，坚持解放思想、改革创新，虚心向专家学者求教，广泛吸纳社会上行家里手的真知灼见。中国地方志指导小组在不同时期颁发的地方志编纂工作规定，都强调要科学分类，篇目设置要符合科学性，要突出时代特点和地方特色。这就要求地方志工作者必须借助专家和行家的力量，海纳百川、博采众长，从而使志书体例更臻完善，更符合科学性，为确保志书编纂质量、打造精品良志打下坚实的基础。同时，《常熟市志》的编纂实践也证明，地方志工作是一个庞大、复杂和多层次的系统工程，特别是《常熟市志》，纵贯古今、横及各方，政治性和科学性都很强，任务重、难度大、时间紧、要求高，且整部志书是一个有机的整体，这就需要全社会密切配合，需要各部门、各单位和社会贤达的通力合作、全力支持。（陈建东）

第十届国际湿地大会纪实

概　述

国际湿地大会（International Wetlands Conference）是由国际生态学协会（International Association for Ecology，INTECOL）主办的系列大型会议，由其下属的湿地工作委员会（Wetland Working Group，WWG）负责遴选主办国，并协助主办国进行会议的筹备与组织。是湿地科学与应用领域中规模最大、最有影响力的国际性会议。在国际生态学协会（International Association for Ecology，INTECOL）及其湿地工作委员会（Wetland Working Group，WWG）的支持下，大会每4年举办一次，宗旨是推动全球湿地保护，湿地资源管理经验及湿地科学领域的学术交流。

大会概况

2016年9月19～24日，第十届国际湿地大会于在江苏常熟国际会议中心召开。大会由南京大学、中华人民共和国国际湿地公约履约办公室、国际生态学协会、中国生态学学会、湿地国际5家单位主办，国际湿地公约秘书处、联合国教科文组织－人与生物圈计划、联合国环境规划署－国际生态系统管理伙伴计划、水体污染控制与治理科技重大专项管理办公室、中国湿地保护协会、湿地科学家学会、世界自然基金会、阿拉善SEE基金会、江苏省林业局、苏州市农业委员会10家单位协办，常熟市人民政府与南京大学常熟生态研究院共同承办。此次大会是近40年来国际湿地大会第一次在亚洲国家举办，对常熟来说是一场规模空前的国际性大会，具有重要的历史意义。

【申办经过】 2013年2月，国际生态学协会湿地工作委员会联合主席向南京大学安树青教授发送关于邀请提交申办第十届国际湿地大会申请书的邀请函。安树青教授团队收到邀请函后，在国家林业局湿地保护管理中心、中国生态学学会、湿地国际－中国办事处3家单位的支持下，根据投标要求积极准备，于2013年4月完成并提交申请书，随即获得国际生态学协会湿地工作委员会认可。同年9月21日，取得2016第十届国际湿地大会的举办权。

【大会主题】 第十届国际湿地大会围绕“全球气候变化下生物多样性和生态系统服务的热点”这一主题，主要研讨湿地生物多样性保护、湿地生态系统管理、湿地与全球变化及湿地在废水处理、生态系统服务和其他方面的广泛应用等。

【大会规模】 第十届国际湿地大会有来自10余个国际机构、72个国家和地区的约800位正式代表参会，其中国外嘉宾300多人。大会设有11场特邀报告，以及“湿地与生态文明实践”“湿地与人类福祉”等涉及全球变化、生物多样性、生态系统服务、生物地球化学过程、生态系统监测、生物入侵、污水处理、湿地价值评估、湿地可持续管理等领域的71个分会场。中央电视台、《人民日报》、科技部等50多家媒体和平台进行报道。

前期准备

【大会筹备】 2014年1月6日，第十届国际湿地大会筹备会议之预备会议在常熟大酒店会议室召开，参会人员有南京大学校长助理李成、常熟市人民政府副市长范建国等学者和领导。与会代表听取安树青教授关于大会在常熟市举办的初步设想的汇报。会后，南京大学常熟生态研究院的工作人员积极广泛考察现场，验证第十届国际湿地大会在常熟举办的可行性。2014年1～3月，筹备组历经2个月详细全面的分析、比对、测算，确认常熟市能够承接2016年第十届国际湿地大会，并初步确定大会举办地点为江苏常熟国际会议中心。

2014年3月至2016年8月，先后举办正式筹备会议14次、临时会议20余次，以协调各方工作、解决难点疑点。来自各主办、承办、协办单位的领导和代表出席各次筹备会议，其中国际湿地公约秘书处副秘书长AniaGrobicki，国际生态学协会湿地工作委员会联合主席Eugene Turner、Jos Verhoeven、Jennifer Ann Davis，中华人民共和国国际湿地公约履约办公室主任马广仁、中国生态学学会理事长刘世荣、南京大学校长陈骏、校长助理李成，常熟市人民政府市长王飚、副书记王建国、副市长范建国等对筹备会议召开给予了大力支持。

【成立领导小组】 为保证筹备工作整体联动、齐抓共管，2015 年 5 月，常熟市人民政府成立第十届国际湿地大会常熟市筹备工作领导小组。领导小组由常熟市市长王飚担任组长，副书记王建国、副市长范建国任副组长，由全市 28 个部门、板块分管领导组成，领导小组下设办公室，由常熟市农业委员会具体承担办公室工作，负责湿地大会各项筹备工作的统一组织、协调与联络。

2016 年 9 月上旬，筹备工作进入攻坚阶段。常熟市人民政府、南京大学常熟生态研究院、会务公司及筹备组成员集体入驻常熟国际会议中心，集中现场办公。常熟市人民政府抽调农委机关及城区各直属事业单位 40 余名人员，分为综合协调组、秘书组、会务组、宣传组、后勤保障组、财务组 6 个工作小组，分别设组长 1 名、副组长 1—5 名和组员若干，同时制订详细的工作方案及《第十届国际湿地大会人员任务分工表》，明确各组主要职责，将各项责任落实到人。

秘书组落实会议相关材料的准备，会议相关证件的印刷，各分会场材料审核与管理，贵宾名单的提供；会务组负责参加会议人员的信息收集、汇总、报到，主、分会场设施、设备、通信、网络等的配套落实，各湿地参观点的现场布置，参会人员交通接待方案制定，参观点线路方案制定，中国湿地成就展览的制作；宣传组顾全大局，做好外环境宣传，包括公益广告牌、旗杆广告、高炮广告牌等氛围营造，湿地大会宣传片、常熟湿地图册、国家地理杂志等宣传资料的落实，会同宣传部与各媒体等宣传单位沟通协调；后勤保障组做好大会安全保障工作、车辆落实、人员接送、会议安全保密工作、餐饮安全与医疗卫生保障工作；财务组细致扎实，保障会议财务工作及时到位。此外，外事办、接待办、市委宣传部、公安局、城管局、交通局、卫计委、旅游局、财政局、信访局、市场监督局、政法委、市广电总台、常熟日报社等各单位、部门也各司其责、协力配合。

【湿地现场准备】 为确保常熟市湿地示范点达到“代表中国湿地保护与恢复水平”的标准、符合大会期间考察要求，筹备组对各考察点进行了多轮考察、评估、整改和提升。2015 年 12 月，筹备组对沙家浜、尚湖、南湖、蒋巷村、观智村、新材料产业园、沉海圩、泄水村、甸桥新村，以及长江保护小区进行了初次考察和评估，从中遴选出富有地方特色的湿地示范点。2015 年 7 月，筹备组考察了尚湖国家城市湿地公园、南湖湿地公园、沙家浜国家湿地公园、蒋巷村乡村湿地、泥仓溇乡村湿地公园、考察新材料产业园人工湿地、沉海圩乡村湿地公园、中泾河河流湿地以及虞山国家森林公园，并针对各示范点进行现状评估，制定提升计划。2016 年 6 月 6～7 日，副市长范建国带队进行了第四轮考察点实地考察，深入南湖省级湿地公园、泥仓溇苏州市级湿地公园及沉海圩乡村湿地，对 3 个重点建设恢复湿地的提升情况进行了现场督查。

大会特点

本届大会成果丰富，亮点纷呈，为中国的湿地建设留下了宝贵的财富。

【主讲专家】 第十届国际湿地大会特邀报告聚集了以下国内外专家：国际湿地公约秘书处副秘书长 AniaGrobicki 博士，中华人民共和国国际湿地公约履约办公室马广仁主任，澳大利亚国立大学生态经济学家 Robert Costanza 教授，英国国家生态水文中心 Nancy Dise 教授，美国佛罗里达海湾大学 William J. Mitsch 教授，荷兰乌特勒支大学 Jos Verhoeven 教授，美国水保护协会创始人 Betsy Damon 教授，澳大利亚西澳大学生态学家 Richard Hobbs 教授，南京大学安树青教授，美国明尼苏达大学生态经济学家 Steve Polasky 教授，澳大利亚查尔斯斯图尔特大学湿地生态学家 Max Finlayson 教授。

【颁发荣誉】 为表彰部分湿地科学家在科学、教育、应用和国际学术交流等方面的巨大贡献，国际生态学协会湿地工作委员会自第七届国际湿地大会（2004 年）起向极少数科学家授予“杰出湿地科学家”荣誉。本次大会的获奖人为：南京大学教授、南京大学常熟生态研究院院长安树青博士，捷克南波西米亚大学 Jan Kvet 教授，美国佛罗里达海湾大学大沼泽湿地研究中心主任 William J. Mitsch 教授。安树青教授也是亚洲获此殊荣第一人。

大会期间，中华人民共和国国际湿地公约履约办公室为大会精心准备了一场特邀全体报告（马广仁主任），组织或协助组织了四个分会场，主导了中国湿地成就展的陈展策划，贡献了大量成就展参展素材，并组织各省湿地管理部门的 300 余名湿地工作者参会学习湿地科研、管理和建设的前沿理论与最新实践。国际生态学协会特向履约办颁发“特殊贡献奖”，以感谢其为本届大会作出的卓著贡献。

此次大会承办单位之一的常熟市人民政府，因其在湿地保护与建设方面卓有成效的工作而获殊荣。国际生态学协会授予常熟市人民政府“湿地建设最佳典范奖”，中国生态学学会将首个“全国生态建设示范市”称号授予常熟市人民政府，这既是对常熟在湿地保护、恢复和建设工作中所取得成就的肯定，也是对常熟湿地和生态文明建设强有力的推动。常熟市在其多年来的湿地工作中，去繁取精，兼收并蓄，认真总结，初步提出“生态文明建设的常熟实践——两型社会发展模式（简称常熟模式）”，并将对其进行深入发掘。

大会闭幕式上，颁发了优秀汇报奖和优秀展报奖，汇报奖和展报奖以 10% 的比例由专业的评审委员会从参与口头汇报和海报展示的青年学者中筛选产生，以鼓励优秀青年学者在湿地领域发表见解，建言献策。

【通过《湿地常熟宣言》】 2016 年 6 月，历时两年多时间起草的《湿地常熟宣言》草拟小组完成草稿，并发送给国际科学委员会、中国科学委员会委员征求修改意见。《湿地常熟宣言》在会议期间通过，并发表于《Ecological Engineering》等杂志以及国际生态学协会、国际湿地科学家学会、中国生态学学会等官方网站。这是湿地大会有史以来首次以“宣言”形式发布共识，具有历史性意义。《湿地常熟宣言》是本届大会的重要成果，它阐述了湿地的重要作用、湿地工作的全球性意义、湿地与城市的关系、湿地对于人类发展的重大意义，呼吁金融机构、私营业者、政府部门和广大人民爱护湿地、保护家园。

【分会场和论坛、报告会】 大会期间举办了“湿地与生态文明实践”、国际湿地论坛、“乡村湿地价值重构”等多个分会场、论坛及专题报告会。

“湿地与生态文明实践”分会场 为大会期间重要的分会场之一，其主题为“健康湿地，美好家园”（Healthy Wetland, Healthy Earth）；与会的各位专家和嘉宾围绕主题进行了广泛而热烈的探讨，从不同角度介绍了国内外湿地保护的成功经验和模式。常熟市市长周勤第致辞并介绍常熟湿地恢复与建设情况；南京大学王颖院士与 William J. Mitsch 教授分别做主旨发言。报告之后，与会的各位专家和嘉宾围绕主题进行了广泛而热烈的探讨，从不同角度介绍了国内外湿地保护的成功经验和模式，内容囊括了湿地城市、滨海湿地与全球变化、河流湿地与人类文明发展、水资源管理与湿地建设。此外，各位与会人员还针对生态文明和常熟生态建设、常熟和国际湿地的建设等多个方面进行了把脉发言。中华人民共和国国际湿地公约履约办公室马广仁主任作论坛总结发言。常熟市市长周勤第给参会嘉宾颁发了“常熟市人民政府高级科学顾问”聘书。

国际湿地论坛 是为响应国际湿地大会号召而成立的，旨在定期邀请国内外湿地领域的知名专家学者来华进行学术交流活动，同中国高校师生讨论湿地生态领域的前沿和热点问题，是助力国内湿地学科发展的重要推手。2014～2016 年间，论坛已成功举办四届。2016 年 9 月 20 日，湿地中国办事处主任陈克林主持第五届国际湿地论坛，与数名国际科委会委员共同讨论水生生态系统与湿地的关系、滨海湿地与人类福祉、自然湿地与人类福祉评估等多个话题，通过讨论与答疑，使参会人员了解了湿地与人类是休戚相关的整体，为湿地研究提供了宝贵的思路和创新的角度。

“河流生态修复与湿地技术”“湖泊生态修复与湿地技术”分会场 由水专项管理办公室主办。专题会场分别围绕河流水生态净化与生态修复、冬季人工湿地强化技术、湿地网的构建、河口湿地生态修复及环境效应、湖泊缓冲带建设思路、人工湿地净化污水处理厂尾水新技术研究与应用展开，并分析了大量的案例；是水专项管理办公室近年来对水污染防治成果的总结，具有重要的学术科研意义。

开幕式上，中国生态学学会将首个“全国生态建设示范市”称号授予常熟市人民政府

“湿地公园建设与发展”“湿地恢复技术及最佳实践分享”分会场 由国家林业局湿地保护管理中心主办，会场围绕中国的湿地公园建设与发展展开讨论，包括中国的湿地公园建设现状（建设成效与经验教训）、伦敦湿地中心案例、中国湿地公园建设的三个空间关系、台湾官渡自然公园案例、广东广州国家湿地公园保护建设案例分享、湿地保护与合理利用中的公众参与等内容。

“乡村湿地价值重构”专题报告会 由世界自然基金会主办。分会场邀请复旦大学、同济大学、上海交通大学等高校的专家。会议分为（1）多视角下的乡村湿地价值探讨；（2）乡村湿地价值重构一方法论与实践；（3）适应流域治理的乡村湿地自组织农业示范案例；（4）虞山镇乡村湿地生态修复与水环境创新治理相关工作协议签署仪式；（5）《中国画·湿地》画册发布仪式等议程。该分会场汲取借鉴国际先进成果，探索湿地与社区生产、生活、生态的关系，展示、分享常熟虞山镇生态修复建设成绩，加强合作伙伴沟通及能力建设。

湿地让城市更美好（Better Wetland, Better City）分论坛 由阿拉善 SEE 生态协会、世界未来委员会和南京大学常熟生态研究院联合主办。会议分别就城市湿地的功能、机遇和挑战进行了论述，介绍了海绵城市和湿地的关系。该分会场与《常熟宣言》相结合，强调健康湿地、美丽家园，湿地让城市更美好，应重视自然资本的核算，城市中最重要的资本应该是湿地。论坛呼吁政府重视自然资本的核算意义，突出湿地为城市提供服务、城市需要保护湿地、湿地要主流化到城镇化进程中去等多个核心内容。

“气候变化下的高山湿地研究”的专题报告会 9 月 23 日，中国湿地保护协会联合国家高原湿地中心，共同举办“气候变化下的高山湿地研究”的专题报告会。

“湿地与互联网:评估与监测”分会场 由南京大学常熟生态研究院与浙江卓锐科技股份有限公司共同主办,会场召集了湿地生态研究专家、湿地公园管理工作者、智慧旅游行业专家等,聚焦如何将云计算、物联网、大数据等新一代信息技术与“智慧湿地”进行有机融合,从而打造从科普保护到恢复利用的智慧湿地科学发展体系,是本次大会具有创新意义的举措。

“新生代湿地科学研究:生态系统、应用和工程”分会场 由南京大学副教授冷欣博士与国际科学委员会委员Jorge Ramos博士组织,该分会场汇聚了新生代科学家,代表了年轻学者对湿地领域独到的理解和感悟。

“青少年对湿地的探索”分会场 由南京大学常熟生态研究院与世界联合学院常熟分校主办。来自全球各地的青少年汇聚一堂,共同交流湿地的价值、湿地的产品以及湿地文化的多样性,探索如何从自身做起,保护湿地。这是此次湿地大会的一大亮点和创举,将保护湿地、建设湿地的理念在青少年中推广开去,形成了良好的辐射效应。

“湿地保护与江苏经济社会可持续发展” 由江苏省林业局主办,通过探讨湿地资源价值、湿地保护措施、湿地与经济社会发展的关系等,对促进湿地保护与江苏生态文明建设、江苏经济社会可持续发展有启迪作用。

“湿地公园规划、修复与科普宣教”分会场 由南京大学常熟生态研究院和野禽与湿地基金会咨询公司联合举办,会议生动详细地呈现了湿地公园的规划理念、修复方法和科普宣教功能、中国湿地修复纲领等内容,为中国湿地公园的规划、建设和管理提供了新的思路。

【提出创新湿地建设模式】 大会期间,提出三种与湿地相关的重要创新模式获得与会专家学者的充分肯定,将引领未来湿地的建设方向:

乡村湿地 长期以来,水塘、水库、藕田、稻田、渠系占据着乡村湿地极为重要的地位。乡村湿地可以说是农村经济的命脉,人们充分利用这些湿地来获取着最大限度的经济效益。通过“乡村湿地重构”理念的提出,呼吁公众保护和合理利用乡村湿地,构建生活和心灵栖息地,达成人与自然和谐相处的目标。

湿地城市 在生态保护和湿地建设不断发展、城镇化日益推进的今天,恢复城市湿地,是夯实现代城市发展基础的必然选择。湿地保护需要主流化到城镇化进程中去。通过倡导“湿地让城市更美好”,从生态保护的角度为我国城镇化发展建言献策。

湿地的动态监测和管理 在互联网技术日益普及的今天,如何将互联网技术应用到湿地工作领域,已经成为了一个重要的话题。利用互联网监测,不仅可以更好地监测湿地的变化状态,还能通过挖掘分析大数据、进行综合比对和分析,进一步打造从科普、保护到恢复、利用的智慧湿地科学发展体系。

【野外考察】 大会于9月22日组织野外考察。考察点包括南湖湿地公园、蒋巷村乡村湿地、沉海圩乡村湿地、泥仓溇乡村湿地、沙家浜国家湿地公园、尚湖国家城市湿地公园、太湖湖滨国家湿地公园、蠡湖国家湿地公园、大丰麋鹿国家级自然保护区。考察团专家对南湖湿地公园及其科普馆、沙家浜国家湿地公园等考察点给予了高度评价,表示其建设成效非常显著,有望成为湿地建设的典范。会后,国际重要专家考察团对太湖国家湿地公园、无锡梁鸿国家湿地公园、天目湖国家湿地公园、嘉兴南北湖国家湿地公园、崇明东滩国际重要湿地进行了参观考察。湿地大会向国际展示了中国湿地的建设典范,起到了良好的宣传交流作用。

沙家浜国家湿地公园自然人文底蕴浓厚。水在人类社会中是最核心的存在,但还需要人类对水环境的支持,需要一个完整的生态的湿地系统。在这个层面上,沙家浜成为了一个典型的代表。考察过程中,美国佛罗里达大学的Ramesh Reddy教授和MairaIrigaray教授对沙家浜国家湿地公园赞不绝口,认为沙家浜在湿地保育和恢复方面取得的成果非常显著,既提升了环境承载能力,还净化了水质,保护了栖息其中的湿地水鸟和各种动物。

尚湖国家城市湿地公园位于常熟城西南,是国家AAAAA级旅游景区。通过退田还湖、引长江水回灌、围堤铸岛、退田还湖等工程,使水质常年保持国家地表水二类标准。这里湖中有岛,岛中有湖,形成了一幅独特的山水景观。湖岛内一年四季有近百种禽鸟在这里栖息,有90多种鱼虾蟹贝在这里繁衍,有三四百种植物在这里汇聚。这片湿地对涵养城市水源、维持区域水平衡、调节区域气候、保护生物多样性、美化环境发挥着重要作用。

南湖湿地公园是南京大学常熟生态研究院规划设计的湿地公园。大会期间也作为考察点向参观人员开放。南湖湿地公园应用了生态渗滤岛湿地恢复模式、草本沼泽湿地恢复模式、森林沼泽湿地恢复模式等多种创新模式,起到了良好的湿地恢复效果。专家对

沙家浜国家湿地公园景观

南湖动植物资源的丰富性表示了极大的赞叹，参观人员对生态渗滤岛及草本沼泽模式表示了浓厚的兴趣，高度肯定了南湖湿地公园的规划设计理念，表示常熟南湖湿地的建设成效非常显著，有望成为湿地建设的典范。南湖湿地公园的科普馆是常熟市首个大型湿地科普馆，位于南湖湿地公园深幽绿野片区，展示面积近3000平方米。展馆分为两层，设置序厅、地球之肾、文明之河、城市之洲、和谐之湖等五大主题展厅。陈展内容包括科普湿地基础知识、解读湿地与吴越文化、常熟历史人文的关系；展示常熟本地的湿地布局、特色和变迁；分析湿地生态破坏带来的影响，陈列常熟多年来开展的湿地保护行动、技术手段及取得的成果。参观人员对南湖湿地科普馆的美轮美奂的陈展设计和准确翔实的陈展内容表示了极大的赞赏。

泥仓溇乡村湿地展示了水乡温柔和谐、人水合一的湿地文化。泥仓溇农村生活污水湿地净化工程对乡村湿地的建设非常有意义，提升了居民的生活环境质量和幸福感。参观专家表示鱼稻共生技术很好地结合了渔业养殖与农田种植。大会特邀报告人 Nancy Dise 还与村民进行了互动，了解到他们对乡村湿地建设的支持，希望能真正达到人与自然的和谐共存。

【媒体宣传】 大会吸引了国家、省、市的50余家媒体进行宣传报道，包括中央电视台（CCTV－1，CCTV－4）、《新华日报》《中国日报》、科技部、湿地中国、人民网、光明网、江苏卫视、《扬子晚报》《苏州日报》、南京大学等多家媒体和平台，起到了广泛的宣传效果，让更多的人了解湿地学术和管理的前沿动态和重大意义。

常熟电视台和常熟人民广播电台对此次大会给予了大力的支持和宣传。常熟电视台《民生汇》专门就常熟湿地录制"市长听您说"特别节目，对副市长范建国、院长安树青进行访谈。内容涉及湿地科普、发展历程、作用、湿地公园、发展特色、保护与开发，乡村湿地、家园、"三生"协调、建管机制。南京大学常熟生态研究院院长安树青就湿地公园的主要功能、湿地公园建设的意见、水稻田生态功能、乡村湿地的建设等问题与嘉宾进行了探讨。来自虞山镇、董浜镇、虞山尚湖旅游度假区以及市农委、环保等部门的负责人，从事湿地动植物研究的专家，环保志愿者和市民代表共同参与这次节目，现场气氛热烈、互动频繁，达到科普宣教作用。

大会还通过陈展方式进行了湿地科普宣教。大会举办了"中国湿地保护与建设成就展"，陈展内容包括国家湿地成就展、江苏省湿地成就展和常熟市湿地成就展。筹备组对工作任务进行了合理的分配，积极对陈展内容进行修改、补充、整理、审核，积极推进成就展的布置，最终于会议开始前完成了成就展的建设及布置，全面细致地展示了我国湿地保护与恢复的建设情况及成果，得到了参会人员的高度评价。

【后续影响】 大会形成的《湿地常熟宣言》和大会总结报告将刊登于《Ecological Engineering》《Wetlands》等杂志，以及国际生态学协会、中国生态学学会、国际湿地科学家等网络平台上，以起到宣传的效果。大会共收到湿地保护、湿地修复、湿地管理等领域中外学术论文摘要547篇，经过专家委员会的评审，会后将辑录1本论文集出版，并发表数个专刊，以展示湿地研究的最新理论成果，推动湿地领域的学术交流与合作。

第十二届国际生态学大会将于2017年8月20～25日在中国北京举办，主题为"Ecology and Civilization in a Changing World"（变化世界下的生态文明）。基于2016第十届国际湿地大会学术层面和组织层面的优秀成就，第十二届国际生态学大会主办方中国生态学学会特邀请南京大学和南京大学常熟生态研究院参会并组织重要学术分会场，将生态和湿地学科优势发扬光大。 （市农委等供稿　陈建东编辑）

常熟文庙修复纪实

综　述

【概况】 常熟文庙，在常熟几千年的文明史中占有极其重要的地位。古代庙学合一，文庙是教书育人、传承文明、弘扬传统文化的重要场所。在中共常熟市委、常熟市人民政府的高度重视和社会各界的大力支持下，经过常熟市文物部门多年的努力，常熟古代兴学重教的标志性建筑——文庙得以修复，并于2016年9月28日正式对外开放。修复后的文庙总占地面积12700平方米，总建筑面积约3000平方米，总投资约6000万元，其平面布局和建筑风格依据传统格局、文化传承、文物内涵等特色，由东、中、西三个既相互连贯又相对独立的区域组成。中为文庙，主要有棂星门、戟门、大成殿（两侧有东西庑），是祭祀孔子的场所；西为邑学，主要有学宫门、泮池、明伦堂、尊经阁是常熟古代的最高学府；东为言子祠，主要有言子坊、祠门、礼门、享殿、中门、崇圣殿，是祭祀孔门十哲之一、江南人文始祖之一——言子的场所。文庙修复是常熟市近年来建设规模最大的文物修复工程。开放后的文庙，它的建筑和布展质量、文物保护水准、园林景观绿化等各方面都得到了全市社会各界人士的高度好评。

历 史 简 介

【文庙由来】 文庙又称为孔庙、先师庙，最初用以祭祀中国古代伟大的哲学家、教育家和儒家学派创始人孔子的纪念性建筑。在2000多年漫长的历史文自成轴线，体现了常熟地方对邑人言子的极大尊崇，也是常熟文庙建筑的一大特色。

大成殿

化发展中，伴随着由孔子所创立的儒家学说地位不断提升这一过程，文庙的数量不断增加，等级也不断得到提升。它从最初单纯用以祭祀孔子，逐渐成为古代中国尊儒崇教、祭祀圣贤、讲读经集的地方。

【常熟文庙由来】 常熟文庙坐落在常熟古城区东南学前街25号，这里是宋元明清四朝孔庙，也是南宋年间县学的所在地，在常熟的历史上占有十分重要的地位。常熟文庙之创立，史书无载。据南宋著名思想家、理学家魏了翁的重建(常熟)县学撰记称："常熟县学之始，图乘放失，仅有屋梁，书至和纪年，余无所考。"可知常熟文庙大约创立于北宋仁宗至和(1054—1056)年间，初时有大成殿、明伦堂等建筑。淳熙十年(1183)，知县曾棨增建讲堂。绍熙五年(1194)，知县叶知几改名"明伦"，又立九斋。庆元三年(1197)，知县孙应时始将吴公祠移至文庙，建在明伦堂东。正殿三楹，祀先贤言子。端平二年(1235)，知县王爚于吴公子游祠址仿郡庠制重建，东为庙，西为学，堂额名为"明德"，堂后有庐舍以及庖厨、仓廪等，房屋有120间。至此，常熟文庙规制大备。

【常熟文庙沿革】 至元、明两代，常熟文庙又经过多次重修。元元贞二年(1296)，常熟县学升州学。明洪武二年(1369)复称县学。洪武八年，教谕傅著增设先贤祠，辟射圃，建观德亭。正统元年(1436)，泮池上建石桥。正统六年(1441)，县丞陈澄建尊经阁。成化二十二年(1486)，巡按御史胡汉命知县祝献、教谕张景元又将言子祠移至文庙东，恢复南宋知县孙应时所建的规制。至清代，又不断维修拓建，大体规制维持明时原样，规模不断扩大。形成了固定的布局，占地面积为21.6亩(约15000平方米)。

明清庙学规制，左为先师庙，右为明伦堂，堂前东西列号舍。清雍正二年(1724)，常熟东境析置昭文县后，为两县合办。至咸丰十年(1860)，太平军陷常熟，文庙毁，仅明伦堂、泮宫坊无恙，尊经阁毁其半。其残存状况，一直延至民国。新中国成立后，又先后被学校、工厂、居民占用，因疏于维修，常熟文庙建筑仅存三处，分别为原东、西、中三条轴线上的建筑遗存，中轴线上的为文庙戟门和东、西庑；东轴线上的为言子专祠；西轴线上的为邑学泮池。前两者合为省级文物保护单位，后者为市级文物保护单位。

【常熟文庙特点】 常熟文庙建筑之制仿于苏州，但又有自身的特点。出生于吴地(常熟)的言偃，为孔子唯一之南方弟子，位列孔门十哲之一，为江南人文始祖之一，人尊"南方夫子"。自唐代后被历代朝廷追封为"吴公""吴国公"和"先贤言子"，在中国传统文化史上有重要地位。常熟文庙将言子作为仅次于孔子的纪念和祭祀对象，单独设祠，

修复总体过程

【概况】 常熟文庙修复工程自2007开始组织实施，至2008年启动一期工程、2013年启动二期工程，直至2016年竣工开放，前后历时8年。

【前期准备工作】 一是精心准备，动员搬迁。2007年起，主要是搬迁工厂和学校。先是虞山经编织带厂搬迁，2013年，教师进修学校搬迁；二是深入研究，整体规划。一方面组织文史专家对常熟文庙历史深入研究，理清文庙变迁的历史；另一方面现场进 行考古勘探，摸清遗存状况。两者结合，请设计院编制了文庙整体修复规划，确定了恢复明清时期文庙全貌的修复方案。

【常熟文庙修复一期工程】 2008年，市委、市政府启动文庙修复一期工程，修缮了江苏省文物保护单位言子专祠和大成门以及东西耳房、东西庑和东轴线上的祠门、礼门、西庑等古建筑，并修建了一条碑廊以陈列发掘出的古代碑刻。

【常熟文庙修复二期工程】 2013年，市政府将文庙二期工程列入重点民生项目，恢复了中轴线上的棂星门、东西庑、大成殿，东轴线的崇圣门、崇圣殿、仪门，西轴线上的学宫门、泮池泮桥、礼门、杏坛、明伦堂、尊经阁等建筑，并实施了布展、室外配套和绿化景观工程。至2016年9月竣工，文庙三条轴线建筑格局完整恢复。

主要做法

【概况】 文庙是弘扬孔子儒家思想的地方，在历史的传承中其建筑格局和陈设布置都形成了严格的规制，均有具体的实例和经典可以遵循。作为苏州县级市(区)中独一无二的历史文化遗存，

泮池泮桥

常熟文庙在复原修缮过程中，无论是在古建施工、文物保护还是在布展设计、园林绿化上，处处都体现了匠心独运、精益求精的理念。它的建成既凸显了常熟历史文化名城的底蕴，也成为了精致常熟文化的新高地。据了解，包括大成门、大成殿在内，占地 1.33 公顷的常熟文庙复建工程先后共复原修缮了 20 座精品传统砖木结构建筑，这些建筑上至屋顶、下至地坪，大到梁柱、小到饰件，甚至油漆、涂料的色彩等，无一不显示出做工之精细。能工巧匠们的心血和汗水让历经千年沧桑的文庙得以重生。

常熟文庙在陈列复原中坚持尊重历史传统，力图恢复传统规制。孔子画像居于大殿正中，两旁设有“四配”像，四周有十二哲圣贤画像。殿内还配置了青铜编钟、编磬和九鼎八簋等礼乐祭器，营造出恢宏大气、庄严肃穆的气氛。为了更直观地表达孔子的思想精髓，更充分地展示孔子伟大的一生、儒学的博大精深和孔子文化的源远流长，在殿内展出了孔子圣迹图，还根据地方史料记载和其他文庙的实物资料，悬挂匾额和楹联。

【修复保护文物，传承历史文脉】

文物部门在修复文庙过程中始终将保护文物放在首位，遵循不改变文物原状的原则，最大限度使用原材料和原工艺。其中比较有代表性的有：一是在大成殿原址勘探挖掘到原有的磉石和阶沿石，根据磉石原有位置及尺寸调整大成殿设计，并在修复过程中最大限度地使用了这些老石构件，力求大成殿的形制更符合历史原貌；二是在拆除工厂搭建的房屋和装修时，发现了 5 幢房屋保留有原有老构件，在全部保留老构件的基础上进行了修复，大大增加了文庙文物建筑的面积；三是大成门的老地砖，由三个老师傅花了 4 个月的时间拼接修复。木构架也保留了宋、明、清时期遗留下来的构件。油漆也是使用的矿物颜料；四是大成殿前广场发现 220 平方米宋、明两代老地坪，经专家论证具有较高历史价值，采用了在地坪上铺设防腐木地板，上面开 9 个孔，铺设钢化玻璃的方法，进行可逆性的保护展示；五是在文庙修复过程中发现了宋、元、明、清各个朝代的碑刻 60 块，这些碑刻作为常熟文庙的文化精髓，历经沧桑，依然屹立，记录着文庙的历史。《常熟县重修庙学记》《重修常熟县儒学之记》等碑石可以和史料相互印证。《御制四配赞》和《元中统二年圣旨碑》可以说明常熟文庙在历史上的地位，《教育言子诸孙记》阐述了教育的重要性。这些碑石蕴含着深厚的历史文化内涵和卓越的书法艺术价值，文物部门请专业人员清理、拓印，并加框保护。这些碑刻除了在碑廊集中展示外，在崇圣门、大成门、礼门等重要位置均进行展示；六是使用糯米、明矾、石灰等传统材料作为黏合剂修复泮池泮桥，使其呈现原貌。

【精心施工管理，严控工程质量】

文物部门自始自终把建设质量放在首位，从现场基础施工到木料的采购、加工制作和安装，全程严控质量，保证建成精品工程。文庙修复集中了常熟最优秀的“香山帮”工匠，使用传统工艺精心营造。整个文庙 20 座建筑都是砖木结构。核心建筑大成殿采用重檐歇山顶，大殿中间两根金柱高 13.7 米，柱径 90 厘米。而架于大成殿正中大梁之上的金色藻井更显得殿堂高阔深远，这个藻井为八角木结构藻井，高约 1.6 米，下部直径约 4.7 米，顶部为贴金莲花，斗拱出跳采用凤头昂贴金，整个建筑结构钩心斗角、繁复异常。据文保部门介绍，藻井用料全部为进口柚木，工人们花了一个月时间才安装完成。八角形是古建筑当中的一种造型，因为下面有人像，上面增加莲花天花板，当中贴金，打开灯光以后金光闪闪。贴金也是中国祖先代代相传下来的最高点，表达了对孔子的尊重。斗拱每台出跳一共 9 跳，也有设计的含义。值得一提的是，大成殿建造的精妙之处还在于上下檐采用了 154 朵斗拱，这些斗拱不仅硕大，而且做法繁复，其设计施工都严格遵照北宋时期《营造法式》中的形制进行。完工后的建筑出檐深远，整体庄严雄伟、古朴大方，体现出苏州传统“香山帮”营造工艺之精妙。另外，绿化种植精心挑选了 200 棵与文庙相匹配的松、柏、银杏、香樟等珍贵树种，烘托出文庙庄严肃穆的气氛。

【细心研究策划，确保布展效果】

文庙布展工程前期策划了一年时间，文广新局组建了布展策划领导小组，并邀请了省、市的文史专家作为顾问，经过对全国近 30 家文庙的考察，并查阅大量的史料，形成了方案初稿，并经专家组五次的论证和修改，最终定稿。布展方案首先对文庙在现代城市中的作用进行了定位：中华优秀传统文化和地方特色文化的展示、体验、传播中心，青少年爱国主义和思想道德教育基地。在此基础上确定了将东、中、西三条轴线分别布展为“言子文化轴线”“孔子及科举文化轴线”和“传统文化教育体验中心”。

【邀请名家学者，构建精品力作】 布展工程由省内一流的专业公司中标施工，邀请了省内著名画家创作孔子、言子等画像，邀请中国书法家协会会员书写对联。大量运用了东阳木雕、扬州漆画、常熟红木雕刻等传统工艺，体现出了常熟文庙的档次和底蕴。其中由省国画院副院长、国家一级美术师胡宁娜女士创作，使用扬州漆画工艺制作的高达5.8米的巨幅漆画孔子行教像是整个布展工程的点睛之笔。

【举行祭孔大典，正式修复启用】 2016年9月28日，是孔子诞辰2567周年。经过常熟市文化、文物和古建部门的8年努力，常熟文庙在原址得以恢复，并正式对外开放。是日上午，常熟举行文庙修复启用暨丙申祭孔大典。祭孔礼制主要包括开庙仪式、启户仪式、乐舞告祭、恭读祭文、行鞠躬礼等，所有礼仪都必须做到“必丰、必洁、必诚、必敬”。整个祭孔大典，为集乐、歌、舞、礼为一体的综合性艺术表演形式，亦是2016年“（常熟）江南文化节”最具特色的“重头戏”。9时40分，常熟文庙大成门前，身穿汉服的鸣赞宣布祭孔大典即将开始。在场的嘉宾和观众屏息凝视，庄然肃立。击鼓三次后，鸣赞唱念“启——户——”。在庄严的礼乐声中，大成门缓缓开启，60多名青年男女身穿汉服，打扮成献官、礼生等古人形象，手捧笏板、乐器、祭品等依次来到大成殿前的月坛广场，祭祀仪式正式开始。整个仪式有礼有乐有舞，正献官洗净双手后，在分献官和众礼生的配合中，向至圣先师孔子敬献桂花黄酒、鸭血糯、石梅盘香饼、尚湖红菱、香烛等祭品。期间，身穿红色汉服的乐舞生依次表演了《宁和之曲》《安和之曲》《景和之曲》三段佾舞。乐舞生跳舞时格外引人注目，他们右手执羽（雉尾），左手执籥（短笛形的竹管），神情庄严，身形舒展，恭敬地表达对先贤的追怀和敬意。

常熟市委副书记、常熟市人民政府代市长周勤第，市人大常委会主任秦卫星参加活动。周勤第宣读祭文，赞美孔子思想伟大、师道尊严，其为人师表历代备受推崇。周勤第说：“神州复兴，古今同梦，圣贤之道应当永远传承。”近1000名干部群众、中小学生及外地游客参加了现场活动。常熟教师进修学校退休教师、文史专家钱文辉在观看整个祭孔大典后说：“这次祭祀仪式的礼仪规制遵照的是明代常熟知县杨涟时期的规制，与史料记载一致，规格很高。”他指出：“大典仪式感强，符合礼制规范。礼乐文明既是孔子学说、儒家文化的精神要义，当今，中华民族的伟大复兴同样意味着优秀传统文化的传承、弘扬与复兴，而其中必须包含着礼乐文明的传承、弘扬与复兴。”他强调：“孔子是我们的人格典范、精神导师，常熟重修文庙并且举办如此盛大的祭祀仪式，充分体现了常熟人对先贤的尊敬。”常熟文庙修复受到社会各界和海内外学者关注，为了铭记这一历史性的文物修复工程，市政府特立《重修常熟文庙碑》，记载本次文庙修复的过程和意义。香港孔教学院院长、世界著名儒学文化名人汤恩佳博士特意为常熟文庙捐赠一座孔子铜像。公祭仪式前，出席活动的市领导分别为重修常熟文庙碑和孔子铜像揭幕。

【文化传承新市标，精神文明新场所】 常熟文庙至2016年年底将全部免费开放，市民可以凭借有效证件免费领取门票。文庙管理处同时提醒市民，常熟文庙为文物保护单位，各大殿堂不设香炉，市民如有祭拜需求，可在文庙免费领取三支清香，在大成门前的香炉文明敬香。开放后的常熟文庙定位为国家历史文化名城标志性建筑，中华优秀传统文化和地方特色文化的展示、体验、传播中心，青少年爱国主义和思想道德教育基地，将具备纪念、教化、展览、旅游功能，重新成为常熟崇文重教的标志性建筑和市民精神文化生活的重要场所。

修复意义和展望

【概况】 建成后的文庙在全国同类城市中在规模、建筑展陈水准等方面都是首屈一指的，受到了中国孔庙协会的高度评价。常熟文庙修复工程的竣工对于历史文化名城的保护具有重要意义，成为常熟作为国家历史文化名城的地标性建筑。现代文庙应充分挖掘自身所特有的传统文化内涵，着力开发与中华优秀传统文化、地方特色文化相关的各种教育活动，将文庙营造成为弘扬优秀传统文化的主阵地。具体来说，主要发挥以下三项功能：

【教化功能】 在当代，必须重视文庙传统教育功能的延续，使文庙成为进行国民人文道德素质教育的最佳地点。通过设立“言子书院”，举办“国学大讲堂”，讲授国学经典，举办国学文化节等文化普及活动，还可以作为“道德讲堂”，弘扬中华民族优良的传统道德。开展“开笔礼”“成人礼”等各种有利于青少年道德成长的活动。

【纪念功能】 在古代，文庙的主要功能之一就是纪念、祭祀孔子及历代先贤先儒。在当代社会，根据公众对传统文化的需求，应将这一功能加以延续和提升，将文庙作为对以孔子为代表的中国历史上的先圣先贤进行纪念和瞻仰的场所，主要体现了大众对于传统文化杰出代表的尊崇之情。常熟市于2016年9月28日举行了盛大的祭孔典礼，此后，将延续这一礼仪活动。

【旅游功能】 参考各地将文庙作为博物馆的惯例，常熟文庙也将实行“庙馆合一”的做法，陈设“孔子文化展”“言子文化展”“常熟状元历史陈列展”；同时，将明伦堂开辟为常熟古代教育展，尊经阁设置为传统文化体验馆，今后将在这里举办碑刻传拓教学、古建营造技艺体验、文创产品展示等。文庙建筑群是常熟古建营造技艺的集大成之作，既有气势恢宏的殿堂，又有精雕细琢的构件，这本身是得天独厚的旅游资源。同时，游客可以通过游览文庙，并亲身参加碑刻拓印、古建营造等非物质文化遗产体验活动，深入了解常熟“崇文重教”的城市精神和丰富多彩的传统文化。

（市文广新局等供稿　陈建东编辑）

责任编辑　陈建东

大事记

1月

4日　省政府发文表彰2013年至2014年度为省慈善事业发展作出突出贡献的单位和个人，并授予第三届“江苏慈善奖”。常熟市三家企业和一名个人获表彰。

5日　市政协十三届委员会五次会议召开。

6日　市十四届人大五次会议召开。

20日　“2015苏州十大民心工程”揭晓，市三环路快速化改造工程入选。

22日　市“文化事业十三五规划”中的重要文化工程《曾朴全集》的编纂工作在曾园正式启动。

2月

1日　苏州市人大常委会主任陈振一，苏州市委常委、政协副主席周向群，苏州市委常委、纪委书记周广智，苏州副市长盛蕾一行到常熟走访慰问困难对象。常熟市委副书记、市长王飚参加走访慰问。

4日　中国科协发布《关于命名首批2016－2020年全国科普示范市》的通知，常熟获评首批2016－2020年全国科普示范市。

17日　2016年苏州市重大项目春季集中开工常熟会场活动举行，总投资119.5亿元的常熟市25个重大项目集中开工。

是日　邳州市党政考察团在市委书记、市人大常委会主任王强和市委副书记、市长陈静带领下，到常熟考察经济发展情况。常熟市委副书记、市长王飚陪同考察。

26日　中宣部、中央文明办公布全国志愿服务“四个100”先进典型揭晓。常熟市“海虞妈妈”孤贫儿童爱心助学志愿服务项目入围，成为江苏入选的5个“最佳志愿服务项目”之一，也是苏州市范围唯一获得该奖的项目。

29日　纪念常熟政协成立60周年座谈会召开。

3月

1日　常熟市召开全市领导干部会议，宣布省委、苏州市委关于调整常熟市委领导班子主要领导的决定。根据省委、苏州市委决定，王飚同志任常熟市委书记、常熟经济技术开发区党工委书记，惠建林同志不再担任常熟市委书记、常熟经济技术开发区党工委书记职务。

18日　省住房和城乡建设厅组织考核并报省政府批准，常熟市被授予“江苏省优秀管理城市”称号。

24日　全球品牌汽车智能冲压战略峰会在常熟举行。

28日　苏州市政协主席高雪坤，副主席姚东明、王跃山、谢鸣到常熟调研。市政协主席徐永达陪同调研。

29日　专题节目“江苏最美人物发布厅”在常熟录制，江苏“最美人物”暨苏州市级重大先进典型“时代先锋”周丽娟先进事迹媒体见面会召开。常熟环卫工人周丽娟荣膺江苏“最美人物”称号。

31日　市委书记、市长王飚出席市政府与上海赛伯乐深蓝投资管理有限公司在常熟会议中心举行的战略合作签约仪式。

4月

9日　联合国世界旅游组织常熟旅游可持续发展观测点揭牌仪式暨第25届中国(常熟)尚湖牡丹花会开幕，联合国世界旅游组织执行主任祝善忠、市领导王飚、秦卫星、徐永达出席开幕仪式。常熟正式成为江苏首个、全国第8个联合国世界旅游组织可持续发展观测点。

13日　推进省科技创新体制综合改革试点工作动员会议在常熟市召开，标志着江苏省科技体制综合改革试点全面启动。副省长张敬华出席会议并讲话，省科技厅厅长王秦，苏州市委副书记、市长曲福田，以及常熟市领导王飚、秦卫星、徐永达出席大会。

是日　淮安市委书记、市人大常委会主任姚晓东，市委副书记、市长惠建林到常熟考察。苏州市委书记周乃翔，市委副书记、市长曲福田，常熟市领导王飚、秦卫星、徐永达、王建国等陪同考察。

14 日 常熟市人民政府、薛九枝团队、江苏省产业技术研究院举行合作签约,共建智能液晶技术研究所。江苏省产业技术研究院执行院长刘庆,常熟市委书记、市长王飚出席签约仪式。省产研院智能液晶技术研究所落户常熟。

20 日 省委常委、常务副省长李云峰一行到常熟调研供给侧结构性改革推进重大项目有关情况。苏州市委副书记、常务副市长周伟强,常熟市领导王飚、桑五官、沈晓东陪同调研。

25 日 全市"两学一做"学习教育工作座谈会召开。市领导王飚、王建国、程波、潘志嘉、陆文明出席会议。

5 月

20 日 2016 江南国际时装周暨第十七届常熟服装服饰博览会在服装城江南织造时尚中心开幕。中国纺织工业联合会名誉会长许坤元,副会长孙瑞哲、夏令敏以及常熟市市委书记、市长王飚,市人大常委会主任秦卫星出席活动。

23 日 常熟市人民政府、北京大学化学与分子工程学院共建"北大分子工程苏南研究院"在北京大学举行战略合作协议签约仪式。北京大学副校长高松,江苏省科技厅副厅长蒋跃建,江苏省产业技术研究院执行院长刘庆,常熟市领导王飚、沈一平、周灵群出席签约仪式。

26 日 常熟市被中央宣传部、司法部、全国普法办表彰为 2011－2015 年全国法治宣传教育先进县(市),成为全国唯一普法先进"六连冠"城市。

27 日 全市领导干部会议召开,宣布江苏省委、苏州市委关于常熟市政府主要领导调整决定:王飚同志不再担任常熟市长职务,免去常熟经济技术开发区管委会主任职务。周勤第同志担任常熟市委副书记,常熟经济技术开发区党工委副书记、管委会主任,提名为常熟市长候选人。

6 月

1 日 由中央文明办主办的"我推荐、我评议身边好人"活动 2016 年 5 月"中国好人榜"揭晓,常熟市虞山镇北门大街社区党委书记苏咏梅当选新一期"敬业奉献"好人。

2 日 农业部公布全国首批基本实现主要农作物生产全程机械化示范县名单,常熟成为苏州市唯一上榜的县级市。

3 日 省科技厅与常熟市政府在常熟举行厅市工作会商会议,共同就实施创新驱动发展战略,加快推进常熟市科技创新体制综合改革试点工作进行深入讨论,并签署《2016 年江苏省科学技术厅、常熟市人民政府工作会商协议》。省科技厅厅长王秦,副厅长夏冰、蒋洪以及常熟市领导王飚、周勤弟等出席会议。

27 日 王飚、秦卫星、徐永达等市四套班子领导以及全市各版块负责人带头向盐城灾区捐款,用实际行动帮助灾区恢复生产、重建家园。

是日 全国第三届国土资源节约集约模范县(市)表彰会在北京召开,常熟市被评为全国国土资源节约集约模范县(市)。市委副书记、代市长周勤第参加会议并接受表彰。

7 月

6 日 中国工程院院长周济带领专家到常熟调研。市领导周勤第、秦卫星、陈惠良、潘建华陪同调研。

8 日 苏州市人大常委会副主任曹福龙到常熟调研。市领导周勤第、秦卫星、陈惠良、潘建华陪同调研。

12～13 日 全省政府法制工作座谈会在常熟召开。苏州市副市长、公安局局长李京生,常熟市委副书记、代市长周勤第出席会议

18 日 由常熟市委宣传部、北京故事马影业有限公司联合打造的大型电视系列片《书房里的中国》第一季《纸寿千年》,在历时近三年的拍摄制作后,于 7 月 18 日起在中央电视台科教频道《探索・发现》栏目播出。

25 日 中国共产党常熟市第十三次代表大会开幕。王飚代表中共常熟市第十二届委员会向大会作题为《践行五大理念打造精致城市为建设"强富美高"新常熟而努力奋斗》的报告。大会由市委副书记、代市长周勤第主持。华红代表中共常熟市第十二届纪律检查委员会向大会作了题为《坚持全面从严治党 强化监督执纪问责 推动党风廉政建设和反腐败工作迈上新台阶》的工作报告。

29 日 全国双拥模范城(县)命名暨双拥模范单位和个人表彰大会在北京举行;30 日,江苏省举行江苏省全国双拥模范表彰大会。常熟市再次获评"全国双拥模范城",实现了争创"四连冠"奋斗目标。

8 月

3 日 省委常委、副省长杨岳到常熟调研。苏州市委常委、统战部部长朱民,副市长陆留生,常熟市领导周勤第、范建国陪同调研。

5 日 苏州市副市长盛蕾到常熟市检查征兵体检工作。常熟市领导王飚、范建国陪同检查。

8 日 苏州市委常委、宣传部部长徐明到常熟调研。常熟市领导王飚、韩卫兵、张建强陪同调研。

9 日 苏州市委副书记、市长曲福田到常熟调研。苏州副市长盛蕾参加调研。常熟市领导王飚、周勤第陪同调研。

是日 省纪委常委、苏州市委常委、市纪委书记周广智到常熟调研。常熟市领导王飚、华红陪同调研。

是日～10 日 商务部副部长钟山到常熟考察。苏州市委副书记、市长曲福田,副市长盛蕾,常熟市领导王飚、周勤第、陈惠良陪同调研。

16 日 副省长马秋林到常熟调研。

苏州市委副书记、市长曲福田，副市长徐美健，常熟市领导王飏、周勤第、张建强、陈惠良陪同调研。

18日 苏州市固定资产投资和重点项目现场推进会在常熟召开。苏州市委副书记、市长曲福田，苏州市委副书记、常务副市长周伟强以及常熟市领导王飏、沈晓东出席会议。

16日 淮南——南京——上海1000千伏交流特高压输变电工程苏通GIL综合管廊工程在常熟开工。副省长马秋林，国家电网公司副总经理刘泽洪，苏州市委副书记、市长曲福田，苏州市副市长徐美健，南通市副市长徐新民以及常熟市委书记王飏，市委副书记、代市长周勤第出席开工动员会。

19日 中华全国供销合作党组成员、经济发展与改革部部长侯顺利到常熟考察。苏州市委常委、统战部部长朱民，常熟市领导王飏、范建国陪同考察。

22日 水利部副部长周学文到常熟调研。苏州市副市长陆留生，常熟市领导周勤第、范建国陪同调研。

29日 奇瑞捷豹路虎汽车有限公司捷豹品牌首款车型XFL正式上市，标志着常熟汽车整车生产已经进入国内主流豪华汽车板块，奇瑞捷豹路虎也由此开启了双品牌全面布局的发展新篇章。

30日 常熟市三家企业成功申报2016年“中国制造2025”中央财政专项补助，合计3956万元，在全省获得该项补助的18个项目中占到了六分之一。

9月

8日 商务部、海关总署等部门联合发文，明确常熟服装城等市场列入全国第三批开展市场采购贸易方式试点。

11～12日 全国供销系统电子商务工作会议在常熟召开。江苏省委常委、省政协副主席徐鸣，苏州市委副书记、市长曲福田，苏州市副市长陆留生，常熟市领导周勤第、范建国出席会议。

12日 2016年里约残奥会，12日21时30分结束的乒乓球男子单打TT5级决赛中，常熟市平方轮椅有限公司员工曹宁宁以3比0战胜德国选手夺冠。这是苏州残奥选手在该届残奥会上获得的第一块金牌。

13日 5时16分结束的2016年里约残奥会女子50米自由泳S11级决赛中，常熟选手李桂芝以30.73秒的成绩刷新了自己保持的残奥会纪录，并打破该项目世界纪录，夺得冠军。

19日 2016第十届国际湿地大会在江苏常熟开幕。国家林业局副局长张永利，江苏省政协副主席徐鸣，中国科学院院士、南京大学校长陈骏，苏州市副市长陆留生，苏州市政协副主席蒋来清，常熟市领导周勤第、秦卫星、徐永达等出席大会开幕式。来自10个国际机构、72个国家和地区的约800位国内外专家学者参会，围绕“全球气候变化下生物多样性和生态系统的热点问题”这一主题召开80余场专题讨论会。

20日 市委副书记、代市长周勤第会见国家湿地公约秘书处副秘书长阿尼亚·格罗碧琪。中国科学院院士、南京大学校长陈骏参加会见。常熟市领导范建国、江振球、潘建华参加会见。

21日 2016年常熟籍院士家乡行暨常熟市第四届学术年会启动仪式在常熟大酒店举行，翁宇庆、范滇元、薛永祺、陈祥宝4位常熟籍两院院士应邀出席活动。

27日 2016年江南文化节暨沙家浜旅游节开幕。苏州市副市长王鸿声，市领导秦卫星、徐永达、韩卫兵、沈晓东、钱向宏、陈惠良出席开幕式。

28日 常熟文庙修复启用暨丙申年祭孔大典举行。市委副书记、代市长周勤第，市人大常委会主任秦卫星参加活动。

10月

10日 江苏省知识产权局一常熟市人民政府合作会商会议在常熟召开。省知识产权局局长支苏平以及常熟市领导周勤第、钱向宏、陈惠良、王永明出席会议。

14日 副省长张雷一行到常熟调研。苏州市常委、副市长盛蕾，常熟市市委副书记、代市长周勤第陪同调研。

16日 常熟尚湖国际半程马拉松赛在尚湖风景区举行。比赛由中国田径协会、江苏省体育局、常熟市人民政府主办。

18日 常熟市召开建设精致城市专题部署会。市委副书记、代市长周勤第、市人大常委会主任秦卫星等市四套班子领导出席会议。

23日 建设银行苏州分行与常熟市政府银政战略合作协议暨常熟产业升级基金、绿色发展基金、城市发展基金签约仪式在常熟举行。中国建设银行副行长章更生、苏州市副市长周伟强以及常熟市领导周勤第、沈晓东、陈惠良出席签约仪式。

24日 苏州市委副书记、统战部部长朱民到常熟调研。苏州市政协副主席蒋来清，常熟领导周勤第、韩卫兵陪同调研。

29～30日 由新华网主办的2016创新“互联网＋全域旅游”暨第四届旅游业融合与创新论坛在贵州省召开。会上，国家发改委公布了入围“2016最美中国榜”名单。凭借自身旅游资源和优势，常熟成功跻身“2016最美中国榜”。

11月

1日 省委常委、常务副省长黄莉新到常熟考察。苏州市委书记周乃翔、市委秘书长黄爱军、苏州市副市长周伟强，以及常熟市领导周勤第、沈晓东陪同考察。

2日 南京海关党组书记、关长薛金楼到常熟调研，并召开座谈会。市领导周勤第、陈惠良陪同调研并出席座谈会。

6日 苏州市委副书记、区长曲福田到常熟调研。苏州市副市长徐美健，常熟市领导王飏、周勤第、范建国陪同调研并参加会议。

7日 《人民日报》和《2016年中国

中小城市发展报告·绿皮书》联合发布了第十二届中国中小城市发展指数研究成果。常熟市位列“2016全国综合实力百强县市”第4位。大部分乡镇入围“2016综合实力千强镇”，其中虞山镇位列千强镇第2位。

12日 2016年中国智能车未来挑战赛在常熟开幕。中国工程院院士、国家自然科学基金委员会副主任高文，中国工程院院士、国家自然科学基金重大研究计划指导专家组组长郑南宁，常熟市领导周勤第、沈一平、陈惠良出席开幕式。

18日 常熟经济技术开发区11个重点项目集中签约。市委副书记、代市长周勤第，市委常委、常熟经济技术开发区党工委副书记、管委会副主任张建强出席签约仪式。

27日 国务院召开全国安全生产电视电话会议。市委副书记、代市长周勤第，副市长陈惠良在常熟分会场收听收看会议。

12月

1～2日 省政协副主席许津荣到常熟市开展体育界别委员活动。市领导王飚、徐永达、陶理、吴国华、殷丽萍陪同调研。

2～4日 中国足协室内五人制足球邀请赛在常熟体育中心举行。比赛由中国足球协会主办，常熟市体育局承办。

9日 2016年“黄玖瑰之夜”圣诞晚会暨常熟市荣誉市民、名誉市民授予仪式在常熟大剧院举行。

10日 “2016中欧绿色和智慧城市奖”在深圳会展中心揭晓，常熟从中国和欧洲申报参与评奖的80多个城市和企业中脱颖而出，荣获中欧绿色和智慧城市奖。常熟也是唯一蝉联获奖的县级市。

12日 第一届全国文明家庭表彰大会昨天在北京召开。由常熟市委宣传部、市文明办选送的钱敏丹家庭荣获“全国文明家庭”称号，这是苏州地区唯一获此殊荣的家庭。钱敏丹的妹妹钱敏焰作为家庭代表参加了大会，并受到了中共中央总书记、国家主席、中央军委主席习近平的亲切会见。

14日 苏州市委、市政府在常熟市开展“两减六治三提升”专项行动暨沿江化工行业优化提升整治专项行动现场调研。省委常委、苏州市委书记周乃翔，市委副书记、市长曲福田，市人大常委会主任陈振一，市政协主席高雪坤等苏州市四套班子领导参加调研。常熟市委书记王飚，市委副书记、代市长周勤第陪同调研。

责任编辑 张 军

市情综述

【概况】 常熟市简称虞，古称琴川、海虞、南沙等，位于江苏省的东南部，地处江南水乡，其北部濒临长江，隔江与南通市相望；南部与苏州市的相城区和昆山市相接；东部倚托上海，与苏州市的太仓市连接；西北部濒顾无锡，并与苏州市的张家港市接壤。境域南北距37千米，处北纬31°31′～31°50′，东西宽49千米，处东经120°33′～121°03′，国土总面积1276.32平方千米（含所属长江水域面积）。市人民政府所在地为城区金沙江路8号。

自然地理

【地质地貌】 **地层** 常熟境域地层归属江南地层区，依时代先后，已知有古生界、中生界与新生界，界分为系，系再分统。

地质 常熟境域所在地区属于扬子准地台，属地壳相对较稳定的构造单元。在扬子准地台范围内，包孕常熟及其邻近区域的次一级构造单元，为下扬子—钱塘褶皱带，是曾经历地壳运动较显著的地带，在下扬子—钱塘褶皱带的东部，发育有一系列中生代的断褶凹陷与隆起，均属更次一级的构造单元。

陆地 常熟境域南部低洼，属太湖水网平原，为阳澄湖、昆承湖等浅水湖群的分布区域；西北部与东北部略高，属长江冲积平原，为江口段南岸冲积物的覆盖区域，其中西北部地面多分布老冲积物，东北部地面多分布新冲积物。

平原 常熟境域的平原，为长江三角洲的一部分，土地平旷，水网交织。地势大致由西北向东南微倾，海拔多在3～7米，少数低洼区域为2.5米左右，局部高亢地段可达8米，地面几乎全部为第四系沉积物所覆盖。依地表结构，常熟境内平原通常析为三片，即为沿江平原、昆承平原、虞西平原。

山丘 常熟境域内山丘有虞山、顾山、殿山、铜官山和西山等，依其形态，虞山属低山类型，余者形体矮小，属零星散布的孤丘。

【水系】 **长江过境部分** 长江流经常熟北境，按江苏省划定的界线，属常熟境的江面为109.74平方千米，约占境内水域总面积的38.59%。江岸西起福山闸西，东至白茆塘口东，长约31.9千米。江面宽度，徐六泾口外为5.5千米，至白茆塘口外宽8.1千米。

通江河道 常熟境内通江河道，据旧志记载，已数易其位。梁代有二十四浦通江，历经沧桑，大多湮没或改道。新中国建立后，大兴水利，入江诸河都经整治，并开望虞河等河道，至今境内有福山塘、望虞河、耿泾、海洋泾、常浒河、徐六泾、金泾、白茆塘等河通江。

境内河网 常熟境域内河均属长江下游的太湖水系，河流总面积为129.23平方千米，约占境内水域总面积的45.43%，分布的特征是以城区为中心，向四方放射扩散。南部诸河分布较密，北部诸河分布较稀。河道比降小，水流平缓，部分河道无固定流向。各河之中，有属主干河道和著名河道，还有分属有关乡镇的重要河道，至于为数众多小型港泾浜溇等，则分布更广。

境内湖荡 常熟境域内湖荡中，主要有昆承湖、尚湖、南湖荡等，还有面积200亩以上的水域10多处，至于小面积的水域以及人工开挖用作水产养殖的池塘为数更多。全境较大型的湖荡面积为26.53平方千米，约占水域总面积的9.33%。小潭荡、上浜河面积15.60平方千米，约占水域总面积的5.48%，人工开挖的鱼池面积3.33平方千米，约占水域总面积的1.17%。

【气候】 2016年，常熟气候特点：气温略偏高，降水偏多，日照正常。

气温 2016年常熟市平均气温17.4度，比历年（1981～2010年）平均偏高1.2度（历年平均值为16.2度）。7月为全年最热月份，月平均气温为29.8

虞山风景

度；年极端最高气温 38.8 度，出现在 7 月 2 日；1 月为全年最冷月份，月平均气温为 3.9 度；年极端最低气温－8.4 度，出现在 1 月 24 日。

降水 2016 年常熟市降水量为 1823.6 毫米，比历年平均偏多 688 毫米（历年平均值为 1135.6 毫米）；5－11 月降水量异常偏多，1－3 月和 12 月偏多。最多月降水量出现在 6 月，月降水量为 384.1 毫米；最少月降水量出现在 2 月，月降水量为 31.2 毫米。6 月 19 日入梅，7 月 20 日出梅，入梅略偏迟、出梅偏迟，梅长 31 天，较常年偏长 7 天。梅雨总体雨量丰沛，为 452.7 毫米，较常年偏多 120%。

日照 2016 年常熟市全年日照时数为 1772.2 小时，比历年平均偏少 41.7 小时（历年平均值为 1813.9 小时），年日照百分率 40%。

【资源物产】 **农产特产** “岁岁多收常熟田”，常熟向以农业精耕细作著称，农作物以水稻、小麦、棉花为主，兼有部分油料作物、蔬菜、瓜果、药材等。特产有鸭血糯、宝岩杨梅、虞山绿茶、王庄西瓜、梅李南瓜、虞山水蜜桃、桂花栗子等。

水产资源 常熟境域为水网地区，水产资源十分丰富，有出自长江的鲥鱼、刀鱼、海白虾等，出自内河的有鲫鱼、草鱼、鲢鱼、鳊鱼、青虾和阳澄湖大闸蟹等。

野生植物 常熟境域野生植物资源有乔木、灌木、药材、草、蕈菌等 5 大类 200 多种。野生乔木主要有紫檀、柘树；野生灌木主要有山楂、金樱子；野生药材有何首乌、蒲公英等 765 种；草类繁多，有芦苇、野燕麦等 20 多种；蕈菌类有松树蕈等。

人工栽培植物 常熟境域人工栽培的树木有 300 多种。其中用材林有马尾松、黑松、刺槐、水杉等，竹类有燕竹、蔑竹、象竹、毛竹等，果树有银杏、板栗、杨梅等，特种经济林有杞柳、桑树、茶和观赏性花木等。

野生动物 常熟境域野生动物主要有哺乳类、鸟类 800 余种。

矿类资源 常熟境域尚有矿类资源高岭土、黄沙、煤、泥炭、石英砂、天然气等。

地下水资源 常熟境域地下水均以第四系孔隙水为主。由于埋深适中，地层稳定，分布面广，水量丰富，水质上乘，曾被广泛采用。近年来为防陆地沉降，已渐回填停用。虞山、福山等山丘地段，地下水常以下降泉形式出露，形成间歇性涧泉，如秦坡涧、桃源涧、玉蟹泉、焦尾泉、舜过泉等，流量较少，但水质优良，矿化度 0.05 ～ 0.07 千克/升，硬度一般小于 50 毫克/升，为极软水。

历史人文

【建置沿革】 早在 5500 多年前，就有人类在常熟这方沃土聚居生息。夏、商时期，常熟地域为扬州属地。商末（公元前 11 世纪）周太王古公亶父之子泰伯、仲雍让国南来，建勾吴古国。武王灭纣后（公元前 841 年）封仲雍曾孙周章为吴王，立吴国。常熟地域时为吴国北境。东周元王五年（公元前 471 年）越灭吴，常熟地域隶于越。显王三十六年（公元前 333 年）楚灭越，常熟地域隶于楚。秦统一中国，实行郡县制，常熟地域属会稽郡吴县。西汉景帝前元时期（公元前 156－前 150 年），常熟地域上首次设虞乡建置，仍隶于会稽郡吴县。东汉永建四年（129），会稽郡浙江以西另设吴郡，虞乡隶于吴郡吴县。其时，常熟地域内又增设南沙乡，并在该乡置司盐都尉署，开常熟地域史设吏治之先河。

三国鼎立期间，虞乡、南沙乡同属吴国吴郡吴县。西晋太康四年（283 年），虞乡升为海虞县（因县境东临沧海而命名），隶于吴郡，此为常熟地域设县之始。东晋元帝初年（317），以海虞县北境侨设郯县、朐县、利城县，为南东海郡。东晋咸康七年（341），南沙乡升为南沙县。是时，常熟地域并存海虞、南沙两县。

南北朝时期，南齐永泰元年（498 年），海虞县北境设海阳县，隶于晋陵郡。梁大同六年（540）以南沙之地置常熟县，县治之地设南沙城（即今福山），是为常熟县名之始。常熟之名取“土壤膏沃、岁无水旱”，“原隰异壤，虽大水大旱，不能概之为灾，则岁得常稔”之意。隋开皇年间（581－600 年），海虞、兴国、海阳、前京、信义等县并入常熟县，隶于苏州。唐武德七年（624），常熟县治移至海虞城即现之虞山镇，隶于吴郡。五代十国期间，常熟属吴越国。宋代，常熟属平江府。元代元贞元年（1295 年），常熟县升为常熟州，隶于平江路，明代洪武二年（1369），复降为县，隶于苏州府。清雍正四年（1726 年），析常熟县东境置昭文县，两县治同城。咸丰十年（1860）太平军攻占常熟、昭文，两县同属太平天国苏福省。同治元年（1862），太平军退，两县仍隶于苏州府。1911 年辛亥革命爆发。是年 11 月，常熟、昭文两县合并为常熟县。

1949 年 4 月 27 日，常熟解放。同年 5 月以县城设常熟市，县、市合署办公。1951 年，常熟市隶于苏南行政区苏州专区。1954 年 11 月，常熟市升为江

方塔园远景

苏省辖市。1958年4月撤常熟市，常熟市、常熟县统一为常熟县。1983年3月撤县设市，以县境设常熟市。

【行政区划】 常熟地域内行政区域划分始于唐代。据唐陆广微《吴地记》称：常熟“管乡二十四”，其后集又载“常熟县十二都”。宋代，常熟境内设9乡，乡下设都、里、村。元代改里为图。清代中期，易乡为场，以场统都，以都统图。清末民初，实行市乡制，常熟境内划为4市31乡。民国18年(1929)，县以下实行区乡制，以区统乡。民国23年，乡以下推行保甲制。其间，区乡划分几经变更。1949年新中国建立后，重新调整区划。1957年撤区，由县直辖各乡。1958年各乡建办人民公社，实行政社合一体制。1961年，根据国务院文件，划出14个公社和常阴沙农场，归属新成立的沙洲县(即现张家港市)。1983年政社分离，仍为乡建制，乡以下为行政村。是年，常熟撤县建市，设市属镇1个、33个乡、3个场。1985年10月，继福山撤乡建镇后，各乡陆续改建为镇。继1992年12月城郊、琴南两乡并入虞山镇后，1999年6月以来，先后又有梅李镇、赵市镇、珍门镇合并为梅李镇；王市镇、福山镇、周行镇以及市棉花原种场合并为海虞镇；碧溪镇、浒浦镇、吴市镇、东张镇(2003年并入)合并为新港镇，2008年新港镇改称碧溪镇，2010年撤碧溪镇建街道，设立碧溪新区，和国家级常熟经济技术开发区实行一体化管理；藕渠镇、兴隆镇、莫城镇、谢桥镇、大义镇先后并入虞山镇；古里镇、淼泉镇、白茆镇先后合并为古里镇；董浜镇、徐市镇合并为董浜镇；支塘镇、任阳镇、何市镇合并为支塘镇；沙家浜镇、唐市镇合并为沙家浜镇；辛庄镇、杨园镇合并为辛庄镇；王庄镇、冶塘镇合并为王庄镇；练塘镇、张桥镇合并为练塘镇；后张桥镇并入辛庄镇，练塘镇并入王庄镇，同时王庄镇改称尚湖镇。至2016年底，常熟市下辖9个镇、2个街道办事处、1个国营虞山林场、2个国家级开发区。

【人口户丁】 常熟人口以汉族为主，另有少数回、满、蒙、壮、白、高山、拉祜等民族。截至2002年12月31日，全市总户数为34万户。总人口为103.6万人，其中男性50.7万人，女性52.9万人。全市共有非农业人口45.2万人，农业人口58.4万人。人口自然增长率连续多年出现负数。人均期望寿命为77.1岁。此外，随着经济的日益发展，外来人员增多，常年流动人口保持在35万人左右。全市人口城镇化程度为47.6%。至2008年，常熟市在籍户数338209户、1065018人；其中有少数民族32个、1283人。另有外籍在常熟登记的暂住人口84.54万人。至2016年年末，常熟市户籍人口106.87万人，比上年末增加0.05万人。全年出生8025人，人口出生率7.51‰；死亡8167人，人口死亡率7.64‰；人口自然增长率为-0.13‰。年末常住人口151.26万人，比上年末增加0.25万人，其中城镇常住人口102.65万人，城镇化率为67.86%，比上年末提高0.80个百分点。

【历史名人】 常熟素以人文荟萃著称。自唐至清的科举时代，常熟中进士的有486名，其中状元8名、榜眼4名、探花5名。在数千年的文明史发展过程中，常熟境域孕育了众多杰出人才，在诸多领域里，为人类的文明进步作出了贡献。常熟历史上最早的有商相、古天文学家巫咸。商末，有泰伯、仲雍奔吴，化吴夷之俗为一体。仲雍(亦称虞仲)卒后葬于虞山，山由此得名。春秋时，言偃北上师事孔子，成为“孔门十哲”之一，是启迪东南文化的先驱。明末有抗清名臣瞿式耜。清代有著名政治家、两朝帝师翁同龢等。同时，还涌现了众多独树一帜、蜚声中外的艺术家、文学家。绘画方面，元代有以“浅绛派”山水闻名于世的黄公望，列元代四大家之首。明代有周之冕于工笔和写意之间创“勾叶点花派”，名重吴中。清初六大画家中，常熟有王翚和吴历。王翚又名王石谷，他融合南北两宗，首创“虞山画派”，被后世奉为“画圣”。近代著名画家更是众多，如庞薰琹、江寒汀、陆抑非、李泳森、钱延康等。以文学而得名者，宋代有王伯广，明代有吴讷、张洪、徐复祚等，清代有钱谦益、柳如是、冯班、孙原湘等，近代有曾朴、张鸿、黄人、丁祖荫、徐枕亚、平襟亚、曾虚白等。善书者，自唐代“草圣”张旭到常熟后，亦人才辈出，及至近代，杨沂孙、翁同龢、萧蜕等均为极有影响的书法名家。篆刻有“虞山印派”，近代代表人物为赵石。古琴演奏谱曲，常熟自明代严澂发轫以来，遂有“虞山琴派”之称，近代代表人物为吴景略。手工艺方面，明代王毅以核雕《东坡赤壁夜游图》而名闻海内，有《核舟记》散文详为记述。近代有刻砚家陈端友、藏砚家沈石友，亦闻名遐迩。常熟人对历代典籍的整理收藏，其历史之长、藏家之多、收藏之丰，实为国内少有。明代张洪、瞿景淳先后任《永乐大典》副总裁官、总校。毛晋建汲古阁抄刻多种经、史及曲，因缮写精良，世称“毛抄”。著名藏书家有“脉望馆”主赵用贤、赵琦美父子，“绛云楼”主钱谦益，“汲古阁”主毛晋，“也是园”主钱曾，“借月山房”与“爱日精庐”主张海鹏、张金吾，“稽瑞楼”主陈揆，“铁琴铜剑楼”主瞿绍基、瞿镛父子，“旧山楼”主赵宗建，“湘素楼”主丁祖荫等。

【科技英才】 民国时期，有中央研究院院士、铁路工程师、教育家、邑人淩鸿勋，海港码头设计师邵福旿。新中国建立以来，在国内外拥有众多著名的常熟籍科学家、学者、教授。这其中的翘楚——中国科学院院士、中国工程院院士共有25人次，包括夏坚白、李强、戴松恩、王淦昌、张青莲、张光斗、时钧、郑国锠、姚鑫、陆宝麟、钱人元、曹楚南、章申、徐国钧、时铭显、薛永祺、陆埮、吕达仁、陈祥宝、田禾等20位中国科学院院士；张光斗、黄崇祺、范滇元、屈梁生、翁宇庆等5位中国工程院院士。

【旅游资源】 锦绣常熟，素有“十里青山半入城，七溪流水皆通海”之说，山水交辉，风景秀丽，自然景观与人文景观兼具。1986年被国务院批准为国家历史文化名城，1989年虞山又被列为国家森林公园。2001年常熟市被评为中国优秀旅游城市，2002年又被评为国家园林城市，2004年又被评为国际花园城市，2007年先后被评为中国十佳休闲旅游名市、全国首批旅游文化示范地、中国最受游客喜爱的地方、中国县域旅游品牌十强县、中国自驾车旅游品牌十大目的地，2008年又被评为中国十大文化生态旅游城市，2010年又被评为品牌中国(县域旅游)十大品牌目的地,2011年又被评为中国红色经典文化旅游名城。常熟城内街巷民居与古典园林紧密相连,城外十里虞山与千顷尚湖相映成趣,形成了融山、水、城、园为一体的城市独特风貌。抗战时期,沙家浜地区为新四军抗日游击根据地,更为常熟山川增添传奇色彩。

【重点文保单位】 截至2016年,常熟市有全国重点文物保护单位5个,江苏省文物保护单位19个,常熟市文物保护单位145个。建于明代的綵衣堂,位于城区翁家巷门翁宅内。1996年12月,国务院公布其为全国重点文物保护单位;建于南宋的崇教兴福寺塔,俗称方塔,位于城区大东门方塔园内,为常熟城区标志性建筑,2006年5月,国务院公布其为全国重点文物保护单位;建于明代的赵用贤宅(脉望馆),位于城区南赵弄。2006年5月,国务院公布其为全国重点文物保护单位;2013年5月,常熟燕园和梅李聚沙塔被国务院批准为第七批全国重点文物保护单位。位于虞山北麓的兴福寺,始建于南齐年间,为国务院确定的汉族地区佛教全国重点寺院。

经济发展

【概况】 2016年为实施"十三五"规划的开局之年,是推动常熟经济社会发展迈上新台阶的关键之年。一年来,面对国内外复杂多变的经济形势,常熟市上下坚持稳中求进工作总基调,坚持新发展理念,推进供给侧结构性改革,全力以赴稳增长、促转型、惠民生,经济运行呈现缓中趋稳、稳中向好的发展态势。

【经济发展稳中有进】 **经济增长逐步加快** 2016年,常熟市实现地区生产总值2112.39亿元,按可比价计算同比增长7.5%,增速同比提升0.3个百分点。前四季度,GDP累计增速分别为7.1%、7.2%、7.3%、7.5%,呈现逐步加快的态势。

财政收入稳步增长 2016年,常熟市完成一般公共预算收入173.58亿元,同比增长10.1%,增速同比提升3.1个百分点。前四季度,一般公共预算收入累计增速稳步提升,分别为7.1%、8.0%、8.1%、10.1%。其中,税收收入145.54亿元,同比增长13.3%。

工业经济明显回升 2016年,常熟市完成工业总产值4577.10亿元,同比增长0.5%,增速同比提升1.1个百分点,其中规上工业产值3712.16亿元,增长3.0%,同比提升3.3个百分点。前四季度,工业生产持续上行,规上工业产值累计增速分别为0.6%、1.0%、1.4%、3.0%。

【产业转型扎实推进】 **现代农业加快发展** 2016年,常熟市高效设施农业面积比重、高效设施渔业面积比重分别达18.3%、32.6%,农业机械化水平达90%。龙头企业拉动效应扩大,70家农业龙头企业联结带动本地农户12.2万户,带动本地基地面积0.91万公顷。全市农产品业态销售率在83.8%,2016年出口农产品4200万美元。

工业结构调整优化 2016年,常熟市主导产业不断壮大,其中汽车及零部件、装备制造、纺织服装"三个千亿级"产业完成产值1883.31亿元,占规上工业产值的比重达50.7%。先进制造业持续发力,2016年八大新兴产业、高新技术产业产值占规上工业产值比重分别达45.8%和37.0%。汽车制造业引领增长,完成产值403.98亿元,同比增长49.9%,占规上工业产值的比重为10.9%,在行业中排名上升至第四位。高耗能行业规模持续缩减,六大高耗能行业产值同比下降1.6%,低于全市规上工业产值平均增速4.6个百分点,占规上工业产值比重同比下降1.0个百分点。

服务经济提质增效 2016年,常熟市服务业增加值占GDP的比重为46.7%,同比提升0.7个百分点。新兴服务业发展较快,规上营业收入中信息传输、软件和信息技术服务业同比增长85.8%,交通运输、仓储和邮政业增长10.6%。总部经济成果丰硕,2016年,正式认定丰田汽车仓储贸易等6家市级总部企业,华安钢宝利、乐生活2家预认定总部企业。汽车服务业独树一帜,"两辆整车"实现销售额超280亿元。服务外包发展势头良好,实现接包合同额3.19亿美元,离岸执行额2.05亿美元。

【三驾马车协同拉动】 **投资降幅持续扩大** 2016年,常熟市全社会固定资产投资在上年缩减基础上继续下滑,完成544.91亿元,同比下降13.7%,降幅同比扩大10.7个百分点。其中,工业投资完成243.73亿元,同比下降14.2%;服务业投资完成301.18亿元,下降13.2%。投资运行质量向好,工业技改投入占工业投资的比重为68.5%,服务业投资占全社会投资的比重为55.3%,高新技术产业投资同比增长7.2%,增速高于工业投资21.3个百分点。

对外贸易出现下行 2016年,常熟市实现进出口总额198.53亿美元,同比下降10.4%,增速同比下降20.2个百分点。其中,出口额133.56亿美元,同比下降8.6%;进口额64.97亿美元,

常熟高新区

下降13.9%。出口结构不断优化，一般贸易出口同比增长0.2%，占比提升至52.7%。新兴市场开拓力度加大，对东盟出口12.95亿美元，同比增长2.1%，增速高于全市出口额10.7个百分点。

消费市场稳中有升 2016年，常熟市实现社会消费品零售总额740.78亿元，同比增长9.6%，增速同比提升0.8个百分点。加快创新商业模式，积极推进服装时尚公共服务平台建设，全面启动跨境电商试验工作。2016年实现商品市场成交额1836.71亿元，同比增长4.6%，同比提升1.6个百分点，其中服装城成交额1378.77亿元，增长5.0%。

【科技创新加速驱动】 **创新能力显著增强** 2016年，常熟市全社会研发与试验发展经费支出占地区生产总值的比重预计提高到2.45%，年末拥有高新技术企业347家、双创"313"企业100家。专利发展质量提升，2016年发明专利申请量和授权量占专利申请量和授权量的比重分别为47.3%和26.3%，万人发明专利拥有量增加至24.4件。产学研加快对接，发挥科技镇长团作用，加大科技成果培育转化力度，2016年新增省重大科技成果转化项目10项，同比增长150%。大力推进大众创业、万众创新，加快发展众创空间，发展新型"创客根据地"，全面完成科技创新载体100万平方米建设任务，2016年新增众创空间国家级2家、省级6家、苏州市级5家，累计分别为3家、10家、6家。

人才优势助推创新 2016年年末，常熟市预计全市人才总量30万人，高层次人才2.17万人，高技能人才7.1万人，同比分别增长8.2%、9.9%和10.5%，拥有国家千人计划人才21人、省双创人才57人、姑苏计划93人，本市级双创人才(团队)364个。

社会民生

【民生保障持续改善】 2016年，常熟市社保水平不断提升。五大类20项重点民生实事基本完成，2016年城乡公共服务支出占一般公共预算支出比重达到75.1%。新增就业2.5万人，城镇登记失业率1.91%，本市籍高校毕业生就业率超95%。主要险种保险覆盖率均超99%，居民基本医疗保险人均筹资标准提高到800元，大病补充医疗保险开启市场化模式。城乡低保标准提高到每月810元，其他各类生活救助(补助)标准同步提高，发放各项救助帮扶资金近1.4亿元。新开工各类保障性住房4245套，基本建成3180套。居民收入持续增长。2016年全市全体居民人均可支配收入45061元，同比增长8.6%，其中城镇居民54411元，增长7.9%，农村居民2795元，增长8.3%，城乡居民收入比为1.95:1。物价水平温和上涨，2016年全市居民消费价格同比上涨2.0%。

【社会事业协调发展】 **教育现代化有效推进** 2016年，常熟市不断深化各项教育改革，扶持普惠性民办幼儿园发展，提升教育发展水平，加快重点工程建设，致力建设平安校园，高等教育毛入学率提高至70%，2016年拥有各类学校109所，在校学生数15.31万人。

养老服务加快发展 2016年，常熟市进一步健全养老服务制度，完善养老服务体系，加快机构养老、居家养老服务设施建设，推行"互联网+健康养老"服务新模式，已建成老年人日间照料中心161家，镇级居家养老服务管理中心覆盖率100%，拥有养老床位近1.3万张。

文化、体育、卫生公共服务体系加速构建 2016年，常熟市大力实施全民阅读，着力建设书香城市，2016年年末人均公共文化设施面积达0.35平方米，全民综合阅读率达91.1%。基本建成"10分钟体育健身圈"，2016年年末全民健身工程(点)达526个，学校体育设施向社会免费开放率达73%，人均公共体育场地面积达3.78平方米。实施市民"531"行动计划，基本建成"15分钟健康圈"，2016年公共卫生服务人口覆盖率100%，人均期望寿命提高到82.4岁，拥有卫生机构床位数7767张，执业和助理医生3780人。

【生态文明全面提升】 **资源利用效率显著提高** 2016年，常熟市坚持绿色发展理念，在经济总量不断攀升的情况下不断提高资源节约集约利用水平，2016年完成上级下达节能减排任务，主要污染物排放强度持续下降，单位土地GDP产出率提升至36万元/亩(0.07公顷)，被评为全国国土资源节约集约模范县(市)。

生态环境建设力度加大 2016年，常熟市出台生态红线区域保护规划，省市两级生态红线保护区域总面积占全市国土面积的20.0%。大力实施流域水环境治理、畜禽养殖整治、大气治理、生活垃圾处理、生态湿地修复等重点工程，在全国率先创新农村生活污水分散式处理模式，城镇、农村生活污水处理率分别达95%和65%，省考断面III类以上地表水比例、林木覆盖率分别达61.5%、17.7%，PM2.5年均浓度较上年下降18.5%，空气质量优良天数比例75.6%。"美丽乡村"创建扎实推进，累计建成省美丽乡村"面上示范"4个、苏州市美丽村庄示范点13个、苏州市三星级康居乡村153个。 (陈建东)

森林氧吧

组织机构及领导人名录

（截至2016年12月31日止）

常熟市四套班子领导机构及市纪委机构

中共常熟市第十三届委员会

书　　记　王　飚
副 书 记　周勤第　韩卫兵
常　　委　潘志嘉　沈晓东　陆文明
　　　　　张万银　华　红　沈一平
　　　　　孙　健　张建强　吴　军

常熟市第十四届人民代表大会常务委员会

主　　任　秦卫星
副 主 任　桑五官　钱向宏　闻永昌
党组书记　秦卫星
副 书 记　杨崇华
副调研员　潘云来

常熟市人民政府

代 市 长　周勤第
副 市 长　沈晓东　陈惠良　范建国
　　　　　陶　理　王建国
党组书记　周勤第
副 书 记　沈晓东

中国人民政治协商会议常熟市第十三届委员会

主　　席　徐永达
副 主 席　杨崇华　吴国华　殷丽萍
　　　　　王永明　江振球
党组书记　徐永达
副 书 记　桑五官　王永明

中共常熟市纪律检查委员会

书　　记　华　红
副 书 记　沈剑峰　须建国
常　　委　薛建伟　袁建军　李　艳
　　　　　周志新

常熟市人民武装、审判、检察机构

市人民武装部

部长、党委副书记　张万银
政治委员、党委书记　宋　刚

市人民法院

代院长、党组书记　杨晓春
副 院 长　庾　晨　金健峰　张志强
　　　　　李根发
党组副书记　庾　晨
政治处主任　章　琳
纪检组长　时培安

市人民检察院

检察长、党组书记　陆建中
副检察长　吴伯初　胡　烨
政治处主任　陆　斌
纪检组长　李　艳

中共常熟市委工作机构及部门管理机构

市委办公室

（挂市委研究室、市委保密委员会办公室（市国家保密工作局）、市委机要局牌子）

主　　任　周荣葆
副 主 任　钱耀良　章桂生　衡成军
　　　　　倪嘉臻

市委研究室

主　　任　章桂生
副 主 任　朱　钰

市委保密委员会办公室

（市国家保密工作局）

副主任、副局长　马志强

市委机要局

副 局 长　朱凤伟

市委组织部

（挂市人才工作办公室牌子）

部　　长　陆文明
副 部 长　廖瑞娟　黄晓东　陈正东
　　　　　邹燕兰

市委非公有制企业和社会组织工委

（与市委组织部合署办公）

书　　记　邹燕兰
副 书 记　周春阳

市人才工作办公室

主　　任　黄晓东

市委老干部局

局　　长　陆凤妹
副 局 长　谢　坚　胡惠良　王　燕

市委宣传部

（挂市委对外宣传办公室、市精神文明建设指导委员会办公室牌子，市哲学社会科学界联合会挂靠）

部　　长　韩卫兵
副 部 长　时映光　范建峰　奚　坚
　　　　　吴文进　王　燕

市精神文明建设指导委员会办公室

主　　任　吴文进
副 主 任　洪云伟

市委对外宣传办公室

主　　任　奚　坚

市哲学社会科学界联合会

主　　席　时映光
副 主 席　何　平

市委统一战线工作部

（挂市政府侨务办公室牌子）

部　　长　陆文明
副 部 长　范葆华　苏建东　邓　玨
　　　　　陆兢业　乔小力

市政府侨务办公室

主　　任　邓　玨
副 主 任　李江南

市委台湾工作办公室

（挂市政府台湾事务办公室牌子）

主　　任　朱国清
副 主 任　王建石

市委政法委员会

（挂市社会治安综合治理委员会办公室、市依法治市领导小组办公室牌子）

书　　记　吴　军
副 书 记　许晓东　王建良

市社会治安综合治理委员会办公室

主　　任　许晓东
副 主 任　仲　华　柯志刚　杨　林

市国家安全领导小组办公室

（与市委政法委员会合署办公）

主　　任　王建良
副 主 任　毛振南

市委农村工作办公室

（挂市政府农村集体资产管理办公室牌子）

主　　任　吴建兴
副 主 任　钱振新　张建华

市委市级机关工作委员会

书　　记　陈正东
副 书 记　薛　刚　邵　洁

市机构编制委员会办公室

主　　任　费卫东
副 主 任　葛　刚　陆　珩

市信访局

局长、党组书记　沈靖波
副 局 长　杨岳忠　王　燕　徐家农

常熟市人大常委会工作机构

市人大常委会办公室

（挂市人大常委会研究室牌子）

主　　任　支立新
副 主 任　浦明霞　陈士民

市人大常委会研究室

主　　任　浦明霞

市人大常委会人事代表联络工作委员会

主　　任　张俊华
副 主 任　宗　霞

市人大常委会内务司法工作委员会

主　　任　戴玉华
副 主 任　黄立新

市人大常委会财政经济工作委员会

主　　任　陈　飞
副 主 任　吴育农

市人大常委会城建环保工作委员会

主　　任　夏建国
副 主 任　蔡伟民

市人大常委会教科文卫（外事民宗侨台）工作委员会

主　　任　范浩康
副 主 任　武　琦

市人大常委会农业农村工作委员会

主　　任　罗建新

常熟市人民政府工作部门及派出机构

市政府办公室

（挂市政府外事办公室、市人民政府新闻办公室、市政府金融工作办公室、市政府研究室牌子）

主任、党组书记　马维刚
副 主 任　唐　坚　范立军　谈晓华　钱敏磊　沈卫东　杨俊达　金　晓

市政府外事办公室

主　　任　唐　坚
副 主 任　戴亚芳

市政府金融工作办公室

主　　任　沈育军
副 主 任　陆小强　顾　晨

市政府研究室

主　　任　范立军

市发展和改革委员会

（挂市物价局、市服务业发展办公室、市企业上市工作办公室牌子）

主任、党委书记　李丽芳
副 主 任　赵　军　刘永祥　顾　麟　殷　伟
纪检组长　韩世林

市物价局

局　　长　赵　军
副 局 长　季中英

市服务业发展办公室

主　　任　刘永祥
副 主 任　黄惠明

市企业上市工作办公室

主　　任　沈育军

市经济和信息化委员会

（挂市中小企业局牌子）

主任、党委书记　邓国华
副 主 任　陆云鹤　顾利东　唐建军　叶　斌
党委副书记　王　茵
纪检组长　周　伟

市中小企业局

局　　长　陆云鹤

市教育局

局长、党工委书记　陈邵东
副 局 长　王金涛　唐佩军　赵明华　顾　泳
党工委副书记　林　峰　王金涛
纪检组长　王黎明

市科学技术局
（挂市知识产权局牌子）

局长、党组书记　潘　伟
副 局 长　高向军　查银华　陈　岚　彭卫国
纪检组长　张培新

市知识产权局

局　　长　高向军

市 公 安 局

局长、党委书记　吴　军
政治委员　钱振荣
副 局 长　夏建刚　吴　宏　唐志强　管卫东
副 政 委　宁爱民
党委副书记　钱振荣　钱永清
政治处主任　宁爱民

市外来人员服务和口管理办公室
（挂市新市民事务中心牌子）

主　　任　庞学海
副 主 任　盛春华　钱建春　王卫青

市公安消防大队

大队长、党委副书记　杜巍巍
教导员、党委书记　倪东伟
副大队长　陆　强　赵　帅

市 监 察 局
（与纪律检查委员会合署办公）

局　　长　沈剑峰
副 局 长　唐国林

市 民 政 局

局长、党委书记　戴炳元
副 局 长　徐　健　陆培新　周　青
党委副书记、纪委书记　董　萍

市 司 法 局

局长、党组书记　陈向忠
副 局 长　周卫良　顾明月　薛建国
纪检组长　孙建明

市 财 政 局

局长、党组书记　浦梅萍
副 局 长　朱正刚　章一帆　黄熙枚　殷新勇
党组副书记　朱兴生　季俊华
纪检组长　朱兴生

市政府国有资产监督管理办公室
（与市财政局合署办公）

主　　任　季俊华
副 主 任　邓美英

市人力资源和社会保障局

局长、党委书记　廖瑞娟
副 局 长　沈建新　张卫忠　钱雪平　沈　军　刘颂东
党委副书记、纪委书记　李迎辉

市国土资源局

局长、党组书记　徐　力
副 局 长　陈建刚　葛迅能　张林元　吴志平
纪检组长　姚宏龙

市土地储备中心
（市政府委托市国土资源局管理）

主　　任　陈菊花
副 主 任　姚晓阳　姚晓锋

市住房和城乡建设局
（挂市地震局牌子）

局长、党委书记　陆继军
副 局 长　钱新锋　薛志恒　王建国　杨　燕　姚文龙　陆志明　章伟东
党委副书记　钱新锋　褚卫东
纪委书记　褚卫东

市 地 震 局

局　　长　陆继军

市房产管理处

主　　任　薛志恒
副 主 任　杨黎明　刘顺根　陈志军

市绿化委员会办公室

主　　任　钱新锋

市城市建设基金管理中心

主　　任　邱正祥
副 主 任　徐婷婷

市房屋征收管理办公室

主　　任　邱正祥
副 主 任　戈建明

市 规 划 局

局长、党组书记　蒋向阳
副 局 长　俞　翔　马　新　徐雪峰　王　曦
党组副书记、纪检组长　朱立新

市城市管理局
（挂市城市管理行政执法局牌子）

局　　长　钱建平
副 局 长　殷志江　尹　柯　徐建东
党委书记　钱建平
副 书 记　朱永涛
纪委书记　皇甫越芳

市环境卫生指导中心

副 主 任　范胜娟　周　政

市交通运输局

局长、党委书记　唐志军
副 局 长　戚晓飞　周宜军　赵国良　仲春剑　张国庆
党委副书记　戚晓飞　黄若葵
纪检组长　黄若葵

市 水 利 局
（挂市水务局牌子）

局长、党委书记　陈永进
副 局 长　周建英　闻振东　皇甫建国
党委副书记　蔡水明　周建英
总工程师　周　锷
纪委书记　董卫兵

市农业委员会
（挂市林业局牌子）

主任、党委书记　高宝兴
副 主 任　徐澍中　王建军　霍惠明　陆　益
党委副书记　张颂跃
纪委书记　苏惠元

市 商 务 局

局长、党委书记　赵东方

副 局 长　陆建华　张　毅　戚晓维
　　　　　蔡宇恒
党委副书记　张一鸣

市文化广电新闻出版局

（挂市文物局、版权局牌子）

局长、党委书记　吴　伟
副 局 长　王洪良　何君良　殷德刚
党委副书记　柴　畅
纪检组长　邵　燕

市 版 权 局

局　　长　吴　伟

市 文 物 局

局　　长　吴　伟

市卫生和计划生育委员会

主任、党委书记　朱兴元
副 主 任　魏　奇　徐晓萍　顾雪坤
　　　　　钱向前　王志强
党委副书记　魏　奇
纪委书记　张森洲

市 体 育 局

局　　长　吴国华
党组书记　顾烨华
副 局 长　顾烨华　余　阳　谈晓枫

市环境保护局

局长、党组书记　顾玉芬
副 局 长　屈春山　王晓东　沈　宇
　　　　　刘　玮
党组副书记、纪检组长　鞠庆丰
总工程师　刘家鹏

市 旅 游 局

局长、党委书记　唐　晓
副 局 长　沈　琴　瞿建良　章　理
　　　　　王金良
党委副书记　沈　琴
纪委书记　刘明海

市民族宗教事务局

局长、党组书记　苏建东
副 局 长　孙振兴　顾叙明

市 审 计 局

局长、党组书记　徐　力
副　局　长　朱　仪　徐晓华
　　　　　王海燕　潘建国
党组副书记　朱　仪
纪检组长　张金华

市安全生产监督管理局

局长、党组书记　董国新
副　局　长　高建国　陈　瑜　蒋永卫
　　　　　应正球
纪检组长　唐文俊

市市场监督管理局

（挂市食品药品监督管理局牌子）

局长、党委书记　阚国良
副　局　长　顾漪玲　金志强　张　雷
　　　　　殷仁亭　秦雪元
党委副书记　钱　强

市食品药品监督管理局

局　　长　阚国良

市食品安全委员会办公室

专职副主任　朱正宇

市 统 计 局

局长、党组书记　陆益斌
副　局　长　程凤鸣　管建良　李志刚

市 粮 食 局

局长、党委书记　杨坚红
副　局　长　张振环　程庆红　罗卫刚
党委副书记　张振环

市 民 防 局

（挂市人民防空办公室牌子）

局长、党组书记　丁　雷
副　局　长　平永良　季建宏

市政府法制办公室

主　　任　唐剑锋
副　主　任　施珉钰

市政务服务管理办公室

主任、党工委书记　杨坚红
副　主　任　吴云龙　苗卫东　吕　松
纪检组长　夏国新

常熟市政协工作机构

市政协秘书处

秘 书 长　施　晨
副秘书长　蒋伟国　何晓东　项　颖

市政协办公室

（挂市政协研究室、市政协委员服务联络工作办公室牌子）

主　　任　施　晨
副 主 任　蒋伟国　何晓东　项　颖

市政协研究室

主　　任　蒋伟国

市政协提案委员会

主　　任　马国熙
副 主 任　朱素倩

市政协经济科技委员会

主　　任　高金华
副 主 任　边习虞

市政协城乡建设委员会

主　　任　许建明
副 主 任　秦卫东

市政协社会事业委员会

主　　任　卫　欣
副 主 任　陆敏学

市政协港澳台侨(民族宗教)委员会

主　　任　钱晓东
副 主 任　王耀翔

市政协文史委员会

主　　任　王金龙

市政协委员服务联络工作办公室

主　　任　何晓东

中共常熟市委、市政府直属事业单位

市 委 党 校

（挂市行政学校牌子）

校　　长　韩卫兵

副校长、校务委员会委员
凌解良　周　军　王志中
王美华　陈云水

市行政学校

校　　长　凌解良
副 校 长　周　军

市委党史工作办公室
市地方志编纂委员会办公室

主任、党组书记　陆乾元
副 主 任　戴仁璋　陈建东　王　宏

市档案局(馆)

局(馆)长、党组书记　顾志强
副局(馆)长　殷　红　桑建刚

市市级机关事务管理中心

主任、党组书记　钱耀良
副 主 任　戴建东　王剑江　石建东

市接待办公室

主　　任　钱耀良
副 主 任　卜蕾蕾　姚志强

市供销合作总社

主任、党委书记　姚卫东
副 主 任　王忠达　何国华
党委副书记　王忠达

市广播电视总台

台长、党委书记　张　怡
副 台 长　王鹤鸣　戚晓峰
党委副书记　孙国平

常熟日报社

总编辑、党组书记　范建峰
副总编辑　巴泽民　归岳嵚

市检验检测中心

主任、党组书记　季建农
副书记、纪检组长　诸雪梅
副 主 任　唐拥军　龚　阶

常熟市民主党派、工商联及社会团体

中国民主同盟常熟市委员会

主　　委　吴国华
副 主 委　朱利华　陈红娟　唐佩军

中国民主建国会常熟市委员会

主　　委　张月明
副 主 委　韩　新　徐澍中

中国民主促进会常熟市委员会

主　　委　殷丽萍
副 主 委　朱　晞　邹科惠　缪晓东

中国农工民主党常熟市委员会

主　　委　陶　理
副 主 委　钱向前　赵文建　韩　冷

中国国民党革命委员会
苏州市委员会常熟市总支

主　　委　查银华

九三学社苏州市委员会常熟支部

主　　委　周　梅

市工商业联合会(市总商会)

主　　席　朱克明(兼)
党组书记　乔小力
副 主 席　乔小力　王剑江　李明普
徐　俭　袁卫忠

市 总 工 会

主席、党组书记　姜轩栋
副 主 席　李盛骏　戴建华　毛书齐
王　燕
党组副书记　李盛骏

共青团常熟市委员会

书记、党组书记　周　晓
副 书 记　韩晓诚

市妇女联合会

主席、党组书记　周　燕
副 主 席　韩丽亚　钱敏霞　高　怡

市科学技术协会

主席、党组书记　卜鸿昌
副 主 席　沈耀文　翟俊霞

市文学艺术界联合会

主席、党组书记　李　忠
副 主 席　苏映红　李向东

市归国华侨联合会

主席、党组书记　王小民
副 主 席　张　萍　孟学军

市残疾人联合会

理事长、党组书记　唐　奕
副理事长　钱　征　郑秋英　陈芳勇

市红十字会

会　　长　陶　理
副 会 长　顾丽华

垂直条线管理机构

江苏省电力公司常熟市供电公司

总 经 理　胡　军
副总经理　蒋建国　陆　斌　颜建国
苏　宁
党委书记　蒋建国
党委副书记　胡　军
纪委书记　张　奕

常熟邮政管理局

局　　长　郝磊

中国邮政集团公司
江苏省常熟市分公司

总经理、党委书记　祁　伟
副总经理、纪委书记　蔡永华

中国电信股份有限公司常熟分公司
市 电 信 局

总经理、局长、党委书记　黄小龙
副总经理、副局长　朱建宏　顾金华
曹唯一
纪委书记　朱建宏

中国移动通信集团
江苏有限公司常熟分公司

总 经 理　王利民
副总经理　夏国良

中国联合网络通信有限公司
常熟市分公司

总 经 理　陈　军

副总经理　金　震　周　锋　曹　彬

苏州市住房公积金管理中心常熟分中心

主　　任　张正祥
副 主 任　冯　超　沈利亚

市国家税务局

局长、党组书记　李兴祥
副 局 长　汤振华　俞　羚　邵力洲
　　　　　黄　峰
纪检组长　张小曙

常熟地方税务局

局长、党组书记　周　健
副 局 长　汤　洪　吴才丰　韩音梅
纪检组长　包军英

中国人民银行常熟市支行 国家外汇管理局常熟支局

行(局)长　党组书记　张军阳
副 行 长　金耀良

中国银行业监督管理委员苏州监管分局常熟监管办事处

主　　任　夏红君

中国工商银行股份有限公司常熟市支行

行长、党委书记　金　华
副 行 长　瞿　易
纪委书记　须韶锬

中国农业银行股份有限公司常熟分行

行长、党委书记　陈　鹏
副 行 长　何　岳　张曾博　季玉珍
纪委书记　张曾博

中国农业发展银行常熟市支行

行　　长　陆　林
副 行 长　叶辰栋　杨振华

中国银行股份有限公司常熟支行

行长、党委书记　陈　勇
副 行 长　许　蓝　朱义忠　姚文雷
　　　　　王文亚
纪委书记　许　蓝

中国建设银行股份有限公司常熟支行

行长、党委书记　高雪峰
副 行 长　芦育文　牛　凯　章　莉
纪委书记　尹才新

交通银行股份有限公司常熟分行

行　　长　齐　竝
副 行 长　张　宏

常熟农村商业银行股份有限公司

董事长、党委书记　宋建明
行长、党委副书记　秦卫明
监 事 长　张义良
副 行 长　黄勇斌　施健　薛　文
　　　　　王　玮
纪委书记　张义良

中国邮政储蓄银行股份有限公司常熟市支行

行　　长　周　祥
副 行 长　王文姣　徐国兴

中国人民财产保险股份有限公司常熟中心支公司

总 经 理　王晓勇
副总经理　吴怀民　钱力飞　陈莉娟

中国人寿保险股份有限公司常熟支公司

总 经 理　张龙卫
副总经理　张　晨　邵　强

中国太平洋财产保险股份有限公司常熟中心支公司

总经理、党委书记　李晓敏
副总经理　秦卫刚　俞志刚　时东鹰
　　　　　张正元

中国平安财产保险股份有限公司常熟支公司

负 责 人　马曾扣
副总经理　吴晓明　李二伟

苏州市保险行业协会常熟分会

会　　长　王晓勇
副 会 长　李晓敏　张龙卫　何　刚
　　　　　马增扣
秘 书 长　徐翔年

东吴证券股份有限公司常熟分公司

总 经 理　徐　明

南京证券有限责任公司常熟吉祥商城证券营业部

总 经 理　李学东

海通证券股份有限公司常熟海虞北路证券营业部

总 经 理　苏加宏

常熟市烟草专卖局

（苏州市烟草公司常熟分公司）

局长、经理　徐黎明
副 局 长　李宏昌
副 经 理　王　渊

市盐务管理局

江苏省苏盐连锁有限公司常熟分公司

局长、经理　吴志明
副局长、副经理　杭　杰

市 气 象 局

局　　长　曹建华
副 局 长　陆士良

开发区、口岸管理机构

常熟经济技术开发区党工委

书　　记　王　飚
副 书 记　周勤第　张建强
委　　员　王　钢　孙雪良　陆利兵

常熟经济技术开发区管理委员会

主　　任　周勤第
副 主 任　张建强　孙雪良　王　钢

常熟经济技术开发区纪工委

书　　记　陆利兵

副书记　黄雯华

经济技术开发区监察室(审计室)

主　　任　黄雯华

经济技术开发区党政办公室

主　　任　周一凡
副主任　陆耀光

经济技术开发区招商局

局　　长　贺勇胜
副局长　赵红芳　张志强　李春洪

经济技术开发区经济发展局

局　　长　王向东
副局长　许　柳　王井刚

经济技术开发区规划建设局

局　　长　徐　岗
副局长　范金良　盛振琪　周　杨

经济技术开发区财政局

局　　长　黄　卫
副局长　冯　静　郑　健

经济技术开发区劳动人事局
(党群工作办)

局　　长　戴富保
副局长　吴燕婷　徐正玉

经济技术开发区安全生产监督管理和环境保护局

局　　长　王　奕
副局长　沈建康

常熟出口加工区管理局

局　　长　李　军
副局长　王晓楠　周军丽

常熟科创园管理服务中心

主　　任　戴富保
副主任　沈晓明　葛　龙

江苏省常熟高新技术产业开发区党工委

书　　记　王建国(2016年6月止)
副书记　沈一平　陆晓棣
党工委委员　姚建祥　姚丽英
陈国栋

江苏省常熟高新技术产业开发区管委会

副主任　沈一平　陆晓棣　姚建祥
姚丽英　陈国栋

江苏省常熟高新技术产业开发区纪工委

书　　记　姚建祥
副书记　沈小弟

高新技术产业开发区监察室(审计室)

主　　任　沈小弟

高新技术产业开发区党政办公室

主　　任　殷坚东
副主任　毛雨东　李　斌

高新技术产业开发区组织人事劳动局

局　　长　陆筱元
副局长　俞　敬

高新技术产业开发区规划建设局

局　　长　章伟东
副局长　顾军明　金义龙

高新技术产业开发区招商局

局　　长　顾志强
副局长　王险峰　梁红梅　姚　成
陶传龙　李索一

高新技术产业开发区安全生产监督管理和环境保护局

局　　长　钱晓东

高新技术产业开发区经济发展局

局　　长　沈　阳
副局长　王　娴

高新技术产业开发区科技与知识产权局

局　　长　张　健
副局长　杨　晋

高新技术产业开发区财政局

局　　长　张军波
副局长　苏　燕

高新技术产业开发区社会事业局

局　　长　赵　红
副局长　王　维

常熟综合保税区B区管理局

局　　长　王国平

常熟国家大学科技园管委会

副主任　张　燕　王奇峰

大学科技园科技招商部

副部长　王　翼

大学科技园综合事务部

副部长　王永前

江苏常熟服装城党工委

书　　记　刘　洪
副书记　万晓军　俞国荣
党工委委员　沈瑞良　邓运华
汪　群　张建明
毛　华　蒋　丰
陈美华

江苏常熟服装城管理委员会

主　　任　万晓军
副主任　俞国荣　沈瑞良　邓运华
汪　群

服装城纪工委

书　　记　汪　群

服装城党政办公室

主　　任　毛　华

服装城建设局

局　　长　须文胜

服装城财政局

局　　长　陈美华

服装城经济发展局

局　　长　顾辛辛

服装城社会事业局

局　　长　张建明

服装城综合管理局

局　　长　蒋　丰

常熟虞山尚湖旅游度假区党工委

书　　记　刘　洪
副 书 记　徐学东　朱卫东

常熟虞山尚湖旅游度假区管委会

主　　任　徐学东
副 主 任　朱卫东　蒋国华　徐振祥
　　　　　高桂兴

常熟国家农业科技园区党工委

书　　记　王建国(2016年6月止)
副 书 记　高向军

常熟国家农业科技园区管委会

主　　任　范建国
副 主 任　高向军　张颂跃

市发展投资有限公司

董事长、总经理、党委书记　徐学峰
副总经理　陶少锋
副 书 记　王雪军
监事会主席　马可玮

市城市经营投资有限公司

董事长、总经理、党委书记　钱瑞龙
副总经理　顾洪良　黄延飞
党委副书记、纪委书记　支建新
监事会主席　查志宽

市保障房开发建设有限公司

董事长、总经理　钱瑞龙
监事会主席　查志宽

江苏江南商贸集团有限责任公司

董事长、党委书记　游立志
副董事长、总经理、党委副书记
　　　　　石伟江
副总经理　陈剑江
监事会主席　马可玮
副 主 席　王建平

江苏省常熟经济开发区
高新技术产业园党工委

书　　记　孙　健
副 书 记　徐惠东　何　明

江苏省常熟经济开发区
高新技术产业园管委会

主　　任　徐惠东
副 主 任　何　明　何根元　徐建良
　　　　　吴　洁　姚　君

江苏高科技氟化学工业园
(江苏常熟新材料产业园)党工委

书　　记　朱惠明
副 书 记　须亚军　周志坚

江苏高科技氟化学工业园
(江苏常熟新材料产业园)管委会

主　　任　周志坚
副 主 任　王纪渊　王　诚　余振荣

市政府口岸办公室
(挂港口管理局牌子)

主任(局长)、党组书记　陶俊明
副 主 任　邵云涛　陈龙章

市港口管理处

主　　任　陶俊明
副 主 任　邵佩标　金　红　姚哲翔

中华人民共和国常熟边防检查站

站长、党委副书记　陈祥云
政治委员、党委书记　吴　勇
副 站 长　蔡永新　舒　兵
副政委、纪委书记　周昆翔

中华人民共和国常熟海关

关长、党组书记　掌孝恩
副 关 长　陈玉福　孙　彧　陈　葵

中华人民共和国
常熟出入境检验检疫局

局长、党组书记　唐　政
副 局 长　顾巧元　颜　军　李信军
　　　　　李　喆

中华人民共和国江苏常熟海事局

局长、党组书记　李宏兵
政委、党组副书记、纪检组长　王建成
副 局 长　孟雨青　周　勇　陆　义

驻常熟部属企业

江苏常熟发电有限公司

党委书记　吴国庆
总 经 理　刘丛涛
副总经理　俞卫新　姚智斌　杭桂男
总工程师　薛建强
总会计师　陈敏芳
纪委书记　徐光煜

高等学校、中专、
省重点中学及市直属医院

常熟理工学院

党委书记　张庆奎
院　　长　朱士中
副 院 长　沈宗根　戴国洪　周　宏
　　　　　钱素平　姜建明　张根华
党委副书记　朱士中　丁晓原
纪委书记　丁晓原

江苏省常熟职业教育中心校

校　　长　苏建青
党委书记　马　骏

江苏省常熟中学

校长、党委书记　潘一兵

常熟市中学

校长、党委书记　周永良

市第一人民医院

院　　长　陈　波
党委书记　黄　伟

市第二人民医院

院　　长　吴　钢
党委书记　吕卫华

市中医院(新区医院)

院　　长　唐　键
党委书记　马汉青

各镇(场)领导机构

虞　山　镇

党委书记　孙　健

副书记　钱建平　徐惠东　庞凤琴
镇党委常委　褚宏伟　王　峰
顾　锋　梁　盾
俞　铁　徐　峰
陈继发
党委委员　李惠华　查玉英　邹　捷
朱　炬　郁海成　陆　坚
蔡晓军　尹　伟　冯文澜
纪委书记　庞凤琴
副书记　陆　坚
人大主席　庞凤琴
副主席　查玉英　钱丽萍
镇　长　钱建平
副镇长　王　峰　袁卫东　徐　强
石　君　仲旅疆　张蔼琦
程　璐(挂职)
政协工委主任　褚宏伟

(虞山镇琴湖管理区)

书　记　顾　锋
主　任　蔡晓军(2016年5月止)

(虞山镇方塔管理区)

书　记　梁　盾
主　任　毛天伟(2016年12月止)

(虞山镇兴福管理区)

书　记　陈继发
主　任　邵雪明

(虞山镇虹桥管理区)

书　记　朱　炬
主　任　尹　伟(2016年5月止)

(虞山镇谢桥管理区)

书　记　郁海成
主　任　徐　耘

(虞山镇莫城管理区)

书　记　俞　铁
主　任　罗来一

(虞山镇大义管理区)

书　记　蔡晓军
主　任　仲旅疆(2016年5月止)

梅　李　镇

党委书记　徐海东
副书记　张宁江　顾君明　朱晓峰
党委委员　浦方勇　冯利明　周琴花
仲建东　王志明　石　梅
纪委书记　顾君明
副书记　王志明
人大主席　吴建兴
副主席　仲建东
镇　长　张宁江
副镇长　张月明　浦方勇　陈伟娟
瞿文明　陆建东
管志平(挂职)
政协工委主任　顾君明

海　虞　镇

党委书记　朱惠明
副书记　须亚军　周志坚　童建清
李克林(挂职)
党委委员　王卫东　窦卫东　张振良
陈　义　吴　江　苏剑峰
顾晓丹
纪委书记　童建清
副书记　苏剑峰
人大主席　范国华
镇　长　须亚军
副镇长　陈　义　唐　亿　凌建东
钱志国　吕　宏
政协工委主任　童建清

(海虞镇福山办事处)

主　任　吴　江

(海虞镇周行办事处)

主　任　张学清

碧溪新区(碧溪街道)

党工委书记　范建青
副书记　陆　清　徐文胜　陆志强
徐　海(挂职)
委　员　窦明春　王学东　黄晓红
戴忠明　周丽芳　毛国昌
纪工委书记　徐文胜
主　任　陆　清
副主任　季黎明　盛建明　夏　健
陶培雄
人大工委主任　王伟东
政协工委主任　徐文胜

(碧溪办事处)

党工委书记　窦明春
主　任　张顺兴

(浒浦办事处)

党工委书记　黄晓红
主　任　朱正阳

(吴市办事处)

党工委书记　王学东
主　任　朱　慧

(东张办事处)

党工委书记　徐文胜
主　任　范惠清

东南街道

党工委书记　赵　红
副书记　王　维
党委委员　戴庆仁　顾雪峰　张扣其
主　任　王　维
副主任　戴庆仁　顾雪峰

古　里　镇

党委书记　曹国芬
副书记　赵　斌　陈建青　顾小燕
陈哲明(挂职)
党委委员　张旦红　陈　宏　毛建峰
钱英杰　吴　俊　何静芬
纪委书记　顾小燕
副书记　毛建峰
人大主席　陈建青
人大副主席　钱英杰
镇　长　赵　斌
副镇长　张旦红　郭晓峰　吕廷均
刘　呈　高　平　万拥东
政协工委主任　顾小燕

(古里镇白茆办事处)

主　任　万拥东

(古里镇淼泉办事处)

主　任　陶建冬

沙　家　浜　镇

党委书记　季恒义
副书记　徐　峰　张康德　夏　冬
彭　刚(挂职)
党委委员　李伟国　邹拥军　金国峰
赵庆锋　吴　坤　田菊芳

时利峰
纪委书记　张康德
副书记　赵庆锋
人大主席　夏　东
镇　长　徐　峰
副镇长　李伟国　支月明　姚彩莲
朱惠江
政协工委主任　张康德

（沙家浜办事处）

书　记　胡剑栋

沙家浜旅游度假区

党工委书记　季恒义
副书记　瞿晓峰　顾永忠
副主任　瞿晓峰（主持工作）
顾永忠　吴　旭

支塘镇

党委书记　芮卫国
副书记　潘　健　沈振新　许　俊
蒋　学（挂职）
党委委员　王　陶　屠文英　李晓明
胥保石　王静宇
纪委书记　沈振新
人大主席　沈振新
副主席　屠文英　陈建中
镇　长　潘　健
副镇长　王　陶　汤　炜　张丽芳
朱文勇　支晓东　付春秀
政协工委主任　周大利

（支塘镇任阳办事处）

主　任　付春秀

（支塘镇何市办事处）

主　任　吴文英

董浜镇

党委书记　许晓波
副书记　许晓挺　顾建东
党委委员　苏利刚　朱云涛　俞拥军
章伟平　马建新　黄　剑
纪委书记　顾建东
人大主席　秦建明
镇　长　许晓挺
副镇长　苏利刚　龚春霞　王静良
朱云峰（挂职）
政协工委主任　李美新

（董浜镇徐市办事处）

主　任　王志丰

尚湖镇

党委书记　王晓东
副书记　顾伟明　贾宇烨　吕　刚
方　宇（挂职）
党委委员　金雪良　周冬青　浦利明
陈　瑜　顾丽娟　沈　锋
朱方明
纪委书记　贾宇烨
人大主席　沈志明
副主席　顾丽娟
镇　长　顾伟明
副镇长　金雪良　金国清　钱芝英
周振洪　马建峰
政协工委主任　王卫刚
政协工委副主任　王志军

（尚湖镇王庄办事处）

主　任　倪静洁

（尚湖镇练塘办事处）

主　任　陶文军

辛庄镇

党委书记　丁　琪
副书记　陈　勇　潘志英
党委委员　金永青　陈建良　袁　瑜
秦雅红　吴利锋　陆任协
纪委书记　潘志英
人大主席　范建新
镇　长　陈　勇
副镇长　龚　强　王正国　姚富民
钱　韧　陈　雷
范立成（挂职）
政协工委主任　潘志英

（辛庄镇张桥办事处）

主　任　范建新

（辛庄镇杨园办事处）

主　任　张卫芬

虞山林场

党委书记　刘　洪
副书记　徐学东　朱卫东
党委委员　范仲华　王建华　顾维明
沈　成
场　长　徐学东
副场长　范仲华　王建华　顾维明

说明：名录由市委组织部、各单位等提供并审核，如有误，一律以正式文件为准

责任编辑　王　宏

综　　述

【概况】　2016年，中共常熟市委坚持稳中求进工作总基调，坚持新发展理念，以推进供给侧结构性改革为主线，统筹抓好稳增长、促转型、惠民生等各项工作，扎实推进精致城市建设，经济社会保持平稳健康发展，实现了"十三五"良好开局。坚持聚力创新促转型，聚焦富民惠百姓，真抓实干，创新进取，主要在8个方面取得了新的成绩。

精致城市展开新布局。围绕"十三五"规划确定的重点任务，明确责任分工，细化任务举措；制定《践行五大理念打造精致城市行动方案》，统筹推进五大类16项重点任务。供给侧结构性改革效应显现，关停落后产能和不达标企业131家，金融机构不良贷款率、商品住宅库存去化周期控制在合理区间，降低企业成本44.2亿元，新增上市公司和"新三板"挂牌企业15家。

经济质效实现新提升。经济运行保持在合理区间，全年完成规模以上工业产值3684亿元，增长2.0%；实现社会消费品零售总额740亿元，增长9.6%，服务业增加值占GDP比重达46.7%。高新技术产业、新兴产业产值占规上工业比重分别达到37.1%和50%；"三大主导"产业产值占规上工业比重突破50%。新增国家"千人计划"和省"双创计划"人才14人，大学科技园获批首批省众创集聚区试点。

改革开放增添新活力。全市承担的16项省级以上改革试点取得阶段性成果，梅李镇经济发达镇行政管理体制改革、镇域综合执法改革通过省级评估，省科技创新体制"综改"扎实推进，服装城市场采购贸易方式试点获批。商事制度改革活力释放，个私经济累计注册资本超过1460亿元；实行建设项目模拟审批和联合审图，审批事项精简40.7%，即办件比例达到65.7%。深化国资国企改革，推进中法水务公司上市相关工作，加快文旅集团组建步伐。

城乡统筹呈现新变化。"多规合一"基本完成"一张图"成果，"三优三保"试点扎实推进；三环路高架全线贯通，通港路、常沙线快速化改造等重大工程有序推进。建成保障性住房3180

12月20日，市委十三届二次全体(扩大)会议在常熟会议中心举行

套，完成老住宅小区综合改造超过 30 万平方米。成功创建省优秀管理城市，被评为全国国土资源节约集约模范市。新建高标准农田(池塘)0.29 万公顷，列入农业部信息进村入户试点县；村级集体经济稳定性收入增长 8.6%，经济薄弱村基本实现脱贫转化，农村土地承包经营权确权登记颁证基本完成。

民生建设实现新突破。5 大类 20 项民生实事工程加快推进，民生支出占一般公共预算支出比重达 78%，全体居民人均可支配收入增速高于 GDP 增速。城乡基本养老保险、医疗保险覆盖率稳定在 99.6%。推进医疗改革重点项目，建立分级诊疗机制，加强紧密型医联体建设。教育设施布局更趋合理，一批学校和幼儿园建成投用，高考主要指标实现苏州地区"六连冠"。构建"9064"养老服务模式，全市养老机构床位突破 1.1 万张。启动"七五"普法，成为全国县级市中唯一的普法先进"六连冠"城市。

生态环境取得新成效。全力做好中央环保督察整改工作，实施 948 项大气污染防治工程和 1283 项水污染防治工程，全市空气环境质量优良率达到 77%，PM2.5 浓度较 2013 年同期下降 27%，49 个断面水质达标率达到 67%。新增造林绿化面积 80 万平方米，成功承办第十届国际湿地大会，获湿地建设最佳典范奖、全国首个生态建设示范市称号。

文化建设得到新发展。开展历史文化名城命名 30 周年系列纪念活动，完成文庙修复工程。《让国南来——仲雍》入选省、苏州市社科优秀成果奖。全国文明城市创建取得阶段性成果，1 人入选中国好人榜，钱敏丹家庭获评全国文明家庭。成功举办江南文化节暨沙家浜旅游节，推进文化惠民工程，获全国"书香城市"称号。

党的建设展现新气象。抓好十八届六中全会和省市党代会精神的宣传贯彻，深入开展"两学一做"学习教育，扎实推进法治型党组织建设。召开市第十三次党代会，组织市镇村换届工作，执行"九严禁"纪律规定，成立 3 个换届风气巡查组，完成市镇两级党委、村(社区)"两委"换届选举工作，实现了换届风清气正。优化调整党风廉政建设"责任清单"，开展作风建设专项督查，立案查处违反中央八项规定精神案件 26 起。对 3 家单位开展巡察工作，2 家单位开展巡审联动监督试点。党管武装工作得到加强，荣膺全国双拥模范城"四连冠"。

重要会议

【全市离退休干部大会】 1 月 31 日，全市离退休干部大会举行。市委副书记、市长王飚出席会议并讲话。王飚就做好 2016 年度老干部工作提出 4 点要求。一要突出离退休老干部的思想政治和党组织建设"两项建设"，明确工作责任，加强政治引领，健全组织体系，切实把离退休干部党支部建设成为教育、组织、凝聚老干部的坚强堡垒；二要落实离退休老干部的政治和生活"两个待遇"，要在政治上关心老干部，生活上关怀老干部，使他们老有所养、老有所医、老有所学、老有所乐；三要发挥离退休老干部的政治和经验"两个优势"，围绕改革发展增添正能量，围绕社会和谐展示新作为；四要注重老干部工作的组织领导和队伍建设"两个加强"，努力打造"敬老、爱老、为老、助老"的品牌部门。会议命名一批常熟市"五好离退休干部党支部示范点"，表彰一批"十佳离退休干部"。市委副书记王建国通报 2015 年全市经济社会发展情况和 2016 年工作安排，市委常委、常务副市长沈晓东主持会议。

【全市作风效能建设大会】 2 月 14 日，全市作风效能建设大会召开。市委副书记、市长王飚出席会议并讲话，市人大常委会主任秦卫星、市政协主席徐永达等市四套班子领导出席会议。王飚就作风效能建设提出四点要求。一要确立更高的目标和定位，聚焦"强富美高"发力。二要确立更新的理念与思路，聚焦"创新发展"发力。三要确立更实的导向和举措，聚焦"敢于担当"发力。四要确立更严的纪律和规矩，聚焦"正风肃纪"发力。市委副书记王建国主持会议，市委常委、市纪委书记程波通报 2015 年全市作风效能建设情况，并对 2016 年作风效能建设的目标任务作具体部署。市委常委、常务副市长沈晓东宣读 2015 年度作风效能建设相关先进单位表彰决定。

【全市党建工作会议】 2 月 19 日，全市党建工作会议召开。市委副书记、市长王飚出席会议并讲话。王飚对 2016 年全市党建工作提出三点要求。第一，要把握全面从严治党的新内涵新要求。第二，要明确全面从严治党的重点任务。第三，要确保全面从严治党各项任务落实。市委副书记王建国主持会议。市领导程波、黄锡明、潘志嘉、王永明出席会议并分别就纪检、组织、宣传、统战工作作专题部署。市委党校作书面交流，各板块、各部门提交《党风廉政建设责任书》。

【全市政法工作会议】 2 月 26 日，全市政法工作会议召开。市委副书记、市长王飚出席会议并讲话。王飚就 2016 年度政法工作提出五点要求。一要切实增强政治定力，努力在法治思维上有新提升。二要正确认识形势变化，努力在服务发展上有新作为。三要深入推进平安建设，努力在维护稳定上有新突破。四要全面落实法治要求，努力在依法治市上有新贡献。五要全力锻造过硬队伍，努力在自身建设上有新形象。市委常委、市政协副主席、市委政法委书记杨崇华回顾总结了 2015 年政法工作，并对 2016 年政法工作进行部署。副市长范建国主持会议。

【全市领导干部会议】 3 月 1 日，全市领导干部会议召开。根据省委、苏州市委决定，王飚任常熟市委书记、常熟经济技术开发区党工委书记，惠建林不再担任常熟市委书记、常熟经济技术开发区党工委书记职务。苏州市委书记周乃翔出席会议并作重要讲话。苏州市委常委、组织部部长陆新宣读省委、苏州市委的决定。王飚主持会议。周乃翔对常熟各级领导干部提出五点要求。第一，要树立更高目标，在深化改革开放上走在前列。牢固树立创新、协调、绿色、开放、共享的发展理念，加快培育新的增长动能,增强持续增长动力,确保中央和省委、苏州市委的决策部署在常熟落地生根。第二,要发挥优势潜力,在加快转型发展上走在前列。要坚定发展信心,全力以赴转方式、调结构、抓创新,加快构建结构合理、特色鲜明、科技含量高、区域竞争力强的现代产业体系。加快发展现代服务业。第三,要注重统筹协调,在提升民生福祉上走在前列。要坚持新型城镇化的发展方向,大力推进产城融合发展,突出生态环境保护,扎实推进生态文明建设工程。第四,要广泛凝聚力量,在增强班子合力上走在前列。要积极营造团结和谐、纯洁健康、弘扬正气的良好氛围,全面提高领导班子凝聚力和战斗力。第五,要全面从严治党,在优化政治生态上走在前列。要践行"三严三实"要求,严格遵守党的纪律,追求高线,守住底线,认真落实从严管党治党,始终保持惩治腐败的高压态势,赢得群众的信任和支持。惠建林在讲话中说,在常熟的七年多是一段十分重要的工作经历,也是人生中一段美好而难忘的时光。这段时间,正值经济发展进入新常态,常熟始终坚持发展第一要务不动摇,以提高经济发展质量和效益为中心,以创新驱动为主引擎,深入推进产业布局调整和结构升级,加快培育壮大主导产业和特色产业,努力实现发展方式转变和发展动力转换;始终坚持以增进民生福祉为出发点和落脚点,稳步提高民生保障水平,促进各项社会事业全面发展,统筹兼顾好不同群体之间的利益均衡,努力使全体市民更多共享改革发展成果;始终坚持把协调作为持续健康发展的内在要求,注重提高工作的系统性、整体性、有效性,坚定不移推进城乡发展一体化,持续加强生态文明建设,努力使城市空间布局更加合理、功能更加完善、环境更加优美、发展更可持续;始终坚持以全面从严治党为根本保障,严明政治纪律和政治规矩,扎实开展党的群众路线教育实践活动和"三严三实"专题教育,大力倡导勤勉务实、勇于担当的优良作风,努力推动形成风清气正、团结和谐的良好从政环境。王飚在讲话中指出,一要始终坚守党性原则,对党绝对忠诚,把牢政治方向。要牢固树立政治意识、大局意识、核心意识、看齐意识,永葆对党绝对忠诚的政治品格,始终在思想上政治上行动上同以习近平为总书记的党中央保持高度一致,确保中央大政方针和省委、苏州市委决策部署不折不扣地落实到位。二要坚决贯彻全面从严治党要求,抓好班子带好队伍。切实履行管党治党的政治责任,努力建设一个风清气正、奋发有为、团结和谐的市委领导班子。在"全面"上下功夫,在"从严"上下功夫,在"治理"上下功夫,带头贯彻民主集中制原则,做到科学民主依法决策。充分发挥党委的领导核心作用,总揽全局、协调各方,增进团结。三要坚定不移贯彻五大发展理念,努力当好县域经济发展排头兵。牢牢把握认识新常态、适应新常态、引领新常态这个大逻辑,自觉践行创新、协调、绿色、开放、共享发展新理念,加强供给侧结构性改革,突出抓好"十个更加注重",细化落实"去产能、去库存、去杠杆、降成本、补短板"五大重点任务。大力实施创新驱动发展战略,扎实推进科技体制综合改革试点,持之以恒推进转型升级。四要突出发展惠民,共建共享,持续增强人民群众获得感。全面落实以人民为中心的发展思想,把以人为本、执政为民作为根本出发点和落脚点。紧扣"七个更"目标要求,稳步提升民生事业发展水平,不遗余力地为群众办实事、解难事、做好事,让常熟发展更有"温度",让民生幸福更有"质感"。切实加强生态文明建设,大力推进文化强市工程,加快建设法治经济、法治社会、法治政府和法治型党组织。五要带头廉洁自律,以身作则,永葆为民、务实、清廉的政治本色。认真践行"三严三实",严格执行中央八项规定和省委、苏州市委各项规定,不断加强党性修养和锤炼。坚持把纪律挺在前面,持续推进惩治和预防腐败体系建设,深化标本兼治,健全规章制度,创新体制机制,着力营造干部清正、政府清廉、政治清明的政治生态。市委委员、候补委员、不是市委委员的市四套班子领导、原市四套班子主要领导参加会议。

【全市学习贯彻"两会"精神会议】 3月19日,举行学习贯彻全国"两会"精神会议。市委书记、市长王飚出席会议并讲话。王飚就学习贯彻"两会"精神提出五点要求:一要以"两会"精神凝心聚力,努力提升发展新境界。二要以改革创新激发活力,着力打造发展新动能。三要以绿色发展保护环境,持续推进生态新改善。四要以城乡统筹协调发展,加快促进产城新融合。会上,全国人大代表钱月宝、高德康传达了全国"两会"精神,并介绍各自行使民主权利、履行代表职责的体会。市人大常委会主任秦卫星、市政协主席徐永达等市四套班子全体领导出席会议。

【全市农村工作会议】 3月22日,全市农村工作会议召开。市委书记、市长王飚出席会议并讲话。王飚提出五点要求:一要以习近平总书记系列重要讲话精神为指引,在推动"三农"发展上力求新突破。深入贯彻五大发展新理念,以创新发展理念激发"三农"改革发展活力,以协调发展理念提升城乡一体化发展水平,以绿色发展理念提高农村生态环境质量,以开放发展理念拓展现代农业发展空间,以共享理念补齐公共服务和民生短板,全力推动"三农"工作迈上新台阶;二要以供给侧结构性改革为方向,在实现"农业强"上探索新路径。紧紧抓住加快转变农业发展方式这一关键,全力打好农业供给侧结构性改革攻坚仗,着力提高农业综合效益;要调优农业生产结构,实现由高产优质向优质高产转型;要构建新型经营体系,加快培育新型农业经营主体和新型职业农民,推动农业由适度规模经营向产业化发展;要强化科技装备支撑,加快互联网、物联网等新技术的应用;要重视品牌质量和食品安全,从源头上保证"舌尖上的安全"。三要以农村产业融合发展为主线,在促进"农民富"上取得新成效。要创新农业产业业态,争取在"互联网+农业"、订单农业、创意农业等领域取得突破,引导农业龙头企业到农产品生产集中区建基地、联农户;要完善利益联结机制,支持供销社、村集体等创办领办农民合作组织,健全农业龙头企业与农民专业合作社、农户的利益联结机制，让农户分享加工销售环节收益；要推进村级财力均衡发展，确保年内实现稳定性收入 200 万元以下经济薄弱村脱贫转化全覆盖。四要以城乡一体化建设管理为抓手，在打造“环境美”上展现新形象。以“多规合一”为引领，努力实现城乡发展、产业布局、基础设施、公共服务和社会管理“五个对接”；要统筹推进高标准农田建设、镇村道路提档升级等六大工程，持续推进美丽乡村建设；要持续改善农村生态环境，营造人人参与生态文明建设的社会氛围；要完善乡村治理机制，引导和支持农民依法理性维护自身权益，树立健康文明的农村新风尚。五要以强改革强投入强基础为保障，在加强农村工作领导上凝聚新合力。要强化组织领导，主动协调解决“三农”工作中遇到的矛盾和问题；要强化改革创新，年内基本完成农村土地承包经营权确权登记颁证工作，探索宅基地使用权确权登记颁证试点，探索农村产权流转交易市场建设；要强化投入保障，健全支农投入稳定增长机制，优化财政支农支出结构，加强监管、审计和绩效评价，提升农村集体“三资”管理水平。市委副书记王建国回顾总结 2015 年全市农业农村工作，并对 2016 年农业农村工作进行了部署。市人大常委会主任秦卫星、市政协主席徐永达出席会议。

【市委统战工作会议】 3 月 29 日，市委统战工作会议召开。市委书记、市长王飚出席会议并讲话。王飚提出三点要求：一要深入学习领会习总书记重要讲话精神，切实增强做好统战工作的责任感和使命感。深刻理解统一战线的重要“法宝”作用，努力把中央和省委、苏州市委部署转化为推动常熟发展的一项项具体举措；深刻理解做好统战工作是最大政治的重要论断，运用统一战线把民主党派更好地团结在党的周围；深刻理解做好统战工作的重要原则，牢牢把握正确处理一致性和多样性关系的工作原则；深刻理解做好统战工作的基本方法，进一步完善和落实党委领导班子成员与党外人士联系交友制度；二要紧扣工作重点、夯实工作基础，奋力开创全市统一战线事业新局面。坚持围绕中心、服务大局，不断提升多党合作和政治协商制度的效能；突出抓好党外知识分子工作，要强化传统领域党外知识分子工作，拓展新社会阶层人士统战工作，积极推进留学人员统战工作；深入做好非公有制经济领域统战工作，鼓励支持非公有制经济发展，加强非公有制经济人士教育引导，进一步加强工商联工作；做好民族宗教工作，抓好中央民族工作会议精神的贯彻落实；持续做好港澳台和海外侨胞工作，在扩大联谊交友面上下功夫；三要切实加强和改善党对统战工作的领导，不断提高统战工作的科学化水平。各级党委和有关部门要认真履行政治责任，构建大统战工作格局，真正把统战工作摆在重要位置，健全领导体制，完善协调各方的统战工作机制；统战部门要积极履行主体责任，推动各项工作落到实处；要加强统战干部队伍建设，切实提高统战干部的能力素质。会议下发《中共常熟市委关于加强统一战线工作的若干意见》。市政协副主席、市委统战部部长王永明就《意见》作了说明。市人大常委会主任秦卫星、市政协主席徐永达等市四套班子领导出席会议。

【全市镇党委换届工作会议】 4 月 5 日，全市镇党委换届工作会议召开。市委书记、市长王飚出席会议并讲话。王飚对换届工作提出四点要求：一要站在全局高度，充分认识做好这次换届工作的重大意义。做好这次换届工作，是实现“十三五”规划目标、落实各项改革发展任务的重要保证，是落实全面从严治党要求、优化政治生态的重要实践，是加强镇领导班子建设、提升干部队伍素质的重要契机。二要坚持把加强党的领导贯穿全过程，确保镇党委换届有序推进。各镇要及时建立换届筹备工作领导小组以及相关工作机构，制定换届工作方案，统筹谋划开展换届工作，各镇党委主要领导要履行第一责任人职责，对本镇换届工作负全责、负总责；要严格把关，坚持导向，坚决贯彻落实习近平总书记提出的“20 字”好干部标准，严格执行《干部任用条例》，大力选拔政治强、懂专业、善治理、敢担当、作风正的干部。三要突出重点任务，选好干部配强班子。要优化班子结构，把优化班子结构、增强整体功能作为这次换届的重要着力点，做到合理搭配、增强合力；要拓宽选人视野，进一步优化来源结构，畅通区域、部门、行业之间干部交流渠道，防止一个班子中同一类型干部过于集中；要提升领导班子专业化水平，注重选配综合素质好、具有较高知识层次和专业素养的干部。四要始终坚持正风肃纪，着力营造风清气正换届环境。要强化纪律规矩，加强换届政策和纪律的学习宣传；要强化督查问责，换届风气监督员和巡查组成员要切实履行好监督职责，全面了解掌握换届风气情况，及时发现苗头性问题，为换届工作顺利推进保驾护航；要强化思想引导，教育引导广大党员干部讲政治、顾大局、守规矩，自觉服从组织安排，正确对待个人进退留转。市委副书记王建国主持会议。市委常委、市纪委书记程波宣读了“市换届风气巡查组名单”和“市换届风气监督员名单”。市委常委、组织部部长陆文明对镇党委换届工作作具体部署。

【全市武装工作会议】 4 月 14 日，全市武装工作会议召开。市委书记、市长王飚出席会议并讲话。王飚强调，要紧紧扭住根本，巩固和发展全市武装工作大好局面，始终坚持正确的政治方向这一根本任务，始终坚持党管武装这一根本原则，始终坚持服从大局这一根本方向，始终坚持固本强基这一根本思想。要突出工作重点，努力提高党管武装工作的整体水平，紧紧围绕提高应急应战能力这个中心，切实夯实民兵基层建设这个基础，扎实抓好年度征兵工作这个重点，继续传承双拥共建工作这个传统。要强化组织领导，进一步形成党管武装的工作合力，深化军民融合，加强自身建设。市领导王建国、张万银、范建国出席会议。

【全市城乡环境综合整治暨美丽乡村建设工作会议】 5 月 3 日，召开城乡环境综合整治暨美丽乡村建设工作推进会。市委书记、市长王飚出席会议并讲话。王飚提出三点要求。一是要从补短板的高度增强城乡环境整治的责任感。要全力以赴开展环境综合整治,以环境补短板的成效推动城市建设管理工作再上新台阶。二是要以重点突破的思路打好环境综合整治攻坚战。要坚持整治环境和规范秩序、集中整治和长效管理、城市环境治理和美丽乡村建设、政府主导和公众参与等四方面相结合。在市容环境整治上要不留"死角",在公共秩序管理上要全面规范,在基础设施建设上要补短补缺。要在建立长效机制上下功夫,使环境治理步入经常化、制度化的轨道。要进一步完善城市管理运行机制,明确城管系统责任清单,细化城管绩效考核内容,为促进城乡环境持续改善提供有力保障。要更加突出依法治理,以法治思维和法治方式推进"城市病"的治理。要从城乡发展一体化大局出发,统筹推进城市环境治理和美丽乡村建设,加快建立符合农村实际、广大农民参与、行之有效的村庄环境管理模式。三是要以敢于担当的精神确保城乡环境整治成效。要强化责任落实,完善监督考核,加大宣传引导。要严格落实属地管理责任,主要领导要亲自带班,开展实地督查,推动整治措施落地生效。要探索领导巡查、媒体曝光、专项督查、目标考核、责任追究"五位一体"的督查考核体系,督促各项整治任务落到实处。市委副书记王建国主持会议。市领导范建国、朱亚辉、孙健、江振球出席会议。

【全市领导干部会议】 5月27日,全市领导干部会议召开,宣布江苏省委、苏州市委关于常熟市政府主要领导的调整决定:王飚不再担任常熟市长职务,免去常熟经济技术开发区管委会主任职务。周勤第任常熟市委副书记,常熟经济技术开发区党工委副书记、管委会主任,提名为常熟市长候选人。苏州市委副书记、市长曲福田出席会议并作重要讲话,苏州市委常委、组织部部长陆新宣布调整决定。市委书记王飚主持会议,周勤第作表态发言。曲福田代表苏州市委向常熟市领导班子和各级领导干部提出五点要求:一要强化机遇意识,在加快转型发展上作出示范。积极抢抓重大机遇,主动融入一带一路、长江经济带和苏南自主创新示范区建设等国家重大战略,鼓励有实力的企业走出去发展。二要强化生态意识,在提升承载能力上作出示范。始终将绿色发展理念贯穿于经济社会发展之中,着力抓好节能减排、环境治理、生态建设等工作,要严守耕地保护、开发强度和生态保护红线,加快推进"多规合一",全面落实"三优三保",优化发展空间布局,促进土地集约节约利用。三要强化宗旨意识,在增进民生福祉上作出示范。要牢固树立全面落实共享发展理念,进一步扎实做好保障和改善民生工作,解决好市民最关心、最直接、最现实的利益问题。四要强化团结意识,在增强班子合力上作出示范。领导班子要贯彻好民主集中制原则,以法治精神和法制方式建立健全领导班子决策程序和工作制度,做到科学决策和民主决策。班子成员要相互尊重、相互关心,相互支持,形成心齐劲鼓实干的良好格局。五要强化从严意识,在加强党的建设上作出示范。要始终站在巩固党的执政地位,协调推进"四个全面"战略布局的高度,进一步深化对全面从严治党的认识,把严的标准、严的要求、严的措施落实到党的建设各个方面。

王飚强调,全体党员干部要切实把思想和行动统一到省委和苏州市委的决策部署上来,始终坚持以习近平总书记系列重要讲话特别是视察江苏重要讲话精神为根本遵循,努力开辟常熟发展新境界。在政治上,要严守党的政治纪律和政治规矩,坚定理想信念,扎实开展"两学一做"学习教育,营造良好的政治生态。在发展上,要自觉践行创新、协调、绿色、开放、共享发展理念,坚持以经济建设为中心,努力推动常熟各项工作不断迈上新台阶。在班子建设上,要落实全面从严治党各项要求,以市镇两级领导班子换届为契机,严格执行换届的纪律规定,着力打造一支自身素质硬、群众信任度高、能够带领群众艰苦创业的领导班子。周勤第作表态发言,坚决拥护和服从省委、苏州市委的决定,将全身心融入常熟,以坚定的信念、饱满的热情、务实的作风、改革的意识、创新的精神和扎实的举措,为常熟争当建设"强富美高"新江苏的先行军排头兵尽职尽责。市委委员、候补委员,不是市委委员的市四套班子领导,市法院、检察院主要负责人参加会议。

【全市加快推进供给侧结构性改革工作会议】 7月2日,全市加快推进供给侧结构性改革工作会议举行。市委书记王飚,市委副书记、代市长周勤第,市人大常委会主任秦卫星等市四套班子领导出席会议。王飚要求各地各部门切实增强自觉性坚定性,坚决打好这场硬仗。在工作思路上,做到"四个突出":突出"完善制度供给"这个核心关键,突出"实施创新驱动"这个重中之重,突出"加快兼并重组"这个主攻方向,突出"提高发展质量"这个根本目标。在具体操作上,要围绕"坚定不移去产能、分类施策去库存、稳妥有序去杠杆、多措并举降成本、抓住关键补短板"的总要求,做到"五个聚焦"。一要聚焦产业转型升级,在"去产能"上多管齐下。要深化结构调整与推进科技创新协同布局,引导增量、优化存量、主动减量,形成更多的产业新增长点和结构性力量,促进经济中高速增长、产业迈向中高端。二要聚焦稳定市场预期,在"去库存"上综合施策。要认真研究房地产市场规律,促进房地产市场持续健康发展。三要聚焦风险债务防控,在"去杠杆"上稳妥推进。引导民营企业加快建立现代企业制度,鼓励上市公司、挂牌企业依托资本市场开展再融资和并购重组。四要聚焦做强实体经济,在"降成本"上多措并举。五要聚焦均衡协调发展,在"补短板"上深处着力。把"补短板"项目与为民办实事紧密结合起来。对下半年重点工作任务,王飚提出六点要求。一要在经济稳中求进上有更大突破。加强对经济工作的组织领导,大力扶持实体经济,全力稳定外贸增长,加大政策落地力度,最大限度发挥政策合力和叠加效应。二要在推进项目建设上有更大突破。要全力实施项目建设百日推进行动,扩大有效投入,加大招商引资力度,加快推进项目建设,创新技改模式。三要在培育特色产业上有更大突破,做到城市产业有特色,板块经济有特色,企业发展有特色。四要在强化科技创新上有更大突破。要以开展省科技创新体制综合改革试点为契机，用好苏南自主创新示范区的优势和机遇，整合创新资源、集聚创新要素，形成常熟创新发展“小气候”。五要在加快统筹发展上有更大突破，扎实开展城乡管理百日提升行动计划，深入开展安全生产百日整治行动。六要在全面从严治党上有更大突破。王飚强调，要营造风清气正的政治生态和团结奋进的舆论氛围，精心筹备和开好市第十三次党代会。周勤第对全市上半年工作进行总结。

【中国共产党常熟市第十三次代表大会】 7月25日至28日，中国共产党常熟市第十三次代表大会在常熟会议中心开幕。市委书记王飚代表中共常熟市第十二届委员会向大会作题为《践行五大理念打造精致城市为建设“强富美高”新常熟而努力奋斗》的报告。市委常委、市纪委书记华红代表中共常熟市第十二届纪律检查委员会向大会作题为《坚持全面从严治党强化监督执纪问责推动党风廉政建设和反腐败工作迈上新台阶》的工作报告。大会的主要任务是，深入学习贯彻习近平总书记系列重要讲话精神特别是视察江苏重要讲话精神，认真总结市第十二次党代会后的工作，研究确定以后五年的奋斗目标和主要任务，选举产生中共常熟市第十三届委员会和市纪律检查委员会，动员全市广大党员和干部群众，凝心聚力，开拓进取，践行五大理念，加快转型升级，打造精致城市，为建设“强富美高”新常熟而努力奋斗。会议期间，全体代表分组审议了市委书记王飚代表中共常熟市第十二届委员会向大会作的题为《践行五大理念打造精致城市为建设“强富美高”新常熟而努力奋斗》的报告和华红代表中共常熟市第十二届纪律检查委员会向大会作的题为《坚持全面从严治党强化监督执纪问责推动党风廉政建设和反腐败工作迈上新台阶》的工作报告。大会选举产生了中共常熟市第十三届委员会、中共常熟市纪律检查委员会，选举产生了出席中国共产党苏州市第十二次代表大会的代表。通过了《中国共产党常熟市第十三次代表大会关于中国共产党常熟市第十二届委员会工作报告的决议》和《中国共产党常熟市第十三次代表大会关于中共常熟市纪律检查委员会工作报告的决议》。丁琪、万晓军、马维刚、王飚、王建国、王晓东、邓国华、朱惠明、华红（女）、许晓波、孙健、芮卫国、杨晓春、杨崇华、吴军、沈一平、沈晓东、张万银、张建强、陆文明、陆建中、陆晓棣、陆继军、陈正东、陈邵东、陈惠良、范建青、范建国、周荣葆、周勤弟、赵红（女）、徐海东、桑五官、曹国芬（女）、韩卫兵当选为中共常熟市第十三届委员会委员。陈永进、周燕（女）、乔小力、阚国良、周晓（女）、凌解良、姜轩栋当选为中共常熟市第十三届委员会候补委员。

【全市创建全国文明城市工作会议】 8月29日，全市创建全国文明城市工作推进会召开。市委书记王飚出席会议并讲话。市委副书记、代市长周勤第出席会议。王飚就创建工作提出三点要求：第一，打造精致城市首先要从创建全国文明城市突破。创建全国文明城市，既是提升城市内涵品质的重要举措，也是提升市民百姓福祉的现实需要。通过文明城市创建推动精致城市建设，提升城市影响力、美誉度和群众的获得感。各地各部门要进一步统一思想，增强责任感和紧迫感，切实增强“抓创建”的思想自觉和行动自觉。第二，要以新发展理念引领全国文明城市创建工作。推进文明城市创建，必须牢固树立和自觉践行五大发展理念，用供给侧结构性改革的思路抓创建，突出问题导向、需求导向、民生导向，坚持重在建设、重在巩固、重在提升，在落细落小落实上下功夫，推动文明城市创建往深里做、往实里做、往常态做，全面提升创建工作水平，加快把常熟建设成为社会风尚更好、市民素质更高、城市管理更优、生态环境更美、人民群众更有获得感的文明城市。第三，要以担当精神确保创建全国文明城市取得实效。要强化组织领导，各级各部门“一把手”要切实履行创建工作第一责任人职责，亲自过问、亲自部署，确保创建工作扎实有序开展。各地各部门要自觉把创建纳入到目标考核体系，把创建落实到责任担当上来，明确目标任务，细化推进措施，及时发现问题，及时督促改进，把创建工作落到实处；要强化真抓实创，在全市上下大力营造重实干求实效的鲜明导向，从点滴抓起，不出实绩不罢休；要强化共建共享，引导人民群众共同参与，广泛听取人民群众意见，做到创建过程让人民群众广泛参与，成果由人民群众来评价。周勤第对下阶段全国文明城市创建工作进行了部署。全市上下要认真对照指标体系，把基础设施建设作为创建全国文明城市的一项基础性工作来做，完善城市功能，凸显城市特色；要抓住城市管理“百日提升”行动和全国文明城市创建活动这个契机，进一步理顺管理体制，探索、创新并固化一套行之有效的城市管理制度和机制；要加强诚信建设，强化规则意识，引导市民自律节制，积极参与志愿服务，让志愿者成为城市的风景，充分发挥广大市民参与城市建设管理的积极性，认真做好市民参与城市管理组织工作。市领导韩卫兵、沈晓东、沈一平、孙健、吴军、钱向宏、陶理、王建国、殷丽萍出席会议。

【全市政协工作会议】 9月23日，市委召开全市政协工作会议。市委书记王飚出席会议并讲话，市政协主席徐永达出席会议。王飚指出，做好人民政协工作，要充分认识新形势下人民政协工作的重大意义，切实增强做好政协工作的责任感和使命感。一要充分认识人民政协是凝聚共识、汇聚力量、共同推进改革发展的重要保证。二要充分认识人民政协是实现中国特色政治制度和推进民主政治的重要形式。三要充分认识人民政协是推进国家治理能力现代化的重要途径。王飚强调，做好人民政协工作，要进一步发挥人民政协特色优势，同心同德建设“强富美高”新常熟。一要夯实共同思想基础。二要始终服务发展大局。要动员和组织各级政协组织和广大政协委员，深入调查研究，积极提出具有前瞻性和针对性的对策建议。三要大力推进协商民主。充分发挥人民政协协商民主重要渠道和专门协商机构作用。四要不断凝聚发展合力。要最大限度地调动一切积极因素、团结一切可以团结的力量，汇聚起推动改革发展的强大正能量。王飚要求，做好人民政协工作，要进一步加强和改善对政协工作的领导，努力开创政协工作新局面。一要切实把政协工作摆到重要位置。各级党委要按照总揽全局、协调各方的原则，支持政协依照章程独立负责、协调一致地开展工作。二要切实发挥政协党组的领导核心作用。市政协党组要切实增强党的意识、政治意识、大局意识，紧紧围绕全市发展大局思考工作、谋篇布局。三要积极为政协开展工作创造良好条件。各级党委和政府有关部门要密切同政协专门委员会的协作和配合，建立对口联系和对口协商制度，为政协委员履行政治协商、民主监督、参政议政职能创造良好环境。市领导韩卫兵、陆文明、沈一平、孙健、张建强、桑五官、陈惠良、杨崇华、殷丽萍、江振球出席会议。

【全市市、镇两级人大换届选举工作会议】 9 月 23 日，常熟市市、镇两级人大换届选举工作会议召开。市委书记王飚出席会议并讲话，市人大常委会主任秦卫星出席会议。王飚就做好全市人大换届选举工作提出三点要求：一要统一思想，充分认识做好人大换届选举工作的重大意义。二要把握关键，全面落实上级党委对人大换届工作的部署要求。三要强化责任，确保完成人大换届选举工作。市人大常委会主任秦卫星对市、镇两级人大换届选举进行动员和部署。市领导韩卫兵、沈晓东、陆文明、桑五官、钱向宏、闻永昌、江振球、潘建华、潘云来出席会议。

【全市“六五”普法总结暨“七五”普法会议】 11 月 7 日，全市“六五”普法总结暨“七五”普法动员大会召开。市委书记王飚出席会议并讲话，市委副书记、代市长周勤第出席会议。王飚就做好“七五”普法工作提出三点要求。一是要努力增强做好法治宣传教育工作的责任感。二是要努力在深化融合中提升法治宣传教育的效果。三是要努力加强对法治宣传教育工作的组织领导。会议总结了“六五”普法实施后常熟的工作成效，圆满完成了“六五”普法各项任务，被中宣部、司法部表彰为 2011—2015 年全国法治宣传教育先进县（市），成为全国唯一荣获普法先进县（市）“六连冠”的县级市。市领导韩卫兵、吴军、闻永昌、范建国、江振球出席会议。

【全市村党组织书记工作讲坛】 11 月 25 日，全市村党组织书记工作讲坛举行。市委书记王飚出席讲坛并讲话。王飚对新一届村党组织书记提出两点要求：一是村党组织要发挥好战斗堡垒作用。村党组织要把大政方针落到基层，始终与以习近平同志为核心的党中央保持一致，推动中央大政方针和省委、市委决策部署不折不扣地落实到基层，把强村富民抓在手上，把制度规章挺在前面，把党建责任扛在肩上。二是村书记要成为群众信得过的带头人。要有大局意识，始终与上级党委的决策部署保持高度一致，确保各项工作不折不扣落到实处；要有实干作风，突出问题导向，坚持量力而行，在“抓细”上下功夫，多做排民忧、解民难、帮民困的好事实事；要有为民情怀，把群众需要作为工作目标，让人民群众实实在在地感受到党和政府的温暖；要严守纪律规矩，坚持用党章和党规党纪约束规范言行，守住共产党人为人、做事的基准和底线。市领导韩卫兵、陆文明、华红出席讲坛。

【市委务虚会议】 12 月 10 日，市委召开务虚会。市委书记王飚出席会议并讲话。市委副书记、代市长周勤第，市人大常委会主任秦卫星，市政协主席徐永达等市四套班子全体领导出席会议。王飚在会议上强调，常熟要交好“创新四问”答卷，必须结合常熟实际，主动对标找差，探索一条具有常熟特色的“聚力创新”之路。针对第一问，在全省创新格局中，怎样发挥引领性作用？要对标找差，跳出常熟看常熟；明确目标路径，全力打造“两大高地”，把常熟开发区打造成为高端产业“引领区”，把常熟高新区打造成为科技创新“核心区”，把虞山镇打造成城市经济“集聚区”。针对第二问，在推进自主创新中，怎样追求原创性成果？应该定位于重大科技成果应用上先行突破，更多聚焦于先进制造业，更多聚焦于培育科技“小巨人”和“专精特新”企业，更多聚焦于汽车智能化、高分子新材料、工业机器人等重点领域。突出抓研发投入、抓人才引育、抓开放带动。针对第三问，在全面提升创新水平的基础上，怎样打造标志性的平台？创新高度决定发展高度。要以省科技创新体制“综改”为重大契机，以“创新四问”专项行动为有力抓手，突出“以先进制造业为主、以特色产业为主、以骨干企业为主”，注重高端要素集聚与高端产业发展“相辅相成”，重点打造标志性企业平台、标志性产业平台、标志性载体平台，做强产业，做实企业，做稳经济。针对第四问，在创新生态系统打造上，怎样体现开放性和包容性？要突破创新管理体制瓶颈，营造优质的科技创新环境，推进知识产权保护运用，营造浓厚的创新文化，宽容失败、鼓励创新，营造人人参与创新、人人推动创新的浓郁氛围。王飚要求，各地各部门要以创新转型为动力，做好产业强市文章；以富民惠民为导向，做好改善民生文章；以管党治党为抓手，做好干事创业文章。要重点抓好七项工作：着力推进经济转型升级，在聚力创新上有更大突破；着力提升开放型经济竞争力，在改革开放上有更大突破；着力促进城乡均衡协调，在统筹发展上有更大突破；着力加强文化名城保护，在文化强市上有更大突破；着力保障和改善民生，在富民惠民上有更大突破；着力推进生态环境建设，在绿色发展上有更大突破；着力推进全面从严治党，在真抓实干上有更大突破。

就换届选举，王飚要求各级领导干部切实增强大局观念，把思想和行动统一到上级党委和市委关于换届工作各项要求上，特别是人事方案确定之后要自觉落实责任，正确对待个人的进退留转；要营造风清气正的换届环境，按法定程序依法有序开展，加强参与换届工作的人员培训；要营造良好的社会氛围和舆论环境，多做释疑解惑工作，正确引导社会舆论，确保全市换届选举工作顺利完成。周勤第认为要从两个方面答好“创新四问”。一是通过创新制度供给，保障各项工作的顺利开展，把盆景做成风景；二是通过科技创新，推动经济转型，实现精明增长，使高原成为高峰。市委、市政府、市人大、市政协领导以及相关部门负责人就围绕落实“创新四问”，结合各自工作实际作了发言。

【市委十三届二次全体（扩大）会议】 12月20日，市委十三届二次全体（扩大）会议举行。会议的主要任务是：认真学习贯彻习近平总书记系列重要讲话精神，贯彻落实中央经济工作会议精神和省委、苏州市委各项决策部署，回顾总结全年工作，研究部署下一年任务，动员全市各级党组织、广大党员干部群众，积极适应和引领经济发展新常态，聚力创新促转型，聚焦富民惠百姓，真抓实干，创新进取，为打造独具魅力的精致城市、建设“强富美高”新常熟而努力奋斗。

市委常委会主持会议。市委书记王飚受市委常委会委托，向大会作了题为《聚力创新促转型，聚焦富民惠百姓，为打造独具魅力的精致城市而努力奋斗》的工作报告。会议审议了《中国共产党常熟市第十三届委员会第二次全体（扩大）会议决议》。

会议回顾2016年全市经济社会发展情况。一年来，在省委和苏州市委的坚强领导下，市委团结带领广大干部群众，坚持稳中求进的工作总基调，坚持新发展理念，以推进供给侧结构性改革为主线，统筹抓好稳增长、促转型、惠民生等各项工作，扎实推进精致城市建设，经济社会保持平稳健康发展，实现了“十三五”良好开局。具体表现为：精致城市展开新布局，经济质效实现新提升，改革开放增添新活力，城乡统筹呈现新变化，民生建设实现新突破，生态环境取得新成效，文化建设得到新发展，党的建设展现新气象。

会议指出，2017年工作的指导思想是：全面贯彻中共十八大、十八届三中、四中、五中、六中全会精神，深入学习贯彻习近平总书记系列重要讲话特别是视察江苏重要讲话精神，按照省市党代会部署，统筹推进“五位一体”总体布局，协调推进“四个全面”战略布局，坚持稳中求进工作总基调，牢固树立和贯彻落实新发展理念，适应把握引领经济发展新常态，坚持以提高发展质量和效益为中心，以推进供给侧结构性改革为主线，聚力创新，聚焦富民，构筑“两大高地”，打造精致城市，全面做好稳增长、促改革、调结构、惠民生、防风险各项工作，促进经济平稳健康发展和社会和谐稳定，以优异成绩迎接中共十九大胜利召开。围绕2017年工作，会议要求重点要做好三篇文章：即以创新转型为动力，做好产业强市文章；以民生优先为导向，做好富民惠民文章；以培育亮点为抓手，做好增创特色文章。同时，要重点抓好七方面工作：一是着力推进经济转型升级，在聚力创新上有更大突破；二是着力提升开放型经济竞争力，在改革开放上有更大突破；三是着力促进城乡均衡协调，在统筹发展上有更大突破；四是着力加强文化名城保护，在文化强市上有更大突破；五是着力保障和改善民生，在富民惠民上有更大突破；六是着力推进生态环境建设，在绿色发展上有更大突破；七是着力推进社会治理创新，在依法治市上有更大突破。市委副书记、代市长周勤第对当前工作进行了部署。他要求各地各部门扎实做好春节前重点工作，结合“创新四问”谋划好2017年工作，全力做好换届和两节期间党风廉政建设，为打造精致城市、建设“强富美高”新常熟而努力奋斗。市委委员、候补委员出席会议。不是市委委员的市四套班子领导，市纪委委员，各镇（管理区）、碧溪新区、东南街道、各办事处、各村有关负责人，市各部委办局党政主要负责人，各直属单位、民主党派、人民团体、工商联、条线垂直部门主要负责人，各开发区、服装城、旅游度假区、工业园区副局职以上领导，部分企业负责人，部分党员代表，地市级离休干部、原市四套班子领导等列席会议。

【全市领导干部廉政教育大会】 12月19日，全市领导干部廉政教育大会召开。市委书记王飚出席会议并讲话。市委副书记、代市长周勤第，市人大常委会主任秦卫星，市政协主席徐永达等市四套班子全体领导出席会议。王飚在会议上提出六点要求：第一，务必要坚定理想信念，筑牢思想“防护线”。第二，务必要严守纪律规矩，不触法纪“高压线”。第三，务必要坚持审慎用权，构建权力“警戒线”。第四，务必要强化作风建设，坚守自律“廉洁线”。第五，务必要自觉接受监督，把握从政“生命线”。第六，务必要加强党的领导，落实主体“责任线”。周勤第要求各级领导干部站在政治和全局的高度，进一步认清和把握形势，切实增强“四个意识”，特别是核心意识、看齐意识，在思想和行动上始终同以习近平同志为核心的党中央保持高度一致；要从反面教材中汲取深刻教训，引以为戒，牢固树立正确的人生观、价值观、利益观，坚持理想信念宗旨高线，守住纪律底线，始终绷紧廉洁自律这根弦，清白做人、干净干事；不仅要自身清正廉洁，还要抓好自己管辖或分管范围内的党风廉政建设，要层层传导压力，推动全面从严治党向基层延伸，真正形成管党治党人人有责、一抓到底的工作局面。

【市委党的群团工作会议】 12月22日，市委召开党的群团工作会议。市委书记王飚，市委副书记、代市长周勤第，市人大常委会主任秦卫星，市政协主席徐永达出席会议。王飚就做好党的群团工作提出五点意见。一要深入贯彻习近平总书记重要讲话精神，切实增强责任意识。二要始终坚定政治立场，切实凝聚奋斗力量。三要始终坚持群众观点，切实联系服务群众。四要始终保持先进特性，切实服务中心工作。五要始终加强组织领导，切实提供坚强保障。会上，市总工会、团市委、市妇联、海虞镇党委等单位作交流发言。会议下发了《市委关于加强和改进党的群团工作的实施意见》。市领导韩卫兵、沈晓东、陆文明、华红、沈一平、张建强、陶理出席会议。

【全市党委书记抓基层党建和履行党风廉政建设主体责任述职会议】 12月30日，2016年度全市党委书记抓基层党建和履行党风廉政建设主体责任述职会议举行。市委书记王飚出席会议并讲话，市委副书记、代市长周勤第等市四套班子领导出席会议。王飚在会上提出三点要求：一要深化思想认识，自觉把党建主体责任扛在肩上。二要突出问题导向，牢牢把党建具体任务抓在手上。三要坚持严字当头，切实把党风廉政建设责任落到实处。会上，常熟经济技术开发区、常熟高新区、虞山镇等板块和乡镇的党（工）委书记分别作了专项述职，王飏围绕打造具有特色的党建品牌、健全作风建设长效机制、加快创新创业人才引进等方面进行点评。与会人员对市党（工）委书记抓基层党建工作述职、市党（工）委落实党风廉政建设主体责任进行评议，对县级市（区）委（工委）书记抓基层党建工作进行专项测评。

【全市党政领导干部述职会议】 12月30日，2016年度党政领导干部述职会议举行。市委书记王飏，市委副书记、代市长周勤第，市人大常委会主任秦卫星，市政协主席徐永达等市四套班子全体领导出席会议。王飏代表市委班子作大会述职。2016年，市委常委会认真落实中共十八大、十八届三中、四中、五中、六中全会精神，深入贯彻习近平总书记系列重要讲话精神，认真落实省第十三次党代会、苏州市第十二次党代会和常熟市第十三次党代会各项决策部署，以供给侧结构性改革为主线，以构筑“两大高地”、建设精致城市为重点，全力做好稳增长、促改革、调结构、惠民生等工作，经济社会保持平稳健康发展，实现了“十三五”良好开局。主要体现在围绕精致城市建设，展开“十三五”发展新布局；聚焦创新转型，保持经济平稳健康发展；坚持改革开放，增添发展活力动力；深化城乡一体，提升城市品质内涵；突出问题导向，推进民生补短板工程；坚持生态优先，持续推进生态文明建设；注重名城保护，积极推进文化强市建设；坚持全面从严治党，切实履行管党治党责任；执行民主集中制、加强干部队伍建设。市委常委会将落实中央和省经济工作会议精神，按照省市委的部署要求，统筹推进“五位一体”总体布局，协调推进“四个全面”战略布局，坚持稳中求进工作总基调，牢固树立和贯彻落实新发展理念，适应把握引领经济发展新常态，坚持以提高发展质量和效益为中心，以推进供给侧结构性改革为主线，聚力创新，聚焦富民，构筑“两大高地”，打造精致城市，全面做好稳增长、促改革、调结构、惠民生、防风险各项工作，促进经济平稳健康发展和社会和谐稳定，以优异成绩迎接中共十九大胜利召开。周勤第代表市政府班子作大会述职。市政府全力推进经济社会发展，具体表现在稳增长、调结构，经济运行稳中有进；抓改革、促创新，发展活力不断增强；重统筹、优生态，城乡环境有效改善；强保障、惠民生，社会事业均衡发展。同时，市政府切实加强班子自身建设，加强思想政治建设，认真贯彻民主集中制，提高依法行政水平，切实加强政府廉政建设。市政府将在市委的坚强领导下，紧紧依靠全市人民，求真务实、真抓实干、凝心聚力、开拓创新，努力把政府工作提高到一个新的水平，推动常熟经济社会发展再上新台阶。王飏、周勤第还分别作了个人述职述廉报告。其他市党政领导班子和领导干部作了书面述职述廉报告。会上，与会人员对市党政领导班子和领导干部作了民主测评。

重要活动

【纪念国家历史文化名城命名三十周年活动】 12月24日，纪念常熟国家历史文化名城命名30周年座谈会召开。市委书记王飏出席会议并讲话，市委副书记、代市长周勤第，市人大常委会主任秦卫星，市政协主席徐永达出席会议。王飏就下阶段名城保护工作提出三点要求：一要坚持大视野看文化，确立历史文化名城全域保护理念。必须始终保持对历史文化名城的敬畏之心、戒惧之心，牢固树立全域保护理念，以《保护规划》为引领，充分汲取专业机构研究成果和各位专家真知灼见，把名城保护工作作为打造精致城市的重要抓手，推动名城保护从单体保护向系统保护、局部保护向全域保护转变，确保在推进历史文化名城保护的过程中不留败笔、不留遗憾。在推进过程中，必须更加珍视文化名城价值。必须倍加珍惜前人留下的文化遗产，抓好历史文化名城保护工作，延续城市记忆，留住历史文脉，真正使历史文化名城成为精致城市的有效载体和重要特征。必须更加重视延续历史文脉，在古城保护整治中注重保护文物古迹，在新城开发建设中融入传统文化元素，塑造城市文化符号，丰富城市文化内涵，让城市的历史脉络清晰可寻、让城市的文化精神代代相传。必须更加突出以人为本理念，无论是谋划名城保护工作，还是推进历史街区保护整治，都应当回归到满足人的需求这个本源考虑问题，来做出恰当的选择和科学的决策。要处理好名城保护与改善民生的关系。必须更加注重创新文化构建，拓宽视野，以改革创新精神做好名城保护工作，推进名城保护体制机制创新，保护模式创新，配套政策创新，业态开发创新，让静态资源变成“活”的资本。二要坚持大格局做文化，充分彰显历史文化名城的特色优势。持续实施历史街区的保护整治，积极推进名人遗存的修缮保护，推出各类文史研究成果，有效提升常熟的文化影响力和城市知名度。但随着形势发展变化，在名城保护工作中，也遇到有遗迹但整体保护不够、有风貌但文化内涵不足等新问题。名城保护工作要坚持完善机制与规划先行相统一，充分发挥市历史文化名城保护管理委员会的统筹协调作用，发挥好人大代表、政协委员、专家学者、社会团体、学术机构以及广大市民的积极作用，形成各方力量共同参与名城保护的良好局面；坚持整体保护与有机更新相统一，按照“系统谋划、突出重点，科学规范、稳步推进，传承保护、综合利用”的原则，在整体保护上，注重全局性、系统性、持续性，避免保护工作“碎片化”，形成“一主、两副、四区、多点”的空间保护框架，在具体措施上，通过修缮、修复、整治，自我更新、有机更新、持续更新等方式，实现对历史文化要素的保护、传承、弘扬和活化利用；坚持塑造特色与提升品质相统一，进一步优化城市功能布局，营造更多富有历史文化特色的公共活动空间，推动城市设计精细化，注入历史文化元素，把历史文化名城打造成最能代表精致常熟的名片；坚持近期目标与远期目标相统一，统筹利用好市域范围内的资源，因地制宜，分步实施。三要坚持大气度育文化，形成传统文化与现代文明交相辉映的格局。要培育开放包容的创新文化，既要继承本地的优秀传统文化，又要善于学习一切先进文化，要把创新文化注入到名城保护建设之中，在全社会形成浓厚的创新文化氛围；要塑造精致精美的城市个性，在名城保护建设中，力求把规划做得更精细些，把项目做得更精致些，展示风貌，体现亮点，强化个性，使每个项目都成为精品工程；要增强全民参与的保护意识，加大历史文化名城保护宣传教育，落实公众对名城保护更新的知情权、参与权、监督权和受益权，加强部门联动，及时协调解决重点难点问题，进一步鼓励和引导社会资本积极参与古城保护的项目建设，形成“名城保护、人人有责、全员参与、共建共享”的强大合力。会上，周勤第代表市政府向名城保护专家委员会的委员颁发了聘书，清华同衡规划设计院介绍了专题研究成果，同济大学教授阮仪三、清华大学教授张杰、东南大学教授朱光亚等 8 位知名专家委员和 4 名常熟本地代表围绕常熟国家历史文化名城价值与特色、保护框架体系、下阶段工作建议措施等主题把脉献策，提出了建议和意见。市领导韩卫兵、孙健、陶理、王建国、殷丽萍、江振球、潘云来出席会议。

【2016 中国（常熟）江南文化节暨沙家浜旅游节】 9 月 27 日，2016 常熟江南文化节暨沙家浜旅游节开幕式在常熟大剧院举行。全国各地文化界、旅游界的领导和嘉宾，苏州市副市长王鸿声，常熟市人大常委会主任秦卫星、市政协主席徐永达出席活动。文化旅游节以“纪念国家历史文化名城 30 周年”为主题，旨在传承江南优秀文化传统，着力挖掘文化旅游元素，积极推进文旅融合创新，精心打造具有一定影响力的区域文化旅游品牌，进一步提升常熟的文化影响力、旅游吸引力和城市美誉度。开幕式上，年度文化旅游重点获奖项目授牌颁奖，包括国家级生态旅游示范区（虞山尚湖旅游度假区）授牌，全国科普教育基地（沙家浜风景区）授牌，中山大学常熟旅游研究基地授牌，常熟美术馆“朝霞映在阳澄湖上”展览获 2015 文化部全国美术馆优秀项目，常熟市锡剧团新编大型古装锡剧《侠医缪希雍》获第 14 届“中国戏剧节”优秀展演剧目，常熟市评弹团短篇评话《奔吴》获第 9 届中国曲艺“牡丹奖”提名奖，常熟市文化馆江南云水合唱团获“2015 世界合唱博览会”金奖，常熟市图书馆获 2015 中国书业年度评选“年度图书馆”。随后，主办方还为“诗咏虞山”全国诗词大赛获奖者、中国旅游电视周获奖项目、海峡两岸旅游乡创大赛获奖项目颁奖。本届文化旅游节主题鲜明、内容丰富，将组织举办常熟文庙修复启用暨丙申祭孔大典、历史文化名城 30 周年系列纪念活动、“美丽常熟·湿地行”、全域旅游成果展示等多项主体活动和专项活动，涵盖文化艺术、休闲旅游、经济商贸等多个领域，旨在通过系列活动，展示古城常熟的璀璨文化、现代常熟的绰约风姿和生态常熟的自然恬静，提升常熟文化软实力和城市竞争力。市领导韩卫兵、沈晓东、钱向宏、陈惠良出席开幕式。

【2016 第十届国际湿地大会】 9 月 19 日，2016 第十届国际湿地大会在常熟会议中心开幕。来自 10 个国际机构、72 个国家和地区的约 800 位国内外专家学者参加大会，与会专家学者就“湿地生物多样性保护”“湿地生态系统管理”“湿地功能评估”及“湿地与人类福祉”等主题进行交流，进一步推动全球湿地保护和研究。国家林业局副局长张永利，江苏省政协副主席徐鸣，中国科学院院士、南京大学校长陈骏，苏州市副市长陆留生，苏州市政协副主席蒋来清，以及常熟市委副书记、代市长周勤第，市人大常委会主任秦卫星，市政协主席徐永达出席大会开幕式。徐鸣在开幕式上致辞。他说，本届大会邀请世界各地的湿地保护专家、学者和管理者，开展多角度深层次的研讨，必将形成更多建设性的意见和更加广泛的共识，对于加强湿地保护、修复和管理，促进经济社会的可持续发展具有重要意义。江苏省将以此为契机，认真学习国内外湿地保护先进的理念和宝贵的经验，充分借鉴吸收会议的丰硕成果，更好地投入到湿地保护和合理利用中去，加大湿地资源保护的力度，推动湿地保护事业全面发展，努力建设青山常在、碧水长流、清新宜人的绿色江苏。陈骏在致辞中表示，南京大学与常熟市共建了中国首个政产学研合作型生态企业创新创业载体——南京大学常熟生态研究院，创设了中国首个湿地领域的工程实验室——江苏省湿地修复工程实验室，积极打造华东地区乃至全国领先的湿地修复技术研发中心，成为校地合作共赢的成功典范。期待通过专家学者的充分交流与深入研讨，共同为提升中国和亚洲地区的湿地研究、保护和管理水平，促进全球生态学与湿地科学的繁荣发展作出新的更大的贡献。周勤第代表常熟市委、市政府向大会的开幕表示祝贺。他说，这是全球湿地科学研究与应用的一次大交流，必将对推动中国与全球湿地保护、恢复和管理工作、促进国内外湿地领域的学术交流与创新、提升社会各界的湿地保护意识产生深远的影响。常熟将认真承办好本次盛会，并以此为契机，继续围绕“保护优先、绿色为民”的目标，推动生态保护事业迈上新台阶，把常熟湿地打造成世界湿地保护与利用的典范。开幕式上，国际生态学协会授予常熟市人民政府“湿地建设最佳典范奖”，中国生态学学会将首个“全国生态建设示范市”称号授予常熟市人民政府，以表彰常熟在湿地保护方面所作的贡献。市领导韩卫兵、范建国、殷丽萍、潘建华出席开幕式。

【常熟市第八、第九批“科技镇长团”迎送会】 8 月 17 日，常熟市召开第八、第九批“科技镇长团”迎送会。市委书记王飚出席会议并讲话，市政协主席徐永达出席会议。王飚强调，开展“科技镇长团”工作是常熟市践行五大理念、打造精致城市的重要举措，也是建设“强富美高”新常熟的重要手段。他对新一批“科技镇长团”成员提出三点要求：一要当好“联络员”，助推政产学研合作。发挥好科技镇长团的“中介”作用，继续做好“专家行”“企业行”等产学研对接交流活动，推动地方与所在高校院所的项目合作、成果转化、技术攻关、人才培训和平台共建，吸引高校院所、高层次人才到常熟创新创业，形成以政府为引导、企业为主体、市场为导向、高校为依托的政产学研合作长效机制。二要当好“指导员”，服务企业科技创新。一方面要主动融入基层企业一线，另一方面突出企业科技创新主体地位，推动校企合作共建一批科技创新平台、博士后工作站、研究生工作站。抓住常熟市获批省科技体制综合改革试点的契机，积极加强沟通协调，推动企业在产业科技创新方面成为“领头羊”。三要当好“咨询员”，助推地方产业转型升级。科技镇长团成员要在提供技术创新的指导之外，结合常熟市打造精致城市的目标，提出经济转型升级的对策建议和发展规划，为打造精致城市、建设“强富美高”新常熟增添动力。市领导陆文明、陈惠良、周灵群出席会议。

【纪念中国共产党成立95周年大会】 6月29日，常熟市召开纪念中国共产党成立95周年大会。市委书记王飏出席会议并讲话，市委副书记、代市长周勤第，市人大常委会主任秦卫星，市政协主席徐永达等市四套班子全体领导出席会议。王飏对全体党员干部提出四点要求：一要讲政治有信念，坚定立场信仰，做政治合格的共产党员。二要讲规矩有纪律，严格纪律约束，做守纪合格的共产党员。三要讲道德有品行，坚守精神高地，做品德合格的共产党员。四要讲奉献有作为，勇于担当实干，做发挥作用合格的共产党员。周勤第主持会议。他要求各级党组织强化责任意识，严格责任落实，严肃责任追究，抓好管党治党责任落实这个“牛鼻子”；注重思想引领，注重知行合一，注重结合渗透，抓好“两学一做”学习教育这个“重头戏”；强化发展意识，强化问题导向，强化工作落实，抓好凝心聚力推动发展这个“主旋律”。会上，四名基层先进典型代表作了交流发言。会议还表彰了2014至2015年度党建工作先进集体和先进个人。

重要决策

【建设精致城市】 2016年7月25日，中国共产党常熟市第十三次代表会提出“站在新的发展起点，必须牢牢把握打造精致城市这一定位”“加快形成崇尚创新、注重协调、倡导绿色、厚植开放、推进共享的机制和环境，努力实现产业高端之精、功能品质之精、服务管理之精、文化建设之精的和谐统一，使‘精致’成为城市竞争力的重要标志，成为常熟独具特色的城市名片”。市委吹响了常熟建设精致城市的号角。9月30日，市委市政府印发了《关于践行五大理念打造精致城市的行动方案》，对建设精致城市进行了全面部署。未来五年，全市将着力推进“精明增长、精准定位、精细服务、精神内涵以及改革与法治和党建保障”五大类16项重点任务50个项目化举措。10月18日，市委市政府召开建设精致城市专题部署会，动员全市上下以更加坚定的信心、更加有力的措施推进精致城市建设，确保各项既定目标顺利实现。市委副书记、代市长周勤第，市人大常委会主任秦卫星等市四套班子领导出席会议。周勤第指出，打造精致城市，是市委、市政府立足当前、着眼长远作出的一项重大决策部署，也是今后一段时期常熟的发展方向。建设精致城市的总体要求是：认真贯彻落实中共十八大和十八届三中、四中、五中全会精神，深入学习贯彻落实习近平总书记系列重要讲话特别是视察江苏重要讲话精神，按照省委、苏州市委的决策部署，紧扣市第十三次党代会确定的目标任务，协调推进“五位一体”总体布局和“四个全面”战略布局，自觉践行创新、协调、绿色、开放、共享新发展理念，积极适应和引领经济发展新常态，扎实推进供给侧结构性改革，大力实施创新驱动、民生优先、城乡统筹、绿色发展、文化提升五大战略，努力做到经济发展实现精明增长、城市功能突出精准定位、社会事业强化精细服务、文化引领凸显精神内涵，全力增创产业发展特色、生态环境特色、历史文化特色、改革创新特色，建设“强富美高”新常熟，高水平全面建成小康社会，谱写好伟大中国梦的常熟篇章。建设精致城市的基本原则是：1.坚持创新驱动。注重高端要素集聚与高端产业发展“相辅相成”，打好稳定存量与优化增量“组合拳”，加快经济转型升级，加速发展动能转换，实现发展动力从要素驱动向创新和开放驱动转变，发展方式从规模速度粗放型向质量效率集约型转变，产业结构从中低端向中高端转变。2.坚持规划引领。积极推动多规融合，以规划引领产业转型和城市转型，优化城市产业结构，优化城市空间布局，优化城市现代功能，优化城市文化特色，优化城市生态环境。3.坚持以人为本。强化问题导向和目标导向，更加精准对接发展所需、基层所盼、民心所向，主动寻找和补齐民生短板，让全市人民不断增强精致城市获得感。4.坚持重在实干。弘扬常熟干部群众勤勉务实、锐意进取的优良传统，提振干事创业的精气神，强化敢于担当意识，久久为功、接续发力，确保精致城市建设干在实处、取得实效。建设精致城市的主要任务是：(一)突出要素集聚、产业高端的精明增长；(二)突出城乡统筹、品质提升的精准定位；(三)突出以人为本、普惠共享的精细服务；(四)突出文化引领、开放创新的精神内涵；(五)全面深化改革和全面推进依法治市，扎实推进全面从严治党。 (俞进锋)

调查研究

【概况】 2016年，市委研究室深入践行“五个坚持”要求，切实强化“三服务”意识，充分发挥参谋助手作用，撰写重要会议材料、领导讲话、署名文章、综合汇报材料250多篇，编发《内参》3期，《常办简报》(通报)29篇，被省级以上报刊录用的署名文章8篇，起草整理各类会议纪要50篇。

【起草文稿】 2016年，市委研究室紧贴全市中心工作，积极主动为市委战略决策和重大工作部署服务，较好地完成了市第十三次党代会报告起草任务，完成了市领导在省市重要工作会议上的多篇讲话稿起草，包括在省党代会座谈会上的交流发言、全市“两学一做”系列讲话、科技体制综合改革试点动员大会、开放型经济工作会上的讲话等。

【改革协调】 积极负责处理市委全面深化改革领导小组日常事务工作，加强对苏州市委改革办和市各有关部门的协调沟通，做好每季度的苏州改革报表工作，认真梳理常熟承担的34项省级及以上改革试点项目，形成汇报材料报市委、市政府审阅决策。

【调查研究】 积极办好《常办通报》(简报)、《内参》及各类会议纪要，市委书记王飚的《让法治引领城市精细管理》发表在《人民日报》，《以开放促创新发展》《增创发展特色，打造精致城市》发表在《江苏通讯》，《打造精致城市，建设魅力常熟》《聚焦创新转型，打造两大高地》发表在《苏州日报》，《常熟市以廉政建设诚信积分管理为抓手探索干部监督新模式》《增创发展特色，打造精致城市》发表在苏州《调研与参考》，《常熟扎实推进省科技创新体制综合改革试点》在苏州市委改革办《苏州改革》上发表。

【编辑《常熟通讯》】 坚持围绕中心，服务大局，及时准确地宣传中央和省、市委的方针政策与决策部署，深度解读市委市政府重大决策、重要部署、重点工作，加强工作指导与交流，总结交流反映全市各板块、各部门的新思路、新举措、新成效。强化精品意识，坚持发名篇、出精品、创名刊之路，加强调研类文章和散文、随笔、文史类文稿的约稿，增强刊物的可读性，全年共编发《常熟通讯》12期，党代会增刊1期。

(奚新科)

组 织 工 作

【概况】 2016年年末，常熟市共有基层党组织6259个，其中党委221个、党总支350个、党支部5688个。全年新发展党员815人，转入2849人，共有党员人数74399人。全市有副主任科员(副镇级)以上干部1359人，其中女干部209人，占15.38%；非中共党员人数41人，占3.0%；大专以上学历1339人，占98.53%。

【集中换届工作完成】 完成市镇两级领导班子和村(社区)党组织换届任务，班子结构得到进一步优化。经过换届，新一届市四套班子领导平均年龄48.2岁，较换届前下降2.7岁，研究生以上学历占48.1%，较换届前提高12.1个百分点。新一届镇党政领导班子成员平均年龄42.08岁，较换届前下降1.92岁，大学本科以上学历占89.5%，35岁左右年轻干部占18.7%，较换届前分别提高6.9%和3.4%。同时，从事业编制人员、优秀村干部、大学生村官中选拔13名同志进入镇党政班子。全市213个村、105个社区党组织书记中，45岁以下占55.4%、大专及以上学历占93.4%，有38名大学生村官担任党组织书记或副书记。

【加强干部精准化培训】 制定出台全市干部教育培训“十三五”规划，打造富有常熟特色的“一二三四五”干部教育培训新格局。突出抓好领导干部理想信念教育，将学习贯彻十八届五中全会精神和习近平总书记系列重要讲话精神作为年度培训工作重中之重，举办2期轮训班，全市1400多名县处级、科级领导干部参加轮训。组织好“菜单式”选学讲座，全年共举办领导干部“菜单式”讲座10期，参训人次达5000多人。顺应常熟经济社会发展和现代化建设需要，分类开设现代服务业、开放型经济、国有企业上市及融资实务、妇联干部等专题培训班。完成“常熟干部在线学习中心”改版，推进领导干部网上自学，全年共更新课件295部。

【加强年轻干部战略性培养】 认真落实省委“789”青年干部培养计划，深化年轻干部“四级梯队”建设，切实加大优秀年轻干部选拔培养力度，全年提拔80后科级干部10名，有4名35岁左右年轻干部担任正职岗位，并为每个镇党政各配备至少1名35岁左右年轻干部。举办年轻干部综合能力素质提升培训班，组织市镇两级300多名年轻干部开展“党旗辉映青春红——四个一”党性锻炼日活动。选派12名局镇级后备干部赴市重点建设项目一线，2名年轻干部赴泗洪经济薄弱村挂职。充分挖掘和宣传年轻干部优秀典型，会同团市委开展“身边的好青干”推优荐才活动，对全市18名各行业、各领域优秀年轻干部进行集中表彰和宣传。面向全国高校公开选聘29名优秀毕业生充实到事业单位，做好4名省委选调生接收安置工作。

【强化干部监督管理】 突出抓好对党政“一把手”等关键少数的监督，完成4名领导干部的三责联审和14名领导干部的经济责任审计，与17名领导干部签订《三责告知承诺书》。加强对各单位中层干部任免审核把关，严格执行干部任免预报制度，完成105批761人次中层调整预审工作，列席旁听会议15场次，纠偏26人次。深入推进领导干部个人有关事项报告和抽查核实，会同市纪委做好全市科级以上干部个人有关事项集中填报工作，对278名同志填报事项进行抽查核对，并落实相关整改。

【加强干部综合管理】 深入推进女干部、党外干部工作，加强女干部、党外干部后备力量储备，会同有关部门做好优秀人才推荐、入库工作。做好全市7家党群机关所属事业单位参公申报。会同有关部门做好公务员职务与职级并行，法官、检察官职务套改和单独职务序列定级审批备案等工作。完成1141名市管干部人事档案专项审核工作。严格执行领导干部出国境会审工作制度，加强领导干部出国境证照管理，办理出国境政审260批545人次，征求公检法纪意见568人。

【严格落实党建工作责任制】 全面落实党委管党责任清单和党委班子成员抓党建工作任务清单，健全党建工作预告制、过程督查制、完成情况通报制、存在问题反馈制和落实不力问责制等。推动党建工作项目化，建立“五步工作法”，开展“1个党组织1个党建项目”活动。推动“党代表看党建、市领导督党建、常委会议党建”活动向部门党委延伸，确定全市党建重点问题和重点措施的推进和落实。创新建立市党代表工作室流动接待点，将党代表接待地点深入到村、社区和非公企业，全市406名常熟市、苏州市党代表进驻17个市级党代表工作室进行接待活动。

【深入推进党建试点工作】 深化"新农"党建全国试点工作，制定出台《"新农"党组织工作细则（试行）》《"新农"党员教育管理办法》《"新农"示范党组织评定办法》《"新农"示范党组织产业激励办法》等制度文件，成立102个"新农"独立支部、49个联合支部，全市340家"新农"组织实现了党的组织和工作覆盖率100%，"新农"党建试点经验被中组部进行推广介绍。深化法治型基层党组织建设，以"出台一个实施意见、确立一批先行先试单位、制订一套建设标准、召开一个部署会、组织一个推进会"的"五个一"推进机制，推出20项重点制度，全面增强基层党组织政治属性。

【不断深化基层党组织建设】 制定出台《关于进一步加强全市农村基层党建工作的实施意见》，明确农村基层党建"六过硬六均衡"目标任务。倒排10个软弱涣散村（社区）党组织实行分类施策、精准帮扶，全部完成整顿转化。全面启动村（社区）书记、主任岗位年金制，首期228名入库，归集资金256.86万元。坚持村党组织书记任免事前报告和备案管理制度，全年累计备案126人。成功举办首期全市村党组织书记工作讲坛，组织新任村党组织书记进行培训，全年面向大学生村官定向招收事业人员3名、公务员9名。全面理顺领导机构，市非公有制经济党工委更名为市委非公有制企业和社会组织工委。开展"两新"党建"典型示范年"活动，实施"两新"党建"雁阵工程"，着力培育15家"领头雁"党组织和45家"雁阵"党组织。选派第十一批非公专职党建工作指导员151名，选派10名机关年轻干部到非公企业挂任党组织副书记，创新设立"两区两园党建联合体"，向社会公开招聘4名区域性党建工作站专职工作者。组织开展"四个集中"活动，全面推进"两新"组织党组织组建工作，全市非公企业党组织组建率达99.6%，社会组织党组织组建率达52.7%。召开全市服务型党组织建设暨社区党建工作推进会，设立1800万元"社区党组织为民服务专项经费"，命名10个常熟市"十佳"社区党建工作品牌，探索建立在职党员"双向登记、两个为主"管理新模式，集中开展"在职党员进社区服务月"活动，共1万多名在职党员到社区开展各类活动300多批次，服务居民4万多人。

5月26日，常熟市老干部党校揭牌仪式在市老干部活动中心举行

【抓好党员队伍教育管理】 开展纪念建党95周年系列活动，召开"七一"纪念大会，组织先进典型宣讲，选树新一轮十佳共产党员标兵，表彰先进基层党组织、优秀党务工作者和优秀共产党员，沙家浜镇党委获评省先进基层党组织。分领域推行党员分类管理、积分考核制度，以党支部为单位深入开展党员组织关系集中排查，全面梳理排摸各类"游离态"党员并做好后续处置。规范开展党费收缴工作，组织基层党组织全面做好自查自改工作。召开党员关爱基金工作领导小组会议暨市党员关爱基金会理事会一届五次会议，发动全市各级党组织和党员开展募捐活动，共募集党员关爱基金335.39万元。在七一、春节前，深入开展走访慰问活动，共向3243户低保和低保边缘家庭发放党员关爱基金442.8万元，向低保户和低保边缘户中的党员家庭发放"七一"慰问金15万元；向新中国成立前入党农村老党员和五十年党龄农村无固定收入的老党员、生活困难党员发放生活补贴、慰问金220.66万元。50名优秀困难学生纳入关爱基金帮扶范围，发放关爱金9.72万元。号召各级党组织和广大党员对盐城龙卷风受灾地区开展赈灾救援，累计募集捐款214.43万元，物资106.69万元。持续推行入党积极分子考试合格准入制度，全面提升发展党员工作规范化水平，全年新发展党员815名，累计有1864名积极分子通过网上考核。组织100名党务干部加强业务培训，举办发展对象和新党员标准化培训班5期，培训发展对象912人、新党员778人。制定下发《关于在全市开展远程教育"学用工作提升年"活动的实施方案》，高质量拍摄《风采》系列微电影3部。做好远程教育示范站点和示范基地建设，1个站点和2个基地获省级表彰。制作播放《七月阳光》13期，发动3万多人关注各类党建微信公众号。

【强化人才工作合力】 抢抓苏南国家自主示范区建设、省科技体制综合改革试点机遇，围绕产业发展、人才实际需求，出台《常熟市领军人才再支持项目申请、确定和政策兑现的实施办法》及宣传文化、教育、卫生、农业、社工、经管等领域高层次人才计划实施意见，充分发挥人才政策导向作用，统筹各支人才队伍建设。召开镇（区）党（工）委书记履行党管人才职责述职会议，举行全市科技和人才工作领导小组(扩大)会议，深化镇经济人才科技一体化运行，进一步增强各板块抓好新形势下人才工作的责任感和紧迫感。严格镇(开发区)党政领导班子和领导干部人才工作目标责任制考核，强化绩效考核评价，引导各板块加大人才投入和项目引育力度。

【放大人才集聚效应】 重点推进“常熟科技创新创业领军人才计划”，集聚一批高层次创新创业人才和团队，培育一定规模新兴产业企业集群。新增国家“千人计划”2人(其中引进1人)、省“双创计划”12人、省第五批“333”工程培养对象15人、“姑苏计划”17人、市级科技创新创业领军人才52人。新增领军人才企业“新三板”挂牌3家。开展宣传文化、教育、卫生、农业、社工、经管等领域高层次人才引进培养工作，全年培养市级高层次宣传文化人才21人、高层次教育人才6人、高层次卫生人才13人、高层次农业人才8人、高层次社工人才6人，组织培训经营管理人才1000人次以上。发布2016年高层次紧缺人才需求目录，围绕重点产业及文化、教育、卫生、现代服务业等领域，引进和培育了一批博士、硕士或具有正高级、副高级专业技术任职资格的高层次人才。截至2016年年底，全市人才资源总量达30万人，其中高层次人才总量达2.17万人。

【拓展人才发展空间】 举办2016年苏州国际精英周、海外华侨华人高层次人才江苏行、美南专协联常熟行等一系列活动，对接海内外高层次人才项目500多个。组团赴海外、国内高校集中开展招才引智，积极推介常熟经济社会发展情况、创新创业环境。围绕全市传统产业转型升级和新兴产业培育，举办专题对接大型活动及“专家行”“企业行”“教授团、博士团”等小群多路的产学研对接活动100多场，邀请专家到常熟对接达到600多人次，全市参与企业数达到1000家(次)以上。推动校企签订合作协议20多份，产学研合同金额达5000多万元。开展常熟籍院士家乡行活动，借力高端智力，解决科研课题、技术难题，为常熟发展出谋划策、牵线搭桥。全面实施“校园引才”活动，面向全国“985”“211”高校开展推介及人才招聘、项目对接活动40场次。同时，开展“科技副总”柔性引才活动，鼓励各类海内外人才到常熟开展科研创新活动。常熟国家大学科技园获首批省众创集聚区试点，新增国家级众创空间1家，省级众创空间5家，拥有省级以上孵化器面积超33.8万平方米。全市累计建成省级以上企业研发机构230家，各级科技公共服务平台41家，批准设立博士后科研工作站及创新实践基地(分站)43家，全市大中型工业企业研发机构建有率达91.1%，拥有汽车零部件、高分子新材料、电气机械、生物医药4个国家级火炬特色产业基地和11个产业技术创新战略联盟。

【优化人才发展生态】 加速人才与资本紧密结合，为领军人才企业、科技型中小企业等提供贷款贴息和科技保险费补贴，落实科技型中小企业信贷风险补偿、科技贷款贴息和保费补贴1800万元。统筹各方资源，设立配套资金池，构建省级“苏科贷”、苏州市与常熟市联动“科贷通”、常熟市“集合信贷”等多层次、众多银行和保险公司共同参与的科技金融体系，累计支持企业150家。编印人才政策汇编，深入企业开展政策解读、人才调研活动，提升人才政策知晓度。加大对上申报争取力度，帮助高层次领军人才获得上级项目经费资助1459万元。充分利用《新华日报》《中国留学生创业》等相关媒体开展创新创业人才系列宣传，集中报道一批创新创业先进典型。落实高层次人才享受生活待遇优惠政策，组织人才国情考察、健康体检、节日慰问等活动，提供居留、出入境、落户、医疗社保、住房保障、子女入学等公共服务，着力解决人才后顾之忧，积极构建良好人才发展生态。

(陈　浩)

“两新”党建

【概况】 2016年，全市深入开展“两新”党建“典型示范年”活动，推出10项具体措施，全力推进“两新”党建。截至2016年年底，全市共建立非公企业党组织3533个，其中独立党组织2646个，联合党支部887个(覆盖企业12406家)，组织覆盖率99.5%，有非公企业党员22058名；建立社会组织党组织136个，组织覆盖率52.5%，有社会组织党员470名。

【选派机关年轻干部到非公企业挂任党组织副书记】 2月，常熟市委组织部从市市场监督管理局、经信委、城管局、文广新局、国土局、人社局、团市委、广电总台、口岸办等9家机关单位选拔10名年轻干部以全脱产方式赴江苏梦兰集团有限公司、常熟市汽车饰件股份有限公司、常熟市群英针织制造有限责任公司、江苏萃隆精密铜管股份有限公司、江苏金辰针纺织有限公司、江苏迎阳无纺机械有限公司、江苏中利集团股份有限公司、常熟市华德粉末冶金有限公司、常熟风范电力设备股份有限公司、常熟市天银机电股份有限公司等市内10家规模以上的非公企业担任为期一年的党组织副书记，具体负责企业党建工作，协助做好企业人才工作。

【成立“两区两园党建联合体”】 为进一步提升经济技术开发区、高新技术产业开发区、高新技术产业园、新材料产业园等开发园区党建工作水平，4月，成立“两区两园党建联合体”，开展互学互访、参观学习等季度活动，并市场化招聘了4名园区党建工作站专职党务工作者。

【开展“两新”党建“雁阵工程”】 围绕“党建机制科学化、服务功能系统化、组织生活规范化、工作方法特色化”目标，开展“两新”党建“雁阵工程”，选拔了15家“领头雁”党组织和45家“雁阵”党组织，进行重点培育。

【试点推进原市属企业党组织属地管理】 开展原市属企业党组织属地化管理工作，9月，以常熟鸽球印染有限公司党委(现更名为江苏鸽球环保科技集团有限公司党委)作为试点单位，先行整建制划归虞山镇党委领导和管理。

【获评苏州市区域党建工作示范站】 12月，常熟经济技术开发区香塘苑党建工作站、梅李镇通港工业园党建工作站被苏州市委组织部评为区域党建工作示范站。

【选派第十一批党建工作指导员】 制定《关于做好第十一批非公企业党建工作指导员选派工作的意见》,在全市选派152名党建工作指导员,明确工作职责,加强日常管理。同时,下拨工作补贴,办理商业保险,完善选派工作基础保障并对第十批24名优秀专职党建指导员予以表彰。

【加大"两新"党建保障力度】 由市镇两级按每名党员200元的标准下拨"两新"党组织活动经费,全年市级共下拨经费170.3万元;对"两新"党员交纳党费实行全额返还,全年共返还非公企业党费188.1万元。 (张志新)

机关党建

【概况】 2016年,市级机关各级党组织深入学习贯彻中共十八届三中、四中、五中、六中全会和习近平总书记系列重要讲话精神,落实全面从严治党要求,开展"两学一做"学习教育,深化学习型、服务型、创新型、法治型党组织建设,践行"机关党建走在前列"的要求,机关党建工作水平实现新提升。全年新发展党员29人,其中女性9人,评选出市级机关优秀党员128人。至年末,市级机关党工委下辖党委7个,党总支17个,党支部32个,党员3467人。下辖工会组织56个、团组织30个、妇女组织54个。

【落实党建工作责任制】 党工委年初根据党委、总支、支部不同类型,与下属党组织签订年度机关党建责任书,明确具体党建工作任务要求。研究制定党组织、党组织书记和副书记、党务干部抓基层党建工作的责任清单和任务清单,明晰各岗位党建工作的职责任务。研究起草并提请市委印发《关于贯彻落实全面从严治党要求、进一步规范机关基层党组织建设的实施办法》,明确机关党组织的职能和责任。每季度下发基层党组织开展党建工作指导意见,加强对下属党组织开展党建工作的督促和指导。每季度召开一次党组织书记例会,部署和推动机关党建各项重点工作任务。完善工委领导下基层调研制度和联系点制度,到下属党组织中开展调查研究,参加下属党组织的党日活动,掌握下属党组织党建工作开展情况。对重要部门和党建工作相对薄弱的部门加强指导,提出改进党建工作的意见建议,促进各机关党组织平衡发展。修订、出台《2016年度机关党建考核细则》,量化工作要求,增强考核工作的针对性和实效性。探索建立一年两次实地党建考核督查和日常党建在线考核系统实时监管评估相结合的考核体系,实现党建工作的实时动态管理。年底开展党组织书记抓党建工作专项述职评议,通过撰写报告、会议述职、领导点评、民主测评、总结部署、整改落实六个步骤推动各机关党组织书记履职尽责,形成上级述职、上级对下级考核、党员和群众对书记评议的工作运行机制。加强考核结果运用,考核情况公开通报,对年度考核结果为"一般"的党组织进行约谈。

【开展"两学一做"学习教育】 结合"两学一做"教育,加强党员队伍理论武装,将"两学一做"学习教育作为全年党建工作重点,列入党建考核细则、党组织书记抓党建工作任务清单、责任清单。细化学习内容,组织学习宣传党章、党规,特别是新的《中国共产党廉洁自律准则》《中国共产党纪律处分条例》和习近平总书记系列重要讲话。丰富教育形式,发挥党委中心组的示范带动作用,以集中学习促进个人自学,推动全体党员坚定理想信念,锤炼党性修养,补足精神之"钙"。深化工作举措,每季度在党建工作指导意见中明确"两学一做"重点内容,半年度对下属党组织开展"两学一做"情况进行检查,下发自查表格,查找学习教育存在问题和薄弱环节,进行梳理分析,抓好问题整改。

【开展一评一赛】 为组织开展好"两学一做"学习教育,以创先争优的良好氛围和干事创业的优异成绩纪念建党95周年,党工委在市级机关党组织中开展了支部活动案例评选和党员岗位竞赛活动(简称"一评一赛"),发挥基层党支部的战斗堡垒作用和党员的先锋模范作用,提高支部活动质量和党员干部综合素质,提升市级机关党建工作整体水平。一评一赛以支部为单位,市级机关共有103个党支部、118个党员申报参与评选。通过分组初评、集体复评、网络测评、考核终评三个阶段,市委党校教学党支部《切入"三点"、上好党课》、新市民事务中心党支部《"党员义警进社区、平安建设共参与"活动》、检察院第三党支部《"检爱护蕾":为未成年女童撑起保护的翅膀》等25个活动案例课题被评为市级机关支部活动优秀案例,市委宣传部党支部王启罡、市审计局党支部王瑛、市统计局党支部王蓝等25名党员获得党员岗位竞赛优胜。

【加强党员队伍管理】 贯彻落实市第十三次党代会精神,举办第二期机关中层干部培训班,将听课和现场观摩相结合,加强政治理论培训和业务技能指导,提高机关中层干部的专业素养和工作能力。部署落实党员分类管理、积分考核工作。深化服务型党组织建设,完善党员干部联系服务群众制度,实行在职党员进社区"双向登记,两个为主"机制,形成机关党组织和社区共建共享的服务机制。严把党员发展入口关,对发展党员数量、结构分布和工作要求等提出指导意见,提高发展对象和新党员的质量。组织参加全市入党积极分子培训和新党员培训,组织党员发展工作细则和专项业务培训,对各党组织吸收的党员材料全面检查,提出存在问题和整改意见,加强对党员发展工作质量的过程控制。加强党务干部队伍建设,组织市级机关党务干部赴北京中央国家机关党校培训,深入学习基层组织工作条例和支部工作方法,开阔党务干部视野。通过建立党务干部微信群、开展党建业务交流、下发党务工作资料、赠阅机关党建权威杂志等形式,提升党务干部党建工作水平。组织下属党组织参与全国机关党建优秀案例评选,上报5个,其中市委党校党总支上报的《切入"三点"上好党课》被编入《全国机关党组织"两学一做"案例选编》。

【市级机关"十三五"讲坛】 党工委服务全市中心工作，围绕"十三五"规划，举办市级机关"十三五"讲坛。分别于4月11日、5月11日、6月22日、8月16日举办4期讲坛，邀请市发改委、农工办、经信委、交通局、教育局、环保局、人社局、住建局的主要领导，向机关党员干部宣讲解读经济、工业、农业、交通、教育、生态环境、社会保障和城市建设等各个领域"十三五"时期各项重点工作项目和规划情况，共有超过800人次参加，推动了市级机关各部门中层干部树立和践行"五大发展理念"，围绕中心开展好各自的职能工作，提升工作水平，共同建设精致城市和"强富美高"新常熟。

【"文明城市、从我做起、向我看齐"主题实践活动】 结合常熟创建全国文明城市任务，机关工委在市级机关中开展"文明城市、从我做起、向我看齐"主题实践活动，要求市级机关各部门开展发一份倡议书、党员志愿者每月进行一次"公共文明引导"活动、每月开展一次进社区清洁家园活动、每单位开展一项社会公益活动、每人每周清理一包垃圾活动的"五个一"系列活动，共有83个机关部门参加。

【规范党内组织生活】 党工委落实换届纪律要求，开展市第十三次党代会代表的选举工作，于7月13日召开中国共产党常熟市级机关代表会议，选举产生市党代表46名。党工委组织做好市级机关人大换届选举工作，于12月8日召开常熟市156、157选区选举大会，选举产生市人大代表26名。指导17个任期届满的直属党组织进行换届。严格党的组织生活，落实新、老"三会一课"制度、民主生活会制度、领导干部参加双重组织生活会制度和谈心谈话制度。要求下属党组织党支部每月至少开展1次活动。开展党费收缴工作专项检查，按标准收缴、补缴党费，公开近3年党费收支情况。严肃党内政治生活，用好批评和自我批评的武器，增强党内生活的政治性、原则性、战斗性。

【落实党风廉政建设"两个责任"】 2016年年初，制定党工委《落实主体责任评价细则计划进度表》，逐项分解落实给班子成员。明确未派驻纪检组部门由党支部（党总支）履行党风廉政建设监督责任。配合市纪委抓好机关部门"两个责任"个性化重点项目清单制度，指导、督促各下属党组织充分履职。加大党建工作考核评价体系中廉政建设比重，继续执行组织建设和党风廉政建设"联述联评联考"制度和通报问责制度。在签订党建工作责任书时，要求党组织对党员特别是党员领导干部履行监督职责作出承诺。定期召开纪检组长、纪检委员联席会议，研究交流落实监督责任情况，一年两次对下属党组织"两个责任"落实情况进行督查考核。通过学习培训、发放读本、宣讲辅导、主题教育等形式，加强反腐倡廉和《中国共产党廉洁自律准则》《中国共产党纪律处分条例》等党纪党规的宣传教育。组织开展市级机关"学党章党规、学系列讲话"在线有奖答题活动，有75个部门3216人15526人次参加。加强廉政风险防控工作，完善并拓展分层分类施教机制，5·10期间对市级机关新提拔的中层干部进行集体谈话。在重点节日时段利用短信平台对机关党务干部、中层干部发送廉政短信。重视党员干部家风建设，与妇工委联合举办家风家训家教故事会，听取翁氏家风报告，3位机关干部讲述家庭廉政故事，现场发放家教书籍，助推党风廉政建设。持续监督中央八项规定精神、市委十二项规定执行情况。针对"四风"新形式、新动向，加强机关作风效能、工作纪律的巡察暗访，以服务窗口和执法岗位为重点，按照市纪委统一部署，在五一、端午期间，分成两组对8个部门进行督查。坚持抓早抓小，把纪律和规矩挺在前面，推动市级机关各部门运用好"第一种形态"，全年提醒约谈、批评教育共计187人次，其中党组书记出面91人次，纪检组长出面42人次，党组织书记出面54人次。严格执纪，坚决查处党员干部违纪案件，年内办理2名党员违纪案件。

【廉政党课评比活动】 党工委会同市纪委、组织部开展市级机关各部门党委（党组）书记上廉政党课录像、讲稿评比，有60个部门的主要领导参与。市委常委、市纪委书记华红《不忘初心、继续前进，以合格党员的标准开展监督执纪问责》，市委常委、政法委书记、市公安局局长吴军《立足新常态、把握新要求、激发新作为，努力打造政治坚定、纪律严明、作风过硬的常熟公安队伍》、副市长（原市政府办公室主任）王建国《党风廉政建设和反腐败斗争永远在路上》3堂党课获特别奖。江苏有线常熟分公司党委书记、总经理杨伟《不能为、不敢为、不想为》，市检察院党组书记、检察长陆建中《弘扬优良传统、筑牢思想根基，坚定不移把反腐倡廉建设引向深入》，常熟地税局党组书记、局长周健《牢记使命、践行誓言，争做"四讲四有"合格党员》等10堂党课被评为"十佳"廉政党课。市民防局党组书记、局长丁雷《遵党章守党规，做勇于担当民防人》，市经信委党委书记、局长邓国华《全面从严治党永远在路上》，市司法局原党组书记、局长冯晋《信仰的力量》等47堂党课被评为优秀廉政党课。

【机关群团工作】 群团组织继续扩大有效覆盖面，完善工会、团工委、妇工委组织网络。指导江苏有线网络公司常熟分公司组建工会组织和妇委会，督促指导任期届满的11个工会进行换届。健全团工委组织架构，配齐配强团工委委员，增强团工委的组织动员能力。举办"结对帮带、携手共赢"活动，组织市级机关9个新建的团组织与9个基础较好的团组织签约结对为共建单位，促进相互之间的交流与合作。机关工会加强劳模的日常管理和服务，关心劳模生活，落实劳模有关待遇，安排5批21名劳模参加市总工会组织的疗养。开展适合机关职工特点的活动，组织举办第十一届市级机关健身运动会和第二十一届市级机关乒乓球赛。团工委举办"学讲常熟话，连接你我他"机关青年学讲常熟话主题活动，为机关青年搭建学习交流的平台。妇工委组织开展中式面点厨艺培训、市级机关家庭档案知识讲座，举办"插花品香"婆媳同乐活动和"怎样成为好家长"家庭教育讲座，引领机关干部带头培育良好家风。机关工会组织开展工会优秀案例评选。举办市级机关劳动模范、先进典型事迹宣讲会，激发干事创业热情。妇工委召开“巾帼文明岗”负责人交流会，新命名市级优秀“巾帼文明岗”4个，市级“巾帼文明岗”2个。

【《关于贯彻落实全面从严治党要求 进一步规范机关基层党组织建设的实施办法》】 为贯彻落实全面从严治党要求，切实加强和改进市级机关党的建设，建立健全与《条例》和新的党内法规相适应的制度体系，党工委研究起草，并请市委印发《关于贯彻落实全面从严治党要求 进一步规范机关基层党组织建设的实施办法》(以下简称《实施办法》)。《实施办法》共分为组织设置，基本职责，党员的教育、管理、服务和发展，基层党内民主与监督，党务干部队伍建设，对机关党的基层组织工作的领导和指导6个部分43项内容。《实施办法》的出台为开展机关基层党建工作、提升机关党的建设科学化水平提供了依据。 (钱韵娅)

宣传工作

【概况】 2016年，全市宣传思想文化战线深入贯彻中共十八大和十八届三中、四中、五中、六中全会精神，认真学习贯彻习近平总书记系列重要讲话特别是有关宣传思想文化领域的重要讲话精神，按照中央和省委、市委部署要求，紧紧围绕“两个巩固”根本任务和“精致城市”建设战略目标，着力把牢方向导向、服务中心大局、推进改革创新、夯实基层基础，思想理论武装、新闻舆论引导、互联网建设运用和管理、精神文明创建、文化改革发展等各方面工作取得新的进展和显著成效，实现了“十三五”良好开局，为推动建设“强富美高”新常熟提供了强大的精神动力和有力的思想保证。

【理论武装更扎实】 用好党委中心组学习载体，制定2016年度全市党委(党组)中心组专题学习计划，举办“十八届六中全会精神解读”“历史文化名城保护与发展”等专题报告会8次。加强学习型党组织建设，开展领导干部读书调研、基层党校校长暨理论骨干培训等活动，虞山镇党委获评全省学习型党组织建设工作先进单位，古里镇“基层党校开展‘供给侧’服务”、海虞镇“‘红色沙龙’走出园区党校工作新模式”被评为苏州市基层党校“争先创优”优秀项目。持续打造理论宣讲品牌，组建十八届六中全会精神宣讲团，组织六中全会精神宣讲报告会，开展精品党课“大比武”暨“治国理政新理念新思想新战略”宣讲基层行。扎实开展2015—2016年度党员冬训，全市6187个基层党组织、73345名党员参训，蝉联全省基层党员冬训工作示范市，“‘书记宣讲团’传党声聚民心”被评为江苏省基层党员冬训工作创新项目，沙家浜镇党委“‘乡情乡风’微宣讲”被评为苏州市基层党员冬训工作创新项目，虞山镇获评全省基层党员冬训工作示范镇。加强社科研究，结合省、苏州市重点应用课题研究工程和市委市政府工作目标，组织开展2016年度社科应用研究课题招标工作，12个课题被确立为年度重点课题，专著《让国南来——仲雍》《虞山医学流派藏珍集萃》获苏州市哲学社会科学优秀成果二等奖。组织“同和讲堂”“市民课堂”等社科知识普及宣传活动。翁同龢纪念馆获评全国优秀社科普及基地，“同和讲堂(家风家教系列)”、市图书馆“中国文化之旅——名家走进常熟”成为省社科联社科普及资助项目。

【舆论引导更主动】 围绕市委、市政府重要决策部署和市第十三次党代会等推出一批重点稿件，全年开展“厚植开放型经济发展新优势”“打造精致城市 建设‘强富美高新常熟’”等系列专题报道50余组，《常熟日报》入围“金长城传媒奖·2015中国十大地市区域报”。健全重大主题宣传策划机制，以历史文化名城命名30周年、第十届世界湿地大会、2016江南文化节等为契机，精心策划有声势、有影响、有特色的新闻行动，中央主要媒体全年刊发常熟稿件22篇，《新华日报》头版、整版报道6篇，同时利用Web网站、微博、微信、APP、H5交互页面、网络直播等平台同步推广，江南文化节期间举行的祭孔大典在腾讯新闻客户端视频直播累计浏览量超过8万，全方位展示了常熟城市形象。积极开展对外宣传，在央视播出常熟藏书文化纪录片《书房里的中国》第一季《纸寿千年》，推出《中国国家地理》常熟特刊，制作完成城市宣传画册《常来常熟》，编辑出版城市外宣手册《常熟概览》。把提高舆论引导能力作为掌握意识形态主动权的重要抓手，组织新闻发布会22场，监看各类网络信息近25万条，清除各类不良信息4600多条，发表网络评论2600多条。启动第三届常熟市网络文化节，“i常熟”政务微信稳居苏州政务微信排行榜前列。

【文明创建更深入】 深化社会主义核心价值观培育，常态化开展“寻访身边道德模范”“我推荐、我评议身边好人”活动，1人入选“中国好人榜”，17人入选“苏州好人榜”。举办首届“和爱常熟”道德模范与身边好人现场交流活动，承办江苏“最美人物”暨苏州市级重大先进典型“时代先锋”周丽娟先进事迹媒体见面会，全省首个网上好人馆——“常熟好人网上展厅”正式上线。举行“新乡贤、新乡村”新闻寻访、“常熟市道德评弹故事汇”、江浙沪“道德评弹”名家展演、“核心价值观在常熟”微视频公益广告大赛等活动。表彰全市首批学雷锋活动示范点10个、岗位学雷锋标兵50名，“沙家浜精神”纪念抗战胜利70周年全国征文大赛入选苏州市爱国主义教育基地、时代精神教育基地十佳主题活动项目。开展长征精神宣传，评选全市各爱国主义教育基地活动优秀项目10个，制作《传承长征精神 凝聚中国力量》等广播公益广告。组织开展全市第十一届志愿服务月暨万名志愿者集中行动，公布志愿服务阵地化、常态化项目181个。市敬老院志愿服务站揭牌，“海虞妈妈”助学关爱志愿服务项目被评为全国志愿服务“四个100”最佳志愿服务项目，4个项目入选2016年度苏州市社会志愿服务引导扶持志愿服务项目。常态化开展“核心价值观进校园”活动，评选表彰首届常熟市“百名美德少年”“十大美德少年标兵”。组织开展“七彩的夏日”暑期未成年人教育实践活动400余项，参与学生达20多万人次。开展“城市啄木鸟行动”，打造“民情直通车”网络平台，让广大市民直接参与文明城市创建。调整市创建全国文明城市指挥部及办公室，召开全市创建全国文明城市工作推进会，制定《推进创建全国文明城市工作经常化实施方案》《常熟市公益广告设置发布管理办法》，持续深化精神文明创建。

【文化发展更稳健】 深化文化惠民工程，开展“市民艺术讲堂”公益文化培训、2016年“情暖常熟”群众文艺巡演、文化科技卫生“三下乡”集中行动、“‘我的舞台我的梦’常熟原创歌曲推广暨‘常熟歌王’大赛”“非遗进校园”文化传承系列活动等。着力打造特色文化品牌，成功举办2016江南文化节暨沙家浜旅游节，组织“家在常熟·美丽乡村”系列主题展示活动。进一步推动“书香城市”建设，成立常熟市全民阅读促进会，组织“阅读，让常熟更美丽”第九届常熟市阅读节。完善图书馆总分馆体系，以“图书馆＋”创新公共图书馆服务模式，建成启用曾赵园·能静书屋、卷云堂书院、新城·栖居书院等图书流通点。以精神文明建设“五个一工程”为龙头，加强文艺创作规划引导，开展多题材文艺创作，女声组合《亲亲家乡话》、山歌表演《挑泥号子》、小品《洋女婿》等群文类作品获首届苏州市群众文化“繁星奖”。注重文化人才培养，组织全市高层次宣传文化人才评选。全力推进文化产业发展，组织1家企业申报2016年度省文化科技创新项目。通过项目补贴、奖励、贷款贴息等方式下拨文化产业引导资金510万元，扶持纺织服装云视觉生成平台、江南印象文化休闲街区、九座创意文化艺术园等文化产业项目16个。

【组建“书记宣讲团”传党声聚民心】 2015—2016年度党员冬训期间，组建以各镇党委书记、市级机关部门党委（党组）中心组书记及各基层党组织书记为主体的“书记宣讲团”，上下联动、层层推进，全面、及时、准确地传达十八届五中全会等上级重要精神，累计开展宣讲160余场，受众人数达2万多人次。

【常熟市全民阅读促进会成立】 4月19日，常熟市全民阅读促进会正式成立，旨在加强阅读组织、个人和政府部门之间的联系，紧密结合市民阅读需求制定全民阅读规划，明确指导思想、目标任务、方法途径、具体措施、有关要求等，画好推进全民阅读“路线图”。促进会有单位会员46家、个人会员128名。

【举办第九届阅读节】 4月23日，第九届常熟市阅读节暨第六届常熟市少儿阅读节启动仪式在常熟图书馆举行。阅读节以“阅读，让常熟更美丽”为主题，聚焦“推动常熟文化建设迈上新台阶”战略目标，共开展“中华少年诵，梦想伴我行”常熟市首届小学生经典吟诵大赛、常熟市“最美市民书房”评选等各类阅读活动160余项，其中市级主体活动10余项。同时，涌现了“书香虞城”“书香古里”“灵动碧溪”“德善辛庄”“飘香书韵沙家浜”“生态董浜”“孝爱梅李”等一批阅读品牌，营造了全民参与、乐读乐享的浓厚阅读氛围。

【举办首届“和爱常熟”道德模范与身边好人现场交流活动】 5月10日，由市委宣传部、市文明办主办的“德善辛庄·和爱常熟”常熟市道德模范与身边好人现场交流活动暨“感动辛庄·德善人德善事”颁奖典礼举行，共表彰张卫红等德善人德善事8例、隆力奇等“德善辛庄”建设先进集体2个，全省首个网上好人馆——“常熟好人网上展厅”开通。

【常熟藏书文化纪录片《书房里的中国》第一季开播】 由市委宣传部打造的大型电视系列片《书房里的中国》第一季《纸寿千年》于7月18日开始在中央电视台科教频道《探索·发现》栏目播出。《纸寿千年》通过寻访常熟藏书楼遗迹及其相关人文景观，深刻揭示了虞山藏书派生发、存续的历史与地域文化渊源。

【市委宣传部获江苏省优秀政务新媒体“最佳内容传播奖”】 7月26日，在江苏省网信办指导、腾讯网和腾讯大苏网主办的“智慧未来移触即发”腾讯移动产品矩阵暨企鹅号江苏发布会上，常熟市委宣传部获江苏省优秀政务新媒体“最佳内容传播奖”。

【2017年度文化科技卫生“三下乡”活动启动】 12月30日，2017年度常熟市文化科技卫生“三下乡”活动在梅李镇体育中心启动。活动由市委宣传部会同市文广新局、市科技局、市卫计委等40多个部门单位共同举办，活动现场共组建“三下乡”文化服务、科技服务、卫生服务、法律服务、志愿者服务五大服务分团，收到各有关部门和单位捐赠的扶贫资金和物资共计价值87.09万元。

12月13日，由市委宣传部、市文明办主办的常熟市道德模范与身边好人现场交流活动暨第二届“感动董浜·三好人物”颁奖典礼在董浜镇举行

表 1

2016 年省级以上主流媒体对常熟市的重要报道一览表

媒　体	版　面	标　题	日　期
人民日报	第 A20 版	说词解事 以木为纸:《富春山居图》再合璧	3 月 17 日
人民日报	第 A17 版	让法治引领城市精细治理("关键少数"谈法治)	9 月 7 日
人民日报	第 A06 版	百名社长总编常熟采风－中国新闻技联县市区域新媒体分会成立	9 月 13 日
人民日报	第 A02 版	江苏常熟农户生活污水治理全覆盖－污水变清 家园更美(健康中国)	9 月 17 日
人民日报	第 A06 版	"光伏＋农业"推广论证会在江苏常熟举行	10 月 25 日
人民日报	第 A01 版	空壳变实 家底变厚－苏南激活壮大农村集体经济	12 月 18 日
人民日报	第 A10 版	农行常熟分行创建"信用村"－助力农民增收致富	12 月 25 日
人民日报	第 A04 版	第十届国际湿地大会召开	9 月 2 日
人民日报	第 A12 版	琴川古韵常熟新	10 月 1 日
光明日报	第 A05 版	清风荡万古——读《让国南来——仲雍》有感	3 月 25 日
光明日报	第 A07 版	江苏省常熟市康博村党委书记高德康代表:推动非公企业档案管理规范化	3 月 12 日
光明日报	第 A05 版	常熟:强健"城市之肾" 培固发展之本	10 月 1 日
光明日报	第 A03 版	江苏常熟市梅李镇人大换届选举:织好三张"网" 落实"零容忍"	10 月 19 日
农民日报	第 A08 版	湿地与乡村共美	10 月 12 日
经济日报	第 A03 版	第十届国际湿地大会开幕	9 月 2 日
经济日报	第 A14 版	湿地好,地球家园才会好	9 月 26 日
经济日报	第 A03 版	国际湿地大会首次在中国召开,被称为"地球之肾"的湿地保护问题受到全球关注——湿地好,地球家园才会好	9 月 26 日
经济日报	第 A04 版	钱月宝代表——留住用好乡村医生	3 月 13 日
经济日报	第 A09 版	遏制童工雇佣需法治"兜底"	11 月 25 日
科技日报	第 A07 版	常熟高新区:从拓荒者到创新者的转身	6 月 24 日
中国文化报	第 A05 版	翁同龢及翁氏家族文物特展在京开幕	8 月 15 日
中国环境报	第 A04 版	江苏常熟:坚持绿色发展 改善环境质量	1 月 28 日
中国环境报	第 A02 版	第十届国际湿地大会召开	9 月 2 日
中国青年报	第 T09 版	创新动力之源 观致汽车携全系产品亮相北京车展	4 月 29 日
中国日报		不忘初心 勇往直前——常熟蒋巷村:五位一体全面发展 再度阐释人间天堂	9 月 26 日
中央电视台	聚焦三农	陈吉的烦心事	8 月 11 日
中央电视台	朝闻天下	王淦昌:我愿"以身事国"	6 月 9 日
中央电视台	晚间新闻	国际湿地大会开幕 40 年首次来亚洲	9 月 19 日
中央电视台	中国新闻	第十届国际湿地大会在常熟开幕	9 月 20 日
中央电视台	中国新闻	2016 中国(常熟)江南文化节开幕	9 月 29 日
中央电视台	美丽中国乡村行	飘香常熟	9 月 29 日
中央电视台	新闻直播间	2016 中国智能车未来挑战赛举行	11 月 12 日
中央电视台	戏曲采风	江苏常熟评弹:让文化遗产实现活态保护	12 月 20 日

(段秀娟)

统 战 工 作

【概况】 2016 年,全市统一战线围绕打造"精致城市"、建设"强富美高"新常熟目标,发挥优势、主动作为,广泛凝聚改革共识、多方汇聚发展力量,为常熟经济社会发展作出积极贡献。年内,市委统战部被中央统战部评选为宣传工作先进单位,市侨办、侨联分别获评 2016 年度江苏省侨务工作示范单位和全省"双五有"侨联组织,指导常熟科创园成功创建"全国社区侨务工作示范单位"。

【召开市委统战工作会议】 协助召开市委统战工作会议,出台《中共常熟市委关于加强统一战线工作的若干意见》。《意见》共 8 章 37 条,对全市各领域统一战线工作作出系统性细化规范,明确了各级党委、有关部门的责任与分工,建立健全了各领域统战工作机制,破解了一些长期存在的难题,构建了党委统一领导、统战部牵头协调、有关方面各负其责的大统战格局。

【加强统战干部教育培训】 以学习贯彻中央统战工作会议精神为重点,组织全市各乡镇、板块及有关部门 40 多名统战干部在浙江大学进行培训。整理上级对统一战线工作的新思想、新论述,编印《统战工作手册》,供全市各级党组织和统战干部参考使用。

【建立首个“社区党组织统战工作示范点”】 探索社区统战工作，联合西泾岸社区建立全市首个“社区党组织统战工作示范点”，吸纳社区统战对象参与到社区共治自治实践，成功构建了社区为统战成员服务，统战成员为社区建设服务的“双向服务”局面，摸索出了一条新常态下社区统战工作的新途径。

【深入开展坚持和发展中国特色社会主义学习实践活动】 在民主党派、无党派人士中深入开展“落实发展新理念，为奋力开创常熟‘十三五’发展新局面作贡献”的主题活动。组织发动广大党外人士开展坚持和发展中国特色社会主义学习实践争先创优竞赛活动，推动党外人士积极投入全市经济社会各项事业建设。召开先进个人事迹报告会，编印《常熟市民主党派、无党派人士先进个人事迹汇编》，营造为全面建成更高水平小康社会作贡献的浓厚氛围。

【帮助和支持民主党派加强自身建设】 组织召开全市民主党派基层组织工作座谈会，协助指导民主党派加强基层组织建设，进一步巩固“基层组织建设提升年”的成果。帮助各民主党派形成基层组织建设规划化的协商意见，进一步完善支部工作制度和考评标准，加快基层组织活动载体和基层组织活动室的建设，进一步丰富基层组织活动，提升活动内涵和成效。协助民主党派加强后备干部队伍建设，在广泛推荐、民主测评基础上，帮助各民主党派建立后备干部队伍名单。协助民主党派做好组织发展工作，年内新发展民盟盟员 13 人、民建会员 21 人、民进会员 8 人、农工党党员 15 人、民革党员 5 人、九三学社成员 5 人。至年末，全市民主党派共有成员 1395 人，其中民盟 262 人、民建 362 人、民进 308 人、农工党 363 人、民革 68 人、九三学社 32 人。进一步充实完善党派服务工作力量，在市委支持下，设立了“市民主党派服务中心”。

【完成 4 个民主党派市委换届】 市委统战部指导协助民盟、民建、民进、农工党市委通过民主推荐、民主测评、组织考察、换届选举等程序，顺利完成换届工作，实现政治交接。新一届民主党派市委领导班子成员平均年龄 49 岁，1 名新任主委、3 名新任专职副主委和 2 名新任兼职副主委，平均年龄 47 岁，6 名新任领导班子成员均为大学本科以上学历。通过换届，形成了比较合理的年龄梯次和知识结构，进一步推进了民主党派领导班子建设。

【参政议政和民主监督】 落实政党协商制度，协助市委召开双月座谈会 6 次、民主协商会 2 次。完善了“党委出题，统战部牵头，党派调研，政府采纳，部门落实”的调研机制，组织民主党派围绕“引导中小微企业淘汰落后产能”“常熟西部区域现状及发展”等课题开展联合调研，形成专题调研报告，市委主要领导作了重要批示。完善联系交友制度，推动了党委领导与党外代表人士交友工作，关心他们的工作生活，主动听取意见建议，切实协调解决实际困难。组织召开全市对口联系工作会议；建立完善由统战部牵头，各对口联系双方负责人参加联席会议工作机制，定期研究部署工作、总结交流经验、协调处理有关问题；进一步落实了对口联系工作例会、情况通报、信息交流、民主监督、联合调研等制度，提升对口联系工作的制度化、程序化、规范化水平；对口联系双方将合作共事、协商民主融入联合调研全过程，实现了双向互动、优势互补，提高了调研的质量和成效；对口联系双方围绕市委、市政府中心工作，紧扣经济社会和民生福祉主题，进一步丰富了对口联系内涵，拓宽了对口联系渠道，形成了更加广泛的合力。

【深化民主党派社会服务品牌】 拓宽社会服务渠道，大力支持各民主党派、知联会通过建立社会服务基地（工作站）、调查研究基地、学习实践基地等，创新社会服务工作平台与载体。加快培育社会服务品牌，引导各民主党派、知联会发挥好各自优势，打造具有界别特色的教育、科技、医疗卫生等服务品牌，如民盟市委联合司法局共同建立了“黄丝带帮教基地”，民建市委的“生育关怀行动”“爱我虞山”志愿服务，民进市委的“民师之家”，农工党市委的“和爱商城”志愿服务亭，民革基层委的环保志愿团等，进一步巩固了社会服务“一党派一品牌”成果。整合各民主党派资源，开展“同心”社会服务活动，组织民主党派书画家开展“迎新春、送春联活动”，组织各民主党派、知联会开展“纪念‘五一口号’发布 68 周年”社会服务活动。

【党外代表人士队伍建设】 加强党外代表人士的选拔使用力度，做好政协、人大换届中党外人选的酝酿、推荐、提名、协商等工作，确保了换届工作圆满完成。全市有 339 人次党外人士担任常熟市级以上人大代表、政协委员，35 名党外干部担任副局（科）职以上领导职务，其中担任政府部门正职 1 名。加大党外代表人士教育培训力度，先后举办了全市各民主党派、无党派人士骨干培训班，中青年僧材培训班等，培训各类党外代表人士 100 余人，提高了党外代表人士的政治把握能力、参政议政能力、组织协调能力、合作共事能力。

【开展非公经济代表人士综合评价工作】 建立非公经济代表人士综合评价联席会议机制，市委统战部牵头，联合 15 家部门启动了对非公经济代表人士的综合评价工作，全年共发起相关评价批次 9 个，共对 272 名非公经济代表人士开展了相关综合评价，为工商联（总商会）、人大、政协换届中非公经济代表人士的政治推荐提供了切实可靠的依据。

【完成工商联（总商会）换届工作】 召开市工商联十二届会员代表大会，选举产生了新一届领导班子。换届坚持“凡进必评”，严格按标准开展非公有制经济代表人士综合评价工作，注重评价结果运用，不以企业大小、产值高低论英雄，注重诚信守法、履行社会责任、投身光彩事业等政治标准，较好地实现了市委提出的换出导向、换出力量、换出朝气的指示要求。11 家基层商会、3 家行业商会、4 家异地商会也如期进行了换届，有效地提升了商会活力。

【引导非公领域“两个健康”】 开展“民企发展新故事”宣传活动，深入挖掘和广泛宣传非公企业发展的新亮点、新经验、新成就，为全市民营企业发展营造良好氛围。完善落实劳动关系三方协调机制，积极参与企业欠薪专项治理行动，推进工资预警与处置工作，着力维护良好劳动关系。针对出现的违法雇佣童工事件，迅速组织全市 15 家异地商会召开专项会议，邀请市人社局负责人讲解相关政策法规。积极构建培训服务平台，组织会员企业举办精英营销训练班、企业高级职业经理人任职资格培训班和商会财务、法律知识、“互联网＋外贸”、宏观经济形势分析与对策等辅导报告会等。积极开展对外交流服务，组织参加常熟市友好代表团出访日本、韩国，增进两地工商界交流合作；积极组织会员企业赴上海、新疆、安徽、连云港等地，学习外地成功经验，考察发展投资环境，促进企业拓展发展视野、加快转型升级。

【弘扬光彩慈善精神】 用好光彩事业载体，引导非公经济人士特别是其中年轻一代致富思源、富而思进，主动参与到社会公益慈善事业，释放非公经济助力，努力构建非公企业社会责任体系。组织会员企业到贵州思南县资助帮扶结对单位 12 万元；市餐饮业商会 20 名企业家为安徽舒城县儿童康复中心捐资 5.8 万元；组织常客隆、美迪洋等与泗洪县双沟镇 2 个村开展“百企帮百村”精准扶贫。

【加强港澳台与海外统战工作】 指导碧溪、古里、虞山镇等成立侨务工作站和侨之家，实现了乡镇（板块）侨务工作站全覆盖，拓展了基层侨务工作的抓手。成功召开市侨联第八次代表大会，乡镇、园区侨联实现了全覆盖，夯实了做好新时期侨联工作的组织基础和平台载体。海联会多次组织赴港澳、深圳等地开展联络联谊，重点加强与第二、三代及青年华侨华人的沟通联系，着力维护港澳长期繁荣稳定。设立常熟市首个海外联络处“美国大华府常熟海外华侨华人联谊联络处”，加强与海外重点社团欧美同学会、华美协进社、加拿大苏州总商会等的联系沟通，积极拓展了海外联系面，进一步涵养侨务资源。配合台协会做好第五届理监事就职典礼，成立了台商青年企业家协会，拓宽了对台交流渠道。承办了“常熟名城印记城市定向赛”“江南侨韵”线路，吸引众多侨界人士积极响应和踊跃参赛。赴台举办黄公望《富春山居图》红木雕刻特展，得到央视四套、新华社、人民日报、中央人民广播电台等 50 多家两岸主流媒体积极关注和高度评价，海基会董事长林中森为特展亲笔题词。承办了民政部、国台办重点项目两岸国学书院“游学讲堂”，增进了常台两地的交流合作，促进了两岸民众的文化认同。全年共办理因公赴台 3 批 30 人次，非公职人员赴台商务活动 39 批 124 人次，接待到常参访台商台胞台属 16 批 255 人次，接待海外华侨华人重点人士共 258 人次，其中常熟籍 73 人，包括德国科学院院士孟丽秋、中国旅美科协主席宋云明、美国微软高级工程师周希明等。在全市开展留学人员情况调查，基本掌握了全市赴外留学人员信息。为 5 名华侨办理了恢复户口手续。

【发挥海外统战资源优势服务招才引智引资】 主动服务“一带一路”建设，邀请香港特别行政区选举委员会委员、香港农业联合会副主席冯健忠一行 12 人，举行了“五月和风常熟行”活动。承办了海外华侨华人高层次人才常熟专场、美南专协联常熟行、旅美科协高层次人才常熟行、中美科创合作中心常熟考察等活动。与孟加拉国、印度尼西亚等国侨商积极联络，协助举办了印度尼西亚西加省农业综合开发项目投资常熟说明会。做好土耳其能源部副部长一行到常考察服务。在科创园设立“新侨沙龙”，为海外人才创新创业提供优质服务。成功推荐宋波获得“中国侨界贡献奖”并赴京参会上台领奖。协调解决了华丰橡胶、魔音电游、迪诺娱乐等台企的土地补偿、投资纠纷、租约矛盾等。

【维护民族宗教领域和谐稳定】 突出宗教事务管理工作，提升宗教工作法治能力水平。组织各宗教团体开展组织建设年活动，指导各团体制订完善、整理汇编、组织落实了各项管理制度，推进了宗教团体及活动场所的规范管理。指导市基督教三自爱国会召开第五次代表会议，顺利实现新老交替。深入开展宗教活动场所星级评定，12 处场所通过星级评定，其中五星级 1 处、四星级 3 处、三星级 8 处。抓好民族宗教骨干队伍建设，举办了基督教服侍人员培训、基督教主日学老师培训、常熟真武观“逍遥游”会讲、佛教书画培训班等，取得了较好的效果。组织市佛教文化交流团赴台参加华严专宗学术研讨会，举办纪念妙生圆寂 10 周年追思座谈和普仁禅院历史地位论证会、第二届华严论坛等进一步弘扬宗教积极因素，营造清新的宗教文化氛围。指导兴福慈善功德会打响慈善服务品牌，宗教慈善周期间，共募集款物 20.7 万元，全年捐助敬老院、儿童康复中心、社会福利院等 42 万元，累计资助 1000 多人次。进一步促进民族团结进步事业和谐发展，全年筹措资金 3 万多元支助 30 多户少数民族贫困家庭（学生）。组织少数民族促进会代表到新疆阿勒泰考察少数民族学前教育情况并捐助 5 万元。做好新的公民更改民族成分政策出台后的宣传解释工作，为 35 名中考和 15 名高考学生办理加分证明。推进清真食品补贴政策落地发放工作，各镇将清真食品补贴发放到户到人。 （朱明明）

农村工作

【概况】 2016 年，常熟市不断深化农村改革，着力推进富民强村，积极构建农业经营体系，加快城乡一体化发展，“三农”工作取得新进展。常熟市“加快推进全市村级工业用地整合优化实施意见”获全省农业农村改革创新成果奖。市委农村工作办公室被评为全省扶贫办系统先进单位。市委农村工作办公室副主任张建华被省委农村工作领导小组办公室评为全省农工办系统先进工作者。

【基本完成农村土地承包经营权确权登记颁证】 坚持进度服从质量，严格遵循稳定完善、依法规范、因地制宜、民主协商的原则，强化组织领导，认真研究部署，严密组织实施，直面矛盾和问题，积极开展工作。到 2016 年年底，全市确定实施的 155 个行政村、4054 个村民小组、11.8 万户农户的农村土地承包经营权确权登记颁证基本完成。

【实施农村社区股份合作社股权固化改革】 按照建立"产权明晰、权属稳定、流转有序、政经分离"的农村社区股份合作社管理运行机制的总要求，积极实施、着力推进村集体经营性资产收益分配权的"量化到人、固化到户"的股权固化改革。到2016年年底，全市233家社区股份合作社，131家开展人员信息调查、成员代表选举、依法组成成员代表大会、研究制定股权固化方案等工作，完成核对人员户籍信息108839户、447582人，有10个合作社基本完成股权固化改革。

【规范农村集体资产交易管理】 在2015年全面完成农村集体资产交易服务中心的基础上，着力规范村级集体资源资产出租发包等交易行为，不断规范交易规则、交易程序、交易监管和合同管理，全年完成承包土地经营权流转交易296笔，40521亩，交易金额2960万元；集体建设用地租赁交易4116笔，928万平方米，交易金额11288万元；房屋建筑物租赁交易5145笔，222万平方米，交易金额21530万元。

【实施富民强村工程】 加强村级经济联合抱团发展的主体建设，注重经济薄弱村脱贫转化，优化完善经济薄弱村财力建设规划和实施方案，按计划推进"一村二楼宇"建设，组织实施村级工业用地整合优化，村级财力得到均衡健康发展。2016年，完成"一村二楼宇"建设项目24个，总投资38952万元，建筑面积181368平方米；在建12个，总投资19770万元，建筑面积65715平方米。全市村级集体经济总收入达到21.8亿元，比2015年增长7.33%；全市村级集体经济稳定性收入达到15.17亿元，比2015年增长7.65%，其中薄弱村增长11.9%。2016年，所有村的稳定性收入均超过200万元。

【培育新型农业经营主体，推进农民合作社规范化建设】 至2016年年末，全市累计拥有农民专业合作社173家，农地股份合作社122家，农村劳务合作社114家，村级合作农场63家，家庭农场112个，种养殖大户3958个。制定印发了《常熟市农民合作社规范化建设整体推进县试点实施方案》，全市共有306家(含社区股份合作社)合作社列入政府优先扶持名录，年报率达到90.5%，27个项目列入市级合作社建设项目库。建立常熟市农民合作社信息管理服务平台，105家专业合作社已纳入平台管理。全市评定10家市级示范村级合作农场、20家市级示范家庭农场。

【加快推进美丽乡村建设步伐】 积极稳妥推进示范小区规划建设。到2016年年末，全市一体化示范小区(安置房)累计开工建设536万平方米，累计竣工交付342万平方米。持续推进美丽乡村建设。2016年，全市80个组团村庄(自然村327个)分别通过了省、苏州市及常熟市的验收。其中，省级美丽乡村"面上示范"村2个组团、自然村7个；苏州市美丽村庄示范点1个组团；苏州市三星级康居乡村33个组团、自然村132个；整洁村庄44个组团、自然村187个。2016年，全市共实施农村公益事业建设"一事一议"项目25个，完善村内道路的新建及改造，配套村内停车场、休闲广场等建设。涉及11个镇(区)，25个村，受益人口8.67万人。

【加强村级"三资"管理】 按照制度加科技的总体思路，继续升级和完善农村集体"三资"监督管理和财务管理信息系统。推进"村账镇代理"的深化改革，虞山镇、梅李镇、支塘镇三个镇完成村级财务回归，落实主体责任。开发村级资金管理系统，完成梅李镇村级资金支付银行联动监管试点，实现村级"三资"资源资产监管、交易监管和财务监管全覆盖。研究制定镇级集体资产清产核资方案，启动董浜镇、古里镇镇级集体资产清理。

【着力提高农民财产性收入】 严格执行农户承包经营权入股到村农地股份合作社或委托村集体经济组织发包每亩最低享有550斤稻谷收益，力促具备条件的农地股份合作社"二次分红"全覆盖。规范社区股份合作社经营管理、建账核算和民主管理，完善"以统筹安排、收益决定分配、留有余地"为原则的分配制度，扩大分红覆盖面，依据《章程》合理提高分红水平。规范和完善富民合作社的设立、经营管理和建账核算，保障农户的合理投资收益。进一步规范劳务合作社的经营管理，鼓励和引导各镇(区)将公益性岗位向劳务合作社倾斜，提高中老年和就业困难农民的收入水平。落实被征地农民征地补偿安置工作，确保被征地农民的各项保障落实。2016年全市农村居民人均纯收入达到27950元，比2015年增长8.3%。 (何安琪)

海虞镇生态农庄景观

机 构 编 制

【概况】 2016年机构编制部门紧紧围绕常熟经济社会发展大局，提升深化改革和服务中心的能力水平，加强改革创新,强化服务保障,规范日常管理,为全市改革发展稳定提供坚强有力的体制机制保障。

【深化行政审批制度改革】 动态调整行政审批事项清单,以国务院、省、苏州市在深化行政审批制度改革中调整取消的事项为依据,及时承接、取消、下放、调整行政审批事项,确保“目录之外无审批”。全年共调整5个部门的12项行政许可事项。其中取消减少5项;由行政确认调整为行政许可1项、承接上级下放4项,共增加5项;另有2项更名,全市行政许可总数仍保持137项。建立政府部门责任清单,在厘清部门权力的基础上,对部门“三定”规定进行深化细化,全面梳理政府各部门现有职责和权限,严格落实部门责任,限制行政裁量,规范权力运行。经与部门反复沟通、协调磋商、征求意见、修改完善、确认上报、专家审核等环节,共梳理编制32个部门的责任清单合计7994项,其中,部门职责清单2221项、与相关部门的职责边界清单243项、公共服务事项清单246项、履行部门职责所对应的权力事项清单4960项、权力运行过程中涉及的中介、盖章、收费清单112项、事中事后监管措施清单212项,清单的全部内容已在市政府门户网站“中国常熟”公示。加快构建“双随机”抽查机制,根据国办、省政府办建立“双随机”抽查机制的有关精神,出台《关于建立双随机抽查机制加强事中事后监管的通知》《关于加快推进“双随机、一公开”监管工作的通知》,大力推广随机抽查,规范监管行为,创新管理方式,强化市场主体自律和社会监督,着力解决群众、企业反映的突出问题,提高监管效能。开展行政审批第三方评估,委托常熟理工学院,对新一轮行政审批制度改革的成效进行独立评价,加强对部门“放、管、服”改革、创新服务基层的绩效考核,及时掌握改革的社会效果,根据考评结果对相关改革措施及时作适当调整,提升审改工作的整体协同效应。

【深化乡镇行政体制改革】 以镇便民服务中心建设为核心,紧紧围绕“建设一个宽敞明亮设施完备的办事大厅、进驻一批覆盖合理权限到位的服务事项、建立一套责任明确制度健全的管理机制、打造一支业务精通作风过硬的工作队伍”四个方面,整合完善乡镇政府内部运行机制,加快推进镇(街道)政务服务体系建设,在前期下移87项市级经济社会管理和公共服务事项的基础上,经过调研申报、审核磋商、修改确认等环节,再下移第二批39项市级权限事项至各镇(街道),并出台《关于健全镇(街道)政务服务体系中进一步明确职责关系健全联动工作机制的意见》,从“明确主体责任、落实监管职责、规范委托手续、健全联动机制、事项调整管理”五个方面对政务服务体系建设中的相关内容予以明确,确保镇(街道)政务服务体系建设顺利推进。全市各镇(街道)共启用197个便民服务窗口对外服务,极大地方便了企业、群众办事,激发了广大群众创业、创新的热情。同时,为完善审批、监管、处罚的行政管理链条,还配合市法制办做好全市镇域综合执法试点工作,进一步优化基层政府权力运行方式。深化经济发达镇改革,加大对梅李镇经济社会管理和处罚权限的下放力度,在原下放的618项行政处罚权基础上,再次下放328项行政处罚权以及与之对应的行政强制权和日常检查、监督管理权,进一步完善梅李镇行政管理体系,并通过编制梅李镇权责清单,严格落实部门责任,厘清责任边界,限制行政裁量,强化权力运行监督。另外,在省编办组织专家对梅李镇进行第三方评估后,根据专家评估意见书提出的意见建议,进一步深化改革,通过再造审批流程,开创便民服务新模式,实现“一枚公章管审批”;通过建强指挥中心,建立“双随机”抽查系统,配强执法装备等方式,打造综合执法新格局,实现“一支队伍管执法”;通过对职能部门进行整合,创新灵活用人制度,实行行政、事业人员统一使用等方式,不断深化人事制度改革,提高经济发达镇资源的配置效率。

【加强和创新机构编制管理】 根据上级编办关于跨层级调整常熟市乡镇精简行政编制的最新精神,按照“保障重点领域、统筹兼顾上下、加强基层一线”的原则,将跨层级调整的行政编制全部分配下达至安全、环保等领域。事业编制按照2012年年底年报数为基数实行总量控制,通过深化改革、内部挖潜、跨部门调剂等途径,优化编制资源配置;共调剂行政编制17名,事业编制106名用于保障深化改革、加强历史文化名城保护等重点领域的人员力量。为解决历史文化名城保护工作上存在的“空间分离、领域分割、管理分治”等问题,建立了常熟市历史文化名城保护管理办公室,负责统筹协调研究全市古城保护的政策、原则、措施等,并牵头实施历史文化遗迹的保护、利用、改造等工作;爱国卫生运动与健康促进工作管理体制更为健全顺畅,建立了“一委一办一中心”的管理模式,将原市爱国卫生运动委员会更名为“常熟市爱国卫生运动与健康促进委员会”,办公室设在卫计委,明确了爱健委、爱健办与环境卫生指导中心的职责分工,并调整人员编制5名;不动产统一登记工作职责进一步理顺,管理服务更趋高效便民,在组成不动产登记中心的基础上调剂增加人员编制44名,并根据职责相近原则将地籍测绘站一并整合;市级医疗卫生和计划生育技术服务资源和行政执法资源实现优化整合,组建了市妇幼保健和计划生育服务中心;市委改革办机构建设进一步加强,职能定位、机构设置更加规范,并跨层级调剂增加行政编制2名内部调剂1名,人员力量得到加强;公安系统刑侦、交通、巡防等执法体系建设更趋科学,增设交警中队、刑警责任区中队,特警中队,提升了社会安全防控和保障能力;国家级开发区、高新区管理机构职能不断完善,分别在党政办增挂了“宣传办公室”牌子、在财政局增挂了“国资办”牌子,明确了宣传思想文化工作以及国资管理相关职责;此外,为满足高新区区域内社会事业发展和管理需求,完善“四位一体”管理体制,在高新区管委会内部设立了社会事业局。配合市教育局开展义务教育阶段教师分配制度改革,整合市教师进修学校、电教馆的相关职能和资源,建立“市教师发展中心”,教师队伍专业化水平和教育系统编制资源使用效益得到提升;配合人社部门加快推进机关事业单位养老保险制度改革，在支持社保中心编制配强的基础上，进一步加强经办机构建设，在市社保中心增设“机关事业社会保险科”，实现专岗专人专室，并核增人社局公益性岗位人员4名，用于加强机关信访及热线接听工作；多党合作事业发展保障更趋完善，建立了“市民主党派服务中心”，全市3个无专职人员的民主党派的日常服务联络工作得到加强。

【跟踪落实机构改革】 开展政府职能转变和机构改革“回头看”，深入机构改革新组建的3个部门，了解掌握政府机构改革的执行情况，检验改革成效，重点检查新组建的三个部门推进职能转变、简政放权和机构改革组织实施是否落实到位，查找分析行政管理体制和运行机制方面存在的突出问题和不足，研究提出意见建议，推动体制机制不断完善和创新，为下一步深化改革奠定基础。进一步规范机构改革期间新组建和调整机构的设置，按照最新的“三定”规范标准，制定市公共资源交易中心、检验检测中心、食品药品监测中心3家单位的“三定”规定，并初步建立事业单位职能事项目录管理制度，进一步规范机构编制管理。

【强化机构编制责任审核】 严格贯彻落实机构编制核查月报制度，完成实名制信息系统升级工作，使机构编制核查与日常管理相结合，推进机构编制精细化管理和使用。建立机构编制绩效管理制度，制订含有4级指标的机构编制工作考评细则，进一步提升机构编制管理的科学化、规范化水平。会同市委组织部、市审计局对服装城管委会、辛庄镇、粮食局的主要领导分别实施“三责联审”，重点加强对部门履职情况的审核，进一步增强党政领导干部履职尽责、科学用编、依法管理的意识。

【强化事业单位法人登记工作】 开展2015年度事业单位年度报告公示工作，在政务公开网站对522个事业单位进行年度报告公示。根据机构设置及事业单位法人变更要求，全年共完成事业单位的新设立登记33个，对涉及151个单位的160多项有关法人登记事项进行了变更，注销6个事业单位的法人证书。根据上级部门职能的调整，增加机关、编办直接管理机构编制的群众团体统一社会信用代码赋码工作，年内累计完成赋码61个单位。

【做好机关绩效管理】 成立市级机关部门绩效管理工作领导小组，明确成员单位的职责分工，构建市级机关绩效管理工作网络。全面梳理市级机关部门绩效管理相关情况，本着“大稳定、小调整”的原则，对2015年度的指标体系进行梳理整合、优化提升。经市委第102次常委会审议通过，出台《2016年常熟市市级机关部门绩效管理工作实施意见》和《2016年市级机关部门绩效管理考核评价细则》。并通过建立健全“进出机制”“过程监控机制”“反馈机制”“满意度测评延伸机制”“机关部门内部绩效考核机制”等五项机制，积极推进市级机关部门绩效管理制度建设，促进机关效能持续提升。 （李　刚）

保密工作

【概况】 2016年，全市保密工作以贯彻落实《中共中央关于加强和改进保密工作的意见》为主线，主动适应保密工作转型升级，扎实开展基础能力建设，持续推进“三大管理”，全面推动保密工作标准化管理迈上新台阶。

【深入学习贯彻习近平总书记重要讲话精神】 把学习贯彻习近平总书记关于保密工作的重要讲话精神和中央《意见》作为重要政治任务放在首位，全面组织、系统谋划、周密部署，确保传达到位、深入人心。把加强和改进保密工作的新理念新举措体现在加强对保密工作的领导上和抓落实的具体措施上。大力开展宣传教育活动，使各级领导干部、涉密人员、保密干部和广大公务员全面领会核心要义、深刻内涵和本质要求，主动增强使命感和责任意识，凝聚起推动保密工作不断迈上新台阶的强大力量。

【坚持重点突破，持续加强保密“三大管理”】 建立健全定密责任人制度，落实根据工作需要确定国家秘密知悉范围原则，积极有序开展涉密档案集中解密审查工作，强化对机关单位工作秘密保护的监督指导。严格落实涉密网络分级保护管理制度，强化涉密网络的全过程管理。加强电子政务内网改造过渡期内的保密管理，积极做好涉密广域网的测评审批和风险评估工作，严格落实涉密网络接入审查规范和要求。认真贯彻落实涉密人员管理有关要求，完成全市党政机关、涉密单位涉密人员分类确定和保密审查，强化涉密人员上岗、在岗、离岗和脱密期全过程管理。

【强化“两识”教育，不断提升宣传教育水平】 启动“七五”保密普法。结合全市实际，制定《常熟市“七五”保密法制宣传教育规划》。认真做好《保密工作》《保密科学技术》杂志的订阅赠阅工作，充分利用信息化传媒手段，开展社会化保密法制宣传教育活动，营造保密事业发展的舆论环境和社会氛围。要会同组织、人社部门，将保密教育纳入全市干部和公务员的教育培训计划。根据工作需要，适时组织开展涉密信息系统“三员”、专(兼)职保密员、政务内网应用等专项培训，切实提升相关人员的保密意识和技能知识。

【巩固基础管理，提升保密工作技术支撑水平】 认真做好全市保密法规制度清理和《保密工作标准化管理实务手册》发放工作。组织开展保密要害部门部位重新审核确认工作，按照国家新出台的保密标准管理办法，严格落实人防物防技防措施，提高综合防范能力，推进保密管理规范化、信息化水平。进一步规范保密检查内容、流程，指导监督机关、单位做好日常保密管理，推进保密自查自评和整改工作常态化、规范化。依托苏州市保密技术管理服务中心，在保密教育实训、保密技术综合监管、涉密设备维修维护、涉密载体分类销毁、重大活动应急保障等方面，不断拓展保密工作覆盖面，提升全市保密工作服务保障能力。

【强化工作责任，提升保密工作服务保障能力】 充分发挥保密委员会的政治优势，进一步落实保密委员会工作制度，完善议事规则，及时研究解决保密工作中的重点难点问题。继续深入贯彻《党政领导干部保密工作责任制规定》,把履行保密工作责任制作为落实党管保密要求的重要抓手,抓实抓好。落实中央《意见》要求,规范和加强保密行政管理部门机构设置、人员配备。加强对机关、单位内设保密工作机构的监督指导,不断强化机关单位保密工作主体责任。保密部门加强政策统筹和工作指导,与相关职能部门加强沟通协调,建立健全协同配合机制,形成做好保密工作的合力。（蒋小春）

机要工作

【概况】 2016年,市委机要局接入开通张家港农商行等4家单位,整合地震局等3家单位,完成内网接入线路光纤改造86家。年内,市委机要局经机要内网下发及督查公务电子邮件813份,全市170家接入单位通过机要内网累计发送公务电子邮件18566份,流转办理248474份次。市委机要局被评为2016年全省办公厅(室)系统先进集体、2016年全省机要密码工作先进集体,冯金达被评为2016年全省机要密码工作先进个人。

【机构及队伍建设】 2016年,市委机要局着力开展学习总书记批示精神、机要密码干部革命传统教育及"两学一做"专题教育活动,积极配合省委机要局组织好新中国机要密码事业开创者李强同志教育纪录片的在常拍摄工作,认真协助苏州市委机要局在常熟召开苏州全市机要革命传统教育纪念活动。2016年,机要局向市委办输送1名年轻干部,并开展2017年新机要员的招录工作,同时认真做好对2015年新进机要员的"传帮带"工作,该机要员试用期满后经考核合格,顺利转正。加强密码干部培养,全年共组织人员外出学习培训8次、参观考察11次。鼓励全局人员撰写通讯报道,提高写作能力,全年共有11篇次文章、5篇次通讯、6篇次简讯被上级机要部门期刊及网站录用。

【继续推进电子政务内网、电子公文系统安全可靠应用试点两项重点工程建设】 2016年,市委机要局继续推进常熟市电子政务内网建设及电子公文系统安全可靠应用试点建设的相关工作。电子政务内网机房工程建设于3月基本完成。经数次三方验收及整改,工程建设于7月31日正式完成。8月,市委机要局整体从综合楼7层搬迁至市委楼2层,并完成原由市电子政务中心负责管理的省政府内网(涉密)相关设备、线路、资料的移交工作。内网中心机房工程建设竣工验收工作于8月31日经专家组评审通过。10月,上连苏州的内网光纤线路开通,横向连接机关部门、纵向连接镇(街道)的光纤线路改造工作基本完工,全市共有86家单位完成改造。电子公文安全可靠试点项目于3月完成安全可靠环境搭建并通过测试。4月结合电子文件管理标准完成试点项目详细实施方案。5月通过市信息化办组织的试点项目建设论证会。6月依据论证会结果修改试点项目实施方案并派员出席在南京召开的安全可靠信息技术专项汇报会。7月市信息化办下发试点项目建设任务书。8月试点项目立项申请报告获发改委批复通过。11月组织举办市电子政务内网建设和管理领导小组(扩大)会议。12月完成试点项目监理招标工作,试点项目(一期)招标工作。

【党委系统信息化】 2016年,市委机要局在去年工作基础上,进一步加强党委系统信息化工作。一是做好党委业务应用系统开发、提升工作。改进完善全市电话通讯录自动排版打印系统,升级完善之前的电子版录入系统,完善后的系统在6月份编印电话通讯录的过程中得到了应用和实践。二是充实完善内部网站。更新内网经济类文章285篇,其他类文章10多篇。三是更新完善自助服务平台。为全市机要网接入单位提供了网上技术帮助和自助操作说明,全年更新自助技术类文章5篇,累计访问达1248次。四是提供信息技术服务。帮助指导工商联、党史地方志办、文联、住建局、海虞镇等部门和镇(区)做好政务内网规划、信息系统开发、涉密项目招标等工作;协助市纪委、市人大办、政协办、市维稳办、国安办、法规科等在机要内网上相应业务应用系统的部门提供技术服务,全年共到部门、基层维护计算机等各类办公自动化设备累计达200多台次。

【信息化密码保障】 2016年,市委机要局组织协调相关技术专家,维护解决市信息资源管理中心企业库应用平台(外网)、纪委勤廉预警系统(内网)中数字证书应用中的具体问题累计40多台次;新增10套数字证书,累计发放数字证书250套,并完成内网数字证书密钥体系国产化升级改造;协助市信息化办、市政务服务管理办公室在政务外网平台建设完成全市统一电子签章系统(结合数字证书)。（黄 斐）

党史工作

【概况】 2016年,开展改革开放新时期党史资料的征集工作,尚湖镇、辛庄镇、虞山镇、董浜镇、市委农工办、市农委、市供销社的党史资料的编写任务已完成,资料上交市委党史工作办公室。8月至9月,完成习近平同志1984年到常熟考察碧溪乡镇企业的专题资料的征集工作,专题资料由来信、名片和综述组成。参与设立华东政治军事大学第三总队开学典礼旧址纪念碑。该碑设于1949年8月26日开学典礼旧址方塔塔场即今方塔公园内。

【《中国共产党常熟市历史大事记》出版】 上半年,完成《中国共产党常熟市历史大事记》(1991年1月—2015年12月)的编辑工作,由中共党史出版社出版。该书与1993年出版的《中国共产党常熟市历史大事记》(1949年4月至1990年12月)相衔接,是开展改革开放历史时期党史工作的重要资料。

【协助拍摄电视文献片《致未来书》等】 1月,协助江苏卫视拍摄反映雨花台革命烈士事迹的电视文献片《致未来书》。摄制组在常熟拍摄一个星期,市委党史工作办公室带领摄制组前往民抗成立地拍摄，安排采访任天石烈士儿子任春嘉和当年担任任天石同志通讯员的离休干部支兰生，提供相关资料和照片。10月，协助省委机要局在常熟拍摄关于党的机要工作电视片，主人公是原中央特科第四科科长、外贸部部长李强。

【《任天石传》出版】 6月，完成《雨花台烈士传丛书》之一的《任天石传》的编写工作并由江苏人民出版社出版。该书12万字，通过文字、图片等记录了任天石烈士光辉的、战斗的一生。6月28日，《任天石传》与《致未来书》等一起由省委宣传部、省广电总台、省委党史工作办公室、省作协、雨花台烈士陵园管理局、南京市委宣传部对外发布。

（刘品玉）

党校工作

【概况】 2016年，中共常熟市委党校（以下简称党校）举办各类培训班98期，培训13200人次。其中，主体班27期（含10期“菜单式”选学讲座），培训8880人次；与各乡镇和部门联合举办各类培训班35期，培训2460人次；承接各地区、乡镇、单位联合办班36期，接待办班人数1860人次。全体教师共对外宣讲471场次，授课对象41500人次，宣讲内容包括中共十八届五中、六中全会精神解读，习近平总书记系列重要讲话精神解读，协调推进“四个全面”战略布局，社会主义核心价值观，常熟经济社会发展情况介绍和党史国史党章，党员权利与义务教育等。党校教师在全市主体班授课89场次。研讨式、访谈式、案例式等教学方法在各类培训班上得到应用，在苏州率先构建形成党性教育、理论教育、能力培训和知识更新四大模块干部培训课程体系。在全市范围内聘请34名同志为党校第一批特聘讲师。新增现场教学基地3个。出版4期《市情研究》，发送单位增加至182家。完成12项校级调研课题，6项课题被确定为2016年度常熟市哲学社会科学应用研究立项课题，首次在苏州市社科联立项2个课题并通过结题，省社科联立项课题《常熟市农民合作社、家庭农场基层党组织建设研究》完成结题，新获得省社科联立项课题1个，省委党校立项课题1个。4篇《信息专刊》报送市委，其中2篇得到了市委主要领导的批示。在2015－2016年度全市优秀哲学社会科学优秀应用研究成果的评比中，党校获得一等奖1个、二等奖3个、三等奖3个。

【颁布党校发展十三五规划】 4月，党校正式颁布《中共常熟市委党校、常熟市行政学校2016－2020年发展规划》。主要任务和目标为，围绕坚持党校姓党基本原则，在轮训培训常熟现代化建设所需要的高素质干部队伍方面发挥更大作用，在学习研究宣传中国特色社会主义理论体系、党的路线、方针、政策上发挥更大作用，在建设为地方党委政府决策服务的新型智库上发挥更大作用，努力把常熟市委党校建成与党校功能职责相匹配、与干部培训需求相适应、与常熟发展相协调的苏南先进、全省一流县级党校。

【服务全市“两学一做”学习教育】 开展五个专项活动。一是专项调研。分别赴古里、支塘、梅李、尚湖、董浜、沙家浜等镇进行专题调研，落实联系服务基层制度，了解和掌握基层需求。二是配强一支宣讲队伍。推出“两学一做”学习教育专题教学课程菜单，配齐配强教学骨干师资。三是落实一个基本要求。在各类培训班次中，把党章党规和习近平总书记系列重要讲话作为必修课。四是举办师资培训班。举办了“两学一做”学习教育基层理论师资培训班，共安排《如何上好一堂党课》《认真学习党章 严格遵循党章》《习近平总书记系列讲话精神解读》三个专题内容。五是开设信息平台。在党校网站开设“两学一做”学习教育专栏，推出服务项目、教学专题、学习动态、学习资料等内容，传达和提供相关信息、服务和资料。

【入选优秀案例】 9月，党校形成的《切入“三点”上好党课》入选由中央国家机关工委组织评选的全国“两学一做”优秀案例，并编入《紫光阁》教材。

【创新实践教学新模式】 按照“按需施教，量身定制”的原则，创新教学模式。在全市“两学一做”学习教育基层理论师资培训班、全市中小学校长培训班和市年轻干部能力素质提升培训班上采用研讨式、访谈式、案例式教学方法，增强干部培训的前导性、时代性、开放性。

【推进教学资源体系建设】 推进教学资源体系三个库建设。一是课程资源库，形成党性教育、理论教育、能力培训和知识更新四大模块干部培训课程体系。二是校外师资库，在全市范围内共聘请34名领导干部、基层专家和企业代表担任党校第一批特聘讲师，出台《中共常熟市委党校特聘讲师聘任管理办法》，加强规范管理。三是现场教学基地库。在巩固已有12个现场教学基地的基础上，新增中泾村、芦荡大洋水产专业合作社和天字村3个现场教学基地。

（胡敏玉）

老干部工作

【概况】 2016年，全市老干部工作根据市委、市政府总体要求，以“五心四到三满意”服务理念为引领，认真贯彻落实全国、省、苏州市离退休干部“双先”表彰大会精神以及各级老干部局长会议部署要求，围绕中心，服务大局，落实老干部两项待遇，完善老干部服务管理，深化老干部阵地建设，发挥老干部优势作用，提升老干部工作队伍整体水平，较好地落实全市304名离休干部生活政治待遇。全年为老干部赠送报刊和学习资料、传阅文件，组织老干部参加重要会议和重大活动，年初召开全市离退休干部大会，年中召开半年度情况通报会，让老干部始终保持政治坚定、思想常新、理想永存。举办离退休干部党支部书记培训班、国内国际形势报告会，开展“学党章、知党史、守党纪”知识竞赛，成立老干部党校，试点建立离退休干部“彩虹桥”党支部，加强老干部思想政治引领和党组织建设。分别组织地市级离休干部及市四套班子退休干部、全市离休干部、女离休干部、易地安置到常离休干部参观考察常熟及周边县市经济社会发展成果，积极为全市城镇发展建言献策。结合重大节日、春节高温期间走访慰问老干部，重点对住院、长病卧床、孤寡、有特殊困难的老干部进行探望，全年共计走访慰问 710 多人次。深化老干部"幸福家园"工程、社区"四就近"服务工作，组织城区部分社区赴扬州邗江区参观学习并召开社区党建及"四就近"服务工作现场学习交流会，创新开展社区志愿者与老干部结对的"一帮一""多帮一"就近进家门服务。用好老干部住院信息平台，优化完善名中医队伍，为老干部提供人性化、亲情化健康关怀。成立"彩虹桥"爱心服务站，设立爱心服务工作室，为全市老干部、老同志提供房屋、家政等各类有偿服务。组织地市级离休干部及市四套班子退休干部赴宁波保健疗养。组织全市离休干部及市四套班子退休干部参加体检，并进行义诊，卫生所门诊 7179 人次，指导料理 28 位离休干部去世善后工作。协调老干部住房拆迁、医疗、生活待遇、家庭邻里纠纷等生活待遇信访 30 多件(次)。围绕纪念建党 95 周年，举办第二届"彩虹韵"老干部文化体育节，全年组织老干部文艺汇演、棋牌、书画、桌球等活动 30 多场次，老干部参与 4500 多人次。开设耆英大讲堂，做好老年大学老干部分校教学工作，满足离退休干部精神文化养老需求。深化"上个门、逐个问"普访活动，为老干部赠送防跌倒物资。继续开展好"情暖九〇后，关爱送到家"祝寿活动，全年为 27 位年满 90 周岁的老干部上门过生日。老干部在慈善募捐、扶贫帮困、社区建设、市民教育、关心下一代、老年体育事业等发展方面发挥积极作用，丰富老干部晚年生活，树立新时期老干部良好形象。全年刊印《常熟市老干部工作》简报 4 期，制作《凝心聚力谋求新发展 转型升级谱写新篇章——2016 年常熟市委老干部局工作纪实》电视片，编印发放《"彩虹桥"爱心服务站服务手册》和《2016 年常熟市老干部活动掠影》。

【老干部参观现代化建设成果】 3 月 3 日，以"我和春天有个约会——走进圣百合"为主题，组织全市近 20 名女离休干部参观圣百合集团，并听取集团董事长杨继玉对企业生产发展情况的介绍。4 月 29 日，组织地市级离休干部及市四套班子退休干部 24 人赴吴中区参观考察第九届江苏省园艺博览会，听取吴中区区长唐晓东对该区经济社会发展成果的介绍。10 月 26 日，开展"看常熟新貌，享改革成果"参观活动，组织 48 名离休干部参观支塘镇蒋巷村，感受美丽农村发展成果，领略幸福蒋巷和谐美景。10 月 11 日，组织易地安置到常离休干部参观虞山三峰胜景。11 月 12 日，组织地市级离休干部及市四套班子退休干部 29 人参观考察海虞镇海福新城社区、新峰美术馆、中新海虞花园接待中心、新材料产业园生态湿地处理中心、铁黄沙，并听取海虞镇城镇化建设、生态环境建设等发展情况的汇报。

【成立常熟市老干部党校】 5 月 26 日，常熟市老干部党校在市老干部活动中心正式挂牌成立。常熟市老干部党校主要任务是对全市离退休干部党支部成员及部分骨干进行培训轮训，对离退休干部党建工作中的重大问题进行调查研究，为全市老干部工作人员提供教育培训等。7 月 21 日至 22 日，老干部党校举办首期全市离退休干部党支部书记暨老干部工作者培训班，该次培训分为理论培训和参观学习两大专题，共计 130 多人参加。

【试点建立"彩虹桥"老干部党支部】 2016 年，市委老干部局探索离退休干部党员"一方隶属、多方管理"党建工作新模式，重点在离退休干部集中居住地、社团组织中建立非建制性离退休干部党支部。8 月 31 日，在虞山镇枫泾社区试点建立首个离退休干部社区"彩虹桥"党支部，支部共有离退休党员 30 名，支委 7 名，支部书记由市人大常委会原副主任王海均担任。12 月 28 日，建立首个老干部团组协会"彩虹桥"党支部，支部共有离退休党员 46 名，支部书记由王进龙担任。

【成立"彩虹桥"爱心服务站】 5 月 25 日，为做好新形势下老干部工作，搭建好老干部工作服务平台，市委老干部局成立"彩虹桥"爱心服务站，并依托市老干部活动中心设立爱心服务工作室。市委老干部局与江苏金枫物业服务有限责任公司、琴川家政服务有限责任公司、飘纱坊理发店签署合作协议，为全市老干部、老同志提供钟点保洁、居家保姆、水电维修、管道疏通、房屋修理、上门理发等有偿服务，实现老干部自主购买服务，精准解决在日常生活照顾、精神慰藉、居家养老服务等方面需求的目标，使老干部在家中需有所应、困有所帮、急有所救，更好满足老干部在家养老的需求。

【深化老干部精致服务管理】 连续第三年组织局领导班子成员在春节前

5 月 26 日，常熟市第二届"彩虹韵"老干部文化体育节开幕式暨"党旗更鲜艳"老干部文艺专场在市老干部活动中心举行

夕为老干部病区每位老干部送上暖心蝴蝶兰。依托老干部住院信息平台，全年主动探望住院老干部150多人次，为老干部提供个性化医疗服务。深化中医专家咨询服务，优化完善名中医队伍，全年共计有5位名中医坐堂145次，为离退休干部开出处方700多张，帮助老干部养生保健，祛病延年。实施防跌倒助力行动，为330多名离休干部、40多名市四套班子退休干部送上防跌倒助力伞，提升安全行走系数，提高晚年生活质量。

【举办第二届“彩虹韵”老干部文化体育节】 5月至10月，以“忆党恩、颂党情，展望中国梦”为主题，举办第二届“彩虹韵”老干部文化体育节。文体节以纪念篇、学习篇、运动篇、风采篇四大篇章组成，共开展文体活动20多场次，近4000人次的老干部参与其中。期间，老干部书画协会举办“重家教、立家规、树家风”老干部书法展，展出作品40幅；市老干部集邮协会承办制作纪念中国共产党成立95周年纪念封，并于“七一”当天分送给全市离休干部；老干部艺术团承担开幕闭幕式“党旗更鲜艳”老干部文艺专场、“纪念红军长征胜利80周年”合唱展示两场演出，举办“永远跟党走”——老干部“七一”红歌会，参加苏州市老干部纪念红军长征胜利80周年合唱比赛，苏州市“理想信念高于天”文艺专场演出。

【完善老干部学习活动平台】 2016年，市委老干部局围绕老干部身体、心理特点，举办老干部耆英大讲堂，组织专家学者面向全体离退休干部开展家庭婚姻知识解读、中老年志愿者经验交流、夏季保健养生、幸福心理谈、秋冬季养生保健等培训讲座，全年共举办8期。整合、调整老干部各团组协会，完成老干部台球组、老干部诗词组重组工作。做好老年大学老干部分校教学工作，春秋两季共开设合唱班2个、演唱初级班2个、舞蹈班2个、电钢琴班2个、古筝班5个，共计270多名离退休干部学员参加学习。

【开展“晚霞生辉”主题活动】 2016年，围绕“展示阳光心态、体验美好生活、畅谈发展变化”主题，市委老干部局组织开展“晚霞生辉”主题活动，展示离退休干部乐而有为的晚年风采和无私奉献的崇高精神。6月2日，组织老干部艺术团赴支塘镇蒋巷村开展“晚霞生辉老干部企业行——走进常盛集团”文艺汇演，为150多名村民送上文艺表演。“八一”前夕，组织开展“晚霞生辉老干部军营行——走进8720部队”文艺汇演，为解放军战士们送上节日问候，共叙军民鱼水深情。重阳节前夕，联合牙博士口腔医院组织开展“晚霞生辉老干部重阳行——走进敬老院”文艺汇演，为孤寡老人送上健康，送上祝福。

【老干部工作成果转化】 2016年，市委老干部局制作《凝心聚力谋求新发展转型升级谱写新篇章——2016年常熟市委老干部局工作纪实》电视片，编印发放《“彩虹桥”爱心服务站服务手册》《2016年常熟市老干部活动掠影》，宣传老干部工作，提升老干部工作品牌影响力，传递向上向善的精神力量，充分展现常熟老干部的精神新面貌。

2016年常熟市享受副县(处)级以上政治待遇的离休干部逝世人物简表

表2

姓　名	性别	出生年月	籍　贯	原工作单位与曾任职务	逝世时间
宋庆元	男	1929年7月31日	定陶	市委统战部副部长	2016年2月6日
钱康元	男	1923年11月12日	常熟	市委农工部副部长	2016年3月14日
朱　明	男	1929年9月1日	莱芜	市卫生局调研员	2016年4月9日
薛伟良	男	1921年1月25日	常熟	市商业局副局长	2016年4月15日
武进文	男	1931年12月31日	营口	市粮食局党支部书记	2016年4月26日
徐在东	男	1928年2月28日	高邮	市玻璃厂党支部书记	2016年6月24日
叶俊甫	男	1926年8月8日	常熟	市百货公司干部	2016年9月16日
吴贤达	男	1927年1月8日	蚌埠	市杨园中学教师	2016年10月8日

（王晓波）

接待工作

【概况】 2016年，市接待办共接待来宾240批9846人次。其中，党和国家领导人3批88人次；省部级领导39批1997人次；地厅级领导71批2150人次；县市级领导40批1218人次；同时参与全市其他重大会务、活动共87批4393人次。

【中央级领导莅临常熟视察】 2016年莅临常熟的党和国家领导人共有3人。4月9日至12日，全国政协原副主席王志珍到常，视察了尚湖城市湿地和沙家浜革命历史纪念馆。6月22日至24日，全国政协原副主席黄孟复到常，视察了波司登集团、常熟古琴馆及古琴制作工坊。7月1日，全国人大常委会原副委员长路甬祥到常，参观了常熟开关制造有限公司公司产品展示厅与模具加工中心，就智能制造、数字制造、绿色制造与市领导、相关部门及公司负责人进行了座谈交流。路甬祥充分肯定公司取得的成绩，勉励常熟开关制造有限公司继续发挥自身优势，继续深耕做精做强企业，争取更大发展。

【省部级领导到常考察调研】 2016年，接待了全国人大常委会委员、民革中央副主席、协商民主与公共政策研究中心主任修福金，全国人大常委会财政经济委员会副主任委员李学勇，全国人大常委会委员、农业与农村委员会副主任委员陈光国，中国工程院院长周济，国务院安委会第一巡视组组长赵铁锤，全国供销合作总社党组书记、理事会主任王侠，中华全国供销合作总社监事会主任、中国日用杂品流通协会会长诸葛彩华，《世界知识》出版社总编辑沈国放，招商集团董事长李建红，国家工商总局副局长王江平，全国供销总社党组成员、经济与发展改革部部长侯顺利，商务部副部长钟山，水利部副部长周学文，中央农村工作领导小组办公室副主任韩俊，中央文明办专职副主任夏伟东，全国双拥办副主任杨国英，国家林业局副局长张永利，国家体育总局副局长冯建忠，银监会国有重点金融机构监事会主席于学军，全国政协委员、致公党中央副主席兼秘书长曹鸿鸣，20集团军少将张剑峰，建设银行总行副行长章更生，长江水利委员会主任魏山忠，江苏省委常委、常务副省长黄莉新，江苏省委常委、副省长杨岳，江苏省委常委、苏州市委书记周乃翔，江苏省人大常委会常务副主任蒋宏坤，江苏省人大常委会常务副主任史和平，江苏省人民政府副省长张雷，江苏省人民政府副省长张敬华，江苏省人民政府副省长马秋林，江苏省政协副主席、农工党江苏省委主委周健，江苏省政协副主席许津荣，江苏省关心下一代工作委员会常务副主任李明朝，浙江省政协副主席陈小平，河南省政协副主席、民建主委龚立群，青海省人大常委会副主任曹文虎等省部级领导到常考察调研。

【县（市）级以上党政代表团考察活动】 2016年接待了淮安市考察团、宿迁市考察团、安徽省马鞍山市考察团、广东省清远市代表团、江阴市考察团、宜兴市考察团、无锡锡山区代表团、南京市溧水区代表团、扬州市邗江区考察团、淮安市清河区考察团、淮安市淮阴区代表团、邳州市考察团、如皋市考察团、建湖县考察团、扬中市考察团、丹阳市考察团、泗洪县考察团、浙江省桐乡市考察团、安徽省舒城县考察团、安徽省芜湖县考察团、安徽省怀宁县考察团、安徽省固镇县考察团、山东省龙口市考察团、山东省桓台县考察团、山东省滨州市滨城区考察团、河北省保定市徐水区考察团、民建河南省委考察团、河南省兰考县考察团、山西省侯马市党政考察团、江西省永修县考察团、贵州省松桃苗族自治县考察团、贵州省思南县考察团、四川省米易县考察团、广东省化州市党政考察团、海南省三沙市考察团等40多批考察团到常考察。

【全市大型会议、活动组织保障工作】 2016年接待办积极配合做好全国公共体育服务现场推进会、全国供销合作总社系统电子商务工作会议、2016第十届国际湿地大会、中国日用杂品流通协会第五届会员代表大会、全国生态建设示范市专家认证会、全省扩大有效投资暨重大项目推进会、省科技创新体制综合改革试点工作动员大会、全省政府法制工作会议、国家安监总局在常熟召开职业健康监督执法工作研讨会、第八届中国智能车未来挑战赛、苏州市生态文明建设推进会、苏州市固定资产投资和重点项目现场推进会、苏州公安系统现场会、苏州开展“两减六治三提升”专项行动暨沿江化工行业优化提升整治专项行动现场调研会（常熟调研点）、2016年（第八届）苏州国际精英创业周开幕式暨创新创业环境展、常熟市加快推进供给侧结构性改革工作会议、中国共产党常熟市第十三次代表大会、精致城市（精明增长）专题调研活动、2016常熟江南文化节暨沙家浜旅游节、联合国世界旅游组织常熟旅游可持续发展观测点揭牌仪式暨第25届中国（常熟）尚湖牡丹花会开幕式、2016江南国际时装周暨第十七届常熟服装服饰博览会、纪念国家历史文化名城命名三十周年活动、2016年常熟籍院士家乡行暨常熟市第四届学术年会启动仪式、“缘来·常熟”金融投资交流会、全国百名社长总编看常熟、沙家浜国防教育展览馆落成暨沙家浜阿庆嫂女子民兵连授旗仪式、2016年烈士纪念日公祭活动、两岸国学书院项目游学讲学第五讲开班仪式暨常熟两岸书院揭牌仪式、第五届“沙家浜杯”将军与农民乒乓球友谊赛等各类重要会议活动的组织保障工作。

【市级外出考察活动联系、上级监督检查接待工作】 认真细致做好市主要领导赴太仓市、苏州高新区、姑苏区考察等活动的联络对接工作。配合做好上级到常的全国人大常委会水法执法检查组、国务院安全委员会第一巡视组、军委国防动员部巡视检查组、省综治法治建设工作考核组、省委第三巡视组、省政府对县级政府教育工作督导考核组、苏州市人大常委会视察组、省委“八项工程”推进情况常熟督查组、常熟党委换届选举省督查组、苏州市领导到常检查征兵体检工作等考核验收工作，做到后勤保障有力、接待工作周全。

【服务全市重大商务活动】 2016年，市接待办积极服务全市经济工作，参与了民生电商一期项目开工仪式、大润发梅李项目奠基仪式、英沃电梯开业暨英沃电梯产业园开园仪式、芬欧汇川二期项目开幕庆典、舒尔曼常熟工厂开业典礼、央视基层行《工匠精神》梅李特别节目开机仪式、常熟法雷奥汽车雨刮系统有限公司开业仪式、科力美汽车动力电池有限公司开业仪式、常熟经济开发区重点项目集中签约仪式等接待活动。

（李　锐）

责任编辑　刘品玉

常熟市人民代表大会

综　述

【概况】　2016年，常熟市人大常委会紧紧围绕全市工作大局，认真履行宪法和法律赋予的各项职权，与时俱进推动全市人大工作发展，共召开10次常委会会议和9次主任会议，听取和审议“一府两院”专项工作报告47项，组织开展执法检查、专题视察12次，依法任免国家机关工作人员58人次，全面完成了市十四届人大五次会议确定的各项任务。在围绕中心、服务大局，全力助推经济转型升级健康发展上坚定不移。重视实体经济发展，突出科技引领作用，对全市工业重点项目建设开展审议，对全市服务业转型升级情况开展视察，督促政府调结构、抓创新、促转型。加强规划、计划监督，关注“十二五”规划执行与“十三五”规划纲要草案编制情况，市十四届人大五次会议审查和批准了《常熟市国民经济和社会发展第十三个五年规划纲要》。强化财政运行监督，专门听取审议审计整改落实情况的汇报，促进政府加强和改进预算管理，用更多的财政资金服务好经济发展和民生事业。在依法监督、维护正义，努力营造良好的法治环境上主动作为。实施被任命国家工作人员宪法宣誓制度，通过多种形式加大宪法宣传力度。持续加强法律监督，对《中华人民共和国环境保护法》《中华人民共和国食品安全法》实施情况开展执法检查。不断推进依法行政，关注“六五”普法收官工作和“七五”普法规划工作，对市财政局、市规划局、市卫计委、市统计局进行工作评议。讨论、决定加强常熟国家历史文化名城保护、开展第七个五年法制宣传教育等重大事项。在心系民生、突出普惠，大力促进社会和谐发展上真抓实干。助力城市品质提升，听取审议城市管理、三环路快速化改造工程和市城市经营投资公司的情况。增强百姓获得感，听取《中华人民共和国社会保险法》、“医联体”建设、民族宗教、养老服务体系建设、农村基层公共文化建设等工作情况。着力推进民生实事工程建设，对2016年民生重点项目进行专项视察。在拓展平台、强化服务，倾力保障代表发挥主体作用上凝心聚力。保障代表依法履职，增强议案、书面建议办理实效，依法履行人事任免职权，注重对镇(街道)人大工作的联系指导，完善了镇(街道)人大机构建设和专职干部配备，促进了工作的规范和水平的提升。组织换届选举，全市共依法选举产生新一届市人大代表378名、镇人大代表881名，代表结构和代表素质进一步优化，充分体现了代表的先进性和广泛性。在依法履职、规范有序，致力提升常委会自身建设上勤勉务实。不断强化理论武装，及时组织中共十八大、十八届六中全会精神和习近平总书记系列重要讲话精神专题学习培训，开展“两学一做”学习教育，认真落实省、苏

1月6日，常熟市第十四届人民代表大会第五次会议在常熟会议中心开幕

州市人大工作会议精神，开展“三严三实”专题教育，组织法律培训，政治素质和业务能力得到很大提升。围绕全年工作各项议题及时开展调研，为提高审议质量和监督实效奠定坚实基础。有效发挥常委会办事机构和工作机构在调研、审议、视察、执法检查等常委会工作中的主动性、积极性和创造性。

重要会议

【常熟市第十四届人民代表大会第五次会议】 1月6日至9日，常熟市第十四届人民代表大会第五次会议在常熟会议中心举行。会议听取审议了市人民政府市长王飚所作的《常熟市人民政府工作报告》，审议了《常熟市2015年国民经济和社会发展计划执行情况与2016年国民经济和社会发展计划(草案)的报告》和《常熟市2015年财政预算执行情况和2016年财政预算(草案)的报告》；听取审议了市人大常委会主任秦卫星所作的《常熟市人大常委会工作报告》、市人民法院院长张峥嵘所作的《常熟市人民法院工作报告》、市人民检察院检察长陆建中所作的《常熟市人民检察院工作报告》，并通过相关决议。会议依法补选桑五官为常熟市第十四届人民代表大会常务委员会副主任，宋建明、姜轩栋为常熟市第十四届人民代表大会常务委员会委员。

【市人大常委会会议】 1月13日，常熟市十四届人大常委会举行第三十二次会议。会议补选了苏州市第十五届人民代表大会代表。

1月29日，常熟市十四届人大常委会举行第三十三次会议。会议审议通过了市人大常委会2016年工作要点和工作安排，审议通过《关于加强督查工作的意见》。

3月24日，常熟市十四届人大常委会举行第三十四次会议。会议听取审议了市人社局关于全市贯彻实施《社会保险法》情况的汇报以及市卫计委关于常熟市医疗服务联合体建设工作的汇报，并通过有关人事任免事项。

5月27日，常熟市十四届人大常委会举行第三十五次会议。会议听取王飚所作的关于人事任免的报告，听取审议《关于常熟市城市管理工作情况的汇报》《关于我市养老服务体系建设工作情况的汇报》。

6月30日，常熟市十四届人大常委会举行第三十六次会议。会议听取了周勤第所作的关于提请人事任免的报告，听取了市人民法院院长张峥嵘所作的关于提请人事任免的报告，通过有关人事任免事项。

7月18日，常熟市十四届人大常委会举行第三十七次会议。市委副书记、代市长周勤第，市政府组成部门主要负责人以及来自社会各界的100多名人大代表受邀列席会议。会议听取审议了关于2016年上半年全市经济社会发展情况和下半年重点工作安排的报告，听取审议了常熟市2015年财政决算的报告、常熟市2015年市级财政预算执行情况和其他财政收支的审计工作报告，审议了常熟市2016年上半年国民经济和社会发展计划执行情况的报告和常熟市2016年1至6月财政预算执行情况的报告。

9月23日，常熟市十四届人大常委会举行第三十八次会议。会议听取审议了关于常熟市“六五”普法实施情况和“七五”普法规划的汇报，听取了代表建议办理情况的汇报、苏州市人大代表履职情况的汇报，对市财政局、市规划局、市卫计委、市统计局四个部门的工作进行了工作评议，并通过关于新修订的《中华人民共和国环境保护法》实施情况的执法检查报告、《关于加强常熟国家历史文化名城保护的决定》《关于常熟市市、镇两级人民代表大会换届选举的决定》和有关人事任免决定。

11月12日，常熟市十四届人大常委会举行第三十九次会议。会议通过有关人事任免事项。

11月29日，常熟市十四届人大常委会举行第四十次会议。会议听取审议了关于常熟市2016年国民经济和社会发展计划部分指标调整方案的报告，关于常熟市2016年市本级财政预算调整方案的报告，关于高架快速路建设运行情况的汇报；审议通过《关于批准常熟市2016年国民经济和社会发展计划部分指标调整方案的决议》《关于常熟市2016年市本级财政预算调整方案的决议》《关于授予2016年常熟市荣誉市民、常熟市名誉市民称号的决定》以及关于《中华人民共和国食品安全法》实施情况的执法检查报告，并通过有关人事任免事项。

12月27日，常熟市十四届人大常委会举行第四十一次会议。会议听取审议关于“加快我市水循环体系建设”代表议案实施情况的汇报，听取关于常熟市2016年财政预算执行情况和2017年财政预算草案的报告，并进行初审。会议作出关于召开市十五届人大一次会议的决定：常熟市第十五届人民代表大会第一次会议于2017年1月5日至9日举行。会议还审议通过关于代表资格审查情况的报告，讨论了提请市十五届人大一次会议审议通过的各项文件草案和建议名单，决定了市十五届人大一次会议列席人员名单，讨论了市人大常委会工作报告，并通过相关决定和人事任免。

【市人大常委会主任会议】 1月26日，常熟市十四届人大常委会举行第四十五次主任会议。会议讨论了市人大常委会2016年工作要点和工作安排(草案)，讨论了《关于加强督查工作的意见》(草案)，讨论通过关于表彰市十四届人大四次会议以来优秀人大代表议案、建议和承办人大代表议案、建议先进单位的决定，讨论确定2016年度重点督办建议。

2月24日，常熟市十四届人大常委会举行第四十六次主任会议。会议听取了关于2016年市级政府投资项目建设资金需求计划的汇报。

4月21日，常熟市十四届人大常委会举行第四十七次主任会议。会议听取关于“加快我市水循环体系建设”代表议案实施方案的汇报、关于民族宗教工作情况的汇报，讨论了关于开展人大代表“统一接待日”活动的实施方案，讨论确定“人大代表风采录”代表人选。

5月26日，常熟市十四届人大常委

会举行第四十八次主任会议。会议听取关于2016年秋季高中、初中、小学、幼儿园招生计划及办法的情况汇报。

6月30日，常熟市十四届人大常委会举行第四十九次主任会议。会议听取了关于房地产市场开发建设及监管工作情况的汇报、关于2015年审计整改落实情况的汇报、关于基层公共文化建设情况的汇报。讨论确定关于新修订的《中华人民共和国环境保护法》实施情况的执法检查方案以及关于开展部门工作评议的实施方案。

8月18日，常熟市十四届人大常委会举行第五十次主任会议。会议听取关于工业重点项目进展情况的汇报、关于城市经营投资有限公司工作情况的汇报。讨论通过关于新修订的《中华人民共和国环境保护法》实施情况的执法检查报告，讨论确定关于《中华人民共和国食品安全法》实施情况的执法检查方案、关于开展服务业转型升级情况的视察活动方案和《苏州市人大代表向市人大常委会报告履职情况人员名单》。

10月25日，常熟市十四届人大常委会举行第五十一次主任会议。会议讨论通过了关于《中华人民共和国食品安全法》实施情况的执法检查报告（草案），讨论关于开展“加快我市水循环体系建设”代表议案实施情况与生活污水治理情况的视察活动方案、关于开展政府实事工程建设情况的视察活动方案和关于开展健身步道建设进展情况的视察活动方案。

12月15日，常熟市十四届人大常委会举行第五十二次主任会议。会议听取关于常熟市畅流活水工程一期项目实施方案的汇报，讨论市人大常委会工作报告（讨论稿）。

12月26日，常熟市十四届人大常委会举行第五十三次主任会议。会议通报了有关人事任免事项，讨论了关于代表资格审查情况的报告（草案），讨论了市十五届人大一次会议的议程、日程，讨论提请市十五届人大一次会议审议通过的各项文件（草案）和建议名单以及市十五届人大一次会议列席人员名单（草案）。

讨论、决定重要事项

【表彰优秀议案、建议】 1月26日，市十四届人大常委会第四十五次主任会议讨论通过了关于表彰市十四届人大四次会议以后优秀人大代表议案、建议和承办人大代表议案、建议先进单位的决定。

【批准财政决算】 7月18日，市十四届人大常委会第三十七次会议通过关于批准常熟市2015年财政决算的决议。

【通过换届选举决定】 9月23日，市十四届人大常委会第三十八次会议审议通过关于常熟市市、镇两级人民代表大会换届选举的决定。

【加强历史文化名城保护】 9月23日，市十四届人大常委会第三十八次会议审议通过关于加强常熟国家历史文化名城保护的决定。

【开展“七五”普法】 9月23日，市十四届人大常委会第三十八次会议审议通过关于开展第七个五年法治宣传教育的决议。

【批准发展计划指标调整】 11月29日，市十四届人大常委会第四十次会议通过关于批准常熟市2016年国民经济和社会发展计划部分指标调整方案的决议。

【批准财政预算调整】 11月29日，市十四届人大常委会第四十次会议通过关于批准常熟市2016年市本级财政预算调整方案的决议。

【授予荣誉市民、名誉市民称号】 11月29日，市十四届人大常委会第四十次会议通过关于授予2016年常熟市荣誉市民、常熟市名誉市民称号的决定。

监督工作

【审议《中华人民共和国社会保险法》实施情况】 3月24日，市十四届人大常委会第三十四次会议听取审议关于贯彻实施《中华人民共和国社会保险法》情况的汇报。会议要求，市政府及相关部门要继续加强宣传教育，增强全民社保意识，正确引导企业和职工积极参加职工养老保险；要加大执法监督力度，深入推进参保扩面，着力抓好民营企业、城镇个体工商户、商贸服务行业、灵活就业人员、自由职业者的参保工作；要依法强化基金监管，切实做到依法征缴、依法管理、规范运行，确保社保基金安全，保障人民群众权益；要加强经办能力建设，认真研究处理群众反映强烈的问题，提高办事效率和群众满意度。

【审议医疗服务联合体建设工作】 3月24日，市十四届人大常委会第三十四次会议听取审议关于常熟市医疗服务联合体建设工作的汇报。会议要求，市政府及相关职能部门总结经验，进一步引导群众建立“首诊在基层、大病去医院、康复回社区”的科学就医理念，为“医联体”建设继续推进营造良好氛围；要不断增强发展后劲，落实资金保障，高度重视医卫人才队伍建设，真正提高基层医疗机构服务能力；要继续深化政策研究，体现公益性、维护稳定性、调动积极性，探索研究更多符合公共资源均衡布局、卫生事业长远发展需求的具体举措，为百姓就医提供实际便利；要切实强化组织协调，各相关部门、各镇要通力合作，同心同德将这项工作做好。

【审议城市管理工作和养老服务体系建设工作】 5月27日，市十四届人大常委会第三十五次会议听取审议关于城市管理工作情况的汇报和关于养老服务体系建设工作情况的汇报。会议要求，市政府及相关职能部门要牢固树立全局意识、宗旨意识和法治意识，使城市管理工作步上新台阶，使养老服务体系建设工作取得新的突破。

【审议“六五”普法情况和“七五”普法规划】 9月23日，市十四届人大常委会第三十八次会议听取审议关于“六五”普法实施情况和“七五”普法规划的汇报。会议要求，相关部门要突出普法的重点内容和重点对象，创新普法宣传形式和方法，坚持法治宣传教育与法治实践相结合，汇聚普法的合力，使尊法守法成为全体人民的共同追求和自觉行动，以法治引领城市精细治理。关于人大代表书面建议办理情况，会议要求市政府及相关部门进一步增强宗旨意识，提升办理效能，转变工作作风，突破问题症结，找准破解办法，加强协调配合，切实做到书面答复满意与代表内心满意的高度一致。关于部门评议工作，会议要求，各部门凝心聚力，开拓进取，形成推动发展的强大合力，要执政为民，依法行政，充分发挥部门工作职能，要务实创新，敢于担当，努力保持勇争一流的昂扬斗志，以实实在在的工作成效呼应群众的新期盼、新要求，为全市持续健康发展作出应有努力。

【审议国民经济和社会发展计划部分指标调整方案和市本级财政预算调整方案】 11月29日，市十四届人大常委会第四十次会议听取审议关于常熟市2016年国民经济和社会发展计划部分指标调整方案的报告和关于常熟市2016年市本级财政预算调整方案的报告。会议要求，市政府及相关职能部门加强形势分析研判，努力完成全年各项目标任务；加强财政预算精细管理，着力增强预算的权威性和约束力；加强对明年工作的谋划，不断提升发展的内生动力。

【审议高架快速路建设运行工作】 11月29日，市十四届人大常委会第四十次会议听取审议关于高架快速路建设运行情况的汇报。会议要求，市政府及相关职能部门要强化监管，全力保障建设质量；积极探索，建立健全养护长效机制；提高认识，注重生态环境保护。

【审议工业重点项目工作】 8月18日，市十四届人大常委会第五十次主任会议听取关于工业重点项目进展情况的汇报。会议要求，市政府及相关部门要进一步坚定发展信心，切实解决项目推进中的困难和问题，全力抓好重点项目的服务和推进工作，确保全市经济发展后劲。

【审议城投公司工作】 8月18日，市十四届人大常委会第五十次主任会议听取城市经营投资有限公司工作情况的汇报。会议要求，城投公司要进一步理清发展思路，明确定位方向；发挥职能作用，打造精致城市；加强队伍建设，强化内部管理；勇于改革创新，探索多元发展。

人事任免

【市十四届人大常委会第三十四次会议决定任免名单】 高栋明任市人民法院辛庄人民法庭副庭长，免去民事审判第四庭副庭长职务；姜壮志任市人民法院民事审判第一庭副庭长，免去辛庄人民法庭副庭长职务；免去张月明市人民法院尚湖人民法庭副庭长、审判员职务；免去王瑛、张金梁、李志华市人民法院审判员职务；免去何思东、原良鹏、张雪松的市人民检察院检察员职务；免去王惠文的市人民法院人民陪审员职务。

【市十四届人大常委会第三十五次会议决定任免名单】 接受王飚辞去市人民政府市长职务的请求；接受朱亚辉辞去市人民政府副市长职务的请求；周勤第代理市人民政府市长职务。

【市十四届人大常委会第三十六次会议决定任免名单】 王建国任市人民政府副市长，免去市政府办公室主任职务；接受沈一平辞去市人民政府副市长职务的请求；马维刚任市政府办公室主任；沈剑峰任市监察局局长，接受其辞去常熟市第十四届人民代表大会常务委员会委员职务的请求；免去许建明市监察局局长职务；杨晓春任市人民法院审判员、审判委员会委员、副院长，代理常熟市人民法院院长职务；免去张峥嵘市人民法院审判委员会委员、审判员职务，接受其辞去常熟市人民法院院长职务的请求；周薇任市人民法院审判委员会委员；王焕任市人民法院审判员；免去王东辉市人民法院民事审判第二庭庭长、审判委员会委员、审判员职务；免去章保龙市人民法院审判员职务。

【市十四届人大常委会第三十八次会议决定任免名单】 杜陆军任市人民政府副市长（挂职）；接受孙健辞去常熟市人民政府副市长职务的请求；廖旭晖、陆铭科任市人民检察院检察员；免去张月明市人民检察院副检察长、检察委员会委员、检察员职务。

【市十四届人大常委会第三十九次会议决定任免名单】 张俊华任市人大常委会人事代表联络工作委员会副主任；宗霞任市人大常委会人事代表联络工作委员会副主任。

【市十四届人大常委会第四十次会议决定任免名单】 王鸣燕任市人民法院古里人民法庭庭长，免去兴隆人民法庭庭长职务；邵宝华任市人民法院古里人民法庭副庭长，免去兴隆人民法庭副庭长职务；许标任市人民法院古里人民法庭副庭长，免去兴隆人民法庭副庭长职务；颜志明任市人民法院民事审判第二庭副庭长，免去民事审判第四庭副庭长职务；免去陈娟市人民法院审判员职务；免去田亚东市人民检察院检察员职务。

【市十四届人大常委会第四十一次会议决定任免名单】 支立新任市人大常委会办公室主任，免去市人大常委会研究室主任职务；浦明霞任市人大常委会研究室主任，免去市人大常委会外事民宗侨台工作委员会副主任职务；张俊华任市人大常委会人事代表联络工作委员会主任；罗建新任市人大常委会农业农村工作委员会主任，免去市人大常委会财经工作委员会副主任职务；范浩康任市人大常委会外事民宗侨台工作委员会主任；免去陈云珍市人大常委会人事代表联络工作委员会副主任职务；陈向忠任市司法局局长，免去市人民检察院副检察长、检察委员会委员、检察员职务；免去冯晋市司法局局长职务；杨坚红任市粮食局局长；免去陆乾元市粮食局局长职务；免去高宝兴市农业委员会主任职务；免去徐力市审计局局长职务；免去李国洪市人民检察院检察员职务。

重要活动

【督办议案实施】 市第十四届人民代表大会第五次会议通过关于继续推进“加快我市水循环体系建设”代表议

案的决议，决定继续推进十四届四次会议通过的关于"加快我市水循环体系建设"议案的实施。4 月 21 日，在十四届人大常委会第四十七次主任会议上听取了关于市十四届人大五次会议"继续推进加快我市水循环体系建设"代表议案实施方案的汇报。会议肯定了议案实施方案，并要求市政府及相关职能部门进一步提高认识，增强水循环体系建设的责任感和使命感；进一步落实措施，确保科学、规范、有序推进工程建设；进一步加强统筹，齐抓共管巩固提高综合效益。市人大常委会主任秦卫星表示，议案实施已取得了明显的阶段性成效。市人大及其常委会将继续关注议案办理进程与实效，适时安排常委会组成人员、人大代表等进行督查、视察、调研等活动，全力助推河道综合治理工作和全市水循环体系建设，为再现"水清、流畅、岸绿、景美"的水乡美景，为构筑常熟"五位一体、综合发展"新优势提供有力支撑。

【督办代表建议】 1 月 29 日，全市政府系统人大代表书面建议、政协提案交办工作会议召开。市人大常委会主任秦卫星，市政协主席徐永达出席会议。2016 年共交办代表建议 100 件。秦卫星指出，2016 年的代表建议更加关注热点和重点，更加贴近民生，体现了代表们更加贴近群众和履职能力的提高。要充分认识建议办理的严肃性和重要意义；进一步增强建议办理的程序性和规范性；提升建议办理的质量和实效，确定办理重点，提高面复率和办成率，形成工作合力。会议要求各承办单位进一步提高建议、提案办理工作的落实率和代表、委员的满意率，努力使建议、提案办理工作迈上新台阶。要进一步强化责任意识，有序开展办理工作；进一步优化办理方式，切实提升办理质量；进一步加强统筹协调，持续提高办理效果，高质量高标准完成年度办理任务。

【钱月宝、高德康参加全国人代会】 3 月 5 日至 16 日，在常熟市的全国人大代表钱月宝、高德康赴北京参加第十二届全国人民代表大会第四次会议。会议期间，两位代表认真审议《政府工作报告》等各项重要报告。钱月宝代表就"加快完善医改顶层制度设计""加强农村产权制度改革政策落实的力度""加快现代农业建设和绿色种植步伐""加快排污许可证制度的立法进程"提出 4 份建议。高德康代表向大会提交 3 份建议，包括"扶持实体经济发展""建立完善废旧纺织品回收再利用体系""加强非公企业档案工作和知识管理"，涉及大学生创业、供给侧改革、绿色制造、循环经济、知识管理等领域。

【评议政府部门工作】 6 月下旬至 10 月，市人大常委会组织代表对市财政局、规划局、卫计委、统计局四个部门开展工作评议。常委会组成评议调研组，通过广泛动员、个别谈话、召开各类座谈会、开展问卷调查等形式，就被评议部门在依法行政、制度规范、履职尽责、维护民生、工作创新和队伍建设等方面情况，听取代表、基层群众和服务对象的意见，在此基础上形成客观公正的评议意见，由市十四届人大常委会第三十八次会议审议通过，送交市政府及被评议部门予以整改，并对各被评议部门整改落实情况进行跟踪督查，有效促使各项整改措施落实。

【组织代表主题接待日活动】 5 月 13 日，市人大常委会组织开展人大代表统一接待日活动。市人大常委会主任秦卫星参加人大代表组的接待日活动。在各接待点，常熟 17 个代表组的各级人大代表与选民群众面对面进行了沟通，重点围绕改革发展大局和民生福祉，听取选民群众对"一府两院"工作的意见和建议。接待日后，各级人大和相关单位对群众的意见、建议进行了收集、汇总、整理、分类。群众反映问题和意见涉及全市范围并具有较强针对性和操作性的，由市人大办公室编制社情民意转交市政府处理；涉及当地政府及有关部门的，转交给所在地人大，为下一步交办处理以及形成代表议案、建议做准备。

【组织全体市人大代表进行履职培训】 12 月 21 日，市人大举行新选出的常熟市十五届人大代表培训会，市委书记王飚出席会议并讲话，市人大常委会主任秦卫星主持培训。培训会上，青岛市第十一届至十四届人大代表、民侨外委员会委员关石清应邀就新选出人大代表如何履职进行了授课，上海市委党校教授刘宗洪应邀解读了十八届六中全会精神。全体新选出代表还观看了警示教育片《警钟》，签署了《严肃换届纪律承诺书》。

【市镇两级人大换届选举工作会议召开】 9 月 23 日，常熟市市、镇两级人大换届选举工作会议召开，对相关工作进行全面动员部署，要求确保换届选举工作圆满顺利完成。市委书记王飚在会上强调，全市上下要认真贯彻落实中央和省委、苏州市委的要求，依法、扎实、有序地推进换届工作，为确保全面完成年度改革发展各项任务，实现"十三五"良好开局提供有力保障，并提出要统一思想，充分认识做好人大换届选举工作的重大意义；要把握关键，全面落实上级党委对人大换届工作的部署要求；要强化责任，确保圆满完成人大换届选举工作。市人大常委会主任秦卫星对市、镇两级人大换届选举进行动员和部署：要正确把握形势，增强做好换届选举工作的政治责任感；科学合理安排，确保人大换届选举工作有序推进；严格依法办事，尊重维护选民和代表的民主权利；抓住换届契机，全面加强市镇两级人大组织建设；坚持党委领导，齐心协力做好人大换届选举工作。会上，与会人员一同观看了警示教育片《镜鉴》。

【做好人民群众来信来访工作】 市人大常委会始终坚持认真倾听群众的反映，解答有关法律问题，以法律、法规、政策为依据，耐心细致地做好宣传、教育和疏导工作，并督促有关政府部门妥善做好群众信访的处理工作，为化解矛盾、构建和谐社会作出努力。2016 年共受理来信 81 多件，接待来访 20 批次，对 11 件信访件进行重点督办，促使政府部门对一批信访反映的实际问题依法做出妥善处理。

监督检查

【开展《中华人民共和国环境保护法》执法检查】 9 月 23 日，市人大常委会对贯彻实施新修订的《中华人民共和国环境保护法》情况开展执法检查。市人大常委会主任秦卫星等参加活动。执法检查组分三个组实地检查了常熟经济技术开发区、常熟高新技术产业开发区、碧溪新区、海虞镇、沙家浜镇、新材料产业园有关企事业单位和市档案馆新馆施工现场，听取了市环保局关于贯彻实施新修订《中华人民共和国环境保护法》情况的汇报，并进行情况汇总和依法审议。执法检查组要求相关职能部门及各板块要进一步深化宣教，增强环境保护意识；进一步加强监督，改善生态环境质量；进一步严格执法，提升依法行政能力；进一步明晰责任，形成齐抓共管局面。

【开展《中华人民共和国食品安全法》执法检查】 9月13日，市人大常委会执法检查组对全市实施《中华人民共和国食品安全法》情况开展执法检查。市人大常委会主任秦卫星等参加活动。执法检查组实地察看明日星城邻里人家、世茂实验小学、常客隆星光大卖场、铂悦小馆、绿品食品配送公司等单位的食品卫生安全情况，听取市市场监督管理局局长阚国良受市政府委托所作的相关情况汇报。执法检查组指出要加强宣传教育，进一步推动食品安全社会共治；抓住突出问题，进一步加大对食品安全的监管力度；夯实工作基础，努力提高食品安全监管能力。

【开展服务业转型升级发展情况视察】 9月19日，市人大常委会开展全市服务业转型升级发展情况视察。市人大常委会主任秦卫星等参加视察。视察组全体人员实地察看了江苏乐生活电子商务有限公司、江苏广和慧云科技股份有限公司、丰田汽车仓储贸易有限公司、常熟滨海泰达物流有限公司等服务业重点项目现场，集中听取了市发改委主任李丽芳受市政府委托所作的关于全市服务业转型提升发展情况的汇报并进行了认真审议。视察组要求各部门要切实加强组织领导，努力营造现代服务业优先发展的良好环境；进一步深化改革创新，全力促进全市服务业提质增效；进一步突出发展重点，以服务业结构优化推动全市产业转型升级；突出企业主体、项目带动和人才支撑，增强服务业发展内生动力。

【开展民生实事工程建设情况视察】 11月8日，市人大常委会开展民生实事工程建设情况视察。市人大常委会主任秦卫星等参加视察。视察人员分四组查看了三环路东北环生态绿化和慢行系统工程、通港路快速化改造工程、文化片区开元大道两侧绿地、常熟文庙、昭文日间照料中心等15项民生实事项目。视察组肯定各项民生实事项目取得初步成效，并提出为民办实事要让百姓有获得感，既要有事关全局发展的重点工程，更要有贴近百姓的细微工程，满足好群众最关心、最直接、最迫切的利益需求；为民办实事要有紧迫感，实事工程一旦确定，务必要抓好落实，按照时序要求全力推进；为民办实事要有责任感，明确工程质量要求，把好用材关、施工质量关、施工安全关，加强后续管理，让实事工程最大限度造福百姓。

【开展"加快我市水循环体系建设"代表议案实施情况与生活污水治理情况视察】 11月21日，市人大常委会对"加快我市水循环体系建设"代表议案实施情况与生活污水治理情况进行了视察。市人大常委会主任秦卫星等参加视察。视察人员分成四个小组，实地察看了各镇(区)畅流活水、城乡生活污水治理现场，随后听取了市水利局局长陈永进受市政府委托所作的汇报，并进行视察情况汇总。视察组对相关工作予以充分肯定，并要求各部门要进一步凝聚共识，努力形成工作合力；始终坚持科学规范，扎实做好基础工作；严格执行治理标准，确保工程质量和进度；全面构建长效机制，切实提升综合效益。

调 研 考 察

【蒋宏坤到常调研县乡两级人大工作和建设情况】 6月12日至13日，省人大常委会副主任、党组副书记蒋宏坤带队到苏州市督查中央和省委关于加强县乡人大工作和建设两个文件精神贯彻落实情况。调研期间，蒋宏坤一行到常熟实地考察了县乡两级人大工作和建设情况，并就农村污水治理情况开展调研，常熟市人大常委会副主任闻永昌陪同调研。蒋宏坤对常熟县乡两级人大工作和建设情况以及农村污水治理情况给予了充分肯定，并希望常熟要切实发挥好县乡人大职能作用，不断提升履职能力和工作水平，以切切实实的工作成效、工作业绩，让党委满意，让群众满意。

【曹福龙到常调研上半年经济社会发展情况】 7月8日，苏州市人大常委会副主任曹福龙带领财经工委和预算工委到常熟调研上半年经济社会发展情况，常熟市人大常委会主任秦卫星、副主任潘建华陪同调研。曹福龙前往常熟中利腾晖光伏科技有限公司、常熟开关制造有限公司、常熟通润驱动有限公司实地考察企业发展现状，在随后召开的座谈会上，听取了常熟市政府及有关部门的情况汇报。会上，曹福龙对常熟上半年经济运行情况和应对各种风险挑战所采取的工作重点措施给予充分肯定，指出要进一步关注宏观经济发展趋势，重视支持实体经济健康发展，重视投资有效需求，营造更好的创新和发展环境。

【开展常委会专题调研】 根据市人大常委会年度工作安排，7月至11月，市人大常委会围绕《推进农业结构性改革、提高农业比较效益》《进一步加强文物保护与利用，切实提升我市历史文化名城内涵》《我市防范打击网络电信诈骗情况》《加强预算绩效管理，提高预算监督水平》《常熟港积极融入长江经济带发展战略》五个课题分别开展了专题调研。调研组经过长达半年的调研，多次召开座谈会听取相关部门、镇、村(社区)负责人以及其他代表的意见、建议，并学习借鉴外地成功做法和经验，结合常熟实际，形成调研报告，提出了切实可行的意见建议供市委、市政府决策时参考，对助推科学决策、促进政府工作发挥了积极的作用。 (陈传法)

责任编辑 刘品玉

综　述

【概况】 2016年，常熟市实现地区生产总值2112.39亿元，增长7.5%；一般公共预算收入173.58亿元，增长10.1%；完成工业产值4577亿元，增长0.5%，其中规模以上工业产值3712亿元，增长3%；全社会固定资产投资544.91亿元；社会消费品零售总额740.78亿元；外贸进出口198.53亿美元；实际利用外资6.3亿美元。

【着力稳增长、调结构，保持经济平稳健康发展】 坚持稳中求进总基调，主动适应和引领经济发展新常态，制订和落实好支持实体经济发展的各项扶持政策，努力化解经济下行压力，经济运行保持平稳健康。现代农业发展水平不断提升，实现农业总产值80.02亿元，新增高标准农田（池塘）0.29万公顷，农业机械化水平达90.5%，被农业部评为全国首批生产全程机械化示范县。基本完成农村土地承包经营权确权登记颁证，实施股权固化、政经分离试点，村级经济稳定性收入增长8.6%。工业转型升级步伐加快，主导产业不断壮大，汽车及零部件、纺织服装、装备制造“三个千亿级”产业完成产值1883亿元，占规上工业产值比重50.7%。先进制造业持续发力，八大新兴产业、高新技术产业产值占规上工业产值比重分别达45.8%和37%。民营经济加快发展，全年净增个私注册资本150亿元，累计注册资本突破1400亿元。资本市场“常熟板块”不断壮大，新增上市企业、新三板挂牌企业15家。服务业发展提质增效，服务业增加值占GDP比重提升至46.7%。

【着力抓改革、促创新，增强发展动力活力】 扎实推进供给侧结构性改革，及时研究出台“1+5”系列政策意见，全力落实去产能、去库存、去杠杆、降成本和补短板五大任务，累计关停（淘汰）落后产能企业131家，降低企业成本约44.2亿元，商品住宅库存去化周期控制在合理区间，银行贷款不良率在1.7%左右，基础设施、民生保障、公共服务、生态环境、农业农村五大领域补短板项目扎实推进。深化行政审批制度改革，引入第三方独立评估机制，梳理完成并公示发布32个部门7994项责任清单，第二批下放经济社会管理权限和公共服务事项39项。实行建设项目模拟审批和联合审图，审批事项精简40.7%，即办件比例达65.7%。创新投融资体制，深化银政战略合作，设立了总规模300亿元的产业升级、绿色发展、城市发展三大投资基金。深化商事制度改革，推进营改增税制转换。服装城市场采购贸易方式试点获批，专业流通市场综合配套改革取得进展。推进电子商务示范县配套项目建设，全面启动跨境电商试验工作。大力实施创新驱动，全社会研发与试验发展经费支出占地区生产总值比重达2.45%，发放“科技创新券”2500多万元。全面推进省科技创新体制综合改革试点，启动厅市会商机制，推动省10条支持政策落地落实。实施省地科技成果转化联合招标，获批省重大科技成果转化项目10

7月25日，代市长周勤第在常熟会议中心会见美国科慕公司氟产品业务全球总裁保罗·科奇一行

项。万人发明专利拥有量增加至24.4件。实施省级孵化器三年全覆盖行动，推进高新技术企业倍增计划、双创企业“313”培育工程，年末拥有高新技术企业347家、双创“313”企业100家。加强科技创新平台载体建设，完成科技创新载体100万平方米建设任务。国家大学科技园获批首批省众创集聚区试点。省产研院液晶技术(非显)研究所、北大分子工程苏南研究院等一批一流创新载体落户常熟。

【着力重统筹、优生态，改善城乡品质环境】 完善城乡规划体系，启动新一轮城市总体规划修改，基本完成《美丽常熟——城乡空间发展战略规划研究》和“多规合一”一张图工作。加快城铁片区、文化片区、虹桥片区等重点片区控制性详细规划编制，开展村级工业用地整合优化规划和综合整治村庄规划，辛庄镇“三优三保”专项规划通过省政府审批。推进城市更新改造，完成城区大院户基础设施改造100个，新开工各类保障性住房4245套，基本建成3180套。出台货币化安置政策，多渠道满足动迁安置需求。加快重大基础设施建设，三环路高架全线贯通，通港路、常浒线快速化改造加快推进，沪通铁路常熟段建设有序开展。加强城市管理，开展城市管理“百日提升”行动、城市环境整治“931”行动，完成“九整治”项目16个、“三规范”项目65个、城市家具项目906个。推进城乡一体化示范小区建设，新开工18万平方米、竣工交付102万平方米，安置入户2858户。生态文明建设取得新进展，在全省率先实施生态文明报告制度，编制出台《常熟市生态红线区域保护规划》，省市两级生态红线保护区域占全市国土面积的20.03%。盘活存量土地354.87公顷，单位土地GDP产出率提升至36万元/亩(0.07公顷)，被评为全国国土资源节约集约模范县(市)。强化水环境综合治理，出台《常熟市水污染防治工作方案》，实施11个太湖治理项目和38个阳澄湖生态优化行动项目，推进北环河整治、常浒河枢纽等“畅流活水”工程，49个断面水质达标率达到67.3%。抓好大气污染防治，强化工业废气、燃煤锅炉和机动车等污染源治理。空气环境质量优良率达77%，PM2.5平均浓度较2013年同期下降27.1%。全面清理环境违法违规建设项目，累计完成清理整治项目6673个。持续推进城乡大环境综合整治和美丽乡村建设，实施80个“组团式”村庄整治。新增城市绿地面积80万平方米，林木覆盖率提高至17.7%。成功承办第十届国际湿地大会，荣获湿地建设最佳典范奖，获评首个“全国生态建设示范市”。

【着力强保障、惠民生，确保社会事业均衡发展】 加大民生投入力度，城乡公共服务支出占一般公共预算支出比重达75.1%。五大类20项民生实事项目基本完成。落实“收入倍增计划”，促进城乡居民收入稳定增长，全体居民人均可支配收入45061元，增长8.6%。其中，城镇居民54411元，农村居民27956元。就业形势保持稳定，新增就业人数2.54万人，城镇登记失业率1.91%，常熟籍大中专毕业生就业率达96%以上。城乡低保标准提高到每月810元，城镇职工养老人均待遇提高至每月1925元。职工医保和居民医保经办管理体制完成整合，居民基本医疗保险人均筹资标准提高到800元，大病补充医疗保险开启市场化模式，主要险种参保率、保障覆盖率均保持在99%以上。统筹调整教育资源布局，优化集团办学模式，实施学校新改扩建工程，推进新市民子弟学校提升行动。新市民积分入学准入近1.1万人，发放市民卡准入卡2.8万张。深化公立医院综合改革，推进医联体建设、分级诊疗和慢病患者下沉社区管理，新改、扩建社区卫生服务站10家。启动家庭医生签约服务。完善养老服务体系，加快机构养老、居家养老服务设施建设，新建成或在建日间照料中心59家，每千名老人拥有养老床位数41张。放大历史文化名城效应，开展纪念历史文化名城命名30周年系列活动，完成文庙修复工程并启用。推进全国文明城市创建，深化社会主义核心价值观培育，1人入选“中国好人榜”。加强社会治理创新，有序组织政社互动及省级农村社区建设试点，加大社会组织培育发展。荣获全国唯一的普法先进“六连冠”荣誉。开展安全生产“百日整治”行动，突出抓好危险化学品安全专项整治，抓好防汛防台和各类风险防范，安全生产形势持续稳定向好。加强社会治安综合治理，健全完善公共卫生、食品安全、社会安全等事件的预防预警和应急处置体系，妥善处理各类信访事件，全市社会大局总体保持和谐稳定。

重要会议

【市政府全体(扩大)会议】 1月23日，市政府召开全体(扩大)会议。会议围绕市委十二届十四次全体(扩大)会议和市十四届人大五次会议对全市经济社会发展的总体部署，对重大问题进行深入研究，对重点任务逐项加以分解，着力推动各项工作落到实处，为完成全年目标任务打下坚实基础。会议要求全市上下坚定信心、攻坚克难，团结奋斗、开拓创新，确保实现“十三五”良好开局，加快构筑常熟“五体一体、综合发展”新优势。会上，经信委、科技局、规划局、城管局、卫计委和旅游局分别作了交流发言，各板块、各部门向市政府递交了2016年目标责任书。

【市政府常务会议】 1月14日，市长王飚主持召开市政府第67次常务会议，听取2015年全市安全生产情况、2016年安全生产工作意见及重大事故隐患挂牌项目、2015年全市消防工作情况和2016年消防工作意见、进一步加强全市物业管理工作的意见、进一步加强全市食品安全工作的意见、2015年第二批科技创新创业领军人才引进计划项目评审等情况汇报，研究了常熟市高层次宣传文化人才计划等实施意见、《常熟市粮食应急保供预案》及《建立健全常熟市粮食安全责任制的实施意见》《常熟市电梯安全管理办法》等事宜。

2月20日，市长王飚主持召开市政府第68次常务会议，听取2015年度常熟市科学技术奖励评审工作、理顺市直属国资公司相关管理关系、调整2016年全市征地保养待遇等情况汇报，研究了全市记三等功奖励工作及给予张燕同志记个人三等功等事宜。

3月16日，市委书记、市长王飚主持召开市政府第69次常务会议，听取大气污染防治实施方案、热电联产规划编制情况、高标准农田建设意见、城区住宅房屋征收货币化安置实施办法（试行）等情况汇报，研究了沪通铁路等重大工程房屋拆（搬）迁和被征地农民补偿安置、开展省科技创新体制改革试点工作实施意见、精神卫生综合管理试点工作等事宜。

3月31日，市委书记、市长王飚主持召开市政府第70次常务会议，研究降低实体经济企业成本行动的实施意见、部分污水处理厂整合方案、施工工地扬尘排污费征收管理实施细则等事宜，听取了推进村（社区）法律顾问工作、水利（水务）发展“十三五”规划以及服务业“十三五”发展规划等情况汇报。

4月21日，受市委书记、市长王飚委托，市政府常务副市长沈晓东主持召开市政府第71次常务会议，研究供给侧改革方案制定、特种设备安全监察、镇域综合执法工作、物业管理工作、市政府向社会购买服务工作、东南大道东延及新世纪大道北延、嘉奖和记三等功奖励管理意见等事宜，听取了常熟市·理工学院“十三五”校地互动发展规划、“十三五”教育事业发展规划、建议给予市公安消防大队化工集中区中队记集体三等功及温广东等四位同志记个人三等功、干部处分情况的汇报。

5月24日，受市委书记、市长王飚委托，市政府常务副市长沈晓东主持召开市政府第72次常务会议，听取落实供给侧结构性改革“五大任务”（去杠杆、去产能、补短板、去库存）实施意见、市级政府部门责任清单编制等情况汇报，研究了施工工地扬尘排污费征收管理、2016年食品安全工作、水污染防治工作、居家养老服务政府补助对象扩面及养老机构政府扶持相关政策、2016年秋季招生工作等事宜。

7月1日，代市长周勤第主持召开市政府第73次常务会议，听取并研究安全生产“百日整治”行动计划、项目建设“百日推进”行动计划、城市管理“百日提升”行动计划、常熟市“十三五”工业经济发展规划、市政府推进职能转变协调小组2016年工作要点、加强食用农产品质量安全监督管理工作的实施意见、常熟市加快实施农业现代化工程财政奖补实施意见、2016年度市级重大行政决策项目、国营常熟市虞山林场改革实施方案、2016年常熟市第一批科技创新创业领军人才引进计划项目评审、批准实施常熟市就业和社会保障“十三五”规划、调整全市社会保险有关缴费基数等事宜。

8月2日，代市长周勤第主持召开市政府第74次常务会议，听取并研究常熟市污水专项规划（2016～2030）及部分污水处理厂搬迁整合方案、公交线路开行和调整暂行办法、城镇燃气专项规划（2016～2020）、“十三五”住房建设规划、“十三五”城乡学校建设规划、申请提高全市公办幼儿园收费标准、制订《常熟市罚没物资管理办法》和《常熟市机关差旅费管理办法》补充规定、支持常熟企业到泗洪县投资的奖励办法（暂行）、调整事业单位公开招聘和委托培养的大专学历卫技人员人事管理关系、贯彻落实市第十三次党代会和市委常委会第一次会议精神等事宜。

8月25日，代市长周勤第主持召开市政府第75次常务会议，听取项目建设“百日推进”行动进展的情况汇报，研究了《常熟跨境电子商务综合试验区实施方案》《常熟市车辆停放服务收费管理办法》《常熟市预决算信息公开管理暂行办法》《常熟市市级行政事业单位国有资产管理办法》《常熟市关于贯彻落实国务院、省政府关于机关事业单位工作人员养老保险制度改革的决定和实施意见的通知》等事宜。

9月22日，代市长周勤第主持召开市政府第76次常务会议，听取市人社局关于2016年调整退休人员基本养老金的情况汇报。经讨论研究，会议原则通过2016年退休人员基本养老金调整方案。

10月13日，代市长周勤第主持召开市政府第77次常务会议，听取常熟服装城市场采购贸易方式试点工作实施意见、进一步加强全市“三合一”隐患整治工作指导意见、常熟市级行政审批事项动态调整和下移第二批乡镇经济社会管理权限、下放第二批镇域相对集中行政处罚权事项的情况汇报，研究了常熟市生态红线区域保护规划、常熟市生态红线区域保护监督管理考核办法、常熟市畜禽养殖禁养限养区调整划定、推行家庭医生签约服务的实施意见、常熟市公立医疗机构医药分开改革实施方案、常熟市投资基金设立与管理暂行办法等事宜。

11月19日，代市长周勤第主持召开市政府第78次常务会议，听取《关于扎实推进城乡生活污水治理工作的意见》《关于农村生活污水治理情况以及后续PPP项目采购方案》《常熟市“十三五”卫生和计生事业发展规划》《常熟市“十三五”医疗卫生机构设置规划》、推进政府法律顾问工作、《常熟市农村住宅房屋搬迁货币化安置指导意见（试行）》，以及2017年政府投资项目、服务业重点项目、民生实事项目、工业内资重点项目和外资重点项目的情况汇报，研究了重大项目推进工作机制、调整居民医保筹资标准和待遇水平、推进全市家庭服务业发展、给予邵军等五位同志记个人三等功以及建议给予农委记集体三等功、调整全市工伤保险费率、《常熟市政府向社会转移职能事项目录》、2016年常熟市荣誉市民和名誉市民授予情况等事宜。

12月18日，代市长周勤第主持召开市政府第79次常务会议，听取2016年常熟市第二批科技创新创业领军人才引进计划项目评审情况、《常熟市“十三五”消防事业发展规划》《常熟市深化医药卫生体制改革2016～2020年实施方案》《推进乡镇政府职能转变和深化乡镇机构改革的实施意见》《常熟市“十三五”现代农业发展规划》的情况汇报，研究了三个“工作意见”（《推动城市经济发展的工作意见》《提升存量企业竞争力的工作意见》《进一步推进全市招商选资的工作意见》及《实施细则》），以及《常熟跨境电子商务扶持政策》《市场采购贸易方式试点扶持政策》《进一步规范集体建设用地管理的实施意见》《常熟市新市民积分管理办法》《常熟市

"中国人居环境奖"城市复查迎检工作实施方案》等事宜。

12月22日,代市长周勤第主持召开市政府第80次常务会议,听取《聚力产业科技创新的工作意见》《常熟市"十三五"生态环境保护规划》《常熟市化工行业优化提升整治专项行动(2017～2019)工作方案》《常熟市文学艺术奖评选奖励办法》《政府工作报告》(征求意见稿)起草工作等情况汇报,研究了2017年常熟市本级财政预算编制情况、2016年常熟市国民经济和社会发展计划执行情况与2017年国民经济和社会发展计划草案、进一步加强城区建设和管理工作的实施意见、常熟市污水处理费调整建议方案、2017年常熟市住宅房屋征收搬迁计划等事宜。（严敏亚）

体制改革

【概况】 2016年,全市经济体制改革坚持稳中求进工作总基调,坚持稳增长、调结构、惠民生、防风险,大力推进结构性改革,着力加强供给侧结构性改革,抓紧推动有利于创造新供给、释放新需求的体制创新,努力实现"十三五"时期经济社会发展良好开局。加快行政审批制度改革。梳理完成部门责任清单,共梳理32个部门的责任清单合计7994项,清单的全部内容已在市政府门户网站"中国常熟"公示,接受社会公众的监督。优化投资审批服务,细化完善项目并联审批制度,全面运行江苏省投资项目审批监管平台,通过互联网+政务服务的方式,实现县、市、省三级纵向贯通。贯彻落实市政府委托乡镇行使企业投资项目审批事项,董浜镇、沙家浜镇和尚湖镇先行顺利承接。建立健全"双随机"抽查机制,进一步加强事中事后监管。引入第三方评估评价改革成效,提升审改工作的整体协同效应。深化乡镇行政体制改革。深入研究推进乡镇政府职能转变和机构改革总体方案。建立以"3张清单、1个平台、7项相关改革"为主要内容的简政放权、转变职能基本架构。继续深化经济发达镇行政管理体制改革,加大对梅李镇经济社会管理和处罚权限的下放力度,进一步完善梅李镇的行政管理体系。机构改革跟踪落实到位,开展政府职能转变和机构改革"回头看",为下一步深化改革奠定基础。推进全市行政机关公务用车改革,全面推行市级预算单位公务卡制度,逐步建立市级预算单位公务卡应用管理机制。开展机关绩效管理改革,出台《2016年常熟市市级机关部门绩效管理工作实施意见》和《2016年市级机关部门绩效管理考核评价细则》,促进机关效能持续提升。加强供给侧结构性改革,全力做好"三去一降一补"改革。强化经济运行监测,将全市30家制造业企业和23家服务业企业作为样本纳入省经济运行监测网络,突出分析供给侧结构性改革的进展和困难。加大补短板力度,涉及基础设施、民生保障、公共服务、生态环境、农业农村等五大类民生补短板项目156个,"十三五"期间计划投资876亿元,2016年已完成投资63.86亿元。抓住省科技体制综合改革试点的契机,出台开展科技"综改"试点工作的实施意见,综合运用专项资金、减负降本、机制创新等举措,全方位助力经济发展转型升级,2016年共拨付促进经济发展各类资金超过20亿元。切实减轻企业负担,全年降低企业成本44.23亿元,完成目标15亿元的295%。深入推进省级服务业综合改革试点工作,在创新创业、科技服务、科技金融、汽车服务等方面都进行了大胆探索,试点工作成效卓著。深化财政体制改革。搭建基金平台,出台《常熟投资基金设立与管理暂行办法》,推动设立产业升级基金、绿色发展基金、城市发展基金三大基金,引导金融社会资本进入产业转型升级、公共服务、城市基础设施等领域,创新财政支持经济社会发展模式。有序推进预算管理改革,常熟市作为全省2016年支出经济分类预算编制的两个试点县之一,试编取得阶段性成果。深化乡镇国库集中支付改革,选择条件成熟的乡镇实施国库集中支付,进一步规范基层财政管理,确定古里镇为乡镇金库试点镇,8月1日成功上线。稳妥推进国企改革。根据《关于进一步深化我市国资国企管理体制改革的若干意见》,对200家市属国有企业开展改革前期调研。加强企业市场化主体建设,建立直属国资公司负责人年薪制度,推进常信公司、水投公司市场化运行,形成文旅集团组建初步方案。推动国有资产证券化,中法水务公司、保安总公司IPO工作初步开展。优化金融生态环境,健全金融风险防处机制,在"企业健康体检"的基础上,进一步完善企业融资预警监测机制,对重点授信企业(授信总额1亿元以上)实行名单制管理,防控大额信贷风险。深化农村集体产权制度改革。全面推进农村土地承包经营权确权登记颁证,有超过95%实施确权的行政村颁发了农村土地承包经营权证书,并有50%以上实施确权登记的行政村的土地确权登记颁证工作通过市级验收。稳妥实施农村社区股份合作社股权固化改革,到2016年年底,全市开展社区股份合作社股权固化改革的合作社达到131家,占全市合作社总数的56%,有10家社区合作社全面完成固化改革工作。民生领域改革不断推进。改善生态环境,作为全省建设项目环境影响评价审批制度改革试点县市,印发《常熟市建设项目环境影响评价审批制度改革试点方案》,正式启动改革试点工作。在"三农"方面,稳步推进涉农"三项补贴"改革,农资综合补贴、水稻直补、良种补贴合并为耕地地力保护补贴,全年共计发放5416万元,受益农户5.13万户。制订公办养老机构改革实施办法,对特困家庭老年人和高龄老年人实行政府资助养老。加强对市级公立医院改革扶持力度,完善公立医药价格综合改革,组织对全市实施医药价格综合改革的公立医院进行阶段性评估,全面掌握试点医院医药价格综合改革前后运行、补偿工作情况,总结改革经验及成效。教育改革深入推进。调研制订《关于促进民办教育发展的若干意见》,据测算,公共财政将每年投入2000万元左右为促进民办教育发展。根据本地区产业结构的调整,成立常熟市产业用工中心研究小组,深化现代学徒制人才培养模式。全面提升校企合作关系，实行订单式培养。合理并适度超前配置教育资源，加强通过集团办学和校长教师交流轮岗探索，推动义务教育优质均衡发展。2016年，义务教育学校教师校长交流比例达15%。

【常熟市被确定为江苏省社会办医省级试点地区】 2016年年底，江苏省发改委、卫计委、人社厅下发《关于确定江苏省社会办医省级试点地区的通知》(苏发改社改发〔2016〕1559)，确定南京市、南通市、宿迁市、苏州常熟市为社会办医首批省级试点地区。省试点的主要目标是通过3年左右时间，试点地区社会办医发展水平明显提升，社会办医疗机构床位数占比达到30%左右，服务量占比在2015年基础上力争提高5个百分点、不低于全省平均水平。

【常熟经济技术开发区通过省级循环化改造示范试点验收】 常熟经济技术开发区2016年上半年被列入国家级循环化改造示范试点园区。开发区积极调整产业结构，优化产业空间布局，构建循环经济产业链，努力提高能源资源利用效率，不断完善基础设施，提升运行管理水平。6月3日，省发展改革委、财政厅、商务厅、统计局对常熟经济技术开发区省级园区循环化改造示范试点进行项目验收并以高分通过验收。6月8日，国家发改委办公厅、财政部办公厅联合下发《关于同意冀州经济开发区等18个园区循环化改造实施方案的通知》(发改办环资〔2016〕1447号)，常熟经济技术开发区园区循环化改造实施方案顺利通过专家论证，常熟经济技术开发区成功列入国家级园区循环化改造重点支持名单，并获得中央财政补助资金7000万元。(司马贤智)

对口帮扶

【概况】 2016年，常熟市不断加大对口支援、南北挂钩的工作力度，认真做好与江苏泗洪、贵州思南、重庆云阳、西藏林周、新疆、青海等地区的对口支援工作。全年援助重庆云阳26万元，同比增加8.33%；援助西藏林周1160万元，同比增加8.01%；援助新疆5797万元，同比增加7.99%；援助青海712万元，同比增加3.04%。积极开展与思南县"一对一"结对帮扶工作，从2014年起，市级财政层面每年安排不少于100万元资金专门用于思南脱贫帮扶项目建设，截至11月，共拨付帮扶资金350万元。南北挂钩方面，市财政拨付资金1000万元，主要用于"常泗工业园""农村脱贫攻坚"项目建设。同时，围绕"产业转型升级、转变经济发展方式"总要求，常熟市与全国各地开展优势互补、互惠互利的经济合作，引进内资质量不断提升。

【南北挂钩】 常熟泗洪两地领导高度重视南北挂钩、帮扶脱贫工作，积极推进常泗工业园区基础设施建设，提高招商引资水平和质量。9年时间内(至2016年底)，共投入基础设施建设资金近9亿元，建成供水管、雨水管、污水管、供电、国际电话、宽带传输、道路、土地平整等"八通一平"面积达5平方千米，常驻人口0.3万人。园区建成标准厂房及附属用房35万平方米、人才公寓3万平方米，虞山路、尚湖路、东南大道、黄浦江路等道路约29千米，形成"四纵三横"的路网框架，铺设沿路管网等约120千米，配套给排水、供热、供电等市政基础设施，东南大道、常洪大道等道路和琴川河、早陈河两岸绿化面积69万平方米，已完成新建及改造路灯约756盏。截至2016年年底，园区引进工业项目63个，项目总投资122.5亿元，已初步形成了纺织服装、食品加工、装备制造、阀门卫浴四大主导产业，就业人数3万多。园区共有45家企业，就业人数2200多人。2016年实现产值5.34亿元、利税1528万元。"2+1"(机械制造、高端水暖、电子信息)特色产业集聚发展。在九部门联合验收中，常泗工业园因成绩突出，位列县级第三名。

【人才支持】 4月5日，泗洪县选派帮扶工作队员到十个省定经济薄弱村开展帮扶工作，帮扶期为2年，队员兼任经济薄弱村第一书记。涉及常熟市派出的有三名书记，分别是：魏营镇庞塘居华胜(常熟市人大办公室)、朱湖镇鱼行村颜井平(理工学院)、梅花镇大罗村金永清(常泗园区)。

【产业转移】 2016年，常熟市积极搭建协作平台，引导和鼓励企业向苏北、泗洪及常泗工业园、苏盐沿海合作开发区转移产业项目，以实现梯度发展、南北共赢。8月16日，常熟市政府印发《关于支持常熟企业到泗洪县投资的奖励办法(暂行)》(常政发[2016]51号)，专门设立南北产业转移扶持资金(以下简称扶持资金)，扶持资金2000万元，首期安排500万元，用于支持常熟泗洪工业园区承接常熟企业产业转移项目。9月9日，成功举办常熟企业到泗洪投资政策解读暨泗洪投资环境说明会，常熟企业到泗洪落户项目已有20多个，涉及纺织、化工、机械制造、建材、房地产开发和金融等行业，其中有11个项目是转移在常泗工业园里，总投资为32亿。10月9日，第三届西部优秀企业家江苏行暨深化区域协调发展高端峰会在宿迁举行，常熟市中利腾晖光伏科技有限公司在陕西榆林投资4.5亿元建设50兆太阳能光伏地面电站(EPC)项目，是26个活动签约项目之一；常熟新航针织服饰有限公司作为有意向苏北产业转移的参会企业。11月5日，常熟泗洪工业园区与常熟市林芝电子有限责任公司举行项目签约仪式，江苏林芝电子项目正式落户常熟泗洪工业园区。

【对口支援】 根据上级安排，常熟市积极开展与思南县"一对一"结对帮扶工作，派出一名镇长(程锋)到思南挂职副县长，同时发挥常熟市医疗、教育、产业发展等领域优势，实现两地资源共享。教育协作方面，6月14日，两地教育局正式签订了《常熟思南教育合作协议(2016－2020年)》，思南中学等20所学校与常熟市相关学校成功结对，两地教育部门组织专家团队和教学骨干，先后多次互访，开展跟岗学习、同课异构、专题讲座等形式的教学实践活动。7月13日，常熟市政协向思南县捐建希望童园一所，资助资金5万元。截至2016年8月，已在该县捐建希望童园17所，累计捐赠物资及资金近100万元。卫生医疗协作方面，双方积极开展合作交流活动。2016年4月和10月，常熟市卫生部门先后派出两批、每批10名副主任以上医师到思南进行为期三个月的对口业务指导。产业合作方面,10月20日至21日,思南县发改局、黔南国际汽贸城到常熟市考察,常熟市汽车商贸协会与黔南国际汽贸城商议了双方建立长期合作关系事宜,常熟方面将给予业务、管理等方面的指导和支持。11月7日,常熟市体育局赴思南进行对口帮扶考察,同时决定为思南县援建一个健身路径工程。 (曹 昊)

政府法制工作

【概况】 2016年,常熟市政府法制办公室进一步理顺内部机构职责,法规科由综合科挂牌机构调整为独立科室,加强法制审查工作力量。制订出台《常熟市法治政府建设2016～2020年规划》,明确了未来5年常熟法治政府建设目标。定期组织开展市政府常务会议学法,书面学习了《中华人民共和国大气污染防治法》《中华人民共和国反恐怖主义法》《法治政府建设实施纲要(2015～2020年)》以及营业税改增值税相关政策解读。重大行政决策实行目录化管理,确定6件市级重大行政决策项目并向社会公布,严格执行六项法定程序。审查备案各镇(街道)、各部门规范性文件19件,向苏州市政府报备政府规范性文件2件,承办《苏州市家庭医生(护士)执业管理办法(试行)》《江苏省新建居住区供配电设施管理办法》等省、苏州市法规、规章征求意见21件。推行立法征求意见反馈机制,年内共向市委农工办、辛庄镇政府、市场监管局等单位发出意见采纳情况复函9份,审核市政府重要文件18件。全年共受理行政复议案件96件,审结84件,其中维持原具体行政行为29件,终止行政复议14件,驳回32件,确认违法8件,责令限期答复1件;另审结年度结转案件8件,其中维持原具体行政行为5件,驳回3件,采取听证程序办理9件,复议委员会案审会审理疑难复杂案件5件,提出复议意见书1份。规范行政权力网上运行,全市42个部门实行了处罚案件网上运行,权力库累计录入权力9239项,在用权力8917项,其中行政处罚8149项;共编制权力内外部流程图18478个。2016年,常熟市政府法制办公室荣获"江苏法治政府建设专题研讨会"征文活动优秀组织奖,被省法制办评为"2016年度政府法制工作成绩突出单位"。

【法规科独立设置】 11月3日,常熟市编办印发《关于同意市政府法制办公室调整内设机构的批复》,将市政府法制办公室内设机构综合科挂牌的法规科调整为独立设置,为市政府法制办公室内设机构,正股级建制。同时核增内设机构科长职数1名,核减内设机构副科长职数1名。机构调整后综合科主要职责为:机关的文电、会务、纪要、档案、接待、外事、保密、保卫、信访、财务、后勤、资产管理等工作;负责各科之间的业务协调工作;拟订机关内部工作制度并负责监督检查;负责办公自动化的建设和应用工作;负责机关的机构编制、干部人事、纪检监察、党群、退休人员管理等工作;起草本部门年度计划、总结等文件和其他重要综合材料;负责政府法制宣传,编印《政府法治》简报和有关信息材料;组织开展依法行政、政府法制理论和实践等重大问题的研究,开展学术交流;承担市全面推进依法行政工作领导小组办公室的日常工作;负责上级依法行政年度考核工作和对全市各镇(街道)、各部门的依法行政年度考核工作;配合有关部门做好《中华人民共和国仲裁法》的贯彻实施工作。法规科主要职责为:负责市政府规范性文件以及有关重大行政决策合法性审查,并提供法律意见;负责市政府规范性文件备案工作;承办法律、法规、规章和上级政府规范性文件草案的征求意见工作;组织开展政府规范性文件实施情况后评估工作;承担各镇(街道)、市政府部门规范性文件的统计分析和备案审查工作;组织清理、审定及出版市政府规范性文件汇编;负责规范性文件制订主体的确认。做好政府法律顾问工作,承办市政府除诉讼复议外的涉法事务,并出具法律意见书;牵头做好法律、法制培训工作。

【镇域综合执法规范化建设】 2016年,常熟市进一步推进镇域综合执法改革纵深和力度,启动三年规范化建设活动,4月8日,全市依法行政暨镇(街道)政务服务体系建设推进会召开,专题部署镇域综合执法规范化建设工作。4月18日,制定出台《关于开展常熟市镇域综合执法规范化建设年活动的实施方案》,明确合理配置执法人员、细化镇内部执法协作、办公场所设置标准化等18项具体工作任务。7月4日,组织开展首次镇域综合执法案卷专项评查。7月29日、30日,省政府组织专家组对常熟市镇域综合执法实施周年评估,肯定了改革工作成效并建议经验推广。11月16日,经市政府第77次常务会议通过,第二批下放了民防、安监、水利、文化等8个领域275项行政处罚权,镇域综合执法范围进一步拓展。市政府法制办公室牵头召开4次领导小组办公室会议,编印3期《综合执法专刊》,通报督促各镇综合执法改革推进情况,协调解决改革进程中疑难问题。各镇综合执法局扎实开展规范化建设活动,软件、硬件设施进一步完善,执法力量不断增强。截至12月31日,全市各乡镇综合执法局办公场所共计1万平方米,执法人员600人,执法车辆达60辆。全市各镇共开展各类执法检查16.7万次,专项整治1755次,办理行政处罚案件1886件,其中已办结1752件,实现了"一个主体对外,一支队伍管执法",基层政府治理能力有力提升,群众满意度和获得感明显增强。

【法治政府建设"十三五"规划印发】 2月26日,市政府印发了《常熟市法治政府建设2016～2020年规划》,明确未来5年,常熟将在转变政府职能、健全决策机制、深化制度建设、规范执法行为、完善监督机制、化解矛盾纠纷及加强依法行政能力建设七大方面下功夫,实现基本建成职能科学、权责法定、执法严明、公开公正、廉洁高效、守法诚信的法治政府的目标。

【规范性文件制定主体确认公布】 3月25日,经广泛征求意见,市政府法制办公室对全市范围内规范性文件制定主体进行了初审和复核两道环节的审核，确认公布规范性文件制订主体60个，并通过政府门户网站和《常熟日报》向全社会公布。

【依法行政暨政务服务体系建设推进会召开】 4月8日，全市依法行政暨镇(街道)政务服务体系建设推进会召开，对镇域综合执法和政务服务体系建设两项改革任务作了阶段性总结和工作部署。市委常委、常务副市长沈晓东参加会议并讲话，要求进一步加强综合执法和便民服务中心建设力度，及时总结分析改革中出现的新情况新问题，推进改革纵深；进一步整合完善乡镇(街道)内部工作运行机制，为职能转变和机构改革夯实基础；进一步研究综合执法特点难点，为开展新领域综合执法做准备。

【2016年依法行政工作要点制订】 4月6日，市政府制订下发《常熟市2016年依法行政工作要点》，重点突出统筹谋划部署，夯实法治政府建设基础；深化改革创新，实现政府依法全面履职；完善制度建设，加强规范性文件动态管理；健全决策机制，推进科学民主依法决策；规范行政执法，提升依法行政质量水平；畅通诉求渠道，化解社会矛盾争议纠纷；加强监督制约，保障权力运行公开透明七个方面有序推进全市依法行政工作。

【镇域综合执法改革获中央编办肯定】 4月19日、20日，中央编办研究中心副巡视员董继峰一行到常熟就“市县政府部门行政执法问题研究”课题开展专题调研，镇域综合执法改革为其中一项重要调研内容。董继峰副巡视员实地视察了海虞镇综合执法局，对镇域综合执法模式及成效表示肯定。

【法制办首次作客政风行风热线】 5月13日，市政府法制办公室首次参加《政风行风热线》。市政府法制办公室主任唐剑锋在栏目中介绍了法制办的主要职能和工作，重点解答了依法履行政府职能、深化行政体制改革、严格行政决策程序、规范公正文明执法和强化行政复议工作等方面的问题，并现场解答群众问题咨询，接受听取群众对政府法制工作的意见建议。

【苏州法制办到常调研镇域综合执法工作】 5月25日，苏州市法制办主任王侃到常熟调研政府法制工作和镇域综合执法试点改革推进情况，市委常委、常务副市长沈晓东陪同调研。调研组听取了常熟市政府法制工作情况汇报，观看了综合执法工作资料片，并到海虞镇综合执法局进行了现场视察。王侃对常熟市政府法制扎实工作和镇域综合执法创新实践表示肯定，并希望进一步明确镇综合执法局和镇其他部门职责，改善综合执法人员队伍结构，提高综合素质和执法能力水平，为全省试点工作创造可复制的做法和经验。

【全省政府法制工作会议在常召开】 7月12日、13日，全省政府法制工作会议在常熟召开，总结交流政府法制工作亮点和工作经验。省法制办主任于爱荣出席会议并讲话，苏州市副市长、公安局局长李京生到会致辞。省法制办领导班子全体成员及中层以上干部，各设区的市政府法制办主任、综合处(秘书行政处)处长，全省各县(市)政府法制办主任参加了会议。大会播放了常熟政府法制工作创新实践资料片，组织全体参会人员考察了海虞镇综合执法局和常熟开关制造有限公司，市委副书记、代市长周勤第陪同考察。于爱荣对常熟市政府法制工作，特别是镇域综合执法改革先行先试取得的成效给予肯定，并对下半年全省政府法制工作进行了部署。

【常熟市行政机关行政应诉办法出台】 7月20日，市政府出台了《常熟市行政机关行政应诉办法》。《办法》从行政应诉责任主体、行政机关负责人出庭应诉职责、答辩举证要求和应诉工作责任追究等方面对行政机关行政应诉工作规范细化，提高全市行政机关行政应诉能力。

【行政复议应诉暨政府信息公开案件专题研讨会召开】 7月22日，市政府法制办公室牵头召开行政复议应诉暨政府信息公开案件专题研讨会，邀请张家港市法院围绕信息公开案件审判动向作专题指导。市公安、城管、财政、国土等政府信息公开申请量较大的部门参加了会议，就政府信息的界定、主动公开的范围、依申请公开的程序和方式等方面的难点和困惑进行了交流和探讨，共同破解信息公开难题。

【镇域综合执法改革周年评估顺利通过】 7月29日、30日，省政府采取第三方评估的方式，邀请中国政法大学法治政府研究院院长王敬波为组长，省政府法律顾问南京大学法学院副院长王太高，省特邀行政执法监督员南京工业大学法律与行政学院院长刘小冰、省人大法制委副主任委员王腊生，省法制办副主任马太建、省编办行政体制改革处处长刘为民等6人组成专家评估组，对常熟市镇域综合执法试点一年内的工作及成效进行全面评估。市委常委、常务副市长沈晓东作了专题汇报，苏州市法制办主任王侃陪同参加了评估会议。评估组听取了常熟市镇域综合执法试点工作专题汇报，观看汇报资料片，查阅工作台账、综合执法案卷，查看综合执法平台，并座谈征求人大、政协、纪委、政法委、编办、法院、检察院和相关下放权力部门以及各镇政府相关负责人意见建议，全面掌握常熟市开展镇域综合执法特色做法和经验成效。同时，实地赴海虞镇综合执法局考察，走访海虞镇王市污水处理厂和海福新城社区，发放调查问卷了解群众对综合执法工作的满意度。经过综合评价，专家评估组对常熟镇域综合执法改革给予了充分肯定，认为常熟改革工作切合精神、基础扎实、措施得力、成效显著，为全省推广改革提供了可参考的“样板”和可复制的经验。

【全市政府法制干部理论水平提升培训班举办】 3月至9月，常熟市政府法制干部理论水平提升培训班在市理工学院举行。组织全市各板块法制办负责人，各镇综合执法局局长、分管法制工作副局长及法制员，各部门法制科长及法制工作人员共120人，于每周五下午开展为期6个月的学习培训。培训内容紧贴工作实际，围绕工作中的热点难点，邀请高校知名专家教授和省、苏州法制办专家开办了20堂培训课程，切实提高了广大政府法制干部的基础理论知识和能力水平。

【全市政府法制工作座谈会召开】 10月12日，市政府法制办公室组织召开2016年度全市政府法制工作座谈会，总结交流工作经验，部署下阶段工作。各镇、板块依法行政联络员，各部门及条线垂直单位法制科科长参加座谈会。海虞镇、辛庄镇、公安局、地税局等 8 家单位围绕各自法制工作重点和亮点作了交流发言。市法制办主任唐剑锋作了总结发言，肯定各单位法制工作成绩，并部署了四季度重点工作任务。

【镇域综合执法改革通报会召开】10 月 27 日，镇域综合执法改革情况通报会召开，市委常委、常务副市长沈晓东向各民主党派、工商联和党外人士代表通报全市镇域综合执法改革情况，听取党外人士的意见和建议，市委常委、组织部部长、统战部部长陆文明主持会议。

【行政执法案卷评查】11 月 14 日、15 日，市政府法制办公室组织开展全市行政执法案卷评查工作。评查采取现场评查和网上评查相结合的方式，通过部门交叉互评、法院行政庭、监察局专家点评和法制办综合评审，全面评析全市 27 家执法部门 207 件行政处罚和许可案卷。同时，对执法案件行政权力网上运行情况也进行了检查。评查结果发文通报并作为年度依法行政考核依据。

【重大行政决策和规范性文件后评估首次引入专家评审】11 月 22 日，市政府首次引入专家评审机制，对第三方评估机构作出的重大行政决策和规范性文件实施后评估报告进行论证评审。专家组从报告结构、评估程序、评估方法、报告内容、报告用语的规范性等方面，全面分析评估重大行政决策项目《南门坛上历史街区(启动区)保护与整治工程》和规范性文件《常熟市国有土地上房屋征收与补偿若干问题的处理意见(试行)》《常熟市建设工程扬尘污染防治管理实施办法》的实施后评估报告。评估单位针对专家组提出的问题对评估报告进行了修改完善，保证评估工作更科学合理。

【苏州依法行政考评组到常进行全面考核】11 月 22 日，苏州市依法行政考评组对常熟市 2016 年度依法行政工作进行全面考核，市委常委、常务副市长沈晓东参加了考核评议。考核组听取了常熟市 2016 年度依法行政工作汇报，查看了工作台账，抽查了虞山镇、梅李镇依法行政工作和市住建局法制机构履职情况，抽考了市场监管局等 4 个部门 20 名行政执法人员，并通过现场提问的方式充分了解常熟依法行政特色亮点工作。

【政府法律顾问制度建立】11 月 24 日，经市政府第 78 次常务会议讨论通过，成立常熟市政府法律顾问委员会，设主任委员 1 名，由分管法制工作常务副市长沈晓东担任；副主任委员 2 名，分别由市政府办公室副主任谈晓华和法制办主任唐剑锋担任；委员 21 名，由法制办专家、高校教授和知名律师组成。11 月 28 日，市政府印发《市政府关于建立政府法律顾问制度的意见》，明确了政府法律顾问工作目标、制度模式、选聘机制，强化了组织领导和工作保障，积极打造政府法律智库助推法治政府建设。

【开展三法联考工作】12 月 7 日至 9 日，2016 年度法治建设、依法行政和法制宣传联合检查考核工作开展。考核坚持精简务实原则，采取集中听汇报、看台账的形式，对全市各部门依法行政工作开展对账式检查，同时对各乡镇(街道)进行了集中检查，考核工作取得良好成效并发文通报。

【依法行政示范项目专项检查】12 月 20 日，市政府法制办公室会同市人大、政协、政法委及纪委组成检查小组，对梅李镇人民政府等 12 个 2015～2016 年度市级依法行政示范点进行了专项检查，市公安局等 14 家非示范点执法机关受邀交流座谈。检查小组听取了 12 家示范单位一年内依法行政工作基本情况、示范项目实际成效，查看了相关创建工作台账，并逐一进行点评。市公安局等受邀单位观摩了示范点创新先进做法，专项检查搭建了学习交流平台，督促示范单位做好创建经验总结，将先进做法落地生效。

【行政执法证大换证】9 月至 12 月，市政府法制办公室开展 2017～2019 年度行政执法证大换证工作。经过对全市范围内 2200 名行政执法人员资格审核、全员培训、集中考试三道环节，对符合条件的人员换发行政执法证，此次共换发 1795 张，新办 197 张。

【民革常熟市基层委员会调研镇域综合执法工作】12 月 30 日，民革常熟市基层委员会主委查银华一行开展镇域综合执法专题调研，观看了镇域综合执法改革工作资料片，赴碧溪街道综合执法局现场考察，并座谈了解综合执法开展情况和成效。查银华对碧溪街道综合执法工作给予肯定，并就提高执法队伍专业能力水平，厘清综合执法局与街道其他部门关系，发挥好综合执法作用等方面提出了意见和建议。

(邢靓雯)

民族宗教

【概况】2016 年，全市依法登记的宗教活动场所 52 处，其中佛教 32 处、道教 2 处、天主教 9 处，基督教 7 处(另有临时活动点 2 处)。常住少数民族人口 2012 人，年内办理少数民族考生加分服务 46 人，其中高考 11 人，中考 35 人。

【平安度过春节香汛】周密部署，做好各项预案。提前一个月公示了《2016 年春节香汛须知》，利用微信、网站、横幅、告示栏、零距离论坛等媒介，向全市广大信众投发香汛须知信息。各佛教活动场所，在香汛前期开展消防演习、安保培训和突击检查，尽力消除安全隐患。重点寺院兴福寺联合市有关部门重新规划春节香汛的行经路线，招募义工 260 名，聘用保安 260 多名，增添扩音器材 3 台，照明设备 150 多只，增设水马 120 只，并在唐幢至山门间临时搭建了钢桥、硬隔离等安保设备。同时在兴福寺设立全市香汛安保指挥部，市领导亲自坐镇指挥，民宗局工作人员在各重点寺庙全程值守，确保了全市春节香汛工作的安全开展。

【召开基督教代表会议】5 月 26 日，召开常熟市基督教三自爱国会第五次代表会议，来自全市各乡镇的基督教信众代表和嘉宾 80 多人参加了会议。会议审议通过了《常熟市基督教三自爱国会第四届常委会工作报告》和《常熟市基督教三自爱国会章程》，选举产生了新一届领导班子，赵忠任新一届常熟市基督教三自爱国会主席，严国珍任副主席，王桂芳任秘书长。

【开展团体建设年活动】 在全市宗教界开展了加强宗教团体组织建设年的主题活动。在市民宗局的具体指导下，市佛教协会汇编了近年来出台的团体和场所的各项管理制度，并根据当前面临的新情况、新任务进行了修订完善。基督教团体新一届班子，认真梳理团体内部存在的问题，有针对性地逐步完善工作机制，树立起民主办教理念，保证了各项制度在信众的监督下落实到位。另外，加强宗教团体的横向联系，建立宗教团体季度例会制度，各团体交流工作经验，相互促进，共同提高自我管理水平，真正发挥好团体的桥梁纽带作用。

【倡导宗教慈善事业】 开展“宗教慈善周活动”，以9月第三个星期为时间节点，前后一个月时间。活动期间，宗教界共募集款(物)20.7万元，惠及众多社会困难人群和教内困难家庭。指导佛教界做强“兴福慈善功德会”公益品牌，开展服务社会、扶危济困、爱心助学、关爱孤老等活动，向全市环卫工人举行“暖冬行动”和“感恩送清凉”行动，开启“爱心A+”计划，设立了5家“兴福爱心栈”。

【强化宗教文化建设】 指导市佛教协会办好《兴福》杂志，市基督教团体创办信息简报《琴川佳音》，把好政策法规关。指导常熟法界学院办学，多方位、有递进地对法界学院整体水平进行升级优化，组建法界学院图书馆，整合寺院图书资源并联合市图书馆成立常熟市图书馆法界学院分馆，免费向公众开放。4月，市佛教文化交流代表团赴台参加台北华严莲社举办的华严专宗学术研讨会，与华严专家学者和高僧大德交流联谊，推介常熟佛教文化。5月，市佛教协会成功举办了纪念妙生老和尚圆寂10周年追思座谈会和纪念净土宗十祖截流行策大师诞辰390年暨普仁禅院的历史地位论证会，提升常熟市佛教在宗教界的影响力。11月，举办了“百年华严 百城烟水——第二届华严论坛”，海内外50多名大德法师、专家学者齐聚常熟，研讨佛教华严专宗对现代社会的积极作用。8月，首届“逍遥游”会讲活动在常熟真武观圆满举行，道教界人士和知名专家、学者共30多人参加，努力把道教教义同中华文化相融合，使道教文化中的思想精髓在当代社会发挥积极作用。

【培养教职人员队伍】 指导市佛教协会每月定期开设僧人学习日活动，邀请专家学者讲授哲学、历史、人文、法律等课程。举办第五期中青年僧材培训班和省佛协组织的书画班，邀请苏州市民宗局人员到常讲授“国法与教规”和宗教政策法规课程，推荐一名年轻学僧赴台湾法鼓山进修。市基督教三自爱国会于7月上旬举办培训学习会，邀请省基督教两会的牧师到常授课；10月下旬举办全市基督教主日学老师第一期培训，邀请浙江温州的牧师进行主题课程教学。常熟市推荐的四名义工传道，在10月完成了省基督教两会组织的培训。

11月中旬，常熟市佛教协会举办“百年华严 百城烟水——第二届华严论坛”

【创建星级宗教场所】 按照星级场所标准，多次召开专题协调会议，部署相关工作要点，多次深入场所，分类指导各场所根据实际情况提升档案、财务、消防等工作。在于3月进行的上级部门检查验收中，共有12处场所通过星级评定，全市拥有省五星级场所1处，省四星级场所3处、省三星级场所8处。场所档案工作也得到加强，10月，兴福寺的档案工作以高分通过江苏省档案局五星级规范测评，成为2016年常熟市唯一通过省五星级测评的单位，此外还有省二星级4处、省一星级11处。

【落实清真食品补贴】 组织开展普查工作，了解掌握全市常住少数民族群众中有清真饮食习惯的回民等少数民族群众数量，协调市财政局等有关单位就清真食品补贴政策的具体落实出台了实施办法。

【支助少数民族学生】 年初，筹措资金2.5万元支助11名少数民族学生和20多户少数民族贫困家庭。10月，常熟市民族团结进步促进会常务理事代表前往新疆阿勒泰福海县，考察当地少数民族学前教育情况，首期捐助爱心款5万元。 （顾文婷）

对台工作

【概况】 2016年，市台办认真贯彻落实中央对台方针政策，以持续推进两岸关系和平发展为主题，以增进两岸民众情感联系为核心，以开展特色交流交往活动为抓手，积极创新对台工作思路，依法管理涉台事务，努力在对台经济、对台交流交往、对台宣传、对台基层工作等方面实现新跨越。这一年，全市新建台资企业7家，合同利用台资1.02亿美元，注册资本0.67亿美元；增资2家，合同利用台资2.12亿美元，注册资本0.9亿美元。常台两地经贸、文化、农业、教育等领域的交流合作不断深化，全年办理因公赴台交流5批39人次，非公职人员赴台商务活动46批140人次。

【参与对台经贸交流】 2016年，市台办做好相关团体赴台经贸交流的各项组织协调工作，做好到常开展经贸考察团组的接待工作。2016年3月，市台办率团赴台湾开展经贸合作与文化交流活动，拜访烨辉科技、华丰橡胶、敬鹏电子、金像电子等岛内重点企业，并分别进行座谈交流，建立联络机制，构筑合作平台，扩大常台两地产业合作信息渠道。

【服务台资企业发展】 市台办以"服务好台商"为工作的出发点，充分依托各类工作平台，利用市政府台企负责人座谈会、上级台办台资调研等活动，认真开展台企走访工作，分片区深入调研达富电脑、达明电子、神隆医药、烨辉科技、华丰橡胶、明泰电子、新世电子等10多家全市重点和典型台企，实地了解企业生产经营状况，倾听台商心声，找准企业存在困难和问题，加强对台企的服务和政策指导，根据台商的需求，或积极牵线搭桥，或提供投资信息，或协调解决难题，从而进一步优化企业发展环境。强化协调意识，加大对台商投诉协调处理的力度，全年参与协调涉台纠纷5件，切实维护台企合法权益。

【举行《富春山居图》红木雕刻台湾特展】 3月12日，由常熟市黄公望文化研究会和台湾苗栗县共同主办的"缘来常熟 东方之美《富春山居图》红木雕刻台湾特展暨三义木雕协会采风展"在苗栗三义木雕博物馆开幕。作品吸引了两岸尤其是台湾众多民众，央视四套、海峡卫视、东南卫视、厦门卫视、中央人民广播电台、新华社、《人民日报》、中新社、《中华时报》《大成报》等50多家海内外媒体对活动作集中报道，百余家海内外媒体同步转载转播，引起热烈反响，台湾海峡交流基金会董事长林中森亲笔题词"艺臻化境，共创辉煌"，表达了对红木雕刻《富春山居图》台湾特展成功举办的美好祝愿。

【常台两地木雕产学研融合发展】 作为《富春山居图》红木雕刻承制单位的常熟市东方红木家俱有限公司与台湾高校、木雕协会达成产学研合作意向，3月12日，携手台湾苗栗县三义木雕协会，向其捐赠30万元新台币，作为培植台湾青少年木雕人才的扶植基金，同时牵手台北科技大学，向其捐赠一百万元新台币奖助学金，主要用于该校师生的创新设计及师生获奖作品的市场化推广。

【推进"黄公望文创产业园"申创省级对台交流基地】 2016年，市台办积极推进"黄公望文创产业园"申创省级对台交流基地，指导"一中心三馆"建设工作，"一中心"是"东方红木海峡两岸校企合作交流中心"，"三馆"是"东方红木家俱艺术馆"、"黄公望富春山居文化主题馆"及"东方木雕博物馆"，努力打造集产品研发、展示、销售为一体的两岸合作创新平台，传播两岸传统文化，从而实现两岸民众特别是两岸青年的互融互信，为两岸关系和平发展贡献力量。

【启动首届黄公望主题两岸文创设计大赛】 11月8日，由市台办共同策划、东方红木家俱艺术馆主办的"奇山妙水 竞艺东方"首届黄公望主题两岸文创设计大赛在台北启动。大赛面向两岸艺术家、院校师生以及社会各界有志文化创意产业者，要求以木质材料为基础，以黄公望作品体现的生活美学为主题进行创作。除了获得奖金，得奖者还有机会入股参与文创品牌的孵化与开发。大赛结束后，主办方还将举办巡回展览、东方生活美学论坛、黄公望主题文创博览会等一系列后续活动，展示大赛成果，推动两岸文创产业交流。

【国台办和省台办领导视察"黄公望文创产业园"】 11月23日，国台办交流局副局长王振宇、江苏省台办副主任张为，苏州市台办主任杨军在常熟市台办陪同下，赴东方红木家俱艺术馆考察"黄公望文创产业园"的建设和规划情况，东方红木家俱艺术馆馆长姚向东介绍了黄公望文创产业园申创省级对台交流基地工作进展。

【举行"台湾原民艺术大师与元代传奇画家跨界相遇"文化创意产业两岸对话活动】 作为"奇山妙水竞艺东方"黄公望主题两岸文创设计大赛征选系列活动之一，12月23日，对话活动邀请多位台湾知名原住民工艺家，展出他们的特色木艺作品。原住民工艺家们与大家分享了创作理念，畅谈对"奇山妙水 竞艺东方"黄公望主题设计大赛的展望和想法，希望两岸艺术家多交流沟通，创造出更丰富的文艺激荡与火花。

【承办两岸国学书院项目"游学讲堂"第五讲暨第一期结业仪式】 游学讲堂于11月22日至23日在常熟燕园举行，由海峡两岸婚姻家庭协会、海峡两岸婚姻家庭服务中心主办，常熟市台办、常熟两岸书院共同承办。民政部社会事务司司长王金华、国台办交流局副局长王振宇、海峡两岸婚姻家庭服务中心副主任杨文涛、江苏省台办副主任张为、江苏省民政厅社会事务司司长王龙佳、苏州市台办主任杨军、苏州市台办副主任沈蓉等出席活动。游学讲堂以"两岸交流第一人——蒋元枢"为主题，讲述常熟籍清代台湾知府蒋元枢在两岸文化交流中发挥的重要作用。学员们参加项目交流总结会，并通过"移动课堂"的形式参观了虞山尚湖风景区和沙家浜风景区。结业仪式上，出席嘉宾向项目第一期21名学员颁发学员证、结业证、毕业照等。

【中华两岸青少年世遗艺趣营在常熟闭营】 中华两岸青少年世遗艺趣营由海峡两岸婚姻家庭协会主办，海峡两岸婚姻家庭服务中心、常熟两岸书院承办，苏州、无锡、常熟三地台办协办。8月26日，世遗艺趣营营员在常熟开启"文化之旅"，参观虞山尚湖风景区、游览燕园、参观东方红木家俱艺术馆和学习篆印制作，感受历史文化名城的山水之美和中华传统文化的博大精深。闭营仪式上，营员回顾了一周的行程，表演了精彩的节目，在欢声笑语中结束了难忘的江南之行。两岸婚姻家庭子女、从事两岸婚姻家庭服务工作人员和两岸青年志愿者等70多人参加闭营仪式。

【上海精英台商《江南福地 魅力常熟》代表团参访常熟】 5月14日，由市台办和《台商周报》共同策划的"上海精英台商常熟行”活动成功举行，上海台协连锁工委会、上海台协母婴工委会、上海台协永农会等 40 多位台商踊跃参与。参访团一行参观了常熟市对台交流基地，并与常熟企业家分享成功的管理经验。《台商周报》向市台办敬赠了“江南福地，台商投资热土”锦旗。

【市台协会举行第五届理监事、首届台青理事就职典礼暨 2016 年迎春联谊会】 2 月 27 日，市台协会举行第五届会长、监事长、其他会务干部、荣誉会长、名誉会长以及顾问单位的证书颁发仪式，并由市台协会会长为台青会授旗。市委副书记、市长王飚，市人大常委会副主任闻永昌，市政府副市长孙健，市政协副主席王永明以及苏州市台办主任韩卫等出席，市台协会顾问单位分管领导、市台谊会常务理事、兄弟友会代表以及市台协会全体会员等 350 多人参加。

【举行市台青会与市青企协恳谈会】 10 月 25 日，市台青会与市青企协恳谈会成功举行。两会就各自成立后的发展情况和以后的活动计划分别作详细介绍，分享协会发展的经验、探讨以后互相参与活动的方式，并就相互交流共享信息、资源、人才等合作进行探讨，在开展双方会员企业互访活动、丰富双方活动参与方式、推进双方会员福利共享等三个方面达成共识。

【强化对市台协会的指导和管理】 指导市台协会完善各项规章制度，依法开展各项会务活动。组织市台协会主要会务干部参加苏州市台商座谈会等相关活动；支持市台协会办好第五届理监事就职典礼、周年庆典、法律政策宣导讲座，以及台青会联谊活动，妇女节、母亲节及端午节茶话会、高尔夫球赛等有益身心的文体活动；全力帮助台商协调处理经济纠纷、劳工、子女就学等问题，以优质的服务维护会员企业合法权益，引导企业在常熟更好发展。

【加强对市台谊会的指导和管理】 完善市台谊会自身的制度建设，认真组织台谊会常务理事会议，开展“双月座谈会”，学习中央对台工作会议精神，领会中央对台方针政策。认真组织对口交流，与太仓市台谊会就新形势下做好台谊会工作交换经验。组织台界政协委员深入调查研究，关心社情民意，为全市经济社会发展建言献策。

（曹　妍）

侨务工作

【概况】 2016 年，常熟市侨务工作坚持为侨服务、为全市经济社会发展服务宗旨，创新工作机制、拓展工作渠道、涵养侨务资源，积极牵线搭桥、联络联谊，全市侨务工作取得新成效。常熟科创园被国务院侨办授予“全国社区侨务工作示范单位”、被省侨办设立为“华侨华人创新创业服务中心”，常熟市侨办被评为“2016 年度江苏省侨务工作示范单位”。2016 年，注重与海外侨社侨团、常熟籍华侨华人重点人士的联络联谊。市侨办全年接待海外华侨华人共 159 人次，其中包括中国旅美科协主席宋云明、欧美同学会瑞典分会副会长韩钰、美国微软高级工程师周希明、英国爱丁堡大学教授童慎效等。赴香港参加了香港常熟联谊会组织的同乡联谊活动。随苏州侨务出访团赴美国加拿大出访，拜访了加拿大、美国重点侨社，建立了常熟首个海外华侨华人联谊联络处。在加拿大《加中时报》进行了《江南福地，常来常熟》专题宣传，扩大了常熟在海外侨界的知名度。成功举办了“五月和风常熟行”“海外华侨华人高层次人才江苏行常熟专场”“2016 旅美科协高层次人才常熟专场”“2016 中英 HISTAR 创新创业常熟高峰会”等活动。继续做好落户的华侨华人高层次人才和侨企服务工作，开展了“走进侨企宣传侨法”活动，先后对苏州莱茵电梯有限公司、江苏万宝桥梁构件有限公司、江苏亨睿碳纤维科技有限公司等重点侨企进行走访。参与、支持常熟科创园第四届创业服务文化周活动，举办了迎新年互动健身体验活动、参观苏州园博园、常熟市侨界人士网球邀请赛等活动。通过调研走访、联谊，与创业中的华侨华人增进感情，为企业出谋划策，让华侨华人创业者在常熟扎根发展。发挥侨务资源优势，服务常熟企业“走出去”投身“一带一路”建设，为相关企业积极“走出去”搭建平台，互通信息，开拓渠道。2016 年，创新基层侨务工作机制，延伸侨务工作触角。对基层侨务工作从功能定位、组织架构、阵地建设等方面进行全新设计和尝试，大力推进镇级侨务工作站、侨之家建设。全市 11 个镇区、2 个国家级开发区全部建立了侨务工作站，实现了镇级侨务工作组织全覆盖，各镇区“侨之家”结合当地实际开展各具特色的侨界联谊服务活动，积极打造侨务品牌，初步形成了“工作基础扎实、服务载体丰富、品牌特色鲜明”的侨务工作新格局。设立了全市首家商会侨之家“常熟市莆田商会侨之家”。科创园在新侨之家基础上又设立“新侨沙龙”，助力园区新侨创业。2016 年，完善为侨服务推进关爱工程。开展了全市侨法宣传周活动和“12·4”侨法广场咨询活动。举行了侨界人士迎新春茶话会、2016 侨爱暖巢慰问活动、“海上生明月，千里寄乡情”迎中秋活动等。各镇也开展了丰富多彩的侨界联谊活动，如虞山镇组织开展了第三届侨界文化周活动，梅李镇组织侨眷观赏民间大厨蒸菜厨艺技能大赛和评弹汇演等。江苏省简化华侨恢复户口登记手续后，常熟为 5 位华侨恢复了户口。汤恩佳博士为常熟新修复的文庙捐赠孔子铜像，市侨办做好捐赠备案工作。全年共处理侨务信访 12 件，办理三侨高考生加分手续 1 件。市区古典园林落实了凭苏州市归侨证享受门票优惠的政策。苏州莱茵电梯股份有限公司董事长兼总经理、德国籍华人蒋黎明获得“常熟市荣誉市民”称号，江苏乘帆压缩机有限公司董事长兼总经理、美国华侨宋波获得“常熟市名誉市民”称号。

【建立首个“海外华侨华人联谊联络处”】 4 月 1 日，在美国大华府常熟联谊会成立一周年之际，到美国华盛顿特区出访的常熟市侨办主任邓玒代表常熟市侨办、外办授予美国大华府常熟联谊会“海外华侨华人联谊联络处”牌子，这是常熟市在海外侨界设立的首个联谊联络处，旨在进一步加强与海外华侨华人社团的联络联谊，增进友好交流与合作。

【举办“2016 海外华侨华人高层次人才江苏行常熟专场”活动】 6 月 12 日至 14 日，由江苏省人民政府侨务办公室和常熟市人民政府主办的“2016 海外华侨华人高层次人才江苏行常熟专场”活动在常熟举行，来自海外的 15 位华侨华人高层次人才到常熟考察洽谈。常熟市政府召开了推介会，海外高层次人才实地考察了常熟科创园和常熟国家大学科技园，并进行了项目路演。该次活动不仅为常熟带来了一批优质的产业项目，也进一步扩大常熟的对外影响力，为吸引更多人才到常熟创业起到了积极的促进作用。

【举办“2016 中国旅美科协高层次人才常熟专场”活动】 9 月 12 日至 14 日，由常熟市人民政府主办，常熟市人才办、侨办、科协承办的“2016 中国旅美科协高层次人才常熟专场”活动举行，来自海外的 24 位华侨华人高层次人才到常熟考察洽谈。在活动仪式上，常熟市委常委，市委组织部、统战部部长陆文明致欢迎辞，常熟市侨办主任邓玨介绍了常熟市经济社会发展和人才工作情况，已落户常熟的海归创业人才代表王健和中国旅美科协会会长宋云明进行了发言，最后苏州市科协主席程波讲话。海外高层次人才还实地考察了常熟国家大学科技园和常熟科创园，并进行了项目路演。

【汤恩佳博士为常熟文庙捐赠孔子铜像】 9 月 28 日，常熟文庙修复启用暨丙申年祭孔大典举行，出席活动的中共常熟市委副书记、宣传部部长韩卫兵和苏州市文广新局副局长尹占群共同为孔子铜像揭幕。这尊孔子铜像高 3.3 米，青铜铸造，放置在文庙大成门前广场，由世界著名儒学文化名人汤恩佳博士捐赠。

【全市镇区侨务工作站建设实现全覆盖】 作为市级侨务向基层延伸的工作平台，自 2015 开始，按照“有组织、有制度、有载体、有场所、有活动、有成效”的“六有”标准推进镇区侨务工作站建设。至 2016 年 12 月，全市 10 个镇区、2 个开发区和 1 个度假区全部成立侨务工作站，镇区侨务工作站建设实现了全覆盖。同时，各镇区结合本地实际设立了“侨之家”“新侨之家”活动阵地，为侨界人士提供活动场所。通过完善组织网络、工作机制、阵地建设，基层侨务工作得到进一步加强。 （徐 红）

外事工作

【概况】 2016 年，常熟市政府外事办公室（简称外事办）共接待来自友城团队 13 批 109 人次，出访友城团组共 12 批 142 人次，派遣一名国际交流员赴日本萨摩川内市进行为期一年的交流；接待或协助接待其他外宾 6 批 73 人次；妥善处置涉外事（案）件 2 起；申办因公出国（境）团组护照、签证 41 批 157 人次，其中自组团 32 批 148 人次，上组 9 批 9 人次；成功申报 APEC 商务旅行卡 46 人次；代发外国人来华邀请函电申请 307 人次。常熟国际友谊园正式开园；常熟市与美国劳顿郡签署合作备忘录，与韩国务安郡正式缔结友好城市关系；同常熟理工学院共建外事志愿者实习基地和外事志愿服务中心；授予 13 人常熟市荣誉市民称号和名誉市民称号。

【友城交往】 2016 年，外事办共接待来自友城团队 13 批 109 人次，出访友城团组共 12 批 142 人次。4 月 9 日，外事办派遣商务局科员孙诚赴日本萨摩川内市进行为期一年的国际交流工作。4 月 20 日至 27 日，常熟旅游推介团一行 15 人对日本萨摩川内市、韩国务安郡进行友好访问，并于日本福冈市和韩国首尔市举办旅游推介会。5 月 7 日至 14 日，以市政协副主席王永明为团长的常熟市友好代表团一行 6 人访问韩国务安郡和日本萨摩川内市，参加萨摩川内市纪念两市缔结友好城市关系 25 周年庆祝活动。5 月 13 日至 15 日，市委书记王飚一行 4 人访问萨摩川内市，出席两市结好 25 周年纪念晚会。5 月 10 日至 12 日，澳大利亚汤斯维尔市艺术代表团一行 5 人访问常熟，为该市正在构思制作的电影《落叶》到常熟考察外景基地，寻求合作伙伴。5 月 29 日至 6 月 5 日，市人大常委会主任秦卫星率友好交流团访问新西兰陶朗加市和澳大利亚汤斯维尔市，参加汤斯维尔市建市 150 周年暨汤斯维尔国际姐妹城市市长论坛。5 月 30 日至 6 月 7 日，常熟理工学院学生马文青赴汤斯维尔市访问交流。6 月 19 日至 20 日，以常熟理工学院副校长戴国洪为团长的友好访问团一行 5 人访问汤斯维尔市，与中央昆士兰大学签订交流合作备忘录。7 月 20 日至 22 日，日本萨摩川内市市长岩切秀雄率该市政府代表团、经济代表团、

9 月 12 日至 14 日，2016 中国旅美科协高层次人才常熟专场活动举行，20 多位海外高层次人才实地考察了常熟创新创业环境

10月21日，常熟市与韩国务安郡签署缔结友好城市关系协议书

文化代表团、物产展布展团一行33人访问常熟，参加常熟举办的“友谊之路”两市结好25周年图片展、庆祝晚宴、萨摩川内物产展等系列活动。7月30日至8月3日，常熟市青少年代表团一行20人赴萨摩川内市开展男子篮球、文化交流，这是两市第30次青少年交流活动。8月5日至8日，日本绫部市乒乓球交流团一行15人访问常熟，两市代表进行多场交流比赛。8月15日至16日，日本萨摩川内市经贸代表团访问常熟，商讨两市港口贸易、旅游合作等事宜。8月28日至9月1日，副市长陈惠良率经贸访问团访问萨摩川内市，签署两市旅游、港口贸易合作协议。8月28日至9月4日，市粮食局局长陆乾元率友好交流团访问摩洛哥友城索维拉市、西班牙马德里市，寻求与友城索维拉市在各领域的合作机会，拜访位于西班牙马德里市的联合国世界旅游组织总部。9月7日至8日，韩国务安郡教育考察团访问常熟，该郡南岳中学与常熟市第一中学签订友好交流意向书。10月12日至16日，常熟市工商联友好代表团访问日本萨摩川内市，参观多家当地企业；同时，常熟市首发市民观光交流团一行49人访问萨摩川内市，领略日本友城风情，推动旅游领域发展合作。10月21日至22日，韩国务安郡政府代表团、教育合作交流团访问常熟，正式签订两市缔结友好城市关系协议书，常熟市教育局与务安教育支援厅签订缔结国际友好交流关系协议书，常熟市第一中学与务安郡南岳中学签订缔结友好学校关系协议书。10月25日至29日，常熟市摄影交流团一行9人访问澳大利亚汤斯维尔市，出席该市“中国文化视角”摄影图片展，达成在常熟举办该市摄影成果展合作意向。11月17日至19日，韩国务安郡青少年民宿团一行32人访问常熟，与市一中学生进行文化交流，入住学生家庭。12月8日至11日，绫部市日中友协副会长、乒乓球协会会长玉井嘉久访问常熟，被授予“常熟市荣誉市民”称号。12月14日至16日，日本萨摩川内市贸易调查团访问常熟，与市有关部门、企业代表举行木材贸易洽谈会。

【涉外接待】 2016年，外事办共接待和配合有关部门接待了以色列、日本、澳大利亚、美国等国家的外宾。3月21日至24日，前以色列驻沪总领事Shalom Cohen访问常熟理工学院，参观调研常熟现代农业，为常熟与以色列的沟通交往搭建桥梁。3月23日上午，配合省外事办接待日本爱知县国际课代表团一行，陪同参观常熟虞山公园“乒乓外交”友谊树和纪念碑。4月13日上午，澳大利亚水资源利用和治理代表团到沙家浜国家湿地公园考察水资源利用与治理情况，参观考察湿地保育区、观鸟台、湿地自然学校和湿地科普馆等。5月19日，美国劳顿郡监事委员会主席菲列斯·兰德尔访问常熟，两市签署合作备忘录，计划开展多种形式的合作。11月7日至8日，日本鹿儿岛县木材贸易调查团访问常熟，就该县木材出口事宜同市港口局进行会谈。

【涉外管理】 3月3日，外事办上报一名英国人在交通事故中受伤、一名菲律宾人在常熟非法就业等2起涉外案件。4月13日，指导梅李镇与马来西亚沙巴州兵南邦县建立友好交流关系。5月25日，召开2016年度市外事工作联席会议，政府办、政法委、组织部等18个外事工作联席单位的分管领导出席会议。9月19日至24日，2016第十届国际湿地大会在常熟举行，外事办会同会务组做好上报工作，协助做好参会外宾接待工作。

【出国（境）管理】 2016年，外事办共申办因公出国（境）团组护照、签证41批157人次，其中自组团32批148人次，上组9批9人次。外事办根据上级有关规定，配合市出国会审小组，严格按照年初计划上报团组，做到有保有压，向招商一线倾斜。出国（境）证照收缴率100％。在APEC商务旅行卡申办工作中，积极推介，按需办理。全年成功申报APEC商务旅行卡46人次；代发外国人来华邀请函电申请307人次。

【国际友谊园开园】 按照一次规划、分步实施、逐步完善的要求，完成了常熟国际友谊园一期建设工作。园内集中摆放常熟国际友城赠送的大型户外礼物，共有4个组团，分别是日本绫部市赠送的友谊樱花园、日式灯笼，日本萨摩川内市赠送的友谊红枫园，澳大利亚汤斯维尔市赠送的艺术花园和纪念林区域，并分别配有中英文双语的友城介绍牌。3月，位于尚湖风景区的国际友谊园正式开园，成为展示常熟市国际交流成果的窗口。

【政校合作】 12月1日下午，外事办和常熟理工学院合作共建仪式在常熟理工学院东南校区举行。双方共建外事志愿者实习基地和外事志愿服务中心，建设外事志愿翻译队伍。外事办为志愿者提供翻译实践机会，增强志愿者的外事服务理念和外事纪律培训，为常熟全面对外开放发展做出贡献。

2016年“常熟市荣誉市民”“常熟市名誉市民”一览表

表3

类别	姓名	单位及职务
常熟市荣誉市民	三好帅男	三菱电机汽车部件(中国)有限公司总经理
	瓦特	大陆汽车系统(常熟)有限公司总经理
	田口雅也	丰田汽车研发中心(中国)有限公司副总经理
	玉井嘉久	日本绫部市日中友好协会副会长、绫部市乒乓球协会会长
	金子秀雄	大金氟化工(中国)有限公司董事兼总经理
	柯林兹	达涅利冶金设备(中国)有限公司中国联合总经理
	葛在洙	泰光化纤(常熟)有限公司董事兼总经理
	蒋黎明	苏州莱茵电梯股份有限公司董事长兼总经理
	樱井寿夫	三菱电机自动化机器制造(常熟)有限公司总经理
	戴慕瑞	奇瑞捷豹路虎汽车有限公司总裁
常熟市名誉市民	宋波	江苏乘帆压缩机有限公司董事长兼总经理
	林为恭	常熟冠林汽车饰件有限公司董事长
	曾昌彦	敬鹏(常熟)电子有限公司副总经理

(徐梦星)

地方志工作

【概况】 2016年,市地方志编纂委员会办公室在市委、市政府关心和支持下,在上级业务部门帮助和指导下,始终围绕中心,服务大局,履职尽责,自觉肩负起“存史、资政、育人”使命,紧贴时代、锐意进取,服务发展、开拓创新,各项工作取得新成绩。年内,新中国建立以来二轮《常熟市志》正式出版发行,《常熟市实验小学志》《常熟市政法志》《常熟市民建志》《常熟市政协志》《常熟市卫生志》等正式出版发行。办公室被苏州市地方志编纂委员会办公室评为年度地方志年会论文优胜单位。

【二轮《常熟市志》出版发行】 2016年1月,历经市地方志编纂委员会办公室和相关编纂人员的十载奋力拼搏,新中国建立以来二轮《常熟市志》正式出版发行。常熟市地方志编纂委员会办公室被苏州市地方志编纂委员会办公室评为二轮修志先进单位,地方志编纂委员会办公室主任和分管地方志的编纂委员会办公室副主任被苏州市地方志办公室评为二轮修志先进个人(详见“专记”部分相关内容)。

【参与知青文化宣传工作】 2016年初,市地方志办公室积极协助苏州市知青文化研究会常熟分会开展各种活动,积极传播正能量。从文字、照片到内容,不厌其烦、悉心指导分会《激情岁月、风雨人生——常熟知识青年上山下乡纪念册》一书的编纂出版工作,最终取得圆满成功。2016年1月纪念册出版,得到社会各界的好评。

【参与布展沙家浜国防教育展览馆】 2016年初,为进一步弘扬沙家浜军民鱼水情精神,强化全民国防意识,年初,沙家浜镇决定在沙家浜风景区内建办沙家浜国防教育展览馆。根据沙家浜镇人武部的邀请,市地方志办公室相关领导从国防教育展览馆布展方案到布展的文字、图片的准备,全程参与,加班加点,反复推敲,为建成高标准的展览馆作出了重要贡献。2016年4月15日下午2时,沙家浜国防教育展览馆落成暨沙家浜阿庆嫂女子民兵连授旗仪式在沙家浜风景区举行,展览馆获得大家的一致好评。由此,沙家浜风景区又多了一道全民国防教育的亮丽风景线。

【宣传和弘扬伟大的长征精神】 2016年9月23日,市党史地方志办公室与市新四军研究会联合举行中国工农红军长征胜利80周年座谈会,缅怀工农红军的光辉业绩,畅谈长征精神的伟大意义。活动主办单位领导和相关人员、新四军研究会城区小组和镇区各分会负责人、常熟理工学院学生代表及多家媒体记者共40多人出席。市地方志办公室分管地方志的副主任主持会议,市新四军历史研究会领导作主题发言,系统介绍红军长征的历史背景、主要历程和伟大意义。老同志代表吴锦行、大学生代表李浩然,在职干部代表张军等围绕如何弘扬长征精神谈了各自的感想。10月8日,在碧溪新区吴市中心小学,市地方志办公室分管地方志的副主任以新时期如何弘扬伟大的长征精神为主题,辅以大量珍贵的红军长征图片资料,给孩子们上了生动的一课。

【参与家风家教宣讲活动】 2016年10月21日,市地方志办公室分管地方志的副主任在市图书馆市民大讲堂以“东南文献此灵光,奕叶芸香旧德长”为题进行讲座,向相关领导干部和市民讲述常熟古里瞿氏家族的家风家训。常熟古里瞿氏家族的铁琴铜剑楼藏书集诸家之大成,且瞿氏历代传人尊奉祖训、秉承家风,兢兢业业、始终如一,使其藏书绵延五代而不散,最终化私为公,为祖国传统文化的坚守和传承作出了卓越的贡献。讲课全方位展示了常熟瞿氏家族不以追求功名为理想,不以追求财富为荣耀,不以追求权势为炫耀。他们以书为伴,他们藏书为乐,与人为善,乐善好施,他们以“书”——觅书、聚书、藏书、护书、爱书、用书、读书、捐书、献书,作为人生的追求目标,相以为继,毕五代人之心血,成为中国古代四大民间藏书楼之一的历程。充分昭示中华民族几千年以来一以贯之的传统美德，体现“江南明珠、福地常熟”生生不息的书香气息和人文精神。

【做好地情资料出版工作】 2016年，“常熟地方历史文化丛书”之二《常熟文史纵横谈》出版。为纪念国家历史文化名城命名30周年，常熟市地方志编纂委员会办公室对邑人、文史专家钱文辉近20年来所著常熟地方历史文化的文章进行整理、选定。全书共64篇、近30万字。与此同时，明代弘治《常熟县志》（桑志）、嘉靖《重修常熟县志》（邓志）、万历《常熟县私志》（姚志）先后影印出版。

【多部志书出版和启动编纂】 2016年，市地方志办公室始终热切关注、悉心指导全市的编史修志工作，真正做到沉下身子、放下架子、多出点子。从资料收集，编写体例，到修改、评审、验收各个环节，都予以帮助指导。年内，《辛庄镇志》（3+1）和《支塘镇志（综合卷）》《浒浦渔业志》《沙家浜景区志》通过终审，即将出版发行。《常熟市水利志》《常熟市粮食志》《常熟市总工会志》《常熟市老干部工作志》《古里镇志》《常熟市第一人民医院志》等正在紧锣密鼓地编纂中。《常熟市普法志》《常熟市民政志》《碧溪新区志（综合卷）》《碧溪新区地名志》启动编纂。

【推进名镇志工程】 2016年，市地方志编纂委员会办公室认真指导“中国名镇志丛书”之《中国名镇志丛书·虞山镇志》和《中国名镇志丛书·沙家浜镇志》的校对修改工作，无偿提供相关文字和照片资料。《中国名镇志丛书·梅李镇志》作为第二批列入的“中国名镇志丛书”工程，至年底完成初稿，送苏州市地方志编纂委员会办公室审阅。《江苏省名镇志·支塘镇志》启动编纂。

【《常熟史志》按序时进度出版】 2016年，在时间紧、任务重、要求高的情况下，办公室新老分管领导同心合力，精心编纂，努力为宣传常熟地方历史文化尽职尽力。至年底，《常熟史志》已经按计划出版4期，总共出版21期。《常熟史志》作为市地方志编纂委员会办公室品牌产品，创刊于2011年12月。其主要功能是宣介常熟地方文化和历史，传达上级精神，介绍史志工作成果，总结经验，探讨问题，研究方法，同时也是向上级汇报工作和进行横向交流的媒介。

【指导市人武部年鉴编纂】 2016年，根据上级要求，常熟市人民武装部开始编纂《常熟军事年鉴》。时间跨度是从2011年至2017年，共7年，计划2018年完成出版。根据人武部的要求，市地方志办公室积极推荐相关专家参与、帮助年鉴的编写工作。多次热情接待到访的人武部干事，积极为人武部编纂年鉴提供各种文字资料。

【完成上级各项工作任务】 2016年，市地方志编纂委员会办公室按时完成《江苏年鉴》《苏州年鉴》《苏州纪事》常熟部分组稿工作。积极撰写苏州地方志学会论文，共递交8篇论文，被评为优胜单位。完成《家国千年——苏州历史上家风家训》撰写工作，在时间紧、任务重、压力大的情况下，负责的相关人员多次到常熟图书馆古籍部去查找资料，并利用节假日加班加点工作，终于完成17万字的初稿。最终被录用4篇，得到上级好评。 （陈建东）

档案工作

【概况】 2016年，常熟市档案局获省人社厅、省档案局联合表彰的四年一度“全省档案工作先进集体”；碧溪新区档案馆和沙家浜镇档案馆建馆各项工作顺利完成，镇档案馆数量占苏州大市的近一半，在全国首家实现镇级档案馆建设“满堂红”；常熟市档案行政监管创新模式得到国家、省、苏州档案部门领导的充分肯定。

【档案行政管理创新模式推进】 “常熟市档案信息化行政监管系统”研发和应用取得重大进展，系统功能进一步细化改进，完善个性化对话窗口，开通“常熟档案监管”微信号并实现与系统的对接。用户扩展到408家，覆盖市镇两级机关和档案重点监管单位，将监管系统和数据整体迁移至市云计算中心，提高了系统的安全性。《中国档案》在封面、卷首语和热点导读部分同时推介、并连续6期刊载介绍监管系统开发应用的专题系列文章，从研发动因、功能设想和设计、组织研发到系统功能的推广实践全过程地进行介绍和经验总结，苏州市内外、省内外多次到常学习借鉴。常熟市档案局“地方档案行政监管信息化的研究与应用”项目通过江苏省档案局鉴定，并得到高度评价。

【档案馆建设】 市档案馆新馆预计2017年9月竣工，年内新馆主体结构封顶，开始内部装修。档案管理智能化系统方案、展厅方案、消毒室及密集架方案、各功能房间的位置及具体摆布等细化完善。城建、房产、人社档案馆库建设同步推进。碧溪新区、沙家浜镇完成硬件升级，成功建立档案馆。高新区、波司登、蒋巷村档案馆工作不断加强。

【基层档案工作】 2016年共有145家单位通过了省星级的复查和升级测评。兴福寺档案工作通过省五星级测评，成为苏州宗教界第2家达此标准的单位；虞山镇、古里镇、经济技术开发区、公路处、供电公司5家单位通过省五星级复查；档案局、第一人民医院、第二人民医院、卫生监督所4家单位通过省四星级复查。认真贯彻国家档案局8号令，加强机关档案工作长效管理，对121家单位的年度归档文件目录审阅修改，并进行了网上年检和实地检查。完成83项常熟市重点工程的登记备案，上报20项苏州市重点工程、3项省级重点工程。民营企业档案工作继续加强，成立常熟市民营企业档案协作组，协助波司登举办好“国家档案局非公企业档案协作组（第二组）档案会议”，昆承热电有限公司、江苏钢宝轧辊有限公司、江苏亨通高压海缆有限公司通过了省星级升级复查。系统档案工作扎实推进，教育、建设、国土、卫生、国税、交通、国土等主管部门对下级单位指导规范有力。宗教系统4个寺院档案工作晋升为省星级标准。298家村（社区）档案工作延续巩固良好，62家村（社区）档案工作通过了省星级复查，17家村（社区）档案工作晋升省星级。全市农村土地承包经营权确权登记颁证档案工作进展顺利，联合农办制订了确权登记档案收集整理办法，举办两期业务培训班，明确归档工作要求，为确权登记颁证档案的齐全完整奠定了基础。

【档案信息化工作】 全面完成馆藏数量最大、利用率最高的六个全宗群档案的数字化，累计全文扫描2760万页，馆藏档案数字化率达到97%。完成89家基层单位114.5万页档案数字化。积极推进电子文件归档工作，45家单位通过电子文件在线归档做好了2015年度的归档工作，处理文件3.1万多个。继续推广应用“社会主义新农村档案工作平台”“常熟市社情档案系统”。开通“常熟兰台”微信平台，通过新媒体手段的应用，提高业务流程效率，扩大档案工作影响。

【爱国主义教育功能进一步增强】 充分挖掘馆藏文化，编辑完成《常熟契约凭据档案校注》，印制出版《常熟印记——“记忆常熟”摄影图片征选活动获奖作品集》。参加市文明办、关工委组织的“七彩夏日”活动，并获得优秀组织奖。为纪念常熟荣获国家历史文化名城称号30周年，市档案馆利用馆藏图片资料成功举办了“老照片里的常熟——纪念常熟荣获国家历史文化名城称号30周年图片展”。

【馆藏档案资源不断夯实】 2016年市档案馆共接收档案34440卷、5512件、资料536册，接收政府信息公开文件243件。征集各类档案21656件（张）。至年底，馆藏档案411879卷，112770件。完成第一批单位的1996—2001年度档案接收工作，并开展第二批机关1996—2001年度档案预接收工作，为新馆搬迁做好准备工作。成立常熟市图片中心，实现新闻照片进馆常态化。至11月，图片中心照片整理工作全部完成，合计整理出70861张照片，两年间馆藏照片档案数量翻了一番。多次赴外地征集名人档案，征集到屈梁生院士国家技术发明奖荣誉证书、陆埮院士与物理学家罗辽复之间长达20年的学术通信2000多封，以及台湾中研院的浦薛凤先生电子档案1400余页等。召开第十七次档案征集工作会议，授予征集顾问顾纯学“常熟市档案征集工作突出贡献奖”。

【档案利用工作】 2016年，市档案局文档阅览中心继续深化“兰台公信，心系百姓”服务品牌内涵，增强服务意识，优化服务环境，提高服务效能，提供更安全方便的利用环境，继续保持窗口服务零投诉。2016年市档案馆共接待利用13039人次、13422卷次/83件，档案在社会各领域、各方面正发挥着越来越重要的作用，社会影响力不断提升。

【档案宣教工作】 2016年是“七五”普法开局之年，市档案局研究制订了《常熟市档案法治宣传教育第七个五年规划》，编制并发放了《常熟市档案局公共服务事项办事指南》。“6·9”国际档案日期间，开展微信在线答题新方式，市档案局在苏州市档案局组织的“档案与民生”征文活动中获得优秀组织奖，成为各县市区中唯一获奖单位。开展“档案法治宣传周”活动，在《常熟日报》刊登档案法治宣传专版，取得了良好的宣传效果。积极参与“三下乡”活动、全市“12·4”宪法宣传日的宣传活动。市档案局的“寻找廉政档案”活动被新华社的新华网宣传报道。组织新档案人员上岗培训，共有188名新档案人员参加了培训和考核。组织全市70名重点监管单位和高星级单位的档案干部赴山东大学进行档案理论培训。2016年省档案技能实训常熟班成功举办两期，全省共有60多人到常参加培训，常熟档案局以“文书档案整理”为主题的实训课程顺利完成。2016年还分批次为基层单位专兼职档案员300多人进行档案业务培训。 （姚金利）

10月27日，纪念常熟荣获国家历史文化名城称号30周年图片展在市档案馆举行

信访工作

【概况】 2016年，市信访局共受理群众信访事项2177件（批）5858人次，件（批）次同比下降3.50%，人次同比下降40.81%。其中，受理群众来信1036件，同比下降1.33%；受理群众来访1141批4822人次，批次、人次同比分别下降24.24%和45.50%（其中，集访163批3331人次，批次、人次同比分别下降40.51%和51.07%）。全年实现进京“零非访”；发生越级赴省上访14批23人次（无集访），批次、人次同比分别下降66.67%和95.60%；越级到苏州市集访4批45人次，批次、人次同比分别下降76.47%和89.75%。全年，共收到信访事项复查申请44件，全部调查核实，其中28件出具市政府信访复查意见，16件出具不予受理意见。此外，办理上级交办案件和市领导批办信件16件。全年，未发生大规模集体上访和非正常上访事件、未发生影响社会稳定的重大群体性事件、未发生有影响的个人极端事件，全市信访形势平稳向好，

为全市经济社会平稳健康发展营造了良好的社会环境。市信访局在2016年度市级机关绩效考核进入优秀行列，被江苏省人力资源和社会保障厅、省信访局联合表彰为2012－2016年度全省信访系统先进集体。

【全力做好重要敏感时期信访稳定工作】 2016年，市各级党委、政府认真落实“党政同责、一岗双责”责任制，主要领导亲自抓、分管领导靠前抓，信访部门牵头抓，以高度的责任感和使命感，超前谋划、精心组织、紧密配合、狠抓落实，确保全国、省、市各级“两会”以及第九届江苏省园艺博览会、2016年“汤尤杯”、杭州G20峰会和十八届六中全会等重要敏感时期的社会和谐稳定。市信访局按照“预防在先、化解在早”的原则，坚持每月定期在市镇两级深入开展社会矛盾纠纷排查化解工作，并通过召开维稳研判分析会的形式，及时对全市范围内的各类矛盾纠纷和突出不稳定问题进行排查梳理，努力从源头上预防和减少信访问题的发生。重要敏感时期开展专项排查化解行动，强化信息分析研判，实行信息“零报告”制度，全力做好重点人员的稳控工作。全年，共抽调信访干部36批次赴京、赴省参加各类信访值班和专项保障行动(重大敏感时期局领导班子亲自带队值守)。通过前方处置、后方保障，两者相互配合的工作模式，较好维护了重要敏感时期的社会和谐稳定和常熟的城市形象，得到了江苏省、苏州市驻京工作组的充分肯定，两次收到苏州市信访工作领导小组的感谢信。

【全面落实领导包案全力推进积案化解】 2016年，根据江苏省联席办《关于开展2016年进京来省重复访集中化解工作的意见》及《关于建立健全进京来省重复访工作长效机制的意见》的工作部署和交办要求，市信访局在江苏省联席办、苏州市委、市政府交办、包案的信访案件基础上，经过再排查、再梳理，报请市委落实党政领导包案，全市共20件信访重点案件全部实行市镇(部门)两级包案。按照总书记“三到位一处理”的信访工作要求，通过落实领导包案、层层传导压力，级级落实责任，推动积案化解。全年十件个体性信访案件化解四件，结案六件，群体性信访案件均有不同程度进展，信访的相对群体平稳可控。

【依法规范信访秩序】 2016年，市信访部门以“七五”普法宣传为契机，以国务院《信访条例》和《江苏省信访条例》宣传为重点，在全市范围内组织开展了《信访条例》法制宣传月活动，并坚持在接访过程中向来访群众发放《信访人权利义务告知书》《信访知识问答》的宣传小册子，向社会进行有关法律政策的宣传，积极引导信访群众提高法律意识，依法逐级反映信访诉求。全力推进群众依法逐级走访权益保障卡发放工作，举办全市群众依法逐级走访权益保障卡制度推进工作培训班，进一步畅通和规范群众诉求表达、利益协调、权益保障渠道，引导信访群众依法逐级有序反映诉求，积极推进权益保障卡的发放工作，倒逼责任单位依法规范解决问题，倒逼群众依法逐级走访，倒逼信访工作人员能力责任提升。

【夯实基层基础全面加强信访队伍建设】 2016年，根据省委、省政府《关于进一步加强和改进基层信访工作的意见》，结合全市信访工作实际，继续在机构设置、场所配置、人员编制、经费保障等方面抓好落实。进一步规范“阳光信访信息系统”运行，信访事项的登记、转送、交办、统计等全部通过系统进行，实现了信访事项“可查询、可跟踪、可督办、可评价”，并通过开展“信访信息录入百日会战”活动，推动系统得到全面运行与运用。根据中办、国办《关于进一步加强信访干部队伍建设的意见》，市信访局将提高基层信访干部业务素质作为工作重点，年内，组织举办“全市信访干部党性教育暨信访法治化建设培训班”。派员参加苏州市信访干部培训班、苏州市信访系统“学党章党规、学系列讲话，做合格党员”专题教育培训班，派员参加苏州市信访系统接访业务大比武、苏州市信访系统“精学笃行耀党徽”主题摄影绘画书法和演讲比赛活动，取得优异成绩。通过系统性地培训学习活动，切实提高了全市信访干部的业务能力与水平。

【通过法定途径分类处理信访投诉请求】 2016年，以中共十八大、十八届四中、五中全会精神以及习近平总书记系列重要讲话为指导，市信访局依据国务院《信访条例》，进一步厘清信访与行政、司法等其他法定途径的边界，将群众的信访投诉请求导入相应法定途径，依法依规受理办理，确保群众合理合法诉求依照法律规定和程序得到合理合法的结果。一是明确法定途径。通过法定途径分类处理信访投诉请求，在诉讼与信访分离的基础上，对信访人提出的投诉请求应通过法定途径解决，导入这些途径依法依程序处理。二是明确梳理投诉请求。对于信访人通过信访渠道反映的问题，按照信访目的进行分类：可分为申诉求决类、揭发控告类、意见建议类、信息公开类四类。依照“法定途径”的界定标准，除意见建议类问题外，都有较明确的法定途径。三是明确分类处理。对群众的信访投诉请求，应该通过信访渠道以外的法定途径解决，依法导入法定途径处理，形成信访投诉请求与法定途径一一对应的工作清单；符合国务院《信访条例》第十四条规定的人，作为信访事项，按相关规定处理。印制下发《法定途径分类处理信访事项汇编》。 (童　恺)

机关事务

【概况】 2016年，常熟市市级机关事务管理中心加强市级机关行政事业经费管理，编制预算、规范支出，增强经费保障功能，提高扎口部门资金使用效率。加强市级机关国有资产管理，规范办公用房管理，推进办公用房调整优化，巩固办公用房清理整改成果。加强公共机构节能工作，抓好节能考核、节能试点、节能宣传，组织开展节能宣传活动，强化节能意识，营造节能氛围。加强公务用车管理，开展公务用车专项核查及日常督查，落实全市公车改革后续工作。做好市级以上重要会议、重要接待和重大活动的后勤保障，抓好市级机关物业管理、安保服务工作，对群体性上访事件妥善处置，确保市级机关设备设施安全运行。抓好常熟市机关医务室日常管理，提高机关干部的日常接诊质量。

【公务用车改革管理】 按照江苏省、苏州市及常熟市公车改革要求，部署公车改革的后续各项工作，把握政策规定，推进全市参改单位方案填报汇总、拟处置车辆停驶封存、公务交通补贴发放、司勤人员安置、车辆调配、车辆处置以及公务用车智能化管理平台的建设等公务用车制度改革具体工作，机关公车改革各项工作基本到位。11月，按照省、苏州市关于企事业公车改革信息统计工作的要求，完成对常熟市527家非参公事业单位、232家国有企业的基础信息填报及审核工作。春节、“五一”“十一”由市纪委（监察局）、发改委、财政局、市委督查室、市政府督查室、市国土局、市住建局、市级机关事务管理中心组成联合督查小组，共对全市47个部门的公务用车使用情况以及违规使用外单位车辆情况进行督查，未发现违规使用公车现象。

【机关办公用房调整改造】 全年完成对住建局等11个部门办公用房使用诉求、使用现状、可调剂房源的情况调研，做好相关两证权属变更工作。完成市机要局、市工商联、民主党派、文联办公用房改造搬迁工作，党史办已满足搬迁条件，市海事局办公用房正在改造，2016年已开工改造面积约6800平方米。市建设局、市信访局、纪委谈话室、市文化局已进入公开招标阶段，其他部门正在改造程序办理中。

【办公用房清理整改“回头看”】 开展全市党政机关办公用房清理整改“回头看”工作，全市党政机关、乡镇板块共99家单位基本整改到位，向常熟市党政机关办公用房清理工作领导小组办公室提交办公用房清理整改“回头看”验收报备表及承诺书，按规定要求通过了苏州市党政机关办公用房清理工作领导小组办公室及苏州市纪委的督查。2016年5月、2016年9月，由市级机关事务管理中心牵头对常熟市部分党政机关办公用房整改情况进行了专项督查，对发现的问题，下发《督查情况反馈单》，明确责任和整改期限，确保常熟市清房“回头看”工作的全面覆盖，办公用房使用标准执行到位。

【公共机构节能管理】 制定出台《常熟市2016年公共机构节能工作要点及能耗定额标准》《常熟市2016年公共机构节能管理目标考核细则》等文件，从政策和制度上引导和规范全市公共机构节能工作。完成2015年度全市440家公共机构能耗统计报送工作，指导海虞镇开展能耗定额管理试点工作，并针对机关大院20余家单位开展能源资源计量试点工作。在经常性宣传的基础上，重点开展“节能宣传周”活动，发掘的经验做法及活动情况被国家机关事务管理局网站、苏州市节能网等网站采纳录用，采纳数量为苏州地区前列。开展的主要节能活动有市旅游局推出“CityWalk行走常熟”徒步线路倡导低碳绿色出游；虞山镇、市审计局等举行“节能领跑、绿色发展”节能周环山步行活动；市征收办开展网上答题节能知识竞赛；海虞镇以方言创播小品，倡导垃圾分类我先行；市环保局倡导低碳出行——老年人健步走；市妇联提倡——低碳出行妇女先行；虞山镇组织辖区居民开展“节能领跑，绿色发展，节能宣传进社区”主题科普知识讲座；常熟市出入境检验检疫局节能宣传走进世界联合学院常熟分院等。

【市级机关物业安保】 完成新一轮市级机关物业管理服务公开招标工作（2016年11月29日开标），做好了市级机关大院安防系统改造方案制订等前期工作。加强机关大院安全秩序管理，严格执行来客联系登记制度。多次对3个办公区域的公共环境、病媒生物防治措施、绿化养护、消防设施设备、给排水系统等进行了综合检查。对办公区域内的安防、消防设施设备专人负责并定期检查、联动模拟测试，发现问题及时整改，保障市级机关工作环境安全可靠。 （邵金婷）

责任编辑　刘品玉

综　　述

【概况】 2016年，市政协常委会全面贯彻落实中共十八大和十八届三中、四中、五中、六中全会精神，深入学习贯彻习近平总书记系列重要讲话特别是在人民政协成立65周年大会上的重要讲话精神，认真贯彻落实中共中央关于发展社会主义协商民主的重大战略部署，牢牢把握团结、民主两大主题，紧紧围绕全市改革发展稳定的重大问题和群众关心的实际问题，深入协商议政，积极建言献策，推进工作创新，加强自身建设，有效发挥了人民政协作为协商民主重要渠道和专门协商机构的重要作用，生动展现了中国特色社会主义政治制度的优势。

【纪念常熟政协成立60周年座谈会召开】 2月29日，市政协召开专题座谈会，回顾60年人民政协的光辉历程，共同纪念常熟政协成立60周年。市委副书记、市长王飚，市人大常委会主任秦卫星，市政协主席徐永达出席会议。王飚在会上对市政协工作取得的成绩给予肯定。他说，60年来，在中共常熟市委的领导下，在历届政协委员的共同努力下，历届政协班子紧紧围绕党在各个时期的中心任务，广泛团结各党派团体和各界人士，高举爱国主义、社会主义旗帜，坚持团结和民主两大主题，围绕中心、服务大局，认真履行职能，为推动常熟经济社会发展、改革开放和现代化建设作出了积极贡献。就进一步做好人民政协工作，王飚要求，要坚定政治方向，巩固共同思想政治基础。各级政协组织要进一步加强理论武装，坚定理想信念，扎实开展“两学一做”学习教育，深入学习贯彻“四个全面”战略布局和创新、协调、绿色、开放、共享发展理念，自觉践行社会主义核心价值观，不断夯实共同团结奋斗的思想政治基础；要突出团结民主，营造和谐稳定发展氛围。各级政协组织要坚持以人为本、情系民生，做到政为民所议、言为民所建、策为民所献、力为民所出；要坚持服务大局，聚力助推常熟改革发展。市政协要始终坚持围绕中心、服务大局，紧扣改革发展，积极献计出力，深入一线调查研究，建真言、谋良策、出实招；要完善协商民主，发挥人民政协独特作用。坚持把协商民主贯穿政协履行职能的全过程，找到全社会意愿和要求的最大公约数，推动协商民主广泛多层制度化发展；要加强自身建设，提升委员履职能力水平。全体政协委员要完善和细化政协履行职能的各项规章制度，致力于业务素质的增强，工作质

1月5日，中国人民政治协商会议江苏省常熟市第十三届委员会第五次会议在常熟会议中心开幕

量、办事效率和服务水平的提高，切实保障机关各项工作优质高效运转。王飏强调，各级党委(党组)要充分认识做好人民政协工作的重要意义，加强和改进党对政协工作的领导，积极支持各级政协组织依照章程独立负责、协调一致地开展工作，要加强政协民主监督，推进政协参政议政更加深入务实开展。座谈会上，徐永达回顾和总结了市政协60年来的成果和经验。他要求，各级政协组织要认真学习贯彻落实市委要求，始终坚持中国共产党的领导，始终坚持围绕中心服务大局，始终坚持团结民主两大主题，始终坚持开拓创新。要在新的历史起点上全力推进政协事业迈上新台阶。政协委员要加强学习，自觉适应新常态下人民政协工作的新要求；围绕发展大局，着力推进全面建成高水平小康社会；坚持履职为民，着力促进社会和谐；强化委员主体作用，着力提升议政建言水平；主动适应形势要求，更加注重政协"两个能力"提升。座谈会上，市各民主党派市委、市工商联主要领导围绕如何做好履职工作作交流发言；市政协历任主席代表、优秀委员代表也作了发言。会议宣读了省政协办公厅、苏州市政协，以及河北正定、陕西岐山、浙江桐庐等友好政协发来的贺信，还表彰了连任13届政协委员、亲历常熟政协60年发展的凌惠民同志。

【全市政协工作会议召开】 9月23日，市委召开全市政协工作会议，深入学习贯彻习近平总书记系列重要讲话特别是视察江苏重要讲话精神，总结交流经验，认真落实中央、省委、苏州市委关于政协工作的新部署新要求，分析当前形势，研究部署下阶段工作任务，推动常熟政协工作和政协事业迈上新台阶，凝心聚力建设"强富美高"新常熟。市委书记王飏在会上强调，我们要深刻领会习总书记关于政协工作的重要指示，围绕中心、服务大局，团结各界力量，凝聚各方智慧，推动政协工作再上新台阶，共同推进常熟各项事业发展。他指出，做好人民政协工作，要充分认识新形势下人民政协工作的重大意义，切实增强做好政协工作的责任感和使命感。做好人民政协工作，要进一步发挥人民政协特色优势，同心同德建设"强富美高"新常熟，夯实共同思想基础，始终服务发展大局，大力推进协商民主，不断凝聚发展合力。做好人民政协工作，要进一步加强和改善对政协工作的领导，努力开创政协工作新局面，切实把政协工作摆到重要位置，切实发挥政协党组的领导核心作用，积极为政协开展工作创造良好条件。会上，虞山镇党委、政协辛庄镇工委、市住建局作了交流发言。市政协主席徐永达出席会议。

【省政协副主席许津荣到常熟调研】 12月1日至2日，省政协副主席许津荣到常熟开展体育界别委员活动，考察常熟体育工作，调研体育在推进健康中国、健康江苏中的作用。市委书记王飏，市政协主席徐永达陪同调研。许津荣一行先后调研了市老年体协、公共体育服务中心、谢桥沉海圩湿地公园绿道、市体育中心，并听取了相关情况汇报。许津荣表示，常熟体育工作有很多方面在省内堪称示范样本，回去后将从中提炼出很多经验性的做法在全省推广。许津荣说，常熟市委、市政府把百姓健康、体育健身作为民生事业来做，每年都推出新的工程，不断完善公共体育设施，百姓休闲运动、健身空间很大，群众运动组织覆盖到村。此外，常熟公共体育服务体系建设与产业发展、市场培育实现齐头并进，充分满足了市民多元化的健身需求，形成了全民参与健身运动的良好氛围。副市长陶理向许津荣一行汇报了常熟市体育工作情况。

【省政协调研组到常熟考察农业供给侧结构性改革】 6月14日至15日，省政协副主席、农工党江苏省委主委、中科院南京分院院长周健民一行到常熟，围绕"农业供给侧结构性改革"开展专题调研。苏州市政协副主席蒋来清、常熟市政协主席徐永达出席座谈会。调研组一行先后考察了中科院常熟农业生态实验站、古里坞坵万亩优质稻米示范区、常熟市吉健葡萄科技有限公司、勤川现代农业科技有限公司等。围绕如何推进农业供给侧结构性改革，周健民希望常熟积极调结构转方式，确保粮食安全底线，改革稻麦轮作体系；补短板增供给，经营高质量精品农产品，发挥品牌效应；解决现代农业谁种田、怎么种田的问题，加强职业农民培养；坚持"接二连三"，提高农业效益和农业市场竞争力；完善农业发展政策，构建现代农业支持保护体系。

【苏州市政协十三届四十五次主席会议在常熟召开】 8月24日，苏州市政协十三届四十五次主席会议在常熟召开，就"土壤污染防治与修复改良问题"开展专题协商。苏州市政协主席高雪坤，苏州市政协党组书记、副主席曹新平，常熟市政协主席徐永达等出席会议。常熟市委书记王飏介绍了常熟

6月15日，省政协副主席、农工党省委主委、中科院南京分院院长周健民到古里镇调研农业供给侧结构性改革

经济社会发展和土壤污染防治与修复改良工作情况。与会人员参观常熟市晨光化工厂污染场地修复项目，听取常熟以及苏州市政府、市政协人口资源环境委员会的相关情况汇报，并听取委员发言。

【苏州市政协领导到常熟调研经济社会发展情况】 3月28日，苏州市政协主席高雪坤，副主席姚东明、王跃山、谢鸣一行到常熟，调研常熟现代农业建设工作。市政协主席徐永达，副市长、虞山镇党委书记朱亚辉陪同调研。调研组到虞山镇（中泾）都市生态农业产业园，就农业发展产业化等情况进行实地调研。每到一处，调研组成员都认真聆听讲解，深入了解产业园现代农业建设情况。3月24日，苏州市政协党组书记、副主席曹新平到常熟，调研经济社会发展情况及政协工作，常熟市委书记、市长王飚，市政协主席徐永达陪同调研。在蒋巷村，调研组一行参观了村史馆、农民新村、蒋巷生态园等，并听取蒋巷村党委书记常德盛的情况汇报。在常期间，曹新平一行还调研了丰田汽车研发中心（中国）有限公司等。

【新疆伊犁州少数民族政协委员到常熟考察】 5月17日至18日，新疆伊犁州政协副主席艾赛提·艾尼瓦尔带领少数民族政协委员一行到常熟考察。市政协主席徐永达，副市长孙健，政协副主席、统战部部长王永明陪同考察。考察组一行先后参观了沙家浜革命传统教育基地、蒋巷村、江苏金龙科技股份有限公司、服装城，对常熟新农村建设成效给予高度评价，对常熟纺织企业的先进装备技术大为赞叹，希望借助考察契机，加强两地间的合作交流，学习和借鉴常熟民营高科技企业的先进技术和理念，促进伊犁经济发展。在常期间，考察组与在伊犁投资的常熟籍企业家进行了交流，并就进一步深化合作、以商招商、人才培养等进行了探讨。

【思想理论建设】 市政协始终坚持把思想理论建设摆在政协工作的首要位置，深入贯彻中央、省市重要会议要求，认真学习习近平总书记系列重要讲话精神，自觉把思想和行动统一到中央精神和市委、市政府的决策部署上来，进一步增强建设精致城市的责任意识和担当意识。认真开展好党的群众路线教育实践活动、“三严三实”专题教育以及“两学一做”学习教育，聚焦“四风”问题和不严不实的苗头，坦诚开展批评与自我批评，认真主动查摆问题，广泛听取意见建议，自觉改进作风，健全完善了“改进调查研究”“规范和改进各类会议”“加强对离退休老同志服务”等制度。把握政协工作的新形势、新目标、新任务，完善政协机关组织机构，在中共常熟市委的重视和组织部门的支持下，增设委员联络服务工作办公室，为更好地服务政协参政议政、服务委员提供了组织保证。

【提升机关效能】 2016年，包括各专委会在内的政协机关，在政协党组的领导下，以求真务实的工作态度，取得了良好的工作成效。认真做好政协各层次的协商调研工作，组织委员深入调查研究，有数据有分析地提出许多有针对性的意见建议。切实加强与联系部门的对口协商，推动对口协商的制度化、规范化、程序化。积极主动服务和指导界别组、镇（街道）工委，不断提升基层协商民主水平。高度重视政协联谊会、研究会的服务联络工作，完善了机关干部定向联系老同志的工作机制。十分注重政协好声音的发掘和传播，年内，先后在《人民政协报》《光明日报》和《中国政协》杂志等新闻媒体，累计发表文章、刊出新闻宣传13篇，扩大了社会主义协商民主常熟实践的社会影响。

重要会议

【政协常熟市第十三届委员会第五次会议】 1月5日至8日，中国人民政治协商会议江苏省常熟市第十三届委员会第五次会议召开。会议听取并拥护市委书记惠建林在大会开幕式上所作的讲话。会议认为，市政协各参加单位和全体委员要充分发挥自身优势，认真履职尽责，为常熟争当建设“强富美高”新江苏的先行军排头兵作出积极贡献。会议听取并赞同市长王飚所作的《政府工作报告》及其他报告。会议审议并同意市政协主席徐永达所作的《政协常委会工作报告》，审议并同意副主席王永明所作的《政协常委会提案工作情况报告》。会议通过《中国人民政治协商会议江苏省常熟市第十三届委员会第五次会议决议》。会议增补选举市十三届政协副主席1名、常务委员5名。

【政协常委会议】 4月7日，市政协十三届十四次常委会议召开，通报协商“大力推动传统产业升级，打造千亿纺织服装产业升级版”议题。市政协主席徐永达出席会议，市领导潘建华应邀参加会议。会议听取副市长陈惠良作的《大力推动传统产业升级，打造千亿级纺织服装产业升级版》情况通报。5位委员进行了专题建言。

7月29日，市政协十三届十五次常委会议召开，市政协主席徐永达出席会议，市人大常委会副主任钱向宏、副市长陶理应邀参加会议。会议听取市文广新局代表市政府所作的《珍惜历史遗存，推动文物永续利用，全力促进历史文化名城保护工作开创新局面》的专题通报；5位政协委员、历史文化研究者紧扣主题发表了意见和建议。会议协商决定何晓东任市政协委员服务联络工作办公室主任，范立军兼任市政协提案委员会副主任。

12月21日，市政协十三届十六次常委会议召开。会议决定，市政协十四届委员会第一次会议于2017年1月4日至7日召开。市政协主席徐永达出席会议，市委常委、常务副市长沈晓东，市委常委、组织部部长、统战部部长陆文明应邀参加会议。会议听取《政府工作报告（讨论稿）》起草的说明，并进行协商讨论；协商通过《政协常委会工作报告（讨论稿）》和《提案工作情况报告（讨论稿）》及两个报告的报告人；听取市政协十四届一次会议筹备情况汇报；协商决定市十四届政协界别设置、委员规模和政协委员名单；协商决定召开市政协十四届一次会议有关事宜；听取市政府关于政府系统办理政协提案的情况通报（书面）；审议市政协各专门委员会工作报告（书面）。会议协商决定卫欣任市政协社会事业委员会主任,陆敏学任市政协社会事业委员会副主任,朱素倩任市政协提案委员会副主任,秦卫东任市政协城乡建设委员会副主任,并对部分政协委员作了调整。

【政协主席(扩大)会议】 4月19日,市政协十三届十八次主席(扩大)会议召开,围绕"补短板、调结构,构建休闲产业发展新业态"开展专题协商建言。政协主席徐永达出席会议,副市长孙健应邀参加会议。与会人员考察了虞山尚湖旅游度假区兴福片区及三峰片区休闲农家乐发展情况。

6月8日,市政协十三届十九次主席(扩大)会议召开,通报协商"大气污染防治"问题。市政协主席徐永达出席会议,副市长范建国应邀参加会议。市环保局作了专题情况通报。政协委员们围绕大气污染长效防治进行协商建言。

6月23日,市政协十三届二十次主席(扩大)会议召开,通报协商"让虞山文化进校园,让常熟文脉代代传"议题。市政协主席徐永达出席会议,副市长陶理应邀参加会议。市教育局作了专题情况通报。

11月11日,市政协十三届二十二次主席(扩大)会议召开,通报协商"发展乡镇特色产业,提升乡镇产业发展竞争力"议题。市政协主席徐永达出席会议,副市长陈惠良应邀参加会议。市发改委作了专题情况通报。政协委员们围绕主题从不同角度进行了协商建言。

12月12日,市政协十三届二十三次主席(扩大)会议召开。市政协主席徐永达出席会议。会议协商讨论市政协《常委会工作报告(讨论稿)》《提案工作情况报告(讨论稿)》以及市政协十四届一次会议议程(草案)、日程(草案),协商决定2016年先进界别活动组、先进乡镇(街道)工委表彰名单以及2016年优秀提案和提案承办先进单位表彰名单,协商讨论市政协10件重点优秀提案和10件重点优秀建言等相关事宜。

【政协"双月"政情通报会】 3月30日,市政协召开"双月"政情通报会,解读全市农村工作会议精神。市政协主席徐永达出席会议,副市长范建国作专题通报。政协委员咨询了现代农业和"互联网+"融合情况、标准化农田建设和水环境整治等方面的问题,并建言献策。相关部门现场进行了解答。

5月31日,市政协召开"双月"政情通报会,通报常熟高新技术产业开发区规划建设情况。市政协主席徐永达出席会议。会上,副市长、常熟高新区党工委副书记、管委会副主任沈一平作专题通报。政协委员代表分别从生态建设、大科园创新发展、高新区管理体制和运行机制完善等方面,进行了互动交流。

7月4日,市政协召开"双月"政情通报会,通报解读常熟经济技术开发区规划建设情况。政协主席徐永达出席会议。市委常委、市人大常委会副主任、常熟经济技术开发区党工委副书记桑五官作了题为《创新与共享的实践》的专题通报。委员代表分别从开发区五年规划、铁黄沙开发、滨江新城建设发展等方面进行咨询,建言献策。有关部门现场进行了解答。

9月22日,市政协召开"双月"政情通报会,通报全市重大基础设施建设情况。市政协主席徐永达出席会议,副市长王建国作了专题通报。委员代表分别从铁路交通建设、城区路网结构完善、城市小游园建设等方面开展咨询,有关部门现场进行了解答。

政治协商

【主席专题视察】 3月4日,市政协围绕"退休人员社会化管理服务工作"开展主席专题视察。政协主席徐永达出席活动。视察组一行先后视察了老年大学、西泾岸社区居民委员会和锦荷社区居民委员会,并听取了市人社局的专题通报。会上,政协委员分别从完善退休管理机制、关注弱势群体、提升工作效能等方面建言献策,助推全市退休人员社会化管理服务工作。

6月2日,市政协围绕"扶持和推进各类博物馆建设"开展主席专题视察。市政协主席徐永达出席活动。视察组一行先后到碑刻博物馆、名人馆、星海无线电博物馆,观看藏品,听取馆藏介绍。座谈会上,市文广新局作了专题通报,相关政协委员对扶持和推进全市博物馆事业发展进行了协商建言。

10月9日,市政协围绕"推进健身绿道建设"开展主席专题视察。市政协主席徐永达出席活动。视察组一行先后视察了北三环、环昆承湖等地健身绿道,并听取了市体育局专题情况通报和环虞山健身绿道建设介绍。政协委员围绕健身绿道的建设管理问题,开展了协商建言。

【全员视察】 8月26日和9月2日,市政协组织开展委员全员视察,分批参观生态文明建设和社会事业发展成果。委员们分批次视察了报慈小学、铁黄沙整治工程、第一人民医院滨江院区、梅李镇聚沙园等,亲身感受常熟经济社会的发展变化。委员们表示,通过视察活动,了解了全市经济社会发展情况,为更好地知情明、履职尽责、建言献策创造了良好条件。市政协主席徐永达参加视察活动,市委常委张建强陪同视察。

【开展基层调研】 8月17日至18日,市政协分别在虞山镇虹桥管理区、梅李镇召开座谈会,为贯彻落实党代会提出的"践行五大理念,打造精致城市,建设'强富美高'新常熟"目标,参政议政,建言献策,听取政协委员、社会各界人士的意见建议。市政协主席徐永达出席会议。政协委员及来自机关、企业、社区的代表结合各自实际,围绕贯彻落实党代会精神以及群众反映强烈的教育资源配置、城市管理、基层医疗服务等问题提出了真知灼见。

【提案工作】 十三届四次会议后,委员们围绕结构优化、集聚高效的精明增长,围绕统筹协调、品质优先的精准定位,围绕以人为本、普惠共享的精细服务,围绕文化引领、开放创新的精神内涵,共提交提案364件,委员"参提率"达68.1%。经审查,立案329件,转为意见建议及社情民意35件。市政协围绕中心、服务大局,严把提案质量关,彰显协商民主的载体作用。完善选题参考，汇编《提案选题参考目录》，突出导向性；培育重点提案，科学定题，集合众智，将高质量的调研报告转化为集体提案，强化操作性；广泛征集民意，向社会公开征集提案线索，搭建群众与委员知情问政平台，坚持群众性；严格审查立案，精简数量，提高质量，进行二次审查立案，注重规范性。市政协严把提案办理关，彰显协商民主的纽带作用。突出办理协商，创新推出预交办制度，加强与办理部门的交流，提高多方协商的实效性；规范办理程序，更新提案在线管理系统和提案数据库，实现提案各环节的网上运行和信息化管理，明确承办部门办前、办中、办后与委员交流的"三见面"制度，确保提案办理有质量、出成效；强化跟踪督办，全面规范重点提案的产生、办理、督办过程，推行提案者全程参与专题调研视察、座谈会、答复意见征询会，提案委会同市委办、市政府办督查室，重点督查26件提案办理进展情况，提高落实率。市政协严把提案落实关，彰显协商民主的助推作用。注重提升提案办理效果，完善市长交办、政府领导领办、重点办理部门政协领导走访商办、政协主席督办、部门会办制度，8件提案由市政府领导领办，6件提案由主席会议和主席督办，提高了提案办理的层次和实效；注重提案宣传和成果转化，编发《提案办理专报》43期，注重典型示范和经验推广，汇编提案答复办理情况册，开展提案办理"回头看"活动6次，推动提案答复中具体举措落到实处。立案提案经64个承办单位认真办理，均办结。其中，解决、基本解决和采纳委员意见的179件，占49.6%；列入计划的164件，占43.9%；留作参考的23件，占6.4%。从反馈的情况看，委员们对提案办理工作的满意率99.2%。政协提案为市委、市政府民主科学决策提供了重要参考依据，产生了较好的经济效益和社会效益，为常熟加快实现产业高端之精、功能品质之精、服务管理之精、文化建设之精的和谐统一，打造精致城市，做出了积极贡献。

【社情民意信息工作】 市政协始终关注群众期待，努力推进民生改善，年内，收集和反映社情民意168条，编报《社情民意》专报4期，转送有关部门办理121条。其中，完善农药配送体系、改进110社会化联动机制、强化秸秆综合利用、在花边厂原址建立常熟非物质文化遗产展示馆、让路灯杆变成智慧城市建设的"标杆"等建议，得到了重视和采纳。

【举行学习报告会】 4月21日，市政协举行全体委员培训，邀请省社会科学院副院长吴先满教授作"一带一路"对外开放、供给侧结构性改革专题讲座。市政协主席徐永达出席报告会。吴先满围绕当前实行供给侧结构性改革的经济社会背景、推行供给侧结构性改革的核心任务和要求、江苏实施供给侧结构性改革的特色等方面，对供给侧结构性改革关键点及保障措施进行了深入浅出的解读。

民主监督

【完善和创新民主监督的有效形式】 市政协聚焦行风、提升效能，完善和创新民主监督的有效形式，切实提高民主监督实效。按照开展监督有计划、有重点、有成效的要求，针对重大改革举措落实和群众关切的问题，开展镇域综合执法改革、扎实推进市场采购贸易改革试点、设定时间表推进餐厨废弃物规范处置、深化综合整治村庄建设管理等监督性强的调研议政活动，坚持调研、协商、监督有机结合，认真负责地提出批评性、建设性意见建议，推动了相关工作改进和政策出台。主动参与苏州政协组织的大气污染防治、淘汰落后产能等专项监督活动，共同推动区域性问题的解决。对环保局、农业委员会等党政部门开展民主监督专项评议，突出行风、效能主题，通过动员部署、个别交流、集中商议、情况通报、上报评议报告等形式，既肯定部门成绩，又指出问题症结，既对部门提出改进建议，又为全市进一步改进环境保护、加强"三农"工作建言献策。鼓励60多位应邀担任司法机关和政府部门特约监督员的政协委员，发挥民主监督、参谋咨询、桥梁纽带作用，推动政风行风改进和机关效能提升。

【引导委员履职为民】 市政协认真贯彻落实市委《关于进一步发挥政协委员主体作用的意见》，为委员发挥作用、履行职责提供有力保障、营造良好环境。按照市委统一部署，市政协领导认真做好联系重点企业工作，切实反映和协调解决了一批难点问题；按照市委统一安排，市政协相关领导积极参与铁黄沙整治、"南北挂钩"、城区搬迁工作，助力全市重大工程推进。市政协常委会组成人员开展结对捐资助学活动，对口帮扶百名学生，累计捐资20多万元。继续在全体委员中开展"双岗尽责"主题活动，引导和激励委员在政协岗位上建言献策，履职尽责；在本职岗位上勤奋工作，建功立业。涌现出"双岗尽责"主题活动先进委员27人次。他们有的聚力创新，引领科技，转型升级，主动适应经济发展新常态，成为"小巨人"企业带头人；有的聚焦富民，建言献策，为百姓疾苦呼吁，为民生诉求奔走，体现了人民政协为人民；更多的委员广泛参与高水平全面小康社会建设，立言践行，发挥示范带动作用，为全市经济社会发展作出了积极的贡献。

【创新服务管理机制】 深化"服务委员、推动履职"走访一线委员活动，及时宣传党委、政府中心工作和重要部署，认真倾听委员心声，收集基层民意诉求。通过不断完善，走访委员活动已经制度化、常态化。年内，走访基层一线委员近400多人次，构建了政协组织就在委员身边、政协委员就在百姓身边的良好履职生态。进一步完善市政协指导、联系、服务界别和镇（街道）工委制度，做到每个界别、每个镇（街道）工委都有一名政协领导和一个专委会联系指导，确保市政协的决定和意图都能很好地贯彻落实到全体委员。进一步发挥委员参政议政主体作用，本届政协实现了基层委员列席1次以上常委会议或主席会议等重要协商议政活动。建立健全委员履职管理制度，运用现代科技手段，做实委员"参会率"考核；进一步完善提案在线管理系统，分类建立委员提案数据，做好委员"参提率"考核，并且切实把考核结果作为市政协各类评优表彰的重要依据和换届时委员是否留任的主要依据。加强委员履职考核，不仅激发了委员内在的履职热情，而且提升了政协的整体形象。

【坚持团结民主】 2016年，市政协坚持巩固和发展最广泛的爱国统一战线，凝聚改革共识，汇聚改革正能量。市政协积极鼓励各民主党派、各界人士畅所欲言，在交流中实现交融，营造团结民主、生动活泼的局面。牢牢把握人民政协团结民主的组织属性和独特优势，把发扬民主、增进团结、协调关系、化解矛盾作为履行职责的着力点。在工作中做到广开言路，求同存异，民主协商，集思广益，切实做好新形势下团结民主工作，不断增强人民政协工作的感召力、凝聚力、创造力。实践证明，坚持团结民主，把人民群众中蕴藏的积极性和创造性充分调动起来，把各方面的智慧和力量最大限度地凝聚起来，以坚强的团结保证民主健康有序，以充分的民主保证团结坚实有力，人民政协事业才能不断向前发展。

【强化组织载体】 界别组是政协履行职能的基本单元，镇（街道）工委是政协组织在基层的延伸和拓展。年内，在全体政协人的不懈努力下，在各级党政领导的高度重视和大力支持下，各界别组、镇（街道）工委的组织框架不断健全，活动形式不断规范，履职内容不断丰富。围绕全市民生热点问题，界别组和镇（街道）工委组织委员实地调研、学习先进，助推委员咨政建言更有针对性。各界别组积极承担社会责任，组织委员开展志愿服务、送医下乡活动，并引导委员参与当地公益事业，不断提升政协组织的社会形象。各镇（街道）全面建成“委员之家”，为丰富基层协商民主平台建设作出了有益探索。

参政议政

【《常熟政协志》出版发行】 《常熟政协志》是人民政协事业基层实践的系统总结，具有地方特色、时代特性，以翔实的史料，真实记录了常熟政协60年来围绕中心、服务大局履行职能的生动实践，深刻展现了各界人士、广大政协委员积极参政议政、共商发展大计的风采，全面展示了常熟市政协事业不断创新发展的历史画卷。9月30日，《常熟政协志》举行首发暨赠书仪式，市政协向各民主党派、市地方志办、市档案局、乡镇政协工委等赠送了志书。市政协主席徐永达出席仪式。

【《口述常熟改革开放（1978—2000）》出版发行】 12月27日，《口述常熟改革开放（1978—2000）》举行首发暨赠书仪式。市政协主席徐永达出席仪式。《口述常熟改革开放（1978—2000）》历经近两年时间编撰而成，是一部兼具纪实性、史料性、可读性的史学著作。全书以56位改革开放亲历者、见证者、参与者的经历，记录了常熟当代的发展史，反映了常熟的城市精神，用19个有借鉴作用的重大事项，展示当年经典，传承常熟精神。全书30多万字，第十一届全国政协副主席王志珍为该书作序。首发式上，市政协向虞山镇、海虞镇、虞山尚湖旅游度假区等赠送了该书籍。

【市政协文史成果进校园】 市政协积极发挥文史资料团结育人的作用，组织高规格的学术研讨会及文史书籍进图书馆、进新华书店等活动，让文史成果活起来、用起来，放大文史资料的综合效应。为了让青少年更好地了解家乡优秀传统文化，市政协把“虞山文化进校园，让传统文脉代代传”作为放大历史文化名城效应的重要工作。3月8日，市政协文史成果进校园启动仪式在江苏省常熟中学举行。市政协主席徐永达出席活动。赠书仪式上，市政协向省中师生代表赠送了110套《让国南来——仲雍》《南方夫子——言偃》文史专著。4月20日，市政协文史成果进校园赠书仪式在常熟理工学院举行。市政协主席徐永达出席活动。市政协向常理工师生代表赠送了50套《虞山文化流派》《常熟状元》《让国南来——仲雍》《南方夫子——言偃》等文史专著。通过开展文史成果进校园活动，让青少年学生更加了解常熟的灿烂文化，更深体会常熟文化的博大精深，更加自觉地传承常熟文化的优秀品质，真正让虞山文脉代代相传。

【常熟5家政协委员企业捐资岐山周三王庙】 岐山周三王庙位于岐山县祝家庄镇岐阳村，占地6666.67平方米，坐北朝南，正殿的主体建筑内，供奉着周太王古公亶父、子季历、孙周文王姬昌三位周族先祖中的杰出人物，以及让国南来的两位吴地始祖泰伯、仲雍。为铭记周族先祖特别是泰伯、仲雍对吴地的贡献，弘扬他们开疆拓土的创业之功，回馈世代传承他们精神的祖居地同胞，常熟5家政协委员所在企业共捐资25万元，用于修建岐山县周三王庙石碑坊。 （颜　容）

责任编辑　刘品玉

纪检·监察

综　述

【概况】 2016年，全市各级纪检监察组织坚持挺纪在前，强化履责担当，党风廉政建设和反腐败工作取得新成效。市纪委监察局被推荐为2011～2016年全省纪检监察系统先进集体，在苏州市纪委组织的年度综合考评中，再次以第一名的成绩被评为先进集体。年内，责任落实更加有力。健全“两个责任”制度，建立个性化责任清单，形成“4＋1”清单体系，对“两个责任”落实情况实施量化考核。对650人次党风廉政情况进行回复。用好问责利器，紧盯环境保护、安全生产、土地使用等领域开展问责，实施党风廉政建设责任追究5起，对1起典型问题进行通报。“四种形态”运用正确。加强纪律教育，组织开展反腐倡廉十件大事评选、廉政小戏小品创作大赛等廉政文化活动。拍摄廉政教育专题片《全面从严治党永远在路上》，召开领导干部廉政教育大会。坚持抓早抓小，全市各级纪检监察组织受理信访举报151件，处置问题线索354条。市纪委共实施约谈、函询、诫勉谈话73人。继续保持惩治腐败高压态势，共立案审查332件，同比增长26.72%。作风建设深入开展。组织作风建设专项督查和明查暗访活动68次，查处违反中央八项规定精神案件26起，19名党员干部受到党纪政纪处分，对12起14名党员干部典型案例进行点名道姓通报曝光。严查群众身边的不正之风和腐败问题，处办省纪委挂牌督办件9件，开展违规吃请和公款吃喝专项整治，开展购物卡清理自纠专项治理、会风会纪督查、政务服务立项监察等工作。深化“媒体问政”活动，政风行风热线“基层行”走进7个镇村，答复解决群众诉求580多条。巡察工作成效明显。分两轮对常熟职教中心、供销合作总社、民政局3家单位开展驻点巡察，发现问题线索42条，12人被党纪立案，3人被移送司法机关。提出整改意见建议15条，推动解决深层次问题7个。出台《关于开展农村基层党风廉政建设巡审联动监督的意见》，探索构建市镇两级巡察巡审联动格局。队伍建设不断强化。协助市委出台乡镇纪委书记、副书记等三个提名考察办法，市镇两级纪委换届工作顺利完成。深入推进“两学一做”学习教育，在全系统开展“勇当执纪尖兵，争做守纪标兵”主题教育活动，在复旦大学举办纪检监察干部素质提升班。建立委局领导班子分片联系督导制度，建立纪检监察干部谈心谈话制度，开展分层分类谈话48人次。

执纪查案

【概况】 2016年全市各级纪检监察组织立案审查332件，同比增长26.72%。其中副科级以上领导干部案件14件，给予党纪政纪处分315人，涉嫌犯罪移送司法机关8人，为国家和集体挽回经济损失1.3亿元。重点查处江苏省常熟职业教育中心校正校级调研员金某某、副校长陶某某、汽车工程系主任王某严重违纪案，3人均涉嫌犯罪移送司法机关；查处教育系统系列案件，其中，市周行学校原党总支书记、校长温某某，沙家浜中心小学原党总支书记、校长杨某某，唐市中心小学原党总支书记、校长余某某严重违纪，涉嫌犯罪移送司法机关。

【出台函询谈话办法】 坚持抓早抓小，用好“第一种形态”，出台《关于对市管党员领导干部进行函询的暂行办法》，明确情形、对象和程序，对监督检查、信访举报中发现的苗头性倾向性问题，共实施约谈、函询、诫勉谈话73人。

【探索施行缺席审理制度】 针对被调查人不配合组织查处或确实无法联系到被调查人的违纪案件，符合案情简单、基层纪检监察组织已掌握确凿证据等情况的，通过明确适用条件、操作程序、救济途径等要求，探索施行缺席审理制度。截至2016年年底，运用缺席审理模式办理的案件均未出现申诉情况，相关做法被《中国纪检监察报》等报道。

【开展全市案件质量大检查】 4月、5月，对2015年度全市党政纪案件质量开展检查。对各镇(区)2015年度办理的138件案件和市直机关15件案件进行集中检查，及时查漏补缺，督促进行整改。

党风政风监督

【概况】 2016年，全市党风政风监督

工作聚焦全面从严治党,加强党的纪律建设,驰而不息改进作风,加大标本兼治力度,为全市构建风清气正的政治生态保驾护航。夯实责任落实基础,协助市委加强对换届纪律执行情况的监督检查,严把"党风廉洁意见回复关"。全力推进"两个责任"落实,完善"4+1"责任清单体系。协助市委开展党风廉政建设责任制检查,组织开展主体责任落实情况专项述职。严格落实《问责条例》,加强"一案双查"和责任追究。锲而不舍推进作风建设,严肃查处群众身边的不正之风,增强群众的获得感。常态化开展作风建设专项督查和明查暗访,作风建设向基层一线延伸。有力开展专项治理,着力防松懈防变异防反弹。完善作风建设常态长效机制,对典型案例进行点名道姓通报曝光,常态化开展"媒体问政"活动,引导公众参与监督。持续深化廉洁诚信积分管理工作,指导基层探索出台加强普通党员干部因私出国(境)管理制度,在抓小、抓细、抓实中督促领导干部落实廉洁自律要求。

【确保换届风清气正】 协助市委加强对换届纪律执行情况的监督检查,把贯彻落实政治纪律和政治规矩摆在第一位置,按照"九个严禁""九个一律"要求,加强对市镇村三级换届期间的纪律教育、信访稳控、巡回督查。严把党风廉政情况征求意见回复关,对650人次党风廉政情况进行回复。

【健全"两个责任"体系】 建立个性化重点清单项目制度,督促全市各单位制订上报350多项重点任务。围绕"4+1"责任清单,实施项目化管理。协助市委对10家重点单位、部门开展党风廉政建设责任制检查,以"双百分制"考评形式,对102家单位落实主体责任、42家纪检组织落实监督责任情况实施量化考核。召开主体责任、监督责任两个述职会,市委书记、市纪委书记分别对13位党委书记、10位纪委书记履责情况进行点评。严格落实《问责条例》,实施党风廉政建设责任追究5起,对1起典型问题进行通报。

【加大正风肃纪力度】 把落实中央八项规定精神作为经常性工作,常态化开展作风建设专项督查和明查暗访活动68次。紧盯隐形变异情况,抓好督查对象、内容和科目"三个延伸",推动作风建设向基层一线延伸。建立完善"四风"问题发现、处置、通报、问责机制,对群众反映和督查中发现的顶风违纪行为严肃进行查处。处办省纪委挂牌督办件9件,查处违反中央八项规定精神案件26起,19名党员干部受到党纪政纪处分,对12起14名党员干部典型案例进行点名道姓通报曝光。

【扎实开展专项整治】 扎实开展违规吃请和公款吃喝专项整治,列出负面清单,开辟微信举报通道,编制事前审批、公务接待清单样本,指导规范全市公务接待行为。会同有关部门开展涉农惠农资金专项检查。制订出台会风会纪、外出参观学习等纪律规定。开展购物卡等有价证券清理自纠活动。协助开展办公用房清理整改、公务用车改革、会所整治等工作"回头看",着力防松懈防变异防反弹。

【巡察工作成效显著】 认真落实省委《关于加强市县党委巡察工作的意见》,协助市委率先开展巡察工作,分别对常熟职教中心、民政、供销等3家单位开展为期30多天的驻点巡察,从纪律作风、权力行使、选人用人等方面入手,发现问题线索42条,党纪立案12起,3人被移送司法机关。出台《关于开展农村基层党风廉政建设巡审联动监督的意见》,采取巡察与审计联动实施的方式,对镇属单位、行政村、社区领导班子开展监督检查,严肃整治发生在群众身边的不正之风和腐败问题。

行政执法监督

【概况】 2016年,执法和效能监察工作按照"监督的再监督,检查的再检查,执法的再执法"的职能定位,紧盯重点领域和关键环节,加强监督监察力度,严肃政治纪律,确保政令畅通。坚持经常性检查与突击性检查相结合,专项督查与暗访检查相结合,及时发现问题、纠正偏差,推动监督检查制度化、规范化,促进履职尽责。坚持把纪律挺在前面,强化监督执纪问责,综合运用谈话函询、组织处理、纪律处分等方式,共组织成案28件,其中党纪立案47人,诫勉谈话22人,约谈提醒7人,谈话函询1人,组织处理1人。

【开展政务体系建设立项监察工作】 联合市编办、市政务办围绕镇(街道)政务服务体系建设工作、公共资源交易市场建设、项目审批中介服务机构管理、智慧政务服务平台建设等5个方面开展立项监察,通过召开专题会议、实地走访等方式重点排查政务服务建设工作中不履职、不正确履职等问题,强化责任倒查和问题导向,严肃查纠违反各类行政纪律和规定的行为,督促各板块和有关部门、工作人员履职尽责,全面优化政务服务环境,提升公共服务水平。

【开展生态文明建设立项监察工作】 结合市委、市政府有关生态文明建设目标任务,盯紧生态文明建设中社会高度关注的"水""气"二个领域,结合上级通报问题和群众反映强烈的问题,明确生态文明建设监察重点,制订下发监察工作方案。把监督推动生态文明建设工作进展作为工作重心,通过联合督查,走访调查、实地查看等方式,及时发现问题,倒查责任。通过强化监督检查,督促各板块各部门切实落实主体责任,推动目标任务如期完成。

【开展行政执法责任追究专项行动】 年初,梳理排查全市行政复议纠错和行政败诉案件10件,针对上述案件,发函至相关乡镇、部门纪检组,并召集相关负责人召开专门会议,分析案情,分清责任,明确对行政执法机关存在明显责任过错造成国家机关重大损失或人民群众权益受到严重侵害的,实行"一案双查"。先后对8名政府机关工作人员给予诫勉谈话,并对其中2人进行通报批评。

【认真处办中央环保督察组交办问题】 结合中央环保督察专项工作,对其交办的52件信访问题逐一调查,重点关注群众反映强烈特别是多次举报久拖不决问题背后存在的失职渎职问题。对3起案件进行党纪立案,共给予12人党纪处理,给予12人诫勉谈话或批评教育,另外严格企业主体责任,对10名企业党员负责人给予相应党纪处分。

反腐倡廉宣传教育

【概况】 2016年,全市党风廉政宣传教育始终聚焦主业,坚持以“碧水琴川”品牌为龙头,以“八大行动”计划为主轴,以宣传、教育和廉政文化建设为“三驾马车”,党风廉政宣传教育工作成效显著。承办苏州市党纪党规知识竞赛,举办第八个“510训廉日”主题活动,组织开展廉政法治小戏小品创作大赛、优秀家规家训书法作品展、“碧水琴川”廉洁文化公开课等一批廉政文化活动。注重家风建设,开展“清风传万家”家庭助廉活动,深入挖掘翁同龢、铁琴铜剑楼瞿氏的家风资源。突出警示教育,深入剖析实践运用“四种形态”的典型案例,拍摄教育片《全面从严治党永远在路上》,召开领导干部廉政教育大会,以案明纪、警钟长鸣。

【开展党章党规党纪集中宣传教育活动】 重点抓好《准则》和《条例》的学习宣传贯彻,把学习贯彻两部法规纳入各级党委(党组)中心组理论学习和党员干部学习培训计划。1月22日,举办市委中心组专题学习报告会,邀请张亮教授作《新形势下反腐败斗争的深度思考》辅导报读,重点解读《准则》和《条例》,市“四套班子”全体领导以及乡镇、板块和市级机关各部门、各单位党政一把手全部参加。4月8日,邀请省纪委审理室副主任杨光为全市纪检监察干部作《准则》和《条例》的业务辅导。6月,利用领导干部“菜单式”学习,再次邀请张亮教授为全市副科级以上领导干部作专题辅导讲座。同时,各地各部门结合“两学一做”和纪念建党95周年,开展形式多样的学习教育活动,通过专题学习、图片巡展、知识竞赛、辅导讲座等形式,进一步唤醒党员干部党章党纪意识。7月,承办苏州市“尊崇党章、坚持高线、守住底线”党纪党规知识竞赛,常熟市代表队获第一名。《中国共产党问责条例》颁布实施后,又举办市委中心组专题学习报告会,邀请浦东干部学院教授进行专题授课。

【开展反腐倡廉十件大事评选活动】 结合市纪委换届工作,对近五年全市开展的反腐倡廉工作进行总结提炼,梳理出26件有影响、有特色、有成效的大事,并通过媒体进行公开发布。该项活动,既是全市反腐倡廉工作成果的一次集中展示,也是对全市纪检监察干部履行职责使命的一次集体检阅,旨在向群众汇报、让群众监督、受群众评判。经过社会公众投票、统计汇总,最终评选出“持续高压反腐”等反腐倡廉十件大事。7月27日,评选结果通过《常熟日报》发布,同时编印了反腐倡廉十件大事的宣传手册,下发到全市各单位,为换届工作营造了良好氛围。

【开展“清风传万家”家庭助廉活动】 立足家庭主阵地,以“好家规、好家训、好家风”为主题,通过征集家训格言、家风故事、家书手札以及传统家规书法作品,举办“咱家的家风故事”演讲赛、历代优秀家规家训书法展览、“我眼中的家风”系列访谈以及“美好家园、廉洁是福”社区行、“写廉洁家书、抒家国情怀”征文评选、“中国传统中的家规”经典诵读等系列活动,加强家风建设,促进党员领导干部廉洁从政、修身齐家。共征集家训格言322条、家书手札72篇、家风故事140篇、书法作品352幅,编印《“清风传万家”家庭助廉获奖作品汇编》和《常熟市优秀家规家训书法作品集》。虞山镇举办了“美好家园、廉洁是福”社区行活动,梅李镇举办了“咱家的风故事”的演讲比赛。11月22日,举办“清风传万家”常熟市优秀家规家训书法作品展览。

【开展法治廉政小戏小品创作大赛】 围绕“依法治国、依规治党”的要求,依托文艺团体和专业机构,在全市范围内开展法治廉政小戏小品创作大赛,打造一批法治廉政文艺精品,并结合文化惠民村村行活动进行巡演。4月,活动启动,得到了各地各部门的高度重视,经过宣传发动和创作排演,共收到参赛作品19件。8月31日,举办了常熟市法治廉政小戏小品大赛,经过现场展演、专家评审,最终碧溪新区选送的《三个女人一台戏》获得一等奖。10月31日,在市文化馆成功举办常熟市法治廉政小戏小品汇演。

【举办“碧水琴川”廉洁文化公开课】 依托市图书馆开设的“碧水琴川”讲坛,面向党员干部和市民群众举办廉洁文化公开课,重点是讲述常熟优秀的传统文化,传播廉洁正能量。7月,举办首期廉洁文化公开课,邀请翁同龢纪念馆馆长黄忠良讲述《两朝帝师翁同龢及其翁氏家族家风家教和家学》。8月,邀请沙家浜镇唐市中心小学黄国庆老师讲述《沙家浜精神是引领我们前进的旗帜》。9月和11月,分别邀请有关专家讲述梅李孝廉文化和古里铁琴铜剑楼瞿氏家族的家规家风。

【开展第八个“510训廉日”活动】 5月,是全市党风廉政建设宣传教育月。2016年的主题是“坚持道德高线、严守纪律底线”。坚持上下联动,抓住“关键少数”与管住绝大多数相结合,一方面,以2015年5月以后新提任的市管领导干部为重点进行集中廉政教育,促进新提任领导干部从一日训廉到日日思廉。另一方面,要求各地各部门结合实际,集中时间和力量,同步开展形式多样的党性党纪党纪教育,在全市掀起党风廉政宣传教育的高潮。重点开展“八个一”活动:旁听一次职务犯罪庭审、举行一次典型案例图片展、观看一部警示教育片、发出一份家庭助廉倡议书、签订一份家庭助廉承诺书、开展一次集体廉政谈话、参加一次廉洁文化公开课、进行一次党章党规党纪知识测试。

【开展“正风肃纪、警钟长鸣”警示教育活动】 重点做好查办案件的“后半篇文章”。一是做好案件信息的跟踪发布,及时披露有关案情;二是组织好党员干部旁听法庭庭审,加强现场警示教育;三是做好各地各单位参观警示教育基地的服务工作,年内,有20多批次1000多名党员干部参观了警示教育基地;四是利用苏州市制作的警示教育展板进行集中展出和巡展;五是抓住重要时间节点,加强教育提醒,下发违反中央八项规定精神典型问题的通报,形成震慑。

【开展“碧水琴川·清廉常熟”系列宣传活动】 围绕清廉主题，开展廉政文化示范项目创建活动。重点在交通主干道和人员密集场所增添融入廉政文化的元素。一是在交通主干道黄河路设立廉政文化一条街（车站、灯箱）。二是新开通两路公交车的车身广告。三是在户外大屏上滚动播出廉政公益广告。四是在户外大型广告牌上张贴廉政标语。五是在建筑工地围墙上张贴廉政宣传标语。动静结合、点面结合，着力营造廉政氛围。

纪检监察队伍建设

【概况】 持续深化“三转”，协助市委出台乡镇纪委书记、副书记等三个提名考察办法，市镇两级纪委换届工作顺利完成，新一届市纪委委员中专职从事纪检工作的干部占比70.59%。深入推进“两学一做”学习教育，在全系统开展“勇当执纪尖兵，争做守纪标兵”主题教育活动，建立跟班挂职培训机制，开展“我讲我的业务”研讨，在复旦大学举办纪检监察干部素质提升班。改进工作作风，建立委局领导班子分片联系督导制度。坚持严管厚爱，建立纪检监察干部谈心谈话制度，开展分层分类谈话。按照“信任不能代替监督”要求，组织纪检干部观看警示教育片、旁听职务犯罪庭审，发挥纪检监察干部监督管理信息系统作用，对5名纪检监察干部进行谈话函询。

【加强组织建设】 按照“各级纪委书记、副书记的提名和考察以上级纪委会同组织部门为主”要求，协助市委出台乡镇纪委书记、副书记等三个提名考察办法，规范纪检监察领导干部选拔任用程序，会同组织部门提名考察乡镇纪委书记、副书记，派驻纪检组组长，市直属企业纪委书记23人次。按照“查办腐败案件以上级纪委领导为主”要求，配齐配强基层纪检组织人员力量，新设立国有企业纪委1家，推动2个开发区配齐配全专职纪检监察干部，全市镇（区）监察室全部增挂“审计室”牌子。建立问题线索报告、执纪审查目标管理等制度，对全市乡镇纪委、纪检组履职情况进行清单化管理、百分制考评。

【开展“勇当执纪尖兵，争做守纪标兵”主题教育活动】 紧密结合“两学一做”学习教育，开展“勇当执纪尖兵，争做守纪标兵”主题教育活动。3月31日，召开动员大会，部署全年任务。集中学习习近平总书记系列重要讲话、《党委会工作法》《问责条例》等。市委常委、市纪委书记亲自上题为《不忘初心 继续前进一以合格党员的标准开展监督执纪问责》的专题党课。开展“双月讲座”，把《准则》和《条例》作为纪检干部“必修课”，邀请学者专家专题授课。开办复旦大学常熟纪检监察干部培训班，对初任、新任纪检干部进行专题培训。委局机关干部以支部为单位，围绕“学习系列讲话、强化四个意识”等主题开展思想大讨论。开展“学习先进典型、争做合格党员”教育活动。推进纪检系统家风建设，开展家风家训征集活动，促进纪检监察干部廉洁从政、修身齐家。开展“以案说纪”教育，组织纪检干部观看廉政警示教育片、旁听职务犯罪庭审，引导纪检干部知敬畏、明底线。全年开展各类主题教育活动15场（次）。

【建立跟班培训制度】 着眼“三转”形势下乡镇、部门纪检干部队伍建设，强化岗位练兵、补齐能力短板，努力破解基层纪检干部“不会为”难题。以会处理信访举报、会制作调查笔录、会开展调查谈话、会审理违纪案件、会撰写纪检监察信息等“五个会”为培训目标，安排乡镇纪委换届后、部门纪检组调整后的新任、初任纪检干部到市纪委进行跟班培训，重点到信访、审理、检查等职能科室轮转，接受为期2个月的业务特训。实行导师负责制，每位参训人员指定一名导师，负责培训期间的业务指导和日常管理。跟班培训结束后，根据导师意见，由干部监督管理室对参加培训人员工作情况进行综合评价，并将《跟班培训鉴定表》反馈至派出单位组织人事部门，存入纪检监察干部个人人事档案，作为以后选拔任用的重要依据。2016年，有3名乡镇纪检干部参加跟班培训。

【建立纪检监察干部谈心谈话制度】 通过个人访谈、工作恳谈、警示约谈等多种方式，掌握队伍动态、落实严管厚爱。对照履职要求，针对问题谈。对2015年度监督责任考核中排名末尾的乡镇纪委和部门纪检组负责人，由市纪委书记进行个别约谈，逐条对照扣分项分析解读，提出整改意见。对涉及纪检监察干部的信访反映，干部管理监督室及时处置，该约谈的及时进行提醒谈话，由被约谈对象向组织说明情况。结合工作日常，开展分级谈。构建分层分级谈话机制，各层级纪检监察领导干部定期与下一级纪检监察干部开展谈心谈话，交流思想、工作、生活等情况，掌握干部心理动态，听取干部意见建议。结合工作布置、职务调整、个人有关事项办理等时间节点重申廉政要求，做到早提醒，早预防。全年累计开展谈话105次。

（黄亦范）

责任编辑 刘品玉

中国国民党革命委员会常熟市基层委员会

【概况】 2016年，中国国民党革命委员会常熟市基层委员会(以下简称民革)共有5个支部，年内发展新党员5人，调出1人，现有党员68人，离退休人员15人，党员平均年龄49岁，在职党员中100%为大专以上学历，其中博士7人，硕士9人，女党员22人，占32.4%。党员共有苏州市人大代表2人，苏州市政协委员1人，常熟市政协委员10人，党员主要分布在政府机关、文教、经济和社会组织等单位。2016年是民革常熟市基层委更名的开局之年，年内民革召开基层委委员(扩大)会议6次，不断总结和部署市委统战部《关于开展"坚持和发展中国特色社会主义学习实践争先创优竞赛"活动的实施方案》，持续开展多项学习实践活动：组织学习习近平总书记系列重要讲话精神，让每一个民革党员深刻了解实现伟大"中国梦"精髓；组织布置学习《中国国民党革命委员会章程》，端正入党动机，进一步明确民革党员必须遵守的责任和必须履行的义务；组织全体在职党员赴绍兴参观邵力子故居，开展"观故居——走多党合作之路"活动，学习和传承民革前辈的优良传统；组织全体在职党员赴江苏省社会主义学院参加"民革统战理论培训常熟班"；组织开展"纪念孙中山诞辰150周年"中山陵谒陵活动，缅怀孙中山为民族独立、社会进步、人民幸福建立的不朽功勋，弘扬孙中山的不断革命的精神和崇高品德；组织开展"纪念孙中山"和"做一名合格民革党员"等征文活动等等。积极落实市委统战部《关于进一步推进民主党派基层组织规范化建设的协商意见》要求，夯实组织建设基础：开展"同心基地"建设活动，深化"学习型支部"建设工作，年内又建设"科普教育活动基地""博爱园"等民革"同心"活动基地；把"人才强党"作为组织工作的首要任务，不断发现、汇聚、培养、推荐和使用人才，严把新党员质量关，吸引更多更优秀的人员加入民革，确保常熟民革组织的可持续发展；组织民革党员加强与对口联系单位和其他有关部门联系，增强组织活力，扩大民革党员视野，到环保局开展"智慧环保"调研，到司法局和法制办开展"法制常熟"调研，到安监局开展安全生产情况调研，到市委台湾工作办公室开展对台工作调研；此外还对新农村榜样"梦兰村"、交通基础设施、危废处置、铁黄沙、休闲农业等群众关心的"热点"和"难点"问题进行调研，进一步拓展民革党员为全市经济和社会发展积极建言献策的平台。2016年，民革党员常熟开关制造有限公司总经理助理俞晓峰、常熟理工学院科技处副处长杨刚获评江苏省"333高层次人才培养工程"培养对象；沈愈被民革江苏省委获评祖统工作先进个人；张文金无偿献血105次，累计献血量达12万毫升，获评常熟市第三届无偿献血"爱心使者"；俞晓峰、夏中和张文金被市委评为岗位奉献、社会服务和参政议政先进个人。

【参政议政】 民革苏州市人大代表在苏州市第十五届人大五次会议上提交个人建议2条，民革苏州政协委员向政

3月12日，民革常熟市基层委员会"同心"活动基地"博爱园"揭牌

协苏州市第十三届委员会第五次会议提交个人提案1件；在政协常熟市十三届五次大会上，原民革主委、政协经科委副主任边习虞代表民革作《打造千亿级纺织服装产业升级版》的大会发言，《大力推进“名城名校”工程 加快发展常熟文化事业》作为政协大会书面发言；本次会议上，民革向大会提交集体提案8件，市政协委员向大会提交个人或联名提案15件，年内共反映社情民意13条，《打造千亿级纺织服装产业升级版》被列为政协主席督办提案，《关于持续推进大气污染防治的建议》被列为市长督办提案。民革政协委员提出的《关于进一步提升昭文路常浒河滨河绿带建设的建议》和《关于我市学校体育设施（场馆）向社会开放的建议》获评常熟十三届政协期间十大重点优秀提案，《打造千亿级纺织服装产业升级版》获评政协十三届五次会议优秀提案。在市委召开的双月座谈情况通报会和政协专题协商会上，民革围绕特色产业、医卫事业改革、农村三资管理、养老事业、乡镇综合执法改革、水环境整治等作了专题建言。边习虞、查银华、黄育新、沈愈等4位党员获市2015年度政协“双岗尽责”先进个人。

【社会服务】 3月5日在国际劳动妇女节来临之际，民革组织全体妇女党员走进“孝爱之乡”梅李镇，举行“孝行天下爱满人间”——民革常熟基层委员会特别活动，与敬老院老人互动，并参观梅李镇“孝爱文化”建设成果，听取梅李镇“孝爱文化”相关情况介绍；3月12日植树节，由民革发起的“绿色公益团”党员赴尚湖镇文农水岸田园，开展以“植树造林，美丽常熟”为主题的植树活动。党员夏中发扬“人道、博爱、奉献”精神，年内向各慈善机构及个人捐款18950元，直接受益者39人次，无偿献血（献血小板）15次，折合献全血1.2万毫升，还利用业余时间为市民免费按摩治疗。曹正丰、魏林杉等律师组成的“法律服务”为企业提供法律咨询；民革各支部建办的“同心基地”不定期开展各类活动，超过2/3的常熟民革党员自愿成为社会服务志愿者，还吸纳一批社会上热心公益事业人士的共同参与。

（张文金）

中国民主同盟常熟市委员会

【概况】 2016年，中国民主同盟常熟市委员会（简称民盟常熟市委）有14个支部，盟员262人。盟员平均年龄55.8岁，退离休人员90人，占34%，中高级职称人员237人，占90%，分布在教育、科技、文化、医卫等9个界别。在2016年初召开的常熟市第十四届人大第五次会议、常熟市政协第十三届五次会议上，民盟市委共向大会提交集体提案10件，盟内政协委员提交个人提案41件。其中《让虞山文化进校园，让历史文脉代代传》和《推进健身绿道建设，提升市民幸福指数》作为大会发言。盟内人大代表陈红娟、范黎提交《关于加强对“微商”及其所售商品的规范管理的建议》《关于重视老年教育的建议》等4件建议案。民盟市委集体提案《关于加快餐厨垃圾处理建设，实施资源化利用》被评为政协十三届四次会议以来的优秀提案，民盟界别被评为市政协先进界别活动组，谷裕民、查建英、胡壮志、钱律新被评为“双岗尽责”主题活动先进委员。民盟常熟市委各调研组开展10余次调研活动，完成《做强南泾堂翁庞名人文化　彰显名城历史街区特色》《关于推进我市规模化农产品直销店建设的建议》《提升“书香”内涵，打造精致常熟》等12篇调研提案，涉及古城文化、全民健身、教育医疗、城市建设和关注社会养老等方面。7月，常熟市政府针对民盟市委提案“保护言子故居，打造言子品牌”举行专题答复会。是年，民盟常熟市委获民盟中央“2016年度优秀发行单位奖”；被民盟江苏省委评为民盟成立75周年暨民盟江苏省委成立60周年先进集体，民盟科技一支部获先进基层组织，王忠良、周皞、张永华、胡立军、查建英获先进个人称号；民盟常熟市委宣传工作获民盟江苏省委宣传工作一等奖，陈红娟获宣传工作先进个人称号。

【举办盟员摄影培训班】 2016年3月到5月，常熟民盟举办摄影基础培训班，近50位盟员参加培训。培训由民盟盟员、中国摄影家协会会员章力主讲，课程分数码摄影基础、摄影用光及色彩、摄影构图及摄影作品赏析、数字影像后期基础知识、新闻摄影及纪实摄影、旅行摄影等六个专题。

【服务品牌做大做强】 “爱心在民盟服务新农村”是盟市委创设的社会服务品牌，已连续坚持10年。4月在尚湖镇新裕村开展服务，有10多位盟员医生到场义诊，500多位群众前来咨询。民盟一院支部和文化支部还参加4月底常熟市各民主党派、无党派知识分子联谊会在常熟文化广场举行的各民主党派纪念“五一口号”发布68周年广场服务活动。民盟一院支部发挥优势，组织盟员医生赴老年公寓、阳光护理院、古里下甲村等开展义诊7次，受益群众近千人。

【成立黄丝带帮教基地】 2016年5月，民盟常熟市委“黄丝带帮教基地”揭牌仪式在常熟市社区矫正管理教育中心举行。“黄丝带帮教行动”是2013年由民盟中央发起，依托司法系统帮教工作平台，通过对特殊人群的关怀、帮扶、教育和救治，使帮教工作社会化水平进一步提高，社会效益进一步凸显的一项帮教行动。民盟常熟市委与常熟市司法局经过多次沟通协商，双方决定携手合作，协作帮教，设立帮教基地，共同开展“黄丝带帮教行动”。基地成立后，民盟市委开展了花边培训、文化讲座、交通值勤等帮教活动。

【为东吴学校“常熟民盟图书室”捐书超万册】 5月30日，民盟常熟市委组织20多位盟员赴东吴学校第四次爱心捐书。东吴学校是常熟唯一的公建民营学校，完全吸纳外来民工子弟，民盟常熟市委自2013年在东吴学校建立“常熟民盟图书室”，共为学校捐赠图书12800册，学生人均拥有图书15册，超过规定的标准。

【首次举行基层支部集中换届】 6月10日，民盟常熟市委举行基层支部集中换届，选举产生新一届支部委员，会议邀请支部所在单位党组织领导参加。14个支部新一届51名支委平均年龄46岁，本科以上学历占84%，中高级职称占84%。

【民盟常熟市第五次代表大会召开】 9月12日，民盟常熟市第五次代表大会召开，会议听取和审议民盟常熟市第六届委员会工作报告；选举产生中国民主同盟常熟市第七届委员会和出席中国民主同盟苏州市第十次代表大会的代表，通过大会决议。吴国华当选为主任委员，朱利华、陈红娟、唐佩军当选为副主任委员，陈红娟兼任秘书长。新一届市委委员平均年龄46.3岁，他们来自教育、科技、文化、医卫、机关、非公经济等界别。

【参加民盟苏州市委第十次代表大会】 11月10～11日，民盟苏州市第十次代表大会在苏州市会议中心召开，常熟民盟吴国华、朱利华、陈红娟等12位盟员作为代表出席会议。吴国华当选为民盟苏州市第十三届委员会委员、常委，以及出席民盟江苏省第十二次代表大会的代表。

【选送盟员参加多种培训班】 4月7～10日，民盟市委选送许明、殷卫清、朱奕、朱彦彬参加民盟苏州市委在浙江大学举行的2016年第一期苏州民盟骨干培训班。7月3～6日，民盟江苏省委在省社会主义学院举行盟务骨干培训，常熟民盟省中支部主委宗怡参加培训学习。7月19～21日，民盟江苏省委在宜兴举办2016年江苏民盟信息员培训班，民盟职教中心校支部委员、常熟高新园中专副校长徐丽娟参加培训学习。10月9日常熟市民主党派、无党派人士骨干培训班在扬州市委党校举办，民盟机关、全市教育界、科技界、新阶层联谊会的9位民盟盟员骨干完成学习任务。12月17～21日，民盟苏州市委2016年参政议政骨干培训班在厦门大学举行，常熟民盟陈红娟、王忠良、周皞、赵金元等4位盟员参加学习。通过一系列培训学习，大家进一步了解民主党派与中国共产党风雨同舟、荣辱与共的光辉历史，坚定坚持中国共产党领导、坚持走中国特色社会主义道路的自信和自觉，增强履行职责的使命感。（张　闽）

中国民主建国会常熟市委员会

【概况】 2016年，中国民主建国会常熟市委员会（简称民建常熟市委）共有16个支部、362名会员，设有参政议政、社会服务、青年、老年和妇女5个工作委员会。市委机关设有组织处、宣传处、秘书处3个处室。成员以经济界为主延伸至机关综合部门、财经、水农、建设、交通、文教、卫生界等。会员平均年龄52.1岁，在职会员占74.6%，本（专）科学历、研究生文化程度分别占总数的74%、9.4%，有博士5名，女会员占25.1%，有各级人大代表、政协委员38人。

2016年，民建常熟市委完成市委会和16个基层委员会的换届工作。市委会强化基层组织规范化建设，出台《民建常熟市委员会支部规范化建设制度汇编》，将东南支部活动室打造成基层组织建设的标杆。工作委进行调整，取消三胞联络工作委，新建青年工作委。年内有4名会员参加全国政协地方政协干部（委员）培训班，推荐了23名基层组织负责人参加省民建培训班，组织8名骨干党外干部培训班，并举办新会员专题座谈会。市委会通过会刊、网站、对外宣传报道及时宣传常熟民建的各类活动。《常熟民建》会刊全年出版6期，《中国民主建国会常熟市委员会志》出版发行。

2016年，民建常熟市委重视对口联系工作，规范与6个对口联系部门的交流合作，积极发挥双方特长，汇聚各自优势。完成了“以人为本打造精致城市”等10余篇调研报告。提案《关于加快常熟科技服务业发展的若干建议》被市科技局在制订全市2016年科技工作要点及起草编制常熟市科技十三五规划时借鉴。市委会还积极参与市各民主党派的联合调研活动，撰写了《关于引导中小微企业淘汰落后产能 加快转型升级的建议》调研报告，供领导决策参考。

【召开第九次代表大会】 9月20日，民建常熟市第九次代表大会在常熟大酒店开幕。民建江苏省委驻会副主委郝星辰，民建江苏省委副主委、苏州市委主委周晓敏，中共苏州市委统战部副部长钱培华，民建苏州市委驻会副主委黄永林，常熟市领导韩卫兵、陆文明、桑五官、钱向宏、王建国、吴国华、殷丽萍到会祝贺。市人大常委会副主任、民建常熟市委主委钱向宏代表民建常熟市第八届委员会作工作报告，代表们审议并通过工作报告。大会选举产生民建常熟市第九届委员会，张月明等17位同志当选为委员；在九届一次全体会议上，选举张月明为主任委员，徐澍中、吴忠庆、屈建龙为副主任委员，吴忠庆兼任秘书长；会议通过了出席民建苏州市第十四次代表大会的代表，通过了大

9月20日，民建常熟市第九次代表大会召开

会决议。

【"两会"建言有成果】 1月5日至9日,常熟市"两会"相继举行,民建会员中的人大代表和政协委员,积极参政议政、履行职责。在市政协十三届五次会议上,市委会作了《加强规划引导,打造精致常熟》的大会发言,提交了《关于加快推进我市"互联网+"现代农业行动的建议》的书面发言以及12件集体提案、25件联名提案、16件委员提案;集体提案《关于将城市小区视频监控统一纳入公安治安监控系统的建议》、委员提案《关于尽快推动实施医院手机挂号、支付的建议》和联名提案《落实依法治国战略,推进法治常熟建设》《加强中小企业公共服务平台建设的建议》等获市政协十三届四次会议以来优秀提案;会员孙国强、朱伟军、朱建均、何坚等委员获2015年市政协"双岗尽责"主题活动先进委员,政协民建界别组获2015年市政协先进界别活动组。在常熟市十四届人大五次会议上,民建会员中的人大代表提交了《关于我市医疗机构加快探索实施"互联网+医疗保险支付"的建议》《突出重点、强化监管,全力保障食品安全》《规范各类税费收取,大力减轻企业负担》等多篇建议。

【开展第二轮"生育关怀行动"】 5月25日,民建常熟市委与虞山镇方塔管理区联合举行第二轮"生育关怀行动"结对仪式,6个支部结对6户"失独"困难家庭,建立长效关爱机制,帮助他们走出"失独"的阴影,重塑人生的信心。

【开展跨市支部交流活动】 11月25日,民建苏州市委副主委夏海涛带领园区三支部到民建常熟市东南综合支部活动室,开展交流座谈活动。民建常熟市委主委张月明,副主委徐澍中、吴忠庆等参加活动。双方进行了民主党派自身建设和参政议政的互动交流,并参观了沙家浜纪念馆。

【开展"健康走"活动】 11月13日,民建常熟市委举行以"健康走"为主题的徒步活动,号召不仅"健康走",也要"健康工作,健康生活"。40多名会员徒步一小时,行程五千米,并在终点开展支部之间的相互交流,促进了支部之间的团结和谐。

【老年工委举办"老年健康讲座"】 10月31日,民建常熟市委老年工委在虞山老孙茶室举行"亚健康的中医调治"老年专题讲座。50多位老会员以及虞山镇西泾岸社区工作人员参加学习。市中医院治未病中心主任、副主任中医师张建忠围绕"亚健康的表现""亚健康危害""膏方的成分""膏方的正确使用"等方面,给大家系统地阐述了对亚健康等问题采取中医调治的方法和有效性,并对与会人员提出的问题进行了解答。

【青年工委向敬老院捐赠轮椅】 10月8日,民建常熟市委携手青年工委会员企业——市平方轮椅有限公司到市老年福利院看望慰问老人,并向福利院捐赠9辆轮椅车,价值2万余元。民建常熟市委连续3年每年都在重阳节前后开展捐赠轮椅活动,既表达对老人们的关心和爱护,向老人们送上节日问候,也通过这样的活动提升民建会员服务社会的责任感和荣誉感,提高了民建的社会影响力。

【开展"塑造先进支部"活动】 2016年,民建常熟市委以建设"自我教育的学校、团结互助的集体、参政议政的桥梁、培养人才的基地"为目标,开展"塑造先进支部"活动。在支部中开展"坚持和发展中国特色社会主义学习实践争先创优竞赛"活动,发动基层组织,以开展先进评选带动支部和会员加强自身建设,通过对典型的宣传,感染全体会员,激发履行职能的热情,营造共同奋斗的良好氛围。市委会从上半年起逐步开展支部的换届工作,严格按照会章要求,坚持民主、公平、公正、公开的原则,16个支部都进行换届改选,建立了新的支部班子。市委会强化基层组织规范化建设,出台了《民建常熟市委员会支部规范化建设制度汇编》,并进一步加强支部活动室的建设。各支部创新活动形式,举办演讲比赛、拔河比赛、集体调研、参观生态示范区、与会员企业联谊、参观考察等活动。

【举行"我与民建"演讲比赛】 5月8日,民建常熟市委在东南支部举办以"我与民建"为主题的演讲比赛。各行各业的会员分别演讲了《党是太阳,我们是星星》《做一个怎样的人》《我为民建增添光彩》等。展示了民建会员立足本职、关心会务、服务社会的精神风貌,也进一步激发全体会员继续履职奉献的精神动力。

【民建河南省委到常熟调研考察】 5月7日,河南省政协副主席、民建河南省委主委龚立群一行在民建江苏省委副主委郝星辰、民建苏州市委副主委黄勇林等陪同下,到常熟调研考察。常熟市政协副主席江振球、民建常熟市委副主委韩新等陪同考察。龚立群一行参观了民建会员企业——常熟长城轴承有限公司,听取公司发展历程、改革创新、自我突破等方面的介绍,并举行座谈会,交流了对企业转型升级方面的思路和理念。

【开展法院庭审旁听警示教育活动】 4月7日,民建常熟市委组织会员代表30多名,赴市法院第一审判庭,旁听常熟市交通运输局工程管理处原主任黄某职务犯罪案件的审理,"零距离"的接受警示教育,使大家了解了相关法律知识和案件审理程序,同时要求所有会员牢记在工作中始终要严格遵纪守法,时刻做到心中有责、心中有戒、警钟长鸣。

【多层次开展调研活动】 2016年,民建常熟市委结合中共常熟市委、市政府"打造精致城市""建设海绵城市"的目标,以问题为导向拟定调研课题,分别到市便民服务中心、规划局、住建局、城投公司等单位开展调研,获取第一手资料;通过"12345"便民服务热线的大数据分析,得出百姓关注的热点;了解常熟市首个海绵城市工程项目(锦荷学校)的设计、规划、和具体技术措施的细节。通过对具体问题的梳理,寻求解决问题的方案,多次修改完善,最终形成《注重细节 提升城市品质 不断增强百姓幸福指数》的大会发言和《关于推进海绵城市建设的几点建议》的集体提案。 (盛 晔)

中国民主促进会常熟市委员会

【概况】 2016年,中国民主促进会常熟市委员会(简称民进常熟市委)通过座谈、组织参加各类培训、参与民进苏州市委成立60周年征文活动等多种形式，带领广大成员坚定走中国特色社会主义政治发展道路的信念，强化政治意识、大局意识、核心意识、看齐意识，其中参政议政工作被民进江苏省委评为“全省先进集体”称号，组织管理工作获民进江苏省委2016年度“组织管理系统建设工作达标单位”。在深入开展“坚持和发展中国特色社会主义学习实践争先创优竞赛”活动中，通过推举、评选等程序，丁益民、陆建阳、金永良、倪宁丹、陆建华、钱建江6名会员被评为参政议政、爱岗敬业、社会服务先进个人。4月23～24日，民进苏州市委在江苏省社会主义学院举办2016民进基层组织负责人培训班，14名民进基层组织负责人参加培训，小教支部副主任王群英交流了“民进之家——开启爱的旅程”案例，讲述小教支部“民师之家”服务社会的先进事迹。5月29日至6月3日，邹科惠参加在中央社科院举办的民进全国中青年培训班。9～10月，常熟市政协组织“双岗尽责”优秀政协委员赴北戴河培训，殷丽萍、徐静芳、荣利明、唐静荣等7位委员参加活动。9月21日，新当选民进第七届专职副主任委员缪晓东参加为期1个月的江苏省第二十期民主党派骨干培训。10月9～12日，中共常熟市委统战部组织各民主党派、无党派人士骨干在中共扬州市委党校举行培训活动，副主委缪晓东带领7位骨干会员参加培训。

建言献策 在市政协十三届五次会议上，民进常熟市委提交发言2篇，集体提案15件。其中，《完善退休管理机制 提升退管服务水平》列为市政府领导领办提案；《关于对常熟火车站南北广场命名的建议》的社情民意得到市领导批示。

组织建设 民进常熟市委坚持“以德为先”的发展原则，坚持走精兵之路；把组织工作与履行职能相结合，有重点地发展履行职能急需的人才。根据民进上级组织的工作思路，在保持传统文化、教育和出版等传统特色的前提下，进一步优化队伍结构。2016年全年发展会员12人，现有会员302人。

师资培训 “民师之家”分学科对民工子弟教师进行培训，提高教师整体对新教材教学把握能力。按照年初计划，完成语数外讲座18场，受训广度达2000人次。年内除培训内容充实，更切合民工学校实际外，还将培训地点放在部分特聘教师所在学校，培训教师在听课之余，走进常熟公办小学，感受学校校园文化。

【送书画进校园】 2016年3月28日，值江苏省常熟中学78周年校庆之际，民进常熟市委组织书画家走进江苏省常熟中学开展书画活动。在半天时间内，王震铎、郑济炎等10多位书画家创作近30幅书画作品，并以合作形式创作两幅八尺整张画作庆祝省中校庆。12月8日，民进常熟市委书画家到报慈小学开展书画创作活动。

【朱毅民到常熟考察】 2016年8月3日，民进江苏省委副主委朱毅民，带领民进省委调研组一行8人，就“江苏现代服务业供给侧补短板”课题来常调研。民进江苏省委参政议政处处长董淑亮、民进苏州市委副主委陆丽瑾、民进常熟市委主委殷丽萍等陪同调研。民进省委调研组在常熟调研期间，参观了波司登公司纪念馆，了解企业发展壮大经历，并和该公司管理人员举行座谈，就企业通过转型升级来补足现代服务业供给侧短板等情况听取汇报，并就降低成本、增加效益等方面进行交流。

【民进常熟市第六次代表大会召开】 2016年9月8日，中国民主促进会常熟市第六次代表大会在常熟森林大酒店召开。民进江苏省委副主委、苏州市政协副主席、民进苏州市委主委张昕，民进江苏省委秘书长王鲁彬，中共苏州市委统战部副部长钱培华，中共常熟市委副书记韩卫兵，中共常熟市委常委、组织部部长统战部部长陆文明等到会祝贺。各民主党派、工商联和知联会负责人及各相关部门负责人应邀出席大会。开幕式上，民盟市委主委吴国华代表各民主党派、工商联、无党派知识分子联谊会致贺词；吴中区委主委钱鹤平代表兄弟县市民进组织致贺词；民进常熟市委主委殷丽萍代表第六届委员作工作报告，回顾五年来所取得的成绩，提出未来五年工作目标。大会选举产生民进常熟市委第七届委员会，殷丽萍当选民进常熟第七届委员会主任委员，朱晞、邹科惠、缪晓东当选副主任委员，缪晓东当选担任秘书长。

【民进政协界别组赴常州调研】 2016年11月29日，民进常熟市委政协界别组带着“加快‘机器换人’推动传统产业转型升级”这一课题，赴常州开展调研活动。市政协副主席、民进市委主委殷丽萍，民进市委副主委缪晓东参加活动。政协委员们来到常州武进区进行调研座谈，听取相关负责人关于“机器换人”规范管理、人才引进、工作推进等情况介绍。在座谈会上，双方领导、委员们就创新管理运行模式、出台政策、采购补

12月8日，民进常熟市委组织书画支部全体书画家送书画进学校

贴、投资奖励等方面进行交流。

【王飏走访党派机关】 2016年12月16日上午，常熟市委书记王飏走访市民主党派、工商联机关，并召开座谈会，听取有关情况汇报。座谈会上，民进市委主委殷丽萍汇报常熟民进基本情况，特别是近年来常熟民进围绕中心、服务大局，不断加强自身建设，先后取得“全国宣传思想工作先进单位”“全国先进基层组织”“全国社会服务先进集体”全国级荣誉3项和“全省参政议政先进集体”省级荣誉1项。常熟民进坚持以“强主力”“抓主线”“打主牌”“做主人”作为行动指南，不断提高“五种能力”。同时，殷丽萍就党派后备干部培养、党派机关工作人员编制方面提出建设性意见。

【民进江苏省委到常熟调研】 2016年12月21日，民进江苏省委社会服务处处长沈钢一行到常熟调研，走访民进会员企业家金永良所在的江苏金龙科技股份有限公司，常熟市政协副主席、民进常熟市委主委殷丽萍，副主委兼秘书长缪晓东陪同考察。沈钢一行了解会员企业发展状况，看望陶保忠、陆雁等经济界别的骨干会员，深入了解有关情况，并就今后进一步活跃经联会氛围、更好地开展活动、为社会作贡献提出要求。

【苏州民进信息总结会在常熟召开】 2016年12月22日，民进苏州市委在常熟召开2016年信息工作总结会议暨第四次信息工作培训会。苏州民进市委主委钱振明，副主委陆丽瑾、徐圭逊，常熟市政协副主席、民进市委主委殷丽萍，副主委缪晓东等出席会议，苏州县市区信息员参加会议。会上，苏州民进处长周红蕾回顾总结2016年度信息工作情况，并对2017年信息工作作了全面部署。苏州市区、新区、常熟、吴江、太仓等地信息员作交流发言。

（俞丹洁）

中国农工民主党常熟市委员会

【概况】 2016年，中国农工民主党常熟市委员会（简称农工党常熟市委）下设秘书处、组织处、宣传处3个工作部门和参政议政、青年工作、社会服务、老龄妇女4个工作委员会、1个总支、15个支部和1个直属小组。2016年分别在医药卫生、环保、经济、文化、教育以及政府机关等领域发展党员15名，平均年龄40岁，全部为本科学历及中高级以上职称。至年末共有党员363人。具有中高级职称的351人，占96.7%（其中：正高级技术职称48人，博士3人，硕士18人）。党员中现有苏州市人大代表2人（其中常委会委员1人），苏州市政协委员2人（其中常委1人）；常熟市人大代表3人（常委会委员2人），常熟市政协委员28人（其中常委6人）。

【参政议政】 在市政协十三届委员会第五次会议上，农工党常熟市委共提交15件集体提案，其中《从慢性病管理入手，在构建分级诊疗制度上求突破》作为大会发言，《坚持三医联动，深化医疗体制改革》的提案作为大会书面发言，《加强大气污染防治，有效控制灰霾天气的发生》的集体提案被市政协评为优秀提案。党员周炯英、范波、周雪梅被评为2015年市政协“双岗尽责”先进委员，常熟市政协农工党界别被评为先进界别活动组。

【对口联系与社会服务】 2016年，农工党常熟市委加强对口联系工作，把对口联系工作制度化、程序化、规范化。1月份召开对口联系工作座谈会，市卫计委、国土、公安、住建、规划、政协港澳台侨（民宗）委等部门分管领导参加会议，并对对口联系工作及参政议政工作提出建设性意见。1月，市规划局再次邀请农工党常熟市委前往苏州、吴江参观考察，学习城市规划的经验和做法。先后到苏州博物馆、规划馆，吴江太湖新城，听取苏州、吴江城市规划的相关介绍，并与当地规划部门就城市建设问题进行交流和探讨。4月11日，农工党常熟市委帮扶铜仁市江口县中医院人才培训实施项目启动。农工党常熟市委联合常熟市第一人民医院为前来学习的4位贵州医生安排主任医师带教及进修科室，进行为期2个月的医疗培训。12月9日，农工党常熟市委与石梅小学联合开展“大手牵小手，虞山识百草”活动。截至2016年年底，与石梅小学联合开展的系列活动一共组织四期，活动遍及虞山山麓与常熟中医药博物馆。

【农工党常熟市第六次代表大会召开】 9月10日，农工党常熟市第六次代表大会在常熟市国际饭店举行。会议听取和审议中国农工民主党常熟市第十届委员会工作报告；大会选举陶理等16位党员为常熟市第十一届委员会委员；在第十一届委员会第一次全体会议上，选举陶理为主任委员，钱向前、赵文健、韩冷为副主任委员，赵文健兼任秘书长。选举出席中国农工民主党苏州市第十次代表大会的18位代表并通过大会决议。

（陈敏新）

九三学社常熟市支社

【概况】 2016年，九三学社常熟市支社积极开展参政议政、建言献策、民主监督和社会服务工作，切实履行参政党职责。是年，发展新社员5人，其中常熟理工学院教师3人，医院副主任医生2人。现有支社社员32人。现任主委周梅，副主委陈安丽，支委施杨、徐菁、钱伟新。

【友好交往】 2016年3月，九三学社浙江省长兴县基层委员会一行到常熟调研交流。九三学社常熟支社主委周梅介绍近年来支社开展组织建设、参政议政以及社会服务等主要做法。支社原主委童举希围绕如何深入开展参政议政，介绍立足本职岗位，提升参政议政水平的主要经验和工作体会。双方表示将在课题调研、信息收集、社会服务等方面加强联系合作。9月，周梅在常熟会见核物理学家王淦昌女儿王韫明一行，提出共同推动修缮王淦昌故居的有关动议，得到王淦昌亲属的赞同和肯定。

【学习和研究】 2016年，九三学社常熟市支社坚持加强学习，通过自学、参加社组织和统战部门组织的培训等多种形式提高统战理论水平和基层组织管理水平。全年组织社员活动7次，主要围绕上级布置的内容、时事政治开展学习，学习中共组织、政协及九三学社上级部门各类文件精神，听取专家工作报告、讨论社会时事政策，提高自身素质。选派数名社员参加省社会主义学院、苏州社会主义学院培训班学习，逐步提高社员素质。

【参政议政】 2016年，九三学社常熟市支社围绕地方经济、政治、文化、社会、生态“五个文明”建设积极建言献策，参与集体调研活动，并配合深度调研形成专题发言，献计献策；中共常熟市委书记王飚就社员童举希“关于建设王淦昌事迹陈列馆、进一步弘扬两弹一星精神”的政协提案与书面建议做出批示。市委常委会研究决定采纳该政协提案和书面建议，并将王淦昌先生爱国主义教育基地建设列为常熟市重点建设工程。

【社会调研】 2016年，九三学社常熟市支社积极参与民主党派集体调研和市政府、市政协、相关部门的座谈会，组织社员开展社会调研。2016年，开展“政府购买居家养老”“村级民主管理、促进三资安全”“镇域执法”“王淦昌故居保护及陈列馆建设”等专题调研，认真撰写调研报告，与相关政府部门及板块负责人充分沟通，提升调研质量和效果。

【研究成果】 2016年，九三学社常熟市支社充分发挥社员优势，将学术研究与参政议政有机结合，涌现出一批高质量的科研成果。年内，童举希研究成果《苏州新型职业农民培育效能提升路径研究》、周梅副教授的研究成果《常熟市防范和化解企业融资风险的调查与思考》分别获江苏省社科联应用精品工程二等奖和三等奖；董瑞志博士、童举希教授、施杨副教授主要执笔完成的研究成果《苏州市智慧农业发展现状与对策研究》获2016年江苏省农委农业政策调研暨农业软科学课题研究成果一等奖；童举希教授研究成果《加快苏州智慧农业建设的对策与建议》、施杨副教授研究成果《加快“四链融合”全面提升苏州人才国际竞争力》被中共苏州市委内参《决策参考》采纳，分别刊登于2016年第32期和34期上。

【社会服务】 2016年，九三学社常熟市支社在职社员立足本职工作，服务地方经济社会发展，积极参与社会服务工作。魏亚平，段莉萍、徐菁、张青松、钱伟新等医生热心为病人服务，开展义诊活动；律师孙德荣走进乡镇，调研镇域执法，进行法律知识宣讲；社员朱卫刚带头为苏州高新区癌症患者孔鹏博士筹集善款，个人筹款1.2万元，支社共筹集2万余元善款。 （施　杨）

常熟市工商业联合会(总商会)

【概况】 2016年，常熟市工商业联合会(以下简称工商联)对3个行业商会(市汽配五金商会、市汽车流通商会、市房地产业商会)、4个异地商会(市安徽商会、市东阳商会、市浦江商会、市台州商会)进行换届，共有11个基层商会(服装城商会、度假区商会、支塘镇商会、海虞镇商会、辛庄镇商会、碧溪街道商会、梅李镇商会、虞山镇商会、董浜镇商会、沙家浜镇商会、尚湖镇商会)按期换届。新成立常熟市中小企业发展促进会1家商会，新发展企业会员153家，个体工商户会员102家。积极推进商会规范化建设，配合民政局做好商会社团年检，开展异地、行业商会的财务工作专项检查，逐步规范商会财务档案、财经制度、财务经费和票据等管理使用，指导、督促各商会规范运行。开展“民企发展新故事”主题宣传活动，挖掘和宣传企业发展历程中的新亮点、新经验、新成就，为全市民营企业发展营造良好的氛围。拓展培训网络，组织各行业商会、异地商会秘书长、财务人员近40人，开展商会财务专题培训；同市跨境电商商会联合举办“互联网＋外贸”专题培训；邀请国际级授课专家、北大EMBA客座讲师花成作“互联网＋时代，如何开展网络营销”的专题讲座；与市弘成教育培训中心合作，举办第二期“精益营销训练班”；联手市人才办、市经信委，举办“江苏省第85期企业高级职业经理人任职资格培训班”；聘请南京大学、同济大学等高校和机构的教授、专家对全市规模以上企业，重点是3个“千亿级”产业集群企业、“小巨人”企业副总经理以上的高级经营管理人员，采取专家精讲、案例辅导、交流互动、体验式训练等学习形式。拓展法律服务平台，新成立市青田商会、江西商会、安徽商会人民调解委员会，年内全市商会调委会达10家。利用“纳税人之家”平台，组织市餐饮商会企业代表，召开“营改增”税企现场对接会；组织市房地产业商会会员，开展房地产业纳税专项咨询服务。参与市劳动关系三方协调，参与劳动三方企业欠薪专项治理行动，推进工资预警与处置工作。11月22日，针对常熟出现违法雇佣童工事件，立即组织全市15家异地商会会长、秘书长等参加培训，特邀市人社局劳动仲裁院院长郭浩对案例中的问题焦点进行讲解。带头履行社会责任，工商联机关对结对社区进行帮建，捐助泰安社区贫困儿童学费5000元。带领企业家走进贵州省思南县，捐赠“希望童园”11.7万元。市餐饮业商会20名企业家，赴安徽省舒城县春蕾特殊儿童康复中心，为其建设捐资5万元，并捐助8000多元的衣物。加强调研，积极建言献策。完成全国工商联第16次上规模民营企业调研，上报全市2015年度营业收入总额5亿元以上民营企业28家，有3家企业上榜2016中国民营企业500强。完成关于常熟1个典型行业、2个乡镇、1家民营企业的经济发展报告的撰写。组织工商联界别20名政协委员参加市政协十三届五次会议，专门作了《四力联动促转型　智能制造建高地》的大会专题发言；提交《加快发展电子商务，培育经济发展新动力》等8件团体提案，提交《加快推进我市“十三五”工业经济转型升级发展步伐的建议》等4件个人提案。开展商会党建工作，召开全市商会系统党员冬训动员大会，总商会党委与各支部书记签订党建工作目标责任书，并对市义乌商会党支部、陈添平等6位优秀党员进行表彰。全年新发展党员1名，预备党员转正2名，全市共有异地商会党支部9个，党员62名。

【召开工商联第十二次会员代表大会】 2016年11月18，常熟市工商联第十二次会员代表大会举行。与会代表听取和学习了中共常熟市委领导的讲话，听取和审议了常熟市工商联第十一届执委会工作报告和财务报告，选举产生常熟市工商联第十二届执行委员会，推荐出席苏州市工商联第十四次会员代表大会代表，朱克明继续当选为市工商联(总商会)新一届主席。

【开展“百企帮百村”扶贫活动】 市工商联主动推进“百企帮百村”扶贫活动。以民营企业为帮扶方，以签约结对村企共建为主要形式，投身精准扶贫。5月，组织江苏常客隆、江苏美迪洋等企业，赴省经济薄弱村泗洪县双沟镇周冲村和太平镇香城村，开展“百企帮百村”精准扶贫调研对接活动。8月，泗洪县工商联到常熟，共同研究“百企帮百村”如何开展并达成一致意见。常客隆公司结对帮扶泗洪县双沟镇周冲村，推进农业产业化、地方土特产对外推广、分设常客隆连锁店等方面给予周冲村技术、资金等方面的支持。美迪洋集团结对帮扶泗洪县太平镇香城村，在香城村利用闲置厂房，设立皮具制品加工车间，加快村级脱贫步伐。12月，常熟工商联带领企业再次赴泗洪，落实帮建工作，并为两个村捐款2.4万元。

【开展“民企发展新故事”主题宣传活动】 常熟市工商联与市委宣传部合作，联合市电视台、电台、报社3家主流媒体，开展“民企发展新故事”主题宣传活动。3月，市工商联通过全面征询摸底，确定7家企业为宣传典型。从4月中旬到6月初，带领3家主流媒体对7家企业进行采访宣传，重点围绕五大发展理念，宣传企业创新发展、协调发展、绿色发展、开放发展、共享发展方面的动人故事，并在《常熟日报》、常熟市电视台、电台进行事迹宣传。

【与日本萨摩川内市经济交流代表团进行友好交流】 7月21日，常熟市工商联与到常熟访问的萨摩川内市经济交流代表团一行进行友好交流。常熟市政协副主席、市委统战部部长王永明，市工商联主席、常熟长城轴承有限公司董事长朱克明，市委统战部副部长、市工商联党组书记乔小力等出席活动，常熟开关制造有限公司、苏州瑞森硬质合金等企业负责人参加座谈。朱克明向考察团介绍了常熟市工商联基本情况。常熟与萨摩川内市作为友好城市，交流活动频繁，希望双方携起手来，积极创造条件，加强交流合作，为会员企业服务，为地方经济服务，促进双方共同发展与繁荣。交流代表团团长山元浩义也希望通过两市友好、两会友好，促进两地经济的发展与繁荣。双方还就建立商会日常沟通机制、派遣企业退休技师到常熟服务企业等具体内容进行了互动交流。

7月21日，常熟市工商联与到常熟访问的萨摩川内市经济交流代表团一行进行友好交流

【开展“学先进、争创新、促转型”系列活动】 9月1日～2日，市工商联组织各行业商会、异地商会会长开展为期2天的“学先进、争创新、促转型”助推企业发展系列活动。活动共分三个系列，分别是“绽活力展魅力——走进当代隆力奇”“领略创新奇葩——走进中科集团”“重温蒋巷精神——走进常德盛书记”。此次活动的开展，为企业家之间相互学习、取长补短、互利共赢起到积极的推动作用。

【常熟市工商联获2016“创新中国”特别奖】 12月17日，由中华工商时报社组织发起的“创新中国”工商联(商会)工作特别奖在北京揭晓并进行颁奖。会上，揭晓了全国20家县级工商联获评“2016年度创新中国特别奖”。其中，常熟市工商联作为江苏省两家县级工商联之一，苏州市唯一一家入选的县级工商联在经过材料初审、网络投票及最终审核后，凭借构筑“三大平台”，助力企业勇闯“一带一路”，获“2016年度创新中国特别奖”。

【3家企业上榜“2016中国民营企业500强”】 8月25日上午，全国工商联在京发布“2016中国民营企业500强”榜单。苏州共有20家民企入围，常熟占3席，与2015年持平。其中波司登股份有限公司以2908523万元的营收总额排名第156位，中利科技集团股份有限公司位居第303位，常熟市龙腾特种钢有限公司位居第311位。3家企业都是自去年上榜之后继续蝉联，其中中利科技集团股份有限公司排名由去年的312位上升到303位。全国工商联同时还发布“2016中国民营企业制造业500强”和“2016中国民营企业服务业100强”榜单，常熟有6家企业入围“2015中国民营企业制造业500强”。本次民企500强入围门槛首次突破百亿元大关，达到101.75亿元，较上年的95.09亿元增加6.66亿元，增速为7%，较上年增速提升了2.76个百分点。

（蒋惠珠）

常熟市无党派知识分子联谊会

【概况】 2016年，常熟市无党派知识分子联谊会（简称知联会）有会员47人，平均年龄46岁。有苏州市人大代表1人，苏州市政协委员1人，常熟市政协委员23人（其中10人为常委）。年内吸收会员3名，设活动小组3个。该会现有理事16名。知联会按照中共常熟市委、市委统战部有关无党派知识分子工作的要求，结合自身特色，在全体会员中开展坚持和发展中国特色社会主义学习实践活动。通过参加培训班、报告会、参观考察以及自主学习等多种形式，学习中共十八大四中、五中全会精神，学习《中共中央关于制定国民经济和社会发展第十三个五年规划的建议》、统一战线和多党合作理论、无党派人士工作方针政策，学习领会建设“精致城市”、建设“强富美高”新常熟的深刻内涵。知联会突出服务中心，围绕课题调研，积极开展活动，努力发挥知联会团结党外知识分子的桥梁纽带作用，组织引导全体会员在日常工作中坚持市委贯彻的“五位一体，综合发展”总基调，以“创新、协调、绿色、开放、共享”五大发展理念为引领，牢牢把握打造“精致城市”这一定位，主动适应新常态，为建设“强富美高”新常熟作贡献。

【参政议政】 知联会通过赴外地专题调研，走访对口联系部门和有关政府职能部门，听取会员企业对经济发展意见等一系列途径，积极为常熟经济社会的科学发展提出建设性意见和建议。知联会的对口联系单位是市城管局、市审计局、市商务局，知联会不定期组织会员分批走访上述单位，了解学习他们先进的工作理念，听取他们对社会热点问题的意见和反映，进行专题调研，为参政议政工作打好基础。2016年，知联会继续把课题调研作为工作的重点，根据市委统战部的布置和知联会全年工作布置，组织调研组就“进一步加强我市老年康复医学建设”“我市垃圾处理的问题”“我市停车难问题”“镇域综合执法体制改革”“预防为主 着力构建全民健康教育体系”“常熟招商引资问题”等专题先后到卫计委、民政、残联、城管局、法制办、镇综合执法局、商务局等部门作了一系列调研学习，并完成调研报告。各个活动小组在有关职能部门支持与帮助下，共同完成《政府引导，积极推动我市立体绿化建设加速发展》《关于在我市农村三资监管中继续加强党风廉政建设的几点建议》《加强我市小区业委会指导和管理等的建议》等7篇调研文章，分别提供有关职能部门，并作为大会集体提案。知联会在市政协第十三届五次会议上共提出提案28件，其中集体提案10件，个人提案与联名提案18件，大会发言2篇，在第十四届一次会议上提出的“我市天然气管道被占压问题亟待关注”的提案被评为政协第十三届重点优秀提案，“对十三五期间继续加强我市历史建筑保护的几点建议”被评为2016年市政协优秀提案。

【社会服务】 知联会注重发挥“智力”优势，履行社会责任，广泛开展“智力咨询”，传递科技、文化、教育、法律等方面的知识和信息，充分发挥和扩大“知识”的力量，打造出无党派知识分子服务社会的“同心”品牌。3月，常熟市无党派知识分子联谊会法律服务中心在江苏华元民信律师事务所挂牌成立，为社会提供优质服务。4月24日，组织会员参与“同心共筑中国梦，服务社会惠民生”便民爱心义诊、咨询活动。知联会连续7年帮助1名苏州市级退休劳模与一名古里贫困学生，每年定期前往走访与慰问。2016年，还慰问走访海虞镇17户贫困家庭。担任政协常委的知联会员及其他副局级领导会员每年定期捐助结对贫困人员，表达自己的一份爱心。

（陆家琪）

常熟市总工会

【概况】 2016年，常熟市总工会学习贯彻中共十八届六中全会和习近平总书记系列重要讲话精神，按照中央和各级党委群团工作会议的要求，以建设“双满意”工会为主要目标，服务大局、服务发展、服务职工，完成市镇两级工会换届工作，举行庆“五一”先进表彰大会暨工会普惠工作启动仪式，采集会员实名制信息14多万份。新增建会企业600家，其中单独建会100家，联合组建500家，新增会员10000名。成立董浜镇家庭农场工会、梅李镇科技创业中心联合工会等8家行业工会。积极构建和谐劳动关系，推进企业民主管理、工资集体协商、维权机制建设和安全生产工作，维护职工合法权益。完善职工帮扶体系，推进职工服务中心平台建设，新建职工服务站点10个。做好互助互济工作，为42名病患职工补助25万元。组织599名2015年度的困难、特困职工进行免费体检，举办心理健康讲座、职工相亲会等，开办养老护理员培训。关爱女职工，新建“妈妈驿站”示范点10家。做好劳模管理服务工作，分四批组织117名劳模赴扬州市工人疗养院进行疗休养，发放劳模“三金”2057798元（含2015年特殊困难帮扶金和生活困难补助金）。加强工会干部队伍建设，组织镇区、系统及重点基层单位工会干部赴上海交通大学培训3期，参训人数150名。

【打造四季服务品牌】 2016年1月中下旬，市总工会领导分组慰问困难职工家庭，双节期间，全市共慰问困难职工509个，城镇特困职工家庭90户，发放慰问金107.85万元。开展“春风行动”“女职工招聘专场”“迎五一大型招聘专场”“困难职工家庭高校毕业生招聘会”等专场招聘活动，帮助转岗或困难职工就业。8月，组织开展夏季“送清凉、送安全、送法律”活动，慰问公交、邮政、建筑等一线职工3000多名，发放防暑降温物资23.62万元。开展“金秋助学”活动，为239名困难职工家庭的学生发放助学金33万元。

【启动普惠工程】 2016年4月27日，市总工会在庆“五一”表彰会上举行工会普惠工作启动仪式，市委副书记王建国、市人大常委会副主任闻永昌、副市长陶理、市政协副主席殷丽萍及市总工会主席姜轩栋共同开启工会普惠工作大幕。5月26日,市总工会与常熟农商行举行工会会员服务合作签约仪式,市总工会副主席毛书齐、常熟农商行零售业务总监孟炯分别代表各自单位在协议书上签字。根据协议,市总工会将以常熟农商银行发行的市民卡为载体(外来职工另行制发服务卡),利用其手机APP平台,开设工会会员服务频道,为广大工会会员提供专项保障、福利派发、消费优惠、金融服务等多种普惠服务。12月,市总工会举行首次会员福利派发活动,通过手机“摇一摇”抽奖的方式,向全市工会会员派发话费10万元。

【首批职工创新工作室挂牌】 2016年,市总工会全面启动劳模(职工)创新工作室的创建活动。经推荐审核,蔡宏宇创新工作室等4个职工创新工作室被命名为第一批常熟市“职工创新工作室”。7月13日,常熟市总工会在市供电公司举行授牌仪式,市总工会副主席戴建华参加仪式并授牌。

【市劳模协会第二次会员代表大会】 2016年10月21日,市劳模协会召开第二次会员代表大会。会议审议通过《常熟市劳模协会第一届理事会工作报告》《常熟市劳动模范协会章程》《常熟市劳动模范协会第二次会员代表大会选举办法》,并选举产生第二届劳模协会理事会,原市委副书记、市人大常委会副主任、江苏省劳动模范潘虹当选为新一届劳模协会会长。市委副书记韩卫兵出席会议并作重要讲话。副市长陶理、市总工会领导班子、全市各条战线的46名会员代表及各板块、有关系统工会主席参加会议。

【常熟市工会第十四次代表大会】 2016年12月7日,常熟市工会第十四次代表大会在常熟会议中心召开。市委书记王飚、苏州市总工会主席温祥华出席会议并讲话。市领导秦卫星、徐永达、韩卫兵、闻永昌、殷丽萍等出席会议。团市委负责人代表人民团体致贺词。大会代表、特邀代表及列席代表等近300人参加会议。市总工会主席姜轩栋代表市工会第十三届委员会作题为“服务大局 服务发展 服务职工 团结动员广大职工为建设‘强富美高’新常熟而努力奋斗”的工作报告。大会选举产生市总工会第十四届委员会和经费审查委员会。在随后召开的市总工会第十四届一次全委会上,选举产生市总工会新一届领导班子,姜轩栋当选为新一届委员会主席。

【开展建功立业活动】 2016年,市总工会制定下发《“建功十三五,争当排头兵”主题立功竞赛的意见》,推动主题立功竞赛扎实开展。加强与人社等部门的合作,组织开展行车、工具钳工、公交大客等技能操作比赛。围绕企业转型升级,开展技术革新、课题攻关、发明创造等群众性技术创新活动;围绕节能减排,开展“我为企业发展献一计”“我为节能减排作贡献”、合理化建议“金点子”评选等活动。评选表彰常熟市技术创新能手50名、优秀技术创新项目50个、优秀合理化建议金点子40个、优秀“节能减排”合理化建议成果30个、工人先锋号50个。7个创新项目在苏州市总工会2015安全生产暨技术创新项目金点子评选活动中受表彰。

【实施职工素质提升工程】 2016年,市总工会深化“两争一树”活动,1名省十佳文明职工,5名苏州市级文明职工、6个文明岗,100名常熟市文明职工、50个文明岗(班组)获表彰。深入开展“职工书屋”示范点创建活动,梦兰集团被命名为“全国职工书屋”,阿特斯阳光电力科技有限公司被命名为“省级职工书屋”。组织开展“读书·创业·圆梦”主题读书征文活动及“劳动成就梦想”主题系列活动。组织职工参加业余进修、网络教育、成人学历提高班,组织送培训进企业39次,培训职工1645人次。积极参加苏州市第十四届体育运动会,获得“体育道德风尚奖”“突出贡献奖”“团体总分职工组第一”“优秀组织奖”等荣誉。

【做好劳模管理工作】 2016年,市总工会做好江苏省劳模、全国及苏州市五一奖的推荐评选工作,新增全国五一劳动奖章1名,江苏省劳动模范11名,苏州市五一劳动奖章16名、五一劳动奖状7个、工人先锋号11个。关爱劳模,发放各级劳模三金205余万元,“三送”期间慰问苦、脏、累一线劳模19人,重阳之际看望慰问高龄劳模104人。选送10名优秀劳模赴河南疗休养,组织117名在职劳模和苏州市以上“五一劳动奖章”获得者分四批赴扬州疗养。深入推进劳模(职工)创新工作室创建活动,端木银熙劳模创新工作室被评为江苏省示范性劳模创新工作室,新创建3个劳模创新工作室和4个职工创新工作室。

(胡素芬)

3月29日,苏州市总工会主席温祥华为获得“全国模范职工之家”的常熟中法水务有限公司工会授牌

中国共产主义青年团常熟市委员会

【概况】 2016 年，中国共产主义青年团常熟市委员会结合市委党的群团工作会议部署，以创新态度积极应对时代发展下的工作要求，强“三性”去“四化”，不断提升共青团“5G”服务品牌效应，打造能“看得见、摸得着、靠得住”的“3C”共青团，积极推动常熟共青团的改革发展。截至 2016 年年底，全市共有 14～35 周岁的青少年常住人口 29 万人，其中团员 62247 人；直属团组织 41 个，基层团委数 130 个，基层团工委数 21 个，基层团总支数 113 个，基层团支部数 2394 个。新增省级青年文明号 1 家，苏州市级青年文明号 5 家。全市共有国家级青年文明号 7 家，省级 29 家，苏州市级 159 家。2016 年，共青团常熟市委获得“2015 年度苏州共青团工作创新奖”“2015 年度江苏共青团工作创新创优成果奖三等奖”“苏州市少先队活动课展示大赛团体一等奖”等荣誉。

【开展各类主题活动】 2016 年，共青团常熟市委举办“重走长征路 童心永向党”常熟市少先队微队课观摩研讨活动暨少先队课题开题论证会、“闪闪红星放光彩 星星火炬引未来”常熟市庆祝少先队建队 67 周年主题活动、“常熟市美德少年”评选、“我的青春我的团”常熟市纪念建团九十四周年暨“五四”运动九十七周年青春梦想分享会、“团队手牵手 关注十三五”等主题教育实践活动，引导全市广大青少年熟悉党史，践行社会主义核心价值观，用青春榜样的故事感动、影响和激励青少年。联合中共常熟市委组织部举办“党旗辉映青春红”——年轻干部“四个一”党性锻炼日活动、“身边的好青干”寻访活动，引导机关青年一心向党，锻炼担当。此外，积极打造一批健康有益、充满活力、富有特色的青少年引导活动和文化项目，开展了“青年社区学校”1 期共 48 个课时，举办了“团团乐”——青年周末公益实践活动、“精致城市 创意青春”——常熟市青年爱心创意集市活动、常熟市青年节能海报设计大赛，“多彩校园 最美青春”中学生手绘作品大赛、青少年体育公开课等青少年实践活动。

【推进“网上共青团”建设】 2016 年，共青团常熟市委打造“青春常熟”新媒体工作室，注重团属文化产品和青年话题项目的原创开发。发布“高颜值青年为高颜值常熟代言”“虞青一起来 共创文明城”倡议书，开展“新年晒全家福”活动、“清明网络祭英烈”活动、“五四”全城 5400 份青享惠福利；原创发布常熟版《南山南》、常熟版《好想你》《美哭了，二次元里的常熟》等线上青年文化作品；开设“青忆校园”专栏 12 期，“虞青论创”专栏 5 期。开展各类网络宣传活动。举办网络宣传员培训班，开展集中行动 64 次。

【服务青年创新创业】 2016 年，共青团常熟市委创建团属青年创业阵地——“虞青 E 站”，为 2 家获评单位（文化众创 C－space 及海虞电子商务产业园）提供资金补贴、宣传推介、政策支持等团属优惠。成立常熟市众创青年服务中心并组建创梦导师团，举办“创业门诊”“大咖来了”创业分享会等活动 12 次，服务创业青年 1000 多人次；以“支持城乡青年电商创业”为主题，开展 2017 年“共青团与人大代表、政协委员面对面”活动；联合人社、妇联等单位，举办“燃情创业 乐在虞城”第三届常熟市青年创新创业大赛，举办常熟市青年创客嘉年华暨第四届“常熟市十大青年创业先锋”评选活动。

【青少年教育】 2016 年，共青团常熟市委开展青少年假期自我保护教育活动，组织参加第三届苏州市中职生模拟法庭决赛并获二等奖。青少年综合服务体系建设“提档升级”，全市滨江“笑果”、虞园社区、北门大街社区、青年社区学校、莫城七彩小屋、支塘希望来吧、梅李镇青少年驿站、古里镇铁琴青韵社区工作站等青少年综合服务平台都常态化运营，开设公益课程共计 84 次，服务青少年 5000 多人次。

【开展公益志愿活动】 2016 年，共青团常熟市委联合市小蜗牛特殊儿童康复训练中心举行“繁星点点，为爱奔跑”公益乐跑活动，用奔跑的力量传递爱心，吸引社会各界人士关注自闭症儿童群体；组织开展“天寒寒，团暖暖”——常熟共青团暖冬行动，向全市共 130 名执勤交警、环卫工人、自来水管道抢修工人送去慰问品；举办“奔跑吧，2016！”常熟市青企协爱心公益跑活动；组织开展医疗卫生志愿助残阳光行动，为贫困残疾人巡诊义诊；组织开展“手拉手、爱心一起走”志愿助学活动，实现贫困学生的求学梦；组织开展“同城关爱·寒冬送暖”碧溪新区新市民儿童爱心“微礼包”捐赠活动，让新市民儿童感受常熟暖意，融入常熟生活；组织开展 2016 年“青年文明号”广场集中志愿示范服务活动，树立青年文明号优质的服务品牌。

12 月 22 日，常熟农商银行杯“常熟市青年创客嘉年华”暨第四届“常熟市十大青年创业先锋”评选活动在常熟国际饭店举行

【共青团常熟市发展投资有限公司委员会成立】 3月16日，共青团常熟市发展投资有限公司委员会第一次代表大会在市发投公司召开。市发投公司党委书记、董事长、总经理徐学峰，团市委书记张康德，市发投公司党委委员、副总经理陶少锋以及来自公司各部门的9名青年代表出席会议。大会通过投票选举产生共青团常熟市发展投资有限公司第一届委员会书记1人、副书记2人、委员4人。

【纪念建团九十四周年暨“五四”运动九十七周年青春梦想分享会举行】 5月3日，“我的青春我的团”常熟市纪念建团九十四周年暨“五四”运动九十七周年青春梦想分享会在常熟保利大剧院举行。市领导王建国、闻永昌、孙健、殷丽萍出席分享会。分享会分为“公益梦”“奉献梦”“创业梦”“成长梦”4个篇章。来自不同行业领域的青年代表以TED演讲的形式，讲述了自己寻梦、追梦、筑梦的奋斗历程和感悟。会议还表彰了2015年度常熟市“新长征突击手”“我身边的好青干”以及2015年度常熟市五四红旗团委，并为团属青年创业孵化平台“虞青E站”授牌。

【百名青年企业家领航工程启动】 7月25日，由市人才办、经信委和团市委联合实施的常熟市百名青年企业家领航工程正式启动。副市长、第八批科技镇长团团长周灵群，人才办、经信委、团市委相关领导出席启动仪式。列入领航工程名单的100名青年企业家平均年龄34.9周岁，均来自全市规模以上企业，包含3家小巨人企业、3家上市企业、5家“新三板”挂牌企业、13家单打冠军企业、2家专精特新企业和19家机器换人重点企业。“领航工程”包括专题培训和系列活动两部分，分别组织青年企业家脱产培训和集中活动。

（丁　科）

常熟市妇联

【概况】 2016年，常熟市妇女联合会（以下简称市妇联）开展“创业创新援助、家风建设示范、维权维稳助力、关心关爱帮扶、联系服务提升”五大行动，积极实现新作为，团结引领全市妇女为建设精致城市美丽常熟贡献巾帼力量。至年末，全市有镇（区）妇联10个、板块妇工委4个、系统妇委会（妇工委）23个、管理区妇工委8个、办事处妇工委4个。全面开展村（社区）妇联改建工作，全市430697名妇女通过12406名妇女代表，选举产生316个村（社区）妇联。市妇联获评江苏省维护妇女儿童权益示范岗、常熟市2011～2015年法治宣传教育先进集体。

【加强妇联干部队伍建设】 2016年8月31日至9月2日，市妇联举办妇联干部复旦培训班。市、镇、板块、系统的妇联干部接受职业女性阳光心态与心理调适、女性修养与公关礼仪、社会分层与社会治理创新等培训。组织36人参加省、苏州市妇联的各类培训，鼓励妇联干部参加社工师等职业资格考试，44名妇女干部获得社工师资格证书。联合组织部门分别推荐苏州市、常熟市优秀女性人才，表彰一批“我与妇女儿童共成长”女大学生村官优秀征文。抓住村、社区“两委”换届契机，着力推进女性进“两委”工作，延伸妇女工作手臂。

【妇女思想引领】 2016年，市妇联积极宣传在平凡中始终坚守道义、在日常生活不断彰显美德的女性典型，为广大妇女群众树立学习的榜样和努力的方向。“三八”节期间，在各新闻媒体开设专栏，开展妇女和妇女集体典型宣传，周丽娟荣膺江苏“最美巾帼人物”称号。成立网评员、网宣员队伍，踊跃参与“网上妇女之家”建设。线上开展“巾帼心向党·扬帆新征程”主题教育活动，通过“党史故事接力传播”“小康路上建新功”等主题生动展示妇女工作新成果。举办“军民一家亲 携手传孝爱”2016常熟妈妈双拥行动，50名“常熟妈妈”与在常现役军人结对认亲，一起包馄饨送孤老。举办第六届妇女运动会，33支代表队近220名运动员参赛。加强巾帼志愿者注册管理，组织参与文明城市创建、政策法规宣传、特殊家庭关爱等志愿服务活动。市巾帼律师志愿服务团等巾帼志愿服务队作用发挥显著。

【推进妇女创业创新致富】 2016年，市妇联积极顺应“互联网＋”趋势，通过组织培训、参观、交流，提供技术、资金、信息支持等形式，帮助妇女提高素质，增长本领。组织女能手、种养殖大户实用技术培训26期，培训3692人次，107名妇女参加SYB、IYB培训。召开市“双学双比”女能手协会理事会，组织参观梅李镇新风蔬菜基地、吉建葡萄基地。举办女农民暨女经纪人职业能力培训班，为87名种养殖专业户、女能人、基地、家庭农场女性负责人提供电子商务、新型职业女农民培育培训服务。组织女企业家赴泗洪、太仓等地参观考察，种植女能手、女经纪人赴苏州澄湖现代科技生态农业示范园参观学习。开展创业援助，发放妇女贴息小额担保贷款512万元，受惠妇女47人，带动721名妇女增收。城乡联动举办33场女性公益性招聘专场，为女性提供2万多个岗位。发展巾帼现代农业示范基地9个、巾帼电商基地3个、巾帼农家乐1个，带动1149名妇女就业增收。常熟果霏霞果业专业合作社、新合作常客隆巾帼电子商务有限公司分别被评为省巾帼示范专业合作组织、省巾帼电商服务示范基地。表彰17个市级“优秀巾帼文明岗”，命名25个市级“巾帼文明岗”。开展“巾帼文明岗”与“巾帼示范基地”结对活动，组织21个系统的60多名“巾帼文明岗”参赛妇女走进社区开展便民利民服务。

【实施“家风建设示范行动”】 2016年，市妇联实施“传统美德进家庭”行动。开展“最美母亲”寻访活动，历经广泛推荐、全民投票、综合评选和媒体宣传，带动广大妇女和家庭在参与中发现最美、感悟最美、学习最美、争当最美。表彰10位“最美母亲”及10位提名奖。钱敏丹家庭获评“全国文明家庭”“全国五好文明家庭”，王玉平家庭获评江苏省“最美家庭”。召开家庭家风建设工作推进会，举办“最美家庭讲好家训”活动，成立市家风家训传承教育基地。实施“科学家教进家庭”行动。开展“好妈好爸好孩子”家庭教育公益巡讲，以好家教促进好家风。2016 年共举办讲座 30 场，受益家长 3260 余人次。举办“我与孩子共成长”常熟市家庭教育大讲堂，依托市民课堂、家长学校等阵地，开展公益讲座 3 场。开展家庭教育征文，共征集作品 628 篇。举办第六届宝宝爬行赛，320 余名幼儿参赛。实施“廉洁文化进家庭”行动。联合文明办、纪委等部门开展“清风传万家”家庭助廉系列活动，创家训格言、讲家风故事、写家书手札，弘扬廉洁修身、廉洁齐家的好风气，收到家风故事 140 件，家书手札 72 件，家训格言 322 件。实施“绿色低碳进家庭”行动。开展“爱粮节粮进万家”宣传活动，通过征集节粮小窍门、小经验，倡导科学饮食、低碳生活的良好风尚。18568 人次为参赛作品投票点赞。实施“法治文化进家庭”行动。召开“平安家庭”创建座谈会，开展“聚焦平安家庭·共筑法治常熟”平安家庭创建系列活动，以“法治立家”和“平安护家”“两翼”模式推进平安家庭创建。开展“法润常熟·牵手同行”法治文化进家庭活动，采取“1＋2”模式（即每个巾帼律师结对两个妇女儿童之家），定期为妇女儿童之家提供法律咨询、法治讲座等服务，将专业的法律服务送到村（社区），送进家庭。

【维护妇女合法权益】 2016 年，市妇联开展“三八”维权周志愿服务进社区活动，开设“说法·释法”专题节目讲述女性维权案例，推进微信、微博等新媒体妇女普法宣传。成立巾帼普法宣讲团，开展“法治常熟·家庭先行”法律大讲堂走基层活动，通过“1＋1＋N”模式（暨集中式宣讲＋小组化讨论＋个性化教育）授课 37 场，听众 2800 名。同时举办 15 场“和谐家庭乡村（社区）行”活动，惠及 1300 名妇女群众。推进家庭暴力告诫制度，举办《中华人民共和国反家庭暴力法》、婚姻家庭纠纷调解等专题培训，开展“反对家庭暴力、创建平安家庭、共享美好生活”签名承诺活动，营造反对家庭暴力良好氛围。市婚姻家庭纠纷调解委员会被纳入到市人民调解协会。“和阿姨”等 5 个婚姻家庭纠纷调解工作室被命名为“苏州市婚姻家庭纠纷调解示范点”。2016 年，市妇联共接待来信、来访、来电 160 件，182 人次，市巾帼律师志愿服务团为 72 名妇女提供免费法律服务。市和悦家庭心理咨询中心接受咨询 28 人次，授课 23 期，培训 2500 多人次。

【编制“十三五”妇女儿童发展规划】 2016 年，市妇联履行市人民政府妇女儿童工作委员会办公室职责，开展“十二五”妇儿发展规划终期评估督导和“十三五”妇儿发展规划调研。《常熟日报》专版宣传“十二五”妇女儿童规划实施成果。制订“十三五”妇女儿童发展规划，体现常熟率先特色。2016 年 12 月 28 日，市政府出台《常熟市妇女发展规划（2016－2020 年）》和《常熟市儿童发展规划（2016－2020 年）》。

【关注妇儿民生实事】 2016 年，市妇联开展“百名妇联干部进百村访千户”活动，走访慰问全国“三八”红旗手 10 人、全市年长的村妇代会主任 336 人。为 10 名特困“两癌”妇女发放全国、省“贫困母亲两癌救助专项基金”10 万元。举行常熟市第四批关爱患“两癌”贫困妇女“康乃馨”行动，62 名患“两癌”贫困妇女获得每人 1500 元的资助，并接受饮食调养、健康生活指导。举办“牵手困境儿童 共享快乐生活”2016 年“8·26 虞城妈妈爱心行动”，为 50 名贫困学子送上爱心助学金 30000 元和价值 10000 元的学习用品。推进“四季平安包”行动，社会各界共认购“四季平安包”2595 只，关爱本市新市民子弟学校儿童。组织开展“六一”慰问，市四套班子领导分组走访慰问多所小学、幼儿园。

【推进妇联工作项目建设】 2016 年，市妇联发挥女性社会组织服务指导中心作用，举办女性社会组织“创新思维与项目开发”专题讲座，编印《常熟市首届妇女儿童家庭公益微创投项目汇编》。实施第二届妇女儿童家庭公益微创投项目，签约 7 个微创投项目，服务妇女儿童 1519 人次。2 家女性社会组织加入“吴地芬芳”巾帼公益联盟。指导女性社会组织立项江苏省、苏州市妇联和市民政局公益创投项目，获得各级资金支持 21 万元。

（谢 燕）

常熟市文学艺术界联合会

【概况】 2016 年，常熟市文学艺术界联合会（简称常熟市文联）所属 10 个专业协会、15 个学术团体会员共计 2498 人，基层文联会员 1040 人，共计 3538 人。其中国家级会员 86 人，省级会员 274 人。年内继续实施以老带新、以师带徒计划。协助寇忠理、秦健、邵宁、鞠崧楠、姚新峰、李向东、钱学君、金悠清等多位文艺家分别在陕西、北京、常州、南京、铜陵、苏州等地办展。协助周宓、郑勉、葛丽萍、庞琴华、陈味 5 位女书画家办展。协助举办“周风南韵”常熟、岐山、桐庐三地书画联展。协助政协设立文化艺术界专门界别，10 多位文艺家成为常熟市政协委员。协助市委宣传部推出“常熟市高层次宣传文化人才”评选，推荐朱晞申报宣传文化名家、推荐鞠崧楠、陈伟申报宣传文化领军人才、推荐邵勇等 11 人申报宣传文化中青年拔尖人才。推出“常熟市文学艺术奖”，每三年评一次，总奖金 50 万元。与市中医院签订文化共建协议。市中医院每年为文艺家提供两次养生保健讲座和咨询服务。全年组织为民活动 20 多场次，全市文艺家参与各类各项惠民活动 500 多场次，90 多件文艺作品在全国、省、市获奖。

【青少年书画考级】 2016 年，常熟市书画考级新增红枫培训中心、雨婷青少年培训中心、一飞画室等 4 个考点，参考人数 3000 人，考级成绩显著提高，呈现出社会教学与学校教学相融、城区与乡镇互动、相对自主与逐步规范并重的特色，取得了良好的社会效益。12 月中旬，常熟市文联与市教育局联合召开年度书画考级工作会议，表彰年度书画考级工作优秀集体、先进个人。举办常熟市青少年书画精品展，展出由指导老师推荐的、参加常熟市书画考级取得优异成绩的学生创作的精品 70 多幅，并通过常熟文艺网链接全市中、小学校网络平台展出。

【中国书法名城苏州基层书法文化建设常熟调研会召开】 3月14日，中国书协理事兼学术委员、江苏省书协副主席、苏州市书协主席、苏州科技学院教授王伟林一行7人到常熟调研中国书法名城苏州基层书法文化建设。调研组一行听取了常熟市文联关于“中国书法之乡”常熟市中青年书法拔尖人才培养的机制、格局和特点的汇报以及常熟市书协基本情况、组织建设和开展的活动汇报，对常熟“中国书法之乡”的建设、书法人才的培养机制和体系都给予肯定。常熟有中国书协会员48名，省书协会员81名，占苏州的四分之一。

【常熟“中国曲艺之乡”建设工作接受督查】 5月13日，中国曲协分党组书记、驻会副主席、秘书长董耀鹏带领督查组到常熟，督查常熟“中国曲艺之乡”建设工作。督查组在常熟市老年大学观看评弹班的展示演出，参观了陆建华评弹艺术工作室、常熟市评弹团虞山书场和常熟评弹艺术馆，通过参观、走访和座谈等形式了解常熟的曲艺工作，在肯定成绩的同时也对“中国曲艺之乡”未来发展提出建议。

【举办2016“启·承”元四家故里书画精品展】 6月27日，2016“启·承”元四家故里书画精品展在常熟市文艺交流中心举行。共展出常熟、锡山、富阳、余杭、嘉善、平阳54名书画家75件书画精品。作品包括山水、花鸟、人物、书法、篆刻等。常熟王震铎、陈炳彪等11位书画家的作品入展。

【举办“健康常熟”全市少儿书画大赛】 5月31日，“健康常熟”全市少儿书画大赛获奖作品展览开幕式举行。“健康常熟”全市少儿书画大赛由市文明办、市卫计委、市教育局、市文联等单位联合举办，旨在让少儿从小养成健康的生活习惯，让健康的生活态度根植在孩子们的心中。大赛于4月开始征稿，共征集到全市36所小学及12个培训点的书画作品984幅，经过大赛初评、网络投票、专家终评共选出入展作品100幅。参赛作品形式多样，表现丰富，创意活泼，充分表达了儿童热爱生活，向往未来的烂漫情怀，展示了全市少儿书画创作的实力和潜力。

【举办2016文艺家读书班】 8月25日，常熟市文联2016年度文艺家读书班开班。全市各区镇文联、各艺术家协会的60多名文艺家和文艺工作者参加了读书班培训学习。读书班邀请苏州大学研究生院副院长李超德和中共苏州市委党校经济教研室主任王涛分别作《现代文明史观视野下民族艺术传统问题再认识》和《习近平总书记治国理政方略解读》的讲座，不仅提高了文艺家的思想认识，也激励着文艺家走进基层，服务群众，更加用心地抓好精品创作，为推动常熟文艺事业的繁荣发展发挥积极作用。

【举办纪念国家历史文化名城命名三十周年常熟镇(区)美书摄作品联展】 9月8日，“艺韵飘乡——纪念国家历史文化名城命名三十周年”常熟镇(区)美书摄作品联展在市文艺交流中心开幕。联展由市委宣传部、市文联主办，共展出书画、摄影作品105幅。

5月31日，“健康常熟”全市少儿书画大赛获奖作品展览开幕

【举办全国花鸟画名家邀请展】 9月20日，由中共常熟市委宣传部、常熟市文联、江苏省美协花鸟画艺委会共同主办，常熟市花鸟画研究会承办的“花放江南”全国花鸟画名家邀请展暨常熟市花鸟画研究会成立作品展在常熟市文艺交流中心开幕。中央美院中国画学院院长陈平，江苏省美协花鸟画艺委会主任、省国画院副院长喻慧，江苏省美协常务副秘书长佘玉奇，常熟市政府副市长陶理及常熟市画家顾纯学、徐勤铭、钱学君等社会各界人士数百人参加画展开幕式和画册首发式。展览展出当代花鸟画画家精品90多件，其中有50幅出自常熟市花鸟画研究会会员之手。

【举办“清风传万家”书法展】 11月22日，“清风传万家”——常熟市优秀家规家训书法作品展开幕式在常熟市文艺交流中心举办。本次书法展由常熟市文联、市纪委、市文明办、市妇联联合主办，展出67幅家规家训书法作品。4月，市纪委会同常熟市文联、市文明办、市妇联，以“好家规、好家训、好家风”为主题，联合开展“清风传万家”家庭助廉活动。活动面向广大党员干部和社会各界公开征集家训格言、家书手札、家风故事以及优秀家规家训书法作品，取得了丰硕成果和良好的社会反响。（陈　晨）

常熟市科学技术协会

【概况】 2016年，常熟市科学技术协会(简称市科协)围绕创新驱动发展主题，认真履行“四个服务”职责，坚持改革创新，致力求真务实，各项工作取得了一系列新成绩、新进步。年内，成功创建首批2016—2020年度全国科普示范县(市、区)；勇当群团组织深化改革排头兵，制订《常熟市科协系统深化改革实施方案》，成为全省首个出台改革方案的县级市；开展2016年常熟籍院士家乡行暨第四届学术年会活动；评选表彰第二届“常熟十佳魅力科技人物”；

"群创谷"展示馆——公共科技服务平台建成启用;企业科协"群创成果"列入小微企业"科技创新券"应用范围,首批兑付企业科协 9 家,约 40 万元;全年新建企业科协 25 家,企业科技人员之家 15 家,申报 2016 年科技人员创新行动项目 400 多项,58 个项目获得表彰,12 项群创成果得到转化、应用;出台实施《常熟市全民科学素质行动计划纲要实施方案(2016－2020)》,全年举办第二十四届科普宣传周、全国科普日、科普进警营、"垃圾减量"系列科普讲座、第十届青少年科技创新大赛等 40 多项主题活动和全市 300 余项科普教育活动,30 多万群众受益。张景飞获得"江苏省农村科普带头人",漆鹏程获得第十二届"江苏省优秀科技工作者"荣誉称号;市科协获得中国科协海智计划工作先进集体、2016 年全国科普日活动优秀组织奖、江苏省科协 2016 年度实施"县级科协创新发展能力提升计划"优秀单位。

【科协系统深化改革】 2016 年,市科协按照中国科协、省科协统一部署和市委党的群团工作会议精神,坚持改革,不断创新,积极作为,勇当群团组织深化改革的排头兵。9 月 19 日,省科协发文将常熟树为全省县级科协深化改革唯一试点市。10 月 9 日,省科协在常熟召开县级科协深化改革工作座谈会,省科协党组书记、副主席陈惠娟要求常熟要做全省乃至全国县级科协的样板。11 月 10 日,全省科协系统深化改革现场会在淮安召开,常熟市代表县级科协作推进深化改革交流发言。在《方案》起草过程中,市科协党组专题研究了科协系统深化改革的背景、总体目标、改革原则、主要任务和重点内容等相关问题,形成初稿后多次召开座谈会征求市级学会、乡镇科协、企业科协和高校、专家意见。并多次与组织、人才办、财政、科技、编办、人社等部门进行政策沟通,请求支持配合。形成修改意见稿后报市委、市政府分管审定,12 月 26 日,向市委常委会进行专题汇报,市委书记王飚在常委会上强调,科协系统改革作为全市首个群团组织改革,要认真落实中央、省关于群团改革精神和省科协系统改革要求,扎实推进。要把准科协改革目标,改革路径,抓住重点和关键环节系统推进改革,进一步增强科协系统活力,发挥科协在加快创新驱动、打造精致城市、建设"强富美高"新常熟过程中的作用,成为全市推动创新发展的重要力量。《方案》顺利通过,得到肯定。12 月 28 日,市委办、市政府办正式印发关于《常熟市科协系统深化改革实施方案》的通知。

【第二十四届科普宣传周】 5 月 21 日至 28 日,常熟市举办第二十四届科普宣传周,主题为"创新引领、共享发展"。首届青少年心算王挑战赛、科普惠民卫生志愿者健康行动、科普电影放映周、编印《科普灯谜手册》等 20 项主题活动,点燃百姓科普激情。据统计,科普周期间,全市共举办各类科普活动 250 多项,科普咨询服务(讲座)近 100 场,约 6000 人参与;科普知识进农村、进企业、进社区、进校园活动 50 场;科普电影进农村放映电影 100 场,观众 25000 多人次;发放各类科普资料等 4 万余份(册);展出科普展板 330 余块,免费参观科普教育基地、科普场馆、科技素质培训示范基地和科普一日游人数达数千人。

【科普进警营】 5 月 31 日,市科协、虞山镇联合举办常熟市"科普进警营"活动,市政府副市长、虞山镇党委书记孙健出席启动仪式。活动旨在深入推进《中华人民共和国科普法》《全民科学素质行动计划纲要》实施,密切军地合作,开展以科普进警营为载体的科技拥军活动,为驻地部队做好科普宣传、技术攻关和人才培养提供服务,提升官兵科学素质,推进科技强军、人才强军和部队现代化建设。仪式上,向边检站部队官兵赠送科普书籍;仪式后,部队官兵们参观江苏省科普教育基地——常熟市科普馆和常熟市星海无线电博物馆,感受科技的无穷魅力。

【2016 中国旅美科协高层次人才常熟专场活动举行】 9 月 12 日至 14 日,2016 中国旅美科协高层次人才常熟专场活动成功举办。苏州市科协党组书记、主席程波,苏州市科协副主席张志军,常熟市委常委、组织部部长、统战部部长陆文明出席活动。中国旅美科协总会会长宋云明以及 20 多名中国旅美科协创新团队、海外高层次创新创业人才聆听了已落户的海归创业创新人才代表发言,观看了城市形象片——《山水人和话常熟》,分别前往国家大学科技园、科创园等地考察,近 40 个项目与两区两园创新孵化平台、企业对接洽谈,达成意向 5 项。

【常熟籍院士家乡行】 9 月 21 日,2016 年常熟籍院士家乡行活动举行,翁宇庆、范滇元、薛永祺、陈祥宝 4 位常熟籍两院院士应邀出席活动。通过常熟"十三五"经济社会发展院士恳谈会,一批切实为企业战略咨询、技术研发、人才培养、城市发展、现代农业等方面建言,与市领导面对面交流,为市委市政府科学决策提供高端智力支持。活动期间,翁宇庆院士举行了年会主题报告会,范滇元院士考察常熟理工学院,薛永祺院士为省中师生作了《天眼看地球》科普报告,陈祥宝院士考察了江苏常铝铝业股份有限公司科技创新工作。院士们还集中考察中利科技集团并与企业进行座谈。

【常熟市第四届学术年会】 9 月 21 日,常熟市第四届学术年会启动,主题:"大众创业万众创新 助力创新驱动",设 1 个主会场和 25 个分会场,邀请翁宇庆院士作主题报告,共提炼学术成果、决策建议 36 项。年会还开展了 2014－2015 年度常熟市自然科学优秀学术论文评选,共征集论文 315 篇,涵盖了理、工、农、医等各个专业。经学会、协会初评,市级各专业专家组评审、论文评审工作领导小组审定,评出一等奖论文 12 篇,二等奖论文 32 篇,三等奖论文 65 篇,其中 27 篇优秀学术论文获得苏州表彰。副市长陶理在学术年会启动仪式上向优秀学术论文获奖代表颁发证书。

【2016 年全国科普日系列活动】 9 月 17 日至 23 日,2016 年全国科普日系列活动在全市城乡举行,以"垃圾减量·从我做起"为主题,举办科普系列讲座、广场科技咨询服务、"垃圾处理与循环经济"报告会、"垃圾科学分类,文明你我同行"环保摄影作品展览等 20 多

项主题活动和130多项全市性基层科普活动，以及各类科普教育基地免费向市民开放。9月18日，活动启动仪式暨“垃圾减量·从我做起”科普系列讲座在市图书馆报告厅举行，专家为市民作科普系列讲座，讲解了垃圾分类、垃圾处置、垃圾减量方面的知识。

【评选表彰第二届“常熟十佳魅力科技人物”】 2016年，市科协、市人才办、市委宣传部、市科技局、市人社局联合举办第二届“常熟十佳魅力科技人物”评选表彰活动。评选重点面向企业、农村、研发机构等基层一线，突出人物的科学精神、时代风貌和人格魅力，注重在促进科技成果转化、科技创新、科学普及或科技教育等方面作出贡献的科技人物。经各地推荐、专家组评审、评选活动组委会终审和公示等环节，马知才、史晓华、刘洪武、张景飞、范立元、金波、顾立勇、钱斌、漆鹏程、魏青竹10名同志获得第二届“常熟十佳魅力科技人物”荣誉称号。

【服务企业科技创新】 2016年，持续推进“建家群创”行动，新建企业科协25家，企业科技人员之家15个；申报2016年科技人员创新行动项目400多项，58个项目获得表彰，12项群创成果得到转化、应用；表彰2015年科技人员创新行动“十佳科技创新团队”“十佳科技创新标兵”，10个企业科协“优秀科技人员之家”、11名“优秀企业科协工作者”；企业科协“群创成果”列入小微企业“科技创新券”应用范围；充分发挥企业科协联合会作用，创美工艺(常熟)有限公司众创成果在20多家企业得到普及推广应用，成效明显，市科协被评为苏州市科协“大众创业万众创新”众创成果案例推广优秀单位。联合主流媒体对全市12个镇(区、板块)的12家企业科技人员创新行动项目开展“创新引领·共享发展”科技人员创新行动专题报道，使广大企业科技人员的创造动能不断释放、创新成果不断涌现，创新氛围愈加浓厚。

【全民科学素质工作】 6月30日，常熟市全民科学素质工作领导小组(扩大)会议召开，回顾总结“十二五”全民科学素质工作，部署“十三五”工作要点，市政府副市长、市全民科学素质工作领导小组组长陈惠良出席会议并讲话。年内，通过出台实施《常熟市全民科学素质行动计划纲要实施方案(2016—2020)》，推进科普载体建设，广泛开展各类科普宣传教育活动，促进市民科学素质提高，为创建全国文明城市夯实基础。成功创建2016—2020年度全国科普示范市，虞山镇和浦为民、沈耀文2人分别获得江苏省“十二五”全民科学素质实施工作先进集体、先进个人和全省文化科技卫生“三下乡”先进个人荣誉称号。继续推进科普载体建设，圣百合糕饼创意科普园列入苏州市科普场馆建设项目获得10万元资助，辛庄镇辛庄社区获得“江苏省科普示范社区”称号，常熟国家大学科技园、常熟市星海无线电博物馆等5家单位被省科协命名为“江苏省科普教育基地”称号，虞山镇勤川现代农业基地和海虞镇海福新城社区、碧溪江枫苑社区分别获得苏州市科普教育基地和苏州市科普示范社区称号。科普惠农造就新型农民，农技协联合会积极承接科技培训项目，培训人数达600人，培育农业创新创业典型10个；常熟市葡萄协会获得江苏省“基层科普行动计划”项目，奖补资金10万元，为农民群众依靠科技增收致富树立了新的榜样。全年新增科普信息电子屏5块，“科普常熟”微信平台建成运行，加快推进科普信息化建设。

【实施创新驱动助力工程】 搭建学会创新平台，助力创新驱动，2016年新建国家级学会服务站2个，新认定省级科技服务站项目2个，“机器人焊接”和“常熟双创中心”等一批助力工程项目落地实施，市科协分别与中国汽车工程学会、中国机械工程学会签署实施创新驱动助力工程学会工作站合作协议，构建学会合作与发展新格局，被苏州市科协评为“创建创新驱动示范市先进工作单位”。“群创谷”展示馆——公共科技服务平台建成启用，依托常熟国家大学科技园和企业科协联合会优势，平台建设列入市级科技发展计划项目。

【实施海外智力行动计划】 2016年，市科协联合市人才办、市科技局、市人社局、市侨办、市侨联等部门，通过举办2016美南中国专家协会联合会常熟行、2016年海外华侨华人高层次人才江苏行常熟专场、留日同学总会常熟行、2016(第八届)苏州国际精英创业周常熟创新创业合作洽谈会、2016中国旅美科协高层次人才常熟专场、上海机器人专场等多层次、多规模、多视角的招才引智活动，为经济发展和企业转型升级提供了强有力的科技支撑。邀请海智专家开展讲座、培训等活动8次，参训人数达1100多人。5月18日至19日，美国劳顿郡监事委员会主席菲列斯·兰德尔一行在中国旅美科协总会会长宋云明、中国旅美科协华盛顿分会会长

9月21日，2016年常熟籍院士家乡行暨常熟市第四届学术年会启动仪式举行

薄智泉陪同下应邀到常熟访问，在常期间，市委书记、市长王飚、市委副书记王建国、副市长孙健等分别会见和接待，并在市科协、市外事办领导陪同下考察常熟奇瑞捷豹路虎汽车有限公司、浙江大学常熟合作研究院和常熟理工学院，双方通过签署合作备忘录，表示将开展多种形式的合作，推动双方城市的共同繁荣发展。9月14日，美国劳顿郡政府官员再次到常熟，就2017年常熟市政府代表团访问美国进行前期工作的商榷。年内，常熟新材料产业园成功创建江苏省海智工作基地。（薛琼瑜）

常熟市归国华侨联合会

【概况】 2016年，常熟市侨联以“侨缘侨谊，侨家侨友”服务品牌建设为核心，突出“两个服务”，深化“两个拓展”，建设和完善侨联组织网络。认真组织开展“主席交流日”活动，建立定期交流分享机制。持续推进侨界关爱行动，走访慰问老归侨、老侨眷以及重点侨界代表人士。引进承办“2016美南中国专家协会联合会常熟行”“2016中美科创中心高层次人才常熟行”对接洽谈活动，发挥“省新侨创新创业基地”品牌效应，为新侨人才落户创业发展提供服务。拓展海外重点侨胞、侨团联络联谊，全年共接待到常探亲访友、参观考察、交流合作的海内外侨界人士90多人次。年内，市侨联被省侨联命名为全省首批“双‘五有’侨联组织”（双“五有”指：有组织、有队伍、有经费、有阵地、有活动；服务侨胞有真情、凝聚侨胞有载体、团结侨胞有骨干、活跃组织有品牌、维护侨益有能力），常熟经济技术开发区被命名为“江苏省新侨创新创业基地”；新峰美术馆、王庄戏曲馆、东方红木家俱艺术馆等3家单位被苏州市侨联命名为“苏州市华侨文化交流基地”。在中国侨联“第六届新侨创新创业成果交流暨联盟成立大会”上，宋波被授予“中国侨界贡献奖（创新人才）”荣誉称号；丁莲英、钱建平、仲建刚、李宁4人获由中国侨联向全国从事侨联工作20年以上的侨联工作者颁发的荣誉证书。

【2016美南中国专家协会联合会常熟行】 2016年4月27～28日，“2016美南中国专家协会联合会常熟行”活动举行。来自美国南部地区各专业协会的24位专家携带项目到常熟进行创新创业交流对接。市委组织部部长陆文明，市政协副主席、统战部部长王永明，苏州市外专局局长刘瑜出席活动。与会海外嘉宾听取常熟市情和人才政策的介绍，考察常熟大学科技园、虞山高新园等创业载体，与各科技载体、板块进行项目对接，达成多项合作意向。

【2016中美科创中心高层次人才常熟行】 2016年9月27～28日，市人才办、市侨联联合举办“2016中美科创中心高层次人才常熟行”活动。美国中美科技创新合作中心主任顾菊林率10多位海外人才到常熟寻找创业和合作机会。海外嘉宾在常熟创业环境推介会上详细解读常熟经济社会发展情况以及相关创业政策等，并现场路演部分高科技项目。海外嘉宾还实地考察科创园、大科园等创业载体和生态环境，与有关板块开展洽谈对接，并达成初步合作意向。

【市侨联第八次代表大会召开】 2016年11月17日，常熟市侨联第八次代表大会召开，全市150多名侨界代表参加会议。大会审议并通过市侨联第七届委员会工作报告《当侨胞之友、建侨胞之家，凝心聚力为实现中国梦而努力奋斗》，选举产生由31名委员组成的市侨联第八届委员会，王小民当选主席，张萍、孟学军、陈伟娟、宋波当选副主席，季玉萍当选秘书长。市侨联第八届委员会聘请顾问1名、海外委员15名。省侨联主席史宇为市侨代会画册《足迹》作序，省侨联副主席镇翔，常熟市委副书记韩卫兵，常熟市委常委组织部部长、统战部部长陆文明等领导到会祝贺并讲话。市侨联第八次代表大会受到社会各界以及海外侨胞的关注，德国国家科学院院士孟立秋等海外侨胞向大会发来贺信。

【4家镇级侨联组织成立】 2016年，按照党建带侨建的要求，市侨联坚持“整体设计、分类指导、求真务实”，持续推进基层侨联组织建设。支塘镇、尚湖镇、虞山镇、沙家浜镇、古里镇5家侨联组织相继成立，全市基层侨联总数达到13家，实现侨联工作组织覆盖、工作覆盖和服务覆盖。

【开展特色活动活跃侨界】 2016年，市侨联依托新载体、利用新媒体、结合侨联特点，举办第三届“侨联杯”乒乓球团体赛、“常熟名城印记城市定向赛”，活跃侨氛围，展示侨风采；开展“海上生明月，千里寄乡情”“关爱老侨，相聚重阳”“侨联中秋，相约百合”“迎春茶话会”等主题活动，与归侨侨眷、海外侨胞互动，传递乡情，增进友情；邀请国际级授课专家花成、海归千人计划专家宋

11月17日，市侨联第八次代表大会召开

波、亚特兰大国际教育集团董事长金瑾为常熟侨界企业家、学生作专题讲座。基层侨联结合自身侨情,开展小华人华侨中文家书征集、爱心助学、走访慰问、书法篆刻盆景作品展、中秋赏民俗等活动,拍摄微电影《情系桑梓》,努力彰显特色,宣传侨胞公益接力事迹。

(季玉萍)

常熟市残疾人联合会

【概况】 2016年,常熟市共有各类持证残疾人20399人,其中肢体残疾9362人,视力残疾2151人,听力残疾627人,言语残疾64人,精神残疾3736人,智力残疾3338人,多重残疾1121人。全市的残疾人工作在市委、市政府的领导下,在上级主管部门的指导下,认真贯彻落实中共十八大、十八届四中、五中、六中全会精神,紧紧围绕市委、市政府的重点工作,按照残疾人事业的新要求,围绕“改善残疾人生活状况”这个中心,抓住发展“残疾人事业,构建和谐新常熟”这个主题,认真实施残疾人重点工作和项目,圆满完成各项目标任务。

【残疾人职介和培训】 2016年4月9日,市残联和市人社局等在人才市场举办了主题为“就业援助你我他,春风温暖千万家”的常熟市大型公益就业援助招聘会;9月25日举办“真情帮扶暖人心,务实为民助就业”的公益性就业援助专场招聘会。2次招聘会累计共有近200家企业报名参加,提供就业岗位2749多个,其中就业援助岗位1027个,涉及纺织服装、汽车制造、生物化工、房地产开发、建筑建材、物业管理等十多个行业。就业援助岗位初步达成意向300多人次,尽可能地使有就业意向的残疾人得到就业机会。全年共组织培训500人次,其中农村残疾人培训300人次。年内,苏州市残疾人职业技能大赛在苏州工业职业技术学院、王森教育咨询有限公司开赛,大赛共设PS图片处理、手工编制、西式面点师三个比赛项目。桑成圩获得PS图片处理第1名、周卫获得西式面点师第2名、戈敏莉获手工编织第2名。常熟市代表队取得团体总分第一名的好成绩。

【残疾人社会保障】 2016年,常熟市贫困家庭和无就业能力的残疾人生活保障救助全覆盖,全市1600多名残疾人纳入低保和低保边缘;为5300多名困难残疾人发放各类生活救助金3200多万元;残疾人免费乘坐市内公交和镇村公交实现全覆盖,全年免费乘车达130万人次。符合条件的2268名残疾人办理残疾人团体意外伤害商业保险,为10家残疾人托养机构及入住人员办理商业保险。听力障碍和语言障碍残疾人实行手机短信补贴,补贴人数340名。对206名残疾人发放残疾人机动轮椅燃油补贴。

【残疾人之家建设】 2016年,市残联按照《江苏省“残疾人之家”建设实施方案(试行)》的文件精神及苏州市残联的要求,市残联将此项工作列入年度的重点工作,明确了“残疾人之家”建设分三个阶段组织实施。一是调查摸底阶段。通过对全市符合条件的残疾人进行一次全方位的调查,对残疾人的辅助性就业、托养、康复、培训、文化体育、维权等方面的需求人数摸清数据。二是选址建设阶段。通过前期的摸底调查,按照省“残疾人之家”的建设要求,对现有的基层残疾人服务体系通过整合,实现资源共享,合理规划布点。全市共选定6家“残疾人之家”示范建设单位,做到建设进度与建设质量同步。至9月底,全市6家“残疾人之家”示范点全部按标准建设完成。三是验收阶段。市残联通过不同方式对“残疾人之家”进行检查验收,全部达到上级要求。同时,市残联积极争取财政经费,共下拨23.5万元用于“残疾人之家”建设。目前,进入“残疾人之家”的日间照料人数达到200多人,其中有2家“残疾人之家”开展辅助性就业工作,残疾人生活质量得到提高。

【残疾人特殊教育】 2016年,市残联专门聘请4名工作人员常驻市特殊教育指导中心办公室工作,各司其职,明确分工,做到年初有计划、年度有总结,年指导出访600多人次,为基层特教工作和随班就读工作提供优质服务。高标准创建“标准化特教班”。全市已建成58个标准化特教班,共有890名残疾学生在各中小学特教班或随班就读。开展对重度残疾儿童送教上门服务。市残联根据有关标准专门印制《重度残疾儿童送教服务手册》,全市有100位志愿者老师自愿参与该项活动。

【残疾人康复】 2016年,市残联发挥好六个专业康复技术指导中心的骨干作用,对村(社区)残疾人康复作出指导。完成10个基层村(社区)康复室建设,配备相应的残疾人社区康复器材10套。继续贯彻苏残字〔2013〕124号关于“向社区配发基础性辅助器具,开展社区基本辅助器具免费租借服务”的文件精神,开展辅具进村(社区)服务,使村(社区)广大残疾人和老年人能得到便捷服务。全市317个村(社区)都配发了基础性辅助器具,真正做到康复进社区,服务进家庭,满足广大残疾人基本康复服务需求。全市二个定点医院共为白内障患者手术1000多例,其中有50多例贫困及家庭困难白内障患者得到手术费用减免救助。认真做好0～14岁残疾儿童的康复训练工作,全市共有190名残疾儿童进入定点康复机构进行康复训练。同时还为13名家庭困难的肢体残疾人安装假肢及矫形器,为160名行动不便的下肢残疾人免费赠送轮椅、拐杖等辅助器具。为18岁以下听力障碍人员赠送助听器2套。为776名贫困精神病患者免费发药。全年共对1385名申请评残人员进行残疾鉴定。

【开展残疾人文化活动】 2016年,市残联根据国务院残工委、中宣部、中残联等11个部委办联合下发的《关于开展第二十五次“全国助残日”活动的通知》(残工委〔2015〕1号)文件精神,围绕助残日“关注孤独症儿童,走向美好未来”的主题,按照“5+X”规定内容,多形式、多渠道、多层次广泛开展宣传引导、文化助残、走访慰问、解难帮困等一系列助残活动。年内,市“残疾人文艺队”在虞山镇枫泾社区举行文艺演出,此次演出共有14个文艺节目,300多名群众现场观看演出。举行第三届残疾人门球锦标赛,8支代表队参加比赛,梅李镇、沙家浜镇、支塘镇残疾人门球队分获前三名。举办迎"六一"特殊儿童乒乓球比赛。比赛分听力障碍小学组、听力障碍中学组、智力障碍小学组、智力障碍中学组和综合组,全市共40名特殊学生参加比赛。

【残疾人体育运动】 2016年,市残联以"六残会"为契机,打造竞技体育强市。全市残疾人运动员在各类大型体育赛事上成绩斐然。在9月举行的里约残奥会上,常熟市选手曹宁宁战胜德国选手获得男子乒乓球TT5级单打冠军;常熟市东盾木业的职工李桂芝在50米自由泳S11级决赛中,夺得冠军,并打破该项目的世界纪录,李桂芝还夺得女子100米自由泳S11级银牌;常熟市选手周影与队友在乒乓球女子团体TT4—5级决赛中夺冠。常熟选手在本届残奥会上共获三金一银。在4～10月苏州市举办的第六届残疾人运动会上,全市共70名残疾人运动员参加象棋、举重、乒乓、游泳、田径、篮球、门球等8个大项84个分项的比赛,共获得29块金牌、13块银牌和12块铜牌,金牌总数列苏州各区、市第二名,团体总分列第三名。在10月24日进行的"东吴人寿"杯苏州市第十四届体育运动会暨第六届残疾人运动会闭幕颁奖仪式上,市残联被授予"优秀组织奖"。

【推进残疾人按比例就业】 2016年,市残联在全市设17个审核点(包含二个开发区),利用2个多月的时间对33947个企业逐一年审,并按省残联要求逐一录入省系统。针对国家、省政府出台的对小微企业减免三年残疾人保障金的特殊政策,宣传好相关政策,切实落实上级对小微企业的优惠政策,全市共对10832家20人以下的小微企业进行年审减免,共减免3219多万元。全市企业统一政策、统一年审、统一标准,推进残疾人按比例分散就业工作。2016年残疾人保障金征收列全省县级市第一,征收保障金6000多万元。

(邹永兴)

常熟市红十字会

【概况】 2016年,常熟市召开市红十字会六届四次理事会议,聘请市委书记王飚担任名誉会长。举办常熟红十字运动105周年纪念活动,会同苏州大学红十字运动研究中心编印出版《弥足珍贵的红十字文化遗产》。在市流水琴川义工协会成立红十字会,在虞山镇颜北社区建立红十字社区服务站,组建造血干细胞捐献志愿服务队和遗体器官捐献志愿服务队,召开全市学校红十字工作会议、全市卫生计生系统红十字工作会议,强化基层组织建设。组织开展第三届常熟市无偿献血"爱心使者"评选活动,举行第21届、22届捐献造血干细胞血液采样入库活动,172名志愿者加入中华骨髓库,市第五人民医院徐龙栋、建行常熟分行钟倩2名志愿者成功捐献造血干细胞,承办苏州市造血干细胞捐献志愿者联谊会。全年登记报名捐献遗体(器官)市民24人,实现身后遗体捐献4人、器官(角膜)捐献1人。全年共接受社会捐赠款物价值627.59万元,发放款物共计428.05万元。新增"常熟开关博爱助学基金"和"徐婷博爱助医项目"两大救助品牌。结对助学四川省内江市、绵竹市及常熟困难家庭学生96人,做好盐城阜宁地区突发龙卷风冰雹灾害市民救灾款接收和上缴。全年完成初级救护员培训1703人、普及性救护培训17656人,有22人取得省级救护培训师资格。举办培训师资教学技能比赛,组织参加苏州市应急救护技能竞赛,在"世界急救日"联合各乡镇红十字会举行应急救护技能演练,开展急救知识微信有奖竞答活动。在全市中小学组织开展"我与红十字的故事"主题征文比赛,开展青少年主题夏令营活动,举办2016年高一新生应急救护知识与技能演练比赛。强化红十字宣传,开展一期电台政风行风热线专题直播。市红十字会获2016年度中国红十字会总会报刊宣传先进集体三等奖。

【举行常熟红十字运动105周年纪念活动】 5月6日,市红十字会举行常熟红十字运动105周年暨《弥足珍贵的红十字文化遗产》首发仪式,市红十字会理事、基层红十字会兼职干部、会员和社会各界嘉宾及志愿者代表100多人参加。活动总结回顾常熟红十字运动105周年历史,向在苏州市红十字会第七次会员代表大会上获得先进表彰的6家单位和23名个人进行颁奖。市教育局、虞山镇人民政府、市流水琴川义工协会进行交流发言,市政府副市长、市红十字会会长陶理向新成立的造血干细胞捐献志愿服务队和遗体器官捐献志愿服务队授予队旗。《弥足珍贵

5月6日,常熟红十字运动105周年暨《弥足珍贵的红十字文化遗产》首发式举行

的红十字文化遗产——《中国红十字会常熟分会民国廿一年纪念册》整理与研究》在活动现场首发，该书由市红十字会与红十字运动研究中心合作编印，合肥工业大学出版社出版。

【开展第三届无偿献血“爱心使者”评选】 2016年5～6月，市红十字会会同市文明办、市献血办、市卫计委举办第三届常熟市无偿献血“爱心使者”评选活动。经评委会审定，确定18名正式候选人，候选人相关事迹在《常熟日报》、中国文明网联盟常熟站、“文明常熟”微信公众号等进行刊登发布，接受社会投票。经过投票评选和评委会综合考核评定等程序，石洁、张文金、姚陈红、钱建良、顾惠明、龚晖等6人获第三届常熟市无偿献血“爱心使者”称号，另有12人获提名奖。6月14日，4部门联合举行命名表彰会，对18人进行表彰。

【常熟开关博爱助学基金成立】 6月3日，市红十字会会同市教育局、常熟开关制造有限公司共同举行基金成立暨首发仪式，市红十字会常务副会长顾丽华、市教育局副局长陆培新、常熟开关制造有限公司党委副书记周玉明出席仪式。常熟开关博爱助学基金由常熟开关制造有限公司每年注资50万元，以5年（2016～2020年）为周期，每年对全市公办学校500名贫困家庭学生提供每人1000元的经济资助。

【建立“徐婷博爱助医项目”】 6月24日，市红十字会举行“徐婷博爱助医项目”成立仪式。常熟患外周T淋巴细胞瘤的女中学生徐婷去世后，其父母将社会各界捐赠给徐婷治病剩余的爱心款2157043.03元，转赠给市红十字会，并与市红十字会协商成立“徐婷博爱助医项目”，用以资助本市公办中小学校、幼儿园在册的来自贫困家庭患恶性肿瘤的学生，每人一次性资助2万元。12月23日，首批14名身患恶性肿瘤的学生得到资助。

【开展红十字应急救护演练】 9月10日第17个“世界急救日”，市红十字会会同市医疗急救中心在虞山镇胜湖社区举行一场大型应急救护演练活动，宣传普及应急救护知识与技能。全市各镇（板块）的70多名红十字志愿者组成14支代表队，开展八轮意外伤害案例的现场应急救护演练，演练内容包括外伤止血、包扎、骨折固定、搬运以及心肺复苏等基本救护技术，现场还穿插进行急救知识有奖问答。

【红十字志愿服务】 2016年，常熟红十字志愿服务对接新需求，不断拓展项目和内容。造血干细胞宣传劝捐开展近百场次，参与服务志愿者800多人次，年度服务时间2400多小时，现场填写志愿者捐献报名登记表400多份。在此基础上，市红十字会成立造血干细胞捐献志愿服务队，并设立生命相“髓”志愿者之家。红十字流动募捐坚守街头，全年开展流动募捐40次，募集爱心款2.4万余元，使红十字成为虞城街头一道爱的标志。红十字志愿者进医院在市级医院全面铺开的基础上，扩展延伸到古里等乡镇卫生院以及疾控中心预防接种引导服务，全年服务时间达2.2万多小时。无偿献血志愿服务全年参与志愿者近700人次，服务时间2400多小时，为全市无偿献血事业的健康持续发展做出了积极贡献。2016年，红十字志愿者姚静芬获“江苏省2010－2015年度优秀红十字志愿者”称号，同时获常熟市“最美志愿者”称号，志愿者刘渝获苏州市“最美志愿者”称号，红十字造血干细胞捐献宣传服务项目获评“常熟市最佳志愿服务项目”。

【举办青少年红十字征文比赛和夏令营活动】 3月起，市红十字会会同市教育局在全市中小学校开展“我与红十字的故事”主题征文比赛，比赛共收到征文380篇，经组织专家评审，共有小学组60篇、中学组30篇征文获奖。通过征文比赛，在广大青少年中进一步传播红十字精神和文化。7月1日，在红十字主题征文比赛中获得一、二、三等奖的40名学生参加了以“生存 拓展”为主题的青少年夏令营活动，学习止血、包扎等急救知识技能，开展团队拓展活动。

【遗体器官捐献】 2016年，常熟成立遗体器官捐献志愿服务队，在虞山镇颜北社区建立宣传活动阵地，开展遗体器官捐献相关的宣传、咨询以及联络、协调等服务。至2016年底，全市实现身后捐献遗体市民22人、捐献器官（角膜）3人。2016年有孤老陈祥保（2月13日）、辛庄中学退休教师李忠国（4月15日）、九五老人张玉英（6月4日）、铁道部南京大桥四处退休工人顾昌保（10月18日）捐献遗体，用于苏州大学医学教学及科研。9月30日，常熟新市民李飞因车祸致脑死亡，家人捐出其一个肝脏、一对肾脏和一对眼角膜，成为全市第3例器官捐献者。 （周越峰）

常熟市哲学社会科学界联合会

【概况】 2016年，常熟市哲学社会科学界联合会（简称市社科联）围绕中共十八大、十八届三中、四中、五中、六中全会精神和习近平总书记系列重要讲话精神，组织市、镇两级宣讲团队深入基层巡回宣讲；组织基层理论宣讲骨干培训，举办“学习习近平‘七一’重要讲话精神”“党的十八届六中全会”2个专题培训班；组织开展精品大课“大比武”暨“治国理政新理念新思想新战略”宣讲基层行、评选精品党课等活动；配合市委组织市委中心组专题学习报告会，邀请专家作专题报告8次；围绕践行社会主义核心价值观、农村思想道德建设、新农组织党建等内容组织专题调研，配合中央党校文史部“共产党人的价值观和历史追求”课题组、江苏省社科联“江苏公众人文社会科学素养及需求”课题组进行专题调研；结合江苏省、苏州市重点应用课题研究工程，围绕市委市政府提出的建设“强富美高”新常熟目标，组织开展年度社会科学应用研究课题招标工作；组织2015－2016年度社科应用研究课题评比，结集编印《2015－2016年度常熟市社科应用研究获奖成果汇编》；承担江苏省、苏州市级应用研究课题，完成江苏省社科应用研究精品工程市县专项课题《常熟市“新农”组织党建研究》和2个苏州市级课题；组织开展社科普及宣传周等系列社科普及活动；举办“同和讲堂”学术讲座11期；完成《琴川论丛》改版；完成常熟市全民阅读促进会的成立和审批相关工作;加强对学会社团的管理与工作指导,组织社科类优秀社团评选活动,指导学会社团规范运作、提升业务活动质量和水平。

【组织社科应用研究评奖】 2016年,由常熟市政协于2015年组织编写的《让国南来一仲雍》《虞山医学流派·藏珍集萃》获江苏省哲学社会科学优秀成果三等奖、苏州市哲学社会科学优秀成果二等奖;《日军常熟暴行录》和《类型纪录片:影像里的中国》获苏州市哲学社会科学优秀成果三等奖。组织开展常熟市2015—2016年度社科应用研究课题评比,评选出《面向缓堵的城市重点区域精细化交通组织方法研究》等优秀课题29个。

【常熟市第十一届社会科学普及宣传周】 2016年9月17日起,由市委宣传部、市社科联等组织举办的常熟市第十一届社会科学普及宣传周启动。本届宣传周以"树立五大发展新理念,建设强富美高新常熟"为主题,重点面向未成年人、农民、城镇劳动者、社区居民和公务员这五大人群,创新社科普及走进机关、学校、社区、乡镇、企业的"五进"活动内容与形式,将各类演讲比赛、主题征文、知识竞赛、社科成果展示、人文知识讲座、图书漂流、书画摄影展等与常熟经济社会文化发展相结合,吸引大量市民群众参与。

【2016年度社会科学立项课题招标】 2016年,市社科联结合江苏省、苏州市重点应用课题研究工程,围绕市委市政府提出的建设"强富美高"新常熟目标,确定2016年度社科应用研究课题指南,组织开展年度社会科学应用研究课题招标工作,确定《县域经济视角下"机器换人"问题分析与对策》等30个课题为市社科联年度应用研究立项课题。截止到2016年12月31日,《我市工业绿色发展的现状、目标与路径研究》等26个课题结项,多项成果在相关期刊上发表。

【组织国家历史文化名城专题研究】 2016年,市社科联以常熟获评国家历史文化名城30周年为契机,组织专家围绕历史文化名城建设、开发和保护等内容撰写调研文章,为名城发展献计献策,出刊《脉望琴川一常熟命名国家历史文化名城30周年特刊》。

【拓宽社科活动载体】 2016年,常熟市翁同和纪念馆被命名为全国社科普及基地。《"中国文化之旅"名家走进常熟"市民课堂"》《翁同和纪念馆家风家教系列普及讲座》获评江苏省社科普及专项经费资助项目。《常熟理论(csl-lun)微信公众号》《"中国文化之旅"名家走进常熟"市民课堂"》《〈读书台〉读者沙龙》《梦兰"传承家风,传扬美德"系列活动》获苏州市社科普及创新项目扶持。（陈雪莲）

责任编辑　戴仁璋

政法委及综治

【概况】 2016年，中共常熟市委政法委坚持以促进社会公平正义为宗旨，有序推进法治常熟建设，以维护社会和谐稳定为根本，深入推进平安常熟建设，以从严治党为核心，扎实推进政法队伍建设。完成技防城建设提档升级，推进重点地区和突出问题治理，做好重点人员管控工作，继续培育和发展志愿类社会组织，积极开展平安家庭平安寄递创建；全市建立各类调节机构754个，矛盾纠纷调解率、调解成功率保持在99%以上，刑事发案数实现连续9年下降，群众安全感继续提升；完成全国“两会”、杭州G20峰会、省第十三次党代会等重要时期维稳安保工作；创新维稳体制机制，建立应急处置机制、工资支付预警机制；新增了镇（板块）稳评专家库成员，促进稳评工作的科学性、专业性和实效性；开展环境执法专项监督，规范镇域综合执法环境保护行政执法工作；推行立法征求意见反馈制度；健全政府法律顾问制度，完善法律风险防范和控制机制；常熟市国安办再次被国家安全部命名为2016年度国家一级国安办；15个镇（板块）被苏州市综治委命名为2016年度苏州市平安镇（街道）；5个镇（板块）被苏州市综治委评为2016年度苏州市综治工作（平安建设）先进集体。

【召开全市政法工作会议】 3月1日，市委、市政府召开全市政法工作会议，部署新一年的政法工作目标任务。会议要求各地、各部门提高预测预警预防各类风险隐患的能力水平，切实做好公共安全工作，为全市经济社会持续健康发展提供坚强保障；主动回应人民群众对平安的新期待，坚持办实事惠民生，坚持问题导向，坚持围绕中心服务大局，树立大平安理念，拓展内容，健全机制，提升平安常熟建设水平，确保刑事发案进一步下降，不断提升人民群众安全感满意度；牢牢把握推进社会治理体系和治理能力现代化的总要求，主动适应新形势，切实增强工作前瞻性，积极推动理念思路、体制机制、方法手段创新，不断提升社会治理社会化、法治化、专业化水平；充分发挥政法机关在法治建设中的重要作用，持续深化执法司法规范化建设，深入推进依法行政、公正司法、法治宣传、基层民主法治和司法体制改革等工作，不断提高法治建设满意度。

【常熟法治雕塑公园获中国环境艺术最佳范例奖】 常熟法治雕塑公园获第五届（2015）中国环境艺术最佳范例奖。常熟法治雕塑公园于2015年7月底建成投用，系全国首个法治主题雕塑公园。公园总投资1000余万元，总面积约2.3万平方米，分为法治之光、常熟历史法治、中国古代法治、世界法治四个主题区，包含法与权、六不亭、上善若水、权责亭、宣誓广场、山水明鉴等20个类型法治主题雕塑。公园成为常熟市民休闲、健身、娱乐和学习法律知识、陶冶法治情操的良好场所。

【举办“守护美丽常熟，拥抱多彩生活”主题文体活动】 市委政法委举办“爱我虞山”登山活动；市公安局举办乒乓友谊赛，市司法局举办庆祝建党95

11月7日，全市“六五”普法总结暨“七五”普法动员大会召开

周年政法系统廉政书法展；市人民法院举办弘扬传统文化太极拳、木兰扇表演；市检察院举办“爱我南湖”千名干警徒步走，5项文体活动贯穿全年，激发广大政法干警爱岗敬业和创新创优活力，展示政法队伍健康向上、积极进取的精神风貌。

【举办法制建设和社会治理专题培训班】 5月8日至12日，常熟市社会治安综合治理领导小组办公室在厦门大学举办专题培训班，“十佳政法干警”“十佳综治法治干部”；各镇（板块）、政法各部门分管领导、综治办或法制办主任共60多人参加培训。培训班以学习研讨当前法治建设和社会热点难点问题与专家教授讲课相结合，提升学员理论水平和业务能力。

【建立律师到市涉法涉诉联合接访中心值班制度】 9月1日，开始实行律师到市涉法涉诉联合接访中心值班制度，每周三由律师协会选派一名律师到接访中心，向信访群众提供现场咨询服务，参与涉法涉诉信访化解和代理申诉案件工作。市司法局和市律师协会选任律师，建立涉法涉诉信访案件化解和代理律师库，并负责日常工作管理和安排律师值班时间。律师参与涉法涉诉信访化解和代理申诉案件工作是一项公益性法律服务，是指对不服政法机关处理意见，以信访形式表达诉求的信访人，由律师作为第三方开展听取信访人诉求、评析信访事项、有针对性地做好释法析理、提出处理建议、引导或代理申诉等工作，促进案件得到依法公正处理。律师参与涉法涉诉信访化解和代理申诉案件工作的主要任务是：对原案件处理正确的，帮助信访人准确理解政法机关依法作出的法律处理意见，劝导其服判息诉；对原案件处理可能存在错误或者瑕疵的，向政法机关提出建议，促使问题进入法律程序解决；对缠访、闹访的信访人，进行法律宣传，引导信访人依法按程序理性表达诉求；对信访人生活困难、符合相关救助规定的，协助信访人依法依规申请司法救助。

【继续推进重点地区和突出问题治理】 年初市综治办联合公安部门，在全市范围内通过排摸确定32个社会治安重点地区，其中苏州市级挂牌的1个，市级3个，镇级28个。市综治办召开多个座谈会，采取现场办公等形式，同各镇、板块制订了切实可行的整治方案，明确公安、消防、卫生、城管等相关部门的职责任务。同时，加强技防设施建设，确保监控覆盖无死角。全市32个治安重点地区已基本整治到位。

【成立交通事故巡回审判庭】 在市公安局交警大队事故综合处理中心成立交通事故巡回审判庭，充分整合公安、司法、医疗、保险、仲裁等社会资源，方便群众诉讼和咨询。全年巡回法庭审结交通事故案件272件，结案率77.05件%。其中，适用简易程序220件，占80.88%，适用小额诉讼程序39件，占14.34件%。

【做好严重精神障碍患者管控工作】 全面掌握常住人口严重精神障碍患病现状，做好管控工作，制订严重精神障碍患者排查工作方案，开展三轮全面排查，并印发《常熟市实施“以奖代补”政策落实严重精神障碍患者监护责任的工作方案》，建立综治牵头、部门配合、财政保障、家庭参与的监护机制，探索监护人责任落实的有效途径。

【推进镇域综合执法改革】 制定出台《关于开展常熟市镇域综合执法规范化建设年活动的实施方案》，打造“效率、公正、共享、满意”的综合执法模式。7月，全省政府法制工作在常熟召开，介绍推广常熟经验，镇域综合执法试点工作通过专家组评估验收。强化市级机关与乡镇定期会商制度，明确镇域违停贴单、违章拆除、环保局自由裁量权下放后行政处罚注意点及强化综合执法局与镇其他部门的分工协调等事项，研究讨论第二批拟下放镇域综合执法行政处罚事项。督促市级执法部门加强对乡镇综合执法工作的指导，在执法专业性强、难度较高的安监、环保、城管、劳动监察等领域开展跟班轮训，提升综合执法人员能力素质。开展镇域综合执法案卷评查工作，采取接受评查单位互评、邀请评查单位参评和市政府法制办综合评查相结合的办法，对选取的2015年6月份以来各镇办理的行政处罚案卷共82件进行评查，并发文通报评查结果。

【市法学会分学科研究会换届】 8月，市法学会重新明确刑法刑诉法学、民法民诉法学、行政法学、预防青少年违法犯罪、法治宣传教育和人力资源社会保障等6个分学科研究会的挂靠单位。刑法刑诉法学研究会挂靠市人民检察院，民法民诉法学研究会挂靠市人民法院，行政法学研究会挂靠市政府法制办，预防青少年违法犯罪研究会挂靠市公安局，法治宣传教育研究会挂靠市司法局，人力资源社会保障研究会挂靠市人社局。各研究会的会长由挂靠单位的学会副会长兼任，秘书长由学会的副秘书长兼任。

【整合社会性安防资源】 市综治办、市公安局联合制订《关于切实加强社会性安防资源整合的指导意见》。实行市场化运作，确定承建和维护社会性安防系统实时监管平台的责任主体，建设社会性安防系统实时监管平台，同时建立平台运维、社会性安防资源监管、运维和经费等保障机制，实现对社会性安防系统（资源）的有效整合和运行、维护情况的即时管理、常态管理、长期管理。对全市社会性安防资源基本情况进行全面调研、排摸和梳理，制订党政机关、医院、学校、景区、大型停车场、运动场馆、车站码头（加油站）、大型商场、集宿区等安防资源接入平台同公安实战指挥平台联网的具体方案。

【常熟获评全国“六五”普法先进县（市）】 常熟市被中宣部、司法部表彰为2011～2015年全国法治宣传教育先进县（市），成为全国唯一的普法先进“六连冠”城市。“六五”普法以来，常熟市围绕“使法治成为核心竞争力的重要标志”目标，以打造互动型服务型创新型普法模式为抓手，以推进普法提质增效为根本落脚点，坚持运用法治思维谋划工作，运用法治文化引领实践，形成了“党委领导、政府主导、部门联动、社会参与、整体推进”的“大普法”工作格局。

【开展年度“三法联考”】 12月7日至9日，实施2016年度法治建设、依法行政和法制宣传联合检查考核，考核结果由市法治办、市政府法制办、市法宣办分别根据平时工作和年度考核情况综合评定,并通报表彰。考核成绩列入各部门年度绩效考核和乡镇“安定杯”评价。

【常熟获省法治建设满意度测评97分】 江苏省2016年度法治建设满意度测评结果显示,常熟市获得97分。围绕省法治县(市)创建标准,常熟全面推进法治建设,采取有效措施,以工作实绩赢得群众对法治建设的信任和尊重,以创新宣传方法营造法治建设良好舆论氛围,为构筑常熟“五位一体、综合发展”新优势,全面建成高水平小康社会提供有力的法治保障。

【深入推进社会风险评估】 全年完成227个稳评项目,发放问卷8200余份,走访1900余人,召开群众座谈会141次、专家论证会116次,排查化解矛盾9起,帮助群众解决实际困难59个,预防群体性事件1起。227个稳评项目中“第三方”稳评中介机构完成67个,超过年初制订的50个目标。(丁亮亮)

公 安

【概况】 2016年,全市违法犯罪警情同比下降5.8%,全口径刑事案件同比下降15.9%,“两抢”案件同比下降41.8%。刑事案件破案数增长2.8%,破案率35%,同比上升6.4个百分点,扣除电信网络诈骗案件,破案率达到45.4%。公众安全感、群众满意度分别达到98.7%、98.5%,

【维护稳定】 持续滚动开展涉稳情报信息摸排研判,共搜集各类不安定因素信息2510条,涉及不安定因素1200件,所有群体性事件均做到提前预警。妥善处置金融、房地产、环境、拆迁安置等领域群体性事件186起,“e租宝”案件、出租车网约车利益冲突、大型商铺返租问题等重大不稳定隐患得到有效处置。全年来信来访967件,同比下降4.4%,当场解释化解311件,占总数的32.2%;重复访303件,占总数的31.3%;受理353件,占总数的36.5%,同比下降7.8%,办结346起,办结率98.0%。办结市人大代表建议、市政协委员提案38件,人大代表和政协委员满意率100%。化解各类疑难信访案件28件。为派出所增派人民调解员46人,全年110移送调解3394起,移送率10.14%,调解成功数3332起,调解成功率达98.2%。

【打击刑事犯罪】 立刑事案件8208起,破案2718起,破案率33.11%;抓获犯罪嫌疑人3157名,其中刑事拘留1559人、取保候审303人、移送检察院公诉1412人。持续严打抢劫、强奸、放火等严重暴力犯罪,11起现行命案迅速告破,八类案件立286起,破264起,破案率92.3%。其中故意杀人案立6起破6起,抢劫案立28起破27起,强奸案立41起破38起,故意伤害案立203起破186起,放火案立7起破6起,绑架案立1起破1起。

【人口管理】 加强人口管理,全市总户数为326491户,总人口为1068802人,其中男性为518493人,占48.5%,女性550309人,占51.5 %。做好外来人员登记和信息采集工作,全市外来人员实有数为915794人,同比下降3.1%,办理发放居住证36937张。加强集宿区管理,对20人以上集宿区1617处开展全面检查整治,动员较大规模集宿区安装指纹、门禁和门闸系统,消除各类治安、消防安全隐患。组织开展流动人口临时落脚点集中清查整治4914处,清查出租房屋19612户,采集、变更、注销流动人口104468人,查获各类违法犯罪嫌疑人192人,登记列管重点人员130人。7月1日启动身份证跨省异地办理工作,办理省内异地身份证3911张,省外异地省份证5085张。

【社会管理】 做好特种行业规范化管理,加强对生产性废旧金属回收、金银首饰加工置换、二手机交易、汽车租赁等行业的常态管理;加强对寄递行业的日常管理,组织对全市531家次物流寄递网店开展检查;落实旅客实名登记制度,全年共检查旅馆500余家次,处罚未按规定登记旅客信息的旅馆工作人员56名,处罚旅馆33家,取缔无证旅馆4家,通过旅馆信息报警系统抓获网上“三逃”人员13名。加强危险物品监管,查处涉危案件84起,治安处罚44人,收缴气枪19把、仿真枪5把、军用弹143发、气枪铅弹1782发、管制刀具482把、弩35把。组织开展打击食品药品环境犯罪专项行动,对可疑企业、生产作坊、窝点、人员进行全面排摸,破获案件27起、刑事处罚46人、公诉17人。

【打击经济犯罪】 接报经济犯罪警情370起,受理经济犯罪案件236起,立案183起,破案105起,涉案总价值6.4亿余元;抓获犯罪嫌疑人134名,其中“三逃”对象31名,公诉犯罪嫌疑人91名。打击非法集资等各类涉众涉稳案件,立案3起,抓获犯罪嫌疑人3名,挽回经济损失2.53亿元;开展“打假”专项行动,破获涉假案件4起,抓获涉假人员6人、公诉9人,查获各类假冒食品、服装、皮具9万余件,其中破获公安部打假集群战役案件2起,捣毁售假、仓储窝点10余个,现场查获假冒奢侈品服装、皮具6万余件,获公安部贺电;组织开展为期6个月的打击整治假币违犯罪专项行动,立假币案件2起,破2起,抓获嫌疑人3名,收缴假币6万余元。针对近年非法集资案件集中爆发情况,会同市金融办、市场监督局等职能部门,初步构建起非法集资类犯罪的防控体系,打击处理尚处于初始阶段的涉众涉稳型非法集资类案件4起,遏制有苗头性倾向的案件近10起。加强预防经济犯罪宣传工作,向企业赠送《经侦时讯》季刊1000余份。

【网络监控管理】 落实24小时网络巡查制度,掌握各类涉稳信息116条,报送网络舆情330期共计2062条。开展负面舆情导控64次、完成引导信息4300余条。全市在册登记有证营业网吧146家,落实上网登记实名制度,采集上网人员数据708万人次。

【交通管理】 2016年,全市登记机动车40.8万辆、驾驶人51万人、电动自行车120万辆,累计发生道路交通死亡事故195起、死亡199人,行政拘留交通违法行为人533名,危险驾驶刑事案件立案533起,办理交通肇事案90起,刑拘67人,提起公诉469人。严格大中型客车、重中型货车、危化品运输车、校车的检验和安全监管,排查各类安全隐患 140 余起，限期整改 31 起，下发整改通知书 9 份；开展交通安全隐患大排查大整改，排查交通安全隐患 873 处，整改 629 处；整治电动车违法行为，查处电动车各类交通违法行为 10400 余起；打击酒驾、毒驾违法行为，查获酒驾 1355 起、毒驾 3 起，其中主动查获 1155 起，主动查获率 85.1%。持续开展常规交通安全宣传，在 4 月份举办的太平洋保险杯常熟文明交通小天使选拔活动中，近 3 万多人参与投票，宣传网帖访问量达 15 万次。清理拖移“僵尸车” 134 辆，经告知后由车主自行驶离 260 余辆；查获改装车 67 辆，发放宣传资料 2800 余份。不断完善城市交通安全设施，规划复线停车泊位 1157 个、禁停网格 160 个，增设禁停网格 20 个，排查交通标志标线 403 处，排查交通信号灯控制路口 238 个、交通监控设备 553 套。新增 4 个快速理赔受理点，将轻微交通事故快速处理工作延伸至几个重点乡镇，全年处理轻微交通事故 8004 起。

【禁毒工作】 破获毒品犯罪案件 66 起，其中部级毒品目标案 2 起、省级毒品目标案件 2 起，公诉涉毒犯罪嫌疑人 57 名，行政处罚吸毒人员 737 人次，同比上升 22.2%，缴获各类毒品折合海洛因 13 公斤。新发现吸毒人员 121 名，强制戒毒 125 人。充分发挥全市 33 个禁毒委成员单位、100 余名禁毒义警、1000 余名禁毒志愿者的作用，借助社会力量破解帮教管控难题，为吸毒人员推荐就业 33 人次，解决低保 1 人，申请临时救助 14 人，调解吸毒人员家庭矛盾 23 起，在册吸毒人员管控率达到 99%，社区戒毒(康复)执行率达到 100%。抓好易制毒行业协会建设，组织专题培训 5 场次，会同行业协会组织开展安全检查 128 家次，未发生制毒物品非法流失案事件。持续做好禁毒宣传教育工作，公安机关共走访企业 184 家、吸毒人员家庭 144 户、学校 39 所，开展禁毒宣传咨询活动 50 余场次，累计发放禁毒宣传资料 2 万余份，各级新闻媒体先后刊(播)发禁毒工作新闻报道 30 余条。

【城市巡逻防控】 在全市范围开展网格化巡防和所队双向处警，确保对“盗、抢”及其他重特大警情 3 分钟内到场先期处置。突出高发案重点时段、区域的针对性巡逻，以及凌晨时段网吧留宿人员盘查检查力度，挤压违法犯罪分子活动空间。制订出台《常熟巡特警基本勤务及行为纪律指引》，对勤务纪律、巡逻盘查、卡口盘查、接处警等内容进行严格规范；充分发挥勤务指挥室研判指挥职能，通过全天候数据研判反查勤务质态，实现巡防勤务、数据质量、队伍形象全流程监控。深化技防建设，城乡公安联网实战监控密度分别提升至每平方公里 67 个、23 个，深入推进社会面治安监控体系升级改造工程，城区 1200 个、农村 8000 个监控高清化改造任务完成过半，105 个规模小区监控全部接入，200 个单位场所接入 2 万余个视频监控工作正在推进。加大技防产品推广力度，在 100 个小区推广安装智能电控防盗门 3700 余档、“智慧看家”6000 余套、“千里眼”电动车防盗系统 5000 余套。

【出入境管理】 全年共办理临时来常境外人员 33362 人次，与去年同期相比增加 5.94%。其中外国人 26150 人次，台湾居民 6031 人次，港澳居民 1116 人次，华侨 65 人次。常住境外人员 4819 人，同比上升约 12.10%，其中，外国人 2569 人，台湾居民 2250 人。办理境外人员各类签证(注)2362 件次，同比减少 19.59%。其中外国人办理各类签证 2090 件次，台湾居民办理各类签注、证件 249 件次，出入境通行证 23 件次。此外，出入境大队签发船员过境签证 358 件次，同比上升 20.54%。共查处涉外案(事)件 39 起，同比上升 44.44%。其中，境外人员非法居留案件 11 起(外国人 10 起，台湾居民 1 起)，同比下降 42.11%；非法入境案件 12 起，同比上升 5 倍；非法就业案件 1 起；违反临住登记管理案件 9 起，行政案件和刑事案件各 3 起。全年共受理出国境申请 57706 人次，同比基本持平；其中出国 33470 人次、往来港澳 16132 人次、往来台湾 7155 人次、出入境通行证 23 人。受理网上申请 1020 件次，报备不准出境人员 2140 人，撤销报备 443 人，新增报备国家工作人员 1160 人，更改报备信息 9 人，撤销 399 人。全市 32 个派出所分理点共受理出国境申请 9118 人次，占全市出国境总受理量 15.80%。提供预约、延时服务 60 余次，为 200 多人开通绿色通道。举办 6 期旅馆业境外人员临时住宿登记专项培训，全市近 70 家宾馆酒店、200 多名宾馆从业人员参加培训。

【大型活动安保工作】 做好重要活动和敏感节点安全保卫工作，圆满完成春节香汛、农历“三月三”香汛活动、全国“两会”、G20 峰会、十八届六中全会、省第十三次党代会、普通高校招生考试、“和爱琴川 让爱飞扬”大型公益群星演唱会、2016STC 大铁联赛之常熟尚湖铁人三项赛、2016 年尚湖中秋大型音乐烟火表演晚会、第十届国际湿地大会、

卡口盘查

“常熟农商银行杯”2016 第六届常熟尚湖国际半程马拉松赛、2016 中国足协室内五人制足球国际邀请赛等各类重大事件、活动安全保卫任务 52 项。

【信息化建设】 推进公安警务大数据中心建设，完成虚拟云硬件建设以及公安智搜系统等系统平台建设。整合内外部数据，累计收集公安和社会数据 155 类共 6.3 亿条。完成 350M 数字通信建设一期工程建设，在城区派出所、巡防、城区交巡警等单位开通 350M 数字通信应用。研究制订《2017－2019 年“平安常熟”信息化三年规划方案》，经市委市政府批准，2017 年启动建设。

【群防群治】 持续加强治安志愿者队伍建设，组建教师交通安全宣讲队、技防巡检队、家长护学队、企业内部安防队等专业群防群治队伍，协助开展社会面治安防控工作，吸纳 48 家企事业单位为会员单位，面向社会招募 1.4 万余名义警队员，协助公安开展防范宣传、矛盾化解和便民服务等工作，至今累计组织开展活动 8600 余次，为平安建设义务奉献 35.4 万小时。11 月 2 日，由市义警总会承办的常熟农商银行之夜——第二届义警文化节暨常熟市义警总会成立两周年文艺晚会举行。采取参与治安志愿活动时间兑换新市民积分的方式，全年有 7155 名新市民通过积分实现入医及子女入学。

【单位内部保卫管理】 持续规范单位源头信息采集管理，加强平台数据质量监控纠错，全市在册登记内部单位 66323 家，其中省级 1 家、市级 50 家、县（区）级 366 家、社区关注单位 1935 家、一般单位 15031 家、个体工商户 50682 家，同比减少 11551 家。检查企事业单位 4750 家次，等级以上实有单位检查率达到 100%，检查出隐患单位 73 家、隐患数 306 个，当场整改 34 家，限期整改并处警告 27 家。推进单位安防建设，检查水电油气、金融、学校、医院等重点单位、重要目标 1200 余家，整改各类安全隐患 50 多处，对全市校园安全工作包括人防、物防、技防设施进行督导检查 126 次，发现并督促整改校园安全隐患 32 处。加强与银行的协作配合，共同构筑电信诈骗防线，通过银行成功阻止 261 起电信诈骗案件，避免群众经济损失 321 余万元。加强管辖刑事案件侦办工作，配合市安监局参与重大安全生产事故调查 41 起，立案侦查 7 起，移送起诉案件 2 起；健全单位案件倒查问责机制，全年单位内部发案 867 起，下发可防性刑事倒查指令单 22 份，倒查案件 28 起。做好学业水平测试、高考、中考、会计专业技术初级资格考试、自学考试等 8 次考试安保工作。

【行政服务】 全年公安窗口共办理事项 128608 件，其中治安 33645 件，交警 117957 件、出入境 61022 件、人口管理 21163 件、禁毒 10311 件、消防 857 件，同比上升 7.83%，全年办件过程零差错、零有效投诉。优化入驻服务中心办事流程 18 项，精简材料 31 项，缩短办理时间 4 项。梳理编制完成公安行政许可信息公示目录，整理公示行政许可事项 1941 条。在 5 月 1 日全国全面推开“营改增”试点后，采取精简发票章更换手续和申请材料、优化内部管理工作机制、科学调配有效资源等方式，保证“营改增”平稳过渡。做强官方微博、微信，推动微警务功能上线，全年共发布博文 3160 条，阅读量超 710 万余次；市公安局官方微信关注量突破 20 万人，共发送消息 2.1 万次，推送图文消息 206 条，图文阅读量 180 万余次，分享 4.3 万次；拍摄微视频 5 部，视频点击率超过 1000 万次；推广“江苏公安微警务”，推广“苏州公安微警务”近 60 万人次。

【苏州市公安机关社会治安防控体系建设推进会在常熟召开】 6 月 28 日至 29 日，苏州市公安机关社会治安防控体系建设推进会在常熟召开。市公安局通过播放视频的形式，对常熟公安社会治安防控体系建设应用成果和信息化平台进行了综合展示。局党委书记、局长吴军作了经验交流。与会人员参观了市公安局指挥中心、巡特警大队和琴湖、兴福派出所。苏州市副市长、公安局局长李京生出席会议，对近年来苏州大市推进立体化社会治安防控体系过程中取得的成绩和常熟市公安局的经验做法给予充分肯定，对全市公安机关要进一步坚持问题导向，织严织密以“八张网”为核心的社会治安防控体系，提出具体要求。省公安厅党委委员、副厅长吴跃章出席会议，充分肯定苏州市公安局和常熟市公安局近年来社会治安防控体系建设所取得的成绩，并对全市公安机关社会治安防控体系建设提出了“五个更”的具体工作要求。省公安厅党委委员、苏州市政协副主席、公安局党委书记张跃进作了大会小结。苏州市公安局党委副书记、副局长、市委 610 办公室主任陈斌华主持会议。常熟市委副书记、代市长周勤第出席会议并致词。省公安厅办公室、政治部、指挥中心、治安总队、通信保障处有关领导，苏州市公安局党委班子成员、调研员出席会议。苏州各市（区）局和分局局长、政委，机关各部门、支队、警校、市委 610 办、市维稳办主要负责人和派出所所长代表共 150 余人参加会议。

【完成 G20 峰会安保任务】 G20 峰会安保期间，市公安局严密落实社会面治安防控，启动战时巡防勤务等级，投放路面巡防警力超过总警力的 35%，特别是 9 月 5 和 6 日会议召开期间，抽调市局机关 397 名 50 周岁以下民警，全部充实到路面。实行战时盘查检查加强等级，日均盘查人数超 6000 人次，加强对夜间凌晨时段网吧留宿人员的盘查，有效消除管控盲点。强化卡口查控，延长环市治安卡口警力值守时间，落实重点时段全员上岗，加强对进城出城车辆特别是入浙车辆的查控，做到逐车逐人检查。严格落实公共安全监管责任，加强对党政机关、人员密集场所和水电油气等重点部位的巡逻检查力度；加强对客运站的警力值守和源头安检，每天固定安排特警警力开展全天候驻点武装值守，部署属地派出所对车辆和司乘人员逐车逐人逐物品查验；通过明察暗访相结合的方式，加强对物流寄递行业的监管，督促快递物流企业严格执行“三个 100%”制度，安保期间检查物流企业、物流快递网点 640 家次。加强对涉危涉爆单位的检查，确保全市 49 家剧毒化学品单位、1 家烟花爆竹仓储单位、35 家放射源单位、270 家易制爆危险化学品单位和29家危化品运输企业全部在管在控，共排摸各类问题隐患200条，督促整改169条，31条责令责任企业限期整改。开展消防安全隐患专项整治，累计检查隐患场所12571家，完成整改9050家，对69家“三合一”场所实施临时查封。开展2次“低慢小”飞行器、航空器检查，全市1家“低慢小”目标俱乐部、2家销售企业、3家使用单位、14名技能人员、11架飞行器全部被管控。快破现行命案2起、打掉涉黑涉恶团伙6个、抓获各类违法犯罪人员255人。查处涉黄涉赌案件58起，捣毁卖淫嫖娼和赌博窝点4个，破获环食药案件5起，侦破省公安厅毒品目标案件1起，缴获冰毒600余克。

【推进黄标车专项治理】 淘汰黄标车903辆，完成省级任务。专门成立异地淘汰小组25个，民警足迹遍布江苏、安徽、山东、福建等省市，报废、淘汰异地黄标车43辆。

【完善110社会联动机制】 健全“政府牵头、公安主导、部门参与、多部门联动”的长效工作机制，进一步明确各联动单位职责，使应急联动更紧密、更快捷，强化了警情的科学合理分流，减轻了基层接处警工作负担。继续优化流转平台建设。市公安局指挥中心接处警系统直接将非警务警情推送至市政府城市综合管理服务平台，再由市政府下发各职能部门限时予以解决并反馈处置情况，使分流工作流程进一步规范，分流处置效率进一步提高。实现对移车求助、劳资纠纷、消费纠纷等13大类共127个子项非警务类警情的横向分流处置，日均分流达到1127起，有效缓解基层处警压力。 （王　珏）

检　察

【概况】 2016年，常熟市检察院深化各项检察改革，加强诉讼监督，提升检察队伍素能，服务发展更加精准，法律监督更加规范，队伍凝聚力和战斗力进一步增强。被评为全国青少年维权岗、全国检察宣传先进单位、江苏省文明单位、苏州先进基层检察院、常熟市政法工作先进集体、常熟市级机关基层党建工作示范点、常熟市级机关绩效考核优胜单位。

推进平安常熟建设 依法受理提请审查逮捕各类刑事案件1210件1609人，批准或决定逮捕819件1065人；受理审查起诉各类刑事案件2130件2637人，提起公诉1983件2436人。适时介入引导侦查故意杀人、故意伤害、抢劫、绑架等严重影响群众安全感的刑事犯罪35件41人。严厉打击电信诈骗、集资诈骗、污染环境等危害民生民利的刑事犯罪20件27人。办理未成年人犯罪案件53件69人，封存犯罪记录37人，跟踪帮教53人，进一步加强未成年人司法保护。

防控化解各类风险和矛盾 依法妥善处理各类信访198件，深化律师参与化解和代理涉法涉诉信访案件机制。完善检调对接制度，促成当事人达成刑事和解34例，调解履行金额380余万元。落实检察环节国家司法救助，救助符合条件的当事人13人，发放救助金5.8万元。结合办案开展研判分析，提出有关乡镇公立学校管理、物流行业管理等风险研判报告5份，助力党委政府决策。

强化刑事诉讼监督 建立“指导型”侦查监督模式，突出提前介入、主证复核和捕诉衔接，确保刑事案件质量。深化检察环节错案发现、纠正和防范机制，依法对侦查活动中的违法情形提出纠正意见8件次，督促侦查机关立案1件，追加起诉3人；依法对审判活动中的违法情形提出纠正意见2件次，提出抗诉1件，发出再审检察建议5件。成功办理苏州首例刑事申诉抗诉案件。

强化刑事执行监督 依法对有关违法情形提出纠正意见1件次，书面检察建议3份。开展社区服刑人员脱漏管专项检察，对严重违反监管规定或监外执行条件消失的，督促收监执行2人。贯彻宽严相济刑事政策，对逮捕后羁押条件发生变化的，建议变更强制措施57人。深化审前未羁押判处实刑罪犯交付执行检察，监督交付执行12人，1件案件被评为全省检察机关刑罚交付执行监督精品案件。

强化民事行政检察监督 依法对当事人虚构法律关系、骗取法院裁判文书、逃避债务等民事虚假诉讼进行专项监督，移送犯罪线索2件，7人被立案追究刑事责任。对当事人伪造证据，逃避判决裁定执行的，发出执行监督建议。监督纠正行政机关违法行使职权或不行使职权案件10件，督促行政执法部门依法履职。通过联席会议、对口指导、案例解析等形式，提高乡镇综合执法人员规范执法水平。

查办各类职务犯罪 全年共受理群众举报线索20件，立案查办职务犯罪案件16件17人，通过办案为国家、集体追回赃款和挽回经济损失4400余万元。按照中央“反腐力度不减、尺度不松、节奏不变”的要求，将反腐重点向基层延伸，先后查办乡镇中小学校、市职业教育中心校等教育系统职务犯罪案件11件。严肃查处拉拢腐蚀国家工作人员、长期“围猎”干部的行贿犯罪2件2人。立案查处国家机关工作人员渎职犯罪2件。

加强职务犯罪预防 举办“春来茶馆”特别节目、举报知识有奖答题等系列活动5次，不断加大预防职务犯罪宣传力度。举办预防教育讲座19场，组织参观警示教育基地11次，全市6000余名党员干部接受教育。开展政府重大工程项目同步预防，保障投资安全。受理行贿犯罪档案查询9358批次，促进社会诚信体系建设。结合办案深入开展预防咨询、犯罪分析、预防调查，提出各类报告4份、检察建议5份，推动有关部门出台制度规范5项。

提升侦防法治化水平 搭建侦查信息平台，建立侦查数据库，初步形成精细化初查、专业化审讯、规范化取证、信息化依托、集约化办案的新型侦查模式。加强司法办案规范，所办理的每一起职务犯罪案件均提请人民监督员监督评议。深化侦防一体化建设，完善预防工作同步介入职务犯罪侦查机制，依托侦查职能拓展预防功效，依托预防职能促进侦查工作。

【服务供给侧结构性改革】 出台《服务和保障我市供给侧结构性改革的

若干意见》,发挥检察职能,助力经济稳健运行。打击合同诈骗等破坏市场秩序犯罪17件18人。搭建理论支撑平台、检企互通平台和保护联盟平台,开展保护知识产权"护智行动",打击侵犯知识产权和制售假冒伪劣商品犯罪20件29人,经验做法被《检察日报》头版报道。

【实施司法责任制】 坚持以"好中选优""确保一线办案"为原则,遴选出44名政治素质高、业务素质强、司法作风硬的员额检察官。实行检察人员分类管理,厘清检察官、检察辅助人员和司法行政人员职责权限。完善专业化办案组织,在职务犯罪侦查、侦查监督、公诉、刑事执行、未检、民行等部门设立18个检察官办案组织,提升规范化管理、专业化办案水平。

【开展公益诉讼试点】 开展破坏环境资源犯罪专项检察,收集、审查公益诉讼线索7件,依法支持中华环保联合会向人民法院提起公益诉讼1件。加强与环境资源监管部门工作衔接,完善适时提前介入、信息定期共享、结果相互通报等衔接机制,及时提出恢复受损生态环境等检察建议。成立破坏环境资源犯罪专业化办案组,强化案件快速办理,及时公布典型案例,提升公众环保意识。

【深化检务公开】 全面实施案件信息公开制度,对社会发布案件程序性信息2572条,公开生效法律文书1621份。探索实行案件公开审查,对拟不起诉案件,邀请人民监督员、社会评议员和群众代表进行公开评议。加强检察公共关系建设,举办"检察开放日"活动,定期向社会各界通报检察工作,邀请代表、委员视察和评议检察工作4次。加强门户网站、"两微一端"等新媒体建设,完善新闻发言人制度。

【建立"立履督学评创"机制】 开展"两学一做"学习教育,建立"立承诺、履职责、学先进、督日常、评等级、创示范"机制,通过党员先锋岗评选、微党课竞赛、"微信党支部"研讨等活动,推动学习教育深入开展。

【启动"检爱护蕾"保护女童项目】 在市妇联支持下,通过现场授课、场景互动、观看视频、发放资料等形式,深入乡镇、基层单位开展专项教育12场,帮助女童提高自我保护意识和自护技能,500余名女童在此项目中获益。

(姚伟波)

法　院

【概况】 2016年,常熟市人民法院共受理各类案件28748件(其中新收25189件,旧存3559件),审执结25195件,同比分别上升1.38%和1.60%。

刑事审判 全年共审结刑事案件1999件,判处罪犯2448人,对1621名被告人依法判处拘役、单处罚金、缓刑和免刑。严厉打击抢劫、强奸、绑架、诈骗、盗窃等侵犯公民人身权、财产权犯罪,结案988件。审结毒品犯罪案件47件47人。审结贪污贿赂、渎职案件19件22人。开展"公职人员旁听职务犯罪案件"活动,全市各部门共有1000余名公职人员走进法院接受廉洁警示教育。少年庭坚持庭前调查、庭审教育、判后释法,实现连续8年刑事案件无改发、连续4年刑事案件零上诉。

民商事审判 共审结民商事案件14313件。其中审结普通民事案件10910件,妥善化解民间借贷、建设工程合同、医疗损害赔偿纠纷、劳动争议等各类案件2749件,发出人身安全保护令9份。少年庭审结涉少民事案件147件,进行校园普法31场次。审结商事案件3403件。依法清理处置"僵尸企业",审结破产案件28件。被确定为全省首批法院管理人选任和管理机制改革试点单位。

知识产权审判 强化知识产权司法保护,结案263件。审结著作权纠纷122件。依法认定名校副教授侵害常熟作家著作权成立,判决侵权人承担赔偿责任。审结不正当竞争案件9件、商标侵权案件94件。发布知识产权年报,走访创新型企业,提出品牌培育、保护和发展的法律建议。

行政审判 审结行政及非诉审查案件71件。建立案件开庭抄告制度,推动行政机关负责人出庭应诉制度的落实,行政机关负责人出庭应诉率100%。通过发布行政审判白皮书、联席会议等方式通报涉诉情况和行政执法中存在的问题。

执行工作 执行结案8546件,审结执行异议案件60件。司法拍卖全年成交率80.76%,成交金额7.82亿元。执结涉民生案件3873件4217.60万元,涉金融案件1051件4.07亿元。司法拘留202人次,实施边控63人次。开展打击"拒执罪"专项行动,移送公安机关5件7人。联合实施信用惩戒,将失信人信息定期推送至信用征信平台,325名被执行人慑于惩戒的威力自动履行义务。江苏高院2次全省通报表扬

4月28日,常熟市人民法院集中宣判五起醉驾案

法院执行指挥中心的快速反应和良好效果。

立案信访 全面落实立案登记制，推进诉讼服务大厅、诉讼服务网、12368诉讼服务热线“三位一体”建设，网上立案1124件。诉讼服务中心共向当事人提供案件查询（含电话查询）309件次、诉讼指导196件次、法律咨询333件次、接转材料287件次，办理公告案件2190件。12368诉讼服务热线接听案件查询、法律咨询等737人次。公益律师值班窗口接受法律咨询、代写诉状等5000余人次。

审判辅助 司法鉴定共办结1365件，完成法医咨询467件。出动警力2542人次，安全提押人犯1731人次，值庭1268人次，圆满完成上级法院和本院多起重大警务保障任务。深入开展巡回审判、送法下乡等活动，各人民法庭为辖区相关组织开设专题讲座15次。信息被上级法院录用32篇次、市委录用14篇次。加强和改进“三微一体”建设，发布原创微博293条、微信325篇，开展微博直播活动4次。在各类媒体发表新闻宣传稿件1132篇次，在电视媒体推出法制类节目205期。做好卷宗督促归档及扫描工作，机要保密工作正常运转。规范车辆管理和枪支弹药管理制度，全年安全行车103万公里无事故。完成智能管理中心平台、视频会商系统、企业破产重整信息平台建设。

【开展员额制改革】 完成首批员额法官选任。法官人均结案270.90件，同比上升13.61%，与法官员额制相适应的司法责任制体系逐步建立。配强辅助人员，细化辅助人员工作职责和考核要求，并通过增加聘用制书记员待遇，稳定书记员队伍。

【开展审判权运行机制改革试点】 全年院庭长收结案分别占全院总数的34.04%和33.73%。探索被告人认罪、认罚从宽处理机制，所结案件无抗诉、无改发、无申诉。虞山法庭开展审判权运行机制改革试点工作，组建以主审法官为主的三个审判团队，审判方式不断优化，法官助理得到迅速成长。

【深化司法公开】 对虚假陈述、伪造证据等妨害诉讼的当事人依法作出处罚。严厉打击当事人虚假诉讼，对构成犯罪的依法追究刑事责任。充分发挥司法裁判对社会价值的引领作用，向社会公布“醉驾”“涉毒”“破坏环境资源”方面的典型案例15起。全年互联网发布裁判文书17308篇，直播庭审256件。与网易新闻联合，“抓老赖”集中行动全程在互联网直播，并邀请市人大代表和市政协委员做客直播室，得到最高法院、江苏高院领导的批示肯定。

【加强审判管理工作】 将信息化技术最新成果广泛运用于审判管理工作，对审判执行工作每个环节进行全程全面监督和常态化检查，推动审判管理工作规范化、精细化、信息化。每月召开院务会，加强审判运行态势分析。进一步健全机制，将长期未结案件清理工作作为重要抓手，坚持每月发布审判管理综合通报，准确把握审判工作动向，长期未结案件清理工作经验被江苏高院、苏州中院转发推广。对“庭审三同步”、发改案件、网上办案等进行多次专项检查。

（吴　欢）

司法行政

【概况】 2016年，全市各类人民调解委员会共组织纠纷排查13109次，调处纠纷14219件，调处成功14217件，调处成功率为99.98%；共劝阻群体性上访68起614人次，防止矛盾纠纷激化26起。全市13家律师事务所共办理案件7360件，结案4805件，受聘担任法律顾问单位1167家，通过诉讼和非诉讼方式为当事人追回欠款9.5亿元，避免经济损失8.7亿元；全市11家法律服务所共办理案件966件，结案782件，受聘担任法律顾问单位222家，为当事人追回欠款3273万元，避免经济损失4085万元；常熟市公证处办理各类公证14920件。常熟市法律援助中心受理指派各类案件1016件，接受来电来访咨询7810起。年末在册社区服刑人员391人，在册刑满释放人员1815人。

【一项法律服务公开招标】 1月8日，常熟市司法局通过政府购买服务的方式对交通事故综合调解处理服务中心法律援助工作站进行公开招标，全市9家符合条件的律师事务所参与竞争性磋商和竞标，局纪检组参与招投标和评标过程。江苏华元民信律师事务中标，提供法律咨询和法律援助等服务。

【培育首个“两类人员”帮扶社会组织】 1月14日，“常熟市拉波尼阳光之家”在民政局完成登记注册，标志着常熟首个专门从事“两类人员”帮扶工作的社会组织正式成立。市司法局按照《民办非企业单位登记管理暂行条例》规定，精心培育、指导“常熟市拉波尼阳光之家”制订社会组织章程，建立劳动用工、资金管理使用制度，为社区服刑人员、安置帮教人员提供职业技能辅导、过渡性安置生活，引导正常就学就业、参与社会志愿服务等。

【出台社区矫正部门对接联动办法】 市司法局联合公安、法院、检察院三部门，共同制订《关于进一步加强社区矫正部门对接联动工作的实施意见》。明确公检法司四部门的职责分工，对社区矫正工作内容进行了合理分配。将“三无”“四涉”、暴力犯罪、有较大重新犯罪倾向、患有精神病、艾滋病等社区服刑人员纳入重点人员监管范围，24小时随机查控，及时通报可疑信息。四部门积极配合、整体联动、快速处置，将事态影响控制在最小范围。

【《说法·释法》普法栏目开播】 3月5日，常熟电视台《春来茶馆》节目开播普法栏目《说法·释法》。该栏目以百姓身边的法律故事为主要内容，采取以案说法的形式，用常熟本地方言诠释故事中的法律知识，教育引导广大市民遵纪守法，增强自身的法治素养。《说法·释法》栏目在每周六晚黄金时段播出，周日中午重播，并在“常熟司法行政在线”微信公众号中推送。

【江苏省司法厅调研常熟社会组织参与安置帮教工作】 3月11日，江苏省司法厅特殊人群管理办公室副主任陆士森到常熟安置帮教管理服务中心调研社会组织参与安置帮教工作，在听取了“常熟市拉波尼阳光之家”培育发展状况以及安置帮教工作协会建设、专业型社会组织培育发展等情况汇报后，对常熟探索培育社会组织参与安置帮教工作给予肯定，要求常熟大胆尝试、精准操作、及时总结，打造全省社会组织参与安置帮教工作模板。

【举办第二届法治微电影大赛】 4月5日，市司法局联合市新市民事务中心和市广播电视总台举办“中国移动”杯第二届常熟法治微电影、微视频大赛。参赛作品围绕公正司法、法律服务、法律援助、公正文明执法等与百姓生活密切相关的内容，突出宣传常熟法治建设、法治宣传教育成果，反映全市依法办事、普法宣传、法律服务等内容，通过以案释法，教育引导广大市民遵守法律法规，提高全市公民法律素质。

【创新维权机制促进高校法援常态化】 4月6日，市司法局法律援助中心与常熟理工学院建立大学生维权互动机制。依托常熟理工学院学生会，组建常熟市法律援助志愿者团队，利用志愿者社会实践活动广泛宣传法律援助和大学生维权知识。市法律援助中心还将为符合法律援助条件的常熟理工学院家庭困难学生开通法律援助绿色通道，接受法律援助申请。

【做客新闻发布厅解读法律顾问进村居】 5月5日，市司法局做客常熟政务信息发布平台——新闻发布厅，解读4月1日市政府办公室下发的《关于深入推进村(社区)法律顾问工作的实施意见》。围绕法律顾问的聘用与管理模式、工作机制、保障机制、“4＋X”法律服务清单、阶段性实施步骤等内容，对法律顾问进驻村(社区)提供基础性法律服务，构建覆盖城乡的公共法律服务体系作了详细的阐述。

【实施案件旁听制度提升法律援助质量】 5月11日，市司法局出台《常熟市法律援助案件旁听制度》，明确组织相关人员对公开开庭审理的法律援助案件的庭审过程进行旁听，由旁听人员对承办人的表现、运用法律、服务态度等情况进行综合评价，对承办人的办案质量进行监督，以进一步加强对法律援助案件的质量管理，维护受援人合法权益。

【司法部到常调研特殊人群救助管理工作】 5月20日，司法部基层工作指导司副司长王学泽到常熟调研特殊人群救助管理工作，考察了常熟拉波尼阳光安置基地、常熟市安置帮教管理服务中心，听取了常熟市关于刑满释放人员救助管理工作的情况汇报。王学泽肯定常熟市刑满释放人员救助管理工作抓得实、理念新、成效明显，肯定“社会组织直接管理安置基地”的模式。

【开展“聚焦平安家庭·共筑法治常熟”主题活动】 5月24日，市司法局联合市社会治安综合治理委员会办公室、市妇女联合会启动“聚焦平安家庭·共筑法治常熟”平安家庭创建活动。通过开展“法治常熟·家庭先行”法律大讲堂走基层等六项主题活动，把“平安家庭”创建工作做实、做细、做优。

【延伸帮教传递亲情关怀】 6月1日，市司法局帮教团一行14人先后前往江宁监狱、南京女子监狱开展延伸帮教活动，对53名常熟籍在监服刑人员进行帮教慰问。活动以“亲人的祈盼”为主题，向服刑人员传达亲人的思念和寄语，让他们感受亲人们生活的艰辛和对他们的牵挂，唤醒内心深处的良知。

【“法治护航”巡讲进新市民子弟学校】 6月7日，市司法局联合市教育局在市阳光学校启动“法治护航”新市民子弟学校法治巡讲活动。巡讲采用政府购买服务的方式，委托社会组织市春风社会事务所到全市11所新市民子弟学校，通过法治讲座巡讲、法治展板巡展、宣传资料发放、开展问卷调查等形式，征询青少年学法需求，普及法律常识，增强青少年自我保护、防范不法侵害的能力，以法治护航新市民学生健康成长。

【开展“法律援助进社区”大学生志愿服务活动】 7月4日，市法律援助中心和常熟理工学院团委联合启动2016年“法律援助进社区”大学生暑期志愿服务活动。大学生法律援助志愿服务队到全市城乡开展法律援助需求问卷调查、发放宣传手册、普及法律援助常识等志愿服务。

【成立黄丝带帮教基地服务“两类人员”】 7月26日，市司法局和民盟常熟市委合作共建“黄丝带帮教基地”揭牌。市司法局依托“黄丝带帮教基地”定期组织社区服刑人员和安置帮教人员参与花边刺绣、义工志愿服务、传统文化讲座、家庭帮困等活动，解决他们在心理矫治、教育学习、社区服务、就业安置等方面的困难，帮助他们顺利回归和融入社会。

【配备社区矫正执法电动车】 8月5日，市司法局举行执法专用电动车发放仪式。20辆印有“中国司法”和“常熟社区矫正”标志的执法专用电动车交付给全市各司法所社区矫正执法者。同时，制订下发《常熟市社区矫正执法电动车使用管理规定》，对执法电动车的使用和日常维护等做出明确规定。

法律援助进社区

【劳动法下基层系列巡讲】 9月13日，市司法局与市人力资源和社会保障局启动“下基层、走企业、送法律、促和谐”劳动法系列巡讲活动。江苏华元民信律师事务所组织人员到全市各乡镇进行巡讲，发放劳动法相关宣传材料、开展劳动法宣传咨询互动活动等。

【启动“七五”普法】 11月7日，常熟市“六五”普法总结暨“七五”普法动员大会召开，市委常委、政法委书记、公安局局长吴军回顾总结“六五”普法工作，部署“七五”普法目标任务。市委书记王飚要求加强对法治宣传教育工作的组织领导，切实抓好“七五”普法工作。

【举办甲骨文学会法治书法作品展】 11月25日，由市法治宣传教育领导小组办公室和市司法局主办，市甲骨文学会承办的“契文传法”——甲骨文学会法治书法作品展落下帷幕。此次展览展出39位书法家和甲骨文爱好者的60幅作品，1000多人次参观。

【发放人民调解应急指挥箱】 12月21日，市司法局投入20万元为各乡镇司法所配备的人民调解应急指挥箱发放到位。人民调解应急指挥箱内置便携式手机、电脑、打印机各一台，可随身携带。在基层调解工作中，该设备可方便快捷地形成案卷资料，及时上传，实现与人民调解系统的互联互通。

（汤　妍　沈泽威）

人民武装

【概况】 2016年，市人武部认真抓好军事训练、战备考核、日常管理、廉政建设，各项工作取得显著成绩，被评为苏州市双拥工作先进单位，被省军区评为安全（密码）管理工作先进单位。常熟市第四次获“全国双拥模范城”荣誉称号。

【日常战备常态化】 修订完善作战方案和配套计划，修订《常熟市人武部营院应急处置突发事件预案》；规范营门营区管理；组织干部职工进行应急训练。进一步严格涉军敏感情报信息零报告制度。规范作战值班和基层战备值班制度，实施考核持证上岗制度，加强以战备器材库为主要内容的战备值班分队建设，确保省军区、军分区每次视频抽点合格。

【完成敏感时期战备值班任务】 完成“五一”“十一”“G20峰会”的警戒执勤任务。组织民兵紧急出动和集中备勤演练，考核检验民兵应急执勤能力。

【严格首长机关军事训练】 首长机关训练以江苏省军区“练将练官”考核为契机，结合“三实”科目考核，组织机关干部进行军事理论、战术战标图、识图用图、军用文书、战术作业等科目的军事训练，增强机关干部的业务能力。

【加强民兵队伍训练】 民兵队伍训练分民兵骨干队伍和民兵专业队伍训练，重点围绕反恐维稳、抗洪抢险、森林防火、防化救援等应急项目进行强化训练，营造“比、学、赶、帮、超”的浓厚训练氛围。

【民兵整组】 1月27日，市人武部召开民兵整组任务部署会，提出思想上要高度重视、建设上要严格标准、行动上要务实推进，提高工作起点，夯实规范化建设基础。5月上旬，市人武部对各单位民兵整组情况进行检查，对发现的问题提出整改方案，以后又检查整改情况，细致的工作得到苏州军分区肯定。

【开展国防潜力调查】 围绕国防任务要求、国防潜力底数和国防现实情况，开展“三个搞清”工作，先后4次召开国防潜力调查动员部署会议。会同市民政局、人社局、科技局、经信委，汇总全市10年以内35岁以下的退役士兵、35岁以下地方与军事专业对口人员名单，以及规模以上非公有制企业和高新技术企业名录。逐个详细核实，掌握第一手资料。

【科学合理拟订组织方案】 在全市国防潜力调查工作完成后，按照民兵与驻军军种、预备役部队相对接的要求，依据平时与战备任务要求和重要目标分布等诸要素，初步筹划编组方案，又经反复讨论研究、征求意见，确保方案编制科学合理。4月底，方案正式出台。

【完成征兵工作】 围绕提高新兵质量的核心，狠抓“基层准备、体格检查、政治考核、审批定兵”四个环节，完成征兵任务。新兵中大学生占63.4%，双合格大学生入伍率为98%，高中以上文化程度达到99.7%。

【杜绝安全隐患】 坚持以“百日安全竞赛”和整治排除隐患等活动为主线，以“人车枪弹密、水火电钱航、酒油黄赌毒，涉外涉地方”为重点，坚持常抓、常议、常检查，防微杜渐，警钟长鸣，全年未发生任何事故。

【落实车辆管理制度】 抓好车辆管理，严格执行车辆管理规定、“两证一匙”齐全制度、车辆派遣由值班首长审批等制度。抓好管车、开车、带车人管理，每周五坚持对车辆实施维护保养。

4月15日，沙家浜国防教育展览馆落成暨沙家浜阿庆嫂女子民兵连成立

【严格涉密载体管理】 全部涉密载体入柜保管,专人负责、集中保管;严格执行保密工作"十条禁令"。与每一位干部职工签订家庭上国际互联网责任书,做到"上网不涉密,涉密不上网"。定期对涉密载体进行检查,确保涉密载体始终在有效管理之下,随时接受上级对保密工作的检查,做到万无一失。

【推进双拥共建工作】 定期出版《双拥工作简报》,宣传报道常熟连续多年开展的"兵妈妈与兵儿子结对认亲"这一社会化拥军活动。中央电视台《新闻联播》和军事频道分别在4月24日和4月29日对常熟拥军"五个首创"经验做法进行宣传报道。开展支持苏北革命老区的"双百双建"活动,3月13日,市人武部会同市委农村工作办公室牵头制订了《开展支持淮安市淮阴区老张集乡郑湾村帮扶活动方案》报市政府审批。《决策参考》杂志对常熟支持苏北革命老区的务实做法作了报道。11月18日,协调资金30万元建设的"常熟路"建成通车,改善了当地的交通条件。

【促进军民融合式发展】 按照《中共常熟市委2016年工作要点》提出的推进军民融合式发展的要求,梳理出16家具有军民融合发展潜质的企业,推广常客隆连锁超市有限责任公司、华东汽车有限公司等军民融合式企业的先进经验,扩大融合式合作范围。5月17日,国家发改委国防司副司长周平到常熟调研军民融合式产业项目建设情况,给予充分肯定。2016年,上述两家企业获得国家军民融合式产业引导资金。

(胡勇军)

8月31日,公安部消防局督察组到常熟开展G20峰会消防安保工作专项督导

消　防

【概况】 2016年,常熟市公安消防大队着力提高社会火灾防控能力,提高灭火救援实战水平,提高全民消防安全意识,提高基层基础建设水平,为全市经济社会建设和人民群众安居乐业创造了良好的消防安全环境。

【提升部队整体战斗力】 完成车辆装备建设三年规划(2014—2016),完成16辆消防车和各类常规器材装备、化工事故处置专项器材装备的采购任务。提请市政府批示同意参照机关事业单位公益性岗位人员薪酬增长标准,政府专职消防员年薪从7.88万元提高到8.48万元。完成10个政府专职消防队事业单位法人登记相关工作。在"1.25"江苏理文化工有限公司过氧化氢装置泄漏燃烧事故救援中表现突出,化工集中区中队集体以及4名官兵各被市政府记三等功一次。器材革新项目"防盗窗破拆专业撬棒",参加公安部改革创新大赛,被评为"最佳性能提升奖"。特勤五中队在苏州支队组织的防盗窗破拆竞赛中取得第一名的好成绩。海虞中队、尚湖中队在支队组织的苏州市政府专职消防队比武竞赛中取得团体第一、第二的好成绩。

【落实各级消防工作责任】 提请市政府印发《2016年常熟市消防工作意见》,与各板块签订消防工作目标责任书,推进消防工作责任落实。研究解决"三合一""十三五"消防规划、队站及车辆装备提升三年规划等重大消防安全问题。推动落实行业部门监管责任,建立联席会议制度,逐步完善行业部门信息沟通、联动执法和宣传教育机制,推进教育、民政、卫生、文物等行业系统消防安全标准化管理。广泛开展单位主体责任告知宣传,督促消防安全重点单位落实"户籍化"管理、三项报告备案制度以及"六加一"工作措施,督促社会单位落实消防安全"四个能力"建设,开展火灾隐患自查自纠,构建"安全自查、隐患自除、责任自负"工作格局。

【加强基层基础消防工作】 完善网格划分,加强网格员队伍建设,推动安全生产、消防网格融合管理,配合安监部门分4批(每批4天)对全市350多名网格员开展培训教育。提请市政府批示同意投入1116万元用于消防大数据综合业务平台项目建设,投入451万元用于消防指挥中心升级改造。依托保安公司原有消防设施联网监测系统,接入单位112家。重点针对养老院、福利院、"三合一""九小场所"等场所,推广安装独立式感烟火灾探测报警器13127只,在支塘镇华东食品城推广安装简易喷淋设施102户。在全市各村、社区建立323个微型消防站,在全市二、三级消防安全重点单位建立微型消防站699个。在服装城、方塔东街商圈以及新材料产业园、经开区两个化工集中区建成4个区域联防联勤组织。

【抓好火灾防控工作】 贯彻落实各级去冬今春火灾防控相关部署,累计检查各类单位911家,发现并督促整改火灾隐患或违法行为1800余处,实施消防行政处罚50起、临时查封21家、责令"三停"11家。提请市政府制定年度"三合一"专项整治工作方案、召开常务会议讨论通过并印发《关于进一步加强全市“三合一”隐患整治工作的指导意见》，召开三次专题会议（部署会、推进会）全力推动专项整治工作开展。截至12月20日集中排查阶段结束，累计排查出“三合一”隐患12321家。检查单位1613家，发现火灾隐患2356处，办理消防行政处罚案件63起，临时查封119起，责令“三停”7家。提请市政府以发文明确、会议强调、现场督查等形式，督促相关板块政府落实对政府挂牌督办重大火灾隐患的“属地管理”责任，重点督促“5＋1”个重大火灾隐患单位落实整改责任、措施、资金、时限、预案“五到位”要求，加快推进隐患整改工作。对全市35家易燃易爆类二级消防安全重点单位责任人及管理人开展3次集中约谈，对全市81家易燃易爆类二、三级消防安全重点单位逐一开展3次体检式检查。配合安监部门重点围绕单位相关行政许可情况、前三年事故情况、重大隐患情况三项内容，对73家危险化学品单位进行核查。修订公安派出所年度考核消防相关内容，督促派出所落实消防监督管理职能，强化公安派出所社区警务平台消防模块运用，累计检查各类单位108401家次，发现隐患单位86805家，隐患单位比例80.1%，存在隐患143902处，隐患处理率66.2%。（陈心怡）

人民防空

【概况】 2016年，全市民防工作完成并超额完成各级下达的年度工作目标，被国家人民防空办公室评为“十二五”全国人民防空先进单位，被省民防局评为县（市、区）民防工作先进单位。

公共人防工程建设 人防工程建设超额完成结建人防工程各项指标。2016年，全市开工、竣工人防工程面积分别比政府年度目标增112%和125%。完成了支塘卫生院人防工程建设；开工建设梅李小商品市场改造项目人防工程、南门坛上新建路小公园改造项目人防工程；启动建设北部医院人防工程、元和中学人防工程、九鑫园南侧绿地公园、沃尔玛东侧绿地公园人防工程；北部医院、九鑫园南侧绿地公园、沃尔玛东侧绿地公园人防工程基本完成条线报批；元和中学人防工程进入可研报批阶段。4月召开全市基层民防建设工作会议，5月召开全市人防工程质量管理工作会议，4～6月全面完成了全市221个竣工人防工程普查工作。利用乡镇（板块）基层民防组织，对全市人防工程实行属地网格化管理，落实每个人防工程的协管员，与全市竣工人防工程建设单位签定《安全使用与维护管理责任书》，与人防工程标识牌维保单位签订了《维保协议》。

5月27日，常熟市人防工程建设质量管理工作会议召开

通信指挥系统建设 做好民防机动指挥平台、战备器材库和资料库建设；与卫计委协作在第二人民医院启动常熟市核与辐射防护教育训练基地（一期）的建设，指导第三人民医院完成常熟市民防心理防护专业培训中心建设；做好全市基层民防工作人员培训工作，组织民防引偏诱爆专业队集训和心理防护专业队训练，完成局机关人员训练。指导服装城完成人防疏散演练，指导碧溪新区完成“常防－2016（Z01）”人民防空综合演习；进行警报设施设备安全检查和维护保养，全市新装电声警报器2台，调整1台。指导沙家浜镇疏散地域指挥所土建工作已基本完成，大义指挥所维修和谢桥指挥所弱电系统改造工作均已完成。

民防法治体系建设 对行政权力库“行政许可”办理事项中的内容进行调整和完善。重新标准化编制行政权力清单，共计4项行政许可、49项行政处罚、1项行政强制、1项行政征收和4项其他权力。聘请常年法律顾问，并纳入人民防空专家库第一批成员名单；对权力清单和责任清单实行动态管理，做好市政府第二批下放梅李镇的行政处罚权事项进行疏理确认，并规范事中、事后的监督管理。

民防依法行政管理 建立行政许可“双公示”制度，通过行政权力网及时对“行政许可”项目进行备案维护，共对24个新建民用建筑项目方案进行预审，并对78个项目进行人防行政许可审批；依法处理政务网咨询、12345政府便民热线、苏州“寒山闻钟”、依申请公开政府信息等咨询和投诉，处理政务网咨询2件，12345政府便民热线20件，苏州“寒山闻钟”10件，办理“‘县南街’改造项目的人防工程”依申请公开政府信息4件。

民防知识宣传教育 常熟市民防教育体验馆接待参观人员2000人次；对乡镇、社区民防宣传教育工作进行总体部署，组织阊江、锦荷、虞园社区开展人民防空演练，引导教育居民自觉维护人防设备设施；指导海虞镇建成海福新城社区综合减灾安全教育科普馆。在绿地实小民防教育馆组织“生存 · 拓展”2016常熟市青少年民防夏令营活动；6月～10月与文广新局联合举办“‘孝爱家国’民防文化篆刻展览”活动，并在城区各社区、乡镇、学校巡回展出。通过与《常熟日报》、电台、电视台和常熟零距离网站等媒体的合作，共同营造全民参与民防的氛围。与教育局共同制订《我市中小学民防知识教育工作意见》。

【碧溪新区防空防灾综合演练】 6月16日，“常防一2016(Z01)”碧溪新区防空防灾综合演练举行，演练设人员疏散、消防救援、医疗救护3个科目。

【第三届应急救护培训师资教学技能比赛举行】 9月22日，市民防局和市红十字会联合举办第三届常熟市红十字民防应急救护培训师资教学技能比赛。来自基层的13名参赛选手均获得省红十字会救护培训师资质，并具有应急救护培训授课经历。比赛第一阶段为教案编写、课件制作，第二阶段为教学授课、技能演示，包括创伤救护、心肺复苏等内容，全面展示了参赛选手的综合素质和教学水平、操作技能。

【唐市中学民防教育馆建成】 10月31日，全市中学首个民防教育馆在唐市中学建成启用，市民防局、市教育局将唐市中学定为常熟市民防教育示范学校。该民防教育馆占地100多平方米，包括民防标识、现代空袭、防空警报、防空武器、人民防空地下室、核武器、生物武器、生化武器、红色革命、紧急呼救号码、家庭应急准备、互动体验等区域。还依托沙家浜红色资源，增设了革命传统教育区。

【高一新生应急救护知识与技能演练】 11月17日，市民防局、市红十字会、市教育局在虞山高新园中专联合举办2016年度常熟市高一新生应急救护知识和技能演练比赛，全市10所学校、20支参赛组参加，比赛分理论答题、创伤救护演练、心肺复苏操作3个项目。

【民防心理防护专业培训】 11月17日，市民防心理防护专业队危机干预技能培训班在市第三人民医院举行，民防心理防护专业队队员及民防心理防护志愿者40余人参加培训。

【海虞镇海福新城综合减灾安全教育科普馆开馆】 11月25日，海虞镇海福新城综合减灾安全教育科普馆开馆。展馆面积220平方米，总投资60万元。展出应急常识、事故灾难、公共卫生、自然灾害、社会安全事件等五个篇章，配置模拟灭火系统、模拟交通、模拟报警、心肺复苏模型等互动体验设备，成为社区居民认识公共安全、避灾自救、应对突发公共事件的大课堂和实践体验场所。

【建成人防机动指挥通信系统】 市民防局完成人防机动指挥通信系统建设。该系统由中型指挥通信车和配套固定站设施组成，机动通信指挥车有载车平台分系统、电子信息分系统、综合保障分系统等，既能用于战时防空指挥，又能保障日常应对自然灾害和突发事件，实现平战结合、统一指挥、统一调度、资源共享的机动指挥和信息处理。

（孙奕瑾）

责任编辑　祝慧江

开放型经济

综　　述

【概况】　2016年，全市共批准外商投资项目115个，实现注册外资9.82亿美元，到账外资7亿美元，历史累计批准注册外资257.83亿美元，到账外资154.51亿美元。2016年全市外资企业运行平稳，全年实现开票销售1780.66亿元，比上年增长6.49%，涉外税收111.71亿元，比上年增长19%，外贸进出口额145亿美元，工业企业十大纳税户中有6家是外商投资企业。全年外贸进出口实现198.96亿美元，其中出口133.59亿美元，占全市67.14%；进口65.37亿美元，占全市32.86%。9月8日，国家商务部、发改委、财政部、海关总署、税务总局、工商总局、质检总局、外汇局联合下发《关于加快推进市场采购贸易方式试点工作的函》（商贸函〔2016〕725号），将江苏省常熟服装城等5家市场纳入国家第三批市场采购贸易方式试点，市场采购贸易试点落地常熟市。全年全市境外中方协议投资额18900万美元，比上年增长14.75%，对外承包工程和劳务新签合同额24248万美元，比上年增长8.68%，实现营业额19028万美元，比上年增长10.65%。服务外包实现接包合同额31908.19万美元，比上年增长9.03%，离岸接包执行额20506.68万美元，比上年增长7.42%。

【全市开放型经济工作会议召开】　5月6日，全市开放型经济工作会议召开，市领导王飚、桑五官、沈晓东、孙健、沈一平出席会议。会议回顾总结"十二五"以来全市开放型经济的发展情况，研究新一轮开放型经济工作，动员全市上下进一步抢抓机遇、振奋精神，以开放促发展，以开放促创新，推动全市经济社会更好更快发展。会议表彰了常熟市优秀外商投资企业、优秀国际化企业、2015年度十大外贸贡献企业、2015年度开放型经济先进集体和先进个人。

5月6日，全市开放型经济工作会议召开

【商务部领导到常熟考察】　8月9日至10日，商务部国际贸易谈判代表兼副部长钟山一行到常熟考察服装城外贸工作开展情况。苏州市委副书记、市长曲福田和常熟市委书记王飚分别介绍了苏州开放型经济发展情况及常熟市场采购贸易试点推进情况。钟山一行实地走访服装城男装中心、童装中心和国际贸易市场采购专区，和经销商交谈，详细了解他们生产、销售以及品牌建设等情况，他鼓励大家不但要品牌化、市场化，更要走向国际化，要有好的设计、好的营销策略，在对外贸易这方面大胆尝试。同时，他要求相关职能部门要解决好企业在通关、退税等方面遇到的问题，为企业作好服务工作，不断探索、积累经验，把市场办得更好，并把这些经验向全国推广。

【"两区两园"工作会议召开】　11月14日，常熟市委、市政府召开全市"两区两园"工作会议。市委书记王飚，市委副书记、代市长周勤第，市人大常委会主任秦卫星，市政协主席徐永达等市四套班子领导出席会议。王飚提出三点要求：一是"两区两园"支撑作用要更加明显。二是"两区两园"发展重点要更加聚焦。三是"两区两园"争先氛围要更加浓厚。周勤第对下阶段"两区两园"发展工作作了具体部署。会上，常熟经济技术开发区、常熟高新区、虞山高新园、新材料产业园负责人分别就2016年以来工作以及下阶段工作重点作了汇报。

利用外资

【概况】 2016年，共批准外商投资项目115个，实现注册外资9.82亿美元。其中增资项目50个，增资金额3.79亿美元，占全市38.59%。全市共批准电子信息、装备制造、汽车及零部件、太阳能光伏、生物医药等新兴产业项目41个，占全市39.42%，注册外资5.48亿美元，占全市55.83%。服务业注册外资2.26亿美元，占全市22.96%。全市实现到账外资7亿美元，其中，服务业到帐外资0.94亿美元，占全市13.41%。全市新批及增资项目中投资总额超3000万美元以上的项目15个(新设项目10个)，注册外资8.01亿美元，占全市81.54%，其中投资总额超9000万美元项目7个，注册外资6.29亿美元，占全市64.03%。“两区两园”继续发挥主阵地作用，项目集聚效应明显，全年实现注册外资7.39亿美元，占全市75.27%，到账外资6.19亿美元，占全市88.49%。全市40个外资重点工业项目，计划总投资42.26亿美元，当年计划投资20.74亿美元，至年末累计完成投资19.05亿美元，当年实际完成15.03亿美元，13个项目已投产，18个项目在建，开竣工率77.5%。

【常熟市领导会见芬兰客商】 3月8日，市委书记、市长王飚在常熟会议中心会见芬欧汇川亚洲纸业执行副总裁艾本德。王飚向艾本德一行介绍了常熟经济社会发展情况，表示常熟市委、市政府将支持企业在常熟的发展，一如既往地服务好包括芬欧汇川在内的外资企业，增强企业发展信心和下一步投资的信心。艾本德说，芬欧汇川(中国)有限公司正在进行试产的未涂布纸生产线项目，不仅能够实现公司产量的提升，还将为包括中国在内的亚洲市场提供高附加值的新产品。

【常熟市赴日本、韩国开展经贸招商活动】 5月10日至17日，市委书记、市长王飚率团赴日本、韩国开展经贸交流和招商引资活动。代表团先后拜访了日本丰田汽车总部、三菱电机FA名古屋制作所、永旺永乐公司、三菱重工本社、西部技研本社，韩国斗山电子、泰光集团等企业，并组织省长石泰峰、苏州市长曲福田与丰田汽车会长内山田竹志，苏州副市长盛蕾与三菱重工本社高层的会晤，深化常熟市与有关企业的投资合作关系，推动有关跨国公司对已在常企业增资扩股，并就后续项目达成投资意向。期间，代表团参加由江苏省政府主办的江苏日本经贸合作交流会，会上丰田汽车公司奥平总一郎专务作了交流发言，常熟高新区与三菱电机株式会社及三菱重工业株式会社分别在经贸合作交流会现场签署了三菱绿色智能创新中心合作协议，扩大了常熟在日本的影响和知名度，进一步巩固和扩大了经贸合作成果。13日，市领导一行还拜访萨摩川内市政府并参加友城缔结25周年庆祝活动，进一步增进了两市间的交流、合作和友谊。

11月8日，科力美汽车动力电池有限公司开业

【常熟市领导会见奇瑞捷豹路虎汽车公司总裁】 12月12日，常熟市委书记王飚会见了奇瑞捷豹路虎汽车有限公司总裁戴慕瑞一行，双方就公司发展状况、未来发展规划等进行沟通交流。王飚指出，奇瑞捷豹路虎公司不仅是常熟近五年来重大项目的典范，更是地方政府和企业精诚合作、共同推动大项目的典范。奇瑞捷豹路虎公司的长远目标，和常熟经济技术开发区打造“中国最年轻汽车城”的发展目标高度契合，市委、市政府将支持开发区围绕企业需求，制订系统的解决方案，做大做强汽车产业。

对外贸易

【概况】 2016年，常熟市多措并举推动外贸企业多方位开拓国际市场，组织企业参加广交会、华交会、埃及纺织展、越南国际纺织及制衣工业展、日本大阪展、中国消费品(俄罗斯)品牌展等300多个境内外展览会，组织纺织服装企业参加服装城跨国贸易采购对接活动，搭建中小微企业信保统报平台，与中信保苏州办组织出口信用保险政策宣讲会，组织本市小微企业、中小企业参加信保统保平台。深入适应新常态下外贸转型发展需要，创新业态模式，市场采购贸易试点成功落地，推动全市对外贸易转型发展。全市外贸进出口总额198.96亿美元。一般贸易进出口102.64亿美元，同比增长1.8%，一般贸易占比51.7%，其中一般贸易出口70.36亿美元，同比增长0.17%，进口32.28亿美元，同比增长5.53%。加工贸易进出口81.2亿美元，占比为40.9%。内资企业进出口53.98亿美元，同比增长5.28%，占全市27%，外资企业进出口144.98亿美元，占全市73%。加大新兴市场开拓力度，对传统美欧日市场出口均下降，对东盟市场出口增长，对美国、日本、欧盟出口分别为38.63亿美元、14.55亿美元、21.10亿美元，同比分别下降11.20%、17.21%和16.06%，对东盟出口12.95亿美元，同比增长2.12%。

【常熟服装城获批全国市场采购贸易试点】 9月8日，国家商务部、发改委、财政部、海关总署、税务总局、工商总局、质检总局、外汇局联合下发《关于加快推进市场采购贸易方式试点工作的函》（商贸函〔2016〕725号），将江苏省常熟服装城等5家市场纳入国家第三批市场采购贸易方式试点。继海门叠石桥国际家纺市场之后，常熟服装城成为江苏第二个获批市场采购贸易试点的区域。

【商务部到常熟开展外贸专题调研】 6月2日，商务部外贸司副司长朱咏、外贸司贸易促进处处长张力一行到常熟服装城作外贸情况调研，江苏省、苏州市、常熟市相关领导陪同调研。朱咏一行考察了服装城童装中心、男装中心、服装城国际贸易市场采购专区和国际贸易服务中心、中国男装设计交易中心、男装指数编制发布中心，并考察了常熟综保区B区针对市场采购、跨境电商设立的监管作业区，对常熟整合资源实施一体化监管的模式给予肯定。在随后举行的座谈会上，考察组听取了常熟市委书记王飏、副市长孙健及本市相关职能部门的汇报，并现场与纺织服装外贸企业代表进行了交流。

【张雷到常熟服装城调研】 10月14日，江苏省副省长张雷一行到常熟，调研常熟服装城市场采购贸易方式试点推进情况。苏州市委常委、副市长盛蕾，常熟市委副书记、代市长周勤第陪同调研。张雷一行先后考察常熟服装城男装中心和国际贸易市场采购专区。张雷要求服装城管委会在国际贸易市场采购专区建设中要丰富采购形式，争取国际市场的更大占有份额。在国际贸易市场采购平台上不光要做服装，要更加多样化，扩大产品种类，此外采购专区还要聘用专业人才进行运作，拿出相应的优惠政策，吸引更多的品牌企业和外贸公司进驻平台，把互联网和线下企业紧密融合，真正发挥采购专区作用。

【常熟市组织企业参加2016“中国消费品（俄罗斯）品牌展”】 6月7日，由江苏省与商务部贸发局等多家单位共同举办的2016“中国消费品（俄罗斯）品牌展”在莫斯科红宝石展馆举行。常熟市商务局组织常熟天虹服装城等11家企业参加此次展会。中国驻俄使馆公使衔经济商务参赞张地及国家商务部机电商会副会长王贵清，省商务厅外贸处副处长朱宝荣莅临展区参观考察。会展现场，主办方邀请了诸多行业专家分别针对俄罗斯听众及中国听众开展了“俄消费者市场分析及购买中国产品现状”和“合同制造业的机遇与利益”等系列演讲。此次展会对宣传展示本市纺织服装行业形象，为本市企业进一步开拓俄罗斯市场起到了积极效果。

【召开常熟市出口信用保险政府统保平台专项会议】 4月7日，常熟市商务局举办2016年常熟市出口信用保险政府统保平台政策宣讲会，各镇、区代表参加会议。近年来本市的中小微企业面临生产成本上升、融资环境趋紧、招工压力剧增等问题，给中小微企业发展带来较大挑战。在此背景下，本市连续第五年推出面向出口额50－300万美元企业的“小微信保易平台”，连续第四年推出面向出口额300－500万美元的“常熟市中小企业信用保险统保平台”。经过多年的合作和推广，这两大政府统保平台在本市得到了中小微企业的认同和支持，也推动了本市外贸健康发展。

外经外包

【概况】 2016年，全市鼓励企业加快“走出去”步伐。截至年底，全市共有境外投资企业159家，累计中方投资额达9亿多美元，分布于世界50多个国家和地区。2016年龙腾公司投资3600万美元在赞比亚建设耐磨材料生产厂。全市劳务输出保持稳定，全年外派劳务人员120人，累计在外人员626人。全市继续加强对服务外包企业的联系指导，全年服务外包执行额增长12.83%。

【常熟市组织企业参加“一带一路”风险管理论坛】 3月21～22日，常熟市商务局组织全市部分在“一带一路”国家有直接投资的企业赴北京参加《2016中国企业走出去风险发布会暨“一带一路”风险管理论坛》。此次会议邀请到50余位来自全球的法律、税务、金融、风险管理和保险等多领域的业界领袖及专家、学者和政府代表作为大会演讲嘉宾，为国内企业特别是中小企业搭建“走出去”全球风险信息和全球风险管控服务的共享交流平台。会上，专家围绕化解企业“走出去”风险和“一带一路”沿线国家或地区风险及解决对策，展开深入探讨与交流，聚焦中国企业“走出去”过程中存在的风险和风险变化趋势，积极寻找出路与对策，共同探讨“一带一路”沿线国家风险管理手段和途径，为中国及“一带一路”国家和全球相关市场领域理念及策略调整提供参考与借鉴。

【省商务厅到常熟考核检查省级服务外包示范区】 5月13日，省商务厅服贸处检查组一行对常熟高新技术产业开发区的省级服务外包示范区进行考核检查。检查过程中，常熟高新区向检查组汇报了高新区在获评省级服务外包示范区后所开展的各项工作以及长远发展规划，市商务局向检查组介绍了本市服务外包产业的发展情况和未来的着重发展方向。在听取上述工作汇报后，检查组一行实地考察了位于高新区的江苏广和慧云科技股份有限公司，参观了该公司重点服务外包项目的演示。检查组对常熟高新区在服务外包示范区建设过程中所做的工作表示肯定，并提出下一阶段常熟高新区应在模式创新、产业定位等方面加强研究，结合常熟优势产业，推动常熟服务外包产业健康发展。 （陆志明）

责任编辑　王　宏

开发区建设

江苏省常熟经济技术开发区

【概况】 2016年，实现地区生产总值828.2亿元，同比增长1.67%。完成财政总收入145.7亿元，同比增长6.04%；其中公共财政预算收入67.6亿元，同比增长21.7%；实现工业总产值2603亿元，同比增长0.04%，工业产品销售收入2537亿元，同比增长0.3%。全社会固定资产投资266.8亿元，其中工业投入173.2亿元；新增内资企业注册资本143亿元，注册外资7.9亿美元，到账外资4.6亿美元。实现进出口总额115.6亿美元。汽车及零部件产业快速发展，实现产值173亿元，同比增长154%。海关总署正式批准常熟综合保税区封关运行。

开发建设 全年开工建设工业项目29个，总建筑面积约80万平方米。奇瑞捷豹路虎（焊装二期及发动机）、中隆汽车部件、理文化工氯化聚氯乙烯、捷时雅精细化工、华星盛光电、瑞升利金属制品、美锌金属二期、亨通光缆、艾迪科食品扩建、华丰橡胶二期、优必佳树脂二期、美桥三期等总建筑面积约28万平方米的12个项目竣工投产。奇瑞捷豹路虎整车二期、威仕科大衡、华安钢宝利、乐歌仓储、多米诺标识、菊水建材、拓彼亚机械、依多科、理文化工施胶剂扩建、长春化工铜箔二期、长春和益精细化工、天银机电、长恒物流、信恒仓储、中电环保、力菱精细化工等总建筑面积52万平方米的17个项目正在建设中。加快滨江新城建设。城乡一体化示范小区聚和佳苑二区竣工交付，启动聚和佳苑三期和幸福小区安置房工程。推进宝鸿商业广场、国盛万德福广场、森瑞度假酒店、格林童话乐园、索福德足球场等配套项目。尚林花苑、东张邻里中心三期等工程竣工交付，港龙香港华庭、华鑫天域居、滨江医院二期装饰等项目正在建设中。滨江海外大厦酒店式公寓、华安钢宝利总部办公楼、大数据办公用房等重点工程正加快推进，工农中建四大国有银行即将入驻装修。完成铁黄沙防汛道路、兴港大道路基实验等重点工程，新建道路15.7千米、排水沟渠3.4千米。

滨江新城

招商引智 新增内资企业注册资本143亿元，到账注册外资4.6亿美元。牢牢把握引进重点产业的优质项目这一要务，重点洽谈了汽车及其零部件、装备制造、新能源新材料、大数据云计算、现代物流等行业的项目119个。成功引进华安钢宝利高新汽车板、南天汽车饰件、星科传动技术、古汉汽车部件、香港佑辉磁旋浮电机、香港裕民高端纺织机械、天顺风电叶片、IPE工业机器人、活力旺机器人科技、龙马智能科技工业机器人、台湾三嵩精密机电、英国博开达高档房屋构件、慧绿新能源、金碳能源科技等18个项目，已完成相关注册手续。另有台湾龙盟高科技新材料、意大利P&P财务数据分析中心、杉杉运通储能项目、日本旭化成复合材料、日本托彼亚全铝车身试制、印度哈尔沙轴承支架、大宗商品交易平台等7个项目，已经签约或年内签约。新引进各类创新创业企业66家，新增国家千人计划2人，省双创人才计划8

人，姑苏人才计划6人。

管理服务 推进社保扩面工作。新区基本养老保险覆盖率达99.52%，外来人员城保扩面覆盖率达80.65%。提高教育服务水平。滨江幼儿园、吴市小学博文楼竣工投用，东张中学完成竣工验收，滨江实验小学、碧溪中心小学扩建等项目加快推进。浒浦高级中学2016年高考本科上线率达90.93%，创历史新高。加快养老机构建设。完成浒浦养老中心食堂、东张敬老院装饰工程，新增养老床位55张。新区便民服务中心、档案馆、万福休闲广场等民生工程竣工投用。加强安全生产与消防安全管理，实现全年安全生产零死亡。实施“绿色呼吸”“碧水滨江”“绿色能源”三大工程。完成常熟电厂、华润电力部分机组超低排放改造工程；完成16家企业挥发性有机废气深度治理、12家企业清洁生产审核工作。完成滨江污水厂中控系统升级改造。出台关于化工项目审批的相关意见，原则上不再引进合成类化工项目。加快企业循环化改造，获批“2016年国家循环化改造重点支持园区”。开展镇村环境综合整治“百日提升”，完成1个美丽乡村、4个三星级康居村、4个整洁村庄创建和8个省级卫生村复查工作。建立农村生活垃圾统一收运体系，推进农村生活垃圾分类就地处置试点工作。加大绿化种植力度，新增绿化种植面积47公顷。创新驱动步伐加快。出台鼓励“机器换人”的相关政策，年内新增机器人500台，奇瑞捷豹路虎和亨通高压电缆建成省级示范智能车间。达涅利从功能性机构升级为地区总部，新引进欧港集团投资总部。常熟科创园顺利通过国家火炬计划产业化环境建设项目验收，在国家级科技企业孵化器考核评价中获评优秀。美房云客、华联装潢成功登陆“新三板”，秦鲁科技、纽艾之光、迅顺达等在江苏股权交易中心挂牌。

观致汽车生产线

【全球汽车智能冲压战略峰会在开发区召开】 3月23日—25日，全球汽车智能冲压战略峰会在常熟经济技术开发区召开，探讨汽车产业发展。中国汽车工业协会、国家发改委产业经济与技术经济研究所、中国锻压协会的专家，以及常熟汽车及零部件产业相关企业代表，共200多人出席峰会。

【《江苏省常熟港“十三五”物流发展规划研究》课题成果通过验收】 3月28日，《江苏省常熟港“十三五”物流发展规划研究》课题成果通过验收。该课题分析了常熟港物流发展现状，借鉴国内外港口物流发展经验，并结合常熟港物流实际，进行了SWOT分析及需求预测，归纳总结了包括指导思想、基本原则、功能定位、发展目标等在内的常熟港物流发展总体思路，对“十三五”期间常熟港在港口物流基础设施、集疏运体系、信息平台、空间及产业、现代物流产业链、集装箱业务、第三方物流等方面进行了重点规划，分析梳理了规划的实施路径，提出了发展规划的保障措施。

【召开区域科技创新暨人才创业大会】 4月19日，常熟经济技术开发区召开区域科技创新暨人才创业大会。会议对2015年度省新增高新技术企业、知识产权工作优秀单位、优秀双创人才(团队)及科技合作服务优秀单位进行了表彰并授牌。

【泰达物流华东运营中心启动暨常熟商品车滚装码头开航仪式举行】 4月27日，泰达物流华东运营中心启动暨常熟商品车滚装码头开航仪式在常熟经济开发区内的新泰码头(原大新华码头)隆重举行。泰达物流华东运营中心于2015年10月签约落户常熟综合保税区，由天津滨海泰达物流集团股份有限公司投资建设。项目注册资本10亿元人民币，首期租用常熟新泰港务公司的汽车滚装码头及13万平方米堆场，并于2016年下半年启动二期项目，批租52公顷沿长江岸线的物流用地，建设专用码头及相关物流设施。该项目全部建成后，每年整车销售将超过100亿元，汽车物流中转40万台次，零部件进出口标箱突破3万标箱。

【美房云客挂牌“新三板”】 4月27日，苏州美房云客软件科技股份有限公司股票在全国股转系统正式挂牌公开转让，证券简称美房云客，证券代码837288，成为继舒茨股份、光舵微纳之后开发区第三家成功登陆“新三板”的科技“双创”人才企业，同时也是VR+房地产第一股。公司于2011年11月成立，于2015年10月15日完成股改。

【副省长马秋林到开发区调研】 8月16日，副省长马秋林到常熟经济技术开发区，调研工业经济转型升级情况。苏州、常熟相关领导陪同调研。马秋林参观了奇瑞捷豹路虎汽车有限公司工厂的汽车生产装配流水线，听取了汽车生产工艺、市场销售等情况介绍。此外，马秋林一行还走访考察了常熟经济技术开发区安全信息监控平台、苏州诺华制药科技有限公司、江苏亨通高压电缆有限公司。

【奇瑞捷豹路虎全新国产捷豹XFL正式上市】 8月29日，奇瑞捷豹路虎汽车有限公司全新国产捷豹XFL正式上市。至此，奇瑞捷豹路虎旗下的两大品牌均实现了国产化，成为首个涵盖两大豪华品牌的车企，以一股年轻之风打破德系三强垄断。

【黄莉新到开发区考察调研】 11月1日，参加全省扩大有效投资暨重大项目推进会的与会人员在省委常委、常务副省长黄莉新的带领下，到常熟经济技术开发区考察相关项目推进情况，苏州、常熟相关领导等陪同考察。黄莉新一行先后考察了奇瑞捷豹路虎乘用车二期项目建设现场、奇瑞捷豹路虎乘用车总装车间，以及常熟泰达汽车物流项目。

【开发区11个重点项目集中签约总投资达239.2亿元】 11月18日，常熟经济技术开发区11个重点项目集中签约，总投资约239.2亿元。市委副书记、代市长周勤第，市委常委、常熟经济技术开发区党工委副书记、管委会副主任张建强出席签约仪式。集中签约的项目有观致新能源汽车项目、长春化工环保型电动车用锂电池负极基材项目、汽车主题公园项目、哈尔沙轴承支架项目、第一上海大数据存储项目、香港工业机器人项目、台湾高科技新材料项目、理文化工多功能新材料项目、欧洲高档建筑构件项目、海航供销中国集项目、石化交易中心项目等11个，涉及汽车及零部件、云计算及机器人、新材料新能源、现代服务业等重点产业，契合了开发区未来发展的产业方向。

【常熟科创园获评国家级科技企业孵化器A类】 科技部火炬中心公布了2015年度国家级科技企业孵化器考核评价结果，常熟科创园(常熟高新技术创业服务有限公司)获评为“优秀(A类)”，成为常熟市首个获此殊荣的孵化器。

(林群丹)

常熟高新技术产业开发区

【概况】 2016年，常熟高新区完成地区生产总值135.40亿元，增长9.95%；完成一般公共预算收入21.50亿元，增长42.11%；完成工业总产值486.38亿元、工业开票销售收入484.47亿元，分别增长10.22%和14.66%；完成全社会固定资产投资39.59亿元；完成进出口总额31.08亿美元，其中出口16.08亿美元。完成高新技术产业产值179.17亿元、新兴产业产值366.25亿元，占规上工业产值比重分别为40%和81%。全区规模以上企业202家，比上年增加10家；其中销售超亿元企业85家，比上年增加7家，并首次出现30亿元以上企业4家。科技研发、电子商务、软件、物流等现代服务业增速明显，全年实现服务业开票销售收入100.13亿元，增长32.53%。48家企业入库税金超千万，其中丰田汽车零部件、三菱电机汽车部件、丰田汽车研发中心、大陆汽车系统、三菱电机自动化、加通汽车内饰、海力达汽车系统、凯毅德汽车系统、康迪泰克等9家企业实现税收超亿元，比上年净增5家。

开发建设 2016年，南部新城核心区北片区、东部中片区、东部东片区的控规完成评审和报批；南部新城核心区中片区、东部西片区的控规完成评审，湖西片区、南半岛片区的控规加紧编制。全面做好南部新城商业广场永旺梦乐城项目的设计、场地平整和报批工作，项目于12月正式开工建设。世界联合学院常熟分校二期项目桥梁工程已经完成，建筑工程深入推进。认真做好常清中学、三环小学前期方案设计，全力引进优质教育资源，提升区域办学水平。黄浦江路东延及大桥、黄山路南段改造、珠泾路改造等工程相继开工建设；湖山南路、香园西路、东南大道东延、常昆路拓宽改造及永旺周边市政道路等方案设计全面推进。宇量电池、新地物流、博墨热能投资等项目顺利开工，中佳新材料、佳合陶瓷等项目加快推进，科力美汽车动力电池、丰田汽车零部件四期、生益科技、法雷奥、摩恩厨卫、太普电子、丰佳仓储、凡泰诗、马勒空调压缩机等一批总投资约45亿元的项目全面竣工。中国智能车综合技术研发与测试中心、同济科技园、知识产权服务广场等正式运作。高新区获批国家知识产权试点园区。常熟国家大学科技园获评江苏省大众创业万众创新示范基地。慧谷创业+被科技部火炬中心认定为常熟首家国家级众创空间。

招商引智 2016年，高新区完成注册外资1.80亿美元，到账外资1.42亿美元；净增民营经济注册资本29.87亿元，增长15.15%。中航爱斯达克汽车空调系统、延锋江森汽车部件、锐新昌汽车轻量化部件、派克欧哈尔汽车零部件、富田工业自动化、易动新能源等优质项目落户。海德科技、达伦股份、江苏一号等3家企业在“新三板”实现挂牌上市。规上工业企业实现利税增长约30%。服务经济加速集聚，服务业增

常熟国家高新区管委会外景

加值占GDP比重比上年提高1个百分点。新增中兴叁号、荣寰天使、博瀚二期、河岱丰汇、正力投资等10家风投创投基金，华阳、新维2家商业保理公司，日本三菱东京日联银行1家外资银行，金融中商华夏1家类金融机构。科技金融产业园集聚各类股权投资、创业投资管理团队21家，管理基金49支，管理资金突破56亿元。江苏省产业技术研究院的第一个自建专业性研究所——智能液晶研究所、北京大学"十三五"江苏首家专业研究院——北大分子工程苏南研究院，与国际知名企业和团队合作的常熟绿色智能制造技术创新中心、慧领国际技术转移中心、多维(常熟)国际科创中心等科技创新平台相继落户。人力资源服务产业园建成运营，成功引进CDP、天坤、人瑞、上海外服等72家人力资源机构入驻。常熟市知识产权服务广场、上海交通大学常熟技术转移孵化平台、常熟国家大学科技园"一站式"创新服务平台等3个项目获得中央引导地方科技发展专项资金支持。宇量电池、全波通信、华威履带等3个企业获评省科技成果转化省地联合招标项目，实现了高新区科技成果转化项目零的突破；智能车中心、同济科技园获得省创新能力建设计划项目立项，欧米麦克、碳诺显示、海量声学等3个企业获得省重点研发计划项目立项，累计争取省级以上科技专项资金超6000万元。充分发挥科技创新人才创业专项资金引导作用，出台《国际企业加速器项目产业化专项扶持基金实施细则》等政策文件。全力推进"信保贷""科贷通"实施进度，全波通信、海德股份等14家企业共计获得8200万元信贷支持。全年新增高新技术企业23家，累计达75家，新获批高新技术产品60个，累计达291个。全年新引进创新创业团队43家，新增省双创人才项目2个，累计达18个；新增省双创博士项目4个，累计达25个；新增姑苏双创人才项目6个，累计达31个；新增"姑苏科技创业天使"7个，累计达15个；新增常熟领军人才项目16个，累计达136个。

管理服务　就业工作深入开展，全年提供就业岗位7.76万个，达成意向人数5.46万人。社保扩面卓有成效，本地居民养老保险覆盖率99.61%，医保覆盖率99.92%；外来人员参保率90.22%，超额完成市下达的目标任务。民生工程顺利推进，小康村给水管改造工程完成施工，东南街道公共文化中心加快推进。大力实施"名校名师"工程，持续提升东南实验小学和东南幼儿园办学水平，扩大办学规模，提升教育质量；成功举办"活力东南"系列文体活动、环昆承湖市民自行车赛等活动，区域的文化影响力得到进一步提升。高新区至上海虹桥、浦东的机场专线正式开通，公共出行更加便捷。强化落实安全生产各项举措，企业突发事件预警机制进一步强化，"三合一"隐患整治深入推进，安全生产"百日行动"、安全生产月系列活动取得实效。信访调解和社会治安综合治理工作得到持续加强，认真做好征地、建设工程项目社会稳定风险评估，建立完善相关联动调解机制，各类矛盾纠纷得到妥善化解，社会保持了和谐稳定。扎实做好大气污染防治、水环境综合整治和昆承湖生态修复等重点项目，深入实施节能减排管理，引进新能源汽车分时租赁及充电基础设施建设的两个项目——绿能租车和牛牛充电科技，不断完善绿色出行系统。开展文明城市创建和城市管理"百日提升"行动，大力实施环境卫生长效管理，全面推进绿化、美化、亮化、净化工程，不断加大违章建筑处理力度，环境面貌得到提升。按照"理关系、增活力、拓优势、强实力"的总体思路，在全面形成"经济发展一体化、财政管理一体化、规划建设一体化、组织人事管理一体化"管理机制的基础上，对高新区管委会、东南街道办等相关机构的行政管理体制进行调整完善，基本形成了行政资源优势互补、功能定位统分有序、实体运作高效顺畅的工作格局。以开展"两学一做"学习教育活动为重点，切实加强宣传教育和思想政治建设，不断提高全区干部职工的理论素养和政治纪律意识。启动"智汇常熟"高新区学习型组织二期培训，邀请著名专家、学者来区举办多场讲座，进一步提高了全体干部职工的综合能力和职业素养。严格落实党工委主体责任和纪工委监督责任，持之以恒开展"清风行动"，全面营造了风清气正的发展氛围。

【曲福田调研常熟高新区】　2月22日，苏州市委副书记、市长曲福田一行到常熟高新区调研，先后考察了丰田汽车研发中心、常熟国家大学科技园等地，希望高新区加快打造产业新优势，积极培育增长新动力。

【美国派克欧哈尔汽车零部件项目落户】　3月31日，美国纳斯达克上市公司派克欧哈尔签约落户常熟高新区。项目总投资3000万美元，注册资本1500万美元，一期建设8000平方米厂房，生产最新技术高压喷油系统、燃油分配器等发动机零部件。

【省产研院智能液晶技术研究所落户】　4月14日，常熟市人民政府、薛九枝团队、江苏省产业技术研究院举行签约仪式，在常熟高新区合作共建智能液晶技术研究所。该研究所是省产研院首个自建专业性研究所，主要由留美30余年的薛九枝博士负责，将致力于液晶非显示技术产业化研发。

【摩恩(常熟)厨卫制品有限公司开业】　4月28日，摩恩(常熟)厨卫制品有限公司在常熟高新区开业。摩恩(常熟)厨卫制品有限公司是一家美商独资企业，公司总投资4900万美元，注册资本2000万美元，专业从事卫生洁具、日用品、厨房用器具、卫浴水暖器具、水暖管道零件及金属软管的研发、生产及组装，最大设计产能达2.5亿美元。

【设立绿色智能制造技术创新中心】　5月12日，常熟高新区与三菱电机株式会社、三菱重工业株式会社签订协议，共同成立常熟绿色智能制造技术创新中心。常熟绿色智能制造技术创新中心作为非营利性机构，旨在以"中国制造2025"为构思理念，通过提供工业自动化整体解决方案和人才培养加快产业转型升级步伐。

【同济(常熟)科技园开园】　5月19日，同济(常熟)科技园开园。同济(常熟)科技园由同济大学国家大学科技园和常熟国家大学科技园共同投资建设，总建筑面积6.3万平方米，总投资约3.8亿元。由一栋24层的甲级商务办公楼、一栋31层的人才公寓及配套商业构成。园区借鉴同济大学国家大学科技园的管理经验和服务模式,逐步建立起投融资及金融创新平台、教育培训平台、技术转移及技术服务平台等科技服务支撑体系。

【北大分子工程苏南研究院落户】 5月23日,常熟市人民政府、北京大学化学与分子工程学院在北京大学举行战略合作协议签约仪式,在常熟高新区共建"北京大学分子工程苏南研究院"。研究院将立足创新基金引领、工程化技术研发、科技企业孵化、高端人才培养、开展公共服务等领域,推进新材料及生物医药产业发展。

【美国朔荣有机光电科技营运中心项目落户】 5月28日,美国朔荣有机光电科技公司签约落户常熟高新区。项目首期注册资本500万美元,主要从事有机太阳能电池及物联网相关应用的研发、设计、生产及销售。

【锐新昌汽车轻量化部件项目落户】 6月23日,天津锐新昌轻合金股份有限公司汽车轻量化部件项目签约落户常熟高新区。该项目总投资5亿元,注册资本1.5亿元,生产工艺主要是以工业4.0为主体的CNC数控柔性自动化生产线。

【中航科技爱斯达克汽车空调系统项目签约落户】 9月14日,中国航天科技集团航天机电下属爱斯达克汽车空调系统项目签约落户常熟高新区。项目总投资5亿元,注册资本为1.98亿元,具备年产150万套汽车空调系统的生产能力,产品供给上海大众、上海通用、一汽大众等整车生产商。

【常熟生益科技有限公司开业】 9月28号,常熟生益科技有限公司在常熟高新区开业。公司总投资额15亿元,其中一期项目投资10.2亿元。项目总占地面积93618平方米,总建筑面积12万平方米,能年产1100万平方米4G、5G基站电子基板及2400万米商品黏结片。

【CDP集团签约入驻常熟人力资源服务产业园】 9月29日,CDP集团签约入驻常熟人力资源服务产业园。CDP集团是亚太地区人力资本管理服务第一品牌,在常熟人力资源服务产业园设立全资子公司,并成立薪酬结算中心,产品研发中心及客服中心,专注于为中小型企业以及大型集团企业提供整体薪酬战略服务和大福利战略服务。

【江苏易动新能源有限公司落户】 11月5日,江苏易动新能源有限公司签约落户常熟高新区。项目总投资2.5亿元,注册资本1亿元,建设1.5万平方米生产厂房,主要从事混合动力汽车、插电式混合动力机车及纯电动汽车等新能源汽车用集成式起动发电一体机等产品的研发、生产和销售。

【常熟法雷奥汽车雨刮系统有限公司开业】 11月7日,常熟法雷奥汽车雨刮系统有限公司在常熟高新区开业。该公司由法国法雷奥集团独资设立,主要生产前雨刮电机、后雨刮电机、传动杆、轴套分总成、刷架、后电机电子盖板。

【科力美汽车动力电池有限公司开业】 11月8日,科力美汽车动力电池有限公司在常熟高新区开业。该公司由日本丰田汽车公司联合Primearth EV Energy公司以及湖南科力远新能源股份有限公司等合资设立,总投资1.6亿美元。初期年产11.3万组搭载于混合动力汽车的镍氢蓄电池模块,适用于丰田卡罗拉、雷凌系列车型。

【2016年中国智能车未来挑战赛举行】 11月10日至13日,由国家自然科学基金委员会主办的第八届"中国智能车未来挑战赛"在常熟开赛。本届比赛首次实现无人机与无人驾驶车协同。

【延锋江森汽车部件项目落户】 12月20日,延锋江森汽车部件项目签约落户常熟高新区。该项目由上汽集团和美国江森自控国际有限公司两家世界500强企业共同投资建立。项目总投资18亿元,一次性建造13万平方米自动化生产工厂,实行数字化管理,建成后将成为延锋集团应用工业4.0的示范基地。

【常熟高新区获批国家知识产权试点园区】 12月28日,常熟高新区成功获批国家知识产权试点园区,试点工作周期为2017年1月至2019年12月。期间,国家知识产权局将试点园区作为相关工作的推进平台,予以政策倾斜和项目扶持。 (张亚明)

常熟综合保税区A区

【概况】 2016年4月11日,海关总署同意常熟综合保税区可以正式封关运行。全年共完成进出口总额48667万美元,同比增长98.74%。其中完成进口额34419万美元,同比增长117%,完成出口额14248万美元,同比增长65.16%。完成工业增加值14729万元,同比增长

12月20日,延锋江森汽车部件项目签约落户常熟高新区

18.09%；完成工业总产值 38317 万元，同比下降 6.54%；完成经营总收入 45377 万元，同比下降 6.90%；完成企业利润总额 4237 万元，同比增长 435.65%。

开发建设 自海关总署发文同意常熟综合保税区正式封关运行后，开发区综合保税区管理局全力配合常熟海关，做好综合保税区海关系统的切换工作，推进综合保税区的正式运行。同时，综合保税区在学习周边地区先进经验的基础上，择优联系一批代理公司，帮助企业开展申请更改工作。至 2016 年年底，综合保税区系统切换工作已基本完成，各项工作正式进入轨道。同年 10 月 11 日，综合保税区正式获得南京海关颁发的海关监管场所注册登记证书，全面完成了常熟海关直通式监管点与综合保税区的搬迁整合工作。10 月 17 日，常熟海关直通式监管点正式搬迁至综合保税区，开始运行。至 2016 年年底，卡口、场站及系统等已完全正常运行，通关点累计通关货物 5000 多票。

招商引资 截至 2016 年年底，已有 18 家生产和物流企业落户。其中生产型企业有 12 家，总投资 1.45 亿美元，注册资本 6347 万美元。目前已有 10 家企业正式投产。区内生产企业主要有以下几个特点：一、以欧美企业为主，占 2/3；二、以机械加工企业为主，占 2/3；三、全部为出口型外商独资企业。区内另有 6 家物流公司落户，总投资 2800 万元。

管理服务 常熟综保区管理局在做好推动综保区转型升级工作的同时，以提高工作效率、改进服务质量、完善服务平台为切入点，注重区内企业的服务工作，利用各种时机，先后 4 次举办了各种形式的座谈会和政策宣讲会，让企业和海关、国检、国税、外汇、外经、工商等相关部门有直接对话的机会，及时了解新的政策法规。同时，综保区管理区进一步加强与企业的密切联系，确保每月走访一次区内所有企业，及时了解企业发展情况及中高层的人员变动情况，及时帮助企业解决生产过程中出现的问题，全年累计协调处理企业生产需求 40 余起。（施一玉）

常熟综合保税区 B 区

【概况】 2016 年 1 月，国务院批复同意在天津、苏州等 12 个城市设立跨境电子商务综合试验区，常熟在苏州地区范围内被列为首批试点之一。2016 年 4 月 11 日，海关总署批复同意常熟综合保税区 B 区的验收结果，正式开关运作。2016 年 9 月 9 日，商务部等八部委批复同意在常熟开展市场采购贸易方式试点。经过反复论证，最终选址在常熟综合保税区 B 区开展跨境电商和市场采购贸易，常熟综保区 B 区跨境电子商务产业园建设工程项目于 2016 年 4 月 12 日通过发改委备案，正式启动实施。开展跨境电商和市场采购业务，将促进地区经济贸易发展，带动外贸企业转型升级，培育当地企业在跨境平台拓展国际市场。2016 年，常熟综合保税区 B 区实现海关监管货值 17.75 亿美元，完成海关税收 3534 万元，区内各物流公司保持稳定的发展，报关单量达 30888 份。

开发建设 至 2016 年年底，区内有 14 家企业，其中生产型企业 3 家，保税物流企业 5 家，保税贸易服务企业共 6 家。2016 年，综合保税区 B 区内梵泰诗在建厂房 2.3 万平方米竣工并投入使用，至 2016 年年底，综合保税区 B 区内共有 5.9 万平方米标准厂房和 2.56 万平方米海关监管仓库可供使用，仓库内已有物流企业正常开展各项业务。另外，常熟综保区 B 区以向南京海关申请设立常熟东飞直通式监管点为契机，进行软硬件升级改造，设立内卡口，完善各项基础设施。

招商引资 2016 年，综保区 B 区与司顺电子商务、台湾 APD 等公司积极洽谈，同时，重点发展区内保税物流业务，是年，新引进的常昊国际货运有限公司已正常开展业务。2016 年，综合保税区 B 区累计报关票数为 30888 票，一线进出口总额 2178 万美元，二线进出区总额 174956 万美元，缴纳关税 3534 万元。

管理服务 综合保税区 B 区在做好招商工作的同时，不断改进服务质量，先后举办了 4 次各种形式的政策宣讲会和区内企业座谈会，让企业和海关、国检、外汇、工商等相关部门直接对接，及时了解新的政策法规。另外，积极做好区内现有企业的服务工作，及时帮助企业解决经营过程中出现的各种问题。（丁 历）

江苏省常熟经济开发区高新技术产业园

【概况】 2016 年，江苏省常熟经济开发区高新技术产业园（以下简称高新园）完成工业总产值 652.11 亿元；新兴产业产值 202 亿元；全社会固定资产投资 48 亿元，其中工业投资 27 亿元；到账外资 8112 万美元；一般预算收入 11.5 亿元。常熟开关制造有限公司、苏州通润驱动设备股份有限公司、达富电脑（常熟）有限公司等骨干企业稳健发展，有 40 家企业入库税收超千万元。完成了国家火炬计划电气机械产业基地复审和国家级常熟出口信息电子产品质量安全示范区考核验收。

开发建设 全年在建重点工业项目 13 项。英沃电梯 4 月份开业投产；美国舒尔曼、阿缇希展示柜、日本柏山真空、意大利毕马杰进入生产或试生产；中交天和研发中心项目开工建设；飞煌工业园二期土地挂牌；华曼兄弟完成立项、环评手续；金仕生物新一代瓣膜产品完成临床 130 多例，公司已完成第一轮股权融资，估值达 3 亿元。全年在建重点服务业项目 3 项，总建筑面积 76 万平方米。万达广场住宅楼盘交付，购物中心开始装修；中南商业街建设工程竣工；隆盈广场主体封顶。科技载体多元化发展。收储家纺 2.4 万平方米厂房改建的省级孵化器二期载体竣工投用，共 11 家领军人才企业入驻，入驻率达 90%以上；探索民营企业主导建设孵化器模式，总投资 1.6 亿元、计划建设 3.5 万平方米研发用房的瑞特创投中心开工建设；总投资 4 亿元的创元高新产业园启动建设，重点吸引高新技术企业、科技研发、现代服务业等。会同规划局、相关规划设计单位，在控制性详规的基础上，从宏观、中观、微观层面上开展了《高新园发展战略规划》《高新园基础设施综合规划》《珠海路、深圳路城市景观设计》等编制工作，使其成为指导园区未来城市建设发展的纲领。完善基础配套，全年基础设施配套累计投入约4800万元，兴建路、联丰路、台山路工程加快建设。全年完成大稳电子、金龙科技、大宇空调等5家企业收储签约，累计收储土地约17.33公顷，拆除企业房屋约2.6万平方米。

招商引智 全年新增注册外资5030万美元，到账外资8122万美元；净增注册内资14.5亿元。总投资3.5亿元人民币、年产1GW超高功率太阳能组件的新加坡福将智造新能源签约落户，项目利用闲置厂房，实现零增地；引进了注册1200万美元的澳大利亚建筑新材料项目、总投资3500万美元的中川汽车销售服务公司、总投资4亿元的尚科汽车零部件项目、总投资1亿元的新华盛、总投资1.5亿元的百联项目；上市公司远望谷意向签约创元高新产业园，与虞山镇共建"常熟纺织服装物联网应用示范基地"。全年落户正昊电子、品智自动化、载物强劲新材料等人才企业9家，获评省"双创人才"1家，姑苏科技"天使计划"2家，常熟市领军人才项目5个；全年获批省高新技术企业6家(其中新增2家)，省民营科技型企业2家，博士后工作站、研究生工作站、省科技副总各1家；中交天和获批江苏省"重大成果转化项目"。鼓励企业登陆资本市场，京浜光电"新三板"挂牌，瑞特电气创业板上市，汽车内饰件主板上市。

管理服务 开展安全生产标准化创建，完成二级标准化2家、三级标准化4家；全方位开展危险化学品、劳动密集型企业、"三合一"等行业和领域以及安全生产"百日整治"等专项行动，积极推进安全生产专家诊断，全年未发生重大安全生产事故。全年累计清理环保违法违规项目42个；完成多彩铝业涂装废气排放设备提升改造，完成力宝建材、雷允上、大富科技等企业燃煤锅炉整治；加大对腾龙金属、雷允上等工业污水接管企业规范管理，严控企业污染物偷排、漏排或超标接管排放；关停收储环境信访企业大稳科技，稳控联侨、宜铨、多彩、非凡等环保信访，信访量显著下降。结合文明城市创建工作，强化达富集宿区、丁坝菜场、顶山菜场、毛桥菜场等四大区域整治，全年开展各类整治超过30次。多方协调吴江建工、爱建信托、开发商等相关方，在开发商资金严重短缺的情况下成功推进了星宝花园1007户业主交房及加宝花园建设进度，并协调解决年前农民工工资发放问题。加强警力配置、新增技防探头68个，以应对达富电脑大规模增员带来的社会问题；推进节能改造，完成了东山路、蓬莱路、青岛路等共计113盏路灯改造费用测算与合同签订；完善公共交通网络，增设公共自行车点位4处。全年共处置"网格365"数字平台任务单1199件，其中寒山闻钟101件。

9月19日，创元高新产业园启园仪式暨招商推介会在虞山高新园举行

【英沃电梯有限公司开业】 4月8日，总投资10亿元的英沃电梯有限公司正式运营，同时英沃电梯产业园正式开园，市委常委、常务副市长沈晓东，副市长、高新园党工委书记朱亚辉，以及法国SODIMAS等企业的450多名嘉宾到场参加开业仪式。英沃电梯注册资本3.6亿元，集电梯设计、研发、制造、销售、安装、维保为一体，是法国SODIMAS电梯在亚太唯一的战略合作伙伴。英沃电梯一期制造基地建筑面积6万平方米，产能规划2万台；二期拟批租土地，打造英沃电梯产业园，项目达产后年产电梯3.5万台。

【美国舒尔曼项目开业投产】 4月28日，总投资3000万美元、注册1200万美元的美国舒尔曼项目开业投产，舒尔曼集团总裁兼首席执行官伯纳德·热普卡、全球高级副总裁兼亚太区总裁德里克·布里斯托等高管悉数到场，副市长、高新园党工委书记朱亚辉，高新园管委会主任徐惠东等出席。公司2015年10月落户园区，一期租赁飞煌工业园厂房4600平方米，投资强度超280万美元/亩，主要从事研发和生产色母料，产后销售可达1—1.5亿美元。投资方美国舒尔曼集团是纳斯达克上市公司，在全球共有64个制造工厂，生产中高端工程塑料粒子，是精细划分市场的领头羊，产品广泛用于消费品、电子电气、汽车、农业等各大领域。

【国内首艘自主研发深层搅拌船下水】 10月19日，由常熟中交天和研制的国内首艘自主研发深层搅拌船在天津港顺利下水。该船全长74米，宽32米，是中交研制的中国首艘双机全智能海上深层环保软基处理船(DCM)，在国际上首次采用重型双处理机配置，处理量约为日本船的1.5倍，在施工效率上远优于日本船。整船价格仅为进口船的一半左右，作业效率却提高了近一倍。本艘深层搅拌船的研制成功，一举打破了日韩等国在该领域的技术垄断，并填补了国内空白。

【园区两企业获中央财政扶持】 开关制造有限公司和长城轴承有限公司两家企业成功入选2016"中国制造2025"中央财政扶持项目，合计获得中央财政专项补助近3000万元。其中，长城轴承有限公司的工业机器人轴承实施方案项目获得一次性补助2263万元，为近年来常熟市企业获得中央财政专项资金首超2000万元的项目。该项目总投资1.2亿元，项目实施期限为2015年5月至2018年12月31日，项目实施完成后达到年产100万套工业机器人的生产能力。（张　晟）

江苏常熟新材料产业园

【概况】 2016年，园区累计完成工业总产值121.24亿元，其中规模以上工业企业完成115.45亿元；实现全社会固定资产投资15.77亿元，其中工业投资完成15.52亿元；实现产品销售收入122.92亿元，其中规模以上工业企业完成115.8亿元。园区新投产的滨江、纽佩斯、华道、世名等项目贡献产值7.4亿元，占到增长量的近40%。全年实现财政总收入和公共财政预算收入分别为7.73亿元和3.65亿元，工业企业利润总额13.2亿元。园区连续四年，在中国石油和化学工业联合会对全国化工园区的综合测评中入选"中国化工园区20强"。2016年，园区被江苏省科学技术协会认定为海外智力为国服务行动计划工作基地。

开发建设　2016年，园区续建、新建工程共15项，按照工程性质，分轻重缓急，倒排时间表，抓质量、控成本、抢工期，各项工程序时推进。年内，园区完成了控制性详细规划编制，并取得市政府批复，为今后的开发建设指明方向。一方面，园区集中推进基础设施建设：中昊腰河河道整治、海康路延伸段路灯、生态湿地环保科普展厅等12项工程全面竣工，芦福沙东侧支路、10KV新建电力线路等3项工程有序推进，有效提升了园区的载体配套能力；另一方面，园区重点加快环保设施的建设：积极推进园区污水明管翻建工程、污水处理有限公司二期扩建等重点项目，进一步完善园区的环保设施。此外，园区还积极开展大环境综合整治工作，规范了绿化养护考核，理清了道路保洁和城管执法职能，完善了各类标志标识，规范了道路晒粮管理，提升了园区的整体环境。

招商引资　2016年，园区进一步引进优质项目，延伸产业链。年内园区实现了两个项目的签约，分别为：总投资6000万美元，占地5公顷的日本综研化学液晶用粉体、树脂项目；总投资1.05亿美元，占地10公顷的东南塑料酚醛树脂和热固性模塑料项目。同时，还储备了日本旭化成、台湾中石化、法国蓝星有机硅、比利时湛新树脂等一批优质项目信息。

管理服务　2016年，园区上下全力为落户企业提供优质服务。在项目推进方面，园区妥善协调解决了项目安全环保审批、消防和工程规划审图、土地使改征、危化品企业领证、项目分阶段实施、重点项目土地指标争取等各类问题，为企业排忧解惑。在安全环保方面，启动了"机械化换人、自动化减人"科技强安专项行动，完成了辖区内9家一级、二级重大危险源企业的安全仪表系统改造；启动了安全标准化"三级升二级"提档升级三年行动，完成了常吉化工、天意达标准化三级考评；委托省安科院开展安全现状回顾性评价工作；完成了阿科玛（常熟）基地常熟市级挂牌隐患整改；启动了将园区内企业视频监控及气体探头的接入应急响应中心的工作，逐步实现安全生产监测监控、大气环境水环境监测系统、道路交通、社会面监控系统和气象站信号的整合和全局管理。在加强党员队伍建设方面，园区充分利用党建工作站平台，组织开展了非公企业党组织书记培训、非公企业党员亮身份、"两区两园党建联合体"互学互访等活动，加大与企业的互动交流。

【王飚会见美国科慕公司氟产品事业部总裁】 2月27日，市委副书记、市长王飚会见了美国科慕公司氟产品事业部范德瑞总裁及常熟三爱富中昊新材料有限公司董事张平忠先生一行，就科慕公司与中昊公司在园区成立研究所事宜进行了交谈。此次商谈合作建立的氟产品研究所注册资金约2亿元人民币，将进行含氟化学品、含氟医药、含氟聚合物等新产品的开发，这将对园区增强区域竞争力、促进产业转型升级具有非常重要的意义。

【日本综研化学项目落户园区】 3月3日，日本综研化学粉体项目正式签约落户园区。园区管委会主任须亚军、日本综研化学株式会社社长逢坂纪行等出席签约仪式。综研化学成立于1948年，始终秉持"企业虽小，志在最优，贡献社会"的创业精神，通过自主研发，为家电、汽车、建材等领域提供用途广泛的胶黏剂、微粉体、特殊功能树脂、加工产品、导热油及锅炉、机械制造设备等产品及服务，产品在国内外享有盛誉。新项目主要生产液晶用微粉体、光刻胶、黏胶剂，用地5公顷，总投资6000万美元，注册资本2000万美元，项目计划在两年内完成报批建设。

【东南塑料落户园区】 5月20日，常熟东南塑料有限公司签约落户园区。公司是国内酚醛树脂及塑料行业的领头企业，酚醛模塑料生产历史长度为全国第二。项目规划建成10～15万吨的酚醛树脂和热固性模塑料生产装置，占地10公顷，总投资1.05亿美元，注册资本3500万美元，预计年销售8～10亿元，税收5000万元以上，整体搬迁时间需3年。在搬迁过程中，公司请专业设计院进行全新设计，采用最先进的生产技术和装备，实现绿色生产。东南塑料董事长谢李森、园区管委会主任须亚军参加签约仪式。

【长江流域水资源保护局对园区环境保护进行督查】 6月14日，长江流域水资源保护局、长江流域水资源保护局上海局及环保部华东督查中心组成的联合督查组对园区环境保护及入河排污口设置进行了现场检查。督查组认真听取了园区管委会主任须亚军对环保管理措施、基础设施建设及园区规划等情况的介绍，督查组详细询问了

"水十条"发布后园区的整体落实情况。会后督查组对常熟新材料产业园污水处理有限公司、常熟新材料产业园生态湿地处理中心及新建走马塘入河排污口进行了现场督查。

【苏州和创化学有限公司开工】 7月13日,苏州和创化学有限公司年产5万吨(甲基)丙烯酸酯类项目举行开工仪式。该项目总投资2亿多元人民币,共有12个产品,广泛应用于涂料(包括水性涂料、汽车涂料、船舶涂料、光固化涂料、高固体分涂料等)、油墨、胶黏剂、电子化学品、油品添加剂、水处理剂、生物材料、橡胶塑料等行业,预计于2017年上半年投产运行。

【江苏省副省长马秋林到园区调研】 8月16日上午,副省长马秋林到园区,调研工业经济转型升级情况。苏州市委副书记、市长曲福田,苏州市副市长徐美健以及常熟市委书记王飚,市委副书记、代市长周勤第等陪同调研。马秋林实地参观了常熟三爱富中昊化工新材料有限公司的生产基地,听取了公司产品的生产工艺、市场销售等情况介绍,详细了解了公司产品研发、工业化和信息化等方面的开展情况,并对企业取得的成绩给予了充分肯定。在公司的信息管理中心,整面墙的大屏幕上依次显示着公司占地372亩的企业内各作业区、仓储区和道路、建筑内部的实时监控画面。通过平台,工作人员可以随时调取查看各片区运行实况,并对产品生产过程进行实时监测。

【第十届国际湿地大会专家组成员考察生态湿地】 9月22日,第十届国际湿地大会与会专家组成员专程到园区水处理生态湿地实地考察。生态湿地项目采用德国先进的人工湿地技术,通过物理、化学、生物协同作用净化低浓度废水,集治污、景观、资源化等功能于一体。中心具有零排放、新科技、环境美的特点。在业内被称为"污泥生态处理之父"的斯汀·米歇尔·尼尔森是全球湿地科技平台的创始人之一,此次园区水处理生态湿地考察之行给他留下了深刻的印象,他表示项目运行环保,完全用天然的植物,处理效果非常好。

【苏州市安监局对园区进行安全生产应急管理督查】 10月20日,苏州市安监局协同常熟市安监局到园区进行安全生产应急管理专项督查。苏州安监局听取了产业园在应急方面建设的相关情况,对园区在应急救援力量的建设、应急响应中心的建立、应急救援演练的开展等方面给予了肯定。随后,苏州安监局走访了阿科玛基地与中昊化工两家企业,对两家企业的应急管理相关台账及应急救援物资进行了全面的检查,并希望企业能够再接再厉,强化企业自身的主体责任意识,不断完善企业的应急救援演练,对存在的相关问题及薄弱环节进行及时的治理,推动全市安全生产形势持续稳定好转。

7月13日,苏州和创化学有限公司举行开工仪式

【瑞华公司举办10周年庆典】 11月23日上午,在常熟瑞华工程塑料有限公司举行的10周年庆典活动上,公司公开展示了最近开发成功的3D打印线缝、个性化印刷等汽车内饰面板样品,这些产品以优质的手感、逼真形象的线缝结构和色彩,激发了众多客商代表浓厚的兴趣。瑞华工程塑料有限公司是国内首家汽车工业用乙烯基共混物生产企业,乙烯基共混物是一种粉状物质,是该公司为满足汽车内饰零件有关的安全设计和造型设计理念专门研发生产的高科技产品,主要用于汽车工业上生产内饰、电缆、垫圈等产品及领域。

【大金化学研究技术开发中心落成】 11月25日,大金氟化工(中国)有限公司举行化学研究技术开发中心落成典礼,这也是大金集团化学事业部门在海外设立的第一个开发据点。大金氟化工化学研究技术开发中心投资额达845万美元,占地约2000平方米,主要负责聚四氟乙烯、熔融树脂、氟橡胶、涂料等中国市场上广泛使用的氟产品的商品开发、工艺开发和应用研究开发工作,同时积极吸纳、培养优秀的研发人才,加快大金氟化工在中国区域产品开发和改良的对应速度,提升公司的整体竞争力。活动现场,大金公司向海虞中心小学和海虞中学捐赠助学金共20万元。

【省委常委、苏州市委书记周乃翔调研园区】 12月14日,苏州市委、市政府开展"两减六治三提升"专项行动暨沿江化工行业优化提升整治专项行动现场调研。省委常委、苏州市委书记周乃翔,苏州市长曲福田,苏州市人大常委会主任陈振一,苏州市政协主席高雪坤以及常熟市市委书记王飚,市委副书记、代市长周勤第等领导陪同调研。周乃翔一行专程来到园区生态湿地开展现场调研。周乃翔充分肯定园区在化工行业优化提升方面所取得的工作成效,并高度赞赏园区利用生态湿地工艺处理污水厂尾水的先进做法。调研中,周乃翔要求园区响应省政府"263"行动要求,认真落实好国家、江苏省、苏州市对化工行业安全、环保生产的要求，要规范园区建设，优化提升化工行业发展水平，保护好长江的生态环境，实现绿色发展之路。（钱慧一）

常熟国家大学科技园

【概况】 常熟国家大学科技园由常熟市人民政府与国内多所重点高校合作共建，采用"企一园一校"逆向建园模式，是全国首家设立在发达县域经济中的国家级大学科技园，也是全国首批高校学生科技创业实习基地，已成为常熟市推进科技创新、引领产业转型升级、增强区域创新能力的重要战略平台。2016年，大学科技园成功创建省大众创业万众创新示范基地、省科技企业加速器、省"苗圃一孵化器一加速器"科技创业孵化链条试点和省科普教育基地。

开发建设 2016年，实质化运作大学科技园管委会科技招商部，下设科技招商、招才引智、科技金融、招商服务等4个科室。同时进一步推进大学科技园公司市场化运作，成立财务部，根据公司发展规划和服务内容建立健全财务管理制度，完成公司资产和负债清查工作。成立资产运营部，起草完善了房产管理办法及租赁合同，强化入驻企业登记、租赁合同签订及租赁金收取工作。完成苏州富士莱厂房2.5万平方米、白雪电器厂房1万平方米的租赁工作。启动常熟理工学院3号宿舍楼的搬迁工作，承租银环苑1号宿舍楼及启动内部配套设施改造工程。成立投资管理部，梳理公司对外投资情况，开展被投资单位年度审计工作，全年完成7笔对外投资，包括苏州荣寰、常熟博融等2家创投基金和五方智能车、集萃智能液晶等5家平台公司，共计4321万元。通过"常熟小样青年社区"建设，积极推进本地创业生态体系建设及飞地孵化器建设，打造常熟国家大学科技园众创空间集聚区，促进众创空间集群发展，打造"昆承创客"品牌。全年引进网禾智造、众智云集、沃创公社等7家众创空间，众创空间数量累计达到12家，园区众创集聚区初具规模。同时，慧谷创业＋成功申报国家级众创空间，欧雷奥创新工场成功申报省级众创空间，寰球创客谷成功申报苏州市级众创空间。

招才引智 2016年，成功引进江苏省产业技术研究院智能液晶技术研究所和北京大学分子工程苏南研究院两个重大科技创新平台。中国汽车工程学会常熟双创中心、常熟小样青年社区、多维(常熟)国际科创中心等项目相继签约落户园区。积极推进与美南专协联、北美招商、爱尔兰学联等海内外招才引智渠道的合作，组织对接苏州精英周、美南专协联常熟行、北美创业大赛、旅美科协常熟行、清华创业团队常熟行等专场招才引智活动，并于6月份在上海对接组织了大学科技园首场专场人才推介会。全年累计筛选各类人才项目信息1100多个，与60多个项目进行了深度对接。全年引进创新创业团队43支，注册资本超11亿元，入选省双创人才2个、省双创博士4个，入选省"六大人才高峰"项目3个，其中团队项目是常熟市首次获评，入选姑苏人才6个、姑苏天使7个，入选常熟市领军人才16个。于12月份首次组织了常熟高新区昆承英才项目评审，进一步提升了常熟高新区人才政策的实施效率。2016年，园区不断加大科技创新工作力度，科技项目立项数量及立项经费获得较大突破，累计立项市级以上科技项目19个，其中省成果转化专项资金等项目为园区首次立项，立项经费超2000万元，其中大学科技园公司申报的"国家级大学科技园项目引进和孵化管理体系建设"项目获得省科技型创业企业孵育计划350万元支持，江苏碳诺显示技术有限公司等5家企业获得省重点研发计划立项，占全市立项数的71%。园区全年新增高新技术企业14家、民营科技企业26家、小微科技企业16家、科技型中小企业7家、苏州市工程技术研究中心1家，30个高新技术产品获得认定，授权发明专利63件。

管理服务 2016年，园区引入天瑞会计师事务所、众楚科技服务等各类科技服务业项目8个，联合苏州慧驰、中欧创新网成立苏州慧领技术转移有限公司，探索建立中外科技专利技术在中国企业转移并产业化发展的创新体系。人力资源产业园共引入各类人力资源服务类公司72家，累计注册资本约1.85亿元，其中CDP集团、博尔捷等均为国内行业知名机构，人力资源服务产业集聚效应日趋明显。科技金融产业园成功引入目前全市最大的产业基金一总规模12亿元的中兴叁号股权投资产业基金，全市首家天使投资基金一总规模5000万元的荣寰天使基金和总规模5000万元的博翰创投二期基金一博融创投，引入基金总规模同比增长130%，区内基金总规模超50亿元。联合常熟理工学院举办了2期"双创大讲堂"。组织了12期常友会活动，搭建政府、企业、机构线下互动交流平台。组织各类小规模多场次的创业大赛、创业沙龙、创业培训等活动，共计20余次。举办了宁波银行一东吴证券业务推荐会、中银集团业务推荐会、中国(常熟)创业投资领袖峰会、苏州股权交易中心培训等4场大型金融机构与创业企业的对接活动。采用"一对一"对接的形式，为宁波银行、江苏银行、东吴证券、中银国际、达晨创投、乾融资本等金融机构与英华特涡旋、慧驰轻合金、恒富昱光电、国嘉记忆合金进行了牵线搭桥，期间走访企业达40余次。组织旷远生物、慧康电子等34家企业申请列入常熟市科技风险补偿资金备选企业库。协助金山太阳能、英芮诚等企业落实银行贷款近2000万元。组织园区内60余家企业参加浙江大学、常熟理工学院等校园招聘活动。

【大学科技园获批中国自动化学会科普教育基地】 1月7日，中国自动化学会发布2015年中国自动化学会科普教育基地认定名单，常熟国家大学科技园申报的中国智能车综合技术研究与测试中心成功入选，有利于园区通过开放科技展馆、智能车辆测试场地，承办"中国智能车未来挑战赛"等多种形式向公众开展科普教育宣传活动，充分发挥推动自动化、信息与智能科学知识普及的作用。

【常熟小样青年社区签约】 8月9日，常熟国家大学科技园与深圳市世联科创科技服务有限公司举行常熟小样青年社区合作共建签约仪式。常熟小样青年社区作为“小样”在全国战略布局的重要部分，将采取“飞地+本地”联动的方式，打造常熟的创新创业生态体系，以“信息+孵化+投资+宣传”为手段，打造“双载体+基金+多市场”的综合服务模式，挖掘和塑造“常熟基因”，打造常熟创新创业的城市标签，形成“常熟磁极”，服务更多的常熟创业者。

【多维(常熟)国际科创中心签约】 8月12日，常熟国家大学科技园与多维空间举行多维(常熟)国际科创中心合作共建签约仪式。中心将充分借鉴“以色列—硅谷”的“双总部运营”模式，通过挖掘海外优质项目，吸引全球跨境技术转移落地，努力打造苏南地区最大的外资企业孵化平台。

【慧谷创业+获批国家级众创空间】 9月12日，经国家科技部火炬中心评审，慧谷创业+获批成为常熟市首家国家级众创空间。慧谷创业+以常熟慧谷科技园有限公司为运营实体，为入驻企业提供投融资、市场、培训、人力资源、产学研等服务，是以互联网项目为重点培育方向，兼顾其他高新技术创新创业项目的公益类低门槛大众创业、万众创新综合服务平台。

【大学科技园获批江苏省大众创业万众创新示范基地】 12月21日，江苏省发改委发布2016年度江苏省大众创业万众创新示范基地认定名单，常熟国家大学科技园获批为“高校和科研院所示范基地”，有利于园区进一步优化创业环境，激发创新创业活力。

【大学科技园获批江苏省科技企业加速器】 12月21日，江苏省科技厅发布第三批江苏省科技企业加速器认定名单，常熟国家大学科技园科技企业加速器成功入选，有利于园区不断提升创业服务质量和水平，促进高成长性科技企业加速发展。

【大学科技园获批江苏省科技创业孵化链条建设试点】 12月21日，江苏省科技厅发布第三批江苏省“苗圃—孵化器—加速器”科技创业孵化链条建设试点名单，常熟国家大学科技园成功入选，有利于园区构建完整的“创业—孵化—加速—产业化”创新创业服务体系，营造良好创新创业生态。

【大学科技园获批江苏省科普教育基地】 12月30日，江苏省科协、省科技厅、省教育厅联合发布2016—2020年度江苏省科普教育基地认定名单，常熟国家大学科技园成功入选，有利于园区进一步营造科普宣传的良好氛围。

(张志华)

责任编辑 王 宏

港口·口岸

综　　述

【概况】 2016年，常熟口岸完成货物吞吐量8664.7万吨，其中外贸量1566.9万吨，集装箱41.15万标箱，同比分别增长1.9%、5.8%、6.3%。全年常熟港完成总投资1827万元，完成新建泊位1个，开展技术改造泊位3个，竣工验收泊位3个，常熟港进港航道下段完成疏浚，维护水深提升至理论最低潮面下8.5米，航宽250米；完成兴华岸电、华润化工蒸汽余热利用2个绿色港口重点支撑项目。《江苏省常熟港十三五物流发展规划研究》《常熟港发展战略研究》通过课题评审。完成对全港13家对外开放码头的年度核查，铁黄沙水域扩大开放已列入国家口岸"十三五"发展规划。常熟口岸连续四届获得"江苏省文明口岸"称号，市口岸办获评优秀组织奖，海关、国检、海事、边检和引航站获评江苏省文明单位，文明口岸品牌知名度进一步提升。关检联动助推常熟服装城市场采购贸易方式列入国家试点，常熟跨境电商综合服务平台建设正式启动。区域通关一体化进展顺利，无纸化通关覆盖率大幅提升，船舶单证实现全程电子化。关检合作"三个一"适用商品和企业进一步扩大，对碰数据在江苏省处于领先。国际贸易"单一窗口"建设一期项目完成并上线运行，二期项目完成阶段性验收，在全省首创国际航行船舶出口岸实行电子化联合审批，船舶通关实现全程无纸化。常熟口岸全年共监管进出口货物1184万吨，货值89.8亿美元，同比分别增长3%和下降3.5%；监管集装箱货物22.06万标箱，同比增长9.4%；监管运输工具2878艘次，同比下降7.4%；查验报关单5584份，查获461份；全年实现税收入库65.9亿元，同比增长4.7%。办理船舶进出港签证36741艘次，完成船舶检验质量监督检查77艘次，办理新建船舶登记2艘次、水工许可29件、危险货物申报审批5790艘次，完成内河船舶安全检查395艘次，海船安全检查69艘次，PSC安全检查58艘次。检验检疫出入境货物2.53万批、22.83亿美元，同比分别增长0.50%和下降18.33%，其中入境检验检疫1.39万批、17.39亿美元，同比分别下降6.97%和23.10%，出境检验检疫1.14万批、5.44亿美元，同比分别增长11.44%和1.91%。检验检疫集装箱17.30万标箱，同比增长9.98%，检疫国际航行船舶2828艘次，同比下降4.33%，监测国际船员4.99万人次，同比下降3.29%。共检查出入境（港）船舶2528艘次、检查出入境（港）人员42389人次，同比分别下降2.4%、1.8%，办理登轮证等各类证件20821份。水上搜救中心成功救助遇险船舶22艘，救助遇险人员235人；高效处置"中恒9"沉船事故，安全转移15名被救人员，未造成水域污染。

常　熟　港

【概况】 2016年，常熟港港口生产平稳增长，完成货物吞吐量8664.7万吨，

铁黄沙景观

其中外贸量1566.9万吨,集装箱41.15万标箱,同比分别增长1.9%、5.8%、6.3%。港口规划建设扎实开展,《江苏省常熟港十三五物流发展规划研究》《常熟港发展战略研究》通过课题评审;全年常熟港完成总投资1827万元,完成新建泊位1个,开展技术改造泊位3个,竣工验收泊位3个,常熟港进港航道下段完成疏浚,维护水深提升至理论最低潮面下8.5米,航宽250米。绿色港口建设稳步推进,完成兴华岸电、华润化工蒸汽余热利用2个绿色港口重点支撑项目,同时新增、完善了12套简易岸电装置。港际合作不断深入,8月份,常熟港同日本萨摩川内港签订两市港口贸易合作协议,两市港口贸易运输合作进一步深化。严格依法行政,维护港口经营秩序,2016年共注销港口经营许可证10份,新核发5份(含增加业务许可证1份),延续40份,办理试运行手续5份。港政监察大队外出巡查331次(其中开展联合执法20次、夜间巡查10次),发出督查意见表14份、行政告知书16份、限期整改通知书5份、责令改正违法行为通知书4份,开展行政约谈9次,实施行政处罚3起。强化安全监管,港口安全形势持续平稳,全年完成危险货物港口作业审批3289批次54个品种合计457.54万吨。累计排查安全隐患477条,落实整改461条。8家码头、仓储企业通过安全生产标准化二级达标考评,组织204人次参加安全教育培训。强化口岸综合协调管理,巩固口岸改革创新成果,常熟口岸连续四届获得"江苏省文明口岸"称号,市口岸办获评优秀组织奖。关检"三个一"试点货种在废纸和木材基础上新增加了轮胎,采用全国版三个一系统单位增加至8家,全年完成一次申报3954批次,一次查验1448批次,一次放行3876批次,对碰数据在全省处于领先。年内,完成了对全港13家对外开放码头的年度核查,多次协调相关部门做好部分企业三超船舶的安全靠泊和作业。口岸信息化水平持续提升,国际贸易"单一窗口"建设一期项目完成并上线运行,二期项目完成阶段性验收,在全省首创国际航行船舶出口岸电子化联合审批,船舶通关实现全程无纸化。常熟智慧物流公共信息平台完成建设并上线运行,截至年底,在该平台上运作的企业有35家。

【常熟港港口行政执法艇投用】 1月6日,市口岸办(港口局)港口行政执法艇"苏港政0501"正式投入使用。该艇长28米,型宽5.2米,型深2.2米,主机2台,功率227千瓦/台,航区A级,主要用于常熟港辖区水域范围的港口行政执法以及常熟港水上过驳区的集中规范执法管理等工作。

【《常熟港发展战略研究》课题成果通过验收】 3月22日,《常熟港发展战略研究》课题成果验收会在常熟市召开,由常熟市、上海市相关专家组成的验收组在听取项目承担单位的终期成果汇报后,经质询讨论,一致同意该项研究成果通过验收。《常熟港发展战略研究》从融入长江经济带建设、对接自贸区、接轨上海入手,深入分析了常熟港发展现状和面临的机遇与挑战,勾画了"十三五"常熟港发展的总体思路与战略方向,着重对铁黄沙作业区建设的战略目标和重点发展领域提出了建议,并为常熟港"十三五"重点产业及推动"港一产一城"融合发展提供了对策建议,为常熟港在新时期准确把握功能定位,科学制订产业发展规划,实现转型升级与绿色发展提供了主攻方向和指引思路。

【常熟港召开"港口安全管理年"部署会】 4月26日,市口岸办(港口局)组织召开常熟港"港口安全管理年"部署会,常熟经济技术开发区、苏州市港口局有关领导列席会议,码头企业、部分劳务公司参加会议。根据全省"港口安全管理年"部署会议的精神,常熟港将从夯实港口企业主体责任,全面梳理岗位安全生产职责和要求,制定分级安全责任清单;全面开展企业安全标准化达标建设;强化日常安全检查和隐患治理力度,重点落实危险品船舶靠泊作业期间港方和船方的安全管理措施;加强安全管理科技化建设,进一步提升企业安全管理信息化水平;强化应急能力建设,提升以班组为单位的现场处置能力;探索构建企业安全文化等6方面全面推进"港口安全管理年"相关活动,达到夯实安全管理基础,提高安全管理水平的目标。

【常熟港举行商品车滚装码头开航仪式】 4月27日,泰达物流华东运营中心启动暨常熟商品车滚装码头开航仪式在常熟港新泰港务码头举行。此次泰达物流华东运营中心启动,有助于将常熟港打造成长三角经济核心区域一个商品汽车及进出口零部件集散地,为长江经济带上的重庆、南京、芜湖、武汉等重要的汽车生产基地提供运输中转服务,同时能够向北连接泰达天津联

8月24日,总载重吨82936吨的马绍尔群岛籍船舶"纳维"号靠泊兴华码头,该轮为常熟港迄今到港总载重吨最大的船舶

运中心，向南辐射东南地区，奠定常熟港在长江经济带上的汽车水运地位，也将有力促进常熟本地港口汽车物流业加速发展，为江苏汽车制造业更快发展提供更好服务。

【常熟港国邦石油化工码头工程通过竣工验收】 8月3日，苏州港常熟港区金泾塘作业区国邦石油化工码头工程通过由苏州市港口管理局组织的竣工验收。该工程新建1个20000吨级油品化工泊位(码头长度可同时靠泊2个2000吨级油品化工泊位)、引桥、陆域管道及相关配套设施。设计年通过能力115万吨，投资总额约1.19亿元。常熟国邦石油化工码头的竣工标志着码头将正式投入运行，极大提升常熟港油品货种通过能力，促进地区经济发展。

【常熟港进港航道提升维护水深尺度】 8月9日，长江上海航道管理处发布航道通告，常熟港专用航道下段新泾口至金泾口下1千米航段，自2016年8月10日0时起，维护水深提升至理论最低潮面下8.5米，航宽250米。根据2016年3月22日航道扫测图显示，常熟港进港航道局部区间存在一定的回淤现象。为更好地满足进港航道内船舶进出港的需求和保障船舶安全通航，市口岸办(港口局)组织对常熟港进港航道回淤段进行紧急疏浚，工程完工后，立即组织航道扫测、评审，沟通航道管理部门发布航道维护水深通告，航道维护水深通告的发布将充分发挥常熟港进港航道的作用。

【常熟口岸“单一窗口”二期项目完成阶段性验收】 10月27日，常熟口岸“单一窗口”二期项目通过市信息化领导小组组织的阶段性验收。项目阶段性总结归纳了“单一窗口”二期2016年五个子项目(“单一窗口”——数据交换平台、常熟港企业资质备案及贸易许可证管理系统、常熟口岸诚信库系统、“单一窗口”短信子系统、“单一窗口”APP子系统)的建设完成情况、成本决算等。随后，验收小组根据验收标准对项目进行审查，一致同意通过“单一窗口”二期项目阶段性验收。

【开展纪念常熟港建港20周年系列活动】 11月16日，在常熟港开港20周年之际，市口岸办(港口局)主任(局长)陶俊明走进《常熟日报》新闻发布厅，讲述常熟港20年发展历程和未来规划。为展示常熟港20年发展成就，在《常熟日报》开展了“走进常熟港”大型新闻行动，共刊发6个篇章35篇报道，集结成《风帆正劲耀航程——走进常熟港》一书；运用“八点电视吧”微信公众号平台开展建港20周年图片征集活动，并推送19篇微信短文；组织口岸办(港口局)全体工作人员参观常熟港全貌，增强常熟港口人的凝聚力、荣誉感和责任感；制作完成常熟港宣传片——《筑梦常熟港》，全面展现常熟口岸港口20年发展崭新面貌，提升了常熟口岸港口对外知名度。

【萨摩川内市贸易调查团访问常熟港】 12月15日，日本萨摩川内市贸易调查团一行5人到访常熟港，调查团同市口岸办(港口局)、市外事办、代理及国内木材贸易商代表一同参观了木材样品，并进行贸易洽谈。2016年是常熟市与萨摩川内市缔结友好城市25周年，9月份两市签署了港口贸易合作协议，进一步深化了双方经贸方面的合作。此次来访，萨摩川内市方面带来了当地优质的木材品种以及优惠的价格，调查团还同各家贸易商进行实质性会谈，就木材品种、数量和价格要求等方面进行充分沟通。通过此次访问，进一步增进了彼此了解，有望促进两地港口运输、木材贸易的深入合作发展。

【常电公司3.5万吨级煤码头扩建工程通过竣工验收】 12月23日，江苏省交通运输厅在常熟组织召开了江苏常熟发电有限公司煤码头扩建工程竣工验收会，由各相关行政管理部门代表及特邀专家组成的竣工验收委员会踏勘了工程现场，详细听取了各参建单位的竣工工作报告及质量监督检验单位的质监报告，认真查阅了工程档案资料，一致同意该工程通过竣工验收。江苏常熟发电有限公司煤码头扩建工程新建3.5万吨级煤炭接卸泊位一个，是该公司2×100万千瓦发电机组项目的配套工程，码头竣工投用后将承担该机组发电用煤装卸工作(每年约460万吨)，进一步保障地区生产及生活用电需求。（沈　洁）

海　关

【概况】 2016年，常熟地区进出口总值1310.9亿元，同比下降4.6%。其中，出口881.3亿元，下降2.8%；进口429.6亿元，下降8.2%。常熟海关全年共办理进出口报关单14.8万份，同比下降2.8%；监管进出口货物1184万吨，货值89.8亿美元，同比分别增长3%和下降3.5%；税收实现量质并举，入库税收65.9亿元，同比增长4.7%；优化监管查验工作机制，查验报关单5584份，查获461份；逐步实行保税监管新模式，构建加工贸易分类管理体系，加工贸易进出口额80.88亿美元，同比下降22.1%。至2016年底，在海关注册的常熟地区企业达到4314家，同比增长9.4%；推进引入中介机构参与稽核查作业试点，开展特许权使用费主动披露专项工作，全年稽核查征收税款3564万元，增长20%；开展打击走私“国门利剑2016”联合专项行动，刑事立案1起，一般行政案件162件，其中1000万元以上的大要案3起。常熟海关不断优化服务举措，扩大联系基层工作制度的范围，3月、11月先后两次开展对全市进出口排名前50位的重点外贸企业开展现场调研，听取企业对海关工作的意见和建议，帮助企业解决通关障碍和难题；继续深入推进各项业务改革，扩大关检合作“三个一”适用商品、企业，纵深拓展复制推广上海自贸区政策、主动披露、报送式稽查等业务改革，积极参与“单一窗口”二期项目，对理文监管场所视频监控系统升级改造并试行废纸视频查验模式；按照“一点接单、多点监管”的模式，对市区海关本部、港区、常熟综合保税区B区等3个片区、4个业务办事大厅、5个办公地点、16个海关监管场所的海关监管资源进行整合，对相关业务流程进行再造，改革效能初步显现。

【支持常熟服装城“市场采购”贸易方式试点落地】 常熟海关会同政府相关部门组成联合调研组多次赴义乌、南通等地开展实地调研，分析贸易业态的特点、监管难点，全方位开展政策研究工作，并成立课题组提前制订周密的监管方案，设计符合常熟服装城需求的市场采购出口流程，此外还根据服装城发展状况和特点、海关监管资源集约化的要求和市场采购贸易的发展方向，创新整合“一点接单、多点监管”资源。6月2日，商务部副司长朱咏、省商务厅副厅长笪家祥一行在常熟对“市场采购”贸易方式进行专题调研期间，充分肯定海关开展的政策研究、方案设计等前期工作；8月10日，商务部副部长钟山在常熟服装城调研市场采购贸易期间，对常熟海关提前谋划相关通关监管流程等方面工作给予肯定；9月8日，商务部、海关总署等8部门联合发文，明确江苏常熟服装城列入第三批全国开展市场采购贸易方式试点区域；10月14日，副省长张雷在常熟服装城调研期间对海关支持江苏常熟服装城成功获批全国第三批市场采购贸易方式试点所做工作表示感谢，并希望海关在支持市场采购贸易方式落地、争取在全国第三批试点单位中率先启动试点工作等方面做出更大贡献；11月2日，南京海关关长薛金楼在常熟服装城调研期间，对常熟海关通过理论研究，支持常熟服装城获批市场采购贸易方式试点工作给予肯定，并要求常熟海关继续加强监管与服务，全力助推常熟服装城市场采购贸易试点又好又快发展；11月16日海关总署63号公告明确江苏常熟服装城适用“市场采购”(代码为1039)监管方式；10月25日，常熟服装城首票“市场采购”报关单顺利通关。

【开展服务外贸“提速、减负、增效”百千万活动】 7月，常熟海关、常熟出入境检验检疫局联合集中开展服务外贸“提速、减负、增效”百千万活动。7月5日—7日，关检双方主要负责人带队，先后赴奇瑞捷豹路虎汽车有限公司、波司登股份有限公司、达富电脑(常熟)有限公司、烨辉(中国)科技材料有限公司等4家企业进行现场办公，听取相关企业情况介绍，了解企业生产经营状况，对企业提出的疑难问题和意见建议进行现场答复，指导企业用好用足通关便利政策，积极帮助和促进企业进出口稳定向好发展。7月26日，关检联合召开“关检合作服务外贸百千万活动常熟地区企业座谈会”，常熟地区40多家重点进出口企业、物流企业和代理企业的代表，常熟关检双方的分管领导、部分科室负责人共60余人参加活动。

【副省长张雷到常熟调研】 10月14日，南京海关关长薛金楼、副关长张衡陪同江苏省副省长张雷一行在常熟调研，实地参观常熟服装城市场聚集区，了解常熟地区开展市场采购贸易试点前期准备情况及今后的业务需求。省政府副秘书长方伟，苏州市委书记周乃翔、副市长盛蕾、常熟市代市长周勤第，省商务厅厅长马明龙、南京海关关长薛金楼、江苏出入境检验检疫局局长王伟、苏州海关副关长阎伟国、常熟海关关长掌孝恩陪同主调研。

【常熟服装城“市场采购”贸易方式试点试运行成功】 10月25日，常熟服装城“市场采购”贸易方式试点试运行首票报关单顺利通关，该票货物为常熟市一步达进出口贸易有限公司出口的男士外套和男士马甲，共124件货物，货值83.34万元。

【常熟海关首票移动查验单兵作业试点成功】 12月21日，常熟海关首票移动查验单兵作业试点成功，标志着常熟海关查验作业规范化、现代化水平进一步提升。

【常熟海关实施加工贸易监管一体化改革】 12月28日，常熟海关实施加工贸易监管一体化改革，精简业务流程，优化作业方式，提高通关效率，实现“集中管理、专业审核、现场验证”的一体化作业模式。 (王京严)

11月2日，南京海关关长薛金楼在常熟服装城调研

出入境检验检疫

【概况】 2016年，常熟出入境检验检疫局共检验检疫出入境货物2.53万批、22.83亿美元，同比分别增长0.50%和下降18.33%，其中入境检验检疫1.39万批、17.39亿美元，同比分别下降6.97%和23.10%，出境检验检疫1.14万批、5.44亿美元，同比分别增长11.44%和1.91%。检验检疫集装箱17.30万标箱，检疫国际航行船舶2828艘次，监测国际船员4.99万人次。年内，常熟出入境检验检疫局严守国门安全，强化疫情疫病防控和质量安全监管，截获医学媒介生物8种，截获外来有害生物261种，其中全国首次截获3种；检出严重不合格进口商品15批，实施销毁、退运、限制使用等处理，监督销毁CCC免办入境测试车辆20辆，对外出证提赔365万美元。深化改革创新，

推动便捷通关，大力推行区域一体化、业务无纸化和部门联动化，国际航行船舶“单一窗口”“三个一”工作保持全省领先；开发手机APP，电讯检疫船舶492艘次；完善“质量共治”机制，创建两个国家级出口质量安全示范区。坚持优化服务，出台服务发展、降成本举措，建立局领导与区镇板块、重点企业、重点项目“三联系”制度，开展关检合作服务外贸“百千万”活动；签发各类产地证3.79万份，为企业获进口国关税减免3.07亿元人民币，与商务局、贸促会共同推进外贸备案“三证合一”。提升综合实力，深化依法行政，制订并发布权力清单和责任清单；调整业务职能，将进口木材、汽车零部件等业务下放口岸一线部门；开展科研、政研项目12个，重点商品质量分析工作名列全省系统前茅；加强实验室建设，国家级金属材料实验室形成73个大项的检测能力，新建检疫综合实验室具备口岸疫情疫病初筛功能，临港化工实验室推出2小时快检服务。推进从严治检，扎实开展“两学一做”学习教育，建好“六微”教育载体，开展立规正风等“五项行动”，举办3期理想信念教育培训班；加强党风廉政建设，落实“两个责任”，开展支部书记年度述职评议活动；严格内部管理，制订“八项规定”补充规定，开展微违规、微积分、绩效考核。全年获2013—2015年度江苏省文明单位、2015—2016年度全省系统文明单位标兵、2016年度服务地方发展优胜单位、常熟口岸社会满意度测评第一名等集体荣誉49项、个人荣誉86项。

【全省口岸首次退运放射性严重超标进口石材】 3月，一批名为“雪山银狐”的进口花岗石从巴西运抵常熟港。常熟出入境检验检疫局实施检验时发现，部分石材的放射性指标明显异常。经采样送实验室检测，其放射性指数超出中国对建筑材料放射性核素限量的强制性标准，属于放射性严重超标。该批石材被依法退运，为全省口岸首次。

【加快复制推广上海自贸区创新制度】 2016年，常熟出入境检验检疫局推动全球维修监管、特殊物品监管2项自贸区创新制度落地常熟。省级“全球维修监管”样板点于6月通过验收，达富电脑等4家企业进口维修产品通关时间由9—10个工作日缩短为1—2个工作日。诺华制药等2家企业通过入出境生物材料（制品）风险管理考核，开通特殊物品入出境“快速通道”，部分产品审批时间缩短至3个工作日。

【全省率先上线运行e—CIQ主干系统】 7月25日，常熟出入境检验检疫局作为全省系统首批试点的2个分支局之一，率先上线运行中国检验检疫主干系统（e—CIQ系统），开启“互联网+检验检疫”模式，实现了为全省乃至全国系统探路、让企业尽早享受创新制度红利的目标，工作专报被常熟市委书记王飏批示肯定。

12月23日，常熟出入境检验检疫局与常熟海关在关检联合查验场所对进口废纸进行“一次查验”

【推动常熟服装城市场采购贸易方式试点获批运行】 9月，常熟服装城市场采购贸易方式试点获商务部等国家8部委批准，为江苏省第二家获批单位，全年试运行17批217万美元。为支持常熟服装城市场采购贸易、跨境电商等新贸易方式发展，常熟出入境检验检疫局提前介入，制订建设方案，序时推进人员配备、监管场所、综合监管平台等软硬件建设，推动跨境电商监管中心监管条件筹备到位。

【深化“创新模式服务汽车产业发展”省级样板建设】 9月，常熟出入境检验检疫局发布5.0版“路虎直通式检验检疫”规则，探索实施“一站式”作业、综合查验、双随机查验，在重点企业、重大项目复制推广“一企一策”精准服务模式。据企业测算，新模式全年为路虎汽车节省费用690多万元，观致、丰田汽车、三菱电机等整车及零部件企业进口货物查验批次减少80%。

【提档升级出口产品质量安全示范区建设】 10月，新申报的常熟国家级羽绒制品出口质量安全示范区、国家级电子IT出口质量安全示范区续延通过国家质检总局现场验收，常熟成为全国唯一拥有2个国家级示范区的县级市，被写入2017年常熟市政府工作报告。示范区龙头企业波司登、达富电脑获评“中国出口质量安全示范企业”，波司登被列入全省首批12家“同线同标同质”试点企业名单。

【支持常熟港扩量增效】 2016年，常熟出入境检验检疫局积极推动货主码头公共化，支持泰达汽车物流中心落户，扶持新泰港务、亨通码头拓展进口木材业务，指导理文进口废纸专业码头建设，助力打造进口木材、纸浆、钢材等特色口岸。常熟港全年进口木材291万立方米、纸浆381万吨，进出口化工品370万吨、钢材276万吨。

【全国首次截获世界黑毛皮蠹等3种外来有害生物】 2016年，常熟出入境检验检疫局在1批印尼输华装载木浆的集装箱中截获世界黑毛皮蠹，在1批来自日本的柳杉原木中截获翠绿块斑吉丁，在1批来自巴布亚新几内亚的集装箱木质包装中截获1种象虫科害虫(Lixellus sp.)。经中国检科院专家确认，上述3种有害生物均为全国首次截获。（华　莹）

边防检查

【概况】 2016年，常熟边防检查站以"服务"为中心，坚持问题导向，树正气、聚人气、提士气；坚持创优进位，抓整改、补短板、强基础；坚持服务发展，推改革、严管控、保稳定。扎实开展"固边系列"和"虞城净港"专项行动，完善预案、配齐装备、加强演练，持续增强口岸查控堵截和应急处突能力；常态运行"双巡双管"勤务模式，调整勤务组织方式，实现执勤效率和服务效能提升，有效解决警力紧张问题，在全省做到了先行先试；完善和运用被省边防总队作为执法执勤"三统一"模板的边检权责清单，建设卡口智能通关和"小型化"外舷监控系统，推行"一证通"和"多证通"服务机制，推出"船方自管访问卡"举措，加强码头企业诚信管理，发挥"协管助勤"作用，拓展边检"E服务"平台功能，通过科技应用和管理创新，进一步提升服务发展效能。全年，共检查出入境船舶2706艘次，检查出入境人员45359人次，同比分别下降12.31%、8.54%。

【苏锡常政治教育协作区到常熟开展主题实践活动】 3月29日，苏锡常政治教育协作区依托常熟红色文化资源，组织开展"缅怀先烈、回顾历史"暨"讲党性、迎考验"主题实践活动，协作区成员单位党员官兵代表共30人参加了活动。在沙家浜革命历史纪念馆里，官兵们在讲解员的带领下，瞻仰了常熟部分抗战英烈的照片生平、蜡像群雕、珍贵文物等展品，追忆了革命先烈的光荣事迹，品味了他们的人生亮点，在潜移默化中感受"沙家浜精神"内涵和红色文化魅力。

边防巡逻

【联合开展"五四"运动97周年系列纪念活动】 5月3日，边检站联合虞山镇团委开展"五四"运动97周年纪念会暨"活力五四·青春不留白"警民趣味运动会。驻地优秀青年代表和边检官兵共200余人参加活动。纪念会上，边检站领导致欢迎辞，团市委领导向全市青年发出了"坚定理想信念、弘扬五四精神，点燃青春梦、铸就中国梦"的活动倡议，宣读"优秀青年志愿者"的表彰通报。随后，运动会在边防龙狮队的表演后拉开序幕。

【蔡锦明到常熟边检站检查督导】 5月17日至18日，省边防总队副总队长蔡锦明、后勤部副部长吴千带队到常熟边检站督导检查工作。期间，督导组听取了边检站重点工作开展情况的汇报，调阅了会议记录，查阅了重点工作台账，与班子成员和官兵代表进行个别谈话交流，现场检查执勤业务科和监护中队相关工作，实地查看监护二中队、农副业生产基地规划建设情况。18日上午，蔡锦明主持召开重点工作督导检查情况反馈会，肯定成绩的同时，指出工作中存在的问题与不足，并就如何做好下一步工作提出具体要求。

【陈庆忠到常熟视察指导工作】 6月7日至8日，省边防总队政委陈庆忠到常熟边检站视察指导工作。陈庆忠听取了边检站近年来边检工作和部队建设情况汇报，现场观看了海港勤务指挥运作流程、船舶外弦监控系统应用和4G图传信息化巡查巡视现场演示，实地视察了监护中队营区营貌、联检中心执勤现场、码头一线执勤哨点。充分肯定边检站在部队发展建设中取得的成绩，对下一步工作提出具体要求。

【召开G20峰会安保工作动员部署会】 6月29日，边检站组织召开G20峰会安保工作动员部署会，对做好G20峰会安保工作进行动员部署。会议传达学习中央、部局、省公安厅和边防总队关于进一步做好G20峰会安全保卫工作的通知精神，并结合常熟口岸边防安保形势和上级部署要求，就贯彻落实通知精神全力做好边防安保工作进行了强调。

【边检站与市公安局签订反恐协作协议】 8月10日，边检站与市公安局就加强口岸反恐工作举行工作会谈并签订反恐协作协议。常熟市委常委、政法委书记、公安局局长吴军出席会议签字并讲话。会议对下一步加强反恐协作工作提出具体意见，会后双方本着"资源共享、优势互补、合作共赢"的工作方针签订《反恐协作协议》，为下一步形成口岸反恐合力打下基础。

【夏军出席中共常熟边防检查站第三次党员大会】 8月25日，省边防总队党委常委、副总队长夏军同志出席中共常熟边防检查站第三次党员大会并作重要讲话。会议听取并审议通过站党委工作报告和纪委工作报告，选举产生了新一届党的委员会和纪律检查委员会。会议还选举产生出席省边防总队党代会的5名代表候选人预备人选。

【刘同香到常熟视察指导工作】 10月19日，省边防总队总队长刘同香到常熟边检站检查指导工作。刘同香视察了基层中队建设和常熟兴华港区卡口、码头泊位等一线勤务情况，实地察看机关营区、办公库室和指挥中心等场所设置，听取了边检站工作汇报。对边检站的主要工作给予肯定，指出了部队建设和管理存在的薄弱环节，并对下一步工作提出要求。在常期间，刘同香还与常熟市代市长周勤第进行了工作会谈。

【省边防总队完成对常熟边检站领导班子和干部量化考核工作】 12月26日至27日，省边防总队政治部主任司志健、后勤部副部长赵虎率领第三考核组对常熟边检站领导班子和干部进行量化考核，并组织开展2017年正团职后备干部推荐工作，同时对政治机关建设和干部道德的情况进行考核。考核组还实地察看基层监护中队、库室设置使用、营区环境卫生和内务管理秩序等情况。 （王金峰）

海　事

【概况】 2016年，常熟市共办理船舶进出港签证32279艘次，同比增长1.77%，国际航行船舶进出口查验2699艘次。组织搜救行动27次，涉及遇险船舶33艘，成功救助遇险船舶28艘，成功救助遇险人员284人，人命救助成功率97%。监控维护超五万吨船舶501艘次安全通过苏通大桥水域，保障26.44万车辆、35.31万人次、132.21万吨货物安全畅通渡运。便利实施船舶登记13宗，其中船舶所有权3宗，国籍登记8宗、船舶抵押权登记1宗、船舶注销登记1宗、变更登记1宗。审批水上水下施工作业29件，同比增加153%，发布航行通警告38期，办理通航作业报备10项，开展水工现场检查395次，检查施工船舶146艘次，发现和纠正安全隐患61起，有效保障辖区涉水工程顺利进行，实现“零伤亡、零事故、零污染”的保障目标。加强事中事后收费监管，年内完成规费征收突破6000万元。年内，常熟市海事局蝉联2013－2015年度“江苏省文明单位”荣誉称号，荣获江苏省文明口岸先进单位、江苏省水上搜救突出贡献奖，常熟市海事局党总支荣获常熟市2014－2015年度先进基层党组织、2015年度市级机关党建工作先进集体和2016年度市级机关基层党建工作示范点。

【创建“苏冀电煤航线”品牌】 1月11日，常熟海事局正式启动苏冀电煤航线品牌创建工作。在品牌创建过程中，常熟海事局以“安全、便利、环保、廉洁”为主题，以问题为导向，主动查找、分析、解决影响电煤船在辖区航行停泊作业中存在的不安全、不便利等方面问题，结合上级提出的“十项创建举措”进一步细化推出“苏冀电煤直通微信群”一对一服务、互联网＋定期登轮回访提升政风满意度、优先锚泊和靠泊与安全信息“＋”服务、夏季高温进出港全绿色通道、行政许可（船舶、危防、通航）全面无纸化“指端”申报审批、诚信化管理、零待时开放式阳光安检与延伸指导、安检交流共建互助、船员“心”型服务和安全文化营造、苏冀电煤违章处理快速通道等十项“实打实”的服务内容。年内，累计服务苏冀电煤船舶482艘次，建立起12个一对一“苏冀电煤直通微信群”（发布、反馈信息400余条），对15艘船舶实施开放式阳光安检，指导电煤船整改缺陷110余项，2800余万吨“苏冀电煤”安全在常熟完成装卸，在为船东节省船舶运输成本、助推港口经济发展的同时，航运企业自身管理水平和抵御“航运严寒”能力也稳步提升。

【开展海事“三化”建设】 3月3日，常熟海事局正式制订下发2016年度“革命化、正规化、现代化”建设要点，明确3项重点任务、23条工作措施，全面部署2016年主要工作任务。年内，常熟海事局凝聚全局共识，突出“三化”建设统领地位，持续强化责任分解和跟踪实施，拟定局“三化”建设任务分解表，及时总结评估“三化”建设阶段性成果，着力推动“三化”建设纵向发展。积极营造良好氛围，组织开展2016年度“三化”训练营活动，促进干部职工养成令行禁止、快速反应的良好工作作风；持续深化内务管理规定的贯彻落实，全面提升内务管理正规化水平，进一步提振职工队伍的精气神。

【开展船舶排放控制区专项监督检查】 4月1日，省政府办公厅印发关于长三角水域江苏省船舶排放控制区

高温时节，常熟海事局全力保障电煤运输安全绿色通道

实施方案,常熟作为首批船舶排放控制区港口。根据常熟市人民政府和江苏海事局的统一部署,常熟海事局积极开展船舶排放控制区核心港口管控工作,牵头起草《长三角常熟市船舶排放控制区实施方案》,开展船舶排放控制区专项监督检查90艘次,其中外国籍船舶39艘,国内海船34艘,内河船17艘,燃油质量抽检19次,发现3艘外国籍船舶存在问题,约谈4家船舶代理单位,创造了三项"江苏第一":发现第一例外籍船舶违规使用超标燃油,第一起依规通报国轮使用超标燃油违章,开出首张江苏省水域外国籍船舶罚单。

【开展专项整治行动】 5月15日,江苏海事局组织召开安全监管紧急会议,明确贯彻落实上级水上交通安全监管工作要求,部署"大干五十天、全力保安全"工作事项。会后,常熟海事局贯彻落实会议精神,集中开展水上交通安全生产大检查,及时发现、纠正和查处各类违法行为,会同地方海事、船闸公司联合开展浮吊区分流船舶超载整治行动,对发现的超载分流船舶强制减载,严格落实入浙船舶专项安全监管工作的各项要求,实现96条入浙船舶信息报送率100%、专项监管落实率100%的"双百"目标,圆满完成G20峰会期间水上安保任务,荣获江苏海事局G20峰会水上交通运输安保工作先进单位。

【支持国家重点工程建设】 6月15日,国家级重大工程"淮南一南京一上海"1000千伏特高压交流工程开始跨江勘察。为确保工程施工安全,常熟海事局全方位服务"苏通GIL管廊工程长江布点初步勘探工程",协助做好通航安全评估工作,组织召开特高压勘探工程施工工期通航安全协调会,形成通航安全评估报告,分阶段、分步骤许可实施,圆满完成1000KV苏通GIL管廊工程初勘阶段、详勘第一阶段(非航道)、详勘第二阶段(常熟港专用航道)前三期的水上安全监管工作。

【科学处置"中恒9"沉船事故】 7月13日,中国籍海船"中恒9"轮在长江13号浮附近水域发生交通事故后沉没,15名船员遇险。事故发生后,常熟海事局积极应对,迅速安全转移15名被救人员,克服船艇和人员不足的实际困难,持续2个半月实施24小时现场安全警戒和交通组织,累计调派应急船艇200余艘次,上报险情专报70篇次,播发航行警告1200余次,成功完成沉船及货物打捞、水下抽油和残骸清障工作,未造成水域污染,未中断正常船舶通航。

【高效处置苏通大桥桥检车脱落事件】 10月28日,苏通大桥主通航孔北侧大桥钢梁箱外桥检车一侧脱落,桥检车及固定轨道整体下垂35米,重量超过15吨,并存在进一步脱落或坠江的可能。接报后,常熟海事局立即启动应急预案,快速布置3道警戒线实施临时交通管制,实施桥区水域船舶监控,播发航行警告,通过甚高频点对点提醒大型船舶注意避让。同时调派2艘海事巡逻艇赶往现场不间断驻守,组织现场交通;协调长江上下游南通、太仓海事机构协助上行船舶管控。28号下午,常熟海事局与苏通大桥公司召开紧急会议商讨应急处置措施。经研究决定采取"从桥面钻孔,操作人员下到桥底后切割脱落物体,入水后实施水下打捞"的方案。10月30号下午2点半,桥检车被整体打捞出水,拖移至安全水域。期间,常熟海事局共出动执法人员24人次、海巡艇出航18艘次,不间断维护时间60小时;协调"稳强6""瑞祥拖6"等7艘社会船只参与警戒维护处置工作,迅速排除了安全隐患,保障了航道安全畅通。

【推进码头岸电设施建设】 2016年,常熟海事局持续推进辖区船舶岸电建设,完成兴华码头船舶岸电推广使用工作,减少大气排放,做好船舶防污染工作,推进绿色港口建设。年内,顺利推广完成兴华码头、常熟电厂、新泰港务、亨通港务、华润化工等5家码头单位共计12个泊位岸电设施安装使用工作。

(丁浩伟)

责任编辑 王 宏

现代农业

综　述

【概况】 2016年，全市实现农业生产总值79.8亿元，同比增长4.7%。粮食生产受极端天气影响，产量为27.76万吨，同比减少9.3%，其中水稻、小麦单产量分别为621.5千克、283.5千克；蔬菜年播种面积在39.66万亩次，总产量超过70万吨，全年总产值33.43亿元，同比增加5.5%；渔业生产总产值24.88亿元，水产品总产量3.68万吨，较去年增加4.27万吨，增幅1.75%；畜牧业生产总体得到控制，经过三年畜禽污染专项治理，全市生猪存栏由24万头锐减至12万头以下，生猪养殖户减少三分之二，全市除畜禽屠宰配送中心以外的屠宰场全部关停；全市70家农业龙头企业年销售收入达308亿元，实现利税13.09亿元，分别比上年同比增长8%和6%。

2016年常熟市农林牧渔业总产值情况一览表

表4

指　　标	本年度现价计(万元)	按可比价计算(万元)
农林牧渔业总产值	798014	763103
(一) 农业产值	475261	448359
谷物及其他作物	89469	84405
其中：谷物	82059	—
薯类	1864	—
油料	2056	—
豆类	2683	—
棉花(籽棉)	722	—
其他农作物	85	—
蔬菜、食用菌及花卉盆景园艺	360743	340323
其中：蔬菜	334297	—
食用菌(干鲜混合)	88	—
花卉(鲜切花)	2580	—
其他园艺作物	23778	—
水果、坚果、饮料和香料	25049	23631
(二) 林业产值	31386	30413
(三) 牧业产值	53155	52113
其中：猪	33010	32363
家禽	3658	3587
(四) 渔业产值	143880	140097
其中：海水	8279	8062
淡水	38752	—
(五) 农林牧渔服务业产值	94332	92121
二、农林牧渔增加值	480106	458304
(一) 农业增加值	309729	292197
(二) 林业增加值	17464	16922
(三) 牧业增加值	21262	20845
(四) 渔业增加值	79133	77053
(五) 农林牧渔服务业增加值	52518	51287

种 植 业

【概况】 2016年，全市各种作物播种面积63.9万亩，产量28.1万吨。由于小麦秋播期间遇长期阴雨，冬季又遭受数十年不遇的极端低温，小麦平均亩产283.5千克，与2015年相比有所下降；水稻平均亩产621.5千克，与上年基本持平。

【积极应对极端天气的恶劣影响】 2016年，夏熟小麦秋播期间长期阴雨，大面积播种期比往年迟20天以上，冬季又遇极端寒冷天气，对部分适期播种和过晚播种的小麦造成严重冻害、渍害，加之秋熟水稻生产前期梅雨期长，光照不足，发苗迟，中期高温、成熟期遇大雨对常熟市稻麦的生长造成了非常不利的影响。灾情面前，全市广大农技条线先后召开了8次阶段性会议，对种粮户开展技术指导，落实普施穗肥、排水降渍等一系列抗灾应变措施，努力促进苗情转化减轻灾害损失，虽然后期抽穗灌浆阶段和收获期又遇连续阴雨和强降雨，但经努力最终实现了稻麦穗数足、穗型大。

【水稻育秧技术面积再创新高】 2016年，全市秋熟水稻生产根据“藏粮于地，藏粮于技”的战略和供给侧结构性改革的要求，以绿色高产高效创建为平台，调优种植结构，稳定集中育供秧面积，提高育秧技术水平，打好水稻优质高产基础，全市完成水稻商品化集中育供秧面积2160亩，比2015年略有增加，完成夏熟大面积机插水稻25.3万亩。水稻绿色高产高效创建项目有序推进，先后建设6个核心示范区，2个稻田综合种养示范方，全面完成了建设任务和各项指标，带动了大面积水稻生产水平的提高。

【强化技术培训提高农技水平】 2016年，为提高全市种粮户种植水平和农技人员业务水平，市作栽站开展了一系列培训。3月17日，为全力以赴抓好春耕备耕工作，做到技术早准备，邀请上海交通大学王世平教授对全市210户葡萄生产专业户进行春季栽培管理技术培训；4月1日邀请扬州大学戴其根教授对全市种粮大户和技术人员开展了育秧技术培训；7月11日，邀请省作栽站杨洪建对全市种粮大户和农服中心技术人员进行大田管理技术培训，努力实现以秋补夏；9月12日邀请省作栽站专家王龙俊对180多名种粮大户和农服中心技术人员开展稻麦周年高产高效技术培训。同时，作栽站技术人员进镇村开展技术培训8期，累计培训人数870人次；此外，按农委职业农民培育要求，市作栽站就水稻绿色优质高产高效栽培技术和园艺生产技术，与南农大进行对接签订培训协议，分别培育了粮食生产和蔬菜园艺职业农民100名和60名。

【抓好新品种示范推广】 市种子站引进小麦新品种“扬麦23”，分别在海虞镇、支塘镇、辛庄镇3个基地进行示范种植，并与主栽品种“扬麦16”进行比较试验，将“常农粳8号”“常农粳10号”“常优粳6号”定为2016年水稻推广新品种，在各镇设立水稻新品种示范区，并在10月下旬对各示范点进行评比。

【抓好水稻种子质量检验】 2016年，根据优质、高产、抗病的原则，确定全市水稻主栽品种，分别为“常农粳8号”“南粳46”“南粳5055”“武运粳30”“常优2号”“常优5号”。市种子站对在常熟本地生产的水稻种子47个样品进行166多次发芽率检查；同时针对年内全省范围水稻种子质量普遍下降的局面，对外地调入的种子，在调入前、调入时和用种前分三次进行种子质量检查，经检查后发现部分种子发芽率不合格，立即责令种子生产企业进行更换处理；对部分种子质量不合格的水稻品种“武运粳30”根据《中华人民共和国种子法》要求及时向常熟市人民政府申请，增加水稻播种量。全市水稻种子分别接受省种子站、苏州市种子站的质量检查，全部达标。

【落实良种补贴政策】 按照《苏州市水稻良种补贴实施方案》，对列入水稻良种补贴的6个品种，做好良种补贴工作。在6月10日至6月20日期间，利用村务公开栏张榜公示，公示村、组、户主姓名、水稻面积、供应品种、数量、金额、农户签字等，并公布举报电话，市种子站对公示情况进行了抽查，并要求提供各村公示的照片，确保该项目政策落到实处，全市26.0万亩19049户水稻种植户共享受财政补贴311.7万元。此外，根据省财政、省发改委、省农委《关于印发江苏省2015年棉花目标价格改革补贴工作实施方案的通知》精神，市种子站于2016年4月编制实施方案，及时组织各镇（区）开展棉花种植面积申报核实工作，并以村民小组为单位按户张榜公示补贴情况。全市5个镇（区）3442户农民种植棉花3104.99亩，共补贴639627.94元。

【耕地质量监测和墒情监测】 2016年，全市建成农业部耕地质量监测点1个、省级点3个、苏州市级15个，实现

小麦收割

田间设施、监测技术标准化。在夏秋作物上进行分区(植株)采样、分析检测,共采样土壤样本 76 份、植株样本 148 份,检测 900 项次,进一步完善耕地质量监测数据库。同时,加紧建设墒情监测点,在稻麦、蔬果区年内建成 2 个土壤墒情监测点,实现全省联网、自动监测,及时发布墒情信息。

【开展测土配方施肥示范】 2016 年,市农委推广测土配方肥的示范推广,具体做了:一、围绕稻麦化肥减量增效技术、蔬果水肥一体化技术、农业面源污染治理技术、耕地质量提升综合技术等,全年组织各类技术培训班 12 期,培训人员 680 人次。二、强化示范引领,推广新肥种、新技术。依托农业部测土配方施肥整建制推进示范,以古里坞坵、尚湖常兴基地为核心,建立 2 个万亩示范区;在支塘枫塘、蒋巷村,海虞府东、新州村,辛庄朱家桥村,虞山五新、蜂蚁村、梅李新丰村,尚湖大河村,古里坞坵村 10 个村设立千亩示范片;支持碧溪新苑农地、横塘蔬菜,支塘金南凤稻米、古里坞坵米业、辛庄卫家塘农业、海虞七峰虞盛、虞山蜂蚁农地、梅李吉健葡萄、新丰蔬菜、尚湖大河农场等新型经营主体,开展基质育苗、秸秆还田、肥料运筹、基肥深施、配方肥(叶面肥)应用等技术。蔬果水肥一体化常年基地示范 8 个,总面积 3500 亩,各类示范总面积 4.3 万亩。三、开展水稻专用配方肥试点示范。通过组织专题培训 3 期、电视报纸宣传 2 次、发放宣传资料 5000 份、施肥建议卡 3.2 万份,全市水稻示范面积达 16 万亩,应用主推配方肥料 5700 吨。四、开展新肥料新技术试验示范。主要有水稻缓释肥试验示范 2 个,水稻机械化侧深施肥试验示范 2 个,水稻专用配方肥料示范点 5 个,水稻肥料利用率试验 1 个、稻麦配方肥校正试验 4 个,水稻基质调理剂试验 1 个,蔬菜不同施肥方式和“2+X”肥效试验 2 个,小麦有机肥替代化肥试验 1 个,共计 18 个试验示范项目。五、开展化肥减量增效技术示范。在虞山镇勤丰村设立“江苏省常熟市化肥减量增效示范区”1 个,面积 1500 亩。按照“精、调、改、替”技术路径,突出耕地质量提升和科学运肥,提高肥料利用率,实现减肥增效、保护生态目标。六、发放小麦“一喷三防”叶面肥 16.57 吨,物化到位率 100%,完成夏秋熟作物测产与肥效调查。

【开展休耕轮作试点示范】 2016 年,按照上级精神,市农业部门开展全市休耕轮作试点示范,其中粮绿轮作 2000 亩,翻耕晒垡 8000 亩。支塘镇蒋巷村全境冬季休耕轮作示范,面积达 1200 亩,同时完成地力定位监测和培肥效果调查。

【开展农产品产地土壤重金属污染监测】 2016 年,市耕地保护站实施 2016 年省级农业综合产能建设类项目——农产品产地土壤重金属污染监测,共完成农产品产地土壤重金属加密采样 382 个,农产品风险采样 594 个,农业部农产品产地风险评估监测样品 25 个,基本掌握了全市耕地土壤重金属含量与分布,为科学治理提供了翔实资料。

【开展补充耕地质量评价】 2016 年,全市全面完成 2015 年耕地占补平衡项目(19 个)质量评价,总面积 289.88 亩;完成 2016 年 29 个项目的现场踏勘和质量评定,总面积 1256 亩,补充耕地质量评定工作规范有序。

【水稻育种取得进展】 2016 年 6 月,市农科所常规粳稻新品种“常农粳 10 号”通过江苏省审定,审定编号:苏审稻 201610。至此,市农科所育成并通过审定(鉴定)的水稻新品种、组合(不育系)达到 24 个。此外,2016 年共有 21 个新品系(组合)参加了参加国家、省各级中试。常粳 13-9 参加江苏省晚粳迟播组生产试验,常优 14011、中优粳 14021 参加江苏省杂交中粳组区试,常粳 14-7、常粳 15-2 参加江苏省早熟晚粳组区试,常优粳 14-16、常优 998、中优粳 12932、杂粳 14-6 参加江苏省杂交晚粳组区试,常粳 16-3 等 12 个新品系分别参加江苏省中熟中粳、迟熟中粳、早熟晚粳三个组别预试。

【水稻新品种展示示范获好评】 2016 年,市农科所继续加强新品种设点展示、示范,促进育成新品种的推广应用,在农科所基地完成常规新品种(系) 12 个,杂粳组合 8 个,常农粳 8 号、常农粳 10 号机插精确定量栽培示范,常优 1293 等 8 个杂粳新组合超高产精确定量栽培示范;在郑家桥村、坞坵村等建立常优粳 6 号、常农粳 8 号等新品种示范基地。2016 年 11 月 3 日,市农委组织专家对位于海虞镇郑家桥村的 102.8 亩常优粳 6 号进行实收实测,结果显示该品种平均亩产达到 761.56 千克,其中测得的最高产量为 787.81 千克,产量水平列太湖地区省优质稻米金奖组合领先水平。专家认为此品种在“丰、优、抗”这三方面都表现突出,大面积生产的适应性比较好,比较容易获得高产。专家一致决定将其继续作为苏州市主推品种之一,在苏州全市范围内进行种植。11 月 4 日,江苏省种子管理站组织专家对古里坞坵村示范种植的新品系常粳 13-9 进行现场测产,实收亩产 814.8 千克。

【玉米育种进展顺利】 2016 年,糯玉米新组合“常玉糯 z-5”顺利进入江苏省 2016 年鲜食糯玉米新品种区域试验的第二年,并且长势、长相、产量、品质较为优秀;“鲜食糯玉米新品种选育及配套技术研究”项目顺利通过常熟市科技局组织的省级专家组验收,圆满结题;通过一年二季的方式方法继续开展所内鲜食糯玉米新品种的引进及选育工作。全年公配新组合 700 多份。自交系的提纯共 1100 多份。共进行了 196 份的新组合鉴定。共进行了 120 份的亲本繁种工作。3 个性状优良的组合进行了小范围的制种(其中 1 个参加 2017 年省生产试验,2 个作为示范)。

【继续做好蔬菜新品种的引育及示范】 2016 年,引进适合露地栽培的菜椒品种、黄瓜品种、精品小香瓜、特色保健型等 12 个优质特色新品种,在农科所试验基地试验种植,初步筛选出露地种植黄瓜“津优 409”、精品小香瓜“青如玉 F1”、特色保健型蔬菜雪樱子、叶用枸杞子等,为 2017 年筛选新品种设点种植和大面积推广奠定了基础。承担鲜食春大豆省区试 1 个、鲜食夏大豆区试 1 个,夏大豆生试 1 个,共 3 组试验,认真做好田间试验、记载、数据汇总、试验总结工作。成功申报立项常熟市科技局项目"特色保健型蔬菜引进筛选及配套栽培技术研究",项目经费为10万元。

【各类项目实施进展顺利】 2016年,全市有1个苏州市科技项目和1个常熟市科技项目完成各项研究指标,进入验收阶段;主持申报并获立项项目3项:江苏省农业三新工程项目1项,江苏省挂县强农富民工程项目1项,常熟市科技项目1项;参加江苏省自主创新项目和省三新工程项目各1项,继续实施苏州市科技支撑项目1项,常熟市科技项目1项。其中"国审一级优质稻米杂交粳稻新组合常优2号育成与应用"项目申报苏州市和常熟市科技进步一等奖。

【加强病虫害预测预报】 2016年,全市8个病虫害测报点坚持系统调查与大面积普查相结合,灯下观察与田间调查相结合,尤其是在小麦赤霉病、水稻穗颈瘟在抽穗扬花期天气十分不利的情况下,应用菌源、气候、生育期相结合的测报方法,准确预报了病害的发生、发展趋势,并提出了防治对策,确保有效控制病害的发生危害。蔬菜病虫作为省站测报点,每星期二及时上报即时病虫信息,资料系统规范、真实可靠;定期对测报点人员进行培训,加强交流和业务知识学习,全年组织培训16次;针对30多种病虫害进行测报并发布情报28期,其中粮作12期,经作9期、其他7期,发生期、发生量预报准确率达到95%以上。

【开展大面积病虫草害防治】 2016年,为确保病虫防治取得实效,先后下发防治物资70万元,据统计,全年麦子穗期病虫防治51.4万亩次,平均每亩用药1.72次,药后小麦赤霉病平均病穗率8.22%,病情指数3.96,实际防治效果达86.06%,实现大发生之年较轻危害损失;水稻病虫防治以推广应用新型高效低毒农药为突破口,大面积水稻推广应用的新型药种有烯啶虫胺、甲维·茚虫威、康宽、噻呋酰胺、噻呋·戊唑醇、阿维·抑食肼等6种,计132万亩次,占防治用药总量的51.4%,有效控制了水稻多种病虫的发生危害。通过防治,每亩可挽回稻谷损失120千克以上,总体可挽回损失3.36万吨,折合增收10215万元,同时水稻大田用药次数控制在4次,比常年减少2—3次,省工节本效益显著;蔬菜植保方面,依托农业部财政生物农药应用补贴,重点推广应用了高效生物农药10多种,治虫效果超过或接近高效低毒化学农药,使大面积蔬菜质量有了明显提高。通过防治,每亩可挽回蔬菜损失150千克以上,总体可挽回损失1.72万吨,折合增收2587万元。

【开展田间植保科研工作】 为将科技成果迅速应用于生产,结合生产需要,2016年共进行了16项新农药筛选试验示范,参选农药品种达到50多个,其中小麦病虫药效试验4个,水稻病虫药效试验5个,蔬菜病虫药效试验5个,一枝黄花化除2个。这些药效试验对大面积生产起到了重要的指导作用。通过科研项目开展和植保新技术的示范应用,全年向省市各级申报项目4项,争取项目资金136.5万元,与常年持平。

【开展植物检疫和农药管理】 2016年,市植保植检站继续加强植检法规宣传和培训,强化植检队伍建设,做到常规性监测和阶段性普查相结合,产地检疫和调运检疫相结合,重点做好全市种苗、繁殖材料基地的登记备案,分期对小麦、草坪等种苗进行产地检疫,全年共签发产地检疫证20批次,产检小麦种子500亩,100吨,产检水稻种子311亩,365.9吨,实施调运检疫32批次,调运草坪31.36公顷;继续做好重大植物疫情阻截带的建设,按照省站要求在碧溪、海虞、虞山镇3个监测点进行监测,对黄瓜绿斑驳花叶病毒病、美国白蛾等重点检疫性病虫开展了全市范围内的普查,对福寿螺等一些外来有害生物开展了针对性防治;结合全市农药集中配送和高毒、高残留农药禁用,向市农药集中配送领导小组推荐了全市高效低毒农药使用目录,共172个农药品种,同时加强联合执法,确保从源头上杜绝高毒、高残留农药的销售和使用,据统计,全年全市农产品农残抽检1080批次,不合格3个批次,合格率达99.72%以上。

渔 业

【概况】 2016年,全市水产养殖生产面积11031公顷,全部为淡水养殖,水产品总产量3.68万吨,其中海洋捕捞2832吨,较2015年减少1.37%,渔业总产值24.89亿元,较2015年增加1.75%。

2016年常熟市渔业生产情况一览表

表5

指　　标	单　　位	2016年
水产品总产量	吨	36804
海洋捕捞	吨	2832
远洋渔业	吨	0
海水养殖	吨	0
淡水捕捞	吨	662
淡水养殖	吨	33310
一二三产产值(渔业经济总产值)	万元	248838
一产(渔业)产值	万元	158497

续表 5

指　　标	单　位	2016 年
一二三产增加值(渔业经济增加值)	万元	145096
一产(渔业)增加值	万元	87850
水产养殖面积	公顷	11031
海水养殖面积	公顷	0
淡水养殖面积	公顷	11031
机动渔船艘数	艘	119
机动渔船总吨位	总吨	3431
机动渔船功率	千瓦	5888

【超额完成省级高效设施渔业建设】 2016年省级江苏省高效设施渔业项目建设工作开展顺利，经过与各镇沟通，古里镇人民政府、尚湖镇人民政府、辛庄镇人民政府分别承担省级标准化池塘改造任务的565亩、560亩、450亩，共计1575亩，比省下达的800亩的任务超出757亩。全市累计高效设施渔业面积达5.37万亩，占总面积的32.45%。

【推进标准化池塘建设】 2016年，苏州市、常熟市两级政府下达2018年前完成标准化池塘改造面积14069亩、2020年完成2.2万亩的任务，加上已完成的2.5万亩，到2020年全市高标准池塘面积将达4.7万亩。经过一系列调研，起草制订了《常熟市标准化池塘改造实施方案(2016—2020年)》《常熟市阳澄湖周边养殖池塘标准化改造实施方案(2016—2018年)》。截至2016年年底，已完成各级政府投资和农户自筹合资改造的标准化池塘区域面积4030亩。

【完善水产医院服务平台建设】 截至2016年，全市共有水产医院8家，其中市级2家，镇村级6家，覆盖锡太路沿线四个水产养殖重点镇及三个省级现代渔业产业园、精品园。为进一步完善服务工作，创建服务亮点，2016年市水产技术推广站在各个水产医院设立了党员专家服务点，并根据养殖生产需要，4—9月每周安排党员专家和技术骨干定期前往各水产医院开展门诊服务，为养殖户免费提供水质检测、病害诊断、技术咨询等服务，指导养殖户科学用药、合理用药，确保养殖生产难题在一线得到解决。全年水产医院共接待养殖户近3000人次，检测病鱼、病蟹200多例，检测水样1000多批次。

【加强新品种新模式引进】 2016年，市水产技术推广站先后引进水产养殖新品种"太湖1号"青虾原种150千克，"太湖2号"青虾原种25千克作试点繁殖，引进沙塘鳢苗种20.2万尾，"长江2号"蟹苗1230千克，作为新品种推广，推广养殖面积达1.5万亩以上；另外特色品种澳洲龙虾受市场需求影响增长较快，年苗种生产达2300万尾，沙家浜东湖渔业的梭鲈鱼逐步走上常熟市民的餐桌。着重探索"稻—鱼""稻—虾""稻—蟹"等种养结合养殖新模式，全市种养结合试验面积达到400多亩，其中，虞山镇莫城银湖生态农业166亩，古里镇坞坵丰产方的种养基地25亩，辛庄镇农服中心基地200多亩。此外，积极探索立体利用土地养殖的新模式，年内，沙家浜镇实施了350亩农光互补项目，由沙家浜万农合作社负责运作。

【加强水生动物疫病监测防控】 2016年，全市有10个水产病害测报点，乡镇测报员10名，监测面积1787亩。2016年，省下达给常熟市的全年监测目标任务为60个样品，实际完成监测83个，出具检测报告83份，开展流行病学调查66次，开展鱼病远程诊断118次，检测鱼(虾、蟹)样本数量240多尾(只)，检测水样1000多批次。同时，市水产技术推广站继续承担江苏省养殖渔情信息动态采集项目，采集面积共计3122亩，占全市池塘养殖面积的3.2%。通过养殖渔情信息动态采集，不仅有利于切实掌握各个采集点的养殖生产情况，也为指导全市水产养殖生产和水生动物疫病防控提供依据。

【开展渔业科技入户项目】 2016年，渔业科技入户工程遴选出技术指导员21名，培育水产科技示范户400户，覆盖全市10个镇78个行政村，示范面积12019.52亩，其中支塘盛泾村、沙家浜芦荡村和辛庄金荡村被列为渔业科技入户整体推进村。依托科技入户工程，组织各类技术培训班63期，培训近3000人次，先后组织开展了"科技入户整村推进春季调研座谈"、"科技下乡服务月""科技入户走基层现场服务""科技入户秋季大走访暨质量安全宣传月"等系列服务活动，水产技术指导员先后深入到科技入户整体推进村、科技入户服务点和各个乡镇养殖集中连片地区，开展健康养殖科普知识宣传培训、水产养殖规范用药宣传、水产病害防治技术培训、科技下乡街头咨询和科技下乡大走访等系列服务活动。

【继续做好职业渔民培训】 按照三年完成300名新型职业渔民培训计划，2016年，市水产技术推广站加强职业渔民的培训，组织全市100名养殖能手赴无锡渔业学院、常熟理工学院集中培训10天，顺利完成了第二批新型职业渔民培训工作。

【2家企业获评农业部健康养殖示范场】 2016年，全市水产健康养殖模式不断推广，经农业部批准，常熟市荷花荡农业科技产业园有限公司和苏州沙家浜东湖现代渔业科技有限公司2家企业被授予第11批农业部健康养殖示范场荣誉称号。

【全面落实渔业安全生产责任制】 2016年年初，市农委组织召开全市渔业安全生产工作会议，全面部署渔业安全生产工作，市、镇、村、船东逐级签订2016年度渔业安全生产管理责任书，切实将船东为渔业安全生产第一责任人制度落到实处。以"强化渔业安全发展观念，提升渔业从业人员安全素质"为主题开展好渔业"安全生产月"活动，发放各类渔业安全宣传资料300余份；为27艘海洋渔船重新制作了"船长、船副、轮机长、船员、值班船员、炊事员岗位工作职责"以及应急救护知识上墙板块，并帮助船东安装到位；发送安全生产宣传信息1300余条次；渔区、渔村悬挂渔业安全生产宣传横幅23条，并通过网络媒体进行广泛宣传，形成渔业安全生产良好氛围。

【开展安全宣传教育培训】 2016年，全年共开展渔业安全教育、培训及法律法规宣传与船员理论、技能考试6期199人次。6月7、8日，委托苏州市农业职业技术学院在沙家浜现代渔业科技产业园举办了一期内陆渔业船员培训班，提升了船员在遇到紧急状况下的应对处置能力。

【强化渔业安全生产源头管理】 2016年，全市共发放内河职务船员证书93本(换证)，内河普通船员证书24本，海洋普通船员证书9本；严格监督渔船建造工作，完成渔船更新改造7艘，其中长江捕捞渔船2艘，养殖渔船5艘。受靖江渔政站委托，检验新建长江捕捞渔船1艘，拆解海洋渔船2艘，长江渔船1艘；配合做好了2015年度机动渔船的柴油补贴资格的审核上报与发放工作，发放油补资金371.2549万元，涉及渔船153艘，其中海洋捕捞渔船25艘，内陆捕捞渔船37艘，养殖渔船91艘。

【开展渔业安全生产监督检查】 2016年，全市开展对海洋渔船开展专项检查14次，出动车辆14车次，人员51人次，检查了6个港口、3个船厂，共检查渔船182艘次。伏休期间常熟市在外地生产的海洋渔船回常上排检修12艘，外地来常熟船厂上排检修10艘。"安全生产月"期间，开展渔业船舶安全生产大检查，下半年检查期间还通过发放"告渔民书"，逐船告知渔民的相关法律法规，进一步规范渔业安全生产秩序。开展安全整治专项行动，全年共发出整改通知书53份，立案处罚不符合安全生产规定船只6起6艘，处罚7300元。

【做好渔业互助保险业务】 2016年，全市共办理政策性雇主责任险189人，12920份，已完成保费88万元；政策性渔船互助保险31份，内陆人身平安互助险181人，1788份；帮助渔民办理理赔手续5起，渔民获得保险赔偿43250元。

【更新水产养殖户数据库】 2016年，市渔政监督大队在水产养殖户数据库的基础上，完善水产养殖单位(水产养殖专业合作社)数据，对详细信息进行充实完善，并同水产养殖单位签订了《水产品质量安全承诺书》。截至2016年年底，登记在册的水产养殖单位(水产养殖专业合作社)32个，农业部健康养殖示范场9个，苗种生产单位7个。

【开展水产品质量安全宣传培训】 充分利用技术培训、街头咨询、座谈会、执法检查等形式，积极开展水产品质量安全法律法规宣传教育。年内，共举办水产品质量安全宣传教育培训6期，培训259人，发放宣传资料777份。

【强化执法检查和抽检】 2016年，全市加强养殖用水质监管，对重点养殖水域引用水源进行抽样监测，共抽取水样12份，由常熟市环境监测站检测，检测结果符合渔业用水标准；水产品质量安全执法检查方面，全年共出动执法人员406人次，检查养殖单位(户)168个，"三项纪录"较为真实、完整，生产管理比较规范；开展上市前水产品质量安全监管工作，检查重点养殖区域养殖场的养殖记录及投入品仓库，确保无违禁药物的使用，并告知养殖户水产品上市前严格遵守休药期的规定，并做好抽样检测工作；对河蟹、青虾等水产品进行了药残执法抽检，全年共抽取样品164批次，所抽检样品经检测均合格，合格率100%。

【打击电、毒、炸等非法捕鱼行为】 市渔政监督大队开展"打非治违"与"护渔2016"行动，与长航公安联合执法，打击长江非法捕捞作业，开捕后继续开展清理违规网具行动，全年共出动渔政员320人次，执法快艇84艘次，雇工40人次，清理毛竹约950根，插网约2000米，地笼210条，鳗鱼网9口。同时，根据市农委、市公安局《关于进一步加强联合执法打击非法捕鱼行为的通知》精神，市渔政监督大队会同市公安局各派出所、各镇(区)农服中心明确分工，紧密合作，严厉打击以电力捕捞为主的非法捕捞行为，重点对望虞河、常浒河、白茆塘、盐铁塘等主要河道及其他电捕鱼多发区域进行巡逻执法检查，全市共查处电力捕鱼923起，没收电鱼工具923套，立案处罚4起，罚款7200元。全年

鱼跃丰收

共立案处罚无证捕捞6起，罚款17150元，立案处罚外地渔船违反作业场所规定捕捞8起，罚款23600。

【做好长江春禁工作】 2016年，常熟市春禁时间由往年的4月1日12时至6月30日12时变更为3月1日0时至6月30日24时，面对这项新变化，市渔业管理部门着力做好政策宣传工作，在常熟电视台和有关网站播放流动字幕与禁渔短片，在《常熟日报》刊登《长江禁渔通告》，对辖区内长江捕捞渔船逐船发放《春禁告知书》60余份，在长江沿岸渔港码头悬挂禁渔横幅12条，确保政策宣传到位；加强江面执法检查，出动执法检查人员150人次，执法船艇55艇次，联合长航公安开展“清江行动”，清除地笼195条，丝网17条，鳗鱼网9口，插网1400米，毛竹930根。春禁期间，立案处罚违反禁渔期规定捕鱼5起，罚款7000元；发放春禁补贴3.985万元，涉及长江渔船8艘。

【加强刀鱼生产专项管理】 2016年，全市办理刀鲚捕捞特许证5本，查处违反作业场所规定进行捕捞4起，罚款4500元，确保刀鱼生产合法、有序、安全开展。

【做好海洋伏休管理】 2016年，市渔业管理部门利用各种媒体宣传伏季休渔的有关规定，在渔业社区、港口、市场等渔业生产活动场所，悬挂横幅6条。大力宣传国家的渔业产业政策和养护海洋渔业资源的法律法规，增强广大渔民群众养护渔业资源意识，提高渔民群众参与休渔的自觉性。伏休前期，通过北斗星通系统了解掌握海洋渔船所在位置，并多次发布通告，要求海洋渔船务必于6月1日12时前到港。进入伏休后，为在启东、崇明停泊的15艘渔船办理了异地休渔委托手续。同时加强全市渔船停泊情况的现场检查，认真核实休渔对象和数量，强化渔船“三防”监督，保障了渔船、渔港、渔民安全度休。

【调处渔业污染事故】 2016年，全市共接报各类污染死鱼事件诉求共61起，出动人员122人次。按照市政府办公室关于《常熟市骨干河道围网养殖、网簖清理工作实施方案》的文件精神，全面实施了市骨干河道围网养殖、网簖清理工作，全年未有涉及渔民赔偿的渔业污染事故发生。

【做好长江渔业资源监测与水生野生动物保护工作】 2016年，按照上级相关要求，市渔业部管理门科学认真地做好长江渔业资源监测工作，及时将数据汇总上报，为决策提供科学依据。加大了对水生野生动物保护的宣传、检查力度，进一步增强了广大民众对水生野生动物的保护意识，共救护中华鲟24尾、胭脂鱼15尾，协助办理二级水生野生保护动物驯养繁殖（龟类驯养繁殖）许可申请手续1份。

畜 牧 业

【概况】 2016年，全市生猪存栏11.17万头，其中能繁母猪存栏0.55万头，生猪出栏13.22万头；羊存栏2.5万头，出栏1.51万头；家禽存栏50.35万羽，出栏57.43万羽；奶牛存栏6400头。全年肉类总产量10616吨，牛奶产量26758吨，禽蛋产量3955吨。

2016年常熟市畜牧业生产情况表

表6

指标名称	期末存栏数(万头、万只)			当年出栏数（万头、万只）	屠宰数（万头、万只）	肉产量（吨）	指标名称	计量单位	数量
	期末存栏数	其中能繁母畜	当年生仔畜						
一、大牲畜	0.64	—	—	0	0.32	—	肉类总产量	吨	10616
1. 牛	0.64	0.40	0.25	0	0.32	0	其他肉产量	吨	0
其中：黄牛	0	0	0	0	0.32	0	奶类产量	吨	26758
乳牛	0.64	0.40	—	0	0	—	1. 牛奶产量	吨	26758
水牛	0	0	0	0	0	0	其中：水牛奶产量	吨	0
其中：奶水牛	0	—	—	—	—	—	2. 羊奶产量	吨	0
2. 马	0	0	0	0	0	0	3. 其他奶产量	吨	0
3. 驴	0	0	0	0	0	0	山羊毛产量	千克	0
4. 骡	0	—	0	0	0	0	绵羊毛产量	千克	21400
二、猪	11.17	0.55	—	13.22	24.15	9252	其中：细羊毛	千克	0
三、羊	2.50	0.51	—	1.51	1.48	370	半细羊毛	千克	0
1. 山羊	0.35	0.09	—	0.15	0.15	34	羊绒产量	千克	0
其中：奶山羊	0	—	—	—	—	—	兔毛产量	千克	0
2. 绵羊	2.15	0.42	—	1.36	1.33	336	蜜蜂年末存栏	箱	1873
其中：细毛羊	0	—	—	—	—	—	蜂蜜产量	吨	188

续表6

指标名称	期末存栏数(万头、万只)			当年出栏数(万头、万只)	屠宰数(万头、万只)	肉产量(吨)	指标名称	计量单位	数量
	期末存栏数	其中能繁母畜	当年生仔畜						
半细毛羊	0	—	—	—	—	—	禽蛋产量	吨	3955
四、家禽	50.35	—	—	57.43	—	994	其中:鸡蛋	吨	1079
1. 鸡	24.84	—	—	30.82	—	448	鸭蛋	吨	2416
(1) 专用型蛋鸡	7.68	—	—	3.06	—	—	鹅蛋	吨	460
(2) 专用型肉鸡	12.19	—	—	25.26	—	—			
其中:黄羽肉鸡	11.41	—	—	19.58	—	—			
(3)兼用型鸡	4.97	—	—	2.50	—	—			
2. 鸭	19.75	—	—	18.45	—	341			
3. 鹅	5.76	—	—	8.16	—	205			
五、兔	0	—	—	0	—	0			

【畜禽养殖综合整治顺利收官】 2016年是畜禽养殖污染三年整治的收官之年,全市累计完成关停3343户,治理989户,关停和治理完成比例达127.19%。三年来,生猪存栏减少12万头,拆除畜禽棚舍约32万平方米,粪尿产生量减少10万吨以上;生猪养殖规模比例有所提高,全市生猪存栏50头以上养殖点229个,占38.49%,生猪存栏50头以下养殖点366个,占61.51%。市整治办组织相关部门定期督查全市整治情况,对各板块资金申报材料进行审核,2016年共下达市级补助资金9794.28万元。

【重大动物疫病防控成绩显著】 2016年,全市口蹄疫、猪瘟、高致病性禽流感等重大动物疫病免疫密度均达到100%,免疫畜禽群体平均免疫抗体合格率达80%以上。全市共免疫高致病性禽流感147.5万羽次,牲畜口蹄疫46.54万头次,高致病性猪蓝耳病20.5万头次,猪瘟38.78万头次,羊小反刍兽疫3.91万头次,鸡新城疫108.81万羽次。同时加强抗体水平监测,共监测猪血清样品1948份、牛血清样品480份、羊血清样品895份、鸡血清样品1215份、水禽血清样品1337份,监测结果均达省级要求。

【动物卫生监管信息化建设有新内容】 2016年,根据全市动物产地检疫实际情况,市动物卫生监督所构建了由一台移动式电脑、一台移动式打印机、一个无线网卡、一个定制多功能检疫包构成的动物产地检疫现场移动式电子出证系统,共配备了35套,确保全市动物产地检疫移动电子化出证全覆盖。利用省动物检疫电子化出证平台,为检疫员配备移动式电子出证系统有效节省了报检点与现场检疫之间往返的路途和时间,方便了养殖户,同时也提升了动物产地检疫的工作规范化和效率,降低了工作成本。

【开展动物检疫职业技能竞赛】 2016年,市动物检疫部门举办全市动物检疫职业技能竞赛,为全市动物检疫人员提供学习交流平台,提升全市动物检疫人员的操作技能和综合素质。常熟推选的三名基层动物防疫员参加全国动物防疫职业技能竞赛苏州市级选拔赛,获得团体一等奖,其中虞山动物防疫站王鑑获得个人一等奖,代表苏州市参加全省选拔赛,梅李动物防疫站刘振宇、杨恺分别获得个人三等奖和优胜奖。

【畜产品质量安全继续保持高水平】 2016年,全市共接受省、苏州、常熟市级例行抽样监测24次、199份样品,检测合格率100%。开展"瘦肉精"监测,2016年养殖环节共抽检生猪819个场(户)4225份、羊73个场(户)471份尿样;屠宰环节抽检外地生猪1614批次11287份、本地生猪1048批次2522份、牛268批次541份、羊23批次290份尿样,全部抽检样品均为阴性,在为期2个月的"瘦肉精"专项监测行动中,养殖环节抽检3250份、屠宰环节抽检3340份尿样,全部为阴性。

【开展畜产品质量安全专项整治行动】 2016年,全市开展畜产品质量安全专项整治行动,共检查生产环节7家、经营环节94家、养殖环节1121家,出动执法人员2041人次。通过开展畜产品质量安全专项整治行动,兽药饲料投入品、畜禽养殖过程质量安全监管得到加强,兽药饲料生产经营使用行为进一步规范,养殖场(户)科学用药意识得到增强,处方药分类管理制度有序推进。

【加强病死动物无害化处理工作】 2016年,加快市级病死动物无害化处理中心立项进度,镇级病死动物无害化处理体系建设迅速,共建设病死动物无害化处理收集点7个、配套沉尸井16个;继续贯彻落实规模猪场病死猪无害化处理补贴工作,强化病死猪无害化处理,规范处理病死猪登记摄像留证记录,严厉打击养殖场病死动物乱丢乱抛行为,共无害化处理生猪9132头,奶牛102头,羊55头。

【加强屠宰管理执法工作】 2016年,市农委深入开展生猪屠宰行业清理整顿活动,对已获证单位开展"回头看",对照审核的标准进行检查复核,不符合法定设立条件的予以关停,除了常熟市畜禽屠宰中心以外,所有屠宰场均已关停。

【创建畜禽规模养殖示范创建和江苏省畜牧生态健康养殖示范】 2016年，组织对3家畜牧生态健康养殖示范场开展复查考核，加强养殖场合理布局，畜产品质量安全，粪尿无害化处理，动物防疫条件及免疫质量等方面的考核验收，全市累计有1家农业部畜禽养殖示范场，11家省畜牧生态健康养殖示范场。

【做好农业部奶牛良种补贴工作】 2016年，市家畜改良站实地走访每个奶牛养殖场，加强对奶牛冻精的选种选配、对奶牛饲养管理的技术培训。根据广大奶牛养殖户的要求，将省畜牧总站招标的奶牛冻精发放到位，同时，根据奶农反映的问题，及时向省有关部门提出解决奶牛养殖户奶牛良种繁殖的需求。

【做好省级生猪良种补贴项目工作】 2016年，市家畜改良站作为单一来源采购的供精单位，大力引进有资质的优良种公猪8头，保持生产种公猪品种2个以上，饲养规模保持20头，抓好种公猪采精、稀释、检验、分装、保存运输等环节，认真执行种公猪常温精液标准，提高生猪良种补贴项目的实效。

林　业

【概况】 2016年，常熟市围绕建设生态文明，发展现代林业。全面做好森林资源、湿地资源和野生动物资源保护工作，做好林政执法工作，规范林业项目建设，举办2016第十届国际湿地大会，完成全市有害生物普查工作。

2016年常熟市林业产业产值一览表

表7

产业类别	计量单位	总产值	增加值
总计	万元	462,778	53,914
一、第一产业	万元	51,476	5,146
(一) 涉林产业合计	万元	51,476	5,146
其中:湿地产业	万元	—	—
1. 林木育种和育苗	万元	19,842	1,984
(1) 林木育种	万元	19,842	1,984
(2) 林木育苗	万元	—	—
2. 营造林	万元	—	—
3. 木材和竹材采运	万元	—	—
(1) 木材采运	万元	—	—
(2) 竹材采运	万元	—	—
4. 经济林产品的种植与采集	万元	24,010	2,400
(1) 水果种植	万元	19,678	1,968
(2) 坚果、含油果和香料作物种植	万元	181	17
(3) 茶及其他饮料作物的种植	万元	4,151	415
(4) 森林药材种植	万元	—	—
(5) 森林食品种植	万元	—	—
(6) 林产品采集	万元	—	—
5. 花卉及其他观赏植物种植	万元	7,624	762
6. 陆生野生动物繁育与利用	万元	—	—
(二) 林业系统非林产业	万元	—	—
二、第二产业	万元	391,529	46,791

续表 7

产　业　类　别	计量单位	总产值	增加值
（一）涉林产业合计	万元	171,529	18,791
其中：湿地产业	万元	—	—
1. 木材加工和木、竹、藤、棕、苇制品制造	万元	6,280	670
（1）木材加工	万元	2,976	297
（2）人造板制造	万元	3,041	347
（3）木制品制造	万元	263	26
（4）竹、藤、棕、苇制品制造	万元	—	—
2. 木、竹、藤家具制造	万元	134,040	15,000
3. 木、竹、苇浆造纸和纸制品	万元	—	—
（1）木、竹、苇浆制造	万元	—	—
（2）造纸	万元	—	—
（3）纸制品制造	万元	—	—
4. 林产化学产品制造	万元	31,209	3,121
5. 木质工艺品和木质文教体育用品制造	万元	—	—
6. 非木质林产品加工制造业	万元	—	—
（1）木本油料、果蔬、茶饮料等加工制造	万元	—	—
（2）野生动物食品与毛皮革等加工制造	万元	—	—
（3）森林药材加工制造	万元	—	—
7. 其他	万元	—	—
（二）林业系统非林产业	万元	220,000	28,000
三、第三产业	万元	19,773	1,977
（一）涉林产业合计	万元	19,773	1,977
其中：湿地产业	万元	—	—
1. 林业生产服务	万元	—	—
2. 林业旅游与休闲服务	万元	19,773	1,977
3. 林业生态服务	万元	—	—
4. 林业专业技术服务	万元	—	—
5. 林业公共管理及其他组织服务	万元	—	—
（二）林业系统非林产业	万元	—	—
补充资料：竹产业产值	万元	—	—
油茶产业产值	万元	—	—
林下经济产值	万元	7,630	763

2016年常熟市花卉产业发展情况

表8

指 标 名 称	计量单位	本年实际
年末实有花卉种植面积	公顷	33
切花切叶产量	支	20,150,000
盆栽植物产量	盆	4,135,000
观赏苗木产量	株	505,000
草坪产量	平方米	118,130,000
花卉市场	个	2
花卉企业	个	10
其中:大中型企业	个	2
花农	户	47
花卉从业人员	人	800
其中:专业技术人员	人	80
控温温室面积	平方米	110
日光温室面积	平方米	—

【开展2016年度营造林核查】 按照营造林核查相关技术规程,市林业局开展2016年度营造林核查,共调查符合营造林要求小班65个,面积32.45公顷。其中江河湖海4.48公顷、绿色通道11.48公顷、城郊森林16.26公顷、优势特色经济林0.24公顷。

【开展林木采伐更新验收】 2016年,市林业局对2015年度的林木采伐(挖)单位的植被恢复情况进行了检查验收,共调查27个地块,调查面积84.48公顷,对验收不合格单位下发了整改通知书19份,并要求不合格单位于2017年3月之前完成整改,为今后林木采伐申请审批提供相关依据。

【开展林业碳汇计量监测】 根据国家林业局文件精神及省林业局会议要求,依据调查测算因子林地、农地、草地、湿地、聚居地、其他土地6大地类情况,市林业局开展林业碳汇计量监测调查样地的图斑区划,于2016年10月14日基本完成区划成果,并及时递交区划成果。

花卉基地

【开展虞山松材线虫病秋季疫情普查工作】 2016年,市林业局开展虞山松材线虫秋季疫情普查,普查结果显示疫情涉及虞山林场三峰、宝岩管理区6个小班,病害发生面积为116亩,面积比去年减少55亩,下降了32.16%;病死树数量为10株,较去年下降28.57%,虞山松材线虫病病死率为0.12‰。2015—2016年常熟市共采伐疫木1710株,对3000株健康松树实施注干作业,松林间施放肿腿蜂、花绒寄甲共计170万头。

【开展美国白蛾监测工作】 2016年度美国白蛾监测工作于5月1日正式启动,市林业站及时更新全市33个监测点监测设备,做到第一时间发现、第一时间上报、第一时间处理。面向全市苗木绿化企业负责人,举办美国白蛾防控专题培训。截至2016年年底,全市未发现美国白蛾疫情。

【完成全市林业有害生物普查工作】 普查共鉴定病害58种、昆虫240种、有害植物(加拿大一枝黄花、空心莲子草)2种。涉及病害寄主39种、虫害寄主42种。采集病害标本56份,昆虫标本261种,其中生活史标本3套,拍摄照片1109张。

【开展植物检疫专题走访】 2016年8月26日至9月5日,市林业站组织技术人员开展植物检疫专题走访活动,走访全市重点涉木5家、木材经营市场1个、涉绿企业14家，签订《植物检疫告知书》25份、发放各类宣传材料约100份；宣传检疫法律法规，松材线虫病、美国白蛾防控等相关知识，同时普及宣传新修订的《中华人民共和国种子法》，规范种苗管理档案及标签使用。

【实施湿地生态补偿】 2016年，市林业站组织技术人员每季度对全市的8个重要湿地管护工作开展检查考核，采取实地查看结合查阅管护台账方式进行现场考核，并将检查情况通报相关镇（区），督促各责任部门加强湿地管护，形成了市、镇、村三级管护体系，为全面开展湿地管理与保护提供保障。

【加强湿地资源基础研究】 2015年至2016年，市农委联合常熟理工学院启动常熟市湿地植物与鸟类资源普查，经过18个月的野外调查，普查发现湿地植物400余种、湿地鸟类213种，形成翔实的本底调查数据。加快推进常熟市湿地监测中心建设，逐步完善常熟湿地科研应用体系，为合理开展湿地保护工作奠定科学基础。

【推进湿地公园、湿地保护小区建设与管理】 2016年，市林业局进一步加强对沙家浜国家湿地公园、南湖省级湿地公园等的管理与指导，强化生态红线区划工作。开展泥仓溇苏州市级湿地公园申报省级湿地公园专家论证会，进一步调整长江湿地保护小区保护范围，面积扩大至9388.66公顷，全市自然湿地保护率达到50.1％。

【加强野生动物资源保护】 开展野生动物保护宣传工作，引导市民科学爱鸟护鸟。2016年，通过“12345”热线、市民来电等方式共救助野生动物40余次，救助野生动物约520只，放生野生鸟类、蛇类共计503只（条），查处违法售卖野生动物及其制品行为2次。

【加强宣教工作】 2016年，利用“世界湿地日”“爱鸟周”，市林业局联合常熟理工学院、湿地公园等单位开展野生动物保护、湿地保护宣传。为规范全市苗木经营管理、加强基层湿地管理，市林业站邀请省、市各级专家举办苗木经营管理、湿地资源管护工作培训各1次，培训面向全市苗木绿化企业、各镇、新区农服中心、湿地生态村主任等基层干部等共计150人，分发各类培训材料350余份。

农业机械化建设

【概况】 2016年，常熟市积极实施农机发展新三年规划，建设粮油高标准全程机械化示范基地2个，更新和示范推广75马力以上拖拉机、喷杆式植保机等新型农业装备852台（套），完成水稻商品化集中育秧面积2160亩，稻麦秸秆机械化还田率稳定在80％左右。

2016年常熟市农机化渔业作业情况一览表

表9

指标名称	计量单位	数量
池塘养殖总产量	吨	37610
机械投饲池塘养殖产量	吨	30838
机械水质调控池塘养殖产量	吨	25560
机械起捕池塘养殖产量	吨	320
机械清淤池塘养殖产量	吨	34501

【落实农机购置补贴规范】 2016年，全市三批江苏省级财政获批资金919万元，去除2015年县级垫支8.263万元和2016年农机购置补贴监督管理经费4万元，年度资金为906.737万元，本级财政用于农机化发展扶持资金预算为600万元；认真组织补贴操作，2016年常熟市对省补范围内的49个品目机具按照农民实际需求实行敞开补贴，本级财政明确不再进行配套补贴；按规定拨付乡镇农机购置补贴组织管理经费3.52万元，组织开展补贴操作实务培训和实地一对一辅导，解决镇级操作过程的实际问题。六批补贴资金共计699.535万元已于2016年底完成结算。全市新增农机总投入超3800万元，享受省级财政补贴约700万元，累计新增各类农机具近852台，其中新增乘座式高速插秧机51台、烘干机75台、收割机66台、拖拉机47台（75马力以上40台）、拖拉机配套机具250台（小麦条播机122台），育秧流水线22台套等，报废旧农机35台，其中拖拉机27台，收割机8台。

【强化补贴政策宣传】 2016年5月6日，全市召开农机补贴工作会议，与农户签订补贴责任状，贯彻落实各级农机购置补贴工作精神与要求，并通过各种形式全方位进行补贴政策宣传，印发宣传手册1200本、群发短信1000条次以及开展各类会议、培训宣传等。

【集中开展专项检查】 2016年，市农委集中开展了三次农机专项检查，6月2日对三家本地注册经销商等进行了专项检查，对照补贴机具经销商管理要求对检查中发现的问题提出了整改意见；8月，对138台重点补贴机具进行了实地检查，电话抽查68台；10月配合省农机局进行了2015年农机购置补贴专项资金项目绩效评价工作。

【推进秸秆综合利用】 2016年，由市农委牵头，会同环保局等秸秆禁烧领导小组各成员单位重新制订扶持政策，继续对全市范围实施秸秆综合利用进行补助，年度秸秆综合利用资金为1321万元，其中省级421万元。通过协议供货形式制作秸秆禁烧宣传物资，发放公开信40000份、宣传草帽1000只、宣传扑克5000副、宣传真空杯1000只、宣传伞500把、宣传套袖1000只，以及技术资料1000多份。在夏收期间开展全方位宣传，各镇制作悬挂宣传横幅225条；夏熟完成机插秧面积25.3万亩，麦秸秆机械化还田29.74万亩，秋熟完成稻秸秆还田20.54万亩，全年稻麦秸秆综合还田率稳定在为80%左右，农作物综合利用率达98%以上。

【机械化示范县建设启动】 2016年，常熟市被农业部确定全国首批基本实现主要农作物生产全程机械化示范县之一。为此，常熟市人民政府专门成立以副市长为组长，农委、农工办、水利、财政、国土、粮食、环保、统计等部门及全市各乡镇副镇长为组员的领导小组，并成立了相关人员组成的技术指导专家组，整合省、市（县）各级农机化资金，通过以奖代补的形式解决全市发展不平衡和个别环节短板的问题；针对在推进粮食生产全程机械化过程中存在的不足，下发《常熟市推进粮食生产全程机械化建设实施方案》和《关于2016年常熟市农机化工作重点考核指标和办法》，把任务分解到各镇、村，并列入市委、市政府对乡镇考核的细则中，力争两年内完成省定目标任务，并由技术专家组对各镇环节水平进行测算，提出适宜的稻麦生产全周期技术路线，并确认六大环节主推农机技术和机具，确保建设取得实效。

【农机安全生产形势平稳】 2016年，市农委积极推进“平安农机”创建活动，全面落实安全生产责任制，签订农机安全生产责任状1401份；开展安全检查27次，检查机具280台，投入85人次排查隐患47起，治理46起，处理农机事故13起，参加监管人员达到150人次；对5批参加培训的农机操作人员进行了理论和术科考试，共考核驾驶员104人次，其中增驾56人，健康审验210人，考试合格率100%；加强警示教育，发放宣传资料4300多份，制作横幅135条，给机手倡议信1250封，出动宣传达45次，全市接受学习达1100人，农机驾驶人员受教育率达90%以上。全年累计年检拖拉机1025台，新注册登记54台，联合收割机年检510台，注册登记67台；按规定注销拖拉机125台，其中变型拖拉机89台；投保江苏省农机综合保险政策拖拉机1084台、联合收割机575台，参照保险条款对高速插秧机也列入保险范围并给予财政补贴，办理高速插秧机综合保险678台。

【农机配套服务措施到位】 2016年，市农委累计举办农机培训13期587人次，其中驾驶操作人员培训6期150人次、机械化育秧和秸秆还田技术培训4期410人次，合作社带头人培训1期30人次，36人取得职业技能获证奖补等；市镇两级技术人员累计维修各类农机具3500台次，接听各类维修咨询电话750次，出动维修服务人员420人次；夏忙期间，市级农机部门专门抽调人员分成五个农机应急服务小组，按区域划分，同时为全市及服务本市的外来跨区机手提供农机供应维修服务；在第三届江苏技能状元大赛农机修理工竞赛暨第五届全省农机职业技能竞赛中，尚湖镇农机大户周建忠取得了二等奖（第四名）的好成绩，并获得“江苏省技术能手”称号。

农产品质量建设

【概况】 2016年，常熟市农产品质量安全工作将建设监管体系、落实推广网格化监管、做好农产品检测、建立可追溯体系和加强三品认证管理作为重点工作，全面提升常熟市农产品监管信息化水平。2016年，接受农业部省（155）、苏州（60）及常熟市（800）部门安排的农产品例行监测1015个，全年抽检共发现3个不合格产品，合格率达99.7%。

2016年常熟市种植业“三品”情况一览表

表10

指标名称		计量单位	数量
种植业食用农产品“三品”产量（折算初级农产品后产量）	无公害农产品	吨	407087
	绿色食品	吨	20366
	有机农产品	吨	599
	小计	吨	428052

2016年常熟市有效无公害农产品产量情况一览表

表11

指标名称	计量单位	数量
无公害农产品生产基地数	个	127
无公害农产品生产基地面积	亩	587246
无公害农产品总产量	吨	411621
其中：粮食	吨	169122
蔬菜	吨	223502
水果	吨	11278.5
畜禽	吨	3184.5
水产品	吨	4534

2016 年常熟市有效绿色食品产量情况一览表

表 12

指　标　名　称	计量单位	数　量
绿色食品生产基地数	个	36
绿色食品生产基地面积	亩	29900
绿色食品总产量	吨	21098
其中：粮　食	吨	12234
蔬　菜	吨	1350
水　果	吨	6782
畜　禽	吨	0
水产品	吨	732

2016 年常熟市有效有机农产品产量情况一览表

表 13

指　标　名　称	计量单位	数　量
有机食品生产基地数	个	4
有机食品生产基地面积	亩	2084
有机食品总产量	吨	599
其中：粮　食	吨	214
蔬　菜	吨	115
水产品	吨	0

【完善监管体系建设】 2016 年，市农委农产品质量监督科认真落实上级监管工作要求，下发了《2016 年常熟市农产品质量安全监管工作意见》《2016 年常熟市乡镇农产品质量安全考核实施细则》等，与各镇监管站签订工作责任状，各镇与村、与农业生产主体也层层落实责任；明确了乡镇监管人员 28 名，村级协管员 199 名，继续培养好、发挥好 8 名常熟市农业特岗人员的专技特长，提升乡镇监管人员的行政执法能力；多次组织全市三品企业及各镇监管人员，赴苏州、南京、泰州等地参加省、苏州市的培训累计超过 200 人次。

【落实推广网格化监管】 2016 年，市农委农产品监督科为全市 3000 多个具有一定规模农业生产主体(企业、合作社、大户)建立档案，及时调整变更信息，录入监管平台，每个生产主体与村协管员、镇监管员建立一一对应关系，在生产季节确保了有现场检查与指导；全市"三品"企业建立了内检员制度，形成了监管网络。农监部门将日常监管落到实处，录入苏州市农委的监管平台，做到有据可查。

【农产品检测】 2016 年，继续发挥乡镇监管站、规模基地、配送中心的快速检测室的作用，检蔬菜超过 11087 批次，合格率超过 99.9%；做好部、省级的质量安全监督抽检，有机食品、绿色食品、无公害农产品的专项监督抽检等，共计 14 个，合格率 100%；再明确 13 家规模企业落实产地准出工作，尽可能使每批农产品销售附有产品名称、检测结果、销售单位等相关信息。

【完善可追溯体系】 2016 年，常熟市吉健葡萄科技有限公司等 6 家企业列为省级第三批可追溯企业示范点，初步实现电子档案化，销售产品有二维码，消费者可扫描上网查询产品的来源、用药情况等，实现生产经营性的可追溯，通过省农委"放心吃"网站进行宣传；制订《常熟市信用体系建设指导意见》，对全市农业企业建立信用制度，并与日常监管挂钩，年度开展诚信企业评选活动；把开发市级监管 APP 系统作为一项重点工作，强化市、镇二级监管能力，便捷化开展监管工作，截至 2016 年年底已完成前期的技术讨论和设备采购方案编制。

【专项整治工作】 2016 年，全市认真组织落实 2016 年度专项整治工作，指定牵头科、站所与协助单位，明确了农药及农药使用专项整治、"瘦肉精"专项整治、生鲜乳违禁物质专项整治、兽用抗菌药专项整治、畜禽屠宰专项整治、农资打假专项整治、水产品质量专项整治、三品专项整治等，各项整治工作均能做到有计划，能落实，专项整治取得了一定成效，实现全市无重大的事故，

【三品认证管理】 2016 年是三品认证要求最严、程序最繁的一年，换证产品的检测也同步开展，市农委相关科室及时调整计划，对新认证、换证企业做到预先通知，及时沟通，规范检查，快速上报。截至 2016 年年底，共完成新申报无公害、绿色食品 34 家、46 个产品，涉及产量 26 万吨；复查换证 15 家、18 个产品；保持认证有机食品企业 4 家 10 个产品。

现代农业园区建设

【概况】 2016 年，全市现代农业园区建设继续以实现"农业增效、农民增收 "为目标，以"一核三带多园区"产业发展

为抓手，园区全体工作人员围绕年初制订的目标任务，重点工程建设有序推进。农业科技创新中心工程完成建设，进入规划建设许可审批阶段；具有国内先进水平的潮汐式苗床灌溉系统全面建成投用，实施温室大棚面积7200平方米，实现全自动定时给水与施肥；温室周边绿化工程完成；进园主干道改扩建工程结合石宕灾害治理工程顺利推进，已于2016年年底前全部竣工；7200平方米岩棉及袋式（或桶式）栽培设施工程完成建设，2400平方米叶菜水培项目工程已经签约并启动建设；热带植物园喷滴灌设施安装到位，内部标识标牌设施完成配置。全年共组织招投标5个，标的额为735万元。

【积极争取科技和建设项目】 2016年，园区共获批省、苏州市、常熟市级项目7项，项目总投资1495万元，其中争取财政资金630万元。“江苏省沿江现代农业科技示范区”建设常熟市实施方案完成编制工作；国家级现代农业综合标准化示范区建设项目以94分的优异成绩通过考核验收。

【深化创新平台建设】 2016年，西南大学与常熟市政府正式签订校地合作协议，合作平台西南大学常熟研究院进驻园区并以公司化运作，由西大研究院引进的西智物联科技（苏州）有限公司5月份在园区注册，引进创新创业博士1名；省生产力促进中心常熟国家农业科技服务中心正式运行，组织主题培训2期共110人次，并帮助园区建设信息服务平台；省农科院常熟农业科技创新与成果转化中心、南机所常熟现代农业装备技术应用中心两大产学研平台运行良好，项目合作不断深化；与中国农业大学就共同争取国家农业现代化试点县（市）和建立中国农业大学常熟新农村发展研究院等方面达成初步意向；常熟农业科技园区协同创新战略联盟于2016年8月成立，首批联盟成员为32个，其中各级各类农（渔）业园区15个，农业科技创新合作平台7个，农业科技型企业（包括已认定和未认定的）10个；全市第一个星创天地——“常熟都市农业”星创天地正式建立并报批。

【农发和种业公司运行进入轨道】 2016年，农发公司和种业公司相关业务经营进入正常开展的轨道。农发公司完成全部整合资产的不动产证办理，成为园区建设和科技项目申报实施的主体，园区发展市场化运行的目标逐步实现；蔬菜园艺创新区的科研与生产组织管理队伍初步形成，已承担起了热带植物园、草莓温室、西香瓜温室的技术和生产任务。种业公司完成公司制改革，较好完成了稻种供应和麦种的收储工作，共供应稻种94.35万千克，收储麦种25万千克。华冠园艺公司运行良好，在5月份北京世界月季洲际大会上获得14块奖牌和2个奖杯，与世界最大月季育种公司法国梅昂国际签订合作协议，成为国内首个自主培育月季新品种进入国际市场的企业。

【加强对外宣传交流】 2016年，园区共接待各级领导、调研组、各地农业考察参观团43批次，共计1700多人。中央农村工作领导小组办公室副主任韩俊、农业部种子管理局局长张延秋、科技部农村司副司长侯立宏、巡视员王喆、中国农业大学副校长王涛先后来园视察调研。园区被市委宣传部列为常熟市建党95周年系列活动现代农业参观点，来自全市各级各单位的党员群众1200多人到园参观。园区网站和微信公众号两大宣传平台运行良好，网站点击总量超100万次，《常熟国家农科园信息》成为向上级主管部门定期介绍园区工作的重要信息平台，获得各级领导好评。与“多园区”联系不断加强，及时完成了科技部国家农业科技园区科技创新能力监测数据的组织填报工作。组织3家镇级园区参观考察山东寿光农业科技博览会，组织10家企业参加2016年第二届上海国际生态农业品牌展览会及2016年度常熟国际精英创业周系列活动。（瞿 蕾）

责任编辑 浦君芝

工业和信息化

综　　述

4月7日，国内首家专制全铝车身车间在奇瑞捷豹路虎汽车有限公司常熟工厂竣工投产

【概况】 2016年，常熟市完成工业总产值4577.10亿元，比上年增长0.5%，其中规模以上工业完成产值3712.16亿元，增长3.0%，实现销售收入、利税和利润分别为3664.11亿元、325.73亿元和235.51亿元，增幅分别为3.5%、31.3%和39.6%；实现工业增加值1027.00亿元，增长6.5%；全市工业经济实现开票销售收入3656.44亿元，增长5.66%；规模以上完成出口产品交货值941.44亿元，下降2.69%；实现新兴产业产值2277.47亿元，比上年增长4.40%，其中战略新兴产业完成产值1671.18亿元，增长1.44%。全市工业用电量144.18亿千瓦时，比上年增长5.4%。期末实有民营注册资本累计1471.26亿元，增长18.31%，全年累计净增内资220亿元。是年，常熟市信息化和智慧城市工作围绕深化改革、民生服务、公共服务、融合共享、社会治理等领域加快建设步伐，公共信息服务平台实现终验；数据交换中心及五大基础数据库建设成效明显，入库信息2500万条；市民卡应用超过30项，发卡达123万张；信用征信平台建设完成总集成、软件开发和服务的终验；智慧政务平台一期建设完成初验；电子政务内网试点工作取得阶段性成果，农村信息化建设不断深入，基础设施建设取得进展。智慧城市常熟模式已被上级、业界及先行城市认可，常熟市被中国智慧城市论坛授予“十二五中国县级智慧城市领军城市”荣誉，获“中欧绿色和智慧城市奖”。

工业性投资

【概况】 2016年，全市完成工业投资总额为243.73亿元，比上年下降14.2%，占全社会固定资产投资额的44.73%，其中技术改造投入167.03亿元，下降16.0%，设备投资130.41亿元，技改投入占全部工业投入、设备投资占技改的比重，分别为68.53%和78.08%。

2011～2016年常熟市工业投资情况一览表

表14

实绩 \ 年份		“十一五”累计	2011年	2012年	2013年	2014年	2015年	2016年
全社会固定资产投资（规模以上）（亿元）		1705.9	535.37	635.5	715.21	650.44	631.22	544.91
工业投资	总量（亿元）	992.1	278.01	332.0	400.04	344.30	284.01	243.73
	占全社会投资%	58.2	51.93	52.25	55.93	55.86	44.99	44.73

续表 14

实绩 \ 年份		"十一五"累计	2011 年	2012 年	2013 年	2014 年	2015 年	2016 年
技术改造	总量(亿元)	—	—	232.2	235.0	192.34	198.82	167.03
	占工业投资%	—	—	70.0	58.75	56.16	70.00	68.53
设备投资	总量(亿元)	—	—	178	185	172.05	159.15	130.41
	占技术改造%	—	—	76.7	78.7	88.97	80.05	78.08

【新兴产业投资】 2016 年，全市战略新兴产业完成投资 136.51 亿元，占全市工业投资的 56.01%，其中智能电网和物联网、新材料投资增幅较大，分别为 498%和 15.7%；新能源、节能环保有所脱幅，新材料、高端装备制造投资共 105.09 亿元，占整个新兴产业投资的 76.98%。

2016 年常熟市产业投资结构情况一栏表

表 15

内容		总额(亿元)	比上年增长率(%)	占比(%)	内容		总额(亿元)	比上年增长率(%)	占比(%)
工业投资合计		243.73	-14.2	—	按行业分类	计算机、通信和其他电子设备制造	23.49	21.5	9.64
其中：高新技术产业		75.48	7.2	30.97					
按行业分类	汽车制造	45.41	12.6	18.63		非金属矿物制品	2.85	-39.4	1.17
	电热燃气	19.35	15.7	7.94		金属制品	13.49	-9.1	5.53
	化工	43.48	38	17.84		电气机械	21.51	-17.5	8.83
	专用设备	9.87	0.5	4.05		黑色金属	6.63	-41.0	2.72
	纺织	14.79	-24.1	6.07		服装服饰	4.65	-30.6	1.91
	通用设备	14.47	0.5	5.94		造纸和纸制品	1.68	-95.3	0.69

【重点内资项目建设】 全市 73 个重点工业内资项目计划总投资 233.02 亿元，当年计划投资 90.10 亿元。全年累计完成投资 88.71 亿元，占计划总投资的 38.07%；当年完成投资 64.70 亿元，占当年计划投资的 71.02%。73 个重点工业内资项目 61 个项目开工建设，开工率为 84%，其中有 32 个项目竣工投产，11 个项目尚未开工。

2016 年常熟市重点工业内资项目投资情况一览表

表 16

指标	项目开工情况(个)						总投资(亿元)	当年投资(亿元)	累计完成(亿元)	占总投资(%)	当年完成(亿元)	占当年投资(%)
	项目数	开工数	新开	开工数	结转	开工数	—	—	—	—	—	—
合计	73	62	50	40	23	22	233.02	90.10	88.71	38.07	64.70	71.02
其中：竣工数	32						—	—	—	—	—	—
超亿元项目	58						222.57	81.81	82.48	37.06	58.91	72.01
新兴产业项目	53						193.57	71.29	66.43	34.32	49.21	69.03

【智能制造投资】 2016 年，常熟市把智能化和绿色化改造作为投资重点，引导工业企业加大有效投入，不断提升经济运行质量。出台一系列以实施"机器换人"技术改造为主线的扶持政策，改变原有技改补贴方式，全部围绕"机器换人"项目进行设备贴息扶持。全年共有 77 个"机器换人"项目获得转型升级政策奖励资金，兑现资金 4500 万元。同时，建立"机器换人"项目库，入库企业(项目)共 110 家(项)。

技术创新

【概况】 2016 年，全市完成高新技术产业产值 1370.16 亿元，比上年下降 1.97%，占全市规模以上工业的比重为 36.91%；培育"专精特新"产品 38 个；新增省级企业技术中心 4 家，苏州市级企业技术中心 10 家，苏州市级以上企业技术中心累计达 108 家；22 个项目列入省重点技术创新项目计划；企业信用贯标企业累计 382 家；增创一批国家、省和苏州市两化融合示范(试点)企业，为加快工业转型升级起到推动作用。

▲"专精特新"产品(企业)：指具有以下一项或多项特征的产品："专"——拥有自主知识产权的专利技术；"精"——设计精良，其产品性能接近或超过国外且优于国内先进水平；"特"——拥有专有技术，采用独特或独有的工艺、技术、配方研制生产的产品，

或者是地方特色产品;“新”——在一定时期(通常是两年)内研发,且批量投入生产的重大新产品。拥有上述经省、苏州市或常熟市认定产品的企业,称为“专精特新”企业。

【企业两化融合】 2016年,常熟市共培育两化融合企业110家,其中苏州市级以上两化融合企业8家,分别为国家两化融合贯标试点企业2家、省两化融合贯标试点企业1家、省互联网与工业融合创新示范(试点)企业2家、苏州市两化融合示范(试点)企业3家,并建立起市级两化融合企业培育库、评审专家库和服务团队。

▲“两化融合”企业:“两化融合”是电子信息技术广泛应用到工业生产的各个环节,信息化成为工业企业经营管理的常规手段。“两化融合”是信息化和工业化的高层次的深度结合,其核心就是信息化支撑,追求可持续发展模式。“两化融合”企业是指经国家、省、苏州市和常熟市认定的“两化融合”示范、试点企业。

常熟市绿色智能制造创新中心

2016年常熟市企业两化融合情况一览表

表17

序号	名称	企业
1	2016年国家两化融合贯标企业	常熟通润汽车零部件股份有限公司
2		常熟长城轴承有限公司
3	2016年省两化融合贯标企业	常熟三爱富中昊化工新材料有限公司
4	2016年省互联网与工业融合创新示范企业	中利腾晖光伏科技有限公司
5	2016年省互联网与工业融合创新试点企业	常熟市精工模具制造有限公司
6	2016年苏州市两化融合示范企业	江苏亨通高压海缆有限公司
7	2016年苏州市两化融合试点企业	常熟市伟恒模具铸造有限公司
8		苏州莱茵电梯股份有限公司

【“专精特新”培育】 2016年,常熟市共培育“专精特新”产品38个,其中4个产品获评省“专精特新”产品(省重点推广的新技术新产品),34个产品获评常熟市“专精特新”产品。完成苏州市“专精特新”中小企业导向平台入库企业150家,建立专精特新企业及产品培育库及评审专家库。

【企业信用贯标创建】 2016年,常熟市实施“万企贯标、百企示范”工程,形成政府推动、企业创建、机构辅导的互动创建机制。全年共有62家企业通过江苏省信用管理贯标企业验收,5家企业申报苏州市信用管理示范企业。截至年末,全市贯标企业总数达到382家,其中苏州市级示范企业33家,省级示范企业2家。

【企业节能】 2016年,常熟市实施百家企业节能低碳行动、节能技改和“能效之星”创建等重点行动,全年创建苏州三星级以上“能效之星”企业6家,其中四星级“能效之星”企业3家;创建循环经济示范企业3家;审核验收自愿性清洁生产企业4家。实施节能项目67个,节能量达18万吨标准煤,其中有8家企业获得省级节能资金奖励,节能量达8.2万吨标准煤。

【淘汰落后产能优化布局】 2016年,常熟市以开展木粉造粒专项整治、两湖流域整治及大气污染防治剩余任务为重点,关停、淘汰一批低端低效企业,全年关停及实施低效产能淘汰企业131家,共腾出土地63.44公顷,节约标煤14.58万吨,减排COD315.1吨和二氧化硫1375.2吨,安置职工1353人,已支付关停费用9.6亿元;通过调整优化产业布局,全市24个特色产业基地年产出超过1900亿元,占全市规模以上工业产值突破50%,达51.91%。

生产制造

【概况】 2016年,全市经济运行呈现缓中趋稳、稳中向好的发展态势。全年完成工业总产值5477.10亿元,比上年增长0.5%,增速同比提升1.1个百分点,其中规模以上工业产值3712.16亿元,增长3.0%,同比提升3.3个百分点。

2016年规模以上工业行业分布情况一览表

表18

序号	行业	企业个数	产值(亿元)		占规模以上工业比重(%)		
			实绩	增长率(%)	2016	2015	增长率(%)
	总计	1343	3712.16	2.96	100	100	—
1	电力工业	11	94.58	-2.21	2.55	2.68	-0.13
2	冶金工业	75	324.35	-1.04	8.74	9.09	-0.35
3	机械工业	293	956.94	16.17	25.78	22.85	2.93
4	电子工业	75	501.00	-5.18	13.50	14.65	-1.15
5	化工工业	114	353.10	0.88	9.51	9.71	-0.2
6	轻工业	199	639.40	2.29	17.22	17.34	-0.12
	其中:造纸	4	74.11	10.50	2.00	1.86	0.14
7	纺织工业	515	769.78	-0.92	20.74	21.55	-0.81
	其中:服装	132	409.01	2.55	11.02	11.06	-0.04
8	建材工业	48	49.13	-13.54	1.32	1.58	-0.26
9	其他工业	9	19.32	-4.01	0.52	0.56	-0.04
	民营企业小计	988	1922.70	0.85	51.79	52.87	-1.08
	外资企业小计	344	1773.64	5.09	47.78	46.81	0.97
	高新技术产业小计	293	1370.16	-1.97	36.91	38.76	-1.85

【工业结构调整优化】 2016年，常熟市推进产业转型，产业结构和工业布局不断改善。主导产业不断壮大，全年汽车及零部件、装备制造、纺织服装"三个千亿级"产业完成产值1883.31亿元，占规模以上工业产值的比重达50.7%。先进制造业持续发力，全年八大新兴产业、高新技术产业产值占规模以上工业产值比重分别达45.8%和37.0%。其中高端装备制造561.7亿元，增长8.8%；集成电路23.4亿元，增长10.9%；新能源262.8亿元，增长3.4%。汽车制造业完成产值403.98亿元，增长49.9%，占规模以上工业产值的比重为10.9%，在行业中排名上升至第4位。高耗能行业规模持续缩减，六大高耗能行业产业同比下降1.6%，低于全市规模以上工业产值平均增速4.6个百分点，占规模以上工业产值比重同比下降1.0个百分点。

2016年常熟市新兴产业发展情况一览表

表19

序号	行业	企业个数	产值(亿元)		
			实绩	同期	增长率(%)
	新兴产业总计	475	2277.47	2181.46	4.40
	汽车零部件	76	544.74	402.05	35.5
苏州战略新兴产业	合计	317	1671.18	1643.24	1.7
	占全市规上比例(%)	23.6	45.0	45.6	—
	新能源	27	262.80	254.08	3.4
	新材料	109	425.23	441.61	-3.7
	生物技术和新医药	18	27.48	28.82	-4.7
	节能环保	25	81.05	85.86	-5.6
	集成电路	5	23.41	21.10	10.9
	智能电网和物联网	22	215.86	221.25	-2.4
	平板显示	9	73.61	73.99	-0.5
	高端装备制造	102	561.73	516.54	8.8

【规模经济发展】 2016年,全市规模以上企业总数1343家,其中销售亿元以上企业380家,年销售超10亿元企业48家。其中亿元企业和工业百强企业运行稳健,亿元企业实现利税比上年增长26.0%;工业百强企业实现利税、利润分别为266.57亿元和200.90亿元,比上年分别增长30.72%和34.60%。

2016年常熟市规模以上工业主要指标完成情况一览表

表20

指标		单位	2016年实绩	增长率(%)	占全市规模以上工业比重(%)
规模企业情况	规模企业数	家	1343	-4.41	—
	销售亿元以上企业数	家	380	-10.59	—
	其中:销售超10亿元	家	48	-4.0	—
亿元企业情况	产值	亿元	3045.41	2.2	82.0
	销售收入	亿元	3000.36	3.2	81.9
	利税总额	亿元	292.51	26.0	89.8
销售超10亿元	销售收入	亿元	1903.1	-0.9	51.9
	利税总额	亿元	168.69	14.1	51.8
工业百强企业完成实绩	工业产值	亿元	2556.58	3.3	68.9
	销售收入	亿元	2525.81	3.7	68.9
	利税总额	亿元	266.57	30.72	81.8
	利润总额	亿元	200.90	34.60	85.3
规模以上工业主要技经指标	产销率	%	98.34	1.94	—
	资产负债率	%	55.48	-1.42	—
	流动资产周转率(次)	次	1.64	1.86	—
	应付职工薪酬	亿元	239.21	-1.16	—
	亏损企业个数	家	283	3.28	—
	工业用电量	亿度	12.51	5.94	—

2016年常熟市重点工业企业产值销售收入情况一览表

(工业百强前40名)

表21 单位:万元

综合位次	企业名称	工业总产值(万元)		产品销售收入(万元)	
		绝对值	增幅±%	绝对值	增幅±%
1	波司登股份有限公司	3073163	5.8	3057110	5.1
2	奇瑞捷豹路虎汽车有限公司	1672255	90.3	1633639	108.6
3	中利科技集团股份有限公司	1721052	2.3	1618433	-4.9
4	常熟市龙腾特种钢有限公司	1359694	7.5	1356641	7.5
5	达富电脑(常熟)有限公司	1719115	-27.4	1702094	-27.4
6	江苏常熟发电有限公司	553887	-0.5	553887	-0.5
7	常熟阿特斯阳光电力科技有限公司	1119602	1.6	1045400	-9.5
8	长春化工(江苏)有限公司	847562	-18.7	836220	-5.5
9	江苏隆力奇集团有限公司	765538	0.9	756982	0.4
10	芬欧汇川(中国)有限公司	395760	14.9	398096	22.4
11	江苏通润机电集团有限公司	454339	4.1	423166	-9.1
12	江苏理文造纸有限公司	326587	4.9	350010	10.4
13	华润电力(常熟)有限公司	303414	-7.2	303939	-7.1
14	江苏梦兰集团有限公司	608501	-7.4	586896	-7.2

续表 21

综合位次	企　业　名　称	工业总产值(万元)		产品销售收入(万元)	
		绝对值	增幅±%	绝对值	增幅±%
15	常熟市汽车饰件股份有限公司	420886	10.3	441905	16.1
16	烨辉(中国)科技材料有限公司	457940	11.9	509509	41.5
17	丰田汽车(常熟)零部件有限公司	312107	27.0	321382	38.4
18	常熟开关制造有限公司	181014	-0.3	176688	-0.3
19	三菱电机汽车部件(中国)有限公司	312572	31.3	339021	34.0
20	住友橡胶(常熟)有限公司	268463	-1.4	271756	-0.9
21	夏普办公设备(常熟)有限公司	324337	1.1	323878	-0.7
22	观致汽车有限公司	285802	79.9	252560	57.0
23	大陆汽车系统(常熟)有限公司	288088	14.2	292839	16.0
24	常熟风范电力设备股份有限公司	191680	-19.6	194743	-20.0
25	达明电子(常熟)有限公司	418270	-3.6	426973	0.8
26	江苏常铝铝业股份有限公司	232759	20.3	213147	13.1
27	常熟三爱富中昊化工新材料有限公司	153780	9.3	162669	25.0
28	江苏理文化工有限公司	84078	-15.6	95507	-8.0
29	华普电子(常熟)有限公司	303981	-10.2	317057	1.9
30	苏州中来光伏新材料股份有限公司	128358	91.6	121831	83.9
31	三菱电机自动化机器制造(常熟)有限公司	138786	52.0	140552	50.4
32	新世电子(常熟)有限公司	170832	-41.6	166647	-42.3
33	大金氟化工(中国)有限公司	142224	10.7	139481	2.8
34	敬鹏(常熟)电子有限公司	123198	10.5	119215	10.9
35	康迪泰克(中国)橡胶技术有限公司	138998	26.9	139526	24.7
36	明泰电子科技(常熟)有限公司	256582	-9.6	229676	-5.1
37	苏州通润驱动设备股份有限公司	126112	-13.9	111927	-14.4
38	加通汽车内饰(常熟)有限公司	86009	28.1	86079	27.7
39	江苏新泰材料科技股份有限公司	56695	742.7	51861	589.5
40	阿科玛(常熟)氟化工有限公司	100623	15.6	102000	15.3

2016年常熟市"小巨人"企业一览表

表 22　　单位:万元

序　号	企　业　名　称	工业开票收入		国地税入库税收	
		累计数	增长率(%)	累计数	增长率(%)
1	常熟开关制造有限公司	177817	-1.6	33882	-22.6
2	常熟风范电力设备股份有限公司	246489	27.3	17336	94.2
3	江苏隆力奇生物科技股份有限公司	99366	-6.5	11808	17.2
4	江苏同禾药业有限公司	21352	-0.8	3555	-40.5
5	苏州通润驱动设备股份有限公司	132175	-13.0	6873	-25.0
6	常熟市天银机电股份有限公司	44927	4.6	4686	-4.4
7	苏州中来光伏新材股份有限公司	62122	32.2	5225	-10.9
8	常熟市汽车饰件股份有限公司	40415	-2.3	4351	-21.6
9	常熟雷允上制药有限公司	17641	-12.3	2735	-16.3
10	中利科技集团股份有限公司	265558	10.0	6353	8.0

续表 22

序号	企业名称	工业开票收入		国地税入库税收	
		累计数	增长率(%)	累计数	增长率(%)
11	常熟华融太阳能新型材料有限公司	26456	-37.4	2677	-41.9
12	曼隆电梯有限公司	55470	-11.6	5506	-37.2
13	苏州福斯特光伏材料有限公司	47722	0.9	5836	54.3
14	中交天和机械设备制造有限公司	100852	334.0	1442	-66.2
15	常熟瑞特电气股份有限公司	30478	0.7	1846	-47.8
16	贺利氏招远(常熟)电子材料有限公司	68791	-8.5	4325	6.3
17	中欧汽车股份有限公司	33716	-36.8	3691	-16.7
18	常熟华东汽车有限公司	41110	2.4	2822	-13.7

▲"小巨人"企业:指注册在常熟市,开票销售收入和缴纳地方税收收入达到一定额度,具有行业领先优势和较强发展后劲,且能履行社会责任、承担社会义务的工业内资或内资控股企业。"小巨人"是常熟市重点培育的行业龙头型企业,在政策上给予优先扶持。

【民营经济发展】 2016年,全市民营经济(个私)累计注册资本达1471.26亿元,其中私营企业和个体工商户累计注册资本分别为1395.61亿元和75.65亿元。全年累计新建办私营企业5052家,新增注册资本136.36亿元;私营企业完成增资103.15亿元;新批办个体工商户11638户,新增注册资本13.68亿元。全市实有私营企业34248家,实有注册资本1395.61亿元;共有个体工商户94741家,实有注册资本75.65亿元。

3月10日,市委、市政府召开全市创新创业暨民营经济发展大会

企业上市

【概况】 2016年年末,常熟市共有上市企业10家,累计IPO融资总额135.72亿人民币,股权再融资额45.81亿人民币,总市值847.37亿人民币。新增常熟银行1家上市企业;瑞特电气和常熟汽饰2家过会企业;慧云股份、强盛股份、非凡新材和富士莱4家辅导企业。常铝股份定增募资10.80亿元,天银机电发行股份购买资产配套募资2.4亿元,通润装备定增募资3.83亿元,中来股份定增募资13.67亿元获证监会审核通过,中利科技拟定增募资39.097亿元获证监会受理。年内新增"新三板"挂牌企业14家,分别为光舵微纳、海德新材、达伦股份、沙家浜(医药化工)、美房云客、康尼格、新都安、西屋股份、江苏山水、联领智能、高事达、华葆药业、一号旅行和京浜光电。新增"新三板"申报企业6家,分别为中德联信、嘉洋华联、馨格家居、古建园林、亿倍纺织和东源物流。金华机械、慧云股份和阳光四季3家挂牌企业变更交易方式为做市转让。富士莱等8家挂牌企业累计定增6次,股权融资额4.31亿。另外,强盛股份、地源科技、玖隆再生和富士莱4家挂牌企业进入创新层。

▲IPO:股份公司首次向社会公众公开招股的发行方式。

【推动企业上市挂牌】 年内,市上市办围绕快速推进和精准服务,加快推进企业上市挂牌,积极打造资本市场的"常熟板块"。3月,市政府专门召开市金融支持实体经济发展大会,会上共有8家拟上市和拟挂牌企业同中介机构进行签约。4月,召开全市企业上市挂牌工作推进会,对做好企业上市挂牌工作进行安排部署。4月,制订出台《关于加快推进企业上市挂牌工作的实施意见》,对企业上市挂牌工作的目标任务、重点措施、配套政策等都予以明确,并通过调研排摸,梳理汇总出3个梯队近120家上市挂牌后备企业。4月、11月,组织古里镇、辛庄镇、沙家浜镇、尚湖镇、碧溪新区和高新区的9家企业赴全国股转系统参加集体挂牌仪式,累计组织近20家企业进行观摩学习。为降低参与主体对接成本、提高沟通效率、优化分类指导,举办常熟市企业资本运作精英论坛三期，累计组织近100家企业和30多家中介机构参与。完善拟上市和拟挂牌企业认定程序，构建多层次上市挂牌企业后备梯队，动态跟踪全市企业上市挂牌工作推进情况，累计走访企业80多家。策划拍摄常熟市上市挂牌工作巡礼宣传片，整理汇编常熟市企业上市挂牌企业简介宣传册，对全市上市挂牌工作进行宣传。

【上市服务】 2016年，常熟市落实扶持政策，为多家“新三板”挂牌企业争取常熟市、苏州市、江苏省三个层级专项补贴资金。帮助一批拟上市和拟挂牌企业加强与证监会及其派出机构、沪深交易所、全国股转系统及省市金融办联系，争取上级支持。为一批拟上市和拟挂牌企业优先协调处理上市挂牌过程中亟需破解的问题，在企业股改、税务指导、社保公积金缴纳、高新技术企业认定、商标品牌取得、房产权证补办、土地指标落实、无违规证明出具等方面给予有效服务。会同市环保局，组织40多家已上市挂牌企业和拟上市挂牌企业开展环保守法业务专题讲座，切实强化企业“环保守法”意识。为已上市挂牌企业、拟上市挂牌企业及中介机构搭建互动平台，充实完善企业上市挂牌工作群，宣传上市挂牌政策，分享上市挂牌经验，掌握资本市场动态。（张　瑜）

常熟企业“新三板”集中挂牌

名牌名品

【概况】 2016年，全年新增江苏省名牌产品6件；江苏省著名商标10件；苏州市级以上名牌企业完成产值1305.20亿元，比上年增长1.0%，其中省级以上品牌企业完成产值1183.47亿元，增长2.4%，占全市规模以上工业的35.16%；苏州金泉新材料股份有限公司、江苏木杉服饰有限公司等2家企业被评为2016年度“全国工业品牌培育示范企业”；波司登、梦兰和隆力奇获苏州“十大自主品牌”称号。是年，全市工业主要产品产值总体稳中有升，24个列入统计的工业产品中，20个产品产量比去年同期增长，其中观致、路虎两辆整车投产，汽车及零部件产业增长迅猛；冶金、光伏等情况良好，部分装备制造、轻纺类产品有不同程度下降。

2016年常熟市工业主要产品一览表

表23

序号	产品名称	计量单位	累计实绩	上年同期	增长率(%)	序号	产品名称	计量单位	累计实绩	上年同期	增长率(%)
1	观致汽车	辆	24211	14238	70.0	13	龙腾PC钢棒	吨	1135362	923168	23.0
2	路虎汽车	辆	64398	27307	135.8	14	龙腾高端合金钢锭	吨	212925	125813	69.2
3	达富苹果IWATCH智能手表	万台	799.63	866.18	-7.7	15	阿特斯电池片组件	兆瓦	3067	2732	12.3
4	通润千斤顶	万台	2136	1814.4	17.8	16	腾晖电池片组件	兆瓦	1212	1125	7.7
5	通润钢办公家具	万元	68479	60715	12.8	17	梦兰床上用品	万件	1106.18	1197.81	-7.6
6	通润电梯曳引机	万元	98759	172518	-42.8	18	波司登服装	万件	4563	4305	6.0
7	日月牌断路器	万件	157	155	1.3	19	理文纸板	吨	1306248	1204922	8.4
8	日月牌开关柜	台	5869	5183	13.2	20	芬欧机制纸	吨	1006057	887574	13.3
9	中利电缆	千米	437872	396078	10.6	21	隆力奇日化系列	万标箱	3409	3319	2.7
10	白雪压缩机	万台	222	229	-3.1	22	中昊牌氟化学品	吨	152522	123757	23.2
11	白雪冷柜	万台	35	66	-47.0	23	华润发电量	万千瓦	1057971	1051151	0.6
12	龙腾耐磨球	吨	591515	550210	7.5	24	电厂发电量	万千瓦	1792178	1669808	7.3

2016年年末常熟市国家级名牌名品一览表

表24

序号	类　别	产　品　名　称	企　业　名　称	认定年份
1	中国世界名牌	波司登羽绒服	波司登股份有限公司	2007
1	中国名牌产品	白雪牌压缩机	江苏白雪电器股份有限公司	2003
2		CM1系列塑壳断路器	常熟开关制造有限公司	2003
3		CW1系列智能型万能式断路器	常熟开关制造有限公司	2003
4		波司登牌羽绒服	波司登股份有限公司	2005
5		雪中飞牌羽绒服	常熟市雪中飞制衣有限公司	2005
6		梦兰牌床上用品	江苏梦兰集团有取公司	2005
7		白雪牌电冰柜	江苏白雪电器股份有限公司	2005
8		通润千斤顶	江苏通润机电集团有限公司	2005
9		梦兰化纤被	江苏梦兰集团有限公司	2005
10		康博羽绒服	波司登股份有限公司	2005
11		千仞岗羽绒服	常熟市千仞岗制衣有限公司	2005
12		雪韵飘羽绒服	常熟市雪韵飘时装有限公司	2005
13		中昊HCFC－22制冷剂	常熟市三爱富中昊化工新材料有限公司	2006
14		隆力奇护肤霜	江苏隆力奇集团有限公司	2006
15		环球牌铝箔	江苏常铝铝业股份有限公司	2006
16		波司登牌T恤衫	波司登股份有限公司	2007
17		隆力奇牌香皂	江苏隆力奇集团有限公司	2007
18		隆力奇牌沐浴露	江苏隆力奇集团有限公司	2007
19		东南牌酚醛模塑料	常熟东南塑料有限公司	2007
20		ZL牌通信电缆	中利科技集团股份有限公司	2007
21		中诚牌中空玻璃	常熟市中诚建材有限公司	2007
22		FI牌亚麻布	常熟市泛佳亚麻有限公司	2007
1	中国驰名商标	波司登	波司登股份有限公司	1999
2		梦兰	江苏梦兰集团有限公司	2000
3		隆力奇	江苏隆力奇集团有限公司	2000
4		阪神	江苏白雪电器股份有限公司	2004
5		BaiXue	江苏白雪电器股份有限公司	2004
6		龙达飞	常熟市龙达飞服饰有限公司	2006
7		隆力奇	江苏隆力奇集团有限公司	2007
8		雪中飞	波司登股份有限公司	2007
9		日月图形	常熟开关制造有限公司	2009
10		TORIN	江苏通润机电集团有限公司	2009
11		洲艳	常熟市洲艳服饰有限公司	2009
12		TR	江苏通润机电集团有限公司	2010
13		千仞岗	常熟市千仞岗制衣有限公司	2010
14		阿里山	常熟市阿里山食品有限公司	2011
15		扬帆	常熟市扬帆服饰有限公司	2011
16		ENOX	常熟市强盛化工有限公司	2011
17		月龙	常熟市月龙服饰有限公司	2011
18		龙心	常熟市金龙机械有限公司	2012
19		金丝狐	常熟市金丝狐服饰有限公司	2012
20		康博	波司登股份有限公司	2012
21		冰洁	波司登国际服饰(中国)有限公司	2013
22		CSC	常熟长城轴承有限公司	2013
23		金辰及图	江苏金辰针纺织有限公司	2014
24		梦兰图形	江苏梦兰集团有限公司	2014
25		zl图形	中利科技集团股份有限公司	2015

电力能源

【概况】 2016年，常熟市全社会用电量172.33亿千瓦时，比上年增长6.13%；其中工业用电量144.18亿千瓦时，增长5.42%，最高网供负荷达268.7万千瓦。4月，常熟市发改委会同常熟市供电公司编制《常熟市2016年有序用电方案和电力供应应急预案》，同时考虑极端状况的出现，满足应对大范围电力供应缺口状况，编制后备方案。5月5日，经常熟市政府研究，同意实施《常熟市2016年有序用电方案、电力供应应急预案和后备方案》，方案将解决全市电网受极端天气、机组非计划停运、天然气供应不足等不稳定因素影响，电力迎峰度夏、迎峰度冬期间可能出现一定的电力供应缺口，确保全市电网安全运行，维护正常的供用电秩序。是年，全市全社会成品油消耗42.89万吨，比上年下降4.92%，其中，汽油27.24万吨，柴油15.65万吨；天然气消耗4.05亿立方，成品油及天然气市场供需平衡。至2016年年底，全市共有加油站109家，加油点28家，成品油批发企业8家。2016年，江苏省下达常熟市太湖流域水环境综合治理专项切块资金6889万元。全市共有5个项目列入太湖流域水环境综合治理专项切块资金补助范围，涉及饮用水安全保障工程、城镇污水污泥处理和河网综合整治工程等三大类。

【节能评审】 2016年7月，为有效控制煤炭消费总量，促进煤炭清洁高效利用，加强大气污染防治，常熟市发改委根据《苏州市政府办公室关于印发苏州市2016年煤炭消费总量控制实施方案的通知》，结合常熟实际，制订《常熟市2016年煤炭消费总量控制目标实施方案》，并由市政府印发，各乡镇严格执行。全年共对全市151个项目开展节能评审工作，共审核16个报告书，18个报告表，117个登记表，累计投资380.5亿元，共审查能耗总量23.37万吨标煤。

【循环化改造示范试点】 2016年，常熟市围绕开发区循环化改造工作，积极调整产业结构，优化产业空间布局，构建循环经济产业链，努力提高能源资源利用效率。6月8日，经国家发改委、财政部同意，常熟经济技术开发区列入国家级园区循环化改造重点支持名单，并获中央财政补助资金7000万元。

【沿江集中供热工程建成投运】 2016年，常熟市全力推进小热电关停整合工作，建设沿江片区集中供热工程。上半年，金陵梅李热电、市第二热电、海虞热电等3家小热电企业相继停运，同时关停淘汰燃煤锅炉377台。

【推进电力直接交易】 2016年，常熟市推进电力直接交易工作，新增电力直接交易用户77家，新增直接交易电量达到13.66亿千瓦时，每年可节约企业用电成本约2700万元。 （许 斌）

天然气储配站

【江苏常熟发电有限公司】 2016年，江苏常熟发电有限公司（简称发电公司）完成发电量179.36亿千瓦时（含光伏发电1502万千瓦时），同比增发12.39亿千瓦时；其中，30万机组56.53亿千瓦时，100万机组122.69亿千瓦时；累计供热量182.49万吨，增幅107%。其中，30万机组供热95.15万吨，100万机组供热87.34万吨，发电量、供热量和机组最长运行时间同创历史新高。综合厂用电率完成5.45%（含线损及供热厂用电率），同比下降0.1个百分点，相当于多售电量1.8亿千瓦时，增收5000万元；供电煤耗297.19克/千瓦时，同比下降3.3克/千瓦时，相当于减少9.8万吨的原煤消耗。机组等效可用系数完成92.95%，同比下降3.42%。是年，发电公司继续加大环保和节能改造的投入，先后完成3、4、5号机组超低排放改造及3、4、5号机组环保改造竣工验收、1000兆瓦机组303湿式电除尘器粉尘治理科技项目、全厂废水处理设备改造、成立4台330兆瓦机组节能综合升级改造前期工作组织机构，编制《330兆瓦机组综合改造前期工作计划》，并积极开展前期工作。2016年，该公司是中电国际系统唯一一家获得集团公司先进集体的单位，并先后获评第六届全国电力行业设备管理先进单位、标准化良好行为企业（中国电力企业联合会评选）、集团公司及江苏省年度安全生产先进集体。6号机组连续运行达450天，创集团公司1000兆瓦机组最长运行时间记录，6号机组获2015年度江苏省火电企业能效水平对标活动1000兆瓦等级机组标杆机组称号。

供热及管网建设 2016年，发电公司建成常熟沿江片区供热管网，管道总长232千米。在建设热网的同时，开发热用户，年末热用户达359家，日供汽量7000吨左右，最大供汽量430吨/小时，平均280吨/小时。按供热奖励电量政策，该公司2016年获奖励电量3.78亿千瓦时，增加效益约6000万元。该公司与经济技术开发区合资经营滨江热力，管网以发电公司为原点，辐射碧溪一梅李一古里森泉片区、董浜一支塘片区和沿江开发区共“五镇一区”，达416.28平方千米，新建供热管线长达94.31千米。

新能源开发 2016年，发电公司推进清洁能源项目开发。6月16日，福山光伏一期20兆瓦项目投入商业运行，并取得标杆上网电价1元/千瓦时批复，当年实现利润445万元。在国家大幅下调光伏上网电价前，又取得二期配额指标45兆瓦。11月，二期工程开工建设。常熟高新区燃机项目准备参加评优，相关前期工作也在积极推进。该公司配合中电国际山东济宁、新泰光伏项目的投标工作，中标新泰100兆瓦容量指标，按中电国际统一部署，进行项目建设的各项准备工作。 （沈小明）

供电保障

【概况】 2016年，全市全社会用电量172.33亿千瓦时，比上年增长6.13%。其中第一产业用电量7469万千瓦时，第二产业用电量145亿千瓦时，第三产业用电量12.82亿千瓦时，分别增长17.79%、5.35%、9.25%；居民生活用电量，城镇5.06亿千瓦时、农村8.71亿千瓦时，分别增长8.06%、13.07%。8月19日13:15，最高用电负荷300.81万千瓦，增长7.63%。是年，常熟电网运行稳定，未发生大面积停电等影响社会稳定的安全事故，最高调度负荷280.81万千瓦，增长7.43%。公司完成售电量141.39亿千瓦时，增长4.88%。

【电网建设和改造】 2016年，常熟市供电公司完成电网工程建设、改造投资2.75亿元，新增变电容量89.35万千伏安，输电线路长度37.96千米。投运了220千伏书台变电站工程；220千伏（万丰、金桥）、110千伏（窑镇、龙江、昆承、荷花、森虹、东郊、珍门）变电站扩建工程。完成配网、农网建设与改造投资4.8亿元，建设、改造中压配网线路78条、配变1181台。

电网规模 至年末，常熟电网共有35千伏及以上公用变电站77座，主变压器141台，总容量1086.35万千伏安。其中220千伏16座，主变28台、570万千伏安；110千伏50座，主变92台、482.9万千伏安；35千伏11座，主变21台、33.45万千伏安。共有35千伏及以上输电线路198条，总长度1795.684千米。其中220千伏42条、636.6千米，110千伏95条、834.09千米，35千伏61条、324.99千米。共有10(20)千伏配电变压器13051台，总容量457.86万千伏安；20千伏线路46条190.77千米，10千伏线路879条6787.72千米。

1000千伏淮南—南京—上海特高压线路工程 该工程涉及民房拆迁全部完成，遗留的金华铸造、加油站的后续拆除工作正在实施。率先完成特高压陆上工程审计工作，线路通道通过省验收并于9月13日带电试运行。全力冲刺GIL综合管廊各项属地政处工作，南岸引接站位置获省住建厅批复确认，及时办妥施工临时用地等相关审批手续，落实弃土处置方案。7月19日、8月1日、8月16日、9月11日，国家电网公司先后在常熟召开综合管廊建设开工调研会、准备会、动员会和推进会。

【电力供应与服务】 2016年，常熟市供电公司受理用电报装申请44612户，容量121.7257万千伏安；完成装接通电43651户，容量114.7953万千伏安。完成220千伏常熟市龙腾特种钢有限公司、110千伏长春化工（江苏）有限公司、阿科玛（常熟）氟化工有限公司增容项目的送电。完成14个城乡一体化建设项目送电工作。完成农村低压电网项目1389个，维修综合配电箱563台，电缆分支箱259台；维修低压架空线路673.04千米，低压电缆42.60千米；维修接户线776.83千米，接户电缆158.65千米计39040户。11月3日，国家电网公司副总经理杨庆到常熟检查指导配农网标准台区建设。至2016年末，常熟市电力用户共计636590户，总装接容量1332.33万千伏安。其中用户自备变电站：220千伏2座，主变5台、49万千伏安；110千伏22座，主变38台、76.9万千伏安；35千伏38座，主变71台、50.225万千伏安；20千伏专变180台、28.9305万千伏安；10千伏专变9838台、433.36万千伏安。

大用户增容工程 常熟市龙腾特种钢有限公司，主供电源220千伏，新上3号主变、容量7万千伏安，增容后总容量31万千伏安。阿科玛（常熟）氟化工有限公司，主供电源110千伏，新上2号主变、容量2万千伏安，增容后总容量4万千伏安。苏州中来光伏新材股份有限公司，主供电源35千伏，将原主变由0.8万千伏安更换为1.6万千伏安。

8月16，淮南—南京—上海1000千伏交流特高压输变电工程苏通GIL综合管廊工程在常熟开工。江苏省副省长马秋林出席开工动员会并讲话。国家电网公司副总经理刘泽洪出席会议并宣布工程开工

分布式光伏发电 2016年，全市共有19家企业和36家居民用户分布式光伏发电项目的并网发电，总装机容量13819.71千伏安。其中常熟阿特斯阳光电力科技有限公司、苏州福斯特光伏材料有限公司、昆山中青能源投资有限公司装机容量超过1000千伏安。市供电公司主动服务分布式光伏发电项目，简化业务流程，为项目提供免费接入方案设计、施工装表、申领政策补贴等服务。

电动充电汽车站建设 2016年，常熟市供电公司更新公司大院旧充电桩，并在董浜、沙家浜、虞山、虞北、支塘、古里6个供电所安装充电桩。客户可以通过充电卡或者e充电APP车联网功能充电。车联网集充换电设施监控、查找、费用结算等功能为一体，为客户提供方便。

岸电系统 2016年，常熟市供电公司在沿江、内河全面实施"以电代油"、打造绿色码头工程，共投运岸电系统34个，采用低压变频岸电系统设备，直接向靠岸停泊的外轮供电，有效减少船舶发电废气排放。（周文华）

2月19日，常熟恒基科技有限公司、中国电信常熟分公司合作签约，共同提升企业信息化建设和应用水平，加快推进智慧产业发展

通信建设

【中国电信股份有限公司常熟分公司】 2016年，中国电信股份有限公司常熟分公司（简称常熟电信公司）共有固话用户35.8万户，天翼用户数近57万户，宽带用户数超过37万户，用户申告故障率0.54%。该公司以宽带和天翼4G无线网络建设为基础，推动光纤到户FTTH建设，优化建设天翼4G网络，开展"城市光网"建设；推动政府、企业、教育、社区、农村、酒店、金融、市场等行业的综合信息建设，先后推出交警信息化、智慧城管、智慧旅游、智慧水利、天翼看店、企业桌面云、医疗影像云、智慧地税等行业应用，相继实施建设卫计委医疗影像云、"税易行"综合服务平台、闯红灯自动记录系统租赁等一大批重点项目。是年，该公司获评江苏省文明单位、苏州市安康杯竞赛活动优胜企业，网络维护QC小组获"全国优秀质量管理小组"称号。

中标闯红灯自动记录系统租赁项目 4月，常熟电信公司中标常熟市公安局交通警察大队闯红灯自动记录系统租赁项目。该项目通过建设公安交通综合管控平台，实现数据融合、信息共享，进行数据关联，实现系统联动，有效提高整体与各子系统效能的发挥，为交管部门在交通管理、交通调度、交通决策等各方面综合能力的提升提供支撑。

中标"智慧水利"项目 5月，常熟电信公司中标常熟水利信息化综合管理系统项目，该项目涉及常熟古里、沙家浜镇水利信息化系统，由信息采集与工程监控系统、计算机网络系统、资源共享服务平台、水利业务应用平台、防汛防旱指挥中心等多个分项目组成，按照统一性原则把各部分的信息整合在一个应用平台，实现信息统一应用和共享。

签约苏州地区首单医疗影像云业务 11月，常熟电信公司中标常熟市卫生和计划生育委员会智慧健康云平台一期（影像云）项目。项目采用混合云模式，既满足用户对热数据访问的时延要求，也满足用户不断增长的冷数据存储需求，并设计了云主机做为本地主服务器灾备服务的应急保障方案。该项目作为苏州地区首单医疗影像云业务，对该类业务在全区的推广起到较好的示范作用。

中标地税"税易行"项目 11月，常熟电信公司中标常熟地税局"税易行"软件项目。该项目是该公司近年来取得的最大纯软件项目。项目通过建立"税易行"综合服务平台，实现一个平台运行、一个口子对外、多部门应用、纳税人多渠道接收和反馈等功能，统一和规范咨询服务，提高政策宣传的广泛性和有效性，提升纳税人自主办税能力、风险识别能力和权益保护能力。

（周 静）

【中国移动通信集团江苏有限公司常熟分公司】 2016年，中国移动江苏公司常熟分公司（简称常熟移动）全年运营收入超11.5亿元，客户数超过124.3万，市场占有率达61.15%，收入份额达49.6%。实现宽带覆盖总数46.8万户，其中光纤到户约40万户；商务宽带已覆盖信息点16237户，政企宽带数量0.32万户；建成TD-LTE基站1400多个，室内分布系统近530套。国土卫士、大数据合作金额330.47万元。公司营业网点总数424家，直接解决就业280多人，间接提供工作岗位约1855个；公司全年完成投资9500多万元，4G网络覆盖率100%。该公司先后获苏州移动全区服务示范一等奖、苏州移动2016年度高校迎新全区第一名等奖项。

"国土卫士"项目 2016年，常熟移动以“千里眼”视频监控为基础，利用公司4G快速传输能力，建设国土资源综合动态监测平台，以信息化手段增强国土部门现场执法能力，实现国土资源的全过程管理与处理。“国土卫士”项目的监控、4G执法视频资源与单位“一张图”、国土基础数据相结合，对执法监察、耕地及基本农田保护、建设用地管理、地政地籍管理、土地、矿产管理等业务进行实时在线动态监测和记录，并予以识别、判断、处置，实现国土资源的智能化管理。

V网通平台服务 2016年，常熟移动利用V网通平台服务政企各单位超过3000家，激活V网通用户超过16万户，同时结合V+(薪酬通、外勤通)，针对集团的性质需求完成标杆集团33家。针对客户自身业务发展需求，办公地点的变化，V网通云端通讯录能够满足工作人员日常工作中的快捷沟通。对于员工日常考勤及外出制度的规范化管理，移动考勤能够满足不同区域的员工根据自身的考勤规则进行考勤签到，以及外出位置签到。 (王 怡)

【中国联合网络通信有限公司常熟市分公司】 2016年，中国联合网络通信有限公司常熟市分公司(简称常熟联通)共有移网用户31万户，固网用户5.1万户，建成覆盖全市区域共计132家营业网点，累计建设开通移网基站1200多个，家庭宽带覆盖超过22万户。网络质量进一步提升，长话接通率99.6%、网络接通率99.8%，家庭宽带入户平均带宽50M；常熟干线光缆350千米，本地网光缆2478千米，接入光缆891千米，管道1618千米，杆路378千米。年内，常熟联通获 2013－2015年度江苏省文明单位、2015－2016年度江苏省价格诚信单位等荣誉。

搭建信息化平台 2016年，常熟联通通过主办“智慧城市 与沃同行”学习考察活动，为城管可视化管理控制系统、交通信息传输系统、司法便民服务APP等项目提供通信支持。通过开展“常熟首届工业互联网企企通高峰论坛”活动，向常熟企业介绍物联网技术，展示中国联通物联网、沃云平台的优势与亮点，讲解联通“企企通”实践应用，力争以自身互联网服务商优势，帮助企业创新发展。通过举办“云+大数据助力推进企业两化融合交流会”活动，持续推进“沃创联盟”“IT人俱乐部”平台建设，以凝聚一批IT从业者，提供交流、参与社会公益服务为目的，进行常态化的交流互动。

信息化项目建设 2016年，常熟联通与常熟农村商业银行合作实施“智慧金融”项目，为其实现手机移动办公提供服务平台。与常熟公安交警部门合作实施“智慧交通”项目，为其提供移动执法办公的数据传输，方便对执法信息的收纳和处理，提升执法效率。与常熟市民政局合作，为全市彩票点的LED屏幕显示提供网络服务，保证电子屏信息实施传输。与企业合作实施“智慧物联”项目。常熟联通利用Jasper平台优势，累计服务工业制造业物联网项目25个，涵盖车辆服务、移动媒体、移动办公、生产及环境监测、智能可穿戴设备等多个领域。

落实手机用户实名制 常熟联通在落实老用户补登工作中，通过梳理系统内信息、电话回访用户、维系活动等多种方式加以落实，对实名过程中用户的各类咨询、投诉做好解释备案，截至年底已实现老用户94%补登率。对于新入网的电话，要求各营业网点严格执行工信部要求，落实用户身份证件核查责任，采取二代身份证识别设备、联网核验等措施验证用户身份信息，并现场拍摄和留存办理用户照片。 (王黎蛟)

信息化建设

【概况】 2016年，常熟市信息化建设按照《智慧常熟战略发展规划》以全年工作目标推进，信息化和智慧城市工作围绕深化改革、民生服务、公共服务、融合共享、社会治理等领域，推进了一批重大信息化项目的顶层设计、规划建设和实际应用，整合提升一批市级层面的重点信息化项目，统筹一批部门信息化和业务系统应用融合的项目，信息化和智慧城市建设取得成效。年内，常熟市被中国智慧城市论坛授予全国同类城市中唯一的“十二五中国县级智慧城市领军城市”荣誉，蝉联“中欧绿色和智慧城市奖”，“智慧常熟”获“2016中国智慧城市优秀案例”。

信息共享 2016年，全市提升数据交换中心和五大数据库项目的共享能力和应用水平，已有79个单位对接数据并交互信息，汇集604类信息资源，数据总量2500万条，在线交换信息大幅增加，支撑委办局项目应用60多个；深化共享载体应用，云计算中心按照承载150个机柜的要求，同时构建虚拟云计算环境，满足了现阶段运营管理中心项目及全市专业层面系统对机柜、云处理、存储的需求，已入驻包括数据交换中心及五大库、公共信息服务平台、信用征信平台、12345整合平台等30多个项目，集约化、节约率、可操控效果明显。

平台建设 2016年，常熟市公共信息服务平台实现终验，初步构建以公共信息服务中心为载体的服务体系，服务项已达240项，实现面向市民、企业提供全天候、均等、便捷、优质、标准化服务，面向各部门、板块提供与市民、企业沟通渠道，通过网页、市民卡、手机、电视等智慧终端进行线上服务和线下服务；智慧政务服务平台完成23个委办局356个事项的在线审批上线，定制12个单位的145个审批事项，以市本级审批为主的一期建设基本完成，正在推进镇级服务为主的二期建设；信用征信体系建设取得初步成效。围绕建设“一网四库一平台”(诚信常熟网、自然人信用信息数据库、企业信用信息数据库、政务信用信息数据库、金融信贷信用信息数据库、公共信用信息平台)建设，年内完成项目总集成和软件开发与服务的终验。

农村信息化建设 2016年，常熟市推进信息进村入户，抓好市镇村三级综合服务平台建设和运维，重点考核各镇村信息化应用和效果，抓好示范基地建设。沙家浜镇入选江苏省农村信息化示范基地。

信息基础网络设施建设 2016年，常熟市政务云计算中心应用业务增长较快，累计已受理服务器申请330多台，已入驻30多个项目，资源集约利用显著，共占用机柜50多台；光纤宽带用户增长较快，实现年度新增12万户的目标，用户带宽均值超过30M，在江苏省达到同类城市第一方阵水平；移动互联网用户平稳增长，移动上网用户达到162万；通过4G基站的有序建设，移动4G基本实现全覆盖。 （陈璐婧）

电子政务建设 2016年，常熟市完善电子政务基础设施。至年末，电子政务外网接入点100个，接入单位116个、村级网络接入点370个。年内，常熟市积极做好县级政府部门网站集约化建设工作，于5月底启动部门网站关停的调查摸底工作。至2016年年底，网站集约化建设已基本完成。网站集约化建设共上移网站44个，开通网上政府43个，整合上移网站的栏目368个。常熟市信息化重点项目“常熟市电子政务中心存储、核心路由、服务器设备更新及数据库优化”获发改委批复，正式启动建设。项目通过对电子政务办公系统的存储系统升级改造以及相对应的数据库DG部署，提高系统处理速度，提升电子政务办公系统用户体验，保障数据安全；实现防火墙冗余备份，确保实现网络安全稳定运行的目标。常熟市电子政务办公系统新增历史查询模块，实现历史待办事项自动办结；优化“市长信箱”“督查督办”功能，并新增“信息报送”模块。2016年常熟市电子政务办公系统用户数量增加，办公系统使用效率得到提高。实时在线人数500人左右，全天登陆人数在1300人左右。电子政务办公系统共有注册用户7283个，其中手机移动办公活跃用户1148人。 （钱俊峰）

【市民卡拓展提升】 2016年，常熟市在市民卡方面重点做好教育、民政、居民小区、工会、食堂、企业等各项应用的扩大覆盖，其综合应用功能已从首发8项扩展到32项，发卡超过123万张，用卡人数达到92万。已建实体服务网点226个、电子化渠道5个，整体推进和创新工作在同类城市中处于领先地位。

【部门信息化建设统筹推进】 2016年，常熟市根据《常熟市信息化发展专项资金管理办法》，完善生成机制，确定全市信息化项目共建共享的原则，按照全市一盘棋的原则由信息化办、智慧办组织市级和部门级信息化方案顶层设计，协调条线之间和部门之间的系统对接和数据对接。全面推进一批重点信息化项目，包括消防大数据综合平台、科技创新创业服务云平台、交通信息综合管理平台、智慧住建综合管理平台、环保网格化业务管理平台、宏观工业经济服务管理平台（资源集约利用和企业健康体检）、公共体育服务平台、常熟口岸“单一窗口”（二期）、智慧旅游信息服务系统、人力资源（就业失业）信息监控分析服务平台、电子政务内网等。

【深化智慧产业】 2016年，常熟市依托智慧产业联盟，结合公共信息服务平台应用，积极开展政策咨询、成员间成果推广合作、技术业务交流研讨、为全市企业产业服务等工作，促进了企业间的广泛交流和合作，取得成效；常熟市为大数据产业发展引入合作，常信公司作为产业平台培育的主体，成功合作培育了新跃物流汇的智慧物流平台，培育江苏乐生活智慧社区建设，使之成为总部经济培育单位，助推江苏韬略电子成功上市。同时，继续加强两化融合企业培育。全市共有苏州市级以上两化融合企业84家，2016年列入两化融合示范试点重点培育的企业102家。

【城市运行中心支撑智慧城市运行机制】 2016年，常熟市信息化和智慧城市实施大数据一套图建设，初步形成数据分析系统；建设同城备份系统，完善信息安全保障体系；初步实现通过城市运行中心调控云计算中心及市级各重大项目的基础运行。 （陈璐婧）

责任编辑 汤 涵

商贸服务业

综　　述

【概况】　2016年，全市服务业增加值占地区生产总值比重达46.7%，比上年同期提高0.7个百分点。完成服务业投资301.2亿元，占全社会固定资产投资比重达55.3%。服务业税收95.2亿元，同比增长5.6%。社会消费品零售总额740.3亿元，同比增长9.6%。新增外资项目38个，注册外资2.26亿美元，新设服务业企业3826家，注册资金98.4亿元，新增企业中服务业企业占比超75%。汽车服务业增势强劲，实现营业收入332亿元，同比增长66%，路虎、观致销售额分别达到254.75亿元和31.86亿元，同比分别增长135.4%和176.2%。总部经济取得突破，新认定三菱汽车部件、丰田仓储等总部企业6家，全市累计引进培育跨国公司地区总部和功能性机构7家，市级总部企业14家。科技服务业明显提速，全市建成省级以上企业研发机构230家，省级以上科技企业孵化器面积达到28万平方米。服务外包向高端拓展，实现离岸接包执行额2.7亿美元，同比增长12.8%。互联网和信息技术服务业创新活跃，阿里研究院公布的中国大众电商创业最活跃的50个县排行榜中，常熟位列第8，省内第1。

服务业集聚区建设与城市化协同推进，产城融合、产业集聚的发展态势更加明显，全市服务业集聚区分布更趋合理，8家省、苏州市级服务业集聚区实现营业收入1995亿元，同比增长17.1%，实现利税144亿元，同比增长32%。全市A级景区营收1.82亿元，成为联合国世界旅游组织旅游可持续发展观测点。服装城成为首批省级生产性服务业集聚示范区，市场采购贸易方式试点全面推进。虞山镇纺织服装创意产业园载体建设、企业引进取得新突破，成为苏州大市范围十大重点大数据园区。经济开发区两家汽车销售公司开票销售增势强劲，泰达汽车物流即将动工，江南印象风情街即将开街。高新区跨境电商园区和监管平台建设取得新进展。海虞镇城市综合物流园规划建设全面启动，红木创意文化亮点频现。梅李科创中心和润发城市综合体建设协同推进，辛庄隆力奇小镇、古里推动特色总部集聚、支塘盐铁文化保护开发、沙家浜突出重大项目策划和引进、董浜现代农业生态观光和农业服务平台建设、尚湖镇动能体育用品电商园区和动漫园区建设、度假区推进休闲度假项目、健康步道等设施提升。　（全天文）

商贸流通

【概况】　2016年，全市实现社会消费品零售额740.28亿元，同比增长9.6%。全市加快创新商业模式，持续推进服装时尚公共服务平台建设，举办第一届“中国·常熟昆承湖互联网创新创业大会”，虞山镇获评“江苏省电子商务示范镇”。全面启动跨境电商试验工作，成立市跨境电子商务综合试验区工作领导小组，并建立联席会议制度，出台跨境电子商务扶持政策，初步搭建常熟跨境电子商务重点项目库与企业库。开展农贸市场建设研究、常熟城区重点商业评估诊断等专题研究，推动商业业态布局和商业服务功能提升。加强对汽车拆解、典当、拍卖企业的监管；强化单用途商业预付卡备案管理，委托第三方对发卡企业开展了一轮审计并做好备案拓面工作；按照市政府提出的“积极稳妥、务求实效”的工作目标，围绕项目组织实施、设备巡查维护、服务保障、溯源信息管理和系统功能拓展五个方面展开运维服务，不断提升本市肉菜流通追溯运行质量。完善市场运行监测体系建设，自4月1日至5月4日，常熟市商务局组织全市15家重点商贸企业作为发起单位开展“消费促进月”活动，15家重点商贸企业在活动期间实现销售额6.31亿元。在元旦、春节等重要时段，市商务局事先制订猪肉、蔬菜等生活必需品市场供应方案，节前落实11家保供企业保证猪肉批发供应量5.3万头、蔬菜批发供应量2.12万吨，零售企业猪肉每天增加储备920头。根据猪肉活体储备的相关要求，确定了8家生猪养殖场为猪肉活体储备基地，生猪活体储备规模总量8000头，形成市级活体储备猪肉应急投放方案。

【常熟市电子商务协会第二次代表大会召开】　3月22日，常熟市电子商务协会召开第二次会员代表大会，选举产生新一届会长、常务副会长、副会长和理事。协会共有会员单位79家，覆盖电子商务园区、专业电商企业、渠道转型的传统品牌企业、电子商务平台运行商、第三方服务商、快递物流企业,以及致力于电子商务服务的金融机构等。江苏仕德伟网络科技股份有限公司当选会长单位,常熟服装城集团有限公司、江苏波司登羽绒服装有限公司、常熟市纺织服装协会、苏州金赢网电子商务有限公司、昆承湖纺织服装电子商务产业园五家单位成为常务副会长单位。

【第一届"中国·常熟昆承湖互联网创新创业大会"召开】 5月22日,第一届"中国·常熟昆承湖互联网创新创业大会"在常熟会议中心召开,江苏省商务厅电子商务和信息化处处长朱卫东、苏州市商务局副局长庄建东、常熟市人民政府常务副市长沈晓东莅临大会现场并致辞。此次大会云集了国内互联网界众多知名企业家代表,eBay、阿里巴巴、wish、敦煌网、邮政速递、易观国际、妖精口袋等多家互联网企业的高管在现场作了主题演讲,同与会者交流分享了互联网经济时代下创新创业的成功经验和对未来行业走势的预测分析。大会以"融合同行、共创未来"为主题,紧抓互联网经济时代发展的主基调,寻求促进互联网经济融合发展之路,并为区域互联网经济合作与交流搭建了一个全新的平台。

【商务部领导到常调研交易市场肯定转型成果】 6月22日,商务部市场体系建设司司长李景龙一行到常熟,调研商品交易市场发展现状以及推进市场转型升级的主要做法。苏州市副市长盛蕾,常熟市委书记王飚陪同调研。李景龙一行实地走访常熟服装城国际贸易市场采购专区、中国男装设计交易中心、中国男装指数编制发布中心和天虹服装城,详细了解服装城通过平台建设、资源整合推进市场转型升级的主要做法。李景龙指出,常熟服装城积极搭建内外贸平台,同时为服装企业和设计师搭建交易平台,通过趋势研究、发布,设计交易,品牌培育,人才培训,活动创意策划等一系列服务助推产业集群和服装专业市场的转型升级。此外还创新运用大数据服务产业和市场,成效显著,其经验和做法值得其他商品交易市场学习借鉴。期间,李景龙一行还调研了常客隆信一生活超市、家易乐生鲜直投站明日星城绿山路直供点等。

【商务部考核常熟市电子商务进农村综合示范工作】 7月25日,商务部市场建设司委托商务部流通促进中心组建考核组对常熟市获评2014年全国首批电子商务进农村综合示范县以来所开展的工作进行绩效考核。考核组一行首先听取了电子商务进农村综合示范工作的汇报,并查阅检查相关台账资料,随后实地检查三个村级邮政电商服务点、常熟国兴农现代农业有限公司、家易乐生鲜直投E店、中服电子商务产业园、欧富朗电子商务服务外包产业园、常客隆冷链物流中心及曹家桥农资电商配送点等重点项目。考核组在结束书面及现场的检查环节后,召开评价会。会上,吕文敏组长对全市在电子商务进农村方面所做的工作给予了高度肯定。同时考核组也指出了在数据统计、信息报送等方面的不足之处。

【常熟市商务局部署元旦春节期间市场保供工作】 12月29日,常熟市商务局组织本市11家生活必需品保供企业召开2017年元旦春节市场保供工作会议。具体落实2家批发企业猪肉供应量3.36万头、蔬菜供应量1.68万吨,9家大型超市等零售企业每天增加920头猪肉储备,常熟市商务局与11家保供企业签订保供协议书,共同确保节日市场供应平稳有序。 (陆志明)

物　流

【概况】 2016年,常熟港货物吞吐量实现8665万吨,同比增长1.9%,其中集装41.5万标箱,同比增长6.3%,外贸货物吞吐量1567万吨,同比增长5.8%。丰佳仓储、华诚仓储物流、安达洲(沙家浜)物流仓储中心等一批现代物流项目竣工。常熟新跃物流汇承建的常熟智慧物流公共信息平台——常熟物流汇建成投用。鼓励物流企业提档升级,2016年,常熟市共有国家A级物流企业27家,其中5A级1家、4A级12家、3A级13家、2A级1家。

【常熟市现代物流协会成立十周年】 围绕物流业快速、健康发展目标,求真务实、开拓创新,在行业与政府之间、行业与社会之间,企业与企业之间搭建了沟通、协作的桥梁,为全市经济建设和行业发展做了大量工作。十年来,全市物流全面发展,港区、服装城、园区三大物流基地建成,累计完成货物运输量1.7亿吨,货物周转量超过200亿吨千米,港口年货物吞吐量从十年前的2000万吨增长到现在的8500多万吨,集装箱年吞吐量从12万标箱增长到40万标箱。在全力推进行业发展的同时,协会全力推动会员企业提档升级,培育国家A级企业共27家,其中5A级1家、4A级12家、3A级13家、2A级1家,培养物流专业人才45名,其中高级物流师13名、物流师16名、助理物流师16名,搭建物流信息平台和出版物流专业期刊55期,有效提升

位于海虞镇的常熟市城市综合物流园已有苏州烟草物流配送中心、常熟交家电仓储中心、华诚沿江国际物流等入驻。图为苏州烟草物流配送中心流水线

了队伍素质和服务水平。（金天文）

供　销

【概况】 2016年，常熟市供销合作总社全系统实现销售108亿元，实现消费品零售总额50.7亿元，新增5家常客隆连锁经营网点，提档升级为农服务社3家，领办农民专业合作社2家，实现农药配送额3801万元，推进水稻测土配方专用肥工作。获中华全国供销合作总社“百强县级社”、江苏省供销合作社系统“新网工程建设优胜单位”、江苏省“电子商务示范县供销合作社”等荣誉。9月12日，中华全国供销合作总社全国供销合作社电子商务工作会议在常熟召开。9月19日，市委第三巡察组进驻市供销合作总社开展巡察工作。江苏新合作常客隆连锁超市有限公司董事长、党支部书记包乾申获常熟市“十佳共产党员标兵”称号；常熟市方塔党支部书记胡惠瑛获常熟市“百名优秀共产党员”称号；江苏新合作常客隆连锁超市有限公司党支部被市委授予“先进基层党组织”称号。

【推进农药集中配送工作】 2016年常熟市供销合作总社完成农药集中配送额达到3801万元，基本接近去年同期水平。9月8日正式上线农资电商交易网络系统，实现了农资线上交易、线下配送的新模式。监督管理水稻配方肥料供给和销售，完成了应用测土配方专用肥保供项目。

【常熟市供销合作总社获百强县级社】 常熟市供销合作总社加快发展农村电子商务，提升为农服务水平。依托常客隆“家易乐”生鲜直投网络，对接全国总社“供销e家”系统，探索线上线下融合发展的O2O电商发展模式，取得了较好的成绩，获中华全国供销合作总社“百强县级社”称号。（俞　斌）

粮　食

【概况】 2016年，全市粮食收购点公开挂牌收购，公示了收购价格、质量标准、作价办法、服务承诺，及时结算售粮款，并向农民提供整晒场地和整晒工具，帮助农民进行整晒，为售粮农民提供休息室，供应茶水，代烘潮粮，切实解决农民售粮过程中的实际困难。小麦价外补贴标准为每50千克10元，全市小麦价外补贴订单签约大户1036户，签约面积1.69万公顷。夏粮收购开秤指导价为中等质量标准混合麦每50千克115元。全市共收购小麦30150吨，油菜籽5544吨。水稻价外补贴标准为每50千克10元。全市水稻价外补贴签约大户1048户，签约面积1.69万公顷。秋粮收购开秤指导价为中等质量晚粳稻每50千克155元。全市累计收购稻谷71406吨，其中订单收购数量60320吨，托市收购6683吨。1月20日，常熟市粮食局被江苏省粮食局授予“安全生产先进集体”荣誉称号。

【常熟国储库煤改气项目投入运行】 5月，江苏常熟国家粮食储备库烘干系统煤改气项目竣工，并在夏粮收购时投入使用。项目投入资金190万元，主要将原有2台燃煤热风炉改造成燃气型热风炉，达到节能减排的效果。

【启动夏粮收购应急预案】 2016年，小麦赤霉病高发、呕吐毒素超标，难以收购入库。为保护农民利益，市粮食局及时启动应急预案，放宽赤霉病收购标准，对符合食品卫生指标（小麦呕吐毒素低于1000）的等内小麦按国标中等1.15元/斤的价格执行，并继续实施每50千克10元的价外补贴；不完善粒在30%以内的等外麦按净粮1.80元/千克的价格收购；对食品卫生超标的不合格小麦，以净粮价格为1.40元/千克为基准，对不完善粒进行扣量处理，每超1%扣量0.5%，不足1%不扣量。

【常熟国储库智能化升级项目通过验收】 6月14日，市粮食局委托常熟市公共资源交易中心公开招标采购粮库智能化升级项目，确定承建方为中科怡海高新技术发展江苏股份有限公司。项目在业务管理系统、出入库作业系统、仓储智能化系统、智能安防系统和市级综合管理系统的基础上进行整合升级。12月23日，江苏常熟国家粮食储备库智能化升级项目通过常熟市级专家组验收。

【创新秋粮收购方式】 2016年，秋粮采用托市收购和地方储备收购相结合的方式进行收购，托市收购和地方储备实行同价收购，在国家公布的3.1元/千克（中等质量标准）的基础上，本签约大户还享受价外补贴。在3个托市收购库点（储备库、大义库、练塘库）实行错时收购，原则上先收地方储备粮，而后根据收购进度宣布启动托市收购。

【新增“放心粮油供应店”2家】 12月，市粮食局联合市市场监督管理局对2家申报放心粮油供应店的商户进行验收。同时，市粮食局对放心粮油供应店实行星级评审制度，评出一星放心粮油店8家，二星放心粮油店3家、三星放心粮油店2家，并给予适当奖励。全市共建成放心粮油供应店40家。

（毛　洁）

烟　草

【概况】 2016年，常熟市烟草专卖局查处各类涉烟违法案件171起，总案值747.15万元，罚没款86.62万元，查获各类违法卷烟830.81万支，其中假烟案件47起，查获假冒卷烟12.85万支；5万元以上案件37起，百万元以上案件1起，上报“5·06”1起假烟网络案件，“1·27”“10·11”2起案件已被国家局认定为国标网络案件，移送公安机关2起涉烟案件，判刑5人，逮捕1人，移送市场监管局无证经营卷烟案件8起。烟草常熟分公司实现对系统外卷烟销售数量5.84万箱，同比下降5.15%；实现销售收入21.53亿元，同比增长0.94%；单箱结构为3.69万元，同比增长6.4%；实现税利6.29亿元，同比增长7.76%。（杨　雁）

盐务管理

【概况】 2016年常熟市盐务管理局共

出动执法人员 920 人次，结办案件 48 件，查处各类盐产品 8.59 吨，没收 4.81 吨。全年共销售食盐 7900 吨，全年碘盐合格率 99.66%，合格碘盐食用率 98.66%，碘盐覆盖率 99%，三率水平均高于 95%。食盐市场秩序总体上平稳安全。 （缪雯炜）

常熟服装城

【概况】 2016 年，常熟服装城（简称服装城）完成市场交易额 1378.77 亿元，同比增长 5%，全年实现入库税金 2.47 亿元，公共财政预算收入 1.61 亿元，货物运输量 97.03 万吨，当年度新办私营企业 513 家，新增注册资本 8.13 亿元；批办个体工商户 2248 户，新增注册资本 2.03 亿元，共新增注册资本 10.16 亿元，全社会固定资产投资 4.21 亿元。全年接待游客 342.42 万人，其中购物旅游核心区共接待团队 845 批次，36619 人。是年，服装城在建项目共 7 个（新开项目 3 个），在建面积约 30.56 万平方米，总投资约 22 亿元。完成招商东路街景改造工程；实施南三环绿化种植工程，种植红叶石楠树 1050 棵，绿地种植面积约 1.07 公顷。2016 年服装城公共资源平台招投标项目涉及工程类的有 18 个，总金额 1383 万元，节约资金 291 万元。

【常熟男装指数正式成为国家指数】 2016 年 1 月，常熟男装指数正式列入商务部“商务预报”平台发布，成为国家级指数，标志着常熟男装指数的编制发布工作达到了国家级指数发布要求。常熟男装指数是国内唯一的男装终端产品指数，涵盖男装产业链的全过程。男装指数的编制和发布对加强服装行业运营监测和预测预警、促进产业结构调整和转型升级、引领男装消费趋势发挥了积极作用。

【第二届“百团千人”采购节】 第二届“百团千人”采购节于 3 月 29 日至 31 日在常熟服装城举办，吸引全国近 2000 名采购商采购对接，新客户占比 80%，采购商采购货品直接金额超过 3000 万，最高的采购商采购金额 28 万元。新增了山东临沂、安徽合肥、浙江义乌 3 个省外地区，包括山东华丰市场、安徽白马市场、义乌篁园市场，实际采购商人数达到 386 人，占此次总人数的 20%。

【2016 江南国际时装周暨第十七届服博会】 3 月 16 日，2016 江南国际时装周第十七届中国江苏（常熟）服装服饰博览会暨新闻发布会在上海国家会展中心 5－2 号馆正式召开。江苏省政府清理和规范庆典、研讨会、论坛活动工作领导小组于 3 月批准“江南国际时装周暨常熟服装服饰博览”正式纳入省政府办展名录，是在国务院 2015 年发文规范展览业改革发展后省内首个以县（市）政府名义主办的服装服饰类专业展会。第十七届中国江苏（常熟）服装服饰博览会从 3 月底持续到 5 月底，2016 江南国际时装周于 5 月 20 日—24 日正式举行。展会继续坚持“展、论、秀、赛、奖”五大主线活动。展贸活动有常熟服装城“百团千人”采购节、常熟服装企业采购订货汇、苏州丝绸精品国礼展；论坛活动有 2016 ACA 亚洲颜色学会年度会议、常熟产业互联网创新大会、苏州织造文化沙龙、中国常熟男装指数论坛、中国（常熟）纺织服装供应链发展趋势论坛；发布秀活动有“江南织造”学院设计发布秀、中国（常熟）秋冬装流行趋势发布秀、中国男装流行趋势发布、中国男装设计交易中心联合发布秀、常熟服装品牌专场发布会、2016/17 秋冬国际流行色时尚发布会、知名品牌专场发布秀、毛戈平话时尚——创意彩妆秀、“江南织造大秀”——刘勇专场等时尚专场发布秀；赛事活动有第八届中国（常熟）休闲装

5 月 20 日，2016 江南国际时装周暨第十七届常熟服装服饰博览会开幕。图为开幕式后的毛戈平江南红主题服饰秀

设计精英大奖赛决赛;颁奖活动有"江南织造大奖"颁奖盛典、常熟服装城"优店"评比颁奖。展会引入英国伯明翰城市大学、USPOLO、Bear、费雪等海外院校与国际品牌,推进时装周的专业化与国际化。

【快递服务中心投运】 4月18日,服装城快递服务中心正式运营,有百世汇通、德邦、天天、圆通、优速、中通、顺丰、国通、韵达、全峰、申通、速尔物流12家快递公司入驻。服装城快递服务中心是政府主导的以社会效益为主的现代化快递服务中心,建成投用后区域内的快递业由零散型转变为站场式规模化经营,同时规范设点货物中转,解决快递物流行业秩序、运输等问题,发挥有序、快捷的配套服务功能。

【"常熟服装城杯"第八届中国休闲装设计精英大奖赛】 5月14日,以"时间"为主题,以变化即永恒为主线的第八届中国(常熟)休闲装设计精英大奖赛总决赛在北京751D·PARK设计师广场751新罐内举行。活动中,经过数月多轮赛事层层选拔的23组精彩作品角逐决赛。选手胡欣逸设计作品《EVOLUTZON》夺得金奖,张馨翌设计作品《简型》获得银奖,许晨祎设计作品《搜索》获得铜奖,12个院校获得"最佳合作院校奖"。

【电子商务建设】 "常熟服装在线"拓展C端市场,与本地优秀品牌、网批商家进行分销合作,组织开展商户参加徐州宣武市场夏装展销会等市场活动。落实2016年度中服园区电商扶持政策,共举办55场活动,涉及人数达2899人次。引进了蘑菇街、天猫女装招商会等平台资源,推进"常熟中国质造男装平台"商盟建设。2016年,园区共签约入驻电子商务公司143(其中41家为虚拟入驻企业),签约面积16631.1平方米,2016年累计总成交539万单,交易额6.58亿元,较2015年增加31.7%。1月8日,服装城中服园区获中国纺织工业联合会评为"2015年度中国纺织服装行业十大产业园区"的荣誉称号。2016年初中服园区载体建设、培训服务以及省示范基地建设三项服务被列为省电子商务进农村扶持项目,"省中小企业三星级服务平台"项目被市经信委纳入了政策扶持范围,服装城电商园被列为国家发改委电子商务应用试点项目,成为首批"中国纺织服装电子商务示范单位"。10月16日,2016中国纺织服装电子商务大会上,常熟中服电子商务产业园成功入选中国纺织服装电子商务创新创业试点基地。

【获批市场采购贸易方式试点】 国际贸易市场采购专区4月正式开业,引进24家企业入驻;运营服装城国际贸易服务中心;引进第三方外贸服务机构,上半年举办2场跨境采购对接会,邀请国际采购商100余人,吸引市场商户及外贸公司700多人次参加洽谈;完成市场采购贸易联网信息监管平台建设;出台服装城区域外贸专项扶持政策,强化综合监管体系和外贸服务体系建设;推动旅游购物贸易方式。9月8日,常熟服装城被商务部等八部委正式纳入第三批市场采购贸易方式试点单位。10月底,以市场采购贸易方式运行的首票货物顺利通单,实现小单化、多样化的对外贸易方式。2016年服装城旅游购物出口额达7646.7万美元。

【获批首批省级生产性服务业集聚示范区】 12月8日,江苏省发展改革委认定常熟服装城服务业集聚区等20家为首批"江苏省生产性服务业集聚示范区"。服装城引进第三方外贸服务机构和跨境贸易综合服务商,深化公共服务集成平台建设,通过政府购买服务的方式强化对品牌的提升、服务功能,增加生产性服务业在区域产业经济中的比重。

(曹　洁)

外商在服装城采购

江南集团

【概况】 2016年,江苏江南商贸集团有限责任公司(简称江南集团)实现销售总额213亿元,实现利润7486万元,集团资产总规模139亿元,其中国有净资产13亿元,国有资产保值增值率101%。全系统销售超1亿元的企业达12家,其中超10亿元的有4家;交电家电公司、生资公司分别实现销售42亿元和3.7亿元;建材市场、汽车市场、农副产品交易城三大市场分别实现成交额63.23亿元、70.05亿元和20.4亿元;国际饭店、王四酒家和阅山轩等三家酒店共实现销售12536万元,同比增长48%。

【江南大厦结构封顶】 江南大厦工程主体结构于2016年1月封顶并取得商品房预售许可证。年末,江南大厦a、b区幕墙施工完成工程量的100%;屋顶钢结构施工完毕;大厦内部墙体砌筑全部完成,粉刷完成90%;1—12月份累计工程量完成约1.1亿元,实现合同签约面积5030平方米,合同签约金额

5251万元。项目于2016年3月中旬启动招商工作。江南大厦将作为城市南部地标建筑，是江南集团在市中心开发的高端商务综合体，也是江南集团总部办公所在地。

【国际饭店承接国际湿地大会】 2016年9月，第十届国际湿地大会在常熟国际饭店会议中心召开。72个国家和地区的800多位国内外专家学者参会。常熟国际饭店作为主办场所，成立湿地大会领导接待小组，与湿地大会会务组对接沟通，制订接待计划，确保湿地大会的接待信息、接待要求、房务、餐饮安排等服务项目落实到位。常熟国际饭店安全部组织消防、监控维保单位配合常熟市各部门对相关设施设备进行检查，会议期间确保24小时巡查，确保湿地大会的顺利召开。

【阅山轩酒店获评2016全国文化主题饭店标杆企业】 常熟阅山轩假日休闲酒店是常熟首家以吴文化为背景、以虞山文化为主题的极具江南传统文化气质的精品酒店，凭借着与虞山气韵相通的地理环境，三千年吴文化的深厚底蕴，以及现代雅致生活方式的高品位元素，被中国饭店协会授予"2016全国文化主题饭店标杆企业"荣誉称号。阅山轩开业2年以来，先后获评"江苏精品休闲度假饭店""全国十佳文化精品酒店"、江浙沪"2016携程网最佳人气奖"等荣誉。

【国际装饰城试营业】 2016年11月28日，常熟建筑装饰材料市场有限公司投资建设的常熟国际装饰城投入试营业。国际装饰城项目于2016年5月竣工，总投资4.7亿元，总建筑面积12.8万平方米，总高99.8米，分为建材装饰材料商场和商务办公楼两部分。国际装饰城商场共有商铺183间，商户的入驻率已达到了99.41%，带动市场全面升级，更好地满足常熟市民多层次的消费需求。

【设立人力资源部】 2016年8月组建江南集团人力资源部门，负责编制江南集团人力资源发展规划，制订集团员工考核管理办法，组织开展人力资源专职队伍培训工作，建立一支有一定专业水平的人力资源专职队伍，强化江南集团实施人力资源战略的基础。深化用人机制改革，拓宽选人用人渠道，根据集团发展需求，市场化公开招聘选拔集团人力资源部门负责人和化轻公司总经理各1名，集团本部法务、财务、审计及信息化专业人员5名。

【建设机动车驾驶员考试中心】 由江南集团下属常熟市保安服务总公司投资建设市机动车驾驶员考试中心，考试场占地面积12000万平方米，总投资1200万元。截至2016年12月底，考试场地市政工程施工全部完成，候考厅装饰工程完成95%，考试设备同步安装调试，2017年可投入使用。

【唐文华获全国优秀保安员称号】 常熟市保安服务总公司的保安员唐文华被国家公安部、全国总工会、共青团中央授予"第四届全国先进保安员"荣誉称号。唐文华是常熟市保安服务总公司驻常熟农行沙家浜支行保安员，先后成功制止各类电信诈骗案件16起，为群众挽回直接经济损失达10多万元。她的先进事迹先后被新闻媒体报道，并被媒体记者冠以"最牛女保安""常熟保安反诈骗第一人"等美誉。

【嘉洋华联"新三板"挂牌上市】 2016年12月13日，江苏嘉洋华联建筑装饰股份有限公司，简称"嘉洋华联"，在"新三板"即全国中小企业股份转让系统正式挂牌上市，股票代码870030。

（周之一）

责任编辑　虞　柳

旅游业

综　述

【概况】　2016年，常熟旅游业按照“全域旅游”思路，优供给补短板，推进产业融合，丰富旅游产品，提高服务质量，切实推动全市旅游的全域发展、互动融合、全民共享和可持续发展，全市旅游业在高平台上继续保持了较好的发展态势。全年全市A级旅游景区共接待游客1823.74万人次，同比增长2.4%，实现营业收入1.82亿元，同比增长4.7%，其中门票收入1.07亿元，同比增长4.3%。1月20日，常熟市虞山尚湖旅游区被国家旅游局和环境保护部评为“2015年国家生态旅游示范区”。2月7日至13日春节长假期间，常熟全市A级旅游景区共接待游客21.19万人次，同比增长23.42%，实现门票收入305.06万元，同比增长39.10%。“五一”假期3天，全市A级景区接待游客29.41万人次，同比增长3.44%，实现门票收入369.95万元，同比增长5.53%。“十一”假期7天，全市A级景区接待游客90万人次，实现门票收入920万元。是年，常熟入选“2016旅游业最美中国榜”，并获评“2016长三角十大最美骑行城市”和“2016同程旅游十大口碑好评旅游目的地”等荣誉，市旅游局获评江苏省旅游系统先进集体、2016苏州市乡村旅游形象推介讲解大赛最佳组织奖。

4月9日，联合国世界旅游组织常熟旅游可持续发展观测点揭牌仪式暨2016第25届中国(常熟)尚湖牡丹花会开幕式在尚湖风景区举行。图为游客在观赏牡丹花

旅游资源

【圣百合食品工业园获评省工业旅游区(点)】　1月7日，常熟市圣百合食品工业园被江苏省旅游局认定为“2015年省工业旅游区(点)”，成为继东方红木家俱有限公司以后，常熟第2家省级工业旅游区(点)。

【曾园·赵园举办“文明礼仪进景区，争做文明志愿者”活动】　2月23日，由常熟西泾岸社区、常熟市第一中学、常熟市城市古迹名胜区管理处联合举办的“文明礼仪进景区，争做文明志愿者”活动在曾园·赵园举办。活动围绕“文明旅游”主题展开，包括猜灯谜、有奖知识竞猜、旅游文明倡议书宣读、“文明旅游从我做起”主题签名活动等内容，受到了社区居民和学生们的欢迎。

【举办第十一届兰花展暨2016年燕园春兰展】　2月26日～3月6日，常熟市第十一届兰花展暨2016年燕园春兰展在燕园三婵娟室举办，展出余蝴蝶、蓬莱蝶、素荷、凰字、永丰梅、小元宝、万字、蕊蝶等60余个品种，共80盆兰花。2016年兰花展共有三期，分别是春兰展、惠兰展和建兰展，并结合摄影、书画作品展等推出一系列活动，突出文化精品园林特色，让广大市民游客在品味兰花幽香的同时感受园林文化内涵。

4月2日，第十一届苏州(沙家浜)国际风筝节暨第十四届沙家浜阿庆嫂民俗风情节开幕

【方塔园第十六届精品山茶花展开幕】 3月10日~4月10日，常熟方塔园举办第十六届精品山茶花展，共展出瑟威利、花鹤翎、干贝利、士兰、扣地等100多个品种近200盆精品山茶花，并推出“方塔讲堂之汉字的演变”“方塔讲堂之山茶花种植知识”等系列活动，进一步弘扬中华传统花卉艺术，彰显了常熟城市园林的文化品质。

【联合国世界旅游组织旅游可持续发展常熟观测点揭牌】 4月9日，联合国世界旅游组织常熟旅游可持续发展观测点揭牌仪式在尚湖风景区太公岛举行，联合国世界旅游组织执行主任祝善忠和常熟市委书记王飚共同为常熟观测点揭牌。

【世界旅游组织执行主任祝善忠到常考察工农业旅游项目】 4月10日，联合国世界旅游组织执行主任祝善忠考察常熟省级工业旅游点圣百合江南糕饼创意园、东方红木家具艺术馆和五星级农家乐渡口饭店。

【“常熟八珍”获评2015苏州旅游商品大赛(实物类)金奖】 4月22日，2015苏州旅游商品大赛颁奖仪式在苏州国际博览中心举行，“常熟八珍”获评2015苏州旅游商品大赛(实物类)金奖。获评金奖的“常熟八珍”极具代表性，包括叫化鸡、鸭血糯、桂花酒、虞山松树蕈、虞山绿茶、沙家浜青鱼干、石梅盘香饼及糖桂花，充分体现了常熟美食文化底蕴。

【赵园“能静书屋”揭牌启用】 4月29日，常熟图书馆流通点签约仪式暨能静书屋揭牌仪式在常熟曾园·赵园举行。能静书屋拥有图书1000册，书籍选择偏重于旅游休闲，以散文、小说类居多，又兼顾少儿游客较多而特别设置儿童绘本、亲子类书目。为方便游客借阅，书屋接入全市图书借阅平台系统，实现与市图书馆及其他分馆、流通点的“通借通还”等功能。

【碑刻博物馆推出“助力中高考——拓碑祈愿”活动】 5月20日~6月30日期间每周三、六、日，常熟碑刻博物馆推出“助力中高考——拓碑祈愿”活动，帮助考生缓解焦虑情绪、减轻心理压力，助力高考最后冲刺。此次供考生们拓碑祈愿的石刻是由碑刻博物馆开发制作的6方集状元宰相、两朝帝师翁同龢书法，并具有古代科举文化内涵的状元文化系列碑刻，分别为“金榜题名”“蟾宫折桂”“大魁天下”“独占鳌头”“连中三元”“状元及第”。

【常熟6处园林入选《苏州园林名录》】 5月25日，苏州市人民政府正式公布第二批《苏州园林名录》，常熟6处园林入选。此次公布的《苏州园林名录》包括26座园林，其中常熟市6处，分别为燕园(虞山镇辛峰巷)、曾园(虞山镇翁府前)、赵园(虞山镇翁府前)、兴福禅寺(虞山镇寺路街)、松梅小圃(沙家浜镇唐市片区王家山)、方塔园(虞山镇环城东路)。

【渡口饭店获评“苏州旅游精品民宿(乡村类)”】 5月，在由苏州市旅游协会和新浪苏州共同发起的“2016年度游客最喜爱的苏州旅游精品民宿”评选活动中，常熟市渡口饭店被评为“苏州市精品民宿(乡村类)”，成为常熟旅游业首家精品民宿酒店。

【常熟2家酒店被命名为首批“江苏精品休闲度假饭店”】 8月4日，江苏省旅游局发布公告，确定57家区位优势独特、休闲元素鲜明、功能服务完好的饭店为“江苏精品休闲度假饭店”。常熟荷香苑酒店和常熟阅山轩假日休闲酒店入选。

【方塔园“问泉书屋”图书流通点建成启用】 8月15日，由方塔古迹名胜区、图书馆联合打造的方塔园“问泉书屋”图书流通点建成启用。书屋有近1000册图书刊物，涵盖语言文学、文化艺术、社会经济、历史地理等门类，能够满足不同年龄、层次的读者需求。此外，常熟图书馆还在问泉书屋内专门设置党建廉政专架，摆放有关廉政文化的专题图书，使廉政教育融入书香园林建设中，增加了廉荣贪耻的思想道德基础和文化氛围，为全市党员干部和群众提供了一个学习廉政知识、接受廉政教育、强化监督意识的良好平台。

【常熟旅游集散中心正式投运】 9月27日，常熟市全域旅游成果展示暨常熟旅游集散中心投运仪式举行。集散中心引进城市航站楼、地接旅行社、神舟租车落地自驾等业务，整合常熟旅游专线、旅游商品销售、旅游咨询、年卡服务等功能，实现了城市旅游公共服务总集散。揭牌仪式上，常熟古里镇、辛庄镇、海虞镇等单位被授予“常熟市乡村旅游特色镇(试点镇)”称号，李袁村、勤丰村、中泾村、罗墩村、东青村等单位被授予“常熟市乡村旅游特色村(试点村)”称号，虞山镇、沙家浜镇、虞山尚湖旅游度假区、蒋巷村、隆力奇、渡口饭店等单位被授予“常熟市全域旅游试点单位”称号，常熟旅游集散中心被授予“江苏省落地自驾旅游基地”称号。

【常熟文庙修复启用】 9月28日，

常熟文庙修复启用暨丙申年祭孔大典举行。文庙修复工程总投资6000万元，占地面积12700平方米，前后跨度8年时间完工，是常熟有史以来规模最大的文物修复工程。与其他地方文庙不同的是，常熟文庙还将言子作为仅次于孔子的纪念和祭祀对象，单独设祠，自成轴线，体现了常熟地方对言子的尊崇。

【“东乡一品锅”菜肴获江苏省乡村美食大赛金奖】 10月20日，由江苏省旅游局、江苏省人力资源和社会保障厅主办，江苏省餐饮行业协会、无锡市旅游局协办，宜兴市旅游园林管理局、宜兴市旅游协会承办的“乡村美食放心吃——2016江苏省乡村美食大赛”在宜兴根大生态园举行，常熟“东乡一品锅”菜肴获金奖，成绩位列全省第四名。本次大赛全省13个市及三个省试点市共参赛菜肴160道，产生全省金牌菜38道，银牌菜76道。

旅游市场推介

【举办工农业旅游恳谈会】 1月19日，市旅游局邀请苏州、南通、江阴、吴江、太仓以及本地共21家旅行社和相关媒体，在圣百合食品有限公司召开常熟工农业旅游恳谈会，向各旅行社和媒体重点推介常熟工农业旅游资源，同时推出集休闲购物、亲子互动、生态餐饮等为一体的“圣百合—东方红木—梨花邨”一日游线路。

【举办尚湖妖怪村招商新闻发布会】 1月19日，尚湖妖怪村招商新闻发布会在圣百合食品有限责任公司举行。尚湖妖怪村项目由圣百合食品有限责任公司与尚湖旅游服务有限公司合作开展，特别邀请台湾著名设计团队进行设计创意，利用现有尚湖花街进行改造，主要以尚湖姜尚文化为基础，借鉴台湾地区妖怪村、山寨村的成功创办经验，以“妖怪村”为建设主题，结合可爱、萌萌的妖怪形象以及一系列文创产品和相对独立的文化旅游区域，集旅游、购物、休闲为一体，为尚湖景区打造全新的旅游景点。

【常熟旅游节庆获评2015年度中国节庆产业“金手指”奖】 2月28日，“首届中国彩灯文化峰会”在四川自贡市开幕，由中国节庆产业年会组委会组织评选的2015年度中国节庆产业“金手指”奖正式出炉。“常熟沙家浜旅游节”和“常熟尚湖牡丹花会”分别获评“2015年度中国节庆产业最具人气节庆”奖和“2015年度中国节庆产业最具文化传承节庆”奖。

【常熟、江阴、张家港、太仓联合推出旅游友城卡】 3月1日，由江阴、张家港、常熟、太仓四地旅游主管部门联合推出的2016“长三角旅游友城卡”正式发行。本次发行的友城卡包括江阴、张家港、常熟、太仓4个城市合计36个景区（点）。

【旅游春季推介会】 3月9日至12日，“发现江南 邂逅牡丹——2016常熟春季旅游推介暨第25届尚湖牡丹花会说明会”先后在南京、济南、上海三地举行。说明会全方位推介常熟山水游、乡村游、古城游、人文游、美食游等旅游资源，并结合春季特色旅游、工农业旅游等内容，推出多条一日游、二日游线路，向各地游客推广尚湖牡丹花会及常熟春季旅游节庆活动。

【沙家浜、尚湖、蒋巷村荣登2015去哪儿网“苏州旅行家”旅游TOP金榜】 3月23日，2015去哪儿网“苏州旅行家”旅游TOP金榜颁奖盛典在太湖国际会议中心举行，苏州年度人气TOP景点、年度最佳TOP酒店等榜单相继发布，常熟沙家浜、尚湖、蒋巷村分获“年度最佳人气自然风光”奖和“年度乡村旅游”奖。

【赴日本福冈、韩国首尔举办常熟旅游专场推介会】 4月20日至27日，常熟首次组团开展境外旅游推介，分别在日本福冈、韩国首尔举办旅游专场推介会，以“常来常熟”为主题，向两国旅游界同仁展示常熟丰富的旅游资源、文化资源和多彩的城市魅力。

【“常熟喊你来度假”开启旅游营销新模式】 2016年，常熟全面开启营销新模式，与同程旅游携手展开深度合作，共同打造线上线下联动的新型营销模式，分别在全国22个主要旅游客源地省会城市的同程旅游门店设置常熟旅游体验馆，并在同程旅游官方网站、手机客户端以及门店同步推出常熟秋季主题宣传和系列优惠活动，全方位推广常熟旅游。

【常熟旅游参加2016中国国际旅游交易会】 11月11日至13日，2016年中国国际旅游交易会在上海新国际博览中心举行。常熟旅游组团参展，通过主题鲜明的背景图板、丰富的宣传资料、各具特色的旅游商品等各种方式宣传展示常熟的旅游资源和特色产品，现场表演节目《石湾山歌》更为广大业内人士和游客演绎了浓郁的江南乡土艺术文化，吸引大批游客驻足观赏，也吸引了中央人民广播电台、《旅伴》杂志等各路旅游媒体的现场采访和报道。

旅游行业管理

【常熟两名导游获评“2015中国好导游”】 2015年国家旅游局组织开展“2015中国好导游·中国好游客”推选征集活动。经过推荐、投票等环节，常熟虞山尚湖旅游度假区导游徐烨、沙家浜旅游度假区导游何金玉获得“2015中国好导游”荣誉称号。

【蒋巷乡村旅游获中央财政旅游发展基金专项补助】 2月5日，江苏常盛旅游发展有限公司获得2015年中央财政旅游发展基金补助地方项目资金100万元，该项资金将专门用于对蒋巷乡村旅游区公共服务设施项目进行建设和提升。项目实施后，将进一步完善蒋巷乡村旅游基础配套设施，促进蒋巷乡村旅游与观光农业的发展。

【常熟两个项目获省旅游业发展专项资金扶持】 4月5日，江苏省财政厅、江苏省旅游局下发《关于下达2016年度江苏省省级旅游业发展专项资金的通知》（苏财金〔2016〕15号），明确常熟市城市古迹名胜区管理处申报的“名胜区旅游公共服务体系提升项目”及常熟市圣百合食品有限公司申报的“江南糕饼创意园项目”获省级旅游业发展专项资金支持，共60万元。

【虞城大酒店通过“新常态3e现场管理标准”验收】 7月10日，常熟虞城大酒店以554分的总成绩通过“新常态3e现场管理标准”验收。在历时4个月的标准推广期间，酒店餐饮部以开源节流、节能增效为主线，制订各项改革措施，为一线员工形成了智能、轻松化工作模式，有效消灭了各类事故诱因，保证了宾客、员工和企业的安全，为实现酒店短期和长期价值的有效管理奠定了坚实基础，在经营管理和服务方面得到双向提升。

【参加苏州旅游质监执法培训】 9月22日至23日，苏州市旅游局组织开展苏州旅游质监执法培训，常熟市旅游质量监督管理所工作人员参加培训。通过邀请清华大学旅游市场秩序指数课题组江珂讲授市场秩序指数考评和游客满意度提升相关工作，苏州市法制办综合处处长陈峰讲授旅游行政执法实务及案例分析，苏州市旅游局相关处室领导分别就景区、工农业旅游点、星级饭店和旅行社有关检查事项进行讲解，并进行苏州全域旅游市场秩序综合监管平台操作和案例演示，进一步加强了旅游质监队伍建设，提高了执法能力。（赵　君）

虞山尚湖旅游度假区

【概况】 2016年，虞山尚湖旅游度假区完成地区生产总值11.35亿元，同比增长2.1%；一般公共预算收入2.79亿元，同比下降4.48%。完成全社会固定资产投资7.82亿元。完成工业总产值13.43亿元，同比下降4.4%，其中规模以上工业产值9.85亿元，同比下降4.2%。实现服务业增加值7.94亿元，同比增长3.26%，在地区生产总值中的占比达69.9%。开展清产核资工作，全面梳理区属国有、集体资产并出台管理文件。制定《工业企业优化整合规划》，分类制定170多家企业退出计划。加快产业转型升级，出台《度假区促进转型升级的若干政策意见》。加快南大（常熟）生态研究院创新创业载体建设，累计引进高层次人才12人，申报国家工程实验室项目。加强旅游专技人才队伍管理，2016常熟市品牌导游评选度假区“金牌导游”占全市七成。继续推进企业搬迁工作，完成企业评估4家、签约4家、关停搬迁31家。规范农村集体资产资源租赁发包交易，全年实现村级集体经济总收入6848万元，同比增长8%；实现村级可用财力3760万元，同比增长8.1%。深化3个试点村股权固化改革。

虞山尚湖正式获批“国家生态旅游示范区”，在省级旅游度假区年度考核中列全省第五名。尚湖景区打造妖怪嘻站，成为文创旅游新亮点。虞山景区改造经营项目，丰富景区休闲产品。完善旅游公共服务体系，推进“旅游厕所革命”，智慧旅游进入立项申报阶段。在20个省市进行旅游推介，集中投放央视和江浙沪三大省级电台宣传，依托电商与400多家分销商开展合作，开发“虞山尚湖风景区”微信服务号，市场覆盖面达全国500多个城市，华东团营收同比增长9.3%，学生团、老年团有了新突破。举办牡丹花会、杨梅节、金秋灯会等品牌节庆，承办半程马拉松、长三角体育圈全民健身大联动、铁人三项赛、南湖徒步大会、龙舟赛等大型赛事，促进旅游与文化、体育的融合发展。全年实现营业收入6016.3万，同比增长7.3%。其中门票收入3362万，同比增长5.8%；项目收入2654.3万，同比增长9.2%。接待人次189万，同比增长7.2%。

投资2000万元推进区域污水收集工程，投资2010万元实施泄洪排涝工程，投资600万元加强公共设施的养护维修，投资350万元加强绿化养护和河道清理。加强民宅和土地管理，完成一般维修115家，私房预拆迁70户，处置违法用地建设、国土卫片图斑436宗，拆除面积18913平方米。

全年投资约1亿元，加快推进南湖湿地公园生态修复进程。完成西区13.33公顷湖岸林带、海棠园、三期岛屿绿化工程，湿地科普馆投入使用，完成综合管理办公楼、湿地监测中心、南湖苑等土建工程。

发放社会救助资金558万元、双拥优抚安置费158.5万元、尊老金78.6万元。城镇职工养老保险覆盖率达99.99%，参保率达98.16%。新增就业岗位247个，城乡失业人员实现再就业2003人次，开展打击非法用工联合整治行动。建成三峰日间照料中心。推进技防城和技防街区建设，修缮13个村（社区）警务室，违法警情下降5.51%，刑事案件下降32%，查纠交通违法行为9321起，处理城市管理违章行为11655起，在全市“安定杯”考核中取得较好名次。开展城乡大环境百日整治工作，全区域实行“一把扫帚”专业化清理，5个省级卫生村通过复审检查，取缔搬迁19家废品回收站点。推进安全生产百日整治行动，“三合一”场所同比下降30%，完成2个市级重大事故隐患挂牌整改项目。加强社区卫生服务队伍建设，社区卫生服务中心年底正式投用。全面落实两孩政策，政策符合率100%，发放计生奖扶资金193.5万元。积分入学131人，积分入医331人。完成新兵征集任务。实现公共法律服务全覆盖，司法调解结案212件，法律援助咨询142件。推进“阳光信访”，受理来访33件，办理12345热线2334件。

成立度假区文联。中国工笔画学会、省花鸟画艺委会写生基地落户尚湖，参加镇（区）美书摄作品联展，开展“欢乐基层行”戏曲、评弹基层巡演活动，播放公益性露天电影60场。《好媳妇周凤英》评弹作品荣获“常熟市道德评弹故事汇”琴川奖。“公共阅读+”阵地建设获评市图书馆“优秀协管单位”。开发“虞山尚湖度假区”微信公众号，策划“行走于江南的诗歌”全国摄影大赛、“寻找虞山尚湖新亮点”新闻行动，举办“第四届江南茶文化博览会”系列活动。九座文化创意产业园、尚湖妖怪嘻站、马云太极禅苑水街分苑等文创项目成功落地并对外经营。民宿创意设计在“海峡两岸旅游文创大赛暨项目竞拍会”活动中获得4个文创奖项。加强文物保护，投入200万元修缮印应雷墓、黄公望纪念馆、瓶隐庐、翁咸封祠堂等。浒水村唐瑞英获评“苏州好人”，“爱我虞山”专项志愿服务行动荣获2016年度苏州市最佳志愿服务项目，旅游公司徐烨在苏州市“我与‘十三五’”百姓名嘴风采展示活动中荣获决赛一等奖。

【南湖湿地公园服务配套日渐完善】 2016年采购配置六艘画舫船、一艘游艇、一艘巡逻艇、六辆观光汽车；通过有形市场公开招租，引入观光自行车经营户、垂钓中心经营户、百果园经营户、南湖第一庄饭店经营户、拂水轩茶室经营户；组成一支由城管及保安组成的二十多人的安保巡逻队伍；配备了一支由绿化养护公司、物业公司组成的公园保洁队伍。

【第25届中国（常熟）尚湖牡丹花会】 第25届尚湖牡丹花会于2016年3月25日至5月5日在尚湖风景区举办。本届花会以“花俏江南、美丽假日”为主题，以靓丽的花海世界和精彩的配套活动为载体，打造江南地区最具有品牌影响力的旅游节庆活动之一。在开幕式上，进行了尚湖妖怪村、太极禅院旅游合作项目落户仪式，联合国世界旅游组织常熟可持续发展观测点揭牌仪式，上海春秋国旅携手虞山尚湖度假区“拥抱上海迪士尼乐园”合作旅游专线车开通剪彩仪式，同时启动2016“中国牡丹行”江苏常熟、四川彭州吴蜀文化交流年。“虞山尚湖，行走于江南的诗歌”全国摄影邀请赛、“情缘尚湖”第七届相亲大会、国色天香精品牡丹展、“发现春的宝藏一寻仙有礼”集福智慧游、“猴赛雷”动漫大片模型展、儿童创意树叶黏贴画大赛作品展等活动精彩纷呈。园内拥有九大色系、300多个品种、5万多株精品牡丹，被誉为“江南最大的牡丹园”。

【虞山城墙杜鹃花展】 杜鹃花开报春来，虞山城墙杜鹃绽放，赏花、摄影、杜鹃文化展等活动成为一大亮点。一年一度的虞山城墙杜鹃花展，多个品种、千余盆造型杜鹃齐齐亮相虞山城墙，将古城墙点缀得生机勃勃。活动期间开展了西城楼阁风筝展、杜鹃花展，第18届“昂立外语”杯中小学生风筝大赛，山之怀抱城之格调“虞山公园城市中央休闲区”摄影获奖作品展等活动，将风筝活动进行全民普及。虞山城墙风筝杜鹃花展，生动地展示了杜鹃花新品种、新工艺，将纸鸢文化与当代旅游相结合，弘扬了我国传统的纸鸢文化和杜鹃文化。

【第十三届江苏常熟森林旅游生态观光节暨第十八届虞山宝岩杨梅节】 6月1日至7月31日第十三届江苏常熟森林旅游生态观光节暨第十八届虞山宝岩杨梅节在虞山宝岩举行。宝岩园内有百年以上古杨梅树170多株。经过长期改良，现有“大叶细蒂”“小叶细蒂”“东魁”“螳螂子”“水晶”等16个品种。“看杨梅，烧莳香，轧财神”更是传承900多年的民俗，被列为“苏州市非物质文化遗产”保护项目。开幕式上进行了虞山“禅修文化之旅”签约仪式和虞山尚湖旅游度假区微信公众号发布仪式。

南湖湿地公园

【第六届尚湖国际半程马拉松邀请赛】 第六届尚湖国际半程马拉松邀请赛于10月16日上午在尚湖开跑，有来自肯尼亚，坦桑尼亚、爱尔兰、德国、日本、加拿大、芬兰、泰国、马来西亚、美国、新加坡、英国、中国大陆及港澳台在内的16个国家和地区共计1万名参赛选手，在青山碧水间比赛角逐。本届比赛被中国田径协会列入环太湖马拉松系列赛之中，正式成为国家级体育赛事。 （邹宇彬）

沙家浜风景区

【概况】 2016年，沙家浜风景区全年完成游客接待222.34万人次，实现自营收入10923.49万元。完成观鸟屋建设工程开工、湿地自然学校建设、香薰岛浮桥搭建、卧波桥厕所翻建、码头平台改造、伤病员墓地扩建、国防园营房改造、教师营房及员工宿舍装修；完成码头紫藤架维修、水田种植、荷花种植、南区水上芦苇迷宫航道改造、湿地浅滩建设、剧场维修、竹筏更新维修、户外休闲桌椅制作等。启动湿地北扩一期修复防护林带工程、北区水域清淤工程、横泾老街污水治理项目。与上海福颖多媒体科技有限公司合作，在国防园开设360VR体验馆。与中国收藏家协会会员周旭辉合作，在老街刁家大院开设搪瓷展览馆，展出“红色印记”“大美华夏”“人文情怀”“道路自信”四大主题搪瓷品共117件，为游客增加一个全新的游览点。4月15日，举行了沙家浜国防教育展览馆落成暨沙家浜阿庆嫂女子民兵连授旗仪式。与苏州雷奔赛车俱乐部有限公司合作，在停车场D区临时停车场部分区域增设“马术展示”项目，为游客增加娱乐项目。与环球车享（苏州）汽车租赁有限公司合作，在停车场推出电动汽车租赁。12月27日，苏州沙家浜旅游发展有限公司获评“2016年度江苏省诚信旅游示范单位”。

【沙家浜湿地自然学校走进红石社区】 2月2日，沙家浜湿地自然学校走进沙家浜镇红石文化村社区活动中心，围绕世界湿地日主题“湿地与未来：可持续的生计”，开展了湿地科普进社区活动。活动的主要对象是现场社区居民，活动内容包括湿地利用一芦根茶、湿地科普一湿地图书展、湿地资源一叶脉书签 DIY 三部分。

【开展第三期国家湿地公园建设管理培训班】 4 月 5 日，由国家林业局湿地保护管理中心主办，江苏沙家浜国家湿地公园承办的 2016 年第 3 期国家湿地公园建设管理培训班在沙家浜国家湿地公园举办。来自全国各省林业厅（局）湿地保护处管理人员及新批建的部分国家级湿地公园试点单位的主要负责人 200 位嘉宾学员参与本次培训。

【沙家浜成为东部战区空军爱国主义教育基地】 7 月 11 日，东部战区空军在沙家浜革命历史纪念馆举行“‘四有’新一代革命军人”教育基地挂牌仪式。东部战区空军某营教导员和沙家浜镇主要领导共同为教育基地揭牌。出席挂牌仪式的官兵代表开展了党性教育现场教学活动。党员代表向烈士“雕塑”行鞠躬礼并默哀，敬献花篮，到“忠魂”墓地敬献鲜花，参观了沙家浜革命历史纪念馆，并在纪念馆重温了入党誓词。

【毛新宇将军走进沙家浜】 8 月 3 日，毛泽东嫡孙、全国政协委员、解放军军事科学院军事战略研究部副部长毛新宇将军携夫人刘滨走进常熟沙家浜风景区，追忆历史，缅怀先烈。毛新宇一行参观了沙家浜革命历史纪念馆，观看了大型实景剧《芦荡烽火》。

【国际湿地大会嘉宾考察沙家浜国家湿地公园】 9 月 22 日，参加 2016 第十届国际湿地大会的五百多名国内外湿地专家学者到沙家浜国家湿地公园考察。考察组一行乘坐游船、观看了保育区内的鹭鸟、在湿地自然学校内动手制作手绘勋章、体验了芦苇湿地对水的净化，在植物园观察江南特有的水生植物，在四季田感受古人用龙骨水车灌溉农田的智慧。

【荷兰生态学家 Ruud Kampf 考察沙家浜国家湿地公园】 12 月 22 日，国际水协资深顾问、荷兰生态学家、rekel/water 董事长 Ruud Kampf 考察了沙家浜国家湿地公园。Ruud Kampf 一行重点参访了湿地保育区，他对保育区无人干扰的状态和区内众多的水鸟表示惊叹，称沙家浜的湿地恢复及建设已经达到了国际前沿的水平。Ruud Kampf 参观了国防教育园和横泾老街，他认为将当地文化和湿地公园相结合，为湿地公园的管理提供了一种思路，湿地的保护和恢复，需要当地文化的支撑。

【开展纪念建党 95 周年、红军长征胜利 80 周年系列活动】 4 月 1 日，纪念红军长征胜利 80 周年——常熟市“薪火相承先烈志 励志成才跟党走”教育实践活动在沙家浜革命历史纪念馆瞻仰广场举行。常熟市关工委、常熟市教育局、常熟市新四军历史研究会联合主办，沙家浜革命历史纪念馆承办。活动中，老少共同祭扫抗日前辈的忠魂墓，组织宣誓仪式，敬献花篮，沙家浜镇关工委、沙家浜镇新四军历史研究会、沙家浜中心小学和“五老”代表参加仪式。

【首届常熟市“百名美德少年”颁奖仪式暨“踏寻红色足迹 永远跟着党走”夏令营开营】 7 月 2 日，首届常熟市“百名美德少年”颁奖仪式暨“踏寻红色足迹 永远跟着党走”夏令营开营仪式在沙家浜风景区国防教育园启动，此次活动由市文明办、市关工委、团市委、市教育局、市少工委联合主办，获得表彰的“十大美德少年标兵”和来自全市各小学少先队大队干部共 60 余人。本次活动是第八届沙家浜红色旅游节的重要组成部分，本届红色旅游节自 7 月延续至 9 月，包括沙家浜“两学一做”党性教育活动、三十六伤病员生平图文展、“追寻英烈足迹，再忆光辉历程”红色景区进万家等九项子活动。

【泽被芳洲 ——沙家浜全国名家湿地画展开幕】 9 月 17 日，由中共常熟市委宣传部、沙家浜镇人民政府主办，沙家浜国家湿地公园、沙家浜画院承办，全国中国画学会、江苏省美术家协会支持的泽被芳洲——沙家浜全国名家湿地画展开幕式在沙家浜国家湿地公园湿地自然学校开幕。江苏省美术家协会原副主席张华清、上海大学美术学院原院长邱瑞敏等 12 位在美术界享有盛名的著名画家参加了活动，活动共展出 34 幅名家作品。

【第十七届沙家浜阳澄湖大闸蟹开捕节暨沙家浜美食节开幕】 9 月 24 日，第十七届沙家浜阳澄湖大闸蟹开捕节暨沙家浜美食节开幕。活动以“阳澄湖畔沙家浜 品蟹赏秋好地方”为主题，由常熟市沙家浜镇人民政府、苏州市阳澄湖大闸蟹行业协会、江苏省常熟沙家浜旅游度假区管委会联合主办。各方嘉宾、媒体代表和现场游客百余人观看了开幕式。开幕式结束后在春来码头举行了祭祀祈福仪式。

【“碧水芦荡，美丽湿地”——第三届沙家浜湿地文化节开幕】 11 月 12 日，“碧水芦荡 美丽湿地——第三届

11 月 12 日，“碧水芦荡，美丽湿地”——第三届沙家浜湿地文化节开幕

沙家浜湿地文化节"开幕。本届湿地文化节以"认识湿地""文化湿地""探索湿地""妙趣湿地""亲近湿地""创新湿地"为主题，推出系列主题活动。开幕式现场开设了一系列丰富多彩的科普宣教活动。（潘　佳）

虞山林场

【概况】 2016 年，虞山林场加快推进国有林场改革，出台《国营常熟市虞山林场改革实施方案》，加强 1123.33 公顷省重点公益林管护工作，清理松材线虫疫木 1993 株，做好松毛虫、竹叶蝉等病虫害监测。结合爱我虞山"啄木鸟"志愿服务项目，与国检局开展虞山森林有害生物普查。悬挂美国白蛾、松墨天牛诱捕器 53 处。做好宝岩 40 公顷杨梅、13.33 公顷葡萄管理指导工作。做好市级 315 多棵、林场 1300 多棵名木古树的保护，排除安全隐患，确保有良好的生长环境。充实虞山森林消防专业扑救队伍，改造 16 个护林防火站点，完成 9095 亩林区可燃物清理，实现虞山连续 30 年无重大森林火灾，虞山林场荣获 2013～2016 年度江苏省森林防火先进集体。

【国营常熟市虞山林场改革实施方案获批】 9 月，国营常熟市虞山林场改革实施方案获江苏省国有林场改革领导小组正式批复。本次改革主要涉及编制《虞山林场（森林公园）中长期发展规划》，修编《虞山森林可持续经营规划》；重新勘定林场界址范围，申领森林资源和国有林地不动产权利证书；完善新型国有林场劳动用工和社会保障机制；建立和完善以购买服务为主的公益林管护机制；建立虞山森林资源保护基金，鼓励社会资本、社会公益组织和志愿者参与公益林管护，提高全社会生态保护意识；健全森林资源监管机制，建立归属清晰、权责明确、监管有效的森林资源产权制度、森林林地保护制度和责任考核制度。

森林消防演练

【做好松材线虫病防治及疫木清理工作】 2016 年共计清理疫木 1993 株，免疫注射松树 2064 株，主要集中在兴福公墓、季家山公墓、三峰寺及祖师松枫亭周边，并加以编号便于区分。施放管氏肿腿蜂 7000 管、花绒寄甲 4000 管进行生物防治。（邹宇彬）

责任编辑　虞　柳

城乡建设

综　述

【概况】 2016年，常熟城乡建设紧扣市委、市政府中心工作，始终坚持“五位一体、综合发展”总基调，紧紧围绕建设“强富美高”新常熟这一目标，不断提升城市品质内涵，城乡建设事业在“十三五”开局之年得到健康有序发展。年内，常熟市推进供给侧结构性改革化解房地产库存，扣除政策性项目，商品住宅去化周期缩短为3.77个月。健全房地产开发企业信用信息体系，完成全市137家房地产开发企业的信用等级评定和公布，并在房产预售环节实行差别化管理。全市完成房地产开发投资136.90亿元，商品房新开工150.25万平方米，竣工137.29万平方米，商品房销售289.29万平方米，二手房销售177.20万平方米，整个房产行业继续保持稳中向好的发展态势。积极推进物业管理属地化进程，推动市政府出台《关于进一步加强物业管理工作的意见》，全市物业管理工作逐步走上更加规范化的发展轨道。依托文明城市创建，推进城区商圈物业管理难点问题的化解，有效优化了商圈经营环境，提升了商圈城市形象。全年共发放购(租)房补贴730多万元，惠及居民119户。推进“工程质量治理两年行动”、安全生产和建筑工地扬尘综合治理，全年检查建筑工地1284个次，发现并消除重大安全隐患160条，一般安全隐患3695条，下发各类整改通知1185多份，创建各级文明工地104个，城区建筑工地自动洗车台和扬尘监控系统设置实现全覆盖。编制完成《常熟市十三五绿色建筑发展专项规划》，积极推进绿色建筑标识项目建设，2016年，全市新增世联书院体育中心、招商熙城、弘阳上园等绿色建筑项目86个，建筑面积306.4万平方米，绿色建筑占新建建筑比例超过60%，绿色建筑示范市基础得到进一步夯实。全年完成道路养护158条5.05万平方米，维修养护问题桥梁30多座，更换各类照明设施5770盏。完善《常熟市城市景观照明管理暂行办法》，加强行业管理，突出重点抓好燃气市场整治，全年开展各类执法检查140多次，排除安全隐患760多条，取缔无证经营站点18个。燃气市场转型升级取得新进展，已有4家民营企业进行了整合，燃气行业规模化转型发展迈出实质性步伐。结合城区片区开发和建设，抓好相关区域路网的完善和沟通，稳步推进衡山路北延、长江路东延、报慈北路、昭文路等11条城区道路的改造，改造道路总长11.5千米，其中衡山路北延、长江路东延等工程实现全线通车，报慈北路、昭文路改造工程得到高效推进。创新绿化管养手段，引进容器苗技术，增设绿化专用河水取水点，有效降低绿地维护成本。加大园林科研工作，开展绿化废弃物炭化综合利用研究项目，实现园林绿化废弃物资源化、减量化和循环利用，获中国风景园林学会科技进步奖。大力推进城区开放空间的绿化建设，新增各类林地、绿地面积80万平方米，北三环11千米生态绿化和慢行系统工程全线竣工。徐信被评为2016年度江苏省住房和城乡建设系统优质服务明星，王青被评为2016年度全省住房和城乡建设系统女职工工作先进个人，宗永峰被评为2016年度江苏省住房和城乡建设系统重点工程劳动竞赛有功个人，郭重庆被评为全省建设档案管理先进个人。（周文江）

常熟市区一景

城乡规划

【概况】 2016年,市规划局以“多规合一”为主线,全方位开展规划编制,“多规合一”基本完成正式规划成果,划定了市域生态保护区域、2020年重点建设保障区域;依据“十三五”重大项目建设计划,对重点项目实现了空间预留和规划选址落地;划定城镇开发边界,将市域建设用地占比牢牢锁定,不超30%。形成了市域空间“一张蓝图”,制订了相关管控原则,出台了多项配套政策文件。同时,借辛庄镇作为苏州“三优三保”专项行动的试点这一有利时机,创新工作思路,将“多规合一”与“三优三保”工作有机融合,共同推进。通过对各项规划的协调,对生产、生活、生态空间的优化,实现了“多规合一”在镇级层面的落地,创造了“多规合一”的辛庄模式。推进中心城区规划建设用地范围内的控规全覆盖及控规法定化工作。组织编制完成主城区内虹桥、文化、兴福、甸桥、城铁、湘江闽江、花溪、龙腾、琴湖、昆承等片区控规的编制(修编);与高新区、经开区、虞山镇、度假区等联合开展完成虞山高新园、南部新城各片区、元和建华片区等板块控规的编制(修编);2016年市域内共计编制(修编)完成城(镇)控规论证54个。已经完成的控规,经修改完善并公示后,上报市政府审批,2016年共计完成47个城(镇)控规的法定化,成为指导建设项目实施的依据。开展海绵城市、综合管廊等专项规划编制工作,其中《常熟市海绵城市专项规划》通过论证,《常熟市地下综合管廊专项规划》形成成果。指导乡镇开展镇村规划编制,2016年共计指导完成2个镇总规修改,19个村庄规划论证,13个村庄控规论证。其中6个村庄规划已经获批、3个村庄控规获批。以“规划一张图”为中心,扎实开展规划信息系统建设,完成了规划工作平台升级工作,规划一张图信息系统建设和数字常熟框架政务平台建设。以严格规划管理措施为抓手,大力提升规划服务水平。由规划局对中介机构(方案设计单位)编制的日照分析报告委托第三方抽检,从而减少或避免中介机构因出现失信行为而在市场竞争中受到限制。开展了“规划管理基层行”“规划审批服务月”等活动,局领导跟每个乡镇、板块的主要领导 、分管领导、具体负责人之间分别建立了专题微信工作群,“规划常熟”微信公众号正式上线运行。全年共核发规划审查意见及“一书两证”(选址意见书、建设用地规划许可证、建设工程规划许可证)367份;出具规划条件72份,规划选址意见审查39项,确认用地性质55项,临时用地、收储红线及征收意见等共50项;办理规划核实80件,完成超占地确认12份;立案查纠各类违章66起,查处违法建设面积7.8万平方米;主动公开政府信息6820条,处理回复“寒山闻钟”“12345”、在线回复、部门信箱、人民来信等共计1094件次。

【《常熟市文化片区控制性详细规划》《常熟市虹桥片区控制性详细规划》通过专家论证】 4月21日,《常熟市文化片区控制性详细规划》《常熟市虹桥片区控制性详细规划》通过由钱炳才等5位专家组成的专家组的论证。《常熟市文化片区控制性详细规划》《常熟市虹桥片区控制性详细规划》由常熟市规划局委托常熟市规划设计研究院负责编制。《常熟市文化片区控制性详细规划》规划范围北至常浒河、南至青墩塘、东至东三环路,总用地面积5.06平方千米。片区定位为集文体、教育、商务、居住为一体的具有文化特色的城市综合文化片区。《常熟市虹桥片区控制性详细规划》规划范围东至东三环,南至常浒河,西至耿泾塘,北至北三环,规划面积5.52平方千米。片区定位为市级公共服务中心,以居住用地为主体,集商业服务、行政办公、教育医疗等为一体的多功能城市综合区。《常熟市文化片区控制性详细规划》《常熟市虹桥片区控制性详细规划》两个规划范围内大部分区域已经建成,在此基础上,规划方案进一步优化了道路系统,完善了公共服务设施配套,深化了用地布局,更好地确定了土地开发强度等相关指标,充分融入了国家最新政策要求,能较好地指导片区开发建设。

【《常熟市城铁片区控制性详细规划》通过专家论证】 5月6日,《常熟市城铁片区控制性详细规划》通过了由苏州科技大学副校长、教授杨新海等5位专家组成的专家组的论证。《常熟市城铁片区控制性详细规划》由常熟市规划局委托无锡市规划设计院负责编制。规划范围北至204国道、西至福山塘,南至北三环路、东至海洋泾,面积约13.32平方千米。片区定位为常熟面向城际高铁的特色门户,主城北部现代滨水节点,产城融合的活力增长点。由于片区内规划有城铁站综合交通枢纽,使得整个片区的定位较其他片区有所不同,交通功能更为突出,同时城铁片区也将作为常熟市今后重要的新片区来进行开发,为打造城铁片区的高品质,规划历经近两年时间的修改完善,期间充分吸收采纳了铁四院编制的《沪通铁路常熟站综合交通枢纽规划》和悉地(苏州)勘察设计顾问有限公司开展的片区规划咨询研究及市政基础设施设计成果。《常熟市城铁片区控制性详细规划》以集约发展、交通先导、尊重自然为原则,功能定位准确,用地布局较为合理,较好地满足了城铁站交通枢纽的功能需要。

【为市民“采光权”引入第三方“裁判”】 7月,常熟市规划局在审查常熟琴东雅苑的日照分析过程中引入第三方“裁判”,复核结果与常熟市规划局审查结果一致,这为有效保障常熟市居民的“采光权”提供了一条新渠道。下阶段,常熟市规划局拟选择具有相应资质的单位进行日照复核工作,对建设单位提供的项目《日照分析报告》实行实质性审查。作为第三方机构,将对报送的日照分析资料和日照分析、复核结果的真实性、准确性负责,从源头上保证设计质量,更加有效地保障市民的“采光权”。

【《常熟市湘江闽江片区控制性详细规划》通过专家论证】 8月9日,《常熟市湘江闽江片区控制性详细规划》通过由邵文虎等3位专家组成的专家组的论证。《常熟市湘江闽江片区控制性详细规划》由常熟市规划局委托常熟市规划建筑设计研究院有限责任公司开展编制。规划范围东至耿泾塘、常浒河、梅塘河，南至菱塘河、颜港河，西至福山塘、虞山脚下，北至北三环，规划面积 4.99 平方千米。规划将片区定位为以现代生活居住为主体，集商业服务、行政办公等为一体的多功能城市综合区。在片区已基本建成的基础上，结合部分地块更新改造的要求，优化了用地布局。

【《常熟市历史文化名城保护专题研究》正式启动】 8 月 22 日，《常熟市历史文化名城保护专题研究》正式启动，北京清华同衡规划设计研究院历史城市保护发展研究所所长刘岩、江苏省城市规划设计院总工程师相秉军及其工作团队参加项目启动仪式并进行座谈。会后，工作团队展开为期两天的调研走访。先后对琴川河、南泾堂、西泾岸、南门坛上 4 个历史文化街区，沙家浜镇、支塘镇、古里镇、梅李镇 4 个古镇区，以及李市国家传统村落进行初步踏勘，对常熟市主要的历史文化街区、名镇、名村资源，以及已经开展的主要文物点保护、大院户改造、历史街区的保护与整治工作有了直观的了解。

【规划局开通服务基层专题微信群】 8 月 22 日，常熟市规划局服务基层专题微信直通车正式开通。为积极响应常熟市第十三次党代会提出的打造"精致城市"，推动"精细服务"的理念，常熟市规划局创新工作方式，充分利用现代通信手段，局领导跟每个乡镇、板块的主要领导、分管领导、具体负责人之间分别建立了专题工作群，构建起了一条便捷高效的规划管理服务的绿色通道，充分体现零距离服务、一对一特色服务。规划局与各镇、板块共建立了 12 个专题协调工作群，通过群内的直接交流、讨论，有效加强了局镇互动。以往需要多次往返，反复对接、转达意见不到位等问题，只需要通过微信群直接进行沟通就可以及时对接和协调，提高了工作效率。尤其是涉及多个分管领导、多名办事人员才能解决的问题，在一个群内，能够及时发布信息，及时沟通互通，并以问题为导向，需要领导高位协调的，马上能够拿出建议、意见以及工作措施。各个专题服务微信群的建立，有效打破了部门隔阂、专业隔阂、局镇隔阂，形成快速反应、集体研究、高位协调的新的工作方式。

【规划局首个快速审批项目正式试行】 为加快转变政府职能，减少审批环节、提高审批效率，规范建设单位、设计单位行为，根据《中华人民共和国城乡规划法》《江苏省城乡规划条例》《苏州市城乡规划条例》《江苏省住房和城乡建设系统失信行为管理和惩戒办法（试行）》等有关法律、法规、规则、规范性文件，结合常熟市规划审批实际情况，常熟市规划局筹备的建设项目快速审批实施办法（试行）办法于 8 月正式试行，这是常熟市规划局进一步深化行政审批制度改革的重大突破。与以往传统的规划审批模式是被动依申请审批，项目单位按照报建要求提出申请后，规划主管部门依申请办理。在此模式下，项目单位在各行政审批部门办理业务时往往需要相关手续、图纸等各类资料完备后方可进行报审，因而导致建设项目审批时间拉长。快速审批这一举措实施后，项目单位在项目建设前期阶段就可全面、及时了解规划情况，节省审批时间，加快了项目建设进程。常熟市第一个快速审批项目位于常熟高新技术产业园，为江苏汇丰建筑安装工程有限公司申报的新建标准厂房项目。经过前期的精心准备、有效沟通，项目从审批到公示当天办结，大大缩短了审批时间，提高了审批效率，铸就了更快、更优的虞城速度和效率。快速审批是规划局致力于打响"规划有矩，服务无距"品牌的一个生动实践。后期常熟市规划局将引进第三方核实机制，确保快速审批办法顺利试行。

【常熟市规划局开展规划审批专题服务月活动】 2016 年，常熟市房地产市场呈现开发投资快速增长，房屋施工新开工面积持续增加的态势。随着楼市销售的火爆，房产开发单位对加快规划项目审批提出了迫切要求。但是，建设单位对项目的设计意图与规划审批相关法规、规范之间的矛盾无法在短期内消除，导致部分项目审批久拖不决，既拉长了项目建设进度，也增加了设计师、规划审批工作人员的工作强度。为有效提高方案审批通过率，减少项目审批轮次，常熟市规划局开展了"规划审批服务月"活动，活动由局领导及科室负责人，以及房产开发单位负责人、设计师一道，对方案审批中出现的具体问题逐一进行分析、讲解，提出规划整改建议。通过面对面直接沟通，找到整改方案与设计目标的平衡点，极大地提高了方案的审批效率。为了不影响规划局平时业务审批、访客接待等工作的正常开展，"规划审批服务月"活动安排在早上八点半之前或中午休息时间，局领导以及相关工作人员放弃休息时间，参加专题研讨，使建设单位和设计人员深切地感受到，在严格的规划审批里面包藏着浓浓的服务热情，也让他们对规划工作有了更多的理解和支持。"服务月"活动已经为常熟万达房产、常熟碧桂园房产等十七个项目召开专题会，研究推进过程中遇到的各类问题，在合法、合规的前提下加快审批进程，用实际行动践行了"规划有矩、服务无距"的服务宗旨。

【《常熟历史文化名城保护规划（2015—2030）》获批】 9 月 5 日，《常熟历史文化名城保护规划（2015—2030）》正式获得江苏省人民政府的批复，成为常熟市名城保护规划管理新一轮的法定依据。常熟于 1986 年被国务院公布为第二批国家历史文化名城。《常熟历史文化名城保护规划（2015—2030）》从物质与非物质文化遗存两个方面，建立了市域历史文化资源、历史城区、历史文化街区和文物古迹四个历史文化保护层次，形成"一主、两副，三区、多点"的空间保护框架。其中一主即常熟历史城区，两副即沙家浜历史文化名镇和古里历史文化名镇；三区即南泾堂历史文化街区、西泾岸历史文化街区和琴川河历史文化街区，多点即多处文物古迹。《常熟历史文化名城保护规划（2015—2030）》梳理了常熟城市历史文化特色与价值，明确了名城保护的总体保护内容，制订了总体保护措施。

【《常熟市古城区控制性详细规划》获批】 9 月 12 日，《常熟市古城区控制性详细规划》获得常熟市人民政府的批复。《常熟市古城区控制性详细规划》明确了古城是具有典型吴文化特征的江南水乡古城，规划以生活居住、商贸服务、文化博览、休闲旅游为主要职能，集中体现名城风貌与特色。规划结构确定为“两带、四轴、七片”，其中两带即由环城南路、环城东路、环城北路与护城河组成的滨水景观带，由琴川河及两侧传统建筑与街巷组成的文化景观带；四轴即由南北向的北门大街、书院街为纵一轴，县南街、红旗北路为纵二轴，东西向的西门大街、方塔街横一轴，引线街、东门大街横二轴，这四轴集中了古城内主要公共服务设施；七片即以方塔街、方塔园为核心的商业中心片区，北门大街片区、清和坊片区为居住综合片区，西泾岸片区、南泾堂片区、文庙片区为三片历史文化片区，虞山公园片区为风景名胜片区。规划确定3处历史文化街区，分别为西泾岸历史文化街区、南泾堂历史文化街区、琴川河历史文化街区。历史文化街区的保护范围分为核心保护范围和建设控制地带两个层次。历史文化街区的保护遵循“历史遗存的真实性、历史风貌的完整性、社会生活的延续性”的保护原则，重在保护和延续街区的历史格局与风貌，重在以保护整治的方式对街区内的建筑采取分类处置的措施，重在改善市政基础设施和促进街区永续发展。

【《常熟市海绵城市专项规划(2016—2030)》通过专家论证】 10月26日，由常熟市规划局组织编制的《常熟市海绵城市专项规划(2016—2030)》通过专家论证。2016年4月，常熟市开展省级海绵城市试点城市申报工作，之后同步制订常熟市海绵城市试点城市实施方案，并由苏州规划设计研究院股份有限公司编制《常熟市海绵城市专项规划》。《规划》建设总体目标是将海绵城市理念与城市开发建设有机融合，探索改善水环境、保护水生态、强化水安全、弘扬水文化的协同模式，把常熟建成安全宜居的“山水城”典范。建设重点以“净、滞、蓄”为主，兼顾“渗、用、排”的雨水径流全过程控制，突出“十里青山半入城，七溪流水皆通海”枕山而城的独特景观风貌及“一屏两带三区多点”的市域空间景观体系，并依托自然本底条件，在区域平原河网城市突出示范试点意义。

(曹　莉)

城市经营投资

【概况】 2016年，常熟市城市经营投资有限公司(简称市城投公司)全年竣工报慈小学迁建、湖苑四区危房改建一期、消防指挥中心升级改造、勤丰路等20个政府投资性项目，启动30个，完成建安投资15.58亿元。其中，金桂家园二期、花园浜小区、报慈家园二区、常福四区二期、金山苑四区二期5个安置房(保障房)项目竣工；经营效益持续增长，公司及下属投资控股企业全年实现利润总额3.3亿元，国有资产保值增值率达到109%；融资能力不断夯实，在完成新增和转贷6.5亿元的基础上，成功注册30亿超短融、9亿中期票据及20亿公司债，并以较低利率发行第一期的5亿超短融、4.5亿中期票据及6亿公司债，公司主体信用等级保持在AA+；加快安置房定向销售，完成销售513套，面积5.53万平方米，实现销售收入2.62亿元。

【老城改造“方塔园”四期工程项目竣工】 由市城投公司组织实施的老城改造“方塔园”四期工程项目，位于虞山镇方塔街以北、河东街以东、方塔公园以西，建筑总面积28651平方米，并配套相应的场地、绿化等设施。该项目自2012年10月开工建设，于2016年12月竣工。

【湖苑四区危房改造一期工程竣工移交】 由市城投公司组织实施的湖苑四区危房改造一期工程，位于世纪大道与新颜路集汇处，总建筑面积24560平方米。主要建设内容包括：原址拆除重建湖苑四区原19、21、22、23、25、26、27号楼，并配套相应的市政设施、绿化、环境等。该项目自2014年5月开工建设，于2016年4月竣工，并于5月26日顺利完成200余户住宅的移交工作。

【江苏省常熟中学实验楼维修改造工程竣工】 由市城投公司组织实施的江苏省常熟中学实验楼维修改造工程，改造后项目总建筑面积7146平方米。主要建设内容包括：实验楼内部装饰改造、食堂改造、实验楼及食堂设备更新、食堂周围相关绿化、道路、驳岸等部分配套设施改造。该项目工程自2015年9月开工建设，于2016年8月底竣工。

【勤丰路新建工程(世纪大道—黄河路)建成通车】 由市城投公司组织实施的勤丰路新建工程，西起新世纪大道，东至黄河路(线路呈弧形)，全长880米，宽26米，快车道为双向两车道。该项目自2013年6月开工建设，于2016年3月竣工通车。

【虞山思亲苑(二期)工程竣工】 由市城投公司组织实施的虞山思亲苑(二期)工程，位于虞山东麓，虞山北路西侧，思亲苑一期工程南侧地块，总建筑面积10011平方米。主要建设内容包括：骨灰存放楼、悼念用房、配套用房，配套室外道路、场地、雨污水管、绿化、消防、围墙等。该项目自2015年9月开工建设，于2016年12月竣工。

【金桂家园二期安置房工程竣工】 由市城投公司组织实施的金桂家园二期安置房工程，位于文化区金山路以东、丹桂路以北，占地面积99665平方米，新建安置房1190套，总建筑面积216491平方米，并配套相应的市政设施、绿化、景观等。该项目自2013年7月开工建设，于2016年10月竣工。

【花园浜小区保障房工程竣工】 由市城投公司组织实施的花园浜小区保障房工程，位于花园浜路以南，莲墩浜以北地块，占地面积21812平方米，新建安置房246套，总建筑面积36756平方米，并配套相应的道路、场地、绿化等公用设施。该项目自2014年3月开工建设，于2016年10月竣工。

【常福四区二期保障房工程竣工】 由市城投公司组织实施的常福四区二期保障房工程，位于珠江路以南，虞山北路以东地块，占地面积12958平方米，新建安置房136套，总建筑面积25916平方米，并配套相应的道路、场地、绿化等公用设施。该项目自2014年8月开工建设，于2016年10月竣工。

【报慈家园二期保障房工程竣工】 由市城投公司组织实施的报慈家园二期保障房工程，位于珠江路以南，虞山北路以东地块，占地面积8122平方米，新建安置房66套，总建筑面积10745平方米，并配套商业、道路、场地、绿化等设施。该项目自2014年9月开工建设，于2016年8月竣工。

【金山苑四区二期保障房工程竣工】 由市城投公司组织实施的金山苑四区二期保障房工程，位于富泰路以北，香椿路以西地块，占地面积21737平方米，新建安置房360套（其中240套为公租房），总建筑面积42842平方米，并配套相应的市政设施、绿化和环境等工程。该项目自2014年8月开工建设，于2016年1月竣工。

【琴川嘉安住宅和商业用房竣工交付】 由市城投公司组织实施的琴川嘉安住宅和商业用房项目，位于华丰路以东、黄河路以北，占地面积39624平方米，新建592套，总建筑面积95544平方米，并配套道路、场地、绿化等设施。该项目自2013年12月开工建设，于2016年11月竣工。

【住建系统有关企业委托市城投公司管理】 12月5日，市国资办、市住建局和市城投公司举行国兴置业有限公司管理关系调整签约仪式。会上，三方共同签署了国兴置业有限公司划归移交协议，协议明确国兴置业有限公司划归市城投公司委托管理。

【燃气事业持续发展】 2016年，销售管道天然气3.43亿立方米，完成天然气外管线及庭院管线施工170.06千米，累计铺设各类天然气管线1950.83千米；完成老小区改造、新建小区及城乡一体化小区居民入户安装总计20062户，累计居民用户超21万户；新增工商业用户128家，累计956家。

【供水事业保持稳定】 截至2016年年底，全市供水能力为87.5万立方米/日，DN100以上供水管网总长度为2821.86千米，全市用户数为518529户，自来水入户率达99.65%。2016年，供水量2.13亿立方米，最高日供水量为69.05万立方米，平均日供水量为58.16万立方米，全市周期换表15933只，全年出厂水、管网水水质综合合格率100%，完成竣工验收的管道总长度279.4公里。自2012年2月启动二次供水工作至2014年，完成了全市所有81个老小区106个二次供水泵站的改造及接收运行管理。2013年投入运行二次供水监控系统，至2016年年底累计接入全市176个小区的277个二次供水泵站生产及安防监控数据。2016年共清洗消毒城乡生活饮用水水箱725只，清洗水样检测合格率为100%。

（王雨舟）

城市管理

【概况】 2016年，市城管部门推进城市管理“百日提升”行动、城市环境综合整治，着力破解城市管理难题，持续改善城乡环境面貌，城市管理效能不断提升。全年累计查纠各类违反城市管理规定的行为17.4万起；办结行政处罚案件2611件；清运垃圾59.07万吨，清理河道漂浮物1.67万吨，清运和处理粪便3.4万吨，集中储运处置城区建筑装修垃圾31.28万吨；两座垃圾焚烧发电厂发电量20040.2万千瓦时，上网电量16499.2万千瓦时；处理炉渣10.9万吨；安全处置飞灰1.28万吨，达标处理垃圾渗滤液10.64万立方米。

【开展城市管理“百日提升”行动】 在深入推进城市环境综合整治、城乡环境综合整治行动的基础上，结合市民群众投诉热点问题、省优秀管理城市“回头看”等内容，利用三个月的时间，组织开展城市管理“百日提升”行动。城区围绕占道经营、停车秩序、非标指路牌、集贸市场、建设工地和城中村、接合部环境开展集中整治，累计查纠游摊散贩、夜排档等乱象1950多起，查扣“三小车辆”300多辆、排查并拖移“僵尸车”80多辆，拆除各类违规广告设施432处约2660平方米，保留并规范非标指路牌84块、拆除192块，清理脏点死角、乱涂乱贴932多处及各类垃圾4797吨。乡区围绕集镇、村庄环境、集贸市场、建设工地、废旧物资回收、城市入口及出入城市主要道路沿线环境开展全面整治，累计清理各类垃圾4.5万吨，查纠乱涂贴、乱堆放等各类乱象13多万起，取缔、规范废旧物资回收点124家。

【持续推进城市环境整治“931”行动】 认真履行整治办工作职责，全面梳理城市环境脏乱差问题和薄弱区域，细化接续行动实施方案，加强同职能部门、板块的沟通协调，全面分解落实整治任务，并定期开展督查指导、召开专题会、推进会，每月编发督查专报，开展业务培训，确保整治工作序时推进。2016年，完成“九整治”项目16个、“三规范”项目65个、城市家具项目906个。常熟城市环境综合整治工作获苏州市年度考核优秀。

【优化城管勤务模式】 细化道路ABC等级、区域一二三分类，按照“严禁、严控、规范”要求，落实分级分类管理。针对市容管理中夜排档、游摊散贩屡禁不绝等顽症，创新勤务机制，突破

百姓参与，共治共管

执法力量不足的困境，在城管中队管理区域划分勤务区、建立特勤组，在执法大队层面建立特勤班，每天从 18:00—24:00 组织夜间整治、常态巡查，累计查纠流动摊贩 8 万多起、店外占道经营 4000 多起，督促城区 113 家固定场所烧烤店安装油烟净化装置并入店规范经营。

【打造市容管理模板】 针对商业街区、集贸市场、学校、居住小区、建设工地等重点区域的突出问题，分别制订管理规范，明确管理目标，细化工作标准和整治流程，打造市容管理模板。在商业街区、集贸市场采取“城管＋保安”的模式，在学校周边采取“城管＋志愿者”的模式，在居住小区采取“城管＋社区”的模式，在建设工地采取“城管＋部门联动”的模式，发挥联合执法合力，实现城市共治共管。

【规范停车秩序】 在城区 48 条道路以及商圈等重点区域建成 292 个违停自动抓拍点位的基础上，2016 年又在 33 条主次干道建成违停自动抓拍二期 256 个点位，基本实现城区主、次干道车辆违停抓拍全覆盖。在环城西路、环城东路，环城北路、环城南路和里颜港等 8 条老城区道路开展路内收费试点工作，引导市民逐步确立停车有偿服务的理念。加强执法管理，会同交警划定严管区域和 19 条严管道路，对违停车辆实施罚款 100 元、记 3 分的处罚。实行重点道路停车管理路长负责制，强化人行道车辆违停管理，累计查纠乱停车 9 万多起。

【建立局镇联动控违机制】 建立局镇控违工作机制，实行辖区中队、社区城管负责人控违工作 AB 角制度。并依托虞山镇 365 网格，划分勤务区，明确职责分工，真正做到违法建设及时发现、快速处置。累计受理违法搭建案件 2359 起，通过教育、制止和业主自行拆除外，对 520 起约 4663 平方米拒绝拆除的违法建设进行依法强拆，有效遏制违建行为。

【规范设置公益广告】 修编完善《常熟市市区户外广告专项规划(2010—2030)》。结合全国文明城市创建要求，修复或拆除设施损坏、画面破旧的公益广告 109 处，增设灯杆旗公益广告 108 根以及楼顶、墙面公益广告 4 块，累计在城区主次干道、重要节点近 700 处户外广告设施上持续发布公益广告 4000 多平方米。并督促商户按照广告设施 30％的画面或时间、建筑工地围墙按照 50％的比例发布公益广告。

【推进政企分离】 将经营性户外广告、公益性广告移交城投公司，经营性停车场、路内停车泊位收费移交江南集团，剥离城管部门经营性职能，突出监督管理职能，实现政企分离。

【提升公共服务水平】 针对荡墩路市民反复投诉、举报市容乱象突出的问题，新建一处临时疏导点，占地面积 855 平方米、容纳摊位 105 个，堵疏结合改善市容环境。结合全市实际条件和居民出行需求，对公共自行车一期项目 150 个站点、3900 个锁住及 3000 辆自行车进行了更新和继续租赁服务，进一步提升公共自行车服务水平。对照文明城市测评体系标准，加快无障碍公厕改造，对道路沿线、广场和绿地周边 50 座公厕进行无障碍设施改造。至 2016 年年底，城区无障碍环卫公厕数量达到 96 座，基本实现主要道路沿线、广场和绿地周边无障碍公厕全覆盖。

【实施新一轮环卫作业服务外包】 2016 年，城管局新接管林场区域的环卫保洁工作，并整合清扫保洁、物业小区垃圾收集、河道保洁、公厕保洁、乱涂贴清理等环卫作业内容，重新调整标段区域范围，实施了新一轮环卫作业服务外包。将城区环卫作业划分为 14 个标段，其中陆地标段 12 个、河道标段 1 个、公共卫生间标段 1 个。经政府采购中心公开招标采购，9 家环卫服务企业中标，中标价 8022 万元，环卫作业市场化率超过 75％。通过加强业务指导和监督考核，提升服务外包区域环境卫生质量和服务水平。

【抓好垃圾分类减量工作】 按照“近期大分流，远期细分类”的思路，开展城市生活垃圾分类减量工作。建立装修垃圾、绿化垃圾、大件垃圾等单独收运处置体系，实行分类收运、分类处置。加强建筑垃圾储运消纳场所建设和运行管理，对建筑垃圾进行单独收运、集中堆放、分类处置；推进废旧服装、废布料分类回收利用，在城区 129 个小区设置废旧服装回收箱 300 多只，年回收废旧服装 1200 多吨；在虞山镇莫城管理区、辛庄镇开展废布料回收利用，每日回收约 30 吨。细化完善生活垃圾分类工作推进方案，配套垃圾分类设施，在城区居民小区配套垃圾分类收集设施 450 多组，在道路、广场等公共区域设置分类果壳箱 1800 多只，统一样式、色调、标识。落实垃圾分类收运车辆 4 辆、人员 12 名，对生活垃圾进行分类收运、分类处置。加强垃圾分类宣传教育，通过新闻报道、图文字幕等形式，宣传垃圾分类知识，开展垃圾分类“五进”宣传活动，2016 年开展宣传活动 30 多次，累计发放宣传手册 3000 多份。

【加强建筑垃圾运输处置管理】 实行建筑垃圾运输处置行政许可制度，加强城区建筑工地和建筑垃圾运输车辆管理，全面落实运输车辆密闭化要求，强化日常执法整治，减少工地施工和运输抛洒扬尘现象，累计发放工地建筑垃圾处置证 43 份，建筑垃圾运输车辆准运证 386 份。编制城市建筑垃圾处理规划，并通过苏州级评审。通过严格许可准入，加强密闭化运输和企业化经营的监管，建立工地日常联系人制度及双向沟通机制，严厉打击违规运处行为，累计检查车辆 950 多辆，查扣车辆 125 辆、行驶证 135 本。同时督促乡镇建成 11 处建筑垃圾储运场，进一步促进全市建筑垃圾规范化管理。

【提升村庄环境长效管理水平】 加强全市村庄环境常态管理，制订《常熟市 2016 年村庄环境长效管理考核办法》，每月围绕“组织管理体系健全、开展专项整治行动、开展垃圾分类就地处置工作、垃圾日产日清、道路沿线整洁、河道清洁生态、院落整洁卫生、绿化养护到位、公共设施完好、村容村貌美化、田容田貌美观”开展明查暗访，累计抽查村庄 370 多个，对发现的问题及时反馈责任单位落实整改。积极推进农村垃圾分类就地处置工作，加强对各乡镇的指导，督促配套垃圾处理设施，建成 7 座有机垃圾处理站点，完成 16 个村庄垃圾分类就地处置试点工作。

【开展百姓城管志愿行动】 创新开展以"文明行为同倡导，环境有我更美好"为主题的百姓城管志愿服务行动。城管系统基层党组织与18个辖区社区结对，城管志愿者分会与常熟七彩虹公益社等9个社团组织结对，组建27支"百姓城管"志愿者队伍，参与志愿者3677人。志愿者队伍每月在城区校园周边、主要商圈、外来人口集中居住区、农贸市场，定期和不定期地开展护学岗、维护市容秩序、清理环境卫生、垃圾分类示范、城管法规宣传、公共文明引导等服务，形成了多元共治、良性互动的城市治理模式。2016年累计开展服务620次，服务时间超过1万个小时，教育纠正乱停车等不文明行为10079次，宣传城市管理、垃圾减量分类620次。 (王　意　陆挽华)

城乡绿化

【概况】 2016年常熟市完成各类造林面积111.13公顷，完成村庄绿化示范村建设2个，城区新增各类绿地80万平方米，建成区绿地率42.62%，建成区绿化覆盖率45.78%，人均公共绿地面积19.63平方米。经省林业局认定公布，常熟市2015年年底森林覆盖面积19803公顷，林木覆盖率为17.62%。钱新锋被全国绿化委员会、人力资源和社会保障部、国家林业局评为全国绿化先进工作者。

【义务植树活动】 3月9日，市委书记、市长王飏，市人大常委会主任秦卫星，市政协主席徐永达等市四套班子领导一起带头参加义务植树活动，共栽下红玉兰、紫荆、香樟、红叶李等树木600多棵。义务植树活动期间，全市各乡镇、板块机关干部、青年志愿者共850人次在公园绿地、道路两侧种下香樟、玉兰、榉树、桂花、樱花、海棠、石楠等乔木、灌木共计6700多株。

【农村绿化建设】 2016年常熟市新增各类造林面积111.13公顷，其中完成成片林面积33.35公顷，新增河湖林网20.79公顷，其他绿化56.99公顷，完成梅李下塘泾、碧溪新区李袁二区村庄绿化示范村2个，完成苏州和常熟市政府下达的绿化建设工作任务。

【城区绿化建设】 全市共完成三环路生态绿化和慢行系统工程(东北环)、文化片区金山路、宝山路、开元大道等道路绿地建设，启动实施常浒河北侧绿化和慢行系统工程建设，城区新增各类绿地80万平方米。

【绿化行业管理】 2016年，全市绿化行业保持快速发展，规范管理各绿化施工企业资质管理工作，共完成9家园林绿化企业资质延续，受理1家企业资质设立申请。2016年年底全市共有具备绿化施工资质企业43家，其中一级4家，二级12家，三级27家。全年园林绿化企业累计完成产值约11.35亿元。同时绿化技术人员队伍不断壮大，全年新增项目负责人共计153人，其中本地72人，外地81人，560人次通过了年审。借助行业协会平台，积极开展优良工程评比，福山塘滨河游园改建绿化工程、常熟滨江实验中学绿化景观工程等10个项目获得苏州市园林绿化优秀工程称号。常熟东南小学绿化景观工程、常熟市三环路生态绿化和慢性系统工程(9标)等20个项目获常熟市"园林杯"园林绿化优良工程称号。

虞山红枫

【绿色图章审批】 2016年共完成居住区绿化竣工备案72项，市区内树木砍伐、移植审批9项，市区占用或临时占绿审批74项，绿化工程设计方案审批(审查)27件。

【绿化养护管理】 完成高等级公路(沿江高速、苏嘉杭高速、锡太公路)沿线绿化测绘工作，修订完善《常熟市三环路外绿化属地养护考核办法(试行)》和《常熟市绿化养护专项资金管理办法》，顺利推进三环路外绿化养护向属地管理模式转变。首次采用政府采购的形式，完成790万平方米公共绿地的新一轮养护招投标工作。利用绿化养护数字平台，加强监督管理，提高工作效率，全年累计发现和解决问题约8000起。

【三环路生态绿化和慢行系统工程竣工】 12月，三环路生态绿化和慢行系统工程竣工，全长约26千米，建成绿地91万平方米。一期东南环(建华转盘—青墩塘段)，共种植行道树2614株、林带乔木1.8万株、大灌木9800株，建成绿地43万平方米；二期东北环(青墩塘—义虞路口)，共种植行道树2558株、林带乔木1.7万株、大灌木23278株，建成绿地48万平方米。

【委托专业公司启动古树复壮工作】 12月25日，经前期充分讨论，首次委托专业公司(苏州市苏叶绿化养护有限公司)对董浜镇政府院内枸杞、新世纪大道广玉兰等10棵问题古树启动复壮工作。 (王　平)

重点工程建设

【概况】 2016年，组织实施市政道路完善、老住宅小区改造、城乡绿化建设、保障性住房建设四大类15项重点工程建设，其中新建项目6项，续建项目9

项,完成总投资约5.6亿元。

【市政道路完善】 组织实施报慈北路改造工程(珠江路—北三环)、昭文路道路改造工程(衡山路—香山中路)、文庙周边综合整治工程、富春江路(新世纪大道—东三环路)非机动车道改造工程、华山路道路完善工程(勤丰路—北三环)、国棉地块东侧道路配套工程、衡山路北延道路工程(三环路—公园路)、莲花路贯通一期工程、沙家浜路西延(琴湖路—莲花路)道路工程、长江路东延道路工程(殿山路—三环路)、长江路东延道路工程(三环路—台山路)等11项工程,新(改)建、续建道路11.2千米。其中富春江路(新世纪大道—东三环路)非机动车道改造工程、华山路道路完善工程(勤丰路—北三环)、衡山路北延道路工程(三环路—公园路)、长江路东延道路工程(殿山路—三环路)、长江路东延道路工程(三环路—台山路)等5条道路完成建设。

【老住宅小区改造】 组织对菱塘北村,常福一区教工住宅,枫泾1—3区,钟楼湾2、4、6、8号,新颜路107、109号等区域实施综合改造,共计房屋258幢,建筑面积30.88万平方米,惠及居民4290户,于9月完工。

【城乡绿化建设】 组织实施三环路生态绿化和慢行系统工程,二期东北环(青墩塘—义虞路口)于11月完工,共种植行道树2558株、林带乔木1.7万株、大灌木2.3万株,建成绿地48万平方米;常浒河北侧绿化和慢行道建设工程完成施工招投标,施工准备进场;全市新增绿地面积80万平方米。

【保障性住房建设】 组织实施晨枫家园保障性住房建设,小区总建筑面积10.4万平方米,8幢住宅楼及1幢社区物业配套用房,其中813套为经济适用房。完成主体结构竣工验收,市政配套设施建设扫尾,完成小区总体工程量的90%。 (薛 青)

市政公用事业

【概况】 2016年,常熟市市政公用事业围绕市政设施管养、市政施工行业管理、燃气行业管理三个方面开展工作,全面实现市政公用各项事业健康平稳发展。

【市政基础设施管养】 2016年,初步修订了《常熟市景观照明管理暂行办法》,完善了《常熟市市政基础设施交接管理办法》《常熟市市政设施维修养护检查考核办法》《常熟市市政设施维修养护标准》等相关办法和标准,使市政基础设施管养工作有章可循。根据管养要求,全年共督查市政路灯设施情况300多次,发现设施问题264起,发出督查设施整改表168张,共维修各类灯泡5261只,各类镇流器926个,各类线路20461米,亮灯率98.4%。对城区主要道路、街巷里弄的设施制订整治提升计划,共完成摊铺沥青路面21060平方米、各类道板砖29479平方米、拆筑平侧石15717米,设施完好率达95%以上。沙家浜路、元和路、香椿和富阳路3项养护片被评为苏州市优质养护片。

【城市桥梁】 2016年,组织常熟经济技术开发区、常熟高新区、虞山镇、服装城等6个桥梁权属单位负责人召开城市桥梁管理工作会议,明确桥梁的管辖范畴,完善了"一桥一档"制度。对城区桥梁逐一进行排查,摸清桥梁下部及附着桥梁中存在的违章建筑、堆积物品等情况,联合城建监察大队对新胜桥、行灶桥、白雪路桥桥洞私自违章搭建和侵占桥梁设施的行为进行查处。有计划地对海虞桥、枫泾桥、湖滨桥等26座桥梁进行日常巡检,同时委托桥梁检测单位对枫泾桥、海虞桥等15座桥梁进行专业检测,根据检测结果,对存在安全隐患的五号桥设置警示标志,并完成大悲桥、九里桥等桥梁隐患的整治,确保桥梁安全运行。

【燃气行业】 2016年,全市共计销售天然气3亿多方,与2015年同期基本持平;新增居民用户18625户;新增工商用户118户;新增天然气管道160多千米。全面排查安全隐患,组织开展联合检查426次,出动检查人员869人次,发现隐患800多条,隐患全部在规定时间内完成整改。组织开展联合执法检查87次,受理查处违规行为32起,取缔无证经营站点26处,暂扣钢瓶1229个,其他工具11根,有效规范了瓶装液化气市场经营秩序。

【市政施工行业】 2016年,市政企业完成总产值19.95亿元,其中建筑业总产值15.87亿元,同比减少12.73%和18.76%。加强对市政工程的现场管理,采取日常检查、突击检查等方式对工程施工过程中存在的危险源进行排查,针对隐患,及时采取切实有效的施工安全技术措施,防止安全生产事故的发生。全年共检查181个工地474次,排查各类问题及隐患约1127条,出具整改通知书41份,局部停工整改通知书5张。严格履行安全监督管理职责及办理工程安全监督相关手续,认真做好开工安全生产条件复查,全年共对113个工程进行了建设工程开工安全生产条件现场复查,对16个不符合开工条件的工程监督整改;严格发放要求和程序,规范市政建设工程施工许可证发放管理和人员押证管理,共发放建筑工程施工许可证62份,合同总价6.53亿元,同比分别减少46.55%和42.42%。

(胡 俊)

村镇建设

【概况】 2016年,全市村镇建设工作全面推进,成果显著。城镇基础设施和公共服务设施加快配套,空间布局更加合理,城镇特色风貌鲜明,镇村生态环境优良,城镇文化内涵明显提升,城镇综合实力大幅提高。

【小城镇建设】 2016年,全市9个镇、新区(虞山镇除外)城镇建成区面积63.63平方千米,当年完成建设投资49.67亿元,其中,房屋投资34.67亿元,市政公用设施投资11亿元;当年竣工住宅建筑面积151.33万平方米、公共建筑面积15.2万平方米、生产性建筑面积61.7万平方米,新增道路长度67.95千米。梅李镇市民体育公园项目、海虞镇周行幼儿园扩建项目、古里镇白茆水系调整工程、辛庄镇项泾河改造工程完工投用，美化了城镇环境，完善了城镇功能配套，提升了城镇整体形象，满足了广大群众休闲游憩和日常生产生活的需要。

【村镇创建】 2016年，村镇创建工作继续有序开展。碧溪新区成功创建"国家园林城镇"，虞山镇梦兰村获住建部"美丽宜居村庄"称号，支塘镇蒋巷村获"美丽宜居村"称号，古里镇李市村获中国传统村落保护中央补助资金。以创促建，重在建设，形成特色，通过创建提升了城镇和新农村建设整体品位，提高了镇村基础设施配套和园林绿化水平，改善了人居环境。

【美丽城镇建设】 2016年，美丽城镇建设在总结前三年工作成效的基础上，根据苏州市美城办的统一安排，坚持政府引导、市场运作、资源整合、统筹协调，紧扣"美丽"主旨，在特色风貌、功能提升上下功夫，深化镇容镇貌整治，提升基础设施水平，加强园林绿化美化，改善城镇环境面貌，全年实施126个项目，总投资11.24亿元。

【常熟市农村人居环境调查】 2016年，继续开展常熟市农村人居环境调查工作。对全市12个板块共计222个行政村的地址信息、基本情况、基础设施、公共环境、建设管理等基本信息进行全面摸底调查，并将基本信息录入全国人居环境信息系统。为上级部门更好地把握和评估农村人居环境状况提供了切实可靠的依据。

【常熟市传统村落调查】 2016年，按照省住建、规划、文化(文物)、财政部门关于开展省级传统村落调查工作的统一部署，联合文广新(文物)局等部门，对各镇(区)上报的14个传统村落的基本信息、村落选址与布局、村落建筑遗存、村落历史遗存、村落传统技艺与工艺、村落非物质文化遗产等情况进行实地调查，按"一村一表"完整填写《江苏省传统村落调查登记表》，并提出传统村落保护意见。 (徐正环)

防震减灾

【概况】 2016年，全市防震减灾工作认真履行工作职能，围绕"三大体系"建设和苏州市政府与常熟市政府签订的2016年度防震减灾工作目标责任书，认真落实各项工作措施。制订下发年度工作计划和年度工作百分考核细则，确保年度工作目标顺利完成。获苏州市年度防震减灾工作先进集体。年内，全市行政区域内未发生有感以上地震。

【完善应急救援机制】 2016年，《常熟市应急避难场所布局规划(2015—2020)》经市政府批准实施并列入政府民生项目。年度内，把应急避难场所建设作为应急工作的重点。完成一个中心避难场所(市体育中心)，二个固定避难场所(兴福停车场、市体育馆)的建设，加快推进各镇、板块的应急避难场所的建设。继续做好地震应急预案的修编工作，共修编预案36个，新编18个。购置一批应急物资装备。根据一队多用的原则，把市应急办明确的市镇两级综合应急救援队伍和蓝天救援队作为地震应急救援队伍。加强地震应急疏散演练和指导，制订《常熟市中小学校应急疏散演练》模板。5月9日会同市教育局在世茂实验小学举行由全市中小学校、幼儿园分管领导参加的地震应急疏散观摩演练，规范中小学生地震应急疏散的基本要领，提升学校地震应急处置能力。

【抗震设防管理】 2016年，《中国地震动参数区划图》6月1日起正式实施，全市除尚湖镇仍按Ⅵ度设防，其他各镇、板块由原来的Ⅵ度设防改为Ⅶ度设防。为及时做好宣传贯彻工作，派专业人员到省地震局参加培训。加强与发改委、规划局、住建局等部门沟通协调，确保《中国地震动参数区划图》顺利实施。加强农村民居抗震设防要求的管理，要求各镇，板块做好农居落架大修抗震设防要求的宣传和指导，提高民居住宅抗震设防能力。

【监测预报】 2016年，制订《常熟市地震局2016年度震情监视和短临跟踪方案》。做好支塘窑镇地下水观测站设备和设施的维护和保养，三月份更换水温探头，按上级业务部门要求定时做好雨量桶校测和地电阻率检测工作，确保全年资料连续、及时、有效，观测资料获江苏省地震局评比优秀。做好异常落实和跟踪工作，2月7日支塘地下水温出现突升，并保持高值运行，针对这一异常及时到点落实汇报，并配合苏州市地震局、中国地震局做好异常落实工作。认真参加苏州市地震局季度、年度会商，加强与常熟地震台的信息交流。加强观测环境保护，会同规划局绘制观测站点图。抓好宏观观测工作，年初对全市20个宏观观测点进行疏理和认定。

【普及防震减灾知识】 2016年，利用"5·10"、科普周、"7·28"等节点采取拉横幅、出板报、街头咨询等各种形式，开展防震减灾知识和法律法规宣传

美丽城镇建设

普及。学校开展主题班会和知识竞赛活动。每年三月是全市防震减灾宣传月，要求各防震减灾科普示范村（社区），地震安全社区，地震安全企业，科普示范学校等结合长效管理都要举行多种形式的宣传活动。全市共建专用宣传橱窗35个，宣传内容每季度更换一次。两个省级防震减灾科普教育基地接待参观学习25000人次。继续做好防震减灾知识进学校活动，给全市新升三年级学生发放《常熟市防震减灾知识读本》12000本。进社区、学校讲座10场次。防震减灾知识展板巡展36个村、企业。（韩仁良）

建筑业

【概况】 2016年，全市实现建筑业总产值133.15亿元，施工面积1158.01万平方米，同比分别下降18.87%和9.43%。全年新开工建筑工程481个，新开工工程建筑面积433.14万平方米，总合同造价87.27亿元，同比分别下降16.05%、10.27%和5.08%。

【建筑业企业】 2016年，进一步优化行业发展环境，加快推进建筑产业现代化步伐，引导建筑业企业积极适应宏观经济形势的发展变化，通过资源整合、生产要素重组、产业结构调整等方式，不断提高全市建筑业企业的综合实力。企业资质简单换证工作顺利完成，资质结构得到全面升级，企业总量由275家精简至217家，其中总承包企业51家、专业承包企业143家、设计施工一体化企业23家、劳务企业15家；建筑工程施工总承包壹级企业增加2家；建筑工程施工总承包贰级企业增加1家；环保工程专业承包资质实现零的突破；首个建筑工程施工总承包特级资质的申报工作也在有序进行中。

【建筑市场秩序】 2016年，加大建筑市场整治力度，严惩重罚市场违法行为，以信用综合评价专项检查和“工程质量治理两年行动”为主要抓手，对施工许可手续办理情况、专业分包备案情况、管理人员履职情况等进行重点督查，严肃查处不办理施工许可擅自开工、违法发包、转包、非法分包、挂靠施工、管理人员不到岗履职等违法违规行为，切实规范参建各方市场行为，促进建筑市场秩序好转。全年开展建筑业企业信用综合评价现场考核专项检查2次，检查房建项目212项次，开具限期整改通知书47份；开展建设工程监理专项检查工作2次，对存在严重问题的10家监理企业及项目总监予以通报批评，并记录不良行为。

【诚信体系建设】 2016年，健全完善长效管理机制，稳步推进住建诚信体系建设。重新修订了《常熟市建筑业企业综合考评评分标准》《常熟市工程监理企业综合考评评分细则》等管理性文件。全面完成建筑业企业综合考评、信用综合评价、企业信用等级评定等工作，29家施工企业和4家监理企业信用等级被评为A等级，B等级521家，C等级14家，D等级2家。贯彻落实诚信体系“红名单、黑名单”信用管理制度，全年上报“红名单”70条。“常熟市建筑市场综合监管平台”得到进一步升级改造，建筑施工、监理合同备案管理行为趋于规范，有效规范各方主体市场行为，营造“守信激励、失信惩戒”的市场环境，推进诚信一体化平台建设。

【建筑科技进步】 2016年，常熟市共有25项新技术应用示范工程通过省住建厅验收，达到国内领先水平1项、国内先进2项、省内领先10项、省内先进12项，21项工程申报省第二十三批新技术应用示范工程立项。形成QC成果59项，获得国家级QC成果2项，省级QC小组成果一等奖2项、二等奖3项、三等奖8项、成果奖9项。常熟市金龙装饰有限责任公司的《内墙饰面板模块式钢龙骨结构施工工法》、常熟市三恒建材有限责任公司的《隧道及地下工程橡胶类预铺反粘卷材施工工法》和《混凝土施工缝超长双固定橡胶止水带施工工法》被批准为江苏省工程建设省级工法。江苏嘉洋华联建筑装饰有限公司的《可调节式焊渣截获装置》、江苏金土木建设集团有限公司的《斜面浇筑植生型生态混凝土防溢出装置及施工方法》、常熟市金龙装饰有限责任公司的《陶瓷台下盆的施工与安装方法》、常熟古建园林建设集团有限公司的《一种外墙保温装饰一体化板材的施工方法》《一种采用陶土盆结构层的方砖铺设施工方法》获国家发明专利。

【防欠清欠工作】 2016年，常熟市成功试点“人脸识别”考勤系统，加快推进建筑领域实名制用工管理。严格工程款履约保证金和工人工资支付保证金的日常管理，全年缴纳工程款履约保证金8606.38万元、工人工资保证金3140万元。配合属地政府全力做好“苏南钢贸城”“星宝、加宝花园”“玲珑墅”“禧徕乐”“中南锦苑”“县南街改造工程”“新茂星河湾”等多个重点工程项目的纠纷调处工作，共受理调处工人工资拖欠投诉27起次，涉案金额6838万元，涉及农民工1267人次，全力维护建筑业企业及农民工合法权益，保证建筑工地和谐稳定。

【建筑文明施工】 2016年，市建设部门积极组织开展建筑工地环境综合整治“百日行动”、建设工地管理“百日提升”行动、施工扬尘专项整治和病媒防治行动以及中高考“绿色护考”等安全月系列活动，对建筑工地现场的扬尘防治、封闭围挡、道路硬化、空地绿化、垃圾处置以及生活区环境卫生等进行全方位综合整治，全面提升建筑施工现场安全文明形象。全年创建“AAA级安全文明标准化工地”2个，第一批公布省级标准化文明示范工地31个、苏州市级7个。

【施工扬尘治理】 2016年，全面推开扬尘排污费征收管理工作，制定《常熟市施工工地扬尘排污费征收工作方案》，设置专职管理岗位，构建第三方服务的工作机制，建立奖惩考核制度，严格第三方机构的监督管理工作，组织开展现场考核工作人员的业务培训和技术指导，顺利推进施工现场扬尘排污费征收管理工作。（张　杰）

【建设工程招投标管理】 2016年，全市建设工程招标投标工作有效稳步推进。全年共办理项目发包登记283个，建筑面积457.59万平方米，投资总额428.00亿元。新开工项目1032个标段，建筑面积383.62万平方米，交易额

98.16亿元。其中直接发包项目454个标段，建筑面积276.33万平方米，交易额54.62亿元；招标发包项目578个标段，建筑面积107.29万平方米，中标价43.54亿元，标底价49.27亿元。在电子化评标系统中，开发“标书雷同性分析”模块，分析投标文件“工具制作Mac地址”是否存在一致情况，打击串通投标行为。根据《江苏省工程建设项目招标代理机构动态考评管理办法（试行）》，对招标代理机构代理项目进行节点跟踪，对业务办理质量进行动态考核，实行一件一议制度。（倪广悦）

【建设工程造价管理】 5月1日起，全市建筑业实行营业税改征增值税，按照“价税分离”原则，营改增后，省建设工程造价管理站对建设工程计价定额及费用定额作出相关调整，建设工程计价分为一般计税方法和简易计税方法。开展全市咨询企业综合考评、施工企业竣工结算专项检查以及咨询成果质量“双随机”抽查。简化外地进市工程造价咨询企业资质核验和单项业务备案手续，全年经备案在全市承接业务的外地咨询企业共有23家。继续测报和发布人工指导价，选择本地5家有代表性的施工企业负责测报，按期上报上级造价管理部门。2016年，常熟众联由暂定级升为乙级资质，全市共有8家本地造价咨询企业，有4家为甲级资质，4家为乙级资质。（谢晓芳）

【建设工程质量监督】 2016年，新受监建设工程406项419.96万平方米，其中建筑工程297项，市政基础设施工程109项。针对预拌混凝土、住宅质量通病防治、市政工程质量等方面开展专项整治，严格执行建筑节能专项检查和住宅工程质量分户验收制度。全年组织工程质量监督抽检1836次，开展住宅、市政等工程质量监督抽测314项，发出整改通知书104份、局部停工通知书13份，记录不良行为8项17次，19项违规工程移交城建监察大队处理。发现的工程质量问题都按规定进行处理。全年通过竣工监督验收工程349项580.35万平方米，提交质量监督报告404份，完成竣工验收备案387份。处理各类工程质量咨询、投诉477起次。（谭樱芝）

【建设工程安全监督】 2016年，组织开展建筑施工安全生产“三项建设”“四项行动”“打非治违”“安全生产月”“国家宪法日”宣教、落实企业安全生产主体责任以及企业信用综合评价、企业综合考评、企业安全保证体系专项检查等一系列安全生产基础性工作，组织开展春节节后复工安全生产专项检查、建筑起重机械设备、深基坑、高支模和脚手架、建筑施工消防安全、施工扬尘整治等各类专项检查以及重点领域安全生产突出问题专项整治、预防坍塌事故专项整治及回头看、钢结构安装工程安全专项检查、房产开发项目安全专项检查、安全生产隐患排查治理行动专项检查、季度综合大检查、监理专项检查、夏季汛期和冬季施工季节性安全专项检查、节假日、两会、G20峰会等重点时期和重点时间段的阶段性安全生产专项整治活动。全年共计排查建筑工程项目1451个/次，检查建筑面积4618.83万平方米，下发《建设工程施工安全隐患整改通知书》1051份，《建设工程施工局部停工整改通知书》174份，督促整改一般安全隐患4881条，重大安全隐患292条；核发建筑起重机械设备产权登记证146台/次、使用登记证714份；对80人/次建筑施工安全生产管理违规人员实施安全生产管理行为考核记分，对64家建筑施工、3家监理企业的28名安全生产管理人员记录安全生产不良行为；督促企业对154个达到一定规模的危险性较大分部分项工程编制专项安全施工方案并进行专家论证，组织开展常熟市建筑施工消防应急救援演练活动，提高有效处置建筑施工突发安全事故的应急救援能力。（钱沛澄）

【建筑施工图审查】 2016年，重点审查工程地质勘察、结构安全、消防安全、抗震设防，着力推进建筑节能减排、新技术、新材料推广应用，从源头上保障建设工程的质量。全年审查房屋建筑工程施工图设计文件1264项、勘察文件195项，审查面积479万平方米，同比减少23%。其中民用居住建筑330项，建筑面积159万平方米。共涉及建筑设计单位106家、勘察单位42家。发放施工图审查合格证384份，对共计838条违反强制性条文的施工图文件进行了纠正；审查装饰装修项目256项，面积151万平方米，审查出违反强制性条文202条；审查幕墙项目29项，审查出违反强制性条文48条。（焦晓军）

墙体材料改革

【概况】 2016年，常熟市拥有非黏土新型墙体材料企业25家，年设计生产能力达到385.85万立方（折26.38亿标砖），全年新墙材产量为5.17亿块标砖，混凝土实心砖产量为0.28亿块标砖，非黏土墙材总产量为5.45亿块标砖，利用废弃物约36.377万吨。全年新型墙体材料建筑竣工项目为230项，竣工面积为363.81万平方米，其中非粘土新墙材建筑竣工面积为361.91万平方米，占总建筑竣工面积的99.47%，全部使用非黏土新墙材竣工项目有220项，竣工面积为359.94万平方米，占总建筑竣工面积的98.93%。

【规范新墙材专项基金征收返退业务流程】 2016年，市墙改办重点对新墙材专项基金征收返退流程进行权力梳理，通过规范事前告知手续，规范公布新墙材认定产品，规范专项基金返退公示等工作，确保新墙材专项基金的征返公正。

【新墙材销售流向申报平台上线运行】 5月10日，常熟市新墙材销售流向申报平台上线运行。该系统以便捷申报、服务企业为开发原则，作为墙改基金管理信息系统的补充完善，实现了新墙材企业自主查找开工信息、申报信息，销售流向信息申报的实时性、动态性，认定产品信息、销售流向信息与墙改管理系统数据库的动态对接等功能，为动态掌握常熟市建设工程新墙材销售流向信息已经新墙材专项基金返退提供参考依据。

【在建工程验收及基金返退工作】 2016年，市墙改办实时接收建设单位、施工单位的预约验收申请，为全力配合在建工程的施工进度，每周安排2至3次工程现场验收，全年累计验收在建工程245个，同时在工程墙体验收的过程中抽查新墙材标识的落实情况。全年累计收款262项，金额3037.94万元，返退工程230项，返退面积365.03万平方米，返退金额3447.69万元，转入基金198.74万元。

【加强新墙材认定产品管理】 2016年，常熟市加强新墙材认定产品的日常管理。加强了常熟市新墙材生产企业产品质量抽检，按照《江苏省新型墙体材料产品认定管理办法》文件精神，市墙改办对取得认定证书的新墙材生产企业和进入常熟的外市新墙材生产企业进行动态监督管理，委托常熟市检验检测中心对全市新墙材认定产品质量进行动态抽检，全年累计抽检75个批次，产品合格率83.6%，抽检结果作为新墙材产品认定、换证的依据，列入新墙材生产企业年度产品合格率统计范围，并将抽检结果及时反馈上级墙改部门或属地墙改部门。继续做好新墙材产品的换证和认定工作，明确换证注意事项，要求企业预先准备好全性能抽样检测报告、检验设备校验报告等资料，对企业的生产情况、原始检验台账等各项准备工作进行检查，检查情况总体良好，指导企业做好认定、换证申报材料，全年累计换证7家企业，11个认定产品。

【开展宣传活动】 2016年，市墙改办围绕"节能领跑，绿色发展"主题，开展一系列宣传活动，取得良好效果。通过微信公众号、墙改主网站、常熟零距离论坛、政府网等多个网络宣传窗口，宣传常熟市墙改现行政策法规，使全市建设单位全方位了解新墙材专项基金业务流程；制作节能宣传画册，宣传现行墙改政策法规和常熟市新墙材企业在十二五期间取得的成绩，全年累计制作画册4000本；在全市各主要建筑工地现场、各新墙材生产企业厂区、城区"禁粘"范围、"禁粘"乡镇(梅李镇)进行横幅标语、张贴画宣传，定期在市民广场进行展板宣传，全年累计制作标语120条，张贴画100张，发放宣传画册500本。通过全市出租车LED滚动屏进行墙改标语宣传，起到全城流动宣传的效果。

(陈璐婧)

房地产业

【概况】 2016年，常熟市完成房地产开发投资143.71亿元，同比减少4.56%；商品房施工面积947.84万平方米，同比增加3.24%，其中商品房新开工面积153.87万平方米，同比增加11.88%；商品房竣工面积152.69万平方米，同比增加92%。全市批准商品房预售面积203.88万平方米(不含政策性项目预售面积25.56万平方米)，同比增加1.17%；年末累计可售面积177.27万平方米(不含政策性项目193.31万平方米)，较2015年年底减少104.53万平方米，同比减少37.08%。剔除政策性项目，全市商品房成交275.88万平方米，同比增加68.91%。全市商品住宅(不含政策性住宅)平均成交价格10345元/平方米，同比上涨12.23%。存量房交易面积149.64万平方米，同比增加90.97%。

【开展商品房供给侧改革】 出台《关于开展供给侧结构性改革促进房地产市场持续健康发展的实施意见》，重点优化商品房供应结构，努力把商品房可售存量和消化周期控制在合理区间。将属地政府及市有关部门开展供给侧结构性改革，促进房地产市场持续健康发展工作的落实情况纳入绩效考核。2016年常熟市住宅类商品房库存去化显著，商品住宅累计可售面积从2015年12月底的155.82万平方米缩减到2016年12月底的83.47万平方米，去化周期由13.47个月缩减到4.08个月。商业办公累计可售面积由105.97万平方米缩减到93.79万平方米，去化周期由58.32个月缩减到44.72个月

【严格住宅价格调控】 出台《关于进一步促进全市房地产市场持续平稳健康发展的实施意见》，严格住宅价格备案、对新开楼盘严格执行价格申报会审制度，同一批次分批销售时不得提高价格，下一批次备案价格不得高于上一批次同类型房屋成交均价。

【房产开发企业实行信用管理】 对常熟市137家房地产开发企业进行信用等级评定和公布，其中A级3家，B级98家、C级22家、D级14家，按信用等级实行差别化管理，对违规失信的企业将在对其开发项目的立项、用地、规划、建设、预售、融资等予以限制。从源头保护广大购房市民的合法权益，促进房地产开发企业依法经营、诚信经营。出台《常熟市房地产开发企业信用管理暂行办法》，从2017年1月20日起将参照该办法对常熟市房地产开发企业进行信用评级。

【房产中介管理更加严格】 2016年，常熟市启用存量房网签系统身份证阅读仪，共有220家经纪机构安装，规范存量房合同的签订，保障交易双方的合法权益。针对1家房产中介公司发布虚假房源信息、擅自签订存量房交易合同的行为，给予暂停网签活动的处罚。

【制定经纪行业自律公约】 常熟市房产管理处指导常熟市房地产业协会中介专委会制订《常熟市房地产经纪行业自律公约》。12月30日，常熟市近300家房地产经纪机构法定代表人签署《常熟市房地产经纪行业自律公约》，这是常熟市经纪机构首份行业自律公约。

【规范物业服务行业】 2016年，常熟市出台《进一步加强物业管理工作的实施意见》《在物业管理区域建立违法行为投诉登记制度的通知》，进一步明确属地政府、各相关部门职责。同时出台《物业服务企业信用档案管理办法》《物业服务企业项目经理信用档案管理办法》，建立物业服务企业和物业项目经理信用机制。对一家物业服务企业整体转包、一家物业服务企业无资质经营进行行政处罚，并计入诚信档案。联合属地政府开展评优评先，评出常熟市物业服务优秀小区10个和物业服务先进企业9个。指导物业企业开展物业管理项目创优活动，5个住宅小区和1个大厦申报苏州市级优秀项目。推进前期物业招投标，完成14个小区约191.86万平方米公开招标和8个小区约58万平方米协议招投标备案。指导业主委员会组建。至年底，业主委员会数

量增加到 213 个，物业管理委员会 4 个。

【加强房屋安全管理】 2016 年，对擅自拆改房屋结构等行为加大处罚，制订《关于进一步加强房屋装饰装修拆改行为管理的通知》，督促物业服务企业切实履行房屋装饰装修管理职责，规范业主装修拆改行为。对 289 处装饰装修中涉及拆改房屋结构的进行实地查勘，及时制止危害房屋安全行为的发生，截至年末处理完成 220 处，移交城建监察大队 59 处。2016 年度完成房屋安全鉴定 238 处 7.64 万平方米，创新白蚁防治手段，完成白蚁灭治 1350 户 3.82 万平方米；新建预防 247 万平方米。

【实现直管公房属地化管理】 根据市政府第 62 次常务会议纪要精神，常熟市房产管理处积极主动与各镇对接，推进直管公房划转属地政府管理，已完成与各镇直管公房的移交工作，常熟市直管公房全面划归属地政府管理。同时，讨论并修改完成《常熟市直管公房管理办法》，根据重大行政决策规定程序的要求，已完成公众参与、专家论证、风险评估、合法性审查、廉洁性审查、集体讨论决定六项程序，并报请市政府讨论决定。

2016 年全市房地产行业各类企业分布情况表

表 25

序号	名　称	总数(家)	资　质				备　注
			一级	二级	三级	暂定三级	
1	开发企业	154	—	107	2	45	暂定二级 100 家
2	物业企业	137	20	12	76	29	一级资质中外地企业 19 家
3	评估企业	6	1	5			分支机构 7 家
4	中介机构	321					

（汤逸纯）

房屋征收

【概况】 2016 年，全市房屋征收搬迁计划项目(含历年结转项目)共 77 个，其中市级项目 40 个，乡镇项目 37 个，共涉及民宅 4124 户，面积约 97.4 万平方米。至年末，共完成评估 2367 户，签约 2228 户，拆除 2145 户，拆除面积 54.8 万平方米。城区陆续完成龙腾片区金腾家园、文庙周边综合整治工程、藕渠片区三期综合改造等项目安置房交付工作，共交付安置房 275 户、421 套、建筑面积约 5 万平方米。

【项目实施有序顺畅】 2016 年，房屋征收办倒排时序进度，会同相关部门狠抓 14 个市级计划项目的开工实施，文庙周边综合整治、兴隆中学扩建、藕渠片区(三期)综合改造、文化片区东区(六期)等 6 个市级新开工项目年内全面完成房屋征搬工作。房屋征收办统筹推进常熟城乡一体化建设项目征搬工作，指导各镇(板块)做好农村区域房屋搬迁工作，与各镇(板块)、项目系统主管部门对接、协调，进一步明确适用政策和补偿标准，细化“新风杯”竞赛考核实施细则。沪通铁路、1000 千伏、七浦塘、通港路、常沙线、新世纪大道北延等重点项目均按序时进度推进，保障项目建设如期进行。

【扫尾攻坚成效显著】 2016 年，常熟突出“精致城市”发展思路，重点推进结转项目拆迁扫尾工作，相继成立琴湖片区、文化片区等重点项目拆迁扫尾工作指挥部。从各部门抽调政治素质高、业务能力强的青年干部常驻一线开展工作，强化协调协作，全力推进项目扫尾攻坚工作并取得突破。常沙线快速化改造、湘江西路西延等 2 个重点建设工程完成拆迁扫尾工作，琴湖片区综合改造工程扫尾项目年内完成搬迁 17 户，文化片区一期、二期(含中南地块)工程完成搬迁 10 户。

【政策制订保障有力】 2016 年，进一步完善房屋征收搬迁相关配套政策体系，为项目实施提供政策支持，相继出台常熟市房屋征收与补偿相关标准、调整常熟市房屋基本重置价格、常熟市房屋装修及附着物参考价格等 4 个政策文件。4 月 1 日，《常熟市城区住宅房屋征收货币化安置实施办法(试行)》正式实施，并在城区兴隆中学扩建、文化片区东区(五期)综合改造、文庙周边综合整治工程等 8 个市级项目共 364 户中进行试点，其中有 125 户征搬对象选择了货币化安置，约占征搬对象的 34%，满足了搬迁群众多样化居住需求。同时，加快推进城区范围外住宅房屋搬迁货币化安置工作进程，房屋征收办会同一体办赴各镇(板块)实地调研农村货币化安置工作，形成《常熟市农村住宅房屋搬迁货币化安置指导意见(试行)》，11 月 24 日经常熟市党政联席会议讨论通过，成为 2016 年度常熟房屋征收政策创新的又一重大成果。

【加快安置建设工作】 2016 年，房屋征收办按照常熟市政府“百日行动”工作要求，配合做好安置要素保障工作。年内计划开工建设新丰家园(二期)、元丰园二区二期、阜湖苑二区等 6 个项目，拟建安置房 2255 套，可安置面积约 19.16 万平方米；结转项目 13 个，主要涉及金桂家园(二期)、衡丰家园、锦虹家园等，共约 6630 套，可安置面积约 80.82 万平方米。强化项目动态管理，落实专人及时跟进项目实施进度，督促建设单位加快项目开工相关手续的办理工作。2016 年，金腾家园安置房完成交付 296 套，金桂家园二期、衡丰家园、金山苑四区二期等 6 个小区 2642 套安置房陆续竣工，合计 2938 套，超额完成竣工交付 2760 套安置房的政府年度工作目标。

【安置房源调配】 进一步梳理存量房源。根据常熟市重点建设项目推进的实际需要，2016年，房屋征收办累计调配房源约5.2万平方米，有效推进了琴湖片区拆迁扫尾、文庙周边综合整治工程、藕渠片区三期等项目的实施。强化工作创新，缩短安置房交付审批流程，会同属地政府组织对选择花园浜家园安置小区的动迁户提前选房，并在一个月的时间内预审约100套房源交付材料，进一步加快后续结算流程。盘活存量安置房源。2016年度共调拨1355套房源用于征收搬迁项目、解急解危、预拆迁、二子分宅、项目拆迁扫尾、相关单位借用等，清理部分零星房源移交城投公司进行市场化运作，逐步实现存量安置房源去库存。

【依法裁决与补偿决定并举】 围绕加快结转项目拆迁扫尾，研究政策措施，梳理历年结转项目中影响行政裁决、补偿决定程序启动的障碍，形成《关于补偿决定、行政裁决中未经登记建筑认定、处理的建议意见》《关于补偿决定、行政裁决中未经登记土地使用面积认定的建议意见》。加强与苏州征收办的业务沟通，邀请上级业务部门指导常熟未经登记建筑的认定、处理方式。启动南门坛上历史街区（启动区）保护与整治工程（二期）、莲花路（招商北路—横泾塘）贯通工程2户的补偿决定，完成湘江西路西延（虞山北路—报慈路）道路工程项目最后1户强制执行前工作协调、政策宣传、法律文书送达等准备工作，促使该户最终达成协议，未现场执行。

【规范估价市场行为】 1月，房屋征收办联合住建局公布2016年度常熟市房屋征收、拆迁估价机构名录。强化估价机构资质管理，联合开展房屋征收估价员上岗培训及继续教育工作，开展估价报告质量评审工作，督促估价机构建立日常自查自纠机制。组织市区新开工征搬项目采样评估工作，对文庙周边综合整治、兴隆中学扩建、文化片区东区（五、六期）、藕渠片区三期、火车站片区三期、元和片区等9个项目做好类似房地产价格采样评估和价格鉴证工作，为制订项目征收搬迁补偿方案提供重要依据。初步建立房屋征收估价生成机制。对前几年常熟房屋征收估价工作进行经验总结，出台《常熟市国有土地上房屋征收价格形成办法（试行）》，进一步规范估价市场行为。

【信息建设提档升级】 随着房屋征收补偿信息化建设要求的不断提高，2016年，房屋征收办进一步完善信息化建设平台，增加货币化安置功能，新增虞山镇市级房屋征收搬迁及置换项目资金情况明细查询功能。优化安置房管理系统，逐步将市级安置房管理系统的相关功能拓展到乡镇。扩大网上签约应用范围。经过虞山镇数年网上签约的实践，网签功能已从市级项目逐步扩展到镇级项目。在城区房屋征收搬迁网签系统日渐完善的基础上，董浜镇、碧溪新区网签系统经过一年的调研、开发、测试，也基本实现了网上签约功能。

【强化征收搬迁资金管理】 2016年度，市房屋征收办共核拨报慈小学迁建工程、环城西路拓宽改造（二期）及周边地块旧城区改建、莲花路（招商北路—横泾塘）贯通、原酒厂地块旧城区改建工程（二期）、常熟南门坛上历史街区（启动区）保护与整治工程（三期）工程等15个征收项目临时安置补偿费合计1576.44万元；完成兴隆中学、文庙周边综合整治、文化片区东区综合改造工程六期、藕渠片区三期综合改造、常熟南门坛上历史街区（启动区）保护与整治工程（四期）工程等8个征收搬迁项目搬迁资金测算，涉及总资金约192582.02万元，为确保征搬补偿资金足额到位提供依据。（张　逸）

责任编辑　刘品玉

交通·邮政·快递

交通建设

【概况】 截至2016年年底，苏州常熟市境内公路总里程达3418千米。其中一级公路278.1千米，二级公路677.5千米，三级公路531.2千米，四级及等外公路1849.2公里。航道总里程达527.29千米。其中，五级航道112.76千米、六级航道37.88千米、七级航道66.67千米，等外航道309.99千米。通航船闸3座。年内，交通部门负责实施政府投资项目19项，总投资约174亿元，其中续建工程7项，新开工及前期项目12项，年内完成投资18.35亿元。

全市公路基本情况一览表

表26

类别		公路里程（千米）
高速公路		82
等级公路	一级公路	278.1
	二级公路	677.5
	三级公路	531.2
	四级公路及等外公路	1849.2
	公路总里程	3336

公路建设 2016年，全市快速化路网建设进入全新的发展阶段。三环快速路建成投用，通港路与常沙线快速化改造进入施工阶段，新世纪大道北延、东南大道东延已启动项目前期工作。其中，三环快速化改造东北环段6月底完成地面道路、辅道以及交安、路灯、智能化等附属设施，西三环配套改造同步完成，年内完成投资2亿元，整个工程完成交工验收，三环路快速化改造工程全面完工。通港路快速化改造工程，除自来水管线之外，其余拆搬迁工作基本完成；主线工程7月1日开工建设，至年底高架桥梁桩基、下部结构完成20%，年内完成投资6亿元。常沙线快速化改造工程，拆搬迁工作基本完成；5月9日东南大道至虞新线开始封闭施工，至2016年年底高架下部结构完成62%，正在进行上部现浇箱梁施工，年内完成投资5.5亿元。新世纪大道北延，作为常合高速常熟北互通连接线，已取得工程项目建议书批复，工程可行性研究通过省发改委组织的审查，已完成勘察设计招标，立项报批及初步设计工作正在抓紧推进；前期拆迁清障工作提前启动并基本完成，年内完成投资约3.5亿元。东南大道东延工程，作为常台高速公路常熟东互通连接线，已取得工程项目建议书批复，工程可行性研究通过省发改委组织的审查，立项报批及勘察设计招标工作正在抓紧推进；前期拆迁清障工作提前启动并基本完成，年内完成投资约3100万元。2016年度农村道路（市道）大中修工程完工，完成投资1900万元，城乡路域环境进一步改善。福支线支塘镇区南段改建工程完成交工验收，累计完成建安费约2158万元，支塘镇区段改建全线完工。常浒线九里段节点改造工程，全线3座桥梁均已完成，主路建设障碍已清除完毕，基本完成了机动车道沥青下面层摊铺，完成建安费3543万元。辛羊线及周塘河桥改扩建工程完成老桥拆除，桥头便道完成施工，大桥东侧绿化搬迁完成，开始进行主墩桩基施工，累计完成投资约556万元。

镇村公路提档升级完成年度投资目标1.1亿元。其中，2016年新开工项目全年完成投资4000万元，完成道路

2016年，沪通铁路常熟段工程顺利推进。图为铁路桥梁施工现场

施工图审查21条、桥梁施工图审查9座、开工建设道路13条,续建工程全年完成投资7000万元。辛羊线及周塘河桥改扩建工程正在进行主墩桩基施工,完成建安投资406万元。

铁路建设 截至2016年年末,沪通铁路常熟段红线范围内清障工作已全部完成,铁路桥梁桩基已基本完成,墩身完成98%,箱梁预制完成70%,箱梁架设完成50%,连续梁浇筑完成78%。随着铁路建设的不断推进,铁路各项配套工作同步开展。常熟站综合交通枢纽规划已获市政府审批,配套设施预留地下通道工程8月份开始施工,两侧汽车通道已完成,中间通道主体结构完成80%。穿越沪通铁路段公路及航道的相关建设改造工程加紧推进,已完成施工招标,准备进场施工。此外,通苏嘉城际铁路进一步优化了常熟段的线位方案,已经形成了推荐线位;沿江城际铁路前期工作不断向前推进。

航道建设 配合省航道局做好申张线航道常熟段改道工程各项工可前置报批工作,积极跟踪项目方案进展,及时汇报前期工作进展情况。苏虞线辛庄沧泾段航道整治工程完成交工组织验收。完成航道疏浚39万方,新建护岸1945米,累计完成投资1939.38万元。实施白茆塘古里坞圻段(四环路—练泾塘)航道整治工程,在2016年年底前基本完工。整治里程3.29千米,新建护岸2779米,完成计划投资3458.77万元。配合推进穿越沪通铁路段航道的拓宽疏浚及护岸建设工作,招投标工作已经结束,年内开工。做好白茆塘科技园段(原康博村段)航道整治项目储备工作,现已完成方案设计及工可报告等相关工作。科学组织航标改造,提升航道服务能力。完成标志牌设置45块,确保船只航行安全。白茆塘古里坞圻段(四环路桥—练泾塘)航道整治工程主体完工,完成投资2840万元。

【《常熟"十三五"综合交通规划》编制并完成前期预定目标】 作为常熟交通未来五年发展的指导性文件,《常熟"十三五"综合交通规划》已编制完成,常熟交通运输事业发展有了明确方向与既定目标。市轨道交通线网规划方案构思已基本稳定,正在编制线网方案;苏州市域S4线临近常熟站五站四区间工可研究已通过专家评审,常熟站S4预留通道正在施工。长途汽车客运站和服装城物流园选址研究已完成规划成果审查。锡太公路、沿江高速常熟段改扩建,苏嘉杭高速沙家浜、常熟开发区道口扩容,以及申张线航道常熟段整治工程均在积极配合上级部门开展前期工作。S342改线正在深化方案研究,白茆塘康博村段航道修整已完成工可报告,常台高速常熟东互通移位及新增高新区互通两项强化了对接沟通、完成了初步方案。

交通运输

【概况】 2016年,全市营业性交通运输完成公路、水路客运量3582.62万人次、客运周转量136425.66万人千米,分别比上年下降7.24%、7.68%;完成公路、水路货运量1457.07万吨,比上年增长3.86%;完成货物周转量256304.89万吨千米,比上年增长5.56%。

客运 至2016年年末,全市有客运车辆2281辆,其中公交车1106辆、出租车759辆、长途班车206辆、旅游客车210辆;有客运船舶4艘。有客运企业18家,其中公交企业3家、长途客运企业11家、出租客运企业3家、水路客运企业1家。开通长途客运省际班线151条、市际班线102条、县际班线15条。年内,全市新增、更新客运车辆248辆,开通公交线路5条(均为无人售票线路)。

城乡公交 截至2016年年底,城市公交运营线路总长1029.77千米:其中,公交班线588.45千米,区域公交88.58千米,旅游专线22.65千米、学校专线62.6千米,定制公交线路299.5千米。日均运营班次2928班,日均运送旅客22.28万人次,运营线路总条数65条(其中公交班线30条,全部为夜班线路,区域公交线5条、旅游专线2条、学校专线5条数、定制公交班线23条)。2016年城市公交新增公交车辆115辆,其中55辆为海格牌9米LNG车型,30辆为苏州金龙10米插电式混合动力车,30辆为宇通10米纯电动车;城乡公交新增干线公交22辆,均为苏州金龙10米插电式混合动力车。目前城市、城乡公交新增公交车辆均已上线运行。2016年出台《常熟市公交线路开行和调整暂行办法》,进一步规范公交线路和行政许可工作;城市公交新增公交线路2条,优化调整15条;公交"常熟通"2016年新增互联互通城市4个,年内已与71个城市互联互通。

2016年,市城乡公交客运有限公司

7月18日,东三环黄河路互通下穿隧道通车

共有营运车辆474辆，其中干线362辆、镇村112辆。城乡公交新增城乡公交线路3条，优化调整公交线路18条。全年干线、镇村公交共行驶里程3661.10万千米，同比增长12.09%，发送旅客2376.21万人次，同比增长0.72%，完成旅客周转量3.69亿人/千米，同比增长0.81%。运营线路总条数76条(其中干线33条、大站快捷公交2条、村镇公交41条)2016年新增干线新能源车辆22辆。

场站建设 实施城区候车亭升级改善工程，安装公交电子站牌108个，对城区主要干道海虞路、方塔街等200个候车亭进行夜间亮化；完成2个公交首末站、19个公交途经站建设，实现了城区范围公交候车亭的全覆盖；完成新能源公交车配套充电站一期建设工程，在服装城等公交枢纽站建设充电桩。

货运 2016年，全市新增、更新货运车辆1806辆，其中危化品运输车辆66辆。至年末，有各类货运车辆11439辆，其中集装箱车185辆、危险品运输车辆471辆。有船舶11艘，载重吨位35056吨。有道路货物运输业户(企业)5848户(家)，其中个体运输业户2339户、专业运输企业665家(含集装箱运输企业145家、道路危险品运输企业29家)。有道路运输服务(含代理、装卸、仓储等服务)业户230户(家)。有水路货物运输企业4家。

机动车维修及驾驶员培训 2016年，全市共有一二类维修企业261家，其中一类4S 32家；一类综合修理28家(含危货维修3家)；二类4S 9家；二类综合修理192家。孵化培育有“平安车友”与“常客隆福仕嘉4S+”2家品牌连锁维修企业，两家连锁企业都在2016年获得了省交通厅和财政厅的节能减排专项资金补助。年末，全市有驾校9家，有教练车550辆，教练员832人，全年培训机动车驾驶员35473人。年内完成常熟市冶塘驾校2015年度省A级驾校创建工作。

【智慧公交服务水平提升】 2016年，完成了公交手环开发，落实城乡公交闪付方式。完成了定制公交应用APP开发和上线。年内滨江区域已经开通第一条定制公交线路。启动常熟市交通一卡通互联互通工作，完成“掌上公交”APP中城乡公交运行信息的接入，升级城乡公交动态监控平台系统。推进行业“互联网+”，完成汽运集团定制班线公司的许可，开展直达虹桥机场定制专线营运。

【开通首条定制公交线路】 通过定制公交、大站快捷运营模式，尝试开行“常熟老街——常熟开发区收费站”的首条定制公交线路，线路全程31公里，一票制5元，通过微信公众号方式提供定制线路招募订购和优惠。新辟“K21路东张—碧溪—吴市—梅李—服装城客运站”“K22路何市—支塘—白茆—古里—服装城客运站”，每条线投入车辆1辆，日发2班。

交 通 管 理

【概况】 常熟市交通运输局内设科室6个，分别是党政办公室、组织人事科、财务管理科、计划规划科、安全科、法制科。直属行政事业单位共计18个，分别是第一交通管理中心所、第二交通管理中心所、第三交通管理中心所、第四交通管理中心所、虞山交通管理中心所、服装城交通管理中心所、常熟市交通运输管理处、常熟市交通工程管理处、常熟市公路管理处、常熟市地方海事处、常熟市航道管理处、江苏省虞山船闸管理处、常熟市机动车维修管理处、常熟市机动车综合性能检测站、常熟市客货配载管理所、常熟市交通工程质量监督站、常熟市农村公路养护管理所、常熟市铁路建设工作办公室。

运政管理 2016年，市交通运输管理部门全年办理道路运输许可8189件，全年查处道路运输违法行为1132起。严格实施出租车驾驶员记分考核办法，对76人次的违章行为进行了记分。落实24小时值班制度，组织“安澜”行动55次，安排针对出租车专项整治的“深蓝”行动40次；全市运政稽查共计查处安监1132件，其中重大案件385件。通过监控指挥中心平台处理安全监管信息33766条，对其中不正常3777条作出相应处理；完成270辆客运车辆、19辆危货车辆、1046辆普货车辆的IC卡道路运输证的换发工作。受理各类投诉举报1801起、咨询服务2551起。2016年度规费征收任务基本完成，航道处收取赔补偿费312.8万元，虞山船闸征收过闸费845万元。机动车维修市场管理方面，积极开展机动车维修市场行业管理，一二类企业日常检查300家次；三类维修业户检查和市场巡查320家次，车辆检测共22505辆次。

路政管理 公路治理超载超限进一步深化，全年共检查车辆471辆，处罚超限车辆231辆，处罚金额38万元；查处各类污染公路违法行为82起，罚款金额为5.6万元；处理各类损坏公路路产案件117起，收取路产赔(补)偿费70.8万元；同时，积极开展路域环境集中整治，共清除摊点479个，非标570块，清除障碍物638立方米，封闭非法道口9处。定期对辖区内的污染源企业进行检查，提醒并规范企业行为，减少路面污染情况的发生，以保持良好的公路形象。与辖区内2家新增污染源单位签订协议书4份、承诺书2份，发放各类宣传资料500多份，对各类污染公路行为处罚82起。

航道及港口管理 严格执行《江苏省航道管理条例》和《江苏省航道财产赔补偿收费标准》，全年收取航道赔补偿312.8万元，新增码头行政指导率100%，新增许可(处罚)行政指导率100%，严格临跨河建筑设施审批管理，无新增碍航设施和临跨河违章建筑物，临跨河设施行政许可率100%。落实港口管理各项要求，严格履行监管职能。全年落实港口安全检查十次，计50多人次，发现问题504条，并相应落实检查闭合工作。全面完成年度计划176家码头扬尘治理工作，出动300多人次，车船50次以上。落实22家危货码头完成企业主体责任工作，全年组织两次第三方安全检查，共发现安全风险459条。组织参与了六次安全检查，检查码头22次，相关企业累计投入整改经费约300多万元。督促22家危货码头完成码头事故应急预案的报备并开展预案演练5次，酸碱类码头开展职业危害和防泄漏等方面演练4次。全面完成年度码头扬尘治理工作及港口企业信用评级工作。

内河水上交通安全管理 全年组织上航检查5754人次，出动海巡艇1359艘次，检查船舶2618艘次，处理各类违章226次。三个风景区客船、旅游船艇安全检查率达100%；船员适任、船舶适航率达100%，全力服务沙家浜、尚湖AAAAA级景区的水上旅游安全保障。开展了对辖区12个水上加油站（油囤）消防安全和通航安全检查，参加了市港口办组织的对辖区23家危品码头的安全检查，全年检查水上加油站点24次，检查危品码头52次，检查油库12次。强化与122社会联动接处警的衔接，海事所坚持实行24小时值班制。全年122社会联动接处警39起，救助遇险船舶18艘，救起船员9名。做好组建常熟市内河交通运输应急处置中心的前期工作。全年完成营运船舶检验125艘，总吨位6240总吨，主机功率7493千瓦，船检必检项目执行率100%，证书发放合格率达到100%。

【实施1+N海事执法新模式】 结合地方海事处巡航力量、监管设施和辖区水域实际情况，制订2016年度巡航计划，试点开展"1+N"执法新模式，通过AIS、VITS、视频监控系统等平台试点开展电子巡航，同时建立了电子巡航相关制度，主动探索电子巡航为主、海巡艇巡航为辅的巡航新模式，提高了海事现场监督执法能力和水平，规范了辖区水域巡航管理工作，保障了通航环境和通航秩序。 （陈峻峰）

邮 政

【概况】 2016年，中国邮政集团公司江苏省常熟市分公司实现邮政业务总收入31786万元，同比增长15.49%，收入规模居全省县级邮政企业首位。截至年末，全市共有邮政服务网点63处，报刊亭45处，移动合作营业厅8处；城乡现设投递段道167条，每天投递里程约7222千米，另有快递包裹专投段道16条，每天投递里程约560千米；城乡邮运线路共7条，每天运行里程1211千米。邮件运递及投送能力均跨入全省先进行列。

年内，围绕地方政府推进电子商务进农村示范县建设工程，常熟邮政发展"邮乐购"加盟店223家，布放"邮掌柜"系统223个；通过推进"支持农村电子商务仓储物流设施"项目建设，建成了6个电子商务服务中心、11个农村电商仓储配送中心及97个电商包裹自提点，搭建工业品下乡和农产品返城的快速通道。加快邮政综合便民服务平台建设进程。截至年末，累计新建村邮站188家，社会自提点69个，邮乐购、便民服务站、自提点"N站合一"点37家，赋予邮件收寄、包裹自提、代收代缴代订等多项公共服务功能。先后举办《全民阅读》特种邮票首发式，结合常熟地方特色开发《书味人生》等纪念邮品，彰显常熟文化底蕴。开办主题邮局，服务世界湿地大会，彰显常熟邮政及常熟当地的待客热情和自然人文风貌。举办《中国工农红军长征胜利八十周年》纪念邮票首发活动，进一步弘扬常熟革命文化历史。

年内顺利通过"2013－2015年度江苏省文明单位"复评；率先在全区县局中创成"2016年度全国交通运输文化建设优秀单位"；经苏州市质量协会组织的第三方用户满意度调查测评，本年度客户满意度指数为91.63分，服务质量继续保持稳步上升态势。

【推行包裹快递"营揽投一体"运作模式】 常熟邮政推行城区包裹快递"营、揽、投"三合一，增强包裹快递服务能力。一是组建商务投递部，建设包裹快递营揽投一体化队伍。打破原有普邮、商函投递段道，重新规划普邮投递段道，普邮投递部由4个合并为3个，组建商务投递部，负责城区快递包裹、报刊大户投递，快递包裹签约客户揽收和业务开发，以投促揽、以揽带营。二是优化包裹投递组网模式，确保揽收、投递时限。商务投递网以黄山路邮件处理场所为中心，设置5个转接点，形成了覆盖城区的个性化投递网；根据段道数量组成投递作业小组，负责网格内的营揽投工作，采用汽车、电瓶三轮车相结合的方式开展揽投作业。三是尝试包片投递，提升网络运行效益。在包裹快递进口高量期实施普专结合，由普邮投递承担下午时段部分快递包裹投递，在个别投递部划定包片投递区域，提升邮件当天妥投率。

【举办《中国工农红军长征胜利八十周年》纪念邮票首发活动】 10月22日，由中国邮政苏州市分公司、常熟市人民政府、常熟市委宣传部主办，中国邮政常熟市分公司、教育局、图书馆和集邮协会承办的《中国工农红军长征胜利八十周年》纪念邮票首发活动，在常熟市图书馆举行。常熟市人民政府副市长王建国、苏州分公司副总经理毛跃建上台致辞并为邮票揭幕。

【开发"湿地与农业发展"专题邮册】 12月，常熟邮政为市农委定制《水乡常熟润心田》邮册，以邮为媒宣传湿地与农业发展成果。《水乡常熟润心田》在征求采纳第十届国际湿地大会组委会及地方政府意见基础上，选取尚湖国家城市湿地公园、常熟国家农业科技园区、沙家浜国家湿地公园等城乡九大湿地及农业园作为内部主图，《绿化祖国》《杂交水稻》《水果》等相关题材邮票烘托邮册主题，展现了常熟的生态风貌。 （格根图雅）

快 递

【概况】 2016年，常熟市快递服务企业完成业务量22238.96万件，同比增长66.53%，占苏州全市26.13%；快递业务收入16.48亿元，同比增长64.44%，占苏州全市14.44%。其中，同城快递完成业务量4330.71万件，业务收入2.07亿元，同比分别增长63.20%和49.86%；异地快递完成业务量17720.08万件，业务收入12.77亿元，同比分别增长67.85%和65.77%；国际及港澳台快递完成业务量188.18万件，业务收入0.81亿元，同比分别增长31.09%和52.66%；其他快递业务收入0.84亿元，同比增长103.66%。

全年，同城、异地、国际及港澳台快递业务量分别占全部快递业务量的19.47%、79.68%和0.85%；业务收入分别占全部快递收入的12.56%、77.49%和4.88%，其他快递业务收入占全部快递收入的5.07%。

2016年常熟邮政管理局登记备案快递企业一览表

表27

序号	企业名称	经营品牌
1	常熟市申通快递有限公司	申通
2	常熟市神舟实业有限公司	圆通
3	常熟市中通吉快递有限公司	中通
4	常熟市韵达快运有限公司	韵达
5	常熟市海航天天快递有限公司	天天
6	常熟鸿优物流有限公司	优速
7	常熟市鑫久鸿快递服务有限公司	速尔
8	常熟市优速快递有限公司	优速
9	常熟市神龙货运代理有限公司	快捷
10	常熟德邦物流有限公司	德邦
11	常熟市华驿货运有限公司	国通
12	常熟市全峰货运有限公司	全峰
13	常熟市汇通快递有限公司	百世
14	常熟市快乐民俗体育用品销售有限公司	百世
15	常熟旋鹰物流有限公司	百世
16	苏州星瀚物流有限公司	百世
17	常熟旭阳物流有限公司	百世
18	中国邮政速递物流股份有限公司江苏省常熟市分公司	EMS
19	中外运一敦豪国际航空快件有限公司常熟分公司	DHL Express
20	嘉里大通物流有限公司常熟分公司	嘉里大通
21	苏州霞丰国际货运代理有限公司常熟分公司	其他
22	苏州优速快递有限公司常熟直营分公司	优速
23	深圳市原飞航物流有限公司常熟分公司	原飞航
24	欧西爱司物流(上海)有限公司常熟分公司	OCS
25	优比速包裹运送(广东)有限公司常熟分公司	UPS
26	杭州百世网络技术有限公司苏州分公司常熟营业部	百世
27	上海佳吉快运有限公司常熟分公司	佳吉快运
28	苏州品骏物流有限公司常熟营业部	品骏
29	南京晟邦物流有限公司常熟分公司	晟邦
30	苏州工业园区顺丰速运有限公司常熟营业部	顺丰
31	常熟市希伊艾斯快递有限公司	国通(暂停营业)
32	山东广通速递有限公司常熟分公司	广通速递(暂停营业)
33	常熟市卡航供应链管理有限公司	龙邦速递(暂停营业)
34	常熟港中能达货运有限公司	港中能达(暂停营业)
35	苏州灵犀快递有限公司	宅急送(暂停营业)

(范思佳)

责任编辑　张　军

水利·水务

综　　述

【概况】 2016年，全年完成水利建设投入11.3亿元，圆满完成全年各项工作任务，实现了“十三五”良好开局。编制了《常熟水利（水务）发展“十三五”规划》，联合南京水利科学研究院完成《常熟市城区畅流活水规划》编制，借鉴苏州城区活水自流经验，结合常熟主城区水网特点，拟定主城区河网畅流方案。完成了《常熟市农田水利规划》修编和《常熟市“十三五”河道轮浚规划》编制。编制了《常熟市农村污水治理专项规划（2015－2017）》，修编了《常熟市污水处理规划》。“畅流活水”2015年度全部完工、2016年度项目开工建设，望虞河除险加固和西岸控制工程实现开工，完成2015年度规模化节水灌溉增效示范项目和第二轮小农水重点县2015年和2016年项目，城西污水厂扩建工程投入试运行。

防汛防旱防台

【概况】 2016年汛期（5月～9月）小东门观测站实测总降雨量1022.8毫米（2015年同期为1039.5毫米，百年平均为622.9毫米），比百年平均值多66.9%，属雨水偏多年份。汛期内小东门最大日降雨量为77.4毫米，出现在7月1日；小东门年最高水位3.98米，出现在7月3日。梅雨期为6月19日至7月20日，梅长31天，入梅和出梅均偏迟，梅期偏长。根据城区小东门实测数据，整个梅雨期总降雨日21天，总降雨量达463毫米，是常年平均梅雨量的2.29倍。根据小东门的观测资料显示，汛期各月的降雨量分别为：5月165毫米、6月348毫米、7月227.4毫米、8月67毫米，9月215.4毫米。2016年1号台风“尼伯特”生成在7月3日，为1951年以来第二晚的1号台风。其后有两个台风影响常熟，分别为9月14日的14号台风“莫兰蒂”及10月26日的22号台风“海马”。

【召开防汛工作会议】 4月18日，副市长范建国带领市水利局、虞山镇、虞山尚湖度假区相关领导对城区易涝片区排水设施改造情况进行检查。范建国实地查看了城区元和路博文小学、青石皮弄、通林路等工程现场，并在市政府召开城区防汛工作座谈会。会上，范建国听取了水利局、虞山镇及虞山尚湖度假区的汛前准备情况，并强调五点意见：一是明确责任，做到责任全覆盖；二是做好防汛准备工作，落实涉水项目安全度汛预案；三是科学合理调水，做好预降预排；四是安全措施到位，避免人员伤亡；五是加强河道管理，做好河道清障工作。5月4日，副市长范建国带领市水利局、海事局、环保局、经济开发区、海虞镇、中法水务相关领导对长江防汛工作进行检查，实地查看新福山闸、铁黄沙整治工程及长江应急水库，并在长江河道管理处召开长江防汛工作座谈会。会上，范建国听取水利局关于长江防汛准备工作情况汇报，并对进

12月8日，水利部长江水利委员会主任魏山忠到常熟视察长江岸线保护和开发利用工作

一步做好长江防汛工作提出了四点意见：一是加强新建江堤段河势监测；二是加强长江堤防巡查；三是加快消除险工隐患；四是落实防汛责任。

【做好防汛预警通知】 市防汛防旱指挥部从"抗大灾、抗多灾、抗突发性灾害"出发，于2月1日发出《关于开展水利工程汛前大检查的通知》，要求各单位成立汛前检查工作小组，组织专业技术人员，重点对长江、望虞河、城区、开发区、低洼圩区等进行全面检查。6月27日至7月3日，全市普降暴雨，为切实做好梅雨防御工作，市防汛防旱指挥部于6月27日发出《关于做好防御强降雨工作的通知》，要求各镇、各部门落实责任，认真检查落实各项防汛措施，同时沿江各闸全力排水，低洼圩区预降排涝。6月28日上午，市防汛防旱指挥部发出《关于做好防御强降雨工作的通知》及《关于启动防汛IV级应急响应的通知》。7月1日，市政府办公室发出《关于切实做好防汛防台工作的通知》，要求各单位进一步消除险工隐患，落实防汛防台措施。7月2日，市防指发出《关于启动防汛III级应急响应的通知》。

【汛期险情和灾情】 受6月底、7月初连续降雨影响，全市部分地势低洼且未设防区域积水受淹；由于虞山镇黄山路道路改造工程暂未实施，排水不畅导致严重积水；张家港航道山湖大圩和大兴村段设防标准低，堤岸渗水引起道路积水；元和塘赵家坝河水倒灌，道路积水严重；白茆塘里睦村段100米河岸发生坍塌，影响村道安全；大义东联村大圩里地势较低，望虞河水倒灌；官塘河水漫溢造成沿线民宅进水；辛庄彩字号圩韩家浜河水漫溢堤顶，项泾2处堤防出险。全市935户住宅进水，转移人口227人，3.2万亩农田受涝，133家厂房进水，无人员伤亡。7月4日受大风影响，沙家浜镇芦荡村、唐东村、朗城村等72处民房受损、212棵树木倒伏；董浜镇北港村46.67公顷蔬菜大棚和25处房屋受损；支塘镇何北村8户农户屋顶受损，部分树木倒伏；无人员受伤。

【全力做好防灾减灾工作】 6月27日晚21点，代市长周勤第召开防御强降雨工作会议，听取水利、气象部门对汛情的汇报及预测，并部署防汛工作。6月28日上午10点，苏州召开防汛紧急视频会议。7月2日晚9点，市委书记王飏主持召开全市防汛工作紧急会议，代市长周勤第传达苏州防汛工作会议精神，要求各地"狠抓险工险段等薄弱环节加固不懈怠；狠抓低洼地易涝片区排水除涝不懈怠；狠抓道路和下穿立交等积水排除促畅不懈怠；狠抓企业生产、项目施工安全不懈怠"。王飏要求各单位高度重视汛情，严肃防汛纪律，加强协调配合，强化应急准备。会后，各镇及板块均认真贯彻落实王飏书记讲话精神，连夜召开紧急会议，部署应急抢险工作，各镇主要领导均至一线巡查，带班值守。7月3日上午，代市长周勤第至防汛防旱指挥部办公室了解防汛汛情，并至城区黄山路汽配城积水点、城区大兴村、辛庄镇彩字号圩等受淹地段督查，要求全力做好抢排和巡查工作，确保防汛安全。市水利局分6个工作组至各镇、板块指导防汛工作。7月8日上午，市委书记王飏主持召开"尼伯特"台风防御工作会议，听取水利、气象部门对汛情的汇报及预测，并进一步部署全市防台工作。9月14日，第14号台风"莫兰蒂"影响常熟市，市防汛防旱指挥部发出了《关于做好中秋假期防汛防台工作的通知》，要求各地各部门加强领导，认真部署，落实各项防汛防台措施。10月26日至27日，受台风"海马"残余云系影响，全市突降暴雨，城区小东门累计雨量126.4毫米、最高水位达3.91米（超过警戒水位0.21米），全市启动防汛IV级应急响应，各单位按照防汛预案要求全力做好各项防汛工作，确保人民生命财产安全。

【科学合理调度水利工程】 2016年太湖流域遭超标准洪水侵袭，7月8日接省防汛防旱指挥部《关于贯彻落实太湖流域2016年超标准洪水应对方案我省具体措施的紧急通知》后，市防汛防旱指挥部办公室立即向市政府汇报，并与沿线海虞镇、虞山镇人民政府以及望虞河常熟管理所赴分洪河道沿线区域进行现场调研会商，结合区域水情、雨情、水系、地形等情况，科学调度望虞河谢桥以下的福山船闸、王市船闸、新泾闸、龙墩闸、福圩闸等6座口门进行泄洪。据张桥水文站实测流量，全市各口门最大分洪流量80立方米/秒，平均泄洪流量60立方米/秒，共分泄太湖洪水约1.2亿立方米，有效达到分洪效果。此外，市防汛防旱指挥部根据天气、雨情和水情的变化趋势，加强水利工程科学管理。全年汛期沿江各闸累计引水192潮次、引水量2.41亿立方米；排水889潮次、排水量10.29亿立方米，为保障水安全、提升水环境发挥积极作用。

水利工程建设与管理

【概况】 重点实施"畅流活水"工程，做好望虞河除险加固和西岸控制工程各项前期工作并实现开工建设，按照《常熟市河湖管理范围和水利工程管理与保护范围划定实施方案》开展河湖确权划界。加强河湖管护硬件投入，市河道管理处购置3条大型全自动水生植物打捞船，提高了清理泛滥水生植物的效率。出台《关于进一步加强涉河建设项目监督管理的通知》，明确全市市级及以上河道及省保护名录内湖泊的管理责任，要求各管理单位严格涉水项目审批程序。

【"畅流活水"工程】 2015年度开工实施项目24个，均为跨年度实施项目，全部于2016年汛期前完工，总投资3亿元。其中市级组织实施12项，分别为南福山塘节制闸、高新园水系调整、常浒河溢流堰、护城河溢流堰及莫城河、辛安塘、枫泾—颜港中心河、琴川河、项泾、锡北运河、西塘河、界泾等8条河道整治工程；镇级12个项目，分别为中泾（虞山）、芦浦塘（海虞）、安乐塘（海虞）、沈村河（梅李）、北港塘（碧溪）、季泾塘（董浜）、杨园河（辛庄）、南干河（尚湖）、连泾（沙家浜、古里）、严泾（古里、支塘)、沈市河(梅李)、丰收河(支塘)等12条河道整治工程。南福山塘闸、高新园水系调整工程有效解决了海洋泾引清入城的水量水质问题;常浒河锁澜桥、护城河鸭潭头二座溢流堰于2016年4月建成,配合科学调度手段,实现古城区畅流活水目标。2016年"畅流活水"工程新开工项目21项,包括:常浒河枢纽、环城河溢流堰、北环河海洋泾立交地涵、方浜、火灯浜、杨树娄、迈步塘、三千泾、崔浦塘、黄瓜浜、三泾、罗卜泾、北港塘、鱼连泾、金庄浜、金坝河、沙槽河、西横塘、白古河、横浦塘、张泾等,当年工程建设形象进度超50%。其中,北环河(由海洋泾立交地涵、方浜、火灯浜等6项工程组成)将有效解决北部高新园区、谢桥区域的尾水出路问题,同时沟通常熟北部地区水系格局,实现水安全、水环境治理双赢。建设常浒河枢纽既可切实解决海洋泾引清入城清水流失过快问题,又作为城区防洪大包围的重要组成部分,对城区防洪和城区水系水位调节、畅流活水发挥重要作用。

【望虞河除险加固工程】 工程南起辛庄镇锡常交界,北至338省道望虞河大桥,主要建设内容为:堤防维修加固6.573千米;护岸拆(新)建10.137千米;青坎护砌0.297千米;口门建筑物共14座,其中拆除重建9座、加固5座。涉及临时占地217亩,拆迁各类房屋550平方米。常熟境内工程概算投资15990万元,其中省级补助10894万元,地方配套5096万元,共分6个标段实施,当年实现一标、二标和四标3个标段开工建设。

【望虞河西岸控制工程】 工程新建(拆建)望虞河西岸23座支河口门建筑物,包括2座枢纽工程、2座套闸工程、15座节制闸工程(其中拆除重建1座)和4座涵闸工程(其中拆除重建1座);水系调整工程包括新开河道约5.5千米、疏浚河道约27千米、新建桥涵24座、新建圩区排涝闸站1座等。锡北运河支河口门建闸4座、涵闸2座,后王河支河口门建涵闸1座。工程总投资3.98亿元,涉及辛庄、尚湖、虞山、海虞四个镇,2016年底完成中泾塘套闸等3座口门建筑物的招投标工作并实现开工建设。

【河湖管理范围和水利工程划界确权】 《常熟市河湖管理范围和水利工程管理与保护范围划定实施方案》于2015年8月12日通过省水利厅审查,与2015年10月27日获常熟市人民政府批复同意。根据上述实施方案要求,常熟市2016年度河湖划界工作分为3个标段实施,主要实施长江、望虞河、海洋泾、常浒河、盐铁塘、莫城河、元和塘、辛安塘、南福山塘、青墩塘、北福山塘等11条河道,海洋泾枢纽、福山闸、浒浦闸、白茆闸等4座中型闸站,昆承湖、尚湖、陈塘、官塘等4个湖泊的管理范围的划界工作,测绘界线403.17千米,制作安装界桩(牌)约1340个、告示牌400余个。

【水利部副部长周学文到常调研望虞河后续工程】 8月22日,水利部副部长周学文到常熟,对望虞河后续工程常熟段进行专题调研。苏州市副市长陆留生,常熟市委副书记、代市长周勤第陪同调研。周学文首先来到望虞河江边枢纽,走进控制室,查看望虞河工程平面示意图、江苏省太湖地区省管水利工程示意图,详细了解望虞河后续工程规划布局情况。随后,周学文调研铁黄沙整治预留通道、望虞河束窄段大义集镇段。他对常熟开展铁黄沙整治,促进河势与航道稳定、提高望虞河引排水能力的做法表示肯定,希望在水利工程建设方面继续提高思想认识,严格落实责任,推进项目顺利进行。望虞河后续工程主要任务为扩大太湖洪水北排长江能力,提高流域引水入湖能力和增加太湖水环境容量;同时,增加地区洪涝水入江能力及区域水资源的配置能力。

农村水利工程建设与管理

【概况】 全市加快实施农村河道疏浚,加大农田水利设施建设力度,加强堤防达标建设管理,推广节水灌溉建设范围,全市农村水利工作取得明显成效。全市共完成疏浚农村河道211条,231千米。加高加固圩堤24.95千米、挡墙护岸17.7千米。完成新改建排涝站21座、圩口闸15座。新建高标准农田3530万平方米,其中高效节水灌溉1099万平方米,完成改建灌溉站82座、新改建衬砌渠道118.7千米,铺设低压管道96.72千米。改造农桥66座,拆坝建桥49处(座)。完成2015年度规模化节水灌溉增效示范项目和第二轮小农水重点县2015年和2016年项目。完成了沙家浜、海虞、董浜、辛庄4个镇和碧溪新区的水美乡村河网水系规划编制任务。

【2015年度规模化节水灌溉增效示范项目】 项目建设范围涉及辛庄、古里、碧溪、海虞4个镇,共涉及6个行政村,项目区总面积8.67平方千米,建设节水灌溉面积610万平方米(其中水稻节水灌溉面积453万平方米,蔬菜节水灌溉面积157万平方米),新建灌溉泵站16座,铺设管道43.0千米,衬砌渠道19.0千米,排水沟10.6千米。项目批复总投资1760.05万元,其中,省级以上补助980万元,其余由常熟市级财政解决。项目于2015年12月开工建设,2016年5月全部完工,并完成市级完工验收。

【常熟市2015年中央财政小型农田水利重点县项目】 在项目区总面积为2700万平方米亩的虞山、梅李两个镇,建设高标准农田1571万平方米。工程总投资概算4844万元,其中中央财政补助资金1200万元、省级财政补助资金1200万元,市本级财政配套2400万元,不足部分由镇财政自筹。工程于2015年12月1日开工,至2016年5月20日全部完工,并于2016年11月2日进行了合同工程完工验收。共完成新改建灌溉站59座,铺设衬砌渠道59.368千米,管渠14.389千米,排水沟27.029千米,铺设低压管道68.226千米,配套渠系建筑物6871座。完成土方开挖17.4万立方米,土方回填14.6万立方米,外运土0.2万立方米,碎石垫层2019立方米,砼浇筑12985立方米,钢筋197.37吨,砌砖3798立方米。工程分为7个标段实施,工程质量初评为合格。

【常熟市 2016 年中央财政小型农田水利重点县项目】 项目分布在支塘、尚湖 2 个镇，共 4 个项目区，分别是支塘何南、项桥项目区，尚湖河金新鑫、张村新裕项目区。项目区总面积为 2183 万平方米，新建高标准农田 1372 万平方米，其中高效节水灌溉 275 万平方米。主要建设内容为：新建灌溉站 45 座，衬砌渠道 79.180 千米，敷设管渠 33.375 千米，排水沟道清理 24.794 千米，铺设低压管道 35.363 千米，新建渠系配套建筑物 4788 座。项目批复总投资 4820.97 万元，其中，中央财政补助资金 1200 万元，省级财政补助资金 1200 万元，其余由常熟市财政配套。项目于 2016 年 1 月开工建设，2016 年 6 月完工。

水政与水资源管理

【概况】 加强水行政执法。共出动执法人员 4951 人次，执法车 1368 车次，拆除违章建筑 2229 平方米，清理违章占用 3507 平方米，拆除阻水网簖 164 处，坝埂 55 条，清理沉杂船 1475 条，查处水事案件 232 起，立案 2 起，罚款 2 万元。加强长江河道采砂监管，确保了采砂工程顺利完成。落实涉水项目审批工作，推出了“细化回访制度，完善监督机制”和“四个一服务”新举措，落实行政许可和行政处罚信用信息双公示，全年完成涉水许可审批 145 项，为企业、基层、群众提供优质服务。实行最严格水资源管理制度，强化计划用水管理，下达取水计划（含长江委和省水利厅下达）地表水 28.36 亿立方米、浅层地下水 109 万立方米、地热水 1 万立方米；全年实际取用地表水 22.94 亿立方米、浅层地下水 34.72 万立方米、地热水未取用，均未超计划。完成取水许可监督检查，共检查 527 家取水户，合格 504 家，注销 23 家。全市征收两费 9385.245 万元，同比增长 6.75%，其中水资源费 7624.581 万元，同比增长 8.27%；水利工程水费 1760.664 万元，同比增长 0.63%。两费征收首次突破 9000 万元，再创历史新高。

【长江河道采砂监管】 制订常熟市“长江河道采砂管理‘护江——2016’行动”方案，实现基础资料核查清楚、执法巡查覆盖到位、非法采砂有效控制的目标。市水政监察大队坚持每周至少陆上巡查 2 次，长江水政监察中队每天陆上巡查 1 次，水上执法巡查 3 次，随身携带现场执法记录仪和照相机等取证设备，全程记录巡查过程和路径。对长江常熟段全线和铁黄沙等重点水域港口进行巡查，未发现有采砂船活动。与长江海事、长航公安、港口局等单位对长江常熟段水域特别是铁黄沙水域、深水航道附近水域、福山水道水域进行联合执法巡查 10 次，共出动执法艇 10 艘次、人员 300 人次。5 月底前对停泊在常熟境内白茆塘口的采砂船舶逐条登船检查，对不愿意接受指定停泊点管理的外地籍且具备离境条件的采砂船舶实施驱离；对多年停泊且又不具备离境条件的采砂船舶进行登记造册，指定停泊，统一管理。驱离停泊在白茆塘口的采砂船舶 11 条，尚有 19 条采砂船舶停泊在常熟市境内白茆塘口，船员全部撤离。

【铁黄沙工程采砂施工通过省水利厅验收】 4 月 20 日，省水利厅在常熟主持召开长江澄通河段铁黄沙整治工程第二年度第一期吹填采砂验收会。省水利厅验收组听取了常熟市水利局的采砂施工和采砂监管情况汇报，充分肯定铁黄沙综合整治工程吹填采砂工作取得的成绩，认为采砂监管单位落实监管职责，维护了采砂管理正常秩序，保证了采砂工程的顺利完成。

【开展“护江—2016”执法行动】 制定《常熟市打击长江非法抛泥行为水上执法联合行动方案》《打击砂石过驳违法作业、规范经营秩序联合执法行动方案》，联合港口部门、环保部门、交通运输部门及长江海事、长航公安、长江航道加大了敏感区域执法巡查力度和频次，开展打击砂石过驳违法作业、规范经营秩序、打击长江水上非法抛弃污泥及建筑垃圾行为的水上联合执法行动，先后出动船艇 15 航次、执法人员 180 多人次，利用 7 天时间，对 35 台大型锚地浮吊和临时过境、停泊的浮吊及运输船只进行登船执法检查，发现纠正违规行为，及时行处置，并驱离停泊在福山水道中采砂船舶 4 条，对沿江码头设施进行清查登记，共有 49 家单位 68 个项目占用江、港堤建设设施，全部规范管理。

【节约用水宣传和节水载体建设】 利用“爱水护河”志愿服务行动、全国城市节水宣传周、全省节水宣传月等契机，加大节约用水、保护水资源、改善水环境的宣传力度，通过展出宣传展板、发放宣传资料、接受市民咨询、组织登山活动等方式，向全社会倡导节约用水的文明生活方式，增强市民水忧患意识和水资源节约保护意识，形成良好的社会氛围。会同教育局发动全市学校积极参与苏州市第五届芬欧汇川杯“我的天堂我的水”主题征文活动和首届水情教育优秀教案评比活动，在全市中小学分发江苏水情读本 1050 本和苏州水情读本 1000 本。完成沙家浜中学、练塘中学 2 家省级节水型学校，崇文小学、森泉中学、滨江实验中学、任阳小学、东南实验小学 5 家苏州市级节水型学校，赵市华达染整、白玉兰纺织染整 2 家省级节水型企业的创建和申报，同步完成水平衡测试。按照省水利厅要求开展 4 家企业和 2 个社区省级节水载体复查，完成水平衡测试和复查材料的上报。

【开展河湖健康评估】 2015 年，开展对于昆承湖、海洋泾、尚湖、白茆塘、金泾塘的河湖健康评估，评估报告 2016 年上半年通过苏州市水利局的验收。按照省水利厅要求，2016 年继续开展河湖健康评估工作，委托江苏省水文水资源勘测局苏州分局开展昆承湖、尚湖、南湖荡、海洋泾、白茆塘、金泾塘的健康评估，完成评估报告的编制。制订 2017 年河湖健康评估工作计划，确定尚湖、南湖荡、官塘、徐六泾、南福山塘、大滃为评估对象，按照规定程序完成政府采购。

水务管理

【概况】 完成城西厂扩建工程，已进入试运行阶段。全力推进城区污水收集系统完善工程及农村生活污水治理工程。对相关主干道沿线企事业单位、商铺、餐饮等以及9所学校实施雨污分流改造;全市中心镇、撤并乡镇完成156个小区、机关企事业单位、沿街商铺生活污水收集。全面完成2016年政府工作报告中提出的"实施城区污水收集系统完善工程,完成农村生活污水治理1.2万户"的目标任务。启动长江水源地水质自动监测工程,建立了应急水库日常运行维护方案,从4月份开始,委托中法水务公司对应急水库进行日常运行管理,水库运行总体稳定。完成供水安全专项整治第一批整改企业验收,完成二水厂深度处理项目建设,已开始试运行。深入推进村级供水管网、陈旧管网和低压区管网改造建设,进一步提升村级供水水压和水质,受益5733户。

【城乡供水】 全年全市供水量21286万立方米,同比上升4.64%,平均日供水量58.32万立方米。全年自来水出厂水水质综合合格率100%,管网水水质综合合格率100%。常熟市应急水库投入试运行,制订了水库运行方案、设备操作规程、各类生产报表和职业安全健康规章等内容,结合不同季节水质变化情况,采用不同的运行模式。二水厂深度处理项目深度处理系统12月底顺利完工、并进行调试和试运行。全年自来水管网工程建设总投资9600万元,竣工验收的管道长度279.43千米,其中,DN100以下的管道长度113.58千米,DN100及以上的管道长度165.85千米。水质检测严格按照《生活饮用水卫生标准》(GB5749-2006)开展,全年共设立126个水质采样监测点,在常规水质监测的基础上加强对长江、尚湖饮用水源保护区、应急水库、工艺过程水、二次供水水箱和泵房进行水质监测,共

水质检测

检测各类样品6434份,完成检测数据87658个,同去年同期基本持平。完善二次供水泵站的综合监控系统,已完成175个小区的276个泵房数据的接入。完成供水安全专项整治第一批整改企业验收,其中346家企业通过有资质的第三方安评公司验收,另有约38家企业需进一步整改。推进村级供水管网、陈旧管网和低压区管网改造建设,进一步提升村级供水水压和水质,投资1069万元、受益5733户,其中水质改善1274户,压力改善4459户。

【城乡生活污水治理】 修编《常熟市污水处理规划》,规划结合城市总规、镇域控规、村庄布局规划和片区发展规划编制,优化调整了全市污水处理系统布局,计划整合搬迁城北污水厂,整合新建城东净水厂,完善延伸部分污水主次管网。基本完成城西厂扩建工程,投入调试运行。实施城区污水收集系统完善工程,对方塔街、寺后街、县后街、虞山北路、青墩塘路等沿线企事业单位、商铺、餐饮等以及塔前幼儿园等9所学校雨污分流改造,年内基本完工。至2016年年底,主城区除琴湖、花溪等待开发区域外,污水主次管网基本覆盖到位。2016年,全市中心镇、撤并乡镇完成80个小区、135家机关企事业单位、沿街商铺生活污水收集;全市中心镇区和撤并乡镇集镇建成区污水主次管网基本覆盖到位,小区、镇中村、机关、企事业单位大部分已收集。

【农村生活污水治理】 全市完成518个自然村庄的农村生活污水治理,其中142个村庄接管收治,376个村庄采用分散式治理设施。在全国首推农村分散式污水处理PPP模式,将2016年度全市分散式生活污水治理项目约1.3万农户总规模6亿元,按照政府采购程序,选定中车股份作为合作单位,由其出资65%、市水投公司出资35%组建项目公司,以特许经营25年的方式负责项目融资、建设及运营维护,政府每年支付服务费,经营期满项目设施及相关权益完好、无偿地移交政府部门。到2016年年底,全市农村生活污水完成治理1500个村庄、7.44万户。

(卢　嘉)

责任编辑　浦君芝

环境保护

综　述

【概况】 2016年，常熟市先后出台常熟市生态文明建设领导小组成员单位职责清单、生态环境保护"一票否决"试行办法，在全省率先实施乡镇生态文明报告制度，大力推进15项苏州级和23项常熟级生态文明建设重点工程。出台生态红线区域保护规划，增加54.36平方千米市级生态红线保护区域，省市两级生态红线保护区域总面积达到219.17平方千米，占全市国土面积20.03%。制订生态红线保护监督考核办法，落实生态红线保护责任。贯彻落实新《中华人民共和国大气污染防治法》，完成关停搬迁企业18家、整治燃煤锅炉628台、治理86家工业废气、清洁生产审核评估25家企业、整治码头扬尘176家、淘汰925辆黄标车，圆满完成G20峰会空气质量保障任务。年内，出台水污染防治工作方案和2016年工作计划，分解落实19项重点工作任务和1214项重点工程项目，实施11个太湖治理项目和38个阳澄湖生态优化行动项目；开展阳澄湖特征污染因子应急管控，162家企业完成印染行业废水提标治理。完成IC卡总量控制系统二期工程，建成5个水质自动站、7个小型自动站和2个饮用水源地自动站。做好土壤环境质量例行监测，着手编制常熟市"土十条"实施方案，认真做好土壤污染状况详查准备工作，完成重点行业企业空间位置遥感核实。大力宣传贯彻新版《国家危险废物名录》，组织200多家企业开展危险废物规范化管理达标创建活动，对全市7家危险废物经营单位开展集中整治，确保全市危险废物均得到规范安全处置。市镇两级全面落实中央环保督察各项整改要求，督察期间共责令整改42件、立案处罚31件、关停取缔企业5家、约谈3家企业主要负责人，移送公安机关立案侦查1件、刑事拘留12人、移送检察机关立案起诉4人，实施问责10人次。在全省率先推行检查对象、执法人员"双随机"抽查制度；开展"阳光执法"专项行动，试行"你点我查"执法新模式，邀请人大代表、政协委员、新闻媒体、环保志愿者等共同参与，强化环保司法联动。进一步加强与镇域综合执法局衔接配合，向各镇综合执法局开放行政处罚自由裁量系统，移送环境违法案件238件，乡镇综合执法局处罚金额共计809万元。按照"关停一批、登记一批、整治一批"原则，指导各板块分级分类建立项目清单，共清理完成6706项环境违法违规建设项目。重点攻坚15个突出环境问题和73个环境信访积案，加大信访督查、通报、约谈力度。积极推进环评审批制度改革，落实简政放权要求，优化环保审批程序，全年共审批建设项目环境影响评价文件760件。在"中国常熟"网公开环保法律法规、环境质量、行政执法等内容，督促53家重点排污企业主动公开环境信息，保障公众环境知情权、参与权和监督权。作为全省生态环保综合改革先行试验区，积极开展建设项目环境管理、排污许可证管理、建立分级环境目标责任以及镇域综合执法等四个领域改革试点，取得阶段性成效。

环保宣教

【概况】 2016年，常熟市大力开展生态文明村、低碳社区、生态文明教育基地和绿色社区创建活动。举办首届生态文明论坛，成功搭建环境管理技术"产学研用"新平台。举办首届环保知识竞赛，新开通"i常熟环保"微信公众号；围绕"6·5"世界环境日主题，举办环境文艺专场，开展绿色生活进社区、进学校、进家庭宣传活动。

【开展环境保护知识竞赛】 4月，常熟市生态文明建设领导小组主办的"环境保护、绿色发展"环保知识竞赛正式启动，全市16个板块和生态文明建设领导小组40个成员部门共56支代表队参与角逐。竞赛分初赛、复赛、决赛三个阶段。竞赛期间，市环保局通过"常熟环保"微信平台等渠道组织开展环保知识竞答活动，吸引广大公众参与，扩大活动覆盖面，提升全社会生态环保意识。

【举办首届生态文明论坛助推绿色发展】 6月12日至13日，常熟市举办主题为"改善环境质量，推动绿色发展"生态文明论坛。本次论坛邀请环保部领导作"十三五绿色发展"主题演讲，开设工业污水处理、生活污水处理、大气污染防治、土壤及工业固废污染防治、生活垃圾处理等五个专业分论坛，举行环境污染治理技术交流展，共吸引50多家环保技术服务单位、700多家排污企业、2000人次参会交流，成功搭建环境管理技术“产学研用”新平台。常熟市通过“政府搭台、理念升级、科技唱戏”方式，积极帮助企业突破污染治理瓶颈，引导企业落实环境保护主体责任，动员社会公众共同参与保护生态环境，全面促进生态文明和环境保护工作再上新台阶。

【开展“关爱绿色未来”环保夏令营活动】 7月22日，常熟市环保局、教育局以及芬欧汇川(中国)有限公司联合开展“关爱绿色未来”小学生环保夏令营活动，来自全市6所小学70多名小学生参加。小营员们通过观看芬欧汇川公司环保资料片、举办环保知识竞赛、开展垃圾分类游戏、制作环保黏土饰品和微盆景等丰富多彩活动，学到环境保护知识、提高生态环境意识。自2010年首次举办“关爱绿色未来”环保夏令营以来，已有常熟市34所小学、上海市5所小学参与这项活动，通过“小手拉大手”广泛宣传环境保护理念。

【录制《民声汇》节目】 8月20日，市环保局会同市电视台录制《民声汇》“让环保监督员名至实归”节目。节目介绍2016年市环保局设置环保监督员职位主要考虑：落实企业环保主体责任；延伸环保网格化管理体系，形成“市镇村企”四级环保网格化管理体系；转变发展思路，提高企业生态环保意识，逐步实现“要我环保”向“我要环保”转变。市环保局通过《民声汇》平台，在宣传环保工作同时，更构筑与广大群众沟通桥梁。

【组织开展世界“无车日”环保宣传活动】 为纪念9月22日世界“无车日”，9月21日，市环保局组织开展系列活动，积极宣传绿色低碳出行环保理念。活动组织40多名环保志愿者骑公共自行车进行移动宣传，志愿者统一着装、悬挂“低碳出行、从我做起”宣传标语，途中向广大市民发放绿色低碳出行倡议书和绿色生活宣传手册，并开展“i常熟环保”微信公众号有奖扫码等活动，积极倡导绿色出行等生活方式。

环境建设

【概况】 2016年，全市大力推进38项生态文明建设重点工程。出台生态红线区域保护规划，增加54.36平方千米市级生态红线保护区域，省市两级生态红线保护区域总面积达到219.17平方公里。全面推进环境保护信用体系建设，继常熟成为江苏省首批开展环境保护信用体系建设县(市)之后，市环保局通过加强对企业环保信用记录和信用信息收集、报送及审核，明确企业环保信用评价适用范围、评价原则、指标体系、等级划分、结果应用、奖励及联动惩戒等措施，运用环保信用体系引导企业强化环境管理。市环保部门及时将企业环境信用评价结果纳入社会信用统一发布平台，会同市农村商业银行制定绿色信贷制度，授信审核部在审核企业信贷时根据常熟市环境保护网公布企业环境信用评级结果进行信贷审核。

【在全省率先出台生态环境保护“一票否决”制度】 4月，常熟市生态文明建设领导小组在全省率先制订出台《全市生态环境保护“一票否决”试行办法》。该办法明确“一票否决”对象为生态环境及资源保护方面存在问题的镇(板块)政府及其领导班子成员、全市生态文明建设领导小组和环境保护委员会成员单位及其领导班子成员、企事业单位及其领导班子成员；否决内容为相关对象在满足否决条件和程序基础上，在当年度全市性考核、评优评先、表彰奖励等方面予以一票否决。该办法制订出台为全面落实生态环境保护“党政同责、一岗双责”，以及企事业单位在污染防治方面主体责任提供有力制度保障。

【在全省率先实施镇(街道)生态文明建设和环境保护工作报告制度】 7月，董浜镇、沙家浜镇等乡镇政府主要负责人向镇级党代表、人大代表、政协委员、群众代表和新闻媒体专题报告全镇生态文明建设和环境保护工作，标志着常熟市在全省率先实施镇(街道)生态文明建设和环境保护工作报告制度。2016年常熟市制订出台《全市镇级(街道)年度生态文明建设和环境保护工作报告制度施行办法(试行)》，要求全市所有镇(街道)政府必须定期向同级人大(人大工委)作生态文明建设和环境保护工作专题报告，同时向本区域社会各界和代表通报本区域生态环境改善情况。各镇(街道)实施报告制度情况纳入全市环境保护目标责任考核体系，着力形成农村党委领导、政府负责、人大监督、政协建议、群众参与生态文明建设工作机制，切实夯实农村环境保护工作基石。

【生态红线区域保护工作通过省级现场核查】 11月，常熟市生态红线区域保护工作顺利通过省环保厅、财政

9月22日，世界“无车日”环保宣传活动

厅联合检查组现场核查。常熟市制订《常熟市生态红线区域保护规划》以及《常熟市生态红线区域保护监督管理考核办法》，进一步创新工作做法，健全长效机制，完善考核保障，确保生态红线区域保护工作强有力推进。

污染减排

【概况】 2016年，全市实施17项水污染物减排项目和16项大气污染物减排项目，超额完成年度目标任务和"十二五"主要污染物减排任务。完成IC卡总量控制系统二期工程，劝退不符合国家和地方产业政策、不符合城市总体规划及环境污染重、高能耗、高物耗、高水耗建设项目36个，涉及投资约1.7亿元。

【超额完成"十二五"主要污染物减排任务】 3月，国家环境保护部反馈"十二五"主要污染物减排认定意见，"十二五"期间，常熟市统筹工程减排、管理减排和结构减排多管齐下，实现工业、农业、生活减排全覆盖。5年共完成103项污染物减排工程项目，其中14项国家目标责任书项目均提前一年完成。常熟市化学需氧量(COD)、氨氮、二氧化硫、氮氧化物四项主要污染物分别比"十一五"末削减37.6%、45.1%、20%、43.3%，超额完成上级下达"十二五"主要污染物减排目标任务。

环境监管

【概况】 2016年，市环保局共出动执法人员1.6万人次，查处各类环境问题和违法行为563起，责令限期整改128家，实施行政处罚185家，处罚金额1004万元，企业查封扣押20家、责令停产限产18家、责令停止建设8家，向公安部门移送环境违法案件13件，行政拘留5人，1名涉嫌环境犯罪人员被依法判处有期徒刑。建立企业环境管理监督员制度，在460多家重点企业设立专职环境管理监督员，举办多轮企业法人学法教育，分行业开展企业环境管理监督员培训。落实差别化排污费征收政策，发挥排污费对规范企业环境行为倒逼作用。

【率先启动"双随机"环保执法抽查活动】 1月5日，常熟市环保局在苏州地区率先启动"双随机"环保执法抽查活动。常熟市依托"智慧环保"系统，开发环境保护随机抽查功能，通过移动执法平台随机抽取执法人员和被检查单位，执法任务第一时间分配到各执法人员移动执法装备中，执法小组直奔现场开展执法检查。在污染源日常环境监管领域实施"双随机"执法抽查，是转变环保执法方式、强化事中事后监管、落实"阳光执法"要求的重要举措，也是推行简政放权、放管结合、优化服务的有效创新，对规范行政行为、提高监管效能、维护市场秩序具有十分积极的意义。

【召开全市环境保护法制教育大会】 2月29日，常熟召开全市环境保护法制教育大会，会议邀请环保部华东督查中心和市法院领导、专家专题授课。市环保局通过组织大规模环保法制教育大会，抓住企业环保主体责任不放，大力营造企业"人人知环保、个个均守法"良好氛围。2016年，市环保局依托"菜单式"培训课题，采取市、镇两级统分结合、分级组织、层层推进、贯穿全年方式，进行环保法制大培训，推动培训逐步由重点监管企业向一般企业延伸，打通环保政策法制落实"最后一公里"，进一步增强全市企业环境保护意识，让知法、懂法、守法成为企业自觉，切实履行企业环保主体责任。

【创新开展"你点我查"环境保护阳光执法行动】 4月19日，常熟市环保局创新开展"你点我查"环境保护阳光执法行动，邀请5名环保志愿者全程参与执法检查，有力推动公众参与、监督环境保护工作。环境保护阳光执法行动是常熟市进一步打击恶意环境违法行为、强化环境监管能力重要组成，通过邀请环保志愿者、人大代表、政协委员以及公检法等相关部门人员全程参与环保执法，利用双休日、夜间专项执法以及司法联动、部门联合执法等多种形式，不提前确定检查对象和检查人员，采取"双随机"抽查、"你点我查"等方式，实现执法过程全透明、处理结果全公开，确保环境保护执法监管在阳光下运行。

【召开企业环境监督员建设启动会】 5月17日，市环保局组织召开全市重点排污单位企业环境监督员启动会。全市重点企业环境监督、各板块环保负责人出席会议。启动会市环保局特邀中国环境科学学会副理事长作开班动员。会议要求企业环境监督员要在环境管理方面能够学有所用，加强源头预防，充分发挥企业环境监督员在企业环境管理中主观能动作用，为全市环境质量进一步改善做出自己贡献。

【组织开展"夏雷"环保专项执法行动】 6月24日，常熟市组织开展"夏雷"环保专项执法行动。行动分成16个检查小组，通过抽签随机确定检查人员和抽查单位，对全市48家企业进行现场检查。此次行动是全市出动执法人员最多、涉及面最广的一次夜间环境执法，重点检查电镀、印染、污水处理厂等重点行业企业环境守法和污染排放情况。除环保局工作人员外，还首次邀请各镇、板块环保办负责人一同参与，体现"阳光执法"创新举措。

【启动环境执法大练兵活动】 9月21日，市环保局印发《2016年环境执法大练兵活动实施方案》并召开动员部署会，全市环境执法大练兵活动正式启动。活动历时3个月，与日常环境执法监管以及正在开展的重点行业、钢铁企业、危险废物、垃圾焚烧、太湖流域专项执法检查、饮用水源专项整治等工作相结合，组织开展市镇两级业务实战比武，通过树立先进典型，营造"比学赶帮超"工作氛围，全面规范环境执法行为、切实加大违法案件查处力度、有效提升环保执法队伍能力水平。

【首例私倒电瓶液污染环境案宣判】 11月16日，常熟市人民法院公开宣判苏州市首例私倒电瓶液污染环境案，一审判处被告人有期徒刑六个月，并处罚金人民币一万元；被扣押铅酸电瓶86个、免维护电瓶18个，予以没收，由公安机关会同相关部门依法处理。宣判当日，常熟法院召开新闻发布会，

11月16日，常熟市人民法院公开审理苏州市首例私倒电瓶液污染环境案

通报该院四年来环境资源类案件审判执行工作情况，并发布5起典型案例。对于严重污染环境违法犯罪行为，常熟法院依法判决14人，均判实刑，最高判处有期徒刑三年十个月；另有3家单位同时构成污染环境罪，均被判处罚金，共计40万元。

环境整治

【概况】 2016年，常熟市大力推进大气污染防治工作，进一步落实大气污染联防联控工作机制，编制出台《常熟市大气污染防治2016年度实施方案》。着力推进燃煤锅炉整治工作，继续推进区域供热，协调天然气管网建设，减少燃煤废气点源，鼓励企业采用轻烃、生物柴油、电等清洁能源淘汰小锅炉，对10蒸吨以上65蒸吨以下燃煤锅炉开展脱硫、脱硝、除尘提标改造，并安装在线仪与市环保局联网。进一步加强机动车污染防治相继出台《常熟市2016年老旧机动车(黄标车)淘汰工作方案》和《常熟市人民政府关于进一步扩大老旧机动车(黄标车)提前淘汰补助和奖励范围的通告》等文件，分解任务，细化方案，加大黄标车闯禁区执法力度，进一步规范现行管理，落实板块相关责任，完善淘汰补偿机制，推进黄标车淘汰进程。积极推进码头堆场扬尘整治工作，开展码头堆场扬尘整治督查，按时完成176家码头堆场整治任务。出台水污染防治工作方案和2016年工作计划，分解落实19项重点工作任务和1214项重点工程项目，实施11个太湖治理项目和38个阳澄湖生态优化行动项目；开展阳澄湖特征污染因子应急管控。加快推进印染行业提标治理，督促、推进提标治理工程进度。按时完成整治并通过验收监测。对实施加药系统改造企业，进一步提出安装自动加药和计量装置整改要求。做好重金属污染防治，根据全市涉五类重金属企业上报数据，开展涉重污染源调查动态更新工作。全面启动环保违法违规建设项目清理整治工作，下发《常熟市全面清理整治环境保护违法违规建设项目工作方案》，并要求紧抓清理契机不放，全面解决历史遗留问题；紧抓分类原则不放，规范开展清理整治工作；紧抓会审机制不放，共同做好清理整治工作。

【三项措施加强土壤污染防治】 市环保局采取三项措施全面加强土壤污染防治。在全市布设16个土壤环境质量监测点位，对特征性地块加密监测频次，据监测数据分析，各点位土壤环境质量处于较为正常范围；对全市工业污染场地特别是关停企业场地环境现状逐个排摸，2015、2016两年共调查工业污染场地50个，其中涉化工场地28个、涉重金属场地22个，全部建立台账资料，相关场地目前基本处于闲置状态；对辛庄镇晨光化工厂污染场地进行生态修复，为全市推广土地修复工作积累经验。

【出台"水十条"实施方案】 6月，常熟市人民政府印发《常熟市水污染防治工作方案》，通过十大措施实现改善水环境质量目标任务。在制订工作方案基础上，常熟市还梳理下发"水十条"工作任务分解表和水质目标清单，其中48项重点任务明确具体工作部门，全市41个地表水考核断面、6个城市考核断面、2个饮用水源考核断面和4个地下水考核断面均明确水质改善目标和管理要求，对19个水质较差断面全部编制限期达标方案。

环境能力

【概况】 2016年，常熟市"智慧环保"手机端项目进入试运行阶段。在"常熟企业环保通"信息系统基础上，企业环境信息自行公开模块正式投用，并纳入"智慧环保"大平台。完成IC卡总量控制系统二期工程，建成5个水质自动站、7个小型自动站和2个饮用水源地自动站。环境监测站顺利通过实验室认可监督评审。区域环境风险评估通过省级评审，做好4起突发事故环境应急响应工作。组织两期环境应急队伍综合技能训练，增强环境应急队伍应变能力、协调配合能力和个人防护用具、应急通信设备使用水平。顺利完成省级环境应急专家库遴选、推荐工作，密切联系各位专家，做好环境应急管理工作。

【建设项目试生产审批改为即办件】 1月，市环保局"建设项目试生产审批"事项从原来8个工作日改为即办件，在环保窗口当场出具《常熟市建设项目竣工环保验收前相关工作告知函》。窗口已对48个进入验收前生产(试产)阶段项目出具告知函，试生产由原来的审批变为事中事后监管。

【手机"智慧环保"实现现场快速精准执法】 2月，常熟市"智慧环保"手机端项目进入试运行阶段，成为环境执法人员移动执法的新利器。该项目实现三大功能：实时推送全市大气质量、饮用水源地监测数据等环境质量动态信息数据，为环保执法和决策管理提供依据；集成全市400多家重点排污企业"一企一档"信息数据，为现场执法监管提供信息支撑；建立"一站式"APP信息推送平台，自动将全市重大环境预警信息向执法人员推送，实现突发环境问题快速响应处置能力。

【组织开展环境应急队伍综合技能训练】 3月，市环保局组织开展全市环境应急队伍综合技能训练，48名环境应急人员分两批参训。培训科目主要为户外攀爬，并融合基本应急技能锻炼、个人保护用具使用、应急通信设备运用等科目培训，切实增强环境应急人员在紧急情况下应变能力、协调配合能力以及自我防护能力，也提升环境应急队伍的凝聚力和整体战斗力。

【搭建重点排污单位环境信息自行公开平台】 7月，市环保局在"常熟企业环保通"信息系统基础上，开发企业环境信息自行公开模块正式投用，并纳入"智慧环保"大平台，实现企业环境信息公开实时更新、实时监督。全市首批59家重点排污单位完成培训，通过填报平台内部《苏州市重点排污单位环境信息公开表》，企业环境信息关联到常熟环保网站实时公开。同时，市环保部门加强执法监管，严格执行新《中华人民共和国环境保护法》、新《中华人民共和国大气污染防治法》等法律法规，强化对重点排污单位环境信息公开监督检查，对未及时公开信息单位下达限期整改要求，确保企业环境保护主体责任落实到位。

【市环境监测站通过"实验室认可监督"评审】 10月29日，中国合格评定国家认可委员会组织专家评审组对常熟市环境监测站进行"实验室认可监督"评审。评审组依据有关准则标准对环境监测站管理体系文件中质量手册、程序文件、内审管评报告以及各类质量记录进行全面审查。专家评审组认为常熟市环境监测站建立质量体系文件覆盖认可准则全部适用要素，较好满足认可准则要求，实验室管理体系运行比较充分，符合认可准则及其应用说明要求，一致同意通过认可监督评审。

【参加中丹水和环境战略领域合作项目研讨会】 12月15日，由江苏省环保厅主办"中国—丹麦水和环境战略领域合作项目第一次大气环境管理研讨会"在苏州市召开，并在常熟数地举行活动。与会人员听取开发区大气污染防治情况介绍，丹麦专家分别作"工业空气污染控制：许可证体系及通用法规"和"空气排放实测经验介绍"等课题报告，探讨中丹两国在工业废气排放管理领域合作意向。

【举办突发环境污染事件应急救援沙盘推演】 12月16日，常熟市举办2016年突发环境污染事件应急救援沙盘推演。推演模拟市饮用水源地周边发生突发环境事件，存在影响饮用水源地水质安全隐患。推演过程中，环保、水利、海事、供水等部门以及相关板块应急救援队伍全力合作，连续开展应急监测，快速控制事故并消除污染源，事故得到妥善处置，未对周边环境造成明显影响。推演严格按照本市突发环境应急预案要求，以快速响应、多级联动、配合密切，处置科学为目标，充分体现信息化条件下环境应急管理与决策指挥系统功能，达到锻炼队伍、磨合机制、提升能力的实战效果。 （孟　薇）

责任编辑　薛　卫

财政·税务

财　　政

【概况】 2016年，全市一般公共预算收入完成173.58亿元，比上年实绩增收15.88亿元，增长10.07%，增幅比上年增加3个百分点，其中，税收收入145.54亿元，同比增长13.34%，税收占比83.85%，比上年增加2.43个百分点；非税收入完成28.04亿元，同比下降4.27%，完成人代会确定的收入目标任务。一般公共预算收入占GDP的占比由2015年的7.7%提高到8.2%，提高0.5个百分点。13个经济板块完成一般公共预算收入150.61亿元，经济技术开发区和高新技术产业开发区的经济贡献份额逐步提高，两区一般公共预算收入完成56.37亿元，同比增长34.45%，占全市收入比重为32.48%，比上年增加5.89个百分点。是年，全年完成一般公共预算支出158.74亿元，比上年实绩增加3.49亿元，增长2.24%。其中，全市城乡公共服务支出119.21亿元，占一般公共预算支出比重75.1%。是年，行政运行成本进一步压降，全市“三公”经费支出同比下降24.83%。

支持经济转型升级 2016年，全市拨付促进经济发展各类资金20多亿元，重点支持工业转型升级、淘汰落后产能、科技创新、人才引进、现代服务业和商务外贸发展等领域。配合做好“三去一降一补”供给侧结构性改革五大任务，牵头降成本工作，规范行政事业性收费行为，减轻企业税费负担，降低制度性交易成本，全年降低企业成本44.23亿元，完成目标15亿元的295%。

10月12日，全国珠心算教育经验交流现场会暨研讨会在常熟召开

改善保障民生事业 2016年，全市教育支出31.6亿元。提高学前、义务制教育和职业教育生均公用经费标准，制订新一轮校车专营财政补贴方案，健全校安工程奖补机制，研究民办教育财政支持政策。全市社会保障和就业支出12.35亿元，足额保障各类困难对象生活补助金。制订市公办养老机构改革实施办法，对特困家庭老年人和高龄老年人实行政府资助养老；年内基本公共卫生经费达到人均70元，加强对市级公立医院改革扶持。改善生态环境，环保投入同比增长19.5%，重点支持老旧机动车淘汰、电力企业脱硫脱硝、两河流域整治、环境综合整治、生态林建设等治气、治水、治土项目。

落实强农惠农政策 2016年，全市支农支出12.45亿元，支持农村基础设施建设、农业机械化发展、桥梁建设河道整治、生态补偿等各个方面。拓展高效设施农业保险险种2个，加大政策性农业保险补贴力度。稳步推进涉农“三项补贴”改革，农资综合补贴、水稻直补、良种补贴合并为耕地地力保护补贴，全年共计发放5416万元，受益农户5.13万户。

【古里镇试点乡镇金库】 2016年古里镇被确定为乡镇金库试点镇。上半年完成开设乡金库账户和乡镇部门预算单位零余额账户，完成古里镇纳税企业属地甄别。8月1日，古里乡镇金库正式上线，实现古里镇会计集中核算向国库集中支付制度的转轨。

【全面推行市级预算单位公务卡】 2016年5月开始，常熟市在市级预算单位中全面推行公务卡制度，共涉及51家单位。截至2016年12月31日，办理人数1479人次。公务卡主要用于日常公务支出和财务报销业务。市财政局按照《常熟市市级预算单位公务卡管理暂行办法》和《市级预算单位公务卡强制结算目录》，对市级预算单位执行公务卡情况实行动态监控，及时发现并纠正使用中出现的问题，逐步建立市级预算单位公务卡应用管理机制。

【政府资产报告编制完成】 2016年4月，常熟市财政局编制完成2015年度政府资产报告。截至2015年12月31日，常熟市政府资产总计347.07亿元，其中受托代理资产180.43亿元，占51.98%；经管资产（包括政府储备物资、公共基础设施、自然资源资产、其他经管资产）165.62亿元，占47.72%；政府投资基金1.02万元，占0.3%。是年6月，启动全市行政事业单位国有资产清查，清查内容包括单位基本情况、财务、财产清查和完善制度，清查范围共66个主管部门、482户单位，其中市级278户，镇级204户。是年8月，完成单位自查结果审核汇总。截至2015年12月31日，全市行政事业单位账面资产总额194.21亿元，清查数196.77亿元；账面负债总额70.24亿元，清查数70.09亿元；清查后净资产总额123.96亿元，清查资产负债率为35.62%。

【预算绩效管理】 2016年，全市绩效目标管理与部门预算编制同步开展，绩效评价项目和资金由2015年的16个、8.17亿元分别增加到89个、23.57亿元。重新构建绩效评价模式，按照一般项目、重点项目、专题项目分类实施绩效评价，方法更加细分、科学，加强事后对预算执行的动态监控。绩效评价等级按照90以上为“优”、80－90分为“良”、70－80分为“中”、70分以下为“差”的办法评定，63个一般项目中，13个项目为“优”，50个项目为“良”；24个重点项目中，3个项目为“优”，19个项目为“良”，2个项目待项目验收后重新组织评价。

【政府性债务管理】 2016年，全市省级置换债券共5批，金额37.57亿元，定向发行置换债券20.32亿元。通过城市产业基金和农行棚改项目等模式加大乡镇存量债务置换力度，优化存量债务结构，降低债务成本，保障乡镇健康运行和可持续发展。10月，市财政局提请市政府办公室出台进一步规范常熟市镇级政府筹集资金管理的文件，从严控制和防范财政风险。

【政府投资项目信息化管理】 2016年，常熟市启用政府投资项目信息管理系统和政府投资项目评审管理平台，用信息化手段审核审批拨付工程款，规范政府投资建设项目评审管理流程，提高评审质量和效率。全年评审估概算、标底和变更三类项目共215个，送审总额168.34亿元，净核减总额13.98亿元，其中估概算净核减13.33亿元，核减率10.19%。 （徐颖婷）

国家税务

【概况】 2016年，市国税局主动适应和引领税收新常态，以全面试行营改增试点和“金三”上线工作为主线，持续推进税收管理改革，全年组织国税收入211.44亿元，比上年增长24.70%；完成地方公共财政预算收入80.79亿元，比上年增长65.26%。税收收入增收额及增长率均位于苏州四市三区第一，常熟市成为江苏省第三个国税收入超200亿的县级市。年内，市国税局再获江苏省文明单位称号，全系统涌现出江苏省先进工作者张正明等一批先进典型。

税收征管 2016年，市国税部门全面落实国家税务总局《国地税合作工作规范》，稳步推进国地税合作机制，建立国地税联席会议制度，开展并完成三轮国地税联席会谈纪要，推行2016年度国地税合作方案，明确和分步落实国地税合作事项共23大项33小项。全面推广运用纳税评估工作模板和法律指引，通过案例交流、业务技能培训、编撰《常熟市局年度优秀案例汇编》等方式广泛开展培训教学，提升应对人员业务能力。同时，落实风险应对领导“实体化”制度，加强统筹协调，任务跨区域分配比例超过70%，实现风险应对团队化运作，应对任务主辅岗分明，集体审议工作全面开展。全年共完成风险应对560户，其中纳税评估452户，风险应对总成效3.44亿元。在此基础上，加强欠税管理，成功上线运行欠税追征工作模版与法律指引，欠税追征工作进一步规范，依法采取查封扣押、变卖拍卖等，有效使用强制扣款、申请优先权、申请剩余财产分配权等清欠措施，全年共清理往年陈欠1029万元，清理本年新欠2.54亿元，成功清缴率达95%。

税务稽查 2016年，市国税部门强化执法责任考核和过错责任追究，提高执法准确性，全年核查行政处罚案件1183件，均做到程序规范、标准统一。开展执法案卷评查和行政执法专项整治，对执法督察、疑点核查等76项指标4000余条数据开展全面核查，对各执法环节全面整治，并成立“打骗打虚”工作团队，集中力量开展打击虚开发票和骗取出口退税专项检查，全年共立案检查企业71户，查补税款总额1846万元。

税收服务 2016年，市国税部门突出简政放权，深入推进“便民办税春风行动”，稳步推进“网上办税”“自助办税”“微信公众号”三位一体的非接触服务，推广应用电子税务局，实现纳税申报、发票管理、涉税查询等主要税收业务网上办理，全年累计办理纳税申报2.05万户。全面推开“三证合一”工作，集中抽调人员，通过电话通知、纳税人预约的方式，统筹安排办理进度，全年办理三证合一1.78万户。深化国地税联合登记服务，整合资源实现对建筑行业的统筹管理，实现71.2%以上的事项即时办结，报送资料减少42.6%，报送环节压缩59.3%，办理时限缩减49.8%。同时，全面推行实名制办税，完成1.9万户纳税人的实名制采集。通过落实实名制采集和联合惩戒失信行为，实现简政放权与强化管理的有机统一，让失信企业寸步难行。

【全面推行营改增试点】 2016年5月1日起，建筑业、房地产业、金融业、生活服务业全面推行营改增。期间,市国税部门通过办税服务厅公告栏、触摸屏、微信公众号等多种形式开展营改增政策宣传,同时,整合办税资源,优化办税流程,设立营改增绿色通道,并成立营改增咨询团队,为上门现场咨询的纳税人提供政策咨询服务,累计向纳税人、社会公众、政府部门发放培训资料、课件、视频材料14000余份,接待纳税人上门2000余人次;分行业开展政策、申报培训18场,全市营改增纳税人接受4000人次。截至12月底,常熟地区"四大行业"1.7万户营改增纳税人,入库税收15.98亿元,90%以上的试点纳税人税负下降,直接减轻纳税人负担2.1亿元。

5月1日0时8分,虞城第一张营改增增值税发票在常熟市森林大酒店开具

【金税三期上线运行】 10月8日,金税三期优化版在常熟正式上线。金税三期是国家级电子政务工程,是统一国地税核心征管系统版本、实现征管数据大集中的全国税收管理信息化系统。为确保金税三期系统在10月份上线运行,市国税部门分批次开展面向纳税人的操作培训,特别针对由于新系统上线所带来的网上办税厅、电子税务局的变化部分,做好具体辅导,同时采取前台人员实时录入+抽调人员集中录入相结合的模式,实施金税三期系统双轨运行测试,第一时间将纳税人的申报数据同步录入ctais系统和金税三期系统,保证信息及时、准确。运行首日上午,全市共办理税务登记262户(其中新办119户,变更143户),代开增值税发票143份,办理车购税申报868辆。

【国地税联合办税服务厅成立】 4月29日,常熟市国地税联合办税服务厅成立,从5月1日起,开展联合办税。国地税联合办税服务厅主要负责受理企业类小规模纳税人代开发票并征收相关税金,具体为企业类小规模纳税人申请代开增值税发票时,国税征收增值税,地税同步征收城建税及教育费附加等相关税收,从源头上保证地方税费的及时足额入库,避免出现纳税人"重复报、反复找"的情况。联合办税大厅,设有8个办税窗口,按照相间方式排列,保证纳税人在相邻窗口可以办理国地税业务,避免重复排队。此外,国地税还联合向住建部门派驻人员,实现与住建部门对建筑业税收的三方共同管理。

【推行微信预约服务】 为方便纳税人办理涉税业务,减少纳税人排队等候的时间,市国税部门在"常熟国税"微信公众号开通预约办税服务功能。纳税人只要登录江苏国税网上办税厅,在"征纳互动"栏目中点击"微信绑定",生成专属二维码,再进入"常熟国税"微信公众号的"办税服务"项目,点击"扫码绑定"进行扫描,绑定成功后,就可以通过"预约服务"功能提前预约10个工作日内的办税项目。此外,"常熟国税"微信公众号还开通查询等辅助功能。纳税人还可通过24小时自助办税厅、ARM自助办税机、微信平台等获取相关涉税资讯,办理涉税业务。

【兑现各类税收优惠105.3亿元】 年内,市国税部门全力服务地方经济发展,推进产业结构调整和优化,落实各项税收优惠政策,重点抓好出口退税、"营改增"、小微企业减免税政策兑现,落实固定资产加速折旧、促进高新技术企业、现代服务业等各项税收政策,全年为全市纳税人兑现各类税收优惠105.2亿元,其中依法兑现小型微利、外向型经济、高新技术企业、资源综合利用以及支持现代服务业和现代农业等优惠政策25.58亿元,在稳增长、促改革、调结构、惠民生方面发挥税收职能作用。

2016年度常熟市国税税收情况一览表

表28 单位:万元

项目	累计收入					
	小计	中央级	地方级	上年同期	比上年增减数	比上年增长率(%)
一、国税收入合计	2114356	1296014	818342	1695519	418837	24.70
(一)国内两税收入	1449507	873224	576283	1173976	275531	23.47
1. 国内增值税	1358481	782198	576283	1132926	225555	19.91
(1)货物、劳务增值税直接收入	950061	574243	375818	779359	170702	21.90

续表 28

项目	累计收入					
	小计	中央级	地方级	上年同期	比上年增减数	比上年增长率(%)
(2) 营改增增值税直接收入	159790	71205	88585	33567	126223	376.03
(3) 货物、劳务增值税免抵调库	246000	136750	109250	320000	-74000	-23.13
(4) 营改增增值税免抵调库	2630		2630		2630	
2. 国内消费税	91026	91026		41050	49976	121.74
(二) 其他各税收入	664849	422790	242059	521543	143306	27.48
1. 企业所得税	609468	367410	242058	455174	154294	33.90
(1) 内资企业	213574	128943	84631	153736	59838	38.92
① 国有企业所得税	332	199	133	467	-135	-28.91
② 集体企业所得税	88	53	35	96	-8	-8.33
③ 股份制企业所得税	98667	59983	38684	62429	36238	58.05
④ 私营企业所得税	114467	68696	45771	90716	23751	26.18
⑤ 其他内资企业所得税	20	12	8	28	-8	-28.57
(2) 外资企业	395894	238467	157427	301438	94456	31.34
2. 个人所得税(利息税)	3	2	1	7	-4	-57.14
3. 车辆购置税	55378	55378		66362	-10984	-16.55
二、出口退税	-833130	-833130		-995300	162170	-16.29
1. 出口货物退税合计	-584500	-584500		-675300	90800	-13.45
① 出口货物退增值税	-583192	-583192		-677438	94246	-13.91
② 改征增值税出口退税	-1308	-1308		2147	-3455	-160.92
③ 出口货物退消费税				-9	9	-100.00
2. 免抵调减增值税	-248630	-248630		-320000	71370	-22.30
① 免抵调减增值税	-246000	-246000		-320000	74000	-23.13
② 免抵调减改征增值税	-2630	-2630			-2630	

（孙益新）

地方税务

【概况】 2016年，常熟地税局完成"营改增"试点、金税三期上线等一系列重大改革发展任务，实现"十三五"时期税收事业发展的良好开局，共组织各项收入167.43亿元，同口径比上年增长1.18%，其中税收收入89.35亿元，同口径比上年增长5.58%；征收基金费78.07亿元，比上年下降3.42%。累计完成一般公共预算收入65.08亿元，同口径比上年增长4.28%。常熟地税局获苏州地税系统绩效考评第一名、全市机关绩效考核服务地方发展优胜单位。

税收征管 2016年，常熟地税局制订税收收入管理办法，建立"部门协作、共担责任、动态管理"的收入管理新机制，落实收入管理责任，提高税收收入质量。加强税收分析预测，开展经济运行、税源变化等情况调查研究，强化重点企业联系和监控，牢牢把握收入主动权。注重以建筑(房地产)行业为重点、中低等风险应对为主要手段，开展存量税源清理，累计清理营业税9569.16万元。强化两项所得税征管，推行企业所得税"辅导式汇缴"，加强新出台所得税政策的培训；深化高收入者管理，完善全员全额扣缴明细申报。两项所得税入库33.05亿元，比上年增长8.94%。建立土地增值税项目预警机制，规范"自行申报—风险评估—督察复审"清算流程。土地增值税入库8.26亿元。强化税收风险管理，推行"按户应对和按事项应对"双轨运行新机制。完成中等风险按户应对任务2678户，入库税款4.45亿元，税收贡献率5.03%。落实税费同征同管要求，加强基金费征管，全年征收基金费78.07亿元。

税收服务 2016年，常熟地税局开展"便民办税春风行动"，创新开发"税易行"综合服务平台，设置4大类16个功能点，突出纳税人的视角，提供智能咨询、信息定制、众包互助及监督维权等服务，提升纳税人税法遵从度。平台上线以来，用户超过1万户，预约量突破5000余次。开展第25个税收宣传月活动，推出扶持民营经济发展等系列报道，有力地展示了税务部门服务社会发展的良好形象。持续释放改革红利，抓好科技创新、研发费加计扣除等减税降费政策落地,积极落实关于降低实体经济企业成本的要求,为支持供给侧结构性改革、推动经济转型升级发挥积极作用。2016年共计减免税、费17.47亿元,比上年增长54.6%,其中落实高新技术企业、研发费加计扣除等科技创新税收优惠政策,减免企业所得税2.1亿元;落实阶段性降费政策,暂停征收防洪保安资金,降低基本养老、医疗、失业等保险缴费比例,征收社保费68.02亿元,比上年下降3.6%,有效减轻企业负担,降低企业运行成本。研究支持科技创新发展的问题及对策,得到省地税局的肯定。

税收法治 2016年,常熟地税局贯彻落实《关于全面推进依法治税的指导意见》,积极争创全国法治税务示范基地,带动法治建设水平整体提升。年内该局获评"全市依法行政评议考核优秀单位"。规范税收执法,不断完善与人民法院协作机制,加强对破产企业债权申报、社会保险费强制执行等沟通,参与破产案件申报12件,破产债权入库559.40万元。强化风险应对质量检查,跨区域检查8户企业补缴税款、滞纳金174.95万元;本级检查31户补缴税款、滞纳金107.08万元;开展日常执法督察,核查71户纳税人补缴税款、滞纳金89.5万元。推进行政许可、行政处罚双公示制度,公示行政处罚45件。重视普法宣教,依托"少年税校"等宣传载体,组织"小手拉大手""我与税法心连心"等形式多样的活动,营造依法纳税良好氛围。此外,积极参与网上学法、万人学法、宪法日普法等活动。该局被授予苏州市"六五普法先进单位",获常熟市"普法先进单位"四连冠,并作为唯一执法部门在全市普法工作表彰大会上交流。

新税规指导

【"营改增"试点全面推开】 5月1日,"营改增"试点工作全面推开。期间,常熟地税局积极落实上级"营改增"部署,制订工作方案,与国税部门加强沟通,做好政策管理、发票管理、定额管理等事项的衔接过渡,累计清理销毁发票580.88万份,向国税部门提供17235户营业税纳税人共享数据信息,做到票清、户清、税清。如期实现全市二手房交易和私房出租增值税代征工作,累计代开增值税发票2.4万余份,代征增值税7000多万元。深入研究营改增对地方财力、干部队伍等影响,《全面推开营改增运行情况》得到省领导表扬性批示。

【"金税三期"试点上线】 7月1日开始,常熟地税局作为全省金税三期首批五个试点单位之一,率先开展双轨运行试点,全力以赴抓好组织保障、业务培训、数据清理、人海仿真压力测试等各项工作。累计清理停用、作废票证7类27万份,核对、录入及发放税票23万份,完成"金三"环境电脑设置近400台(套),培训业务人员3轮400余人次,数据清理8.2万余条,全员仿真测试3次操作业务55950笔,双轨累计录入数据31138条,提交上报问题359个,列全省各试点单位首位。金税三期优化版系统于2016年10月8日成功上线。

【国地税合作全面推进】 2016年,常熟地税局与国税局持续深化国地税合作,搭建合作领导小组、联席会议等常态化工作机制,先后召开2次领导小组会议和3次工作小组会议,确定国地税23类33项重点合作事项。建立国地税联合办税服务厅,共驻政务服务中心、便民服务中心,完善协税护税网络,让纳税人"进一家门、办两家事"。共建办税厅1个,共驻政府服务大厅3个,共设联合办税窗口6个;联合办税厅累计办理业务1.6万余笔,征收地方税收2000多万元。深化国地税合作的做法得到省地税局肯定并在《人民日报》和《紫光阁》刊发。

【推行"重大案件听辩式审理"】 6月20日,常熟地税局在全省率先创新推行"重大案件听辩式审理",举行第一次重大案件听辩式审理,通过引入法院庭审和听证模式,拓宽当事人陈述申辩渠道,保障陈述申辩权利,提高了案件审理质量。全年举办"重大案件听辩式审理"3件涉案金额582万元。主要做法得到省、市领导好评,省地税局在该局召开现场会并拟在全省推广。

2016年常熟市地方税(费)收入情况一览表

表29　　单位:万元

项　　目	收入实绩	上年同期	增长率(%)
各项收入总计	1674288	1865111	-10.23
同口径(剔除"营改增")	1674288	1654726	1.18
一、税收收入合计	893530	1056728	-15.44

续表 29

项　　目	收入实绩	上年同期	增长率(%)
同口径(剔除“营改增”)	893530	846343	5.58
1. 营业税	181281	347518	-47.84
其中省级:	40756	79352	-48.64
2. 企业所得税	121873	133193	-8.5
3. 个人所得税	208644	170191	22.59
4. 城建税	95321	84728	12.5
5. 房产税	79753	78886	1.1
6. 印花税	18536	18085	2.49
7. 土地使用税	42169	50066	-15.77
8. 土地增值税	82612	91905	-10.11
9. 车船税	12839	11964	7.31
10. 契税	37198	58083	-35.96
11. 耕地占用税	4927	12140	-59.42
12. 改征增值税	8377	0	—
二、基金费收入	780758	808383	-3.42
1. 教育费附加	84555	74208	13.94
2. 两金	8	10	-20.00
3. 文化事业费	54	171	-68.42
4. 防洪基金	2105	12506	-83.17
5. 社保	680218	705934	-3.64
6. 农保		27	-100.00
7. 人防基金	—	—	—
8. 教育基金	—	—	—
9. 绿化费	—	—	—
10. 退管费	—	—	—
11. 工会经费	7762	7415	4.68
12. 残保金	6039	5503	9.74
13. 职教培训经费	—	2586	-100.00
14. 税务部门罚没收入	17	23	-26.09

（程　军）

责任编辑　汤　涵

金　融

综　　述

【概况】 至2016年年末，全市金融机构本外币存款余额2913.64亿元，比年初增加308.76亿元，增长11.85%；本外币贷款余额2262.72亿元，比年初增加222.40亿元，增长10.90%。保险公司全年实现保费收入48.51亿元，同比增长21.55%，给付、赔付支出18.23亿元，同比增长14.80%。证券公司全年股票交易额5856.66亿元，同比下降37.69%；期末股票账户数48.36万户，同比增长13.49%；期末股票市值459.52亿元，同比增长57.14%。融资性担保公司全年累计提供担保金额6.41亿元，期末在保余额8.08亿元。农村小额贷款公司全年累计发放贷款4.93亿元，期末贷款余额11.43亿元。

2016年常熟市金融业发展情况表

表30

行　业	主　要　指　标	数　　量	上年同期	同比(%)
	金融业增加值(亿元)	105.82	95.54	10.76%
银　行	机构数(家)	30	29	3.45%
	存款余额(亿元)	2913.64	2604.88	11.85%
	贷款余额(亿元)	2262.72	2040.32	10.90%
保　险	机构数(家)	46	45	2.22%
	保费收入(亿元)	48.51	39.34	21.55%
	给赔付支出(亿元)	18.23	15.95	14.80%
证　券	机构数(家)	14	10	40.00%
	股票账户数(万户)	48.36	41.80	13.49%
	交易量(亿元)	5856.66	9807.02	-37.69%
	期末市值(亿元)	459.52	291.43	57.14%
担　保	机构数(家)	4	4	0.00%
	注册资本(亿元)	10.80	10.80	0.00%
	期末在保余额(亿元)	8.08	14.17	-42.98%
小　贷	机构数(家)	8	8	0.00%
	注册资本(亿元)	14.06	16.10	-12.67%
	期末贷款余额(亿元)	11.43	14.39	-20.57%

（蒋　澄）

金融监管与服务

【概况】 全市有市政府金融工作办公室(简称市金融办)、中国人民银行常熟市支行(简称市人民银行)、中国银行业监督管理委员会苏州监管分局常熟市监管办事处(简称市银监办)、国家外汇管理局常熟市支局(简称市外汇管理局)等4家金融监管与服务机构。

市金融办　2016年，进一步完善政策机制，市金融办联合多部门发布《关于进一步发挥小额创业贷款作用推动大众创业的实施意见》，加大力度扶持创业者多渠道获得资金，出台《常熟市供给侧结构性改革去杠杆的实施意见》，全面部署开展“去杠杆”工作，为常熟经济金融健康发展提供政策保障。召开全市金融业支持实体经济发展大会，促成银企签约项目60个，授信金额159亿元。全年新增五大新兴产业贷款34.79亿元，增长19.89%；新增城乡一体化贷款37.87亿元，增长19.87%；新增小微企业贷款83.26亿元，增长13.53%。积极对接《苏州市金融支持企业自主创新行动计划(2015—2020)》，调动金融资源支持科技型企业创新发展。至年末，全市累计登陆“苏州综合金融服务平台”企业1407

家，实际发生业务715家，获得金融机构授信162.2亿元，放款83.8亿元。完成地方金融调研报告2项。组织互联网金融风险专项整治行动，对常熟地区393家涉及互联网金融业务的企业进行摸底排查。对全市170多家重点企业实施融资监测，强化风险预警，前移防控端口，稳妥推进重点企业风险事件处置。全年成功签署“萃隆铜管”“长发铝业”2个“联合授信协议”，化解潜在信贷风险6.54亿元。金融纠纷调委会全年累计调解纠纷34件、2.6亿元，同比分别增长161.54%和63.48%，有效提高了金融纠纷处置效率。年内，举办“社会集资那些事：风险与法治”大型金融展览，吸引近10万人参观，举办4期金融大讲堂。持续开展防范非法集资宣传教育活动，累计举办公益讲座4场，走进社区宣讲30多次，制作投放横幅600多条、广告1000余次、海报2000多张、宣传单50000多份。（蒋　澄）

市人民银行　年内，常熟市人民银行（简称市人行）围绕供给侧结构性改革，科学执行货币政策，联合相关部门推动常熟市政府，出台去杠杆、去产能、去库存、降成本等多个实施意见。共压降钢铁、化纤、纺织、化工、造纸等“两高一剩”行业贷款30.1亿元；建立“3+5”重点产业贷款监测统计制度，对787家主导产业企业、212家新兴产业企业按季统计监测，为上级行、地方政府和银行业金融机构有针对性的优化信贷结构提供数据支撑。创新出台《常熟市制造业信贷政策导向效果评估暂行办法》。联合相关部门召开金融创新产品推介会，汇编76支融资产品。至2016年末，全市金融机构1年期贷款加权平均利率为5.12%，比上年末下降0.34个百分点，比全省平均水平低0.36个百分点。联合市相关部门开展“互联网金融风险排查工作”，牵头开展“非银行支付机构风险专项整治”。开展打击恶意逃废债专项活动，多媒体、全方位公布“失信黑名单”，累计阅读量100多万人次，促使530名“老赖”主动解决债务4.7亿元。指导“企业转贷资金池”积极发挥作用，全年累计服务企业239家，发放“过桥”贷款402笔、52.77亿元。强化反洗钱力度，及时召开反洗钱义务主体工作培训会，实现反洗钱义务主体走访全覆盖，发挥市场利率定价自律机制作用，加强房贷政策执行和定价行为自律的督查，促进房地产市场平稳健康运行。不断加强再贷款投向监测和利率核查，确保再贷款资金按利率要求全部用于支持“三农”。年内，出台《常熟市ATM村村通工程实施方案》，完成ATM村村通任务，形成ATM村村通的常熟特色。设立常熟市首家乡镇金库—古里乡镇金库。（张塑亦）

市银监局　2016年，全市处置不良贷款余额57.07亿元，其中现金清收11.07亿元，打包处置19.61万元，核销23.12亿元，以物抵债0.62亿，其他2.65亿元。年末不良贷款余额40.79亿元，比上年末下降0.96亿元，不良率1.63%，比上年末下降0.22个百分点，实现不良贷款控制目标。对不良贷款较高的银行机构实行重点约谈，督促各行按照既定目标，通过各类方式，从快从速对不良资产和隐性风险进行处置及化解。推动成立债权人委员会，实行分类帮扶，常熟辖区41户已建立债权人委员会。引导地方法人金融机构完善机制，转型升级，建立健全符合本机构实际的经营管理体制，明确“支农支小”定位，走差异化、特色化支农发展之路。按照监管法规在上级授权范围内开展各类行政许可工作相关环节的审查工作，全年完成1家银行分支机构新设验收工作；完成常熟农商行一名行长助理和苏州建信村镇银行两名董事、一名副行长任职资格谈话。全年参加苏州分局组织的“两加强，两遏制”现场检查1项共计5家银行机构，累计投入现场检查工作日71个；开展各项督查暗访4项计66个工作日；其他类3项32个工作日；全年现场工作日169个。年内，辖区银行业金融机构未发生职务犯罪案件（百万元以上大案要案）和针对银行机构的诈骗案件。持续三年开展普及金融知识宣传活动。全年共处理服务类信访投诉22起，办结22起。配合政府做好打击和防范非法集资及恶意逃废债工作。组织开展辖内银行机构防范打击非法集资宣传月活动；印制宣传海报370份，宣传折页40000份。（肖　明）

11月8日，全市金融创新产品推介会召开

市外汇管理局　2016年，全年办理名录登记329家、名录变更57家，名录注销268家；全年办理跨境贸易人民币结算业务3717笔，金额206.34亿元人民币。年内出台《常熟服装城市场采购贸易外汇管理试行办法》，推进常熟服装城成功获批第三批国家市场贸易采购方式试点。年内，对芬欧汇川、长春化工就扩大业务规模和业务种类、进一步用足用好政策进行引导和沟通。芬欧汇川通过集中收付汇和轧差净额结算节省了集团约60%的跨境结算量。开展大额购付汇、异地购付汇监测核查和约谈，2016年共进行核查57家次，涉及16家企业。通过购付汇约谈向辖内的重点企业传达正确的外汇形势和政策导向，引导企业合理安排购付汇资金，鼓励企业优先使用跨境人民币进行对外支付，缓解外汇流出压力。开展外汇管理专项核查和检查。贸易项下“控流出”专项核查，核查企业11家，对一家企业重复利用发票进行购付汇的行为移交外汇检查，处以罚款117万元。流出项下外汇业务专项检查，涉及企业及银行30家。股权转让业务溢价情况专项核查，涉及4家银行、4家企业。全年外债签约登记金额8.87亿美元，同比增长12.42%；外债提款金额8.63亿美元，同比减少10.2%；外债还本付息金额12.15亿美元，同比增长34.29%。全市外债余额20.63亿美元，同比减少16.98%。办理境外放款额度登记3.43亿美元，对外担保登记1.49亿美元。

（张朔亦）

8月26日，三菱东京日联银行（中国）有限公司苏州分行常熟支行在高新区开业

银　行　业

【概况】 年内，常熟地区银行增至30家，分别为政策性银行分支机构1家，国有商业银行分支机构5家，股份制银行分支机构9家，城市商业银行分支机构6家，农村中小法人金融机构2家、分支机构1家，专类金融机构1家，外资银行分支机构5家。2016年度常熟农村商业银行成功登陆A股上市，三菱东京日联银行（中国）有限公司苏州常熟支行落户常熟，浙商银行常熟支行、平安银行常熟支行获批筹建。年内净减营业网点2家，年末全市银行机构网点数359家。全市离行式自助银行162家，各类ATM机（取款机）、CDS机（存取款一体机）、交易查询机等自助设备1677台。银行机构遍布全市各乡镇，虞山镇地区网点172家，其中招商城地区网点35家；其他乡镇网点164家，三大经济开发区网点23家。全市金融从业人数5797人（其中在编人数为5548人），同比增加225人。截至年末，辖内银行业金融机构本外币各项存款2913.64亿元，同比增加308.76亿元，增幅11.85%；各项贷款余额为2262.72亿元，同比增加222.40亿元，增幅10.90%；不良贷款余额40.79亿元，不良贷款率1.63%。

（张军阳）

2016年年末常熟市银行业基本情况表

表31

序号	名　　称	性　　质	机构网点数	成立时间	从业人数
1	中国农业发展银行常熟市支行	政策性银行分支机构	1	1996.1	20
2	中国工商银行股份有限公司常熟支行	国有商业银行分支机构	24	1984.09	426
3	中国农业银行股份有限公司常熟分行	国有商业银行分支机构	56	1980.02	734
4	中国银行股份有限公司常熟支行	国有商业银行分支机构	25	1985.1	429
5	中国建设银行股份有限公司常熟分行	国有商业银行分支机构	30	1979.09	430
6	交通银行股份有限公司常熟分行	国有商业银行分支机构	5	1993.07	109
7	中信银行股份有限公司常熟支行	股份制商业银行分支机构	3	1997.06	82
8	上海浦东发展银行股份有限公司常熟支行	股份制商业银行分支机构	3	2002.11	82
9	华夏银行股份有限公司常熟支行	股份制商业银行分支机构	1	2008.07	32
10	中国民生银行股份有限公司常熟支行	股份制商业银行分支机构	3	2008.09	118
11	中国光大银行股份有限公司常熟支行	股份制商业银行分支机构	3	2008.11	58
12	招商银行股份有限公司常熟支行	股份制商业银行分支机构	3	2009.02	56
13	兴业银行股份有限公司常熟支行	股份制商业银行分支机构	1	2012.04	27

续表 31

序号	名　　称	性　　质	机构网点数	成立时间	从业人数
14	恒丰银行股份有限公司常熟支行	股份制商业银行分支机构	1	2012.12	38
15	广发银行股份有限公司常熟支行	股份制商业银行分支机构	1	2013.11	25
16	江苏银行股份有限公司常熟支行	城市商业银行分支机构	3	2005.06	56
17	苏州银行股份有限公司常熟支行	城市商业银行分支机构	6	2011.05	83
18	宁波银行股份有限公司常熟支行	城市商业银行分支机构	2	2011.01	45
19	南京银行股份有限公司常熟支行	城市商业银行分支机构	1	2012.07	28
20	浙江泰隆商业银行股份有限公司常熟支行	城市商业银行分支机构	3	2013.01	65
21	上海银行股份有限公司常熟支行	城市商业银行分支机构	1	2013.07	26
22	江苏常熟农村商业银行股份有限公司	农村中小法人金融机构	108	2001.11	2160
23	苏州常熟建信村镇银行股份有限公司	农村中小法人金融机构	5	2010.12	72
24	江苏张家港农村商业银行股份有限公司常熟支行	农村中小法人金融机构分支机构	1	2014.01	36
25	中国邮政储蓄银行股份有限公司常熟市支行	专类金融机构	64(含邮政分公司储蓄代理网点52家)	2008.04	461
26	三井住友银行(中国)有限公司常熟支行	外资银行分支机构	1	2010.12	19
27	汇丰银行(中国)有限公司常熟支行	外资银行分支机构	1	2012.12	6
28	瑞穗银行(中国)有限公司常熟支行	外资银行分支机构	1	2014.05	14
29	东亚银行(中国)有限公司常熟支行	外资银行分支机构	1	2015.1	7
30	三菱东京日联银行(中国)有限公司苏州常熟支行	外资银行分支机构	1	2016.8	9
合计	—	—	359	—	5797

说明：中国农业银行股份有限公司常熟分行于2011.12由支行升格为分行
中国建设银行股份有限公司常熟分行于2013.3由支行升格为分行
交通银行股份有限公司常熟分行于2011.12由支行升格为分行
常熟农村商业银行于2001.11由常熟农村信用社联合社改制而成，数据仅反映本辖网点和人员情况数
从业人数不包括各类外包公司人员
全市网点数不含央行和银监会派出机构

【中国农业发展银行常熟市支行】 中国农业发展银行常熟市支行(以下简称常熟农发行)是直属国务院领导的我国唯一的一家农业政策性银行分支机构，在职员工18人，主要职责是承担农业政策性金融服务。2016年年末，贷款余额12.54亿元，投放农发重点建设基金3亿元。全年共发放县级储备粮贷款1.92亿元、储备油贷款751.72万元；支持入库储备稻谷5114.8万千克、入库储备小麦704.2万千克。获批36亿元贷款支持农村生活污水治理项目，期限20年。年末根据项目进度投放贷款4亿元，工程覆盖常熟全市10个乡镇(区)，448个村庄的污水治理建设，占村庄污水管网建设的13.65%。获批7亿元大力支持辛庄镇“三优三保”专项规划，期限15年。　(项依伊)

【中国工商银行股份有限公司常熟支行】 2016年，中国工商银行股份有限公司常熟支行(以下简称“工商银行常熟支行”)本外币各项存款余额245.25亿元，较年初增加8.39亿元；本外币各项贷款余额228.68亿元，较年初增加26.93亿元。人民币各项存款余额198.05亿元，较年初增加20.07亿元；人民币各项贷款余额226.68亿元，较年初增加27.2亿元。不良贷款余额2.49亿元，较年初下降0.73亿元；不良率1.09%，较年初减少0.51%。加大对全市重点项目和民生领域项目的信贷支持，服务实体经济发展，年内通过审批项目8个，金额20.36亿元。向本市各乡镇所辖的优质信贷企业投放3年期流动资金贷款共14.15亿元。成功竞标常熟市城市发展一号、二号基金共60亿元。开展奇瑞捷豹路虎国产车、进口车两条供应链融资业务，2016年年末，准入经销商156户，累计投放金额67.14亿元。开展国际业务开办网点的资质申请及外管报备，2016年年末，已有8家网点具备办理对公即期交易资格。开展“服务面貌专项整治季”，推进网点“靓化工程”，在提升改善硬件环境的同时提升网点文明服务软实力。全年成功堵截电信诈骗9起，为客户挽回损失20.2万元，受到市公安部门表彰。　(王　贤)

【中国农业银行股份有限公司常熟分行】 2016年，中国农业银行股份有限公司常熟分行(以下简称“市农行”)本外币存款余额588.64亿元，比年初增加32.1亿元。本外币日均存款余额584.49亿元，比年初增加31.54亿元。

本外币贷款余额391.37亿元,比年初增加18.45亿元。不良贷款余额3.84亿元,不良率0.98%。至年末离行式自助银行(含单机)达39家,全年新建自助银行7家(其中精品自助银行5家),新增ATM、CRS机具7台、更新30台。发行社会保障卡125万张,激活金融功能17.7万户,有效推动常熟市智慧城市建设。年内市农行加大对全市重点项目支持力度,获批并中标全国农行首笔百强县国企发展基金50亿元。支持全市棚户区改造项目,牵头乡镇区域棚改银团60.5亿元。成功上线常熟市第一人民医院银医通项目、学费E商缴费版、财政系统党费E商缴费模式,全年E商渠道交易额达12.1亿元。加大对"三农"的支持力度,发放全国首笔"三优三保"项目贷款9.5亿元,全年累计发放"金农贷"21笔,金额2710万元,设立惠农通服务点250个,新增惠农卡1038张,建立50名"三农"信息联络员队伍。年内,市农行获评"2014－2016年度苏州市文明单位""2013－2015年度江苏省文明单位"。全年成功堵截电信诈骗24起,为客户挽回损失35万元,堵截假票据3起5.8万元,成功识别假借记卡3张,涉及金额5.2万元,48人次受到常熟见义勇为基金会表彰。　(支敏怡)

【中国银行股份有限公司常熟支行】 2016年年末,中国银行股份有限公司常熟支行(简称中国银行常熟支行)本外币存款余额197.56亿元,其中人民币存款余额171.56亿元,外币存款余额3.75亿美元;本外币贷款余额219.10亿元,其中人民币贷款余额215.15亿元,外币贷款余额0.57亿美元。全年清收化解不良贷款3.30亿元,不良率控制在1.11%。年内,为全市三大主导产业与五大新兴产业发放贷款37.61亿元。发挥国际化、多元化经营优势,推出订单融资与越南盾NDF汇率保值业务;重点打造"区域跨境业务首选银行",叙做制造业企业跨境人民币资金池项下外债资金,助力企业打通跨境双向人民币资金池通道。支持城镇基础设施建设项目,实现昆承湖生态提升工程融资项目成功落地;平安金融创建活动先进集体。全年成功堵截各类诈骗案件9起,为客户挽回损失54.9万元。年内,在外管局年度考核中被评为A类银行,并获评国际收支统计申报工作先进单位。获评2016年度常熟市综合服务明星银行、惠民与便民服务明星银行,辖下滨江支行、杨园支行被评为江苏银行业普惠金融文明规范服务五星级营业网点。　(邓　焕)

【中国建设银行股份有限公司常熟分行】 2016年,中国建设银行股份有限公司常熟分行(以下简称"市建行")本外币一般性存款余额215.02亿元,其中对公存款余额133.74亿元,储蓄存款余额81.28亿元,本外币各项贷款余额248.47亿元,全年清收不良贷款3.74亿元,年末五级分类不良贷款余额6.51亿元,贷款不良率3.51%。年内,市建行获评2013－2015年度江苏省文明单位。全年成功堵截电信诈骗11起,为客户挽回损失14万元。年内,与常熟市人民政府签署银政战略合作协议、常熟投资基金协议,共同设立300亿元投资基金,用于支持常熟市的城市发展、绿色发展和产业升级,助力精致城市建设。在原有柜面系统、非税POS、互联网缴费平台的基础上,创新推出悦生活缴款渠道,获得好评。　(蔡　菲)

【交通银行股份有限公司常熟分行】 2016年年末,交通银行股份有限公司常熟分行(以下简称"市交行"),本外币存款余额48.83亿元,比年初增加3.41亿元。人民币各项存款41.50亿元,外币存款10.57万美元。本外币贷款余额75.05亿元,其中人民币贷款余额69.14亿元,外币贷款余额8528万美元。不良贷款余额3.76亿元,较年初减少2.04亿元,贷款不良率5.01%。年内对接常熟市级财政、两大国家级开发区以及常熟两个AAAAA级景区投融资平台,新增援信金额60多亿元;全年新增服务16家小微企业,对实体小企业纯贷款投放余额1.49亿元,贴现余额1.04亿元;探索民生服务工程,成功实现与物业维修缴费系统和常熟市第一人民医院的网上挂号支付系统的对接;新增全口径外债、外币资金池、证券公司B股资金归集、离岸转开证等业务。年内,市交行营业部获评中国银行业协会2016年度中国银行业文明规范服务"千佳"示范单位。　(曹　昱)

【江苏常熟农村商业银行股份有限公司】 2016年,江苏常熟农村商业银行股份有限公司(简称常熟农商银行)资产总额1,299.82亿元,较年初增加214.78亿元,增幅19.79%;存款总额888.10亿元,较年初增加65.19亿元,增幅7.92%;贷款总额664.19亿元,较年初增加88.08亿元,增幅15.29%;全年实现利润总额13.12亿元,同比增加0.93亿元,增幅7.63%,实现归属于母公司股东的净利润10.41亿元,同比增加0.75亿元,增幅7.76%;资本充足率13.22%,存贷比74.79%,成本收入比37.40%,贷款拨备比率3.30%,拨备覆盖率234.83%。年内,常熟农商银行在上海证券交易所正式挂牌上市(股票简称:常熟银行,股票代码:601128)。无锡、扬州、泰州分行开业,非常熟地区分支机构数达34家,完成11家村镇银行批量组建,开业村镇银行达30家,全国排名升至第6位,启用"兴福村镇银行"品牌。成功发行首期10亿元二级资本债券,获批中国外汇交易中心外币拆借会员资格。为全国首个"三优三保"试点地区常熟市辛庄镇提供专业金融咨询服务和专门信贷产品,签订《加快农村集体经济发展战略合作协议》。上海票据交易所正式开业,常熟农商行入围全国首期35家试点银行类金融机构,完成了交易系统上首单有农商行参与的票据交易。创新金融中心推出的"燕谷信保贷"产品上榜2016苏州金融创新榜。年内获评江苏省文明单位,根据英国《银行家》杂志全球千强2016年排名,该行位列全球银行第578位。

(刘颖奕)

【中国邮政储蓄银行股份有限公司常熟市支行】 2016年末,中国邮政储蓄银行股份有限公司常熟市支行(以下简称"邮储银行常熟市支行")累计完成自营业务收入16747万元,比上年增长5.52%。邮银合计个人储蓄存款余额127.84亿元;全年销售理财保险152.5亿元。公司存款余额19.31亿元。全年累计发放各项贷款31.4亿。年末贷款结余44.51亿元,比上年新增贷款17.05亿元。不良贷款余额675.12万元，贷款不良率0.18%，较年初下降0.16%。2016年度，成功开发全区系统内第一单大额美元公司存款1亿美元、首笔存美贷美项下进口代付业务1743.21万美元、首笔国内信用证500万元。全年共计授信额度4.05亿元；支持参与棚户区改造三期项目银团贷款，授信额度1.5亿元。荣获"惠民、便民服务明星银行"称号；莫城支行获评江苏省银行业协会"江苏银行业五星级网点"称号。 (钱梦卉)

【苏州银行股份有限公司常熟支行】 2016年年末，苏州银行股份有限公司常熟支行(以下简称"苏州银行常熟支行")，本外币存款余额49.55亿元，其中对公存款余额41.39亿元，储蓄存款余额8.16亿元。本外币各项贷款余额31.54亿元。不良贷款余额0.92亿元，不良率为2.92%。2016年苏州银行常熟支行负债业务持续发展，资产业务稳中有升，中间业务呈良好发展态势。年内，成功实现"网银购付汇"业务，该业务成为苏州银行总行首单；向台北富邦银行对境外母公司贷款做担保，成为苏州银行与台北富邦银行代理业务的首笔内保外贷业务；办理为期6个月的100万美元外币结构性存款，为苏州银行总行首笔外币结构性存款业务。零售银行常熟区域获评苏州银行总行"2016年度总行级先进集体"称号。 (曹敏育)

【兴业银行股份有限公司常熟支行】 2016年，兴业银行股份有限公司常熟支行(以下简称"支行")，本外币总资产92.21亿元；本外币各项存款余额42.47亿元；各项贷款余额9.99亿元；不良资产0.099亿元，各项经营指标发展良好。年内，支行积极响应市财政"常熟市乡镇存量融资置换基金"项目招标，实现36亿元基金如期落地，为奇瑞捷豹路虎汽车有限公司实现二期新增项目资本金融资15亿元、为江苏中利集团股份有限公司承销发行超短期融资券3亿元，有效扶持地方实体企业的经济发展。 (严　玥)

【恒丰银行股份有限公司常熟支行】 截至2016年12月末，恒丰银行股份有限公司常熟支行各项存款余额40.68亿元，较年初增长4.65亿，增长12.91%；日均存款40.5亿元，较年初增长10.82亿，增长36.46%；贷款余额35.49亿元，较年初增长12.15亿，增长52.06%。其中：小企业贷款余额40121万元，新增小企业贷款16471万元。全行继续保持严格的内控机制和全优质的资产运作，不良率保持为0。 (陈丽媛)

保　险　业

【概况】 2016年年末，常熟市共有46家财、寿险支公司和营销服务部。全市全年产、寿险保费规模达48.51亿元，同比2015年增长23.31%。其中，财险年保费总收入为20.2亿元，同比增长4.89%；寿险28.3亿元，同比增长41.01%。给付、赔付支出18.23亿元，其中财产险理赔款11.15亿元，寿险给、赔付款7.08亿元。同比增长14.80%。共有131家基层网点遍布城乡各地。保险从业人员达到5940人，同比2015年增加1000多人。

2016年苏州市保险行业协会常熟分会理事单位

表32

财险公司一览							
单　位	负责人	地　址	2016年保费收入(万元)	单　位	负责人	地　址	2015年保费收入(万元)
人保财险常熟中心支公司	王晓勇	海虞北路11号	41701.52	阳光财险常熟支公司	凌恭明	富春江西路10号琴湖商业广场3幢105	1104.74
太平洋财险常熟中心支公司	李晓敏	海虞北路23—1号	50297.46	紫金财险常熟支公司	贺红寰	富春江路65号	2512.04
平安财险常熟支公司	吴旭春	海虞北路14号2楼	20640.17	人寿财险常熟支公司	缪　杰	黄河路12号国际贸易中心B—701	1551.83
都邦财险常熟支公司	茅晓东	海虞北路22号2楼	3717.93	长安责任保险常熟支公司	孙　雄	长江路272号	775.53
中华联合财险常熟支公司	颜苏红	南沙路127号	2213.37	安诚财险常熟支公司	周世国	香榭路10—12号	30.23
太平财险常熟支公司	金益伟	海虞北路9号	2872.83	中银保险常熟支公司	韩建刚	海虞北路13号B楼5楼	840.19
天安保险常熟支公司	方龙艳	海虞北路42号	1253.86	安邦财险常熟营销服务部		青墩塘路188号汽车市场东大门2楼	318.78
永安财险常熟支公司	周春荣	虞山北路77号	1453.57	华安财险常熟支公司	许　勇	枫林路1号香格丽花园旭日苑11号	22.98
永诚财险常熟支公司	顾志刚	珠江路271号5楼	491.00	浙商保险常熟支公司	吴建刚	青墩塘路188号汽车市场东大门4楼	312.00

续表 32

寿险公司一览							
单　　位	负责人	地　　址	2016年保费收入(万元)	单　　位	负责人	地　　址	2015年保费收入(万元)
中国人寿常熟支公司	张龙卫	海虞北路 31 号	54992.26	友邦保险常熟营销服务部	程　炫	国际贸易中心 A 幢 3 楼	1352.10
太平洋人寿常熟中心支公司	何　刚	香山北路 5 号	37915.11	民生人寿常熟营销服务部	施　聪	海虞北路世界贸易中心 A 座 1507 室	1060.03
平安寿险常熟支公司	余欢欢	海虞北路 14 号	16287.13	中意人寿保险常熟营销服务部	汤信刚	黄河路 22 号汇丰时代广场 1 号楼 1505 室	400.00
新华人寿常熟支公司	严代飞	海虞北路 41 号 4 幢	26036.20	东吴人寿常熟支公司	钱　成	海虞北路 33 号金源电力大厦 2102 室	9324.88
太平人寿常熟支公司	徐卫东	世贸商务中心广场 23 楼	13115.12	和谐健康人寿常熟支公司	李　霞	青墩塘路 188 号 3 楼	120.00
人民人寿常熟支公司	陈浩忠	长江路 383 号西侧 2—4 楼	12651.34	利安人寿常熟支公司	徐晓强	黄河路 22 号汇丰时代广场 1 幢 1901—1903	

【保险协会】 2016 年，常熟市保险协会正式会员单位为 30 家，其中财险公司 18 家，寿险公司 12 家，新入会成员 1 家即利安人寿。年内，苏州市保险行业协会常熟分会(以下简称协会)加大宣传力度，与电视台、电台、报社等宣传媒体签订固定宣传栏目。定期组织保险专家介绍各类保险知识，《保险沙龙》节目内容延伸至农村公交车上的 1500 块视屏及有线广播。定期更新协会网站(www.csbxxh.com)内容，增加会员单位公司产品的直接推介，方便群众了解、比对。网站全年组织发表各类稿件 250 多篇，点击突破二百二十多万次。2016 年受理 6 起客户投诉，经过协调沟通，无一起升级投诉。推荐产、寿险公司参加苏州保监分局和苏州市文明办联合开展的 2016 年度“文明窗口”评选活动，与常熟市广播电视总台、人民银行常熟支行联合举办“常熟市首届金融服务业明星评选”活动。被市消费者协会评为 2015 年度“消费者权益保护工作先进单位”，协会工作人员连续两年荣获“消费者权益保护工作先进个人”。

(陈　芳)

【中国人寿保险股份有限公司常熟支公司】 2016 年，中国人寿保险股份有限公司常熟支公司(以下简称“中国人寿常熟支公司”)实现保费收入 8.05 亿元，同比增长 20.05%，市场份额达到 29.39%，继续保持了市场和系统的双领先地位。2016 年，累计给付、赔付 1.89 亿元，其中为 34652(人次)提供了理赔身故、人身意外伤害及医疗保险金等理赔服务。先后获得 2016 年度江苏国寿系统“实力强、管理好——综合性支公司卓越领航奖”、苏州保险业“文明服务窗口”创建单位、苏州国寿系统“苏州市文明单位”、首届常熟市金融服务业明星评选“最受市民信赖保险公司”“明星服务网点”等多项荣誉，柜面客服人员钱怡秋被评为“服务明星”。

(王敏倩)

【中国太平洋人寿保险股份有限公司常熟中心支公司】 2016 年，中国太平洋人寿保险股份有限公司常熟中心支公司(以下简称“太保寿险常熟中心支公司”)实现保费收入 71241 万元，比上年增长 25.92%，占当地保险市场份额的 22.5%。其中直销总保费、直销新保保费、健康险保费保持市场份额第一；核心业务营销期缴保费市场份额第二。年内，公司新推了个人税优项目，为 64202 人次中、小学生提供保额达 83.5 亿元的学生平安保险；全年为 27602 人次支付养老金、教育金、婚嫁金、红利等人寿保险金额 9441 万元；受理医疗、身故、意外伤残保险理赔案 5718 件，支付理赔款 1664 万元。和东吴人寿组成的联合投标体并成功中标常熟市大病补充医保联合承办项目。在 2016 年首届常熟市金融服务业明星评选活动中，太保寿险常熟中心支公司及营业大厅分别被授予“最具影响力保险公司”和“明星服务网点”荣誉称号；营业大厅还被苏州保监分局和苏州市文明办评为 2016 年度苏州保险业“文明服务窗口”。

(石　菁)

【太平洋产险常熟中心支公司】 2016 年，中国太平洋财产保险股份有限公司常熟中心支公司(以下简称太平洋产险常熟中心支公司)实现保费收入 7.68 亿元，净增保费 5046 万元，同比增幅 7.03%，占当地保险市场份额的 36.7%，连续 7 年位居常熟保险市场之首。年内，推出微信公众平台投保业务，总经理李晓敏当选常熟市人大代表。

(钱冬梅)

【中国平安财产保险股份有限公司常熟支公司】 2016 年，中国平安财产保险股份有限公司常熟支公司(以下简称平安产险常熟支公司)实现保费收入 3.16 亿元，同比增长 9.5%，占当地产险市场份额 15.2%。年内，推出结案支付即时到账服务，极限式压缩赔款支付时效；首推个人 VIP 客户简易理赔服务，0 查勘，0 手续，一站式理赔；首推车险理赔进度微信实时查询，理赔进度随时随刻掌握，为全国首创。平安好车主 APP 3.0 版和车险口袋理赔服务全面启动。

(高巍巍)

【紫金财产保险股份有限公司常熟支公司】 紫金财产保险股份有限公司

太平洋产险常熟中心支公司与空军虞山雷达站军民共建

常熟支公司2016年实现保费收入(含税)4619.7万元,居常熟市财险市场第五位。在2016年首届常熟市金融服务业明星评选中荣获"最具成长性保险公司"称号。紫金财险常熟支公司先后推出"人伤无忧""交钥匙"工程等特色理赔服务,充分体现了"以人为本"、方便客户、快速理赔的服务理念。(管惠妹)

证　券　业

【概况】 2016年,全市有证券机构13家。证券公司全年股票交易额5856.66亿元,同比下降37.69%;期末股票账户数48.36万户,同比增长13.49%;期末股票市值459.52亿元,同比增长57.14%。

2016年常熟市证券机构情况一览表

表33

序号	公　　司	负责人	地　　址
1	东吴证券股份有限公司常熟分公司	徐　明	阜湖路9号
2	华泰证券股份有限公司常熟金沙江路证券营业部	徐利军	金沙江路18号
3	海通证券股份有限公司常熟海虞北路营业部	苏加宏	海虞北路20号
4	南京证券股份有限公司常熟吉祥商城证券营业部	李学东	吉祥商城1号楼
5	安信证券股份有限公司常熟北门大街证券营业部	韦根东	北门大街虞景文华1—2幢3楼
6	中国银河证券股份有限公司常熟海虞北路证券营业部	王福兴	海虞北路5号华府世家
7	中信建投证券股份有限公司常熟锁澜南路证券营业部	吴颖锋	锁澜南路25—27号
8	西南证券股份有限公司常熟海虞北路证券营业部	周　军	海虞北路33号裕坤美城大厦1306室
9	中信证券股份有限公司常熟海虞北路证券营业部	钱　凯	海虞北路48—1号中信银行大楼3楼
10	中泰证券常熟海虞南路证券营业部	唐晓燕	海虞南路32号
11	财通证券常熟枫林路营业部	汪　怡	枫林路186—6—7号
12	光大证券常熟珠江东路证券营业部	石沁艳	珠江东路93—6、7号
13	国联证券常熟海虞北路证券营业部	曹展望	金沙江路号中汇广场101、127

【东吴证券股份有限公司常熟分公司】 2016年,东吴证券常熟分公司全年完成A股、基金交易量2392.28亿元,开放式基金及理财产品日均保有量为26080.01万元,融资融券开户158户,累计4801户,累计授信额度51.36亿,累计完成交易103.33亿。在综合金融业务方面,发行上市公司私募债一单。在新三板方面,常熟分公司共签约9单,挂牌5单。(顾　艳)

【海通证券股份有限公司常熟营业部】 2016年,海通证券股份有限公司常熟营业部全年完成股基交易量497亿元、基金产品的销售4.07亿元、固定收益理财产品2.6亿元,实现利润3500万元。(张　风)

【南京证券股份有限公司常熟吉祥商城证券营业部】 2016年,南京证券股份有限公司常熟吉祥商城证券营业部完成交易量578亿元,实现利润2047万元,新增资金户878户。累计销售金融产品9600多万元。成功签约股票质押回购业务和席位租赁业务,承揽定向资产管理计划,规模3000万元。年内启用95386客服短号,提升了客户服务质量。(张　怡)

担　保　业

【概况】 2016年,常熟市融资性担保机构数量和业务量呈现逐年快速收缩态势。到2016年年底,全市通过省级许可证年检的融资性担保机构共有4家,累计注册资金10.8亿元;到年末累计担保金额362.47亿元,同比增长1.8%;年末在保余额80810万元,同比下降42.97%。(陈璐婧)

责任编辑　张　军

综合经济管理

发展规划

【概况】 2016年1月26日，《常熟市国民经济和社会发展第十三个五年规划纲要》经常熟市第十四届人民代表大会第五次会议批准，由常熟市政府印发实施。市发改委做好“十三五”规划纲要重点任务分解落实，重点抓好全市现代农业、城乡学校建设、交通运输等重点领域专项规划评审实施。同时，在总结2015年发展经验的基础上，及时编制下达2016年度国民经济和社会发展计划和固定资产投资、重大项目建设、压减过剩产能等专项计划。整合利用各类社会资源，加强《十三五规划纲要》宣传解读，在全社会营造关心、支持、助推规划落实的浓厚氛围。2016年，全市经济社会保持平稳健康发展，完成地区生产总值2112亿元，增长7.3%，其中服务业增加值占GDP比重46.7%；一般公共预算收入173亿元，增长10%；规模以上工业产值3684亿元，增长2.0%，其中新兴产业产值占规上工业产值比重提高1个百分点；全社会固定资产投资额548亿元；社会消费品零售总额733亿元，增长8.5%；外贸进出口总额190亿美元，实际利用外资6.5亿美元；全体居民人均可支配收入44750元，增长7.8%；城镇登记失业率1.9%；居民消费价格总水平涨幅2.3%；单位地区生产总值能源消耗下降完成上级下达任务；化学需氧量、二氧化硫、氨氮及氮氧化物等主要污染物排放总量削减完成上级下达任务。

10月15日，新沃土·新能源汽车产业投资(常熟)峰会在常熟市国际会议中心举办

【出台《常熟市热电联产规划(2016—2020年)》】 2015年8月，为推动常熟市节能减排工作，加大小热电整合、小锅炉关停力度，做好大气污染防治工作，常熟市发改委委托东南大学建筑设计研究院电力工程设计研究分院，编制《常熟市热电联产规划(2016—2020年)》一稿。2015年12月，市发改委委托江苏省工程咨询中心对规划进行评审。2016年2月下旬，完成规划修改工作。2月29日，市发改委在“中国常熟”网站上对规划予以公示。根据江苏省发改委(能源局)下放规划审批权的规定，3月25日，由常熟市政府对公示后无异议的《热电联产规划》予以批准实施。

【建立常熟市重大项目推进工作机制】 2016年12月21日，为加大全市重大项目建设推进工作力度，切实解决项目建设过程中的困难与问题，经市政府第78次常务会议讨论通过，建立常熟市重大项目推进工作机制。成立常熟市重大项目推进工作领导小组，由市政府主要领导任组长，市政府分管领导任副组长，各职能单位主要负责人任小组成员，负责指导重大项目建设推进工作。领导小组办公室设在市发改委，由发改委主要负责人兼任办公室主任，监察局主要负责人、发改委及市政府办公室分管负责人兼任办公室副主任。

(曹　昊)

国有资产监督管理

【概况】 2016年，全市国有资产管理工作围绕年度工作目标，完善制度建设，夯实基础管理，突出绩效考核，强化有效监督，积极稳妥推进国资国企改革发展各项工作。至2016年末，全市公有企业共计73户(统计到一级)，公有企业资产总额1531.84亿元，负债总额1042.88亿元，所有者权益总额488.96亿元，全年利润总额4.96亿元，其中，归属于公有的净利润为2.34亿元。所有者权益中属于公有的资本及其权益总额为476.42亿元，其中，国有资产总量475.58亿元。是年，三大直属国资公司实现考核利润总额5.69亿元；经营性国有资产剔除客观增减因素后，平均保值增值率为10.91%，超出目标2.6个百分点。

推进国企改革 理顺管理关系，将市住建局管理的国兴置业有限公司调整由城投公司管理。认真做好保安总公司划转江南集团管理后的后续事项，积极向上争取，将原苏州守押常熟分公司资产产权由苏州划拨至常熟市，理顺资产关系。启动保安公司企业性质由全民所有制企业性质向有限责任公司改制工作。

加强企业市场化主体建设 出台《关于进一步理顺市直属国资公司相关管理关系的意见》，调整理顺江南集团系统参股公司的相关党团及工青妇组织的隶属关系，安全生产管理关系及信访、环保、拆迁、综治、爱卫、计生、统计等社会管理职能由属地政府管理。指导城投公司集团化改革及常信公司、水投公司市场化运行。根据国家输配电改革总体要求，对接相关电力条线部门，提出筹建售配电公司方案，布局国资能源领域。结合常熟旅游现状，就公司设立的可行性及今后发展，慎重建立市旅游集散中心。

完善监管体系 认真履行监事会职责，8月份开始启动对直属国资公司监事会年度检查，开展各类检查审计业务10多项，实地审计企业单位20多家。帮助企业完善各项规章制度，参与并指导制订相关公司管理制度40多项，帮助直属公司完善内控制度，初步建立公司内审流程体系。

夯实基础管理 出台《常熟市国有资产监督管理委员会工作规则》《关于严肃财经纪律加强财务管理的意见》《关于国有企业加强内审工作的意见》《关于国有企业加强内控建设的意见》等文件。汇编国资国企监管制度。启动直属公司章程修订指引工作。制订财务评比考核办法。 (徐颖婷)

【市发展投资有限公司】 常熟市发展投资有限公司(简称发投公司)组建于2000年，重组于2009年。公司直接管理的全资公司有2家，受托管理的公司有3家。公司注册资本由最初的1.60亿元增至2016年的78.75亿元。截至2016年末，公司资产总额192亿元，负债108.70亿元，净资产83.30亿元。对外投资33家，累计对外投资额35.15亿元。2016年实现利润1.99亿元，近5年累计实现利润12.91亿元，上缴国有资产收益6.34亿元，其中华泰证券减持收益4.70亿。累计上缴党员关爱基金3200万元。国有资产保值增值率达119.32%。是年，发投公司在上交所注册发行15亿元私募公司债，6.30亿元非公开短期公司债，在交易商协会注册发行6亿元短期融资券，3亿元超短期融资券(11月已归还)，全年新增融资35.8亿元，其中新增融资中直接融资达27.3亿元，占比75%，年底融资余额101亿元。融资成本屡创新低，去年3月份成功注册3亿元超短期融资券利率为2.99%，比同期基准利率下降31%；10月份成功注册6亿元短期融资券利率仅2.88%，比同期基准利率下降34%。全年新增对外担保49.67亿元。截至2016年12月，该公司对外累计担保总额170.11亿元。年内，对乔景悦瑞专项基金、苏州顺融成长基金、八二五二期基金、中兴三号基金进行投资，总投资认缴额6400万元，实际出资额4800万元。 (姜添翼)

统　　计

【概况】 2016年，常熟市统计局围绕市委、市政府中心工作和上级统计调查部门工作要求，不断深化统计改革创新、优化统计服务、坚持依法统计、加强队伍管理，各项工作取得新成绩。该局先后获2015年度规范化建设省级示范单位、苏州市“十二五”节能工作先进集体、苏州市1%人口抽样调查先进集体、2016年度苏州市统计调查工作综合考评第三名、常熟市2016年度机关绩效考核优秀单位、常熟市2011～2015年法治宣传教育先进集体、2016年度市级机关基层党建工作示范点等荣誉。

统计调查 市统计局深入学习江苏省、苏州市2015年年报和2016年定报制度，加强业务培训、沟通协调和数据审核，高质量完成2700多家工业、房地产建筑业、贸易业和其他服务业企业的统计年报工作，并优质高效地上报月度和季度数据。同时根据经济社会发展产生的新业态、新情况，按照科学规范的统计调查制度，开展房地产开发企业运行趋势、新兴产业人才统计监测、“四众”企业等10多项统计调查。

统计监测 市统计局负责监测的指标体系共13项，涉及指标430多个。一是全市经济发展指标监测。每月及时提供全市板块经济发展“创先争优”竞赛指标完成情况、国民经济指标和GDP19项基础指标监测情况并进行分析。二是重点指标体系监测。加强部门和专业联动，及时向苏州市统计数据管理平台上报转型升级、省小康社会和基本实现现代化、“八项工程”等重点指标体系的监测数据。此外，为文明城市、书香城市等30多项创建、评比工作提供200多项指标。

统计服务 提升统计分析研究水平。2016年，市统计局围绕热点、难点问题，完成常熟投资质量与转型升级实证分析、转型阶段常熟经济增长动力研究等6项研究课题。其中《常熟投资质量与转型升级实证分析》获苏州市2016年度市(区)优秀统计分析报告一等奖。

同时,撰写统计信息370多篇,统计分析和专报80余篇,录用的信息量在全市名列前茅。其中,《2016年2季度常熟新设立小微企业和个体经营户情况报告》《关于2015年度R&D数据上报汇总情况的汇报》《关于2016年度规上工业综合能耗形式的报告》受到市领导重视和批示。优化统计资料和载体服务。市统计局协调各方力量,积极应对营改增改革,对相关统计指标进行调整,编撰发布《常熟统计年鉴》《常熟市情市力—2016》《常熟经济运行报告》《常熟统计月报》《常熟服务业统计月报》《常熟工业百强》等多份统计资料。在统计部门网站、"中国常熟"门户网站等平台上发布统计信息2000余条,充分发挥统计网站窗口展示和桥梁沟通作用。

统计法制 抓好统计行政执法工作。市统计局依法对古里镇、常熟市卫生和计划生育委员会、常熟市市场监督管理局2个部门、86家联网直报企业进行统计执法检查。对1家企业的统计违法行为处以警告的行政处罚,切实维护统计法治权威,营造良好依法统计氛围。提升统计规范化建设水平。2016年提出3项具体提升目标,围绕目标,对14个板块开展镇级统计机构规范建设验收;对10个行政村开展村级统计规范化验收;对全市新入库的110多家联网直报企业开展统计规范化指导验收;对全市160多家已经达标的联网直报企业开展规范化建设"回头看",提升规范化水平。开展统计宣传和教育。全年印发统计法律法规小册子和统计宣传资料2万余份,结合第三次全国农业普查、业务培训、执法检查等广泛宣传统计法律法规相关内容。创新普法宣传形式,组织拍摄统计法治宣传微电影《统计之恋》,根据统计人员日常工作、生活改编,贴近百姓生活。微电影制作完成后,受到领导和群众的一致好评,获"中国移动"第二届常熟法治微电影大赛三等奖,并被江苏省统计局评为年度统计宣传创新项目,进一步提高统计普法的亲和力和参与率。11~12月,对全市2900多名企事业单位统计工作人员开展统计专业人员教育培训。

【开展第三次全国农业普查工作】 2016年1月20日,市政府发文成立由副市长范建国任组长、10多个部门组成的常熟市第三次农业普查领导小组,强化组织落实。4月底,常熟市完成镇、村级农普机构组建工作,落实镇、区级普查办工作人员共100余人。7月底,两员选聘工作全部到位,全市各级共有1500多人担任本次普查的指导员和普查员。7~8月,在碧溪新区李袁村开展了综合试点工作,建立健全普查工作制度,确保普查工作顺利推进。营造宣传氛围。4月,市统计局开设"三农普"专栏,及时报道全市农普工作进展。在城市中心区域设置2块大型宣传广告,发放宣传品3000份,通过公安交通系统、电视广告、采访报道、短信等方式加强农普宣传工作。精心组织清查。在完成小区划分、绘制地图、培训普查员的基础上,10月15日至11月20日,全市清查摸底工作全面展开,完成约11万户调查对象的调查登记工作。(刘 姝)

农业普查宣传

物 价

【概况】 2016年,常熟市价格部门加大价格调控力度,确保年度价格调控预期目标实现。继续实行价格调控目标责任制,年初,市政府制订并下发《常熟市2016年价格调控目标责任制实施意见》(常政办发〔2016〕75号),将年度价格调控目标逐步细化,分别落实到22个部门和各镇(区),并加大工作跟进力度。定期召开保供稳价联席会议,分析市场价格动态,部署稳价工作措施,强化通胀预期管理。加强价格监测预警,高度关注重要商品价格变化情况,及时分析、合理研判价格形势,全年发布《信息简报》24期、《常熟市价格监测》56期,为科学调控市场提供依据。发挥平价商店稳价惠民的作用,全市已建成平价商店30家,在春节、"五一"、端午等重要节日期间,督促平价商店投放质高价廉的农产品,保证节日市场供应。健全平价商店管理长效机制,对市区30家平价商店开展年度考核,其中优秀3家、良好6家、合格21家,落实考核奖励补贴72.5万元。完善社会救助和保障标准与物价上涨挂钩联动机制,年内已连续10次启动困难群众价格上涨动态补贴机制,共计发放补贴522.6万元,惠及各类困难群众6.5万人次,有效缓解物价上涨给困难群众带来的生活压力。全年全市居民消费价格指数同比累计上涨2.0%,低于3.0%的预期调控目标,价格总水平保持基本平稳。

【价格改革】 2016年,常熟市价格部门积极以深化价格改革为动力,加快完善重点领域价格形成机制,各项价格改革稳步推进。做好省、苏州市下放管理权限的承接工作,对已实行市场调节价或改变价格管理方式、权限的，及时更正修改。加快资源性产品价格改革，全面建立居民用水阶梯价格制度，已于2016年1月1日实行。合理制订和调整常熟市城镇污水处理费收费标准，并对污染行业（企业）实行差别化收费政策。组织对全市实施医药价格综合改革的公立医院进行阶段性评估，取消公立医院药品加成的同时，加快构建科学的医疗服务价格体系、合理的补偿机制。根据评估结果，常熟市级5家公立医院实际减少收入共计4746.9万元。建立差别化公共停车收费制度，市发改委会同城管、公安等部门拟定《常熟市车辆停放服务收费管理办法》，《办法》按照“分区分类分时”的原则，对车辆停放服务收费按照市场调节价、政府指导价、政府定价三种形式进行管理，同时将常熟市公共停车服务收费管理、住宅小区停车服务收费管理、事故违章车辆指定停放服务收费管理等停车服务重新整合规范。

【价费管理】 2016年，常熟市发改委贯彻执行上级降费减负各项措施，共取消12项收费项目，对18项行政事业性收费项目扩大免征范围。加强行政事业性收费监管方式改革，公布行政事业性收费和经营服务性收费目录清单，及时跟进事中事后监管。2015年度常熟市行政事业性收费总额近33.3亿元，比上年度增加近1700万元，增幅为0.5%，收费总量总体比较平稳。加强公益性服务价格管理，合理调整博文小学学费、梅李高级中学住宿费收费标准，核定常熟市镇级公益性骨灰堂穴（格）位收费标准，开展市区范围内涉及供电、供水、供气、供热、有线电视、公用停车等行业的经营服务性收费清理规范工作，完成常熟市参加医改的7家公立医院病房床位价格的核定。进一步加强新建商品房和保障性住房价格管理，从10月起每天上报房地产价格工作动态，已累计上报79次。完善物业服务收费管理，制订《常熟市普通住宅物业公共服务分类分项分级标准及政府指导价标准》，共完成对21批次普通住宅前期物业公共服务收费的备案登记，促进物业服务行业形成公平合理的定价机制和公开透明的消费环境。

【价格监管】 2016年，常熟市价格部门加强市场价格行为监管，营造公平正义的市场价格环境。健全价格监督服务网络，目前共有价格监督服务站15个、分站23个、服务点40个、服务台31个，持有监督员证的监督员120人，基本实现“站、点、台、员”四级价格监督服务网络全覆盖。编发《常熟市社会价格监督网络专讯》9期，提供全市各监督站作为工作参考。根据上级统一部署，组织开展“市场价格行为规范年”活动，落实涉企、景区门票、旅游市场、药品、商品房、机动车停放和物业服务等重点领域专项检查，全年发出《检查通知书》共124份，本级检查未发现重大价格违法案件，有效规范了相关行业价格和收费行为。加大反价格垄断执法力度，配合江苏省物价局反垄断分局对快递行业的反垄断调查。积极构建价格诚信体系，目前有3家单位已通过江苏省局验收，正在进行公示。稳妥处理好专业维权举报和疑难复杂举报，全年共受理各类举报投诉650件，其中网络购物投诉举报件为296件，答复各类价格咨询件410件（次），退还消费者多收价款2265.4元，回复率达100%。

【价格服务】 2016年，常熟市价格部门做优做强价格公共服务，不断满足群众对价格服务的需求。针对网络购物价格举报投诉多发的情况，印发《网络购物价格举报投诉处理工作规定》，成立网络购物价格举报投诉领导小组，依法做好举报投诉件的受理、转办工作。同时，对100多家电商企业分二期进行价格政策提醒，督促网络销售企业完善内部管理，加强行业自律。加强农本调查工作，完成生猪、小麦、粳稻等农本调查项目11项，不断增强服务政府宏观调控和农民增收的能力。加强成本监审工作，累计监审成本项目9项，涉及污水处理、殡葬服务、市城乡客运公交公司校车服务、博文小学教育收费等多方面，为政府合理定价提供科学依据。加强价格认定工作，完成各类价格认定业务2729件，认定标的总额2.47亿元。结合“3.15”消费者权益保护日、七五普法要求，先后创作专题小戏小品、开展价格服务进社区活动、街头宣传活动、发放各类宣传读物1000余册，设立12358价格监督检查流动服务站，为市民提供方便高效的价格服务。

（曹　昊）

市场监督管理

【概况】 2016年，常熟市市场监督管理局以“基础建设年”为主题，抓实“八大监管”，推进“四大工程”，加强“四大保障”，推进行政执法，维护公平有序的市场秩序。年内，推进“一照一码”“先照后证”“全程电子化”和“放宽住所登记”等商事制度改革措施，完成“营改增”大换照任务，“一照一码”换照率达83.3%。强化消费维权惠民，全年共处置各类咨询、投诉、举报共计8591件，为消费者挽回经济损失150万元。全年查处各类违法案件1220件，依法移送司法32件37人次，其中非法添加罂粟壳（粉）系列案被列为公安部2016年“利剑”行动第二批督办案件，取得案件数量、移送案件数量、“三重一大”案件数量、行政执法覆盖广度和深度、执法办案效率五项历史新高。在2016年度苏州市工商、食药监条线考核中成绩分别位列第一。

▲“八大监管”：指食品安全监管、特种设备安全监察、商品质量监管、药品医疗器械安全监管、市场主体监管、广告商标监管、市场信用监管、标准化及计量监管。

▲“四大工程”：指商事制度改革、诚信体系建设、集贸市场常态管理和消费维权惠民。

▲“四大保障”：指组织保障、能力保障、技术保障、作风效能和党风廉政保障。

【八个百日会战】 2016年4月7日，市场监督管理局印发《2016年常熟市市场监督管理局八个“百日会战”行动工作意见》，决定在一百天时间内开展八个“百日会战”行动，即建立和完善业务工作本底数据库、建立食用农产品市场两道防线、全市无证无照经营摸底调查、创建省级食品安全城市、全市特种设备安全隐患大整治、行政执法案件立案超800件、全市城乡集贸市场监管职能规范化和全市无证无照集中整治八个“百日会战”行动。通过“百日会战”,摸清监管对象底数,建立和完善业务本底数据库,加快特种设备安全隐患整改,集中整改消除隐患468条。严打违法违规行为,在一百天内集中查处案件505件,依法移送10件。有效促进食用农产品批发、零售市场“两道防线”建设进度,加快全市集贸市场综合管理“四化”整合进度。

▲“两道防线”:指食用农产品批发、零售市场快速检测。

▲“四化”:指监督管理机构和综合协调机构法定化、工作职责和目标任务明晰化、建设管理要求标准化、集贸市场监督管理和综合协调常设机构的工作正常化。

6月17日,常熟市市场监督管理局食品快速检测中心揭牌成立

【食品安全监管】 2016年,市市场监督管理局完善食品安全监管机制,制订《常熟市2016年食品安全工作意见》等一系列工作规划和办法,将食品安全纳入地方政府绩效考核和领导干部综合考核评价。聘请各地(板块)食品安全协管员62名、信息员332名,充实监管队伍,完善网格化监管。开展食品安全示范街、区、单位创建工作,确定16条示范街(区),178家示范单位为培育对象。开展各项专项整治、督查和联合检查246次,累计检查食品生产经营单位近2万户次,完成重点食品及相关产品抽样检测6340批次,达到4.16批次/千人水平,完成相关食品快检6.8万批次,全市食品检验检测合格率达98%以上,对不合格食品全部依法处置,召回销毁食品526吨,开展各类培训188场次1.3万人次,受处投诉举报1500多件,查处食品行政案件488件,其中18件16人被移送司法机关追究刑事责任。全市未发生区域性或较大以上食品安全事故。经苏州市食安委和苏州市食药监局综合考评,全市食品安全综合水平列苏州各市区第一。

【特种设备安全监察】 2016年,常熟市政府印发《常熟市2016年特种设备安全监察工作意见》,根据“分级负责、属地为主”原则,将特种设备安全列入政府安全生产目标考核体系。全年全市新纳入监管特种设备4878台,新增持证操作人员5319人,检验检测特种设备2.44万台次。开展公共场所特种设备安全监察、锅炉隐患“回头看”和小锅炉再检查、场(厂)内专用机动车辆安全专项整治和电梯安全监管专项行动。检查使用单位2607家,累计整改隐患设备1532台,全市特种设备安全动态未整改隐患控制在两位数以内,查处特种设备违法案件7件,其中2件4人次被移送司法机关追究刑事责任,全市未发生较大及以上和具有较大社会影响的特种设备安全事故。发挥“96333”电梯应急处置服务平台作用,统计分析电梯应急救援情况,做好风险预警,处置电梯困人故障629起,解救被困人员1202人,启动网格救援单位20起。

【药品医疗器械安全监管】 2016年,市市场监督管理局加强药品生产、零售企业诚信体系建设,对500家零售企业和10家生产企业进行分级分类管理评定,督促3家医疗器械生产企业申报江苏省诚信企业及优秀诚信企业。全年共出动执法人员2600多人次,开展全市疫苗使用单位进货渠道及冷链管理的紧急排查、医疗器械经营企业冷链管理专项检查、医疗器械流通领域专项整治、含可待因复方上服液体制剂和注射用A型肉毒毒素经营专项检查、无菌和植入性医疗器械监督检查等十多项专项检查,检查药品医疗器械生产、经营及使用单位近930多家次,完成药品抽样检测146批次,医疗器械8批次,完成新开办药品零售企业9家,零售企业变更196家次,医疗器械经营许可18家次,立案59起,移送制售假药案1件。加强药械不良反应监测,审核并上报药品不良反应1073例,医疗器械不良事件139例。

【产(商)品质量监管】 2016年,市市场监督管理局制定2016年全市质量强市工作目标及措施。推行首席质量官制度,引导工业企业运用质量管理手段提质增效,促进供给侧改革。对全市2015年销售超5000万以上的企业进行全面摸底,建立名牌产品培育名单,培育企业申报苏州名牌产品、江苏省、苏州市质量奖,年内34家企业成功通过省质量信用等级评价A级,1家企业入围AA级,2家企业入围AAA级现场评审。紧密结合社会热点和投诉重点,自主开展儿童用品、服装产品、汽柴油等质量监督抽检、专项抽检和质量监测合计150批次,依法查处检测不合格产(商)品,加强媒体曝光力度,及时发布消费警示。加强检验机构监管,组织专家对常熟市7家机动车安全技术检验机构进行现场检查。开展工业生产企业分类监管,强化证后监管,督促企业作出质量承诺,开展质量自我声明工作。组织开展第九个“世界认可日”宣传活动，提高全社会对认证认可工作的认知度。

【市场主体监管】 2016年，市市场监督管理局推进市场主体信息公示工作，完成2015年度全市市场主体年报公示，年报率为88.2%，连续三年蝉联苏州县（区）第一。开展年报公示信息抽查，抽查企业474户，将2015年度未按期年报、无法取得联系和公示信息弄虚作假的4416户企业列入经营异常名录。开展无证无照经营情况排查，建立完善无证无照经营户底册，累计排查无证无照经营户10805户。出台《常熟市放宽市场主体住所（经营场所）登记条件实施细则》《常熟市市场主体住所（经营场所）禁设区域清单》，为无证无照清理阶段工作打好基础。结合市创建全国文明城市工作要求，制订《常熟市市场监管局校园周边创建全国文明城市活动专项整治工作方案》，推进校园周边200米内无照（超范围）经营户整治工作。

【商标广告监管】 2016年，市市场监督管理局深入推进商标战略，加强新《中华人民共和国商标法》的宣传和培训工作，培育企业创牌意识，全年累计新增商标注册申请3500件，新申报省著名商标12件、苏州知名商标19件。辅导各类市场主体争创驰、著、知名商标，积极推动企业办理国内外商标注册申请，组织2015年度新认定著名商标企业参加江苏省"品牌管理专业人才"培训。强化户外广告属地监管责任，建立户外广告日常监管记录台账，大力整治违法发布户外广告行为。开展互联网金融广告专项治理，对全市249家投资类、财富管理类、信息咨询类企业实地排查，对相关企业的门头宣传、印刷品、店堂广告、LED显示屏、企业网站等广告内容进行清理规范。扶持成立常熟市广告协会，发挥广告行业自律作用。加强新《中华人民共和国广告法》宣传，引导广告从业人员知法守法，提升广告质量和品质。

【市场信用监管】 2016年，市市场监督管理局建立和完善覆盖全市3268个网络经营主体与114家农贸市场的基础数据库，加强"线上线下"一体化监管，淘汰1418个无法正常打开的网站，平台商6家。全年新增4家国家级、17家常熟市级"守合同、重信用"企业。优化动产抵押、股权质押、商标权质押等助企融资服务，全年办理动产抵押注销登记73件，变更登记7件，新登记194件，累计助企融资54.29亿元，实现抵押登记规范化率、向社会及时公示率两个100%。规范拍卖行为，办理登记备案53件，成交额达1.79亿元。强化格式合同监管，重点规范供气供水、汽车销售和美发美容等行业企业，推广示范文本7210份。

【标准化及计量监管】 2016年，市市场监督管理局做好采标和企业标准的审核、备案工作，全年完成采标27项，企业产品标准备案406项。推进标准化建设，国家现代农业综合标准化示范区项目通过考核验收。配合政府奖励21家国行标主要起草单位，奖励金额达296万元。加强对制造（修理）计量器具生产企业证后监管，许可证到期办证率达100%。到期复查、核发31项计量标准考核证书，核准发放检定人员证书47人，社会公用计量标准35项。落实"两免费"检定计划，免费检定血压计3940台、B超机25台和电子秤5448台。开展春耕农资定量包装商品计量、二季度定量包装产品和商品包装计量、月饼市场定量包装产品和商品包装计量等十项监督抽查。

【推进商事制度改革】 2016年，市市场监督管理局深化商事制度改革，落实"先照后证""双告知"，4800家市场主体实施"先照后证"登记，"先照后证"项目"双告知"达100%。优化流程推进多证合一、一照一码，实行公司设立"网上登记"，全面发放电子营业执照，全年发放电子营业执照7204份，占新设和变更企业90%以上。放宽住所使用登记，实施企业名称网上申报和全程电子化。全面实施委托登记工作，扩大9个乡区分局的登记权限。全年全市新设立各类企业5063家，其中内资企业4996家，企业注册资本233.96亿元，新设立外资企业66家，注册资本5亿美元，新办个体工商户13794户，资金总额13.94亿元。截至12月底，全市实有私营企业34169户，累计注册资本1371.85亿元，实有个体工商户94443户，累计资金总额74.1亿元。（陈　洁）

检 验 检 测

【概况】 2016年，常熟市检验检测中心以优质服务为主线，发挥专业技术服务平台作用，突出创新驱动，强化能力提升，积极服务政府监管、服务企业、服务民生。全年完成检定检修各类计量器具18万余台（件）；检验各类产品1.5万余批次，其中完成餐饮检验1300批、粮油类产品抽检150批、农产品检测700批次。取得社会公用计量标准证书156项，开展计量检定项目211项、校准242项、检测6项；通过CNAS认可校准项目311项、检测11项。有902种产品、614个参数通过省级计量认证和资质认定，有36个产品、62个参数通过CNAS认可。对常熟市区及乡镇共86家集贸市场5000余台电子计价秤进行检定，开展"家居绿色环境检测服务、校园光明工程配镜服务、黄金珠宝检测咨询服务"等免费服务活动4次。

【食品质量安全检验检测技术支撑体系建设】 2016年，常熟市检验检测中心投入专项设备资金，更新、配备部分大型精密仪器设备，主要用于对农药残留、食品添加剂、重金属限量、微生物致病菌等方面的检测。完成与市卫计委、市农委、市粮食局、市食药监局四部门的食品检测职能衔接之后，食品检验通过认证项目由原来的144种产品、262项参数提高到产品434种、参数306项，修订质量手册，为开展食品检测工作提供必要的管理体系保障。共完成食品安全重点检验5227批次，较2015年同期增长46.33%，为年度计划的101.44%，其中农产品697批次、餐饮环节1344批次，粮油饲产品174批次。

【江苏省汽车内饰产品质量监督检验中心建设】 2016年12月1日，江苏省质量技术监督局正式发文，批复同意常熟市筹建江苏省汽车内饰产品质量监督检验中心，成为目前全省唯一的省级汽车零部件产品质检中心。随即，项目选址、设备调研等相关工作有序推进。江苏省汽车内饰产品质量监督检验中心作为第三方汽车内饰产品质量检测服务机构，将围绕地方汽车产业，着力推动提升本地汽车内饰产品的生产水平和配套能力，为常熟及周边地区的汽车整车、汽车内饰件产业在产品设计、型式定型、标准化和质量提升过程中提供全程、开放式的服务。（葛　佳）

审　计

【概况】 2016年，常熟市审计局全年完成审计项目32个，并实施跟踪审计项目9个。审计共查出违规和管理不规范金额35.47亿元，工程造价结算审计核减工程款0.80亿元。全年出具审计决定7份，审计专报1份，提出审计建议146条，编报审计信息、宣传、统计分析稿件78篇，被各级采用133篇次，审计报告、专报、统计分析、信息等被领导批示33篇次。常熟市审计局被评为2013—2015年度江苏省文明单位。

【同级财政审计】 2016年，常熟市审计局的同级财政审计以贯彻新预算法等政策法规制度为出发点，围绕政策制度落实、体制机制创新、财政资金绩效、债务风险防范等重点内容加大审计力度，在完善政府采购预算管理、采购程序执行方面，推动出台《关于对政府采购有关问题作出进一步明确的通知》《关于加强和改进政府采购管理预算的通知》。同级地税审计以营改增为关注重点，提出涉税信息共享等审计建议，促进应征尽征，推动税收优惠政策落实到位。开展对虞山尚湖旅游度假区、服装城2个政府派出机构的2015年度财政预算执行情况和其他财政收支情况审计，通过关注资产管理、非税收入、“三公”经费、工程管理等方面以及下属国有企业的运行情况，来促进提高预算管理及预算执行的水平，促进提高财政资金使用的规范性和效益性。

【经济责任审计】 2016年，常熟市审计局对全市18个部门、单位及板块的20名党政领导干部实施经济责任审计，其中“三责联审”项目4个。审计中重点关注领导干部任期目标责任的完成情况，加大对贯彻落实中央八项规定、省委和苏州市委十二项规定精神的审计，对任期内投资决策、资产管理、土地出让、工程建设等事项重点审计。充分发挥经济责任审计工作联席会议的作用，强化协调配合，推进信息共享，完善查处违法违纪案件的协调机制。审计中还积极关注自然资源资产保护，在辛庄镇、沙家浜镇的领导干部经济责任审计中，尝试自然资源资产审计。

【政府投资工程审计】 2016年，常熟市审计局实施城北污水厂续建三期工程等概算投资额14.29亿元的竣工决算审计4项，促使建设单位规范建设管理。对东北环路快速化改造工程、长江澄通河段铁黄沙整治工程等9个总投资达67.48亿元重点项目实施跟踪审计，严把工程结算关，完成工程造价结算32份，出具阶段性意见58份，送审总造价7.68亿元，审定总造价6.88亿元，核减工程造价0.80亿元，核减率10.4%。不断加强内控制度建设，注重工程结算审计复核，重大事项会议决定，规范工程结算审计行为。完成审计署统一组织的2015年城镇保障性安居工程跟踪审计。

【专项审计及审计调查】 2016年，常熟市审计局共开展7个专项审计(调查)项目。关注民生热点的政策执行，开展覆盖拉网式农村环境综合整治专项资金、生活(餐厨)垃圾处置情况等专项审计调查，聚焦生态文明建设，对常熟市在城乡环境卫生的建设与发展提出中肯建议；关注公共资金、专项资金的绩效，开展住宅维修资金、举办节庆研讨会等活动情况、盐城龙卷风冰雹特大灾害救灾款物等审计调查，促进财政资金节约有效利用，督促公共资金合理合规管理使用；关注重点领域的项目建设，开展住建局、交通局项目建设管理情况审计调查，重点审查项目实施情况、资金支付、财务核算、存量资金等方面，推动政府性资金用到实处、惠及民生。

【企业审计】 2016年，常熟市审计局将国有企业的运营情况作为企业审计关注重点。开展常熟市粮油购销有限公司盈亏情况审计调查，为保障国企高效运行提供建议。配合全市国资国企管理体制改革，开展常熟市保安服务总公司调整管理关系资产清查审计。通过关注企业内控制度、经营管理、资产情况助力国企资产整合。根据市领导交办，完成污水厂和江南水务公司的资产负债权益审计，摸清污水厂和江南污水公司的资产负债底数，为全市污水管理体制的改革发展提供依据，相关审计专报得到主要领导批示。

【内部审计】 2016年，全市内部审计共完成各类审计及审计检查项目528个，审计总金额135.66亿元，提出建议意见被采纳560条，促进增收节支1948万元。（程　旻）

国土资源管理

【概况】 2016年，常熟市国土资源部门坚持“保护资源、节约集约、维护权益、改革创新”的总要求，控增量盘活存量，有序推进村级零星工业用地整合和农村宅基地退出工作，规范国土资源市场，提升土地供应效率，推进占补平衡、增减挂钩等土地综合整治工程，提高耕地数量与质量，完善“智慧国土”综合动态智能监管系统，强化土地执法监察，优化空间布局、有效配置资源、促进产业升级、改善城乡环境，进一步推进国土资源节约集约利用“双提升”，成功创建全国国土资源节约集约模范县(市)。

【土地登记管理】 2016年6月25日，常熟市国土资源部门全面实施不动产统一登记发证，有序推进不动产登记改革。升级完善不动产登记系统，拓展便民信息平台，理顺窗口流程和权籍调查流程，开通便民通道。全年全市共发放不动产权证书22738份，不动产登记证明12643份，不动产首次登记证明10643份。积极推进农房统一登记。完成全市63.79平方千米保留村庄地籍调查，对农村宅基地登记发证工作的有序推进提供了进一步的技术业务支撑。

【地政地籍管理】 2016年，常熟市国土资源部门组织4个年度计划批次和2个增减挂钩批次，把好土地征收关。其总面积达2.162平方千米，其中农用地1.554平方千米，耕地1.128平方千米。把好土地供应关。编制年度新增建设用地计划，报批2016年度国有建设用地供地方案。全年全市已完成建设用地供应119宗，面积为3.405平方千米。其中工业项目供地面积1.687平方千米，占供地总量的50%；房地产开发、商业、旅游等三产服务业供地面积0.787平方千米，占供地总量的23%；公共基础设施、公共管理和公共服务及其他项目供地面积0.931平方千米，占供地总量的27%。收取土地出让金(流转金)44.578亿元。加大存量盘活力度。通过对未利用和低效利用土地的依法收回和回购、二级市场转让等方式，鼓励增资技改、扩容提升，加快推进城乡建设用地增减挂钩等多种形式，2016年全市有效盘活存量土地3.687平方千米。全市存量建设用地供应已完成1.484平方千米，存量土地供应率44%。

【土地执法监察】 2016年，常熟市国土资源部门加强土地执法监察共同责任制度建设。突出政府主导地位，落实部门共同责任。不断加强土地执法巡查。全年组织开展全市土地执法监察动态巡查1617次，做好涉及几十个不同性质单位的违法行为补办完善工作。拓展智慧国土科技监管平台应用，加强科技执法力度。专题研究部署部分国土资源行政处罚权相对集中到各乡镇区域的相关事宜，职能及人员的到位工作已全面部署。提前介入做好土地卫片执法检查。对2015年度土地变更调查遥感监测图斑中自查发现的204宗63.107万平方米问题图斑组织了全市域范围的自行拆除整改。

【加大存量盘活】 2016年，常熟市国土资源部门通过对未利用和低效利用土地的依法收回和回购、二级市场转让等方式，鼓励增资技改、扩容提升，加快推进城乡建设用地增减挂钩等多种形式，有效盘活存量土地3.687平方千米。全市存量建设用地供应完成1.484平方千米，存量土地供应率44%。在全市范围内开展工业用地调查和低效产业用地再开发工作，目前已成立领导小组，下发工作方案，规范招投标工作，并开始招标工作，内外业调查工作已正式启动。

【"三优三保"专项规划】 2016年，常熟市国土资源部门结合"多规合一"试点，加快"三优三保"专项规划编制，辛庄镇作为苏州"三优三保"试点，专项规划顺利获省政府同意并经省国土资源厅批准实施。海虞镇、董浜镇、梅李镇、尚湖镇第二批次专项规划已经完成苏州市级层面评审，正在向上申报中，其余板块规划编制工作正在结合基本农田和年度规划调整及城乡一体推进工作加快展开。

【耕地资源保护】 2016年，常熟市国土资源部门初步完成城镇周边永久基本农田划定工作。做好2011～2015年土地整治项目"回头看"，对抛荒、种树和占用等情况进行整改，进一步加强后期管护工作。完成各类用地项目预审37个1.738平方千米，完成设施农用地项目备案11个7346.667平方米。有序推进土地综合整治。2016年完成耕地占补和增减挂钩项目入库工作，形成补充耕地指标1.0627平方千米。支塘镇丰联等3个村和海虞镇4个村近20平方千米高标准基本农田建设土地整治项目按照省厅要求全面推进，海虞镇耕作层剥离成效明显。 (解 嘉)

安全生产监督管理

【概况】 2016年，常熟市安全生产监督管理局(以下简称市安监局)认真贯彻落实习近平总书记、李克强总理关于安全生产工作的一系列重要指示精神，始终坚持问题导向，突出风险管控和隐患排查治理，扎实推进企业安全生产标准化、网格化、信息化建设，企业安全生产主体责任和政府监管责任得到进一步强化，全年工商贸领域没有发生一起死亡2人及以上的安全生产事故，全市安全生产形势保持总体稳定。获评2011～2015年江苏省普法工作先进单位。

【完善责任体系】 2016年，市安监局按照"党政同责、一岗双责、齐抓共管、失职追责"的要求和"三个必须"原则，严格落实安全生产"一票否决"制度。对照年初签订的安全生产目标责任书和重大隐患挂牌整改责任书，认真履行监管职责，有效落实工作措施，全力做好重大会议活动、重要节假日和重点时段的安全监管工作。强化对重点领域和薄弱环节的分析研判、隐患排查整改，全市安全生产形势稳定可控。安委

5月24日，国家安监总局原副局长、国家煤矿安监局原局长赵铁锤带领国务院安委会第一巡查组到常熟，开展安全生产巡查工作

会体系建设进一步完善，新增成员单位6个。重点行业专项整治、危险化学品整治、职业病防治、烟花爆竹监管部门联席会议制度和安委会主要成员单位季度例会制度高效运行。按照《苏州市落实企业安全生产主体责任专项行动工作方案》三年行动要求，督促企业对照“五落实五到位”规定和“企业主体责任10项工作要求”，安全生产、职业卫生责任告知承诺，企业安全总监制度，重点企业负责人述职报告制度，规模以上企业负责人和安全管理人员“菜单式”业务轮训等工作推进顺利，企业落实安全生产主体责任的自觉性进一步提升。初步构成从企业负责人到普通员工的安全责任链条体系，企业本质安全水平不断增强。

【加强基础建设】 2016年，市安监局加强企业生产安全和消防安全“合二为一”的网格化管理优化工作，提升监管效能。一是推进安全监管“网格化、标准化、信息化和专业化”建设。全市划分安全管理网格289个，举办业务培训班4期，参训人员500多名。新增三级以上安全生产标准化企业98家(其中二级标准化46家)，企业标准化日常管理制度得到进一步落实。二是加强重要环节风险管控。突出抓好全市“两重点一重大”企业和粉尘易燃易爆企业的实时监控工作推进，不断完善企业隐患排查治理数据信息平台建设。两个化工园区应急指挥中心信息系统实现危化企业重要工段全天候、全流程监控。区外新增10家“重点监管生产工艺、重点监管危化品”危化企业与市监控中心联网运行。三是推进第三方安全监管委托服务。委托中介服务机构和专家针对冶金钢铁、粉尘涉爆、危化品和职业危害等领域开展安全诊断检查和标准化运行复审检查，市镇二级对近900家企业开展了相关安全监管委托服务。四是加强安全风险管控和整治。完成80个三级重大隐患企业挂牌整改。督促“两重点一重大”企业开展自动化控制系统改造工作，推行作业现场可视化管理，开展安全设计诊断“回头看”，提升事故风险防范能力。五是加强应急管理工作。加快推进应急救援指挥、应急救援队伍、应急救援物资储备的基础建设，开展全市危险化学品泄漏综合救援演练和企业与市监控中心点对点网上演练。完成《常熟市危险化学品应急预案》修订编制立项工作。

【推进专项整治】 2016年，市安监局坚持重点行业领域专项治理与“百日整治”专项行动相结合，强化责任落实，注重治理成效。危险化学品安全整治。排查出111家“红、黄、蓝”隐患整治企业，其中列入红表的23家化工企业被依法实施关停或转经营，19家黄表化工企业采取先停产后整改的措施。粉尘爆炸危险企业治理。开展粉尘易燃易爆企业整治“回头看”，对22家企业的重点工位安装探测仪器和监控视频，并与市监控中心联网。18家不符合安全条件的木粉造粒企业被依法关闭。

【强化行政执法】 2016年，市安监局坚持行政执法。一是坚持常态化检查。坚持计划检查、重点检查、专项检查、定期检查、联合检查、随机检查、夜查和节假日查等监管执法制度，规范安全生产法治秩序。二是突出重点检查。做到“四个突出”，即突出重点行业领域，对各类非法违法生产经营建设行为，“零容忍”、出重拳，下狠招；突出事故多发易发地区和单位，研究分析事故原因，以事故教训反推“打非治违”工作的薄弱环节；突出问题多发环节，对未经批准擅自施工、未经培训无证上岗、未制订措施从事危险作业等共性违法行为，严厉打击，重点治乱；突出重点时段，抓住重大活动、重要节假日、极端恶劣天气等时期，开展专项检查、抽查、暗查，落实监管责任，确保重点时段安全稳定。三是落实行政执法与司法联动机制。按照“四不放过”原则，扎实开展事故和非法违法生产经营建设行为调查，依法依规严厉查处各类违法犯罪行为和企业不落实安全生产主体责任的行为。全年立案查处260起，实施行政处罚1652万元，其中事前立案216起，处罚337万元。公安部门对25起亡人事故中的34名监管责任人进行刑事责任追究立案调查，纪检监察部门对9人进行党纪处分。

【落实安全宣传】 2016年，市安监局通过“一报两台”、门户网站开设安全生产宣传专栏，加大对社会面的宣传力度；安全生产艺术团创作群众喜闻乐见的文艺剧目深入乡镇、企业、工地进行巡演；设立“常熟安监”微信公众号，新媒体宣传初见成效；培训中心将《中华人民共和国安全生产法》《江苏省安全生产条例》内容纳入三类人员教育培训考试课程，全年开展各类安全生产岗位技能和业务知识培训2.1万余人次。

(陈文军)

政务服务

【概况】 2016年，常熟市政务服务管理办公室(常熟市政务服务中心)积极推进互联网＋政务服务，建成智慧政务服务平台，优化行政审批程序，实行联合审批、联合踏勘、联合竣工验收，建设“中介超市”，在充分调动市场主体的积极性和地方发展经济的主动性、激活民间投资等方面发挥重要作用。2016年，全市有268项行政许可事项进驻中心，进驻率97.81%。全年共办件466821件，日均办件1947件，100%实现提前办结，现场办结率54.12%，年度提速率5.10%。周六办件48571件，预约办件56064件。

【市长王飚调研政务服务中心】 2016年1月4日，市委副书记、市长王飚走访调研政务服务中心，强调新一年要深化行政审批制度改革，优化政务服务，推动改革举措的落地生根，让群众在行政审批制度改革中获得更多红利。市委常委、常务副市长沈晓东，市监察局、编办、法制办、市场监管局、经信委、电子政务中心等部门参加调研。王飚对2016年政务办工作提出四点要求：一是要加快政府职能转变，深化放管结合工作；二是要深化审批制度改革，狠抓改革措施落地生根，围绕清理、下放、精简、规范、严控、监管做好工作；三是要加快智慧政务平台建设，完成实体大厅向虚拟大厅的延伸，为群众提供方便快捷多样化的服务；四是要完善市镇村三级政务服务体系，以标准化管理三级服务体系。

【智慧政务服务平台（一期）正式运行】 2016年1月，按照信息资源整合共享、办事流程标准统一的原则，建立"智慧政务服务平台"，智慧政务服务平台（一期）全部功能启用，正式上线运行。智慧政务服务平台包括单事项审批模块、联合审批模块、中介管理模块等，可实现网上申办、在线投诉评价、业务审批、电子监察等功能。政务服务中心通过智慧政务服务平台，提供中心服务引导、公告公示及办事服务指南等，为服务对象提供办理事项的基本信息、法律依据、要件材料、办理流程、结果样本及常见问题的答复。在网上办事大厅，群众只需填报资料，就可快速办理事项，变"群众跑腿"为"数据跑路"，解决"门难进"问题；申请人与审批人"零接触"，实现"不见面审批"，解决"脸难看"问题。在建设线上平台的同时，中心进一步完善实体平台建设。同年7月，正式上线使用办事辅助系统，实现排队叫号、满意度评价、智能引导功能。目前上线运行的终端设备包括：排队取号终端6台，智能引导电视终端6台，满意度评价平板电脑终端188台，查询展示终端1台。

【新中心大楼主体结构竣工】 2016年6月18日，政务服务新中心大楼（香山中路8号商务用房工程）主体结构封顶，9月30日完成内、外墙粉刷，10月外立面施工进入收尾阶段并开始内装施工，12月底拆除脚手架，于2016年阴历年底前完成装饰中间验收，各安装单位施工均同步跟进。预计2017年6月基本完工，2017年10月投用。新中心配备有窗口285个、开标室6个、评标室6个，及配套的会议室、办公室，并设有机动车停车位置402个，非机动车停车位置780个，能满足内部办公人员300人、外来人员2500人次/天的办公需求。

【规范政务服务体系建设】 2016年，常熟市政务办对镇级便民服务中心实行规范化管理，统一镇级中心标识、审批平台、管理制度、服务标准、考核要求，提升全市行政服务整体水平。至年末，梅李、董浜、辛庄等9个便民服务中心运行正常。

【设立"中介超市"】 2016年，常熟市政务办开发"中介服务管理系统"，将中介机构的业务活动情况统一纳入该系统进行管理。牵头各行业主管部门，制定各类中介服务机构考核办法。通过主管部门考核、业主单位评分，对入网中介机构服务质量进行评价，年终开展星级评定，考核结果按照分数分行业排名公开，实行黄牌警告和黑名单制度。建立"中介超市"，凡符合条件的中介机构，经行业主管部门登记备案，都可以在市政务服务中心公开挂牌进入"中介超市"，对涉审中介机构实行动态管理。至年末，进入"中介超市"的中介机构有246家，每项中介服务机构平均有10家以上。以"项目申请报告编制、节能评估报告编制"为例，有30家中介机构在"中介超市"上亮相，较好地形成同一性质中介机构充分竞争的市场环境，促使各家中介机构不断提升服务效能、服务质量以及缩短承诺时间等来赢得客户，对优化行政审批链条发挥积极作用。

【完成公共资源交易任务】 2016年，常熟市政务办对市级行政区域内具备条件的工程建设招投标、政府（药品）采购、土地使用权交易已基本纳入市公共资源市场交易范畴，国有产权、资产资源类项目等根据条件成熟程度逐步纳入。2016年1～11月，公共资源交易中心共完成交易项目1163宗（含直接发包项目），成交金额123.90亿元，增收2.29亿元，节支6.49亿元（仅限于招标发包项目），合计增收节支8.78亿元。

【实行建设项目并联审批】 2016年，常熟市政务办起草并由市府办发文《关于推进企业投资建设项目并联审批的意见》，明确落实发改委、国土局、规划局、住建局、政务服务中心5个牵头部门的工作职责，将并联审批流程划分为项目核准（备案）、土地出让、规划审批、施工许可、竣工验收5个环节，制订每个阶段审批流程，公开申报材料，最大限度地简化行政审批环节、材料、条件，全面提升行政审批效率。并联审批相对于传统的串联审批模式，能为企业节省一个月以上的审批时间，对促进项目建设具有重大意义。

【完善联合踏勘、竣工验收】 2016年，常熟市政务办共联合踏勘全市餐饮娱乐休闲项目679个，与去年同期相比增加43%。对131个建设项目实行联合竣工验收，涉及建筑面积165.28万平方米，一次性通过率72%。绿色通道服务内资项目73个，涉及投资额690006万元；服务外资项目16个，涉及投资额54426.8万美元。 （金小萍）

责任编辑　陈建东

科学技术

综　述

4 月 13 日，常熟市推进省科技创新体质改革试点工作动员大会召开

【概况】 2016 年，常熟市全年全社会研发与试验发展经费支出占地区生产总值的比重预计提高到 2.45%。年末拥有高新技术企业 347 家、双创“313”企业 100 家，累计认定高新技术产品 2518 项、省级民营科技企业 680 家。加快科技成果培育转化，全年新增省重大科技成果转化项目 10 项，同比增长 150%。大力推进大众创业、万众创新，启动省级科技孵化器全覆盖行动，全面完成科技创新载体 100 万平方米建设任务，全年新增众创空间国家级 2 家、省级 6 家、苏州市级 5 家，累计分别为 2 家、10 家、6 家。2016 年发明专利申请量和授权量占专利申请量和授权量的比重分别为 47.3%和 26.3%。万人专利拥有量增加至 24.4 件。截至年末，全市人才总量 30 万人，高层次人才 2.17 万人，高技能人才 7.1 万人，同比分别增长 8.2%、9.9%和 10.5%，拥有国家千人计划人才 21 人、省双创人才 57 人、姑苏计划 93 人，本市级双创人才（团队）364 个。

年内全市新认定高新技术企业 119 家、省民营科技企业 172 家、省高新技术产品 326 个，实现高新技术产业产值 1373 亿元，占规上工业产值的 37%。2016 年验收省级项目 9 项，苏州市级项目 6 项，常熟市级项目 35 项。

2016 年年底，全市专利申请总量 6571 件，专利授权量 3078 件，其中发明专利申请量 3105 件，发明专利授权量 810 件，PCT 国际申请 79 件，全市万人发明专利拥有量 24 件。4 月 13 日，常熟市召开推进省科技创新体制综合改革试点工作动员大会，这标志着江苏省科技体制综合改革试点全面启动。出台《关于开展省科技创新体制综合改革试点工作的实施意见》。

2016 年度新认定高新技术企业名单

表 34

序号	名　　称		序号	名　　称	
1	常熟市维罗软件技术有限公司	高新区	7	常熟泓淋电线电缆有限公司	虞山镇
2	常熟市奥特软件技术有限公司	高新区	8	常熟恒基科技有限公司	海虞镇
3	苏州英芮诚生化科技有限公司	高新区	9	江苏新泰材料科技股份有限公司，现更名为：江苏新泰材料科技有限公司）	海虞镇
4	苏州和钧新能源有限公司	虞山镇	10	常熟市金华机械股份有限公司	碧溪新区
5	苏州幸福新能源科技有限责任公司	虞山镇	11	苏州福斯特光伏材料有限公司	辛庄镇
6	常熟东南塑料有限公司	虞山镇	12	苏州博涛机电设备有限公司	辛庄镇

续表 34-1

序号	名　　称		序号	名　　称	
13	苏州晶洲装备科技有限公司	辛庄镇	54	苏州赛历新材料科技股份有限公司	辛庄镇
14	江苏同禾药业有限公司	古里镇	55	苏州市万年通管业有限公司	辛庄镇
15	常熟市强盛冲压件有限公司	古里镇	56	苏州三骏工具科技有限公司	古里镇
16	罗伯泰克自动化科技(苏州)有限公司	古里镇	57	江苏德川汇汽车科技有限公司	支塘镇
17	常熟市飞龙无纺机械有限公司	支塘镇	58	常熟浩博电子科技有限公司	支塘镇
18	常熟市银洋陶瓷器件有限公司	支塘镇	59	苏州艾美医疗用品有限公司	支塘镇
19	通达宏泰科技(苏州)有限公司	沙家浜镇	60	常熟市通润电梯厂有限公司	沙家浜镇
20	江苏创景科技有限公司	沙家浜镇	61	常熟市金诺精工模具有限公司	沙家浜镇
21	苏州东海玻璃模具有限公司	沙家浜镇	62	奕东电子(常熟)有限公司	董浜镇
22	常熟市三恒建材有限责任公司	沙家浜镇	63	常熟市平方轮椅有限公司	尚湖镇
23	常熟市屠宰成套设备厂有限公司	董浜镇	64	常熟市首誉机械有限公司	尚湖镇
24	苏州沿泰汽车技术有限公司	董浜镇	65	常熟市新亚机械制造有限公司	尚湖镇
25	苏州钢特威钢管有限公司	董浜镇	66	苏州市泽镁新材料科技有限公司	尚湖镇
26	苏州众捷汽车零部件有限公司	尚湖镇	67	常熟新都安电器股份有限公司	度假区
27	常熟市佳能电梯配件有限公司	尚湖镇	68	苏州云达通信科技有限公司	经开区
28	大地熊(苏州)磁铁有限公司	尚湖镇	69	苏州瑞美科生物技术有限公司	经开区
29	苏州聚复高分子材料有限公司	经开区	70	苏州恒鼎船舶重工有限公司	经开区
30	江苏尚恩光电科技有限公司	经开区	71	苏州宝科软件技术有限公司	高新区
31	苏州安至上机电科技有限公司	经开区	72	苏州汉森电梯有限公司	高新区
32	崴立机电(苏州)有限公司	经开区	73	苏州尊鼎汽车座椅有限公司	高新区
33	常熟金葵软件有限公司	高新区	74	江苏乾维海洋工程科技发展有限公司	高新区
34	常熟龙创汽车技术有限公司	高新区	75	苏州汇涵医用科技发展有限公司	高新区
35	苏州华安矿业科技有限公司	高新区	76	常熟市德虞矿山机电有限公司	虞山镇
36	苏州金山太阳能科技有限公司	高新区	77	江苏阳光四季新能源科技股份有限公司	虞山镇
37	苏州昌恒精密金属压铸有限公司	高新区	78	苏州笛卡测试技术有限公司	虞山镇
38	常熟塑擎汽车零部件有限公司	高新区	79	江苏尚科聚合新材料有限公司	虞山镇
39	江苏凯弘新能源管理有限公司	高新区	80	江苏郇镇水务技术服务有限公司	虞山镇
40	加通汽车内饰(常熟)有限公司	高新区	81	常熟市安得电力机具制造有限公司	虞山镇
41	常熟卓辉光电科技股份有限公司	高新区	82	常熟天姿纺织服装有限公司	虞山镇
42	常熟市森源电气科技有限公司	高新区	83	常熟中德重机有限公司	虞山镇
43	常熟市创新焊接设备有限公司	虞山镇	84	苏州比阳特服装设备有限公司	虞山镇
44	苏州天源磁业股份有限公司	虞山镇	85	常熟市江南粘合剂有限公司	海虞镇
45	苏州久易光电科技有限公司	虞山镇	86	江苏达诺尔科技股份有限公司	海虞镇
46	江苏龙芯梦兰信息安全技术有限公司，现更名为：江苏航天龙梦信息技术有限公司	虞山镇	87	常熟耐素生物材料科技有限公司	海虞镇
47	曼隆蒂森克虏伯电梯有限公司	虞山镇	88	常熟江南玻璃纤维有限公司	海虞镇
48	常熟天地煤机装备有限公司	虞山镇	89	常熟林润氟硅材料有限公司	海虞镇
49	常熟市康达电器有限公司	海虞镇	90	常熟市常吉化工有限公司	海虞镇
50	苏州华道生物药业股份有限公司	海虞镇	91	常熟中勤建材有限公司	梅李镇
51	常熟市常力紧固件有限公司	碧溪新区	92	常熟市冠日新材料有限公司	辛庄镇
52	苏州孚莱博精密金属科技有限公司	辛庄镇	93	江苏隆力奇生物科技股份有限公司	辛庄镇
53	苏州康尼格电子科技股份有限公司	辛庄镇	94	常熟万克精密工具有限公司	辛庄镇

续表 34-2

序号	名　　称		序号	名　　称	
95	苏州创能新能源实业有限公司	辛庄镇	108	常熟市百联自动机械有限公司	尚湖镇
96	苏州费米光电有限公司	辛庄镇	109	常熟市圆启晶体材料有限公司	尚湖镇
97	江苏宏远新材料科技有限公司	古里镇	110	苏州亿倍纺织品有限公司,现更名为:苏州亿倍智能清洁股份有限公司)	尚湖镇
98	江苏金宏针纺织有限公司	古里镇			
99	常熟市欧西依织造有限公司	古里镇	111	苏州新中能源科技有限公司	经开区
100	苏州博杰思达机械有限公司	支塘镇	112	常熟电子口岸有限公司	经开区
101	苏州太阳雪新能源科技有限公司	支塘镇	113	江苏嘉洋华联建筑装饰股份有限公司	经开区
102	苏州远海材料科技有限公司	支塘镇	114	常熟巴德富科技有限公司	经开区
103	常熟市振泰无纺机械有限公司	支塘镇	115	苏州宇量电池有限公司	高新区
104	常熟市方塔涂料化工有限公司	支塘镇	116	常熟市华丽坚装饰工程有限公司	高新区
105	常熟市福莱德连接器科技有限公司	沙家浜镇	117	常熟雅致模块化建筑有限公司	高新区
106	苏州科宝电气有限公司	沙家浜镇	118	苏州朗宽电子技术有限公司	高新区
107	江苏威尔富电子科技有限公司	沙家浜镇	119	太普电子(常熟)有限公司	高新区

科技成果

【概况】 2016年,常熟市累计列入苏州市级以上科技项目115项,总投资达23.2亿元,争取上级科技项目经费支持7450万元,同比增长70%。其中,获中央引导地方科技发展专项资金项目7项,获批国家级众创空间1家。首次开展重大科技成果省地联合招标,新增省重大科技成果转化项目10项,并实现了专题组织类项目新突破。

年内省重点研发计划“产业前瞻与共性关键技术”立项3项,苏州市科技计划“重点产业技术创新”立项3项。获批省科技上市培育企业10家。落实对省科技厅财政厅国地税等四部门新认定高新企业的一次性奖励10万元/家,共99家计990万元。科技发展计划工业类立项19项,前瞻性类立项2项。申报苏州市级以上各类研发机构项目89项。其中,新增省级以上企业研发机构58家,新纳入省新型研发机构统计21家,获批省重点企业研发机构能力提升项目7项。年内共培育科技成果转化项目30多项,其中10项获省重大科技成果转化项目立项支持,同比去年增长100%以上;争取省级经费5500万元,同比去年增长50%。全年重大科技成果转化项目共有3项通过验收,4项通过中期检查。组织申报省科技成果转化项目贷款贴息,获批4项,获省级贷款贴息资助602万元。组织科技成果鉴定23项,获批苏州市科技成果转化补助项目9项,获省级科技进步奖1项,省企业创新奖1项,苏州科技奖15项,获奖数和奖项类别均有新的突破。农业科技获得省立项18项,立项数与去年相比增加7项,位居苏州各个县市前列。软科学获得突破,成为仅有立项的县级市。2016年度申报苏州市级农业科技项目7项,医药类项目1项,获拨资金130万元。苏州农业类后补助申报8个,当年验收并获资助经费25.25万元。常熟市级农业项目申报项目37项,立项23项,安排经费358万元。社会发展项目申报项目38项,立项25项,安排经费217万元。

【一农业项目获省科技支撑计划(农业)重点项目立项】 常熟市润丰农业有限公司联合扬大(常熟)现代农业发展研究院等单位申报的“乡村设施蔬果污染治理及雨水利用技术集成示范”获得省专项立项,获拨经费150万元,该项目也是苏州地区今年唯一立项的省农业重点专项。

【国家级科技企业孵化器考核成绩优异】 11月2日,科技部火炬中心公布了2015年度国家级科技企业孵化器考核评价结果,常熟市高新技术创业服务有限公司、常熟东南高新技术创业服务有限公司全部通过考核,其中常熟高新技术创业服务有限公司(常熟科创园)获评A类(优秀),是常熟市首次获评A类的孵化器,苏州市共有5家企业获此殊荣。

科技服务与合作

【概况】 2016年度,出台《关于推动科技创新若干政策的实施细则》,明确并细化科技创新券管理的相关内容和要求,发放小微科技企业创新券1554万元,覆盖企业163家。“集合信贷”“科贷通”“苏科贷”等科技金融产品年末贷款额达5000万元。配合“苏科贷”新系统上线运行,及时更新入库信息,推荐79家企业进入“2016年苏州市小微科技培育企业”。2016年邀请高校专家企业行680余人次,对接企业1020余家次,新增产学研合作项目200余项,组织企业参加各级各类产学研活动超100场次。常熟理工学院前瞻性联合研究等5个项目列入省产学研前瞻性项目,获得省级经费90万元。2016年发动企业申报江苏省科技副总12人,获得立项10人。

年内100万平米科技创新载体全面完工。加快打造汽车“轻量化、智能化、绿色化”产业技术创新中心，引进北京大学苏南工业技术研究院、江苏省产业技术研究院智能液晶技术研究所、021汽车智能网联公共技术研发平台等3项重大创新平台。推进中国智能车综合技术研发与测试中心建设，已列入省级科技公共服务平台和市级重大科技基础设施专项，累计获省市科技经费8425万元。建成并推进常熟理工学院材料分析测试中心、汽车零部件测试科技服务中心等一批中小企业公共服务和技术服务示范平台建设。目前，已建成国家级科技公共服务平台4家。推进国家火炬产业基地建设，“国家火炬常熟汽车零部件特色产业基地”“国家火炬常熟生物医药特色产业基地”“国家火炬计划常熟电气机械产业基地”通过复审。2016年依托农业园区和涉农研究院等，向苏州市科技局申报2个星创天地项目，1项获得了苏州市立项，1项获得科技部备案。今年新认定国家级众创空间1家，省级众创空间6家，苏州市级及本市级科技企业孵化器（众创空间）13家，全市新增孵化器载体面积达35.0137万平方米。其中，常熟高新技术创业服务有限公司获评A类（优秀），苏州市仅有5家获此殊荣。新培育申报各级科技企业孵化器（众创空间）20多家，发放市级科技创新载体（科技企业孵化器和众创空间）创新券450万元。由常熟高新区承担的“县域经济国家级大学科技园项目引进和孵化管理”项目被列入省首批科技型创业企业孵育计划，获得省级科技经费350万元。

【建设重点产业智库】 委托南京理工大学、常熟纺织服装协创中心，针对常熟高端装备制造、纺织服装两个产业，收集全国范围内专家学者和技能人才信息，建立界面统一、便捷实用的检索平台，建设“常熟市高端装备制造、纺织服装产业科技人才智库系统”，为全市企业研发人员、创业领军人才遇到问题及时获取专业咨询和解决方案，在重大决策时获得定制化数据支持和专家意见提供便利。

【北京大学“十三五”江苏首家专业研究院签约落户常熟】 5月23日，常熟市人民政府、北京大学化学与分子工程学院在北京大学举行战略合作协议签约仪式，共建“北大分子工程苏南研究院”。北大分子工程苏南研究院是2016年度继江苏省产业研究院智能液晶技术研究所后第二家落户常熟国家大学科技园的重大创新载体，对常熟市加快转变经济发展方式、大力实施创新驱动发展战略、全面推进科技协同创新，具有重大的意义。

【常熟市新材料公共检测中心正式投运】 1月，市政府与常熟理工学院共同合作打造的新材料公共检测中心正式运行。中心前身为常熟理工学院分析测试中心，初建于2003年。拥有1500平方米的高标准现代化实验室，总价值达到1500万元的先进分析测试仪器。

【江苏省产业技术研究院智能液晶技术研究所落户常熟】 4月14日，常熟市人民政府、薛九枝团队、江苏省产业技术研究院举行合作签约，共建智能液晶技术研究所。江苏省产业技术研究院执行院长刘庆，常熟市委书记、市长王飚出席签约仪式。省产研院智能液晶技术研究所主要由留美30余年的薛九枝博士负责，是一家致力于液晶非显示技术产业化研发的新型研发机构。

知 识 产 权

【概况】 2016年，全市专利申请总量6571件，同比增长3.9%，专利授权量3078件，同比下降5.78 %，其中发明专利申请量3105件，同比下降13.9%，发明专利授权量810件，同比增长11.26%；PCT国际申请79件，同比增长14.5%，全市万人发明专利拥有量24.36件，比2015年年末的20.61件增长18.2%。获得第十八届中国专利奖优秀奖1项，苏州市优秀专利奖二等奖3项，常熟开关制造有限公司管瑞良获得首届江苏省专利发明人奖。2016年度重新调整常熟市人民政府知识产权联席会议成员。先后制订常熟市知识产权战略纲要、国家知识产权示范城市建设工作方案，印发常熟市“十三五”知识产权发展规划等一系列文件，明确知识产权发展方向和战略重点。

【高新区成功获批国家知识产权试点园区】 根据国知发管函字(2016)245号文件的精神，常熟高新技术产业开发区被确定为国家知识产权试点园区，试点工作周期为2017年1月至2019年12月。

【江苏省知识产权局与常熟市签约合作】 10月10日，江苏省知识产权局一常熟市人民政府合作会商会议在常熟会议中心举行，省知识产权局和常

省知识产权局与常熟市签约合作

熟市政府进行战略合作，这是其与县级市的第一次合作，将主要围绕知识产权综合改革、提升知识产权创造质量、培育企业群体等方面展开。会上，双方签署了《江苏省知识产权局常熟市人民政府关于推进知识产权综合管理改革建设知识产权强市的合作会商议定书》。

【实施企业知识产权能力提升计划】 2016年进一步推进企业知识产权管理标准化。新增“贯标”创建培育企业41家，通过国标省绩效评价合格6家，索特传动等3家通过“贯标”第三方认证。中利科技集团成功申报省知识产权战略推进计划重点项目。常熟开关制造通过2013年度国家知识产权示范企业复核，常熟长城轴承、常熟通润汽车零部件分别认定为2016年度国家知识产权示范企业和优势企业。企业专利申请量、授权量分别占全市总量的97.01%和97.78%。

科 技 人 才

【概况】 2016年，全市组织2批市科技创新创业领军人才计划项目评审，引进创新创业领军人才团队52支，个人2人，累计达332个；新增省高层次创新创业人才计划12人，累计57人；新增姑苏创新创业领军人才计划14人，累计81人；新增姑苏科技创业天使计划20人。全年组织本市级项目中期检查两批共46项，累计完成检查227项；本市级项目验收共21项，累计完成验收155项。

【1人入选国家“千人计划”特聘专家】 3月3日，海智基地苏州光舵微纳科技股份有限公司董事长史晓华博士，成功入选第十二批国家“千人计划”特聘专家，成为该批次常熟唯一的入选者。光舵微纳公司由毕业于英国巴斯大学光电子技术专业的史晓华博士创立并任总经理，于2015年12月成为常熟科创园自主培育及引进的第七位国家“千人计划”高层次创业人才。

2016年常熟市新增苏州市级以上高层次人才一览表

表35

类　　别	姓　名	引才（或创办）企业
省高层次创新创业人才计划	戴道锌	苏州天步光电技术有限公司
	刘　泽	苏州微站通信科技有限公司
	莫国宁	苏州富士莱医药股份有限公司
	孙英钦	苏州途视电子科技有限公司
	王胜国	苏州鼎驰金属材料有限公司
	王行柱	苏州兴创源新材料科技有限公司
	魏　峥	苏州迈实信息技术有限公司
	席军强	北理慧动（常熟）车辆科技有限公司
	许建和	苏州百福安酶技术有限公司
	于英超	苏州林奈新能源有限公司
	袁　波	常熟英特电子科技有限公司
	周　翔	苏州笛卡测试技术有限公司
姑苏创新创业领军人才计划	戴道锌	苏州天步光电技术有限公司
	刘付胜聪	苏州驭奇材料科技有限公司
	袁　波	常熟英特电子科技有限公司
	尚春庆	苏州英芮诚生化科技有限公司
	杨云龙	江苏京创先进电子科技有限公司
	狄绍文	罗伯泰克自动化科技（苏州）有限公司
	徐云学	苏州卡基纳斯通信科技有限公司
	李光明	苏州博莱特新材料有限公司
	张亚妮	苏州鼎烯聚材纳米科技有限公司
	赵田力	苏州赛客爱茵智能科技有限公司
	缪　宏	常熟市江威真空玻璃有限公司
	潘时龙	苏州六幺四信息科技有限责任公司
	孙一飞	苏州青飞智能科技有限公司
	薛九枝	江苏集萃智能液晶科技有限公司

（缪　岚）

气象科技

【概况】 2016年，常熟市气象测报、预报业务质量保持稳定，气象监测预警得到强化，城乡气象灾害防御体系进一步完善，为农气象服务取得实效；继续做好雾霾天气的监测、预报、预警工作，积极参与大气污染防治；生态城市建设履行部门职责；气象科普助力防灾减灾；“十二五项目”建设全面完成。完成防雷体制改革的年度工作任务；完善地方财政保障机制，人员与公用经费缺额、业务运行经费和政府购买服务经费纳入地方财政预算。

【气象特征】 2016年常熟气候特点：气温略偏高，降水偏多，日照正常。2016年平均气温17.4度，比历年（1981—2010年）平均偏高1.2度（历年平均值为16.2度）。7月为全年最热月份，月平均气温为29.8度；年极端最高气温38.8度，出现在7月2天；1月为全年最冷月份，月平均气温为3.9度；年极端最低气温－8.4度，出现在1月24日。

2016年降水量1823.6毫米，比历年平均偏多688毫米（历年平均值为1135.6毫米）；5－11月降水量异常偏多，1－3月和12月偏多。最多月降水量出现在6月，月降水量为384.1毫米；最少月降水量出现在2月，月降水量为31.2毫米。6月19日入梅，7月20日出梅，入梅略偏迟、出梅偏迟，梅长31天，较常年偏长7天。梅雨总体雨量丰沛，为452.7毫米，较常年偏多120%。全年日照时数为1772.2小时，比历年平均偏少41.7小时（历年平均值为1813.9小时），年日照百分率40%。

【气象灾害】 2016年主要气象灾害：受寒潮影响，1月24—25日出现严重低温冰冻天气，对居民生活造成一定影响，全市大量水表冻坏，供水设施受到一定损失。7月4日22时，受强对流天气影响，董浜镇北港村及支塘镇何北村受到大风灾害，其中董浜镇北港村46.67公顷大棚受损，1间民房彩钢棚顶被掀，附近的一棵大树倒伏，无人员伤亡。根据监测资料与现场勘察认定为强对流天气引起的雷暴大风所致，最大风力达10—11级。10—11月的连阴雨天气对秋收秋种工作造成了影响。

（张海君）

责任编辑　张　军

教育

综述

【概况】 2016年，全市有公办学校97所，其中小学50所、初中31所、普通高中6所、完中1所、职业学校3所、九年一贯制学校2所；公办幼儿园52所，其中独立幼儿园39所。公办学校、幼儿园共计学生149673人。另有民办学校3所，民办(集体办)幼儿园30所，新市民子弟学校11所。民办(集体办)学校、幼儿园学生、幼儿6395人，新市民子弟学校学生17300人。全市学生总计173371人；全市在编教职工10861人，专任教师10300人。

教育经费投入 全市财政教育支出超过31亿元；生均公用经费继续高标准实施，普通高中1000元、中等职业学校1000元、初中1050元、小学900元、独立法人幼儿园550元；全市教师培训经费财政投入1536万元；校安工程投入2.4亿元；校车专业化运行财政补助1006万元。非义务教育阶段学校(单位)继续参照义务教育阶段实施绩效工资。免费义务教育所需资金全部按时、足额到位，特殊教育继续实行全部免费。对普通高中学校的特困生，按3000元/生·年标准发放助学金；对中等职业学校所有学生实行学费全免，对中等职业学校的一、二年级涉农专业及家庭经济困难学生按2000元/生·年标准发放助学金；对初中学校的特困生，按3500元/生·年标准发放助学金；对小学的特困生，按3000元/生·年标准发放助学金；对幼儿园的特困生，按1200元/生·年标准发放助学金。全年财政资助学生4296人次，经费支出达365.79万元。

重点工程建设 实验中学湘江路校区、游文幼儿园、东南幼儿园、杨园中小学、张桥幼儿园建成启用；石梅幼儿园迁建、外国语学校体育馆改造、市中课程基地、高新园中专二期、特殊教育学校校安工程项目投入建设；报慈幼儿园、衡丰幼儿园、凯文小学及幼儿园、锦荷学校及幼儿园、琴湖小学、元和中学新建工程，兴隆中学改扩建工程加快推进。

常熟国际学校

教育信息化建设 推进教育技术装备建设，构建"智慧教育"平台，促进教育技术应用，全市教育技术建、配、管、用水平有了新的提升。一是推进10个"未来教室"建设，组织全市"未来教室"应用观摩活动。至2016年全市共有21所学校建成未来教室，服务超过3万名中小学生的学习生活；二是启动中小学校园智慧教育卡建设与应用，建立电子身份及统一认证系统。投入400万元在直属学校建成校园智慧教育卡监管服务应用系统；三是开展"智慧校园"示范校创新实践。实验小学、石梅小学、职教中心被确认为苏州市"智慧校园"示范校，职教中心承办了苏州市智慧校园示范校项目"职教组"现场观摩研讨会。

平安校园建设 推进校园人防、技防、物防建设工作，整治校园周边环境，开展安全教育，提升综治水平。推行校园安全月查月报工作制度，强化督促落实。组织开展教育系统"安全生产月"活动，推动树立红线意识，落实安全责任，普及安全知识，提升师生安全素质。推进和强化学校食堂"五常法"管理模式，提高学校食堂餐饮服务和食品安全工作水平。校车运行正常有序，校车公司投入84辆国标校车为24所学校提供服务，两学期分别接送学生9306名和8995名。加强民办、新市民子弟学校及幼托机构安保工作检查，不留缺漏。

国际教育交流与合作 年内组织465名学生出国修学旅行，18位教师（校长）出国培训，7名师生赴日本萨摩川内市文化交流。全市学校共接待韩国、日本、澳大利亚等国外友好学校12批次。新增国外友好学校1所，与澳大利亚友好学校开展“One World One Future”主题项目交流。组织教育访问团到英国商谈学徒制培训的进一步合作，到法国SKEMA商学院商谈教育合作。2名校长参加省中小学校长国际交流与协作会议。全年省内外13个地区的200多名教育考察团成员到常学习考察教育改革发展经验成果。

【高分通过省级督政考核】 5月9日至10日，江苏省政府督导组一行8人，对常熟市人民政府2011～2015年履行教育工作职责进行了现场督导考核。期间，督导考核组听取了市政府的教育工作汇报，查阅了相关文件、资料和账册，实地考察了海虞镇、董浜镇共10所学校和1个社区教育中心，以及江苏省常熟中学、江苏省常熟中等专业学校；与相关领导进行了访谈；召开了人大代表、政协委员和校长、教师座谈会。此次督导高分通过，获得“优秀”等第。

【出台“十三五”教育发展规划】 市政府分别于8月14日和8月28日印发了《常熟市“十三五”（2016～2020）教育事业发展规划》和《常熟市“十三五”（2016～2020年）城乡学校建设规划》。《常熟市“十三五”教育事业发展规划》明确了今后五年教育改革发展的指导思想、总体目标、主要任务和保障机制，为常熟教育科学持续发展提供了重要保障。《常熟市“十三五”城乡学校建设规划》明确了全市学校66所建设总量。

基础教育

【概况】 2016年，全市在校小学生68427名，初中生31457名，高中生（普高）12398名。全市适龄儿童小学入学率、巩固率、普及率和毕业率均为100%，初中入学率、巩固率和毕业率均为100%，残疾儿童少年入学率、贫困家庭子女入学率为100%，高中段毛入学率达100%，普职高比4.5∶5.5，高等教育毛入学率达70.6%。年内，继续实施《新市民积分管理办法》，全市公办学校（园）共吸纳新市民学生10831人。

年内，实验小学获得“第二批全国校园足球特色学校”称号，省中、外国语学校获得“江苏省文明校园”称号，省中、尚湖高中、东张中学、星城小学、大义小学获得“苏州市德育先进学校”称号，塔前小学、星城小学、珍门小学获得“2016－2019苏州市特色体育项目学校”称号，市一中、高新园中专、赵市小学、白茆小学获得“苏州市艺术教育特色学校”称号，实验小学、石梅小学、绿地实小、赵市小学、杨园小学、世茂实小、高新园中专、实验中学成为“苏州市艺术教育联盟学校”。青少年综合实践学校通过2016年江苏省级基地验收，昆承中学和昆承小学通过江苏省体育传统项目学校验收。年内新增特色培育学校（幼儿园）1所、特色项目实验学校（幼儿园）23所、二星级特色学校（幼儿园）8所、三星级特色学校（幼儿园）6所，复评确认特色培育学校（幼儿园）2所、特色项目实验学校（幼儿园）6所。游文小学获得全省足球大课间活动一等奖；省中学生石雨豪在全国青年田径锦标赛中，获得跳远冠军，并打破了亚洲青年跳远记录，石雨豪入围2016年中国体坛风云人物“最佳新人奖”名单；普通高中学生在各类学科联赛中获得全国一等奖2个，江苏省一等奖74个、二等奖339个。

【实施学前教育公民办联动机制】 按照《市政府关于扶持普惠性民办幼儿园发展的实施意见》，在碧溪新区新增一所普惠性幼儿园——滨江幼儿园；启动《常熟市第二期学前教育五年行动计划》，开展集体办、民办园年度考核评估，办园水平全面提升。开展部分公办园和民办幼儿园的“结对帮扶”活动，帮扶工作有新成效。按照《关于幼儿园协作区建设的实施意见》，实施公民办联动、城乡互动机制，充分发挥协作区内优质资源的影响、辐射、示范和带动作用，不断缩小协作区内各园园际差距，共同提高保教水平。

【调整《教育质量发展性评估方案》】 市教育局对《教育质量发展性评估方案》进行了较大调整。开展义务教育实验改革项目学校总结交流活动，推进学校管理标准试点学校课题建设、项目认领等工作，推进小学特色文化建设工程。加强初中理化生实验操作检查，并将结果全部纳入教育质量发展性评估中。9月和10月分别做好了江苏省、苏州市义务教育学业质量监测相关工作。继续推进省中、市中江苏省级课程基地项目学校建设和外国语中学、浒浦高中、梅李高中、尚湖高中苏州课程基地项目学校建设，尚湖中心小学参加了全省小学特色文化课程建设展示，王淦昌中学“科技制作与创新”进行了苏州市课程基地答辩。

【普通高考质量持续保持高位】 2016年，全市普通类考生3453人，本二以上上线2553人（其中本一1024人），上线比例达73.94%，较去年提高2.9个百分点，列江苏省第一方阵；上线人数和比例均居苏州各县（市、区）第一。全市艺体类本科上线率达97.9%，创历史新高。省中、市中、浒高本二以上上线比例分别达97.73%、95.26%、90.93%，上线比例和人数列苏州大市同类学校首位，其他普通高中都在完成高考目标的前提下，实现了不同程度的增长。录取211以上高校443人，其中985高校共113人。

【特殊教育形成“常熟模式”】 下发《关于开展“重度残疾儿童送教上门服务”的工作意见》，在张桥小学举行了“送教上门”教师志愿者培训，开展中重度残疾儿童“送教上门”服务工作，全市36位志愿者，每周进行一次送教上门活动，受到欢迎。成立了常熟市自闭症研究会，在董浜中学举办特殊教育研讨活动，进行农村中小学特殊教育学生档案检查。接待了广西壮族自治区、山东枣庄市特殊教育考察团。特殊教育指导中心前往广西靖西、浙江衢州进行了学习交流活动。特殊教育“常熟模式”在江苏乃至全国有一定的影响力。

2016 年普通高校招生分类录取情况统计表

表 36

批次名称	合计	文科	理科	艺术	体育
强化班提前录取	0	0	0	0	0
少年班提前录取	0	0	0	0	0
提前本科军事国防	1	0	1	0	0
提前本科公安政法	22	6	16	0	0
提前本科航海院校	1	0	1	0	0
提前本科师范定向	3	2	1	0	0
提前本科其他院校	8	1	7	0	0
本科一批	886	207	679	0	0
本科二批	1451	424	1027	0	0
本科三批	800	392	408	0	0
艺术公办 1 小批	40	0	0	40	0
艺术公办 2 小批	131	0	0	131	0
艺术公办 3 小批	24	0	0	24	0
艺术民办 1 小批	78	0	0	78	0
艺术民办 2 小批	7	0	0	7	0
体育公办本科	13	0	0	0	13
体育民办本科	0	0	0	0	0
本科总计	3465	1032	2140	280	13
高职单招提前录取	123	69	45	9	0
高职专科	204	167	37	0	0
艺术专科 1 小批	19	0	0	19	0
艺术专科 2 小批	1	0	0	1	0
注册入学	2	0	2	0	0
专科总计	349	236	84	29	0
总计	3814	1268	2224	309	13

说明：报文科 1290 人，报理科 2242 人，报艺术类 304 人，艺术兼报文科 25 人，艺术兼报理 11 人，报考体育类 3 人，体育兼报文科 1 人，体育兼报理科 14 人，非统考 1 人

职业教育

【概况】 2016 年，常熟市 3 所职业学校共有在校学生 11066 名，夏季毕业学生 2995 名，中职学校毕业生双证持有率为 95.66%，就业率为 98.4%。2016 年全市普通高校单独招生考试报名人数为 785 人，实考人数为 446 人，本科录取 222 人，录取率为 49.78.%(按实考)，超苏州市达本率(40.56%)，名列苏州市第三；专科录取 208 人，转段本科 69 人，中职注册入学 256 人，总录取人数为 755 人，总录取率为 96.18%。逐步扩大中高职衔接试点专业和招生人数，年内与沙洲职业工学院、苏州经贸职业技术学院、苏州工业职业技术学院、常州纺织服装职业技术学院、常州工程职业技术学院开展“3＋3”衔接试点，同时还招收了江苏联合职技院、江苏农林、苏州农林的五年制大专生，共招录上述学生 2005 人。

全市“双师型”教师占专任专业教师比例为 70.21%，聘请 124 名具有实践经验的专业技术人员、高技能人才担任兼职教师，比例为 23.53%。深入推进中、高职院校合作，定期开展中、高职院校定期交流活动，发挥高职院校在专业建设、课程改革、教师培训等方面的示范引领作用。年内，常熟职教中心成功创建成为“江苏省高水平现代化职业学校”。奇瑞捷豹路虎中英现代学徒制试点项目学徒中心投入建设，为创建“江苏省现代化实训基地”做好准备。高新园中专启动学校二期工程“工艺美术实训基地”建设。

【年度各类竞赛成果】 2016 年，组织师生参加各级各类级竞赛活动：在苏州市级技能大赛中获得一等奖 23 个、二等奖 73 个、三等奖 99 个；在江苏省级技能大赛中获得一等奖 8 个、二等奖 18 个、三等奖 26 个；在全国职业院校技能大赛中获得银牌 3 枚。在第七届江苏省职业教育创新大赛中获得一等奖 2 项、二等奖 1 项、三等奖 6 项、“伯乐奖”2 项。在第七届江苏省中等职业学校“文明风采”竞赛中获得一等奖 6 项、二等奖 15 项、三等奖 11 项；常熟中专荣获“优秀组织奖”，这是自 2008 年以来学校第七次取得优异成绩。

【职教中心成功创建成为江苏省高水平现代化职业学校】 7 月，常熟职业教育中心校被省教育厅、省财政厅正式认定为第二批江苏省高水平现代化职业学校。职教中心“江苏省高水平现代化职业学校”建设于 2014 年 9 月正

式启动。学校围绕“以内涵提升质量，以特色成就品牌”的总体目标，根据“总体规划、分步实施，集中资金、突出重点”的基本原则，通过实施“七项工程”，着力打造现代职教新样板。

【职业教育活动周成功举办】 根据教育部工作要求，5月第二周举办职业教育活动周。5月9日至15日，常熟市第二届职业教育活动周以“弘扬工匠精神 打造技能强国”为主题，组织举办了技能才艺展演活动、普职融通交流活动、社区便民服务活动、文体竞赛活动、校园开放日等系列活动，提高了职业教育的吸引力和影响力。

社会教育

【概况】 2016年，全市共有3597人报名参加成人高考(其中高升专1308人，高升本210人，专升本2010人，申请免试88人，改革项目1106人，成绩互认2人，退役士兵69人)，实际参考2332人(其中高升本210人，高升专766人，专升本1356人)，实考率为92.75%。自学考试全年报考人数2501人(含增考534)，新生783，老生1718(其中：上半年1164人，新生324，老生840；下半年1337人，新生459，老生878)；全年报考本科(含增考)1809人，专科692人；全年报考课次(含增考)5677门(上半年2626门，下半年3051门)。全年参加计算机英语证书考试共有15188人，其中全国计算机等级考试(NCRE)报名12202人(上半年6017人，下半年6185人)；全国英语等级考试(PETS)报名2986人(上半年1660人，下半年1326人)。江苏省书法等级考试全年报名812人。教师资格报名(国考)823人。大学英语四六级全年报名19417人，其中上半年8986人，下半年10431人。

年内，沙家浜和虞山镇创建为全国社区教育示范街道乡镇；梅李镇创建为第三批“苏州市学习型乡镇(街道)”；支塘镇老年大学创建了苏州市教育现代化乡镇(街道)老年大学。碧溪新区社区教育中心创建为江苏省标准化社区教育中心，全市江苏省标准化社区教育中心达到7个；10月下旬，全市17个村(居)提交了“江苏省标准化村(居)市民学校”创建申请材料，并进入验收阶段。钱敏丹家庭荣获“全国文明家庭”称号，是苏州地区唯一获此殊荣的家庭。全市农村居民社区教育活动参与率达41.75%，年培训满40学时的从业人员总量超过58万。全市农村致富骨干培训、致富带头人、优质高产技术培训等农村人员培训以及职工教育培训继续保持在高位。多家成教均开设有学历教育，在校学员8300多人。

全年共新批民办小学2所、幼儿园3家(其中1所为普惠性幼儿园)、托儿所2家、备案学前儿童看护点4家，依法取缔无证办学机构2家。做好民办非学历教育机构等级评估工作，对外来工子弟学校考核和提档升级工程进行督查指导。坚持开展日常巡查和年检工作，年内注销了5家非学历教育机构，对81家通过年检的教育机构进行了网上公示。

高等教育

【概况】 2016年，常熟理工学院普通全日制在校本科生18061人，联合培养全日制研究生87人，成人学历教育在籍学生5574人；教职工1159人，其中专任教师856人，高级职称590人，博士289人(另有在读40人)。新招全日制本科生5298人、联合培养研究生35人。学院占地面积1800亩，建筑面积60万平方米，教学仪器设备资产总值2.5亿元。图书馆馆藏纸质文献151万册，数据库33个，数字信息资源量30TB。学校设有14个二级学院(部)，60个本科专业，涵盖工学、理学、文学、经济学、管理学、历史学、法学、教育学、艺术学等9大学科门类，面向全国20个省招生。

2016年，修订出台学校绩效工资实施办法，推进新一轮岗位设置与岗位聘用工作，进一步深化了人事分配制度改革。全年引进专任教师65人。新增入选第五期“333工程”第三层次培养对象6人、省“青蓝工程”科技创新团队1个、省“青蓝工程”中青年学术带头人培养对象2人、省“青蓝工程”优秀青年骨干教师培养对象4人。新获六大人才高峰资助项目2人、苏州市紧缺高层次人才引进资助6人。

年内，成功申报国家“十三五”应用型本科产教融合工程建设项目，成为全国100所产教融合示范校之一；自动化专业工程教育专业认证顺利完成；5个学科获批省“十三五”重点建设学科；新增省级重点实验室1个、市级重点实验室1个，校联合技术转移中心以优异成绩通过综合考评；荣获2016“中国产学研合作促进奖”，获省哲学社会科学二等奖2项；新增省高校“青蓝工程”科技创新团队1个；1名青年教师入选2016全球高引作者榜。校地校企合作扎实推进，学校与地方政府制定“十三五”校地合作规划，谋划落实省市共建新项目，筹集校地合作经费6000万元。全年签署合作协议80余项。

启用学业预警系统，爱课程平台运行，完成人才培养方案论证，发布创新课程标准。立项各级大学生实践创新训练项目509项，参加学生3000人。学生项目首次入围全国大学生创新创业年会，获评江苏省优秀大学生创业项目1项。学生毕业论文(设计)获省级评优一等奖。承办全省ERP大赛，获得“第十二届全国大学生智能车竞赛”决赛承办权，首次上榜“2016中国最好大学排名”并位列238名，在同类高校中名列前茅。

2016年与11所海(境)外大学新签署友好协议，结为友好学校。启动中美人才培养国际课程实验班工作。新增合作教育项目15个。接收国内3所合作院校来访交换生16人，派出国内交换生14人。全年各类出国(境)学生187名。年内，学校获得“江苏省文明校园”“全省共青团工作先进单位”“全省‘三下乡’社会实践先进单位”等称号。蝉联“全国大学英语四六级考试优秀考点”与“全国计算机等级考试优秀考点”。

【曾赵园校史馆对外开放】 常熟理工学院曾赵园办学校史馆完成布展，并

12月10日,常熟理工学院第十一次学生代表大会召开

对外开放。从1970年开始在曾赵园办学,至2000年全部迁出,常熟理工学院在曾赵园办学整整30年。曾赵园常熟理工学院校史馆陈列在现曾赵园清风明月亭,内容由序言和四个部分组成。

【上榜2016中国最好大学】 在上海软科教育信息咨询有限公司研制的"2016中国最好大学排名"中,综合排名上榜310所高校,常熟理工学院首次上榜,位列238名,在同类高校中名列前茅。"中国最好大学排名"的排名范围是教育部公布的全国普通高等学校名单(2015年5月21日公布)中,1216所办学层次为本科的大学。这其中公办大学793所、民办大学140所、独立学院283所。排名前列的大多是部属、央属高校。

【产教深度融合被教育部等专题报道】 5月18日,教育部网站专题介绍了常熟理工学院在主动对接地方核心产业群,促进产教深度融合,推动形成校企合作办学、合作育人、合作发展等方面的举措,受到各界关注。江苏省教育厅简报2016年9期作了专题报道。

【汽车工程学院独立设置】 2012年5月,常熟理工学院、常熟市政府及区域内汽车行业企业三方共建成立的行业学院,汽车工程行业学院挂牌在常熟理工学院机械工程学院下运行。2016年3月,汽车工程学院从机械工程学院分离、独立设置。5月21日,常熟理工学院在东南校区求真楼举行了汽车工程学院揭牌仪式,并召开首届汽车工程产教融合研讨会。目前,学院开设有汽车服务工程、材料成型及控制工程、车辆工程及"3+4"汽车服务工程职教立交桥四个专业。

【获2016年"中国产学研合作促进奖"】 11月27日,中国产学研合作促进会与浙江省政府共同主办的第十届中国产学研合作创新大会在浙江召开。常熟理工学院荣获2016年"中国产学研合作促进奖",由王旭红副教授领衔申报的"再利用环保高效电子级均苯四甲酸二酐催化剂的研发应用"项目获2016年"中国产学研合作创新成果奖二等奖"。中国产学研合作创新与促进奖是经国家科技奖励办公室批准设立,是目前我国面向政产学研用相结合的最高荣誉奖。

【自动化专业工程教育通过认证】 12月4日至7日,由清华大学张佐教授等组成的中国工程教育专业认证专家组对常熟理工学院自动化专业进行了现场考查,并最终通过认证。自动化专业是学校首个进行工程认证的专业,作为学校推动工程教育认证工作的标杆,不仅取得了自身专业建设的重大进展,也很好地带动了校内其他工科专业教学改革。

【编制"十三五"事业发展规划】 《常熟理工学院"十三五"事业发展规划》(以下简称《规划》)的编制经历了"前期工作、调研考察、文本起草、征求意见、修改论证及审定发布"六个阶段,最终于11月9日正式发文公布。《规划》由总规划、八个专项规划和学院规划共同组成。其中,总规划主要体现学校总体发展布局和战略,包括"建设基础、总体思路、主要任务、保障措施"四大板块,32项主要发展指标,其中基础性指标10项,突破性指标14项,特色性指标8项。

【获批国家"十三五"应用型本科产教融合工程建设项目】 年内,学院成功申报国家"十三五"应用型本科产教融合工程建设项目,成为全国100所产教融合示范校之一。国家发改委、教育部在"十三五"期间实施应用型本科产教融合工程。该工程由中央和地方共同投入和组织实施,在全国范围共遴选出100所高校,每所高校中央预算内投资将达到1亿元。该项目的获批,对优化常熟理工学院的实习实验实训平台和基地建设、吸引行业企业参与、推动应用型人才培养和应用技术创新将起到重要作用。

【1名教师入选2016全球高引作者榜】 在汤森路透公布的2016年全球高被引作者(Highly－Cited Researchers 2016)榜单中,常熟理工学院青年教师施少君博士上榜。汤森路透是全球著名的信息提供商,其统计给出的研究者论文的被引情况,反映了作者的研究成果在所属领域的受关注程度。此次公布的高被引榜单中,共有18个学科领域的183名中国学者上榜。

(闫　飞)

师资建设

【概况】 2016年年末,全市中小学(幼儿园)共有在编教职工10861人,专任教师10300人。全市幼儿园、小学、初中、高中专任教师的学历合格率均达100%,36名教师通过在职攻读取得硕士学位。研究生(含在读)比例小学1.08%、初中4.91%、普高15.43%、职高13.75%;幼儿园、小学、初中本科学历比例分别达74.74%、79.62%、95.52%。全市骨干教师比例达34.3%。年内招录新教师229名,其中幼儿教师60名,小学教师97名,特殊教育教师1名,中学教师 54 名，职业学校教师 17 名，新招录教师中有 35 名为硕士学历。

【新招录教师实行预分配】 为推进教师“市管校聘”进程，优化资源配置，提升均衡化水平，加快提升新入职教师队伍整体素质，2016 年起全市义务教育阶段新招录教师实行预分配。预分配时间一年，由教师发展中心统一管理，分配到全市新教师培训基地学校培训。9 月，130 位新教师分配进驻 14 所经教育局批准的初中、小学及特殊教育学校进行为期一年的入职培训。

【义务教育教师支教交流改革】 为加快“市管校聘”步伐，化解义务教育学校师资结构性矛盾，推进教育均衡发展，2016 年秋季起对义务教育学校教师支教交流工作进行改革。主要体现在以下五个方面：一是支教交流时间由一年变为支教二年、交流三年；二是由原来学校、教师配对组合报教育局备案变为由教师申报学校同意教育局统一调配；三是提高支教交流教师申请条件；四是加大单向支教交流人数比例；五是进一步明确支教交流的职责及后续考核要求。2016 年下半年义务教育学校交流教师 308 人(其中：初中 156 人，小学 152 人，支教 35 人)。非对称单向交流 91 人，单向抽调 20 人，进出人数不对称学校 30 所，一定程度上化解了义务教育学校教师结构性矛盾。

【出台《中小学校级干部管理意见》】 上半年制订《中小学校级干部管理意见》，细化了全市教育系统干部选拔、任用、调配、管理、培训等方面工作。加大校级领导交流轮岗力度，暑期校级领导轮岗交流 52 人，其中正职校长 24 人，副职校长 20 人，机关中层 8 人。年内依托党校举办后备干部培训班 1 期，下半年开班举办第 20 期中青干部培训班，培训学员从原来的 40 名左右增加至 88 名。

教育科研

【概况】 2016 年，全市教师在各级各类基本功、评优课、教学设计等比赛中，获得全国二等奖 2 人、三等奖 1 人，江苏省一等奖 9 人、二等奖 3 人；“一师一优课”评比中，共有 95 堂江苏省优课；在苏州市教师核心素养比赛中，获得一等奖 45 人、二等奖 127 人、三等奖 348 人；在江苏省职业学校教学大赛中，获得一等奖 2 个、二等奖 5 个、三等奖 2 个。

在课题研究方面，突出省、市规划课题的研究，全市共有 20 个课题参加江苏省教育科学“十三五”规划课题评审，12 月完成苏州教育科学“十三五”规划课题材料网上申报工作；对已立项的“十二五”规划课题做好日常网上管理和研究指导工作，做好省市级教育教学成果奖的推荐工作。大力推进基于实效性的微型课题研究项目，逐步构建了由“常熟市微型课题研究管理办法”“常熟市微型课题过程性管理手册”“常熟市微型课题结题标准和操作办法”三个部分组成的整体项目方案。每年近 1000 项微型课题研究充分展示了全市广大教师教育科研的智慧，近 200 场的成果推广讲座初步形成了常熟市教育科研的品牌项目。组织了苏州学陶先进集体和先进个人评选，开展了陶研论文、“蓝天杯”论文评审，组织了陶研课题申报、结题工作，编辑出版《常熟新教育实验简报》第 34 期。

【市教研室成果排名全国第二】 在《中国教育报》2016 年 4 月 7 日的“教育科学版”上，中国人民大学书报资料中心基础教育期刊社对“十二五”期间全国所有教育科研机构的教科研成果汇总排列，市教研室排名全国第二，仅仅排在北京教育科学研究院之后，列在江苏省中小学教研室和浙江省教育厅教研室之前，是唯一上榜的县级市教研室。在由江苏、浙江、上海联合开展的“第三届长三角地区教育科研优秀团队”评比中，常熟市教育科学研究室获得“教育科研优秀团队”称号。

2016 年常熟市中小学教师职务、学历情况统计表

表 37

教师类别	总人数	博士毕业	硕士毕业				本科毕业				专科毕业			中专(高中)及以下	
		其中	其中				其中				其中			其中	
		助理及以下	正高	副高	中级	助理及以下	正高	副高	中级	助理及以下	副高	中级	助理及以下	中级	助理及以下
高中教师（中职）	2238	1	1	137	165	44	4	705	818	325	2	20	14	2	0
初中教师	2611	0	0	66	82	8	0	747	1239	354	3	46	53	6	7
小学教师（幼儿园）	5172	0	0	9	34	11	0	184	2636	1249	2	613	275	116	43
校外机构	263	0	0	5	4	14	2	62	46	123	0	4	3	0	0
合计	10284	1	1	217	285	77	6	1698	4739	2051	7	683	345	124	50

说明：1. 本表统计对象为 2017 年 3 月在册在职的中小学教师(其中 2017 年 2 月底前到达退休年龄，3 月办理退休手续的人员不列入本表统计范围)

2. 校外机构含：考试院(招办、考办)、勤工办、电教馆、教科院(教研室)、教管办、教师发展中心、汉语国际推广中心、少年宫等非学校类事业单位编制人员

(徐　鸽)

责任编辑　张　军

综　　述

【概况】　2016年是全面推进实施“十三五”规划的开局年，也是常熟文化实现跨越发展的关键年。4月，常熟市第九届阅读节、第六届少儿阅读节正式启动。阅读节组织开展各类阅读活动160多项。成立常熟市全民阅读促进会。积极开展“中华少年诵、梦想伴我行”全市首届小学生经典吟诵大赛等阅读活动。常熟市青年社区学校正式开班，提供免费文化艺术综合培训。碧溪新区、海虞镇海福新城、虞山镇莫城管理区建成集24小时自助图书馆、电子报刊阅读、本土文化观赏和非遗资源展示等功能于一体的数字文化体验站，其他试点乡镇也已筹备建设。完善图书馆总分馆体系，深化“图书馆＋”模式。2016年全市共建成“图书馆＋”分馆27个，流通点58家。至年底共配送新书13967册次，流转图书35013册次。修定“新风杯”考核标准，制订2016－2017公共文化服务品牌孵化计划、全民艺术普及实施意见、社文口各单位重点工作目标。完成全市215个行政村、108个社区文化活动室摸底调查。年底围绕全民艺术普及评选年度优秀案例，并组织2016－2017年度常熟市公共文化服务品牌孵化计划项目申报评审。继续实施镇村“双六提升工程”，持续推进基层文化设施建设目标。加快尚湖镇、常熟高新区等地的综合文化设施建设。完善提升80家列入省、苏州级综合文化服务中心的村（社区）设施。推进公共文化数字服务，启动常熟公共文化服务平台（常熟文化百度）软件开发。加强基层文化队伍建设，组织举办北京中央文化管理干部学院常熟培训班。

4月23日，常熟市第九届阅读节在常熟图书馆启动

文学艺术创作

【概况】　2016年，市文化广电新闻出版局（简称市文广新局）致力于文化艺术精品生产和展示，完成2016常熟江南文化节系列活动的组织实施，开展文化品牌活动，深化书香城市建设，推出系列精品展览，创新文化惠民，加强人才队伍建设，不断塑造城市精神，传承历史文脉。

【举办2016常熟江南文化节】　9月，完成文化节系列活动的组织实施工作。文化节期间，《金曾豪少儿文学集》（15卷）首发。历时一年的“诗咏虞山”全国格律诗词大赛评比颁奖，《“诗咏虞山”佳作选》出版首发。曹大铁先生百岁诞辰座谈会举行，《曹大铁传》《曹大铁年谱》首发。9月，“朱颖人先生捐赠作品展”在常熟博物馆开幕，展出朱颖人书画作品31件。9月28日孔子诞辰日，常熟文庙修复启用暨丙申祭孔大典举行，开放后的文庙将作为中华优秀传统文化和地方特色文化的展示、体验、传播中心。纪念庞薰琹诞辰110周年展览开展。常熟市评弹团成立60周年纪念活动座谈会和名家祝贺专场举行。“文化惠民乐万家”活动创新推出：德云社相声专场、黄梅戏《女驸马》等高品质演出以优惠票价推出，市区及乡镇各影院十元电影面向全市惠民大放送。

【纪念庞薰琹诞辰110周年展览开展】 9月28日，“庞薰琹是谁——纪念庞薰琹诞辰110周年艺术作品展”在常熟美术馆开幕。2016年时值庞薰琹先生诞辰110周年。美术馆启动“庞薰琹三年”项目，每三年为一个周期，开展与庞薰琹相关研讨、展览、推广等活动，展示庞薰琹的艺术设计作品、绘画作品和美术文献。展览由“如此巴黎”“图案先行”“如此上海”“决澜宣言”“我见东方”“我与非我”六个部分组成，将庞薰琹及其相关文化逻辑的嬗变放入二十世纪至2016年的中西文化视域进行再阐释、再定位。

【常熟市评弹团成立60周年纪念活动】 10月，举办评弹团成立60周年纪念活动。17日，常熟评弹团演员祝贺专场演出在常熟评弹艺术馆虞山书场举行。18日，常熟评弹团成立60周年座谈会在常熟市图书馆举行，当日下午于虞山大戏院举行评弹名家祝贺专场演出暨中篇评弹《沙家浜》创排启动仪式。

【启动大型文集《曾朴全集》编纂】 1月，启动大型文集《曾朴全集》编纂工作。对曾朴著述作了大量梳理，对海内外藏家收藏曾朴作品进行调研。曾朴后人曾壎无偿提供曾朴手稿《曾朴自编诗集手稿》《病夫日记》等珍贵资料。细化序时进度做好编纂，计划用四年时间完成10册300万字全集的编纂出版，涵盖曾朴多个时期文学创作、翻译、考据等活动。

【创新文化惠民】 完成首届苏州市“繁星奖”各门类参演、参赛、参评工作。共获9个金奖、14个银奖、24个铜奖，1个公共文化服务项目类奖项和1名群文之星。继续在全市范围组织开展2016年“文化惠民村村演”“情暖常熟”群众文艺巡演，全新推出“评弹进百村”公益巡演。严把送戏下乡节目质量关，全年完成送戏演出162场。积极推动文化惠民活动质效新提升。举办“我的舞台我的梦”常熟原创歌曲推广暨“常熟歌王”大赛，文化节期间举行总决赛，决赛首次推出微信视频直播，点击人数达39346人次。

【“两朝帝师翁同龢文物特展”在京巡展】 3月至9月，“两朝帝师翁同龢及翁氏家族文物特展”在颐和园、石刻艺术博物馆、鲁迅博物馆（北京新文化运动纪念馆）等首都著名文博单位巡展。展览展出文物展品66件（组），共计百余件，多为国家一、二级文物，全面展示同治、光绪两朝帝师翁同龢早中晚三期书法艺术及翁氏家族作为文化世家的深厚底蕴。翁氏作品有楹联、册页、屏条等，兼具真草篆隶各种书体，《翁同龢殿试日记》（清代稿本）等首展。

【“延安行——常熟市书画作品展”开幕】 5月，“延安行——常熟市书画作品展”在延安革命纪念馆开幕。展览由共青团延安市委员会、延安革命纪念馆、常熟市文广新局、延安市青年联合会主办，延安市青年书画家协会、常熟市书画院承办。展览汇集50位常熟书画家的150件书画作品，体现了当代常熟书画家对虞山派传统艺术的传承。

【举办“颐和园藏乾隆文物精品展”】 7月至9月，“颐和园藏乾隆文物精品展”于常熟博物馆展出。展览展出颐和园所藏宫廷文物精品近百件，其中涵盖宫廷陈设器、宫廷家具以及帝王生活赏玩器物等，体现了清代工艺和艺术最高水准，使观众了解乾隆时代生活艺术与审美风范。

【组织新编大型历史锡剧《侠医缪希雍》巡演】 2016年初，市锡剧团与北京保利剧院管理有限公司签约至昆山、常州、无锡、张家港、南京保利大剧院及南京博物院、上海天蟾逸夫舞台、无锡市人民大会堂进行巡演。同时，下乡巡演范围遍及沙家浜镇、辛庄镇、服装城等全市各镇、村、社区。全年巡演共32场次。

文化出版事业

【概况】 2016年，市文广新局编辑出版系列地方文化典籍，维护出版市场秩序，加强新闻出版管理，致力于常熟文化出版事业发展完善。2016年获评江苏省“扫黄打非”先进地区称号。

【举办《中国常熟宝卷》首发暨专家研讨会】 《中国常熟宝卷》编纂工程历时三年，整理编纂文字200万字，分素卷、荤卷、冥卷、闲卷、科仪卷等五大门类共260种。6月，成功举办《中国常熟宝卷》首发暨专家研讨会。首发式上举行了常熟保家宣卷仪式展示及专家研讨活动，来自全国各地的专家学者对常熟宝卷的顺利出版给予充分肯定，并就常熟宝卷的保护、传承和研究等交流探讨。

【完成国家级项目陆瑞英吴歌（白茆山歌）抢救性记录工作】 2月正式启动，11月下旬全部完成《访谈片》《实践片》《传承教育片》的素材拍摄及《综述片》的剪辑制作工作，总收录时长

两朝帝师翁同龢及翁氏家族文物特展

达600多分钟。

【加强新闻出版管理】 改进年审手段,如期完成全市210家出版物发行单位和378家印刷企业的年审工作,通过年检落实市场准入退出机制。召集30多个部门、乡镇(板块)进行江苏省书香城市建设评估指标体系培训,对应指标、落实任务,按时向苏州申报全市创建书香城市各项指标任务。以政策引导、优化服务入手,向省新闻出版广电局申报4家江苏省双优诚信印刷企业。做好了童装市场苏州市级正版正货市场、梦兰集团苏州市版权示范单位的申报工作。至2016年年底共向苏州市版权局申报了近千件作品版权登记,完成了全年目标任务。

文化遗产保护

【概况】 2016年,全市文化遗产保护工作坚持保护、传承、发扬原则稳步推进。常熟文庙修复竣工并对外开放,文物保护工程全面实施,第一次全国可移动文物普查完成,非遗保护进一步加强。

【常熟文庙修复竣工并对外开放】 2016年全面完成文庙西轴线、室外配套、景观绿化、布展安防、碑刻保护工程,文庙各项工程竣工验收并移交管理办公室。开展人员招录、办公设备采购、修复启用暨祭孔大典策划等准备工作。启动文庙兴贤坊、育俊坊、泮宫坊、言祠坊等四座牌坊工程。启动古运河琴川西南段驳岸修复工程。9月28日,孔子诞辰日举行文庙修复启用暨丙申年祭孔大典。

【全面实施文物保护工程】 严讷宅和太平巷明厅保护工程基本完成。完成印应雷墓、屈成霖宅等文保单位修缮。启动控保建筑周神庙弄民国建筑的修缮工程。参与市保单位王淦昌故居修缮和王淦昌纪念馆的设计策划工作。做好国保单位聚沙塔、燕园保养工程、市保单位上塘街马宅、梅李爱日精庐等监管工作。做好省保单位翁氏丙舍维修、市保单位罗墩文化遗址保护、福山南街赵宅修缮、古里刘氏敦厚堂修缮、南泾堂"大院户改造"的方案编制指导与审核工作。完成国保单位燕园布展工程的方案申报及资金申请、国保单位聚沙塔保护规划资金申请等工作。完成常熟博物馆馆藏纸质文物保护修复,省保单位兴福寺修缮方案初稿申报等工作。

【完成第一次全国可移动文物普查】 完成第一次全国可移动文物普查的资料整理汇总,公布普查成果。编制可移动文物普查档案,完成《常熟市第一次全国可移动文物普查工作报告》。经普查,常熟市在全国可移动文物普查信息平台共登录130383件(合29493件/套)(不含国家层面直接从全国档案系统共享的《中国档案文献遗产名录(第三辑)》中常熟市档案馆所藏《晚清、民国时期常熟百种地方报纸》110种7248张),其中珍贵藏品数量2996件(合1131件/套)。

【传承保护非物质文化遗产】 策划第11个"文化遗产日"系列活动。虞山琴派传承人古琴学子三年培养计划签约,为虞山派古琴艺术培养新生力量。成功举办《中国常熟宝卷》首发暨专家研讨会。《中国常熟宝卷》历时三年,整理编纂文字200万字。举办2016常熟非遗进校园活动,安排原生态白茆山歌专场、古琴音乐会专场、传统锡剧折子专场及常熟市百项非遗图片展等内容。完成《常熟宝卷讲唱曲调》《辛庄堂名传统曲目》《顾自新与支塘滚灯》等视频资料拍摄工作。编辑出版《琴重虞山——中国古琴名家名曲集》DVD。启动《常熟非遗图典》《常熟花边经典作品图案集锦》等专著整理出版。完成《常熟非遗研究2016年刊》出刊。 (罗文青)

文庙言子专祠

常熟日报

【概况】 2016年,常熟日报社以庆祝建党95周年和市第十三次党代会召开为契机,开设《纪念建党95周年 喜迎市第十三次党代会》等专栏,全面展示在党的领导下,全市政治、经济、社会、文化、生态等各个方面的发展。围绕精致城市建设,开设《打造精致城市 建设"强富美高"新常熟》《精致城市大家谈》《精致城市建设现场追踪》等专栏,深度解读党代会报告提出的七项重点工作,及时报道精致城市建设进程中取得的成功经验、存在的问题,提出改善意见。全年推出50多组系列报道和专题报道,为全市发展营造浓厚的舆论氛围。

【推进媒体融合】 实施全媒体联动,与常熟市委外宣办、常熟市政府新闻办共同主办的"网上新闻发布厅"于1月正式上线,共举办15期,立足民生问题,搭建政府、部门、市民沟通交流平台,让更多市民了解政府部门的政策、制度,共同推进精致常熟建设。

【坚持多元发展】 加强会展经济运作，3月，策划举办"东方之魂"《富春山居图》红木雕刻两岸合璧台湾特展，展览在苗栗县三义木雕博物馆开幕。丰富业务培训活动，常熟日报文化培训中心开展春夏秋季培训，重点开展小记者时政主题系列活动、小记者360职业体验系列活动、2016中小学生文艺创作大赛等活动。尝试与市摄影家协会合作开设摄影成人培训班，与市文广新局合作开设文化创业产业培训班。

【壮大品牌影响】 9月，策划举办"探精致城市、访文化古道"百名社长总编看常熟新闻采风活动暨中国新闻技术工作者联合会县市区域新媒体分会成立大会。10家中央媒体，120多家地方媒体参加活动，参会社长总编和媒体代表近230人。开幕式上，中国新闻技联县市区域新媒体分会、中报协县市报融合发展实验基地揭牌。大力培育文化产业，依托古吴轩出版社常熟办事处，进一步找准营销点，扩大营销面，出版《黄公望新考》《南门坛上》《常熟文史纵横谈》《实验小学志》等6部书籍。

【开展大型新闻活动"走进常熟港"】 2016年是常熟港开港20周年。常熟日报社联合常熟港口岸办（港口局）开展"走进常熟港"大型新闻行动，在头版开设专栏《走进常熟港》，刊发稿件35篇，全方位展现常熟港20年来的发展历程。

【开展国家历史文化名城异地采访活动】 围绕常熟获批国家历史文化名城30周年，组织开展国家历史文化名城异地采访活动，分五路走进10个城市采访，吸收借鉴先进经验，促进全市文脉传承，开设专版专栏进行详细报道。

【深入开展"走转改"】 进一步深化"走转改"活动，在各新闻版面开设《走基层·深度调查》《走基层·现场见闻》《走基层·记者手记》等专栏，刊发"走转改"报道200多篇。推进青年编辑记者挂职社区蹲点行动，范围从虞山镇扩大到全市，实现采访重心下沉、新闻一线捕捉，帮助反映基层工作、解决实际难题，刊发《蹲点日记》专栏稿件40多篇。 （胡方圆）

广播电视

【概况】 2016年，常熟市广电总台组织策划专题（系列）报道20多个，举办社会活动70多场。创优作品获省级奖7项、苏州市级奖53项，获奖数量质量名列苏州各县市前茅。年内，总台被评为"金长城传媒奖·2015中国十大影响力区县电视台"，全国县级广播电视系统"十佳广播电台"。《午间风》节目蝉联全国广播电视栏目"民生影响力10强"。

【舆论引导积极有为】 完成"人大政协两会""2016江南国际时装周暨第十七届服装服饰博览会""国际湿地大会""市第十三次党代会""江南文化节暨沙家浜旅游节开幕"等宣传报道，开设"回眸十二五""开局之年新作为""春暖2016""厚植开放型经济发展新优势"；"百日行动进行时""环境整治补短板"；"七一党建专题报道""两学一做，知行合一"；"践行社会主义核心价值观 志愿者在身边""共建文明城市 同享精致生活""践行五大理念 建设精致常熟"等20多个专题系列报道。服务乡镇发展，推出"聚焦乡镇人代会""城镇新发展""聚焦镇党代会"专题。关注民生，开设"民生实事看落实""展望十三五 民生新看点""我在常熟挺好的"等专栏。

【创新节目改版栏目】 开办常熟电视书场日播栏目《琴川书苑》，组织2016评弹春节大会书；开播少儿电视栏目《金色翅膀》，《春来茶馆》开设小版块"说法·释法""智慧常熟"。按照省新闻出版广播电视局通知，停办音乐广播，关闭新闻广播（99.6兆赫），《午间风》11点、《常广新闻》18点两档节目在交通广播同步播出；周六交广早晚高峰直播节目正式开播，《边走边听》新增专栏"城管在线""创业常熟""今天吃啥"。总台增加电视社教类节目在黄金时间的播出频次，广播《律师在线》推出节目近百期。组织"借鉴他山之石 感受国家历史文化名城魅力"大型异地采访活动。

【承办宣教公益活动】 承办第九届中国旅游电视周暨"缘来常熟"旅游电视短片邀请赛。举办江苏"最美人物"发布会暨苏州重大先进典型"时代先锋"周丽娟先进事迹媒体见面会，"德善辛庄 和爱常熟""书香古里 和爱常熟"道德模范与身边好人现场交流活动暨颁奖典礼，江浙沪道德评弹名家展演、常熟市道德评弹故事汇演，"走进开发区""砥砺前行谋新篇"大型现场电视访谈，"声音的力量"广播创办60周年听众见面活动。策划常广年度新闻人物评选，举办党建片新春展播活动，承办"家在常熟·美丽乡村"五进城主题活动、"环境保护、绿色发展"环保知识竞赛、常熟法治微电影大赛、少儿长征故事演讲大赛；组织《春来茶馆》十周年送温暖送健康公益活动、"情缘尚湖"相亲会、公益家装在行动、"为文明城市加油，为平安出行加分"等。

【打造品牌服务社会】 打造活动品牌，服务群众生活，举办《中国好声音》常熟赛区海选活动，春季房车展，广场舞大赛、舞蹈大赛；家居建材、红木精品和金融创新博览会；首届金融服务业明星评选活动等。建立基于微信的"枫叶直播"平台，推出服博会开闭幕式、文庙落成大典等微信直播；"今日传播"微信公众号开设传播资讯、传播活动和联系传播板块，新增视频点播、常熟天气服务功能。培训中心注重跨界融合发展，逐步形成"培训＋节目＋活动"的发展格局，少儿合唱团获苏州首届繁星奖金奖，并在全国第七届少儿合唱节展演。

【外宣创优取得佳绩】 广播对外发稿件409篇，中央媒体用稿22篇次；电视外发新闻省台用稿316条，央视用稿6篇，其中《2016中国（常熟）江南文化节开幕》《第十届国际湿地大会在常熟开幕》《2016中国智能车未来挑战赛举行》在央视新闻节目中播出，外发黄河台专题片19部，获得年度江苏电视新闻繁荣奖。《赵丽娜：汉字是一辈子的行李》《一个农民漆匠的治水梦》分别获得"中国广播影视大奖广播电视节目奖"电视对外宣传类、广播专题类提名奖；在2015年度优秀广播电视节目评选中，获省政府奖7项，其中一等奖1

项、二等奖3项；获苏州政府奖53项（其中一等奖13项），获奖数量质量名列前茅。

【事业建设稳步推进】 广播电视发射塔重建工程列入2016年政府投资项目，社会稳定风险评估通过专家评审，可行性研究报告通过市发改委审批，项目通过市规委会评审，取得建设用地规划许可证。完成索贝制播及视音频系统的系统级维护，三档电视新闻节目实现制播转换，强化安全播出运行管理，落实安全生产预防措施，组织消防安全应急演练，全年实现广播电视安全播出、安全生产无事故。技术创优作品获省科技创新奖三等奖2项，节目技术质量奖二等奖1项，三等奖4项。

【少儿电视栏目《金色翅膀》开播】 1月25日，少儿电视栏目《金色翅膀》开播，该栏目由常熟市广电总台联合常熟市教育局共同开设，每周五晚在常熟电视台新闻综合频道、民生经济频道播出。栏目荣获2016年度苏州电视少儿类节目评比一等奖，同时获得全国教育电视优秀栏目评比一等奖。

【电视书场《琴川书苑》开播】 2月22日，常熟电视书场《琴川书苑》栏目首播。该栏目由市广电总台和陆建华评弹艺术工作室合作开设，每周五档节目，每天播放一回书目，周五周六则开设《龙苑书会》与《畅园赏析》两个小栏目，让观众了解评弹、熟悉评弹，不出家门欣赏到名家名篇。

【《春来茶馆》开播“说法 释法”】 3月6日，《春来茶馆》栏目全新小版块“说法·释法”正式开播，每周六播出。该版块由《春来茶馆》节目部与市司法局等部门合作，将群众身边的真实案例通过讲故事的方式搬上荧屏，让观众朋友在生动的故事中学习法律常识，提高法律意识。

【《中国好声音》全国城市海选常熟赛区】 2016年，国家新闻出版广电总局首次同意《中国好声音》举办全国海选，常熟市广电总台获得授权，承办第五季《中国好声音》全国城市海选常熟赛区比赛。常熟赛区报名参赛的选手超过1100名，创下常熟歌唱比赛参赛选手最多的纪录。从2月底开始，经过六轮初赛，复赛和半决赛，4月30日，总决赛储呈宣夺得冠军，王轶和王一博同时获得参加江苏赛区海选的资格。

【首届常熟市金融服务业明星评选】 9月4日，由市政府金融办、人民银行常熟支行、常熟银监办、常熟保险行业分会全程指导，市广电总台主办的首届常熟市金融服务业明星评选活动落幕。活动自3月20日启动，历时6个月，全市各金融机构积极参与，在微信投票过程中，10天内吸引近5万人参与，收到投票14万余张。结合公众投票和专家评选，评选出“综合服务明星银行”“最具影响力保险公司”“最具影响力证券公司”“明星服务网点”“服务明星”等14个奖项。

【常熟人民广播创办60周年听众见面活动】 12月16日晚，“声音的力量”常熟人民广播创办60周年听众见面活动在常熟大剧院举行。60年来，常熟人民广播从无到有、从弱到强，形成了中波、调频、有线广播、网络、新媒体同步传输的全媒体格局。当晚，老中青三代广播人与社会各界及听众代表出席活动，活动在童声合唱《有一个声音》中拉开序幕，广播主持人共同表演诗朗诵《声音的力量》以及《歌曲联唱》，《午间风》节目的编辑记者讲述《午间风的故事》，回顾常熟人民广播发展的重大事件和精彩故事。2016年度常广新闻人物评选结果同时揭晓。 （俞 纲）

责任编辑 虞 柳

卫生·医疗

综　　述

【概况】 2016年年末，全市卫生机构职工总数11400人，全市卫生技术人员9114人，千人医生数2.53人（常住人口），千人护士数2.38人（常住人口）。全市医疗机构总床位7882张，按2016年常住人口151.26万计算，每千人床位数5.21张。比去年增加536张，增加率7.30%。全市医疗服务门急诊总数达12832580人次，出院总数达261239人次，分别同比增长0.76%和4.35%。2016年平均期望寿命82.43岁，比2015年增加0.01岁，其中男性平均期望寿命79.95岁，女性平均期望寿命84.84岁。2016年常熟市出生率8.50‰，死亡率8.49‰，自然增长率0.01‰。

医疗改革重点项目 年内，按照省、市公立医院改革统一部署，逐步建立分级诊疗机制，明确工作目标，落实具体任务。推动全市医联体建设，搭建分级诊疗基础。已建立四家紧密型医联体。加快硬件基础建设，中医院原住院大楼修缮工程及市二院核医学病房建设进入方案设计审查阶段；新规划常熟北部医院投资15.6亿、总建筑面积17万平方米，总床位1000张。落实市民“531”行动计划，并纳入全市“十三五”发展规划，建立了健康市民行动计划领导小组，制定工作方案与任务。

医疗卫生服务建设 2016年年初，整理下发了“(2015年)进一步改善医疗服务行动计划实施方案”活动督查通报，转发了《关于进一步改善医疗服务行动计划考核指标》，根据上级卫生部门要求，强化医疗机构的培训和督查，履行监管指导职能，开展院感管理、中药饮片、临床用血管理等多项专项督导；参加苏州市医疗机构每季度的第三方满意度调查，努力提高医疗服务质量，改善群众的就医感受。年内协同市人社局制订并下发了《关于常熟市二级及以上医疗机构开展日间手术的指导意见》，取得较好成效。基本公共卫生服务项目稳步推进。全市已建立居民健康档案130万份，对10万多名老年人进行健康体检，各类免疫规划疫苗接种率均达95%以上。年内已建成3个严重精神障碍患者社区康复驿站，设立5家基层医疗机构精神科专科门诊，开展服务1.1万人次。基层医疗服务体系日趋完善，年内新建基层医疗机构5个，改扩建社区卫生服务站10家。落实苏州市、铜仁市政府签署对口帮扶“三百工程”，常熟先后安排二批共20名专家对思南县医疗机构进行医疗援助行动。

医疗人才与科研 全年招聘录用卫技人员213人，其中硕士研究生34名。完成1229名占编劳动合同制人员关系理顺工作。制订完善常熟市卫生高层次人才评选细则，评选第一批常熟市卫生重点人才5名，拔尖人才8名。年内，调整绩效工资总量控制，绩效工资总量按基准线管理单位、浮动管理单位进行不同的奖励性绩效工资分配。进一步健全事业单位岗位设置管理制度，适应事业单位人员的动态管理。制订下发《常熟市市级“科教兴卫”专项资金管理办法》。做好评审2016年度常熟市科技进步奖、医学新技术奖等评选工作。

医疗卫生信息化 2016年，智慧健康项目被列为全市信息化建设重点项目，强化智慧健康项目财政专项资金预算绩效目标管理。建设区域医疗业务协同系统，建成区域用血管理信息平台。开发、应用分级诊疗双向转诊信息系统，启动家庭医生签约服务信息平台建设。改进医疗卫生数据集成、上传工作，提高区域平台数据质量。拓展健康门户网站、医院微信平台“互联网+医疗”应用，提供医疗卫生信息化便民服务。依托市级医院影像科和心电图检查室，成立市基层影像、心电远程会诊中心。促进电子健康档案动态更新，推动市民卡与健康档案关联应用。

【常熟北部医院（暂名）工程启动】7月23日上午，常熟北部医院（暂名）启动了试桩工程，标志着该项目建设正式启动。常熟北部医院（暂名）建设项目位于虞山高新产业园深圳路以南、南海路以东地块，占地约119亩，总建筑面积170734平方米，规划床位1000张，预期门诊量约为4000～5000人次/日。作为2016年常熟市政府投资项目，已完成初步设计批复、规划用地许可证等相关手续。建设项目预计年底开工，建设工期为3年。

医政管理

【概况】 2016年常熟市登记注册的医疗卫生机构481个。全市共有医院20家;卫生机构8个;计生服务机构11个;社区卫生服务中心8个,社区卫生服务站83个;卫生院20个,卫生室135个;护理院4个;门诊部43个;诊所、企事业单位医务室、校医室148个;单采血浆站1个。年内,推行行政审批"一站式"服务,卫生行政许可共办结1023件。医疗机构设置及执业许可73件,其中批准设置19件,执业登记注册19件,变更登记注册31件,注销注册4件;医师执业许可442件,其中注册登记92件,备案77件,变更注册273件;公共场所卫生许可432件,放射诊疗许可74件;母婴保健技术服务许可证核发2家。建立非法行医重点对象监管制度,加大执法频率,目前已对66例非法行医等违法行为作出行政处罚,其中10例移送公安机关;取缔无证行医窝点52个。对全市409家医疗机构进行了校验。将辛庄中心卫生院、古里中心卫生院创建二级综合性医院列入"十三五"区域卫生规划。下发《关于常熟市二级及以上医疗机构开展日间手术的指导意见》,要求有条件的医疗机构积极试点开展日间手术。开展"进一步全面改善医疗服务行动计划"活动。组织开展专项检查(病历、检验、护理、口腔等),组织落实基层医疗机构继续推行计划用血工作,下发了二级以上医院计划用血指标并组织了临床安全用血专项检查,督促各级医疗机构合理用血,争取用血量在去年的基础上有所下降;组织调研、制订并印发了《2016年常熟市医院感染管理专项督导工作方案》和《常熟市口腔专业医院感染管理标准操作规程(试行)》,开展全市院感专业人员培训,同时开展全市医疗机构的院感督查;强化医疗质量的专项指导和督查。与民政局、劳动局协作,举办了两期护理培训班,助力全市护工队伍素质的提升;与人社局协作,制订了退管人员健康体检方案并认真执行。完成本年度各镇征兵体检工作。拟定并下发健康市民"531"行动计划推进方案;开办了基层医疗机构医师增加精神卫生专业执业范围培训班;组织开展医疗机构中药饮片管理专项检查;举办2016年基层医疗机构中医药适宜技术培训班;完成练塘、沙家浜、大义、白茆中医馆(中医综合诊疗区)的创建验收工作及浒浦卫生院省级基层医疗机构示范中医科创建工作;完成2015－2016年度医师定期考核工作。

【第四家紧密型医疗联合体成立】 8月28日上午,常熟市第一人民医院尚湖医院医疗联合体揭牌成立,这是常熟市建立的第四家紧密型医疗联合体。尚湖镇镇长顾伟明与市第一人民医院院长陈波共同签署医联体协议书。常熟市第一人民医院尚湖医院医疗联合体是以常熟市第一人民医院为主体,练塘中心卫生院和冶塘卫生院共同组成。市第一人民医院将派出管理和专家团队,从规范制定、人才培养、专科建设、技术提升等方面对尚湖医院进行指导和帮助,同时推进分级诊疗,实行双向转诊,实现小病在社区,康复在基层,大病、疑难危重病在大医院诊治的目的,并真正落实居民健康管理和疾病预防。

【完成"三百工程"对口支援贵州思南县工作】 为贯彻落实苏州市、铜仁市政府签署的"苏州市对口帮扶铜仁市'三百工程'",2016年,统筹安排市属三家重点医院20名副高以上医务人员分两批赴思南援助,帮助提高思南县医疗卫生机构的管理及服务能力。目前,赴思南援助的20名专家已圆满完成到思南县三家医疗机构帮扶任务,获得当地群众的普遍认可和赞扬。同时,接受4名思南医务人员到常熟进修学习。

社区卫生服务

【概况】 2016年,制订了"十三五"基层卫生发展规划,完善社区卫生服务网络,落实医药卫生体制改革政策措施,加快推进分级诊疗制度建设,基层卫生网底建设得到进一步加强。服装城、虞山尚湖旅游度假区及森泉、珍门、任阳等5个基层医疗机构新建、改扩建工程顺利推进。全面实施市级重点民生实事项目,按照序时进度推进10家社区卫生服务站新、改扩建工作,10家服务站全部启用。持续开展家庭医生签约服务,全市28家乡镇卫生院(社区卫生服务中心)及199家社区卫生服务站开展家庭医生签约服务,开展率分别为100%及97%;可提供家庭医生签约服务团队共有154个,累计签约61.84万人。并为有需求的计划生育特别扶助对象提供家庭医生签约服务,已累计签约3245人,签约率100%。在虞山镇、尚湖镇三家社区卫生服务中心(医院),试点对辖区内65岁以上老年人、高血

8月28日,常熟市第一人民医院尚湖医院医疗联合体成立

压、糖尿病等慢性病患者、计划生育扶助对象等参保重点人群开展契约式家庭医生签约服务，开展家庭医生契约式服务。积极推进慢病患者下沉社区管理项目，为高血压、糖尿病等6个病种的慢性病人提供就诊配药服务，方便广大慢性病患者。常熟为全省六个"心血管病高危人群早期筛查与综合干预项目"实施点之一，已在3个乡镇积极开展早期筛查与综合干预项目工作。共完成初筛12044人，发现高危对象3426人，完成高危对象调查表3093份，完成心脏超声、颈动脉超声、心电图检查3048人。

加强对基层医疗机构建设，满足居民基本医疗和公共卫生服务需求。全年通过形式多样的学习培训活动，受训人数累计达1283人，提高基层医疗卫技人员水平和技能。充实与稳定基层卫生队伍，年内累计招聘基层卫技人员65名，30名乡村医生纳入社区卫生服务中心（卫生院）编制内管理。年内申报江苏省特色科室1家（沙家浜中医骨伤科），苏州市特色科室3家（古里康复医学科、沙家浜糖尿病专科、大义脾胃病科），其中，2家（古里康复医学科、沙家浜糖尿病专科）被命名为"苏州市特色科室"。申报国家"建设群众满意的乡镇卫生院"2家（古里、辛庄中心卫生院），现已国家评审，国家卫计委命名为"建设群众满意的乡镇卫生院"。申报的省示范村卫生室6家（沙家浜昆承湖、兴隆东环、任阳丰联、尚湖新裕、莫城安定、辛庄辛庄），都已通过省级复核。

【开展家庭医生签约服务】 为更好地满足社区群众就近就医需要，转变基层医疗卫生机构服务模式，促进"基层首诊、分级诊疗"就医格局的形成，通过前期对家庭医生签约服务工作的调研、座谈，于11月初在虞山镇城区、藕渠社区卫生服务中心及王庄医院三家试点单位启动家庭医生契约式服务，由家庭医生服务团队实施签约服务，已签约1243人。完成省家庭医生服务资源管理系统中家庭医生注册管理平台，目前已录入家庭医生服务团队149个，录入原家庭医生签约服务（基本公共卫生服务项目）对象48335。同时圆满完成市政府重点工作任务，为有需求的计划生育特殊扶助对象提供家庭医生签约服务，目前已累计签约3229人，签约率达100%。

【创建"江苏省示范村卫生室"】 11月10日，江苏省基层卫生协会对全市2016年申报的6家"省示范村卫生室"进行现场复核评估，通过复核。年内已建成"江苏省示范村卫生室"15家、"苏州市示范社区卫生服务站"51家，社区卫生服务覆盖率100%。

卫 生 监 督

【概况】 2016年是卫生计生全面实施机构改革后的第一年，全面深化卫生监督综合执法，依法行政，严格执法，全力推进卫生监督事业的新发展。全年全市出动卫生监督执法人员6378人次，检查各类生产经营单位4370户次。实施行政处罚84起，罚没款115.6万元。受理投诉举报112起，处理率达100%；发放公共场所卫生许可证522份、放射卫生许可证74份、生活饮用水卫生许可证4份。2016年市级取缔无证行医窝点62个，收缴药品576公斤，实施行政处罚46起（其中走简易程序的19起，一般程序的27起），罚款总额100970元，移送公安机关10人，追究刑事责任。各乡镇综合执法局取缔非法行医点24个，没收药品等医疗相关物品约200公斤，行政处罚案件21件，罚款23170元，移送公安机关案件2件。

【卫生监督体制改革】 根据《市政府关于在全市镇域开展综合执法试点工作的实施意见》（常政发[2015]23号）的要求，将公共场所卫生监管、打击非法行医、学校卫生（传染病防治及饮用水卫生）监管、公共卫生投诉举报查处四项职责下放到除虞山镇、服装城、虞山尚湖度假区、东南街道以外的镇（街道）。同时，公共场所卫生行政许可工作由市卫计委委托各镇（街道）办理。2016年1月市卫生监督所9名工作人员下派进驻各镇（街道）综合执法局。下发《关于下发〈公共场所经营单位卫生行政许可指导意见〉的通知》（常卫计法[2016]26号），进一步规范了乡镇卫生行政许可工作要求。同时，加强与职能未下放单位的联系，出台并落实相关卫生监督工作纪要，明确市镇两级工作职责，确保城区与乡镇卫生监督工作实现无缝对接，扎实推进了卫生监督事业的健康有序发展。

【医疗服务专项整治】 卫生监督所推进医疗机构依法执业专项整治，对全市2家三级医院、6家二级医院、42家一级医院、34家门诊部、50家诊所进行了依法执业检查，对21家医疗机构进行记分处理，对5家医疗机构进行立案查处。对7家机构名称标识存在问题的单位责令整改，对6家医疗机构开展监督检查，实施非法医疗美容专项整治行动，检查生活美容服务机构42家、专业减肥祛痘机构8家、其他个人1家，

惠民义诊

立案查处违法行为2起。实施常熟市口腔诊疗服务机构专项监督检查,检查口腔诊疗服务机构70家,对4家机构进行记分处理。积极推进常熟市口腔医院感染管理SOP(试行)工作,完成了十家口腔诊所的试点工作。开展全市医疗机构母婴保健技术服务专项检查。出动执法人员84人次,检查医疗机构32家。对2家采供血机构、31家临床用血医疗机构开展专项监督检查。加强传染病防控和消毒管理工作,完成第二类疫苗专项监督检查,检查疾病预防控制机构1家、接种单位(门诊)36家,接受了省卫计委组织的预防接种专项督查。开展传染病防治、医疗卫生机构传染病防治分类监督综合评价、预防接种专项检查,检查单位45家,下发整改意见书16份,责令相关单位限期整改,对1起违法行为立案查处。配合苏州市卫生监督所对疾控中心、7家二级以上医疗机构开展了传染病分类监督综合评价工作。

【公共场所卫生监管】 对790家公共场所经营单位实施监督检查,其中住宿场所257家、游泳场所23家、沐浴场所211家、理发美容215家、其他场所(商场等)41家。组织开展空气质量和公共用品、用具进行抽检,住宿场所、沐浴场所检测合格率100%,美容美发场所检测合格率86.7%。加强游泳场所卫生监管,组织开展七轮游泳场所水质监测,抽检游泳池池水158份,合格83份,合格率52.5%,检查结果全部向社会公布。开展集中空调通风系统监督检查,检查宾馆21家、沐浴场所8家、游泳场所7家、商场(超市)3家、体育场馆2家、影剧院3家、歌舞厅2家、音乐厅1家。实施公共场所禁烟专项检查,检查娱乐场所10家、医院12家,对1家涉嫌违反健康管理规定的单位进行了立案查处。开展公共场所量化分级管理,评定2016年度公共场所经营单位卫生信誉度等级。住宿业卫生信誉度等级:A级18家,B级65家,C级259家;沐浴业卫生信誉度等级:A级2家,B级18家,C级352家;美容美发业卫生信誉度等级:B级8家,C级601家;游泳场所卫生信誉度等级:A级3家,B级10家,C级7家,不予评定2家。

【餐饮服务监管】 加强餐具、饮具集中消毒服务单位的监管。组织召开全市餐具、饮具集中消毒服务单位卫生管理工作会议,开展二轮餐具、饮具集中消毒服务单位专项检查和监督抽检。检查餐具、饮具集中消毒服务单位12家,抽检集中消毒餐饮具产品143份,合格率为90.9%,实施当场行政处罚给予警告9家,对抽检结果不合格的7家单位,进行曝光。

【打击非法行医】 2016年年初,根据线索与市公安局治安大队联合查获江苏省首例采用血检手段,非法为多名孕妇进行非医学需要的胎儿性别鉴定案件,涉案金额达十几万元,涉案人田某被移送公安机关。该案得到省、市公安、卫计委等部门的高度重视,此案正在审查起诉阶段。

疾病防控

【概况】 2016年,完成10.06万名65周岁以上老年人健康管理工作,为15.14万名高血压患者、3.53万名糖尿病患者提供慢病规范化管理服务。建立电子健康档案130.7万份。全年共报告甲、乙类传染病10种2445例,与2015年同比增长8.15%。实施国家免疫规划疫苗接种388304剂次,接种率均达95%以上。全市共检测艾滋病病毒抗体184592人次,新发现95例艾滋病病毒抗体阳性者。随访管理艾滋病感染者和病人361人,1104人次。全市现有325例存活的艾滋病病人和感染者免费提供抗病毒药物治疗。加强艾滋病行为干预工作,重点深入开展男男性接触人群的干预工作。2016年,针对南美洲巴西寨卡病毒病、非洲安哥拉黄热病等国际传染病疫情形势复杂严峻,市疾控中心与市出入境检验检疫局,对来自南美洲、非洲等国际疫区的出入境人员信息,进行动态管理,做好健康监测、随访联系、暴露风险评估等工作。全年查螺面积达554.3万平方米,未查到钉螺。未查到血吸虫病病人,顺利通过省血地防办组织的血吸虫病消除达标考核。现有晚血病人1109人,全年共完成随访体检1109人,实施晚血病人治疗救助67人。全市完成发热病人疟疾血检4402人,发现2例输入性恶性疟病例。完成全市中小学校11.6万名学生的健康监测工作和9013名三年级学生26309颗牙齿的窝沟封闭。积极开展健康危害因素监测,食源性疾病哨点医院病例监测761份,阳性检出率为21.55%,全年共接报食品安全事故28起,均及时处理,上报苏州5起,并顺利通过"苏州市食品安全风险监测常熟分中心"验收。做好从业人员体检工作共11035人次,发放健康证53338人。全面推进健康城市建设。发放各种健康知识读本、处方、折页236.8万份;开展公众健康咨询547场次,接受咨询7.7万人次;组织健康知识讲座1804次,听众达9.8万人次。组织市民开展网上健康素养学习接近10万人次。市疾控中心两个科研项目获奖,分别是《突发公共卫生事件现场调查处置系统》获得2015年苏州市科学技术进步奖三等奖,《常熟市乙型病毒性肝炎流行现状和综合干预研究》获得2015年常熟市科学技术进步奖二等奖。

【成为全省首批达到国家血吸虫病消除标准县(市)】 至2016年,全市连续18年未发现钉螺,连续29年未发现本地阳性病人。9月下旬接受了省血地防组织的血吸虫病消除现场考核评估,对支塘镇蒋巷村、古里镇双港村和海虞镇里泾村进行了现场查螺和人群查病,共查螺3.1647万平方米,查病3009人,未查获钉螺和病人,相关血吸虫病消除资料上传至"江苏省血吸虫病防治信息管理系统",接受省级审核。江苏省人民政府血吸虫病地方病防治领导小组发文,确认常熟市为江苏省首批达到国家血吸虫病消除标准的县(市、区)之一。

【落实苏州市民健康"531"行动计划】 根据苏州市卫计委制订出台的"一个服务平台、三大筛查机制和五大救治中心"建设方案,市疾控中心配合市卫计委研究制订常熟市心脑血管疾病和肿瘤高危人群二大筛查机制暨《常熟市心脑血管疾病高危人群筛查和干预项目实施方案（试行）》和《常熟市肿瘤高危人群筛查实施方案》。上半年在梅李、支塘、辛庄3个乡镇开展心脑血管疾病高危人群筛查和干预9465人，筛查发现脑卒中风险评估高危1802人，高危人群发现率19.04%，心血管病风险评估高危2119人，高危人群发现率22.39%。开展针对性健康教育30864人次，发放心脑血管疾病高危人群筛查与干预健康手册12000多份。市疾控中心配合市卫计委做好虞山镇城区社区卫生服务中心、藕渠社区卫生服务中心、王庄医院三家试点单位的筛查培训，进行业务督导，定时收集相关数据上报。

【推进国家医改重点专项项目】 “心血管病高危人群早期筛查与综合干预项目”是财政部和国家卫生计生委于2015年批准设置的国家医改重点专项，目前在全国16个省（自治区、直辖市）开展，常熟市是江苏省的六个项目实施点之一。2016年2月底各项目点陆续启动初筛工作，初筛调查12044人，发现高危对象3426人，高危对象发现率28.45%，各项指标均符合国家项目办的要求。项目进入高危对象调查阶段，共完成高危对象调查表1506份，完成心脏超声、颈动脉超声、心电图1301人。

【国家慢病综合防控示范区建设】 2016年年末，全市共建成健康社区、单位、食堂、餐厅90家，建立29个糖尿病足中高危人群自我管理小组，全年共建立高血压、糖尿病患者自我管理小组139个。完善慢病监测系统，至12月底，全市登记高血压病人154711人，规范化管理151352人，规范化管理率为97.83%；登记糖尿病人36322人，规范化管理35276人，规范化管理率为97.12%。所有登记、随访管理的数据均录入信息平台。组织开展了常熟市行为危险因素调查，共调查5163人。

卫生应急

【概况】 全市2016年未发生突发公共卫生事件。加强卫生应急体系建设，进一步完善与市场监管局、农委、出入境检验检疫等相关部门的联防联控机制，提高卫生应急综合防控能力。调整市突发事件卫生应急专家咨询委员会及市级卫生应急处置队伍，发挥民防志愿者的民间医疗救援作用。妥善处置各类疫情和突发事件，全年有效处置聚集性疫情504起，食品安全类事件29起，成功处置了绿地小学腺病毒疫情、支塘张青莲幼儿园不明原因群体性腹泻事件、石梅和星城小学流感暴发疫情以及三起人感染H7N9禽流感疫情等。完成“7·6”大义中泾村和“7·22”高新区液化气爆炸事故、“9·14”公交车交通事故以及企业安全生产事故的紧急医学救援工作20次。完成国际禁化武器视察、2016年中高考、市民徒步大会、世界湿地大会等活动的现场医疗卫生保障工作38次。

【调整健全卫生应急队伍】 2016年4月，市卫计委调整并进一步健全了卫生应急队伍。调整后的卫生应急队伍包括有28人组成的市突发事件卫生应急专家咨询委员会，有紧急医学救援（含院前、院内急救）、传染病和群体不明原因疾病、生活饮用水污染事件、食物中毒（含食源性疾病）事件、急性职业中毒事件、突发事件心理援助和健康教育等6类9支共105人组成的卫生应急处置队伍。

妇幼保健

【概况】 2016年，全市共完成免费婚检11886人（5943对），婚检率97.67%。规范并加强拟生育二孩夫妇孕前检查，在市中医院设立孕前高风险咨询门诊，对高风险人群开展咨询指导和转诊治疗等服务。全市共有孕产妇14120人，活产14202人，孕产妇健康管理率92.02%，新生儿访和产后访视率达91.33%；住院分娩率100%；妇女病普查率稳定在90%以上。全市7岁以下儿童84307人，健康管理率99.60%；五岁以下儿童死亡率3.57‰；新生儿29种疾病筛查率达97.41%；托幼机构保健合格率达100%；重大项目完成省级目标任务，取得成效显著。实施妇女健康优质服务项目。按照国家基本公共卫生项目要求，推进全市孕产妇和0—6岁儿童健康管理等六个妇幼分级服务项目。全年共为9.7万名妇女开展了宫颈癌初筛，9.4万名妇女开展乳腺癌初筛，发现宫颈癌30例，58例乳腺癌。应对全面两孩政策，规范拟生育二孩夫妇孕前检查，完善高危妊娠筛查干预机制。深入推进婴幼儿健康促进工程，加强出生缺陷防治工作，提高出生人口素质。

【推进妇幼分级管理】 出台《关于全市实行妇幼健康项目分级服务的通知》。首批对孕产妇健康管理、0—6岁儿童健康管理、助产技术、妇女健康优质服务项目（包含农村妇女“两癌”检查）、农村妇女增补叶酸预防神经管缺陷项目、计划生育技术服务共六个项目实施分级服务。出台《关于统一全市孕产妇保健服务免费项目和结算办法的通知》，明确在基层医疗卫生机构接受服务的持市民卡的孕妇，即时免除孕早期、孕中期保健五次服、产后42天检查费用，免费额达到580元。由此，逐步构建基层首诊、分级服务、双向转诊的妇幼健康服务新模式。基础服务量占全市总量的61.5%，其中孕产妇健康管理服务占72.8%。

【实施高危妊娠的分级管理】 出台《常熟市高危妊娠筛查和干预项目实施方案》，实施高危妊娠的分级管理。根据实际情况，在《常熟市孕产妇保健册》上进行评分分级，并作相应警示标记[蓝色（Ⅰ类高危）、黄色（Ⅱ类高危）、红色（Ⅲ类高危）]，根据不同情况及时转诊到不同级别的医疗机构。同时积极构建优质高效、反应迅速、救治得力的危重孕产妇和新生儿救治网络，下发二个应急救治中心的建设推进方案，力争在2017年建设完成，届时将形成“上下联动、规范有序、协同合作”的救治工作机制，有效降低新生儿死亡率、致残率和降低孕产妇死亡率，保障妇女儿童健康。

【开展“健康苏州怀”妇幼健康服务岗位技能竞赛活动】 为全面提高妇幼健康服务水平，根据《关于印发2016年苏州市卫生计生行业“健康苏州杯”妇幼健康服务岗位技能竞赛实施方案》要求，在全市具有助产技术服务资质的单位，开展“产科危急重症——产后出血救治”为主题的妇幼健康服务技能竞赛活动复苏技能竞赛，经过笔试和操作技能比赛，市中医院代表队胜出，获得了一等奖，并代表常熟市参加了苏州地区的比赛，获得了三等奖的名次，通过这次大赛，加强了各科综合调度和抢救能力，全面提升了孕产妇应急救治能力。

美丽乡村——古里镇坞坵村陈家湾

爱国卫生

【概况】 2016年，梅李镇顺利通过国家卫生镇复审，辛庄镇朱家桥村、碧溪新区徐虎村顺利通过省级卫生村复审。虞山镇锦荷社区和支塘镇阳桥村顺利通过考核成为省级健康社区(村)，石梅小学成功创建为2016年WHO健康城市合作中心健康单位。“四害”密度常年控制在国家标准范围内。全市农村无害化卫生户厕普及率达到100%。对照国家卫生城市标准，重点抽查了24个城中村、31个居住小区、5个商圈、8个建设工地、8家集贸市场。采取月度暗访与季度明查的方式，对全市各镇(板块)的镇容村貌、健康教育、基础设施、环境卫生、除害防病等方面进行考查，对发现的问题通报责任单位，限期整改并及时反馈整改情况，有效巩固了卫生镇、卫生村创建成果。开展以环境治理为主、药械控制为辅的综合防制方针，坚持日常消杀和突击除害相结合，加强日常督导和年度中期、终期督导以及“四害”密度监测，将“四害”密度控制在国家标准范围内。积极推动户外灭蚊蝇灯设置向乡镇延伸，已在海虞镇等多个乡镇的健康主题公园和安置小区安装户外灭蚊蝇灯。强化PCO机构监管，对已备案的4家PCO公司进行现场督查，针对发现的问题，当场下达整改意见书，限期整改到位。在文明城市测评过程中，指导全市各单位积极有效落实“室内公共场所和工作场所有明显禁烟标识，无烟区没有吸烟现象”的具体要求，组织市民参与省卫生计生委、省爱卫办主办的“健康中国行一无烟生活”主题知识竞赛，共收到有效答题卡3444张。加强医疗卫生系统禁控烟工作，巩固提升无烟医疗卫生机构成果，重点督查了21家医疗单位。在全市1000辆公交车移动电视上分10个时段循环播放公共卫生服务项目内容和健康知识，制作慢病患者下沉社区管理微电影，提升城乡居民对基本公共卫生服务项目知晓率。年内，虞山镇梦兰集团等24家单位成功建成全民健康生活方式行动健康支持性环境。新建6个健康主体公园、7条健康步道、10所健康小屋、1条健康美食街及5个学校健康场景。开展各类公众健康咨询510场，咨询超过7万人次；各类健康知识讲座1655次，听众达9.1万人次；其他各类健康教育活动488次，受众达4.7万人次。

【爱国卫生月活动】 2016年4月是第28个全国爱国卫生月和第20个江苏省健康教育宣传月，全市城乡围绕“共建健康常熟，同享健康生活”主题，深入广泛开展以健康知识传播、健康环境改善、全民健身行动、病媒生物防制为主要内容的爱国卫生运动，大力普及爱国卫生和健康知识。全市共悬挂各类宣传标语226条；开展街头咨询49次，咨询人数达7152人次；开展健康知识讲座112次，听众达4598人次；开展其他各类健康教育活动115次，受众达6612人次；发放各类宣传材料281600份。爱卫月期间，全市共整治重点场所1118处，清理垃圾8860处，清洁水体1385处，清除脏点死角3498处，绿化环境1326处，城乡环境面貌得到进一步改善。 (李 墨)

责任编辑 张 军

体育·健身

综 述

【概况】 2016年，常熟市体育工作突出深化公共服务体系示范区的创建成果，力争提升公共体育服务能力，体育事业总体稳步发展。举办全民健身月活动和体育节、春节全民健身大拜年活动，承办“常熟农商银行杯”国际男篮亚特拉斯系列赛、“钱宝杯”全国艺术体操锦标赛、“中国足协”室内五人制足球国际邀请赛、第六届常熟尚湖国际半程马拉松赛等国内外重大赛事，推动了体育、旅游、文化等行业的交融发展，提升了城市影响力。常熟籍运动员参加苏州市级比赛共获得198金103银105铜，省级以上比赛获16金16.25银7铜。全年共向苏州体校输送50人，向省体校、省运动队输送7人，两名常熟籍运动员人选国家集训队。体彩销量实现3.30亿元。

竞技体育

【概况】 2016年，常熟市全年承办了“常熟农商银行杯”国际男篮亚特拉斯系列赛、“钱宝杯”全国艺术体操锦标赛、“中国足协”室内五人制足球国际邀请赛、第六届常熟尚湖国际半程马拉松赛等国内外重大赛事。在2016里约残奥会上，常熟选手曹宁宁、周影、李桂芝共获3金1银。常熟籍运动员石雨豪在全国青年田径锦标赛跳远项目中以8.30米的成绩打破亚洲青年纪录，这一成绩世界年度排名第六。常熟市青少年运动员参加苏州市级比赛共获得198金103银105铜，省级以上比赛获16金16.25银7铜。输送人才水平不断提升，2016年共向苏州体校输送50人，向省体校、省运动队输送7人。常熟小将吴心怡在全国少年儿童跳水锦标赛中获得双人跳台金牌。在全国青少年花样游泳锦标赛暨中国青少年花样游泳公开赛上，常熟籍14岁花游小将张依瑶斩获1金1银1铜。在省青少年游泳锦标赛上，常熟市青少年游泳健儿斩获7枚金牌、6枚银牌和2枚铜牌。在江苏省青少年田径锦标赛中，常熟小将共夺得13枚金牌。输送人才水平不断提升，2016年共向苏州体校输送50人，向省体校、省运动队输送7人，石雨豪、顾瑜入选国家集训队。

【承办国际男篮亚特拉斯系列赛】 7月4日至7月6日，2016“常熟农商银行杯”国际男篮亚特拉斯系列赛在常熟体育中心举行。此次赛事由国家体育总局篮球运动管理中心、中国篮球协会主办，常熟体育局承办。中国国奥男篮、罗马尼亚队、格鲁吉亚队、波兰队参加比赛。

【承办室内五人制足球国际邀请赛】 12月2日至4日，中国足协室内五人制足球邀请赛在常熟市体育中心举行。比赛由中国足球协会主办，常熟市体育局承办。中国室内五人制足球国家队、乌克兰国家队、墨西哥国家队、越南国家队参加了比赛。经过激烈角逐，乌克兰队获得冠军，越南队、中国队、墨西哥队分列二、三、四名。

【承办第六届常熟尚湖国际半程马拉松赛】 10月16号，常熟尚湖国际半程马拉松赛在尚湖风景区举行，设半

10月16号，常熟尚湖国际半程马拉松赛尚湖风景区举行

程马拉松和10公里短程马拉松。本次比赛由中国田径协会、江苏省体育局、常熟市人民政府主办。来自16个国家和地区的选手参加了此次比赛,参赛运动员分布于国内25个省,地级市109个。来自埃塞俄比亚的选手JIMA BEKELE RETA以1小时7分钟51秒获得半程马拉松冠军。

【承办"钱宝杯"全国艺术体操锦标赛】 9月23日至9月27日,"钱宝杯"全国艺术体操锦标赛在常熟举行,来自江苏、广西、浙江等地的13个代表队257名运动员参加了比赛。刚刚参加完里约奥运会的尚蓉也参加了本次大赛。本次大赛由国家体育总局体操运动管理中心、中国体操协会主办,江苏省体育局、常熟市人民政府共同承办,上海钱悦体育管理有限公司协办。本次比赛设团体赛、全能赛和单项决赛。比赛项目有:成年个人项目(圈、球、棒、带)、少年个人项目(徒手、绳、圈、球、棒、带)、成年集体项目(5带、6棒2圈)和少年集体项目(5带、5球)四个大项。选手们通过5天10场比赛争夺23枚金牌和艺术表现奖、创新奖、成套动作编排奖和表演节目优生奖等4个奖项。

群众体育

【概况】 2016年,常熟市深入贯彻国务院《关于加快发展休闲产业的指导意见》,着力推动体育休闲产业发展。每年一届的全民健身月活动和体育节、春节全民健身大拜年已形成制度,广场健身舞大赛、尚湖端午龙舟比赛、尚湖国际半程马拉松比赛、市民徒步大会、外企登山、足篮羽三大联赛等全民健身活动已形成特色。2016年先后举办了第十一届市级机关健身运动会、第十二届机关乒乓球比赛、"工会杯"第二届市民(职工)自行车比赛,第八届村级农民篮球赛、第十二届村级门球赛、第六届妇女运动会以及木兰拳、柔力球、武术等观摩交流活动。不断拓展赛事承办项目,创新赛事开展形式,承办了2016"泛沿江体育带"全民健身大联动江苏省龙舟精英赛、2016常熟尚湖国际铁人三项邀请赛、2016年常熟印记城市定向赛、2016年全国围棋甲级联赛等一批规模大、影响广的赛事。年内新增体育社团6家;新增社会体育指导员302名,推动开展全民健身科学指导服务,逐步建立健全全民健身志愿服务长效机制。依托乡镇、社区体质监测点,全面推进国民体质监测工作,为7340名市民群众免费进行监测和测试。

【承办2016江苏省龙舟精英赛】 6月4日,江苏省第七届全民健身运动会龙腾华夏大赛(龙舟分站)暨2016江苏省龙舟精英赛在沙家浜风景区举行。作为江苏省第七届全民健身运动会的重要组成赛事,本次龙舟精英赛由江苏省全民健身运动会组织委员会主办,江苏省社会体育管理中心、江苏省龙舟协会、市体育局、沙家浜镇人民政府共同承办,常熟沙家浜旅游度假区管委会协办。比赛分为22人龙舟公开组200米、500米直道赛,共有来自全省各地级市的11支队伍参加了比赛。常熟理工学院代表队一举拿下200米与500米两个桂冠。

【举办"工会杯"第二届届市民职工自行车比赛】 5月7日,2016年常熟市第二届市民职工自行车比赛在昆承湖畔举行,约800名市民参与比赛。本次比赛为环昆承湖的公路绕圈赛,赛程从1圈至5圈不等,每圈约为8千米。比赛根据年龄、性别、车型分为公路车男子组、山地车青年男子组、山地车中年男子组、青年女子竞赛组、中年女子竞赛组和职工健身组6个组别。选手王齐飞凭借58分08秒的成绩成功夺冠。

【举办STC大铁联赛之常熟尚湖铁人三项赛】 7月10日,STC大铁联赛之常熟尚湖铁人三项赛在尚湖风景区举行,这也是常熟尚湖首次举办铁人三项赛。比赛共设有奥运标准距离个人和接力组(包含1.5千米游泳,40千米自行车,10千米跑步),以及半程奥运距离个人组(包含750米,20千米自行车,5千米跑步)。

【举办2016常熟印记城市定向赛】 10月23日,"文明与旅游同行"2016常熟印记城市定向赛在石梅广场开启。本次活动共设置了5条线路:虞城寻古、世上湖山、人文琴川、运动之旅、江南侨韵,选择了翁同龢纪念馆、西城楼阁、方塔园、文庙、尚湖景区、沙家浜景区、东湖理工学院、英派斯健身馆、耀达酒业、星光天地等20余个任务点,涵盖历史人物故居、风景名胜、企业商家及标志性建筑。按照规则1000名参赛选手自由组成200支队伍,5个人一组,所有参赛队伍必须集体按照任务书指令到达每个点标并完成任务,行程中只能徒步、奔跑或者搭乘公交汽车,不可搭

6月4日,江苏省第七届全民健身运动会龙腾华夏大赛(龙舟分站)暨2016江苏省龙舟精英赛在沙家浜风景区举行

乘出租车、网络约车、自驾车等，倡导低碳环保的健康生活方式去发现城市的美丽与韵味。

【举办第四届市民徒步大会】 10月15日，“农商银行杯”第四届市民徒步大会在南湖湿地公园举行，吸引了4000多名徒步爱好者参加，副市长陶理、市政协副主席、体育局局长吴国华等领导出席并参与本次徒步大会。本届大会吸引了城乡6000多市民以健康、文明、乐观、向上的方式参与其中。徒步大会从石梅广场出发，沿着西门大街、虞山南路、穿湖大堤，最终到达尚湖风景区主入口，全程近8千米。

体育交流

【青少年体育文化交流】 8月5日至9日，日本绫部市青少年乒乓球交流团一行15人到常熟，与常熟市青少年进行乒乓球比赛交流。8月6日上午，两市青少年在塔前小学体育馆举行首场乒乓球交流比赛。自1989年正式缔结友好城市关系以来，常熟、绫部两市在卫生、文化、教育、体育等方面开展了一系列丰富多彩的活动，双方青少年之间的往来日趋活跃，已成为两市友好交流的亮点。

【举办中国常熟美国加州国际象棋交流赛】 7月17日，由常熟市体育局、常熟市外事办、共青团常熟市委员会主办，常熟市睿弈棋类俱乐部承办的中国常熟美国加州国际象棋交流赛在常熟市举行。本次比赛共吸引了常熟市25名国际象棋爱好者参加，其中包括全国第四名，苏州市冠军参与。此次比赛采用车轮战形式，来自美国华弈棋院的Jocelyn chen以7胜3负的比分完成比赛，Jonathan Chen以8胜7和一盘未负的优秀战绩完成比赛。

责任编辑　张　军

人力资源和社会保障

劳动就业

【概况】 2016年,全市新增就业人数为27479人。城乡就业困难人员实现就业6860人,城镇失业人员实现就业31682人,农村失业人员实现就业46848人。城镇登记失业率为1.92%,农村登记失业率为1.89%,社会登记失业率1.91%。全市共为22253家次用人单位发布招聘信息53674条,提供就业岗位166091个,接受求职登记215751人次,介绍成功164173人次,中介成功率为76.1%。全市范围内举办招聘专场173次,进场单位达9095家次,提供就业岗位172843个,共有91940名求职人员进场报名,达成初步招聘意向48298人次。

【春风行动】 2月15日,常熟市2016年度首场"春风行动"招聘会在大义劳动所举行。首场春风行动共有42家单位提供1200个岗位,进场2000人,有1050人报名,初步达成意向680人次。"春风行动"开展首周,全市范围内共举办10场专场招聘会,累计共有572家次用人单位提供15259个就业岗位,吸引24395人次进场应聘,达成初步意向7126人次。2016年"春风行动"至3月底全面结束,活动期间,全市共举办39场各类专场招聘会,共有2415家次用人单位提供5.56万个就业岗位,达成初步意向2.3万人。

【毕业生就业】 2016年,全市共有6445名应届高校毕业生。针对毕业生就业问题,全市从7月至9月开展为期3个月的以"加强供需衔接、开展精准服务"为主题的2016年高校毕业生就业服务系列活动,从实施就业能力提升项目、开展精细化实名制管理、布局密集式就业招聘专场、创新就业服务措施、加强政策宣传活动、开展各类基层创新活动等六方面,为全市毕业生提供高质就业创业服务。累计提供高校毕业生就业岗位15665个,开发见习岗位412个,吸纳高校毕业生399人参加见习。2016年,全市高校毕业生就业率为97.73%。

【高校毕业生社会实践】 7—8月,全市开展"2016年国内著名高校本科生、研究生来常参加社会实践活动"。2016年社会实践项目共征集14家企业,17个课题,需求人数为92人。最终达成意向为7家次单位共9个项目,接受学生49名,其中硕士3名。3名硕士来自东南大学,到常熟市城市经营投资有限公司进行社会实践,研究的课题是人力资源调研。其余46名本科生,分别来自武汉纺织大学、天津工业大学和南京农业大学,分批次到江苏金龙科技股份有限公司、江苏省常熟辛庄现代农业综合示范区、常熟市大地农业科技服务有限公司、南农大(常熟)新农村发展研究院有限公司、江苏新凯盛企业发展有限公司和常熟市古里东方制绒厂进行社会实践。

【江苏久诚与日本QUENIE合作签约】 6月22日,江苏久诚人力资源有限公司与日本QUENIE株式会社合作签约仪式在常熟国际饭店举行。江苏久诚人力资源有限公司是一家专业

9月29日,CDP集团入驻江苏省常熟人力资源服务产业园,签约仪式在常熟国家大学科技园科创大厦举行

为世界500强企业、国有企业、上市企业和民营企业解决人力资源外包等服务的提供商，而日本QUENIE株式会社是NTT集团中提供咨询服务的核心公司，是具有高度的专业性的咨询顾问，向客户提供广泛性的，业务领域的各种各样的解决方案，在日本的人力资源服务业中也是非常有影响力的企业。本次合作能促进双方的发展，增强各自的活力，给双方带来互惠互利的积极帮助与发展动力。

【失业预警与用工调剂平台启用】 4月份，全市失业预警与用工调剂平台上线运行。平台运行后，各板块劳动所工作人员及时将破产、兼并、重组企业的分流职工和其他失业职工第一时间纳入平台，对接调剂到有需求的企业中，为职工提供再就业渠道。

【开设职业生涯规划指导室】 7月2日，市人社部门开设的职业生涯规划指导室正式启用。职业生涯规划指导室通过向社会购买服务的方式，由知名人力资源中介机构于每周一至周六上午为包括高校毕业生在内的求职群体提供公益性咨询服务，帮助他们发掘自身潜力、明确发展方向、取得更好的职业发展。

【举办常熟市高校毕业生测评指导公益项目】 7月19日，首场常熟市高校毕业生测评指导公益项目在市人力资源市场成功举办。本项目由常熟市人力资源和社会保障局主办，苏州英格玛人力资源有限公司协办，九十多名应届高校毕业生参加本场活动。活动旨在帮助高校毕业生对自己的综合能力素质有更清楚的认知，扬长补短，在解析测评结果的过程中，找到适合自己的岗位及目标，最终实现就业。测评指导公益项目全年在各镇共举办8场。

【“创业大讲堂”走进本市高校】 5月25日，由苏州市人社局、常熟市人社局联合主办，常熟市人力资源培训指导中心、常熟理工学院共同协办的“创业大讲堂”之“菁英汇”创业分享会活动走进常熟理工学院，为常熟理工学院学生上了一堂“创业指导课”。“菁英汇”创业分享会，是为在校大学生们打造的一项创业者访谈互动类综艺型活动，旨在营造校园创业就业氛围，邀请从高校中走出的年轻创业者帮助大学生直观地了解同龄人在遇到同类现实问题面前的对策，为广大青年在创业就业的发展道路上提供参考依据，为即将迈出校园走向社会提前做准备。

【成立创业公共服务品牌“虞·乐创”】 7月29日，“虞·乐创”创业服务月系列活动启动仪式在常熟市人力资源和培训指导中心举行。本届“虞·乐创”主题是“创新创业、乐在虞城”，活动内容涵盖：开展创业能力提升活动、开展创业大走访活动、举办青年创新创业大赛、开展创业孵化载体认定建设、启动创业帮扶站建设、开展大学生优秀创业项目申报推荐。

【“创业常熟”栏目开播】 “创业常熟”栏目是常熟市人社局联合常熟市海虞电子商务产业园在市广播电台共同推出的全市首档综合性创业服务类电台直播节目。节目旨在加强打造市人社局创业服务系列品牌，扩大海虞电商园知名度，深化大众对创业创新的了解和认知。“创业常熟”节目每周播出两次，节目涵盖创业政策解读、创业者经验分享、创业知识传播、创业典型人物介绍、创业平台对接等丰富的内容。“创业常熟”栏目全年播出90期。

【举行青年创业大赛】 第三届常熟市青年创新创业大赛以“燃情创业、乐在虞城”为口号，从6月份开始宣传启动，共有39个创业项目报名参赛。8月26日，初赛在常熟市人力资源市场举行，共有18支队伍进入复赛。9月13日，复赛在常熟理工学院举行，9支队伍进入最终决赛。9月29日，第三届常熟市青年创新创业大赛总决赛在常熟市少年之家朝阳花演绎楼举行。参赛项目仙女虾全人工繁育及产业化研发项目荣获大赛一等奖，获得由大赛提供的20000元创业经费；绿色农产品（杏鲍菇）和互联网的“亲密接触”以及互联网＋教育模式获二等奖，获得10000元创业经费；钓马云孵化、常熟文创产品开发销售项目、长寿花的生产获得三等奖，获得5000元创业经费。

社会保险

【概况】 2016年，全市城镇养老保险参保87.08万人，养老保险覆盖率达99.6%；城镇医疗保险参保83.39万人，医疗保险覆盖率达99.6%；工伤、生育、失业保险参保49.9万人、57.42万人、45.5万人。

【居民养老保险待遇调整】 1月1日起，全市2016年度城乡居民基本养老保险基础养老金调整。2015年12月31日前到达养老年龄办理按月领取城乡居民基本养老保险（原新型农村养老保险）待遇手续的城乡老年居民享受本次调整，共计9.4万多人，人均增资32元/月，增资后人均城乡居民基本养老保险待遇（含缴费人员个人账户养老金）为341元/月。新的基础养老金标准于2016年1月10日起发放到位。

【职工生育津贴计发标准调整】 自2016年1月1日起，符合《江苏省人口与计划生育条例》规定生育子女的夫妻，女方在享受国家规定产假的基础上，延长产假三十天，男方享受护理假十五天。凡符合省人口与计划生育条例规定生育的职工，无论是否晚育，都可享受128天的生育津贴。其中难产的，增加15天的生育津贴；生育多胞胎的，每多生育1个婴儿，增加15天的生育津贴。符合国家和省有关规定享受护理假的，享受15天的生育津贴。原《江苏省职工生育保险规定》规定职工享受98天生育津贴，晚育增加30天的津贴政策不再执行。

【发放2015年度职工医保年度救助金】 1月初，全市2015年度职工医保年度救助工作启动。2015年度职工医保年度医疗救助的对象包括2015年1月1日至12月31日期间个人自负医疗费用超过10000元的普通参保人员和自负医疗费用超过2000元的困难参保人员。其中普通参保人员当年自负医疗费用在10000元以上的，根据自付医疗费用累计情况，分别给予3000元至20000元的救助；困难参保人员当年自负医疗费用在2000元以上的，给予

1500 元至 30000 元的救助。2015 年度医疗救助金发放工作于 2016 年 1 月 31 日结束。

【阶段性降低失业保险费率】 根据《关于我市实施失业保险阶段性降费率的实施细则》,从 2016 年 1 月 1 日至 2018 年 12 月 31 日,全市失业保险费率暂由 2%降至 1.5%。其中用人单位缴费比例为 1%,个人缴费比例为 0.5%。2016 年 4 月份开始按新的费率进行正常结算征缴。

【大病补充医疗保险实现与商业保险公司联合承办】 1 月 11 日,市社保中心与东吴人寿保险股份有限公司、中国太平洋人寿保险股份有限公司苏州分公司举行大病补充医疗保险联合承办项目签约仪式。这标志着常熟市大病补充医疗保险由社保经办机构和商业保险公司联合承办正式进入具体实施阶段。市社保中心与中标保险公司签订大病保险合同后,具体业务由主承办公司东吴人寿与社保中心共同经办,除参与医疗保险日常报销和稽查工作外,还借助商保网络优势,加强对参保人员转诊转院服务和专项核查;通过社商合作,建立驻院代表制度,加强对定点单位医疗行为的事前和事中监督;开展社区健康讲座、义诊活动,提供延伸服务。

【发放企业稳岗补贴】 4 月 22 日,下发《关于进一步做好失业保险支持企业稳岗工作的通知》。享受稳定岗位补贴的企业需满足依法参加失业保险并足额缴纳失业保险费,上年度未裁员或裁员率低于同年度全市城镇登记失业率的条件。按该企业及其职工上年度实际缴纳失业保险费总额的 50%给予补贴,补贴主要用于职工生活补助、缴纳社会保险费、转岗培训、技能提升培训等相关支出。全年共向 752 家企业发放稳岗补贴 4628.52 万元。

【征地保养人员待遇调整】 6 月 10 日起,全市征地保养人员待遇调整方案出台。此次调整的对象为 2015 年 12 月 31 日前办理按月领取征地保养待遇手续以及纳入城保管理的征地保养人员。按照征地保养人员每人每月增加 35 元(其中安置补助费不足全额的按相应比例增加)的调整标准,老征土保养人员也按每人每月增加了 35 元。本次调整从 2016 年 1 月 1 日起执行,全市共涉及 10.11 万人,调整后人均待遇达 751 元/月。

【2015 年度社会保险个人权益单发放】 8 月 15 日起,市社保中心向各类参保人员邮寄发放《2015 社保年度社会保险个人权益记录单》62.6 万份,至 9 月底发放结束。《2015 社保年度社会保险个人权益记录单》主要内容为 2015 社保年度(2015 年 7 月至 2016 年 6 月)期间职工社会保险(居民社会保险)各险种参保缴费情况和养老、医疗保险待遇享受情况,是记录并反映参保人员及其用人单位履行社会保险义务、享受社会保险权益状况的纸质载体。

1 月 11 日,大病补充医疗保险联合承办项目签约仪式举行

【阶段性降低养老保险费率】 根据 8 月 31 出台的《关于阶段性降低企业职工基本养老保险费率的通知》,全市企业职工养老保险费率从 2016 年 5 月 1 日起至 2018 年 4 月 30 日,由 20%阶段性降至 19%,个人缴费比例仍为 8%,灵活就业人员的缴费比例仍为 20%。

【企业和机关事业退休人员养老金同步调整】 9 月下旬,市人社局发布通知,企业和机关事业退休人员养老金同步调整工作完成。9 月 28 日起,全市企业和机关事业两类退休人员可领取到 10 月份的新标准养老金和 1~9 月增资部分。2016 年是全市企业退休人员和机关事业单位退休人员基本养老金首次实施同步调整。调整对象为参加全市企业职工基本养老保险、机关事业单位工作人员基本养老保险并在 2015 年 12 月 31 日前办理退休、退职或领取定期生活费手续的人员,调整时间从 2016 年 1 月 1 日起执行。据统计,全市共有 18.23 万名企业退休人员参与此次调整,人均月增发养老金 145.6 元,调整后月人均养老金达 1925 元。

【退管之窗网络版块开通】 1 月,“乐天·夕阳红”网站(http://www.changshult.com/)的内设板块“退管之窗”开通。网站于 2015 年年末由市老龄协会、老年体协联合开办,是全面反映全市老年人精神面貌和工作动态的窗口。

【退管微信公众号上线】 7 月底,“常熟退管”微信公众平台上线运行。该平台是以“聆听夕阳心声,关注基层动态,增强工作互动”为宗旨,以贴近老有所养、老有所乐、老有所学为主题,注重宣传与引导相结合的网络新媒体工作平台。

【举办第三届退休人员体育运动会】 10 月 9 日,“东吴人寿”杯常熟市第三届退休人员体育运动会开幕式暨健身秧歌比赛在石梅广场举行,正式拉开运动序幕。来自全市城乡的秧歌展演人员、退休人员代表、各涉老单位相关人员等共 250 多人参加此次开幕式。本届运动会由市人社局、市体育局、市委老干部局联合举办,市退管中心、市老干部活动中心、市老年体协、市木兰拳协会承办，市老年大学、市流水琴川义工协会协办，东吴人寿特别支持。

人 事 管 理

【概况】 全市36个单位部门公开招录公务员（含参公）108名，106人正式录用；全市共招聘录用事业单位工作人员672名；接收安置军转干部21名。

【公务员招录】 2016年，全市36个单位部门公开招考录用公务员（含参公管理单位工作人员）108名，其中：市级机关55名、参照公务员法管理单位12名、乡镇机关41名。报考人数达到4673人，审核通过3882人，最终缴费3499人。3月12日，全市公务员招录笔试在常熟市职业中心校举行，共有2466人参考。5月7日，常熟市公务员招录的面试在常熟市孝友中学进行。经过笔试、资格复审，此次面试共310人参加，分成13个小组进行。9月底，对2016年度新招录公务员106人进行了初任培训。

【公务员培训】 7月8日，省公务员局举办的公务员培训大讲堂送教下基层活动在常熟举行。江苏省委研究室原副主任，江苏战略与发展研究院院长，全国社会科学思想库及省委讲师团专家范朝礼作了《以新发展理念引领区域经济社会发展》大型专题讲座，全市80多家单位的800名公务员参加学习。

【2016年人事干部业务培训班】 8月4日至6日，全市举办了为期3天的机关事业单位人事干部业务培训班。本次业务培训的主要内容包括了公务员管理、机关事业工资福利、事业单位人员管理、军转安置、机关事业养老保险制度改革、专技人员职称评定等业务内容。全市机关、事业单位共计79名人事干部参加此次培训。

【事业单位招聘】 2016年教育系统共录用高中教师18名，初中教师38名，职教教师14名，小学、幼儿园、特教教师共155名。卫生系统招聘研究生、副高职称及以上高层次人才36名；本科及以下学历卫技人员护理78名，临床综合类医生191名。5月底启动乡镇二次招聘，各乡镇卫生院共22个岗位获得补足。2016年，市委、市政府特批7个文艺类人才招聘计划，最终录用3名硕士研究生：常熟市图书馆、庞薰琹美术馆、翁同龢纪念馆各1名。全市市镇两级事业单位公开招聘工作人员166名，共有3334名考生参加笔试，451人进入面试资格复审，最终共录用事业人员151人。另外，选聘优秀应届高校毕业生工作，推出招聘计划37名招录31名。

人 才 培 育

【概况】 2016年，全市人才总量达到30万。2016国际精英创业周活动，落户项目83个；新增博士后创新实践基地、分站11家，新进站博士后8名，8名在站博士后申报省博士后科研资助计划，4名获得资助，1名博士后获省"双创博士"；组织职业技能鉴定307场次获证1.48万人次，其中高级职业资格1859人。

【赴外引才】 3月12日，与"在陕知名高校促进大学生就业创业工作协作体"共同举办"2016年陕西省高校－常熟市共促大学生就业创业主题对话"活动，推进政校企三方协同，引导高校毕业生到新兴领域和中小微企业实习、就业。根据全市重点企业人才需求情况，由企业服务团队专门组成校园招聘团队，调研赴外招聘线路，开展赴外专场校园招聘活动，分别为波司登集团和江苏新东方针纺织有限公司等重点企业开展校园招聘专场活动，满足企业人才需求。全年开展赴外引才活动36次，共有354家次用人单位累计提供12549个就业岗位。其中，赴外校园引才30次，分别在武汉纺织大学、北方民族大学、宜春学院、南京工业大学、扬州大学等30多所高等院校开展引才招聘活动，与3家高（职）校签订人才合作协议。

【博士后创新实践基地博士后期满出站】 3月23日，江苏高科技氟化学工业园管理委员会博士后创新实践基地分站——江苏华益科技有限公司徐志红博士举行出站考核报告会，与会专家一致同意徐志红博士期满出站。徐志红博士是江苏高科技氟化学工业园管理委员首位出站博士后，他2006年毕业于南京大学，于2013年3月由江苏华益科技有限公司与南京大学联合招收为博士后进站，主要从事"水中同位素综合分离技术研究"，经过近三年的博士后科研工作，顺利完成项目研究，为企业节约生产成本1000多万元，创造直接经济效益5000万元。徐博士在站期间，发表论文4篇，其中SCI收录1篇、EI收录1篇；申请专利17项，其中发明专利11项、实用新型专利6项；同时列入2013年江苏省博士集聚计划，并获2013年江苏省科技进步三等奖。

【组团参加"第十四届中国国际人才交流大会"】 4月中旬，"第十四届中国国际人才交流大会"在深圳会展中心举行，常熟团参加了苏州展区宣传推介、海外人才项目对接、外籍招聘等相关活动，与多个人才项目达成深入考察合作的意向。此外，常熟团成员就产、研结合问题与华南农大相关专家进行深入探讨。"中国国际人才交流大会"是全国一年一度对外国专家组织、培训机构及专业人才开放的国家级、国际性人才与智力交流大会。本届大会以"融全球智力，促共同发展"为主题，以"国际化、高端化、专业化、精品化、市场化、信息化"为目标，致力于汇聚大批海内外优秀人才，内容涵盖全国引智成果展览交流、项目大赛、引智项目及人才对接、外国专家组织与培训项目对接、海外留学人员及项目交流推介、外籍人才招聘会、相关论坛等内容。

【组队参加第三届江苏技能状元大赛】 4月底，由省政府主办、为期八个月的第三届江苏技能状元大赛在无锡落幕，共有729名选手参加全省总决赛，常熟有6位选手作为苏州市队的代表参加了其中3个项目的角逐并全部获奖。其中尚湖镇下庄农机专业合作社周建忠获得职工组农机修理比赛二等奖,被省总工会、省人力资源和社会保障厅分别授予"江苏省五一劳动奖章"和"江苏省技术能手"荣誉称号;液压工具厂龚晓晨、纺织机械厂有限公司管培明和周吉军、长城轴承股份有限公司陈浩翔以及市保安服务总公司王华分别获得数控机床调试与维修以及智能楼宇职工组比赛三等奖,被省人力资源和社会保障厅、省总工会分别授予"江苏省技术能手""江苏省五一创新能手"荣誉称号。管培明、龚晓晨、周吉军、陈浩翔、王华被团省委授予"江苏省青年岗位能手"荣誉称号。

【举办国际精英周活动】 7月11至12日,常熟第八次国际精英周活动举办,14个国家和地区的海内外250名高层次创新创业人才与常熟13个创业载体板块和45家意向企业进行洽谈对接,大会现场签约项目28个。9月2日,精英周项目常熟推进洽谈会在常熟召开,会上23个人才项目返场再次到常熟对接洽谈,8个项目进行路演,17个项目进行现场签约。2016年精英周落户项目83个,其中创业项目70个,创新项目13个。

【入选"江苏省博士后科研资助计划"】 常熟四名博士后入选2016年度"江苏省博士后科研资助计划",其中获得B类资助2人、C类2资助2人。"江苏省博士后科研资助计划"是江苏省人事厅于2004年,为贯彻落实省委、省政府《关于进一步加强人才队伍建设的决定》,发挥博士后专业特长和科研能力,促进全省经济社会事业发展而设立的。常熟自2002年第一家博士后科研工作站设立以来,共有17名博士后获得"江苏省博士后科研资助计划"资助。

【职业资格证书打印权限归集】 7月1日起,省人社厅对在线考务管理平台进行升级,各县市(区)不再设有打印权限,常熟职业资格证书打印权限统一归集到苏州市鉴定中心管理,此前按照国家有关规定核发的旧版职业资格证书仍然有效。在2016年7月1日前已生成证书编号的,证书盖常熟职业能力和考试鉴定中心印章,2016年7月1日起证书由苏州市鉴定中心统一生成证书编号,并盖苏州市中心印章。

劳动维权

【概况】 2016年,全市企业签订有效劳动合同43.37万份,集体合同签订率100%。日常巡查企业1995家,立案查处158家,清欠职工工资1460.59万元,督促发放工资371.87万元;发放规范用工建议书293份,共计处理工资红色预警单位53家,移送涉嫌拒不支付劳动报酬犯罪案件17件,涉案金额563.48万元,涉案犯罪嫌疑人17人,公安机关立案查处8件,涉案金额391.69万元,逮捕5人,起到了一定震慑作用;处理劳动争议3079件,其中立案1083件,案外调解成功1996件,目前结案率95.18%,立案案件调解率53.87%。

【保障春节前农民工工资支付】 1月26日,市人社局召开保障农民工工资支付工作调度会,各劳动保障所所长、综合执法局局长等参加会议。会上传达部、省、苏州关于做好当前农民工工资支付工作会议精神,要求切实做好春节前农民工工资支付工作,维护农民工合法权益和社会稳定。

【清理整顿人力资源市场专项行动】 3月初,市人社局联合市场监督局、城管局组织开展了对东南街道小康村区域的清理整顿人力资源市场秩序专项行动,覆盖了东南街道所有人力资源服务机构、劳务派遣单位、从事职业中介活动的组织和个人。本次专项行动共取缔9家未经许可和登记擅自从事职业中介,对5家从业不规范的人力资源服务机构责令改正。

【书面材料审查】 3月中旬,全市开展完善掌握基础性用工数据为重点的书面材料申报审查。审查采取纸质申报与网上申报相结合的方式进行,共审查用人单位5566家,其中对61家用人单位存在的违法隐患进行纠正。

【高温专项检查】 7至8月,市劳动保障监察大队在全市范围内开展为期两个月的高温劳动保护专项检查。此次检查,主要对象为工程建筑、冶金冶炼、医药化工、交通运输等行业存在有毒有害、露天作业、高温作业岗位和机械、电子、纺织、服装等劳动密集型用人单位;检查重点是企业执行劳动工作时间和休息休假、女职工未成年工特殊劳动保护规定以及落实防暑降温措施等情况。此次检查涉及114家单位,职工2.77万人。

【创立区域性和行业性劳动争议调解组织】 2016年,劳动争议调解组织建设有所突破,创立区域性和行业性专业调解组织。人力资源服务行业协会和虞山镇琴湖片区成立基层调解工作室,聘请专职调解员,参与到劳动争议调解工作中。

【打击非法用工清理整顿劳务市场专项行动】 11月21日上午,梨视频APP发布视频,反映市服装城附近一服装加工作坊雇佣童工现象,引发系列舆情事件。当日,公安、劳动监察部门立即对涉事作坊虞山镇花溪里95号服装加工作坊进行实地调查,发现现场作业人员中有4名不满16周岁童工。市政府随即召开紧急会议,要求公安、人社、市场监督等部门对全市非法用工、工资支付、职业中介等开展拉网式排查,开展打击非法用工和工资支付整治专项行动。事发当晚通过"常熟发布"官方微博等及时发布事件处理进展情况,主动回应网民质疑。11月26日,市委、市政府再次召开专题会议,传达学习国务院副总理刘延东、省政府省长石泰峰、苏州市委书记周乃翔等批示精神,全面整改,综合治理,坚决打击非法用工行为,坚决清理劳务市场,坚决整顿"三合一"场所。12月1日起,公安部门成立专案组,抽调警力开展侦查,对各镇(板块)、人社部门移送的涉嫌非法用工、拒不支付劳动报酬等犯罪案件,迅速立案查处。12月7日起,在重点区域成立打击非法用工联合执法队,由公安、人社、市场监管、消防等部门派员组成,依托属地政府,加强联合执法,形成执法合力,依法依规处置违法行为,继续对"三合一"场所、无证无照作坊开展拉网式排查,建立长效机制,确保整治成效。

(陈晓英)

住房保障

【概况】 2016年，常熟市完成首批179户住房保障补贴的发放工作。至年底89户租房补贴已发放完成，共计发放租房补贴款38万元，90户购房补贴合格家庭领取了购房资格证明，已签订发放协议32份，共计发放购房补贴款735万元。2016年度，常熟市各类保障性住房新开工4245套，基本建成3180套，分别完成年度目标任务106.13%、176.67%。其中公共租赁住房基本建成1600套；棚户区危旧房改造安置住房新开工4245套、基本建成1580套。至年末，累计保障本市户籍中等偏低及以下收入住房困难家庭3658户。

【发放首本共有产权保障性住房不动产权证书】 2016年，首批90户住房困难家庭在领取购房资格证明后，自行选购住房。7月25日，住房困难家庭领取首本共有产权保障性住房不动产权证书，房屋性质属于共有产权保障性住房，由常熟市房产管理处和住房困难家庭共有。

衡丰家园

【开展危险公寓房解危】 按照《常熟市危险公寓房解危指导意见》明确的个人出资、政府补助的老旧危房解危模式，对五星二区13幢房屋实施原地恢复性重建，至年底主体工程已完工，正在进行配套设施建设。另有零星严重安全隐患危房13幢，计12812平方米、207户，依据上述解危原则，有2幢房屋完成了恢复性重建，另11幢不符合恢复性重建条件的，实施了异地解危。

【202户经济适用住房完成上市交易】 截至2016年年末，常熟市房产管理处共受理经适房上市交易202件，其中2件离婚析产，1件继承，199件更变房屋性质，均已办结。（汤逸纯）

责任编辑 浦君芝

民　　政

【概况】 2016年，常熟市养老服务业稳步发展，全市养老床位达12294张，每千名老人拥有养老床位数近40张，社会力量举办的养老机构6家，公建民营的养老机构1家，护理型床位占比达45.3%。日间照料中心161家，助餐点151个。全年救助流浪乞讨人员1431人次，护送返乡人次。办理儿童收养登记85例，涉外送养2名，收容弃婴7名，避救2名，儿童福利院在册儿童（含成年孤儿）58名。完成儿童福利院改扩建工程主体工程和思亲苑二期工程土建工程，完成《常熟市道路地名储备库》编撰工作。修订完善《常熟市临时救助实施细则》，"救急难"工作力度进一步加大；认真做好居民家庭经济状况核对工作，核对机制进一步健全、核对手段进一步丰富，"精准救助"能力显著提高。福彩销售继续高位运行，全年共销售福利彩票36767万元，其中电脑彩票29426万元，刮刮乐即开票3433万元，中福在线视频彩票3908万元，筹集本级社会福利公益金3376万元。1月份，常熟市获评江苏省现代民政示范市；7月份，荣膺"全国双拥模范城"称号，成功实现"四连冠"创建目标；12月常熟市民政局被民政部表彰为"全国殡葬工作先进集体"。

救灾救济 2016年，市民政局联合公安、教育、妇联等部门，下发了《常熟市农村留守儿童等人群摸底排查工作实施方案》，经排查，全市范围内共发现4名农村留守儿童、113名困境未成年人。7月份，福利机构集中养育孤儿养育标准由1920元/月提高至2080元/月，社会散居孤儿养育标准由1340元/月提高至1460元/月，城乡低保标准由750元/月提高至810元/月。全市共有42名儿童纳入孤儿等困境儿童基本生活保障、525人纳入特困人员供养、2296户3602人纳入城乡最低生活保障、852人纳入低保边缘重病困难对象救助、381人纳入一户多残依老养残家庭残疾人生活补贴、3978人纳入无固定收入重度残疾人生活补贴、2506人纳入临时救助，全市用于各类困难群众的各项救助帮扶资金近1.4亿元。出台《关于进一步做好居民家庭经济状况核对工作的通知》《关于进一步推进社会救助公示公告工作规范化建设的通知》《关于做好分散供养城乡五保对象关爱照料工作的实施意见》《关于明确常熟市住房保障申请家庭金融资产核对基数的规定》《常熟市临时救助实施细则》，修订完善特困供养人员供养协议模板，并加强对各镇（街道）的督查指导，着力加强社会救助规范化建设力度。社会救助"主动发现"机制进一步健全、动态管理力度进一步加大、家庭经济状况核对手段进一步丰富，在确保困难对象"应保尽保"的基础上，努力实现"应退尽退"，着力维护社会救助底线公平。积极开展防灾减灾系列宣传活动，全年共组织各类现场咨询活动81场。基层防灾减灾能力进一步提升，海虞镇海福新城社区成功创建"全国综合减灾示范社区"。连续第五年开展"自然灾害民生综合保险"工作，全市共有2.2万多户居民获得民生保险的理赔，涉及理赔金约650万元。

慈善事业 积极开展慈善助学项目，全年为1191名贫困家庭学子发放助学金207.01万元。对包括孤儿、五保户、低保对象、低保边缘重病困难对象在内的贫困对象和"因病致贫"大病困难人员实施慈善基金年度医疗再救助，共计向178名大病对象发放慈善助医金257.57万元。积极参与"救急难"工作，"梦乡帮忙团·慈善救急难"栏目为14名急难对象发放慈善急难救助金7万元，市镇两级慈善基金全年共向1295名贫困患者发放急难资助金322.81万元。儿童福利院接待爱心单位（爱心人士）200批次，接受爱心捐款153174元，爱心物资折合人民币376486元。

老龄事业 2016年，常熟市出台《关于常熟市居家养老服务政策的补充意见》，自2017年1月1日起，将政府购买居家养老服务对象扩面至具有本市户籍84周岁及以上老年人。出台《关于进一步促进养老机构发展的补充意见》，再次提高民办养老机构建设补贴标准，自2017年1月1日起，对以自有房屋开办养老机构的，一次性建设补贴标准提高至每床2万元，对以非自有房屋开办的，补贴标准提高至每床1万元，并将公建民营养老机构纳入建设运行补贴范围，建设补贴每床1万元，运行补贴参照民办养老机构补贴标准。新建成或正在建设日间照料中心59

家，助餐点59个，引入社会组织经营管理日间照料中心，14家日间照料中心实现社会化运营。碧溪东张敬老院实施改建工程，新增床位60张。虞山镇颐养院扩建工程完成，对外开放。每千名老人拥有养老床位数近40张。市日间照料中心成功申办卫生护理站。推行以“线上＋线下”相结合的“互联网＋健康养老”的社区居家养老服务新模式，老人不出家门通过拨打服务热线即可享受到快速便捷的助洁、助餐、助医、助浴、精神慰藉等专化性、个性化服务。累计服务近4万人次，通过服务呼叫平台共计呼出为老关爱电话4万人次。免费为全市217名未持证养老护理员开展养老护理员初级培训，持证上岗率超过95%。开展中高级养老护理员职业培训、养老服务组织骨干培训、安全管理员培训、养老需求评估员培训等152人。共办理养老服务体系建设提案、建议共12件。10月份，组织开展第十二届百对金银婚夫妻代表大会等敬老系列活动。

拥军优属 2016年，全市为享受定期定量补助的54036人次发放各类抚恤经费2850多万元。为912名现役军人发放义务兵家庭优待金及立功奖励金2026.44万元（义务兵家庭优待金，2016年为22686元/户），向全市1328名重点优抚对象发放节日慰问金132.8万元。2016年度秋、冬季退役士兵一次性自谋职业补助金基准调整为75620元/人，顺利完成2015年度冬季和2016年秋季418名退役士兵的接收安置工作，并于2016年2月发放一次性自谋职业补助金3027.03万元，为1名转业士官安排了工作岗位。10月9日制订出台《关于加强拥军优属工作的若干补充规定》，对“现役军人部队立功、父母家乡疗养”和为驻常部队官兵免费健康体检、发放常熟市民卡、驻常部队现役军人子女教育、新入伍战士父母免费体检等实事拥军活动进行了规范固化。2016年7月29日再次被全国双拥领导小组、民政部、中央军委政治工作部命名为“全国双拥模范城”，顺利实现“四连冠”。

社会组织管理 2016年，全市登记有社会组织1279家，其中社会团体351家，民办非企业单位927家，基金会1家。加强市、镇、社区三级社会组织孵化基地建设，初步形成“各有侧重、多元并存、同步发展”的社会组织培育机制。民政局制订《常熟市社会组织行为规范》、《在社会组织中开展“党员当先锋、公益在行动”主题活动的实施意见》《具备承接政府职能转移和购买服务条件的社会组织目录编制管理办法》和《常熟市民政局关于2016年具备承接政府职能转移和购买服务条件的社会组织目录的公告》。开设社会组织QQ交流群、微信公众号等信息交流发布新平台。2016年参加社工考试1493人，当年度取得证书536人，其中初级475人，中级61人，全市有持证社工1087人，常住人口每万人拥有持证社工7.25人。

勘界地名 认真开展第二次全国地名普查，在市、镇、村三级普查组织完善的基础上，建立了基层一线“普查员”“协查员”的两员队伍，夯实地名普查工作基础。市地名普查共采集到12609条成果表、2969条地名标志登记表、2951条历史地名的基础数据，下发相关工作经费50余万元。以政府购买服务的形式，委托地名专家组开展《常熟市道路地名储备库》的编撰工作。全年命名地名30个，调整地名4个。完成10颗县级界桩的更换。

社区建设和村民自治 11月，顺利完成第十一届村委会和第六届社区居委会换届选举工作。有序组织政社互动及省级农村社区建设试点。出台《关于公布2016年度“政社互动”三份目录的通知》，完成对“政社互动”工作中《基层自治组织依法履职事项》、《基层自治组织协助市级部门工作事项》、《市级部门开展服务管理需村（居）盖章事项》等三份目录的修整和补充。全市镇村（居）《协助政府工作协议书》签订率100%。省级农村社区建设试点工作有序开展，社区公益坊、社区社会组织筹建工作全面展开。研究制订《关于加强城乡社区协商的实施意见》，以沙家浜“春兰月谈”和锦荷社区“开放空间议事会”为模板，推广建设“两平台双议事”机制，提出“8＋X”的协商主体，通过“扩面、增能、赋权”，探索建立具有我市特色的城乡社区协商制度。制订《关于加快推进“三社联动”完善基层社会治理的工作方案》，推进全市城乡社区深入开展社区、社会组织和专业社工互助合作推动社区治理创新活动；在村（居）委会换届选举完成后，制订了《关于进一步完善村规民约、居民公约工作的指导意见》《关于做好村（居）委会换届选举后续工作的通知》等文件，对基层自治组织的组织架构、自治要求等作了明确，推动城乡社区积极开展以社会主义核心价值观为指导的各项群众自治活动。

殡葬管理 2016年，市民政局联合公安局、卫计委共同下发了《关于进一步规范尸体异地外运（境内）办理手续的通知》，虞山思亲苑建立了“常熟虞山思亲苑”微信公众平台，提供互动交流和缴纳管理费等服务。全市共有1家经营性骨灰堂、18家公益性骨灰堂，4家公墓，3个殡仪服务站。全年火化遗体10169具，其中本地户籍遗体8977具，全市搬迁散坟约两万六千穴，清明祭扫群众达70余万人次，顺利完成大寒散坟搬迁和清明祭扫等工作。

老年人教育 常熟市老年人教育机构主要由常熟市老年大学和各乡镇老年学校组成。其中市老年大学是一所由市政府举办、市民政局主管、市教育局批准备案并指导，专门从事老年人学校教育的非学历教育机构，下辖一所分校（虞山镇老年大学），主要为全市范围内老年人提供文学、历史、英语、电脑、绘画、书法、保健等课程培训。2016年合计办班229个，招生6508人，报读9063门次课程。组织社区老年文化体育活动骨干短训班9个，培训600多人次。虞山古琴班学员中，通过中国音乐家协会古琴专业委员会考级的学员中有5人达三级、1人达六级、6人达七级，3人达八级，马德杨参加2016第一届“敦煌杯”中国古琴艺术大赛非职业成年组比赛中获优秀演奏奖。执教《家庭小炒》课程的史万震老师和执教《家庭养花》课程的朱惠钧老师荣获江苏省百佳优秀教师称号。举办“三十而立

——常熟市老年大学办学成果展”“第四届敬老文化节”,通过全国敬老文明号的复检。

【获“全国双拥模范城(县)”称号】

自2012年荣获全国双拥模范城“三连冠”以来,市民政局就将争创“四连冠”作为一项中心工作来抓,对照考核标准和管理办法,做了大量工作来确保全国双拥模范城“四连冠”创建成功。一是健全各级创建工作领导小组,营造“全城创建、全民参与”的浓厚氛围。二是落实各项优抚政策,优抚安置工作在全国率先做到10个100%。三是积极打造双拥特色品牌。在全市开展“十大品牌服务进军营”系列活动,探索形成了以“五个首创”为重点的实事拥军的“常熟样本”,全力打造实事拥军、社会化拥军、品牌服务拥军三大亮点。2016年7月,经党中央、国务院、中央军委批准,全国双拥工作领导小组、民政部、中央军委政治工作部决定,授予常熟市“全国双拥模范城(县)”荣誉称号。

【常熟被评为“江苏省现代民政建设示范市”】 常熟市民政局坚持“五位一体、综合发展”总基调,严格对照现代民政市创建的49项指标,加大民生保障力度,加快发展养老事业,创新社区治理模式,擦亮双拥创建品牌,规范公共服务管理,实现民政改革领域全面发展。形成了系统完备、科学规范、运行有效的现代民政体系,进而提升民政工作层次,进一步增强民政管理服务能力。经过省现代民政研究院专家现场评估、群众满意度测评和年度考评等步骤,2016年1月18日在南京召开的江苏省民政工作会议上,常熟市被评为“现代民政建设示范市”。

【荣获“全国殡葬工作先进集体”】

近年来,常熟从可持续发展的高度出发,积极推进殡葬改革,清理各类散坟,兴建镇级公益性骨灰堂、关停经营性公墓,骨灰安放方式由原来“入土为安”转变为“入堂为安”,复耕土地面积达120公顷,实现了土地资源的节约,生态环境的保护,有力地促进了常熟地方经济、社会事业的发展。在殡葬改革中,常熟做到了“两个率先”:一是在全省率先实现火化率100%;二是在全省率先关停经营性公墓。常熟的殡葬改革已走在全省乃至全国的前列,民政部领导称赞常熟市的殡葬改革为“常熟经验”。12月,常熟市民政局被民政部授予“全国殡葬工作先进集体”的荣誉称号。

【完成市儿童福利院改扩建工程】

常熟市儿童福利院改扩建项目是2014年常熟市政府重点民生项目工程之一,位于现儿童福利院内。该项目于2014年11月27日奠基开工,总投资2903.14万元,占地面积8629平方米,总建筑面积7995.7平方米,其中新建建筑面积6251.4平方米,改建建筑面积1744.3平方米,新建阳台179平方米。新大楼将设置婴儿室、幼儿室、重残室等收养设施和幼儿教室、培训教室、音乐教室等教育设施,并配套建设食堂、音体室、活动室、康复室及大龄儿童居住区,是集收养、康复、医疗、教育和娱乐为一体的多功能服务中心,可保障近100名孤残儿童。新儿童福利院将成为全市保障孤残儿童健康成长和全面发展的“幸福之家”。2016年,该项目主体工程、室内装修均已完成,并通过项目竣工验收。

【编撰完成《常熟市道路地名储备库》】 为研究挖掘、保护利用好常熟老地名,弘扬常熟文化,提升地名管理水平,根据常熟市人民政府《道路地名管理实施办法》编撰完成了《道路地名储备库》。在编撰工作中突出“常熟市历史文化路名”这一主题。聘请了9名具有地理、历史、文学等专业特长的人员,组建了地名专家组,通过政府购买的方式委托专业机构完成编撰工作。《常熟市道路地名储备库》共收录地名1000多条,分为历史地名、历史人物、文化艺术、民风民俗、地理环境、社会特点、经济发展、景观特色等八个方面,涵盖常熟10个乡镇,特别对火车站片区地名进行了拟命名。以后常熟道路命名可以采取提前预约方法,从储备库中提取。有效解决了以往道路命名中存在的时效滞后、名称缺乏特色等问题。

【完成第十一届村委会和第六届社区居委会换届选举工作】 此次选举共涉及全市215个行政村、109个社区居民委员会。为做好选举工作,市委专门成立了常熟市村民委员会、居民委员会换届选举工作领导小组,制订了《关于做好市第十一届村民委员会、第六届居民委员会换届选举工作的意见》,下发了《村(居)委会换届工作程序》《常熟市村(居)委会换届选举业务知识问答》等选举材料,组织市、镇(街道)和村(居)三级业务培训活动。整个选举过程分为组织宣传阶段、选民登记阶段、选民公布阶段、投票选举阶段、建章立制阶段等五个阶段,选举继续采用“无候选人一票直选”方式,村委会选举首次引入“村民自荐”环节,即鼓励具备资格条件、有志于村务管理、为村民服务的选民,报名参加竞选村民委员会成员。11月6日,换届选举工作顺利

5月6日,常熟老年大学办学成果展举行

完成。

【出台《关于常熟市居家养老服务政策的补充意见》】 2016年出台《关于常熟市居家养老服务政策的补充意见》，规定2017年1月1日起，将《常熟市居家养老服务体系建设实施办法》（常政发〔2014〕55号）规定的第一类居家养老政府补助对象扩面，为具有本市户籍的84周岁及以上老年人每户每月提供3小时的免费生活照料服务。

【出台《关于加强拥军优属工作的若干补充规定》】 10月9日，常熟市出台《关于加强拥军优属工作的若干补充规定》，对拥军优属工作做了六项补充规定：1. 做好驻常部队现役军人医疗保健社会化保障工作；2. 为驻常部队现役军人办理"常熟市民卡"；3. 保障军人子女接受良好教育；4. 组织为新入伍战士父母免费体检；5. 组织常熟籍立功授奖现役军人父母短期疗养；6. 组织在乡老复员军人免费体检或巡诊服务。

【组织开展第三届公益招投标活动】 常熟市第三届公益招投标活动自2016年6月8日正式启动，到2017年3月结束，为期10个月；整个活动共发布市级项目11个、镇级项目18个，涉及市镇两级项目总资金180万元。该次公益招投标活动，将公益采购与公益创投相结合，将政府购买与社会参与相结合，多途径、多方式、多模块地推动全市公益事业的进一步发展，初步探索"民政搭台、部门联动、社会参与、公众受益"的社会公益大平台机制。截至年底，公益项目均进入中期评估阶段，已服务全市各类人群达1500人次，取得良好的社会效益。

2016年常熟市婚姻登记总体情况统计表

表38

地　区	工作总量	结　婚　登记(对)	补办登记(对)	离婚登记(对)	撤销结婚登记(对)	补发结婚证(对)	补发离婚证(对)	补录历史数据(对)
合　计	10010	6131	493	1981	0	1730	167	1
常熟市	10010	6131	493	1981		1730	167	1

说明：工作总量＝结婚登记＋离婚登记＋撤销结婚登记＋补发结婚证＋补发离婚证＋出具婚姻登；其中补录历史数据已包含在结婚登记和离婚登记中

2016年常熟市结婚登记分年龄段统计表

表39

地区	性别	合计(人)	20—24岁		25—29岁		30—34岁		35—39岁		40—49岁		50—59岁		60岁以上	
			人数	%	人数	%	人数	%	人数	%	人数	%	人数	%	人数	%
合计	男	6131	1425	23.2	2713	44.3	491	8.0	389	6.3	491	8.0	353	5.8	269	4.4
	女	6131	2255	36.8	2152	35.1	434	7.1	355	5.8	393	6.4	334	5.4	208	3.4
常熟市	男	6131	1425	23.2	2713	44.3	491	8.0	389	6.3	491	8.0	353	5.8	269	4.4
	女	6131	2255	36.8	2152	35.1	434	7.1	355	5.8	393	6.4	334	5.4	208	3.4

（吴爱民）

便民服务

【概况】 2016年，市便民服务中心"五位一体"综合管理服务平台共受理各类服务需求1068 207件，同比上年增长33.51%。其中，"12345"热线受理928 573件，中心直接答复的有801 439件，通过热线系统派发任务单127 134件，及时签收率99.75%，及时办理率99.39%，群众满意率98.75%；"寒山闻钟"论坛主帖8029件，及时签收率100%，及时办理率100%；在线咨询为1856件，及时签收率98.06%，及时办理率97.90%；镇场（部门）信箱922件，及时签收率96.96%，及时办理率97.29%；市政风行风热线共上线33家单位，一把手上线率100%，办结率100%；省政风群众诉求平台受理81件，办结率100%。2016年数字城管平台城区上报案件（含监督员现场处置案件）70 710件。其中，部件问题7849件，占11.10%；事件问题62 861件，占88.90%。监督员上报70 689件，占99.97%；公众举报21件，占0.03%。有效案件63 836件，有效上报率90.28%。监督员现场处置24 019件。案件派遣处置涉及32个联动部门，派遣数38 769件，应结案38 749件，实际结案38 038件，结案率98.17%。分中心上报案件（含监督员现场处置案件）65 821件。其中，部件问题2608件，占3.96%；事件问题63 213件，占96.04%。有效案件64 674件，有效上报率98.26%。监督员现场处置95件，派遣64 220件，应结案63 102件，实际结案62 936件，结案率99.74%。"民情直通车"APP受理105件。

【推进数字化城管工作】 市便民服务中心根据《江苏省数字化城市管理系统运行管理办法（试行）》，严格按照"信息采集、立案派遣、任务处置、处置反馈、核实结案、绩效评价"数字化城市管理流程的要求，建立"主动发现、精确指挥、快速处置、有效监督"的城市管理工作机制，实现对辖区快速、有效的管理，从而使城市管理精准化、管理内容数据化、问题处置精细化，实现由传统管理模式向智慧型、信息化方向转变。在健全数字城管的管理制度和操作流程的同时，配强管理人员，完善考核评价体系，提高数字化城管工作的综合管理水平。

【推出移动端智能软件】 2016年8月30日，市便民服务中心结合市文明城市创建活动和城市环境综合整治“百日行动”推出了移动端智能软件——“民情直通车”APP。“民情直通车”APP是为虞城百姓提供问题上报、便民服务等功能应用的手机软件。该款应用软件推出后，为市民即时上报城市管理问题提供了方便，建立了政府和市民间双向沟通的便捷化“桥梁”，调动了市民参与城市管理的积极性，使市民能共享城市管理成果。此项目也是创新城市管理的一项举措，有利于建立“政府引导、市民参与、全民共管”的智慧城市管理模式。

【国家发改委城市发展中心领导到常考察】 2016年11月11日，国家发改委城市发展中心学术委合作部副主任郭巍到常熟市便民服务中心进行考察。与服务中心围绕中欧绿色智慧城市建设以及常熟市便民服务与城市管理整合平台等方面进行了解和探讨。

【举办第二届“市民开放日”】 2016年11月30日上午，常熟市便民服务中心举办第二届“市民开放日”暨“政风行风热线走进便民服务中心”活动。10家联动部门分管领导及10多名市民代表（志愿者）参加了此次活动。市民代表参观了便民中心的工作场所及话务大厅，对便民中心的“12345”热线、数字城管等工作职能、流程有了直观的了解。中午11点至12点，便民中心与广播电台联合举办的政风行风热线“走进便民服务中心”大型网络直播节目开播。活动主要采用互动的形式，将市民反映的热点问题，由相关部门分管领导现场解答、现场派工，为多位市民解决了问题。

（潘　辰）

新市民管理

【概况】 2016年，市新市民事务中心平稳推进新市民积分入学、入医、入市民卡工作，共受理入学申请12 388人、入医申请13 921人、入市民卡申请27 684人，分别排名准入10 831人、10 000人、27 661人。2015年，全市登记新市民117.19万人，即时实有91万人，其中共采集黑诊所从业人员62名、黑网吧从业人员28名、黑中介从业人员5名、无证幼儿园从业人员12名，怀孕妇女727人，每季度向职能部门发送信息通报1期；采集出租房屋房东12.57万户、承租户40.50万户，其中承租户准予备案27.40万户、不予备案13.09万户，备案率达67.66%，向属地政府发送不予备案承租户信息通报4期、全市20人以上集宿整改情况通报5期。举办第三届社区辅警职业技能大赛，3名选手获得“常熟市五一劳动奖章”荣誉称号，1名选手获得“常熟市技术能手”荣誉称号，4名选手获得“常熟市青年岗位能手”荣誉称号。

【开展全市20人以上集宿区检查整治】 2016年2～3月，市新市民事务中心会同市公安局对全市居住20人以上集宿区的基本情况和存在的主要安全隐患调查摸底，做舆论宣传，营造专项检查整治工作氛围。2016年3月6日～4月20日开展集中整治。2016年4月20日后，向市委、市政府报送整改情况报告2篇，向镇（区）发送整改情况统计表6期。

【参加《常熟市政风行风热线》节目】 2016年4月13日，市公安局党委委员、新市民事务中心主任庞学海带队参加《常熟市政风行风热线》节目。节目中，庞学海主任就中心工作职能、积分管理工作的新政策、新焦点、新措施一一作介绍，各职能科室负责人就具体业务作出解释说明。新市民听众通过发送节目短信、拨打热线电话等方式进行提问。

【代市长周勤第到新市民事务中心调研】 2016年8月9日，市委副书记、代市长周勤第在市委常委、政法委书记、市公安局局长吴军和副市长范建国陪同下，至新市民事务中心调研，听取工作汇报，要求新市民积分管理做到“提质扩面”，扩大积分管理覆盖范围，深化新市民积分应用，在引导新市民多作贡献方面发挥积极作用。新市民事务中心班子成员参加调研活动。

【拉萨市委政法委参观基层分中心】 2016年9月28日，拉萨市委政法委在常熟市委政法委副书记、市综治办主任钱仲华等领导陪同下，至新市民事务中心沙家浜分中心参观调研。拉萨市政法委一行实地参观了沙家浜分中心服务大厅，听取了常熟市开展积分管理工作情况介绍，并提出指导意见。

【举办社区辅警职业技能大赛】 2016年9～10月，市新市民事务中心举办第三届“常熟是我家杯”社区辅警职业技能大赛。全市1 604名社区辅警通过派出所预赛、分区赛，共有36名选手进入2016年10月26日的决赛。决赛中，来自东南派出所的宋雨明、高新园派出所的袁伟星、虹桥派出所的曹国华分获甲、乙、丙三个组别特等奖，被授予“常熟市五一劳动奖章”荣誉称号，宋雨明还被追加授予“常熟市技术能手”荣誉称号。35周岁以下获奖选手宋雨明、顾江俭、曹国华、居耀东被授予“常熟市青年岗位能手”荣誉称号。市公安局党委副书记、政委钱振荣，市总工会副主席戴建华，苏州市公安局人管支队副支队长蒋根富，市公安局党委委员、市新市民事务中心主任庞学海，市公安局党委委员、副政委、政治处主任宁爱民，团市委副书记韩晓诚，以及市财政局、市人社局有关领导到现场观摩比赛并为获奖辅警颁奖。

【开展“党员义警进社区”系列活动】 2016年，市新市民事务中心与市虞山镇琴湖管理区漕湖社区结为党支部共建单位，成立“琴湖义警大队漕湖社区义警中队”，开展“党员义警进社区、平安建设共参与”系列活动，包含防范诈骗宣传、义务巡逻等常态活动，及“火眼金睛识骗局”“消防安全人人行”“守望相助夕阳情”等20个特色活动。全年共开展常态义务治安巡逻、防诈骗宣传92次，开展社区环境整治、新市民融入、医疗家政咨询7次。

【动态调整积分管理办法】 市新市民事务中心广泛征求意见，新办法增加乡镇综合执法行政处罚信息、违法建设行为、“严重违法失信企业”“经营异常企业”、中级及以上政府专职消防员等评分项目，降低计划生育分值，提高学历和职业资格加分。新办法将积分入学受理时间从原4月1～30日调整为3月20日～4月30日。（汤若冰）

人口与计划生育

【概况】 2016年，人口计生工作坚持计划生育基本国策，稳妥有序实施“全面两孩”政策，加强出生人口性别比综合治理，完善流动人口计划生育服务管理，深化优质服务，努力提高出生人口素质，推动全市人口长期均衡发展。12月底，常熟市成功创建成为“2014－2016”全国计划生育优质服务先进县。全市户籍出生户籍人口出生9085人，其中二孩3953人。再生育审批227对，出生政策符合率99.99%。全市登记居住在常的流动人口82.92万，流动人口出生6536人，其中女性3007人，出生政策符合率为94%，出生性别比为117.4，优质服务率达95%。全年兑付各类计划生育奖扶金1.12多亿元。完成新市民积分管理计生审核档案8304人。

【计划生育特殊困难家庭帮扶项目】 开展“走百户，暖人心”走访慰问计划生育特殊家庭活动。在春节前后、“五二九”会员活动日、国庆节期间，各级协会会员上门关怀慰问计划生育特殊家庭成员。共帮扶慰问2210人，慰问金额58.8万元。人口计生部门与财政局、民政局、人社局联系协调，出台相关衔接办法，细化贯彻落实省七部门关于做好计划生育特殊困难家庭帮扶工作的意见，落实提高享受待遇标准892人，会同民政部门委托第三方（常熟市馨怡养老评估服务中心）开展488名失能、半失能、生活困难的评定工作，确认失能16人、半失能20人、生活困难289人由民政和人社按规定落实相关待遇。做好奖励兑付和慰问工作。2016年来计划生育家庭特别扶助金发放3323人次、发放金额2124万元，并发症52人19.2万元。2016年来全市发放持证企业退休人员一次性奖励金16443人、5919.48万元；农村部分计生家庭奖励金发放33456人次、发放金额3089.728万元；公益金214人57.1万元，其中慰问今年来发生的独生子女死亡17户、8.5万元，慰问率达100%；为计划生育特扶对象中49－69周岁的人员免费开通新增公交爱心卡786人、园林卡777人。开展连心家园活动，市组织500多人的“大地妈妈”易解放事迹报告会，全市上下共举办连心家园大型活动84次，参加4323人次。在3月份为3029名特别扶助对象投保住院护工险84.8万多元，保险周期内共理赔632人，赔付金额85.68万元。

【严格执行计划生育“一票否决”审核】 今年对各类拟表彰省劳动模范、拟推荐苏州市级先进集体和个人、苏州市级先进基层党组织、拟推荐十三次党代表候选人、拟表彰市文明单位、市国家卫生城市先进个人、拟调整人选等进行逐一审核，共审核各类先进评比、拟发展党员73批次1982个单位和个人，其中1人因违反政策生育未通过。

【加强全面两孩政策宣传】 强化网络媒体宣传，通过政务网站、微信、微博等发布关于全面两孩政策的相关内容，与电视台《健康常熟》栏目合作专题拍摄两孩新政宣传内容，同时通过折页宣传，制作全面两孩政策宣传折页向全市18.6万育龄夫妇发放并宣传相关政策，以家庭为切入点组织开展政策户户行宣传，有针对性地开展人性化宣传，满足育龄群众需求。经委托第三方电话抽查结果统计显示，全面两孩新政实施第一年，群众政策知晓率就达94.2%。

【开展流动人口卫生计生均等化服务】 2016年，做好基本公共卫生计生服务，积极开展免费宣传服务，进村入户发放新市民新家庭计划生育均等化服务手册、政策法规、生殖健康知识、科学育儿等宣传资料，同时免费发放避孕药具，免费开展国家规定的技术服务。完成2016年流动人口卫生计生动态监测调查工作，涉及5个乡镇，14个样本点。做好积分管理计生内容的审核工作，完成计生审核档案8304人。做好流动人口社会融合和健康促进项目，全市2家企业、1所学校、5个家庭分别被评为苏州市健康企业先进单位、健康学校先进单位和健康家庭。对全市创建申报的9个乡镇，15个示范社区和品牌项目进行了评选命名，其中有4个示范社区和4个品牌项目被命名为示范社区和品牌项目，并进行了表彰奖励。在“健康常熟”电视专栏里，对流动人口社会融合项目作了深度报道和访谈。“加强流动人口健康服务的实践与体会”被刊登在11月30日的《中国人口报》上。

【“全面两孩”计生新政文艺巡演】 2016年，为了加强宣传，使演出更贴近基层、更接地气，组织演出团队精心编排了戏曲、朗诵、舞蹈、小品等多个节目，以群众喜闻乐见的形式将计生政策、健康知识通过节目呈现给群众。这次巡演自7月中旬启动，共计10场演出走遍全市10个镇区，受到群众广泛欢迎。在演出现场，舞蹈《小苹果》、小品《上门产检》等精彩节目轮番上演，台上演出高潮迭起，台下观众看得津津有味，气氛十分热烈。期间还穿插了观众互动有奖知识问答以及“全面两孩政策”宣传资料的派发，充分让广大观众在享受一场文化盛宴的同时，对“全面两孩”政策、免费孕前优生健康检查等计生政策有了更深入的了解。8月25日在海虞镇海福新城社区完成最后一站。此次活动，在丰富广大人民群众的娱乐生活的同时，积极宣传了“全面两孩”政策内容，增强了广大市民对人口基本国情和计划生育基本国策的认识，引导育龄人群合法生育、健康生育，为“全面两孩”政策实施营造了良好舆论氛围。

【加强孕前优生健康检查机制】 2016年，常熟市作为首批国家免费孕前优生健康项目试点县，继续围绕“推进优生健康工程，提高出生人口素质”宗旨，四措并举建立健全孕前优生健康检查长效运行机制，孕前优生健康检查覆盖率达90%以上。加强宣传倡导，提高知晓程度。将国家免费孕前优生健康检查的宣传融入卫生计生大宣传，编印各种宣传资料，分发到各类服务对象手中，利用孕检中心的宣传专栏、各镇计生服务阵地及新闻媒体进行宣传，提高群众的知晓率和参与率，孕前检查中心开通短信平台，定期向所有参检人员发送孕前优生知识;做到对孕检正常人员一周内发送检查结果,高风险人群电话告知检查结果和医学建议。二是规范流程,落实岗位责任。按照项目要求,明确孕前检查各个环节的负责人,定岗定责,加强技术力量,促进工作规范,明确专人,为高风险人群提供面对面咨询指导,并帮助联系转诊服务。三是抓关键环节,提高服务质量。以临床检验、风险评估、高风险人群随访等关键环节为重点,进一步规范服务流程,完善质量控制,建立高风险人群服务档案,注重后续服务,努力提高孕前优生健康检查项目的内涵质量。四是加强培训指导,提高服务能力。组织人员积极参加上级举办的各种业务培训,定期对基层技术人员开展项目培训,加强协调沟通,达到提升服务质量的目的。

【积极推进 0—3 岁科学育儿项目】 2016 年,投入经费 42 万元新建虞山镇颜北社区、报北社区、尚湖镇、虞山尚湖度假区科学育儿阵地,新增面积 570 平方米。发放《科学育儿报》5000 份、《苏州市 0—3 岁科学育儿指导服务手册》6000 册,举办大型家长讲座、市民课堂,组织开展免费亲子活动,还邀请常熟市新区医院儿科主任周剑峰、常熟市第一人民医院儿科主任柴建农在乡镇进行知识讲座,同时市镇联动开展“0—3 岁科学育儿加油站”、举办 0—3 岁亲子运动会等一系列丰富多彩的活动。经委托第三方电话抽查统计结果显示,全市 0—3 岁科学育儿宣传覆盖率达 82.8%。市 0—3 岁科学育儿指导中心在省国家项目经验交流会上作“常熟市 0—3 岁科学育儿项目工作”的交流发言。 (张剑鸿)

公积金管理

【概况】 2016 年,全市新增公积金缴存单位 1473 家,新增缴存职工 75541 人。年末应缴职工 289020 人,比年初净增加 14954 人,12 月应缴金额为 2.68 亿元;全年归集住房公积金 30.23 亿元,比上年增加 3.19 亿元,同比增长 11.80%,年末住房公积金余额 72.43 亿元;职工月平均缴存额由年初的 830 元增加至年末的 915 元,增幅 10.24%;全年共审核公积金提取 22.87 亿元,比上年增长 36.37%,其中审核大病提取 127 笔 680.23 万元;全年审批发放公积金贷款 5314 笔 22.81 亿元,比上年增长 13.14%;发放保障房公积金贷款贴息 254 笔 72.68 万元;全年共对 4068 名长期未使用账户职工发放补贴 585.26 万元;年内从公积金增值收益中为市政府补充廉租房建设资金 9165.03 万元。

【启用微信公众号】 2 月 1 日,公积金微信公众号(SZSGJJ)正式推出。平台下设“动态资讯”“我的账户”“办事指南”三个栏目。“动态资讯”栏目——发布有关住房公积金的各类通知公告、实时动态等;“我的账户”栏目——提供账户注册,查询公积金账户基本信息及明细、贷款基本信息及明细,试算公积金贷款额度等;“办事指南”栏目——提供公积金贷款业务、提取业务以及个人卡务等有关业务的办事流程、所需材料、办理网点地图等实用信息。

【发放首笔共有产权公积金贷款】 《常熟市住房保障实施办法(暂行)》出台后,对住房保障方式由实物补贴调整为货币化补贴。具体是对在本市范围内购买用于自住的普通商品住房且符合一定条件的中低收入家庭,由政府给予货币补贴,实行共有产权,各自所占的产权面积以保障家庭出资额与政府补贴额进行确定,所购住房纳入保障性住房管理。面对这种新情况,市公积金中心与市房管部门、住房置业担保公司、承办银行多次碰头磋商,协调落实公积金贷款中的担保抵押、资金托管、贷款发放、逾期处置及房产分割等具体工作细节,并形成相关操作意见进行报备,确保政策的快速落地及顺利实施,保障中低收入职工家庭的住房需求。8 月,市民章先生办理的首笔共有产权公积金贷款成功发放,贷款金额为 28.4 万元。

【一柜式贷款流程改造】 围绕“一柜受理、并联审批、提高效率”的目标,再造贷款业务办理流程,强化环节衔接控制。贷款申请从原先公积金中心、担保公司、承办银行三个柜台串联式办理,变为银行前台人员一个柜台受理,中心以及担保公司后台并联审批的模式。8 月 29 日起,公积金贷款“一柜式”服务模式正式实施。

【缴存扩面职能进镇实现全覆盖】 2016 年年末,覆盖全市 12 个责任镇(街道、区)的住房公积金缴存扩面网络全面建成,在苏州县市(区)范围内率先实现乡镇全覆盖,设在各镇(街道、区)劳动所的 18 个住房公积金业务窗口全面承办单位公积金业务,方便缴存单位就近办理政策咨询、缴存登记、职工变更、公积金卡发放等业务。自镇级住房公积金缴存扩面工作机制推进以来,2014 年～2016 年,全市实现新增缴存单位 4011 家,新增缴存职工 25.2 万人,实现归集资金 77.7 亿元,公积金缴存扩面增人增资效果明显。

公积金中心走进政风行风热线

【公积金服务网点增至8个】 为配合梅李镇做好“强镇扩权”行政管理体制改革试点，11月，依托常熟农业银行梅李支行增设住房公积金提取服务网点，实现将住房公积金业务办理向梅李镇的延伸，方便周边缴存职工办理政策咨询、提取等业务。年末，全市公积金提取服务网点达到8个。

【资金运行平稳】 全年共办理公积金提取22.87亿元，发放公积金贷款22.81亿元，两项合计投入住房保障资金45.68亿元，助力市民改善居住条件。年末，市公积金中心累计发放住房低息贷款49921户，已有24163户还清贷款本息，逾期率为零，无一笔不良贷款。年末，公积金贷款余额64.63亿元，个贷比率从年初的75.56%上升到89.23%，资金使用规范高效。（吴　燕）

关心下一代工作

【概况】 2016年，市关工委深入学习贯彻落实中共十八大和十八届三中、四中、五中、六中全会精神，以及习近平总书记对做好关心下一代工作的重要指示，坚持创新发展理念，围绕青少年所思所需所盼，服务青少年健康成长成才，不断加强党建带关工委建设，开展以“崇德守法听党话 励志成才跟党走”为主题的系列教育活动，全市各级关工委和市关工委各成员单位努力推进全市关心下一代事业新发展，为建设和谐常熟、幸福常熟做出新的贡献。市关工委主任俞惠良因对关心下一代事业所做贡献荣获苏州市文明办颁发的“苏州好人”荣誉称号。

【推进党建带关工委建设】 依据《江苏省关心下一代工作委员会工作规则》，市关工委在广泛调研的基础上制订了《常熟市党建带关工委建设实施意见》（以下简称《实施意见》），于10月10日由市委办转发。《实施意见》要求，各级党组织应把关工委组织建设、队伍建设、制度建设等规范化建设列入党建工作，做到以党建带动关工委建设，促进关工事业发展。12月9日，市关工委召开常熟市党建带关工委建设工作座谈会，市委常委、组织部长、统战部长陆文明出席会议，代表市委作了题为《加强建设 精准服务 全面推进关工事业创新发展》的讲话，要求各级党组织要认真贯彻落实好习近平总书记对做好关心下一代工作的重要指示和系列讲话精神，贯彻执行好《常熟市党建带关工委建设实施意见》。

7月2日，首届常熟市“百名美德少年”颁奖仪式暨“踏寻红色足迹 永远跟着党走”夏令营开营仪式在沙家浜风景区国防教育园启动

【编写“党史国史”宣讲材料】 2016年是中国共产党建党95周年和红军长征胜利80周年，根据省关工委关于在青少年中开展“学党史、学国史，听党话、跟党走”主题教育活动的部署，市关工委结合常熟实际，专门组织编写了《常熟市青少年党史国史教育宣讲材料》，宣讲材料由“伟大祖国”“可爱家乡”“优秀共产党人故事”三个部分组成，将党史国史与常熟人文历史结合，注重思想性、时代性、知识性，具有较强的感染力。除适合“五老”队伍宣讲外，也适合中小学生阅读。宣讲材料下发至各镇（区）、村（社区）关工委和全市各校外教育辅导站供广大“五老”和青少年阅读学习。

【省、苏州市关工委到常调研“零犯罪”】 7月21日，苏州市关工委主任谢慧新一行到常熟调研“预防和减少未成年人违法犯罪工作”情况，省关工委王敏生常务副主任参加调研，市委副书记韩卫兵陪同活动。苏州市关工委领导肯定了常熟未成年人零犯罪社区（村）创建工作的成功做法，期望常熟市关工委不断创新和优化服务青少年健康成长的环境，为青少年健康成长成才做出更大贡献。10月27日，省关工委常务副主任李明朝来常对“未成年人零犯罪工作”作专题调研，市委常委、组织部部长、统战部部长陆文明参加活动。李明朝一行先后考察了辛庄镇校外教育中心辅导站、辛庄社区校外教育辅导站、常熟市未成年人健康成长指导中心、常熟市社区矫正中心等单位，听取了虞山镇大义管理区关工委、辛庄镇关工委、市政法系统关工委等单位的工作汇报。李明朝对以“启航、导航、护航”服务为抓手，注重部门联动、教育导向、预警预控、帮教帮扶的工作经验予以充分肯定。

【纪念大会收获荣誉】 6月22日，在江苏省关心下一代工作委员会成立25周年纪念大会上，冯恩同、沈秋农等6位“五老”获得“关心下一代工作先进个人”荣誉称号，沙家浜镇关工委等3个单位获得“关心下一代工作先进集体”荣誉称号。12月1日，苏州市关工委召开成立25周年纪念大会，周阿泉等19位“五老”荣获“关心下一代工作先进个人”，虞山镇关工委等13个单位荣获“关心下一代工作先进集体”，市关工委原主任石昌宝荣获“关心下一代工作荣誉奖”。（吴静君）

责任编辑　浦君芝

镇（区）概况

虞 山 镇

【概况】 虞山镇是常熟市的政治经济文化中心，全镇区域面积189平方千米，常住人口79.6万，下辖1个高新技术产业园、7个管理区，47个行政村、69个社区居委会（其中12个为撤村建居），建有3所中学，18所小学，1所校外教育机构，11所独立幼儿园，6所医疗机构，5所养老机构，53所日间照料中心。该镇先后获评全国文明镇、中国乡镇之星、中国商业名镇、全国财政十强镇、全国投资环境百强镇。

经济发展 2016年，虞山镇实现地区生产总值850亿元、一般公共预算收入45.59亿元、全社会固定资产投资162.19亿元，完成高新产业产值422亿元、新兴产业产值206亿元、到账外资7500万美元。年内，虞山镇招商投资促进工作领导小组成立，启用招商和创新创业中心，引入新加坡汽车零部件、美国活性炭材料和中商投常熟物产等项目。中交天和研发设计全国首条深层搅拌船，打破国际技术垄断。推动金龙科技与太平洋机电合作签约，建设全国纺织机械生产基地。英沃电梯开业投产，曼隆电梯入选市总部经济。农村商业银行实现主板上市，汽车饰件、瑞特电气分别通过主板和创业板IPO申请。飞煌工业园一期竣工投用，首批入驻企业5家。创元高新产业园、中交天和科研中心、瑞特电气创投中心开工建设，省级科技企业孵化器二期改造投用，新认定省高新技术企业11个，入选市级以上领军人才9个，占全市总数的20%。国家火炬计划电气机械产业基地、国家级常熟出口信息电子产品质量安全示范区复审通过。围绕金融、电子商务、大数据和文创等领域，启动编制《城市经济发展规划》。虞山镇获评苏州市大数据特色产业园，莫城“E裳小镇”入选苏州市首批特色小镇试点名单。纺织服装创意、电子商务服务外包和跨境电子商务三大园区实现销售23亿元。

社会事业 2016年，虞山镇统筹推进万达广场、北部医院、高新园中专等配套建设。调整完善南门坛上历史街区保护与整治规划，新丰乐集贸市场交付使用，五芳斋、马宅等竣工验收。现代农业“三区三园”格局加快形成，新建高标准农田88公顷、高效设施温室大棚13.33公顷、省级小型农田水利重点县项目1040公顷。推进集镇控制性详细规划、村庄综合整治规划、“三优三保”专项规划等对接融合。调整完善村庄布点规划，累计审批农宅落架大修896户。燕兴佳苑一期、五新花园二期28.5万平方米安置房完成交付，安置搬迁户414户。新建改建镇村重点道路7条，完成农村自来水改水2070户。保障资源集约利用，复耕复垦低效工业用地3.33公顷。完成21个村土地确权登记颁证，3个村股权固化改革。新增村级物业用房8.5万平方米，完成15个新型农业经营主体规范化建设，村均总收入超1200万元。新增美丽村庄1个、三星级康居村庄3个。做好中央环保督查整改工作和“两减六治三提升”环保专项行动。加快淘汰落后产能，关停低端企业58家，清理环保违法建设

6月4日，常熟虞山当代艺术研究院暨虞山先贤艺术馆揭幕仪式举行

项目352个。抓好主要污染源防治，推进两湖流域、四新河水环境综合整治，实施水污染企业总量限排和印染企业废气排放专项治理。深化“畅流活水”工程，完成南福山塘、九节塘等河道整治。开展农村污水整治和畜禽养殖污染防治工作，实施农户生活污水收水2160户，关停和治理畜禽养殖污染户32户。加快太湖八期农业面源污染防治，完成沉海圩乡村湿地公园一期建设。集中开展安全生产专项治理，整改“三合一”隐患场所5300多处，和甸家具园、百氏高化工等16个市镇两级挂牌项目摘牌。

人民生活 2016年，虞山镇居民人均可支配收入增长8%。新增就业1.4万人，社会保险覆盖率、征缴率、参保率分别达99.7%、97.7%和95%以上。实施和推进大义幼儿园、琴湖小学迁建，花溪小学综合楼、莫城幼儿园教学楼扩建工程。获评全国社区教育示范乡镇。加快推进谢桥社区卫生服务中心二期和5所社区卫生服务站的新建改建工程。北门大街社区获评全国计划生育协会先进单位。养老设施布局更加优化，完成颐养山庄和敬老院改扩建工程，新增日间照料中心19家。举办第十三届体育运动会和“虞城金秋”文化系列活动，学校体育设施对外开放率达73%。

社会管理 2016年，虞山镇开展城市管理“百日提升”行动。加快城市更新整治，完善城区危房解危工作流程，实施危旧私房和公寓房解危解急，完成古城区院户基础设施提升性改造126个。推行“局镇联动”城市管理机制，优化“网格365”平台功能模块。推进“政社互动”和“三社联动”，设立社会组织培育发展基金，启动第二届“社区大家乐”招投标项目，实施碧海、富阳等8个社区用房标准化建设。深化平安虞山建设，重点整治校园周边环境、废旧物资回收、食品药品安全等行业和领域。全面启动“七五”普法，及时办理回应群众诉求。

2016年虞山镇主要经济社会指标

表40

项　目	数　量	项　目	数　量	项　目	数　量
地区生产总值	850亿元	工业总产值	895.6亿元	在校中小学生	32986人
一般公共预算收入	45.59亿元	工业销售收入	830.4亿元	在职教师	2074人
耕地面积	3770.45公顷	工业利税	48.5亿元	医院/病床	6所/460张
用电总量	万千瓦时	固定资产投入	162.19亿元	社区卫生服务站	61个
农业总产值	3.85亿元	新增民营企业注册资本	60.25亿元	农村合作医疗参入率	99%
粮食总产量	4.04万吨	完成注册外资	5029万美元	农村养老保险覆盖率	99.63%
出栏生猪	1.18万头	实际利用外资	8122万美元	最低生活保障对象	459户/714人
出栏家禽	6.79万羽	外贸供货额	286.3亿元	年末存款余额	613.42亿元
水产品产量	1764吨	自营出口额	434720万美元	农民人均纯收入	31853元
农村合作社	229家	集市贸易成交额	168600万元	农民人均住房	70平方米
工业企业	2140家	中小学校	21所		

2016年虞山镇各村(社区)基本情况

表41

村(社区)	面　积(平方千米)	户数(户)	人口数(人)	集体经济总收入(万元)	人均纯收入(元)	总资产(万元)	党组织书记	村(社区)主任
藕渠社区	0.47	351	919	—	—	—	叶文娟	叶文娟
绿源社区	0.90	1172	3199	—	—	—	唐妹心	唐妹心
洪泾里社区	0.85	1463	3928	—	—	—	张燕芳	张燕芳
漕湖社区	0.60	762	2163	—	—	—	曹卫娟	曹卫娟
湖苑社区	0.75	1016	2699	—	—	—	周　瑜	周　瑜
迎春社区	1.05	2123	5098	—	—	—	仲为平	仲为平
花溪苑社区	0.79	1105	3242	—	—	—	周德明	周德明
花溪社区	1.80	503	1858	519	40049	4595	何卫东	石永元
荷花社区	1.10	333	1316	892	29358	6675	陆永元	范剑荣
环湖社区	0.33	249	1052	1408	41160	10699	钱伟平	王利明
庞浜社区	1.00	406	1619	600	30526	4112	陈保生	徐建刚

续表 41-1

村(社区)	面　积（平方千米）	户数(户)	人口数(人)	集体经济总收入(万元)	人均纯收入（元）	总资产（万元）	党组织书记	村(社区)主任
琴湖社区	0.04	278	834	650	38182	10180	杨生生	费增荣
青龙社区	1.17	324	1353	793	26054	9814	钱建国	曹瑞良
锦荷社区	1.50	1586	4101	—	—	—	季　琼	季　琼
金山社区	0.48	794	2534	—	—	—	沈　琴	沈　琴
富阳社区	1.60	749	1869	—	—	—	崔红平	崔红平
胜湖社区	0.95	1213	3229	—	—	—	吴　燕	吴　燕
渠中村	4.00	906	3747	1403	32980	15317	陈　飞	周建青
戈庄村	1.70	385	1474	358	27030	3859	陆金元	陶静华
湖圩村	2.50	667	2687	1258	28377	11113	陈瑞明	汤伟明
新厍村	1.70	356	1487	2226	35252	13469	朱元生	陶　毅
梦兰村	1.20	251	1013	3063	50114	41096	钱月宝	何　明
枫泾社区	0.47	1386	3401	—	—	—	周虞军	周虞军
颜北社区	0.20	1702	4325	—	—	—	邵秋萍	邵秋萍
阜湖社区	0.30	1282	3421	—	—	—	陆　军	陆　军
花园浜社区	0.40	994	2385	—	—	—	张　竹	张　竹
四丈湾社区	0.50	1396	3367	—	—	—	张　益	张　益
学前社区	0.42	1564	3701	—	—	—	曹　宇	曹　宇
报本社区	0.50	1820	4738	—	—	—	吴　琼	吴　琼
清和坊社区	0.43	1881	5308	—	—	—	季　岚	季　岚
北门大街社区	0.47	2328	6089	—	—	—	苏咏梅	苏咏梅
西泾岸社区	0.50	1859	4828	—	—	—	林妹萍	林妹萍
西庄街社区	0.46	1621	4411	—	—	—	金　洁	金　洁
烟雨社区	0.50	1188	2944	—	—	—	邹　艳	邹　艳
南门社区	0.41	1555	3584	—	—	—	陈幼兰	陈幼兰
湖中社区	0.50	306	809	—	—	—	殷毓祥	殷毓祥
菱塘社区	0.48	1708	4694	—	—	—	彭循佳	彭循佳
常福社区	1.00	1881	5194	—	—	—	秦建环	秦建环
甬江社区	0.41	1221	3305	—	—	—	张梅芳	张梅芳
泰安社区	0.50	1953	5256	—	—	—	陈　韫	陈　韫
五星社区	0.80	3275	9362	—	—	—	徐　利	徐　利
琴枫社区	0.60	1595	5005	—	—	—	俞　玲	俞　玲
闽江社区	1.00	1342	4215	—	—	—	陈　锦	陈　锦
张坝社区	1.00	582	2009	1327	32171	8611	张振良	张振良
兴福社区	0.30	423	1409	347	29700	2030	钱　勇	周　清
星海社区	0.50	1941	5207	—	—	—	蒋艳兰	蒋艳兰
李桥社区	1.50	950	3202	664	30639	6025	张志文	张志文
丁坝社区	0.50	438	1596	1680	33800	13212	谭惠明	李　华
明晖社区	0.50	1424	3807	—	—	—	陈晓雯	陈晓雯
报南社区	0.35	1261	3508	—	—	—	顾建芬	顾建芬

续表 41-2

村(社区)	面 积（平方千米）	户数(户)	人口数(人)	集体经济总收入(万元)	人均纯收入（元）	总资产（万元）	党组织书记	村(社区)主任
报北社区	0.80	2006	5841	—	—	—	徐　鄞	徐　鄞
华山社区	0.30	1120	2723	—	—	—	叶　澄	叶　澄
南沙社区	0.40	1230	4459	—	—	—	陆振良	陆振良
枫林社区	0.65	994	2784	—	—	—	冯爽英	冯爽英
联盟村	1.25	477	1762	1214	33473	9522	李保全	金　翔
合丰村	3.00	563	2065	930	33551	8189	薛建国	刘文军
顶山村	1.36	478	1496	522	28867	4375	赵丽亚	郭　龙
昭文社区	0.56	1509	4281	—	—	—	张华英	张华英
衡山社区	1.00	1018	2912	—	—	—	薛　萍	薛　萍
兴隆社区	0.46	834	2133	—	—	—	潘琴芬	潘琴芬
虞园社区	0.50	1869	5112	—	—	—	缪　虹	缪　虹
虞东社区	0.60	1815	5205	—	—	—	杨月芳	杨月芳
漕泾社区	0.90	606	2105	620	27670	—	陈　良	王建华
杨荡社区	1.25	437	1623	718	29779	5346	陶　义	俞国刚
泰山社区	1.90	1576	4508	—	—	6700	朱　洪	朱　洪
世茂社区	1.00	1410	3608	—	—	—	徐文洁	徐文洁
珠江社区	0.40	1561	4388	—	—	—	邹　洁	邹　洁
润欣社区	0.37	762	1915	—	—	—	徐　娟	徐　娟
泯泾村	2.50	1364	5407	950	—	—	卢文东	浦东华
泰慈村	1.80	450	1747	1046	29291	—	汪建新	顾建明
九里村	2.00	415	1429	784	31055	6056	徐忠祥	金国祥
泰安村	2.00	400	1520	1030	30299	9507	冯振中	陈　敏
石墩村	2.80	575	2144	1100	27189	6096	高根祥	徐　俊
浦浜村	1.20	334	1336	1115	31052	11120	顾卫康	浦生保
东环村	1.80	620	2486	1341	29780	12539	朱雪虎	张国健
大虹桥村	1.70	555	2028	767	31318	11173	张　军	殷维峰
景龙村	2.56	768	2823	746	30232	9742	周春华	吴国青
新造村	1.69	483	1872	670	33258	5480	顾建忠	常德明
谢桥社区	1.20	930	2016	—	29433	3706	王国祥	王国祥
绿地社区	0.98	1969	4800	—	—	3659	钱红燕	钱红燕
毛桥村	6.02	1579	5721	3008	—	—	陈　俭	归燕青
明晶村	4.16	1087	3790	834	38485	—	吕　飞	陈永华
勤丰村	6.15	1485	5562	5180	26871	20815	张建昌	陈培中
翻身村	3.00	658	2361	615	40414	2871	丁　科	卿　英
永红村	4.78	843	3208	736	25805	34589	徐　威	蔡学文
常福村	2.60	674	2435	644	28324	3920	常振良	倪建东
新红村	2.18	655	2381	756	27631	3460	陈　麟	金　辉
福圩村	2.63	693	2445	976	27524	2606	何正祥	薛志青
方浜村	6.04	1814	6609	1988	29177	2599	丁建明	鱼利锋
莫城社区	1.16	935	2271	—	31281	5330	丁永明	丁永明
安定村	1.73	819	2456	786	—	1217	秦文元	周雪强
言里村	3.20	900	3386	1153	38706	—	张永刚	张永刚
三塘村	4.00	1002	3884	1098	32561	4395	戴福根	顾文云

续表 41-3

村(社区)	面　积(平方千米)	户数(户)	人口数(人)	集体经济总收入(万元)	人均纯收入(元)	总资产(万元)	党组织书记	村(社区)主任
东始村	3.20	798	2608	647	36402	6023	毛惠明	毛红英
东青村	3.88	711	2526	882	33407	3821	祝　庆	钱志方
长瑞村	3.10	571	2043	1087	31174	2987	时小兵	金　炎
三和村	2.50	704	2568	647	32951	4613	邹伟刚	朱　敏
燕巷村	2.30	601	2185	1827	37344	4807	龚惠民	陆建军
和甸村	1.59	296	1169	1229	32596	3309	吴丽军	叶　平
湖鹤村	2.30	694	2485	907	34390	27199	陆建洪	周正伟
三星村	6.74	1152	4247	1145	30951	14174	王卫平	周　磊
大义社区	1.95	1232	2966	—	35119	6585	章彩萍	章彩萍
小山村	2.66	942	2839	1232	—	6745	宗顺林	丁　俞
五新村	3.50	543	1694	592	29764	—	赵俊发	吴　刚
压路机村	5.77	1036	3776	751	29358	8856	林志刚	王志荣
蜂蚁村	5.50	1162	4074	990	31046	4649	范　斌	王晓东
东联村	6.10	1197	4029	788	28214	7756	张　益	朱卫东
光明村	0.80	953	3239	789	29023	5878	张庆保	吴锦宇
小义村	6.18	1308	4862	1344	30688	7590	殷文元	王　锋
中泾村	5.52	1017	3710	1895	31729	5840	范益民	钱　良
常隆村	4.00	880	2989	800	29143	6911	徐建锋	邢翔燕
景泰社区	1.40	140	312	—	29786	12054	胡　敏	胡　敏
碧海社区	—	0	0	—	—	7351	—	
中南南苑社区	1.00	896	2316	—	—	—	汪　伶	汪　伶
衡泰社区	0.28	858	2252	—	—	—	邵志红	邵志红
虞枫社区	0.54	227	502	—	—	—	陈　英	陈　英

2016 年虞山镇骨干企业基本情况

表 42

企　业　名　称	销售收入(万元)	利税总额(万元)	法人代表
达富电脑(常熟)有限公司	1702093	0	黄健堂
江苏梦兰集团有限公司	586896	23723	钱月宝
常熟市汽车饰件股份有限公司	441905	42478	罗小春
达明电子(常熟)有限公司	426973	0	何世池
常熟开关制造有限公司	176687	79576	王春华
苏州通润驱动设备股份有限公司	111926	27451	张鹤
中交天和机械设备制造有限公司	109935	43254	张伯阳
安博电子科技(常熟)有限公司	109042	1131	廖锡安
常熟市天然气有限公司	95164	26175	钱瑞龙
曼隆电梯有限公司	60515	8264	PETERWALKER
苏州多彩铝业有限责任公司	57421	5076	陈匡立
常熟精元电脑有限公司	53351	1633	柯睿骅
常熟市欣鑫经纬编有限公司	50157	2097	黄忠清
常熟安通林汽车饰件有限公司	46880	8317	罗小春
常熟东南塑料有限公司	40395	9411	谢李森

【苏州重大项目春季开工仪式在虞山高新园举行】 2月17日，2016年苏州市重大项目春季开工仪式（常熟分会场）在虞山高新园中交天和二期项目现场举行，总投资119.5亿元的本市25个重大项目集中开工。高新园的中交天和一期存量土地扩建项目及二期批地新建项目、阳光四季太阳能一期厂房及配套用房项目、亚特尔地源科技节能安装及PE/PERT/PPR管道项目和富安娜家饰用品存量土地扩建项目入选其中。

【虞山镇获评全省学习型党组织建设工作先进单位】 2月23日，全省学习型党组织建设工作协调小组第七次会议在南京召开，会上表彰了虞山镇党委等60家全省学习型党组织建设工作先进单位。虞山镇拥有直属党组织288个、党员1.59万，镇党委始终将学习型党组织建设作为落实意识形态责任制的重要抓手，组织“高扬一面旗帜、筑牢一个堡垒、选树一批典范、践行一大宗旨”主题实践活动，把建设学习型党组织工作纳入“管理区责任目标制考核”。组建“理论学习宣讲团”和“理论义务宣讲团”，建成“微型课堂”“东湖学堂”等“一区一品”特色课堂。开展党的建设“三级联创”和优秀党员“七带头”活动，在行政村实施阳光村务工程，在社区培育一批叫得响、有特色的党建服务品牌。

【全市首个商务楼宇党建工作站在虞山镇成立】 3月24日，全市首个商务楼宇党建工作站在虞山镇港澳城挂牌成立。虞山镇兴福管理区辖区有6个商务楼宇，在册党员41名。党建工作站作为管理、服务楼宇各类党组织及党员的服务平台，主动贴近基层党组织和党员的需求，按照“组织、服务、协调、督促”的工作思路，重点抓好商务楼宇党支部的建设和党员管理服务工作。

【卷云堂图书流通点成立】 4月29日，虞山镇卷云堂图书流通点揭牌成立。卷云堂图书流通点藏书4000余册，采用与市图书馆、各基层图书室通借通还的运作模式，由卷云堂书画院负责配备图书专职人员进行管理与日常维护，每周开放时间保持在48小时以上。是日，常熟图书馆还与八佰伴图书流通点进行了签约。

【北门大街社区计生协会获评全国先进】 5月，北门大街社区计生协会被中国计划生育协会授予“全国计划生育协会先进单位”荣誉称号。近年来，北门大街社区计生协会紧紧围绕“五关怀”服务工作要求，以连心、舒心、贴心、暖心和爱心的“五心工作法”温暖了广大育龄妇女的身心，创出了特色，先后获评全国和谐示范社区、江苏省文明社区、苏州市先锋社区和常熟市星级计生协会等荣誉称号。

丰乐集贸市场内景

【丰乐集贸市场正式启用】 8月19日，丰乐集贸市场正式启用。该项目位于南门坛上，由原丰乐、平桥菜场整合新建，建筑特征为仿民国建筑样式，工程总建筑面积1万余平方米（含地下车库约3500平方米），包括1、2、3号楼三栋单体，其中1号楼上下两层共设170余个摊位，2、3号楼为配套用房。

【国家卫计委到虞山镇调研】 9月9日，由国家卫计委基层司组织的基层计划生育工作转型研讨组一行13人到虞山镇调研基层计划生育工作。调研组先后到琴湖管理区便民服务中心和锦荷社区参观调研，并召开基层计划生育工作专题座谈会，充分肯定虞山镇在计划生育工作转型中勇于探索，整合资源，切实加强干部队伍建设，深化基层基础服务管理，稳妥有序实施全面两孩政策，拓展连心家园特色帮扶工作等方面取得的成绩，并希望虞山镇在今后的工作中继续锐意创新，创造出更多的好经验、好做法。

【第十三届“虞城金秋”文化系列活动开幕】 10月24日，虞山镇第十三届“虞城金秋”文化系列活动在常熟大剧院开幕，“文化虞我同行”群众文艺演出同时举行。两年一届的“虞城金秋”是虞山镇的特色文化品牌项目，二十多年来以成为虞城百姓的文化盛会。

（杨蒙威）

海 虞 镇

【概况】 海虞镇位于常熟市北部，北依长江，东临国家一类口岸常熟港，镇域面积109.97平方千米，下辖周行、福山2个街道办事处、王市管理区管委会、1个农场、5个社区和17个行政村。全镇总户数（常住户数）36852户，户籍户数26736户；常住人口12.9万人，户籍人口8.93万人，暂住人口4.03万人。先后获评全国重点镇、全国环境优美镇、国家卫生镇、全国小城镇建设示范镇、全国创建文明村镇工作先进镇、全国发展改革试点小城镇、全国第一批试点示范绿色低碳小城镇、中国苏作红木家具名镇、中国苏作红木产业转型升级试点镇、中国产学研合作创新示范镇。

经济发展 2016年，海虞镇实现地区生产总值89.42亿元，比上年增长4.16%；实现财政总收入18.42亿元，其中一般公共预算收入8.77亿元，比上年增长15.7%。完成工业投资18.37亿元，占市下达计划目标的102.1%，其中：中昊1万吨六氟丙烯、福山光伏发电、优德爱和宇道化学等4个项目已完工。完成工业总产值223.32亿元，比上年增长5.52%，其中：规模以上177.95亿元，增长5.73%；实现工业开票销售214.91亿元，增长6.32%；高新、新兴产业产值占规上企业产值比重分别达到60.6%和51.6%。拥有产值增长企业49家，其中产值超亿元企业39家，新泰、阿科玛、纽佩斯、大金、中昊、华大等一批化工新材料企业产值同比增长额均在1亿元以上。全年新增高层次人才38名，其中博士7名；2位人才获评省级"突出贡献专家"和"六大高峰人才"；新增产学研项目15个，获得苏州市唯一"中国产学研合作创新示范镇"称号。投资5700万元实施建设了肖桥村节能灌溉、福山村土地整理及肖桥、聚福村中低产田改造3个主要农田水利建设项目，新建高标准农田400多公顷。农产品质量安全的监测和专项治理逐步加强，农业安全水平不断提升，海虞茶叶成功创建省级农产品质量安全追溯体系示范企业，虞盛合作社入选2016年国家农民合作社示范社。实施"一村二楼宇"项目建设，争取市薄弱村财力建设扶持资金440万元，村级集体经济稳定性收入增长8%，农村土地承包经营权确权登记颁证工作基本完成。实现服务业增加值29.61亿元，增长8.03%；服务业开票销售（不含房地产）62.3亿元，增长46.76%。中新合作区推出首块地块，总投资5亿元的港龙华庭商业房产项目实现开盘销售280套。常熟城市综合物流园发展定位和方向基本确立，基础设施建设方案初步形成，市级服务业重点项目华诚仓储物流一期工程基本完工。电商园招商入驻45家，现总入驻商户超百家，与京东达成海虞"云尚工坊"互联网＋服装项目战略合作，建设电商示范园区。聚焦移动电商新兴领域，举办微商节，启动"魔方微谷"，规范化培育专业微商，优化微商生态。"众创魔方"成功举办国际精英周分会场活动，挂牌成立"中关村海虞工作站"和"爱创业常熟分会"，综合提升创新创业服务能力。海虞苏作红木精品展示中心一期启用，打造红木家具展销一条街，举办首届苏作红木文化节，获评"中国苏作红木产业转型升级试点镇"。

海虞田

社会事业 2016年，海虞镇完成镇总体规划、村庄布局规划、控制性详细规划等编制调整，基本实现城镇规划全覆盖。一体化示范小区建设稳步推进，丽都花园一期已交付，丽都花园二期、海洲新城一期三号楼土建施工基本完成，海洲新城二期、聚福佳苑二期已进入方案设计确认阶段。年内获评"苏州市城乡发展一体化先进集体"。制订全镇供给侧结构性改革补短板工作计划及实施方案，重点补齐基础设施、民生保障、公共服务、生态环境、农业农村等5大民生短板，全镇城乡公共服务支出占一般公共预算支出比重达82.8%。建设完成日间照料中心2家，完成村（社区）老年活动室升级改造工程9个。周行学校初中部新校区开工建设，周行中心幼儿园扩建、福山中学教学楼改扩建、海虞中心幼儿园迁建等民生实事项目有序推进。海虞卫生院提升性扩建项目前期工作启动，紧密型医联体建设不断深化，引进中医院先进办医理念、管理经验和优势资源，公共服务均等化水平逐步提高。完成河道疏浚41条，总长35.1千米，改造危桥9座。开展香桥村坝里、河口村姚马湾、邓市村曹福院3个三星级康居乡村创建和望虞村吼桥、府东村西洋泾等5个整洁村庄的招投标工作。开工实施周行休闲广场、周行新建商业用房等项目，启动路灯LED智能化节能改造一期工程。完成北街、东门街污水收集工程扫尾工作及府东村污水收集工程。完成周行垃圾中转站压缩升级改造和农作物垃圾分类处理建设规划，卫生环境得到改善。

人民生活 2016年，海虞镇养老保险覆盖率达99.7%，社会养老保障率达99.6%。应届高校生就业率得到提高，全镇520名高校生实行实名制动态管理，全年推荐就业6309人。开展职业培训，完成指导培训3729人。实施慈善助医、助困、助学，共救助各类困难群众1265人，发放救助款103.5万元。推进规范化电子健康档案建设，累计完成规范化电子健康档案8万多份。健全传染病诊断、报告和登记制度，及时报告率和规范处置率均达100%。分别与苏州、镇江等地的学校进行结对培训，加快教师队伍的培养提升。与常熟理工学院和常州大学继续教育学院联合办学开班，提升群众整体受教育水平。开展党员干部"两学一做"学习教育和"三解三促"活动，更好联系服务群众。推进志愿者服务活动，组织开展交通文明志愿者、广场志愿服务等一系列助学关爱帮扶活动，"海虞妈妈"获评全国"四个100"最佳志愿服务项目。完成全国文明城市创建迎检工作。举办以"阅读，让生活更美好"为主题的第二届阅读节活动。举办第二届江南画风中国画作品邀请展、姚新峰个人中国画作品展、"中国梦家乡情"时尚海虞摄影展等活动。建成海福新城24小时阅览室，发挥东泾村和海福新城"红杉树书场"作用，为社区群众提供免费休闲娱乐场地。组织开展民间文艺大巡演、广场文艺、体育竞技比赛、体验民俗等群众喜闻乐见的文化节目，举办环保专场、志愿者服务月、安全生产月等大型广场活动。开展"文化惠民"活动，送戏下乡20余场，免费送影332场，开设评弹书场62场。

社会管理 2016年，海虞新型城镇化建设工作机制得到完善，成立海新、海城两家公司，将新型城镇化中的建设任务交由公司负责实施，实现建管分离。成立镇投融资办公室，拓宽融资渠道。利用政策性银行外部资金，拓展与商业性银行合作模式，降低政府性投资筹资成本。整合镇区与园区的招商人才队伍，成立招商投资促进中心。成立王市管理区管委会，加强中心集镇综合管理，提升社会管理服务水平。开展项目建设、安全生产、城市管理和项目搬迁4个"百日行动"，安全生产亡人事故发生率较上年下降。便民服务中心投入运行，群众办事流程进一步简化。全年关停工业污染企业16家，完成燃煤锅炉淘汰和提标改造111台，治理扬尘码头21家，淘汰黄标车67辆。打造产业园"绿色、环保"品牌，完善园内污水管网等环保基础设施，提升园区环境承载力。生态湿地成为第十届国际湿地大会参观热点，工业污水资源化利用水平进一步提高。

2016年海虞镇主要经济社会指标

表43

项　目	数　量	项　目	数　量	项　目	数　量
地区生产总值	89.43亿元	工业企业	954家	中小学校	9所
一般公共预算收入	8.77亿元	工业总产值	223.32亿元	在校中小学生	7200人
耕地面积	3789公顷	工业销售收入	216.69亿元	在职教师	670人
用电总量	122327万千瓦时	工业利税	23.39亿元	医院/病床	1所/160张
农业总产值	4.68亿元	固定资产投入	25.43亿元	社区卫生服务站	19个
粮食总产量	4.05万吨	新增民营企业注册资本	20.80亿元	农村合作医疗参入率	99.40%
皮棉总产量	5吨	完成注册外资	622万美元	农村养老保险覆盖率	99.60%
出栏生猪	0.72万头	实际利用外资	1053万美元	最低生活保障对象	253户/432人
出栏家禽	2.41万羽	外贸供货额	54.91亿元	年末存款余额	94.40亿元
水产品产量	614吨	自营出口额	82766万美元	农民人均纯收入	33250元
农村合作社	23家	集市贸易成交额	41143万元	农民人均住房	76平方米

2016年海虞镇各村(社区)基本情况

表44

村(社区)	面　积(平方千米)	户数(户)	人口数(人)	集体经济总收入(万元)	人均纯收入(元)	总资产(万元)	党组织书记	村(社区)主任
王市社区	4.50	2911	6604	—	—	—	张国珍	张国珍
福山社区	3.21	1443	3035	—	—	—	徐建琪	钱文凯
周行社区	1.00	739	2124	—	—	—	邵华文	金利峰
海福新城社区	0.37	46	126	—	—	—	肖学峰	徐月红

续表 44

村(社区)	面积(平方千米)	户数(户)	人口数(人)	集体经济总收入(万元)	人均纯收入(元)	总资产(万元)	党组织书记	村(社区)主任
南塘社区	0.32	1	3	—	—	—	钱 胜	—
府东村	4.98	1437	4995	468	33110	3931	丁惠东	陆志君
河口村	7.12	1448	4645	421	32775	4173	张东青	张良华
望虞村	4.48	1042	3059	378	33665	2120	陈瑞洲	周伟刚
龙墩村	4.65	1117	3722	306	34094	3920	钱 胜	黄 逸
东泾村	3.59	1030	3805	346	33139	3035	施志英	彭利峰
邓市村	5.75	1312	4896	630	32999	4508	周国刚	李 进
聚福村	4.86	1258	4411	483	33904	5338	李文忠	袁保中
福山村	8.53	2017	6822	451	33312	4876	时晓刚	时朝阳
七峰村	7.94	1421	5645	821	32495	11481	苏志军	傅 桥
徐桥村	5.69	1062	4189	709	34294	10290	陆 忠	朱 健
郑家桥村	4.82	859	3338	453	31735	4119	奚文裕	程志强
肖桥村	7.97	1678	6358	597	32496	6820	程 刚	章高中
新州村	5.46	1495	5330	487	32368	4516	温学锋	程 伟
虞南村	4.03	990	3647	614	31673	4646	钱晓东	叶家胜
汪桥村	1.65	521	1996	1123	37406	9212	周 虹	黄建青
里泾村	3.90	1213	4657	705	34559	4782	冯惠国	季丽明
香桥村	5.03	1558	5712	631	33768	6313	叶 彪	胡育成

2016 年海虞镇骨干企业基本情况

表 45

企业名称	销售收入(万元)	利税总额(万元)	法人代表
常熟市交电家电有限责任公司	426720	8041	邵建洪
江苏新合作常客隆连锁超市有限公司	193584	469	包乾申
常熟三爱富中昊化工新材料有限公司	162669	35061	金 健
大金氟化工(中国)有限公司	139481	14243	丰岛直树
阿科玛(常熟)氟化工有限公司	102000	17854	麦铎明
江苏华大新材料有限公司	76917	3074	尹国平
江苏通润装备科技股份有限公司	66979	14768	柳振江
常熟一统聚氨酯制品有限公司	54990	2727	陶林元
常熟华新特殊钢有限公司	53713	－17092	陈震强
阿科玛大金先端氟化工(常熟)有限公司	52589	－208	戴仁威
江苏新泰材料科技股份有限公司	51861	38744	陶惠平
科慕(常熟)氟化物科技有限公司	41521	7869	苏孝世
常熟三爱富氟化工有限责任公司	39482	9531	刘文杰
苏州富士莱医药股份有限公司	31565	7576	钱祥云
常熟威怡科技有限公司	31209	2726	陈炳生

11月，海虞镇城乡一体化示范小区丽都花园一期交付，动迁户领到属于自己的新房钥匙

【"海虞妈妈"入选全国先进典型】 2月，由中宣部、中组部、中央文明办等部门单位在全国组织开展的宣传推选100个最美志愿者、100个最佳志愿服务项目、100个最佳志愿服务组织、100个最美志愿服务社区等志愿服务"四个100"先进典型活动名单公布，常熟"海虞妈妈"孤贫儿童爱心助学志愿服务项目入选"最佳志愿服务项目"。

【新泰材料与常州大学开展产学研合作】 3月15日，江苏新泰材料科技股份有限公司与常州大学就新能源领域用新材料的研究与产业化、人才培养与平台建设达成全面合作协议。常熟市副市长周灵群、常州大学校长浦玉忠出席并见证双方协议签字仪式。签字仪式在江苏新泰材料科技股份有限公司举行。会上双方签订了重大项目的产业化以及平台建设协议，首期合作期限为三年。双方将在充分利用自身优势的基础上，组建"江苏新泰常大锂电池材料研究院"，共同承担核心技术的开发和产业化。

【海联、海新、海城三家公司成立】 4月5日，注册资本总额达2.6亿元的常熟市海联资产管理有限公司、常熟市海新开发建设有限公司、常熟市海城经营发展有限公司宣布成立，这是继设立海虞镇城乡一体化建设有限公司、海盛开发建设有限公司和中新海虞（常熟）新城镇开发有限公司之后，海虞镇在新型城镇化建设工作上的又一举措。海联资产管理有限公司注册资本12000万元，经营镇有资产管理、投资、处置及资产管理咨询服务；海城经营发展有限公司，注册资本8000万元，主要开展城镇基础设施、城市信息化产业、城市交通建设等方面的投资、建设、管理；海新开发建设有限公司，注册资本6000万元，主要经营管理农村六大基础设施和农业产业园农业开发和管理。

【海虞生态湿地环保科普宣传教育展厅启用】 6月29日，位于常熟新材料产业园水处理生态湿地的环保科普宣传教育展厅揭牌启用。该展厅分两层布置，总面积约600平方米，以湿地科普、湿地保护、海智计划、生态环保、工业园区建设为主线，集中展示常熟近年来在引进海外智力、服务生态经济、改善环境质量、引领工业园区提升转型方面的成果。

【海虞镇王市管理区管委会挂牌成立】 7月31日，海虞镇王市管理区管委会挂牌成立。该机构主要负责协调区域内村（社区）的重大党建活动、法治宣传教育、人民调解、社会治安综合治理、安全生产、环境保护等工作。

【周行学校初中部新校区开工】 11月9日，总投资约1.42亿元的海虞镇周行学校初中部新校区开工。周行学校初中部新校区位于周行陶舍泾路以南、慧周路以东，占地2.8公顷，按6轨18班建造，总建筑面积2万多平方米。

【海虞苏作红木文化节开幕】 11月27日，"匠心苏韵、经典传承"2016海虞苏作红木文化节开幕，苏作红木产区近50家企业逾千件红木产品亮相。艺术节由中国家具协会、常熟市人民政府主办，海虞镇人民政府、常熟市海虞苏作红木家具商会承办。开幕式上，海虞镇被中国家具协会授予"中国苏作红木产业转型升级试点镇"称号。文化节还举办了"苏作红木文化精髓与传承"专家论坛、苏作精品坐具展、金蝙蝠50周年纪念展、苏作木工技能赛等活动。

（张子真）

碧溪新区（碧溪街道办事处）

【概况】 碧溪新区（碧溪街道办事处）"碧溪之路"发祥地，常熟经济技术开发区、国家一类口岸常熟港所在地。区域总面积113.79平方千米，下辖23个行政村、7个社区居委会，全区总人口10.35万人，外来暂住人口5.78万人。先后获评国家卫生镇、全国环境优美镇、中国化纤名镇、中国时尚羊毛·羊绒制品名镇、中国苏作红木家具名镇、中国毛衫名镇、中国人居环境范例奖、国家园林城镇、中华诗词之乡、江苏省园林小城镇。

经济发展 2016年，碧溪新区实现地区生产总值49.93亿元，地方财政总收入8亿元，一般预算收入3.45亿元，工业总产值99.76亿元，完成固定资产投资15亿元。有序推进天银机电、利巨印染、金华机械、扬帆服饰、新合化纤5个市级重点工业内资项目建设，当年完成投资1.3亿元。完成认定省民营科技企业6家，高新产品4个，完成发明专利授权9件，产学研合作签约项目8个。新区获评中纺协"2015年度纺织行业创新示范集群地区"。加快推进产业转型，服务华葆药业在"新三板"挂牌上市。完成省"菜篮子"工程蔬菜基地项目建设，建成"国家重大农技推广服

碧溪新区景观

务试点项目常熟蔬菜示范基地”。常熟市滨江农业科技有限公司被确定为2016年省质量可追溯应用示范单位。浒浦休闲观光农业园区浒西片区特色果林采摘区初具规模。

社会事业 2016年，碧溪新区村庄布点规划调整优化通过评审。开展镇村环境综合整治“百日提升”，完成1个美丽乡村、4个三星级康居村、4个整洁村庄创建和9个省级卫生村复查。完成碧浒路、汽渡路沿线环境整治和聚和佳苑扬子江大道出入口交通设施工程。建立农村生活垃圾统一收运体系，推进农村生活垃圾分类就地处置试点工作。吴市小学博文楼竣工投用，东张中学易地新建工程基本竣工。浒浦高级中学2016年高考本二上线率90.93%。浒浦养老中心食堂竣工，东张敬老院完成装饰改造。新建4家日间照料中心。完成吴市卫生院数字化门诊建设。新区便民服务中心、档案馆、桐坝社区服务用房和万福休闲广场、聚和佳苑二区文化休闲广场竣工投用。

人民生活 2016年，碧溪新区村级可用财力10843.34万元，较上年增长818.98万元，增长率8.17%。完善就业服务体系，新增就业岗位2727个，提供高校毕业生就业岗位612个。基本养老保险覆盖率、养老保险参保率、个体和纯农正常缴费率稳定在95%以上，外来人员城保扩面覆盖率达80.65%。发放2015年度大病补充医疗救助金44万元。全面实施二孩政策，完成社区特扶对象家庭医生服务签约工作。建立碧溪新区侨务工作站、灵动碧溪侨之家。举办公益文化艺术培训班4期，公办学校体育设施开放率达86%。建成3家特色文化场馆、5支特色文艺团队。新区获评江苏省书香街道、苏州市群众体育先进单位。

社会治理 2016年，碧溪新区推进文明城市创建，深化镇域综合执法工作，完成新区、办事处经济服务机构和职能调整。组织开展安全生产和消防隐患拉网式、全覆盖大排查和专项整治，健全网格化监管机制。完成社会面监控1、2期、村级监控升级改造工作，新增高清抓拍95个，高清监控108个，村级监控20套。完成3条技防一条街建设，做好“七五”普法工作，完成社会稳定风险评估项目2个。落实新市民积分管理，完成新市民入学、入医、入市民卡申请4200多人次，成立碧溪新市民义警中队。

2016年碧溪新区(碧溪街道办事处)主要经济社会指标

表46

项　目	数　量	项　目	数　量	项　目	数　量
地区生产总值	49.56亿元	工业企业	951家	中小学校	9所
一般公共预算收入	3.94亿元	工业总产值	107.26亿元	在校中小学生	12684人
耕地面积	3343公顷	工业销售收入	104.58亿元	在职教师	923人
用电总量	209097万千瓦时	工业利税	5.95亿元	医院/病床	4所/195张
农业总产值	5.52亿元	固定资产投入	16.17亿元	社区卫生服务站	29个
粮食总产量	0.48万吨	新增民营企业注册资本	9.92亿元	农村合作医疗参人率	100%
皮棉总产量	150.1吨	完成注册外资	0万美元	农村养老保险覆盖率	99.72%
出栏生猪	0.55万头	实际利用外资	0万美元	最低生活保障对象	211户/387人
出栏家禽	4.38万羽	外贸供货额	9.18亿元	年末存款余额	178.93亿元
水产品产量	2934吨	自营出口额	12987万美元	农民人均纯收入	30888元
农村合作社	23家	集市贸易成交额	204955万元	农民人均住房	70.33平方米

2016年碧溪新区(碧溪街道办事处)各村(社区)基本情况

表47

村(社区)	面 积(平方千米)	户数(户)	人口数(人)	集体经济总收入(万元)	人均纯收入(元)	总资产(万元)	党组织书记	村(社区)主任
碧溪市镇社区	2.50	501	1090	—	—	—	陈建军	—
溪东村	4.18	1819	6647	659	30138	3460	陈 健	殷维华
溪南村	4.33	967	3312	440	28779	1610	龚文科	施仲辉
聚福苑社区	6.90	2436	8279	517	32667	4605	曹继军	张 乐
港南村	4.30	1647	5697	720	32882	4496	殷政军	韩国强
周泾村	3.40	1024	3502	539	31069	2759	戴伟华	王 振
徐虎村	4.00	738	2716	380	30270	1748	王雪明	—
李村村	2.60	588	2094	438	29098	2811	朱建华	钱志光
浒浦集镇社区	2.90	2045	5657	—	—	—	陈 燕	宋建良
浒浦渔业社区	0.90	429	1139	—	—	—	倪建新	—
滨江社区	4.30	184	503	—	—	—	季利峰	—
浒西村	4.13	1432	4767	651	30910	4341	王 俊	季峰平
留下村	2.40	607	2154	584	29967	2899	张黎东	陆 亚
李袁村	4.08	1266	4340	2133	33133	7418	崔贻峰	袁新春
浒东村	2.80	1609	4981	417	31571	2208	薛 锋	居 润
吴市市镇社区	0.50	359	624	—	—	—	顾丽亚	—
泗湖村	1.40	1307	4361	300	30442	1530	夏文虎	夏振达
三湾村	4.00	1574	5050	537	31069	2714	陈丹益	黄国明
周家桥村	4.00	840	2881	492	30330	2962	孔维军	陈卫标
太平桥村	2.10	346	1180	425	30825	5709	陈建明	—
小市村(聚和佳苑社区)	1.99	479	1649	384	29981	2755	陈 健	薛 晓
万福村	0.80	1062	3545	404	30538	1486	张卫星	宗 健
东张市镇社区	1.20	351	674	—	—	—	陆建华	—
龙桥村	4.32	869	3313	447	28973	2142	江俊芳	龚爱东
中南村	4.36	2722	10222	1058	30875	5589	谢建清	林惠锋
白莲村	2.65	1343	5184	546	30859	4656	秦建飞	赵建良
新苑村	3.21	556	2118	510	29148	3409	徐向阳	蔡明燕
横塘村	4.43	887	3304	698	28709	3477	王建新	顾志杰
新闸村	3.20	621	2511	269	31472	4200	何永球	—

2016年碧溪新区(碧溪街道办事处)骨干企业基本情况

表48

企 业 名 称	销售收入(万元)	利税总额(万元)	法人代表
江苏苏南特种装备集团有限责任公司	66003.76	-2131.51	马建兴
常熟市恒意化纤有限公司	62344.90	871.8	陈建云
常熟市天银机电股份有限公司	53747.30	17237.8	赵晓东
苏州市通润机械铸造有限公司	25452.40	4427.7	张 鹤
常熟市常力紧固件有限公司	22583.50	4834	包正芳
江苏豪威富集团有限公司	20039.50	-284.6	秦惠明
常熟市海立复合材料有限公司	19057.80	1097	钱燕飞
江苏常润纤维集团有限公司	18627.10	-142.6	张 健
欧米亚钙业(常熟)有限公司	18185.70	-2169	孙 岚
常熟市国盛针织机械厂	18162.10	1350.3	谭卫国
苏州市富贵虎纺织服饰有限公司	13695.10	72.8	张海英
常熟市神马机械有限责任公司	12671.40	887.2	马建良
常熟市宏茂化纤纺织有限公司	11510.50	180	沈志明
江苏澄达集团有限公司	10148.50	-1009.7	陆卫强
光德汽配(常熟)有限公司	9865.90	1323.8	白炅旻

【聚和佳苑社区自助图书馆投用】 3月29日，碧溪新区聚和佳苑社区24小时自助图书馆投入使用，这是继常熟图书馆和经济技术开发区分馆24小时自助图书馆之后，常熟乡镇首家启用的自助图书馆。

该馆采用无人值守智能化管理系统，配备图书自助借还机，居民可使用市民卡通过图书自助借还机进行图书借阅。

【举办第五届"灵动碧溪"精彩阅读节】 4月20日，第五届"灵动碧溪"精彩阅读节在滨江实验中学启动。年内，碧溪新区先后开展碧溪讲堂、"核心价值观"诗词创作大赛、智慧阅读联盟启动、十大书香家庭表彰、"每周好书"推荐及读后感征集、静水深流·沙龙书吧、"德法同治"知识竞赛、民俗文化大展示、"开拓创新·和融发展"演讲赛、"和融碧溪"非遗文化三进活动等十大主题活动。通过丰富的活动载体，将阅读与文化相结合，将传统与现代相结合，将宣传与教育相结合，激发广大群众参与阅读的热情。

【滨江幼儿园开园】 9月1日，滨江幼儿园开园。该幼儿园是全市第二所普惠性民办幼儿园，占地面积7165平方米，建筑面积5887平方米，设4轨14班，在园新生275名。

【碧溪新区与海峡两岸农业协会签约合作】 11月13日，碧溪新区和中国海峡两岸农业协会签订《推进碧溪特色农业发展战略合作框架协议》。双方将在城乡一体化建设、特色农业、高科技农业等多个领域开展合作，努力把碧溪打造成为两岸农业合作交流区、新经济体制机制创新示范区、农业生态休闲旅游观光基地、海峡两岸农民创业示范基地、多功能现代农业示范基地和特色农业产业基地。 （张逸欢）

12月3日，碧溪新区"银龄驿舍"聚和佳苑社区流水琴川义工站、党员志愿者工作站揭牌

梅 李 镇

【概况】 梅李镇位于常熟市东北部，总面积80.84平方千米，辖15个行政村，3个社区居委会，户籍人口8万人，外来人口6万人。梅李镇是江苏省经济发达镇行政管理体制改革试点镇、苏州市城乡一体化发展综合配套改革试点工作先导区、苏州市美丽城镇建设示范点。该镇先后获评中国人居环境范例奖、国家园林城镇、国家卫生镇、国家级生态镇、国家建设宜居小镇示范、全国特色景观旅游名镇示范、中国经编名镇、中国绒类产品生产基地、中国孝爱文化之乡和中国孝爱文化传承基地。

经济发展 2016年，梅李镇实现地区生产总值81.64亿元，完成一般公共预算6.65亿元，固定资产投资20.09亿元。年内，新增设施农业面积20公顷，新建U型渠道5千米。新建高标准农田266.67公顷。新申报省级蔬菜、果品标准园2个，新增有机食品认证17个、绿色食品2个、无公害农产品2个。全年完成工业总产值291.2亿元，比上年增长2.8%，规模以上工业产值250亿元，增长3.1%。推进4个市级工业内资项目和3个市级工业外资项目。小商品市场改造工程土建封顶，大润发梅李项目桩基完成。东街综合整治工程有序实施，惠及居民420户。西屋股份顺利挂牌"新三板"。2016年，梅李镇完成注册内资16.03亿元，完成到账外资1760万美元。成功签约天顺风能项目、香港裕民工业集团高端纺织机械项目和阿仕顿服装项目。梅李科技创业中心进一步提质扩容，全年新增科技人才类企业6家，注册资本6150万元。常熟市江威真空玻璃有限公司获评2016年第一批常熟市科技创新创业领军人才A类称号，并入选2016年苏州姑苏创新创业领军人才计划。2016年申报高新产品12个、省科技成果转化1项、苏州和省众创空间各1项、省级民营科技企业11家；申请发明专利192件。

社会事业 2016年，梅李镇编制完成《常熟市梅李镇通港工业园区及配套区控制性详细规划》《常熟市梅李镇将军路两侧地块控制性详细规划》《常熟市梅李镇中心镇区控制性详细规划》《常熟市梅李镇珍门社区控制性详细规划》。对《常熟市梅李镇村庄布点规划》进行调整，编制完成各村村庄整治规划，完成《常熟市梅李镇村级工业用地整合优化规划》编制工作。完成"三优三保"专项规划编制工作。"兆丰佳苑""聚沙佳苑"完成交付。和中船集团合作的"天和佳苑"二期土建全部结束，"珍南佳苑"二期全面竣工。完成江苏省美丽村庄建设示范点师桥村洞坝项目，惠及农户158户。完成3条镇村公路提档升级工作，4条镇级道路和4座危桥改造工程。小农水重点县师桥、圩港项目区工程建设工作顺利完工。推进"碧水蓝天"工程，淘汰燃煤锅炉33台，完成10家工业废气深度治理，新增印染行业油烟净化装置6台套。完成环保违法违规建设项目清理 528 个，对盐铁塘沿岸一千米范围内 18 家印染企业开展废水总量 15% 的限排工作。完成梅李和珍门 2 家污水厂印染废水锑污染因子提标改造。新增绿化面积 6.9 万平方米。疏浚镇、村二级河道 8 条，总长 9.59 千米，土方 18.52 万立方，完成畅流活水沈市河整治工程建设管理工作。关停整改畜禽养殖污染户 30 户。

人民生活 2016 年，梅李镇居民基本（农村合作）医疗保险参合率 99.41%；新增就业岗位 2575 个，城乡登记失业率控制在 1%，辖区内被征地农民就业率达 99.37%；新增公积金缴费单位 30 家，新增缴费人员 879 人。办理二孩生育登记服务 221 对，办理再生育审批 19 对。发放各类救助金 669.5 万元，各类优抚金 438 万元。建成镇村（社区）日间照料中心、就餐点 9 家。优化教育资源配置，加快推进校安工程进度，完成珍门幼儿园分设工作。完善医疗卫生服务，优化社区卫生服务体系，珍门社区卫生服务中心完成改造。通过“国家卫生镇”各级复审。开展梅李镇第二十一个全民健身月系列活动。举办第二届“龙园杯”江浙沪“道德评弹”名票大赛、“龙园杯”江浙沪“道德评弹”名家展演、第二届梅李镇“聚沙塔杯”民间大厨蒸菜厨艺技能大赛暨名宴展、培华美术馆名家书画展、“并非不惑”秦健书法展等活动。成立“孝和梅李幸福家庭指导中心”，组织孝爱志愿服务团、孝和志愿者、党员志愿者开展爱心义卖、爱心助学、爱心帮扶等孝爱志愿活动。梅李镇青少年驿站获评江苏省示范性青少年综合服务平台。

4 月 13 日，梅李镇与马来西亚沙巴州兵南邦县缔结友好城镇签约仪式举行

社会管理 2016 年，梅李镇完成行政事项权力清单、公共服务事项目录、绩效管理制度手册和办事指南的编制工作，行政管理体制改革试点工作通过江苏省机构编制委员会办公室组织的第三方评估。梅李镇便民服务中心可办理各类行政权力事项 160 项，公共服务事项 122 项。2016 年，共办结各类业务 117171 件，按时办结率 100%。公共资源交易服务中心完成工程建设类招标 127 件，节约资金 2788.1 万元。综合执法局实施一般程序处罚案件 93起，简易程序处罚案件 217 起。初步建成综合执法信息指挥中心。对全镇 178 套社会面监控系统进行升级改造，在胜法村试点开展技防家庭试点建设，完成 9 个征地风险评估项目，启动梅李镇政法队伍战训基地建设。新市民积分管理有序推进，申请入学 424 人、入医 909 人、入市民卡 1273 人。全面完成生产安全和消防安全网格化叠加工作，并配套出台安全生产（消防）工作考核细则。全年检查企业单位 765 家，整改隐患 2010 条。完成 113 家重点企业专家检查，实现规上企业第三方检查全覆盖。推进企业二、三级标准化建设，关停 1 家不符合安全条件的红色危化品企业，完成 4 个市镇二级重大隐患挂牌整改项目。

2016 年梅李镇主要经济社会指标

表 49

项　目	数　量	项　目	数　量	项　目	数　量
地区生产总值	81.64 亿元	工业企业	726 家	中小学校	7 所
一般公共预算收入	6.65 亿元	工业总产值	291.2 亿元	在校中小学生	8804 人
耕地面积	3112 公顷	工业销售收入	294.64 亿元	在职教师	708 人
用电总量	174772 万千瓦时	工业利税	11.37 亿元	医院/病床	3 所/234 张
农业总产值	7.23 亿元	固定资产投入	20.09 亿元	社区卫生服务站	15 个
粮食总产量	2.13 万吨	新增民营企业注册资本	16.03 亿元	农村合作医疗参入率	99.40%
皮棉总产量	260 吨	完成注册外资	1000 万美元	农村养老保险覆盖率	99.60%
出栏生猪	1.89 万头	实际利用外资	1760 万美元	最低生活保障对象	200 户/365 人
出栏家禽	8.17 万羽	外贸供货额	—	年末存款余额	108.85 亿元
水产品产量	1033 吨	自营出口额	—	农民人均纯收入	32653 元
农村合作社	70 家	集市贸易成交额	52276 万元	农民人均住房	—

2016 年梅李镇各村(社区)基本情况

表 50

村(社区)	面 积(平方千米)	户数(户)	人口数(人)	集体经济总收入(万元)	人均纯收入(元)	总资产(万元)	党组织书记	村(社区)主任
梅李社区	5.00	2384	6003	—	—	—	曹建良	袁玉芳
珍门社区	1.80	378	881	—	—	—	张俊峰	张俊峰
赵市社区	2.50	497	1008	—	—	—	金建祥	金建祥
胜法村	5.98	1925	6479	1216	34900	7273	温利芬	杨立新
聚沙村	3.50	1542	5097	665	34730	6629	方建文	朱品石
天字村	5.53	1850	6323	1589	38072	12137	陆建东	秦增发
寨角村	5.98	1473	5099	848	31949	5000	高建锋	张忠岳
梅南村	3.30	1122	3573	775	30653	2510	陈立新	李志欢
塘桥村	4.70	974	3180	692	32458	3732	龚　旭	吴建青
沈市村	7.37	1404	5251	761	32143	3866	唐晓东	李　峰
珍南村	5.35	979	3641	627	30305	2664	袁正红	龚利丰
珍北村	6.48	1479	5078	688	27118	3513	计建刚	吴　锋
新丰村	6.48	1096	3729	509	28624	2993	沈　旦	董志军
圩港村	4.63	1448	4692	617	32853	2420	龚国平	陆建红
海城村	5.82	1350	4577	545	31352	3719	陆志刚	胡　烈
赵市村	6.68	2026	6718	1127	32672	6396	戈学峰	温志国
瞿巷村	1.10	416	1540	731	34226	6761	邵国平	杨学良
师桥村	7.58	2099	6995	671	33940	2951	张建军	赵　俊

2016 年梅李镇骨干企业基本情况

表 51

企 业 名 称	销售收入(万元)	利税总额(万元)	法人代表
常熟市龙腾特种钢有限公司	1356641	62082	季丙元
泰光化纤(常熟)有限公司	95479	-5535	沈载赫
江苏美迪洋皮革皮件有限公司	75372	4687	毛建华
斗山电子(常熟)有限公司	74557	-1429	李钟元
江苏良基集团有限公司	56583	3615	吴雪良
常熟华东汽车有限公司	42946	3610	江建龙
常熟市和弘服饰有限公司	36858	1384	蒋雪忠
常熟市群英针织制造有限责任公司	33785	508	蒋建良
常熟市永新印染有限公司	32150	2915	吕永明
江苏中诚建材集团有限公司	30643	7464	王卫东
常熟三联集团有限公司	28591	1640	季正元
常熟盈德气体有限公司	26025	4706	王　健
常熟色织有限公司	25183	2459	曾欲健
苏州辽鞍机械有限公司	22914	560	关宏强
常熟市大发经编织造有限公司	16642	1399	韦春燕

【孝和梅李幸福家庭指导中心揭牌启用】 1月5，常熟市孝和梅李幸福家庭指导中心在梅李社区揭牌启用，50多名基层妇联主席、妇工委主任、女大学生村官及巾帼志愿者出席活动，并参加《创新转型·做新时期有魅力的妇联干部》专题培训。孝和梅李幸福家庭指导中心是梅李镇为妇女儿童办实事、解难事的一个载体。指导中心借助梅李社区居委会的固定服务地点，发挥孝和巾帼志愿分队及志愿者的作用，定期定时开展服务。

【省评估组检查梅李行政管理体制改革试点工作】 7月7日，省编办体改处处长刘为民一行5人组成评估组到常熟，对梅李镇行政管理体制改革试点工作进行现场评估。评估组一行实地走访梅李镇便民服务中心、综合执法局等地，听取关于深化经济发达镇改革情况相关汇报，查阅了相关台账资料，开展问卷调查，并现场与试点镇相关部门负责人、驻镇机构负责人进行面谈。通过多方面、多渠道的交流，深入了解常熟市行政审批制度改革工作的开展情况。

【吉成酱油展示馆被命名为非物质文化遗产保护传承基地】 7月，吉成酱油酿造展示馆被命名为常熟市非物质文化遗产保护传承基地。"梅李吉成酱油"已有150多年历史，采用木桶酿造工艺。该展示馆展出了反映中国传统饮食文化的历史实物，介绍了各种酿造工艺的历史，游客可以体验古老的酱油压榨，也可以在制造车间观看木桶发酵酱油的生产方式和过程。

【举办第二届"龙园杯"江浙沪"道德评弹"名票大赛】 9月19日第二届"龙园杯"江浙沪"道德评弹"名票大赛在梅李镇开幕。大赛由江苏省曲艺家协会、苏州市委宣传部、苏州市文明办、苏州市文联主办，江苏、浙江、上海的62名评弹票友参加比赛。大赛在上一届的基础上，不仅充实和丰富了大赛的主题内涵，以传承孝爱文化、优良家风，传播"爱、敬、诚、善"的文明风尚为主旨，还鼓励对本省、本地区的道德模范、中国好人等原型人物事迹进行创作，通过"道德评弹"的形式，弘扬社会主义核心价值观，推进公民道德教育实践。大赛邀请了金丽生、袁小良、陆建华等权威人士及评弹名家作为评委，赛程为期5天，19号到22号的初赛在梅李"龙园书场"举行，23号在市评弹艺术馆虞山书场进行决赛。

【开展"家在苏州·孝爱梅李'三进城'"主题展示活动】 10月25日，2016年"家在苏州·孝爱梅李'三进城'"主题展示活动在苏州市观前街玄妙观广场举行，市民们走进玄妙观，近距离体验了梅李镇的新农村建设和精神文明建设成果。本次活动以"展梅李特色，树孝爱品牌"为目标，集全镇优质品牌抱团行动，配置20个展位，包含梅李蒸菜、松树蕈油、饭粢糕、冬蜜桃、糯米团、有机蔬菜、精品皮具、家居用品等一系列产品。此外，梅李镇的孝爱评弹团、文联艺术团、民间艺人们还为现场观众表演了评弹、舞狮、小品、快板、民俗舞蹈等节目。

9月24日"龙园杯"江浙沪"道德评弹"名家展演

【启动社区股份合作社股权固化工作】 10月26日，梅李镇珍门社区召开深化股权固化改革工作会议，选举产生合作社理事会和监事会班子，并实施以人为基础固定到户进行了股权改革。当天参加观摩的13个村的股份合作社陆续启动股权固化改革。实行股权固化后，集体经济组织成员的股权份额会固化锁定，对应的利益分配也会锁定，不再因为人口变化生老病死而发生变动。

【梅李蒸菜获金奖】 10月20日，由省旅游局、省人力资源和社会保障厅主办的"乡村美食放心吃——2016江苏省乡村美食大赛"在宜兴举行，常熟"东乡一品锅"菜肴获省乡村美食大赛金奖。"东乡一品锅"菜肴是常熟蒸菜的典型代表。2012年，该菜肴被中国烹饪协会认定为"中国名菜"。2014年梅李镇被授予"中国蒸菜之乡"研发基地称号。

【梅李镇侨务工作站成立】 12月19日，梅李镇举行侨务工作站暨"侨之家"成立仪式。常熟市政协副主席王永明，市委统战部副部长、市侨办主任邓玨以及梅李镇主要领导出席活动并为梅李镇侨务工作站及侨之家揭牌。梅李镇侨务资源丰富。拥有众多归侨、侨眷、华侨以及海外留学归国人员。侨务工作站将密切与侨眷侨属的沟通联系，开展服务维护侨眷侨属权益，同时依托"孝爱梅李""梅李灯会"等特有文化，鼓励侨胞回乡创办企业，建设独具特色的侨务活动阵地。 （王　杨）

辛　庄　镇

【概况】 辛庄镇是常熟的南大门，东连沙家浜，南接苏州，西邻无锡，是新规划的苏州市两大一类小城镇之一,苏虞张一级公路和锡太一级公路在镇区内交汇,227省道、227省道复线贯穿全境。总面积104.26平方千米,户籍人口75870人,常住人口约10万人,下辖2个办事处、20个村、3个社区居委会和1个农场,是国家卫生镇、国家级生态镇、中国针织服装名镇、江苏省文明乡镇、江苏省创新型乡镇,小城镇建设管理获"江苏人居环境范例奖"。

经济发展 2016年,辛庄镇实现地区生产总值99.3亿元,增长2.6%;一般公共预算收入5.57亿元,增长7.4%。完成工业开票销售收入257.5亿元,增长2.6%;规模以上工业产值271.9亿元,增长2.7%;高新技术产业产值133.7亿元、新兴产业产值149.8亿元,分别占规模以上工业总产值比重达49.4%和55.4%。实现服务业开票销售24.7亿元,增长10.3%;完成限额以上社会消费品零售总额6.3亿元,增长18.5%。累计完成固定资产投资33.2亿元,实际利用外资1520万美元。年内,辛庄镇推动企业转型升级,挑选10家企业示范推进"两化融合",分类实施"机器换人",建成一批智能化生产线、智能化车间和智能化工厂。隆力奇特色养生小镇正式开镇,工业旅游入选首批国家工业旅游创新单位。引导企业进入多层次资本市场,康尼格、山水节能两家企业挂牌"新三板"。新建科技孵化器3000平方米,做好辛庄科技创业中心省级孵化器提升工作,强化"苏州大学国家技术转移中心(辛庄)产业化基地"建设,与深圳国投、苏州大学合作成立科技投资基金。农业综合生产能力持续增强,现代高效渔业和规模种植增收能力稳步提升,实现农业总产值6.43亿元。率先启动村级"政经分离"改革,全面压缩村两委经济管理职能,试点探索社区信息化互动管理,逐步引导村两委组织回归本职;成立新农庄投资经营管理有限公司,全面主导村级集体资产资源的投资经营管理,启动公建民营小学、杨园集贸市场综合改造项目建设,实现村级集体总收入1.38亿元,13个经济薄弱村全面完成新一轮脱贫转化目标。

国家卫生镇辛庄镇

社会事业 2016年,辛庄镇系统完成"多规合一""三优三保"专项规划经省人民政府同意、省国土资源厅批准实施,成为全省首个"三优三保"获批试点乡镇。全面启动"三优三保"一期工程项目,开展2个村级工业保留点提升改造前期准备。加快推进南部新城、情缘湖生态湿地和先进制造、现代物流产业园区等重点项目地块房屋征收,完成张港泾河一期岸线整理,启动情缘湖生态湿地一期河道整治和南部新城道路框架建设,推进城乡一体化示范小区建设,按计划实施农路提档升级。持续加大教育、医疗、养老等社会事业投入,强化公共医疗服务体系建设,推进校安工程建设,与新苏师范附小建立校际合作交流机制,与苏州大学合作共建"青少年机器人创作展示竞赛基地",积极构建多元化养老服务体系,有效提升区域社会公共服务水平。全面深化社会治理,切实加强人口和计划生育、新市民积分管理。开展城乡大环境综合整治"百日提升"行动,持续推进美丽乡村建设,建成"美丽村庄"1个、三星级康居村庄3个、整洁村庄3个,新增绿化面积87000平方米。

人民生活 2016年,辛庄镇基本完成农村土地承包经营权确权登记颁证,推进农村经济合作组织收益权股权固化改革试点。户籍劳动力社会保险覆盖率、社会养老保险保障率、医疗保险参保率均达99.6%,稳定就业的外来务工人员社会保险参保覆盖率超80%。开设"德善辛庄"微信公众号,举办常熟市道德模范与身边好人现场交流活动暨"感动辛庄"德善人·德善事颁奖典礼、首届常熟少儿戏曲艺术节暨江浙沪少儿戏曲展演、辛庄镇第四届体育运动会等活动,张瑞林收藏艺术馆即将落成。是年获评江苏省文明镇,张港泾、嘉菱、卫家塘、隆力奇获评江苏省文明村(单位),镇文联获评苏州市文联工作先进集体,全民阅读活动获评苏州市全民阅读先进单位,辛庄中心小学被命名为苏州特色文艺创作基地。

社会管理 2016年,辛庄镇持续加大大气、水、土壤污染防治力度,推进494个环保违法违规建设项目清理,全面完成燃煤锅炉淘汰、污染企业关停、畜禽养殖整治任务及市镇两级河道围网养殖、网簖清理,加强企业固废、辐射规范化管理监督指导,实施"畅流活水"和黑臭河道专项治理,加快推进城乡生活污水治理,开展九里河、嘉菱荡水环境专项整治,做好区域内"两湖流域"断面水质管控。累计立案查处环保案件30起,关停无证无照木器家具加工企业215家。启动"七五"普法,实施法治惠民实事工程,积极调处化解社会矛盾,群众法治建设满意度达90%以上。

2016 年辛庄镇主要经济社会指标

表 52

项　　目	数　　量	项　　目	数　　量	项　　目	数　　量
地区生产总值	99.32 亿元	工业企业	1135 家	中小学校	6 所
一般公共预算收入	5.57 亿元	工业总产值	311.65 亿元	在校中小学生	7634 人
耕地面积	3321 公顷	工业销售收入	292.62 亿元	在职教师	471 人
用电总量	76793 万千瓦时	工业利税	22.27 亿元	医院/病床	2 所/178 张
农业总产值	6.43 亿元	固定资产投入	33.18 亿元	社区卫生服务站	18 个
粮食总产量	2.08 万吨	新增民营企业注册资本	5.01 亿元	农村合作医疗参人率	100%
皮棉总产量	—	完成注册外资	617 万美元	农村养老保险覆盖率	99.60%
出栏生猪	0.61 万头	实际利用外资	1520 万美元	最低生活保障对象	282 户/379 人
出栏家禽	14.85 万羽	外贸供货额	71.76 亿元	年末存款余额	97.14 亿元
水产品产量	9295 吨	自营出口额	103439 万美元	农民人均纯收入	31557 元
农村合作社	64 家	集市贸易成交额	98125 万元	农民人均住房	64 平方米

2016 年辛庄镇各村(社区)基本情况

表 53

村(社区)	面　积(平方千米)	户数(户)	人口数(人)	集体经济总收入(万元)	人均纯收入(元)	总资产(万元)	党组织书记	村(社区)主任
金荡村	3.83	617	2056	584	31415	1336	张惠中	范文元
潭荡村	4.49	924	3330	386	31507	2777	朱　芳	陈建新
辛中村	2.88	688	2235	560	31145	1573	李　刚	周金明
张港泾村	4.03	863	2955	573	31896	4564	潘　琪	朱　慧
常南村	4.49	838	2841	685	31596	2582	陈孝明	顾燕庆
吕舍村	5.84	1180	3892	531	31689	3557	胡生明	沈建强
华欣村	6.13	915	3150	635	30889	3240	沈伟中	朱冬春
合泰村	4.82	677	2372	572	31537	2400	陈伟忠	周文明
双浜村	4.19	1007	3568	763	31332	1537	曹　良	高　瑛
洞港泾村	8.64	1863	6533	808	31081	3515	李　亮	龚　刚
桃园村	1.38	37	108	457	31965	2428	邹　强	张文兵
杨中村	6.80	1202	4068	794	31479	4294	毛国明	严叶军
朱家桥村	5.32	919	3336	705	31191	2280	唐志军	姚　增
沈浜村	5.02	729	2528	449	30794	1382	王新刚	陈　敏
旺倪桥村	5.51	1065	3783	916	33013	3871	袁宝明	顾洪英
平墅村	5.31	858	3080	451	31130	1844	张立新	朱建峰
东旺村	2.93	654	2392	544	31137	1871	巫优通	高　军
张家桥村	4.06	1189	4396	852	32818	5864	顾卫新	平新峰
嘉菱村	6.14	903	3190	959	31985	5263	陶月明	邹建华
卫家塘村	8.74	1618	5816	1253	31313	5850	马文林	王建东
辛庄社区	1.52	1017	2353	99	—	135	陆建华	陈建军
杨园社区	0.78	1534	4493	71	—	252	殷文康	宁培庆
张桥社区	1.41	1190	3305	87	—	487	杨志忠	范永刚

表 54

2016 年辛庄镇骨干企业基本情况

企业名称	销售收入(万元)	利税总额(万元)	法人代表
常熟阿特斯阳光电力科技有限公司	1045400	65468	瞿晓铧
江苏隆力奇集团有限公司	756983	63467	徐晓平
常熟鲁花食用油有限公司	71211	7472	王力强
苏州福斯特光伏材料有限公司	63456	15428	林建华
江苏萃隆精密铜管股份有限公司	55541	1958	陆明华
常熟市长发铝业有限公司	43039	1164	蒋剑飞
苏州赛历新材料科技股份有限公司	32246	3699	胡云宗
苏州市云鹰纺织品有限公司	31784	602	范　云
华凌光电(常熟)有限公司	31462	208	廖育斌
江苏省常熟环通实业有限公司	29468	1328	范建平
常熟市佳美金属制品有限公司	22412	1052	戴明华
常熟长发装饰材料有限公司	20345	127	张家明
苏州汇科机电设备有限公司	18209	3252	徐家郁
常熟特联精密器件有限公司	17190	2184	张国兴
江苏国泰宝马制衣有限公司	15611	443	陶雪生

【启动“政经分离”改革】 2016 年,辛庄镇启动村级“政经分离”改革,组建新农庄投资经营管理有限公司,统筹村级联合体投资经营管理,通过全面压缩对村级基层组织的经济考核,引导村级基层组织将工作重心回归服务本职。在辛中村试点推行社区信息化互动管理平台,建成村级社情档案库,设立“百姓辛中”微信公众号,结合村级分片包户定责,推动基层干部和社会网格力量深入村庄农户收集、发现问题建议,着力优化社区综合治理。

【村级联合体首个项目投产运营】 4 月,辛庄镇村级联合体首个项目——为常熟济丰包装有限公司建设的 2.2 万平方米标准厂房正式投产运营,该项目可实现村级联合体年租赁收入 420 万元。常熟市济丰包装纸业有限公司为国际济丰纸业集团(美国)在常熟辛庄设立的全资子公司,主要为高端企业提供整体性的包装解决方案、包装材料的供应以及包装材料的管理与配送,项目总投资 1250 万美元,注册资金 800 万美元,设备投资 4600 万元。

【隆力奇在四川雅安开展公益活动】 4 月 19 日,“爱在雅安——隆力奇助力名山区全面脱贫计划”公益活动在四川省雅安市名山区举行。江苏隆力奇生物科技股份有限公司定向帮助名山区困难群众脱贫致富,其爱心基金决定在 2016 年至 2020 年的 5 年间,每年捐赠 200 万元,累计 1000 万元,并捐赠价值 500 万元的物资,用于雅安名山区困难家庭和贫困学生的帮扶和资助。

【“三优三保”专项规划获批并全面启动】 5 月,经省政府同意、省国土资源厅批准实施,辛庄镇成为全省首个“三优三保”获批试点乡镇。根据专项规划,辛庄镇累计异地盘活土地规划空间指标 269.2 公顷,其中 226.53 公顷用于中心集镇建设,9.33 公顷用于美丽村庄建设,33.33 公顷用于市级统筹。9 月 2 日,“三优三保”一期工程项目全面启动。至 2016 年年底,累计拆除零星工业用地厂房 45042 平方米,并同步推进 2 个村级工业保留点提升改造。

【德善人·德善事颁奖典礼在辛庄镇举行】 5 月 10 日,“德善辛庄·和爱常熟”常熟市道德模范与身边好人现场交流活动暨“感动辛庄”德善人·德善事颁奖典礼在辛庄镇举行,一批德善人、德善事受到表彰,这是全省范围内道德模范与身边好人现场交流活动首次在乡镇举办。是日,由常熟市委宣传部、市文明办建设的全省首个网上好人馆——道德楷模 身边榜样“常熟好人网上展厅”上线开通,辛庄镇张港泾村“乡风文明馆”开馆。

【2 家企业在“新三板”挂牌】 5 月 11 日、8 月 9 日,苏州康尼格电子科技股份有限公司(证券代码 837355)、江苏山水节能服务有限公司(证券代码 838323)分别在全国中小企业股份转让系统举办“新三板”专场挂牌仪式。至年末,辛庄镇共有 3 家“新三板”挂牌企业。

【特色养生小镇开镇】 9 月 28 日,隆力奇养生小镇开镇仪式举行。小镇毗邻陶荡、荷花荡万亩级生态湿地,是以隆力奇特色养生产业为依托,集休闲、度假、观光、购物、拓展、养生为一体的工业旅游景区和多业态健康养生文化产业园。拥有 4.0 智能化工厂、红木馆、东方蛇园、“江南奇兵”训练场、有机农场、真武观、主题酒店、特色餐厅等,累计投资达 20 亿人民币。2016 年前来参观、旅游、考察的游客近 36 万人次,区域内带动就业、创业的人数达 4000 多人。

【辛庄获评"全国少儿戏曲示范基地"】 10月7至8日，2016年"德善辛庄"首届常熟少儿戏曲艺术节开幕式暨江浙沪少儿戏曲展演活动举行。活动包括开幕式、江浙沪少儿戏曲展演、少儿戏曲艺术阵地馆巡礼和常熟(少儿)戏曲文化可持续发展座谈4个部分。开幕式上，中华儿童文化艺术促进会会长刘波为辛庄镇"全国少儿戏曲示范基地"授牌，表彰辛庄镇在发展少儿戏曲方面取得的成绩。开幕式结束后，刘波还参加了江浙沪少儿戏曲展演、少儿戏曲艺术阵地馆巡礼、常熟(少儿)戏曲文化可持续发展座谈等活动。

【隆力奇工业旅游区获评首批国家工业旅游创新单位】 11月28日，全国工业旅游创新大会在山东青岛召开，江苏隆力奇工业旅游区作为江苏省内唯一获评首批国家工业旅游创新单位的企业接受现场表彰。隆力奇自2004年被评为国家工业旅游首批示范点以来，一直秉承智能化、绿色化、富有人文精神的小镇打造，已经成为本地区内工业旅游以及生态养生小镇建设发展的典范企业。 (钱以临)

古 里 镇

【概况】 古里镇位于常熟市东郊，距市区5千米，全镇面积96.46平方千米，户籍人口6.6万人，下辖2个办事处，17个村(社区)。该镇先后获评国家卫生镇、全国环境优美镇、中国历史文化名镇、中国羽绒服装名镇、中国针织名镇、中国民间文化艺术之乡、中国绿色名镇、国家级生态镇、中国人居环境范例奖、中国针织面料创新基地、中国针织行业转型升级示范镇、全国纺织行业先进党建工作示范单位、国家火炬生物医药特色产业基地、全国首家"中国(古里)朗诵艺术基地"、江苏省文明乡镇、江苏省科普示范镇、省特色景观旅游名镇、江南民俗之乡。

5月30日，农业部到古里镇调研"互联网+"现代农业融合发展情况

经济发展 2016年，古里镇共有工业企业908家，其中私营企业890家；全年完成地区生产总值154.86亿元，一般公共预算收入6.74亿元；工业总产值471.1亿元，其中八大新兴产业产值39.52亿元，高新产值21.35亿元；工业产品销售收入452.65亿元，利税41.87亿元；完成全社会固定资产投资26.04亿元，其中工业投资16.01亿元；实现到账外资1530万美元；完成限上贸易业社会消费品零售额1.82亿元，外贸进出口总额79093万美元，其中出口73231万美元。"中国针织名镇""中国羽绒服装名镇"通过复评。项目建设稳步推进，利用国际精英周落户项目2个。江苏金土木大厦结构封顶，金枫物业注册落户，复合型建装饰物业产业集聚区初具雏形。2016年实现服务业增加值32.57亿元，服务业开票销售收入48.17亿元，累计入库税金1.71亿元。推进"两化"融合，全年认定莱茵电梯、伟恒模具等苏州市级试点企业2家，长江纸业、双乐彩印等常熟市级试点企业15家。"机器换人"进程加快，完成常铝铝业、强盛功能化学等改造项目7个。高事达在"新三板"挂牌，培育了古建园林公司等一批后备企业。波司登公司实施"品牌重塑、战略转型、集团电商、国际化发展"战略，通过股权激励计划增强核心竞争力，打造国际化的综合品牌运营平台。"人才强企"成效初显，莱茵电梯获省科技成果转化项目立项，资助额度800万元；康诺医疗获省科技副总立项，罗伯泰克获姑苏科技创业人才项目立项。金辰针纺织获省企业技术中心立项，金鼎机械等6家企业获苏州市工程技术研究中心立项。认定罗伯泰克、欧西依等省高新技术企业7家，三骏工具科技、万禾药业等苏州市科技型中小企业5家，常铝铝业、康诺医疗等"专精特新"产品5个。2016年，获发明专利授权49件。引进韩国深园汽车部件、苏州荣泽发动机零部件、中路轨道设备等项目，以及物流、文化创意等微小型总部办公企业38家。全年新增各类载体面积30000多平方米。产学研深度对接，与致公党上海闵行区委共建"常熟古里致公引凤工程基地"，签约建成上海理工大学技术转移中心古里工作站、商务部(上海产业化基地)常熟分基地。上海理工大学企业研究生工作站挂牌运作，与飞泰精工共建科技企业孵化器，为初创型科技企业成长提供空间。粮食生产稳定高产，稻、麦亩产分别达635.1千克、323.4千克。成功创建水稻绿色高产高效"省A级万亩示范片"，获评首批"江苏现代农业科技综合示范基地"。

社会事业 2016年，古里镇加快推进"多规合一"。白茆工业区、古里工业区控规完成审批，加快古里、白茆、淼泉集镇控规，村庄整治规划，村级工业用地优化整合规划等编制工作。推进一体化示范小区建设，紫霞三期完成交付,金湖花园即将竣工,紫霞二期进展顺利。实事工程进展有序,古里法庭竣工投用。道路框架不断完善,红豆路西延、银桂路北延、联泾中心路提档升级工程全面完成;红杨路、南横泾路、紫霞中心路工程有序进行。实施整治区域民宅解危解急工作,审批355户,验收147户。依法拆除各类违章搭建98处。

人民生活 2016年,古里镇基本养老保险覆盖率、老年农民社会保障率、农村合作医疗参入率均达99%以上,外来务工人员城保参保率达80%以上,获评"苏州市就业高质型乡镇"。受理劳动争议392起,调处结案360起。社会救助"一门式"受理中心运作正常,全年发放各类救助金697.3万元。完善新市民积分入学管理,中小学幼儿园起始段提供学位265个。加强人武、双拥工作,20多名青年应征入伍,发放优待金133.8万元,为29名退役士兵发放安置费204.7万元。公共服务更加优质。深化和谐社区创建,政社互动签约率达100%,紫霞村、紫芙社区获评省级和谐示范社区;铁琴社区青年工作站项目获评苏州市级青少年综合服务平台。规范便民服务中心运作,办结各类业务106743件。推进教育体育事业,全镇6所中小学体育设施全部向社会开放,淼泉小学等4家单位完成健康素养促进行动支持性环境创建工作,取缔非法办学机构1处。提升养老服务水平,新建琴东村、高长村、吴庄村3家日间照料中心,84周岁以上老人居家养老服务签约480名,社会力量经营养老机构床位达567张。古里中心卫生院与市第二人民医院医疗联合体运行良好,荣获全国"群众满意乡镇卫生院"表彰,吴庄、坞坵、联泾等3家社区卫生服务站改扩建项目竣工投用。文明程度持续提升。深化文明城市创建工作,开展民风建设十项示范工程,印发《古里镇文明创建宣传手册》。康博村、苏家尖村、波司登成功创建省文明村(单位)。做好"十大最美"系列评选,新增省文明家庭1户,"苏州好人"3人。开展志愿服务活动,累计注册志愿者6901人,服务26273小时。文旅事业融合发展,举办第七届书香古里阅读节;铁琴铜剑楼纪录片在央视科教频道《书房里的中国》栏目热播;组织中国朗诵书香古里行游学团活动。落实好文化部组织开展的国家级非遗抢救性记录工程,《陆瑞英吴歌技艺抢救性记录工程》拍摄完成。

社会管理 2016年,古里镇推进环境综合整治,完成镇村环境"百日提升"行动。实施连泾河、严泾河畅流活水综合整治工程。全面开展白茆塘水环境综合整治和太湖治理、阳澄湖生态优化行动,关停污染企业2家,完成提标改造企业14家;淘汰燃煤锅炉59台,工业废气治理企业2家;开展畜禽养殖业污染专项治理,关停399户。镇村环境不断优化,坞坵村陈家湾省级美丽村庄通过考核验收,下甲村赵家宅基、吴庄村陶家宅基2个三星级康居乡村建设和高长村大陆宅基等6个整治村庄建设基本完成。理顺综合执法局运行机制,提高执法效率,办理各类案件194起。推进五小行业证照统一公示,铁琴北街、绿品配送等单位成功创建食品安全示范街区、示范单位。实行消防安全网格化管理,累计开展事故隐患排查企业5535家,事故隐患整改率达95%以上。委托第三方机构对25家重点监管企业开展安全生产检查。开展"三合一""九小场所"火灾隐患整治,全面完成重大事故隐患挂牌整改项目。加大技防投入,改造升级村级监控点位405只,刑事案件发案率同比下降12.9%。接待来信来访221批(件),调解977起,调处成功率100%。举办各类法律咨询、法制讲座18场次。公共法律服务中心接待法律咨询202次。

2016年古里镇主要经济社会指标

表55

项目	数量	项目	数量	项目	数量
地区生产总值	154.86亿元	工业企业	908家	中小学校	6所
一般公共预算收入	6.74亿元	工业总产值	471.10亿元	在校中小学生	5874人
耕地面积	2280公顷	工业销售收入	452.65亿元	在职教师	623人
用电总量	119801万千瓦时	工业利税	41.87亿元	医院/病床	3所/186张
农业总产值	6.98亿元	固定资产投入	26.04亿元	社区卫生服务站	17个
粮食总产量	3.14万吨	新增民营企业注册资本	5.10亿元	农村合作医疗参入率	99.50%
皮棉总产量	—	完成注册外资	866万美元	农村养老保险覆盖率	99.60%
出栏生猪	24882万头	实际利用外资	1530万美元	最低生活保障对象	167户/261人
出栏家禽	9.47万羽	外贸供货额	46.14亿元	年末存款余额	104.57亿元
水产品产量	8279吨	自营出口额	73231万美元	农民人均纯收入	29795元
农村合作社	12家	集市贸易成交额	78352万元	农民人均住房	65平方米

2016年古里镇各村(社区)基本情况

表56

村(社区)	面积(平方千米)	户数(户)	人口数(人)	集体经济总收入(万元)	人均纯收入(元)	总资产(万元)	党组织书记	村(社区)主任
高长村	5.99	980	4010	763	28818	4002	周　俊	潘建刚
双港社区	2.24	1768	5561	788	29587	3812	张义刚	密春华
新桥村	6.71	1133	4540	1222	31953	6136	沈建华	姚志高
湖东村	3.56	556	2382	728	31058	5514	艾生保	吴雪生
琴东村	6.00	691	2846	903	30111	4271	吴建明	张进峰
苏家尖村	7.31	1041	4133	782	29508	4850	薛　鹤	何　强
下甲村	6.46	1348	5043	1051	29142	3417	吴均敏	王卫国
吴庄村	7.15	1520	5943	1590	32411	7040	周培岐	周雪龙
陈塘村	6.82	1575	5861	1241	29216	5981	张晓峰	陶培明
淼泉社区	2.51	1002	3273	568	29666	2422	邓金民	王瑞新
紫芙社区	1.51	1529	4835	626	29163	3470	林雪刚	王桂良
康博村	2.67	433	1701	971	31347	10062	高德康	丁亚军
紫霞村	6.56	1042	4354	1205	28541	4792	周建良	李玉英
芙蓉村	5.25	813	3489	627	28694	2696	姚建东	邢利君
坞坵村	10.24	950	3793	819	29097	6247	严雪军	朱忠英
联泾村	6.07	604	2388	838	26885	1895	陈　进	俞敏东
李市村	7.13	666	2481	283	26407	2333	周建元	陈建良

2016年古里镇骨干企业基本情况

表57

企业名称	销售收入(万元)	利税总额(万元)	法人代表
波司登股份有限公司	3057110	389328	高德康
江苏常铝铝业股份有限公司	213147	10174	张　平
江苏金辰针纺织有限公司	51965	10848	殷金华
常熟市誉恒针纺有限公司	41809	2009	顾宏伟
江苏费森尤斯医药用品有限公司	39566	2022	马毓玲
雄鹰针织品印染(常熟)有限公司	38006	489	黄世雄
江苏强盛功能化学股份有限公司	28111	6336	应志耀
江苏长江纸业有限公司	25166	149	张建江
常熟市双乐彩印包装有限公司	24122	2201	邹明言
常熟派特家居用品有限公司	21515	472	薛颂文
江苏同禾药业有限公司	21016	8939	邹振荣
常熟市鑫源混凝土有限公司	20530	1255	王　宏
苏州莱茵电梯制造有限公司	20241	3579	蒋黎明
江苏福兴织染有限公司	19037	3197	顾宏伟
常熟市一帆布业有限公司	17279	125	缪建灿

4月29日,阅读·让古里更魅力”第七届书香古里阅读节开幕

【上海交大汽车零部件项目落户古里】 1月22日,上海交大汽车零部件项目落户古里产业化基地签约仪式举行。该项目核心技术是通过改变加工工艺,将原来的金属切削加工转变成注塑成型加工。采用新材料,新工艺,可降低生产成本30%,缩短加工周期70%,并最终实现节能减排的目的。

【“铁琴青韵”青春工作站成立】 3月31日,古里镇“铁琴青韵”青春工作站和铁琴创意手工公益坊在铁琴花园工作站正式揭牌成立。“铁琴青韵”青春工作站以“公益凝聚你我,爱心创造未来”为主题,设置公益课堂、青春书屋、公益集市、舞蹈教室等阵地,主要开展乐雅、颐睦两项行动。

【常熟古里致公引凤工程基地成立】 5月13日,致公党上海闵行区委与古里镇签订共建“常熟古里致公引凤工程基地”合作协议。引凤工程基地成立后,双方充分发挥“侨”“海”资源优势,展开合作,将更多创新创业的先进理念带到古里,为古里镇策划、组织和开展产业技术对接、海内外高层次人才考察洽谈等活动,并提供产业技术交流、科技基金扶持等服务,为古里镇的高层次人才引进和产业发展献计献力。

【古里镇与上海理工大学签约共建】 5月30日,上海理工大学与古里镇签约共建上海理工大学技术转移中心古里工作站。通过合作共建,进一步整合上海理工大学的创新资源优势,围绕古里经济社会发展对人才、科技的需求,开展多渠道、多层次、多形式的人才、科技合作。合作的具体内容包括重大科技成果转化、人才创业发展、科技载体建设、产学研对接、人才引育等。

【古里镇侨联和侨务工作站成立】 8月5日,古里镇侨界联合会和古里镇侨务工作站成立。古里镇围绕该镇经济特色,充分依托全镇侨资源,发挥侨界人士作用,积极招才引智,使侨界规模发展迅速,已成为区域发展的重要推动力。

【古里法庭落成启用】 11月8日,常熟市人民法院古里法庭落成启用。原兴隆法庭更名为古里法庭,迁至位于古里镇文学街新址。新落成的古里法庭设有中法庭1个、小法庭4个、调解室4个,有干警17名。

【古里镇探索“稻渔共作”种养模式】 由古里镇农服中心实施的稻田综合种养——稻渔共作新模式获得成功。稻渔共作示范区由坞坵村米业合作社负责种植,区域面积约19亩(1.27公顷),其中稻田面积9亩(0.6公顷),鱼沟面积7亩(0.47公顷)。12月5日,9亩水稻完成收割,亩产达到450千克。

(王荔菁)

支 塘 镇

【概况】 支塘镇位于常熟市东南部,距国家一类口岸常熟港、太仓港各20千米。镇域面积128.96平方千米,集镇区面积3.70平方千米,下辖3个社区居委会和16个行政村,设任阳、何市2个办事处,总户数19834户,户籍人口70256人,暂住人口30507人。支塘镇历史悠久,人杰地灵,历来是常熟市区划大镇、商贸重镇、文化名镇,曾先后获评国家卫生镇、国家环境优美镇、中国非织造布及设备名镇、江苏省环境与经济协调发展示范镇、江苏省文明乡镇、江苏省实施“十二五”妇女儿童发展规划省级示范乡镇。

经济发展 2016年,全镇实现地区生产总值71.36亿元,财政总收入7.44亿元,一般公共预算收入3.65亿元;完成工业总产值154.26亿元,其中规模以上工业产值113.32亿元;实现工业开票销售收入173.42亿元,新增内资注册资本7.36亿元,到账外资444.52万美元。工业经济转型升级,调整出台全镇工业经济奖励政策,制订实施《支塘镇鼓励工业经济发展的若干意见》,召开全镇工业经济发展大会、无纺行业企业座谈会、工业企业现场办公会,全面加强对经济工作的组织领导。龙头企业培育全面提速,全年完成规上企业工业产值112亿元;纳税超百万企业增加到109家;塑通机械、童海金属、鑫盛制袋等一批在建项目陆续竣工投产。主导产业培育成效显现,启动支塘镇汽车零部件配套产业园建设,长晟汽车内饰、佳德汽车零部件、兰生创晋产业园等5个项目签约落户;无纺产业发展稳定,无纺机械销售逆势增长。企业运营质量得到提高,全年完成工业技改投入8亿元,申报“机器换人”项目13家、“专精特新”产品10个、市级“两化深度融合”企业10家、智能车间12家;新增省级研究生工作站2家、省高新技术企业7家;新授权发明专利38件,签订产学研合作协议12项;淘汰落后生产线12条,腾出土地4公顷;常源变压器、太阳雪新能源、艾美医疗等企业对接资本市场步伐加快。新项目承载能力得到提升,占地6.67公顷的蒋巷工业坊启动建设规划,1.1万平方米的科技创新载体“芝川·创客空间”完成装修,即将投

支塘镇盐铁塘风光带

用。加强企业服务，引入亚洲最大的咨询公司和君集团，对企业经营者进行培训，提高企业家层次。现代农业健康发展，开展小麦油菜植保栽培，推进农业机械化作业水平，努力完成市级下达的0.15万公顷机插秧面积任务。加大农业基础设施建设，完成长桥村333.33公顷高标准农田建设以及何南、项桥640公顷小型农田水利重点县项目建设，徐政村通过农业部健康养殖示范场验收。农村土地承包经营权确权登记颁证工作圆满完成，股权固化试点顺利推进，农村土地流转率达到61.2%，全年农民人均纯收入达3.2万元，同比增长9.15%。村级平均可用财力636万元，同比增长8.3%。第三产业加快发展，全年完成全社会消费品零售综合20.3亿元，服务业开票销售收入15亿元，入库税金8050万元。鸿景名苑、金鑫花园、支塘生活广场、万里房产等房产项目基本完工。成立古镇保护领导小组，实施特色小镇、古镇保护开发调研，启动集贤商肆项目规划设计。蒋巷旅游配套设施实施改造，旅游服务质量得到提升。

社会事业　2016年，支塘镇推进"三优三保"和"多规合一"工作，完成工业园区控规、综合整治村庄规划，基本完成村级工业用地整合优化规划，启动古镇保护规划修编。重大基础设施项目加快推进，七浦塘拓浚整治、1000千伏特高压通道、沪通铁路搬迁完成扫尾，芝溪路改造、汽车零部件配套产业园、北街南入口、王淦昌故居等项目搬迁基本完成。城乡一体化小区建设加快，"东馨佳苑二期""嘉和苑"竣工交付，"康馨佳苑"土建完工。实施农宅分类管理，继续推进整治村庄农宅解危解急工作，全年通过会审522户，其中420户已实施落架大修。加快推进全镇道路、管网配套建设，芝溪路、支新路、新庙路、吴东路陆续竣工通车；何舍路、朝阳南路工程顺利推进，全年硬化村道巷道15公里，改造农村危桥8座；盛泾、任南自来水改水工作基本完成；污水收水管网建设年度任务全面完成，全镇污水收集体系基本形成。推进大环境综合整治和美丽村庄建设，全年完成康居村庄3个，整洁村庄5个，全镇范围垃圾收运体系全面建立，燃煤锅炉整治、畜禽养殖污染整治、河道综合整治成果显现，区域范围内大气、水环境得到改善。

人民生活　2016年，支塘镇重点抓好社会保险的参保扩面，全镇养老保险覆盖率达99.6%，外来人员城保参保率达80%以上，居民基本医疗参保率达99.96%。全年提供就业岗位3033个，举办职业技能培训班18期，培训人次达5670人，城镇居民失业率保持在0.9%以下。社会救助体系日益健全，成立常熟市"集贤里"义工社，开展爱心互助活动。全年发放低保金及生活补助304万元，慈善救助资金100万元，残疾人生活补助348万元。民生项目加快推进，任阳卫生院一期工程完工，支塘人民医院启动内部装修，任阳农贸市场项目完成土建。稳步推进教育投入，启动何市中小学校安工程Ⅱ期报批，完成任阳中心小学幼儿园分设，王淦昌中学学生综合转化率位居苏州市同类学校前列。引进浙浦中星小学，民办教育质量得到改善。文化建设持续提升，组织"金猴献瑞"春节民间文艺大巡游活动，该项目被评为常熟市十大公共文化服务品牌之一。镇村两级共19家公共图书馆免费向民众开放。组织开展"文化三送"活动，组织"人杰支塘"文化巡演活动。《招女婿》《私房钱》等原创节目屡次获奖。《支塘镇志》第二轮修编完成。公办学校体育设施、沈玥瑛古砖雕石馆、锡壶艺术馆继续向社会免费开放。蒋巷村争创国家级爱国主义教育基地。组织开展"文明标兵户"评选，配合做好文明城市创建工作。

社会管理　2016年，支塘镇加强镇村两级治安防控，完善村级警务室制度建设，部署家庭技防推进方案，同时新增社会面监控40套。做好安监、消防、环保、城建监察等网格化建设，配全村级专职网格员，深入开展危化、易燃易爆、涉氨、粉尘企业专项整治，全面清理"三合一"和"九小场所"，持续推进食品安全"天安行动"，全镇安全形势基本稳定。推进"平安支塘"建设，加大技防设施投入，全年新增社会面防控探头160个。新市民积分管理、信访维稳等稳步推进。注重建管并重，疏堵结合，以精细化管理为目标，探索创新城市管理模式。开展废旧物品回收业专项整治、校园周边、重点道路及治安重点防控区域整治等专项整治活动，取缔群众反响强烈的老菜场临时菜场。镇域综合执法体系改革深入推进，全年办理安监、环保等各类行政处罚案件246件，罚没款总计128万元，案件办理数量及质量均居全市第二。

2016年支塘镇主要经济社会指标

表58

项目	数量	项目	数量	项目	数量
地区生产总值	71.36亿元	工业企业	974家	中小学校	6所
一般公共预算收入	3.65亿元	工业总产值	154.26亿元	在校中小学生	6128人
耕地面积	6094公顷	工业销售收入	148.92亿元	在职教师	521人
用电总量	72154万千瓦时	工业利税	8.45亿元	医院／病床	3所／200张
农业总产值	7.34亿元	固定资产投入	18.4亿元	社区卫生服务站	18个
粮食总产量	48517万吨	新增民营企业注册资本	7.36亿元	农村合作医疗参入率	99.96％
皮棉总产量	65吨	完成注册外资	688.79万美元	农村养老保险覆盖率	99.80％
出栏生猪	5万头	实际利用外资	444.52万美元	最低生活保障对象	208户／355人
出栏家禽	47万羽	外贸供货额	2.37亿元	年末存款余额	78.82亿元
水产品产量	6266吨	自营出口额	21117万美元	农民人均纯收入	32020元
农村合作社	44家	集市贸易成交额	614200万元	农民人均住房	78平方米

2016年支塘镇各村(社区)基本情况

表59

村(社区)	面积(平方千米)	户数(户)	人口数(人)	集体经济总收入(万元)	人均纯收入(元)	总资产(万元)	党组织书记	村(社区)主任
阳桥村	3.20	371	1507	739	32402	3870	密建青	邹利新
八字桥村	6.39	1203	4719	930	31600	4295	王丽华	陆喜明
窑镇村	6.29	851	3263	1552	31624	6403	洪　卫	刘军良
枫塘村	9.16	1250	4830	1830	31164	4408	葛春庭	吴叶锋
长桥村	4.99	1126	4651	922	31428	4215	顾卫东	苏正华
支东村	5.20	1300	4982	973	31690	3132	高拥军	张正国
蒋巷村	1.63	192	875	2036	41509	31115	常德盛	蒋玉英
凤泾村	2.77	822	3389	740	32603	2423	陈　青	王文清
盛泾村	6.06	654	2507	805	31691	2897	周　军	陈永梅
徐政村	4.39	756	2844	648	31273	2488	沈骁骅	王利娟
丰联村	7.62	924	3705	2636	34602	6463	王建刚	陈雪中
任南村	7.19	1131	4115	1340	33426	3956	王建平	杨　飞
何东村	9.24	1292	4605	914	30621	2592	叶映朴	姚利军
项桥村	6.72	1134	4054	960	31098	3583	马庆峰	周　慧
何南村	6.59	1457	4398	757	33865	3313	王振明	周燕飞
何北村	7.72	1713	6120	1123	30525	3883	王国峰	李　平
市镇社区	3.60	2437	6344	—	—	—	密建青	黄军英
任阳社区	2.29	1333	4256	192	31633	1015	邹伟民	丁建荣
何市社区	2.00	1157	2956	—	—	—	王荣明	刘志平

2016年支塘镇骨干企业基本情况

表60

企 业 名 称	销售收入(万元)	利税总额(万元)	法人代表
江苏凯隆铝业有限公司	636680.26	574.33	陈喜龙
常熟联邦化工股份有限公司	32634.87	1660.85	苏仁球
江苏迎阳无纺机械有限公司	26915.33	928.04	范 伟
常熟市飞龙无纺机械有限公司	23317.34	770.36	韩雪龙
常熟市金顶无纺布有限公司	19211.78	1563.31	陆伟明
常熟市振泰无纺机械有限公司	17457.97	712.07	刘仁才
常熟市富尔威纺织品有限公司	16308.38	47.75	周志锋
江苏环湖宏顺彩钢泡塑有限公司	15571.33	1162.48	曹福兴
常熟市三佳磁业有限公司	14505.41	875.39	胡惠国
苏州长晟无纺科技有限公司	14342.73	360.36	施梦婷
常熟申毅卡车厢体制造有限公司	13886.6	198.6	孙 毅
江苏白玉兰纺织印染有限公司	13204.81	275.47	邵秋平
苏州金泉新材料股份有限公司	13159.39	824.43	樊海彬
江苏阿里山食品有限公司	12837.73	362.51	朱永涛
江苏灵丰纺织集团有限公司	12287.36	524.27	张保岐

【省司法厅调研社区矫正工作】 1月14日,江苏省司法厅副厅长张光东、省社区矫正工作局局长朱卫民、苏州市司法局副局长阎鸿泰等一行到支塘镇走访,就元旦、春节期间矛盾隐患排查、社区矫正安置帮教情况以及司法工作"四个全覆盖"进行调研。实地走访中,张光东对支塘镇司法工作给予肯定,对在新时期、新环境下面临的司法工作提出了新要求。

6月20日,支塘镇举行"千名党员看蒋巷"活动启动仪式

【支塘多件作品获首届苏州"繁星奖"】 3月,首届苏州市群众文化"繁星奖"启动。通过初赛、复赛等形式选出全苏州市41个音乐作品、39个舞蹈作品、19个戏剧作品、10个曲艺作品以及83件美术作品、92件书法作品、107件摄影作品进入最终决赛阶段。支塘镇选送的小品《洋女婿》、美术作品《岁月》、摄影作品《乡村戏迷》、论文《支塘民间文艺大巡游——一场全民参与的民俗嘉年华》进入决赛,并获得铜奖。

【开展"千名党员看蒋巷"活动】 6月20日,支塘镇举行"千名党员看蒋巷"活动启动仪式,该活动是支塘镇2016年党建主题活动"学习常德盛精神、做合格共产党员"的一个子项目,也是全面推进"两学一做"学习教育的创新举措。从6月中旬到7月中旬,组织全镇千名共产党员,分期分批走进蒋巷村,参观村民别墅、老年公寓、村史展览馆、绿色生态园和江南民俗博物馆等场馆。学习蒋巷村"团结、拼搏、务实、创新"的精神和常德盛同志50年坚持与时俱进、改革创新的实践精神。

【南美9国官员考察蒋巷村】 6月20日,来自南美洲的古巴、巴拿马、哥伦比亚、洪多垃斯、乌垃圭等国家的交通建设部门官员一行30多人,到支塘镇蒋巷村考察基础建设。村党委书记常德盛接待并解答了乌拉圭、哥伦比亚、古巴等官员提出的生态文明和经济发展如何做到协调发展、村庄建设规划、经济发展与村民收入怎样合理分配、如何利用人才和留住年青一代建设家乡、建造村史馆、民俗馆等博物馆的目的以及本村建设发展与周边村庄的关系等问题。考察活动达到了互动交流、互相探讨的目的。

【全省首个“信用村”在窑镇村授牌】 11月9日，支塘镇窑镇村“信用村”授牌仪式在窑镇村举行。窑镇村根据“信用村”准入条件，与常熟农行支塘支行合作，通过书面申请、初审核准、报备确定、签订协议一系列流程后正式成为全省首个“信用村”。仪式上，农业银行向该村授牌并签订《信用村创建合作协议》。

【创建苏州市现代化老年大学】 12月29日，苏州市教育局专家组一行到支塘镇验收并指导苏州市现代化老年大学创建工作。专家组听取学校题为“老年教育助晚晴生辉”专题汇报，从老年大学办学条件、学校管理、教学工作、办学业绩四个方面查阅了有关材料，又实地考察了老年大学标准化教室、数字化教室、图书室、电子阅览室、老年养生保健室等教育设备，考察了乒乓、戏曲、棋牌、舞蹈排练、门球、太极拳等老年活动场地。专家组对支塘镇政府注重老年大学办学设施落实，高素质教员落实，办学经费落实，老年教育课程落实等工作给予了肯定。创建苏州市现代化老年大学是支塘镇2016年惠民实事工程。该校以社区居委会为课程学习区，老年综合服务中心为活动区，形成了镇办老年大学，村办老年学校的教育网络。 （王梦婷）

沙家浜镇

【概况】 沙家浜镇位于常熟东南隅，行政区域面积80.4平方千米，户籍人口4万人，下设13个村、2个社区、1个办事处，和沙家浜旅游度假区实行“区镇合一”管理，是全国历史文化名镇、全国重点镇、全国文明镇、中国玻璃模具产业基地、中国休闲服装名镇、省创新型试点乡镇和省光伏产业基地、中国特色景观旅游名镇，先后获评中国人居环境范例奖、联合国人居署迪拜国际最佳范例奖。

经济发展 2016年，沙家浜镇围绕“工业强镇、旅游小镇、幸福城镇”建设，全镇地区生产总值突破100亿元，实现一般公共预算收入6.4亿元、财政总收入入库税金13.1亿元，分别增长2.9%、27.05%和12.73%。全镇实现工业总产值326亿元、开票销售收入238亿元，分别增长2.55%和9.66%。完成全社会固定资产投资14.86亿元，工业投资8.1亿元，净增民营注册资本23亿元。63家规模以上企业实现工业总产值277亿元，利税17亿元、利润10亿元。全镇拥有产值超亿元企业29家，纳税超亿元企业2家，超千万元企业14家。中利集团实现工业产值174亿元，税收7亿元，分别增长4.2%和145%；中来股份实现工业产值12亿元，税收0.9亿元，分别增长91.6%和61%。新能源产业引领作用不断加强，全镇15家新能源企业产值突破100亿元，产业规模超经济总量的三分之一。全镇两新产业产值均超223亿元，技改项目投资达2.3亿元。医药化工完成“新三板”挂牌。加强工业重点项目服务和跟踪督查，推进30个市镇两级重点项目建设，中利电子、中联光电、建华模具3个市级项目完成投资5.2亿元。推进各类人才、科技项目申报，全年授权发明专利77件，引进企业高层次人才29人。全年水产品产量1.1万吨，产值5.5亿元，农业亩均产值近1.4万元。探索“智能光伏＋科技农业”新模式，建成中利高效“万农生态”光伏示范基地，并与省农科院、省淡水水产研究所合作组建光伏农业、光伏渔业研究中心。全镇实现服务业投资6.76亿元，增加值21.5亿元。沙家浜风景区全年接待游客220多万人次，实现自营收入超亿元。全年销售房产面积7.5万平方米，销售金额8.1亿元，增幅均超过300%。

社会事业 2016年，沙家浜镇完成《沙家浜镇总体规划》《沙家浜镇控制性详细规划》《沙家浜镇村庄综合整治规划》的编制和论证报批，启动唐市古镇旅游和商业布局策划，定位“园林古镇旅游综合体”发展方向。完成繁荣桥改造、江抗遗址修复、尤泾河东侧立面整治和历史文化街区一期古宅修缮等工程。推进城乡一体化示范小区建设，南丰苑、春来家园二期竣工，妥善实施房屋征收和农宅“解危解急”。全年完成各类民生实事工程30多项，永安路、三塘路、青年路等主要道路建设有序进行。美丽乡村建设持续推进，农村生活污水处理工程继续展开，制订园区大西片水系规划方案，提高防洪防汛能力。燃煤锅炉“烟尘整治”任务全面完成，推进企业提标改造、节能减排和违法违规项目清理。推进阳澄湖、昆承湖流域水环境综合整治，流域断面水质得到提升。开展“三个百日”环境整治和畜禽养殖整治，畅流活水工程全面落实。推进征（使）用土地补偿安置，开展农村土地承包经营权确权登记颁证工作，完善

9月24日，第十七届沙家浜阳澄湖大闸蟹开捕节暨沙家浜美食节开幕

集体资产管理和监督机制。规范村级劳务合作社等新型合作组织运行，万丰合作农场获评市级“示范农场”。依托村级联合置业公司，加强村级财力建设，村均可用财力达520万元，农民人均纯收入超3.1万元，增幅均达8%。

人民生活 2016年，沙家浜镇完善就业创业保障机制，强化工资网格化预警，常态化开展劳动督查。全年新增提供就业岗位3863个，社会保险覆盖率、养老保障率、居民基本养老(医疗)保险覆盖率均超99.6%。完成年度征兵任务，获评“苏州市双拥模范乡镇”。全年发放各类补助资金近900万元。居家养老设施日益完善，镇级老年学校建成率达100%。唐市中学、唐市幼儿园新校区即将建成。加强食品安全监管，参与省级食品安全城市创建，营造良好的食品安全环境。深化“和阿姨幸福快车”“零距离生育关怀”等公益活动，央视“乡村大世界”栏目拍摄播出，举办“我们的节日”、阳澄湖大闸蟹开捕节等品牌节庆活动。全年开展“文化惠民”村村行40余场，举办第六届镇运动会，景区公众开放日活动受到好评。加强对非物质文化遗产的挖掘和保护，石湾山歌获评苏州群众文化“繁星奖”。

社会管理 2016年，沙家浜镇加快推进“平安沙家浜”建设，全面启动“七五”普法。全镇矛盾纠纷调处率、调解成功率分别达100%和99%；各类案件办结率保持96%以上；刑事发案率逐年下降，获“苏州市法治建设先进镇”。便民服务中心投入运行，行政效能得到提高。强化安全消防“一岗双责”，开展危化、粉爆企业和人员密集场所专项整治行动，安全生产工作在全市保持领先。

2016年沙家浜镇主要经济社会指标

表61

项　目	数　量	项　目	数　量	项　目	数　量
地区生产总值	100.06亿元	工业企业	557家	中小学校	4所
一般公共预算收入	6.4亿元	工业总产值	326.27亿元	在校中小学生	4242人
耕地面积	1984公顷	工业销售收入	298.9亿元	在职教师	268人
用电总量	80965万千瓦时	工业利税	20.08亿元	医院/病床	2所/125张
农业总产值	7.83亿元	固定资产投入	14.86亿元	社区卫生服务站	11个
粮食总产量	0.11万吨	新增民营企业注册资本	22.77亿元	农村合作医疗参人率	99.62%
皮棉总产量	—	完成注册外资	407万美元	农村养老保险覆盖率	99.7%
出栏生猪	0.08万头	实际利用外资	1000万美元	最低生活保障对象	107户/145人
出栏家禽	0.64万羽	外贸供货额	39.18亿元	年末存款余额	42.96亿元
水产品产量	9900吨	自营出口额	53000万美元	农民人均纯收入	31478元
农村合作社	20家	集市贸易成交额	81834万元	农民人均住房	81平方米

2016年沙家浜镇各村(社区)基本情况

表62

村(社区)	面　积(平方千米)	户数(户)	人口数(人)	集体经济总收入(万元)	人均纯收入(元)	总资产(万元)	党组织书记	村(社区)主任
红石村	5.8	699	2820	522	32208	3080	邓永林	赵志明
芦荡村	4.6	575	2113	860	32323	5097	陆建元	毛建荣
昆承湖村	6.24	499	1888	625	32310	3758	金荣保	计文明
沙南村	5.2	594	2189	799	32855	4319	吴伟良	苏国明
苏南村	3.4	251	838	566	30279	2802	徐建英	王春雷
华阳村	8	298	956	708	29582	2438	顾建良	杨建文
朗城村	3.99	594	2126	502	30339	3097	钱　进	王建明
新湖村	5.2	724	2529	592	29667	2172	周建明	包拥军
唐东村	5.58	742	2522	659	29448	1696	叶晓华	王洪贤
唐北村	9.1	825	3256	801	33816	3613	徐建文	沈建江
常昆村	5.1	841	2828	802	32368	4743	平雪云	周纪忠
横泾村	4.4	774	2901	922	32920	5302	张坤云	金建新
昆南村	4	747	2620	531	29851	2119	时利明	袁文中
芦荡社区	2.81	1317	3571	—	—	—	顾伟清	赵惠中
唐市社区	1.29	2533	7623	—	—	—	徐建英	徐建英

2016年沙家浜镇骨干企业基本情况

表63

企 业 名 称	销售收入(万元)	利税总额(万元)	法人代表
江苏中利集团股份有限公司	836442	58526	王柏兴
苏州腾晖光伏技术有限公司	666649	8915	王柏兴
苏州中来光伏新材股份有限公司	121831	31215	林建伟
江苏白雪电器股份有限公司	110142	5604	朱勤保
江苏中利电子信息科技有限公司	100365	17174	王柏兴
常熟金像电子有限公司	88784	2115	杨长基
华达利家具(常熟)有限公司	64547	2991	潘用达
扬宣电子(苏州)有限公司	50830	2018	张国强
苏州郎诚金属制品有限公司	44999	3825	陈坤保
通达宏泰科技(苏州)有限公司	40043	3904	王亚榆
常熟市福莱德连接器科技有限公司	21834	955	许建明
常熟冠林汽车饰件有限公司	22336	233	林为恭
常熟市建华模具科技股份有限公司	22564	6136	马建华
苏州科宝光电科技有限公司	20514	2668	林松权
苏州南新电机有限公司	20319	1403	沈 刚

【沙家浜镇成立党工共建工作站】 7月5日,沙家浜镇常昆工业园和沙家浜办事处党工共建工作站挂牌成立,该工作站将推进基层服务型党组织建设,切实发挥党建带工建的主导作用和党工共建的互动作用,促进企业更好更快地发展。常昆工业园和沙家浜办事处两个党工共建工作站分别设在常昆村文化中心和沙家浜办事处,区域内相关企业的党组织和工会组织工作不再分开,都归各自区域内的党工共建工作站统一管理。工作人员除了以党建工作站人员外,还选派了党员志愿者和工会志愿者。

【省纺织工业协会到沙家浜镇调研】 6月8日,江苏省纺织工业协会会长谢明与省服装协会、服装设计协会一行到沙家浜镇调研,镇党委书记张建强、人大主席陆卫东等陪同调研。调研组一行实地参观江苏金牛华尔车服饰有限公司、常熟市达冠制衣有限责任公司,了解了企业在商业模式、运营体系、加盟模式、管理模块等方面的情况。纺织服装行业是沙家浜镇的支柱产业、特色产业和富民产业,该镇先后被省经信委和省工业纺织协会授予"年度百亿名镇",被中国纺织工业联合会评选为"中国休闲服装名镇",上年全镇纳税超100万元的企业有25家。

9月17日,泽被芳洲——沙家浜全国名家湿地画展开幕

【好的莱公司与中国质量认证中心战略合作】 6月6日,位于沙家浜镇的常熟市好的莱节能工程服务有限公司与中国质量认证中心南京分中心签订全面战略合作协议。根据协议内容,双方将在产品认证认可、体系认证认可、培训分布式屋顶电站建设服务,绿色建筑评价服务、绿色制造,循环经济建设,碳核查,节能量审核,节能低碳综合服务、产品检验检测评价等方面展开一系列合作。

【沙家浜镇便民服务中心揭牌启用】 3月26日,沙家浜镇便民服务中心揭牌启用。沙家浜镇党委书记张建强、市政务服务中心副主任吴云龙共同为便民服务中心揭牌。该中心面积近1500平方米,窗口席位34个,共划分民生服务、投资建设、企业服务、公共资源交易四个功能区。进驻有劳动保障、新市民管理、民政、文化广电、计生公卫、教育、市场监管、国税、地税、财政、发改、住建、环保、安监等 19 个部门。启动仪式上，沙家浜镇专门举办业务培训，对窗口工作人员进行行政礼仪、业务办理基础知识辅导。（吴逸飞）

董 浜 镇

【概况】 董浜镇位于常熟市东部，紧邻常熟港和常熟经济技术开发区，苏嘉杭高速公路、沿江高速公路、常昆高速公路、苏通长江大桥在境内交汇，建设中的沪通铁路穿境而过，距离常熟港 7 千米。全镇总面积 62.5 平方千米，常住人口 5.4 万人，外来人口 2 万人，下辖 14 个行政村，2 个社区居委会。先后获评国家卫生镇、全国环境优美镇、国家级生态乡镇、中国民间文化艺术之乡和江苏省安全文明镇、江苏省文明镇。

经济发展 2016 年，董浜镇实现地区生产总值 33.85 亿元，一般公共预算收入 2.13 亿元；完成工业总产值 71.5 亿元，规模以上工业产值 52.29 亿元，高新技术产业产值 5.67 亿元；全镇规模企业实现开票销售收入 52.66 亿元；完成全社会固定资产投资 14.08 亿元，其中工业投资完成 10.83 亿元；完成服务业投资 3.25 亿元。年内，董浜镇突出汽车零部件产业招商选资，新办和迁入有限公司共计 95 家，昌恒精密、古汉模具等 4 家企业签约，总投资 6.26 亿元；加快服务业招商，引进汽车零部件服务企业 1 家，汽车锂电池检测项目进入评审。全镇累计引进汽车零部件项目 19 个，投资额达 21.7 亿元。总投资 7.7 亿元的 7 个市级重点工业内资项目进展顺利，其中华邦汽配、弘泰汽配等 5 个项目顺利投产，东戬精密完成开工准备，华坤纺织厂房主体封顶。常安机动车检测引进驾照考试科目二项目已动工，科目三项目已确定落户董浜。民营经济净增内资注册资本 12.34 亿元。实现到账外资 1700 万美元，完成年度考核任务的 170%。创新驱动加快实施，引导骨干企业融入“互联网＋”战略，实施“机器换人”制造装备升级计划，推动生产方式向柔性、智能、精细转变。推进企业两化融合，华邦、华德、钢特威等 11 家骨干企业申报市两化融合企业；涤纶公司、恒天长江等 6 家企业申报市“专精特新”产品。开展科技创新体制综合改革，全年获评省高新技术企业 4 家，高新技术产品 10 只，省民营科技企业 7 家，省科技型中小企业 7 家，认定苏州市工程技术研究中心 3 家。“董浜星农”众创空间获评市级创新平台。推进招才引智计划，华德粉末、友邦散热器获批省博士后创新实践基地。“精英周”公共嘉宾吴波落户董浜并申报市级创新创业领军人才；无缝钢管周云峰入选省第五期“333 高层次人才培养工程”。探索农业电子商务和品牌运营，同常熟“哐吃”、乐生活等农产品电商公司以及中国邮政、电信、苏宁等电商平台，通过合作社＋研究院＋专业电商团队＋平台电商的模式，开展对接合作，不断深化“董浜乡情十二品”等特色农产品的市场化运作模式。国家重大农技推广项目顺利推进，南农大（常熟）研究院获评“常熟市科技合作贡献奖”。为保护特色产业，打造区域品牌，申报的“董浜筒管玉丝瓜”和“董浜黄金小玉米”地理标志证明商标分别在办理和筹备申请中。泥仓溇湿地公园提升工程有序实施，于 11 月获批省级湿地公园，在第十届世界湿地大会上获好评。开展农业项目招商，引进星美生活现代农业综合体项目，建设富有江南特色的休闲观光农业圈。

9 月 22 日，参加第十届世界湿地大会的嘉宾考察董浜镇泥仓溇湿地公园

社会事业 2016 年，《董浜镇总体规划》启动修编，《董浜镇中心镇区控制区详细规划》《董浜镇村庄布局规划》等规划编制完成。实施民宅解危解急工作，全年会审通过 371 户。推进示范小区建设，文丰佳苑具备交房条件，旗杆佳苑一期进入验收阶段。加强土地资源集约利用，全年完成复垦复耕 6.01 公顷。实施道路升级改造，华阳路、红沙路建设进展顺利，完成汽车零部件产业配套园绿化提升工程。开展沪通铁路、沿江片区集中供热管网等工程建设。突出大气污染防治和工业废水治理，第二热电与海虞热电完成结构关停，共淘汰 25 台燃煤小锅炉。加强水环境综合治理，完成 8 条农村河道疏浚，2 座省级农桥改造，开展网簖、沉船及临时坝梗专项整治工作，北港塘、横浦塘畅流活水工程进展顺利。开展美丽乡村建设，完成 4 个“三星级康居乡村”、6 个“环境整洁村”的创建工作。通过 10 个省级卫生村复审，里睦村试点开展生活垃圾分类及可腐垃圾资源利用。做好征（使）用土地补偿安置工作，共计发放安置费 407.22 万元，惠及 24535 人。开展社区股份合作社股权固化改革，于 4 月配套出台镇级指导意见，8 月份在天星村完成股权固化改革

试点工作。推进农村土地承包经营权确权登记颁证工作，基本完成土地确权各项签字、公示、审核。加强村级财力建设，探索薄弱村抱团发展模式，利用村级社区股份合作社平台，抱团投资董浜镇污水厂二期项目，每年将为村级增加200多万收入。充分落实惠民政策，申报省级土地规模流转项目1个，涉及流转土地29.07公顷。

人民生活 2016年，董浜镇社会保险覆盖率、征缴率分别达到99.6%和97.44%，全年财政负担纯农人员社保补贴247.4万元，全面完成住房公积金扩面任务。举办春、夏两季大型招聘会，城乡失业人员实现再就业4163人。开展非法用工和企业工资支付专项检查，维护和谐劳动关系。完善镇村医疗保障，医保参保率达99.96%。开展社会救助，发放生活救助金395.7万元、慈善基金35.3万元。落实优抚政策，安置退役士兵25人，发放安置金174.6万元，向各类优抚对象提供生活补助278.8万元，获评“苏州市双拥模范镇”。持续推进养老服务体系建设，新增红沙、陆市和智林3家日间照料中心，发放高龄补贴166.1万元。全镇持证社工总人数达到70人，提前完成“十三五”任务。残疾人事业持续发展，东盾木业李桂芝里约残奥会夺得金牌并打破世界纪录。贯彻新市民积分入学政策，126名学生完成积分入学。开展计划生育优质服务，全面完成妇女病普查及“两癌”筛查工作，发放计生三项经费903.6万元。积极开展无偿献血，献血量达19.4万毫升。镇便民中心规范运行，进驻部门近20个，服务事项增至160多项，累计办件6.4万件。推进文明创建，开展志愿服务建设，完成省文明镇复评。培育和践行社会主义核心价值观，举办董浜镇第六届阅读节、第二届“身边好人”评选活动、“家在常熟·美丽董浜”五进城、世界湿地大会泥仓溇分会场等活动。以“道德讲堂”为载体助推乡风文明建设，钱敏丹家庭获评首届“全国文明家庭”。群众文化体育事业持续发展，成立镇篮球协会，开展“一村一品”文艺展演，举办“泥仓溇杯”湿地文化全国灯谜创作大赛及董浜农民管弦乐团专场音乐会，全年送戏、送影、送展、送书下乡280场次。

社会管理 2016年，董浜镇落实安全生产网格化监管及企业标准化创建，建立健全368家工业企业“一企一档”，持续推进“三合一”隐患整治工作。开展“百日整治”专项行动，全面完成市镇两级重大隐患摘牌整改任务。开展食品安全专项整治，在学校食堂全面推行“五常法”管理，提升食品药品安全保障水平。推进“平安董浜”和“法治董浜”建设，进一步加强公共法律服务站点建设，开展各类法律服务163次，组织矛盾纠纷排查154次，调处调解各类矛盾纠纷147起，办理行政处罚案件101件。

2016年董浜镇主要经济社会指标

表64

项目	数量	项目	数量	项目	数量
地区生产总值	33.85亿元	工业企业	525家	中小学校	3所
一般公共预算收入	2.13亿元	工业总产值	71.5亿元	在校中小学生	2828人
耕地面积	3264公顷	工业销售收入	71.1亿元	在职教师	267人
用电总量	47383万千瓦时	工业利税	2.86亿元	医院/病床	2所/80张
农业总产值	6.15亿元	固定资产投入	14.08亿元	社区卫生服务站	12个
粮食总产量	0.84万吨	新增民营企业注册资本	3.93亿元	农村合作医疗参入率	99.78%
皮棉总产量	19吨	完成注册外资	20325万美元	农村养老保险覆盖率	99.59%
出栏生猪	1.5万头	实际利用外资	1700万美元	最低生活保障对象	78户/109人
出栏家禽	5.9万羽	外贸供货额	5.55亿元	年末存款余额	48.54亿元
水产品产量	1782吨	自营出口额	8002万美元	农民人均纯收入	32724元
农村合作社	66家	集市贸易成交额	11310万元	农民人均住房	68平方米

2016年董浜镇各村(社区)基本情况

表65

村(社区)	面积(平方千米)	户数(户)	人口数(人)	集体经济总收入(万元)	人均纯收入(元)	总资产(万元)	党组织书记	村(社区)主任
董浜社区	2.70	608	1270	—	—	—	陶敏炯	王向东
徐市社区	2.70	1859	5225	—	—	—	徐耀文	凌月娟
观智村	4.60	858	3518	430	33845	3137	沈雪明	张烨
红沙村	3.10	624	2620	437	35078	3262	王进	周志军
天星村	4.68	1256	4670	461	33770	2953	陈惠中	石建刚
新民村	4.88	760	2811	363	32677	4681	何军	王飞

续表 65

村(社区)	面　积（平方千米）	户数(户)	人口数(人)	集体经济总收入(万元)	人均纯收入(元)	总资产(万元)	党组织书记	村(社区)主任
永安村	3.45	818	3022	439	30606	4134	蒋佩东	朱振荣
杜桥村	5.36	818	3468	678	34870	3711	唐福兴	王利军
陆市村	4.26	1106	3634	488	32003	2502	沈晓波	钱晓斌
智林村	4.62	1136	3895	397	31830	3166	姚贤军	钱丽亚
旗杆村	4.16	609	2066	419	31735	3204	皇甫文军	钱学锋
东盾村	4.09	1010	3575	742	31424	4610	王义军	谢　磊
北港村	3.40	918	3302	428	33223	2467	石振云	马　悦
黄石村	3.10	667	2369	397	33234	2884	俞锦平	钱文标
里睦村	3.35	774	2861	391	32673	3040	顾　雁	屠晓波
杨塘村	3.75	1087	3758	402	31622	2930	吴兆洲	庾卫平

2016 年董浜镇骨干企业基本情况

表 66

企　业　名　称	销售收入(万元)	利税总额(万元)	法人代表
江苏东盾木业集团有限公司	88975	4752	李友余
常熟涤纶有限公司	57020	2631	程建良
风范绿色建筑(常熟)有限公司	48370	296	桑琴华
创美工艺(常熟)有限公司	33078	883	大迁纯生
常熟市华坤针纺织有限公司	19363	672	樊　红
苏州利来汽车配件有限公司	15895	389	高坚霄
常熟市无缝钢管有限公司	15788	845	陈国强
苏州钢特威钢管有限公司	13850	535	吴振环
奕东电子(常熟)有限公司	12588	427	王　勇
常熟市顺丰混凝土有限公司	12520	738	顾文青
常熟市杜尼电子有限责任公司	10786	3128	周永康
百事高工艺品(常熟)有限公司	10723	391	加藤伸治
常熟市华德粉末冶金有限公司	9890	1715	邹德华
常熟市友邦散热器有限责任公司	9272	1662	王建忠
常熟市卡斯特金属制品厂	7101	1523	周鸣华

【两工业项目落户董浜】 1月7日，上海东戬精密机械有限公司和上海三嵩精密机电有限公司与董浜镇进行项目签约。上海东戬精密机械有限公司在董浜镇投资的机器人自动化集成设备生产项目，投资为9000万元，建成后可年产50套机器人的集成设备、20套压延机设备及配件。上海三嵩精密机电有限公司在董浜镇投资的精密自动化设备用制动器及相关产品生产项目，总投资800万美元，建成后可年产精密自动化设备用制动器及相关产品45.5万套。

【举办家风家训书法巡展】 4月29日至5月5日，董浜镇举办“墨香四溢飘万里，勤廉家风世代传”家风家训书法巡展活动，30件优秀书法作品经装裱后在镇机关、村（社区）、学校等单位展出。

【全国人大常委会水法检查组到董浜考察】 5月18日，全国人大常委会委员、全国人大农业与农村委员会副主任委员陈光国率全国人大常委会水法执法检查组到董浜镇参观考察。江苏省人大常委会委员、农委主任张京霞，省水利厅副厅长叶健，苏州市人大常委会副主任周玉龙、副市长陆留生，常熟市人大常委会主任秦卫星、副市长范建国等陪同考察。检查组先后考察董浜镇节水灌溉协会、南京农业大学常熟新农村发展研究院和蔡家浜泵站。董浜镇自2009年开始探索建设以互联网应用为基础的节水灌溉远程监控系统，实

12月16日，"田野的交响"纪念董浜农民管弦乐团进京汇报演出30周年专场音乐会举行

现对全镇所有灌溉泵站的自动化管理。陈光国赞扬了董浜镇在现代农业与现代水利结合方面的探索，对节水灌溉协会的运管模式表示肯定。

【董浜《银海谜谭》获2015年功勋谜刊】 6月10日，由中华灯谜图书馆、全国灯谜信息社评选的2015年全国十佳谜刊揭晓，由常熟市董浜镇文联、文化站编印的《银海谜谭》(第16期)获评2015年功勋谜刊。《银海谜谭》创刊于2000年8月，该刊物融思想、知识、娱乐、趣味性于一体，具有浓郁的地方乡土气息。创刊号和第8—15期均被评为全国十佳谜刊。

【举办《红色记忆》首发式暨"两学一做"专题讲座】 6月23日，董浜镇举办《红色记忆》首发式暨"两学一做"专题讲座，镇机关、各村(社区)、驻镇单位以及相关企业代表200多人参加会议。《红色记忆》由董浜镇党委与市关工委将当地的革命斗争史料和生动的烈士英雄斗争故事编印成册，分"革命历史久""抗战烽火浓""军民鱼水情""英名千秋垂"四部分。会上还举行了"两学一做"专题讲座，市委党校高级讲师邵镭到会授课。

【江苏省委"八项工程"督察组到董浜考察调研】 7月1日，江苏省委宣传部副部长焦建俊率领省委督察组一行到常熟督查"五个迈上新台阶"暨"八项工程"推进工作，并到董浜镇南京农业大学常熟新农村发展研究院进行实地督查。督察组在研究院参观了无土栽培联栋温室、研究院便利店，以及南京农业大学自主培育研发的新品种、新技术。苏州市委宣传部副部长缪学为、常熟市委副书记韩卫兵陪同督查。

【举办纪念董浜农民管弦乐团进京汇报演出30周年专场音乐会】 12月16日，由董浜镇党委、政府主办，常熟理工学院、常熟市文化馆协办的"田野的交响"纪念董浜农民管弦乐团进京汇报演出30周年专场音乐会在市文化馆举行。1986年9月6日，董浜农民管弦乐团的前身董浜农民管弦乐队到北京中南海演出，受到时任全国人大常委会副委员长彭冲等中央领导的接见，《人民日报》等27家新闻媒体以50多篇的新闻稿件作了报道。音乐会上管弦乐团演奏了《我和我的祖国》《长江之歌》《走向复兴》《山丹丹花开红艳艳》《蓝色多瑙河》等曲目，常熟理工学院师生也为现场观众献演了古筝齐奏《战台风》、民乐合奏《苏堤漫步》等曲目。

(顾　伟)

尚　湖　镇

【概况】 尚湖镇东靠虞山镇，南接辛庄镇，毗邻无锡、江阴、张家港，是常熟市的西大门。全镇总面积112.50平方千米，下辖2个办事处、1个水产养殖场、22个行政村、3个社区居委会，户籍人口7.92万人，外来人口5.84万人。2016年，尚湖镇认真落实"四个全面"战略布局，按照"强富美高"总要求，牢固树立五大发展理念，深化稳增长、促转型、重统筹、惠民生，坚定不移推进供给侧结构性改革，全镇经济社会继续保持健康稳定的发展态势，在2016全国综合实力千强镇中排名第82位。

经济发展 2016年，尚湖镇实现地区生产总值78.65亿元；一般公共预算收入4.35亿元，比上年增长16.76%；完成工业开票销售145.46亿元；全社会固定资产投资6.84亿元；限额以上贸易业社会消费品零售额2.2亿元。实现规模以上工业产值113.05亿元，其中高新技术产业产值28.83亿元，新兴产业产值38.06亿元；现代服务业开票销售45.94亿元，服务业增加值占地区生产总值的比重提高2个百分点至38.2%；中和贸易业绩稳步增长，风华能源落户尚湖镇。推动货架、纺织服装等传统产业提档升级，货架行业开票销售占工业企业的比重提高近8个百分点。积极推进制造业"两化融合"和"机器换人"工程。联领智能完成"新三板"挂牌。实施"去产能"工作。以村级工业用地整合优化为契机，加快淘汰落后产能，在关停华美覆铜板等企业的基础上，协调大象建陶"退二还一"、华美达铝业关停等项目。和美家园、宝利花园等房产项目销售良好。翁家庄工业园区路网建设有序推进，水系调整工程顺利完工，110千伏变电站建设工程完成进度70%；货架特色产业园5.5万平方米标准厂房建设项目完成土地摘牌。新增省高新技术企业10家，省民营科技企业3家，省研究生工作站2家，省高新技术产品15个。完成"313"培育企业5家。成功推进产学研合作项目签约23项。完成"省双创人才""姑苏计划"以及"姑苏创业天使计划"申报各1名。引入常熟领军人才1名，省"科技副总"1名。人才资源总量10108人，增长17.8%，新增培育高层次人才21名，其中博士7名。

6月16日，尚湖镇侨界联合会成立

社会事业 2016年，尚湖镇完成村级工业用地整合规划、综合整治村庄规划、集镇区域和园区控制性详规等规划编制。推进城乡一体化示范小区建设，南湖苑二区竣工交付1.6万平方米，南湖苑三区及陈塘二期6万平方米竣工并进入验收阶段，新和安置区完成封顶及地下车库工程。常吉路、南村坝路等中心路提档升级工程全面完成，永安路、永发路等道路工程有序推进。开展拆搬迁工作"百日冲刺"行动，成功签约17户，拆除14户。研究制订2016年解危解急实施办法，农宅解危解急工作平稳开展，会商会办通过386户，依法拆除各类违章搭建近1.2万平方米。开展环境综合整治，完成镇村环境"百日提升"行动任务。水污染和大气污染防治工作取得新成效，整治燃煤锅炉110台，关停污染企业18家。完成25家内河港口码头的扬尘污染整治工作。落实全市突出环境问题挂牌督办项目，淘汰14家拉丝企业酸洗工艺。开展全镇货架企业整治成果"回头看"行动，遏制酸洗磷化工艺返潮。完成1264个环境违法违规建设项目清理整治。淘汰黄标车72辆。实施342省道和西三环尚湖段沿线环境综合整治工作。完成分散式污水独立设施安装1110套，受益农户近2300户，新增企业接管33家。美丽乡村建设持续推进，大河、新巷、新鑫3个"三星级康居乡村"和吉桥、罗墩等5个整洁村庄完成建设并通过验收。

人民生活 2016年，尚湖镇全面完成568个村民小组农村土地承包经营权确权登记颁证工作，股权固化试点工作平稳启动推进。规范土地经营权流转，做好征地补偿安置工作，农民人均纯收入增长9%。新增家庭农场12家。农业基础设施建设加快推进，高标准农田和小农水重点项目建成投用，尚湖现代农业产业园被认定为苏州市级现代农业园区，成功创建部省级稻麦高产示范A级方。农业机械化程度逐年提高，新增各类农机107台(套)，农作物秸秆综合利用率达95%以上。完成河道疏浚41万立方米，新建排涝站、涵闸5座，农桥改造9座。全镇村均集体经济总收入和稳定性收入增长8.7%。成立村级联合体——博联实业。落实各级薄弱村扶持资金540万元，薄弱村稳定性收入增长12.5%。完善就业创业保障机制，强化工资支付预警，通过"网格化"监管体系，常态化开展劳动督查。全镇基本养老保险覆盖率、老年农民社会保障率、农村合作医疗参入率均达99%以上。城乡失业人员实现再就业人员5846人，城乡就业困难人员实现就业557人。受理劳动争议521起，调处结案521起。发放各类优抚金、补助金354.3万元，退伍军人安置费286.06万元。完成练塘小学加固工程，练塘中学改扩建工程全面投用。练塘、冶塘卫生院与市第一人民医院建立紧密型医疗联合体，4个社区卫生服务站建成投用，开展"尚湖名医家乡行"等义诊活动。养老服务水平有效加强，成立镇居家养老管理服务中心，为20名失能、半失能特困老人提供居家养老服务。新市民积分管理持续完善，共办理积分入学入医入市民卡2837人次。群众性文化活动蓬勃开展，组织各类文化惠民活动36场，"尚湖百姓戏曲大舞台"年度总决赛连续三年荣登常熟大剧院。便民中心逐步理顺机制，办结服务事项32000件，办结率达100%。常态化开展志愿服务活动，累计注册志愿者9778名，服务时长1.85万小时。

社会管理 2016年，尚湖镇加快推进"平安尚湖""法制尚湖"建设，全面启动"七五"普法，严厉打击各类违法犯罪活动，刑事案件发案率同比下降7%。完成首批"技防入户"家庭监控815户；新增社会面监控130个，累计完成安装1136个，刑事案件发案率同比下降7%。在全市乡镇中率先成立尚湖镇反邪教协会。开展人民调解工作，接待来信来访451批(件)，调解695起，调处成功率100%。进一步理顺综合执法局运行机制，加大重点区域综合整治力度，提高执法效率，累计开展执法13300余次。

2016年尚湖镇主要经济社会指标

表67

项　目	数　量	项　目	数　量	项　目	数　量
地区生产总值	78.65亿元	用电总量	71788万千瓦时	皮棉总产量	—
一般公共预算收入	4.35亿元	农业总产值	5.81亿元	出栏生猪	0.98万头
耕地面积	4122公顷	粮食总产量	5.34万吨	出栏家禽	13.66万羽

续表 67

项　目	数　量	项　目	数　量	项　目	数　量
水产品产量	5544 吨	完成注册外资	164.34 万美元	医院/病床	3 所/150 张
农村合作社	84 家	实际利用外资	101 万美元	社区卫生服务站	19 个
工业企业	1028 家	外贸供货额	24.85 亿元	农村合作医疗参入率	99.99%
工业总产值	162 亿元	自营出口额	36541 万美元	农村养老保险覆盖率	92.86%
工业销售收入	145.46 亿元	集市贸易成交额	81468 万元	最低生活保障对象	336 户
工业利税	11.18 亿元	中小学校	6 所	年末存款余额	86.72 亿元
固定资产投入	6.84 亿元	在校中小学生	5432 人	农民人均纯收入	31505 元
新增民营企业注册资本	4.07 亿元	在职教师	443 人	农民人均住房	70 平方米

2016 年尚湖镇各村(社区)基本情况

表 68

村(社区)	面　积(平方千米)	户数(户)	人口数(人)	集体经济总收入(万元)	人均纯收入(元)	总资产(万元)	党组织书记	村(社区)主任
王庄社区	27.98	637	1486	—	—	—	倪静洁	贡卫东
冶塘社区	32.99	791	1673	—	—	—	汪新华	殷伟刚
练塘社区	34.17	1355	2985	—	—	—	朱方明	张建平
河金村	2.34	587	2182	728	33028	2486	王卫明	钱　云
车路坝村	4.05	832	3036	628	29707	2212	夏士江	唐　波
福寿村	6.01	926	3468	1045	30540	4149	王学忠	宋建东
东桥村	4.02	884	2913	749	32536	3042	张　斌	林　杰
张村村	1.90	455	1642	587	31496	3216	范云元	王振刚
家鑫村	5.10	658	2380	930	35141	2759	陆伟新	丁　锋
南村坝村	1.52	318	1145	621	43727	1539	钱建国	王　勇
山鑫村	3.04	632	2354	576	31799	2208	周亚军	顾新伟
大河村	4.80	1113	3748	1136	28124	4606	金国清	顾卫明
湖庄村	5.30	1510	5094	760	29437	4454	沈国英	陆　枫
新和村	3.50	951	3227	509	31921	3080	曹建国	龚丽艳
新鑫村	5.60	776	2783	824	34373	2073	邵满保	查友清
新巷村	4.01	721	2398	613	36077	2822	周小江	宗海峰
蒋巷镇村	3.58	901	3349	429	31210	2248	屠雪华	徐　新
新裕村	6.20	1320	4284	922	30061	3021	徐敬国	张夏亚
常兴村	4.03	1060	3995	821	28777	4932	高立锋	李国峰
鸳鸯桥村	3.62	809	3147	1075	32699	4903	陶文军	张国华
吉桥村	5.46	1635	5566	1703	32333	4455	陆雪明	朱向东
罗墩村	6.70	1542	5292	1009	28894	3293	殷建忠	陆　军
练南村	4.20	830	2866	1107	28354	4098	浦明华	孙　仁
颜巷村	2.84	843	3124	525	31650	1134	唐增元	金卫良
翁家庄村	7.32	1527	5078	1634	33896	6313	蒋斌雄	查志明

2016 年尚湖镇骨干企业基本情况

表 69

企业名称	销售收入(万元)	利税总额(万元)	法人代表
常熟风范电力设备股份有限公司	194743	34212	范建刚
苏州卡迪亚铝业有限公司	50868	-2064	吴志强
苏州华光宝利印刷版材有限公司	27959	1798	杜喜坤
常熟市亿嘉纺织品有限公司	27610	7873	郑久土
日立汽车系统(常熟)有限公司	27543	4724	蒲生庆一
苏州浦石精工科技有限公司	25568	207	周洪江
常熟市永力不锈钢制品有限公司	19342	152	范云峰
春兴精工(常熟)有限公司	16506	-4786	孙洁晓
苏州众捷汽车零部件有限公司	13931	2987	王海燕
常熟市东方经纬编织造有限公司	13586	201	冯正明

【《劳模先进事迹录》终审】 7月5日，尚湖镇举行《劳模先进事迹录》终审会。全书共整理尚湖镇自 1977 年至 2016 年 53 名各级劳模的先进事迹，其中省级7名、苏州市级10名、常熟市级36名。

【联领智能科技挂牌"新三板"】 7月 29 日，位于尚湖镇的江苏联领智能科技股份有限公司正式获得全国中小企业股份转让系统("新三板")挂牌确认函，获准在"新三板"挂牌上市(公司证券简称：联领智能，证券代码：839117)。该公司前身为江苏百联软件有限公司，创建于 2007 年，并于 2016 年完成股份制改革及工商登记变更，自动化成套设备系统集成是其主要产品。

【市第一人民医院尚湖医院医疗联合体成立】 8 月 28 日，常熟市第一人民医院尚湖医院医疗联合体揭牌成立，这是常熟市建立的第 4 家紧密型医疗联合体。常熟市第一人民医院尚湖医院医疗联合体以常熟市第一人民医院为主体，练塘中心卫生院和冶塘卫生院共同组成，市一院将派出管理和专家团队，从规范制订、人才培养、专科建设、技术提升等方面对尚湖医院进行指导和帮助，同时推进分级诊疗，实行双向转诊，实现小病在社区，康复在基层，大病、疑难危重病在大医院诊治的目的，并真正落实居民健康管理和疾病预防，满足人民群众对健康和医疗服务的需求，促进城乡医疗事业健康协调发展。是日，"情系故土、感恩尚湖"为主题的尚湖镇"尚湖名医家乡行"启动。39 名就职于市级医疗机构的尚湖籍专家医生将通过回乡义诊、定期坐诊等方式服务家乡百姓。

【尚湖镇侨务工作站成立】 9 月 2 日，尚湖镇侨务工作站、"和美尚湖"侨之家成立。市政协副主席王永明，市委统战部副部长、市侨办主任邓玒出席揭牌仪式。工作站和侨之家的成立将进一步拓展侨务工作阵地，更好地为侨服务、凝聚侨心、汇集侨智、发挥侨力。

【"尚湖货架"亮相中国零售业博览会】 11 月 3 日，第十八届中国零售业博览会在苏州国际博览中心开幕，尚湖镇近 40 家货架生产企业参展，这也是尚湖镇连续第 18 次组团参展。参展企业都是重点货架生产企业，通过集群式"走出去"，帮助参展企业了解行业发展趋势，发现商机，同时提升"尚湖货架"区域品牌的影响力。

【百姓戏曲大舞台年终总决赛】 12 月 18 日，中国(常熟)江南文化节系列活动之一 2016 尚湖百姓戏曲大舞台"万宝桥梁杯"锡剧票友大赛年度总决赛在常熟大剧院举行。市政协副主席殷丽萍出席活动。参加总决赛的 12 位选手是从每月月赛及复活赛中选出，分别来自常熟、江阴、无锡、泰州等地。经过决逐，尚湖镇的金燕以《红花曲》选段"一件衣裳推又让"获得大赛金奖，无锡市滨湖区江溪街道钱正伟、无锡市崇安区江海街道的江萍获得银奖、常熟市辛庄镇庄凤珍、江阴市华市镇的曹维清、无锡市惠山区玉祁镇的陈晓燕获得铜奖，江阴市青阳镇的苏根法获得最佳人气奖。 (陈 琦)

12 月 18 日，2016 尚湖百姓戏曲大舞台"万宝桥梁杯"锡剧票友大赛年度总决赛在常熟大剧院举行

责任编辑 汤 涵

先进集体

全国条线及省级表彰的先进集体

受表彰者	荣誉称号	表彰者	表彰时间
常熟市	全国双拥模范城(县)	民政部等	2016年7月
常熟市	2016中欧绿色和智慧城市奖创新奖	国家发改委	2016年12月
常熟市	国土资源节约集约模范县(市)	国土资源部	2016年6月
常熟市	2016—2020年度全国科普示范县(市、区)	中国科协	2016年2月
常熟市	2011—2015年全国法治宣传教育先进集体	中宣部、司法部等	2016年5月
常熟市虞山尚湖旅游区	国家生态旅游示范区	国家旅游局、环保部	2016年1月
江苏省隆力奇工业旅游区	首批国家工业旅游创新单位	国家旅游局	2016年11月
沙家浜革命历史纪念馆	全国红色旅游经典景区名录	国家发改委等	2016年12月
常熟市民政局	全国殡葬工作先进集体	民政部	2016年12月
常熟市人民检察院	2016年度全国检察宣传先进单位	最高人民检察院等	2016年8月
常熟市人民检察院	2014—2015年度全国“青少年维权岗”	全国创建“青少年维权岗”活动领导小组办公室	2016年10月
常熟市供销合作总社	2015年百强县级社	中华全国供销总社	2016年2月
江苏隆力奇生物科技股份有限公司	国家工业旅游创新单位	国家旅游局	2016年9月
常熟市红十字会	2016年度中国红十字会总会报刊宣传先进集体三等奖	中国红十字会	2016年9月
海虞镇	全国宣传推选志愿服务“四个100”先进典型最佳志愿服务项目	中宣部、中组部等	2016年2月
钱敏丹家庭(董浜镇)	全国文明家庭	中央文明委	2016年12月
钱敏丹家庭(董浜镇)	第十届全国五好文明家庭	全国妇联	2016年5月
常熟市民防局	全国人民防空先进单位	国家人防办	2016年5月
江苏高科技氟化学工业园	2016中国化工园区20强	中国石油和化学工业联合会化工园区工作委员会	2016年5月
常熟市经济和信息化委员会	纺织产业集群地区发展服务优秀奖	中国纺织工业联合会	2016年12月
沙家浜镇	中国休闲服装名镇	中国纺织工业联合会、中国服装协会	2016年12月
虞山镇北门大街社区	2011—2015年度全国计划生育协会工作先进单位	中国计划生育协会	2016年5月

受表彰者	荣誉称号	表彰者	表彰时间
海虞镇	中国产学研合作创新示范镇	中国产学研促进会	2016年11月
海虞镇	中国苏作红木产业转型升级试点镇	中国家具协会	2016年11月
海虞镇	2015—2016年度服装行业统计工作先进集群	中国服装协会	2016年8月
古里镇	中国针织名镇	中国纺织工业联合会	2016年12月
古里镇	中国羽绒服装名镇	中国纺织工业联合会	2016年12月
支塘镇	中国非织造布及设备名镇	中国纺织工业联合会等	2016年12月
国营常熟市虞山林场	全国国有林场场级干部挂职锻炼基地优秀工作奖	中国林场协会	2016年9月
常熟市供电公司	用户满意企业	中国质量协会、全国用户委员会	2016年11月
常熟市教育局	江苏省促进义务教育均衡发展先进集体	省政府	2016年3月
常熟市环保局	太湖治理工作成绩突出单位	省政府	2016年4月
常熟经济技术开发区	江苏省先进开发区	省委、省政府	2016年4月
常熟市人武部	省军区安全(密码)管理工作先进单位	省军区	2017年1月

先进个人

全国条线及省级表彰的先进个人

受表彰者	荣誉称号	表彰者	表彰时间
陆　燕(碧溪新区农服中心)	2014—2016年度全国农牧渔业丰收奖	农业部	2016年12月
唐文华(市保安总公司)	第四届全国先进保安员	公安部、全国总工会、共青团中央	2016年9月
邹建清(常熟三爱富中昊化工新材料有限公司)	全国优秀工会工作者	中华全国总工会	2015年12月
邹忠良(市个私协会)	个私协会系统先进工作者	国家工商总局	2016年11月
宋　波(乘帆压缩机有限公司)	第六届中国侨界贡献奖	中国侨联	2016年9月
周　杰(海虞镇)	2015—2016年度纺织行业优秀统计工作者	中国纺织工业联合会	2016年12月
张建栋(支塘镇)	2015—2016年度纺织行业优秀统计工作者	中国纺织工业联合会	2016年12月
张振球(支塘镇)	2016中国纺织行业人才建设突出贡献人物	中国纺织工业联合会	2016年11月
曹　伟(市消保委)	全国消协组织消费维权先进个人	中国消费者协会	2015年12月
徐之伟(江苏隆力奇生物科技股份有限公司)	江苏省优秀企业家	省委、省政府	2016年4月
张正明(市国税局)	江苏省先进工作者	省委、省政府	2016年4月
周丽娟(市环卫所)	江苏省劳动模范	省委、省政府	2016年4月
魏建新(市教育局)	江苏省促进义务教育均衡发展先进个人	省政府	2016年3月
徐志红(华益科技有限公司)	江苏省有突出贡献中青年专家	省政府	2016年8月
管瑞良(常熟开关制造有限公司)	江苏省专利发明人奖	省政府	2017年1月
顾维明(虞山尚湖度假区)	省军区优秀专武干部	省军区	2017年1月

责任编辑　王　宏

文件选编

关于落实发展新理念加快实施农业现代化工程建设“强富美高”新农村的意见

常发〔2016〕17 号

当前,我市农业农村发展环境发生重大变化,既面临诸多有利条件,又必须加快破解各种难题。“十三五”时期,是常熟建成高水平小康社会和探索开启基本实现现代化建设新征程的重要时期。2016 年是“十三五”的开局之年,全市上下要深入贯彻落实党的十八大和十八届三中、四中、五中全会精神,深入学习贯彻习近平总书记系列重要讲话特别是视察江苏重要讲话精神,坚持“四个全面”战略布局,牢固树立并自觉践行创新、协调、绿色、开放、共享的发展理念,着力破解难题、厚植优势、增强活力,加快转变农业发展方式,推动我市现代农业建设迈上新台阶;不断深化农村改革创新,推动新型城镇化与新农村建设双轮驱动、互促共进,为建设经济强、百姓富、环境美、社会文明程度高的新常熟奠定坚实基础。

一、加快转变农业发展方式,在推动“农业强”上取得新突破

1. 加快推进高标准农田和农业基础设施建设。大规模推进高标准农田建设。统筹农业综合开发高标准农田建设、小型农田水利重点县建设、高标准基本农田建设等项目,整合集聚政策资金,以新建为重点,兼顾提升改造,加快推进建设步伐,2016 年新增高标准农田 4 万亩以上。优化高标准农田建设布局,探索将高标准农田划为永久基本农田,统一上图列入“四个百万亩”,实行永久保护。到 2020 年,拥有高标准农田 44 万亩,基本实现优质水稻和常年菜地的全覆盖;建成标准化池塘 4.7 万亩。加快重大水利工程建设。七浦塘拓浚工程、长江应急水源地工程、长江取水口围护工程全面竣工,组织实施望虞河除险加固工程,积极配合推进望虞河西岸控制工程,实施长江堤防“百年一遇”工程和达标圩区建设,确保防汛安全。加快推进粮食安全工程和气象现代化建设。落实粮食收购、保供、储备任务,建设放心粮油体系。优化粮库仓容布局,实施支塘、海虞粮库迁建工程,理顺资产关系,完善管理体制。继续推进气象现代化建设,健全农业气象服务和农村气象灾害防御体系。

2. 推进农业供给侧结构调整。进一步优化产业空间形态。根据比较优势原则科学规划区域农业发展重点,加快形成“一核三带多园区”的空间格局。深化国家农业科技园区核心区建设,启动农业科技创新中心工程,优化功能区块布局,完善基础设施建设,引进优质农业项目,提升科研科技合作成效,充分发挥辐射带动全市现代农业发展的龙头作用。加快建设“西部优质粮食产业带”、“东部高效蔬菜园艺带”、“南部高效水产示范带”,形成与资源禀赋相匹配的现代农业产业结构。做精做优特色农业园区,形成一批科技含量高、示范作用明显、市场竞争力强、发展可持续的现代农业示范基地。到 2020 年,全市苏州市级以上农业园区达到 12 个以上。调整种养结构规划。以市场为导向,调优农产品结构体系,实现由高产优质向优质高产转型。调优粮食品种结构,大力推广“常农粳 8 号”等优质早熟品种,提高抗风险能力;推进菜篮子工程基地建设,更加注重叶菜类、时令类蔬菜生产,加强直供直销网络建设,切实提高蔬菜生产能力和保供能力;引进推广“长江 1 号”等水产新品,继续优化完善沙塘鳢蟹池混养模式,条件成熟后示范推广;适当增加果品、花卉等高效园艺种植面积，推动休闲农业发展。创新农产品流通方式。加快发展农村电子商务，积极培育农村电子商务市场主体和专业人才，形成线上线下融合、农产品进城与农资和消费品下乡双向流通格局。建设乡镇配送中心和农村电商代购代销点、取货点、智能快件箱等，打通农村电商和物流配送“最后一公里”。深化供销合作社综合改革，加强“新网工程”建设，推进基层供销社改造升级、为农服务社扩面增效。重视农产品品牌质量和食品安全。进一步提升农业标准化生产水平，加快推进农产品“三品一标”认证认定制度，实行“产地准出和市场准入”全程质量控制，努力打造一批“常”字号的优质放心品牌。进一步优化农药集中配送体系，强化绿色防控和监管，构建市定量检测、镇快速检测的农残检测体系，从源头上保障农残安全。到2020年，高效低毒农药和生物农药占比达到90%以上，农药和化肥使用实现零增长，农产品农残抽检合格率始终保持在98%以上。

3. 构建新型农业经营体系。探索新型合作经营模式。以村级合作农场或农业龙头企业为核心，连结家庭农场、专业合作社、农地股份合作社、家庭经营户的联合社、综合社，实行统一生产、统一管理、统一加工、统一品牌、统一销售，推动农业由适度规模经营向产业化发展。推进农民合作组织提质增效。全力推进家庭农场发展，制定全市家庭农场建设标准和发展规划，开展市级“示范家庭农场”创建活动，实现一批优秀种养大户提升为家庭农场。规范和完善农地股份合作社经营管理，分离自营和发包租赁农地，自营面积规范组建为村级合作农场。提升村级合作农场经营管理水平，完善各项管理制度，规范财务核算管理。开展“示范村级合作农场”建设，分别形成粮食、蔬果、水产三大产业产加销一体、单纯生产等不同类型的示范典型。规范专业合作社经营管理，抓住“新农”组织党建工作的推进，实现互动互赢。进一步完善合作社内部治理结构，健全利益联结、盈余分配、监督约束机制，探索合作社退出机制；实现所有农民专业合作社和农地股份合作社财务软件全覆盖，建立成员账户，并进行分配核算。加快培育新型职业农民。实施科技示范户培育工程，每年选择1600名左右科技示范户，并择优重点培育10%核心示范户，组织农技指导员按示范户实际生产情况制定分户指导技术方案，促进新品种新技术新模式推广应用。十三五期间定向培养100名基层农业农村人才充实到村（涉农社区）从事现代农业生产、经营、管理等工作；培训现有农业从业人员1000名以上。大力支持有志投身现代农业建设的农村青年、返乡农民工、农技推广人员、农村大中专毕业生和退役军人等加入职业农民队伍。到2020年，基本建成一支“专业层次分明、年龄结构合理、技能领先实用、从业领域明晰”的高素质现代农业生产经营和社会服务队伍。扶持壮大农业龙头企业。引导农业龙头企业建立现代企业管理制度，提升发展内涵和质量安全水平，增强综合生产能力。鼓励企业开设连锁直销，直供配送，农超对接和电子商务。重点建设一批与农业龙头企业生产关联度大、规模集约水平高、能带动农业发展、辐射面广的农产品原料基地12万亩。到2020年，力争全市拥有农业产业化龙头企业80家，其中国家级1家，省级12家，苏州市级22家，成功培育1－2家农业龙头企业上市。

4. 强化农业科技创新与推广。推进科技支撑体系建设，在实现“一镇一院（校）”对接全覆盖的基础上，按照“有人员、有场所、有经费、有基地、有成果”的标准进行规范化建设，不断提升合作水平。加快“互联网＋”现代农业的发展，推动水产、畜禽养殖等物联网技术的应用，充分利用移动互联等现代信息技术服务于生产与指导，推进优质农产品上网。“十三五”期间，探索构建统一、完整的市级农业数据资源平台，并进一步畅通农业的市场信息渠道、流通渠道，使农业的产、供、销体系紧密结合。全面提高农业机械化综合水平。实施“农机新三年规划”，以稻麦机械为重点，精准引进高性能农机装备，实现稻麦生产全程机械化。有序推进老旧、低档次农机升级换代和报废更新，加快推广喷杆式植保机、粮食低温烘干机、蔬菜移栽机、微孔增氧设备等成熟机械设备，促进农机、农艺、农业经营方式协调发展。大力推进农机社会化服务，按照“一服务区域一农机专业合作社”的目标，有计划地推进农机专业合作社建设，不断提高农业机械服务的组织化和社会化水平。到2020年，全市农业综合机械化水平达93%，其中粮油生产综合机械化水平达98%以上，农业劳动力占全社会从业人员的比例降至5%，进入全面机械化阶段。创新农技推广服务模式。结合国家重大农技推广服务试点项目，积极推动各类社会化服务、专业化服务组织的建立与发展，不断创新服务方式、提升服务能力。大力推进育繁推一体化，到2020年，力争选育并推广优质高产多抗广适水稻新品种3－4个，年推广面积达到200万亩以上。

5. 推进农业资源保护和生态修复。加强农业资源保护和高效利用。坚持最严格的耕地保护制度，坚守耕地红线，大力实施农村土地整治，全面实施建设占用耕地耕作层剥离再利用，推进耕地数量、质量、生态“三位一体”保护。落实最严格的水资源管理制度，强化水资源管理“三条红线”刚性约束，实行水资源消耗总量和强度双控行动。严格执行省政府占用水域等效替代规定，优先保护河湖水域，确保合理水面率，促进水生态良性循环。严格保护公益林资源，推进生态防护林建设，加强森林防火和林业有害生物防治，建设健康稳定的森林生态系统。发展绿色生态农业。推进农业种养方式调整，实施节本增效和复合经营高效模式推广行动，逐步推广轮作和间作套种、种养结合技术和农牧循环发展，全面提升农业综合效益。继续推进畜禽养殖综合整治工作，通过调结构、控规模、转方式，促进畜禽生态化养殖，生猪存栏稳定在25万头左右。启动标准化、生态化、机械化、规模化现代畜禽示范区创建。推广池塘生态养殖模式，按照农业部健康养殖示范场创建标准，规范改造连片池塘2万亩，全面推广健康养殖技术。大力修复农业生态。加强农业环境突出问题治理，健全农业环境监测体系，深化农业面源污染治理，实施化肥农药零增长行动，合理布局分散式公益性测土配方服务点，大力推广测土配方施肥，开展专业化统防统治。全面推进秸秆收储利用和规模畜禽养殖场粪污综合利用，实施秸秆机械化还田。加强耕地污染治理，推进污染耕地的种植结构调整，探索耕地轮作休耕，建立耕地污染长效管控机制。推进山水林田湖生态保护和修复，开展整体保护、系统修复、生态养护、综合治理，加快实施南湖湿地、董浜泥仓溇等湿地公园生态修复。

二、推动农村产业融合发展，在促进“农民富”上取得新成效

1. 推进村级财力均衡健康发展。确立规划先导、资源集约、统筹推进、均衡发展理念，巩固和加强村级财力建设。加强村级经济发展的主体建设，规范和完善各类主体财务核算管理，引导新型经济发展主体建立完善现代企业制度。更加注重经济薄弱村脱贫转化，优化完善经济薄弱村财力建设规划和实施方案，并按计划加快组织实施，对已启动的建设项目，狠抓质量安全和建设管理，加快建设进度，尽快竣工投用，产生收益。在符合规划的前提下，科学推进“一村二楼宇”建设，突出村级财力保护，重视村级财力可持续发展，科学编制《村级工业用地整合优化规划》，合理确定保留工业点内村级联合置业公司的“一村二楼宇”项目，启动条件成熟项目的开发建设，承接搬迁提档企业。

2. 加快推进农村产业深度融合。促进农业产加销紧密衔接、农村一二三产业深度融合，推进农业产业链整合和价值链提升。大力发展农产品加工业。加强农产品加工技术创新，促进农产品初加工、精深加工和综合利用加工协调发展，提高农产品加工转化率和附加值。支持和培育本地农业龙头企业开展产品、技术和管理创新，实现转型升级。引进和引导农业龙头企业到农产品生产集中区建基地、联农户，发展种质种苗和农产品精深加工业，延伸产业链，打造供应链，形成全价值链。创新农业产业业态。积极鼓励发展“互联网＋农业”、订单农业、连锁配套、林下经济、创意农业等新业态，通过政府与社会资本合作、贴息、设立基金等方式，带动社会资本投向农村新产业新业态。大力发展休闲农业和乡村旅游。依托农村绿水青山、田园风光、乡土文化等资源，大力发展休闲度假、旅游观光、养生养老、农耕体验、乡村手工艺等，使之成为繁荣农村、富裕农民的新兴支柱产业。做精做优一批美丽乡村和现代农业示范点，充分发掘其农业观光和休闲功能，连点成线形成特色农业旅游线路。突出本地文化特色，彰显地方民俗风情，引导农民开发乡土、乡风、乡韵、乡音产品，完善推广营销体系，让农民多角度、多层次分享收益。

3. 完善利益联结机制，让农民共享发展成果。挖掘农民创业就业增收潜力。完善城乡平等的就业制度和公共就业服务体系，健全城乡一体的职业培训补贴制度和就业援助制度。积极鼓励农民自主创业，充分发挥创业投资、小额担保贷款以及创业孵化基地的作用，引导和扶持农民创业，充分发挥创业带动就业、促进增收的作用。大力发展劳务合作，支持农村劳务合作社优先承接绿化养护、卫生保洁等工程，加强劳动者职业技能和专项职业能力培训，促进农村闲置劳动力实现稳定就业。挖掘股份分红增收潜力。规范社区股份合作社管理，按照量入为出原则，逐步提升按股分红能力。支持供销社、村集体等创办领办农民合作组织，引领农民参与农村产业融合发展、分享产业链收益。健全农业龙头企业与农民专业合作社、农户的利益联结机制，鼓励发展股份合作，引导农民自愿以土地承包经营权等入股农业产业化龙头企业和农民合作社，采取“保底收益＋按股分红”等方式，让农户分享加工销售环节收益。促进低收入农户增收致富。注重精准帮扶，扎实做好对全市低收入农户、贫困边缘农户和困难农村家庭的建档立卡工作。加大对低收入农户社会保障投入和就业扶持力度，建立健全失业保险、社会救助与就业扶持的联动机制。支持发放农村创业小额担保贷款，向低收入家庭成员实施创业倾斜，并由财政给予贴息支持。鼓励有条件的地方采取集体配股、集体送股、以工代赈等办法，帮助低收入农户加入各类集体经济组织，实现脱贫致富。

三、促进城乡统筹协调发展，在推动“农村美”上实现新变化

1. 统筹推进农村基础设施建设。推进镇村道路提档升级工程，重点解决通达“组团式”村庄的道路与区域公路网的科学衔接，方便农村居民日常出行。推进“畅流活水”工程，开展城乡河道综合治理，加快推进拆坝建桥和危桥改建，实施水系连通项目，完成镇级河道网簖拆除，实现城乡骨干水系“水清、流畅、岸绿、生态”。推进生活污水治理工程，合理布局污水收集处理设施，根据污水处理专项规划，延伸部分城乡主次污水管网，2016 年完成 1.2 万户污水处理一期 ppp 项目。推进农村信息化工程，加快农村光纤宽带网络建设，实现农村互联网提速降费。深化农村综合信息服务平台应用，拓展农村信息化应用领域。

2. 加强城乡一体化建设管理。进一步优化村庄规划体系。全面完成村庄布点规划调优，加快推进村庄综合整治规划的编制和优化，严格划定村庄发展边界，在不新增宅基用地的前提下，结合农村基础设施建设，预留并优化部分民生建设空间，推进美丽村庄建设。有序推进示范小区建设。按照刚性拆搬需求，科学合理地确定示范小区年度建设计划，落实安置房选址、规划空间、土地指标及建设资金，年内启动建设示范安置小区 100 万平方米。加强农宅分类管理。按照调优后村庄布局规划确定的不同区域，加快研究分类管理政策。对矛盾比较突出的风貌协调控制区、城市配套控制区、镇级中长期控制区、中长期撤并区等，研究政策微调，探索“市控总量、镇流量控制、实施解危解急”等办法缓解矛盾压力。对明确为保留区域的，待综合整治规划批准实施后，取消流量控制，由各镇按规定常态化管理，恢复正常翻建审批。重视被撤并集镇区整治管理。把被撤并集镇区的整治规范工作纳入城乡人居环境整治行动，制定指导性建设意见，科学确定被撤并集镇区功能定位，理顺建制镇区和被撤并镇镇区、村（社区）关系，做好资源整合与分类管理。以道路、路灯配套，店招、违建整治，生活污水治理、镇区环境综合整治等为突破口，合理配套公共服务，努力创新社会治理，全面提升管理水平。

3. 持续推进"美丽乡村"建设。坚持走符合农村实际的路子，遵循乡村自身发展规律，充分体现农村特点，注意乡土味道，保留乡村风貌。注重挖掘文化内涵。启动"百村故事"行动，多渠道征集乡村民俗风情和历史故事，加强农耕文化资源的收集、整理、开发和推介，保护农耕文化遗产资源，提炼凝成留住美丽乡愁的软实力。彰显乡村个性特点。不搞大拆大建和千篇一律的集中归并，在传承基础上进行整治和提升，力求保持村庄原有空间格局，或枕河而列，或错落有致，宜农则农、宜旅则旅、宜商则商，力争打造一村一品、一村一景、一村一韵的魅力村庄。坚持建管并重。以"组团式"村庄为单位，在充分了解村民意愿的前提下，根据"空间布局、道路路网、公共服务、建筑风貌、绿化景观、历史人文"等要素进行规划设计，实施村庄整治。完善村庄管理长效机制，充分发挥村民自治作用，全面引导农民参与美丽村庄建设和管理，共同打造和爱护美丽家园。积极探索引入市场化运作管理模式，鼓励农民劳务合作社等优先承包经营保洁工作。2016 年，按美丽村庄、康居村庄、整洁村庄三类标准，完成组团式村庄环境综合整治 80 个。

4. 实施村级工业用地整合优化。编制完善整合优化规划，使之有效对接"三优三保"规划、村庄布局规划、村庄综合整治规划等，实现"多规合一"。加强政策支持力度，抓紧确定"十三五"期间市级统筹土地指标、规划空间的年度建议方案，加快研究建设用地指标、规划空间、占补平衡指标市级有偿统筹操作办法，同步研究考虑经营性用地有偿使用交易操作办法。及早建立村级工业用地整合优化市级专项基金，各金融机构加快研究融资支持手段。制定细化工作实施方案，确定"十三五"期间分年度推进计划，制定工作考核办法和奖励细则。指导试点镇先行先试，研究探索一套易操作、能承受、可推广的工作方法，为面上工作推开积累经验、探索路子。建立倒逼退出机制，综合运用市场、法律、经济、行政等手段，严格执法，坚决处置，形成全市一盘棋的综合执法倒逼机制。

四、全面深化农村改革，在实现"机制活"上取得新进展

1. 深化农村集体产权制度改革。研究农村集体经济组织成员身份界定办法。建立健全集体经济组织成员登记备案机制，依法保障集体经济组织成员享有的土地承包经营权、宅基地使用权、集体收益分配权。加快推进农村土地确权登记颁证工作。按照"确权、赋能、放活"的思路，持续推进农村土地承包经营权登记颁证工作，年内基本完成。加强土地承包管理信息平台建设，巩固确权颁证成果。按照不动产统一登记原则，探索宅基地使用权确权登记颁证试点。推进农村社区股份合作社股权固化。积极探索集体经济组织成员对集体资产占有、收益、有偿退出、继承、抵押、担保等权能的实现形式，规范社区股份合作社"三会"治理结构，建立完善社区股份合作社财务管理、股权管理、收益分配等制度。到 2020 年，基本完成土地等农村集体资源性资产确权登记颁证、经营性资产折股量化到本集体经济组织成员，健全非经营性资产集体统一运营管理机制。

2. 推进农村管理服务方式转变。建立完善农村要素市场。探索农村产权流转交易市场建设，不断完善交易制度和交易规则，选择 1—2 个镇试点，由交易服务中心提升为交易市场。进一步规范农村承包土地经营权流转管理。充分尊重农民意愿，确保"刚性底价保护，市场决定流转价格"的农村土地承包经营权流转机制落实到位，引导农户将农村承包土地经营权入股(委托)给农地股份合作社或村集体经济组织，由其通过公开公平的方式统一发包至本地农民为主的各类新型农业经营主体，全面提升土地适度规模经营的质量和水平。研究适合常熟市情的不同经营主体、农业产业的合理规模和流转期限，统一到期流转土地农业生产设施等地上附着物的处置意见。提升集体"三资"管理水平。升级农村集体"三资"监督管理和财务管理信息系统，实现财务、监管、交易"三网合一"。进一步改进和完善"村级财务管理"模式，开展村级支付银行联动监管试点。提升农村集体资产监管水平，加强队伍建设，落实村集体经济组织财务核算的主体责任，强化市、镇集体资产管理部门的监督力度。建立健全镇级集体资产管理体制机制，开展镇级集体资产清理和确权登记。组织开展农地股份合作社的规范化建设行动，实现农地股份合作社的设立、建帐核算和经营管理规范。

3. 改善农村金融服务。构建多层次、广覆盖、可持续的农村金融服务体系，发展农村普惠金融，降低融资风险。加快农村金融产品和服务创新，研究探索农村土地承包经营权抵押贷款的具体操作方法。改善农村存取款、支付等基本金融服务，引导互联网金融、移动金融在农村规范发展。完善农业保险体系，扩大主要种植业、高效设施农业保险覆盖面，降低政策性农业保险赔付起点，探索重要农产品目标价格保险。全面推进农村信用体系建设，完善农村金融综合服务功能，改善农村金融环境。

五、改善农村公务服务管理，在推动"农村社会文明程度高"上取得新提升

1. 提高农村公共服务水平。推动城镇公共服务向农村延伸覆盖，努力实现城乡均衡化。建立健全城乡教育资源均衡配置机制，按照城乡一体要求规划教学点布局。加强乡村教师队伍建设，拓宽补充渠道，提高待遇标准，引导城镇优秀教师到乡村挂职支教。深入推进基层医疗卫生机构运行机制改革，强化基层卫生机构基础设施和基本设备配备，提升乡镇卫生院服务能力。推进农村五保供养机制改革，拓展社会寄养、日托照料等多种功能，逐步向区域性养老服务中心转型。全面加强农村公共文化服务体系建设，继续实施文化惠民项目。推进农村基层综合公共服务资源整合优化，整合基层宣传文化、党员教育、科学科普、体育健身等设施，整合文化信息资源共享、农村电影放映、农家书屋等项目，发挥基层公共设施整体效应。

2. 创新完善乡村治理机制。完善党组织领导的充满活力的村民自治机制，探索村民自治管理的有效实现形式。完善村民会议和村民代表会议审议决定村级重大事项制度，积极探索民情恳谈会、社区听证、社区论坛等协商形式。在有条件的地方试点开展"政经分开"，规范完善村民自治组织和农民集体经济组织运行机制，建立务实管用的村务监督机构。全面推行"政社互动"，城乡社区"减负增效"落实到位。发挥好村规民约在乡村治理中的积极作用。健全依法维权和化解纠纷机制，畅通和规范农民诉求表达、利益协调、权益保障渠道，引导和支持农民依法理性维护自身权益。

3. 提高农村精神文明水平。以全国文明城市创建活动为龙头，深入开展中国特色社会主义和中国梦宣传教育，加强农村思想道德建设，推动社会主义核心价值观进村入户、融入生产生活和乡规民约，增强农民的国家意识、民主法治意识、社会责任意识，加强诚信教育，倡导契约精神、科学精神，提高农民文明素质和农村社会文明程度。深入开展文明村镇、"星级文明户"、"五好文明家庭"创建，培育文明乡风、优良家风、新乡贤文化。广泛开展各类创先争优活动，切实抓好基层典型选树培育工作，大力宣传优秀基层干部、道德模范、身边好人等先进事迹，树立健康文明新风尚。

六、切实加强党的领导，在强化组织保障上凝聚新合力

1. 强化组织领导。不断健全党委统一领导、党政齐抓共管、党委农村工作综合部门统筹协调、各部门各负其责的农村工作领导体制和工作机制。注重选派熟悉"三农"工作的优秀干部进入镇(街道)党政领导班子，确保农村改革有人管，现代农业有人抓。大力培育选树一批农业农村工作先进典型，加大宣传力度，发挥示范引领作用。

2. 尊重群众实践。切实转变工作作风和工作方法，把尊重群众意愿、维护农民利益放到更加突出位置。加强调查研究，充分了解掌握村民群众的意愿要求，形成自下而上的项目生成机制；善于运用"村民自治"这一法宝，发动群众全程参与，以"民主协商、村民自治"的方法妥善处理好各种矛盾纠纷；完善成效评判机制，把群众满意不满意作为检验工作成效的重要标准，确保各项措施落到实处。

3. 强化投入保障。健全支农投入稳定增长机制，优先保障财政对农业农村的投入，坚持将农业农村作为政府固定资产投资的重点领域，确保支农投入力度不减弱、总量有增加。推进涉农资金整合统筹，研究谋划新一轮财政支农项目，突出重点，增强财政投入的精准性。进一步完善资金使用和项目管理办法。提高支农资金管理效能和使用效益。

4. 强化基层组织建设。按照市委提出的"六过硬六均衡"要求，深入推进基层法治型党组织、服务型党组织建设，持续整顿软弱后进基层党组织，全面提升党在农村基层的覆盖面和影响力。建立镇(街道)党委书记抓农村基层党建责任清单、问题清单、整改清单，层层落实固本强基的政治责任。积极应对党组织建设与产业发展不适应、与农民居住形态不适应、与基层治理法治化不适应等问题，扎实推进"新农"党建试点工作。做好农村基层党组织和村委会换届工作，选优配强领导班子，不断夯实党在农村基层的组织基础。从严管理农村党员队伍，进一步加强农村党风廉政建设，着力解决农村基层干部不作为、乱作为问题，加大对农民群众身边腐败问题的惩治力度。

5. 强化督查考核。优化"三农"工作评价指标体系，调整完善考核内容，进一步明确各地各部门工作目标。切实履行农村基层党风廉政建设的主体责任，构建督查问责机制，对责任不落实和不履行监管职责的要严肃问责。建立专项督查、联合督查、定期督查和第三方评估机制，实施重点工作任务落实情况月报制度，推动各项措施落实到位。

关于加快推进生态文明建设的实施意见

常发〔2016〕53号

为认真贯彻《中共中央国务院关于加快推进生态文明建设的意见》、《中共江苏省委江苏省人民政府关于加快推进生态文明建设的实施意见》以及《中共苏州市委苏州市人民政府关于加快推进生态文明建设的实施方案》，全面落实习近平总书记对江苏工作的新要求，结合我市实际，现就加快推进生态文明建设提出以下实施意见。

一、总体要求

以邓小平理论、"三个代表"重要思想、科学发展观为指导，深入贯彻党的十八大、十八届三中、四中、五中全会和习近平总书记系列重要讲话特别是视察江苏重要讲话精神，牢牢把握"迈上新台阶、建设新江苏"和"强富美高"总布局，牢固树立"创新、协调、绿色、开放、共享"五大发展理念，坚持节约优先、保护优先、自然恢复为主的方针，坚持绿色发展、循环发展、低碳发展，大力推进生态文明建设，谱写美丽中国的常熟篇章。

二、主要目标

到2020年，全社会生态文明理念显著增强，绿色发展水平显著提升，污染排放总量显著下降，生态环境质量显著改善，力争建成全国生态文明建设示范县。

——空间开发格局进一步优化。开发强度、城市规模得到有效控制，生产空间、生活空间、生态空间布局明显优化，生态红线区域占国土面积不低于20%，形成符合主体功能区定位的开发格局。

——资源能源利用效率不断提高。单位地区生产总值二氧化碳排放削减率、单位地区生产总值能耗下降率完成上级下达的目标,非化石能源占总能源比例超过1%,万元工业增加值用水量控制在14立方米以下,农业灌溉水有效利用系数提高到0.6以上。

——生态环境质量持续改善。主要污染物排放总量持续减少,PM2.5年均浓度比2015年下降20%,地表水水质优良(达到或优于Ⅲ类)的比例力争达到70%,集中式饮用水水源水质稳定达标,土壤环境质量总体保持稳定,环境风险得到有效控制。自然湿地保护率达到56%,林木覆盖率稳中有升,生物多样性得到有效保护,生态系统稳定性明显增强。

——生态文明制度体系基本建立。自然资源资产产权和用途管制、损害赔偿、责任追究等制度初步形成,煤炭及能源消费、碳排放总量控制、碳交易等制度初步确立,生态空间管控、资源环境区域补偿等制度更加完善,绿色政绩考核、资源环境审计等制度建设取得进展。

——生态文明系列创建取得积极成效。巩固、深化国家生态市建设成果,大力推进国家生态文明建设示范区建设,力争建成国家生态文明建设示范市。

三、重点工作

(一)加强红线管控,科学优化国土空间。

1. 深入落实主体功能区战略。全面落实《苏州市主体功能区实施意见》,按照《苏州市城乡发展一体化综合改革试点总体方案》"打造生态文明示范区"的要求,推进经济、人口、资源环境在空间上合理均衡分布,构建高效、集约、均衡、永续的国土开发模式,对不同主体功能区,实行差别化财政、投资、产业、土地、人口、环境、考核等政策。推进落实主体功能定位,推动经济社会发展、城乡、土地利用、生态环境保护等规划"多规合一"。区域规划编制、重大项目布局必须符合主体功能定位,对不同主体功能区的产业项目实行差别化市场准入政策,明确禁止开发区域、限制开发区域产业准入导向,引导优化开发区域发展优势产业。(责任单位:发改委、国土局、规划局、环保局)

2. 严守城市开发边界、耕地保护和生态保护红线。科学确立城市功能定位和形态,加强城市空间开发利用管制,合理确定城市规模、开发强度和保护性空间,加快推进划定城市开发边界红线,加强城市用地增量控制。强化耕地和基本农田保护,实行最严格的耕地保护制度,划定永久基本农田。对新增建设用地规模实行总量控制,落实耕地占补平衡,坚决防止占多补少、占优补劣、占水田补旱地的现象,到2020年全市确保耕地数量不下降、质量不降低。严守"生态红线",优化调整生态红线区域保护规划,强化刚性约束,落实管控措施,不断提升生态红线区域的生态功能。加强生态红线区保护的监督管理,禁止擅自调整生态红线区域边界,严肃查处在生态红线区域内违规开发建设等行为。落实生态红线区域保护考核评估制度,强化生态补偿激励机制,把考核评估结果与补偿资金挂钩。(责任单位:国土局、规划局、发改委、农委、环保局、财政局)

3. 优化城乡空间布局。按照人口资源环境相均衡、经济社会生态效益相统一的原则,科学布局生产、生活、生态空间。严格控制城市规模,促进城市、城镇协调发展,落实"协同上海、借力苏州,因地制宜"的空间发展战略,不断优化"一轴一带"为主体的城镇化发展空间格局、"四个百万亩"为主体的农业空间格局、"廊带交织、三楔入城"的生态空间格局。尊重自然格局,合理布局城镇各类空间,尽量减少对自然的干扰和损害。传承历史文化,加强园林保护管理,保持江南水乡特色风貌。

(责任单位:规划局、发改委、住建局、农委、环保局、国土局、文广新局、绿委办)

(二)坚持节约优先,提高资源能源利用率。

4. 推进资源节约集约利用。全面实行最严格的水资源管理制度,实施用水总量、用水效率、水功能区纳污总量控制"三条红线"管理。深化节水型社会建设,强化用水定额管理和总量控制,严格取水许可、水资源有偿使用、入河排污口管理、水资源目标责任考核等制度。加强地面沉降监测和防治,巩固地下水全面禁采成果。实行最严格的耕地保护和节约集约用地制度,控制城乡建设用地总规模,不断提高单位土地投入产出效率。(责任单位:水利局、国土局)

5. 加大节能减排力度。控制煤炭消费总量,实施电力行业煤炭等量替代、非电行业减量替代,重点削减非电行业煤炭消费总量。到2020年,能源消费总量控制在上级部门下达的目标之内,煤炭消费总量控制在1464万吨左右。调整能源消费结构,推广使用清洁能源,建设太阳能光热利用、光伏发电示范工程。提高能源利用效率,落实节能评估审查制度,严格控制高耗能高排放行业过快增长,着重抓好工业、建筑、交通运输、公共机构等重点领域,以及钢铁、电力等重点行业和重点用能单位节能工作。推进节能新技术和新产品的应用;深化"能效之星"创建活动,提高企业节能降耗水平。

推进城镇污水处理设施建设,整合搬迁城东、东南和城北污水厂,完善城镇污水管网系统,按照统一规划、统一建设、统一运行、统一管理的"四个统一"模式加快农村生活污水治理。推进污水处理设施提标改造,加快城镇污水处理厂污泥永久性处理处置与综合利用设施。到2020年,建成区生活污水基本实现全收集、全处理,实现永久性污泥处理处置设施全覆盖,无害化处理处置率达到100%。加大畜禽养殖污染防治力度,开展规模化养殖场畜禽粪便无害化处理与资源化利用。加强重点工业行业提标改造,减少工业污染物排放。加快实施煤电节能减排与升级改造行动计划,到2017年底,全市完成电力行业超低排放改造,削减燃煤电厂污染物排放量,试点开展热电行业超低排放改造。(责任单位:发改委、经信委、水利局、农委、环保局)

6. 加快发展循环经济。积极构建循环型工业、现代农业和服务业为主体的产业体系。全面推进园区循环化改造,持续开展国家级生态工业园区建设工作,积极开展工业循环经济示范企业(基地)创建活动,积极推进工业企业清洁生产,对超过清洁生产审核有效期污染物排放超标或超过重点污染物排放总量控制指标的企业,涉及重金属排放、使用或排放有毒、有害物质的企业,危险废物经营单位、危废年产生量大于2000吨的企业,七大产能过剩行业的重点企业实施强制性清洁生产审核。

积极发展种养结合、低碳循环农业,深化拓展秸秆和畜禽养殖废弃物资源化利用。推进垃圾分类回收,积极实施餐厨废弃物无害化处理和资源化利用试点,推行建筑垃圾的资源化利用。(责任单位:发改委、经信委、环保局、农委、城管局、住建局)

(三)加快转型升级,大力提升绿色发展水平。

7. 加强科技创新。组织实施绿色科技重大专项项目,开展循环经济、节能环保、水、气、土污染防治的技术研究,开展与生态文明建设相关的基础理论、宏观战略研究。深化产学研合作,加强生态文明建设工程人才的培养和使用,持续开展PM2.5源解析工作。建设一批具有产业技术研发、专业技术服务集聚功能的产学研联合创新载体,着力培育自主知识产权、自主品牌和创新型环保企业。加快生物技术、膜技术、电子信息技术等关键技术在新兴产业发展、污染治理、低碳循环等领域的示范应用。完善协同创新机制,推进科技与市场、高校科研院所与企业对接,推动建立科技成果转化服务中心,增强高新区、产业化基地、大学科技园、科技企业孵化器等服务功能,发展绿色科技企业。加快节能环保产业发展,大力发展技术咨询和信息服务、设施运营、工程设计和承包、环境监理等节能环保服务业。(责任单位:科技局、经信委、发改委、环保局、人社局)

8. 推动产业合理布局。贯彻落实《苏南现代化建设示范区规划》,打造改革开放和国际合作的新高地,合理规划产业布局,严格执行化工、印染、造纸等项目的准入政策,全面推动区域协调发展。推动开放经济转型升级,促进传统块状经济向现代产业集群转型,重大项目向开发区集中、优质资源向优势产业集聚。(责任单位:发改委、经信委、科技局)

9. 调整优化产业结构。把握产业发展规律与方向,按照调高调轻调优调强调绿的思路,推动产业结构由中低端向中高端迈进,到2020年,现代产业体系初步形成,高新技术产业产值占规模以上工业产值达45%左右。深入实施创新驱动发展战略,做大做强先进制造业和现代服务业两大主干,构建结构优化、技术先进、附加值高、资源消耗少的绿色产业体系。加快发展先进制造业,贯彻落实《中国制造2025江苏行动纲要》,积极发展先进材料、先进装备以及先进制造服务业,着力打造具有核心竞争力的产业体系,加快建设特色鲜明的全球先进制造业研发与制造基地。大力发展节能环保产业,努力提升节能环保技术、装备和服务水平。加快传统产业改造升级,鼓励企业进行智能化改造,积极发展数字化制造,深入推进精益制造和绿色制造,支持企业通过技术创新等手段大幅提高劳动生产率。制定实施《常熟市供给侧结构性改革去产能行动计划》,至2020年完成关停不达标企业、淘汰落后低效产能企业500家。按照生产技术先进、经营规模适度、市场竞争力强、生态环境可持续的要求,加快转变农业发展方式,持续推进农业结构调整,积极培育新型农业经营主体,着力建设集约、高效、安全、持续的现代农业体系。推进高标准农田建设,推进农业标准化生产,大力发展生态循环农业,加强农产品质量安全监管,抓好有机绿色无公害农产品基地生态环境建设。重点发展现代金融、信息服务、电子商务、生态旅游等新型服务业,加快发展生产性服务业,着力推动制造业服务化。积极发展基于网络的互联网经济、平台经济等新兴业态,推动新产业新业态新模式迅速成长。加快现代服务业集聚区建设和提升,形成布局合理、特色鲜明的服务产业集聚带,到2020年,服务业增加值占GDP比重达到48%。(责任单位:科技局、发改委、经信委、农委)

(四)强化污染防治,持续改善环境质量。

10. 深入推进大气污染防治。实施大气污染防治年度工作计划,积极推进电力、钢铁、水泥、平板玻璃等重点行业烟气提标改造工程,削减污染物排放总量。落实《苏州市高污染燃料锅炉大气污染整治实施方案》,综合运用集中供热、清洁能源替代、提标改造和关闭淘汰等措施,开展燃煤锅炉整治工作。开展化工园区环境综合整治和督查,对化工园区以及化工、纺织印染、涂装、电子、印刷等重点行业开展挥发性有机物污染专项治理。开展城区餐饮油烟整治行动。落实《苏州市扬尘污染防治管理办法》,整治工地、道路、堆场、裸地扬尘。加强机动车污染防治,严格执行"黄标车"市区限行措施,深入开展本地、外地旅游、厂包、专线客车"冒黑烟"集中整治行动和长效管理,积极推进老旧机动车辆淘汰报废。建立和完善机动车检测管理机制,采用工况法进行柴油车环保检测。机动车年审同步检测率实现100%。油库、加油站、油罐车的油气回收装置正常运行。推广港口岸电,选择条件具备的港口率先启动岸电设施建设,增加船舶排放控制区管理,对常熟沿江港口实施严格的船舶排放控制区管控,对于船舶排放硫氧化物、氮氧化物等大气污染物实施指标控制,要求船舶使用低硫燃油,减少大气污染物排放。加强空气质量监测和大气污染源控制,完善大气污染联防联控和监测监控体系,实时公布大气环境质量监测信息。全面开展霾天气监测预警工作,及时有效应对重污染天气,防治酸雨、灰霾和光化学烟雾污染。(责任单位:环保局、经信委、住建局、城管局、交通运输局、公安局、发改委、口岸办、气象局、海事局)

11. 全面提升水污染防治水平。坚持把水环境治理作为生态文明建设的重中之重,对尚湖等重点湖泊和主要河道开展水生态环境监测和整治,扎实推进生态清淤、水生态修复、岸线绿化等工作,促进河湖水质明显提升。扎实推进阳澄湖生态优化行动实施方案(2016—2018)。深入推进"河长制"、"断面长制",加强对围垦河湖、填堵河道、占用河湖管理范围、设置排污口的管理。强化河湖综合治理和长效管理,增强行洪排涝和城乡供水保障能力。开展"三湖、四纵、五横”水环境整治，采取“一断面、一对策”措施，全面提升流域水质。强化水上交通运输污染防治，船舶修造厂、沿江港口、码头于 2017 年底完成污染防治设施的建设改造，内河港口、码头于 2020 年底完成污染防治设施的建设改造，加强监管，依法配备与其吞吐能力相适应的污染防治设施和应急设备、器材。贯彻落实《全国地下水污染防治规划》，加强地下水监测井管理，规范开展地下水环境监测。（责任单位：水利局、农委、环保局、交通运输局、海事局）

12. 积极开展土壤污染防治。在国务院《土壤污染防治行动计划》和《全省土壤环境保护和综合治理行动计划》印发实施后，按照相关要求抓好土壤污染防治工作。严格执行国家规划环评和项目环评有关政策，在规划环评和排放重金属、有机污染物的工矿企业项目环评文件中强化土壤环境影响评价的内容。开展场地污染排查，建立污染场地档案。加强土壤环境监管能力建设。（责任单位：环保局、国土局）

13. 切实加强环境风险防控。以改善环境质量为核心，以保障环境安全为底线，加强环境风险防控管理与应急处置，有效防范和遏制重特大环境污染事故发生。开展环境安全大检查和环境风险企业隐患排查和整治工作，加强对生产、储存危险化学品企业监管和危险化学品运输管理。定期开展环境应急演练，提高环境应急能力。强化水质监控预警和应急能力建设，加强饮用水源地水质和藻情的监测预警，加强尚湖、长江应急水库蓝藻、水草打捞和湖泛防控，确保饮用水安全、确保饮用水源地水域不发生大面积湖泛。强化对涉重企业的监管，落实苏州市重金属污染综合防治实施方案，按计划完成列入省环保厅“十三五”重金属规划中的年度任务，年内重点重金属排放量达到国家、省年度减排目标要求，重金属污染得到有效控制。健全核与辐射事故预警和应急体系，完善“苏州市放射源监控系统”。强化闲置和废弃放射源暂存和及时收贮的监管。加强电磁辐射环保宣传和环境监管，配合省环保厅加强对大型电磁辐射设施的管理。（责任单位：环保局、安监局、交通运输局、公安局、水利局、农委）

（五）实施整体修复，不断增加生态资产总量。

14. 深入开展绿色常熟建设。大力实施城乡绿化美化、森林资源保护、林业产业提升工程，进一步加大植树造林力度，扩大森林面积，不断提升城乡绿色宜居品位。积极构建沿江、河、湖防护林体系，推进生态公益林建设，打造绿色生态屏障。加强高标准农田林网建设，重点提高现有林网建设标准，逐步推广优良乡土树种。加强森林抚育改造，全面提升森林资源质量。（责任单位：绿委办、农委）

15. 加大生物多样性保护力度。对列入国家、省级重点保护名录中的野生动植物开展全面调查，查清有关物种的分布范围、地理位置、居群数量、生态环境和濒危状况。实施生物多样性保护重大工程，加强自然保护区建设与管理，对重要生态系统和物种资源实施强制性保护，切实保护珍稀濒危野生动植物、古树名木及自然环境。推进自然保护区规范化建设。加强动植物保护力度，实施陆生野生动植物保护工程，加大水生生物养护力度，开展乡土树种、主要农作物、林木花卉等种质资源异地保护和原生态保护。建立外来入侵物种监测、评估与预警体系，开展重点区域外来入侵物种监测预警和阻截带建设，建设区域性外来物种风险评估监测中心、综合防治技术实验基地、有害生物鉴定中心，有效防范物种资源丧失和外来物种入侵，保障国门生物安全。（牵头单位：农委、国检局、绿委办）

16. 大力开展生态修复。加强地质灾害防治，继续实施山体保护复绿、工矿废弃地恢复治理工程，巩固关闭露采矿山治理成果，适时启动地质环境监测工作。以太湖流域湿地保护为重点，实施退耕退渔退养、还林还湖还湿地工程，保护自然湿地。逐步修复退化湿地，实施南湖荡等湿地建设，扩大湿地保护面积。（责任单位：国土局、农委）

17. 积极应对气候变化。全面落实《江苏省应对气候变化规划（2015－2020 年）》，制定煤炭消费总量控制目标年度实施方案，持续降低单位国内生产总值二氧化碳排放量。探索能源消费总量、煤炭消费总量、碳排放总量“三控”机制，有效控制温室气体排放。按照省碳强度考核办法，严格实施碳强度考核制度。全面推进国家低碳城市试点建设，建立完善碳管理、碳考核、碳评估体制机制，以 2020 年碳峰值目标为引领，实现二氧化碳排放总量、强度和人均三大指标突破。推进重点单位温室气体排放报告制度，建立第三方核查机制。有序对接国家、省碳排放权交易市场。开展碳捕集利用等低碳技术的研发和应用，推动低碳产品认证和广泛使用。加大应对气候变化工作力度，开展极端天气气候事件的监测诊断、影响评价、预警和预防，加强防灾减灾体系建设和人工影响天气作业的协调，为合理利用气候资源提供气象科学支撑，继续做好城市热岛效应的监测、分析、评估工作。（责任单位：发改委、经信委、气象局）

（六）坚持统筹规划，推动城乡一体化发展。

18. 全面实施城市环境综合整治。城市规划建设要体现尊重自然的理念，形成“紧凑型城镇、开敞型区域”，保护修复自然山水格局及形态，让城市回归自然。深化城市环境综合整治，巩固提升“城市环境大家管、市容秩序大提升”五项治理工作，加大城市管理重点领域依法治理力度，持续提升市容环境、城市品质和人居质量。优化城乡生态风貌，推进生态项目建设，实施基础设施、绿化景观及配套工程建设。推进城市内河水环境综合整治，巩固市区“畅流活水”工程成效，通过清淤疏浚、水系沟通、生态修复、引清调水等综合措施，使城市河道水质、水景观明显改善。继续推进城乡河道整治工程，开展生态清淤和疏浚，减少内源污染，增强河流自净能力，加强城乡噪声污染防治管理，开展“绿色护考”等专项行动，巩固噪声达标区成果，改善城市声环境质量。优化城市绿地布局，强化绿色生态空间的系统性和均衡性，加强公园绿地、防护绿地、城市绿廊、城市湿地及城郊大环境绿化建设，构建城郊乡一体化的绿色生态网络体系，大力推进以乡土适生乔木为主的城市林荫系统建设。（责任单位：城管局、水利局、环保局、农委、绿委办）

19. 加快美丽乡村建设。以美丽乡村建设示范为抓手，更大力度整治农村环境，努力打造一批美丽乡村，全面提升农村人居质量。协同推进村庄环境整治提升和覆盖拉网式农村环境综合整治，加快农村环境基础设施建设，完善生活垃圾收运体系，加大村庄生活污水治理力度，建立健全村庄环境长效管护机制，巩固提升整治成果，努力实现河畅、水清、岸绿、景美的目标。

加强农业面源污染防治，推广测土配方施肥和高效施肥技术模式，不断降低化肥农药施用强度。大力推进畜禽粪便、秸秆、农膜等农业废弃物的综合利用，鼓励畜禽适度规模化养殖，以农牧结合、工程治理和生物处理等方式，不断提高畜禽粪污处理和综合利用水平；健全农作物秸秆综合利用体系和补贴机制，着力解决秸秆收贮难题和能源化利用普遍性亏损问题，到2020年，全市秸秆综合利用率达到上级要求。继续深入开展绿色村庄建设活动，切实加强秸秆禁烧禁抛工作，严格落实责任制，实行分片包干负责制度，建立督查巡查和跨区域联动控制工作机制。（责任单位：委农办、住建局、城管局、环保局、农委、绿委办、水利局）

20. 有效推进绿色建筑行动。全市城镇新建民用建筑全面按照一星级及以上绿色建筑标准设计建造。推动绿色生态城区示范建设，创新绿色建筑推进机制。实施建筑能效提升工程，提高可再生能源与建筑一体化应用水平。加强建筑能效测评标识。加快既有建筑节能改造，推进建设领域合同能源管理，创新和完善以市场为主导的推进机制。（责任单位：住建局）

21. 大力开展海绵城市建设。按照系统治理、源头减排、过程控制、统筹建设、生态安全的原则，扎实开展海绵城市建设试点，将各项要求落实到城市建设管理各个环节中。推进城市地下综合管廊建设，推广先进雨水综合利用技术，合理规划城市绿地系统。有效发挥城市绿地系统自然积存、自然渗透、自然净化的自然生态效应。构建健康的城市水生态系统，实现城市排水防涝能力综合提升、径流污染有效削减、雨水资源高效利用。到2020年，城市建成区20%以上的面积达到海绵城市建设目标要求，70%以上的雨水得到有效控制。（责任单位：住建局、发改委、财政局、水利局、规划局、绿委办、城投公司）

（七）强化宣传教育，积极推行绿色生活。

22. 提高全民生态文明意识。加强生态文化建设，充分挖掘常熟地域文化中的生态特色，大力汲取传统文化中的生态智慧，积极倡导和树立现代生态理念，构建以全民参与为核心的先进生态文化体系。结合世界水日、地球日、环境日、海洋日、无车日、低碳日、国际湿地日、生物多样性日、保护臭氧层日、地球一小时等重要主题节日，开展生态文明宣传，强化全民生态环境保护的责任意识。把生态文明教育作为素质教育的重要内容，纳入国民教育体系和干部教育培训体系。扩大生态文明宣传教育的阵地和领域，创建一批生态文明教育基地。充分发挥新闻媒体作用，利用各类新媒体，创新生态文明宣传教育形式。（责任单位：宣传部、文广新局、党校、环保局、旅游局、教育局）

23. 积极培育绿色生活方式。推广低碳、循环的消费模式。深入开展反浪费行动，遏制对高档和珍稀食材以及过度加工食品的消费，限制一次性餐具的使用。推广绿色服装，遏制对珍稀野生动物毛皮产品的消费，淘汰高污染、高消耗的布料和服装生产工艺。鼓励绿色家装，推广节水器具、节能家电，鼓励购买低毒少害家具、建材产品。倡导绿色出行，推进公交优先发展，加快发展城市公共交通、自行车专用道、行人步道等绿色交通基础设施和慢行系统，力争到2020年城市居民公共交通出行分担率达28%。倡导绿色殡葬，积极推进生态节地葬。加大绿色消费的政策支持，综合利用行政管理、财政补贴等手段，扶植和培育绿色产品产业、绿色商品市场发展，营造鼓励绿色消费的良好社会环境。强化政府机关的率先垂范，健全政府绿色采购制度，调整完善采购清单，规范采购流程，扩大覆盖范围。加大能效标识产品、节水标识产品、环境标识产品和低碳标识产品的使用推广力度，鼓励居民购买绿色产品，逐步构建绿色消费模式综合评估体系。（责任单位：交通运输局、民政局、市财政局、水利局、经信委、市场监督管理局、政务服务管理办公室）

24. 强化生态文明共建共享。深入推进公众参与，健全信息公开、有奖举报等制度。建立社区、企业、公民、政府良性互动的环保协作机制，探索以社会共治促进环境良治的新模式，构建新型环境公共关系。培育壮大环保社会组织，引导公众有序参与环境事务。积极开展生态文明建设示范市、文明城市等创建活动，大力推进水生态文明城市等建设。积极推动绿色企业、绿色社区、绿色学校、绿色家庭等“细胞工程”建设，进一步调动全社会参与生态文明建设的积极性。（责任单位：环保局、水利局、民政局、宣传部、水利局、教育局）

（八）深化改革创新，健全生态制度体系。

25. 加强制度标准建设。全面清理规范性文件中与加快推进生态文明建设不相适应的内容，加强与法律、行政法规的衔接。全面落实循环经济、水污染防治、饮用水水源保护、土壤环境保护、可再生能源发展、节水、土地管理、应对气候变化、城市绿化、湿地保护、生物多样性等方面规范性文件，严格执行污染物特别排放限值。（责任单位：法制办、环保局）

26. 探索建立自然资源资产产权制度和用途管制制度。探索开展自然资源资产调查摸底工作，逐步建立相应数据采集机制。探索自然资源资产评价机制，对自然资源实行资产管理。探索自然资源用途管制制度，推进各类国土空间开发、利用、保护边界，实现能源、水资源、矿产资源按质量分级、梯级利用。探索建立资源环境承载能力监测预警机制，对资源消耗和环境容量接近或超过承载能力的地区，及时采取限制性措施。探索编制自然资源资产负债表。（责任单位：国土局）

27. 完善经济政策。落实价格、财税、金融等政策，激励、引导各类主体积极投身生态文明建设。深化自然资源及其产品价格改革。落实差别电价、水价政策，全面实行居民阶梯水价制度。稳步推进排污收费改革，实行排污费差别化征收，实施部分行业挥发性有机物的排污收费。深化环境污染责任保险试点，对高风险企业实行环境污染强制责任保险。（责任单位：物价局、环保局）

28. 推行市场化机制。加快环境污染治理市场的全面开放，推行第三方治理。探索建立能源消费量、煤炭消费量交易制度，稳妥推进节能量交易新机制，建立水权等交易制度，贯彻落实国家和省碳排放权交易市场建设的统一部署，积极做好对接碳排放权交易市场工作，建立完善碳强度降低目标责任考核评估机制。组织开展重点单位培训、报送、碳核查工作，推进重点单位温室气体排放年度报告制度。推进全市碳数据管理系统平台运行管理及应对气候变化部门统计体系建设。（责任单位：发改委、经信委、水利局、环保局）

29. 完善生态补偿制度。科学界定生态保护者与受益者权利义务，加快形成生态损害者赔偿、受益者付费、保护者得到合理补偿的运行机制。完善生态补偿机制，提高生态补偿力度。合理使用生态补偿资金，确保生态资源的安全完整。（责任单位：农办、财政局、环保局）

30. 完善政绩考核和责任追究制度。严守环境质量底线，把环境质量"只能更好、不能变坏"作为政府环保责任红线。健全干部政绩考核体系，把生态文明指标和实绩作为重要考核内容。实施生态文明建设评价体系、考核机制和激励办法。开展党政领导自然资源资产离任审计探索，重点探索离任审计与任中审计、与领导干部经济责任审计以及其他专业审计相结合的组织形式，发挥好审计监督作用。认真贯彻落实《党政领导干部生态环境损害责任追究办法》，严格责任追究，对违背科学发展要求、造成资源环境生态严重破坏的要记录在案，实行终身追责，不得转任重要职务或提拔使用，已经调离的也要问责。对推动生态文明建设工作不力的，要及时诫勉谈话；对不顾资源和生态环境盲目决策、造成严重后果的，要严肃追究有关人员的领导责任；对履职不力、监管不严、失职渎职的，要依纪依法追究有关人员的监管责任；构成违法犯罪的，要依法严肃查处。（责任单位：组织部、生态文明办、审计局、监察局）

31. 推动执法监管机制创新。加强法律监督、行政监察，对各类环境违法行为实行"零容忍"，加大查处力度，严厉惩处违法违规行为。强化对浪费能源资源、违法排污、破坏生态环境等行为的执法检查和专项督查。完善行政执法与刑事司法的衔接机制，健全环境保护行政执法与刑事司法信息共享、案情通报、案件移送制度，坚决克服有案不移、有案难移、以罚代刑现象，实现环境保护行政处罚和刑事处罚无缝对接。加强企业环境信用评价，建立健全信用分类、分级监管机制，建立失信联合惩戒机制，加强事中、事后监管。资源环境监管机构独立开展行政执法。完善环境问责及纠错、生态环境矛盾定期排查、重点环境问题后督察等制度，对环境违法行为严肃追究有关责任。（责任单位：环保局、法院、检察院、公安局、监察局）

四、保障措施

（一）加强组织领导。市委、市政府对生态文明建设和环境保护工作党政同责、一岗双责，各地、各有关部门要切实履行职责，明确工作机构，完善工作制度，形成上下联动、部门协同、全社会广泛参与的工作机制。市生态文明建设领导小组及其办公室统筹推进全市生态文明建设工作，领导小组办公室承担组织协调、任务分解、督促检查、评估考核等工作。

（二）落实资金保障。将生态文明建设列为公共财政支出的重点，逐年加大投入。完善政府引导、市场运作、社会参与的多元投入机制，鼓励和支持社会资金、企业资金投入生态文明建设领域。健全生态文明建设资金管理体制，加大资金监管力度，提高生态文明建设的经济效益、社会效益和生态效益。

（三）严格监督考核。建立健全生态文明建设激励约束机制，依据《常熟市生态文明建设绩效考核实施办法》对各部门、板块生态文明建设情况进行考核，并将考核结果作为评价党政领导班子政绩的重要依据。鼓励各部门（板块）在生态文明建设中勇于创新，对创新成果得到上级部门认可或者在国家级媒体上报道的，在年终公仆杯考核中适当予以加分。

（四）加强交流合作。广泛开展生态文明建设各领域、各层面的经验交流与技术合作，共同加强系统性、流域性、区域性生态环境问题治理。

（五）强化能力建设。加强农村环保机构队伍建设，健全市、镇、村三级环境管理网络，充分发挥镇村环保工作人员的作用。加快建设生态环境监控平台，提高监控预警能力。进一步加强监察、宣教、信息、应急、核与辐射、固废管理队伍建设，减排监测体系运行情况达到国家相关要求，重污染天气预警监测系统建设全面完成，巩固标准化建设成果。

（六）推进工程建设。分解落实生态文明建设年度目标任务，明确责任分工。按照系统性布局、协同性建设、调节性修复的要求，实施年度生态文明建设重点项目，加强工程项目的组织管理和督查，充分发挥建设项目的生态效益。

（七）抓好贯彻落实。市委、市政府及市有关部门要明确目标任务、责任分工和时间要求，确保各项政策措施落到实处。要抓住制约生态文明建设的瓶颈，大胆探索，积极实践，力争取得重大突破。及时总结有效做法和成功经验，完善政策措施，形成有效模式，加大推广力度。各部门、板块贯彻落实情况要及时向市委、市政府报告，同时抄送市生态文明建设工作领导小组办公室。市委、市政府就贯彻落实情况适时组织开展专项监督检查。

关于践行五大理念打造精致城市的行动方案

常发〔2016〕70号

为深入贯彻落实习近平总书记系列重要讲话特别是视察江苏重要讲话精神，动员全市上下积极投身“践行五大理念、打造精致城市、建设‘强富美高’新常熟”伟大实践，高标准完成市第十三次党代会确定的各项目标任务，高水平全面建成小康社会，特制定本行动方案。

一、总体要求

认真贯彻落实党的十八大和十八届三中、四中、五中全会精神，深入学习贯彻落实习近平总书记系列重要讲话特别是视察江苏重要讲话精神，按照省委、苏州市委的决策部署，紧扣市第十三次党代会确定的目标任务，协调推进“五位一体”总体布局和“四个全面”战略布局，自觉践行创新、协调、绿色、开放、共享新发展理念，积极适应和引领经济发展新常态，扎实推进供给侧结构性改革，大力实施创新驱动、民生优先、城乡统筹、绿色发展、文化提升五大战略，努力做到经济发展实现精明增长、城市功能突出精准定位、社会事业强化精细服务、文化引领凸显精神内涵，全力增创产业发展特色、生态环境特色、历史文化特色、改革创新特色，建设“强富美高”新常熟，高水平全面建成小康社会，谱写好伟大中国梦的常熟篇章。

二、基本原则

1. 坚持创新驱动。注重高端要素集聚与高端产业发展“相辅相成”，打好稳定存量与优化增量“组合拳”，加快经济转型升级，加速发展动能转换，实现发展动力从要素驱动向创新和开放驱动转变，发展方式从规模速度粗放型向质量效率集约型转变，产业结构从中低端向中高端转变。

2. 坚持规划引领。积极推动多规融合，以规划引领产业转型和城市转型，优化城市产业结构，优化城市空间布局，优化城市现代功能，优化城市文化特色，优化城市生态环境。

3. 坚持以人为本。强化问题导向和目标导向，更加精准对接发展所需、基层所盼、民心所向，主动寻找和补齐民生短板，让全市人民不断增强精致城市获得感。

4. 坚持重在实干。弘扬常熟干部群众勤勉务实、锐意进取的优良传统，提振干事创业的精气神，强化敢于担当意识，久久为功、接续发力，确保精致城市建设干在实处、取得实效。

三、主要任务

围绕上述总体要求，紧密结合实施“十三五”规划纲要，未来五年，着力推进“精明增长、精准定位、精细服务、精神内涵以及改革与法治和党建保障”五大类16项重点任务50个项目化举措。

（一）突出要素集聚、产业高端的精明增长

1. 打造产业特色鲜明的先进制造业高地。落实好去产能、去库存、去杠杆、降成本、补短板五大任务，深入实施经济发展迈上新台阶“410”工程，坚持以工业经济为主、特色产业为主、骨干企业为主，着力培育壮大“3＋5”城市特色产业，促进产业结构向中高端攀升。到2020年，“三大主导产业”产值力争超过4000亿元，五大新兴产业产值超过1000亿元，全市战略性新兴产业产值占规上工业产值比重达55%。

（1）推动存量企业提升核心竞争力。实施存量优化组合行动，每年实施一批重点兼并重组项目；支持企业瞄准国际同行业标杆推进技术改造，全面提高产品技术、工艺装备、能效环保等水平，促进纺织服装、冶金、化工等传统行业向价值链高端发展。引导民营企业完善现代企业制度，弘扬“工匠精神”，倡导精益管理，增品种、提品质、创品牌，支持企业品牌标准创建，培育一批“专精特新”企业。到2020年，培育形成国家级品牌培育试点示范企业5家、中国质量奖企业1家，苏州市级以上品牌企业年产值1500亿元，新增“专精特新”产品75只。（牵头责任单位：经信委）

（2）高水平壮大特色产业集群。持续扩大有效投入，优化投资结构，建立完善重大项目协调推进工作机制，加快推进一批重点项目。坚持“破旧”和“立新”并举，继续淘汰低水平、低竞争力产能，加快把经济发展的重心和资源、空间转移到发展以战略性新兴产业为重点的新经济上来。以“两整车一中心”为依托，重点发展整车制造、核心零部件制造和新能源汽车，推进汽车全产业链发展，打造“中国最年轻的汽车产业基地”；以高端装备制造为引领，加快在工程机械、电气机械、智能装备、海洋工程等领域形成一批重点产业链。加快特色产业基地和特色产业园区建设，做大做强电气机械、精密机械、医疗器械、装备制造、经编无纺、汽车零部件、光电通讯、玻璃模具等板块特色产业。（牵头责任单位：发改委）

（3）做大做强园区经济。充分发挥“两区两园”支撑和带动作用，支持经开区加快构建整车生产、零部件配套、汽车物流“三位一体”汽车产业基地，大力发展高附加值产业，形成“一超多强”现代产业格局，力争工业总产值五年翻一番，服务业开票销售收入五年增两倍。推动高新区加快创新驱动发展五年行动计划，主攻集聚和培育高端人才、高端技术、高端产业，争取利用5年时间，培育形成一批高技术、高附加值的战略性新兴产业，打造500家拥有核心技术和知名品牌的创新型企业。支持高新园争创省级高新区，新材料产业园建设国内领先的高端新材料特色产业基地，培育一批具有较强竞争力的特色产业链。深化区镇联动，壮大乡镇经济，实现优势互补、资源共享，提升集聚发展水平。（牵头责任单位：经开区、高新区、高新园、新材料产业园）

（4）实施智能制造升级行动。全面对接“中国制造

2025”，加大以智能制造、绿色制造为重点的产业投资，确保每年技改投入占工业投资60%、设备投资占技改投入70%。全面推进智能制造“400”工程，扎实开展智能装备改造、智能车间创建、智能工厂培育行动，到2020年，创建600家智能制造企业（车间），其中规上企业400家。推动实体经济与互联网的“融合催生”，鼓励企业利用“互联网+”改造传统制造业，全面推进技术创新、产业创新、业态创新和模式创新。（牵头责任单位：经信委）

（5）推动城市新经济发展。重点推进服装城转型升级，深化服装城专业流通市场综合配套改革，加快实施服装城市场采购贸易方式试点，努力建成实体市场与虚拟市场结合、货物贸易与服务贸易结合、门店经营户与现代贸易商结合的市场经营格局。提升全域旅游发展内涵，推动旅游产业与上下游产业融合发展，创新旅游营销模式，不断提升常熟旅游竞争力。积极发展电子商务、大数据、金融服务等新兴业态，形成城市经济新的增长点。提升楼宇经济发展质效，建立“一楼一册、一企一档”，打造一批总部经济楼宇、特色楼宇和品牌楼宇。（牵头责任单位：发改委、旅游局、虞山镇、服装城）

（6）大力发展生产性服务业。编制生产性服务业空间布局规划，推动制造业向高附加值和服务化发展，突出发展现代物流、科技服务、电子商务、汽车服务、金融服务、服务外包等重点领域，加快建设高新区汽车生产性服务产业园，推进昆承湾总部经济集聚区建设，加快区域物流体系建设，到2020年，全市生产性服务业占服务业比重提升5个百分点，新增总部企业10家，电子商务年交易额达到1000亿元以上。（牵头责任单位：发改委）

（7）提质发展现代高效农业。推进“一核三带多园区”建设，做精做优各镇（区）特色农业园区，到2018年完成主核心区农业科技创新中心建设，农业科技创新合作平台总数达15个以上，建立全国首个县（市）级农业科技园区协同创新战略联盟。统筹推进高标准农田建设，编制“十三五”高标准农田（池塘）建设发展规划，到2020年，高标准农田建成面积达41万亩，标准化池塘建成面积达4.7万亩，全市农业综合机械化水平达92%。完善粮食仓储体系，提升粮食流通效率、管理质量和服务水平。推进一二三产业融合发展，实施“智慧农业”建设，提升“一镇一院（校）”建设水平，搭建全市农业数据资源平台，培育发展农村电子商务，构建农产品全程质量控制和可追溯体系。（牵头责任单位：农委）

（8）着力保持经济稳定运行。充分发挥投资的关键作用，持续加大有效投入力度，在重大产业、基础设施、公共服务等具有基础性、战略性和补短板、促转型的重点领域启动实施一批重大项目。切实发挥消费的基础作用，积极发展信息消费、网络消费等新兴消费以及养老、健康和旅游等服务消费。注重发挥外贸的支撑作用，力保传统出口份额，拓展新增产能出口和新型贸易方式出口，全力稳定外贸增长。始终把实体经济发展作为稳增长的根基，推动生产要素、政策资源、政府服务向实体经济倾斜，加大金融对实体经济的支持力度。健全完善经济运行监测体系，优化价格监管机制，持续推动企业减负增效，努力增强经济增长的稳定性、协调性和可持续性。（牵头责任单位：发改委、经信委、商务局）

2. 打造体制优势明显的产业科技创新高地。以融入苏南国家自主创新示范区为主线，扎实推进科技创新体制综合改革、产业创新载体建设、科技型企业培育、企业知识产权实力提升等四大行动计划，加快发展动能转换。到2020年，全社会研发投入占GDP比重达3.3%，科技进步贡献率达65%；高新技术产业产值占规上工业产值比重达45%左右，知识产权密集型产业增加值占地区生产总值比重达35%左右；万人发明专利拥有量达到36件；高新技术企业总数超过520家，科技上市企业、省纳税500强企业数量较“十二五”末实现翻番。

（9）扎实推进省科技创新体制综改试点。用好省支持常熟科技“综改”10项政策，建立完善厅市会商机制，积极开展先行先试。整合和强化科技创新管理职能，加快成立市科技创新委员会；推进财政科技投入结构性改革，实施“科技创新券”工程，力争“十三五”期间科技创新券覆盖企业超过1000家。加大科技贷款贴息和科技保费补贴支持力度，建立国家普惠科技财政政策落实机制，落实好研发费用加计扣除等科技创新税收优惠政策，设立“科技创新与转型升级专项资金”，“十三五”期间每年投入不少于20亿元支持企业创新创业。全力争取高新区纳入苏南国家自主创新示范区核心区，推动创新要素在板块之间、园区之间的高效集聚。（牵头责任单位：科技局）

（10）培育一批科技“小巨人”企业。进一步完善创新型企业培育机制，建立覆盖企业初创、成长、发展等不同阶段的政策扶持体系，进一步推动创新资源、创新人才、创新政策、创新服务向企业集聚。实施科技“小巨人”企业三年培育计划，持续推进高新技术企业倍增计划、双创“313”工程和“专精特新”企业培育工程，到2018年，科技“小巨人”企业研发投入占比超4.5%，企业年开票销售增长率提高到5%，企业销售利税率提高到15%以上。实施企业研发机构提升工程，到2020年大中型工业企业研发机构建有率超95%。完善科技成果培育转化机制，每年新增省重大科技成果转化项目5项以上。大力培育上市企业，加快高成长性科技企业在多层次资本市场上市步伐，做大做强常熟科技上市板块。（牵头责任单位：科技局）

（11）推进创新载体平台建设。构建以企业为主体、以市场需求为导向、以市场机制为保障的产学研合作长效机制，实现企业、高校、科研院所“优势叠加”，产业链、资金链、技术创新链“多重融合”，加快科技成果向现实生产力转化。充分发挥科技镇长团作用，推进产学研深度融合，提升国家大学科技园、科创园创新基地、汽车研发设计产业园、苏虞生物医药产业园、纺织服装科技创意园等10大创新载体功能水平。加快中国智能车研发与测试中心、北京大学分子材料苏南工业研究院、省产研院液晶技术（非显）研究所等新型研发机构建设，实现科技与产业的无缝对接。推进专业科技孵化器建设，到 2020 年，建成创业孵化载体面积 100 万平方米，实现各板块省级以上科技孵化器全覆盖。（牵头责任单位：科技局）

(12) 加快培育引进创新创业人才。深入实施人才优先发展战略，优化人才政策引导体系，精心组织“国际精英创业周”等活动，实施顶尖人才引领工程、领军人才集聚工程、紧缺人才倍增工程、国际化人才汇智工程、企业家人才提升工程、高技能人才支撑工程和青年人才储备工程等七大工程，打造形成梯度协调、活力迸发的金字塔式人才结构。编制全国创新资源和领军人才分布图，建成装备制造和纺织服装人才智库。大力推进人才管理体制机制改革，以人才链对接产业链，以服务链优化创新链，真正构建具有国际竞争力的人才制度优势，以人才优先发展引领创新驱动发展。（牵头责任单位：组织部）

(13) 加快完善优化创新生态系统。增强创新的体制机制活力，推动科技金融深度融合，促进大众创业、万众创新，实施“创客根据地”行动，建立健全创业孵化、创新支撑、融资服务的小微企业培育体系。加快打造公共研发服务平台，支持围绕生物医药、医疗器械、新一代电子信息、轨道交通、汽车及零部件、机器人及精密装备制造等重点领域，瞄准国际前沿提供前瞻性研发服务，规划建设一批特色公共研发平台。实行严格的知识产权保护制度，实施企业专利导航创新工程，打造知识产权“零侵权”城市。增强创新文化的渗透力，培育创新的意识、激发创新的潜能、激励创新的行为，着力营造勇于探索、鼓励创新、宽容失败的创新文化氛围。（牵头责任单位：科技局）

(14) 优化升级开放型经济。推进国际国内双向开放，完善法治化国际化便利化的营商环境，实施贸易便利化改革，探索构建开放型经济新体制。深层次融入上海自贸区建设，积极参与“一带一路”、长江经济带建设，推进铁黄沙规划开发建设，放大口岸港口综合效应，建设长江下游双向开放的节点港。推进开放平台功能创新，主动对接苏州国家跨境电子商务综合试验区建设，拓展常熟综保区功能。加快转变外贸发展方式，逐步提高一般贸易、服务贸易和新型贸易业态比重。坚持引资引智引业并重，探索成立经开区、高新区、虞山镇、服装城四大招商体系，重点在大数据、云计算、机器人制造等新兴产业领域布局和实施一批项目，努力提高利用外资质量。鼓励支持有条件的公司加快“走出去”步伐，利用好时机加强国际产能合作，拓展全球营销体系，培育一批本土跨国企业。（牵头责任单位：商务局）

(二) 突出城乡统筹、品质提升的精准定位

贯彻落实中央城市工作会议精神，准确把握“五个统筹”要求，顺应城市发展规律，转变城市发展方式，着力提升城市品质内涵，努力把常熟建设成为产业特色鲜明、创新活力迸发、文化事业繁荣、城市形态秀美、社会均衡协调的现代江南名城。

3. 突出“多规合一”引领

(15) 优化城市空间布局。确立“紧凑城市”发展导向，强化全域规划理念，启动新一轮城市总体规划（2016－2030年）修编，积极推进多规融合，扎实推进“三优三保”试点，科学划定城市开发边界。编制完善各类控制性详规和专项规划，强化规划管理和执行，增强规划的刚性约束，实现控规“一张图”管理，推动城市发展由外延扩张向内涵提升转变。完善“一城四片区”的空间架构，按照南北优化、东西调控的要求，确立主城区空间发展方向，加强四片区分工协作，构建中心城区、配套功能区、中心镇、新型社区、特色村四级五层城市体系，增强城市内部布局合理性，提高城市发展的宜居性。（牵头责任单位：规划局）

(16) 全面推行城市设计。挖掘常熟文化内涵和城市精髓，留住特有的地域环境、文化特色、建筑风格等“基因”，让居民“看得见山、望得见水、记得住乡愁”。加强对重要节点、景观走廊和开敞空间的设计，启动虞山生态步道工程，加快完成琴湖片区、城铁片区核心区、昆承片区、花溪藕渠片区等重点区域设计，保持江南城市特有的整体风貌，提升亮化绿化水平，倡导节能环保理念，努力打造一批城市精品。（牵头责任单位：规划局）

(17) 加快产港城融合发展。统筹好城市与产业的布局，集聚高端要素、发展高端产业，大力推进开发区形态转型，加强产业与城市功能融合、空间整合，加快由产业园区向城市空间转变。推进滨江新城“一体两翼”布局，强化产、港、城融合互动，拓展商务商贸、科技研发、文化休闲等城市功能，建设完善东部汽车城服务配套区，努力打造高端产业集聚的现代新城。提高南部新城规划建设水平，科学统筹特色产业园、创新核心区、总部经济区、昆承湖生态区、城市生活社区等功能布局，促进生产、生活、生态相融，产业、科技、城市互动，努力建成特色鲜明的产业新区、国内知名的创新湖区、功能完备的宜居社区。（牵头责任单位：经开区、高新区）

4. 突出城市功能品质提升

(18) 优化交通路网体系。优化完善城市路网结构，打通中心城区“断头路”，完成通港路、常沙线快速化改造、新世纪大道北延、常昆线北段改造等工程，完善“环、射”衔接的城市基本快速骨干路网体系。大力发展轨道交通，协调推进沪通铁路、盐通苏嘉城际铁路、沿江城际铁路的规划研究和项目建设，加强与苏州相城、无锡市域轨道交通规划对接，稳定轨道交通线网规划布局，做好线位和站点的预控，推进综合客运枢纽建设，实现公铁联运无缝对接。重点实施公交优先建设和交通管理优化工程，推进城市、城乡和镇村公交三级客运网络融合，完善公交基础设施，探索定制公交、直线快速公交模式。（牵头责任单位：交通运输局）

(19) 推进城市整治更新。加快古城区有机更新和功能转换，推进南部国际性生态社区、北部生活区、东部功能拓展区、西部生态休闲区组团发展。破解主城区、度假区、服装城城中村住宅管理问题，以及集镇规划区私有住宅规划建设管理问题。扎实推进棚户区和城中村改造，持续开展老旧小区综合整治，落实危旧房屋解危解急措施。推进海绵城市建设，统筹实施城市地下管网改造和综合管廊工程，促进城市

地上地下空间复合利用。到2020年，城市建成区20%以上的面积达到海绵城市建设目标要求。深化智慧城市建设，推进信息基础设施更新换代和公共数据资源开放共享，推进智慧交通、智慧医疗、智慧养老等项目建设，提高城市运行效率和公共服务水平。（牵头责任单位：住建局、农工办、城管局、虞山镇）

5. 突出城乡发展一体化。

（20）完善城乡一体化体制机制。加强统筹设计和政策综合配套，加快消除制约城乡一体发展的体制性障碍。实行“三优三保”与村级工业用地整合优化统筹管理。加强农村住宅规划建设管理，依法依规做好农村住宅解危解急工作。落实安置房建设主体实体化运作，努力实现安置小区建设资金的收支平衡。拓宽安置渠道，优化房源设置，盘活现有存量房源，鼓励和引导农户选择货币化安置，逐步满足群众多样化居住需求。（牵头责任单位：农工办）

（21）加快特色小镇建设。按照“功能有定位、产业有支撑、社区有活力、形态有特点、发展有特色”的要求，高水平推进特色小镇建设。加快编制中心镇和被撤并乡镇特色发展规划，塑造风貌，强化治理，优化服务，科学确定中心镇和被撤并乡镇集镇区功能定位，做好资源整合与分类管理，合理配套公共服务，努力创新社会治理，全面提升管理水平。统筹推进镇村道路提档升级、高标准农田建设、污水管网等农村重点基础设施建设，持续推进“组团式”美丽村庄建设。（牵头责任单位：发改委）

（22）深化农村各项改革。全面完成农村土地承包经营权确权登记颁证工作，推进村（社区）股份合作社股权固化改革，探索农村产权流转交易市场建设。促进村级经济均衡发展，探索研究村级工业用地整合后村级财力建设问题，组织开展“政经分离”试点。科学推进“一村二楼宇”建设，优化完善薄弱村财力建设规划和实施方案，加大经济薄弱村精准帮扶力度，2016年实现稳定性收入200万元以下经济薄弱村脱贫转化全覆盖。（牵头责任单位：农工办）

6. 突出社会治理创新

（23）深化镇域综合执法改革。动态调整行政处罚权事项清单，进一步厘清综合执法局权责界限，完善运行模式，建立镇域综合执法大巡查机制，深入开展综合执法规范化建设年活动，提高执法效率，降低执法成本。坚持放管结合，建立职能部门与属地政府监管联动机制，细化责任清单，加强事中事后监管，实现资源共享、数据互通，建立健全横向协调、纵向联通的监管体系，全面提高乡镇治理能力。（牵头责任单位：法制办）

（24）理顺城市管理体制机制。推进城关镇行政管理体制改革和城市管理领域大部门制改革，优化机构设置，明确职责边界，制定权力清单，推进综合执法，构建权责明晰、服务为先、管理优化、执法规范、高效有序的城市管理体制。引导市民参与城市管理，推广常态化管理模式，拓展数字城管功能，实现感知、分析、服务、指挥、监察“五位一体”，加快数字化城市管理向智慧化升级。（牵头责任单位：编办、城管局）

（三）突出以人为本、普惠共享的精细服务

把民生工作放在突出位置，着力解决好直接关系人民群众根本利益和现实利益的民生问题，不断提高人民群众的生活质量和幸福指数。

7. 加强基本公共服务普惠性

（25）推进民生补短板专项工程。全面推进住房改善、医卫健康、养老保障、教育文化提升等民生保障、公共服务“补短板”重点项目，增强基本公共服务有效供给。加强对重点项目推进情况的跟踪督查和实际投用后的效果评估，确保“补短板”真正补在薄弱处、关键处、紧要处。深化户籍制度改革，推动农业转移人口市民化。完善新市民事务管理职能，推动新市民积分管理提质扩面，引导新市民向法向善，主动参与城市管理。（牵头责任单位：发改委）

（26）提高公共服务均等化水平。创新公共服务供给方式，鼓励和引导社会资本进入公共服务领域，出台支持社会办学、办医相关政策。以标准化推进城乡公共服务均等化，实施“十三五”城乡学校建设规划，推进“名城名校”融合发展，新（改扩）建学校66所，其中幼儿园28所；深化集团办学，加快完善教师交流、绩效分配、学校管理等制度，稳妥推进教师“县管校聘”、校长职级制改革工作；实施“学前教育五年行动计划”，到2020年实现公办省优质园全覆盖，乡镇板块普惠性民办园覆盖率达50%，推动学前教育优质普惠发展。加大优质医疗资源下沉力度，完善医药医疗医保“三医”联动机制，优化城区医院布局，支持社会力量办医，深化医联体协作，推进分级诊疗，实施家庭医生签约服务，提高基层医院医疗服务能力。深化养老改革创新，构建以居家为基础、社区为依托、机构为补充、医养相融合的养老服务体系。完善公共体育服务体系，实施“互联网＋智慧体育”工程。（牵头责任单位：发改委、教育局、卫计委、民政局、体育局）

（27）拓宽富民增收渠道。促进创业，扩大就业，巩固充分就业，推动高质就业，强化高校毕业生的就业服务和创业指导工作，加大农民职业技能培训力度，力争更多的农民转移到城镇稳定就业；做好就业困难人员的就业援助工作，加强就业培训，提高就业能力，开发公益性岗位。确保城镇和社会登记失业率均控制在3%以内，高校毕业生总体就业率稳定在95%以上。深入实施“居民收入倍增计划”，增强增收工作的有效性，完善收入分配制度和劳动报酬增长机制，多渠道促进农民增收，加强低收入群体增收帮扶，稳步扩大中等收入群体。推进全民参保计划，实施机关事业单位养老保险制度改革，健全和完善城乡一体的社会保障体系。（牵头责任单位：农工办、人社局）

8. 加强生态环境治理系统性

（28）建立健全环境治理长效机制。推动环境整治从重点突破向系统治理的根本转变，系统治理水环境，抓好源头控制、截污纳管、达标排放、生态修复等重要环节，推进“畅流活水”工程和城乡河道综合治理步伐，实施城北污水厂迁建、城东水质净化厂新建工程，到2020年，上级考核断面Ⅲ类以上地表水比例达到70%,基本消除劣Ⅴ类水体,农村生活污水处理率达到80%。系统治理大气环境,加快大气污染防治年度重点任务建设进度,实施清洁能源替代工程,推动燃气热电联供项目建设,2016年底前淘汰全市所有10蒸吨以下燃煤小锅炉,继续加大黄标车和老旧机动车淘汰力度,持续推进工业废气和码头堆场整治,到2020年底,PM2.5年均浓度比2015年下降20%。系统治理土壤污染,加快推进污泥干化焚烧项目建设,强化重金属废物的安全处置,实施农药化肥零增长行动,全面关停禁养区畜禽养殖场,有序推进污染场地修复,维护土壤生态环境安全。全面完成环保违法违规建设项目清理任务,推行企业环境管理监督员制度,构建市镇村企四级环境监管体系,夯实环境保护工作基础。(牵头责任单位:环保局)

(29)节约集约利用资源。严格控制土地开发强度,全面清理闲置土地,以推进村级工业用地整合优化为重点,盘活整合存量建设用地,确保每年盘活存量5000亩以上。探索实行工业用地弹性出让,强化用地评价,优化土地资源要素配置,提升用地水平和产出效益,到2020年,地均GDP达到60万元/亩。实施能耗结构优化、制造业绿色化改造、绿色制造技术应用和节能管理规范升级等工程,发展绿色低碳和循环经济示范园区,培育一批全省"能效领跑者"企业(产品)和"能效之星"、循环经济示范企业。到2020年,单位GDP能耗累计下降19.5%,单位工业增加值二氧化碳排放量降低11.5%,单位工业增加值用水量减少到14立方米/万元;工业固体废弃物综合利用率达到并稳定在98%左右。(牵头责任单位:国土局、经信委)

9. 加强平安城市建设严密性

(30)强化城市网格化管理。全面推进环境保护、文明创建、城市管理等领域网格化管理,加大组团式服务力度,形成上下协同配合、横向各负其责的工作机制。完善三级社会管理综合服务体系,推动市"12345"综合服务平台向全市各镇延伸,完善矛盾纠纷调处化解综合机制,推进社区治理现代化,确保社会稳定。(牵头责任单位:政法委、虞山镇)

(31)强化社会治安综合治理。实施治安防控、维稳处突、公共安全监管"三大能力"提升工程,全力推进技防城建设,加快社会面视频监控高清化改造,健全立体化社会治安防控体系,严密防范和严厉打击各类违法犯罪活动,加强社区服刑人员和刑满释放人员监督管理,增强社会治安综合保障能力,确保全市公众安全感达到95%以上。(牵头责任单位:政法委)

(32)进一步强化安全生产监管。严格落实"党政同责、一岗双责",对企业安全生产主体责任实施清单化管理,推进企业安全标准化建设。健全完善隐患排查治理体系,实施事故隐患排查治理闭环管理,严格执行安全生产重大隐患挂牌督办规定,推进安全生产执法司法衔接。强化高层建筑、大型综合体、高架道路、燃气管线等安全监管和监测监控,有效压降各类事故,确保不发生重大安全生产事故。(牵头责任单位:安监局)

(四)突出文化引领、开放创新的精神内涵

大力推进物质文明和精神文明协调发展,丰富城市精神内涵,增强文化软实力,推动文旅融合发展,持续提升常熟文化旅游的国际化水平和品牌美誉度。

10. 彰显历史文化名城魅力

(33)加强历史文化传承保护。健全历史文化名城保护管理体制,系统梳理文化遗产资源,编制专项保护规划,推进名胜古迹、名人故居、古街坊、古村落修缮保护,加快琴川河、南泾堂、西泾岸、南门坛上等历史街区保护性开发和利用,推进沙家浜唐市历史街区、支塘盐铁塘风光带、古里李市村传统村落等修缮工程,健全历史建筑保护管理长效机制。推进常熟文脉研究和整理工程,实施县立图书馆旧址、罗墩遗址等文保单位修护工程,完善"非遗"活态保护体系。(牵头责任单位:宣传部)

(34)打造江南文化特色。加强虞山文化流派的学术研究、文献出版以及文化交流,深度发掘以仲雍为代表的吴文化、以言子为代表的圣贤文化、以翁同龢为代表的状元文化内涵,精心打造以黄公望、王石谷、庞薰琹等为代表的"虞山画派"书画特色品牌。加强对虞山派民俗文化、地方戏曲等遗产项目的保护与扶持,积极争创虞山文化"国家级文化生态保护区"。继续办好江南文化节、沙家浜旅游节、服装服饰博览会等活动,提升重大节庆活动内涵,放大历史文化名城效应。(牵头责任单位:宣传部)

11. 推进文化事业文化产业发展

(35)完善公共文化服务体系。优化公共文化服务供给,实施公共文化服务"互联网+"工程,加快推进文化馆、图书馆、博物馆、美术馆、影剧院等公共文化资源数字化建设,建成城市"15分钟文化圈"、农村"十里文化圈"。深化"四馆一站"免费开放,深化书香城市建设,实现公益阅读网络全覆盖。(牵头责任单位:宣传部)

(36)培育壮大文化产业。注重名城文化传承,扶持文化精品创作,培育文化传承代表人物,加快建立文化、旅游人才引育机制,彰显现代文化特色。推进文化科技融合、文化金融合作、文化旅游结合,做大做强文化创意、文化旅游两大产业集群,重点培育动漫游戏、移动互联网应用、视听新媒体、3D打印、绿色印刷和旅游商品创意等新兴文化业态。(牵头责任单位:宣传部)

(37)加强文化人才队伍建设。推进文化名人工作室建设,发挥系统内领军人才、新锐人才、中高级职称人员的作用,鼓励新老结对传帮带,选送中青年骨干到高校或上级相关单位培训、进修、深造。继续采用文化人才特殊招录政策,通过专业考核,招录各类文化人才。(牵头责任单位:宣传部、组织部)

12. 持续提升社会文明程度

(38)增强核心价值引导力。构建分层次、多形式、全覆盖的宣讲网络,推动核心价值观形象化解读、深层次融入。推进传统媒体与新兴媒体融合发展,壮大主流思想舆论。选树先进典型,弘扬城市精神,引导市民见贤思齐、崇德向善。

开展“清朗网络空间”专项行动，加大管网治网力度，升级互联网信息宣传管理平台。（牵头责任单位：宣传部）

（39）积极推进文明城市创建。把创建工作与补短板工程紧密结合起来，对照新的测评标准，加快实施城市重大基础设施和功能性项目建设，优化城市家具设计设置，强势推进一批重点整治项目。推动文明城市建设常态长效，注重精神层面培育引导，加强志愿者社会组织建设，强化组织领导和保障机制，确保如期成功创建全国文明城市。（牵头责任单位：宣传部）

（五）全面深化改革和全面推进依法治市，扎实推进全面从严治党

13. 扎实推进重点领域改革

（40）深化“放管服”改革。加快推进镇级政府职能转变和机构改革，严格落实权力清单和责任清单，继续下移市场经济社会管理权限和公共服务事项，巩固提升“放管服”改革成效。完善分类监管优化服务机制，推行“互联网＋政务服务”，完善镇（街道）政务服务体系建设。全面推进企业投资项目并联审批，完善“三证合一”、“一照一码”等商事制度改革，加快智慧政务服务平台建设，实现部门间数据共享，探索事中事后监管新模式，提高行政服务效能。（牵头责任单位：编办、改革办）

（41）深化国资国企改革。推进国有企业市场化主体建设，加快资产证券化步伐，力争国企上市工作取得突破性进展。加快“政企分离、事企分离”改革，重点推进交通、农口、水利等系统国有企业政企分离，加快组建文旅集团，推动城投公司、水投公司实体化运营，提升国资国企监督管理水平，确保国资保值增值。（牵头责任单位：国资办）

（42）完善现代市场体系。深化财政体制改革，调整优化财政支出结构，推进政府购买公共服务。完善政府投资项目生成机制，深化投融资体制机制改革，积极推进 PPP 和特许经营等新型投资融资模式。拓展民资投资领域和渠道，不断激发民间资本投资活力，增强实体企业融资能力。规范政府债务管理，加大金融支持实体经济力度，优化金融生态环境。深化资源要素市场化改革，建立完善以市场配置资源决定性作用为核心的行政管理制度和监管架构。（牵头责任单位：发改委）

（43）抓好省级以上改革试点。认真梳理 34 项省级以上改革试点工作，用好先行先试平台，形成可复制可推广的经验做法，尽快在面上推开。结合常熟实际创造性开展工作，充分发挥基层首创精神，做好政策创新和机制创新，加大改革督查力度，放大改革探索的先行效应。加强改革办机构建设，完善各项制度和机制，确保改革高效率、高质量地开展。（牵头责任单位：改革办、发改委）

14. 全面推进依法治市

（44）推进法治政府建设。把政府工作全面纳入法治轨道，确保“法无授权不可为、法定职责必须为”，到 2020 年，率先基本建成职能科学、权责法定、执法严格、公开公正、廉洁高效、守法诚信的法治政府。认真落实中央和省委关于司法体制改革的部署要求，积极稳妥推进司法体制改革试点工作。完善司法管理体制和司法权力运行机制，规范司法行为，推进司法公开，加强执法司法规范化建设。（牵头责任单位：法制办、政法委）

（45）推进法治社会建设。实施“七五”普法教育，增强全社会特别是公职人员尊法学法守法用法观念，推动形成法治共建、发展共享、和谐共处的良好生态。推进社会诚信体系建设，建立健全跨部门协同监管和联合惩戒机制。（牵头责任单位：政法委）

15. 加强民主政治建设

（46）坚持和完善人民代表大会制度。支持市人大及其常委会依法履行职能，保障人大代表依法行使职权。（牵头责任单位：市人大党组）

（47）凝聚建设精致城市合力。坚持和完善中国共产党领导的多党合作和政治协商制度，推进协商民主广泛多层制度化发展。充分发挥民主党派、工商联和无党派人士作用，发挥老干部独特作用，改革创新群团工作体制机制和方式方法，推进军民深度融合发展，巩固军政军民团结，凝聚建设精致城市的强大合力。（牵头责任单位：市政协党组、组织部、统战部、团市委、妇联、总工会、人武部）

16. 深入推进全面从严治党

（48）进一步坚定理想信念。建立和完善坚决贯彻落实中央、省委和苏州市委决策部署工作机制，扎实推进学习型党组织建设，充分发挥市委党校培训轮训党员干部主渠道作用，扎实开展“两学一做”学习教育。深刻领会“不忘初心、继续前进”八个方面要求，增强“四种意识”、坚定“四个自信”，始终与党中央保持高度一致。（牵头责任单位：宣传部、组织部、纪委）

（49）切实履行管党治党责任。牢固树立抓好党建是最大政绩的理念，完善“定标网控问责”管党机制，强化第一责任人主体责任，切实履行“一岗双责”。认真贯彻落实《中国共产党问责条例》，对党的领导弱化、党的建设缺失、从严治党不力的党组织，对宗旨意识淡化、党员意识不强、模范作用发挥不够的党员领导干部，严格追责问责。认真落实新时期好干部标准，从严加强干部教育、选拔和管理监督，探索建立领导班子和领导干部综合研判机制，着力打造忠诚干净担当的干部队伍。（牵头责任单位：组织部、纪委）

（50）营造风清气正政治生态。推动全面从严治党向基层延伸，以严的标准要求党员、严的纪律约束党员。强化党风廉政建设党委主体责任和纪委监督责任，强化派驻监督工作，运用好监督执纪“四种形态”。落实《廉洁自律准则》、《纪律处分条例》，调整优化党风廉政建设“责任清单”和评价办法，深化党风廉政建设巡察工作，建立农村党风廉政建设巡审联动工作机制。加强对违反中央八项规定执纪问责，驰而不息正风肃纪，严格查处违反政治纪律、政治规矩的行为，始终保持惩治腐败高压态势，努力实现管理更严格、纪律更严明、干部更清正、政治更清明。（牵头责任单位：纪委、组织部）

四、保障措施

1. 强化组织领导。强化党的集中统一领导，切实增强总揽全局、协调各方的能力，着力做好顶层设计、系统谋划、综合协调等工作，确保精致城市建设各项工作落到实处。各级党委、政府要加强对打造精致城市的组织领导，细化任务、明确责任、狠抓落实，构建权责分明、上下联动的责任链条。

2. 强化政策创新。鼓励各地各部门创造性开展工作，健全完善打造精致城市的体制机制和政策体系。利用各种渠道，加大对上争取力度，放大政策叠加效应，破解各类要素瓶颈制约。

3. 强化鼓劲造势。宣传部门和新闻媒体要创新宣传方式，提升宣传效果，加强对市民的宣传引导，拓宽公众参与精致城市建设的方式和渠道，引导社会各层面积极参与精致城市建设，营造打造精致城市、建设“强富美高”新常熟的良好氛围。

4. 强化督查考核。“两办”督查室要建立完善精致城市推进情况专项督查机制，督查结果与市、镇两级机关绩效管理工作相挂钩。加大问责力度，对市委决策部署落实不到位的板块和部门予以通报批评并责令整改，情节严重的，纪检监察部门要进行追责问责。

常熟市荣获国家无偿献血奉献奖献血者享受“三免”待遇实施办法

常政办发〔2016〕193号

根据《苏州市献血条例》第三十四条关于“在本市荣获国家无偿献血奉献奖的献血者、无偿捐献造血干细胞奖的志愿者，可以免费游览政府投资主办的园林、风景名胜区等场所，到非营利性医疗机构就诊免交普通门诊诊察费，免费乘坐城市公共交通工具”（以下简称“三免”待遇）的规定，结合我市实际，特制定本办法。

一、在本市荣获国家无偿献血奉献奖的献血者（以下简称“获奖献血者”）是指符合《全国无偿献血表彰奖励办法（2014年修订）》关于“无偿献血奉献奖”获奖标准，经国家卫生计生委、中国红十字会总会、解放军总后勤部卫生部联合发文表彰的献血者。

二、享受本市“三免”待遇获奖献血者名单由市卫计委、市红十字会提供。

三、获奖献血者享受“三免”待遇须持有常熟市市民卡（含非本市户籍的获奖献血者）。

1. 市民卡由获奖献血者本人到市民卡服务中心各网点自行办理。

2. 获奖献血者首次办理市民卡为免费，因遗失或人为损坏等需要补办的，工本费由获奖献血者本人承担。

四、获奖献血者可以免费乘坐本市公交车。

1. 获奖献血者凭本人市民卡乘坐本市公交车，并主动接受相关工作人员的查验。非获奖者本人不享受免费待遇。

2. 获奖献血者免费乘坐本市公交车的市民卡开通工作由市民卡服务中心负责实施。

3. 市交通运输局负责承担获奖献血者免费乘坐本市公交车相关费用，并做好对本市公共交通运营企业的宣传指导工作。

五、获奖献血者可以免费游览本市范围内政府投资主办的园林、旅游风景区等场所（旅游年卡所包含的景区景点）。

1. 获奖献血者游览本市范围内政府投资主办的园林、旅游风景区等场所，凭本人市民卡享受第一门票免费（不含景区内车船、游乐设施及其他费用）。通过网上预约付费的，不享受免费游览的待遇，相关费用照常收取，不予退还。

2. 获奖献血者在游览时应主动接受景区工作人员的查验。非获奖者本人不享受减免第一门票待遇。

3. 获奖献血者免费游览景区景点的市民卡旅游年卡功能开通工作由市民卡服务中心负责实施。

4. 市旅游局负责承担获奖献血者免费游览本市范围内政府投资主办的园林、旅游风景区等场所相关费用，并做好对景区景点的宣传指导工作。

六、获奖献血者到本市政府举办的医疗机构就诊可以免交一般诊疗费或普通门诊诊察费（含方便门诊、普通中医门诊辨证论治）。

1. 参加本市职工医疗保险和居民基本医疗保险的获奖献血者到医疗机构就诊时，凭本人社保卡、身份证或市民卡到挂号窗口办理挂号手续。一般诊疗费或普通门诊诊察费（含方便门诊、普通中医门诊辨证论治）由职工医疗保险基金、居民基本医疗保险基金统筹账户支付。

2. 未参加本市职工医疗保险和居民基本医疗保险的获奖献血者到医疗机构就诊时，在挂号窗口办理挂号手续，先行垫付一般诊疗费或普通门诊诊察费（含方便门诊、普通中医门诊辨证论治），之后凭发票到市血站报销（报销流程由市血站另行制定），相关费用由市卫计委负责。

3. 获奖献血者在医疗机构就诊时，取号、排队等程序按正常流程操作，免交费用不包括专家门诊、特需医疗门诊、名老中医门诊等其他类型的门诊诊察费。

4. 获奖献血者就诊时应主动接受相关工作人员的查验。非获奖献血者本人不享受免交待遇。

5. 市卫计委具体负责获奖献血者免交一般诊疗费、普通门诊诊察费(含方便门诊、普通中医门诊辨证论治)的组织实施工作,并做好对全市政府举办公立医疗机构的宣传指导工作。

6. 市人社局配合市卫计委做好相应的技术工作。

七、在本市荣获国家无偿捐献造血干细胞奖的志愿者享受相关待遇参照获奖献血者执行。

八、获奖献血者、志愿者不得以任何方式将本人享受待遇转给他人使用,一经发现,将视情暂停享受直至取消“三免”待遇。

九、市卫计委、市红十字会负责做好获奖献血者、志愿者享受“三免”待遇的组织和宣传工作。

十、本办法自 2017 年 1 月 1 日起实施,由市卫计委负责解释。

2016 年中共常熟市委主要文件目录

2 月 14 日	常发 1 号	市委、市政府关于表彰 2015 年度“公仆杯”、“新风杯”、“安定杯”竞赛先进单位的决定
1 月 29 日	常发 2 号	市委、市政府授予 2015 年第二批常熟市科技创新创业人才称号的决定
2 月 16 日	常发 5 号	市委、市政府关于表彰 2015 年度政法工作先进集体、先进个人的决定
2 月 16 日	常发 6 号	市委、市政府关于表彰 2015 年度社会管理和社会服务先进集体、先进个人的决定
2 月 18 日	常发 7 号	市委、市政府关于常熟市社会管理综合治理委员会更名为常熟市社会治安综合治理委员会及组成人员任职的通知
2 月 19 日	常发 8 号	市委、市政府关于开展 2016 年度全市板块经济发展“创先争优”考核的实施意见
2 月 23 日	常发 10 号	关于印发《2016 年全市党建工作要点》的通知
2 月 23 日	常发 11 号	印发《关于进一步加强全市农村基层党建工作的实施意见》的通知
3 月 3 日	常发 12 号	关于选派常熟市第九批“科技镇长团”的请示
3 月 4 日	常发 13 号	市委、市政府关于表彰优秀民营企业、优秀科技企业、优秀民营企业经营者的决定
3 月 21 日	常发 15 号	关于再废止和宣布失效一批党内规范性文件的决定
3 月 22 日	常发 16 号	市委、市政府关于表彰 2015 年度常熟市农业农村工作先进集体和先进个人的决定
3 月 22 日	常发 17 号	市委、市政府印发《关于落实发展新理念加快实施农业现代化工程建设“强富美高”新农村的意见》的通知
3 月 22 日	常发 18 号	市委、市政府印发《关于进一步加快农村重点基础设施建设的意见》的通知
3 月 23 日	常发 20 号	印发《关于加强统一战线工作的若干意见》的通知
3 月 23 日	常发 21 号	市委、市政府关于表彰常熟市 2015 年度生态文明建设工作先进集体和先进个人的决定
3 月 25 日	常发 22 号	市委、市政府关于开展省科技创新体制综合改革试点工作的实施意见
3 月 29 日	常发 23 号	市委、市政府关于表彰 2015 年度工业经济、服务业、人才科技、安全生产先进集体、先进个人的决定
4 月 5 日	常发 26 号	关于认真做好镇党委换届工作的意见
4 月 22 日	常发 27 号	关于同意召开中国共产党常熟市虞山镇第十二次党员代表大会的批复
4 月 22 日	常发 28 号	关于同意召开中国共产党常熟市海虞镇第四次党员代表大会的批复
4 月 22 日	常发 29 号	关于同意召开中国共产党常熟市梅李镇第四次党员代表大会的批复
4 月 22 日	常发 30 号	关于同意召开中国共产党常熟市辛庄镇第十三次党员代表大会的批复
4 月 22 日	常发 31 号	关于同意召开中国共产党常熟市古里镇第十三次党员代表大会的批复
4 月 22 日	常发 32 号	关于同意召开中国共产党常熟市支塘镇第十三次党员代表大会的批复
4 月 22 日	常发 33 号	关于同意召开中国共产党常熟市沙家浜镇第十四次党员代表大会的批复
4 月 22 日	常发 34 号	关于同意召开中国共产党常熟市董浜镇第十三次党员代表大会的批复
4 月 22 日	常发 35 号	关于同意召开中国共产党常熟市尚湖镇第十四次党员代表大会的批复
4 月 28 日	常发 36 号	市委、市政府关于表彰优秀外商投资企业、优秀国际化企业、2015 年度十大外贸贡献企业和 2015 年度开放型经济先进集体、先进个人的决定
5 月 9 日	常发 38 号	关于各镇做好中国共产党常熟市第十三次代表大会代表选举工作的通知
5 月 30 日	常发 41 号	关于组织开展纪念建党 95 周年系列活动的通知
5 月 30 日	常发 42 号	关于召开中国共产党常熟市第十三次代表大会的请示

6月6日	常发46号	关于市各局(委)党委、市委各工委做好中国共产党常熟市第十三次代表大会代表选举工作的通知
6月24日	常发47号	关于表彰常熟市十佳“共产党员标兵”和2014～2015年度优秀共产党员、优秀党务工作者、先进基层党组织的决定
7月9日	常发49号	市委、市政府关于授予2016年第一批常熟市科技创新创业领军人才称号的决定
7月26日	常发53号	市委、市政府印发《关于加快推进生态文明建设的实施意见》的通知
8月1日	常发56号	市委、市政府关于印发《常熟市2016年度镇(开发区、服装城、度假区)绩效管理工作实施意见》的通知
8月1日	常发57号	市委、市政府关于印发《2016年常熟市市级机关部门绩效管理工作实施意见》的通知
8月10日	常发58号	关于选举常熟市出席中国共产党苏州市第十二次代表大会代表的情况报告
9月8日	常发59号	印发《关于开展农村基层党风廉政建设巡审联动监督的意见(试行)》的通知
9月27日	常发62号	批转市桥联《关于召开常熟市侨联第八次代表大会的请示》的通知
9月20日	常发63号	转发《中共常熟市人大常委会党组关于做好市、镇两级人大换届选举工作的意见》的通知
9月27日	常发65号	市委、市政府转发《市委宣传部、市司法局关于在全市公民中开展法治宣传教育的第七个五年规划(2016－2020年)》的通知
9月17日	常发67号	关于做好镇人大、政府领导班子换届工作的意见
9月23日	常发68号	关于加强和改进人民政协工作的意见
9月30日	常发70号	市委、市政府印发《关于践行五大理念打造精致城市的行动方案》的通知
11月10日	常发72号	转发市委统战部、市委组织部、市政协党组《关于政协常熟市第十四届委员会人事安排的意见》的通知
12月15日	常发74号	印发《关于加强和改进党的群团工作的实施意见》的通知
12月19日	常发75号	印发《关于贯彻落实全面从严治党要求进一步规范机关基层党组织建设的实施办法》的通知
12月24日	常发77号	关于同意市人大常委会党组《关于召开市十五届人大一次会议的请示》的批复
12月24日	常发78号	关于同意市政协党组《关于召开市政协十四届一次会议的请示》的批复

2016年常熟市人民政府主要文件目录

1月26日	常政发1号	关于印发《常熟市国民经济和社会发展第十三个五年规划纲要》的通知
1月20日	常政发4号	印发《关于建立健全常熟市粮食安全责任制的实施意见》的通知
1月20日	常政发6号	关于认真做好第三次全国农业普查工作的通知
1月19日	常政发7号	关于印发《2016年度政府投资项目计划》的通知
2月22日	常政发10号	关于下达2016年住宅房屋征收搬迁计划任务的通知
2月26日	常政发12号	关于印发《常熟市法治政府建设2016～2020年规划》的通知
3月1日	常政发13号	关于给予张燕同志记个人三等功的决定
3月2日	常政发14号	关于表彰常熟市2015年度城建工作先进集体和先进个人的决定
3月3日	常政发15号	关于给予市公安局、市法院记集体三等功的决定
3月3日	常政发16号	关于颁发2015年度常熟市科学技术奖的决定
3月11日	常政发17号	关于表彰2015年度信访工作先进集体和先进个人的决定
3月11日	常政发18号	关于表彰2015年度财税工作先进集体和先进个人、工业企业十大纳税户的决定
4月6日	常政发20号	关于印发《2016年常熟市依法行政工作要点》的通知
4月6日	常政发21号	关于印发《常熟市关于降低实体经济企业成本行动的实施意见》的通知
4月26日	常政发23号	关于给予薛建伟等151名同志记个人三等功的决定
5月5日	常政发24号	关于给予常熟市公安消防大队化工集中区中队记集体三等功及温广东等四位同志记个人三等功的决定
5月13日	常政发25号	关于进一步加强我市物业管理工作的意见
5月18日	常政发26号	印发《关于扎实推进秸杆综合利用禁止露天焚烧的实施意见(2016～2018年)》的通知

5月27日	常政发27号	关于批转《常熟市2016年秋季高级中等学校招生计划》的通知
5月27日	常政发28号	关于认定常熟市总部企业的决定
5月27日	常政发29号	关于印发《关于常熟市居家养老服务政策的补充意见》的通知
5月27日	常政发30号	关于印发《关于进一步促进养老机构发展的补充意见》的通知
6月3日	常政发31号	关于印发《常熟市供给侧结构性改革补短板的实施意见》的通知
5月31日	常政发32号	关于印发《常熟市·常熟理工学院"十三五"校地互动发展规划》的通知
6月7日	常政发34号	关于印发《常熟市供给侧结构性改革去产能的实施意见》的通知
6月7日	常政发35号	关于印发《常熟市供给侧结构性改革去杠杆的实施意见》的通知
6月8日	常政发36号	印发《常熟市水污染防治工作方案》的通知
6月14日	常政发39号	关于印发《常熟市危险化学品安全专项整治实施方案》的通知
6月21日	常政发40号	关于加强全市食盐安全管理的通知
6月20日	常政发41号	印发《关于"先照后证"改革后加强事中事后监管的实施意见》的通知
6月20日	常政发42号	关于废止《常熟市科技型中小企业信贷风险补偿专项资金管理办法(试行)》规范性文件的通知
7月6日	常政发44号	关于印发《常熟市加快实施农业现代化工程财政奖补实施意见》的通知
7月8日	常政发45号	关于印发《常熟市G20峰会环境质量保障工作方案》的通知
7月18日	常政发46号	关于印发《市政府推进职能转变协调小组2016年工作要点》的通知
7月20日	常政发47号	关于公布2014～2015年度常熟市重合同守信用企业的通知
7月20日	常政发48号	市政府、人武部关于表彰2015年度征兵工作先进单位和先进个人的通报
8月9日	常政发49号	关于印发《常熟市中央财政第九批小型农田水利重点县资金整合工作实施方案》的通知
8月14日	常政发50号	关于印发《常熟市"十三五"(2016～2020年)教育事业发展规划》的通知
8月16日	常政发51号	关于印发《关于支持常熟企业到泗洪县投资的奖励办法(暂行)》的通知
8月28日	常政发52号	关于印发《常熟市"十三五"(2016～2020年)城乡学校建设规划》的通知
8月30日	常政发53号	关于印发《常熟跨境电子商务综合试验区实施方案》的通知
9月8日	常政发54号	关于印发《常熟市市级行政事业单位国有资产管理办法》的通知
9月18日	常政发55号	关于实施常熟高新技术产业开发区与辛庄镇、古里镇、支塘镇、沙家浜镇、尚湖镇区镇联动的通知
9月26日	常政发56号	关于印发《常熟市"十三五"工业经济发展规划》的通知
10月11日	常政发57号	关于进一步促进我市房地产市场持续平稳健康发展的实施意见
10月28日	常政发59号	关于印发《常熟市生态红线区域保护规划》的通知
10月28日	常政发60号	关于印发《常熟市生态红线区域保护监督管理考核办法》的通知
10月27日	常政发61号	关于调整常熟市权限内行政审批项目目录的通知
10月27日	常政发62号	关于调整进驻镇(街道)市级经济社会管理权限和公共服务事项的通知
11月9日	常政发63号	关于印发《常熟服装城市场采购贸易方式试点工作实施意见》的通知
11月16日	常政发64号	关于公布第二批镇域综合执法集中行使行政处罚权的通知
11月28日	常政发65号	关于建立政府法律顾问制度的意见
11月29日	常政发66号	印发《关于扎实推进城乡生活污水治理工作的意见》的通知
12月7日	常政发68号	关于公布2014～2015年度常熟市自然科学优秀学术论文获奖名单的通知
12月5日	常政发69号	关于授予宋波等3名港澳台人士和华侨为"常熟市名誉市民"的决定
12月5日	常政发70号	关于授予三好帅男等10名外国籍人士为"常熟市荣誉市民"的决定
12月12日	常政发72号	关于印发《常熟市"十三五"(2016～2020年)卫生和计生事业发展规划》的通知
12月12日	常政发73号	关于印发《常熟市"十三五"(2016～2020年)医疗机构设置规划》的通知
12月22日	常政发74号	关于印发《常熟市全民健身实施计划(2016～2020年》的通知
12月27日	常政发76号	关于印发《常熟市深化医药卫生体制改革实施方案(2016～2020年)》的通知
12月28日	常政发77号	印发《常熟市妇女发展规划(2016～2020年)》的通知
12月28日	常政发78号	印发《常熟市儿童发展规划(2016～2020年)》的通知
12月30日	常政发79号	关于下达2017年常熟市住宅房屋征收搬迁计划任务的通知

统计资料

2016年常熟市户籍人口民族构成情况表

序号	民族	人数	序号	民族	人数
1	汉	1067067	20	哈萨克	6
2	壮	519	21	水	5
3	土家	382	22	达斡尔	5
4	回	284	23	锡伯	4
5	满	225	24	维吾尔	3
6	苗	175	25	哈尼	3
7	朝鲜	122	26	仫佬	3
8	蒙古	108	27	布朗	3
9	侗	95	28	傈僳	2
10	布依	49	29	土	2
11	拉祜	43	30	俄罗斯	2
12	瑶	36	31	傣	1
13	彝	34	32	东乡	1
14	黎	22	33	纳西	1
15	畲	19	34	景颇	1
16	白	14	35	怒	1
17	仡佬	13	36	保安	1
18	藏	9	37	独龙	1
19	羌	9	合计		1069270

2016年常熟市户籍人口姓氏统计表

姓	人数	姓	人数	姓	人数	姓	人数	姓	人数	姓	人数	姓	人数	姓	人数	姓	人数	姓	人数	姓	人数
王	75118	曹	13760	季	7183	章	4661	宗	2737	平	1996	桑	1486	崔	884	成	685	洪	537	邬	374
张	57984	赵	13497	龚	7087	温	4059	时	2723	褚	1952	支	1480	常	881	梁	682	皇甫	529	阚	372
陈	57069	邵	13009	何	7043	盛	3720	郭	2657	葛	1865	谈	1476	穆	881	应	682	侯	521	景	371
徐	43761	刘	12035	苏	6846	谭	3719	包	2618	尤	1799	郁	1447	卫	865	贾	675	荣	510	廖	352
周	41549	高	11617	袁	6543	吕	3698	郑	2593	霍	1793	奚	1428	卜	851	归	636	焦	501	滕	339
顾	37707	孙	11158	夏	6538	秦	3688	凌	2570	魏	1710	田	1342	樊	836	池	622	娄	499	席	335
陆	37345	马	10954	潘	6475	汤	3675	汪	2550	屈	1694	董	1325	钟	808	项	608	鞠	498	翟	329
朱	27100	唐	10897	胡	6362	施	3640	彭	2530	于	1666	万	1299	须	807	鲍	607	虞	477	阮	318
钱	32034	范	10263	蔡	6188	石	3629	林	2440	邱	1628	姜	1281	宁	800	梅	603	艾	475	贺	303
吴	31275	丁	9195	冯	5909	邓	3624	管	2436	翁	1628	濮	1241	鱼	793	沙	603	祁	470	荆	301
李	29651	戴	9077	毛	5559	韩	3482	戈	2419	祝	1619	计	1188	庄	792	宣	595	仇	449	乔	300
沈	25526	殷	9060	倪	5261	缪	3322	卢	2413	余	1617	华	1181	花	767	卞	580	杭	441	密	297
黄	20050	邹	8629	谢	5259	查	3246	肖	2356	江	1603	居	1035	史	767	屠	572	吉	432	冷	291
杨	18507	薛	8323	严	4996	方	3198	宋	2353	孟	1533	单	1010	韦	749	闻	564	傅	420	熊	279
陶	15520	蒋	7998	瞿	4899	浦	3016	杜	2189	尹	1516	糜	969	童	734	晏	562	窦	393	茅	275
金	15409	俞	7954	程	4813	罗	2876	颜	2119	邢	1514	庞	948	狄	696	孔	546	柏	388	储	273
姚	14097	许	7334	叶	4759	任	2751	费	2056	仲	1503	曾	928	鲁	687	武	546	伍	381	隆	267

续表

姓	人数	姓	人数	姓	人数	姓	人数	姓	人数	姓	人数	姓	人数	姓	人数	姓	人数	姓	人数	姓	人数
左	263	连	114	卓	54	展	25	菅	12	年	8	衣	6	昝	4	佴	3	台	2	傕	1
毕	256	闫	114	喻	53	阙	25	豆	11	漆	8	佟	6	扈	4	冼	3	未	2	登	1
闵	249	衡	110	舒	52	鄢	23	海	11	渠	8	郗	6	竺	4	苌	3	蔚	2	第五	1
柯	248	龙	110	桂	49	仓	22	冀	11	圣	8	岑	6	操	3	庹	3	问	2	东方	1
贡	246	臧	109	候	49	简	22	帅	11	宛	8	昌	5	巢	3	逯	3	先	2	懂	1
过	235	詹	107	涂	49	荀	22	占	11	欣	8	宦	5	慈	3	颉	3	玄	2	洞	1
薄	232	束	106	靳	47	栾	22	敖	10	扬	8	生	5	大	3	訾	3	雪	2	度	1
嵇	230	房	104	相	47	贲	21	班	10	邝	8	寿	5	歹	3	睢	3	要	2	芳	1
芦	228	芮	102	於	47	丰	20	步	10	莳	8	斯	5	奉	3	伋	2	业	2	飞	1
谷	222	易	101	笪	47	寇	20	从	10	琚	8	随	5	弗	3	哀	2	宜	2	甫	1
符	212	黎	99	欧	46	冒	20	南	10	晁	8	铁	5	辅	3	拜	2	银	2	府	1
戚	211	司	97	牟	45	全	20	蒲	10	淡	7	伟	5	盖	3	保	2	油	2	敢	1
骆	207	端木	93	胥	45	阎	20	潭	10	党	7	鲜	5	刚	3	宝	2	雨	2	公	1
诸	205	甘	93	饶	42	欧阳	19	腾	10	苟	7	尧	5	国	3	才	2	院	2	冠	1
纪	204	安	90	柴	40	都	18	乙	10	和	7	壮	5	化	3	茶	2	云	2	贯	1
申	199	向	89	商	40	经	18	禹	10	敬	7	佘	5	怀	3	丑	2	湛	2	光	1
郏	199	车	86	崇	39	蒙	18	原	10	麻	7	间	5	历	3	传	2	仲长	2	哈	1
言	192	惠	86	伏	39	农	18	闭	9	庆	7	昂	4	粱	3	达	2	字	2	合	1
雷	184	文	84	茹	39	师	18	迟	9	汝	7	采	4	麦	3	禤	2	纵	2	宏	1
莫	176	强	82	匡	37	祖	18	井	9	疏	7	法	4	闽	3	定	2	亓	2	呼	1
耿	172	蒯	77	水	37	蓝	17	亢	9	隋	7	凤	4	那	3	尔	2	谌	2	狐	1
付	170	钮	76	辛	37	萧	17	劳	9	望	7	弓	4	皮	3	扶	2	隗	2	湖	1
贝	167	代	73	赖	35	雍	17	丘	9	野	7	果	4	茌	3	福	2	奕	2	淮	1
印	167	岱	72	冉	35	智	17	位	9	英	7	后	4	仁	3	富	2	恽	2	火	1
干	162	宓	71	远	35	厉	16	沃	9	掌	7	巨	4	韶	3	庚	2	淦	2	基	1
司马	159	廉	70	兰	34	明	16	燕	9	甄	7	来	4	粟	3	赫	2	濮阳	2	籍	1
裴	158	巩	69	裘	33	环	15	羊	9	邸	7	蓬	4	岁	3	滑	2	迮	2	嘉	1
解	154	关	68	侍	32	戎	15	苑	9	沐	7	羌	4	藤	3	慧	2	肽	2	建	1
巫	152	覃	67	郜	32	宿	15	诸葛	9	洑	6	钦	4	咸	3	稽	2	禚	2	将	1
坎	149	东	66	茆	32	战	15	仝	9	别	6	权	4	校	3	教	2	钭	2	蕉	1
段	147	路	62	皇	31	凡	14	睦	9	藏	6	危	4	忻	3	揭	2	雒	2	戒	1
郎	144	聂	62	边	30	古	14	巴	8	鄂	6	吾	4	牙	3	接	2	把	1	界	1
牛	143	树	62	楼	29	姬	14	但	8	辜	6	岩	4	义	3	宽	2	佰	1	介	1
白	141	康	61	征	29	乌	14	端	8	荷	6	由	4	音	3	令狐	2	盧	1	锦	1
柳	136	齐	61	刁	28	朴	13	皋	8	开	6	宰	4	阴	3	留	2	博	1	京	1
苗	136	尚	61	宫	28	是	13	勾	8	况	6	佐	4	勇	3	么	2	菜	1	考	1
庾	135	游	61	曲	27	索	13	官	8	栗	6	郇	4	宇	3	门	2	长	1	库	1
山	134	堵	57	双	27	阳	13	户	8	满	6	郦	4	元	3	偶	2	畅	1	旷	1
岳	130	封	55	楚	26	从	12	还	8	母	6	蒿	4	镇	3	盘	2	辰	1	葵	1
晋	128	乐	55	练	26	励	12	鹿	8	仰	6	蔺	4	植	3	澎	2	揣	1	阔	1
郝	117	殳	55	承	25	部	12	米	8	伊	6	璩	4	主	3	卿	2	淳	1	拉	1

续表

姓	人数	姓	人数	姓	人数	姓	人数	姓	人数	姓	人数	姓	人数	姓	人数	姓	人数	姓	人数	姓	人数
莱	1	篓	1	牧	1	倾	1	首	1	庭	1	仙	1	演	1	真	1	依	1	瑜	1
朗	1	潞	1	娜	1	秋	1	顺	1	徒	1	心	1	冶	1	种	1	谯	1	梓	1
蕾	1	矛	1	纳	1	容	1	司徒	1	托	1	信	1	仪	1	竹	1	郄	1	杲	1
立	1	蜜	1	殴	1	洒	1	太	1	尉迟	1	刑	1	羽	1	子	1	茌	1	斐	1
莲	1	庙	1	朋	1	僧	1	檀	1	悟	1	幸	1	玉	1	踪	1	沣	1	睢	1
寥	1	妙	1	芶	1	申屠	1	塘	1	西	1	禤	1	愿	1	宗政	1	泮	1	羿	1
吝	1	谬	1	侨	1	矢	1	堂	1	习	1	延	1	在	1	夭	1	溥	1	綦	1

2016 年常熟市 90 岁以上人口分布情况表

派　出　所	90—99 周岁	百岁以上	派　出　所	90—99 周岁	百岁以上
高新技术产业园派出所	80		沙家浜派出所	160	3
方塔派出所	529	13	练塘派出所	129	1
琴湖派出所	208	4	莫城派出所	140	
虞山尚湖度假区派出所	151		大义派出所	191	6
兴福派出所	181	4	尚湖派出所	139	2
虹桥派出所	148	1	赵市派出所	135	1
服装城派出所	62	2	东张派出所	158	
滨江派出所	150	2	福山派出所	201	1
梅李派出所	248	2	周行派出所	101	1
碧溪派出所	356	6	淼泉派出所	84	
海虞派出所	132		白茆派出所	112	2
古里派出所	115		任阳派出所	76	
支塘派出所	323	3	徐市派出所	184	4
辛庄派出所	197	4	张桥派出所	108	3
董浜派出所	128		王庄派出所	120	1
谢桥派出所	131	1	东南派出所	47	

2016 年常熟市 90 岁以上人口数量情况表

年龄	合计	男	女
90	1313	391	922
91	1104	295	809
92	885	210	675
93	658	139	519
94	480	119	361
95	293	58	235
96	206	33	173
97	155	26	129
98	81	10	71
99	49	3	46
100	21	3	18
101	13	1	12
102	17	2	15
103	6	4	2
104	7	1	6
105	2	1	1
106	1	0	1

2016年常熟市国民经济和社会发展统计公报

2016年，面对错综复杂的宏观经济环境和艰巨繁重的改革发展任务，全市上下牢牢把握“五位一体、综合发展”总基调，以提高经济发展质量和效益为中心，统筹抓好稳增长、促改革、调结构、惠民生、防风险各项工作，扎实推进精致城市建设，转型升级步伐加快，发展质量不断提升，社会事业持续进步，经济社会保持平稳健康发展，实现了“十三五”良好开局。

一、综合

经济运行稳中有进。全年实现地区生产总值2112.39亿元，比上年增长7.5%。其中：第一产业增加值42.76亿元，下降0.1%；第二产业增加值1082.43亿元，增长6.5%；第三产业增加值987.20亿元，增长8.9%。三次产业比例调整为2.03:51.24:46.73。按常住人口计算，人均地区生产总值139768元。

2012年—2016年地区生产总值及其增长速度

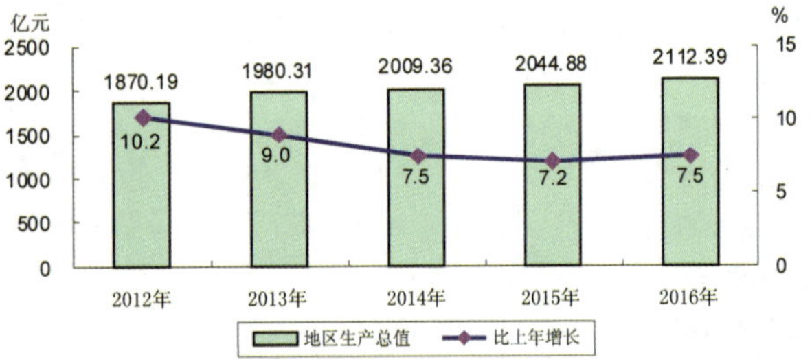

财政收入稳步增长。全年实现财政总收入374.53亿元，比上年增长1.4%，其中税收收入289.27亿元，增长11.2%。实现一般公共预算收入173.58亿元，比上年增长10.1%，其中税收收入145.54亿元，增长13.3%，入库税收占一般公共预算收入的83.8%。全年一般公共预算支出158.74亿元，比上年增长2.2%。

2012年—2016年一般公共预算收入及其增长速度

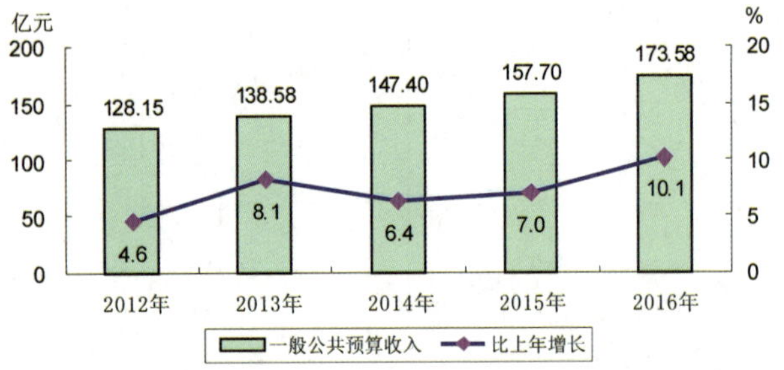

物价水平温和上涨。全年居民消费价格比上年上涨2.0%。八大类消费品和服务项目价格“七涨一跌”，其中食品烟酒类价格上涨4.9%，衣着类价格上涨4.1%，居住类价格上涨0.9%，生活用品及服务类价格上涨1.3%，教育文化和娱乐类价格上涨1.1%，医疗保健类价格上涨2.1%，其他用品和服务类价格上涨1.8%；交通和通信类价格下跌2.1%。

2016年城镇居民消费价格指数

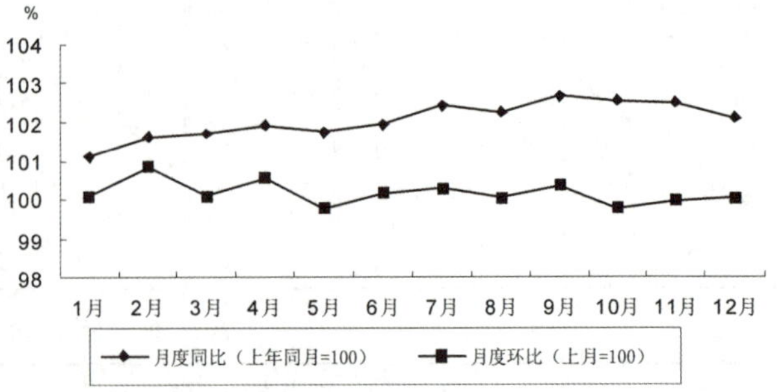

就业形势基本稳定。全年新增就业岗位7.91万个，提供高校毕业生就业岗位1.57万个，开发公益性岗位1119个，新增就业人员2.75万人。年末城镇登记失业率1.92%，本市籍高校毕业生就业率超95%。

二、农林牧渔业

农业生产有所下滑。全年粮食总产量27.76万吨，比上年下降9.3%。其中，夏粮产量8.61万吨，下降19.0%；秋粮产量19.15万吨，下降4.1%。全年肉类总产量10616吨，比上年下降27.4%；禽蛋产量3955吨，下降7.3%；牛奶产量26758吨，增长8.7%。水产品产量36804吨，下降1.4%。

2012年—2016年粮食总产量及其增长速度

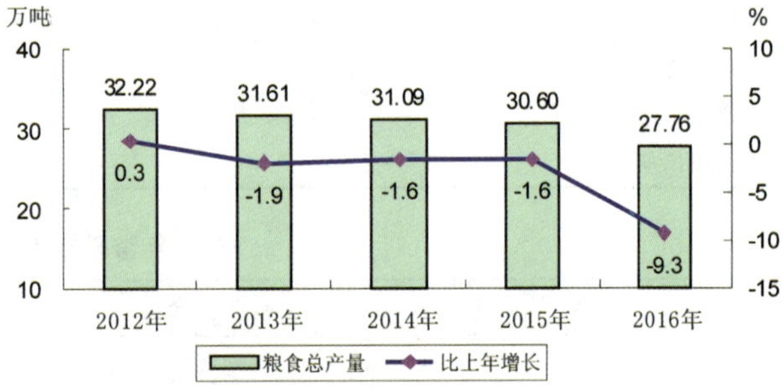

2016年主要农产品产量

表1

产品名称	计量单位	产量	比上年增长%
粮食	吨	277560	-9.3
#夏粮	吨	86073	-19.0
#小麦	吨	85103	-19.4
秋粮	吨	191487	-4.1
#水稻	吨	184119	-4.3
蔬菜	吨	760240	-11.1
茶叶	吨	39.5	3.4
生猪出栏	万头	13.22	-27.6
家禽出栏	万只	57.43	-29.1
牛奶	吨	26758	8.7
水产品	吨	36804	-1.4

现代农业加快发展。全市高效设施农业面积比重、高效设施渔业面积比重分别达15.7%、32.6%。累计拥有常熟市级农业龙头企业70家；各类新型农村合作经济组织680家；申报无公害农产品、绿色食品203只；认证有机食品10个。农业机械化水平达90%，被农业部确定为全国首批基本实现主要农作物生产全程机械化示范县之一。

三、工业和建筑业

工业生产明显回升。全年实现全部工业总产值4577.10亿元，比上年增长0.5%。其中，规模以上工业产值3684.89亿元，增长2.0%。规模以上工业中：按企业规模分，大型企业产值1992.77亿元，比上年增长6.1%；中型企业产值641.60亿元，下降7.6%；小微企业产值1050.52亿元，增长1.0%。按注册类型分，内资企业产值1893.21亿元，比上年下降1.6%；外资及港澳台企业产值1791.69亿元，增长6.1%。按轻重工业分，重工业产值2185.39亿元，比上年增长4.1%；轻工业产值1499.50亿元，下降1.0%。

2012年—2016年工业总产值及其增长速度

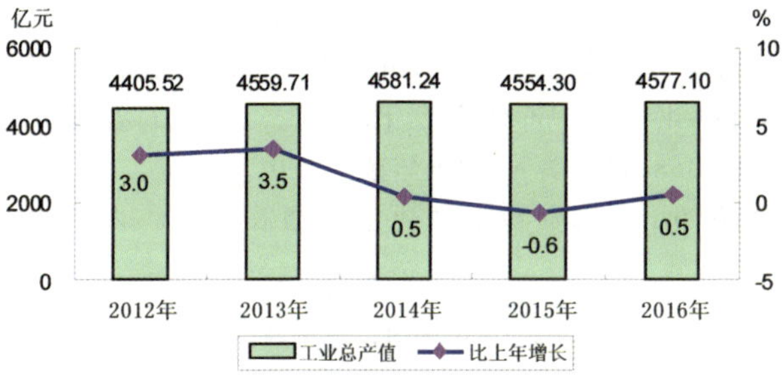

全市规上工业32个行业大类中，有17个行业产值比上年实现增长，有15个行业产值比上年下降，分别占行业总数的53.1%和46.9%。前十大行业合计实现产值3096.61亿元，比上年增长2.3%，占规上产值的84.0%。

2016年规模以上工业前十大行业产值、增长速度

表2

指　　标	产值(亿元)	比上年增长%
电气机械和器材制造业	543.88	4.1
计算机、通信和其他电子设备制造业	488.61	-3.8
纺织服装、服饰业	408.70	2.2
汽车制造业	386.14	42.5
化学原料和化学制品制造业	367.05	1.1
纺织业	305.99	-3.7
黑色金属冶炼和压延加工业	227.52	-3.5
通用设备制造业	176.19	1.5
金属制品业	98.06	-29.7
电力、热力生产和供应业	94.47	-2.3

工业结构调整优化。汽车及零部件、装备制造、纺织服装“三个千亿级”产业完成产值1883.31亿元，占规上工业产值的比重达50.7%。八大新兴产业完成产值1701.77亿元，比上年增长1.3%，占规上工业产值的比重达45.8%。汽车制造业引领增长，完成产值386.14亿元，比上年增长42.5%，占规上工业产值的比重为10.5%，在行业中排名上升至第四位。高耗能行业产值比重下降，六大高耗能行业完成产值816.88亿元，比上年下降1.1%，占规上工业产值的比重降为22.2%。

2016年规模以上工业企业主要工业产品产量

表3

产品名称	计量单位	产　量	比上年增长%
纱	万吨	3.73	3.0
布	万米	1266	-0.5
服装	万件	11743	-6.6
化学纤维	万吨	23.54	12.3
橡胶轮胎外胎	万条	1260.19	3.8
钢材	万吨	536.31	21.5
模具	万套	70.09	7.1
汽车	万辆	8.86	113.3
光缆	万芯千米	745.04	33.2
太阳能电池（光伏电池）	万千瓦	306.72	12.3
电子元件	亿只	154.25	-13.6
印制电路板	万平方米	71.72	-1.2
发电量	亿千瓦时	313.49	5.0

企业效益快速增长。全年规模以上工业企业实现产品销售收入3633.14亿元，比上年增长2.4%；利税总额324.30亿元，增长32.5%，其中利润总额235.76亿元，增长39.8%。

建筑业发展放缓。全年资质以上总承包和专业承包建筑业企业实现建筑业总产值135.00亿元，比上年下降13.0%；竣工产值149.21亿元，下降10.2%。资质以上总承包和专业承包建筑业企业房屋施工面积1236.79万平方米，比上年下降6.1%，其中新开工面积456.27万平方米，增长48.1%；竣工面积491.93万平方米，下降13.6%。资质以上总承包和专业承包建筑业企业实现工程结算收入169.23亿元，比上年增长5.7%；利润总额7.44亿元，增长4.5%。

四、固定资产投资

投资降幅有所扩大。全年完成全社会固定资产投资544.91亿元，比上年下降13.7%。分产业看，工业投资完成243.73亿元，比上年下降14.2%；服务业投资完成301.18亿元，下降13.2%。分投资主体看，国有经济完成投资141.95亿元，比上年增长1.4%；港澳台及外商投资95.75亿元，下降40.1%；民间投资307.21亿元，下降7.3%，民间投资占全社会投资的比重达56.4%，比上年提高3.9个百分点。

2012 年—2016 年固定资产投资及其增长速度

投资结构持续向好。全年完成工业技改投入 167.03 亿元，占工业投资的比重为 68.5%。完成高新技术产业投资 94.94 亿元，比上年增长 10.6%，占工业投资的比重为 39.0%，比上年提高 8.8 个百分点。服务业投资占全社会投资的比重达 55.3%，比上年提高 0.4 个百分点。

房地产市场快速升温。全年完成房地产开发投资 143.71 亿元，比上年下降 4.6%；房屋施工面积 947.84 万平方米，增长 3.2%。全年实现商品房销售面积 213.15 万平方米，比上年增长 46.0%；销售额 202.91 亿元，增长 51.3%。

2016 年房地产开发和销售主要指标完成情况及其增长速度

表 4

指　　标	单　位	绝对数	比上年增长(%)
投资额	亿元	143.71	-4.6
#住宅	亿元	109.33	-12.8
房屋施工面积	万平方米	947.84	3.2
#住宅	万平方米	678.33	4.3
房屋新开工面积	万平方米	153.87	11.9
#住宅	万平方米	120.34	15.3
房屋竣工面积	万平方米	152.69	92.0
#住宅	万平方米	117.30	109.6
商品房销售面积	万平方米	213.15	46.0
#住宅	万平方米	192.80	47.7
商品房销售额	亿元	202.91	51.3
#住宅	亿元	185.18	52.2

五、国内贸易

消费市场稳中有升。全年实现社会消费品零售总额 740.78 亿元，比上年增长 9.6%。按行业分，批发和零售业零售额 678.32 亿元，比上年增长 9.6%；住宿和餐饮业零售额 62.46 亿元，增长 10.0%。按经营地分，城镇消费品零售额 614.41 亿元，比上年增长 9.6%；乡村消费品零售额 126.37 亿元，增长 9.8%。

限额以上批发零售贸易企业零售额中，服装鞋帽针纺织类零售额比上年增长 2.4%；日用品类增长 2.6%；通讯器材类增长 6.5%；建筑及装潢材料类增长 11.1%；汽车类增长 7.7%；金银珠宝类下降 15.1%；家用电器和音像器材类下降 7.5%。

2012 年—2016 年全社会消费品零售总额及其增长速度

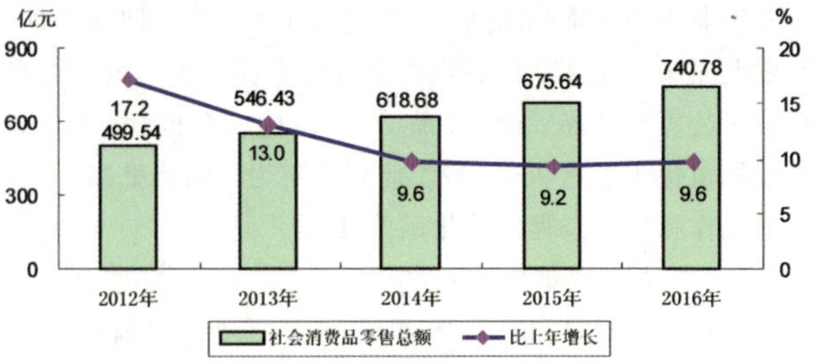

商品市场发展平稳。全年实现商品市场成交额 1836.71 亿元，比上年增长 4.6%；其中服装城成交额 1378.77 亿元，增长 5.0%。按市场类型分，综合集贸市场成交额 232.60 亿元，比上年增长 4.3%；专业市场成交额 1604.11 亿元，增长 4.6%。

六、开放型经济

外资利用持续放缓。全年新批外商投资项目注册外资 10.32 亿美元，比上年下降 23.6%；实际使用外资 6.30 亿美元，下降 21.7%。

进出口下降较快。全年实现进出口总额 198.53 亿美元，比上年下降 10.4%。其中，进口 64.97 亿美元，下降 13.9%；出口 133.56 亿美元，下降 8.6%。进出口差额(出口减进口)68.59 亿美元，比上年减少 2.04 亿美元。出口结构有所优化，一般贸易出口比上年增长 0.2%，占比提升至 52.7%。

2012 年—2016 年进出口总额及其增长速度

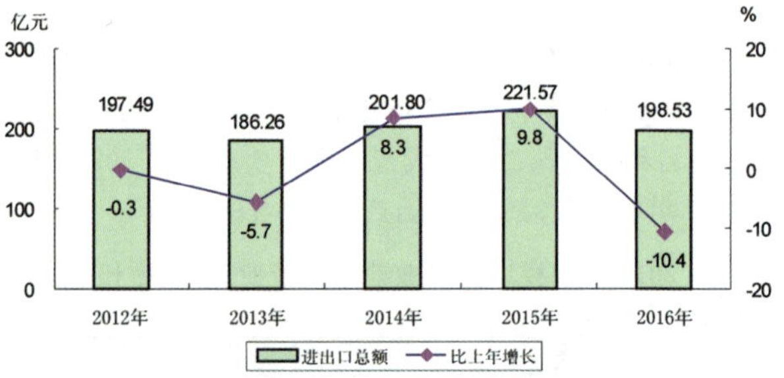

2016 年货物进出口总额及其增长速度

表 5

指　　标	绝对数(亿美元)	比上年增长%
货物进出口总额	198.53	-10.4
货物出口额	133.56	-8.6
#一般贸易	70.36	0.2
加工贸易	61.66	-18.1
#机电产品	77.06	-12.6
高新技术产品	49.05	-17.8
货物进口额	64.97	-13.9
#一般贸易	32.28	5.5
加工贸易	19.54	-33.2
#机电产品	36.84	-6.4
高新技术产品	17.26	-18.6

表 6

2016 年对主要国家和地区货物进出口额及其增长速度

国家和地区	进出口额（万美元）	比上年增长％	出口额（万美元）	比上年增长％	进口额（万美元）	比上年增长％
美国	440534	-10.3	386345	-11.2	54189	-3.6
日本	262983	-8.3	145539	-17.2	117444	5.7
欧盟	340017	-12.2	211020	-16.1	128997	-4.9
东盟	206633	-7.0	129449	2.1	77184	-19.0
拉丁美洲	134139	-19.2	68150	-5.7	65989	-29.6
韩国	103497	0.0	53558	-6.3	49939	7.8
台湾	97388	-13.8	20822	-0.2	76566	-16.9
巴西	66038	-21.2	13798	-29.6	52240	-18.7
新加坡	45346	-36.6	19710	-15.3	25636	-46.9
泰国	47992	1.8	35123	14.1	12869	-21.5

“走出去”步伐加快。全年新增境外企业 25 家，新批中方境外投资额 2.14 亿美元，比上年增长 23.3％。全年新签境外劳务及承包工程合同额 1.61 亿美元，比上年下降 34.2％；完成营业额 1.87 亿美元，增长 9.3％。全年服务外包接包合同额 3.16 亿美元，比上年增长 12.0％；离岸接包执行额 1.92 亿美元，增长 0.8％。

七、交通、邮电和旅游

交通运输总体平稳。全年旅客运输量 3583 万人次，比上年下降 7.2％；旅客周转量 13.64 亿人公里，下降 7.7％。全年货物运输量 1457 万吨，比上年增长 3.8％；货物周转量 25.63 亿吨公里，增长 5.6％。全年常熟港货物吞吐量达 8665 万吨，比上年增长 1.9％。其中，外贸货物吞吐量 1567 万吨，增长 5.8％；集装箱吞吐量 41.45 万标箱，增长 6.3％。年末民用汽车保有量达 39.14 万辆，比上年增长 13.6％，其中私家车保有量 34.52 万辆，增长 14.2％。

2012 年—2016 年港口吞吐量及其增长速度

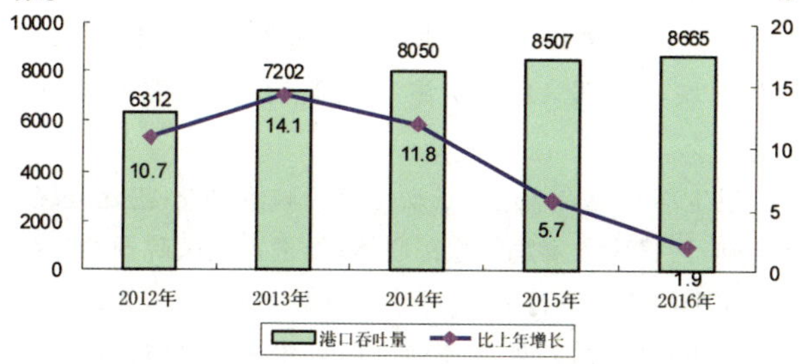

交通基础设施加快建设。三环路高架全线贯通，通港路、常沙线快速化改造等重大工程有序推进，完成长江路东延、衡山路北延等道路节点改造，加快实施镇村公路提档升级。新增、更新公交车辆 112 辆，新增、优化公交线路 38 条，新建 200 个镇村公交候车亭及 8 处城乡公交首末站，新能源公交车充电站一期建设工程充电桩完成安装。

邮电业务增势良好。全年实现邮电业务总收入 41.65 亿元，比上年增长 18.8％。其中，邮政业务收入 19.82 亿元，增长 54.4％；电信业务收入 21.83 亿元，下降 1.7％。

旅游市场稳健发展。全年接待境内外游客 1985.35 万人次，比上年增长 3.2％；实现旅游收入 303.43 亿元，增长 7.4％。接待国内游客 1977.18 万人次，增长 3.2％；实现国内旅游收入 297.20 亿元，增长 7.3％。接待境外过夜游客 3.94 万人次，下降 24.7％，实现旅游外汇收入 9390 万美元，增长 8.4％。

2012 年—2016 年旅游总收入及其增长速度

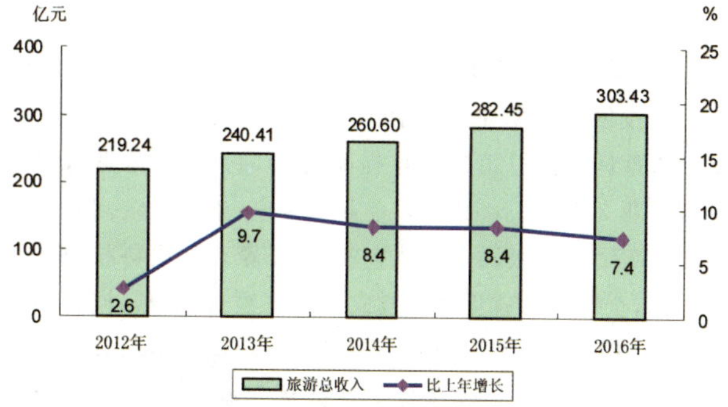

八、金融、证券和保险业

金融信贷规模稳步扩大。年末全部金融机构本外币各项存款余额 2913.64 亿元，比年初增加 308.76 亿元，其中人民币存款余额 2692.88 亿元，增加 274.48 亿元。年末全部金融机构本外币各项贷款余额 2262.72 亿元，比年初增加 222.40 亿元，其中人民币贷款余额 2139.49 亿元，增加 208.58 亿元。

2016 年全部金融机构本外币存贷款余额及其增长速度

表 7

项　　目	年末数(亿元)	比年初增长%
各项存款	2913.64	11.9
＃住户存款	1206.70	8.4
＃人民币住户存款	1192.75	8.0
非金融企业存款	1151.61	12.4
广义政府存款	512.56	19.2
各项贷款	2262.72	10.9
境内贷款	2259.44	11.0
＃住户贷款	560.10	26.6
短期贷款	132.22	-4.3
消费贷款	41.22	33.1
经营贷款	91.01	-15.2
中长期贷款	427.88	40.7
消费贷款	391.12	44.8
经营贷款	36.76	8.3
非金融企业及机关团体贷款	1699.33	6.6
＃短期贷款	868.56	-3.0
中长期贷款	737.58	20.7
境外贷款	3.28	-15.5

证券交易运行稳定。年末证券交易股票开户总数 48.36 万户，比上年增长 15.7%；全年各证券营业点股票交易额 5856.66 亿元，下降 40.3%。年末证券机构托管股票市值 459.52 亿元，比上年增长 57.7%。

保险行业快速发展。全年保险机构保费收入 46.58 亿元，比上年增长 20.2%。其中，寿险业务保费收入 23.01 亿元，增长 29.3%；健康险和意外伤害险业务保费收入 4.76 亿元，增长 59.6%；财产险业务保费收入 18.80 亿元，增长 4.8%。全年支付各类赔款及给付 18.60 亿元，比上年增长 18.0%。

九、科学技术和教育

科技创新力度加大。全年全社会研发与试验发展经费支出占地区生产总值的比重提高到 2.51%。年末拥有高新技术企业 347 家、双创“313”企业 100 家，累计认定高新技术产品 2517 只、省级民营科技企业 1262 家。加快科技成果培育转化，全年新增省重大科技成果转化项目 10 项，同比增长 150%。大力推进大众创业、万众创新，启动省级科技孵化器全覆盖行动，全面完成科技创新载体 100 万平方米建设任务，全年新增众创空间国家级 2 家、省级 6 家、苏州市级 5 家，累计分别为 2 家、10 家、6 家。

专利成果发展喜人。全市专利申请量和授权量分别达 6571 件和 3078 件，其中发明专利申请量和授权量为 3105 件和 810 件。年末拥有有效发明专利 3684 件，按常住人口计算的万人发明专利拥有量增加至 24.4 件，比上年增加 3.79 件。

人才集聚助推转型。年末全市人才总量 30.17 万人，其中高层次人才 2.19 万人，高技能人才 7.06 万人，比上年分别增长 8.8%、11.1% 和 2.8%；拥有各类专业技术人员 22.32 万人，其中高级职称 1.13 万人，中级职称 4.02 万人，比上年分别增长 6.9%、7.5%和 5.8%。年末拥有国家千人计划人才 21 人、省双创人才 57 人、姑苏计划 93 人，市级双创人才(团队)364 个。

教育现代化有效推进。不断深化各项教育改革，扶持普惠性民办幼儿园发展，推进小学特色文化建设，构建“智慧教育”平台。出台“十三五”城乡学校建设规划，加快各类重点工程建设，着力建设平安校园。普通高考主要指标实现“苏州市六连冠”，高等教育毛入学率提高至 70%。年末拥有各类学校 109 所，在校学生数 15.38 万人，毕业生数 3.38 万人，专任教师 1.02 万人；拥有幼儿园 85 所，在园幼儿数 3.55 万人。

2016 年各类学校在校生及专任教师情况

表 8

指　　标	所数(所)	在校生数(人)	毕业生数(人)	专任教师(人)
合计	109	153787	33773	10237
普通高等学校	1	18672	4466	963
普通中等专业学校	3	8415	2442	929
高中	8	12422	3865	1217
初中	36	32037	9722	2480
小学	60	81542	13043	4611
特殊教育学校	1	699	235	37
附：幼儿园(含民办)	85	35531	11060	1594

十、文化、卫生和体育

文化事业欣欣向荣。成功举办 2016 常熟江南文化节，文庙修复竣工对外开放，在孔子诞辰日举行丙申祭孔大典，加快综合文化设施建设，年末人均公共文化设施面积达 0.35 平方米。年末全市共有博物馆 1 个，艺术表演场馆 2 家，美术馆 2 个；公共图书馆 1 个、图书分馆 25 个，总流通 137.85 万人次；文化馆 1 个，文化站 10 个，社区文化活动室 112 个，村文化活动室 217 个。全市现有文物保护单位 165 处，其中全国重点 5 处、省级 17 处，非物质文化遗产名录 100 件。深化书香城市建设，大力实施全民阅读，全民综合阅读率达 91.1%。

卫生事业稳妥推进。推动全市医联体建设，搭建分级诊疗基础，已建成 4 家紧密型医联体；推进市级医院预约诊疗，逐步减少门诊输液行为；加快医疗硬件基础建设，新建、改扩建工程顺利推进，开展智慧健康项目建设。实施市民“531”行动计划，基本建成“15 分钟健康圈”，公共卫生服务人口覆盖率 100%，人均期望寿命提高至 82.4 岁。年末拥有各类医疗卫生机构 481 个，拥有床位 7882 张。年末拥有卫生技术人员 9114 人，其中执业医师（助理）3834 人，注册护士 3598 人；乡村医生和卫生员 257 人。

2016 年医疗卫生机构基本情况

表 9

指　　标	个数(个)	床位数(张)	卫生技术人员(个)
合计	481	7882	9114
医院(含民营医院、护理院)	24	6491	5935
乡镇卫生院	20	1099	1366
社区卫生服务中心	8	292	483
村卫生室	135	-	18
社区卫生服务站	83	-	220
门诊部	43	-	339
诊所(卫生所、卫生室、校医室)	148	-	351
卫生计生机构	19	-	399
其他卫生机构	1	-	3

体育事业加速发展。加速推进公共体育服务体系建设，新增健身绿道 60 多公里，新增 12 所学校体育设施向社会开放，全市学校对外开放率达到 73%。基本建成“10 分钟体育健身圈”，年末全民健身工程(点)达 526 个，人均公共体育场地面积达 3.78 平方米。全民健身活动广泛开展，举办群众性体育活动 370 次，参加人数达 68 万人次。里约残奥会获 3 金 1 银；省级以上比赛获金牌 16 枚、银牌 16.25 枚、铜牌 7 枚；苏州市级竞赛获金牌 198 枚、银牌 103 枚、铜牌 105 枚。

十一、环境保护、节能降耗和安全生产

生态建设成效显著。出台生态红线区域保护规划，省市两级生态红线保护区域总面积占全市国土面积的 20.0%，被评为全国国土资源节约集约模范县(市)。深化大气污染防治，PM2.5 年均浓度较上年下降 18.5%，空气质量优良天数比例(按 AQI 标准统计)75.6%。实施流域水环境治理、畜禽养殖整治，省考断面Ⅲ类以上地表水比例 61.5%，集中式饮用水水源地水质达标率 100%。新增造林绿化面积 487 亩，林木覆盖率达 17.7%。“美丽乡村”创建扎实推进，累计建成省美丽乡村“面上示范”4 个、苏州市美丽村庄示范点 13 个、苏州市三星级康居乡村 153 个。

节能减排扎实推进。关停、淘汰落后产能企业 131 家。新增三星级以上“能效之星”企业 6 家，累计达 72 家。关停搬迁大气污染企业 18 家，整治燃煤锅炉 642 台，治理工业废气 86 家，整治码头扬尘 176 家、淘汰黄标车 925 辆。节能减排完成上级下达任务，主要污染物排放强度持续下降。

全年发生生产安全事故 1246 起，死亡 171 人，其中道路交通事故 661 起，死亡 123 人。亿元 GDP 生产安全事故死亡人数为 0.081 人。

十二、人口、人民生活和社会保障

人口总量增长缓慢。年末全市户籍人口 106.87 万人，比上年末增加 0.05 万人。全年出生 8025 人，人口出生率 7.51‰；死亡 8167 人，人口死亡率 7.64‰；人口自然增长率为－0.13‰。年末常住人口 151.26 万人，比上年末增加 0.25 万人，其中城镇常住人口 102.65 万人，城镇化率为 67.86%，比上年末提高 0.80 个百分点。

居民收入持续增加。全年全市居民人均可支配收入 45061 元，比上年增长 8.6%。其中，城镇居民人均可支配收入 54411 元，增长 7.9%；农村居民人均可支配收入 27956 元，增长 8.3%；城乡居民收入比为 1.95:1。全年全市居民人均生活消费支出 27337 元，比上年增长 9.0%。其中，城镇居民人均生活消费支出 31520 元，增长 7.5%；农村居民人均生活消费支出 21024 元，增长 12.5%。

社保水平不断提升。全年用于民生支出 123.09 亿元，占一般公共预算支出的比重达 77.5%。年末城镇职工基本养老保险参保人数(含参保离退休人员)87.08 万人，城镇职工基本医疗保险参保人数(含参保离退休人员)81.05 万人，失业保险、工伤保险、生育保险参保人数分别达 45.58 万人、44.62 万人、41.52 万人。年末城乡居民基本养老保险参保人数(含参保退休人员)9.39 万人，居民基本(农村合作)医疗保险参保人数 37.58 万人。主要险种保险覆盖率均超 99%，居民基本医疗保险(含大病补充医疗保险)人均筹资标准提高到 800 元。城乡低保标准提高到每月 810 元，其他各类生活救助(补助)标准同步提高，发放各项救助帮扶资金近 1.4 亿元。新开工各类保障性住房 4245 套，基本建成 3180 套，新增缴存住房公积金职工 4.75 万人。养老服务体系不断完善，养老服务设施加快建设，已建成老年人日间照料中心 161 家，镇级居家养老服务管理中心覆盖率 100%，拥有养老床位达 1.23 万张。

注释：

[1] 本公报中部分数据因四舍五入的原因，存在着与分项合计不等的情况。

[2] 地区生产总值、各产业增加值和人均地区生产总值绝对数按现价计算，增长速度按不变价格计算。

[3] 新型农村合作经济组织包括农民专业合作社，农村劳务合作社，农地股份合作社，社区股份合作社，富民合作社，2016 年统计口径发生变化。

[4] 八大新兴产业包括新能源产业，新材料产业，生物技术和新医药产业，节能环保产业，集成电路产业，智能电网和物联网产业，平板显示产业，高端装备制造产业。

[5] 六大高耗能行业包括石油加工、炼焦和核燃料加工业，化学原料和化学制品制造业，非金属矿物制品业，黑色金属冶炼和压延加工业，有色金属冶炼和压延加工业，电力、热力生产和供应业。

[6] 高新技术产业投资包括航空航天制造业，电子计算机及办公设备制造业，电子及通讯设备制造业，生物医药制造业，仪器仪表制造业，智能装备制造业，新材料制造业，新能源制造业。

[7] 2016 年旅客运输量及周转量、货物运输量及周转量数据的核算方法和统计口径发生变化，增速按可比口径计算。

[8] 邮政业务收入统计口径包含邮政(不含邮政储蓄银行直接营业收入)、EMS 和规模以上社会快递公司。

[9] 保险行业统计口径为纳入统计的保险机构。

[10] 各类学校统计口径包含外来工子弟学校，幼儿园统计口径包含民办幼儿园。

[11] 总流通人次是指本年度内到图书馆场馆接受图书馆服务的总人次，包括借阅书刊、咨询问题以及参加各类读者活动等。

[12] 常住人口是指实际经常居住在某地区一定时间(半年以上，含半年)的人口。

[13] 常住人口城镇化率是指一个地区常住于城镇的人口占该地区常住总人口的比重。

[14] 养老机构床位数统计口径包含居家养老床位数。

责任编辑　邹　萍

索引

说明：

(1) 本索引采用主题分析索引方法，按主题词汉字拼音字母顺序排列，同音字按声调排列，音调相同按下一字的音序排列。

(2) 索引主题后括号内的阿拉伯数字是主题内容所在的页码。

(3) 重复出现的主题，索引中只排列一次，页码中间以“，”分隔，按顺序排列。

(4) 索引标引词一般采用中心词和简称，一级类目以大号字为索引款目，以便检索。

A

B

C

D

E

F

K

L

虞山十八景

常熟素以悠久的人文历史、秀丽的山川景色、丰饶的物产资源享誉江南。常熟“虞山十八景”之说，形成于明、清之际，其后邑内外文人墨客留下许多“虞山十八景”的咏诗和绘图。现分年刊出邑人赵宗维所绘“虞山十八景”图，赵宗维早年师从王澹如，是清末民初虞山画派的重要代表。

秦坡瀑布

位于距常熟城区约4公里处的虞山北坡。有涧名“秦坡”，长100多米，呈层楼状，越上越陡，涧内怪石累累。雨后瀑布奔飞，湍流击石，声如风雷。涧顶部有石门、石城两峰相峙，涧底有春秋吴文化遗址“七星墩”，涧畔有常熟第一名泉“玉蟹泉”。涧为虞山最深秀之境。

维摩旭日

维摩寺位于虞山中部山巅、石屋涧之上。建于南宋隆兴初。寺前部为庙宇建筑，有殿、堂、轩、阁，以“望海楼”最著，登楼主观旭日，北视长江，气象壮观；后部为园林，具林泉水石之胜。清咸丰间毁于战火。1983～1987 年，以寺之遗迹为中心建江南古典式园林维摩山庄。

虞山十八景

剑门奇石

虞山最高峰锦峰之拂水岩旁，有一高大巨崖，中间裂开，状如刀劈，人称“剑门”。裂缝顶端有三怪石相叠，嵌于其中，自上而下，将坠未坠，异常惊险，为十八景中最为雄奇之景。剑门有清康熙题“烟岚高旷”等石刻群，登石顶可俯视尚湖风光、田园景色，为虞山最佳观景处。

湖田烟雨

又称“湖甸烟雨”。湖甸旧时为城区西门外依虞山、傍尚湖之村落，今虞山镇湖甸村一带。旧时环湖有农田平野、竹篱茅舍，景色宜人。每当烟雨迷濛之际，湖面水气蒸腾。在尚湖或虞山遥望湖甸，仿佛一幅水墨画卷。后围湖造田，景观随之消失。现放水恢复尚湖旧貌，此景复现人间。

虞山十八景

湖桥夜月

又称“湖桥串月”。城区北门外尚湖西北口，原有三孔石拱桥一座名“湖桥”，始建于明代，桥洞成正圆形。月圆时分当月亮升至一定高度时，拱桥与月影相套合，投影湖中，桥下三孔随即显现“串月”奇景。清冯武《湖桥》一诗云：“桥弯似月月正中，影落桥口月累累。” 即写此景。